U0921140

甘肃金融年鉴

Almanac of Cansu´s Finance and Banking

甘肃金融年鉴编委会

2016

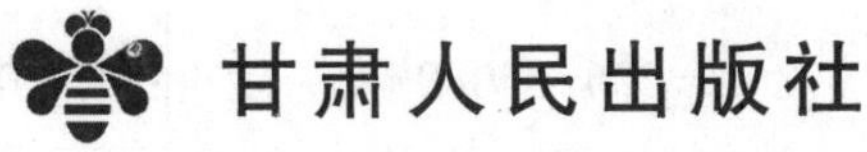

图书在版编目（C I P）数据

甘肃金融年鉴. 2016 / 甘肃金融年鉴编委会编. --
兰州 ：甘肃人民出版社，2016.12
ISBN 978-7-226-05080-4

Ⅰ. ①甘… Ⅱ. ①甘… Ⅲ. ①地方金融事业－甘肃－
2016－年鉴 Ⅳ. ①F832.742-54

中国版本图书馆CIP数据核字(2016)第307118号

出 版 人：王永生
责任编辑：肖林霞
封面设计：薛慧兰

甘肃金融年鉴（2016）
甘肃金融年鉴编委会 编
甘肃人民出版社出版发行
（730030 兰州市读者大道568号）
甘肃新亚印务有限公司
开本 889 毫米×1194 毫米 1/16 印张 37.25 插页 32 字数1680 千字
2016 年 12 月第 1版 2016 年 12 月第 1 次印刷
印数：1~3 700
ISBN 978-7-226-05080-4 定价：158.00元

《甘肃金融年鉴》编辑委员会

《甘肃金融年鉴》编辑部成员名单

《甘肃金融年鉴》组稿单位及组稿编辑名单

单位	组稿编辑
中国人民银行兰州中心支行	牛艳艳
中国银行业监督管理委员会甘肃监管局	颉　谦
中国证券监督管理委员会甘肃监管局	姚觐轲
中国保险监督管理委员会甘肃监管局	田逸君
国家开发银行股份有限公司甘肃省分行	周　茜
中国农业发展银行甘肃省分行	周金明
中国工商银行股份有限公司甘肃省分行	马　亮
中国农业银行股份有限公司甘肃省分行	丁兆魁
中国银行股份有限公司甘肃省分行	李贵义
中国建设银行股份有限公司甘肃省分行	王敦生
交通银行股份有限公司甘肃省分行	曹馨予
中国邮政储蓄银行股份有限公司甘肃省分行	张奕超
招商银行股份有限公司兰州分行	沈建强
上海浦东发展银行股份有限公司兰州分行	张泽霖
中信银行股份有限公司兰州分行	范海啸
浙商银行股份有限公司兰州分行	王昕彤
中国光大银行股份有限公司兰州分行	路　芳
兴业银行股份有限公司兰州分行	刘妤婷
中国民生银行股份有限公司兰州分行	李　枫
甘肃省农村信用社联合社	高　华
甘肃银行股份有限公司	张博文
兰州银行股份有限公司	殷秀梅
华龙证券有限责任公司	郭晓伟
海通证券股份有限公司甘肃分公司	郭秋鸽
国泰君安证券股份有限公司甘肃分公司	陈慧玲
华龙期货经纪有限公司	高明远
中国人民财产保险股份有限公司甘肃省分公司	杨　斌
中国人寿保险股份有限公司甘肃省分公司	贾存智
中国太平洋财产保险股份有限公司甘肃分公司	王俊卿
中国太平洋人寿保险股份有限公司甘肃分公司	梁荣凯
中国平安财产保险股份有限公司甘肃分公司	桂雨震
中国平安人寿保险股份有限公司甘肃分公司	李从容
中国华融资产管理股份有限公司甘肃省分公司	魏艳辉
中国长城资产管理公司兰州办事处	刘明煜
中国东方资产管理公司兰州办事处	王　辉
中国信达资产管理股份有限公司甘肃省分公司	臧兆媛
中国银联股份有限公司甘肃分公司	冯　森
光大兴陇信托有限责任公司	陈　震
酒钢集团财务有限公司	孙　洁
金川集团财务有限公司	潘义平
信达金融租赁有限公司	刘　静

单位	组稿编辑
兰州市	景文宏
白银市	王文海
天水市	焦晓玲
嘉峪关市	赵　锋
金昌市	李广炎
武威市	杨小林
张掖市	周　潮
平凉市	辛文科
庆阳市	张武浩
酒泉市	段　霖
定西市	胡凯敏
陇南市	王登荣
临夏州	马全福
甘南州	来怡琴

编 辑 说 明

一、《甘肃金融年鉴》是以年为期，记载甘肃金融事业发展里程的大型历史性、资料性工具书。自1993年以来，它逐年系统汇辑各种经济、金融信息数据和史实资料，真实客观地反映甘肃金融改革和发展的进程、情况和变化，供广大经济界、金融界人士查阅、交流、借鉴，为深化金融改革和推动金融事业发展服务。

二、本卷为《甘肃金融年鉴》总第24卷，主要反映2015年甘肃金融事业发展的基本情况，在组稿、筛选和编纂工作中力求体现科学性、资料性、全面性和连续性。凡有影响的大事、情况，能如实反映全省金融业务发展的文字资料、数据和图表、图片，我们均尽力收录并进行了精心编辑加工。

三、本卷年鉴主要由彩页和正文两大部分构成，正文分九个栏目，采用条目式编排，本着重事实、重数据、据实论理的编史要求，以翔实、丰富的资料、数据、图表和文字，真实地记载了2015年甘肃省银行业、证券业、保险业、资产管理公司、投资公司、财务公司等金融机构主要业务发展和基本情况。编排中，适当考虑金融业务门类的单元组成。在按资料性质分类编排的部类中，金融机构的排列顺序只按照一般惯例，即以人民银行、监管局、政策性银行、商业银行、证券类公司、保险公司、资产管理公司及其他非银行金融机构为序排列，不含名次高低之意。

四、本卷年鉴中，国民经济统计资料以甘肃省统计局的统计口径为准，全省金融统计资料以人民银行统计部门的统计口径为准，金融系统机构、人员、财务统计及名录，是根据各金融机构人事、财务部门提供的资料汇总的，在使用时请注意统计口径的差别和适用范围。

五、因年鉴篇幅有限，对2015年省内各金融机构制定的有关条例、制度、办法、实施细则和撰写的调研材料，只选其部分做了收录。

六、《甘肃金融年鉴》的编纂工作是在全省各金融机构共同组成的编委会和甘肃省金融学会的组织领导下进行的，并得到了全省金融系统各单位领导的大力支持。各组稿单位的组稿、编撰人员为本书的出版付出了辛勤的劳动；广大摄影爱好者提供了大量精美的图片；人民银行兰州中心支行调查统计处汇总了大量的统计资料。在此，一并表示衷心的感谢。

七、由于我们的编纂水平有限，书中难免有缺陷和疏漏之处，诚请广大读者批评指正。

《甘肃金融年鉴》编辑部
2016年8月

目 录

第三部分：各市、州金融发展情况

第四部分：调查报告与专题材料

第五部分：金融学会、协会及金融研究成果

第六部分：金融法规、规定、办法选编

第七部分：甘肃金融大事记

第八部分：经济、金融统计资料

第九部分：金融机构、负责人名录

序言

2015年，是全面完成“十二五”规划的收官之年，也是金融改革发展取得丰硕成果的一年。这一年，全省金融系统凝心聚力，锐意进取，积极适应经济新常态，全面谋划改革新举措，为全省经济金融健康快速发展、社会民生不断改善提供了有力支撑。

金融服务实体经济力度不断加大。全省人民银行认真贯彻稳健货币政策，引导金融机构盘活存量、优化增量，扎实开展“金融扶贫攻坚行动”，积极支持“一带一路”建设，不断加大对战略性新兴产业、保障性住房、“三农”、“小微”企业等重点领域支持力度，存贷款总量再创历史新高。2015年末，全省各项贷款余额1.37万亿元，增长23.93%，位居全国第二；各项存款余额1.63万亿元，增长16.55%，位居全国第四。

金融风险防范能力不断提高。人民银行大力整合金融管理职能，加大金融风险监测防范力度，牢牢守住不发生系统性、区域性金融风险的底线。银行业监管部门深入开展“两个加强、两个遏制”专项检查，完善差别化监管手段，分类防控各类金融风险，全辖银行业风险总体可控。证券业监管部门以上市公司风险排查预警和辖区法人证券期货机构风险监管为重点，全力维护辖区证券期货市场稳定运行。保险业监管部门注重从源头上防范化解满期给付和退保风险，保险市场健康发展。

金融改革进程不断深入。存款保险制度顺利实施，106家法人金融机构办理投保手续，利率市场化改革稳步推进。16家农村商业银行组建开业，甘肃电投财务公司、兰州银行租赁公司申建通过，金融体系架构日益完善。特色优势企业上市步伐加快,年内共有2家公司IPO上市，1家公司在港交所上市，1家公司通过证监会发审委审核，3家公司新增至辅导备案企业，14家公司在“新三板”挂牌。黄河财产保险股份有限公司获批筹建，我省地方保险法人机构实现零的突破。

现代金融服务体系不断健全。积极打通金融服务人民群众“最后一公里”，全省银行业金融机构各类物理网点增至24087个。有序完成2015年版第五套人民币100元纸币发行工作，全面推进集中支付电子化系统和“金税三期”系统测试上线，顺利建成“甘肃省社会信用信息平台”，普惠金融覆盖率进一步提高。积极鼓励符合条件的上市公司实施并购重组和再融资，全省上市公司共募集资金108.02亿元，较上年增长2.08倍。以消费者保护为落脚点，不断提升保险业广覆盖、差异化、高效率服务水平，全年实现保费收入256.89亿元，同比增长23.24%。

由甘肃省金融学会主办的《2016年卷甘肃金融年鉴》，经过近一年的编辑整理，现与读者见面了。它真实记录了2015年全省金融事业繁荣发展的铿锵进程和历史脉络，集中展现了全省金融人锐意进取的良好作风和奋发作为的精神风貌。存史以资政，述古而弥新！

新年孕育新希望，新年昭示新辉煌！2016年是“十三五”规划的开局之年，是全面深化改革的关键之年，也是全省金融工作创新发展的机遇之年。站在新的起点，我们将以更加强烈的责任意识、更加奋发的进取精神、更加扎实的工作作风，认真贯彻落实稳健货币政策，全力维护区域金融稳定，不断强化金融管理，切实提升金融服务水平，为促进甘肃经济社会平稳快速发展作出新贡献、创出新佳绩！

甘肃省金融学会会长
中国人民银行兰州中心支行行长 姜再勇

0101010101010101010101010101010101010101010010101010

兰州中心支行

△中国人民银行纪委书记王华庆（右三）慰问甘肃基层行员工

△中国人民银行副行长郭庆平（左三）赴甘南中心支行调研指导

△甘肃省副省长郝远（中）在中国人民银行兰州中心支行分会场参加全国金融助推脱贫攻坚电视电话会议

△中国人民银行兰州中心支行行长姜再勇（中）在平凉调研

△中国人民银行兰州中心支行副行长陶君道（右二）赴临夏中心支行调研

△中国人民银行兰州中心支行工会主任白克荣（右）到庄浪县永宁乡进行双联项目对接并捐赠春耕生产物资

△中国人民银行兰州中心支行纪委书记陈文武（左排中）对直属县（区）支行主要负责人进行年度廉政谈话

△中国人民银行兰州中心支行副行长张立民（右三）参加打击和防范经济犯罪“5·15”宣传日活动

△中国人民银行兰州中心支行副行长李文瑞（前排中）出席2015第二届中国西北金融高峰论坛并发言

△中国人民银行兰州中心支行副行长马常青（右二）在工厂化育苗基地调研

△甘肃省人民银行系统开展“庆五四”青年干部风采展示活动

CBRC中国银行业监督管理委员会

China Banking Regulatory Commission

甘 肃 监 管 局

△中国银行业监督管理委员会甘肃监管局召开2015年全省银行业监督管理工作会议

△甘肃银监局局长冷云竹在酒泉钢铁（集团）有限责任公司调研

△甘肃银监局局长冷云竹在甘肃省农村信用社调研

△甘肃银监局局长冷云竹在基层调研

△甘肃银监局举办庆祝国际“三八”妇女节猜谜大会

△甘肃银监局举办纪念抗日战争暨世界反法西斯战争胜利70周年主题活动

中国证券监督管理委员会
China Securities Regulatory Commission

甘肃监管局

△中国证券监督管理委员会甘肃监管局召开年2015年证券期货监管工作会议

△甘肃证监局党委书记、局长管兴业（左二）在海通证券庆阳营业部调研

△甘肃证监局举办第一届青年读书品鉴会，党委委员、副局长韩小玉（右一）主讲

△甘肃证监局受邀出席“迎新杯”甘肃辖区第二届证券期货知识竞赛活动

△甘肃证监局开展“联村联户、为民富民”行动

△甘肃证监局、上海期货交易所联合甘肃省政府国资委举办“期货大讲堂”培训会

CIRC 中国保险监督管理委员会

China Insurance Regulatory Commission

甘 肃 监 管 局

△中国保险监督管理委员会甘肃监管局、大地保险公司为农户送去“双联”行动保险赔款

△中国保险监督管理委员会甘肃监管局局长焦清平调研中药材保险市场发展情况

△甘肃保险业开展全国保险公众宣传日活动

△甘肃保险业举办反洗钱知识竞赛活动

△甘肃保险业向白土村小学捐赠体育器材及教学电脑

△甘肃省保险业举办第三届保险销售从业人员“双十佳”表彰大会

甘肃省银行业协会
GANSU BANKING ASSOCIATION

△甘肃省银行业协会常务副会长马国俊（左）向会长韩国强（右）汇报工作

△甘肃省银行业协会召开第六届理事会会议，常务副会长马国俊讲话

△甘肃省银行业协会召开第三届自律工作委员会第四次会议

△甘肃省银行业协会召开第三届教育培训工作委员会第二次会议

△甘肃省银行业协会举办2015年新媒体宣传培训班

△甘肃省银行业协会开展利率市场化政策培训

国家开发银行 甘肃省分行

CHINA DEVELOPMENT BANK

△国家开发银行行长郑之杰（右二）在北京会见中共甘肃省委常委、副省长李荣灿（左二）

△国家开发银行与甘肃省地方政府召开棚户区改造工作座谈会

△国家开发银行甘肃省分行出席甘肃省首届PPP项目签约暨推介会

△国家开发银行甘肃省分行联合甘肃省发改委、甘肃省建设厅召开“开发性金融支持城市地下综合管廊建设研讨会”

△国家开发银行甘肃省分行与甘肃省电力投资集团有限责任公司签订助推丝绸之路经济带建设金融战略合作协议

△国家开发银行甘肃省分行与天水市人民政府签订全面金融合作协议

△国家开发银行甘肃省分行与张掖市人民政府签订开发性金融支持张掖市“十三五”经济社会发展合作备忘录

△国家开发银行甘肃省分行荣获甘肃省2014年度“省长金融奖”

△国家开发银行甘肃省分行召开“三严三实”专题教育党课暨动员部署会

△国家开发银行甘肃省分行行长方笑明（左一）调研兰州市棚户区改造项目

△国家开发银行甘肃省分行行长方笑明（中）调研武威市扶贫开发项目

△国家开发银行甘肃省分行开展庆祝中国共产党建党94周年主题活动

中国农业发展银行 甘肃省分行

AGRICULTURAL DEVELOPMENT BANK OF CHINA

△中国农业发展银行副董事长、党委副书记、行长祝树民（左）与中共甘肃省委书记王三运（右）会谈

△中国农业发展银行副董事长、党委副书记、行长祝树民（左）在永登县支行调研信贷管理系统运行情况

△2015年中国农业发展银行主力债券承销商座谈会在兰州召开

△中国农业发展银行甘肃省分行行长刘峰林（右）带领5·18重点项目攻坚领导小组在张掖临泽县考察项目

△中国农业发展银行甘肃省分行行长刘峰林出席天水市政府举办的县级以上干部项目融资培训班，专题讲解农发行信贷政策

△中国农业发展银行甘肃省分行行长刘峰林（右二）调研陇南易地搬迁安置选址

△中国农业发展银行甘肃省分行与甘肃省水利厅签订全面支持水利建设战略合作框架协议

△中国农业发展银行甘肃省分行与甘肃银行签订全面业务合作协议

△中国农业发展银行甘肃省分行开展财会基础工作专项整治活动

△中国农业发展银行甘肃省分行召开全省农业开发和农村基础设施建设贷款业务发展座谈会

△中国农业发展银行甘肃省分行举办全省农发行CM2006系统改造升级（库存监管到仓）培训班

△中国农业发展银行甘肃省分行组织员工开展“金融知识进万家”公众宣传活动

ICBC 中国工商银行 甘肃省分行

CHINA DEVELOPMENT BANK

△中国工商银行甘肃省分行党委书记、行长张海琳（中）主持召开会议研究大零售工作

△中国工商银行甘肃省分行纪委书记、副行长樊志成（左）向"工行杯"感动甘肃·2015十大陇人骄子获奖人员杨荣（右）表示祝贺

△中国工商银行甘肃省分行召开会议，研究安排党风廉政建设工作

△中国工商银行甘肃省分行努力提升金融服务水平，在甘肃省行风政风民主评议中列五大国有银行第一

△中国工商银行甘肃省分行积极探索小微企业信贷专营模式，有力支持甘肃省小微企业快速健康发展

△中国工商银行甘肃省分行举办工行融e购商城开业2周年宣传活动

△中国工商银行甘肃省分行出资为四个“双联”联系村送去农业生产用具

△中国工商银行甘肃省分行乒乓球、羽毛球队赴酒泉卫星发射中心开展军银友谊赛

△中国工商银行甘肃省分行举办丰富多彩的文化活动

△中国工商银行甘肃省分行联合甘肃省作家协会、西部商报社举办工行杯“中国梦 我的梦”甘肃省第二届大中小学生作文大赛

△中国工商银行甘肃省分行组织员工开展保护环境公益活动

中国农业银行 甘肃省分行

AGRICULTURAL BANK OF CHINA

△中国农业银行甘肃省分行行长韩国强（右）与2010年诺贝尔经济学奖得主皮萨里德斯教授（左）共同启动服务三农“四融”平台2.0版

△中国农业银行甘肃省分行冠名主办的首届“金穗四融诺奖学者丝路行”高级文化盛典在兰州隆重举行

△中国农业银行甘肃省分行行长韩国强在2015第二届中国西北金融高峰论坛作题为《践行普惠金融创新发展 助力全省打赢精准扶贫精准脱贫攻坚战》主旨演讲

△中国农业银行甘肃省分行行长韩国强出席兰州大学主办的东西部企业家合作互动论坛，作题为《嫁接利用“四融”平台 打造金融支持民营企业“互联网+”模式》主旨演讲

△中国农业银行甘肃省分行行长韩国强（右）与中国农业银行私人银行部副总经理翟明姝（左）为甘肃省分行私人银行部揭牌

△中国农业银行甘肃省分行与甘肃省公路航空旅游集团签订战略合作协议

△中国农业银行甘肃省分行与临夏回族自治州人民政府签订金融支持临夏州经济社会暨清真产业民族用品发展战略合作框架协议

△中国农业银行甘肃省分行召开全省农业银行安全生产紧急视频会议

△中国农业银行甘肃省分行召开全省农业银行2015年三农业务工作暨四融平台推进现场会

△中国农业银行甘肃省分行组织全省农业银行第五次领导干部集体学习活动

△中国农业银行甘肃省分行调研组在平凉市静宁县李店乡召开“四融”平台调研座谈会

△中国农业银行甘肃省分行举办全省农业银行第十届业务技术比赛

甘肃省分行

△中国银行甘肃省分行参与承办甘肃“一带一路”国际产能合作洽谈会，中共甘肃省委副书记欧阳坚（左五）、中国银行副行长高迎欣（左六）出席签约仪式

△中国银行甘肃省分行协助中国银行（香港）举办2015年内地银行业清算行业务推广交流会

△新华社、经济日报、金融时报等14家中央媒体记者集体采访中国银行甘肃省分行支持“一带一路”战略情况

△2015年11月，兰州市金轮广场支行接待幼儿园儿童参观

△中国银行甘肃省分行与甘肃省建设投资（控股）集团总公司签订战略合作协议

△中国银行甘肃省分行与甘肃省工商业联合会签订银商合作框架协议

△中国银行甘肃省分行与甘肃省高速公路管理局举行ETC爱驾汽车卡发卡仪式

△中国银行甘肃省分行开展外部侵害案件防控培训

△中国银行甘肃省分行举办出国留学服务推介会，与多家教育机构签约

△中国银行甘肃省分行在兰州市城关中心支行营业部举行“巾帼文明示范岗”奖牌授予仪式

△在中国银行举办的“中国梦·劳动美”职工法律知识竞赛中，甘肃省分行代表队获得第一名

△中国银行甘肃省分行举行庆祝建党94周年暨先进表彰大会

中国建设银行 甘肃省分行
China Construction Bank

△中国建设银行行长王组继（左）与中共甘肃省委书记王三运（右）会谈

△中国建设银行行长王组继（左六）、首席风险官曾俭华（左五）和甘肃省分行行长李尚荣（左四）出席中国建设银行甘肃省分行与兰州大学战略合作协议签约仪式

△中国建设银行行长王组继、首席风险官曾俭华在甘肃省分行调研

△中国建设银行副行长章更生（右）与甘肃省副省长郝远（左）会谈

△中国建设银行副行长章更生视察部分营业网点

△中国建设银行董事会秘书陈彩虹在甘肃省分行对转型发展、集约化经营、印章管理工作进行调研

△中国建设银行甘肃省分行行长李尚荣围绕甘肃省分行贯彻落实国家“一带一路”战略相关情况，接受中央电视台财经频道专访

△中国建设银行甘肃省分行发行的“龙卡甘肃热购信用卡”产品发布会在兰州隆重举行

△中国建设银行甘肃省分行召开2015年工作会议和纪检监察工作会议

△中国建设银行甘肃省分行行长李尚荣（右一）深入定西市通渭县开展联村联户工作

△中国建设银行甘肃省分行参加甘肃省公安厅、中国人民银行兰州中心支行举办的以打击和防范经济犯罪、护航改革、保障民生为主题的宣传日活动

△中国建设银行主办、甘肃省分行承办的全国建设银行第七届职工乒乓球赛分区赛在兰州成功举办

交通银行 BANK OF COMMUNICATIONS 甘肃省分行

△交通银行董事长牛锡明（左）与甘肃省省长刘伟平（右）会谈

△交通银行董事长牛锡明（中）在甘肃省分行自助网点考察

△交通银行监事长宋曙光在交通银行甘肃省分行营业部调研指导工作

△交通银行监事长宋曙光在交通银行天水路支行调研指导工作

△交通银行甘肃省分行行长李文方实地考察合作企业

△交通银行甘肃省分行举办庆祝建党94周年党员大会暨党的知识和业务知识竞赛活动

△交通银行甘肃省分行召开“531”工程上线表彰大会

△交通银行甘肃省分行开展“531”工程营运条件沙盘演练

△交通银行甘肃省分行第八届职工运动会开幕式

△交通银行甘肃省分行第八届职工运动会拔河比赛

△交通银行甘肃省分行开展“青春志愿行 共筑中国梦”关爱留守儿童活动

△交通银行甘肃省分行组织扶贫帮扶点留守儿童赴上海参观学习

中国邮政储蓄银行 POSTAL SAVINGS BANK OF CHINA 甘肃省分行

△中国邮政储蓄银行行长吕家进（左）与甘肃省副省长郝远（右）会谈

△中国邮政储蓄银行甘肃省分行行长周巨龙（左）与平凉市委书记陈伟（右）会谈，签订战略合作协议

△中国邮政储蓄银行甘肃省分行行长周巨龙在基层网点体验业务

△中国邮政储蓄银行甘肃省分行举办“邮储银行杯”第二届“创青春”甘肃青年创新创业大赛

△中国邮政储蓄银行基层信贷员走访定西中药材市场

△中国邮政储蓄银行甘肃省分行开展消防知识培训

△中国邮政储蓄银行甘肃省分行举办2015年全省支行长演讲比赛

△中国邮政储蓄银行兰州市分行组织党员参观甘肃抗战纪念馆

△第一届“邮银杯”员工运动会男子100米赛跑

△中国邮政储蓄银行张掖市分行员工参加青年志愿者服务活动

△中国邮政储蓄银行甘肃省分行开展“大手牵小手·助梦山区儿童”送温暖活动

△中国邮政储蓄银行平凉市分行员工才艺表演

招商银行 兰州分行

CHINA MERCHANTS BANK

△招商银行副行长刘建军（左）与甘肃省副省长郝远（右）会谈

△招商银行兰州分行行长姜新（左）与兰州新区管委会主任李睿（右）会谈

△招商银行兰州分行原行长毛国英在张掖市甘州区石岗墩高效农业示范区考察企业

△招商银行兰州分行开展反洗钱宣传活动

△招商银行兰州分行开展庆祝建党94周年暨新党员入党宣誓活动

△招商银行兰州分行移动医疗APP上线

△招商银行兰州分行举办服务礼仪大赛

△招商银行兰州分行举办19周年庆典大会

△招商银行兰州分行举办员工运动会

△招商银行兰州分行组织员工开展走进天水人文活动

△招商银行兰州分行举行新春文艺联欢晚会

△招商银行兰州分行举办“小小理财家”亲子回馈活动

浦发银行 SPD BANK 兰州分行

△浦发银行兰州仁恒支行开业

△浦发银行兰州天水路支行开业

△浦发银行兰州分行举办中层干部管理能力提升系列培训

△浦发银行兰州分行举办纪念中国共产党建党94周年暨“三严三实”学习心得交流会

△浦发银行兰州分行召开第二届第一次职工（会员）代表大会

△浦发银行兰州分行举办“超级团队执行力与高效团队激励机制”专题培训

△浦发银行兰州分行邀请监管部门及公安部门专家开展法制教育专题培训

△浦发银行兰州分行举办“激扬青春　放飞梦想”创业者心声报告会

△浦发银行兰州分行开展2015年度全员消防演练

△浦发银行兰州分行举办成立七周年歌咏比赛

△浦发银行兰州分行举办第三届员工趣味运动会

△浦发银行兰州分行举办成立七周年客户答谢专场献演

中信银行 CHINA CITIC BANK 兰州分行

△中信银行副行长郭党怀（右二）在兰州分行视察工作

△中信集团工会常务副主席王江生（右）亲切慰问中信银行兰州分行困难职工

△中信集团顾问赵景文在兰州分行视察工作

△中信银行检查组在兰州分行检查指导工作

△中信银行兰州分行行长杨晓峰带队前往陇南调研扶贫工作

△中信银行兰州分行启动帮扶宕昌县精准扶贫计划

△中信银行兰州分行举办中层管理人员培训班

△中信银行兰州分行二届二次职工（会员）代表大会

△中信银行兰州分行召开企业文化宣导会议

△中信银行兰州分行召开2015年年中会议暨企业文化宣导会议

△热心追回巨款，储户为中信银行兰州西站支行点赞

△浙商银行副行长吴建伟在兰州分行调研

△中国银行业监督管理委员会甘肃监管局副局长刘爱平（中）在浙商银行兰州分行调研

△浙商银行兰州分行行长申健在白银市调研

△浙商银行兰州分行与轨道交通建设方洽谈业务合作

△浙商银行兰州分行与酒钢集团财务有限公司举办涌金票据池签约仪式

△浙商银行天水分行开业

△浙商银行兰州分行召开2015年度干部考核大会

△浙商银行兰州分行组织开展为玛曲县双联帮扶对象捐款活动

△浙商银行兰州分行在会宁县葛家滩小学开展“温暖小脚丫”爱心捐赠活动

△“浙商银行杯”兰州大学第十四届研究生校园十大歌手决赛现场

△浙商银行兰州分行举办五周年庆典

Bank 中国光大银行 兰州分行
CHINA EVERBRIGHT BANK

△中国光大银行兰州分行行长张宏（左二）拜访国家电网甘肃省电力公司总经理李明

△中国光大银行兰州分行行长张宏在双联暨精准扶贫村实地考察

△中国光大银行兰州分行召开成立三周年座谈会

△中国光大银行兰州分行与中国华融资产管理股份有限公司甘肃省分公司签订战略合作协议

△中国光大银行兰州分行与甘肃省广播电视网络股份有限公司签订全面战略合作协议

△中国光大银行兰州分行召开2015年上半年形势分析和工作安排会议

△中国光大银行兰州分行开展2015年度“大地之爱 母亲水窖”员工捐款活动

△中国光大银行兰州雁滩支行开业

△中国光大银行兰州分行举办2015年迎新春茶话会

△兴业银行行长李仁杰在兰州分行检查指导工作

△兴业银行与甘肃省农村信用社联合社银银平台上线

△兴业银行兰州分行与兰州新区政府洽谈业务合作

△兴业银行兰州分行召开2015年度工作会议

△兴业银行西固支行开业

△兴业银行兰州分行开展走访慰问双联贫困村活动

△兴业银行兰州分行开展"七一"红色教育活动

△兴业银行兰州分行员工参加2015年"兴业杯"羽毛球赛

△兴业银行兰州分行员工参加兰州马拉松比赛

△兴业银行兰州分行办公大楼

△兴业银行兰州分行举办"兴业银行杯"舞动金城广场舞大赛

中国民生银行 CHINA MINSHENG BANK 兰州分行

△中国民生银行党委委员、纪委书记陈进忠在兰州分行做“三严三实”专题党课报告

△中国民生银行副董事长梁玉堂在兰州分行视察工作

△中国民生银行监事会监事王梁、股东监事鲁钟男、监事会办公室主任陈崇龙在兰州分行调研

△中国民生银行兰州分行与甘肃省工业和信息化委员会签署战略合作协议

△中国民生银行兰州分行与甘肃正和企业管理咨询中心签订联名卡发布合作协议

△中国民生银行兰州分行参与“打击经济犯罪识假防骗共创平安”活动

△中国民生银行兰州分行举办"奔跑吧！民生"2015年春季登山活动

△中国民生银行兰州分行举办"舞动青春　畅想未来"新春晚会

△中国民生银行兰州分行开展首批校园招聘大学生入职培训

△中国民生银行兰州分行举办第一届员工运动会

△中国民生银行兰州分行成立一周年员工合影

△中国民生银行兰州分行办公大楼

甘肃省农村信用社联合社
GANSU PROVINCE RURAL CREDIT UNION

△甘肃省农村信用社联合社荣获2015年度“省长金融奖”，这是甘肃省农村信用社联合社自2008年以来连续8年获此殊荣

△兰州农村商业银行股份有限公司揭牌开业仪式

△甘肃省农村信用社联合社理事长雷志强当选“2014年度甘肃十大经济人物”

△中国银行业监督管理委员会甘肃监管局局长冷云竹在甘肃省农村信用社联合社调研

△甘肃省农村信用社联合社与兴业银行柜面代理结算系统正式上线并成功运行

△中国信息安全认证中心向甘肃省农村信用社联合社颁发ISO 20000IT服务管理体系认证证书

△中国银河金融控股有限责任公司总经理杜平在甘肃省农村信用社联合社调研

△甘肃省农村信用社联合社与省工信委举行“甘肃省融资担保机构注册资本金协议托管银行签字仪式”

△甘肃省农村信用社联合社召开全省农村信用社2015年效能风暴行动民主评议机关作风和行风工作（视频）动员大会

△由中国银行业监督管理委员会甘肃监管局、中国农村金融杂志社联合主办，甘肃省农村信用社联合社承办的2015中国兰州普惠金融论坛在兰州成功举办

△首届“陇上金融家”评选结果揭晓，甘肃省农村信用社联合社“三农特色服务终端”被评选为“甘肃最佳金融产品和服务”奖

△甘肃省农村信用社联合社举办首届职工服务礼仪大赛

甘肃银行
BANK OF GANSU

△甘肃省副省长郝远（右）和甘肃省科技厅厅长李文卿（左）为甘肃银行兰州新区科技支行揭牌

△甘肃省文化金融工作会议在兰州召开，中共甘肃省委常委、宣传部部长连辑（左二）、甘肃省副省长夏红民（右二）为甘肃银行文化支行揭牌

△甘肃银行党委书记、董事长李鑫与一级分支机构主要负责人进行廉政谈话

△甘肃银行和兰州大学管理学院共同举办2015年金城峰会，甘肃银行党委副书记、副行长刘青在峰会上发言

△甘肃银行召开共青团第一次团员代表大会

△甘肃银行在甘肃金融系统职工法律知识竞赛中荣获二等奖

△甘肃银行举办第一届职工羽毛球、乒乓球比赛

△甘肃银行在双联联系点开展植树造林活动

△甘肃银行举办喜迎“七一”建党节登山活动

兰州银行
BANK OF LANZHOU

△全省“精准扶贫专项贷款工程”正式启动，图为兰州银行与省财政厅签订合作协议

△深圳证券交易所理事长吴利军在兰州银行调研

△兰州银行连续四年获得“省长金融奖”

△兰州银行冠名首届“丝绸之路”国际大学生创新创业大赛暨甘肃省第六届大学生创新创业大赛

△随着上市申报启动大会的召开，兰州银行的上市步伐全面提速

△兰州银行特邀中国商界领袖俞敏洪、冯仑在兰州开讲经济转型时期的企业发展之策，来自甘肃省内商界、教育界及媒体的600余人参加了活动

△兰州银行主发起设立甘肃省规模最大的公募基金会——兰州市教育发展基金会成立运行

△兰州银行开展双联活动，获得帮扶点群众的一致好评

△“兰银”“兰马”五载相伴，以契而不舍的马拉松精神共同演绎为梦奔跑的大情怀

△“共建美好家园——兰州银行2015年回收废旧电池大型公益活动”启动

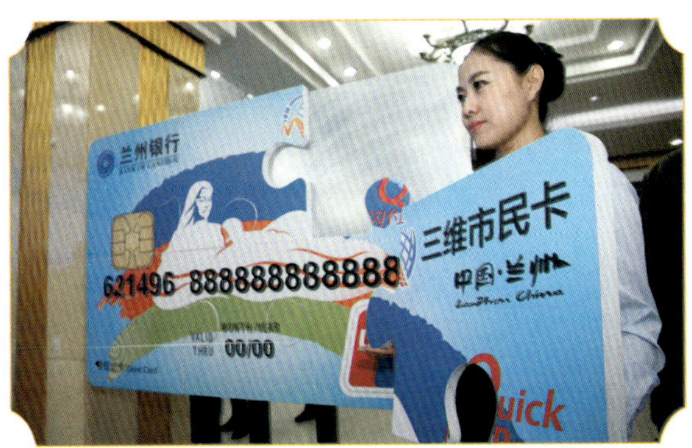

△兰州银行发布融合“政府公共服务、公用事业应用、商业应用及金融应用”于一体的“三维市民卡”

△被誉为“未来银行代表作、智慧银行体验馆”的兰州银行硅谷支行开业，集纳兰州银行众多科技创新成果的硅谷支行也是全国城商行首家全功能智慧银行

△华龙证券股份有限公司荣获2014年度“省长金融奖”

△华龙证券股份有限公司召开2015年工作会议

△华龙证券股份有限公司保荐的读者出版传媒股份有限公司在上海证券交易所上市

△华龙证券股份有限公司新logo发布仪式

△华龙证券股份有限公司在舟曲县果耶乡中心小学开展帮扶活动

△华龙证券股份有限公司组织员工在宕昌县哈达铺红军长征纪念馆开展建党94周年纪念活动

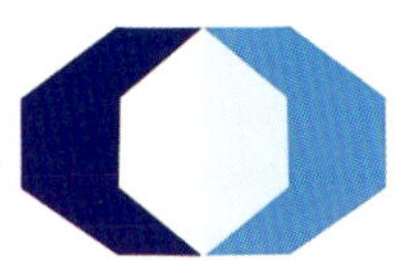

国泰君安证券 GUOTAI JUNAN SECURITIES 甘肃分公司

△国泰君安证券股份有限公司甘肃分公司召开2015年度工作会议

△国泰君安证券股份有限公司甘肃分公司举办国泰君安2015年专场策略报告会

△国泰君安证券股份有限公司甘肃分公司举办券商新设网点运营管理新模式与个股期权实战培训

△国泰君安证券股份有限公司甘肃分公司在甘肃渭源希望小学开展捐赠活动

△国泰君安证券股份有限公司甘肃分公司举办公司西北片区羽毛球比赛

△国泰君安证券股份有限公司甘肃分公司员工参加兰州马拉松比赛

PICC 中国人民财产保险股份有限公司
PICC PROPERTY AND CASUALTY COMPANY LIMITED

甘 肃 省 分 公 司

△中国人民财产保险股份有限公司甘肃省分公司总经理董彦明向客户介绍保险产品

△中国人民财产保险股份有限公司甘肃省分公司召开甘肃保险业新国十条安排部署工作会议

△中国人民财产保险股份有限公司甘肃省分公司召开全省系统“两个加强、两个遏制”专项检查视频会议

△中国人民财产保险股份有限公司甘肃省分公司保险销售从业人员“双十佳”获奖代表

△中国人民财产保险股份有限公司甘肃省分公司举办全省系统“立足岗位做贡献”读书演讲比赛

△中国人民财产保险股份有限公司甘肃省分公司机关开展健步走活动

中国人寿保险股份有限公司
China Life Insurance Company Limited
甘肃省分公司

△中国人寿保险股份有限公司党委书记、总裁林岱仁（左）在甘肃省分公司调研

△中国人寿保险（集团）公司党委委员、纪委书记、副总裁张响贤（左）在甘肃省分公司调研

△中国人寿保险股份有限公司甘肃省分公司组织开展"三严三实"专题教育活动，甘肃省分公司党委书记、总经理张举科面向全省系统党员领导干部讲党课

△中国人寿保险股份有限公司甘肃省分公司召开全省系统二届四次职工代表大会

△中国人寿保险股份有限公司甘肃省分公司基层单位走上街头向群众宣传普及保险知识

△中国人寿保险股份有限公司兰州市分公司开展徒步拉练活动

中国太平洋财产保险股份有限公司
China Pacific Property Insurance Co.,Ltd.

甘 肃 分 公 司

△中国太平洋财产保险股份有限公司甘肃分公司党委书记、总经理吴刚在基层公司调研

△中国太平洋财产保险股份有限公司甘肃分公司举办全辖新任高管培训班

△中国太平洋财产保险股份有限公司甘肃分公司举办全辖移动CRM系统视频培训

△中国太平洋财产保险股份有限公司甘肃分公司组织辖内机构开展春节假日保险服务活动

△中国太平洋财产保险股份有限公司甘肃分公司兰州中心支公司静宁路标准化门店服务大厅

△中国太平洋财产保险股份有限公司甘肃分公司组织员工开展拓展训练

中国太平洋人寿保险股份有限公司
China Pacific Life Insurance Co.,Ltd.

甘 肃 分 公 司

△中国太平洋人寿保险股份有限公司首席风险执行官王光剑（左一）在甘肃分公司调研

△中国太平洋保险集团公司审计中心西北审计部对甘肃分公司开展2015年度审计

△中国太平洋人寿保险股份有限公司甘肃分公司班子成员参加2015年度综合考评

△中国太平洋人寿保险股份有限公司甘肃分公司产寿险共享门店成立并通过总公司标准门店A级认证

△中国太平洋人寿保险股份有限公司甘肃分公司工会慰问天水市甘谷县八里湾乡大塔坪村互助养老院

△以中国太平洋人寿保险股份有限公司员工林萍的事迹改编的话剧《生命密码》全国巡演兰州站演出

中国平安
PING AN
保险·银行·投资

中国平安财产保险股份有限公司

PING AN OF CHINA PROPERTY & CASUALTY INSURANCE CO,. LTD.

甘肃分公司

△中国平安财产保险股份有限公司甘肃分公司举办企业培训师核心技能培训班

△中国平安财产保险股份有限公司甘肃分公司开展防范打击非法集资宣传活动

△中国平安财产保险股份有限公司甘肃分公司开展阳光助残捐赠活动

△中国平安财产保险股份有限公司甘肃分公司连续多年组织开展大型公益无偿献血活动

△中国平安财产保险股份有限公司甘肃分公司举办“女神节”活动

△中国平安财产保险股份有限公司甘肃分公司举办“健步疾驰、提速抢优”健步行活动

中国平安
PING AN
保险·银行·投资

中国平安人寿保险股份有限公司
PING AN OF CHINA LIFE INSURANCE CO,. LTD.

甘肃分公司

△中国平安人寿保险股份有限公司甘肃分公司东岗支公司成立

△中国平安人寿保险股份有限公司甘肃分公司参加“5·15”防范经济犯罪宣传活动

△中国平安人寿保险股份有限公司甘肃分公司获得“无偿献血爱心单位”称号

△中国平安人寿保险股份有限公司甘肃分公司第二十届客服节开幕式

△中国平安人寿保险股份有限公司甘肃分公司开展中国平安希望小学支教行动

△中国平安人寿保险股份有限公司甘肃分公司举办千人健康跑活动

中国华融资产管理股份有限公司
CHINA HUARONG ASSET MANAGEMENT CO.,LTD.

甘肃省分公司

△中国华融资产管理股份有限公司甘肃省分公司召开“三严三实”专题讨论会

△甘肃银监局辖区金融资产管理公司风险分析座谈会

△中国华融资产管理股份有限公司甘肃省分公司举办尽职调查培训讲座

△中国华融资产管理股份有限公司甘肃省分公司在双联帮扶点开展春节送温暖活动

△中国华融资产管理股份有限公司甘肃省分公司员工参加公司第二届系统职工运动会，并获得多个集体和个人奖项

△中国华融资产管理股份有限公司甘肃省分公司举办春季趣味运动会

中国长城资产管理公司

China Great Wall Asset Management Corporation

兰州办事处

△中国长城资产管理公司兰州办事处召开2015年工作会议暨纪检监察工作会议

△中国长城资产管理公司兰州办事处与甘肃国投签订战略合作协议

△中国长城资产管理公司兰州办事处与中国农业银行青海省分行签订战略合作协议

△中国长城资产管理公司兰州办事处召开2015年全员述职大会

△中国长城资产管理公司兰州办事处在夏河县甘加乡八角小学开展结对帮扶活动

中国东方资产管理公司
China Orient Asset Management Corporation

兰州办事处

△中国东方资产管理公司副总裁陈景耀在兰州办事处调研

△中国东方资产管理公司兰州办事处召开案例分析会

△中国东方资产管理公司兰州办事处举办宁夏建行资产包现场竞价会

△中国东方资产管理公司兰州办事处召开年终述职大会

△中国东方资产管理公司兰州办事处举办迎新春联欢会

△中国东方资产管理公司兰州办事处举办成立十五周年阳光健步活动

中国信达资产管理股份有限公司

China Cinda Asset Management Corporation

甘肃省分公司

△中国信达资产管理股份有限公司甘肃省分公司荣获中国银监会系统"文明单位"荣誉称号

△中国信达资产管理股份有限公司甘肃省分公司召开中介机构业务合作座谈会

△中国信达资产管理股份有限公司甘肃省分公司组织开展"七一"党建活动

△中国信达资产管理股份有限公司甘肃省分公司在腊子口乡哇古村小学开展教学用具捐赠活动

△中国信达资产管理股份有限公司甘肃省分公司开展"五四"青年节登山活动

△中国信达资产管理股份有限公司甘肃省分公司组织室内文体活动

UnionPay 银联 中国银联 China UnionPay 甘肃分公司

△中国银联甘肃分公司召开党风建设和反腐倡廉工作会议

△中国银联甘肃分公司举办“银联62儿童消费节”活动

△兰州市公安局刑警支队向中国银联甘肃分公司赠送锦旗

△中国银联甘肃分公司参加打击和防范经济犯罪宣传日活动

△中国银联甘肃分公司举办消防安全知识培训

△中国银联甘肃分公司在双联联系村开展帮扶活动

第一部分

经济、金融运行情况

2015年甘肃省国民经济和社会发展情况

2015 年，面对错综复杂的国内外环境和艰巨繁重的改革发展任务，省委、省政府全面贯彻落实党中央、国务院的决策部署，团结带领全省各族人民，抢抓发展机遇，坚持稳中求进的工作总基调，统筹推进稳增长、促改革、调结构、惠民生、防风险等各项工作，全省经济保持平稳发展，人民生活持续改善，各项社会事业取得新进展。

一、综合

经济增长：初步核算，全年实现生产总值 6 790.32 亿元，比上年增长 8.10%。其中，第一产业增加值 954.54 亿元，增长 5.40%；第二产业增加值 2 494.77 亿元，增长 7.40%；第三产业增加值 3 341.01 亿元，增长 9.70%，其中批发和零售贸易业增加值 508 亿元，增长 2.30%，住宿和餐饮业增加值 196.37 亿元，增长 7.40%，金融业增加值 443.12 亿元，增长 21.50%，房地产业增加值 244.82 亿元，增长 5.60%。第一产业增加值占生产总值的比重为 14.06%，第二产业增加值比重为 36.74%，第三产业增加值比重为 49.20%。按常住人口计算，人均生产总值 26 165 元，比上年增长 7.70%。

文化产业实现增加值 157.09 亿元，比上年增长 18.19%，占生产总值的比重为 2.30%。

战略性新兴产业实现增加值 821.60 亿元，比上年增长 11.90%，占生产总值的比重为 12.10%。

就业：年末共有城乡就业人员 1 535.69 万人，其中城镇就业人员 567.46 万人。全年城镇新增就业人员 43.70 万人，比上年增长 0.46%。年末城镇登记失业率为 2.14%，比上年末下降 0.05 个百分点。

物价：全年居民消费价格总水平比上年上涨 1.60%，其中城市上涨 1.40%，农村上涨 1.80%。全省商品零售价格比上年上涨 1%。

全年工业生产者出厂价格比上年下降 13%，工业生产者购进价格下降 13%，固定资产投资价格下降 2.30%，农产品生产价格下降 1.50%。农业生产资料价格下降 1.40%。

二、农业

全年粮食总产量 1 171.10 万吨，比上年增产 1.07%。其中，夏粮产量 321.70 万吨，增产 3.74%；秋粮产量 849.40 万吨，增产 0.10%。

粮食作物种植面积 284.96 万公顷，比上年增加 0.72 万公顷；棉花种植面积 2.57 万公顷，减少 1.24 万公顷；油料种植面积 32.02 万公顷，减少 0.88 万公顷；蔬菜种植面积 52.72 万公顷，增加 2.03 万公顷，其中设施蔬菜种植面积 10.40 万公顷，增加 0.57 万公顷；中药材种植面积 26.87 万公顷，增加 1.29 万公顷。糖料种植面积 0.29 万公顷，减少 0.21 万公顷。果园面积 45.87 万公顷，增加 0.18 万公顷。

年末大牲畜存栏 680.85 万头，比上年下降 0.77%；牛存栏 517.53 万头，下降 0.86%；羊存栏 2 096.73 万只，下降 1.07%；猪存栏 666.06 万头，下降 3.16%。年末大牲畜出栏 213.43 万头，比上年末增长 3.97%；牛出栏 192.75 万头，增长 4.12%；羊出栏 1 339.29 万只，增长 9.57%；猪出栏 747.26 万头，下降 3.64%。全年肉类总产量 100.55 万吨，增长 0.82%；全年水产品产量 1.49 万吨，增长 4.20%。

主要经济作物中，蔬菜产量 1 823.14 万吨，比上年增产 6.92%，其中设施蔬菜产量 540.55 万吨，增产 5.28%；园林水果产量 461.80 万吨，增产 8.60%；中草药材产量 108.20 万吨，增产 8.89%；烟叶产量 1.22 万吨，增产 23.23%。

全年农业机械总动力 2 684.95 万千瓦，比上年增长 5.50%。农村用电量 54.04 亿千瓦小时，增长 5.40%。农用化肥施用量（折纯）97.92 万吨，增长 0.30%。新增有效灌溉面积 2.11 万公顷。综合治理水土流失面积 7.70 万平方公里。

三、工业

全年完成全部工业增加值 1 778.1 亿元，比上年增长 7%。规模以上工业企业完成工业增加值 1 662 亿元，增长 6.80%。高技术产业完成工业增加值 59.50 亿元，比上年增长 14.50%，占全省规模以上工业增加值的 3.60%。非公有制企业完成工业增加值 378.80 亿元，比上年增长 4%，占全省规模以上工业增加值的 2.80%。规模以上工业增加值中，国有及国有控股企业完成工业增加值 1 216.10 亿元，比上年增长 7.80%。集体企业完成工业增加值 13.10 亿元，下降 13.90%；股份制企业完成工业增加值 1 142.50 亿元，下降 3.10%；外商及港澳台投资企业完成工业增加值 28.40 亿元，下降 8.60%。轻工业完成增加值 319.80 亿元，比上年增长 6.20%；重工业完成增加值 1 342.20 亿元，增长 7%。

石化、有色、食品、电力、冶金、机械和煤炭等重点支柱行业完成工业增加值 1 447.10 亿元，比上年增长 7.40%，占规模以上工业的 87.10%。

建筑业：全年建筑业实现增加值 730.88 亿元，比上年增长 9.10%。

四、固定资产投资

固定资产投资：全年完成固定资产投资 8 626.60 亿元，比上年增长 11.17%。按三次产业划分，第一产业投资

534.89 亿元，增长 30.75%；第二产业投资 3 434.90 亿元，下降 2.74%，其中工业投资 2 301.46 亿元，下降 13.67%；第三产业投资 4 656.81 亿元，增长 21.94%。

全年完成项目投资 7 858.53 亿元，增长 11.66%。其中，制造业投资 1 232.45 亿元，下降 9.31%；建筑业投资 1 133.44 亿元，增长 30.95%；交通运输、仓储和邮政业投资 814.89 亿元，增长 3.48%；电力、热力、燃气及水的生产和供应业投资 762.72 亿元，下降 15.78%；水利、环境和公共设施管理业投资 762.60 亿元，增长 25.40%。

房地产开发投资：全年完成房地产开发投资 768.06 亿元，比上年增长 6.46%，其中住宅投资 526.56 亿元，增长 6.08%；房屋施工面积 8 586.18 万平方米，增长 12.09%，其中住宅施工面积 6 087.70 万平方米，增长 7.85%；房屋新开工面积 2 312.66 万平方米，增长 12.79%，其中住宅新开工面积 1 547.13 万平方米，增长 4.05%；房屋竣工面积 962.24 万平方米，增长 18.32%，其中住宅竣工面积 765.12 万平方米，增长 17.34%；商品房销售面积 1 434.96 万平方米，增长 8.26%，其中住宅销售面积 1 307.48 万平方米，增长 7.82%。

五、交通、邮电和旅游

全年交通运输、仓储和邮政业实现增加值 274.65 亿元，比上年下降 0.30%。

交通运输：年末全省新建铁路投产里程 306.60 公里，增建铁路复线投产里程 53.70 公里。公路里程 14.01 万公里，其中等级公路 12.04 万公里，高速公路 0.35 万公里。新建二级以上公路 715.91 公里，其中新建高速公路 300 公里。各种运输方式完成货物周转量 2 226.01 亿吨公里，比上年下降 6.73%；旅客周转量 641.10 亿人公里，增长 4.23%。

邮电通讯：按 2010 年价格计算，全年完成邮电业务总量 363.61 亿元，比上年增长 31.02%。其中，电信业务总量 347.29 亿元，增长 31.54%；邮政业务总量 16.32 亿元，增长 20.83%。邮政业全年完成邮政函件业务 1 582.40 万件，包裹业务 67.55 万件，快递业务量 3 541.43 万件，快递业务收入 7.25 亿元。年末局用电话交换机总容量达到 278.10 万门，比上年下降 22.86%；移动电话交换机容量 2 997 万户，增长 14.44%。年末固定电话用户 325.99 万户，比上年减少 15.31 万户。其中，城市 261.85 万户，增加 1.49 万户；农村 64.14 万户，减少 16.80 万户。年末移动电话用户 2 108.10 万户，增加 49.48 万户，其中 3G 移动电话用户 553.96 万户。固定电话普及率 12.60 部/百人，减少 0.60 部/百人；移动电话普及率 81.40 部/百人，增加 1.70 部/百人。年末固定互联网宽带接入用户数达 245.34 万户，增长 14.70%；互联网宽带接入端口 611 万个，增长 30%。

旅游：全年接待国内游客 15 632.90 万人次，比上年增长 23.50%；国内旅游收入 974.50 亿元，增长 25%。接待境外旅游人数 5.50 万人次，增长 11.81%。其中，接待外国游客 3.20 万人次，增长 9.50%；接待港澳台同胞 2.30 万人次，增长 15.12%。全年国际旅游外汇收入 1 418.10 万美元，增长 39.40%。

六、国内贸易

全年实现社会消费品零售总额 2 907.20 亿元，比上年增长 9%。按销售单位所在地统计，城镇实现社会消费品零售总额 2 316.80 亿元，增长 8.10%，其中城区实现 1 709.10 亿元，增长 7.70%；乡村实现社会消费品零售总额 590.40 亿元，增长 12.30%。按消费形态分，商品零售额 2 447.20 亿元，增长 8.60%；餐饮收入 460 亿元，增长 10.90%。

全年批发业实现商品销售额 4 778.60 亿元，比上年增长 3.10%；零售业实现商品销售额 2 789.10 亿元，增长 10%；住宿业实现营业额 94 亿元，增长 14.40%；餐饮业实现营业额 542.60 亿元，增长 17.20%。

全年限额以上企业实现商品零售额 1 128.50 亿元，比上年增长 5%。其中，石油及制品类零售额 335.90 亿元，下降 16.90%；汽车类零售额 271.60 亿元，增长 4.60%。

七、对外经济

对外贸易：全年外贸进出口总值为 497.70 亿元，比上年下降 5.40%。其中，出口总值为 362.10 亿元，增长 11.20%；进口总值为 135.06 亿元，下降 32.30%。一般贸易出口 336.90 亿元，增长 11.20%，一般贸易进口 69.20 亿元，下降 42.10%；加工贸易出口 17.60 亿元，下降 16%，加工贸易进口 60.50 亿元，下降 12.80%。

利用外资：全年非金融领域外商直接投资合同项目 22 个，外商直接投资实际使用金额 1.10 亿美元，比上年增长 10%。对外承包工程合同金额 8.49 亿美元，增长 1.92 倍；对外承包工程完成营业额 2.92 亿美元，下降 14%。

八、财政、金融、证券和保险业

财政：全年全省完成一般公共预算收入为 743.90 亿元，比上年增长 10.59%，其中，税收收入 529.73 亿元，增长 8.05%；非税收入 214.18 亿元，增长 17.41%。从主体税种看，国内增值税 89.75 亿元，增长 1.52%；营业税 207.15 亿元，增长 6.24%；企业所得税 59.18 亿元，增长 28.66%；个人所得税 18.94 亿元，增长 19.78%。一般公共预算支出 2 964.63 亿元，增长 16.65%。

金融：年末全省金融机构本外币各项存款余额 16 299.50 亿元，比上年末增长 16.55%。金融机构本外币各项贷款余额 13 728.89 亿元，增长 23.93%。

证券：年末全省共有境内上市公司 27 家，比上年末增加 1 家。年末股票总市值 2 846.62 亿元，比上年末增长 5.48%。发行、配售股票筹集资金 108.73 亿元，比上年增长 1.60 倍。公开发行创业板股票 2 只。

保险：全年原保险保费收入 256.89 亿元，比上年增长 23.24%；赔付额 92.75 亿元，比上年增长 9.87%。

九、科学技术、教育

科学技术：全年全省省部级以上科技成果 819 项，其中，基础理论成果 138 项，应用技术成果 655 项，软科学成果 26 项。全年获得奖励 149 项，比上年下降 0.70%。专利申请受理 14 584 件，比上年增长 21.30%；授权专利 6 912 件，增长 35.60%；授予发明专利权 1 238 件，增长 52.50%。全年共签订技术合同 4 721 项，增长 40.20%；技术合同成交金额 130.31 亿元，增长 13.10%。

教育：全省学龄儿童入学率 99.83%，比上年提高 0.03 个百分点。研究生教育招生 1.01 万人，普通高等教育招生 12.62 万人，中等职业教育招生 9.54 万人，普通高中招生 19.94 万人，初中学校招生 29.08 万人，普通小学招生 31.30 万人，特殊教育招生 0.18 万人。幼儿园在园幼儿 70.11 万人。

十、文化、卫生、体育

文化：年末全省共有文化馆 103 个，公共图书馆 103 个，博物馆 150 个，艺术表演团体 70 个（不含民间职业剧团）。广播综合人口覆盖率 98.01%，比上年提高 0.12 个百分点。电视综合人口覆盖率 98.47%，比上年提高 0.12 个百分点。有线电视用户 233.58 万户，有线数字电视用户 191.78 万户。省级报纸出版 4.88 亿份，期刊出版 1.06 亿册，图书出版 5 925 万册（张）。

卫生：年末全省共有卫生机构 27 602 个，其中医院、卫生院 1 792 个，妇幼保健院（所、站）99 个，专科疾病防治院（所、站）7 个，社区卫生服务中心（站）609 个。医疗卫生机构拥有床位数 13.83 万张，其中医院、卫生院拥有床位 11.85 万张。卫生技术人员 12.95 万人，其中执业医师和执业助理医师 4.97 万人，注册护士 4.78 万人。疾病预防控制中心（防疫站）102 个，疾病预防控制中心（防疫站）卫生技术人员 3 598 人。卫生监督所（中心）93 个，卫生监督所（中心）卫生技术人员 1 424 人。乡镇卫生院 1 351 个，乡镇卫生院卫生技术人员 2.53 万人。

体育：全年获得各类奖牌 106 枚，比上年减少 5 枚。

十一、人口、人民生活和社会保障

人口：年末全省常住人口为 2 599.55 万人，比上年末增加 8.77 万人。其中，城镇人口 1 122.75 万人，占常住人的 43.19%，比上年末提高 1.51 个百分点；乡村人口 1 476.80 万人，占常住人口的 56.81%。按年龄分，0-14 岁人口 440.87 万人，占常住人口的 16.96%，比上年末下降 0.05 个百分点；15-64 岁人口 1 936.12 万人，占常住人口的 74.48%，比上年末提高 0.04 个百分点；65 周岁及以上人口 222.56 万人，占常住人口的 8.56%，比上年末提高 0.01 个百分点。按性别分，男性人口 1 326.81 万人，占常住人口的 51.04%；女性人口 1 272.74 万人，占常住人口的 48.96%。

全年出生人口 32.12 万人，人口出生率为 12.36‰，比上年上升 0.15 个千分点；死亡人口 15.98 万人，人口死亡率为 6.15‰，上升 0.04 个千分点。全年净增人口 8.77 万人，人口自然增长率为 6.21‰，上升 0.11 个千分点。

人民生活：全年城镇居民人均可支配收入 23 767 元，比上年增长 9%；城镇居民人均消费支出 17 451 元，增长 9.50%；农村居民人均可支配收入 6 936 元，增长 10.50%；农村居民人均消费支出 6 830 元，增长 11.10%。

社会保障：年末全省参加城镇职工基本养老保险人数为 306.20 万人，比上年末增长 2.46%，其中在职人员 197 万人，增长 1.62%，离退休人员 109.20 万人，增长 4.01%。参加城乡居民基本养老保险人数 1 236 万人，下降 0.33%。参加城镇职工基本医疗保险人数为 307.90 万人，增长 1.75%，其中在职人员 208.10 万人，增长 0.84%，离退休人员 99.80 万人，增长 3.70%。参加失业保险人数为 162.80 万人，增长 0.22%；参加工伤保险人数为 182.6 万人，增长 4.26%；参加生育保险人数为 154.10 万人，增长 7.24%；86 个县（市、区）开展了新型农村合作医疗工作，年末参加新型农村合作医疗农民人数为 1 909.30 万人，参合率为 98.30%。全年新型农村合作医疗基金支出总额为 81.06 亿元，累计受益 4 270.58 万人次。全年农村医疗救助 215.64 万人次。民政部门资助农村合作医疗的人数为 164.22 万人。城镇居民得到政府最低生活保障人数为 77.34 万人，农村居民得到政府最低生活保障人数为 337.32 万人。全年各项社会保险基金总收入 444.56 亿元，各项社会保险基金总支出 414.32 亿元，年末领取失业保险金人数为 2.40 万人。全年销售社会福利彩票 45.32 亿元，筹集社会福利资金 12.60 亿元，直接接受社会募捐 211.72 万元。

十二、安全生产与自然灾害

安全生产：全年生产安全事故死亡 1 520 人，亿元生产总值生产安全事故死亡人数为 0.22 人。全年发生道路交通事故 3 063 起，造成 1 396 人死亡、3 553 人受伤，直接经济损失 0.12 亿元。

全年平均气温 8.90℃，较常年偏高 0.80℃。平均降水量 364 毫米，较常年偏少 9%。全省气象雷达观测站 7 个，卫星云图接受站点 9 个。

全省地震台站（点）413 个，有人值守的地震监测台站 21 个，无人值守的地震监测台站（点）392 个。区域测震台网中心 1 个。全年发生四级以上地震 2 次，地震造成直接经济损失 555.10 万元。

自然灾害：全年农作物受灾面积 66.44 万公顷，比上年下降 4.44%，其中成灾面积 41.66 万公顷，增长 6.96%。

（摘自《2015 年甘肃省国民经济和社会发展统计公报》）

2015年甘肃省金融运行情况

2015 年，面对较大的经济下行压力，全省金融机构紧紧围绕全省经济发展整体部署，进一步加大信贷支持力度，切实改进金融服务，有效防控金融风险，全省金融运行保持平稳，改革有序推进，呈现出信贷总量快速增长、贷款投向重点突出、融资成本明显下降、普惠金融功能凸显的良好发展态势，“十二五”全省金融改革发展实现圆满收官。

截至年末，全省金融机构本外币各项贷款余额 13 728.89 亿元，比上年增长 23.93%，增速位居全国第 2，西北五省第 1。全年新增贷款 2 651.11 亿元，较上年多增 418.55 亿元。全省金融机构本外币各项存款余额 16 299.50 亿元、增长 16.55%，增速位居全国第 4，西北五省第 1。全年新增存款 2 329.70 亿元，较上年多增 452.45 亿元。

一、贷款快速增长，信贷结构进一步优化

企业贷款快速增长。2015 年末，全省企业贷款余额 8 813.18 亿元，增长 27.74%，高于各项贷款 3.81 个百分点，全年新增企业贷款 1 505.74 亿元，较上年多增 269.61 亿元，占全年新增贷款的 56.80%。企业贷款主要投向基础设施建设、批发和零售业、制造业、房地产业四大领域。

一是基础设施建设贷款快速增长。2015 年末，全省金融机构基础设施建设贷款余额 3 633.97 亿元，增长 28.31%，高于各项贷款增速 4.38 个百分点。全年新增基础设施建设贷款 676.45 亿元，占企业贷款新增额的 44.92%。

二是第三产业贷款占比提升。全省金融机构按照国家“转方式、调结构”的要求，突出贷款投放重点，有效支持科技、文化和生产生活服务业发展，以信贷结构调整促进区域经济结构转型升级，第三产业发展成效突出，贷款产业结构不断优化。2015 年末，第三产业贷款占比 39.83%，较上年末提高 3.54 个百分点。其中，批发和零售业贷款新增 204.96 亿元，较上年多增 55.63 亿元，占企业贷款新增额的 13.61%。2015 年，全省金融机构进一步优化信贷资源配置，对农产品收购加工、批发零售、商贸流通等第三产业的信贷支持力度不断加大。

三是制造业贷款大幅增加。全年新增制造业贷款 202.88 亿元，较上年多增 156.54 亿元，占企业贷款新增额的 13.47%。2015 年，在经济下行压力不断加大的背景下，制造业采购经理人指数 PMI 连创新低，省内有色、冶金等传统行业企业受国内外市场需求不振和库存高企等影响，生产经营不景气，全省金融机构坚持区别对待，合理发放流动性贷款，满足企业维持正常生产经营活动和去库存所需的资金。另外，金融机构大力满足了通用设备制造、医药食品制造、皮革鞋业制造、电器机械和器材制造、石油炼焦和核燃料加工业等行业发展的资金需求。

四是房地产贷款增量突出。金融机构为贯彻落实《甘肃省人民政府关于促进房地产业持续稳定健康发展的通知》精神，积极支持棚户区改造，加大对全省各市州棚户区改造一期、二期项目的资金支持力度。截至年末，全省房地产贷款余额 1 580.09 亿元，比上年增长 42.77%，高于各项贷款增速 18.84 个百分点，全年新增房地产贷款 467.21 亿元，较上年多增 69.58 亿元，增量占全部贷款增量的 17.6%。

住户贷款增加较多。2015 年末，全省金融机构住户贷款余额 3 551.09 亿元，增长 22.43%，全年新增住户贷款 650.62 亿元，较上年多增 182.62 亿元，占全年新增贷款的 24.54%。一是住户经营性贷款新增 445.15 亿元，较上年多增 59.59 亿元。主要是金融机构围绕省委、省政府制定的精准扶贫方案，强化贫困地区金融服务，积极发放精准扶贫小额信用贷款，有效保障农户畜牧养殖、设施蔬菜等生产经营性活动的资金需求。二是住户消费贷款新增 205.47 亿元，比上年少增 7.71 亿元。主要是在居民住房刚性需求、大量楼盘促销和房贷首付比例降低、公积金贷款利率不断下调等住房新政综合影响下，带动了个人住房贷款增加，全年新增住房贷款 162.42 亿元，较上年多增 7.06 亿元。

扶贫、涉农等薄弱环节信贷投放持续加大。全省金融机构按照省委、省政府对精准扶贫工作的安排部署，结合《甘肃省普惠金融发展规划（2014-2018 年）》要求，加大了对“三农”发展的倾斜支持力度。截至年末，全省已有 110 多家金融机构与 3 200 多家新型农业经营主体签订合作协议，累计发放贷款超过 100 亿元。农业银行甘肃省分行、甘肃银行、兰州银行和省联社已向 46 万贫困户发放精准扶贫贷款 228 亿元。全省涉农贷款余额 5 275.35 亿元，全年增量突破 1 000 亿元，达 1 152.29 亿元。58 个贫困县各项贷款余额达 3 312.3 亿元，增长 28.11%，全年新增 723.31 亿元，实现了“两个高于”的目标。

地方法人金融机构信贷增长趋于稳健。近年来，地方法人金融机构结合甘肃经济发展实际，把涉农、扶贫、小微企业等薄弱环节金融需求作为业务发展的着力点，贷款快速增长。在经历几年的快速扩张后，地方法人金融机构贷款增长逐步趋于稳健。2015 年，地方法人金融机构新增贷款 1 156.68 亿元，较上年多增 97.57 亿元，增长 28.74%，增幅较上年回落 6.98 个百分点。同时，全国性银行积极保障全省基础设施建设、棚户区改造以及大型企业的资金需求，贷款继续稳定增长。2015 年，全国性银行新增贷款 1 236.65 亿元，较上年多增 275.83 亿元，占全省贷款增量的 46.65%，较上年提高 3.97 个百分点。

二、存款稳定增长，活期化趋势显现

企业存款增加较多。2015年，受经济下行压力加大影响，企业产品销售价格不断下滑，企业盈利空间逐步收窄，货款回笼能力下降，全省企业存款一直处于波动低速增长态势。前11个月，仅新增企业存款788.67亿元，较上年同期少增177.32亿元，增速为12.52%，较上年同期回落17.37个百分点。12月随着财政划拨资金到账以及企业工程款、贷款派生存款入账等，企业存款大幅增加。年末，全省金融机构企业存款余额5 288.88亿元，增长22.05%，增速较上年末提高2.04个百分点。全年新增企业存款961.92亿元，占全部存款增量的41%，较上年多增209.05亿元，其中12月新增173.25亿元，较上年同期多增386.36亿元。

储蓄存款保持平稳增长。截至年末，全省金融机构储蓄存款余额7 607.55亿元，增长13.61%，增速较上年末提高0.13个百分点，全年储蓄存款增速基本保持在12%~15%的区间。全年新增储蓄存款907.28亿元，占全部存款增量的39%，较上年多增112.10亿元。储蓄存款平稳增加，主要受三个方面因素推动：一是城乡居民收入较快增长，用于养老、医疗的预防性资金增加较多，推动居民储蓄存款持续增加。二是农村居民的高储蓄偏好。受投资渠道狭窄等因素影响，银行存款是农村居民首选的资金保值增值产品，农村储蓄增量明显。以农村网点居多的合作金融机构数据为例，全年新增储蓄存款380.08亿元，占全部金融机构的42%。三是储蓄分流因素减弱。2015年，资本市场波动明显，尤其是6月份以来的股市大幅波动，居民投资风险意识不断增强，个人投资性资金逐步回流银行。

政府存款同比少增。截至年末，全省金融机构政府存款余额2 874.35亿元，仅增长8.08%，较上年末回落6.62个百分点。全年新增政府存款210.78亿元，较上年少增99.37亿元。一是财政性存款大幅减少，全年减少81.09亿元，余额同比下降25.71%，主要是用于城市建设、就业、医疗卫生、文化体育与传媒等保障民生的财政支出增多。二是机关团体存款增势趋缓。截至年末，机关团体存款余额2 646.35亿元，增长12.49%，较上年末回落0.15个百分点，大部分机构单位存款增长平稳，仅部队拨付经费增加。

存款结构活期化趋势显现。截至年末，全省金融机构活期存款余额6 145.83亿元，占存款总量的37.71%，占比较上年末提高0.20个百分点。全年新增活期存款929.43亿元，增量约是上年的2倍，占存款增量的39.89%，占比较上年提高14.59个百分点。而定期存款增加949.91亿元，较上年少增150.54亿元。定期存款增长乏力、存款结构出现活期化趋势，其主要原因：一是6月份股市大幅波动之后，居民用于股票投资的资金又陆续回流银行存为活期，方便在存款账户与证券账户间转换。二是受央行持续降息影响，公众定期存款意愿明显降低，活期存款存取便捷，公众更倾向于将存款存为活期，以便择机投资高收益产品。

三、存、贷款利率持续下降，实体经济融资成本趋于下行

2015年，人民银行总行连续五次下调存贷款基准利率，并于10月份放开金融机构存款利率上限，全省金融机构存贷款定价更趋理性、审慎，利率持续下行。截至年末，全省金融机构活期和定期存款加权平均利率分别为0.37%和2.04%，分别较6月份下降8个BP（1BP=0.01%）、132个BP；全省金融机构贷款加权平均利率为6.10%，比上年下降102个BP，实体经济融资成本进一步降低，地方法人金融机构存款利率上浮幅度保持在40%之内。2015年利率下浮贷款中，大型企业贷款占比为64.65%，较上年下降9.27个百分点，中型企业、小微企业贷款占比23.41%和11.94%，较上年上升7.12和2.10个百分点。

四、跨境人民币业务快速发展，业务覆盖面进一步拓展

为进一步促进对外贸易投资便利化，有效规避汇率风险，全省人民银行创新开展定向宣传培训，推动跨境人民币结算业务“增量、扩面”，取得了积极成效。2015年，甘肃省跨境人民币业务突破900亿元大关，达到908.86亿元。在全省外币收支及进出口均比上年下降的情况下，跨境人民币收付金额达393.77亿元，比上年增长26.14%，占全省本外币全部跨境收支的比例达到44.56%，比上年提高13.36个百分点，高出全国平均水平约16个百分点。全省具备跨境人民币业务办理资格的金融机构达到16家，其中11家金融机构的102个分支机构为139户企业办理了跨境人民币业务，参与金融机构和企业数同比分别增长9.68%和7.75%。跨境人民币业务的快速发展，有力地支持了企业控制汇率波动风险，降低了对外贸易成本。

五、债券融资持续增长，融资量再创新高

近年来，人民银行兰州中心支行进一步加强与银行间市场交易商的沟通协调，支持符合宏观政策和产业政策导向、具备发债条件的企业发行短期融资券、中期票据等债务融资工具，拓宽融资渠道，银行间市场融资规模不断扩大，小微企业专项金融债、住房私募债等相继实现零的突破。2015年，超短融工具在甘肃省实现首发，全年共支持16家企业发行各种债务融资工具418亿元，较上年增加29亿元。其中超短融90亿元，短期融资券57.5亿元，中期票据167亿元，定向工具71.5亿元。特别是甘肃银行成功发行二级资本债券32亿元，有效增强了其资本实力，优化了资本结构。

“十二五”时期是全省金融发展很不平凡的五年，金融发展成果丰硕。全省存、贷款增速持续位居全国前列，余额双双突破万亿元大关。截至年末，全省存款余额1.63万亿元，贷款余额1.37万亿元，分别是2010年末的2.3倍和3倍，年均增速分别达到17.93%和24.57%，远远高于全国同期水平。银行存贷比由2010年末的64.04%提高至目前的84.23%，较全国高出13.59个百分点。五年来，全省贷款累计增加9 108.08亿元，占贷款余额的66.34%；存款累计增加9 124.1亿元，占存款余额的55.98%，增量存贷比接近100%；全省企业在银行间债券市场累计融资1 606.3亿元，占全省累计债券融资额的83.13%。同时，存款保险制度全面实施，利率市场化改革取得重大进展，差别准备金动态调整、支小再贷款、定向降准、常备借贷便利等货币政策创新

工具在甘肃省陆续启用，跨境人民币业务从无到有、迅速增长，金融服务实体经济的作用不断增强，为全省稳增长、促改革、调结构、惠民生做出了重要贡献。

（中国人民银行兰州中心支行货币信贷处供稿）

2015年甘肃省货币信贷政策执行情况

2015年，全省人民银行紧紧围绕落实好稳健货币政策、支持好甘肃经济发展这一中心任务，把松紧适度和定向调控作为贯彻执行稳健货币政策的着力点，引导全省金融机构按照信贷调控要求和实体经济需求，把握好信贷投放力度、节奏和结构，较好地支持了甘肃经济转型发展。

一、进一步加大定向调控力度，货币政策工具的有效性和针对性明显增强

充分发挥差别准备金动态调整措施对信贷总量和投向的调节作用。进一步完善差别准备金动态调整机制，在参数调整中充分考虑各地方法人金融机构的资本金补充情况、信贷政策执行情况以及支持实体经济、“三农”、小微企业发展情况，科学编制、适时调整省内各机构贷款规划。积极向人总行争取增加合意贷款规划，2015年合意贷款规划较上年增加63亿元。根据金融扶贫、“三农”发展等实际需要，允许地方法人金融机构适当“鼓肚子”，全年地方法人金融机构贷款投放超规划241亿元。2015年，地方法人金融机构涉农、小微企业贷款增量分别占全省的65%和61%。鼓励全国性金融机构针对甘肃实际情况和经济发展特点，适当降低贷款投放门槛，支持甘肃经济发展。总体上看，2015年全省信贷供给较好地匹配了经济社会发展需求。

灵活运用再贷款、再贴现引导金融机构加大薄弱环节信贷支持。加强监测考核，将支农再贷款限额重点向贫困地区倾斜，严格执行再贷款利率、投向规定，要求相关金融机构严格执行涉农和小微企业贷款利率加点幅度的规定，灵活运用再贴现政策工具，确保将再贷款再贴现资金用于扩大“三农”和小微企业信贷投放。组织开展支农再贷款示范区创建工作，全省共创建75个支农再贷款示范区，定期对示范区支农再贷款使用效果开展评估，充分运用央行低利率再贷款引导涉农贷款利率下行，增加涉农信贷投放。2015年，累计发放支农再贷款265.68亿元、支小再贷款35.75亿元，办理再贴现127.53亿元，三项累计比上年多投放77.50亿元。全省75%的支农再贷款限额投向了58个贫困县，涉农票据、中小企业所持票据以及中小金融机构签发、承兑、持有票据的再贴现金额占全省再贴现总金额的90%以上。

认真落实准备金正向激励政策。对农业银行达标县级“三农金融事业部”执行比农业银行低2个百分点的存款准备金率，增加全省37家达标县级“三农金融事业部”可用资金10.64亿元。对县域存款一定比例用于当地考核达标县域法人金融机构执行比同类金融机构正常标准低1个百分点的存款准备金率，增加可用资金约3.16亿元。对全省相关金融机构是否满足定向降准条件进行考核，累计增加相关金融机构可用资金53.06亿元。同时，平均法考核存款准备金工作顺利实施，增加了地方法人金融机构流动性管理的灵活性，促进其稳健经营，更好地发挥支农支小主力军作用。2015年，通过普降存款准备金率和定向降准，增加全省金融机构可用资金约508亿元。

二、着力优化信贷投向，金融支持转型升级和结构调整能力不断提升

强化信贷政策指导。制定印发《关于2015年贯彻落实信贷政策 支持甘肃实体经济发展的实施意见》，督促全省金融机构加大对事关全局、带动性强的重点基础设施建设、丝绸之路经济带、战略性新兴产业、新型城镇化、科技文化、现代服务业等重点领域支持力度。组织开展综合信贷政策导向评估，加强评估结果运用，增强人民银行信贷政策导向力。建立金融支持战略性新兴产业骨干企业监测制度，协调金融机构与战略性新兴产业骨干企业对接，推动金融机构创新金融产品、提升对战略性新兴产业的金融服务。截至年末，全省战略性新兴产业贷款余额691.50亿元，较年初增加212亿元。围绕全省现代农业发展和农业适度规模经营对金融需求的新变化，将新型农业经营主体主办行制度推广到全省县域，督促涉农金融机构持续创新农村金融服务。与相关部门研究制定了《关于促进房地产业持续稳定健康发展的意见》，引导金融机构加大对棚户区改造和异地扶贫搬迁的金融支持。指导金融机构在国家统一住房信贷政策的基础上，合理确定首套住房和改善性住房的首付比例，有效落实了差别化住房信贷政策。截至年末，全省保障性住房开发贷款余额345.20亿元，比上年增长87.70%；个人购房贷款余额833.02亿元，比上年增长30.79%。

创新推动金融精准扶贫。以提升金融扶贫精准度为核心，继续深入实施“金融扶贫攻坚行动”，确保“信贷投向精准、金融服务精准、政策工具精准、信用培育精准”。将“金融扶贫示范县”的好做法、好经验向全部贫困县推广，以点带面，统筹推进全省金融扶贫工作。制定印发《关于进一步做好金融精准扶贫工作的通知》，综合运用货币政策工具、金融扶贫主办行制度及农村支付体系、征信体系等政策、平台，大力提升金融扶贫精准度和普惠面。与扶贫、财政和金融办等部门共同研究制定了精准扶贫专项贷款方案，突出对有发展意愿、有还款能力的建档立卡贫困户的政策扶

持，创新引入风险补偿、风险分担机制，明确县乡政府主体责任，促进了业务快速可持续发展。积极向人民银行总行争取贷款规模，解决精准扶贫专项贷款投放行贷款超规模问题。

牵头做好农村“两权”抵押贷款试点。结合农村金融服务创新工作，加强与政府相关部门的协调沟通，指导基层行制定完善管理办法，积极稳妥推进农村“两权”抵押贷款工作，目前全省已有22个县区试点开办了农村承包土地的经营权抵押贷款、11个县区试点开办了农民住房财产权抵押贷款，累计发放“两权”抵押贷款近10亿元。按照国发45号文件精神和人民银行总行专题会议对农村“两权”抵押贷款试点申报工作的要求，协调成立了包括12个部门参加的省级“两权”抵押贷款试点工作指导小组。严格遴选、申报了农村承包土地的经营权抵押贷款试点县和农民住房财产权抵押贷款试点县，经全国人大法律授权，2015年12月28日起，全省6个县区被列入全国“两权”抵押贷款试点。

三、建立利率定价自律机制，利率市场化改革稳步推进

组织成立甘肃省市场利率定价自律机制，制定并审议通过《甘肃省市场利率定价自律机制工作制度》，指导、协调三家主要地方法人金融机构建立存款利率定价定期协商机制，杜绝不规范竞争和高息揽存，促进金融机构科学合理定价，维护公平有序的利率市场秩序。指导有条件的法人金融机构积极参与利率定价合格审慎评估申报工作。2015年甘肃银行等6家金融机构被自律机制吸收为基础成员，成为同业存单发行主体，累计发行同业存单126.90亿元。帮助甘肃银行、兰州银行和省联社制定存款定价模板和管理办法，推动全省地方法人金融机构加强定价信息系统建设，提升存贷款利率定价水平。及时召开专题会议，针对部分金融机构非理性利率定价问题，督促及时整改，认真贯彻落实利率调整政策。

四、切实加强管理与服务，金融市场持续健康发展

高度重视与地方政府、金融机构和企业的沟通协作，及时调研、了解拟发债企业的困难和问题，向交易商协会反馈情况，协调解决相关问题，推动企业债券顺利发行。规范银行间债券市场成员交易行为，防范交易风险，优化持债结构，债券市场成员交易量同比大幅增加。2015年，甘肃省银行间债券市场成员债券交易累计成交额9.40万亿元，较上年增加4.20万亿元，同比增长80.77%。全面了解、做好银行间债券市场准入备案和商业银行柜台交易的监督工作。加强对地方法人金融机构理财产品的监测。认真审核并推荐甘肃银行和酒泉市农商行加入全国银行间同业拆借市场，全省农村金融机构首次加入银行间同业拆借市场，参与同业拆借业务。

（中国人民银行兰州中心支行货币信贷处供稿）

2015年甘肃省财政预算执行情况

2015年，全省一般公共预算收入743.90亿元，比上年增长10.60%，其中税收收入529.70亿元，增长8.10%；非税收入214.20亿元，增长17.40%。全省一般公共预算支出2 964.60亿元，增长16.70%。其中，农林水支出495.90亿元，增长35.40%；教育支出497.20亿元，增长23.90%；科学技术支出29.90亿元，增长41.40%；文化体育与传媒支出62.60亿元，增长26.20%；社会保障和就业支出421.40亿元，增长12%；医疗卫生与计划生育支出249.30亿元，增长22.10%；节能环保支出93.30亿元，增长27.50%；城乡社区支出123.10亿元，增长56.40%；交通运输支出279.05亿元，增长8.70%；资源勘探电力信息等支出46.60亿元，增长7.30%；住房保障支出126亿元，增长10.90%；公共安全支出123.30亿元，增长14.80%；一般公共服务支出274.90亿元，下降8.50%。

全省政府性基金预算收入352亿元，支出353.90亿元。国有资本经营预算收入10.10亿元，支出3.80亿元。社会保险基金预算收入579.80亿元，支出517.20亿元。

省级一般公共预算收入221.30亿元，增长12.60%；支出695.40亿元，增长17.80%。政府性基金预算收入121.90亿元，增长9.10%；支出88.80亿元，增长18.70%。国有资本经营预算收入9.50亿元；支出3.20亿元。社会保险基金预算收入180.30亿元；支出154.10亿元。圆满完成了省十二届人大三次会议确定的年度收支任务，全面实现了“十二五”末财政收入700亿元、支出2 500亿元的预期目标。

一、集中财力，保障改善民生。全省农业、教育、文化、社会保障、医疗卫生、交通运输、住房保障等10类民生支出2 309亿元，比上年增长19.70%，占总支出的77.90%。省级下达资金419亿元，支持完成“十大惠民工程”27件为民办实事事项。各类社会保障标准普遍提高，城市、农村低保标准分别提高10%和11%，城乡居民养老保险月人均补助标准提高20元，城乡居民医疗保险财政补助由年人均320元提高到380元，企业退休人员养老金标准提高10%。机关事业单位在职和离退休人员调资政策落实到位。

二、创新机制，推进精准脱贫。整合省级财政、扶贫、农牧、交通等20个部门涉农资金440亿元，切块到县，集中下达，增强了县级政府统筹使用资金的主导权。发挥财政资金杠杆作用，与金融机构联手打造“精准扶贫专项贷款”

特惠金融产品，通过设立风险补偿基金等方式，撬动银行贷款450亿元。当年为建档立卡的贫困户发放贷款213亿元，惠及47万户200万贫困人口。

三、转变方式，支持创新驱动。出资35亿元，设立技术创新驱动、产业投资和产业引导基金，采取风险补偿、融资担保、股权投资等方式，带动金融和社会资本，有力地支持了兰白科技创新改革试验区建设和战略性新兴产业、文化旅游产业、养老服务产业、小微企业发展。

四、精心谋划，争取中央支持。中央对全省各类补助达到1 953亿元，比上年增加145亿元，增长8%，其中均衡性转移支付471.50亿元，比上年增加68亿元。对全省地方政府债券482.70亿元，比上年增加369.70亿元。同时，中央财政在易地扶贫搬迁、白银市城市地下综合管廊建设、张掖市小微企业创业创新和国外贷赠款项目等方面给予了特殊支持。

五、加大力度，增加市县补助。省对市县转移支付补助1 704亿元，比上年增长13%，其中一般性转移支付增长21%，比上年提高3个百分点以上，有效缓解了市县财政运行困难，提高了基本公共服务保障水平。转贷市县政府债券311.60亿元，减轻了偿债压力，增加了重点公益性建设项目投入，降低了融资成本和财政金融风险。

六、深化改革，提高管理水平。政府预算体系不断完善，政府性基金预算、国有资本经营预算调入一般公共预算比例明显提高。建立跨年度预算平衡机制，积极推进中期财政规划管理。规范政府举债行为，实行债务限额管理。建立专项资金管理清单，省级财政支持经济社会发展的专项由227项整合为103项。盘活财政存量资金，省级清理收回26亿元，统筹用于扶贫、科技、教育等重点方面。省、市、县全面公开了政府预决算、部门预决算及“三公”经费预决算，全省“三公”经费支出比上年下降23.60%。政府综合财务报告试编试点范围扩大到14个市州本级、40个县区。省级国库现金运作当年增值收益达到5亿元。严格落实结构性减税和普遍性降费政策，减轻企业税费负担140亿元以上。强化财政监督检查和绩效评价，进一步加大重点政策、重点项目和民生资金落实情况的监督检查力度。

（摘自《甘肃省2015年财政预算执行情况和2016年财政预算草案的报告》）

2015年甘肃省银行业运行情况

2015年，全省银行业金融机构面对复杂多变的经济环境，准确把握“稳增长、调结构、惠民生”政策导向，不断创新金融支持方式，提高服务实体经济效率，使政策落地生根。

一、资产和负债规模持续增加

2015年末，全省银行业金融机构总资产22 339.82亿元，较上年增加3 199.93亿元，增长16.72%。全省银行业金融机构抵住经济下行压力，将资金更多用于地方实体经济发展。各项贷款和投资占资产比例分别较上年上升3.58和2.62个百分点。全省银行业金融机构总负债21 352.78亿元，较上年增加2 979.37亿元，增长16.22%。

二、存贷款总量稳步增加

2015年末，全省银行业金融机构各项存款余额15 844.09亿元，新增2 196.04亿元，较上年多增357.81亿元；增长16.09%，较上年上升0.52个百分点，高于全国增速5.30个百分点。分机构看，地方法人银行表现出较强的吸存能力。

2015年末，全省银行业金融机构各项贷款余额13 729.66亿元，新增2 652.08亿元，较上年多增397.44亿元；增长23.94%，增速回落1.61个百分点，但仍高于全国增速11.03个百分点。

三、全省重点领域贷款增长较快

2015年末，全省银行业金融机构对甘肃省166个重大项目中的63个项目进行了信贷支持，余额达1 323.44亿元，较上年增加520.34亿元。其中，省上推进的82个项目完成投资1 086.47亿元，全省银行业金融机构对其中的33个项目贷款余额为1 126.61亿元，较上增加465.49亿元。保障性住房贷款余额356.69亿元，较上年增加150.41亿元。

四、民生消费领域贷款支持力度加大

2015年全省银行业金融机构新增服务性产业贷款1 331.38亿元，增长30.15%，高于同期一、二产业增速2.1和16.62个百分点；余额达5 746.93亿元，占全省各项贷款的41.87%，较上年提高1.99个百分点。个人消费贷款也处于较高增长区间，新增193.83亿元，增长20.29%，余额为1 149.02亿元，占各项贷款的8.37%。

五、普惠金融满足度进一步提高

2015年末，全省共有132家银行业金融机构，5 028个网点，网点较上年增长3.10%；从业人员67 738人，较上年增长4.10%，基本实现城乡金融全覆盖。同时，普惠信贷投放力度持续加大，全省银行业金融机构小微企业贷款余额3 937.08亿元，较上年增加729.04亿元，增长22.73%；涉农贷款余额 5 272.58 亿元，较上年增加 1 131.75 亿元，增长 27.33%。共投放精准扶贫贷款 231.11 亿元，均完成省政府年度计划投放进度。

六、绿色信贷业务持续推进

全年全省银行业金融机构新增工业转型升级项目贷款 50.25 亿元、战略性新兴产业贷款 94.70 亿元、文化产业贷款 4.57 亿元。2015 年末，工业转型项目贷款余额 362.91 亿元、战略性新兴产业贷款余额 719.30 亿元、文化产业贷款余额 87.97 亿元，合计占全省各项贷款的 8.60%。

（中国银行业监督管理委员会甘肃监管局办公室供稿）

2015年甘肃省资本市场发展情况

一、上市公司

截至年末，甘肃共有上市公司 27 家，总股本 259.65 亿股，总市值 2 846.62 亿元，分别比上年增长 -4.54% 和 5.48%。27 家上市公司中，在上海证券交易所上市 13 家，在深圳证券交易所主板上市 7 家，中小板上市 5 家，创业板上市 2 家。从地区分布看，上市公司分布在甘肃 14 个市（州）中的 7 个市，其中兰州 16 家，酒泉、白银、武威、嘉峪关、天水各 2 家，陇南 1 家，其余 7 个市（州）无上市公司。从控股股东看，地方国资控股 11 家，中央企业控股 2 家，民营资本控股 14 家。

甘肃上市公司累计募集资金 118.73 亿元。其中，靖远煤电、佛慈制药、恒康医疗、中核钛白、敦煌种业、华天科技分别非公开发行融资 34.01 亿元、5.02 亿元、26.49 亿元、7.7 亿元、4.8 亿元、20 亿元。众兴菌业、读者传媒分别 IPO 融资 4.84 亿元、5.86 亿元，甘肃电投与银亿股份发行公司债分别融资 7 亿元和 3 亿元。

二、拟上市公司

甘肃拟上市公司共有 10 家。金徽酒首发申请获核准。白银集团、国芳集团和陇神戎发 3 家报送申请材料。西域新材、奥凯种机、扶正药业、兰州银行、金昌宇恒镍网和五谷种业 6 家处于辅导期。

三、证券经营机构

甘肃有 1 家证券公司，11 家证券分公司，86 家证券营业部。全省证券经营机构累计实现证券交易额 23 611.88 亿元，比上年增长 2 倍，股票交易额 21 576.27 亿元，比上年增长 2.51 倍；实现营业收入 12.35 亿元，比上年增长 1.62 倍；实现净利润 6.75 亿元，比上年增长 1.89 倍。

四、期货经营机构情况

甘肃有 1 家期货公司，8 家期货营业部，1 家境外期货持证企业，56 家从事 IB 业务的证券营业部。辖区期货经营机构累计实现期货交易额 15 072.47 亿元，比上年增长 73.34%；实现手续费收入 3 967.68 万元，比上年增长 59.74%；实现净利润 2 037.75 万元，比上年增长 1.17 倍。

五、其他

甘肃在全国中小企业股份转让系统（新三板）挂牌公司 17 家，其中兰州市 9 家，酒泉、定西各 2 家，白银、天水、张掖、武威各 1 家。甘肃股权交易中心挂牌企业 451 家，纯托管企业 417 家。

（中国证券监督管理委员会甘肃监管局办公室供稿）

2015年甘肃省保险市场运行情况

一、全省保险市场基本情况

2015 年全省累计实现原保险保费收入 256.89 亿元，比上年增长 23.24%，增速较上年提高了 2.23 个百分点，总体实现平稳较快增长。累计发生赔付支出 92.75 亿元，比上年增长 9.87%。

（一）产险市场平稳较快增长。2015 年全省累计实现产险原保险保费收入 97.31 亿元，比上年增长 13.93%，低于上年 5.49 个百分点，高于全国平均 2.28 个百分点，增速排名全国第 11 位；产险公司共发生赔付支出 51.96 亿元，比上年增长 26.83%，高于上年 5.90 个百分点；全行业综合赔付率为 58.12%，较上年上升 2.44 个百分点，低于全国平均水平2.23个百分点；全行业应收保费11.15亿元，比上年增长21.57%，应收保费率为5.84%，较上年增长0.48个百分点；实现承保利润5.53亿元，比上年下降15.31%。承保利润率为6.64%，高于全国平均5.24个百分点，但较上年下降2.50个百分点。

分险种来看，车险累计实现原保险保费收入70.90亿元，比上年增长14.48%；企财险累计实现原保险保费收入3.67亿元，比上年下降5.61%；家财险累计实现原保险保费收入0.21亿元，比上年增长19.17%；工程险累计实现原保险保费收入0.78亿元，比上年下降47.63%；责任险累计实现原保险保费收入4.02亿元，比上年增长16.60%；保证险累计实现原保险保费收入1.80亿元，比上年增长60.75%；货运险累计实现原保险保费收入0.75亿元，比上年下降29.72%；农业保险累计实现原保险保费收入7.70亿元，同比增长13.71%；健康险累计实现原保险保费收入4.32亿元，比上年增长33.04%；意外险累计实现原保险保费收入2.69亿元，比上年增长24.20%。

（二）人身险市场发展平稳。2015年全省人身险市场累计实现原保险保费收入159.58亿元，比上年增长29.71%，保费增速排名全国第16位，较上年上升10位。全年累计发生赔付支出40.79亿元，比上年下降6.13%；退保金支出金25.94亿元，比上年增长18.81%，增速低于上年69.32个百分点。全省退保率为3.82%，低于全国平均水平2.15个百分点。

分险种来看，寿险业务实现原保险保费收入132.74亿元，比上年增长24.71%；健康险业务实现原保险保费收入21.64亿元，比上年增长74.35%；意外险业务实现原保险保费收入5.2亿元，比上年增长24.52%。

从人身险公司销售渠道来看，三大渠道中公司银邮渠道销售快速增长。银邮渠道实现保费收入42.59亿元，比上年增长57.74%，渠道业务占比26.69%，较上年上升4.74个百分点。个人代理渠道业务占比63.19%，较上年下降5.41个百分点。公司直销渠道业务占比8.52%，较上年同期上升1.79个百分点。

二、全省保险市场运行的主要特点

（一）攻坚克难，产险市场发展保持良好势头。2015年在经济下行、结构调整的双重压力下，全省产险公司积极克服困难，保持了较好的发展势头。一是保费收入稳步增长。二是承保利润连年攀升。2015年全省产险公司实现承保利润5.53亿元，承保利润率为6.64%，高于全国平均5.24个百分点。全省产险公司承保已经连续7年实现盈利。三是保障范围和程度不断深化。紧紧抓住省政府全面部署责任险发展的政策机遇，大力加快责任保险发展。校方责任险实现中小学全覆盖，医疗责任险二级以上公立医院覆盖率达到80%，部分企业强制投保环境污染责任险，推动行业组建食品安全责任险共保体，推进首台套重大技术装备保险政策落地，打造旅行社、游客、旅游接待单位全方位的旅游保险服务链条，推进养老服务机构责任保险发展。全年责任险实现保费收入4.02亿元，比上年增长16.60%。责任险在财产险中的占比高于全国平均水平0.4个百分点。

（二）紧抓政策，农业保险发展跃上新台阶。全年农业保险累计实现原保险保费收入7.70亿元，比上年增长13.71%。一是积极探索建立重大自然灾害风险保险体系和农业保险大灾风险分散机制，提高玉米、马铃薯和奶牛3个险种保额，使其基本达到直接物化成本和市场价值。中药材产值保险在2个县试点的基础上，新增陇南市宕昌县，试点规模由上年的8.77万亩扩大到15万亩。向省财政协调争取专项资金400万元，支持在永昌、秦安2县首次开办蔬菜价格保险、苹果种植综合保险。争取省级财政首次补贴450万元支持兰州、平凉2个市开展农房保险试点，定西首次开展农房地震保险。二是陇西县开展畜草产业贷款保证保险，通过“政银保”三方合作为贷款户增信，已累计为300余户农户融资贷款近1亿元。农村小额人身保险为66.76万低收入农民提供了448.25亿元的风险保障，累计支付保险赔款2 536.84万元。

（三）政策带动，寿险业务逐步回归保障功能。一是受大病保险带动，全省健康险业务呈现高增长态势。健康险累计实现保费收入25.96亿元，比上年增长65.79%，增速排名全国第5位。健康险保费在全省保费收入中的占比从“十一五”末的4%提高到10.50%。人身险公司进一步回归传统保障型业务，普通寿险实现保费收入61.57亿元，比上年增长57.98%，在寿险业务中的占比为46.40%，较“十一五”末提高了27.40个百分点。三是城乡居民大病保险全省推开。参保人员由试点期间的528.30万人增加到2 228.98万人，覆盖全省86.30%的人口，筹资总额由1.60亿元增加到6.70亿元。截至年末，有28.16万群众享受到了大病保险补偿，累计支付补偿金额10.08亿元，报销比例提高了10–15个百分点。

（中国保险监督管理委员会甘肃监管局办公室供稿）

第二部分

金融发展概况

中国人民银行兰州中心支行

【综述】 2015年，中国人民银行兰州中心支行按照“三严三实”要求，认真贯彻执行总行、分行各项决策部署，主动适应甘肃经济发展新常态，深入开展“基层党组织建设深化年”和“金融生态建设深化年”活动，上下联动，主动作为，各项工作取得了新的进展、新的成效。

一、金融服务实体经济力度不断加大。

全省人民银行紧紧围绕稳增长、调结构、转方式，认真贯彻稳健货币政策，积极督促金融机构盘活存量、优化增量，把握好信贷投向和节奏，实现了信贷供给和实体经济需求相匹配，存贷款总量再创历史新高。到2015年末，全省各项贷款余额达到1.37万亿元，增长23.93%，增速高于全国10.53个百分点，位居全国第二，全年新增贷款2 651.11亿元，比上年多增418.55亿元；各项存款余额达到1.63万亿元，增长16.55%，增速高于全国4.11个百分点，位居全国第四，全年新增存款2 329.70亿元，比上年多增452.45亿元。积极向总行争取资金支持，全年共发放支农再贷款265.68亿元、支小再贷款35.75亿元，办理再贴现127.53亿元，三项累计比上年多投放77.50亿元，全省银行业金融机构资金实力进一步增强。扎实开展“金融扶贫攻坚行动”，督促金融机构对建档立卡的46万贫困户发放精准扶贫贷款228.10亿元，58个贫困县各项贷款余额达3 312.30亿元，增长28.11%，全年新增723.31亿元。督促金融机构切实加大了对战略性新兴产业、保障性住房、“三农”“小微”企业等重点领域的支持力度，全省战略性新兴产业贷款余额691.50亿元，增长44.21%；保障性住房开发贷款余额345.20亿元，增长87.70%；涉农贷款余额5 275.35亿元，增长27.37%；小微企业贷款余额2 923.79亿元，增长21.55%。平凉市中心支行试点推出“信贷自治村”惠农贷款新模式，引导金融机构降低涉农贷款利率，有利于缓解农民贷款难、贷款贵问题。企业融资渠道不断拓宽，全省通过交易商协会累计发行债券418亿元，增长7.46%。全省跨境人民币收付393.77亿元，增长26.14%。

二、金融风险防范能力显著提高

积极推动各项改革政策在甘肃落地实施，利率市场化改革稳步推进，存款保险制度顺利实施，完成了全省106家法人金融机构投保手续办理。加大金融风险监测力度，配合开展了非法集资风险排查，对17家农村合作金融机构进行压力测试，对27家银行业机构开展了负债管理现场评估，推动金融机构提升风险管控水平，牢牢守住了不发生系统性、区域性金融风险的底线。组织开展了省、市、县三级人民银行联动风险应急演练，进一步提升了风险处置能力，得到潘功胜副行长和郝远副省长的肯定性批示。定西市中心支行切实强化金融风险防范，自主研发了“准金融机构风险监测管理系统”，提升了金融风险防范能力。

三、金融管理工作切实加强

修订完善了金融机构重大事项报告制度，接收重大事项报告915项，指导105家新设金融机构开业，受理加入人民银行金融管理与服务体系申请548项。完成了63家金融机构的年度综合评价，对30家金融机构开展了专项执法检查，对5家银行业金融机构开展了综合执法检查，给予行政处罚113.66万元。金融消费权益保护信息管理系统全面上线运行，全年共受理金融消费者咨询1 600余件，受理投诉213件，办结率100%。对73家金融机构反洗钱工作进行了考核评估，联合有关部门扎实开展了打击利用离岸公司和地下钱庄转移赃款专项行动，调查洗钱案件29起，协助破获案件3起，调查可疑账户969户，涉及可疑交易资金300多亿元。兰州中心支行被省禁毒委评为2012–2014年度禁毒工作先进单位。

四、支持涉外经济能力有效增强

探索构建了符合甘肃特点的主体监测指标体系和资本项目监管指标体系，取消了保险分支机构外汇业务资格审批，简化了外汇业务办理流程，贸易投资便利化程度进一步提升。积极争取到1.72亿美元短期外债指标，余额比上年翻了一番多，有效解决了重点企业的短期融资需求。组织开展了服务贸易资金流出专项核查、资本项目外汇业务现场核查和“出口不收汇”企业全面现场核查，处理了16家问题严重的涉外企业，进一步规范了涉外机构经营行为。

五、现代金融服务体系不断健全

组织开展了金融生态环境评估，切实加强了县域经济金融数据库和时间序列库日常管理维护。组织召开了全省第三方支付机构业务管理工作座谈会，开展了打击银行卡网上非法买卖专项行动，顺利完成了ACS综合前置子系统上线工作。高效完成了11个信息化建设项目，全面实施了网络安全加固工程，金融城域网安全高效运行，金融IC卡在公共服务领域得到推广应用。组织开展了发行库安全管理大检查，严格落实了商业银行存取现金预约管理制度，加强了金融机构现金清分能力建设，顺利完成了2015年版第五套人民币100元纸币和普通纪念币发行工作。集中支付电子化系统和“金税三期”系统测试上线工作顺利推进，财税库银横向联网（TIPS）业务推广力度不断加大，“央行经理国库30周年”宣传活动取得良好效果。构建了“柜台查、网上查、自助查”三位一体的个人信用查询体系，顺利完成了“甘肃省社会信用信息平台”建设工作，小微企业和农村信用体系试验区建设取得积极进展。庆阳市中心支行稳步推进“全国农村信用体系建设示范市”建设，进一步拓展信用农户、信用村、信用乡镇覆盖范围，相关做法在总行小微企业和农村信用体系试验区建设培训班上进行了交流。

六、党的建设和内控管理全面加强

扎实开展了"三严三实"专题教育，全面完成了学习研讨、查找问题等重点环节任务。党风廉政建设主体责任和监督责任得到全面落实，形成了横向到边、纵向到底的完整责任链条，全年没有发生违规违纪现象。认真开展了中央巡视组反馈问题的自查整改工作，全面完成了干部培训计划。编撰了《金色足迹——甘肃省人民银行点滴回忆录》，老干部服务管理水平进一步提升，工会、女工、共青团的桥梁纽带作用切实发挥。文明单位创建工作不断深化，县支行"标杆示范行"创建成果得到巩固拓展，内审转型持续深入，事后监督作用充分发挥，金融宣传不断强化，舆情监测走在了全国前列，发行库守卫、发行基金押运、机要保密等条线安全管理全面加强，实现了全年安全无事故。财务预算管理切实加强，全面解决了人员经费与工资计划不匹配和历史遗留财务问题，化解了财务管理风险。

【法律事务与金融消费权益保护工作】 2015年，全省人民银行系统法律事务部门认真落实总行金融法治和金融消费权益保护工作部署，切实加强依法行政和法律监督，扎实推进金融机构执法检查工作，不断提升法律服务水平，努力推动金融消费权益保护机制建设，积极推进金融消费权益保护信息化建设，加强投诉受理处理和监测分析，进一步加大监督检查力度，深入开展宣传教育和调查研究，各项工作都取得了一定成效。

一、依法行政和法律监督不断加强。认真梳理法律事务各项制度规定，进一步夯实法律事务工作基础。印发了金融法治工作安排，召开专业会议对全省金融法治工作进行安排部署，明确全年工作思路和重点措施。严格实行行政审批事项清单管理制度，先后开展了行政审批制度改革和涉企收费项目自查工作，确保依法行政工作规范有序开展。一年来，全省人民银行依法行政意识不断提高，依法履职绩效有效提升，行政决策机制进一步完善，行政执法和监督机制有效加强。

二、扎实开展打击利用离岸公司和地下钱庄转移赃款专项行动。组织协调各相关单位参加了五部委联合召开的专项行动动员部署电视电话会议和专项行动推进会，及时传达会议精神，做好组织协调，确保工作顺利开展。与省级公检法机关及时沟通联系，成立领导小组，印发实施方案，落实工作任务，明确工作要求，建立跨部门工作机制，确保专项行动在甘肃省顺利开展。加强内部协调，细化职责分工，确保专项行动上下联动、合力推进。充分利用反洗钱、外汇业务系统数据，对地下钱庄可疑违法犯罪活动进行监测，做好线索摸排工作，依法移送线索，为专项行动提供有情报价值的可疑线索。加强案件跟踪，及时上报工作进展，专项行动开展以来共报送情况报告和统计表11份。专项行动取得了突破性进展，共破案2件，立案1件，受理1件。

三、综合执法检查顺利推进。认真做好综合执法检查组织协调和任务落实，统筹制定2015年度执法检查计划，全省共抽调191名执法人员，先后对建设银行甘肃省分行、招商银行兰州分行、中信银行兰州分行、国家开发银行甘肃省分行、甘肃银行5家金融机构开展了综合执法检查，对其他30家金融机构开展了专项执法检查。积极指导和督促各市州中心支行统筹安排本辖区执法检查工作，2015年全省各市州中心支行对46家金融机构开展了综合执法检查，对其他249家金融机构开展了专项执法检查。综合执法检查工作的有效开展，推动了金融政策法规的全面落实，促进和形成了全省规范有序、公平竞争的金融市场环境。会同综合执法检查牵头部门举办2期全省人民银行综合执法检查培训班，对全省128名业务骨干进行培训，提升执法检查人员依法履职水平。

四、法律服务职能作用不断强化。做好规范性文件和执法文书审核、登记备案工作，加强民事合同审查，严格执行授权委托书制度，切实维护人民银行合法权益。认真做好政务公开法律审核工作，保障重大政务事项及时公开，有效防范了履职过程中的法律风险。全面梳理权力清单，杜绝清单之外的行政行为，提高全省人民银行行政效能。

五、做好"六五"普法总结验收工作。对照检查2011年以来普法任务落实情况，全面梳理相关资料，认真安排部署"六五"普法自查验收工作。总行第五检查组和依法治省工作领导小组第十二检查组分别于8月初和9月下旬通过实地察看、查阅资料等方式，对兰州中支"六五"普法工作进行检查验收，并给予了充分肯定。

六、金融消费权益保护机制建设取得新进展。加强对辖内各市州中心支行的工作指导，印发工作要点，召开专业会议，明确全年目标任务和工作要求，加强工作日常管理、指导、考核、监督，确保全省金融消费权益保护工作全面落实。召开金融消费权益保护工作座谈会，继续加强与金融监管部门、政府相关部门、司法机关的沟通和联系，初步形成了内外协调的工作局面。

七、金融消费权益保护信息管理系统全面上线运行。认真做好系统上线安排部署，组织在地方法人机构先行试点的基础上，通过印发通知，分批培训，细化工作任务，明确系统上线实施步骤和操作流程、职责分工及工作要求。稳步推进系统上线工作，于6月完成了金融消费权益保护信息管理系统在全辖银行业金融机构全面上线运行。进一步畅通了人民银行与金融机构处理投诉纠纷的流转渠道，为推动金融消费权益保护工作的高效开展发挥了重要作用。

八、认真做好投诉咨询受理处理和监测分析工作。进一步畅通渠道，规范流程，扎实推进中国人民银行"12363"金融消费权益保护咨询投诉电话规范运行，确保"12363"电话接听人员工作时间正常值守，提高电话接通率。严格按照有关制度规定，积极受理、依法处理金融消费者投诉，及时反馈投诉处理结果，妥善做好解释答复工作。2015年，全省人民银行共受理金融消费者咨询1 171余件，受理投诉180件，办结180件，维护了金融消费者合法权益，优化了区域金融运行环境。

九、金融消费权益保护监督检查工作有效开展。上半年，将金融消费权益保护检查工作纳入2015年执法检查计划，在全省统一开展了个人金融信息保护和银行卡领域金融消费权益保护"回头看"检查。下半年，兰州中心支行和各市州中心支行结合本辖区实际情况，自选检查项目和检查对象分别开展了专项检查。2015年，全省组织对15家机构金融消费权益保护相关业务开展了现场检查，通过检查强化了辖区银行业金融机构金融消费者权益保护意识，对维护金融消费者合法权益和防范金融纠纷和风险发挥了重要作用。

十、普惠金融相关工作有序开展。根据相关要求，全面总结辖区普惠金融工作经验。年初，在总行召开的2015年金融消费权益保护工作会议上作了题为“积极作为 精准发力 扎实推动普惠金融创新发展”的经验交流。收集整理辖区普惠金融相关指标，按期完成甘肃省普惠金融数据统计报送工作。

（王　睿）

【货币政策工具及金融市场管理】　一、加强再贷款和再贴现管理。2015年，兰州中心支行进一步加强再贷款、再贴现管理，灵活调剂全省再贷款限额，引导金融机构扩大“三农”信贷投放和支持小微企业发展，再贷款、再贴现使用创历史新高。2015年，全省人民银行累计发放再贷款、再贴现428.96亿元，其中累计发放支农再贷款265.68亿元，比上年增加42.21亿元；累计发放支小再贷款35.75亿元，比上年增加20.75亿元；累计办理再贴现127.53亿元，比上年增加14.51亿元。通过积极运用再贷款、再贴现，有效缓解了中小金融机构信贷资金供需矛盾，支持了全省“三农”和小微企业的发展。

二、加强存款准备金管理。认真执行好定向降准政策，引导金融机构进一步改进支农支小金融服务，有效缓解农户、小微企业融资难融资贵问题，促进全省“三农”、小微企业发展。认真做好2015年农业银行改革试点县级“三农金融事业部”评估有关工作。对农业银行甘肃省分行37家考核达标县级“三农金融事业部”执行比农业银行低2个百分点的优惠存款准备金率。认真执行比例考核办法有关存款准备金激励约束措施。对考核达标的县域法人金融机构执行比同类金融机构正常标准低1个百分点的存款准备金率。认真做好平均法考核存款准备金相关工作。建立工作机制，制订工作方案，分解落实任务，确保存款准备金考核制度改革顺利实施。认真做好存款准备金监督检查和对欠缴法定存款准备金违法行为的处罚工作。要求相关金融机构对执法检查中发现的问题进行整改，对欠缴法定存款准备金的金融机构依法进行了处罚，维护了存款准备金政策的严肃性。加强对金融机构流动性变化情况的监测分析。制定完善了相关监测报表，密切关注辖内重点机构的流动性变化情况。

三、稳步推进利率市场化改革。建立甘肃省市场利率定价自律机制，制定并审议通过《甘肃省市场利率定价自律机制工作制度》，指导、协调三家主要地方法人金融机构建立存款利率定价调整定期协商机制，杜绝不规范竞争，促进金融机构科学合理定价，维护公平有序的市场定价秩序。鼓励和指导辖区有条件法人金融机构积极参与合格审慎评估申报工作。2015年甘肃银行等6家金融机构被自律机制吸收为基础成员，成为同业存单发行主体，累计发行同业存单126.90亿元。帮助甘肃银行、兰州银行和省联社制定存款定价模板和管理办法，推动全省地方法人金融机构加强定价信息系统建设，提升存贷款利率定价水平。及时召开专题会议，针对部分金融机构利率违规问题，督促、指导其及时整改，认真贯彻落实利率调整政策。做好利率报备二期系统的测试工作，对金融机构报备数据的真实性进行核查，确保了系统正式上线运行。

四、协调推动企业直接融资。建立“分工明晰、配合紧密、信息畅通”的联动机制，加强同地方政府、商业银行的沟通联系，提早对2015年全省商业银行债券承销情况进行摸底统计，引导全省银行业金融机构充分发挥行业优势发展债券融资承销业务；加强同企业沟通联系，了解拟发债企业的困难和问题，及时向交易商协会反馈情况，促进了企业债券的顺利发行。2015年全省非金融企业通过交易商协会注册，累计发行债券386亿元，与上年基本持平。加强后续跟踪监测，确保募集资金的用途及投向。持续关注和了解兰州市保障性住房债券发行工作，加强对兰州银行小微企业金融债券所募集资金使用的管理。指导和帮助甘肃银行和兰州银行成功发行二级资本债券。

五、加大金融市场监督管理力度。做好黄金市场监测统计分析系统的推广使用工作，及时向上海总部反映监测系统运行中存在的问题。全面了解、做好银行间债券市场准入备案和商业银行柜台交易的监督工作。加强对辖内地方法人金融机构理财产品的监测分析力度，提升监测分析水平。及时调研掌握2015年甘肃省地方政府债券发行、债务置换工作和甘肃省政府融资平台海外发行债券相关情况。按照同业拆借市场管理的有关规定，积极做好辖内同业拆借市场的准入和备案工作。对甘肃银行和酒泉市农商行报送的加入全国同业拆借市场申请资料进行认真审核，指导督促2家机构对申请资料进行补充完善，目前2家机构已顺利加入银行间同业拆借市场。对华龙证券在银行间同业拆借市场进行更名的申请资料进行备案。

（张　颖　李　静）

【金融稳定工作】　2015年，人民银行兰州中心支行认真落实总行金融风险防范工作要求，重点加强对金融风险的日常监测、专项评估和应急管理，确保风险早发现、早预警、早处置，全省金融业保持了平稳发展态势。

一、圆满完成存款保险条例组织实施工作，筑牢区域金融安全网。成立存款保险制度领导小组，组织召开全省存款保险工作电视电话会议及相关省级部门座谈通气会，加强全省银行业机构流动性监测和舆情监测，为存款保险制度创造了良好的运行环境。配合总行制定存款保险相关配套制度，举办全省人民银行系统和法人存款类金融机构“存款保险条例”培训班，并按照属地管理原则，组织全省人民银行顺利完成全省106家法人存款类金融机构投保手续办理和保费核定交纳工作，为存款保险制度的后续实施工作奠定了良好基础。

二、着力强化风险应急管理工作，不断提升风险防控能力。组织三家地方法人金融机构开展流动性风险防范演练，在此基础上组织了人民银行系统省、市、县三级联动应急演练活动，进一步完善了人民银行与金融机构联防联动的风险应急处置模式，并根据演练发现的问题督导各地方法人银行修订完善应急预案，提升了整体应对风险能力，总行潘功胜副行长、省政府郝远副省长做了肯定批示。积极配合地方政府做好打击非法集资工作，组织打击非法集资宣传，开展辖区跨市场理财和第三方支付业务排查，调查甘肃省涉及昆明泛亚有色金属交易所风险情况，配合省政府对部分地区投资公司、小贷公司、典当行和农村专业合作社进行非法集资风险排查，遏制了非法集资蔓延势头。

三、深入开展金融风险监测评估，及早发现金融风险隐患。及时前移风险监测关口，以地方法人金融机构、大型国有问题企业、"两高一剩"及房地产行业信贷风险、跨市场交叉性业务风险为监测重点，通过先行指标分析、定期监测预警、稳健性现场评估、不良贷款反弹报告、风险排查、银行业机构风险自评估等手段，提早掌握预判全省金融机构及重点领域潜在风险状况，做到防患于未然。依托金融稳定评估系统做好非现场日常监测，并积极配合总行做好巴塞尔银行监管委员会改革文本译研、全国上市公司财务报告分析等工作，完成《甘肃省金融稳定报告（2015）》及《甘肃省区域金融风险测度及空间分异研究》重点课题。继续加强现场评估力度，对17家农村合作金融机构进行了压力测试，并对重点关注的6家机构开展了异地交叉稳健性评估，就发现的突出问题向省联社进行通报，督促其切实落实整改措施。选取辖内27家银行业机构开展负债管理现场评估，推动健全银行业负债管理体系，在全国评估工作会上进行了专题交流。

四、依法合规加强金融管理，维护良好金融秩序。牢固树立依法履职理念，不断完善工作制度、优化业务流程，认真做好金融管理与服务工作，完成了对兰州辖区12家商业银行42个新设网点的现场核查，受理加入人民银行金融管理与服务体系申请138项。修订印发《甘肃省金融机构重大事项报告制度》，全年共接收全省重大事项报告915项。严格开展金融机构综合评价工作，对辖内63家金融机构开展了2014年度综合评价，有效激励了金融机构合规发展。

五、积极推进辖区金融机构改革，促进金融业稳健发展。积极配合省委省政府做好甘肃省全面深化改革相关工作，及时跟踪国开行、农发行、大型商业银行、资产管理公司等在甘分支机构改革发展情况，开展全省农村商业银行改制后风险防控专项调查，加强对全省70家"三农金融事业部"的日常监测及涉农贷款情况专项督查，甘肃省"三农金融事业部"达标率在全国前期19个试点省份中排名第五，改革工作进展良好。进一步提升对农村商业银行、合作银行及村镇银行管理与服务水平，积极拓宽农村金融服务渠道，大力提升农村金融服务质量。

（张　莉）

【外汇管理工作】　2015年，全省外汇管理工作围绕"依法行政、深化改革、加强监管、改进服务"的总体工作思路，继续深入推进"金融生态建设深化年"和"基层党组织建设深化年"活动，不断提升外汇管理和服务工作水平，推动新常态下全省涉外经济平稳发展。

一、坚持依法行政，不断提升外汇管理履职能力。按照外汇总局关于严格依法行政、加强内部管控和外部监管的工作要求及相关内控制度，组织对2013–2014年度依法行政、内控监督管理和外汇监管工作中存在的问题、不足和潜在的风险进行认真全面梳理，针对督查中发现的问题，及时制定整改措施，落实整改责任，有效堵塞了内部管理和外部监管漏洞。将2015年作为外汇法规制度学习年，在全省范围内组织开展了"法规制度学习竞赛活动"，有效提升了全省外汇系统干部职工政策理论水平和综合业务素质。

二、筑牢风险底线，加强跨境资金流动监测预警分析。对辖内10家"购付汇重点企业"开展全面核查，逐一核实了企业风险提示函书面反馈报告，对企业进口业务、购汇业务及预付货款等各项变动数据进行认真监测比对，查实了企业贸易背景及实际需求，并要求全省所辖银行严格按照"展业三原则"持续加强贸易企业购付汇业务审核，合规办理外汇业务。分两次对辖内规模较大的44家"出口不收汇"企业开展专项核查，对16家"出口不收汇"情况严重、拒不配合外汇管理的企业按规定进行了处理，将其中9家企业注销名录、4家企业降级、3家企业移送检查，及时向外汇总局反映了"出口不收汇"企业核查工作情况，有效管控了企业借贸易渠道投机套利和外汇资金跨境流动风险。通过系统提取数据，对境外投资登记、资金汇出、直接外债还本付息等45笔业务进行了非现场核查，组织开展全省服务贸易及个人资金流出专项核查，运用"主题监测"非现场监管方法，共监测数据22 000笔，及时向银行发布异常纠改信息230条，累计发现异常交易线索37件，涉及287人，金额共计1 195.61万美元。

三、深化改革创新，贯彻落实各项外汇管理政策。以"划分主体、构建体系、突出监测、注重实效"为总体工作思路，继续探索构建符合甘肃特点的主体监测分析指标体系，从企业、银行和个人三大类主体角度开展监测分析，达到了分析指标异常原因、查找重点异常主体、有效防范跨境资金流动风险的目的，准确了解和掌握全省重点主体跨境收支情况和存在的风险点，节约了监管资源，提升了监管效率。改革外商投资外汇资本金结汇管理方式，组织对全辖外汇局及外汇指定银行共计60余人进行了现场培训，取得了良好成效。取消保险公司分支机构办理保险外汇业务的资格审批，分支机构依据上级公司的授权可直接办理业务。做好个人外汇业务监测系统试运行各项技术和业务准备，及时上报试运行期间发现的问题。

四、提升外汇服务，大力支持涉外经济发展战略实施。制定了甘肃省跨国公司外汇资金集中运营管理操作规程，持续跟进金川公司外汇资金集中运营管理业务的申请开办事项，积极与外汇总局沟通联系，在6月初总局批复同意金川公司参加外汇资金集中运营管理业务试点后，就总局相关政策和如何更好支持金川公司做好外汇资金集中运营业务进行了专题研究，确保了金川公司用好用活外汇资金集中运营政策。向总局争取到1.72亿美元短期外债余额指标，较上年增长72%，综合考虑企业资金需求、经营状况和资金运作能力，对指标额度进行合理分配，分别为金川集团、酒钢宏兴、白银公司、天水华天分配1 000万美元、4 000万美元、

2 500万美元、700万美元。短期外债余额指标的合理有效运用，对降低企业融资成本，拓宽融资渠道，有效缓解企业融资难、融资贵发挥了积极作用。把服务全省涉外经济发展作为外汇管理工作的出发点和落脚点，积极支持综合保税区的创建工作，研究制定并贯彻落实《国家外汇管理局甘肃省分局关于外汇管理支持兰州新区综合保税区建设的指导意见》，针对综合保税区业务特点，在《兰州新区综合保税区经常项目外汇管理实施细则》和《甘肃省分局综合保税区经常项目外汇管理风险防范操作规程》的基础上探索新型的监管模式，提升了外汇服务水平。

五、加强外汇管理，规范金融机构经营行为。依据《甘肃省金融机构金融服务与管理指引》，审批办理了14家金融机构加入外汇账户管理系统、个人结售汇系统。组织全省外汇指定银行对个人外币现钞存取数据进行全方位自查，要求银行与本行相应系统和台账进行逐笔核对，并定期向总局汇报自查情况，认真完成了总局部署的银行外币现钞数据质量自查工作。对外汇指定银行2015年执行外汇管理政策情况进行了考核，督促外汇指定银行合规办理外汇业务。对开办外汇业务的银行、保险公司，证券公司进行了综合评价，完成了2014年金融机构综合评价工作。

（付海龙）

【国际收支工作】 2015年，国际收支工作紧紧围绕“依法行政、深化改革、加强监管、改进服务”的总体思路，以外汇管理理念和方式“五个转变”为指导，以“基层党组织深化年”为抓手，深入推进“金融生态建设深化年”活动，进一步加强跨境资金流动监测，不断提升外汇形势分析水平，严厉打击外汇违法违规行为，继续强化外汇市场监管，着力提升服务水平，较好地完成了全年各项工作任务，有力地促进了全省涉外经济平稳发展。

一、严防跨境资金流动风险，监测分析工作取得新成效。充分运用跨境资金流动监测与分析等系统，深挖系统模块功能，重点关注货物流与资金流匹配度、跨境净流出入和结售汇头寸变化情况，深刻分析变动原因，及时发现异常跨境资金流动线索，有效防范了异常外汇资金流动风险。牢牢把握全国跨境资金流动趋势，结合全省跨境资金净流出态势，深入企业和银行开展专题调研，分析企业出口不收汇和贸易融资规模变动与全省跨境资金流动之间的关系，形成了5篇系列信息被总局《跨境资金流动监测月报》和《国际收支动态》刊用。组织业务骨干撰写《2014年甘肃省外汇收支运行报告》，在2015年全国外汇管理综合会议上得到了总局王允贵司长的表扬。以全省162家企业为样本，按季度开展进出口企业问卷调查、贸易信贷抽样调查和境外上市企业市值调查工作，及时了解全省企业外汇交易类型、交易方式和外汇资金运营情况，为分析和把握全省外汇形势提供了活情况。按季度召开甘肃省外汇形势分析座谈会，了解银行、企业外汇业务发展现状和困难，并提出有针对性的政策建议和支持措施，指导银行和企业提高外汇风险管理的灵活性和敏感性，跨境资金流动监测和外汇形势分析更接地气。

二、强化国际收支核查，国际收支数据质量有新提高。严格落实国际收支申报数据日核查、旬核查和月度核查制度，以国际收支非现场核查为主要手段，筛选出数据错误率较高的银行和企业，作为现场核查的重点，进一步提高了核查工作的针对性和精准度，有效提升了银行和企业申报数据质量。认真开展金川集团财务公司结售汇综合头寸数据报送质量核查工作。指导4家企业及时填报对外金融资产负债及交易统计数据，对相关统计指标含义和填报标准进行现场辅导和培训，不断强化国际收支申报数据质量意识，做到源头和末端齐抓共管，促进数据质量稳步提升。以《甘肃外汇收支统计季报》《甘肃省跨境收付统计数据》和《甘肃省银行结售汇统计数据》等报告为平台，与商务、海关和税务进行统计数据定期互换，加强了信息共享，凝聚了发展合力。

三、加强银行执行外汇管理规定考核，探索分类监管有新方法。完成了对各银行贯彻执行外汇管理政策规定情况的考核，对执行外汇管理规定情况较好的银行，在优惠政策试点、市场准入等方面给予一定的政策倾斜，激发银行执行外汇管理规定的自觉性；对执行情况较差的银行，从防范风险的角度出发，及时发出风险提示函、提出整改建议，进一步提高分类考核的制约能力，督促银行不断强化内部约束，提升自身外汇政策业务水平。要求银行将“展业三原则”贯穿到外汇业务全过程，并对各银行内控制度从内控责任、内控措施、内控保障、内控自评、内控监督等方面进行全面评估，督促银行规范业务流程，健全内部责任追究机制，依法合规经营。通过方法上的激励和处罚并重，管理上的政策差异化和监管常态化并行，手段上的业务监管和内控评估相结合，银行分类监管模式日趋成熟，效力逐步显现。

四、着力拓展非现场检查路径，开辟了非现场检查工作新局面。加强上下联动，更加注重省分局和中心支局自身非现场检查可疑线索的发现和取证核实，严格督促中心支局定期上报检查进度，并对个别中心支局进行现场督办。对总局反馈的违规线索，认真分析深入现场组织开展延伸检查，按时完成线索的查实处理，并及时将线索核查结果上报总局。2015年，利用非现场检查的强大优势，通过应用改进后的个人分拆购付汇分析方法，精准发现了个人通过电子银行进行分拆购付汇的违规线索，并首次对违规个人实施了行政处罚，有力打击了不法个人的逃汇违规行为。通过建立大额人民币利润汇出分析方法，发现了某企业人民币利润汇出时存在的涉嫌违规线索，并首次对跨境人民币相关违规企业实施了行政处罚。

五、扎实推进金融机构外汇业务检查，现场检查工作迈上新台阶。按照总局年初关于落实国务院“两个加强，两个遏制”的决策部署，就银行外汇业务专项检查组织召开专题局务会，制定下发检查方案，在全省迅速开展专项检查部署动员工作。根据非现场检查阶段发现的违规线索，对中国银行、工商银行、建设银行等7家银行92家分支机构进行了外汇业务合规性现场检查。严格按照总局关于做好银行外汇业务专项检查整改回访工作的通知要求，对招商银行和中信银行兰州分行等7家银行开展了回访检查，重点对银行违规问题整改情况、外汇管理政策执行情况及内控制度传导、细化及执行落实情况进行了检查。对甘肃银行和国家开发银行甘肃省分行外汇业务合规情况进行了现场检查。积极开展打击利用离岸公司和地下钱庄转移赃款专项行动，重点对地下钱庄违法犯罪活动及利用离岸公司账户、非居民账户等转移赃款的行为进行了非现场线索筛查。

六、加强部门信息共享，凝聚涉外经济发展新合力。加大与税务合作力度，与兰州市国税局正式签订《合作备忘录》，对进一步规范省内银行、企业和个人服务贸易活动，打击骗汇、逃避税等违法违规行为起到了重要的促进作用。继续加强打击走私及外汇领域违法犯罪活动的合作，在兰州海关缉私局查办某团伙进口低报等走私案件期间，一方面利用非现场检查系统筛查涉及该团伙通过公司和个人分拆购付汇数据，从资金流分析该团伙犯罪轨迹，为兰州海关刑侦人员现场准确取证提供依据；另一方面通过该团伙注册地外汇局开展协查，获取企业登记备案资料，为案件提交检察院立案提供佐证。

七、不断提升外汇服务水平，支持实体经济发展有新举措。进一步便利企业开展外汇业务，批准酒钢集团财务公司开办即期结售汇业务，核定金川集团财务公司、兰州银行股份有限公司和甘肃银行股份有限公司综合头寸上下限额，调控3家金融机构周综合头寸在-300至5 000万美元区间运行。进一步推动全省外汇衍生产品发展，丰富外汇市场业务种类，为市场主体提供多元化的外汇增值保值和避险工具。2015年，全省新增人民币与外汇远期和期权业务的银行分支机构30家。根据总局依法行政各项要求，规范行政审批程序，改进银行结售汇市场内部管理流程，提高行政审批办理效率，有效降低企业和银行脚底成本。制定出台了甘肃跨国公司外汇资金集中运营管理操作规程，批复同意金川公司开办外汇资金集中运营业务，有效提高了企业资金运营效率，降低了汇率风险，节约了资金成本。

（陈　全）

【调查统计工作】 2015年，调查统计工作坚持“准、快、实”原则，严格执行金融统计制度，拓宽经济调查内容，强化县域经济金融数据库管理，加强对经济发展新常态下的热点及重点问题的监测分析，加大调查统计信息反映力度，完成了全省分区域金融生态环境状况评估，全省调查统计工作再上新台阶。

一、严格执行金融统计制度，确保金融统计工作质量。按照2015年金融统计制度增设和修订的要求，及时做好各类统计报表的项目调整以及辖内金融统计数据的收集、审核和上报工作，按时完成各类统计报表的编制。对涉及各项存贷款口径调整的经济金融发展情况表、农村经济金融发展情况报表、贷款按行业统计表等专项统计报表及时调整，并加大对此类报表及新增的“贷款变动因素”等专项统计报表的数据审核力度，数据质量明显提高。圆满完成“县域法人金融机构新增存款一定比例用于当地贷款的考核”工作。有序开展妇女小额担保贷款、大中小微型企业贷款、涉农贷款、三次产业贷款、非公经济贷款等专项统计工作。加强对兰州市新增小贷公司、村镇银行以及农村资金互助社等新型农村金融机构的业务指导和统计管理，规范其统计行为。密切关注理财和资金信托业务发展情况，及时采集上报相关数据，按季做好相关业务发展运行情况分析。加强对标准化存贷款抽样统计样本单位的管理，督促、指导其不断优化系统，提升数据质量，确保167家样本单位数据报送顺利进行。积极参与总行《金融统计检查案例》一书起草编撰工作，完成了金融统计监测管理信息系统习题集内容的编辑修订任务。

二、开展深度调查，提高各项常规性经济调查工作水平。开展企业景气、企业商品交易价格、银行家问卷、城镇储户问卷、外向型企业汇率变动承受能力以及农户问卷调查、总部经济等调查工作，完成多篇高质量分析报告。突出甘肃省农户问卷调查和总部经济调查工作的特色，有针对性地做好调查分析，报告质量不断提高。对企业商品价格调查、景气调查、微型企业调查的样本库进行了调整充实，并结合甘肃省实际，完善了银行家问卷调查内容。

三、深度挖掘研究，强化分析预测工作。从消费、投资、出口增长情况出发，密切关注先行指标和微观经济主体的发展变化，做好全省经济金融预测分析工作。根据总行开展经济金融形势调研的要求，通过召开座谈会、问卷调查等形式开展了对企业、金融机构的专项调查，特别是对当前企业经营面临的困难和金融领域存在的突出问题进行深入分析，形成了高质量的调研报告。强化数据质量，做好“两库”管理。完成总行时间序列库新增3张报表模版的编制以及指标的定义，同时对新版县域数据库报表进行了重新设置，并新增4张报表的编制。做好县域经济金融数据和时间序列库数据录入工作，按月、按季及时填报两库数据。做好新版县域数据库运行管理和维护，对新版数据库系统运行中出现的问题，及时与科技部门和市州沟通联系，确保新版数据库系统稳定运行。

四、加强业务联系沟通，进一步完善调统工作机制。加强全省调查统计部门信息资源的交流合作，充分利用《甘肃金融调研》、工作简报、快报、专题报告等载体为调查统计部门展示成果，扩大宣传。通过政策解读、业务解答、信息发布等方式，加强对全省人民银行调查统计部门的工作指导，有效发挥调查统计部门的整体合力，不断健全协同配合的工作机制。

五、加强业务检查考核，有力提高调查统计部门履职能力。继续强化金融统计依法管理意识，加大金融统计管理力度，规范各类统计业务流程。对建设银行、国家开发银行甘肃省分行、招商银行、中信银行兰州分行、甘肃银行及辖内农村合作银行等6家银行的51家分支机构进行了现场检查，对检查中发现的虚报、瞒报等违规行为依据《金融违法行为处罚办法》及《金融统计管理规定》等相关法律法规给予了行政处罚。对嘉峪关、武威、临夏、甘南等市州中支经济调查工作进行了全面检查，提出了整改意见。从数据库录入、数据备份、资料存档等方面，对庆阳、平凉、甘南等市州中支数据库工作进行了检查，并对存在的问题进行了反馈。通过业务检查和考核，有力督促相关部门不断提高调查统计工作水平。

六、加强队伍建设培训，不断提高工作人员的业务水平。根据总行安排和调查统计业务工作实际需要，采取现场、远程、微课程等形式，就金融统计数据集中监测系统、金融统计制度、金融统计管理、小贷公司统计制度、国际金融业综合统计的主要发展与启示以及企业景气调查、银行家问卷调查、储户问卷调查、数据库应用等内容，对全省人民银行调统部门工作人员和金融机构金融统计工作人员进行了培训，促进了全省调查统计工作人员业务能力和综合素质的不断提高。

(景文宏)

【征信管理工作】 2015年，征信管理工作以《征信业管理条例》及相关配套制度为依据，以改善全省信用环境和服务经济社会发展为目标，深入推进社会信用体系和中小企业、农村信用体系建设，着力加强征信市场管理，推动评级市场平稳健康发展，深入开展征信宣传教育，切实提高征信系统应用水平，为推动全省经济社会发展发挥了积极作用。

一、加强沟通，多方协调，社会信用体系建设深入推进。认真履行牵头单位职责，起草了《甘肃省社会信用体系建设“十三五”规划》《甘肃省2015年社会信用体系建设重点工作任务》，明确了全省信用体系建设的总体思路。配合省发改委研发建设“甘肃省社会信用信息平台”，目前平台研发工作基本完成并投入试运行，已征集到税务、质检、民政、统计等30余家单位近320万条各类信用信息。“信用甘肃”网站已上线试运行，已有40余家共建单位和10个兄弟省市的信用网站接入“信用甘肃”网。

二、因地制宜，统筹安排，中小企业和农村信用体系建设取得积极进展。结合甘肃实际，制定了全面推进中小企业和农村信用体系建设的实施方案，开展了中小企业、农户信用培育和信用评价。截至年末，全省累计建立农户信用档案427.54万户，评定信用农户361.98万户，对建立信用档案的345.57万农户累计发放贷款1 408.18亿元，余额647.55亿元，信用信息参谋信贷决策、防范信用风险的作用得到有效发挥。联合省工信委、税务部门积极开展全省中小企业信用培育，在兰州5区3县连续组织开展8期覆盖800余户中小企业的信用知识培训。截至年末，全省累计补充完善小微企业信用信息6.30万户，对6.67万户企业授信，5.56万户小微企业获得银行融资，累计融资额达3 196.86亿元。

三、重点突破，市场导向，信贷市场信用评级稳步发展。加强对评级机构的管理，对3家评级机构开展现场检查，指导评级机构规范经营、积极开拓市场，全年共有254家借款企业参加外部信用评级。大力推进小额贷款公司和融资性担保公司信用评级工作，牵头成立了甘肃省小额贷款公司和融资担保公司信用评级工作领导小组，制定了两类机构信用评级工作实施方案，全年全省两类机构评级业务总量73笔，比上年增加54笔，增长2.80倍。

四、强化管理，严格监督，征信业务合规性显著增强。进一步加大征信管理力度，对中国农业银行甘肃省分行、民生银行兰州分行开展了专项检查，对国家开发银行甘肃省分行、中信银行兰州分行开展了综合执法检查。开展了全省人民银行金融信用信息基础数据库风险排查，组织辖内金融机构和小型接入机构对征信信息泄露风险开展自查，进一步规范了征信业务行为和市场秩序。

五、丰富载体，突出实效，征信宣传教育影响力不断提升。联合省发改委、教育厅、团省委制定了《关于加强全省诚信文化教育工作的意见》，组织开展了“加强征信宣传教育，提升国民信用水平”“征信宣传进机关、进社区、进农村、进企业、进校园”等宣传活动，在全社会日益形成“学征信、懂征信、用征信”的良好氛围。与全省26所大、中专院校签订征信宣传教育长效机制协议，协调兰州财经大学、甘南民族师范学院、甘肃林业职业技术学院等大中专院校将《现代征信学》作为必修或选修课程，天水市中心支行实现征信课程在天水市所有大中专院校的全覆盖，征信业社会影响力不断提升。

六、积极探索，稳步推进，征信系统覆盖面进一步扩大。稳步推进小微机构接入征信系统，举办了“甘肃省第二批小额贷款公司和融资性担保公司互联网接入征信系统培训班”，通过培训考核的51家两类机构正式接入征信系统。已接入征信系统的小额贷款公司累计报送个人账户数6 188笔，累计报送企业信贷业务345笔，申请查询个人信用报告5 093笔，查得个人信用报告4 459笔，申请查询企业信用报告209笔，查得企业信用报告178笔；融资性担保公司累计报送个人账户数3 953笔，累计报送融资性担保业务5 992笔，申请查询个人信用报告3 825笔，查得个人信用报告3 552笔，申请查询企业信用报告1 009笔，查得企业信用报告863笔。

七、强化措施，注重服务，金融信用信息基础数据库建设与应用切实加强。截至2015年末，征信系统已收录省内借款企业11.48万户，自然人1636.4万人，共采集各类非银行信息25.68万条，个人住房公积金缴存信息入库账户365.34万个。加强信息查询和异议处理工作，全省累计查询企业征信系统19.60万次，查询个人征信系统424.26万次，其中人民银行直接受理本人查询23.70万次，全年未发生征信投诉和诉讼案件。积极拓宽征信查询渠道，在兰州市人口密集、交通便利、营业环境较好的金融机构网点布放7台个人信用报告自助查询机，建立了“柜台查、网上查、自助查”的查询服务体系，为社会公众提供就近便捷的服务。

八、精心组织，拓宽渠道，动产融资和应收账款融资服务平台推广应用成效明显。举办全省中征应收账款融资服务平台培训及推进会，针对金融机构、重点企业进行宣传辅导，大力推动金融机构开展应收账款质押融资业务，组织做好动产融资登记公示系统常用户现场审核工作。截至年末，全省累计审核金融机构和企业常用户130个，累计登记业务9 368笔，查询15 319笔。辖内机构在平台累计注册2 226个用户，成交业务337笔，金额215.65亿元。

(陈小林)

【反洗钱工作】 2015年，反洗钱工作围绕风险为本的监管思路，紧扣风险评估和风险监管两条主线，以法人监管为重点，积极转变监管模式，创新思路、突出重点、主动作为、依法履职，圆满地完成了各项工作任务，整体工作实现了新的进步、新的突破，有力地支持了地方经济发展和维护了区域金融稳定。

一、创新和丰富监管手段，风险为本的监管思路进一步落实。扎实开展金融机构考核评估和风险自评估工作。对辖区各家银行、证券期货、保险业金融机构2014年反洗钱工作进行了考核评估。指导地方法人金融机构开展洗钱风险自评估工作，提高洗钱风险防范能力。以甘肃省辖区14个市（州）为样本，搜集相关数据，制定区域洗钱风险衡量指标，积极开展区域洗钱风险研究。全面完成金融机构客户分类管理工作。指导甘肃银行、华龙证券等7家地方法人金融机构制定了客户分类管理办法和方案，升级改造反洗钱系统，按照总行进度要求完成了客户分类管理工作。强化大额现金监测和风险预警提示。对银行机构报送的50多万条数据进行了分析，针对现金交易异常的金融机构发布风险预警提示5份。向金融机构整理发布《洗钱风险提示》10期，提高金融机构洗钱风险防范的针对性。做好义务主体机构资格审核工作。对7家非银行业地方法人报告机构数字证书进行了资格审核和换发，确保义务主体机构大额和可疑交易报告路径安全畅通。

二、综合运用多种方式加大监管力度，监管效果进一步增强。不断加大反洗钱现场检查力度。2015年，重点对农业银行甘肃省分行、银联商务有限公司甘肃分公司等4家机构及60多家分支机构开展了反洗钱专项检查；牵头和参与了建设银行甘肃省分行、甘肃银行等5家机构及200多家分支机构的综合执法检查。全面实施差异化监管措施。全年对生命人寿等12家机构开展了反洗钱监管走访、约见谈话、书面质询、电话质询等监管措施；对在甘新设的11家支付机构的反洗钱资料进行严格审核，对资料不符合要求的支付机构提出了修改意见；受理了2家新机构开业前反洗钱监管系统申请接入工作。进一步规范执法检查程序。在反洗钱执法检查中，严格遵守检查纪律，以规范合法的流程确保行政执法的严肃性。制定了《全省人民银行反洗钱系统执法检查工作自查通知》，对全省专项自查工作进行了详细部署，通过自查，发现了监管风险点31个，整改落实28个，修订内控制度15个。对存在的问题不回避、不遮掩，认真剖析症结，提出了具体的整改措施，达到了完善制度，堵塞漏洞，化解风险的目标。

三、强化部门合作，反洗钱调查工作成效进一步提升。加强对重点可疑交易线索的分析、研判和移送工作。全年接收处理金融机构上报的重点可疑交易报告38起，对涉嫌地下钱庄、贩卖毒品等可疑交易线索向公安机关移送14起，立案侦破3起。全面搜集辖内洗钱罪上游犯罪案例和判案，结合辖内重点可疑交易报告，加强洗钱类型分析，撰写了2015年上半年、全年甘肃省洗钱类型分析报告。参与总行《国家洗钱风险评估报告（2014）》的起草工作。协助开展反洗钱行政调查。全年开展反洗钱调查29起，调查可疑账户969户，涉及可疑交易资金300多亿元。反洗钱协查工作得到了省公安厅、安全厅、检察院等部门的书面感谢和表扬。禁毒反洗钱工作连续三年被甘肃省禁毒委评为“执行禁毒工作责任书先进单位”。专项行动成果显著。协助公安部门、省纪委开展了打击利用离岸公司和地下钱庄转移赃款以及追赃追逃专项行动。向公安机关移送的3起地下钱庄案件线索中，已立案侦查破获2起，抓获犯罪嫌疑人5人，冻结涉案资金400多万元，专项行动取得了阶段性成果。协助省纪委开展的追赃追逃专项行动得到了省纪委王栋玉副书记的肯定性批示。

四、不断加大宣传培训力度，营造良好的反洗钱氛围。组织全省金融机构和支付机构开展了反洗钱主题宣传月活动。联合甘肃保监局开展了以“预防洗钱犯罪、构建金融保险安全网”为主题的全省保险业反洗钱知识竞赛，共有来自全省的24家保险机构96名选手参加了比赛，营造了良好的反洗钱宣传氛围。分两期组织全省银行地方法人机构和保险业机构4 000多人参加了反洗钱岗位准入培训。举办了全省人民银行反洗钱科室成立以来第一次反洗钱业务培训班，反洗钱监管队伍素质和工作水平得到了提升。

五、加强反洗钱调查研究，为总行决策提供有益参考。加大信息报送力度，向总行上报各类信息调研40多篇，专报5篇，其中有8篇被总行《中国反洗钱实务》采用，较好地发挥了信息支撑决策的作用。编印《甘肃反洗钱简报》10期。完成《非法资产跨境转移洗钱模式研究》等反洗钱调研报告20多项，其中2篇调研被《金融时报》采用，4篇在省级以上刊物刊登，较好地发挥好参谋助手作用。

（李刚锋）

【金融研究】 2015年，全省人民银行金融研究工作坚持突出重点、深化特色、注重实效、统筹协调、搭建平台的思路，主动适应经济发展新常态，加大创新突破力度，扎实有效推进各项重点工作。金融研究工作获2015年度总行研究局“优秀成果奖”，在中国人民银行年度研究工作会议上交流了研究工作经验。

一、突出重点，充分发挥调查研究的参谋服务和决策支撑作用。跟踪研究经济新常态下的热点难点问题。围绕互联网金融创新发展情况进行持续跟踪研究，组织召开了全省商业银行互联网金融发展座谈会，实地调研互联网金融发展情况，完成报告《既要积极扶持又要审慎监管——基于互联网金融发展的调查与思考》。结合甘肃作为“一带一路”节点省份的实际，深度开展“丝绸之路经济带建设”系列研究，完成《丝绸之路经济带甘肃段建设及其金融支持研究》等重点课题3项。强化经济金融运行监测与分析。通过召开座谈会、问卷调查、实地调研等形式，密切监测经济金融先行指标和微观经济主体的发展变化，深入分析全省经济金融运行态势。及时关注经济金融运行中的新情况、新问题和新特点，开展金融扶贫、棚户区改造、房地产新政实施、小微企业生存状况、金融业综合经营、利率市场化、金融机构资产管理业务、跨境人民币业务等一系列专题调研，向总行和省委省政府报送了一批具备时效性和针对性的高质量调研报告，在服务领导决策、推动工作开展、解决实际问题中发挥了重要作用。

二、开拓创新，特色研究工作取得新成绩。围绕西部地区扶贫的特色研究方向，以提升金融扶贫精准度为核心，在全省继续深入实施“金融扶贫攻坚行动”，完成了一批针对性强、具有政策参考和实践操作性的金融扶贫特色研究成果。抽调全行青年骨干，深入甘肃省8个国家级贫困县，实地调研贫困地区普惠金融发展和金融生态环境状况，完成报告《贫困地区普惠金融发展情况调查报告——来自甘肃8个国家级贫困县的样本分析》。加强横向联合，与西安分行、银川中支开展联合调研，组织设计调查问卷，赴革命老区调查，形成调研报告《金融支持陕甘宁革命老区经济可持续发展的长效机制研究》。在全省范围内开展金融精准扶贫专项调研，总结各地区金融支持精准扶贫方面的做法和成功经验，并向全部贫困县推广，为深化特色研究夯实基础。围绕金融生态环境的特色研究方向，以兰州中心支行2014-2015年开展“金融生态建设深化年”系列活动为契机，深入挖掘甘肃省县域金融生态环境数据信息，进一步完善评价方法、调整评价指标，对县域金融生态子环境进行了评估及分类，编制完成《甘肃省县域金融生态子环境分类表》。在此基础上，对全省、各市州及县域金融生态环境评估报告编撰成册，形成《甘肃省分区域金融生态环境评估报告（2011-2013年）》。

三、整合资源，课题研究水平和质量整体提升。结合甘肃实际和当前研究热点难点，组织开展2015年度全省人民银行系统重点课题研究，立项完成重点研究课题37项。强化管理，确保质量，由行领导和相关部门负责人担任课题主持人，按照专业特长和研究领域，促进各部门和各地区研究人员资源整合，建立“条块结合、横向延伸”的调研协作机制，形成上下联动抓调研的强大合力。继续完善课题联系人制度，通过邀请高校专家对课题研究进行指导以及开展课题研究培训等方式，拓展研究视野，创新研究方法，有效提升了全辖课题研究的水平和质量。注重对青年研究人员的培养和储备，以课题带队伍的方式，确立兰州中心支行青年课题30余项，在《甘肃金融》开辟青年论坛专栏，展示和交流青年骨干研究成果。围绕人民银行会计财务工作重点，安排部署14项专题调研项目，形成了一系列相关研究成果。积极参加中国金融学会学术征文活动，全辖报送征文9篇，其中2篇入选并受邀参加中国金融学会2015年秋季学术讨论会。

四、注重实效，积极推动研究成果利用和转化。全年全辖在省部级以上公开刊物发表论文600余篇，向总行、省委省政府上报各类监测分析报告200余份以及专报信息、专报件84篇，其中：总行采用9篇，省委省政府采用27篇，中办、国办采用3篇，国务院领导批示1篇，总行行领导批示4篇，省委省政府领导批示7篇。有效提升研究成果应用价值。对全省经济金融运行状况特点和发展趋势进行全面分析，对全省金融稳定状况及风险因素开展客观评价和定量评估，高质量完成《2014年甘肃省金融运行报告》和《甘肃省金融稳定报告（2015）》，为政府决策、企业经营、学术研究提供了有益参考。

五、统筹协调，金融研究工作高效有序开展。着力健全研究工作组织管理机制，加强对全省人民银行系统金融研究工作的统筹协调和组织管理。印发《2015年全省人民银行研究工作要点》，按照“抓住重点，突出特色，优化成果，用好平台，凝心聚力，提档进位”的总体思路，从目标任务、研究重点和具体要求等方面进行全面安排部署。深刻理解和把握经济发展新常态的本质要求，以开展大研究为手段，以提高调查研究质量为中心，在继续做好研究人员培养和储备工作的基础上，统筹协调课题研究与特色研究、基础理论研究与实践应用研究、全省人民银行金融研究工作与甘肃省金融学会科研工作，全省金融研究工作高效有序开展。

六、搭建平台，有效促进调研成果共享和交流。促进调查研究成果共享和交流。通过《调研成果汇编》《甘肃金融研究报告》《国际金融译研》《甘肃金融调研》《国库情况反映》等内部刊物，以及《金融稳定工作动态》《货币信贷工作简报》《会计财务工作简报》《金融扶贫攻坚行动工作简报》《利率市场化改革动态信息》，为全辖课题研究、特色研究、调研成果搭建发布、共享和交流的平台，有效调动全辖干部职工参与调查研究工作的主动性和积极性。全年编发《动态与热点问题追踪》12期，实时解读国内外经济金融改革的方向和政策举措，对丝路基金、“互联网+”等热点问题进行专题追踪。关注国际金融研究前沿动态，发动全辖外语人才组成译研小组，编译《国际金融译研》22期，刊载国际货币基金组织、国际清算银行及著名研究智库的研究报告40余篇。创新推出《“一带一路”动态》内部刊物，重点聚焦“一带一路”上的中国与丝路沿线国家的经贸投资、政治协商、金融合作以及政策动向、相关评论等内容，为总行领导决策提供参考，受到相关领导好评。

（姚　敏）

【金融信息化建设】 2015年，全省人民银行科技工作紧紧围绕省级数据中心建设，规范管理、创新发展，稳步推进全省信息化建设，努力提高运维管理水平，不断加强金融信息化行业指导，有效保障网络信息安全，切实提高科技服务水平，为全省金融业发展做出了积极贡献。

一、高效完成信息化建设任务。做好国库集中支付、消费者权益保护等系统应用推广的技术支持，完成ACS、TCBS、人民币结算账户管理、省级数据管理平台等系统的升级和数据清理，以及业务网电视会议系统省级节点MCU双机备份，为业务发展提供了信息化支撑。实施了省级数据中心虚拟化平台服务器、软件升级项目，提高了虚拟化平台的可靠性、稳定性和处理能力，确立了小型机运行关键业务系统、虚拟化平台运行重要业务系统的系统部署模式。截至年末，省级数据中心虚拟化平台已运行各类应用系统31个。启动了金融科技综合管理系统的建设工作，组织全省科技人员以跟班学习方式，完成了信息化项目采购登记、外包服务管理等“急用先行”模块的开发。升级区域存储网络等基础设施，构建网络共享存储和数据实时备份系统，完善以高可用性、可扩展性为特征的数据存储体系，提高了数据的安全性和系统的容灾能力。丰富和完善了县域经济金融数据库的数据采集功能，实现了指标数据的准确高效采集。开展网络适应性改造，完成新版网管监控系统上线，增强了自主可控能力。完成了业务网“双活”技术改造，提高了业务网省级节点的可靠性；完成了对甘肃省金融城域网接入机构的备份通信线路验证，确保了金融城域网网络的健壮性。

二、持续推进网络和机房基础设施建设。全面实施业务网网络安全加固工程，优化网络结构，规范网络配置，提升了网络的精细化管理水平。指导市（州）中心支行做好业务网核心备份交换机更换工作，调整、更新兰州中心支行辖内4家县支行的网络线路和配置，在全省推广上线业务网堡垒机系统，提升了全省网络安全运维能力。做好新建省级数据中心机房的调研规划等前期准备，积极推进同城转接中心机房建设，指导庆阳等市州中心支行开展机房标准化建设工作。对IP语音通信系统进行国产化改造，融合视频会议、在线培训、通讯录同步等应用，优化了IP语音通信的工作模式，提升了工作效能。

三、着力强化信息安全和保密管理。组织做好全省人民银行信息安全检查，强化信息安全基线管理，着力推进信息安全综合规范的落地和科技管理专项治理。做好保密技术管理和相关制度、应急预案的修订完善工作，有效提升了信息安全整体防护能力。加强机房、网络和信息系统运维管理，做好系统和设备的日常巡检，组织开展IT基础设施、人民币结算账户管理等重要系统的应急演练，及时排查和处理运行中出现的问题，提高了突发事件的应急处置能力。加强机房监控、防火墙、入侵检测、防病毒等安全管理系统的运维监测，构建信息安全纵深防范体系，确保了网络和信息系统的安全稳定运行，全省人民银行重要业务系统安全运行率达到100%。做好春节、“两会”等重要时期信息安全保障工作，确保了全省金融网络信息安全。

四、全面深化行业指导工作。加强银行卡和电子支付技术管理，做好金融IC卡和社会保障卡的发卡技术审核。加强金融IC卡受理环境改造，做好银行卡联网通用专项检查。成立了甘肃省金融IC卡与移动金融应用推进工作领导小组，发布了联网通用建设公约。积极推动金融IC卡在全省公共服务领域的应用，指导银联甘肃分公司和兰州市公交集团达成全面合作意向并举行了签约仪式，推进金融IC卡在兰州市公交、出租、地铁、公共自行车以及新区城际铁路等公共交通服务领域的推广应用。天水市、金昌市、平凉市以及皋兰县等市县公交及出租车领域已开始应用金融IC卡。组织各银行业金融机构开展金融科技活动周系列活动和网络安全宣传周活动，全面展现金融科技惠民成果，不断提升公众网络风险防范意识。完善全省银行业信息安全协调机制，组织全省银行业金融机构网络安全检查，开展信息安全等级保护调研，积极推进国产密码应用工作，推动全省银行业信息化安全可控能力建设。加强金融机构信息代码管理，做好金融机构代码证的发放，有效推动全省金融标准化工作。

五、切实提升科技服务水平。落实人员和岗位责任，明确相关业务的审批事项和风险环节，加强了科技管理、系统运维、机房管理等方面的风险控制。贯彻“全省科技一盘棋”的理念，统筹全省科技资源，积极开展科技管理规范体系建设，较好地满足了人民银行科技管理标准化、精细化及信息技术审计对IT风险、内控、质量等方面的要求。对全省优秀科技创新项目、金融信息化最佳实践进行挖掘整理，组织地方性银行业金融机构申报银行科技发展奖，兰州银行《基于互联网技术架构的银行实时业务活动管理平台》、甘肃银行《ETC高速公路电子缴费项目》以及省农村信用联社《三农金融自助服务平台》均通过中国人民银行组织的科技成果鉴定并进入国家科技成果库。加大购买正版软件的资金投入，组织开展全省软件资产清理，推进了软件正版化工作。做好金融科技调研工作，完成兰州中心支行重点课题《基于大数据的互联网金融征信系统的构建方法》的研究，调研报告《利用高可用集群技术提高数据存储的安全性》被科技司科技简报专题刊发。组织省级数据中心应用开发技术培训和跟班学习，举办了全省人民银行网络技术和信息安全培训，在全省开展以政策解读、科技管理、系统维护、信息安全等为主要内容的科技业务学习交流活动，有效提升了科技人员的理论和技术水平。

（薛　荣）

【货币发行】 2015年，货币发行工作坚持“需求管理保供应、规范管理保安全、强化监管防风险、提高水平上台阶”的工作思路，抓安全保供应，抓管理控风险，抓创新强服务，抓队伍提素质，不断提高金融管理和服务水平，满足了全省经济社会发展对现金的合理需求。

一、统筹安排、灵活调拨，确保了全省发行基金合理供应。加强发行基金需求预测，努力提高调拨工作的科学性。2015年，全省发行基金投放量比上年增加了2.76%。按照“早预测、早安排、早部署”的原则，及时将发行基金调拨摆布到位，保证了节假日、元旦至春节旺季现金供应。积极推行以调代查管理措施，组织做好甘肃重点库、兰州分库、兰州市中心支库发行基金调运工作。严肃发行基金调拨纪律，认真执行发行基金调拨命令，及时将发行基金调拨、摆布到位，减少调运次数，降低调运风险，提高调运效率。精心安排部署，做好2015年版第五套人民币100元纸币发行工作。严密调拨摆布发行基金，组织广泛宣传，对各银行业金融机构工作人员开展培训，做好机具设备升级，确保了2015年版第五套人民币100元纸币平稳有序发行。顺利完成普通流通纪念币发行工作。采取网络预约方式，完成了2015年贺岁普通纪念币、中国人民抗日战争暨世界反法西斯战争胜利70周年普通纪念币、中国航天普通纪念币、纪念钞的发行工作，取得了良好的社会效果。

二、规范操作、深入管控，确保了发行库库房库款安全。严格执行发行库管理规章制度，健全了发行库安全管理长效机制。各级行库主任、副主任、货币金银部门负责人、货币金银部门查库小组严格执行查库制度，监督发行库管理各项制度的执行，保证了本级发行库的正常安全运行。组织开展了发行库安全管理检查工作，提升了发行库规范化管理水平。2015年4月份、10月份，组织对全省12个市（州）中心支库和32个县（区）支库开展了货币金银业务全面检查，检查面分别达到100%和90%。深入开展发行库管库员岗位练兵活动，加强了管库员的制度意识和安全意识。在开展全省发行库安全管理突击检查的同时，对全省各级货币金银工作人员进行了闭卷考试，通过以考带训、以考促学，有效提高了一线货币发行人员的业务素质和操作技能。加强发行库业务系统的维护管理，提高了发行库管理的科学化水平。加强对商业银行整袋交接系统和出入库预约系统的管理，做好系统软、硬件的维护升级。为2个县支库配备了除湿机，4个中心支库更换了臭氧灭菌系统，22个发行库更换了门禁系统，提高了发行库管理工作的科学化水平。

三、依法履职、加强监管，营造了良好的货币流通环境。按季召开甘肃省金融机构人民币流通管理暨反假货币联席会，传达了总行加强人民币收付业务管理的政策导向，督促商业银行自觉履行法定职责，并按月对各行缴存款质量情况进行了通报。加大对银行业金融机构人民币流通管理工作力度。全省全年组织对建设银行、甘肃银行等机构的47个营业网点开展了人民币收付业务检查，检查率达到7%，有效地规范了金融机构的现金收付行为。加强对全省经营、装帧流通人民币企业和人民币图样使用管理。按季度组织对全省已批准的7家经营、装帧流通人民币企业进行了全面检查，督促其依法合规经营。通过广告监测、日常检查、社会反映等渠道，做好辖内钱币市场的动态监测工作。加强金融机构全额清分管理，深入推进人民币净化工程。组织全省各金融机构制定了全额清分工作推进计划，建立了定期报送机制和完成情况通报制度，鼓励金融机构自主选择全额清分方式，全面开展全额清分工作。

四、集中力量、综合治理，维护了金融消费者的合法权益。充分发挥甘肃省反假货币工作联席会议办公室的职能，积极开展反假货币工作。通过“宣传、防范、培训、管理”四个环节，充分发挥了金融机构的反假货币作用，形成了共同打击假币犯罪活动、有效防范假币侵害、联合开展反假宣传、促进反假货币工作的联合督导良性循环机制。依法加强金融机构反假货币管理，全面提高假币识别和堵截能力。对建设银行、招商银行、甘肃银行、浙商银行等金融机构500家营业网点的反假货币工作情况进行了现场检查，规范了商业银行假币收缴行为。做好2015年版第五套人民币100元纸币发行后质量跟踪工作。在新版人民币投放回笼和清分处理过程中关注新版人民币质量状况，严密监测报刊、杂志、广播、电视、互联网等媒体发布的关于新版人民币质量状况信息，妥善处理新版人民币质量、防伪知识相关来访，并及时上报新版人民币质量跟踪信息。采取多种方式，认真开展了反假货币宣传工作。4月22日至28日，举办了“反假货币宣传专题展”活动，甘肃省各银行业金融机构现金从业人员共计800余人分批次参观了展览，起到了专题展宣传、培训的双重作用。11月份，组织全省各银行业金融机构在铁路、民航、公路、水路等交通领域开展反假货币宣传月活动，提高了人民群众防范假币的意识和能力。

（徐世亮）

【安全保卫】 2015年，全省人民银行安全保卫工作紧紧围绕中心工作，加强队伍建设，规范守卫押运工作，提升安全技术防范水平，强化枪支弹药管理，健全安全生产长效机制，不断提升安全保卫工作水平。

一、加强队伍建设，保卫队伍整体素质得到提升。印发文件对全省人民银行系统安全保卫工作人员进行了慰问，并为全省人民银行保卫人员制作了守卫押运工作服装，使保卫干部感受到了组织的关怀和集体的温暖。按照总行的安排部署，组织全辖保卫人员参加了总行举办的2015年安全保卫业务远程培训，丰富了保卫人员理论知识，提高了保卫人员工作水平。组织举办全省人民银行系统保卫科、股长参加的安全保卫业务培训班，邀请总行保卫局曹作义处长和省委政法委焦旭红处长分别就人民银行安全保卫改革规划和深化平安甘肃建设与维护社会稳定作了专题讲座，拓展了保卫人员工作思路，增强了反恐维稳意识。

二、加强发行库守卫管理，确保发行库安全。严格执行发行库守卫值班制度，值班人员通过实时查看监控画面、查看监控录像，及时报告、处理异常情况，纠正违规操作。加强对发行库区验证管理，认真做好对进入库区车辆、物品审查及进入库区人员的验证工作，确保了发行库安全。积极筹措资金，对部分行守卫值班室各功能区域进行规划、改造，加装生活设施，改善了保卫人员值班环境。

三、加强枪支弹药管理，保证枪支弹药绝对安全。认真落实枪支弹药管理责任制，贯彻落实《中华人民共和国枪支管理法》《中国人民银行枪支管理规定》及人民银行、公安部有关枪支弹药管理的规章制度，明确枪支弹药管理第一责任人和直接责任人的职责，各司其职，各负其责。认真落实枪支弹药管理制度，按照枪支弹药保管、领取、交接、使用和枪支擦拭保养的规定程序和要求，把押运使用枪弹、守卫值班使用枪弹和枪支擦拭等环节作为枪弹动态管理的重点，加强监督管理，确保枪支弹药安全。积极与当地公安部门联系，为无公务持枪证的保卫人员办理了持枪证，对超过使用期限的公务持枪证进行了审核换发。

四、加强技防建设，提升发行库安全技术防范水平。对陇南市中心支行，玉门、金塔、山丹、环县支行发行库监控报警系统改造工程和兰州中心支行发行库监控报警远程联网工程进行了验收，并向总行上报了《关于2014年安全技术防范执行情况及2015年安全技术防范计划的报告》。组织对发行库安全技术防范工程建设项目进行非现场跟踪指导，加强方案设计、方案审批、工程建设等环节管理，提高安全技术防范工程建设水平。对永登县支行监控报警改造工程进行了现场指导。完成了2015年技防项目建设的立项审批工作，制定了《2015年发行库监控报警工程改造业务需求书》，对武威、平凉、庆阳市中心支行和永靖、庆城、秦安、广河、景泰、平川县（区）支行发行库监控报警系统进行了改造，提高了安全技术防范水平。

五、强化发行基金押运管理，安全、顺利完成押运工作任务。加强对发行基金押运工作的组织领导，按照“组织严密，统一指挥、安全第一”的原则，严格落实《中国人民银行发行基金押运安全管理规定》和《甘肃省人民银行系统发行基金押运安全管理实施细则（试行）》有关规定，制定发行基金押运方案，积极稳妥地应对押运过程中遇到的突发事件；坚持领导带队，严肃货币押运工作纪律；合理安排押运工作人员，保证押运队伍战斗力；使用专用运钞、护卫车，确保行驶安全；密切关注天气、道路情况，有效预防自然灾害影响；携带必要的押运设施装备，保证押运工作正常开展。针对甘肃省处于全国反恐防暴最前沿的实际，由兰州中心支行策划指导，天水市中心支行牵头，在天水市组织22

个单位（部门）开展了金融系统反恐防暴应急演练，进一步提升了全省金融系统安全防范意识，增强了处置突发事件能力。

六、开展安全保卫检查工作，彻底消除安全隐患。根据总行和兰州中心支行要求，春节前夕，组织人员对白银、定西、临夏市（州）中心支行和会宁、临洮、广河、永登、红古县（区）支行安全保卫工作进行了突击检查，确保了节日期间安全。组织对守卫押运中心，13个市、州中心支行和18个设库县支行安全保卫工作进行了专项检查，市、州中心支行检查率达100%，设库县支行检查率达53%。成立由工会主任白克荣任组长的检查工作领导小组，抽调保卫人员组成3个检查组，对守卫押运中心和13个市（州）中心支行及所辖县支行安全保卫工作进行了全面检查。下发了安全保卫工作检查情况通报，对存在问题提出整改要求。

七、采取有效措施，深入推进社会治安综合治理工作。组织召开了兰州中心支行2015年社会治安综合治理工作领导小组会议，讨论通过了《中国人民银行兰州中心支行2015年社会治安综合治理工作安排意见》，通报了平安单位建设工作达标单位，安排部署了2015年工作任务。认真梳理2014年文明处室创建工作，对创建资料进行了整理归档。同时，紧密结合业务工作特点和业务操作风险，修订完善业务管理制度和业务操作流程，制订了《2015—2017年文明处室创建工作规划》和《2015年文明处室创建工作方案》，积极采取有效措施开展文明处室创建工作。采取多种形式，大力开展法制宣传教育，广泛开展法律法规、保密知识、安全防范知识教育培训，大力推进遵章守纪活动，提高全员安全防范意识和能力。积极开展了形式多样、内容丰富、重点突出、富有成效的综治宣传活动，营造了人人关心、人人支持、人人参与的浓厚氛围，为更好地履行基层人民银行安全保卫工作职责提供了坚强思想保证。成立了安全生产大检查领导小组，制定了《2015年甘肃省人民银行系统安全生产大检查实施方案》，在全省人民银行系统组织开展了安全生产大检查工作，消除安全生产隐患，化解安全生产风险，确保了人民银行平安无事故。在省综治办协调安排下，东航甘肃分公司赴人民银行兰州中心支行学习交流社会治安综合治理工作经验，并就当前如何更有效地开展综治工作交流了经验。

（陈 剑）

【国库组织与国债管理】 2015年，全省各级国库工作以“金融生态建设深化年”和“基层党组织深化年”活动为抓手，以新《预算法》实施为契机，坚持依法履职、从严治库，强化监督管理，加快信息化建设，提升分析研究水平，规范国债管理，顺利完成了全年各项工作任务，为甘肃经济社会发展做出了积极贡献。截至年末，全省共有国库机构113个，其中省分库1个、市（州）中心支库14个、县（区）支库97个，人民银行经理县（市、区）支库81个，商业银行代理中心支库1个、县（市、区）支库15个、乡镇金库1个（人民银行经理）。甘肃省全辖共有国库人员557人，其中人民银行国库人员491人，商业银行及信用社代理国库业务的人员66人。

一、国库会计核算业务安全高效运行。各级国库强化风险防范意识，规范处理国库会计核算业务，及时排查和防范风险隐患，确保了国库资金安全和国库系统运行安全。2015年，全省各级国库共办理预算资金收支存退及更正业务1 016.53万笔、金额9 154.57亿元；办理各级预算收入1 386.66亿元，地方预算支出3 080.39亿元，同比分别增长12.40%和16.60%。组织开展国库会计分析工作，每季度收集、编制报告，反映会计核算业务和资金流动状况，发挥了国库反映职能。

二、国库信息化建设有力推进。积极配合国税、地税部门完成了金税三期系统双轨试运行TIPS系统参数设置、业务验证等工作，确保了金税三期税库银系统于10月1日正式上线运行。采取多种形式督促加快TIPS的推广，不断提高全省纳税人签约率和电子缴税业务量占比，2015年，各级国库通过TIPS办理电子缴库业务178.62万笔、金额744.86亿元，占税收收入比重达到63.90%。进一步丰富了TIPS业务种类，6月份TIPS退、更、免业务在全省正式上线运行，积极扩大银联模式POS机刷卡缴税业务，有效解决零散纳税的电子化问题，为小微型企业和个体纳税人缴税提供更多便利。兰州市和金昌市分别于12月9日、12月18日成功上线运行市级国库集中支付电子化管理系统，为今后直接支付和授权支付业务电子化上线奠定了基础。

三、国库调研分析质量不断增强。不断完善国库统计报表体系和统计分析报告质量，每月深入剖析国库资金运行的主要特点和经济运行中值得关注的问题。在全省建立了国库资金异动监测分析机制，2015年，全省共完成库存资金异动常规监测461次、重点监测210次。制定下发《甘肃省国库统计分析检查方案》，对全省国库统计分析检查工作做出统一要求。举办全省国库统计分析电视电话培训班，明确了今后做好国库统计分析工作的方向、目标和方法。充分挖掘国库数据资源，撰写调研报告，全年共有39篇调研在省部级以上刊物发表，其中3篇文章刊发在《开发研究》和《中国金融》上。

四、国债发行兑付管理工作有序开展。督促商业银行做好国债发行、管理与宣传工作，保证国债发行任务顺利完成。采取多种方式，开展对国债收款单的催兑工作，严格按照无记名国债兑付操作规程，坚持“先缴券、后划款”的原则，做好无记名国债的兑付。2015年，全省共组织发行凭证式国债4期5.41亿元，储蓄国债（电子式）10期5.81亿元；兑付国债本息款项合计3 548.08元。加大国债业务现场检查力度，按季通报业务考核情况，对兰州市无记名国债常年兑付点兰州银行进行现场辅导，维护国债投资者的合法权益。

五、国库监督检查力度不断加大。强化柜面监督及账务核对，确保国库资金准确及时入库、安全合规出库，全年各级国库共发现和纠正不合规业务3 375笔、金额37.56亿元。组织全辖各级国库开展“两个加强、两个遏制”专项检查，对5个市（州）中心支库和兰州市辖区4个县（区）支库进行实地业务检查，对全省16家商业银行代理支库进行现场检查，对建设银行、招商银行、中信银行、甘肃银行4家银行93个机构的国库经收业务、集中支付业务、国债管理业务开展综合执法检查，对违规的被查机构给予经济处罚5.80万元，进一步提高了商业银行代理国库业务的水平。

六、国库服务领域不断拓宽。以“服务社会、服务民生”为工作理念，加强与政府和相关职能部门的沟通协调，进一步拓展国库直拨的地域范围和业务种类。2015年，全省共有10个市（州）共计28个国库机构发生了涉农惠民政府补助资金的直拨到户业务，累计拨付各类补助资金112项，共计84.15万笔、54.05亿元，切实将党和国家的惠民政策落到了实处。全力配合财税部门做好国库集中支付改革和“营改增”改革试点工作，推动相关改革顺利实施。2015年全省改征增值税累计入库25.92亿元，比上年增长12%。截至年末，全省共有省级2 060个、市县级13 000个预算单位纳入国库集中支付改革，各级国库通过集中支付办理库款支拨业务162.25万笔、金额1 790.63亿元。积极开展金融机构财政专户摸底调研工作，为推动财政专户清理整顿工作奠定重要基础。

七、大力开展纪念央行经理国库30周年系列宣传活动。制定《全省人民银行经理国库30年主题宣传活动方案》指导宣传活动，取得了良好的宣传成效。举办全省国库系统演讲比赛，来自全省人民银行系统和商业银行的15名选手进行了精彩演讲，兰州电视台《兰州新闻》多次进行了滚动报道，此次演讲比赛选拔出的优秀参赛作品——“一千四百次的依依相守”荣获全国国库演讲视频评选第八名。召开全省国库工作座谈会，制作“发展中的国库”主题电子书，开展“国库在我身边”主题征文活动，建成“甘肃国库历史资料库”，编辑出版《甘肃金融》（专刊），开展全省“央行经理国库30周年”宣传周活动，全方位、多途径的宣传国库知识，展现央行经理国库成果。

（王　璐）

【支付与清算】 2015年，支付清算工作按照“维护支付系统安全稳定运行，防范支付服务市场风险，维护良好支付结算秩序，创造良好支付结算环境，促进社会资金通畅流转”的工作思路，准确把握全年重点工作，精准推进各项工作落实，取得良好成效。

一、实现支付系统安全运行率100%。按时完成日常系统维护与巡检，保证系统始终处于良好运行状态。及时应对系统软硬件故障，响应迅速，报告及时，判断准确，处理程序合规，处理方式妥当，确保了支付系统正常运行。按照人民银行总行统一安排，认真细致完成系统变更升级，变更工作准确及时，提高了系统运行效率。2015年，支付系统安全运行率为100%。

二、支付系统业务量不断攀升。2015年，兰州城市处理中心共处理支付业务5 221万笔，金额33.65万亿元，同比分别增长39.81%、6.22%。其中，大额支付系统处理业务1 473万笔，金额33.20万亿元；小额支付系统处理业务3 380万笔，金额3 630亿元；全国支票影像交换系统处理业务422笔，金额7261万元；电子商业汇票系统处理业务9 340笔，金额626亿元；网上支付跨行清算系统处理业务368万笔，金额317.50亿元。

三、支付清算纪律执行严格有力。重点加强对支付系统登录、日切、日终处理等关键环节的节点监控；继续采取违纪登记、定期通报、电话催促等有效措施，加强对查询查复、退回申请、止付应答、排队业务、流动性管理等重要事项的实时监控，督促参与者遵守清算纪律。2015年10月8日人民币跨境支付系统（CIPS）上线后，主动适应业务运行时序变化，加强支付系统业务运行情况监控。由于监管得力，未出现影响资金及时清算的行为，实现了清算窗口零开启，有效防止了支付风险的发生。

四、业务系统建设推广任务顺利完成。顺利完成农业发展银行甘肃省分行账户归并工作。甘肃辖内银行分支机构全部完成账户归并，实现了“一点接入、一点清算”。认真做好综合前置子系统推广上线前的各项准备工作。甘肃银行、兰州银行综合前置子系统在甘肃省顺利推广上线。根据总行《关于做好2015年中央银行会计核算数据集中系统信息管理子系统推广上线工作的通知》，及时完成客户端应用软件的安装，用户业务权限设置和业务验证工作。结合甘肃省实际，制定了《甘肃省ACS运管中心考核办法》，积极探索ACS管理新模式。及时了解掌握地方法人银行机构的业务发展需求，指导甘肃银行接入电子商业汇票系统和境内外币支付系统，以直连方式加入网上支付跨行清算系统。

五、支付服务市场良好秩序得到有效维护。牵头开展对甘肃银行及其14个市（州）42个网点的综合执法检查，配合做好对国家开发银行甘肃省分行、建设银行甘肃省分行、招商银行兰州分行和中信银行兰州分行的支付结算执法检查，有效规范了银行机构的支付结算业务行为。认真履行支付机构客户备付金监管职责，组织开展了对兰州易家万通企业服务有限公司客户备付金管理情况的安全核查和专项检查。严格落实法人支付机构分公司属地备案管理制度，对上海付费通等支付机构分公司属地备案材料进行审核批复。针对支付服务市场发展现状，组织召开全省支付机构座谈会，进一步加强对支付机构的监督管理。认真受理“12363”咨询投诉，办结率达到100%，有效维护了金融消费者的合法权益。

六、支付系统参与者支付清算服务水平持续提升。发挥信息优势，及时将获得的省内、省外支付清算案例、好的经验通报辖内支付系统参与者。顺利完成了工商银行、浦发银行、招商银行、中信银行、邮政储蓄银行和民生银行共187家新增参与者加入电子商业汇票系统的权限设置工作。在认真征求辖内支付系统参与者及人民银行系统培训需求的基础上，邀请清算总中心技术业务骨干，组织举办了“2015年全省支付系统业务培训班”。

七、农村支付服务环境进一步改善。积极开发甘肃省银行卡助农取款服务业务管理信息系统，促进助农取款服务点的科学化管理。下发《关于严格规范银行卡助农取款服务点管理的通知》，进一步加强对相关收单机构的助农取款服务业务资格审核、服务点管理和日常业务监管。组织开展全省收单机构助农取款服务开展情况核查，对存在违规行为的责令相关收单机构停办整改，有效促进助农取款服务业务健康发展。继续探索农村地区手机支付业务模式，重点推广个人贷款还款办理、农村大学生学费缴纳等特色业务。结合甘肃实际，引导涉农银行机构在甘南藏区、陇南秦巴山区投入“三农”金融服务流动车，有效填补少数民族和偏远地区金融服务空白。围绕支付系统建设、服务“三农”、支付系统业务运行规定等内容，通过多种方式，扎实细致地开展了支付系统宣传工作。截至年末，全省农村地区累计设立助农取款服务点2.05万个；布放ATM机8 521台、POS机133 803台，较年初分别增长43.3%、81.2%；累计发放银行卡5583.60万张，同比增长39.4%；电话银行、手机银行和网上银行的用户数量分别达到547.04万户、1 553.21万户和1 222.96万户。

八、账户管理水平不断提升。组织对15家银行机构的216个营业网点进行现场核实，切实推进个人银行结算账户实名制的落实。制定下发《关于进一步加强甘肃省银行结算账户行政许可工作的通知》，严格人民币银行结算账户行政许可管理工作。认真落实集中申报制度和账户专管员制度，组织召开银行结算账户专管员会议，进一步强化对银行机构人民币银行结算账户的管理。严格执行账户审核制度，不断规范银行结算账户的使用和管理，全年新开立单位银行账户7.95万户，撤销、变更4.64万户。

九、银行卡和票据业务健康发展。组织召开2015年全省银行票据案件及风险防范分析会，介绍票据业务风险发展趋势，发布票据风险提示，进一步提高全省银行机构票据防伪能力。认真落实总行《关于开展联合整治银行卡网上非法买卖专项行动的通知》，联合省公安厅等单位，在全省范围内开展打击银行卡非法买卖专项行动，有效净化了辖内银行卡市场环境。利用“5·15”大型宣传活动，开展以“打击经济犯罪，识假防骗，共创平安”为主题的集中宣传咨询，进一步提高了群众对银行卡风险的防范意识。

(郃友会　李　宁)

【电子结算工作】 2015年，电子结算工作紧紧围绕“强化管理、夯实基础、突出服务、稳定发展”的工作主线，在全面提升票据交换服务质量，构建可持续发展工作机制，营造和谐的结算服务环境等方面努力突破创新，有效提升工作质效。截至年末，兰州市参加同城票据交换的单位达676家，全年清分票据114万笔，金额3 446亿元。

一、加强票据清分管理，严把业务质量关。继续坚持票据清分“七核对”，对业务流程中重要业务节点实行双人复核，按业务类型实行清分台模块化管理，各模块设立专人负责质量把控，同时结合工作实际，分析归纳“拒票”原因，探索建立退票业务考核机制，加大对商业银行票据从业人员的培训力度，规范办理票据业务，保证业务差错率降至最低。

二、加速业务响应管理，完善综合服务体系。结算中心紧扣票据交换业务发展实际，深化票据交换服务质效，以现代通讯技术为依托，强化与票据交换单位的信息沟通质效，建立票据交换联系协调反馈机制，开设兰州辖区票据交换热线电话，安排专人接听、记录、跟踪业务反馈信息，同时成立业务应急小组，结合票据交换突发事件应急预案的工作要求，迅速反应、及时干预，确保票据交换业务信息对称、稳健运行。

三、创新业务准入管理，维护票据交换秩序。进一步明确交换单位准入、退出的条件、标准、流程，采取非现场资料审核与现场资质验收相结合的方式，在申请提出两个工作日内为金融机构做好资质审核、环境搭建、人员培训等一站式服务。同时扩大直接交换单位覆盖面，进一步简化“间转直”审批手续，促进间接交换单位升级为直接交换单位。2015年，电子结算中心审核准入直接交换单位61家，实地验收交换网点20余次。

四、深化速递业务管理，确保安全生产运行。坚持速递车辆定点停放，周末封闭管理，严格执行“节约归己，超耗自费”的油料包干制度，及时做好速递车辆审验、维修、保养、违章处理等一系列保障工作，定期召开速递安全例会，组织学习交通法规，培养安全行车意识。在通行管理方面，积极应对兰州市交通环境愈加复杂的现状，结合路况变化，优化速递线路，减少周转环节，有效提高速递效率。2015年，结算中心共出动速递车辆12 000余台次，变更速递线路19次，累计行驶路程达30万公里，未发生车辆安全事故。

五、细化中转站管理，提升票据速递效率。进一步加强对票据交换中转站的检查力度，严格落实票据包交接签字手续，实行中转站管理员登记备案制度，靠实票据安全责任。依托中转站这一信息窗口，了解金融机构对票据交换工作的意见和建议，掌握区域票据交换业务量的变化，根据信息反馈及时调整工作思路和服务方式，以“方便、快捷、就近”为原则适时调整中转站设置。截至年末，兰州辖区共设置了42个票据交换中转站，年内对各中转站检查辅导14次，对2个中转站进行了主动调整。

六、推进系统运行维护管理，技术保障上水平。坚持以“安全、稳定、高效”的原则，开展票据交换系统技术维护，及时更新票据清分系统账户库和病毒库，加强对机房环境和业务系统运行的监控，切实抓好网络安全和病毒防治，积极与乙方公司协调磋商，进行清分系统软件功能升级和漏洞修补，推动建立高效、安全、稳定的票据交换业务网络系统环境。

七、坚持应急管理，增强突发事件处置能力。组织开展了2015年度“票据交换系统”突发事件应急处置模拟演练，演练以模拟清分机瘫痪为背景，以实物票据进行手工清分操作，演练过程分工有序，配合默契，演练日共处理提出票据1 476笔，票据金额达2.03亿元，经验证准确率达100%，达到了演练目的，提升了应急管理工作的有效性和针对性。

(史　晋)

【人事教育工作】 2015年，组织人事工作认真贯彻落实总行、西安分行组织人事工作座谈会精神，以深化改革、严格管理为主线，认真履行组织人事各项工作职责，为中心支行高效履职提供了坚强的组织保证和人才支撑。

一、党的建设抓组织、强推动，党建工作进一步加强。扎实推进“三严三实”专题教育，成立专题教育领导小组，研究制订实施方案，召开动员部署会，推动专题教育有序有效开展。认真开展专题学习研讨，中心支行党委依次完成3个专题6次集中学习研讨，各党支部和直属县（区）支行也都普遍开展了6次集中学习研讨，拓展了专题教育的广度和深度。通过专题党课剖析、对照中组部要求检查，积极查找

"不严不实"问题，狠抓整改落实。充分发挥宣传引导作用，在内联网开设专题教育栏目，上载文件资料100余份，编发专题教育简报20期，营造了良好氛围。持续开展"基层党组织建设深化年"活动，通过办专题讲座、党务知识培训班、"社会主义核心价值观"知识竞赛等活动，进一步增强了党员干部党性修养和政治理论水平，为推工作、促履职注入了思想动力。持续巩固拓展教育实践活动成果，严格作风建设督查问责，继续保持反"四风"高压态势，进一步纠"四风"、转作风、树新风。进一步加强组织建设，成立党建工作领导小组，扎实开展基层党组织分类定级评定工作，严把党员入口关，切实加强党费管理，进一步夯实党建工作基础。

二、干部工作抓培养、严管理，人力资源配置进一步优化。严格做好干部选任工作，全年提任正处级干部4人，选配调整处室主要负责人4人，对2名处级干部试用期履职情况进行考核并办理了正式任职手续。坚持"择优晋升"原则，对24人晋升了科以下非领导职务。强化干部交流，全年共交流调整处级干部5人、一般干部9人，推荐5名干部到总行有关司局交流学习，选派1名干部参加援藏工作，3名干部担任驻村帮扶工作队队长。认真做好2014年招录8名行员、1名军转干部部门分配和转正定级工作，将2015年新招录的9名行员派到市州中支实习锻炼。认真落实总行退休政策规定，为13人办理了退休手续。认真落实青年干部管理办法，顺利完成青年干部考核工作。认真组织开展行员年度、季度考核，扎实做好发行、保卫等要害岗位人员的考核管理。严格干部选任监督，切实把好资格关、程序关、廉政关。认真落实领导干部个人有关事项报告、任期和离任审计、诫勉和任前谈话制度，进一步强化了党员干部日常监督。强化对直属县（区）支行的工作指导，促进了直属县（区）履职科学化、规范化水平的提升。

三、教育培训抓创新、求突破，干部人才队伍素质进一步提高。在深入开展培训需求调查和广泛征求意见的基础上，编制2015年干部培训计划，增强了培训工作的针对性和规范性。认真做好远程培训工作，以全省国库业务操作岗位聘用制员工和2015年新行员为对象开展远程专题培训，提高了学员积极性和学习覆盖面。积极推进微课程的开发征集，整理收集微课程简介、制作指引及课程示例等相关资料，帮助业务部门和省内各市州中支熟悉掌握微课程的内涵、种类及制作方法，督导各市州中支保质保量完成微课程开发工作。大力实施"人才强行"战略，加强专业人才队伍管理，创新人才管理方式，盘活整合现有人才资源，对专业人才进行分类培养管理。完成6名申报高级专业技术职务人员评审材料的预审和上报工作。认真组织开展了2015年全省人民银行系统干部职工学历学位变更认定工作。

四、劳资统筹抓管理、严政策，业务工作水平进一步提升。动态跟踪督导市州中支贯彻执行劳资统筹指导意见，严格落实工资总额计划动态统计和进度控制制度，及时掌握劳资工作动态，有针对性提出规范完善措施。组织完成2015年全省正常增加薪级工资工作，审核批复市（州）中支有关人员各类增资、调资申请。现场检查直属县（区）支行劳资统筹工作情况，进一步加强劳资统筹业务管理。认真落实增加离退休费、地方津补贴调标增资、伤残抚恤金和取暖补贴等政策，及时兑现抗战时期及以前参加工作的离休干部相关待遇，不断提升离退休职工待遇水平。进一步加强聘用制员工和合同制用工日常管理，认真做好机关聘用制员工试用期满考核和转正定级工作，积极落实聘用制员工和合同制用工人员调资待遇，组织完成机关派遣员工年度考核工作，有效调动派遣员工工作积极性。圆满完成人民银行分支机构人员录用兰州考点各项工作。

五、基础建设抓落实、促质量，各项基础工作进一步夯实。通过组织生活会、座谈交流、专题讨论等多种方式，深入学习宣传习近平总书记系列重要讲话精神，扎实开展"三严三实"专题教育。认真做好干部人事档案专项审核工作，为组织认定和解决档案历史遗留问题打下良好基础。认真做好调研信息工作，编发上报组织人事调研信息12篇，较好发挥了调研信息服务参谋决策作用。顺利完成党员、人事半年报、年报的编制及说明的上报工作。认真做好群众来信来访的接待处理工作。

（祁云飞　赵文林）

【会计财务】 2015年，会计财务工作认真贯彻执行总行会计财务工作部署和兰州中心支行工作会议精神，全面夯实基础工作，健全会计财务制度体系，切实规范会计财务行为，严格防控风险隐患，努力提升预算管理水平和财务资源使用效益，各项工作取得了较好的成效。

一、加强管理，努力提升会计财务履职水平。继续贯彻落实党的"十八大"以来中央和总行新发布的一系列财经纪律、政策法规和兰州中心支行党委对会计财务工作提出的"数字清、政策明、工作实"的要求，积极适应会计财务工作新形势，牢固树立法律意识、强化法治观念，以严肃执纪、严防风险、规范操作为工作重心，切实履行会计财务管理职责。将宣传财经政策、法规制度作为常态化工作抓紧、抓实、抓细，通过多形式多渠道认真贯彻落实，全省人民银行遵规守纪的工作意识进一步增强。组织对1999年以来兰州中心支行制定实施的会计财务规章制度进行修订完善，共修订及新增会计财务规章制度10项。不断健全会计财务风险防控约束机制，积极参与"两加强、两遏制"专项检查，对张掖、定西、武威、临夏等市（州）中心支行财务管理和预算执行情况进行现场检查；配合总行审计组做好对兰州中心支行开展的主要负责人离任审计相关工作，对发现的问题严肃对待，认真整改落实，切实强化依法、合规开展会计财务工作的意识，有效消除会计财务风险隐患。

二、依法理财，不断提高财务预算管理能力。严格按照"统筹兼顾、保证重点、面向基层"的分配原则，对预算指标进行科学测算、合理分配，切实做到保障重点业务支出需求和预算资源向基层行倾斜。以排查风险隐患、保障基础功能为重点，在全面掌握实际情况的基础上，就省内各行修缮改造等项目向总行上报专项请示，积极争取政策、资金支持。全年共对37个特殊项目安排预算资金，并对庆阳、平凉、嘉峪关等3家市中心支行和泾川、康乐等11家县支行安排专项维修资金，为不断改善基层行办公条件提供了保障。根据中央预算管理改革工作要求和总行部署，组织全辖做好2016–2018年支出规划和2016年部门预算的编审工作。针对近年来预算管理越来越细、要求越来越严的实际，以防控风险为重点，始终坚持贯彻落实“八项规定”“约法三章”和“党政机关厉行节约反对浪费条例”，切实强化纪律、法规、制度对公务履职和经费管理的刚性约束，进一步加强会议、培训、公务接待等公务活动预算管理，严控“三公”经费只减不增。

三、严格规范，做好基本建设、固定资产、集中采购管理工作。严格执行各项制度，切实规范基本建设、固定资产和集中采购工作。密切关注甘肃省公务用车制度改革进展情况，积极与省公务用车制度改革领导小组联系沟通，及时汇报人民银行公务用车制度改革要求，做好前期准备工作。根据中央和总行工作部署，继续深入开展停止新建楼堂馆所和清理办公用房工作，组织对各市（州）中心支行和辖属县支行办公用房清理工作开展专项检查，严格按照要求整改落实到位，严防超标准、超规格等事后反弹现象的发生。根据总行要求，完成大型修缮项目3–5年规划，并积极争取总行支持，对全省人民银行县支行维修改造项目进行安排部署。由于县支行维修改造工作积极主动作为，得到了总行肯定，在会计司召开的“县支行维修改造项目管理工作电视电话会议”上作经验交流。认真落实“管采分离”，实施采购项目负责人制度，不断优化采购流程，结合需求情况，实施集中采购项目23个，资金节约率13.92%，充分发挥了集中采购的规模效益。

四、积极探索，扎实推进会计财务工作转型。制定印发了《关于进一步深入推进全省人民银行会计财务工作转型的通知》，要求全省人民银行会计财务部门切实更新管理理念、改进工作方法、创新管理手段，从持续加强会计人才培养、不断丰富会计业务培训内容、继续深化会计研究分析等方面入手，积极开拓思路，扎实推进会计财务工作持续深入转型。积极开展全省人民银行会计财务人才库建设工作，制定了人才库建设工作规划，以会计财务人才库建设为着力点，推动会计财务工作转型取得新的成效。高度重视业务能力提升，全面开展会计业务培训，全年共利用电视电话会议系统开展培训6次，不断提升针对性、实效性。积极引导辖内会计人员，特别是会计财务人才库人员和青年会计人员开展会计财务调查研究，完成了《存款准备金率调整对我国商业银行资产负债管理的影响研究》《新预算法实施背景下人民银行预算管理改革研究》《利率市场化下小微银行利率定价探析》等多篇调研文章，研究质量和分析水平都有明显提升。

（马云飞）

【纪检监察工作】 2015年，纪检监察工作坚持从严治党、依规治党，全面落实党风廉政建设“两个责任”，切实把纪律和规矩挺在前面，持之以恒加强作风建设，扎实推进惩防体系建设和岗位（廉政）风险防控工作，强化监督执纪问责，为履行基层央行职责提供了坚强的政治和纪律保障。

一、主体责任全面落实。深入学习贯彻习近平总书记系列重要讲话精神，认真落实总行、西安分行党风廉政建设工作会议部署，坚持把落实党风廉政建设“两个责任”作为政治任务，年初及早分解党风廉政建设工作责任和任务，层层签订《党风廉政建设责任书》，开列责任清单，形成横向到边、纵向到底的责任链条。坚持按季度召开党风廉政建设专题党委会，分析形势、部署工作、研究解决实际问题。党委书记及党委班子其他成员切实担负起职责范围内的党风廉政建设责任，加强组织领导，强化督促检查，推动工作任务落实。坚持把落实党风廉政建设责任制纳入年终目标任务考核，及时修订完善党风廉政建设责任制检查考核办法，加强考核结果运用，推动主体责任层层落实到位。积极探索党风廉政工作标准化建设，组织编写落实党风廉政建设“两个责任”标准化建设《工作手册》，进一步量化细化责任内容和主要任务，确保了“两个责任”落到实处。

二、挺纪在前力度加大。始终把党的政治纪律和政治规矩摆在首位，组织开展《廉洁自律准则》和《党纪处分条例》专题学习，教育引导党员干部进一步坚定理想信念，增强宗旨意识，自觉遵守党章，不断提高政治敏锐性和政治鉴别力。坚持民主集中制原则，不断完善党委议事规则和行长办公会议制度，凡涉及“三重一大”事项，都坚持集体领导、民主集中、个别酝酿、会议决定。认真落实党员领导干部民主生活会制度，召开了2015年度党员领导干部“三严三实”专题民主生活会。党员领导干部严格执行廉洁从政各项规定和请示报告制度，主动如实报告个人有关事项，严格遵守组织制度、严格接受组织管理，大力弘扬艰苦奋斗的优良作风，积极培养健康向上的生活情趣，进一步提高了廉政勤政的主动性、自觉性。

三、作风建设持续推进。不断巩固党的群众路线教育实践活动成果，扎实开展“三严三实”专题教育，全面完成了学习研讨、查找问题等重点环节任务。坚持和完善党员干部直接联系群众制度、领导干部联系行和调研联系点制度，2015年党委班子成员先后带队深入13个市（州）中心支行、部分县（区）支行以及金融机构和企业开展调研共计32次。把贯彻中央“八项规定”精神和纠正“四风”作为经常性工作，全面从严落实各项禁令，认真执行会议、培训、公务接待、公务用车配备使用等方面的制度规定，落实责任、强化管理，“三公”经费得到有效控制，未发生违反“八项规定”的行为。全面推进政风行风建设，坚持政务、行务公开，维护了人民银行良好社会形象。

四、监督效能有效提升。认真履行监督检查职责，强化了对重大决策部署落实情况、“三重一大”和重要领域、关键环节，内外部审计问题整改等情况的监督检查。严格落实任职廉政谈话、纪委主要负责人同下级领导班子主要负责人谈话制度，全年共谈话14人次。继续执行金融执法检查工作人员行为跟踪监督卡制度，全年共发放和收回跟踪监督卡231份。进一步畅通信访渠道，做好来信来访的接待和处理工作，发挥了信访监督的重要作用。进一步加强行政监察工作，探索形成了“六统一”的执法监察工作模式，开展了征信履职执法监察同级跨区域交叉检查，增强了同级监督监察的权威性、有效性，切实提高了监察工作质量。以风险监督管理系统为平台，充分发挥业务部门条线管理作用，实施风险防控动态管理，修订完善系统运行管理考核办法，强化检查考核，深入推进了岗位（廉政）风险防控工作。扎实开展全省人民银行系统干部职工参与非法集资情况排查工作，共排查干部职工 4 478 名，及时上报了排查工作报告，得到了上级行的肯定。

五、反腐倡廉宣传教育扎实见效。坚持正面引导，开展形势教育和党性党风党纪教育，引导干部职工深刻认识反腐败斗争的长期性、复杂性、艰巨性，始终保持政治定力和清醒头脑。紧密结合开展党的群众路线教育实践活动和"三严三实"专题教育，系统学习新修订的党章和党的十八大以来中央颁布实施的关于反腐倡廉的各项政策法规，教育引导党员干部增强党性观念和宗旨意识。切实加强警示教育，及时传达学习各级纪委关于违法违纪案件的通报和总行《廉政风险提示》，深刻汲取教训，增强廉洁意识。坚持巩固与创新相结合，围绕"一行一品"，在全省人民银行系统开展了"清风廉韵伴我行"主题廉政文化建设活动，各市（州）中心支行创建形成了各具特色的廉政文化品牌，营造了浓厚的廉政文化氛围。

六、纪检监察队伍建设明显加强。纪检监察部门和纪检监察干部牢固树立"执纪者更要带头遵守纪律、监督者更要自觉接受监督"的意识，严格执行纪检监察工作流程和标准，强化基础工作。按照西安分行部分纪检监察职责授权省会中心支行管理的要求，主动作为，积极协调，认真履职，对授权管理工作和兰州中心支行纪检监察工作同安排、同推动、同考核，各项授权管理工作扎实稳步推进，基本实现了业务管理权与监督权的协调统一。切实加强调查研究工作，确定了6个重点调研课题，组织市州中心支行选择课题开展探索研究，形成了一些具有创新性、实践性和指导性的调研和工作成果。纪委书记带队先后6次赴市州中心支行和县支行开展调研，并为两家市州中心支行做了专题辅导讲座。

（张宏平）

【工会工作】 2015年，工会工作按照建设学习型、服务型、创新型工会的目标要求和"围绕中心，服务职工，依法履职，讲求实效"的工作思路，充分发挥工会组织作用，不断深化民主管理，深入开展劳动竞赛，积极组织职工文体活动，切实加强工会财务管理，较好地履行了工会工作各项职责。

一、充分发挥工会教育职能，深入开展职工教育活动，牢牢把握工会工作的政治方向。结合"三严三实"专题教育，通过举办专题讲座、培训班、研讨会、辅导报告、竞赛答题和开展主题活动等形式，组织全省广大干部职工认真学习党的十八届三中、四中全会和习近平总书记系列讲话精神，认真学习习近平总书记在全国劳模表彰大会上的重要讲话和在中央群团工作会议上的讲话，深化"中国梦"、中国特色社会主义理想信念教育。结合庆祝抗日战争暨世界反法西斯战争胜利70周年，全省各级工会组织开展了丰富多彩、富有成效的职工主题教育活动，共举办各类讲座、报告会60余场。

二、深入推进职工民主管理工作，维护职工民主权利。认真贯彻落实《全国金融系统职工代表大会条例》和总行印发的《职工代表大会实施细则》《关于中国人民银行分支机构民主管理工作的指导意见》，进一步规范职代会程序，全面落实职代会相关规定，深入推进以职工代表大会、职工代表联席会议等为载体的职工民主管理工作。组织召开了2015年职工代表联席会议，推荐上报的职代会职工提案获得总行"十佳提案"评选优秀奖。按照总行工会要求在全省开展了人民银行工会民主管理工作调研，报送了"职工民主管理"调查问卷和题为《加强职工民主管理 维护职工合法权益》的调研报告。

三、积极开展"送温暖、献爱心"活动。关心职工生活，千方百计为职工群众办实事、做好事、解难事。向总行工会报送了2015年全省困难职工统计表，并及时将总行工会为困难职工发放的慰问金和慰问信送到了困难职工手上。春节前夕，陪同人民银行纪委书记王华庆带领的总行慰问组，赴临潭、夏河、积石山、康乐4个县支行，对少数民族偏远地区基层行干部职工进行了慰问并赠送人民银行文联创作的书法绘画作品。全省各市（州）中心支行也都积极开展了"送温暖、献爱心"活动，落实"五必访"，组织干部职工进行健康体检，办理"医疗互助保障"，举办心理健康讲座及辅导开展职工心理减压活动，开展职工生日祝贺，提升职工幸福指数。全省各级工会组织也都在春节期间深入基层困难职工家庭，慰问看望了困难职工。

四、组织开展业务竞赛活动，提高干部职工业务素质。积极开展以操作类、技能型和基础综合业务知识为主要内容的竞赛活动。兰州中支举办了纪念人民银行经理国库30周年"国库人、国库事、国库情"全省国库系统演讲比赛；与甘肃保监局共同主办了全省保险金融机构"预防洗钱犯罪、构建金融保险安全网"为主题的保险业反洗钱知识竞赛。兰州中支荣获人民银行系统2015年节能减排知识竞赛三等奖。组织全省工会干部参加了总行"工会法律法规和业务知识测试"网络答题。全省各市（州）中心支行及县（区）支行也都积极开展了"打击非法集资""打击银行卡非法买卖""打击洗钱犯罪""反假人民币""支付清算进校园"和"关爱信用记录"等主题宣传活动，举办了国库业务、安全保卫、计算机知识、保密知识和法律知识竞赛和答题活动。

五、深入开展"创先争优"，营造团结奋进的良好氛围。坚持做好"双先"和各类先进、劳模的评选表彰工作，大力宣传先进劳模的典型事迹，弘扬劳模精神，营造团结奋进、积极向上的良好氛围，带动广大职工为推动央行事业的不断发展贡献力量。组织开展了2014年"双先"表彰工作，向总行推荐了人民银行系统工会工作先进个人，向省城镇妇女"巾帼建功"活动领导小组推荐了"全国巾帼文明岗""甘肃省巾帼文明岗"和"甘肃省巾帼建功标兵"，受到了省总工会和省妇联的表彰。全省各市（州）中支也深入开展了各类先进、劳模的评选表彰和教育宣传活动。

六、积极开展文体活动，增强职工的凝聚力和向心力。全省各级工会积极开展迎新春文艺活动，兰州中支举办了迎新春职工摄影展。为践行习近平总书记文艺座谈会上的讲话精神，庆祝"五一国际劳动节"和"5·23"全国文艺志愿服务日，在全省范围内广泛开展了“红五月——职工文化活动月”系列活动。兰州中支举办了“迎五一”2015年机关职工趣味运动会；各市（州）中支也举办了不同形式和不同规模的职工运动会。人民银行文联甘肃分会和人民银行甘肃青联举办了“舞动青春、放飞梦想”全省青年干部风采展示文艺汇演；兰州中支工会与人行文联甘肃分会在全省开展了“送文化下基层”活动；为深化全省人民银行“职工之家”建设，扩大建家成果，兰州中支工会在全省组织开展了“模范职工之家”及“标杆职工之家”推荐申报工作。

七、扎实开展“双联”行动，推动全省小康社会建设。兰州中心支行依照省委《全省双联行动2015年工作要点》，制定印发了《2015年人民银行兰州中心支行联村联户为民富民行动工作安排意见》。深入贯彻落实全省精准扶贫精准脱贫工作大会精神和省委书记王三运批示开展驻村帮扶要求，中心支行党委选派三名青年干部担任驻村帮扶工作队队长，常年坚持驻村开展帮扶工作。按照省双联办《关于双联行动中乡镇联系的贫困村调整为由省市两级单位联系的通知》要求，积极联系庄浪县永宁乡，及时与贫困村朱湾村及26户贫困户进行对接，新增22名联户干部参加双联工作。制定了2015年联系村产业和基础设施建设方面帮扶计划，为302户联系户送去总价值6万元的农耕物资，为永宁乡群众文化广场建设项目投入20万元资金。

（杜润泽）

【宣传群工】　2015年，宣传思想工作紧紧围绕总行、分行工作部署和中心支行党委安排，围绕中心、服务大局，较好地完成了各项工作任务。

一、继续深化理论武装。把学习习近平总书记重要讲话精神作为党委（党组）中心组理论学习、干部职工政治理论学习以及干部培训重要内容，深刻把握核心要义、领会思想精髓。制定印发《兰州中心支行党委（党组）中心组学习实施细则》，推进了党委中心组学习的制度化、规范化。创新方式方法，实现了学习与实践的有机结合。全年集中学习15次，专题发言41人次，撰写心得体会文章20余篇。依托“交流讲座”“学习研究日”等载体，弘扬理论联系实际的学风，增强了干部职工政治理论素养。深入开展党史、国史和社会主义发展史学习，进一步增强干部职工的理论自信。开展形式多样、特色鲜明、内涵丰富的读书活动，营造了崇尚知识、热爱阅读的浓厚氛围。

二、扎实培育践行核心价值观。以价值引领、宣传引领、实践引领为抓手，积极引导干部职工在贯穿、落小、落细、落实上下功夫，营造了培育践行核心价值观的良好氛围。组织开展了“核心价值观——我来学”知识竞赛，“社会主义核心价值观小故事”征文，“核心价值观——我寻访”和“身边的闪光——我为核心价值观代言”等主题活动，搭建了宣传核心价值观的全方位平台。探索推动核心价值观入脑、入心、见行的具体实践，阶段性研究成果发表于《甘肃金融》并获甘肃省委宣传部征文评比三等奖；核心价值观微电影在分行会议上展映，获得广泛好评；经验材料获得总行党委宣传部的肯定性批示。

三、稳步推进文明单位创建。制定2015-2017年度创建规划和年度方案，强化创建联络员责任，整理文明单位申报材料和处室创建纸质资料50余册（盒）；上传电子档案2 000余条，档案资料及时、完整、合规。开展“文明单位创建知识测试”和“创建工作大宣教”活动，营造了人人知创建、讲创建、参与创建的浓厚氛围。开展了中心支行级文明单位评选，分行级文明单位申报和总行级文明单位候选单位现场考核工作，按时、保质、保量完成了各项工作任务。兰州中支机关和红古支行获得分行级文明单位荣誉称号。考核推荐的四家单位获得总行级文明单位荣誉称号。

四、有效提升央行文化建设水平。坚持文化的正向引导，公平、公正、公开地做好“双先”和各类先进、劳模的评选表彰工作，大力宣传先进劳模的典型事迹，弘扬劳模精神，营造团结奋进、积极向上的良好氛围。充分发挥工、青、妇等群众组织的桥梁纽带作用，举办职工趣味运动会、职工摄影展等主题活动，营造健康生活、快乐工作的和谐环境。在全省范围内组织开展了人民银行史料搜集、整理工作，累计搜集整理稿件150余篇，照片1万余张，实物档案200余件，完成了《金色足迹——甘肃省人民银行干部点滴回忆（1948-1998）》样书编辑工作。

五、切实加强思想疏导。有效运用微信群、微视频、微博等新兴媒体，加强对热点问题的舆论引导，掌握意识形态工作的领导权和主动权。以“纪念世界反法西斯战争胜利70周年”为契机，大力开展爱国主义教育。通过讲座、影片、图片展等形式，激发了干部职工的民族自豪感和自信心。进一步完善了思想状况季报制度，及时掌握了干部职工的思想状况。组织开展了干部职工“归属感”调查和青年干部思想状况调查，对发现的问题及时做好思想、价值引导；邀请专家开展心理辅导专题讲座，增强了干部职工自我调节、疏导、释放情绪的能力，提升应对新形势、新任务的心理素质。

六、积极拓展党建宣传渠道。充分发挥宣传报道的独特优势，及时发现、挖掘中心支行的新做法、新经验，取得的新成效。利用中心支行内联网站及楼道宣传栏，开展了形式多样的主题宣传、宣教活动。继续开展“激情岁月的点滴回忆”征文活动，其中两篇获得总行评比一等奖，两篇获得分行评比一等奖和三等奖。针对兰州中支频现的党建、文明单位创建、依法行政等亮点、创新工作，积极组稿，大力宣传，向有关报刊、杂志投稿，10余篇稿件被《金融时报》《甘肃日报》《甘肃金融》等报刊刊登。

七、持续强化机关党建和党员教育。落实“三会一课”、组织生活会、党员教育与管理等各项组织制度，促进支部党内生活制度化，工作行为规范化。有计划地组织全年党员培养和发展工作，新发展预备党员6名，预备党员转为正式党员6名。组织开展了民主评议党员工作，党员参与率达到了100%。督促各党支部认真落实“三严三实”专题教育工作部署，抓好学习教育，落实关键动作，解决突出问题，推动了专题教育扎实开展。

（闫海龙）

中国银行业监督管理委员会甘肃监管局

【综述】 2015年，国银行业监督管理委员会甘肃监管局认真贯彻落实银监会决策部署，坚持稳中求进的工作总基调，主动认识新常态、适应新常态、引领新常态，在服务实体经济、防控金融风险、推进改革转型等方面都取得了明显成效。

一、稳增长，服务实体经济成效显著

强化监管引领，制定了《关于进一步提高银行业服务全省实体经济质效的指导意见》等多项指导意见，着力引导银行业金融机构盘活存量、用好增量，提高资源配置效率，全年新增信贷资金2 652亿元、理财资金448亿元、信托资金802亿元，有效支持了经济社会平稳较快发展。突出支持重点，围绕丝绸之路经济带甘肃段建设、“3 341”项目工程等重大战略实施，着力强化对战略新兴产业、交通基础设施、省内企业“走出去”等领域的信贷支持，重点项目信贷余额1 126.66亿元、比上年增长70.41%。改善小微金融服务，紧盯“三个不低于”目标，健全专营服务体系，建立“银税”合作机制，发行专项金融债，创新贷款还款方式，小微企业贷款余额达3 937.1亿元，比上年增长22.70%。加大“三农”支持力度，探索“三权”抵押贷款，推广小额信用贷款，开展“双联”贷款，引导信贷资金向“三农”领域倾斜，涉农贷款余额5 272.60亿元，比上年增长27.30%。省委、省政府主要领导对甘肃银监局工作做了重要批示，给予充分肯定。

二、守底线，各类风险得到有效管控

加强对风险的分析研判，建立“月度非现场分析专题会”制度，认真研究银行业面临的主要问题和潜在风险，制定有针对性的防控措施，提高了风险防控的前瞻性和有效性。强化对大客户的风险管控，指导省银行业协会制定《甘肃省银行业银团贷款实施办法》，实施授信总额联合管理，加强大客户监测预警，实现监管信息共享，集中度风险得到有效管控。深入开展“两个加强、两个遏制”专项检查，加大对违规经营行为、违法犯罪的打击力度，对6家银行业金融机构违规行为进行了处罚，发挥了监管震慑作用，增强了银行业金融机构依法合规经营的意识。积极化解不良贷款，强化对产能过剩行业、地方融资平台、房地产等重点领域风险的防控，通过清收、核销、市场化处置等多种手段及时消化存量不良，全辖银行业风险总体可控。

三、促改革，核心竞争能力持续增强

积极推进组建农村商业银行，全年共有16家农村商业银行相继开业，支农服务能力进一步增强。加强法人机构公司治理，完善议事制度和议事规则，制定合理经营目标，改变过度依赖规模扩张的粗放经营模式，走特色化、差异化发展之路。丰富资本补充工具，2家城商行发行合格的二级资本债券，充实了资本实力。进一步健全银行体系，引导大中型银行优化服务网点布局、提高辐射能力，完善非银行金融机构服务体系，甘肃电投财务公司、兰州银行租赁公司申建均已通过会审。

四、惠民生，普惠金融建设深入推进

对银行业金融机构网点在全省行政村布局情况开展调研，彻底摸清了底数，为全面推进普惠金融、切实补齐短板打下了坚实的基础。在不具备设立标准网点的偏远地区，通过设立便民金融服务点、推广移动金融等方式，综合化推进基础金融服务“村村通”工程。截至年末，全省银行业金融机构共设立标准化网点、离行式自助网点、便民服务点等各类物理网点24 087个，在打通服务人民群众“最后一公里”方面取得了积极进展。与人民银行兰州中心支行、省财政厅等单位联合下发《关于扎实推进精准扶贫专项贷款工程的通知》，通过项目对接、创新模式等多项措施，全年共投放精准扶贫贷款228.20亿元，惠及农户45.95万户。制定消费者权益保护实施意见、信访处理流程，建立内外联动机制，全年受理并直接或督促银行业金融机构办结信访投诉800余件，消费者满意率98%以上。

五、提质效，依法监管水平不断提升

制定《甘肃银监局党委关于贯彻落实全面推进依法治国若干重大问题的决定的指导意见》，全面修订行政许可、行政应诉、行政复议等实施办法，对于法无据的事项和程序进行了清理。认真贯彻“审办分离、查处分离”的改革精神，制定权力清单、责任清单、约束清单，规范信息公开，完善信访投诉，及时回应消费者重大关切，确保了权力在阳光下运行。推行行政许可集中受理和清单式管理，绘制行政许可事项流程图，实施限时移送转办、规定时限办结，监管服务效率进一步提高。制定《甘肃银监局监管意见整改跟踪台账管理办法》，对监管发现问题建立“双线并行”跟踪台账，为落实“整改见实效”提供了可操作的制度保障。

六、抓党建，从严治党要求有效落实

深入贯彻全面从严治党要求，扎实开展“三严三实”专题教育，组织党委中心组学习12次，专题培训班28期、培训1 320人次，深入学习了习近平总书记系列讲话精神，全体党员干部理想信念更加坚定。坚持德才兼备的选人用人标准，严格按照相关规定和程序，选拔培养“信念坚定、为民服务、勤政务实、敢于担当、清正廉洁”的好干部，监管履职能力进一步增强。认真推动“两个责任”落实，把政治纪律和政治规矩摆在首位，做到了对中央精神坚决响应，对银监会部署坚决落实。

【政策法规】 2015年，政策法规工作按照局党委和银监会法规部的统一部署，践行“三严三实”各项要求，适时修订完善各项监管政策制度，初步建立起审办分离、前后台分设、相互监督制约、运行规范透明的银行业监管新的制度体系和运行机制。

一、适应依法行政要求，建立监管制度新架构。先后制定了《甘肃银监局行政许可实施办法》《甘肃银监局行政应诉实施办法》《甘肃银监局行政复议实施办法》和《甘肃银监局行政处罚工作规程》。先后配合甘肃省政府制订和修订15项制度办法。对建局以来的规范性文件进行清理，废止35个、修订6个、保留51个，及时将清理结果进行了公布。

二、规范监管工作流程，落实依法行政理念。设立行政许可办公室，建立集中统一对外的行政许可受理服务窗口，形成《甘肃银行业金融机构行政许可事项项目责任清单》。截至年末，共收到银行业金融机构行政许可申报事项582件，办结563件。及时制定了《甘肃银监局行政处罚工作规程》和《银行业金融机构行政处罚实施程序规定表》，下发了《关于严肃行政处罚责任和规范处罚程序的通知》。2015年共作出行政处罚3项，监管权威得到进一步提升。及时制定下发了《甘肃银监局行政复议格式文本》《甘肃银监局行政应诉格式文本》，全年已判决的4起行政诉讼，均获胜诉。

三、加强法律咨询保障，维护监管严肃性。有针对性地组织进行了应对行政诉讼、行政复议等多项专题培训，进一步提升了依法监管的能力和水平。全年审查各类行政许可、处罚等共计38项，避免了行政行为不当的现象。为机关各处室、各银监分局、银行业金融机构、政府有关部门提供政策解读、工作落实情况等书面答复42份，提供现场及电话法律咨询解答168次，就银行服务收费相关问题接受省电视台文化频道消费维权栏目采访2次。

四、加大执法监督力度，履行功能监管职责。对辖区银行业金融机构涉案涉诉情况进行全面排查，对排查出的2 111起涉诉案件先后组织对涉诉案件时间较长、标的额较大、数量较多的银行业金融机构进行监管谈话，提出防范风险的监管要求。开展打击银行卡非法买卖专项检查。先后投入8.5万个工作日，检查机构3 371个，查出违规问题893个，涉及银行卡4 219张，并督促指导银行业金融机构全面整改。开展银行不规范服务收费清理工作，累计督查机构216个，发现问题35个，涉及业务金额11 592.49万元。进一步完善银担合作非现场监管体系，实现了银担合作信息共享。按月开展非法集资监测工作，防止了社会非法集资风险向银行业传染。

五、积极开展综合调研，发挥监管引领作用。根据银监会、局党委要求，开展“六五”普法、高管代为履职、矿区分行监管责任问题、生产性服务业促进产业结构调整升级转型等调研，更好地发挥监管前瞻引领作用。

六、切实加强内部管理，不断提高工作水平。认真组织开展“三严三实”专题教育活动，严格对照征求到的意见建议，认真查摆“不严不实”问题。加强政治理论和业务知识学习，坚持每月至少集中学习讨论1次。月初召开处务会，布置全月重点工作，月末通过报表形式，统计全月工作完成情况。

（周　强）

【国有大型银行监管一】 2015年，国有大型银行监管一处认真落实甘肃银监局监管工作会议精神，主动适应经济发展新常态，着力提升依法监管能力、改进监管服务水平、加强监管队伍建设，灵活运用市场准入、现场检查、非现场监管、联动监管等措施，助推工农两行加大实体经济支持力度，确保两行稳健运行。

一、着力提升金融服务质效，突出支持实体经济平稳健康发展。强化窗口指导和政策传导，推动加大重点项目信贷支持。贯彻落实《中国银监会甘肃银监局关于进一步提高银行业服务全省实体经济质效的指导意见》，督促推动两行积极对接区域发展战略，积极支持“一带一路”甘肃经济带重点项目建设。强化监督，落实差异化监管政策，不断提升小微金融服务水平。践行普惠金融，引导两行将普惠金融发展纳入整体业务战略规划，下沉机构网点，支持甘肃农行打造服务“三农”的集融通、融资、融智、融商于一体的“四融”平台，推动“三农”金融服务不断升级。

二、加强重点领域的风险防控，严守系统性区域性风险底线。加强不良贷款监测分析，密切关注不良贷款反弹。通过审慎会谈、约见谈话的方式，督促两行采取收回再贷、展期、续贷等方式帮助企业渡过难关，防止“一刀切”式的抽贷、压贷，造成企业资金链断裂，引发新的更大的风险。牵头制定甘肃银监局《关于推进建立银行授信总额联合管理机制的指导意见》，为有效应对化解辖区集团客户风险提供了制度保障和支撑。加强案防管理，切实防范化解操作风险。面对复杂严峻的案防形势，积极应对，妥善处理，科学有效处置化解各类案件和风险事件，确保两行平稳运行。切实防范化解社会金融风险。督促指导工农两行加强对民间融资和中介机构的监测预警，防止非法集资风险向本行传染，防止银行信贷资金被违规挪用于民间融资。督促两行重视声誉风险管理，加强正面宣传引导，提高声誉事件和客户投诉的响应处理效率。

三、着力提升依法监管能力，扎实开展现场检查。坚持问题导向，认真完成“两加强、两遏制”专项检查牵头工作。认真开展不规范业务收费清理，督促工农两行不断完善绩效考核机制、贷款定价机制，调整规范收费项目，切实降低实体经济负担。认真落实差异化监管政策，开展小微企业贷款检查。

四、着力提升监管工作效能，充分发挥非现场监管先导作用。通过完善非现场监管工作机制，切实增强非现场监管前瞻性。通过运用比较分析、结构分析、趋势分析、行业分析方法，突出监管走访调研，加强与被监管行的监管互动，发挥非现场监管先导作用。严格规范市场准入监管流程。督促两行按“统一规划、分级审批”的原则，结合差异化监管政策，加强机构设置的规划管理。严把高管准入关口，探索切实有效的高管任职资格“有进有出”途径和手段，逐步改变高管“只进不出”、司法部门立案审查后“倒逼”退出等现象。

（袁　超）

【国有大型银行监管二】 2015年，国有大型银行监管二处全面贯彻落实银监会和甘肃银监局2015年监管工作会议精神，围绕全局中心工作，坚持稳中求进，坚定深化改革，突出监管重点，督促中、建、交三行履行支持实体经济发展的社会责任。

一、加强督促指导，推动实体经济取得新成效。支持重点项目发展。督导辖内中、建、交行立足甘肃实际，切实发挥骨干作用，抓好国家支持丝绸之路经济带建设、中西部地区基础设施建设等政策机遇，支持全省经济结构调整和转型升级。截至年末，3家银行投向道路运输、能源生产、水利等重点项目和基础设施建设的资金达1 121.88亿元，较年初增长6.68%。持续改善薄弱环节金融服务，加大对小微企业、“三农”及民生领域的信贷支持力度，对部分经营困难的小微企业，坚持不抽贷、不压贷、不延贷，助推企业走出困境。截至年末，中、建、交三行小微企业贷款余额428.22亿元，涉农贷款余额52.55亿元。推进普惠金融建设。引导中、建、交行将普惠金融发展纳入整体业务战略规划，下沉机构网点，完善社区金融服务网点，逐步实现城市社区和乡镇的金融机构全覆盖。拓宽少数民族地区偏远农牧村服务渠道。探索“三权”抵质押改革，扩大担保物范围。引导机构全面推动业务处理模式和技术手段改造升级，满足不同客户群体需求。打造服务“三农”的“四融”平台，开通小微企业微信平台，针对“三农”和小微企业发展提供交易撮合、资金监管等服务，解决融资难题。促进支持科技型企业发展。切实加强监管政策引导，积极推动中、建、交行加快金融服务创新，力求为全省科技型企业发展提供强有力的金融支撑。截至年末，中、建、交三行为科技型企业发放贷款14.37亿元。

二、加强风险管控，重点领域风险得到有效缓释。抓好不良贷款防控。加强不良贷款“双控”管理，做好风险分析和监测工作。督促中、建、交行加强排查，严密监测不良贷款变动情况，督促在准确分类、充分揭示风险的基础上强化“双控”管理。针对天水星火机床有限责任公司及子公司在银行业金融机构的债务出现欠息、逾期、垫款和偿债困难的问题，协调成立星火机床债权委员会，报经省市两级政府批复同意，对星火公司在银行业金融机构13.62亿元贷款进行银团贷款重组。持续监测分析各行银团贷款风险状况，及时向各债权行发出风险提示。

加强平台贷款风险管控。督促辖内银行业金融机构持续推进或有平台债务的确认，将银行的或有地方政府债务纳入现实地方政府债务；加强地方政府非信贷融资并表管理。坚持疏堵结合，在控制平台贷款总量的同时，要求各银行业金融机构依法合规支持融资平台公司在建项目的存量融资需求，确保在建项目有序推进，满足实体经济的合理资金需求。督促全省6家地方债主承销商和14家承销团一般成员在积极配合开展地方债承销工作的同时，抓住有利时机做好地方债置换到期存量银行贷款工作，不断缓释平台贷款风险。截至年末，已完成发行482.70亿元（其中用于置换银行贷款17.80亿元），全部按计划完成定向发行。按照银监会通知要求，对本省地方政府债券置换工作、在建项目后续融资、政府与社会资本合作（PPP）开展等情况进行了全面调查，按时上报了调研报告。

深入推进案件风险防控。保持案防高压态势，积极处置各类案件和风险事件。针对原交通银行甘肃省分行行长胥小彪涉嫌违纪协助调查的情况，根据局领导安排，约见交通银行甘肃省分行临时负责人，要求该行做好员工思想工作，保持各项工作的平稳有序，严防各类风险事件。针对中国银行嘉峪关分行商业承兑汇票保兑保函业务风险事件，先后两次约见中国银行甘肃省分行行长，要求该行积极主动配合当地公安、检察等部门做好案件侦查工作，责令该行就此事件没有及时向甘肃银监局正式报告写出书面检讨。要求属地监管部门及中行嘉峪关分行及时跟进案件侦破工作，第一时间掌握案件动态，及时汇报案件动向。

三、改进和完善监管方式与手段，监管工作质效有新提升。加强和改进市场准入监管。严把机构准入关，规范机构网点的审批，促进中、建、交行不断优化网点布局，加大对金融服务空白区域或不足区域的机构辐射和覆盖面，积极探索尝试推进西部金融服务均等化的各项举措。严格落实拟任高管人员任职资格考试制度，严把高管准入关口。加强高管人员代为履职监管。发挥非现场监管的预警作用。充分利用审慎监管会谈、监管走访、调研等形式，及时传导监管政策动向，明确监管要求，提示重点领域风险，有效发挥非现场监管的风险提示和预警预报作用。突出重点开展现场检查。根据《中国银监会关于全面开展银行业金融机构加强内部管理遏制违规经营和违法犯罪专项检查的通知》要求，组成3个检查组，投入检查工作日4 256人天。检查涉及辖内中、建、交行共19家机构，检查业务金额980.18亿元，查出违规问题51项，违规金额127.54万元，提出25条监管意见。组织实施了甘肃监管局系统加强银行业监管遏制违规经营和违法犯罪的专项检查，上报了自查报告和自查整改报告。根据银监会《中国银监会关于进一步开展银行不规范服务收费清理工作的通知》要求，组成中、建、交行督查组，对3家省分行、6家支行2014年1月至2015年5月期间服务收费清理自查及整改情况进行了督查，分别上报了督查报告。针对辖内中国银行发生票据案件的现状，组织检查组对全辖中国银行2014年1月1日至2015年6月30日期间办理的银行承兑汇票和票据贴现（含转贴现）业务进行了专项检查。检查业务金额173.89亿元，共查出违规问题5大类，提出5个方面的监管意见。加强处罚和后续监督。对于现场检查发现的各类问题，严格依照相关法律法规进行查处，坚决不允许被监管机构违反各项监管制度中的刚性要求。持续跟踪，督促被监管机构按照彻底整改和最大洁净整改原则进行整改。针对“两加强、两遏制”专项现场检查发现的问题，给予建设银行甘肃省分行200万元罚款、中国银行甘肃省分行40万元罚款、交通银行甘肃省分行20万元罚款，有力规范了被监管机构的经营行为，增强了监管威慑力。

（齐继红）

【城市商业银行监管】

一、支持实体经济，提升金融服务能力。以“一带一路”战略为契机，强化对实体经济项目的资金支持。引导两家城商行进一步满足对铁路、公路、水利以及保障性安居工程等重点项目的金融服务需求。以深化金融服务为依托，引领发展地方普惠金融。支持在辖内和周边经济紧密区申设机构，重点支持设立社区支行、小微支行。全年共完成城商行筹建23项，机构开业13项。以精准扶贫专项贷款为重点，助推“三农”业务发展。督促两家城商行完成了省上下达的2015年精准扶贫贷款投放计划。以鼓励金融创新为手段，推动城商行小微金融服务。甘肃银行创新了农产品收益权质押、“风险资金+联保+单户保证金担保”等多种担保方式；兰州银行推出了“万企计划”，重点扶持创新创业项目。以改善基础性金融服务为目标，督导两家行规范银行服务收费。对两家行收费情况进行了专项检查，督导两家行开展不规范服务收费排查清理工作。兰州银行正式免除了兰州银行借记卡全球跨行ATM取现等4项个人业务的手续费；甘肃银行企业网银全国免收交易费，个人账户的同城存取款、转账均免收手续费。

二、坚守风险底线，抓好风险防范工作。一是重点加强信用风险防控督导。积极主动约谈两家城商行风险管理部门及相关主管领导，督促机构在经济下行期重点加强对关注类贷款、欠息贷款、逾期贷款和循环授信的监测，尽快遏制不良贷款上升势头。二是着力加强流动性风险监管。引导两家城商行提高流动性风险管理的精细化程度，强化贷款、存款期限匹配管理。加强风险指标监测预警，做好压力测试，做实流动性风险应急预案。三是全面开展“两个加强、两个遏制”专项检查和“回头看”现场检查。督导两家城商行认真开展自查，重点排查违规经营和违法犯罪问题高发领域存在的问题。四是通过非现场监测，严控贷款集中度。对城商行贷款余额最大20家客户的银行融资情况进行全口径监测分析，做好对大额授信业务的重点监测，落实集中度监管指标要求，防止风险转移和隐匿。针对热点问题，对两家城商行进行调研，高质量地完成了《经济下行对辖内城商行信贷资产质量分析及监管对策》等12项调研报告。通过建章立制，规范准入管理，编制了《城商行监管制度汇编》《城市商业银行及民营银行市场准入行政许可事项流程图》等4项制度，促进了法人机构市场准入监管工作的标准化、规范化和精细化，提高了监管效率。

三、全面深化改革，完善治理体系。强化资本约束。督促城商行严格落实新资本办法要求，引导机构积极探索新的资本补充方式。完成了兰州银行第二期二级资本债发行的初审以及增资扩股方案的初审；完成了甘肃银行二级资本债发行的审核。完善公司治理。以新任高管谈话为契机，指导城商行切实提高公司治理有效性。严把股东资格准入关，逐步加大优质民营资本占比，进一步优化股权结构。规范股权管理。督促机构进一步完善股权质押管理制度和流程，对直接或间接开展的本行股权质押授信的业务进行专题调研，并就股权质押问题约见相关部门负责人进行监管谈话。

四、实施监审联动机制，全面提升监管效能。参加城商行工作会议、董事会，准确传达银监会和银监局最新监管工作要求和风险管控重点，督促其科学审慎制定经营计划，正确处理好业务发展和风险防范之间的关系。多部门联合监管评级，为持续和分类监管提供准确依据。年初采用“气候评级体系”对城商行进行了监管评级，增加了信息科技风险、数据质量评估两个评级要素。

（董　玮）

【股份制银行监管】　2015年，股份制银行监管工作认真贯彻落实银监会、甘肃银监局各项决策部署，按照股份制银行监管的总体思路，坚持“严守风险底线，全面推进改革，提升服务质效，提高监管效能”，扎实推进各项重点工作，取得了良好成效，辖内股份制银行总体运行稳定，风险可控。

一、严守风险底线，确保股份制银行稳健运营。扎实推进信用风险防控。积极引导辖内股份制商业银行通过加强对关注类、次级类贷款迁徙变化情况的监测，加大重点企业和地区风险防控力度，妥善处置重大信用风险事件。防范化解产能过剩风险。重点督促辖内股份制商业银行严格落实银行业化解产能过剩和绿色信贷等有关精神，严密盯防产能过剩行业的贷款风险，实行动态跟踪。持续关注贷款集中度风险，要求辖内股份制商业银行强化对大客户的风险管控，实施授信总额联合管理，有效管控集中度风险。重视声誉风险防范工作，督促辖内股份制商业银行将声誉风险管理纳入全面风险管理体系，提高声誉风险事件和客户投诉的响应处理效率，主动践行保护金融消费者权益的主体职责。

二、加大信贷支持，有效服务实体经济发展。督促辖内股份制商业银行通过“盘活存量、用好增量”，充分用好用活贷款规模，提升信贷资源配置质量和效率，向重点领域、小微企业和消费升级倾斜，通过信贷引领，推动地方经济发展和结构调整。2015年末，辖内股份制商业银行各项贷款余额1 046.01亿元，较年初增加205.76亿元，增长31.53%，高于全省银行业金融机构各项贷款平均增速7.59个百分点。引导股份制商业银行下沉机构网点，全年完成了对1家二级分行和15家支行的筹建批复，完成了21家机构的开业批复，有效扩大了股份制商业银行的金融服务覆盖面，为更好践行普惠金融打下基础。

三、改进监管方式，提升股份制银行监管有效性。在审核分析非现场监管报表的基础上，设计了股份制商业银行月度分析、季度分析和贷款质量分析框架，全面强化了对被监管机构整体风险状况的跟踪监控和分析评估，有效提升了非现场监管工作水平和质量。对辖内股份制商业银行开展的“两加强、两遏制”现场检查、票据业务现场检查以及“两加强、两遏制”回头看检查中，共发现问题26条，提出监管意见32条，有效防范了金融风险，促进了辖内股份制商业银行健康稳健发展。制订了《股份制商业银行市场准入行政许可事项流程图》，实施限时移送转办、规定时限办结，监管服务效率进一步提高。进一步加大对违规经营行为的打击力度。针对各类违反审慎经营原则的行为，共采取了审慎监管措施9项，并责令对4名从业人员给予了纪律处分。

四、践行普惠金融，全力服务小微企业。要求辖内各银行业金融机构通过制定小微企业信贷计划、制定小微企业业务尽职免责办法、创新贷款还款方式、制定内部小微企业不良贷款容忍度相关制度等多种方式，全力支持甘肃小微企业发展。为科学考核和评价银行业金融机构小微企业金融服务工作成效，按照甘肃银监局2015年重点工作事项要求，对辖内小微企业贷款情况分机构、分地区、分行业进行按月监测、按季通报。组织辖内各分局、各银行业金融机构在全省范围内集中开展“第四届小微企业金融服务宣传月”活动，通过在营业大厅视频播放金融视频短片，布置展板、设立咨询台、发放宣传材料等多种方式，扎实开展银行业小微企业金融服务宣传月活动。组织开展了小微企业金融服务监管政策落实情况现场检查工作，通过对被查机构政策贯彻及体制机制建设、差异化监管政策执行、小微企业贷款情况、金融服务收费情况4大方面的检查，促进被查机构落实银监会相关政策措施，及时有效纠正偏差行为。开展银税互动，助力小微企业，积极与甘肃省国税局、地税局联动，在全辖范围内对“银税互动”活动进行了安排部署，并督促辖内各银监分局和各银行业金融机构，按照要求签订协议、完善合作机制，确保政策及时有效落地。

（冉 潇）

【政策性银行和邮政储蓄银行监管】 2015年，积极贯彻落实银监会、甘肃银监局监管工作会议精神，主动适应经济金融发展新常态，周密部署防范重点领域风险，多措并举服务实体经济，较好履行了监管工作任务。

一、积极部署，引导机构转型升级。制定监管措施，明确职能定位。通过拟定下发2015年工作要点，引导辖内政邮银行围绕自身的职能定位，有效提升对重大项目工程、“三农服务”和小微企业及社会薄弱环节的金融服务。厘清监管思路，引领战略转型。通过召开座谈会、窗口指导等多种方式，积极支持和引导政策性银行按照改革方案要求，向开发性和政策性金融转型。推进改革创新，增强内生动力。通过迁址、变更为代理营业机构和“名行实所”等方式有序推进二类支行改革。截至2015年10月23日，邮储银行甘肃省分行辖内累计完成二类支行改革的机构179个，占全部改革计划100%。

二、多措并举，坚决守牢风险底线。强化现场检查针对性和威慑力。从3月份开始，对辖内3家政邮银行及其分支机构加强内部管控及遏制违规经营和违法犯罪情况进行专项检查，共计发现12大类合计53个问题，提出整改意见18条。做好风险的日常监测提示。6月起，调整月度监测报告指标，制定非现场分析框架，定期对被监管机构的存贷款余额、增速、增量、资金流向和重点风险等进行监测和掌握。10月起，建立了进出口银行陕西省分行在甘肃省开展业务活动监测制度，加强风险前瞻监测。着力遏制信用风险蔓延。建立辖内政邮银行风险排查制度，对3家行潜在信用风险状况进行深入排摸。督促全辖邮储银行持续加强案件风险防控。及时召开邮储银行案防座谈会，进一步加强邮政金融安全和案件防控工作。

三、加强引领，推动服务实体经济。推动棚户区改造力度。指导两家政策性银行抓住政策机遇，有力支持棚改等民生金融发展。截至年末，两家政策性银行累计发放棚改贷款258.84亿元，完成最终支付184亿元，覆盖全省14个市(州)。保障重大项目建设资金。推动政策性银行累计投入重大项目建设资金561.91亿元，主要用于支持兰新、兰渝、宝兰等项目建设。发挥金融支持扶贫开发作用。督促农发行发挥金融支农惠农作用，发放易地扶贫搬迁贷款25笔71.97亿元。持续推进专项基金工作。从8月起，推动政策性银行发放资金183.66亿元，支持项目438个。

四、深入调研，有效推进监管效能。针对监管薄弱环节和热点问题，全年开展5项调研项目，深入泾川县等9地，针对制约全省棚改工作的贷款资金管理支付尚不完善、个别村镇银行发展较为缓慢和甘肃辖内邮政代理营业网点不均衡的热难点问题进行了深入研究，累计发现问题5类18个，提出切实建议18条，为银监会和甘肃银监局下一步决策指导、制定政策框架做出了积极贡献。

（魏 伟）

【非银行金融机构监管】 2015年，非银行金融机构监管工作认真贯彻落实银监会、甘肃银监局工作部署，牢牢把握稳中求进的总基调，以风险监管为根本，一手抓风险防范化解，一手抓机构科学发展，一司一策，引导非银行金融机构在服务实体经济中转变发展方式。

一、规范准入关口，依法履职，提升监管服务和质效。进一步完善非银行金融机构服务体系，积极推进筹建新设机构。对纳入2015年度机构准入规划的甘肃电投集团申请设立的甘肃电投集团财务公司、兰州银行发起设立的甘肃兰银金融租赁公司完成了尽职调查、准入论证、会商等准入辅导工作。目前，甘肃电投财务公司已获银监会批准筹备；拟设的甘肃兰银金融租赁公司正在按要求调整股权结构。审慎推进高管、业务等准入事项。全年完成了25名高管任职资格核准，强化风险管控主体责任、完善公司治理机制；积极支持光大兴陇信托公司股东等比例一次性增资24亿元，有效增强了公司抵御风险能力；批准信达金融租赁有限公司发行金融债券、在境内保税地区设立项目公司开展融资租赁等业务，有效促进了完善公司治理机制和创新业务的发展。

二、优化非现场监管框架，多管齐下，加强风险监测和处置。针对业务准入、风险项目监测等问题，建立了非现场监管“四大台账”：信托产品事前报备台账，信托公司项目风险分类台账，信托产品负面清单台账以及资产公司、金融租赁公司逾期项目处置台账等。全年所有信托事前备案项目及备案意见、各公司风险项目逐笔登记在册，纳入下一步的非现场监管跟踪台账。持续加大对风险项目、逾期项目的跟踪监测。督促信托公司对风险项目到期前三个月上报处置预案、到期前一个月上报预案执行情况。

三、强化现场检查质效，重点突出，促进机构合规运行。优化监管力量，完成了对信达金融租赁有限公司甘肃分公司和金川集团财务公司“两加强、两遏制”现场检查及“回头看”的现场督导检查工作；对光大兴陇信托公司信托资管及同业业务、信托产品存续及风险状况进行了现场检查；对信达金融租赁有限公司融资租赁业务合规性及风险情况开展了专项检查。全年现场检查共投入了1 191个工作日，涉及金额456亿元；共查出问题70条，提出监管意见22条。

四、加强监管引领，多措并举，不断强化机构稳健经营。持续督促光大兴陇信托公司做好风险项目处置。开展业务交流。分别在财务公司、资产管理公司开设了“金融租赁业务与监管”“金融资产管理公司业务与监管”的业务知识讲座，组织了辖区资产管理公司风险案例交流会。积极开展调查研究。对信托公司引进战略合作者成效、财务公司资金归集状况、资产管理公司不良资产包收购等情况进行了专题调研。

（彭雅彬）

【农村中小金融机构监管】 2015年，农村中小金融机构监管工作针对农村中小金融机构存在的风险和问题，通过持续不断的政策指导、改革引导和监管督导，维护了农村中小金融机构安全稳健运行，促进了农村中小金融机构平稳发展。

一、支农服务水平不断提高。强化战略引领。督促辖内机构进一步建立体现支农导向的股权结构、董事会和绩效考核等机制，持续校正发展战略，确保服务方向不偏离。增加信贷投放。督促各机构通过积极盘活信贷存量，用好资金增量，将金融资源向“三农”倾斜。截至年末，全省农村中小金融机构各项涉农贷款余额2 149.44亿元，占其全部贷款的81.53%。做好“精准扶贫”贷款发放工作。引导各农村中小金融机构快速响应，积极行动，扎实推进，努力解决贷款发放中存在的问题，确保了精准扶贫专项贷款的平稳有序发放。截至年末，由农合机构承贷的天水、平凉2市共发放精准扶贫专项贷款11.61万户56.61亿元，完成年计划的110.42%。深入实施《甘肃省推进基础金融服务“村村通”实施方案》，指导机构协同建设线上线下渠道，加快构建县、乡、村三级服务网络体系。截至年末，全省乡镇布放各类电子机具55 678台，较年初增加15 278台，其中，三农服务自助终端2 918台，较年初增加57台，ATM机覆盖乡镇数为577个，比年初增加109个。

二、风险防控能力持续提升。严格控制信用风险。重点加强对关注类、次级类贷款迁徙变化情况的监测，要求各农村中小金融机构严控过剩产业和房地产贷款。针对经济下行压力不断增大、辖内各机构不良贷款持续反弹的现状，监督各机构开展贷款五级分类自查，充分暴露实际不良贷款情况。并要求各机构从清收盘活、市场化处置和呆账核销等三个方面多管齐下，狠抓不良贷款压降。紧盯非标、同业、表外、信托投资等重点业务风险。严格执行非标业务限制性监管要求，重点关注同业代付、同业投资等业务，要求各机构按照实质重于形式的原则，计提资本和拨备。严禁各机构挤占信贷资金购买理财和信托产品以及通过信托渠道变相发放大额贷款。截至年末，全省农合机构信托贷款余额为87.77亿元，较年初减少30.68亿元，降幅25.90%。严密防范流动性风险。督促各农村中小金融机构认真执行流动性风险事件快速报告制度，督促省联社组织做好稳定存款工作，全面加强资产负债比例管理，主动降低杠杆率，避免盲目跨区、跨业、跨表经营。要求省联社尽快完善“风险互助基金”。组织辖内村镇银行和主发起行签订流动性救助协议，进一步明确救助机制。截至年末，全省22家新型农村金融机构和83家农合机构流动性比例全部达标。严厉整治案件风险。始终保持案件防控高压态势，坚持问题导向，实行标本兼治。持续深入做好“两个加强、两个遏制”专项检查及“回头看”工作，全面落实《商业银行内控指引》，指导各机构培育合规文化，严防社会金融风险输入。

三、改革转型创新全面推进。大力推进农商行改革。在严控质量的基础上提高农村信用社改制审批效率，农商行改革工作取得重大进展。定西、敦煌、张掖、秦安和兰州等16家农村商业银行挂牌开业。截至年末，全省22家农商行资产规模已达1 891.7亿元。11月29日，由兰州市城关区、七里河区、西固区、安宁区、红古区农村信用合作联社以合并新设方式发起组建的兰州农村商业银行开业，标志着甘肃省农商行改制工作取得阶段性成果，并首次在改制中采取了市场化方式处置不良贷款25亿元。同时，督促拟改制机构，优化股权结构，注重引进民间资本，提升民营资本比例，目前农商行民营资本占比99%。注重推进发展转型。督促各机构科学制定资本规划，定期开展自我评估，明确各法人机构“三会一层”对资本充足应负的责任。注重转变盈利模式。引导机构大力发展零售业务，积极发展资管、理财业务，提高非利息收入占比，实现盈利模式的多元化。切实提高省联社服务能力。利用审慎监管会谈、现场检查、监管走访、窗口指导等方式，要求省联社进一步转换职能、深化改革，把着力点放在为基层行社提供支撑的中后台服务上，持续增强为社员服务的核心职能。督促省联社在IT系统建设、人员培训、行业审计、政策协调等方面发挥建设性作用，进一步强化对市场定位的引领、风险防控的指导和业务发展的中后台支撑，显著提升了全省农合机构的服务功能与核心竞争力。

（他福宁）

【消费者权益保护】 2015年，甘肃银监局消费者权益保护工作坚持从制度建设入手，立足于规范银行业金融机构经营行为，努力推进消费者权益保护工作规范化、流程化。

一、建立健全四项工作制度。建立消费者权益保护内外联动机制。成立了甘肃银行业消费者权益保护监管指导委员会，搭建银监局与银行业金融机构沟通交流平台，全面跟踪银行业消费者权益保护工作动态，共同分析研究影响或者可能影响消费者权益保护的重大问题。研究制定了委员会工作规则，明确了主任、委员名单，确定了相关人员和工作部门的职责权限、工作内容、具体要求，组织召开了第一次委员会会议，实现了规划落地。制定落实“预防为先”理念的实施意见。制定了《甘肃银行业消费者权益保护监管协调委员会关于落实“预防为先”理念的实施意见》，明确了银行业金融机构在产品和服务的市场准入、定价收费、文本设计、对外销售、产品改进等环节中保护消费者权益的具体要求和工作措施。制定了2015年教育宣传工作规划。研究制定了《2015年甘肃银行业消费者金融知识宣传教育工作规划》，明确了教育宣传工作的工作宗旨、工作原则和工作框架。完善消费者投诉调查处置工作流程。制定了《甘肃银监局银行业消费者投诉事项调查处置操作流程》，对消费者投诉的调查处置过程中的调查准备、调查处置、结果通报、后续监管和档案整理五个阶段工作进行了细化。

二、全面推进三项重点工作。抓好理念教育。组织了包括辖内银监分局主管局长、具体工作部门人员在内的消费者权益保护工作培训班，引导具体经办人员熟悉工作流程，明确消费者权益保护工作要求。抓消费者教育。9月份组织开展了以提高公众维护自身资金和信息安全的意识和能力为宣传重点的“金融知识进万家”宣传教育活动。全辖有3 233个银行网点21 600名银行员工参与了教育宣传活动，共举办户外宣传1 467次，共接受客户咨询11.60万人次，共发放宣传材料185.30万份，被媒体报道109次。抓好投诉应诉工作。切实把投诉应诉工作作为消费者权益保护工作的前沿阵地和工作窗口，安排了专职人员具体受理各类客户投诉。同时，加强投诉应诉窗口的硬件建设，及时安装了监控设施及录音设备，确保了接诉工作的公开透明、依法合规。

三、认真开展两项现场检查。从9月9日至9月25日，对定西、平凉、酒泉、张掖、金昌5家银监分局及其辖内21家银行机构34个网点的消费者权益保护工作监管职责落实情况、辖内银行业金融机构“金融知识进万家”宣传活动开展情况进行了检查。从11月3日至12月11日，对2014年考核评级为三级及考核评级为二级的部分银行，以及法人机构开展消费者权益保护工作情况开展现场检查。通过检查全面摸清了辖内有关机构的消费者权益保护工作开展情况和存在的问题，以查带训，充分发挥了监管的引领作用。

四、编制印刷一本制度汇编。组织力量完成了《银行业消费者权益保护制度汇编》的规划、组稿、分类、校订、印刷以及分发工作。《制度汇编》汇集了涉及自然人消费者的信用卡、银行理财、代理保险等13类104部现行的规章制度，为依法开展消费者权益保护工作奠定了基础。

（黄华一）

【信息科技监管】 2015年，信息科技监管处深入贯彻落实信息科技监管工作要求，坚守风险底线思维，监管与指导并举，建设与运维并重，进一步推进辖内银行业“安全可控、持续发展、科技创新”三大战略，加强重点领域风险监管，促进银行业信息科技健康安全持续发展，银行业信息科技治理水平稳步提升。

一、推进项目建设，科技支撑服务能力得到大幅提升。针对全局信息科技自身建设存在的问题和不足，以查漏补缺、攻坚克难、解决问题为工作目标，增强主动服务意识，积极推进了重点项目建设。经过前期调查论证和项目可行性分析，重点加强了省局非现场监管系统设备更新与系统迁移、数据存储（数据备份）环境升级改造、新客户风险系统升级上线、机房精密空调基础设施改造、桌面终端安全管理系统和档案管理系统部署实施等6项项目建设，切实解决了省局机房存在的突出问题，确保网络系统的持续稳定运行，机房基础设施可靠性明显提升。加强了对分局信息科技对接服务与支持，信息科技部门统筹规划、实地调研、形成报告、提出方案，全力组织完成对分局机房的网络设备、UPS、服务器、桌面设备等统购配发、调试安装、上线运行工作，解决了分局信息科技实际困难，有效提升了科技运行保障能力。强化服务保障能力，为局机关日常工作开展奠定技术基础。配合局机关人员轮岗交流和机构挂职交流，全力开展设备迁移配发和OA系统调整安装，完成OA功能流程改造、网络线路改造、机房基础设施建设，加强应用系统、机房设备巡检和日常维护，全年保障视频会议78场次、高管考试23场次共149人次、桌面维护900多人次。

二、强化数据规范，EAST系统实践应用持续深入推进。对EAST系统功能全面升级，完成了新版数据标准2.0升级和会计全科目功能模块部署，按时完成三家法人机构2.0版全量数据采集，进一步丰富了EAST系统检查分析和应用等基础功能，提升了系统使用的便捷性。扎实开展了EAST数据安全及应用模型设计培训，制定印发了《甘肃银监局EAST系统数据信息应用保密管理办法》，及时开通了EAST系统模型运行、设计和数据使用权限。优化EAST检查模型，持续推进实践应用，在EAST数据规范、“两个加强、两个遏制”、平台贷款、虚增存贷款、贷款五级分类等业务检查中得到进一步推广应用，模型设计通用性好，运行效率高，现场检查时间短，非现场监管与现场检查效能得到较好提升。在银监会开展“提高监管效能、提升管理能力”劳动竞赛活动中，信科处会同金融工会、系统工会在全局系统组织选拔推荐的一名分局同志，被评选为银监会EAST系统“30名应用分析能手”，这是继2014年度取得“检查分析能手”和“应用创新能手”两项个人荣誉称号后，2015年度再次取得好名次。

三、关注重点领域，信息科技风险监管效能不断凸显。对非现场监管、现场检查、督察巡查等年度工作中发现的问题进行梳理汇总，调研分析，剖析根源，找准辖内银行业机构信息科技风险防范重点。对制约银行业信息科技的科技治理、管理机制、防控能力、业务连续性、队伍历练不足等主要因素进行了归纳总结，下发监管通报。在使用安全可靠、风险可控的信息技术与服务方面，向银行业机构提出在应用实践中注重把握的五个方向。加强2014版（新版）信息科技非现场监管报表审核报送力度，填报机构范围由3家扩大至7家，组织甘肃银行参加“全国商业银行信息科技风险动态监测”试点工作。注重发挥现场监管质效，先后对三家法人机构的EAST数据规范、异地灾备中心运行情况、全省70%村镇银行的信息科技管理运行情况开展了现场检查和“回头看”工作，发现主要问题9类152项，提出12个方面整改建议，针对发现的问题，强化了分类监管。加大问责力度，针对两家机构的网上银行业务中断事件和不落实监管意见书分别进行了监管谈话，提出监管要求，限期整改落实。加强信息科技风险提示，提高机构风险防御能力。以防范外包风险为重点，配合银监会开展非驻场集中式外包服务治理，发布外包服务监管评估结果名单，不断强化外包和供应链风险管控。持续对软硬件缺陷信息、系统安全渗透性测试、安全漏洞风险、系统安全运行保障等科技风险进行动态提示，发挥信息科技监管与督导作用。强化应急演练管理，法人机构先后开展各项应急演练20次，切实做到真演真练，业务连续性管理水平整体得到有效提升。

四、加强科技治理，银行机构监管评级结果趋稳向好。2015年，三家法人机构信息科技监管评级结果均为3A，在年度监管评级内容进一步细化、评分项目更加深入的情况下保持了往年较好评级结果。监管评级结果趋稳向好，充分反映出辖内机构对信息科技建设工作的日益重视。从日常监管来看，银行机构科技治理注重战略规划，系统管理注重制度流程，科技审计注重内外联动，信息科技投入持续增长，信息系统不断丰富完善，信息科技风险管控能力明显提升。特别是异地灾备中心全面建成和平稳运行，纳入灾备的重要信息系统已达99%，切实提升了灾难恢复管控能力，为信息科技稳健安全持续运行提供了坚实的保障。

五、注重理论探索，科技创新成果应用取得明显成效。课题研究工作有力推进了辖内银行机构信息科技基础研发、风险管理和科技创新能力。2015年，持续推进信息科技课题研究工作，组织三家法人机构立项申报的6项研究课题全部入围参加银监会成果评审，课题通过率100%、获奖率50%、共获奖3项，课题研究在内容、数量、获奖等方面都取得了突破性进展，为历年最佳。课题研究领域从最初的基础建设向信息科技多个层面以及安全可控方向探索发展，突出了前瞻性、创新性和实用性，不仅解决了信息科技工作中存在的实际问题，而且也有效促进了自身信息化领域的经验总结和知识提炼，课题研究和成果转化成效显著。

（师　岳）

【统计信息】 2015年，监管统计工作紧紧围绕甘肃银监局监管工作会议精神，在银监会审慎规制局指导下，深入开展“三严三实”专题教育，加强党建廉政教育，完善制度建设，强化非现场监管，丰富信息服务，较好地发挥了监管统计在银行监管工作中的基础作用。

一、落实统计责任，不断提高数据质量管理。完善制度建设，修订《甘肃银行业金融机构监管统计工作考核评比办法》，实行非现场监管关键指标数据质量一把手承诺制，落实银行监管统计数据质量的主体责任。制定《甘肃银监局非现场监管工作考核办法》并纳入年度人事考核，强化审核责任和监管履职意识。突出检查实效。把现场检查作为提升全辖银行业监管统计数据质量的有效手段，对四家农村合作金融机构和两家全国性银行辖内分支机构开展监管统计现场检查。针对法人机构，侧重于监管统计的组织架构治理、制度系统建设以及协调机制完善；针对分支机构，注重监督指导，强化对下级行的指导支持。通过将数据质量与监管评级挂钩，督促银行提高数据质量管理水平的主动性。

二、改善工作机制，提升非现场监管工作水平。建立月度分析联席制。在加强整体分析把握的同时，注重引领非现场监管，牵头组织各监管处召开月（季）度分析例会，研判系统性和单体性风险；研判跨行业、跨机构风险；针对银行业不良贷款持续攀升、利润增速明显下滑等情况，牵头召开不良贷款和利润收入专题分析例会，并实地到平凉和庆阳两市调研不良贷款成因，切实强化非现场监管职能。建立重点领域监测机制。建立全辖贷款前20大客户监测台账，结合经济行业景气程度，分析大客户偿债能力以及信贷风险状况。召集银行召开大客户风险联席会议，着重解决信息不对称和过度授信等突出问题，并支持指导各相关分局对酒钢、金川、白银有色和华煤等重点企业的监测。建立房地产贷款监测制度，加大对资本金比例、贷款价值比（LTV）、偿债收入比（DSR）等风险要素的监测分析。建立甘肃重点项目建设库，收集全辖银行对重点项目融资情况。建立绿色信贷评价指标，督促指导辖内法人银行机构开展绿色信贷实施情况自评价，优化信贷结构，落实国家节能减排和环保要求，不断支持全省经济产业转型升级。建立数据信息共享制。以打造数据信息大平台为目标，加强与省发改委、统计局、环保厅、安监局和人民银行等相关职能部门的沟通联系，共享相关信息资料；完善创新统计报表，提高数据的获得性和可比性；按季在银监会外网披露全辖银行业运行情况，提升银行业透明度；加大银行间信息共享力度，切实体现“寓监管于服务”。

三、抓好队伍建设，塑造求真务实统计文化。以专题教育促内部管理。组织认真研读习近平总书记有关从严管党治党的一系列重要讲话，结合“三严三实”专题教育活动，提升党建和内部管理的自觉性，强化全处干部的规矩意识、责任意识，引导干部改进工作作风，依法依规履职。以交流培训促业务水平。对相关银行机构统计人员开展专项非现场监管统计制度培训；邀请银监会专家讲解新版客户风险统计制度和运用。在制度研究、现场检查、专题调研等多方面开展纵向和横向的协作联动，积极为各级统计人员创造实践交流的平台和机会。以劳动竞赛促队伍凝聚。组织全系统开展“以活动促学习，以学习促工作”的监管统计劳动竞赛活动，层层选拔出3名同志代表甘肃银监局参加银监会“规制建设及监管统计劳动竞赛”，并取得了团体一等奖和两个个人三等奖的好成绩。

（吕　锐）

【人事教育】 2015年，组织人事部门认真贯彻落实银监会系统组织部长会议精神，坚持围绕中心，服务大局，充分发挥服务和组织保障作用，在党的建设、领导班子建设、干部队伍建设、人才队伍建设以及人事基础工作等方面做了大量工作，为进一步提高监管有效性做出了积极贡献。

一、以深入开展“三严三实”专题教育为统领，进一步加强党的建设。深入开展“三严三实”专题教育，统筹规划，科学制定专题教育工作方案；把握关键，党委书记带头讲好专题党课；突出重点，扎实开展学习研讨；注重实效，从严从实查摆问题，抓好整改落实。巩固和拓展教育实践活动成果，对教育实践活动整改落实情况进行“回头看”。扎实开展基层党组织书记集中轮训工作。切实增强基层党组织的战斗力和凝聚力。

二、以忠诚干净担当为目标，进一步加强领导班子和干部队伍思想政治建设和监管能力建设。切实加强班子和干部队伍建设，积极进行组织人事政策传导，不断加强广大党员干部对干部选拔任用有关政策规定的学习和理解；加强局机关干部队伍建设，完成局机关58名干部的调整交流工作，选调辖内分局12名优秀青年干部到省局机关所辖监管办事处工作；进一步优化辖内银监分局班子结构，调整配备辖内分局局长6人（含主持工作），选拔配备辖内分局4名副局长、5名纪委书记，对辖内分局2014年度担任副局长、纪委书记职务的3名干部进行了试用期满考核任职工作；扎实开展干部交流和挂职锻炼工作，选拔银行业金融机构18名青年干部到银监局机关监管处室挂职锻炼，选派银监局系统3名优秀干部到山东银监局挂职锻炼；完成了银监局系统各分局领导班子及领导干部年度考核和机关各处室干部年度考核工作。强化干部监督管理和刚性约束。不断完善领导干部监督机制，完成了2015年度“一报告两评议”工作，做好甘肃银监局2014年度党员领导干部个人有关事项申报的管理及抽查核实工作；强化机关干部劳动纪律管理，组织修订完善《甘肃银监局机关职工考勤管理及假期管理办法》，印发《关于加强机关下派干部考勤管理的通知》。制定印发《关于进一步加强甘肃银监局系统工作人员因私出国（境）管理工作的通知》，组织开展因私出国（境）证件专项治理和配偶已移居国（境）外工作人员排查工作。做好干部教育培训和人才工作。制定出台年度教育培训计划，做好选派人员参加银监会各类监管培训班相关工作，开展培训项目“回头看”工作，对机关各处室培训项目完成情况进行梳理总结。

三、以规范化和制度化为主旨，进一步做好组织人事各项基础工作。开展干部人事档案专项审核工作，印发《甘肃银监局系统干部人事档案专项审核工作实施方案》，对干部的“三龄两历”进行全面审核，对档案材料重新整理归档。认真做好统计调查研究工作。完成了2014年度人员和编制情况调查表的统计上报工作。完成了人员、工资、老干部、党员统计报表的填制、审核、汇总和上报工作。配合省委组织部完成了《甘肃银监局组织史资料（2007-2012）》的编纂工作。会同省人社厅，完成了银监会系统先进集体和先进工作者的推荐上报工作。认真做好劳动工资日常管理工作。认真做好2015年工资计划的申报工作，做好84名干部2014年双年度工资正常晋升工作和退休干部增资工作，完成了局机关4名干部满任职年限提高工资待遇工作，做好干部退休的工资审批工作，组织完成了银监局系统调整基本工资标准的测算和兑现工作。

（张　涛）

【纪检监察】　一、以推进“三转”为重点，全面落实监督责任。督查党委决策部署落实。从5月中旬至6月上旬，采取听取分局党委、纪委汇报、召开座谈会、调阅相关资料等方式，对嘉峪关、张掖、平凉、庆阳4家分局贯彻落实局党委决策部署情况进行了督查。大力开展经济责任审计。7月份，配合银监会纪委审计组完成了对谢凝同志经济责任审计工作。年初，完成了甘南、陇南分局主要领导经济责任审计工作；8月中下旬，完成了对嘉峪关、酒泉、张掖、金昌、白银、天水分局原主要负责人任职期间的经济责任审计；12月初，开展了对庆阳分局原主要负责人的经济责任审计。

二、以执纪监督为核心，贯彻落实党内监督各项制度。加强对监管权的监督。8月下旬至9月中旬，采取交叉监察方式，组织陇南、武威分局对金昌、白银分局行政审批情况开展了执法监察，并对存在的问题督促进行了整改。10月份，银监局监察室组织人员对定西分局落实现场检查意见情况开展了效能检查。加大对人事权的监督。5月份，银监局纪委协助党委对银监局系统61名干部的岗位进行了调整，对2015年新调整的40名处级干部发放了廉洁从政提示函。局纪委会同组织人事部门对分局纪委书记进行了考察，并开展了廉政谈话，发放了廉洁从政提示函。以党规党纪不断规范干部行为。局纪委办公室制定了《甘肃银监局职工操办婚丧喜庆事宜的若干规矩》（试行）。

三、以教育预防为抓手，加大反腐倡廉教育力度。扎实开展“讲党性守党规严党纪”主题教育活动。3月全面开展主题教育活动。集中干部职工观看了3次廉政视频讲座，党委书记讲了党课，纪委书记作了廉政教育课，纪委委员集中学习达11次，组织局机关干部到甘肃省女子监狱进行警示教育2次。8月份，对机关处室和分局开展主题教育活动的情况进行了检查。机关处室及辖内分局全体党员干部按要求在规定的时限内完成了廉政知识在线测试，参试率达96.42%，平均成绩94.77分。积极向银监会主题教育活动专栏报送信息，其中刊登3篇。整理编辑、下发了《甘肃银监局系统党风廉政建设制度汇编》。

四、认真履行监督职责，努力扩大巡视成果。发挥常规巡视监督作用。上半年，局党委巡视组对酒泉银监分局进行了常规巡视。巡视中发现各类问题和不足5个方面；及时下发了《关于巡视酒泉银监分局的反馈意见》，并进行了现场反馈。积极开展专项巡视工作。制定了《专项巡视临夏银监分局工作方案》，认真开展了对临夏分局党委落实党风廉政建设主体责任和纪委落实党风廉政建设监督责任情况专项巡视，共发现临夏分局落实党委主体责任和纪委监督责任存在6个方面的问题和不足，提出了整改落实的3条巡视意见。

五、认真做好案件查处和信访核查工作。制定了甘肃银监局《信访线索与案件处置流程实施细则》，2004年以来的全部信访数据实现在线查阅，2014年之前的全部信访件处置完毕，2015年以来的信访线索已按照新的标准和要求处置。2015年收到的信访件均按相应规定做了处理。

（李党兴）

【金融工会】　从让网点员工吃上一碗热饭做起，建好“职工之家”。按照“六有”建设要求，从解决好基层网点职工就餐、职业发展、文体活动等具体事情入手，本着“一家一策”方式，“软硬”兼施，与工、农、建、中行工会和寿险公司“共建基层职工之家”示范点5家；在完善建家“硬件”建设的同时，突出建家“软件”的升级，与省局系统工会共建职工电子书屋1家。

从培养员工一个爱好做起，搞活职工文体活动。鼓励已经建成的9大协会向各行司社延伸设立俱乐部或兴趣小组、向市州延伸设立分会，搭建有益于职工的文艺体育平台。年内，组织全省金融系统羽毛球、乒乓球比赛各1次。为基层职工提供更多人生出彩的机会。举办甘肃金融系统职工“纪念中国人民抗日战争暨世界反法西斯战争胜利70周年书法、绘画、摄影作品展”。

从健全一份困难员工档案做起，做细帮扶工作。在进一步健全“甘肃金融工会系统困难职工帮扶档案”的基础上，对系统内83名困难员工进行慰问，把党和工会组织的关怀送到每一位困难职工的家中、手中、心中。

从组织一次“相亲会”做起，成就一对新人。与省局青年团组织合作，先后3次组织“相亲会”，组织本省金融系统行业内外327名单身职工联谊，成功牵手35对。

从落实一次体检做起，搭建关爱员工健康平台。与各会员工会一道，在积极探索建立职工大病救助、协作互助、基本医疗保险、商业保险共同负担的救助机制的同时，为全体工会会员每年人均体检一次。搭建关爱职工身心的健康平台。

从树立一个标杆做起，建立员工教育基地。多方协调，在两当兵变纪念馆建立了全省金融系统第一家革命传统教育基地。

（石治平）

中国证券监督管理委员会甘肃监管局

【综述】 2015年，中国证券监督管理委员会甘肃监管局深入贯彻落实中国证监会的工作部署，紧紧围绕推进监管转型主任务，牢牢把握服务实体经济总要求，有效规范行政审批，持续提升监管效能，不断强化稽查执法，切实优化投资者保护，积极探索事中事后监管新机制，稳步推进多层次股权市场建设，有力促进了辖区资本市场的稳定健康发展。

一、坚持多措并举，切实提升服务实体经济能力

（一）持续推动多层次股权市场建设。进一步深化与地方政府相关部门合作，抓住新股发行改革机遇，及时向企业传递政策动向，引导辖区特色优势企业上市发展。2015年辖区有2家公司IPO上市，有1家公司在港交所上市，1家公司通过证监会发审委审核；新增辅导备案企业3家，拟上市公司数量达到10家。着力推动符合条件的公司在全国中小企业股份转让系统（“新三板”）挂牌。当年辖区新增14家“新三板”公司，挂牌公司达到17家。研究建立区域股权市场运行动态分析和跟踪监测机制，引导和规范区域股权市场健康发展，切实满足中小微企业多元化投融资需求。甘肃股权交易中心挂牌企业451家，纯托管企业417家。在持续强化基金机构风险监管的基础上，引导私募基金规范发展。辖区已登记私募基金管理公司40家，备案私募基金7支，资金规模共计15.16亿元。

（二）积极鼓励上市公司并购重组和再融资。充分发挥上市公司在服务地方经济建设中的抓手作用，积极鼓励符合条件的上市公司实施并购重组和再融资。2015年辖区上市公司再融资持续活跃，共募集资金108.02亿元，是上年再融资总额的3.08倍。其中，有6家公司非公开发行股份，募集资金98.02亿元；有2家公司发行公司债，募集资金10亿元。有6家公司发行方案获得证监会核准，2家公司非公开发行公司债获交易所无异议函，1家公司非公开发行方案报证监会，4家公司公告发行预案。

（三）有效提升证券期货机构创新发展水平。辖区证券期货机构在合规经营和风险可控的基础上，进一步夯实传统业务，依法合规开展产品创新、业务创新和服务创新，探索差异化、专业化、特色化发展路径，全面提升专业服务能力和水平，在培育市场、投资者教育保护等方面发挥了积极作用。2015年辖区共有1家证券公司，11家证券分公司，86家证券营业部；1家期货公司，8家期货营业部，1家境外期货持证企业，56家IB证券营业部。华龙证券在新三板挂牌转让已获批复，华龙期货已在新三板挂牌。

二、提高监管效能，着力促进市场主体规范发展

（一）以问题和风险为导向，做好做实现场监管。以信息披露为中心，不断提升上市公司现场监管实效。全年共对3家公司进行年报现场检查，对2家公司进行专项检查，对2家公司进行回访检查，并延伸检查相关保荐机构持续督导履职情况。积极转变工作思路，有针对性开展证券期货机构现场检查。配合开展“两加强、两遏制”专项检查；对证券公司固定收益业务、资产管理业务、互联网金融业务和债券业务分别进行专项检查；对证券期货公司信息系统安全进行专项检查；完成境外持证企业、期货营业部及IB业务现场检查工作；结合信访投诉事项，组织开展针对相关机构的现场检查，督促其不断提升合规管理水平和客户服务能力。不断深化风险监管，认真做好基金机构现场检查。对1家私募基金公司开展“两加强、两遏制”专项检查，对4家商业银行省级分行和12家网点进行基金销售业务现场检查。

（二）积极践行监管转型，做深做细非现场监管。做好上市公司年报审计监管。对上市公司年报审计项目进行监管风险分类。与瑞华会计师事务所甘肃分所召开座谈会，了解15家上市公司年报审计业务安排及重点审计领域，对日常监管中关注的重点问题予以风险提示。列席年报审计沟通会15家次、开展年报审计现场督导6家次，同步约谈4家公司签字会计师，提示存在的审计风险，督促审计机构落实审计责任；加强上市公司年报审核分析，确定11家年报重点审核公司，选取8家公司填写审核意见表；持续加强与交易所的沟通协作，做到信息共享。强化法人证券期货机构年报监管。及时与审计机构进行沟通，实时跟进审计进程，及时了解审计开展情况与发现的风险点。认真进行年报分析，梳理监管重点，督促整改问题。做实证券期货机构日常监管。加强与法人机构沟通联系，及时掌握市场大幅波动等异常事项对公司形成的影响和应对准备，指导公司采取有效措施提早予以防范和化解。认真分析监管报表，及时核实异常情况，督促辖区机构严格按照法律法规开展业务。深化基金机构日常监管。督促私募基金管理人做好登记备案工作，及时监测已设立私募基金运行情况，实时关注公募基金销售整体情况，规范从业人员执业行为。严格落实简政放权各项要求，认真做好行政许可审核及备案工作。2015年共办理行政许可审批事项6件，备案事项162件。

（三）抓牢抓实稽查执法，全面优化市场环境。2015年共办理案件8件。其中，立案调查1件，初查3件，涉外协查1件，协助相关部门案件2件，协办法网专项行动案件1件。完成行政处罚权下放后甘肃证监局首例自立、自查、自

审案件的行政处罚工作。协助上海专员办对辖区1家上市公司涉嫌操纵市场行为进行调查。对1起异常交易案开展初步调查，目前已结案。持续强化稽查执法协作，积极配合香港证监会、广东证监局、新疆证监局做好案件查办工作协助，向一起内幕交易案的6位当事人送达行政处罚事先告知书。

三、强化风险防范，全力维护辖区市场稳定运行

（一）切实有效推进辖区上市公司化解风险。就1家公司被深交所实施“退市风险警示”事项，及时向公司、实际控制人及当地政府提示退市风险。对1家公司第一大股东因向沙漠排污受罚的媒体报道事项，迅速反应并持续关注，要求公司及时披露。对1家公司严重亏损事项，与交易所互通信息并先后2次实地了解情况，明确监管要求，督促公司充分进行信息披露。定期开展辖区上市公司退市风险排查预警，协助兄弟派出机构做好辖区2家*ST公司退市风险提示。A股市场出现剧烈波动期间，督促辖区上市公司积极采取措施维护股价稳定，取得显著成效。各公司均制定了稳定股价方案，其中20家公司有明确增持方案，3家公司拟采取员工持股计划或股权激励计划。

（二）着力促进辖区证券期货机构提升风控管理水平。积极调整监管重点和工作方向，及时跟进了解法人证券期货机构新业务开展规划，督促细化内部管理，加强业务隔离和提高风控能力。持续关注辖区法人证券期货机构风险监管指标达标情况，督促公司适时根据风控指标变动情况调整业务规模，提高风险承受能力。在股市出现剧烈波动期间，安排专人逐日盯市，及时了解辖区机构运行情况，要求机构不断加强内部管理和规范业务操作，密切关注投资者情绪，充分做好风险预案，防范群体性事件发生。市场波动期间，辖区资本市场运行安全平稳，未发生极端事件。

（三）积极配合做好辖区金融风险排查防范。借助地方政府力量，对辖区互联网股权融资平台进行摸底排查，确定检查对象并进行现场检查。配合地方政府对辖区内各类私募投资基金非法集资风险进行摸底排查。部署开展打击非法集资宣传月活动。配合做好非法期货认定相关工作。

（四）深入推进基层调研和专业人才培养。深入辖区证券期货经营机构开展调研，实地了解创新业务开展情况及风险管理状况。全年共走访调研辖区证券期货经营机构20家，征集到意见建议100余条。联合上海期货交易所举办“期货大讲堂”，积极推动“甘肃期货市场人才基地”建设。

四、整合多方力量，努力构建投资者保护综合体系

（一）强化市场保护，推动市场主体承担首要责任。推动上市公司积极做好承诺履行。密切关注1家公司实际控制人解决同业竞争承诺履行情况；督促1家公司股东及时履行承诺，补偿重大资产重组时承诺的利润差额8 281.90万元；推动1家公司大股东按期付清资产转让款项；要求1家公司就无法履行承诺事项尽快提出解决方案；及时更新上市公司及其相关主体承诺履行诚信档案。督促上市公司严格执行现金分红政策。持续关注2014年度现金分红情况，共13家公司实施现金分红，分红金额26.59亿元，比上年增长58.46%，不存在应分红未分红公司。引导上市公司切实抓好投资者关系管理。督促健全中小投资者网络投票机制，鼓励建设投资者互动平台，举办辖区上市公司投资者网上集体接待日活动。督促辖区证券期货机构严格执行投资者适当性管理。督导树立“卖者有责”的理念，将风险提示、投资者适当性要求嵌入机构经营和客户交易各个环节，确保机构销售的产品和提供的服务与投资者风险承受能力相适应；推动辖区机构完善投诉处理机制，切实承担投诉处理首要责任。认真贯彻落实反洗钱工作相关规定，督促反洗钱工作有效开展。

（二）健全监管保护，推动市场主体提升合规意识。研究建立投资者诉求统一受理平台及多渠道协同处理机制，进一步优化内部流程，畅通维权渠道，确保依法、依规、高效处理投资者诉求。通过信访、投诉、“12386”热线渠道办结各类投诉事项32件。认真开展投资者保护现场检查，严肃查处损害投资者合法权益的违法违规行为，在对上市公司、证券期货机构的现场检查中，重点对投资者保护相关内容予以关注。

（三）完善行业保护，推动自律组织发挥积极作用。指导行业协会成立“甘肃辖区证券期货纠纷调解中心”，依法开展投诉事项调解，全年共受理投诉事项43件，成功调解40件。推动行业协会加强与地方法院、仲裁机构的沟通协作，建立完善诉调、调仲对接机制。

（四）突出自我保护，推动投资者增强维权意识。积极开展“公平在身边”投资者保护专项宣传活动。借助“期货大讲堂”等载体，通过走进高校、开展专题培训等多种形式，普及资本市场知识，宣传“12386”热线功能，提高投资者维权意识。活动期间，共张贴海报2 000余份，发放宣传折页5万余册。不断加强投资者教育日常宣传。督促证券期货经营机构发挥一线优势，认真开展投资者教育宣传相关工作。加强与新闻媒体的沟通合作，在甘肃卫视播放投资者教育宣传片600余次；引导辖区法人机构做好投资者教育基地建设工作，形式多样开展投资者教育。制定年度“六五”普法工作计划，有针对性组织开展专项普法活动。

五、紧抓党务纪检，持续推进机关干部队伍建设

（一）抓党建，不断强化党的核心领导作用。按照突出重点、紧贴形势、创新形式、丰富内容等各项要求，严格落实党委中心组学习制度。坚持抓好思想政治工作，落实支部学习制度，努力丰富学习形式，进一步提高干部党性观念、宗旨意识和责任意识。认真组织开展“三严三实”专题教育，通过组织个人自学、做好专题调研、开展党委书记讲党课、举办专题学习研讨等多种形式，使广大党员干部主动转变工作作风，提升服务能力。

（二）抓纪检，不断推进党风廉政建设。认真落实党委主体责任，切实履行纪委监督责任，健全完善廉政目标管理，有效落实党风廉政建设责任制。认真贯彻党内法规，主动接受外部监督，强化廉政制度执行，加强党风廉政监督，实行廉政谈话制度，完善内部监督检查，注重从落实上消除腐化蜕变土壤。通过坚持开展“每月一课”、组织观看弘扬

先进典型影视作品和定期开展廉政警示教育活动等形式，着力从思想上筑牢腐化蜕变防线。深化“三个转变”，强化监督执纪问责，加强纪检监察力量，加大执纪监督职责。

（三）抓服务，不断加强机关文化建设。通过组织开展送温暖、共建“职工之家”、开展大病帮扶、未婚青年干部联谊、慰问老干部等多种活动，努力做好关心干部生活、传递组织温暖各项工作。通过开展“三八节”活动、举办迎新春联欢趣味运动会、组织徒步比赛、马拉松健身跑等多种形式，进一步活跃机关气氛和激发机关活力。以团委成立为契机，开展“五四”青年节系列活动，引导青年监管干部释放正能量。

（姚觐轲）

中国保险监督管理委员会甘肃监管局

【综述】 2015年，中国保险监督管理委员会甘肃监管局在保监会党委和省委、省政府的领导下，认真贯彻党的十八大和十八届五中全会精神，高效落实“新国十条”和省政府《实施意见》，围绕“抓服务、严监管、防风险、促发展”中心工作，努力提升监管专业化水平，推动甘肃保险业持续健康发展。

2015年，甘肃省保险业保持平稳快速发展势头，累计实现原保险保费收入256.89亿元，比上年增长23.24%，增速提高7.54个百分比，保费增速全国排名第12位，较上年上升8位。总体实现平稳较快增长。其中，产险公司保费收入97.31亿元，比上年增长13.93%；人身险公司保费收入159.58亿元，比上年增长29.71%。全省累计发生赔款支出92.75亿元，比上年增长9.87%。其中，产险公司赔款支出51.96亿元，比上年增长26.83%；人身险公司赔款及给付支出40.79亿元，比上年下降6.13%。全省保险市场主体24家，其中产险公司12家，寿险公司12家；保险专业中介公司33家。

产险业务均实现平稳较快发展。在经济下行、结构调整的双重压力下，2015年全省产险公司实现承保利润5.53亿元，比上年下降15.31%。承保利润率为6.64%，高于全国平均5.24个百分点，全国排名第5位。

寿险业务结构调整进一步深化。受大病保险带动，2015年全省健康险业务呈现高增长态势。全年健康险累计实现保费收入21.64亿元，比上年增长74.35%，增速排名全国第5位。健康险保费在全省保费收入中的占比从“十一五”末的4%提高到10.50%。人身险公司进一步回归传统保障型业务，普通寿险实现保费收入61.57亿元，比上年增长57.98%，在寿险业务中的占比为46.40%，较“十一五”末提高了27.4个百分点。

保障能力全方位提升。农业保险“扩面、提标、增品”取得成效，农业保险新增3个品种，新增农业保险试点4个。全年赔付5.23亿元，比上年增长34.67%。2015年全省推开城乡居民大病保险，切实减轻了城乡居民的大病医疗费用负担，截至年末，参保人员由试点期间的528.30万人增加到2 228.98万人，覆盖全省86.30%的人口，筹资总额由1.60亿元增加到6.70亿元。截至年末，有28.16万群众享受到了大病保险补偿，累计支付补偿金额10.08亿元，报销比例提高了10–15个百分点。抓住省政府全面部署责任险发展的政策机遇，分别与省民政厅、食药监局等多部门联合发文，按照“一险一策、重点突破、整体推进”的思路，大力加快责任保险发展。校方责任险实现中小学全覆盖，医疗责任险二级以上公立医院覆盖率达到80%，部分企业强制投保环境污染责任险，推动行业组建食品安全责任险共保体，推进首台套重大技术装备保险政策落地，甘肃承保全国最大一笔保单打造旅行社、游客、旅游接待单位全方位的旅游保险服务链条，推进养老服务机构责任保险发展。

一、以消费者保护为落脚点，完善机制提升行业服务水平

一是健全消保工作制度。制定了《甘肃保监局投诉处理工作流程》《甘肃保监局保险违法行为举报处理工作的实施细则》，成立12378分中心，落实投诉举报处理转办督办流程，完善工作考核指标体系，提高处理效率和质量。制定了《甘肃省人身保险公司服务质量评价办法》，全面量化考评机构服务质量。督促保险专业中介机构落实基本服务标准。二是持续抓好理赔服务。连续6年开展财产险积压未决赔案清理工作，全省2014年之前积压未决赔案的件数清理率和金额清理率位居全国第二。常态化开展车险服务质量现场测评，评选发布2014年度财产险、人身险十大理赔案例，推进理赔透明化监管。开展寿险公司失效保单清理。会同省公安厅印发《关于在全省建立道路交通事故快速处理中心的意见》，联合召开现场会，推进建立快处快赔中心，完善“六位一体”快处快赔机制，全省已有9个市州建立起快处快赔中心。甘肃省被公安部、保监会列为全国10个推行公路和农村地区快处快赔试点省份之一。联合省公安厅、交通厅共同启动2015年7个节假日在全省15个高速公路服务区开展交通事故警保联动便民服务活动。三是稳妥处理消费者投诉举报及有关诉求。在案件调查中确保依法行政，坚持规范化、标准化、精细化的消保工作标准。全年共接待处理保险消费投诉716件，共对涉嫌违法违规的28件投诉案件进行立案调查。督促全省各保险公司共开展总经理接待日活动996次，接待来访消费者1 026人次，集中解决消费者投诉事项553件。

二、助力地方发展，行业发展环境不断优化

一是地方法人保险机构设立筹备工作启动。省政府成立了由郝远副省长任组长，省财政厅、省国资委、省政府金融办、甘肃保监局、兰州市政府和主发起企业甘肃省公航旅集团为成员单位的筹备工作领导小组，并于12月25日省长办公会审议通过了黄河财产保险股份有限公司筹建方案，标志着甘肃省地方保险法人机构将实现零的突破。二是积极争取各方支持政策。推动省政府及有关部门将扶贫农业保险、农村地区交强险、医责险、环责险、食责险等5个险种纳入到

有关地方考核体系中，实现了保险渗透度方面的重要突破。向省财政协调争取专项资金400万元，支持在永昌、秦安2县首次开办蔬菜价格保险、苹果种植综合保险。争取省级财政首次补贴450万元支持兰州、平凉2个市开展农房保险试点，定西首次开展农房地震保险。向保监会提议并承办第一次全国藏区农险发展联席会议，推动藏区农业保险继续走在全国前列。主动沟通省地税局暂缓征收新型保险产品红利个人所得税。协调省政府出台了《甘肃省关于加快发展商业健康保险的实施意见》，在兰州市推动商业健康保险个人所得税税收优惠政策试点。协调将商业保险参与养老服务业的有关政策纳入地方纲领性文件。借力省政府加强农村交通安全契机，推进农村“五小”车辆交强险承保工作，构建全省87个县、1 357个乡镇交警部门和保险机构“1+1”全面对接服务机制，截至年末，交强险承保摩托车、拖拉机30.67万台，保费收入0.59亿元，为下一步保险深度参与保障农村道路交通安全管理探索了路子。三是助推甘肃精准扶贫，保险功能作用日益凸显。从贫困地区农业保险、扶贫小额贷款保证保险、贫困群众人身意外伤害保险3个层面将保险扶贫纳入到省委省政府精准扶贫“1+17”政策框架，将农业保险对贫困户的覆盖比例纳入县区党政干部考核体系。在天水市秦安县创新开展农村“两保一孤”困难群体保险试点，形成新农合基本医保、城乡居民大病保险、医疗救助之外的有益补充。陇西县开展畜草产业贷款保证保险，通过“政银保”三方合作为贷款户增信，已累计为300余户农户融资贷款近1亿元。农村小额人身保险为66.76万低收入农民提供了448.25亿元的风险保障，累计支付保险赔款0.25亿元。积极落实甘肃省委“联村联户、为民富民”行动，筹措资金，帮助扶贫村解决饮水困难，修缮办公用房，投保农房保险，资助贫困学生上学，解决困难户生活难题。四是积极引进险资入甘。制定《甘肃保险业引资入甘工作考评标准》，积极搭建沟通联系平台，量化考评引资工作。建立项目储备库，召开项目投资对接座谈会，实现保险资金投资上下联动、部门联动。2015年，共引进保险资金投资39.85亿元。平安、人保集团分别和甘肃省政府签订了战略合作协议。累计投资170.36亿元。五是强化农村保险服务水平。开展农村保险服务体系建设，在56个行政村中设立了便民保险服务点，成立驻村工作室13个，派驻驻村代表188人，辐射周边村镇123个，农户数35.58万户，协助当地村民办理各类保险业务7 400余人次，理赔金额828.27万元。

三、以防范化解风险为底线，加强监管强化查处力度

一是全力做好保监会各类专项检查。按照保监会统一安排，研究制订各类专项检查工作方案和巡视督导方案，分阶段加强指挥协调。“两加两遏”检查中开展了一次突击调研、两轮督导、两轮抽查，实现省级保险机构和专业中介机构全覆盖。对两家公司开展“亮剑行动”专项检查。围绕客户信息真实性，规范银保业务销售行为、促进团险、规范赠险等监管新规，对人身保险市场业务合规性和重大业务风险开展了专项检查，对大病保险业务开展了“回头看”检查。对中华联合农业保险开展现场检查。二是不断强化风险防范。防范满期给付风险，通过抓基层机构、重点机构、银邮兼业机构，使风险集中领域隐患排查不留死角。建立日常监测预警机制、风险防范常态化机制、风险应急处置教育培训机制，提升各级机构风险防范意识和风险处置能力。落实好客户信息真实性管理规定、银保新规精神、人身险业务基本服务标准，健全销售管理流程，规范日常经营行为，从源头上防范化解满期给付和退保风险。防范外部风险传递，妥善处理瓜州营销员非法集资案和嘉峪关大友公司企业年金纠纷等突发事件，主动配合相关部门，及时控制事态蔓延，提前化解可能产生的群体性事件风险。制定案件风险排查工作指引，开展保险机构案件风险排查督导和案件问责整改情况清理的现场抽查，先后针对非法集资风险防范开展7次专项排查、清理工作，成立非法集资风险防范和处置工作领导小组，加强对行业风险防范工作的协调指导和督促检查，提高风险防范的有效性。充分发挥保险统计功能服务和风险监测功能，加强与政府有关部门数据共享，甘肃保监局被评为2015年度统计工作先进单位。三是严查重处违法违规行为。制定了《甘肃保监局现场检查依法行政实务手册》和《甘肃保监局行政处罚工作手册》，修订了行政处罚裁量标准。全年累计派出检查组49个，检查机构49家，处罚案件21件，依法处罚保险机构19家次，处罚责任人20人次。吊销保险业务许可证6家次，机构警告1家次，撤销任职资格1人，警告19人次，撤销资格证书4人次。

（田逸君）

国家开发银行股份有限公司甘肃省分行

【综述】　2015年，国家开发银行股份有限公司甘肃省分行坚持抓好党建、办好银行、支持发展的办行方针，立足新常态、展现新担当、实现新作为。截至年末，分行资产总额2 454亿元、比上年增长31%。其中，表内人民币贷款余额1623亿元，比上年增长24%；外汇贷款余额49亿美元，比上年增长2%；不良贷款率1.08%，比上年下降0.08个百分点；实现中间业务收入3亿元，拨备前利润总额41亿元，比上年增长18%。

党建工作再上新台阶。落实“两个责任”，加强班子和队伍建设，把纪律和规矩挺在前面，把“三严三实”要求落到实处，全面推进依法治行从严治行，营造风清气正、干事创业的政治生态，强化敢于担当、主动作为的工作作风，党建统领作用进一步提升。规模增长创造新纪录。年末贷款余额1 942亿元，全省占比14.10%；新增贷款331亿元，比上年多增90亿元；贷款增速21%，高于全系统平均增速7个百分点。服务战略开创新局面。全年融资总量1 014亿元，首破千亿大关。“十二五”期间投放表内贷款2 771亿元、实现融资总量3 615亿元，圆满完成《开发性金融支持甘肃经济社会跨越式发展合作备忘录》约定的3 000亿元融资任务。综合收益取得新突破。存款余额392亿元，比上年增长87%；人民币日均存款余额296亿元，比上年增长41%；中间业务收入实现3.70%逆势增长。风险管控实现新成效。资产质量保持稳定，总体风险率1.05%，在2014年基础上再次下降。

一、全面加强党建，打造坚强政治保障

以总行巡视为契机，以巡视整改为推动，以“三严三实”专题教育为抓手，认真贯彻全面从严治党要求，把抓好党建作为最大政绩，不断加强和改进党的建设。一是抓住“领导班子”这个关键少数，着力加强班子建设。完善党委决策机制，严格贯彻民主集中制；深化落实“三条承诺”，高质量召开专题民主生活会，自觉维护班子团结、发挥整体合力；提高班子把方向、谋全局、定战略、抓落实的能力。二是抓住“三严三实”专题教育这个重要依托，着力加强队伍建设。把握坚定理想信念这个核心，推进党性教育系统化经常化，加强思想政治建设；重新划分党支部，加大党建考核力度，实现支部学习、组织生活、党员管理“三从严”；从严选拔、管理和监督干部，完成局级、处级后备干部集中推荐，以委任制方式开展处级干部选拔任用，完成26名处级以下员工职级晋升；加大干部交流轮岗力度，强化年轻干部培养锻炼；加强党的群团工作，争取到全系统首批中国金融工会与基层工会“共建职工之家”，扎实开展共建工作。三是抓住“两个责任”细化落实这个有效途径，着力加强纪律建设。制定《“两个责任”落实意见》，签订《党风廉政建设责任书》，细化任务分解，层层传导压力，健全“一岗双责”落实机制；配齐配优纪检监察队伍，落实“三转”要求，研究推动纪检监察部门全面加强基础工作；从严开展个人有关事项报告，详尽梳理员工关联关系，全面深入推进党风廉政建设和作风建设。

二、密切高层互动，提升银政合作层次

一是立足顶层设计，推动业务发展。围绕棚改、扶贫等重点业务，保持省委省政府主要领导高频度、有内容的沟通汇报，顺利配合省政府与总行高层会谈，有关建议多次获省领导批示肯定；与庆阳、张掖、天水三地及省电投签订开发性金融合作协议；紧抓基金、扶贫等政策机遇，通过派员交流、联合办公、现场服务，夯实与发改、扶贫等部门的合作基础，开发性金融影响力和话语权进一步提升。二是坚持规划先行，抢抓发展机遇。参与编制全省“十三五”规划及金融专项规划，完成“6873”交通突破行动、金昌新型城镇化等重点领域系统性融资规划，联合省发改委建立“一带一路”项目库，完善加勒比地区国际规划。通过规划引领，加大项目开发力度，全年新增人民币项目储备2 102亿元、外币项目储备26.50亿美元，完成人民币A组授信1 319亿元、各分行排名第4，实现外币评审承诺23亿美元。三是创新融资模式，支持地方重点项目。政府购买服务模式实现突破，兰州水源地、张掖黑河治理、丝绸之路（敦煌）国际文化博览会基础设施、红古污水处理等一批项目落地实施，为进一步加固银政合作奠定基础。四是加大宣传力度，提升影响力。围绕棚改、水利、扶贫、交通等重点业务，省级以上主流媒体刊发宣传报道20余篇，中央电视台、《人民日报》对分行扶贫工作进行专题报道。

三、加快政策响应，完成棚改基金任务

扎实推进棚户区改造工程。一是三线并进、完善融资模式。落实政府债务限额政策，推动完善“三统一”模式，省级平台350亿元预授信全部核准；政府购买棚改服务模式下，会宁试点成功落地；工矿企业模式下，兰石、酒钢、八冶棚改全面落地，并作为国企棚改成功案例在全系统发布。二是多措并举、强化宣介培训。定期向省市住建部门反映业务动态，推动解决问题；联合省住建厅举办3次集中培训，宣介棚改政策。三是全面发力、加速贷款投放。全年发放棚改贷款155亿元、比上年增长54%；力推货币化补偿安置，助力房地产去库存，平庆地区贷款项目货币化安置率达到85%。国务院棚改专项督查组对分行工作给予肯定，指出“分行贷款发放支付工作健康有序，总分行联动积极配合地方政府加快棚改实施进度，业务精湛，服务到家”。顺利完成专项基金任务。面对新任务、新业务，不等不靠，一二三线齐心协力、主动出击，成功克服项目多、领域广，时间紧、任务重，制度跟不上、流程不完备、风险看不准等诸多困难，实现首战告捷。甘肃四批基金总份额79%，发放率100%。

四、完善机制模式，破题脱贫攻坚试点

一是健全组织体系，夯实脱贫攻坚工作基础。主动组建扶贫开发工作组，完善脱贫攻坚组织推动机制；加强政策研究，谋划工作重点；广泛深入调研，特困县调研覆盖面60%以上。二是加快贷款投放，增强脱贫攻坚工作话语权。全年发放农村安全饮水、通村道路贷款24亿元；发放连片特困区基础设施贷款26亿元、特色产业贷款2亿元；发放生源地助学贷款12亿元；棚改贷款中超过85亿元投向集中连片特困地区，覆盖36个连片特困县；向华池县4个对口帮扶村捐款75.80万元。三是创新融资模式，保障脱贫攻坚业务持续发展。一方面，积极参与易地扶贫搬迁省级投融资机制建设，目前省级平台已经明确，相关办法正在征求意见；另一方面，瞄准整村推进、产业扶贫等重点领域，全面铺开精准脱贫5市14县项目试点，探索多元化、可持续的融资模式，华池整村推进项目正式落地，并首创运用“开行债加点”定价模式。

五、增强资金引领，支持重点领域建设

一是担任重大项目综合融资协调人，主动服务全省战略。集中保障“6873”交通突破行动，发放贷款159亿元，其中铁路贷款发放82亿元，位列各分行首位。发放水利贷款20亿元，发放额较上年翻一番。投放贷款54亿元，支持兰州轨道交通等重大市政工程建设，提升城市综合承载力。投放资金100亿元，保障河西、陇东能源基地建设，助推兰州新区产城融合，推进嘉峪关关城等文化遗产“历史再现”。

全程参与甘肃483亿元政府债券承销发行，自持公开债券7亿元、居开行系统首位。二是发挥财务顾问作用，提升综合金融服务能力。发放外汇贷款39亿美元，支持三大企业全球经营战略；主动跟踪谋划“走出去”项目，助力重点企业抱团出海、转移产能。发行企业债券70亿元，省电投债券业务实现突破。继续引导省外资金支持甘肃项目建设，引入15亿元保险资金、对接华能核桃峪煤矿，促成国开金融对元森地产5亿元夹层投资，协同国银租赁完成公路、新能源9.50亿元融资租赁。创新业务品种，办理开行系统内地分行首单信用证项下出口贴现，实现分行国际贸易融资业务零的突破。

六、全力提质增效，保障稳健持续经营

完善流动性管理机制，优化资金拆借结构。上拆净收入占营业收入25%、系统内排名第9。内部挖潜，拓展理财、保险代理、债券承销等中间业务品种。完成2.77亿元中收，比上年实现3.70%的逆势增长。资产证券化完成25.64亿元，是2014年的3.4倍。年末同业代理返存余额37.5亿元，达到2014年的8倍。健全财务控制，强化预算管理，落实降本增效要求。成本收入比为2.35%，比上年降低0.26个百分点，“三公”经费降幅达到32%。坚守风险底线，加强“双名单”管理。星火风险化解取得预期成效；加强与总行及银监会、国家林业局沟通协调，柏杉林项目风险化解取得阶段性进展，并提前谋划引入战略投资者，推进项目重组工作。同时，泾川国开村镇银行继续保持良好发展态势。净利润、资产利润率、不良贷款率等主要指标，在系统内15家村镇银行中处于较好水平。

【规划研发】 一、群策群力，扎实开展“十三五”规划相关工作。在业务发展规划方面，一是成立“十三五”业务发展规划编制领导小组，形成了规划编制方案，将加快发展、创新驱动、全员参与的理念体现在整个规划编制过程中，让规划成为凝聚分行发展共识、集聚全员智慧的平台和有力工具。二是为提升规划的“高度、深度、精度”，围绕“丝绸之路经济带”甘肃黄金段建设等业务重点，开展了8项配套重点课题研究，参与处室达到9个，参与人员近30人，为规划编制提供了强有力支撑。三是全员参与，广泛征集意见建议。先后召开两次推进会以及青年员工代表层面、各处室负责人层面座谈会，就规划初稿有关内容深入听取意见建议并进一步修改完善，形成了“十三五”业务发展规划初稿。积极参与总行组织的研讨培训、建言献策等相关活动，在全行组织的“建言开行‘十三五’，献策发展新蓝图”征文活动中，分行推荐的《“十三五”时期中国金融业的新机遇和挑战》荣获二等奖。在对外规划合作方面，主动沟通，深度对接全省“十三五”规划。先后多次向省委研究室、省发改委、省金融办等部门汇报开行对全省“十三五”规划的建议，积极参与《甘肃省“十三五”金融业发展规划》编制，部分观点在《甘肃省经济社会发展“十三五”规划建议》和《甘肃省国民经济和社会发展第十三个五年规划纲要（征求意见稿）》中被采纳。联合省发改委邀请国家发改委规划司、中国国际经济交流中心专家开展“一带一路”和“十三五”规划专题培训，邀请总行部门及子公司专家参与省里多项发展战略和体制机制、金融创新等重大问题研究并出谋划策，与省发改委、民政厅联合发文共同推进新型城镇化试点、政府和社会资本合作、社会养老服务体系建设等，主动发挥“融智”作用，争取良好的外部空间，不断巩固“有事找开行”的工作局面。

二、积极开发，确保专项建设基金市场份额领先。一是与省发改委对接，多层次汇报开行增强国力、改善民生的举措和优势，建立日常沟通汇报机制，配合项目申报工作，为各批次基金项目申报争取主动。二是在各批次基金推动过程中，逐步完善工作机制。建立了分行与省发改委联合申报筛选审查机制，把好项目入口关，为后续高效评审、投放、支付奠定基础；建立了省发改委统筹协调支持机制，部分投资条件较难落实的项目，由省发改委直接出面协调相关政府部门及市州发改委加快推进。主动向省发改委汇报基金工作进展，形成按周报送《调度表》、按旬报送《国开发展基金简报》、动态报送专项情况报告等机制，配合完成国家发改委的督察工作。三是建立了四批专项建设基金项目库。为分行基金开发评审提供储备和便利的同时，将项目库主动提供给省发改委，配合其完善工作方式方法，利用电子化手段提高项目申报效率。通过全员主动出击，规划先行，分行形成了与各级发改部门和地方政府沟通的强大合力，确保了专项基金市场份额领先。

三、统筹协调，在脱贫攻坚项目上实现规划开发一体化推动。自开展“一行一策”发展战略研究以来，结合甘肃发展实际，提出了《加大分行扶贫开发工作的建议》，超前谋划，强化与省扶贫办、发改委等部门的沟通联系，结合重点领域，深入调研，开展模式创新试点，实现了规划开发一体化推进，为全面参与脱贫攻坚战略创造良好条件。一是注重经验总结。组织开展“庆阳国开双联贷款”专项调研，针对农户分散生产难以抵御市场波动出现还款困难的现状，提出发挥政府组织优势，将村级互助资金协会与整村推进和产业发展有机结合，解决农产品适销对路问题，提高抵御市场风险的能力。参与整村推进、产业扶贫、村级互助资金协会等领域项目试点工作。二是加强政策研究。积极研究中央、总行及全省扶贫政策，配合省扶贫办开展精准小额扶贫贷款政策研究，提出扶贫开发重点支持领域，针对易地扶贫搬迁、农村危旧房改造等项目特点，研究提出通过政府购买服务和省级统借统还的工作方案，并向省发改委以工代赈办、省扶贫办多次汇报。三是在中央扶贫工作会议明确提出脱贫攻坚任务之后，推动省级统贷机制建设，指派专人赴发改委参与相关制度起草工作。

四、强化管理，全面完成各项规划考核任务。规划任务方面。围绕分行重点行业、重点客户开展规划课题研究和规划合作。与省国投联合聘请外部专业机构开展《甘肃省国投“十三五”战略规划》研究，编制《金昌市国家新型城镇化综合试点融资规划》，积极推动国际规划工作，完成《牙买加国家经济社会及能源发展规划咨询报告》，配合总行规划局完成《苏里南国家规划“一综五专”框架》转交苏里南驻中国使馆审议，配合完成《国别援助研究报告》和《国别援助指导意见（2016-2020年）》共计20个报告的修改完善工作。项目储备方面。跟踪对接省列重大项目库、3341项目库、“一带一路”项目库、“陕甘宁革命老区”项目库、农牧厅农业产业化项目、商务厅现代物流项目，充实分行项目储备。继续提高规划开发管理的精细化水平，定期开展项目储备库分析，修订分行《项目开发储备库管理实施细则》和《分行科学发展规划领导小组工作制度管理暂行办法》，为理顺各环节衔接流程及规范项目出入库提供制度保障。全年新增人民币项目储备2 956亿元，新增外币项目储备28亿美元，均超额完成总行下达的年度考核任务。

五、加强宣介，进一步扩大开行影响力，稳固银政合作关系。一是编制《开发性金融的力量——分行宣介手册》，第一版印制1 000本已基本发放完毕。后续将进一步修订完善，使宣介手册成为分行的一张“名片”。二是制作《规划先行绘蓝图 务实开拓创佳绩》展板，在一楼大厅展示半年之久，提升客户对开行规划品牌的认知度。三是联合省发改委组织召开两届全省政府和社会资本合作（PPP）项目签约暨推介会，首届邀请总行郑旭东总监出席；配合专项建设基金项目申报工作，邀请建设部专家开展综合管廊项目培训。

（王恪铖）

【信贷管理】　一、加强沟通，优化调度，服务快速发展。一是加强与总行层面的沟通协调。积极反映分行面临的发展机遇、贷款需求和同业竞争态势，以棚改、铁路、扶贫、水利等重点领域为切入点，全力向总行争取规模支持，力保重点领域、重点项目建设。二是加强行内沟通协作。统筹表内外资源调度，制定多情景发放预案，合理安排规模，全力服务稳增长、调结构、惠民生，贷款发放量和新增量均创历史新高。

二、抢抓机遇，多方联动，积极推进专项基金工作。一是做好与总行的密切沟通，及时传导总行各项工作要求，同时将省市政府的各项诉求借助总行向国家发改委及时反映，确保信息畅通、传达到位。二是做好处室协作，紧密衔接，全力推进投放和投后管理工作。通过分行上下的共同努力，分行专项建设基金工作取得阶段性成效，数次受到总行业发局表扬。

三、考核引领，注重分析，发挥参谋助手作用。一是制定分行经营计划和内部考核方案，将分支机构考核、分行内部考核和分行经营计划有机结合，统一服务分行发展目标。二是根据总行考核导向，结合分行内部管理要求，确定各处室绩效考核指标及权重，充分突出考核的业务引导、激励作用。三是加强考核监测调度，按月开展重点指标监测分析，按季开展全面监测分析，为分行发展提供决策依据。2015年取得C类分行第一、全系统大排名第五的骄人成绩。

四、精细管理，优化机制，提高资金收益水平。一是创新开展资金拆借结构优化工作，提出了基于预测结果的拆借结构优化方案。二是挖掘内部潜力，合理安排资金头寸，存款工作取得明显成效。三是加大对存款产品的推广应用研究，提出了推广结构性存款、大额CD等产品的工作建议。四是梳理总结业务风险点，严格柜面提交资金使用流程，防范透支风险。

五、建章立制，强化内控，提升合规经营能力。一是推进和完善业务管理方法与制度。先后制定了《国家开发银行甘肃省分行企业/个人征信管理实施细则》《国家开发银行甘肃省分行金融统计工作实施细则》等规章制度。二是加强合同审查、发放支付审核、日清月结复核等措施，统一规范了贷款发放支付流程，建立了日常业务审核合规性台账和报告制度。三是建立了高效的内外部监管配合机制，获得了监管部门的认可，配合人民银行综合执法检查并取得了良好效果，配合总行信贷管理检查，参与银监会、审计署等的外部监管检查，并落实问题整改。四是组织统计和银团贷款管理业务培训。邀请总行业发局、信贷局有关专家领导亲赴分行指导工作、开展培训。

六、夯实基础，鼓励创新，推动精细化管理。一是加强贷款定价管理创新，成功将“开行债加点”首次运用于扶贫开发领域。二是分行统计工作获得人民银行兰州中支考评二等奖，在总行合规类指标考核方面保持零差错、零通报。三是做好本息回收工作，确保本息回收率高位运行。四是加强信贷资产质量管理，动态关注重点行业、重点客户风险，保持信贷资产质量基本稳定。五是配合信贷局在兰召开华北、西北片区分行风险管控座谈会，受到了总分行好评。

（查祥德）

【中间业务】　一、中间业务收入逆势增长，考核指标创历史最高水平。在全行中间业务收入减少8.30%的背景下，分行中间业务收入增长3.70%，全年实现中间业务净收入2.77亿元，较上年增加0.10亿元，完成总行下达任务的115%。

二、引导社会融资、保障客户多元化融资需求的能力得到提升。全年完成表外社会融资量167.60亿元。一是引导省外资金支持甘肃项目建设，引入保险资金15亿元对接华能核桃峪煤矿项目，促成国开金融对元森地产5亿元夹层投资，协同国银租赁完成公航旅、大唐武威新能源9.50亿元融资租赁。二是承兑票据业务继续保持高位运行，当年签发承兑汇票21.30亿元，实现中间业务收入2 575万元，吸收保证金存款1.43亿元。三是资产证券化快速增长，当年完成工作量25.64亿元，是上年的3.40倍，有效提高分行资产转速、提升资本使用效率。四是积极推动银团筹组，当年筹组完成大唐八〇三上大压小、国电甘肃热电2×350MW上大压小、酒钢循环经济和结构调整等项目银团，累计实现表外发放19.7亿元。

三、统筹推动债券承销业务持续发展，债贷结合提升服务客户能力。一是全面介入甘肃省政府债券承销发行工作，持续提升银政合作关系。作为一般承销团成员全程参与甘肃省政府22期共464.88亿元公开债券发行工作，有效利用总行资金自持甘肃公开债券7亿元，持债规模居开行系统首位；作为簿记管理人配合财政厅顺利完成17.82亿定向债券承销及贷款置换工作，其中置换分行贷款9.20亿元，为缓解分行信贷规模约束、保证信贷资产安全发挥了积极作用。二是推动企业债券承销业务持续发展，债贷结合提升服务客户能力。开发公航旅、酒钢、电投中票等交易商协会产品共计395亿元入库，扩大债券承销项目储备基础；发行酒钢、公航旅、电投等债券70亿元；发挥协同优势，与国开证券联合营销，完成兰石私募公司债报备工作，跟踪武威资产证券化、轨道交通项目收益债以及公航旅离岸债，作为联主参与公航旅100亿元公司债承销。三是巩固投资人平台合作，加强债券基础工作建设。密切联系甘肃银行等地方债券投资人，完善债券销售平台建设，完成债券销售新增17亿元；出台《债券承销业务资金收付及收支结算实施细则》等办法，做好债券承销基础工作。

四、深化金融机构合作，同业合作规模不断扩大。与8家银行的71家分支机构开展同业代理返存合作，同业返存年末余额37.50亿元，是上年的7.80倍，其中棚改项目20.11亿元、扶贫项目返存余额17.39亿元，全年代理返存日均余额29.49亿元。积极开发金融同业机构理财业务，累计发行理财计划44.30亿元，其中募集同业资金40亿元，到期可实现中间业务收入1 416.70万元。

五、加大对村镇银行协同管理和服务支持。制定发布《甘肃分行村镇银行管理实施细则》，明确和细化监督管理及协同服务的目标内容、工作要求和责任流程；组织相关人员组成检查组，坚持按季开展3次现场检查，对合规运行、内控建设等方面提出问题意见和改进措施，督促其对内外部检查问题进行整改；通过月报等相关监管报表开展好日常非现场监管，配合总行监事会完成内控及风险防范专项调研；运用分行同业返存模式，协调甘肃银行向泾川村镇银行存入7 000万资金，提供流动性及存款支持。

六、进一步理顺业务分工，规范市场投资业务规章制度和机制流程。建立了以产品经理、对口处室责任人两个维度的分工体系，产品经理负责指导推动各项产品的统筹、推广、风控和调度，对口处室责任人统筹完成对口处室中间业务收入目标，提出对口处室中间业务改进方案，针对性地开展中间业务产品创新，参与产品设计和方案谈判，与客户经理协同服务客户，对中间产品进行技术把关；协调各客户处分解全年中间业务考核指标，特别是对债券承销、母子公司协同等关键点分解到具体项目，将责任落实到个人。

七、提高自身专业水平，强化服务客户支撑发展的能力。苦练内功，加强中间业务产品知识的学习，组织开展5场中间业务产品全覆盖的宣介培训，前移服务关口，围绕客户处既定的客户服务方案，在最前端嵌入中间产品解决方案和中间业务收入计划。跟踪推动省内拟开展的重点基金，向省电投提供了《甘肃省铁路发展基金设立方案》，得到客户认可；与华龙证券沟通甘肃省养老产业基金配资、承接国开发展基金养老类项目的可行方案；向省发改委提供甘肃省产业股权投资基金设立方案；向省公航旅提供甘肃省公路发展基金设立方案。

（牛春丽）

【风险管理】 一、加强全面风险管理体系建设，提高风险管控水平。一是明确了分行风险文化建设的组织架构与职责，建立了“一把手负责、全员参与、部门协调、专职承办”的工作机制，强化了风险文化建设工作的组织领导和有序推动。二是作为全系统两家试点分行之一，配合总行完成风险建设能力评价工作，对分行风险状况做全面的梳理和排查。三是对分行日常经营管理中存在的风险点进行评估，完成对分行棚改代理行的梳理排查，提出改进建议。四是结合业务发展要求和风险管控实际，系统梳理风险责任和勇于担当、敢于作为的关系，树立正确的风险责任理念。

二、加强信用风险管理，高效完成信用评级等基础性工作。一是围绕分行发展目标，加快项目评级进度，及时完成客户项目信用评级、贷前贷后债项评级和风险边界审查等工作。全年召开信委会27次，完成44个初评客户的信用评级和235个一般客户、97个政府类客户和6个国家主权客户的复评，完成171个新增债项评级，512个存量项目的债项评级更新，完成302个基金项目回购方核对确认和信用等级认定。二是与省财政厅沟通对接，集中收集了102个政府客户财政收支、负债等重要数据，全面提升政府评级数据质量。三是创新工作思路，在84个政府客户评级更新中，上调了53个市、县政府信用等级，在经济下行，企业效益下滑情况下，加强与总行有关部门沟通，力保金川、酒钢等重点客户信用等级不下调，实现甘肃省民航集团等优质客户认定，为分行业务可持续发展奠定基础。

三、着力培育主动合规意识，完善合规管理机制。一方面对内，着力营造“人人有责”的风险管理内部环境。以配合银监局“两加强、两遏制”专项检查和审计署稳增长延伸审计为契机，组织七个业务条线开展风险自查和抽查，全面梳理2010年以来内外部检查发现的问题整改情况，建立台账，查找整改漏洞和风险隐患，完善整改机制，制定整改方案并狠抓落实，整改完成率达100%。另一方面对外，着重加强与外部监管部门沟通，通过积极配合银监会政银部主要领导对棚改项目进行现场调研，陪同审计署驻兰办、省银监局有关部门负责人对基金、棚改等项目的现场检查，加强与人行反洗钱工作沟通，高质量按时完成监管报表、报告的填报等工作，获得监管部门的理解认可，营造良好外部监管环境。

四、主动开展重点领域风险分析研究工作，加强研判，服务发展。一是主动分析，开展地方政府融资平台风险研究。对全省政府融资平台，结合对应地方政府财力情况进行深入比较分析，针对资产不实、负债率高、发展动力不足等问题，提出了融资平台转型方向和途径建议，确保在风险可控的前提下推动融资平台转型、深化银政合作，为分行在融资平台领域合作和决策提供了有益参考。二是主动研究，结合政策要求和开行多年参与推进基础设施建设的经验，参考其他地区实践，加强对政府采购、PPP模式研究，为通过推动政府管理机构设置、责任划分，培育新兴融资主体，充分发挥开发性金融作用，继续支持甘肃基础设施建设和经济社会发展提供了借鉴。三是主动谋划，推动以总体风险率、经济资本回报率等风险指标前移为基础的精细化管理，尝试风险管理工具与业务开发的有效衔接，加强对指标运行情况的逐月动态跟踪，按月开展指标运行情况分析，并定期与各客户处就其处内指标运行状况进行沟通交流，传导风险效益理念，探讨改进提升之道。

五、加强双名单项目管理，配合总行开展风险责任认定工作。一是严格执行“双名单”管理机制，加强对重点风险客户监控化解力度，多次赴项目现场，加强与政府、客户沟通协调，积极配合客户处做好风险化解工作。二是在总行确定开展风险责任认定工作后，积极配合总行认定小组开展有关人员访谈、事实认定、责任划分等工作，按计划配合总行顺利完成责任认定有关程序，推动了风险责任管理在分行的落实。

（刘振亚）

【财会管理】 一、进一步加强党风廉政建设，保障财会业务健康运行。一是配合“体检”，组织案例教学，加强廉政教育。积极配合总行巡视、总行营运现场检查、人行综合执法检查等财会业务全面“体检”工作，针对体检结果总结经验不足，组织案例学习，树立纪律规矩意识，做到知纪守纪。二是合理配置岗位分工，提高操作风险和廉政风险“双控”能力。在涉及廉政风险点的环节，梳理营运、经费岗位，尽量分散关键岗位分工，确保要害岗位互相监督，不相容岗位不兼岗。严格执行授权管理，对大额支付和重要事项，采取多人交叉复核和监督，从流程机制上进一步防范和降低风险发生，全年实现零损失，未发生违规违纪事件和财务风险事件。

二、进一步发挥财会职能作用，服务业务有序开展。一是依托业务创新，提高营运服务水平。在开展保函、代理理财、信用证、押汇、电子汇票等多类型业务结算的基础上，加大国别组外汇业务拓展并挖掘贸易融资产品，针对国别组特殊性及出口客户分散且均不在省内的情况，设计占用开证行的授信额度办理贸易融资业务的思路，先后制定相应操作规程并向总行营管局申请了办理出口贴现和福费廷业务的资格。全年首次办理出口信用证寄单业务，累计7笔达630万美元；首次办理出口信用证贴现，发放贸易融资贷款630万美元；顺利完成了商票系统二期票据融资功能上线后的首笔贴现业务，积累了宝贵经验。二是通过强化预算控制和管理，落实降本增效要求。运用财务预算管理工具，严格执行预算授权和审批管理，发挥预算的约束、引导作用，同时从严加强财务合规管理和财经纪律约束，费用成本有效降低。2015年成本收入比2.35%，比上年降低0.26个百分点。三是深化财务分析，加大对经营决策的支撑作用。加大管理会计工具应用，深挖财务分析维度，在开展季度财务分析的同时，与系统内不同分行进行比较分析，查找分行在贷款收益、收益结构、资本占用、存款效率等方面的差距，为改善经营策略提供有益参考。从财务视角对考核指标进行专项分析，找准分行监管资本占用的来源和依据，协调总行有关部门准确计算表外资产监管资本占用，确保有关考核指标准确完整。四是加强学习和参评，提高柜面服务规范化水平。积极参与银行业协会金融机构五星营业网点评选，推荐一名柜员跟随银行业验收小组前往28家商业银行参赛网点学习，汲取先进经验改进分行柜面服务，在营运前台增设填单台、网银服务机、公众教育区等，服务窗口对外的功能日趋完备。与此同时，分行提出的柜面服务规范化建议也得到总行工会合理化建议采纳，营管局已着手推进相关工作。

三、进一步健全财务内部控制，有效防范财务风险发生。按照“铁数据、铁制度、铁流程”的要求，不断完善财务管理制度，健全财务控制流程，确保财务风险可控。一是筑牢财务管理制度基础。结合管理需要制定了费用开支审批管理、招待费、差旅费、会议费等财务管理制度，费用开支的预算审批和报销审批进一步从严从细，财经纪律进一步明确。结合新业务制定了信用证项下出口贴现业务、出口信用证项下福费廷业务等操作规程，营运业务实务操作进一步规范。二是改进关键环节操作流程。设置业务联系单，从初审、复核到备案，强化业务交接的连贯性，责任落实到账户开立、变更、注销每个环节，有效杜绝延迟备案、遗漏备案等问题发生。

（包喜军）

【信息化建设】 一、加强业务系统推广，提高支持业务发展能力。一是推广银企直连和大客户现金管理系统。根据大客户甘肃省电力投资集团公司业务需求，在总行信息科技局的支持下，积极协调完成银企直连和大客户现金管理系统的网络搭建、系统安装和应用部署，完成银企直连和大客户现金管理系统生产环境上线。二是完成分行互联网建设。用两周时间完成分行互联网线路开通、设备上架和系统调试，为员工提供快捷安全的互联网使用体验。三是完成ECM分布式存储系统上线。自主完成ECM系统设备的上架、系统安装调试和与总行联调，在规定的时间内实现系统上线，提高了全流程系统访问速度和附件上传下载速度，提高客户经理工作效率。四是组织开展网上银行U盾升级。克服网银替换时间紧，工作量大的困难，加快企业网银U-KEY的替换，提高用户网银使用体验，提高客户满意度。截至年末，共完成175个老客户的设备替换。五是继续开展网银系统推广和运维工作。全年新增网银客户90个，用户189个，客户通过网银办理业务6 856笔，其中信贷资金网银支付笔数为3 693笔，非信贷资金支付笔数为3 163笔，网银支付笔数占总支付笔数的80%。同时做好网银客户服务工作，通过电话服务、网上远程支持和现场服务等手段解决客户使用网银遇到的问题，保障网银系统正常使用。六是完成一代支付系统密押密钥设备报废。按照人民银行和总行信息科技局要求，按照保密处置程序，对一代支付密押设备进行回收和报废，同时做好二代支付系统上线的收尾和系统上线后的运行维护工作。七是完成业务系统上线推广。配合总行完成村镇银行信贷系统、高管驾驶舱、关键业务指标应用平台、海外OA系统、RCPIMS、全流程、客户关系管理系统、统一通信UC等系统推广升级，配合总行做好系统升级后的测试验证，保证系统按时顺利上线和使用。

二、加强数据质量管理，保证分行数据质量考核不扣分。一是加强每日监控。高度重视数据质量管理，每日检查数据管理系统，对于发现的数据质量问题，限时整改或沟通举证。二是加强培训。邀请总行信息科技局数据管理中心专家赴分行现场培训，讲解数据考核要点，交流数据使用和管理经验。三是加强整改。对核查发现的问题及时通知相关客户经理限当天完成整改，尽量不产生隔天差错。2015年全年共发现数据质量问题157条，已全部整改完毕。

三、加强外包管理，提高外包服务水平。一是开展IT外包服务招投标工作。为提高服务质量，降本增效，通过招标方式选定北京神州新桥科技有限公司为分行桌面和网络外包服务商。二是规范外包服务管理。按照月、季、半年和年度对外包服务商和驻场工程师进行考核评价，通过考核激励外包服务商加强管理提高外包服务质量，驻场工程师加强自身学习，提高服务技能。三是加强驻场工程师管理。与驻场工程师签订保密书，要求驻场工程师遵守分行保密要求和分行工作纪律，开展外包人员的行为排查等工作。四是创新外包管理思路。对外包人员提出复合型技能要求，鼓励外包工程师考取桌面或网络认证资质，使外包人员能够互相备份，保证外包服务连续性。五是注重外包增值服务。发挥外包服务商专业优势，协调外包服务商为分行提供了信息安全培训、信息技术培训和运维管理经验分享等服务。

四、加强运维管理，提高业务连续性保障能力。一是加强基础设施巡检。加强对机房空调、UPS、消防、配电、新风、门禁、视频监控及其他基础设施的巡检频度，节假日前后加大巡检力度，协调运营商做好重保事宜。开展机房安全自查工作，重点排查和解决了机房各类基础设施的可用性问题，包括UPS设备、精密空调设备、机房动力环境系统等。二是做好网络设备和服务器巡检。对机房网络设备、服务器每日巡检，确保系统稳定运行，网络畅通健康，业务连续办理。三是开展业务连续性演练。利用节假日顺利完成分行机房两台UPS替换改造工程，同时对分行服务器、网络设备进行断电应急演练。配合总行完成了网络应急演练，提高突发事件应急处置能力，进一步验证分行应急预案的可用性。四是做好员工桌面和网络运维服务。及时处理员工网络故障和电话故障，响应员工桌面服务需求，以最快速度处理故障，保证分行员工正常办公。按时完成分行到期桌面电子设备替换，设备回收率100%。五是做好视频会议电话会议保障。完成分行视频会议系统改造升级工作，提高视频会议画面和声音质量。做好总行视频会议、分行现场会议、电话会议的支持保障工作，全年共保障视频会议361场次，电话会议30场次，行内会议90场次。

五、加强信息安全管理，提高信息科技风险防范能力。一是加强技术防范手段，上线内网文件保护系统。系统上线后，能够有效防止未经授权的业务秘密和开行秘密文件在互联网中发布，又能够保证员工正常的业务往来。二是加强信息安全培训，提高员工信息安全意识。定期向员工发布信息安全警示案例和知识，年内邀请北京神州新桥科技有限公司信息安全专家对员工开展信息安全专题培训，2015年7月开展网络安全宣传周教育活动，通过楼层信息发布系统向分行全体员工宣传信息安全知识。三是做好安全软件升级。完成分行内网机网络安全准入控制系统替换和防病毒软件国产化工作，保障桌面设备安全。四是做好信息安全检查。配合分行保密办做好内外网计算机信息安全检查工作，做好重要节假日和时点的信息安全保障工作。五是完成信息系统等级保护工作。对现有网络系统进行认定，并向省公安厅完成备案。开展重要信息系统和重点网站安全自查，按照要求向省公安厅报送自查结果。

六、加强与外部监管部门沟通，做好相关工作。一是认真配合人行执法检查，做好沟通解释工作。对信息科技业务进行自查，对人行执法检查提出的问题积极沟通按时整改，得到人行认可。二是认真组织分行网络信息安全宣传周活动。向员工发送宣传材料，组织学习开展相关活动，向人行报送活动相关素材。三是配合完成相关部门调研。配合开展人行国产密码应用进展情况调研，配合银监局开展甘肃银行业信息科技情况调研，参加银监局组织的甘肃银行业信息科技风险联席会议并报告分行相关情况。

七、加强村镇银行信息化管理，提高村镇银行信息化水平。协助总行做好村镇银行信贷系统上线推广相关工作。加强村镇银行网络分行汇聚层设备巡检频率，及时解决故障，保障村镇银行网络畅通，不影响实时业务办理。按季度赴村镇银行现场检查，指出存在的问题和解决办法，帮助村镇银行提高信息科技运维水平。

（王　海）

【党建和干部队伍建设】　一、党建工作。完成“三严三实”专题教育活动，顺利召开民主生活会。建立“三严三实”专题教育工作机制，加强组织领导，与总行党委组织部、第四巡视组做好沟通和协调，落实好总行对“三严三实”专题教育的要求。认真组织开展“严以修身”“严以律己”和“严以用权”三阶段专题学习研讨，邀请省委党校、省纪委专家为分行全体员工开展3次专题辅导，组织召开3次党委中心组学习（扩大）会议。扎实推动专题教育学习台账管理，督促分行全体副处级及以上干部及时更新学习台账，确保学习内容、学习体会、问题清单、思想根源、整改措施及进展等事项登记及时、规范和“画像准确”。加强专题教育宣传引导，通过EP网站“三严三实”专区和“三严三实”专题手机报等多种方式向总行党委组织部报送分行专题教育各阶段学习简报、PPT等宣传资料，为专题教育提供良好氛围。精心做好准备工作顺利召开专题民主生活会，克服时间紧、要求高、任务重的困难，协助分行党委广泛征求意见、深入交心谈心，分行党委领导班子专题民主生活会取得较好效果，得到总行第四巡视组肯定。

积极协调组织，全力配合总行第四巡视组巡视工作。积极与总行第四巡视组沟通，根据巡视组要求提前组织准备相关汇报材料及巡视所需资料，按巡视要求及时做好准备工作。根据巡视安排，协调配合巡视组走访客户单位、召开座谈会、开展员工谈话等工作。统筹调度，根据分行巡视整改工作方案建立整改台账和日常跟踪督导机制，落实立行立改要求。

加强基层党组织建设，重新划分党支部，完善党员发展计划。建立员工政治面貌信息表，建立党员年度发展计划和员工入行个人政治面貌等相关信息动态管理机制。根据积极分子考察、培养进度，严格履行党员发展工作流程，发展3名优秀青年员工成为预备党员。

二、队伍建设。落实总行干部人事制度措施，建设高素质干部队伍。一是进一步强化党管干部原则，坚持“德才兼备、实践标准、群众路线”的选人用人导向，开展分行党委推荐干部工作；完成分行2015年处级后备干部集中推荐工作；以委任制方式开展处级干部选拔任用工作。二是完成分行2015年处级以下员工共26人晋级，对民主测评排名末位的员工开展组织谈话和提醒诫勉，进一步健全处级以下职级体系管理机制。三是从严管理监督干部。强调干部管理监督规章制度，在处级干部聘期满和试用期满述职大会中要求述职人员增加述职述廉内容，在分行员工中形成监督威慑力，积极营造坚持原则、恪守规矩、风清气正的工作氛围。四是从严开展领导干部个人有关事项报告工作。对分行处级干部个人事项进行抽查核实，对拟委任干部进行重点核实。对报告核实中发现的问题，视情节轻重采取批评教育、诫勉谈话等方式予以处理，引导分行干部增强自觉接受监督的意识，如实全面地向党组织报告个人有关事项。

不断完善与分行发展相适应的人力资源管理机制。一是健全干部交流机制。打破干部部门化，加大干部交流轮岗力度，总分行之间干部交流10人，选派干部赴甘肃省银监局挂职1人，选派干部赴客户单位挂职1人，接受外单位挂职干部2人，选派干部赴基层挂职5人，有力推动扶贫开发金融服务专员选派工作，处室间员工轮岗12人，通过交流轮岗进一步强化年轻干部培养锻炼。二是完善人才培养机制。完成2015年员工招聘；统筹安排1名总行管培生在分行工作学习，加强新入行员工在一线部门的工作历练。三是强化激励约束机制。牵头制订2015年分行考核方案，继续强化考核的正向激励作用，营造分行员工敢闯敢拼敢为的浓厚氛围；进一步改进一线处室负责人、副处长及处级以下员工考核排名的方式，扩大到二三线处室实行，实现全覆盖；制定对国别组单独考核的规定；补充二三线处室处级以下员工考核的规定，进一步完善处级以下员工考核体系。四是加强工资保险和福利管理，加强退休职工福利待遇政策学习和政策落实，完善员工医疗保障和医疗救助管理制度，进一步提高服务保障能力。

三、人力资源与绩效管理。薪酬管理方面。完成全年奖金分配、员工工资调整及工资、补贴的核发，及“五险一金”的年度审核、基数认定、比例调整和缴费等工作。绩效考核方面。修订分行2015年考核方案，增加党建工作考核，对重大党风廉政建设责任事件实行考核一票否决。以分行各基层党支部为主体，落实党建考核要求，加强基层组织生活管理。

（杜　娟）

【纪检监察】 一、履行党风廉政监督责任，督促责任落实。一是签订《党风廉政建设责任书》，明确“一岗双责”工作职责和要求；制定印发《甘肃分行2015年反腐倡廉工作任务分解意见》，细化任务分解。二是组织各处室负责人开展述职述廉，监督检查各处室本年度反腐倡廉工作任务完成、“一岗双责”责任落实以及执行廉洁自律等各项规定的情况。

二、结合分行重点业务发展，开展执纪监督。一是加强纪律规矩的日常监督，与部分处室座谈，面对面沟通讲解员工执行八项规定、履行岗位职责等方面的新要求，并做出风险提示；每季度对分行在职员工、行内交流人员和外包人员集中开展行为排查；不定期抽查固定资产管理、公务用车管理等，并提出改进意见。二是全面梳理全体员工关联关系，建立关联信息台账，并提出廉政风险监控措施。三是全程监督干部晋升晋级，对分行党委提拔的9名处级干部出具了纪委回复意见。四是在全省13个市（州）主要报纸上刊登公告，主动接受社会各界监督和举报。

三、深入开展廉政宣传教育，加强思想建设。一是深入开展“三严三实”专题教育，通过邀请省纪委、省委党校专家专题辅导，党委中心组学习研讨，组织学习习总书记重要讲话、党内两部法规和总行12起违规违纪案件通报会精神，进一步提升全体员工的廉政风险意识。二是持续开展反腐倡廉宣传教育，通过手机报、楼道视频、短信微信、中纪委网站手机客户端等形式，强化宣传力度，营造廉政文化氛围。

四、积极配合总行巡视工作，认真落实整改。针对总行巡视提出的关于细化分解党风廉政建设责任和全面加强纪检监察基础工作的意见，梳理党风廉政建设专题问题清单，逐项落实整改。一是加强组织建设，调整补充分行纪委委员，增设支部纪检委员、调整各处室兼职纪检监察员。二是完善纪检监察工作制度，印发分行纪委工作规则、党支部党风廉政建设责任制、兼职纪检监察员制度等三项制度。三是规范纪检监察会议制度，召开分行2015年第1次纪委（扩大）会议，学习总行违规违纪典型案件通报会议精神，审定纪检工作相关制度和支部、处室兼职纪检人选；召开纪检监察培训会议，组织专兼职纪检人员学习新颁布的《准则》《条例》以及总分行纪检监察相关制度等。四是制定《分行关于落实党风廉政“两个责任”的意见（试行）》，建立党风廉政建设责任清单。

（赵海珍）

【工会工作】 按照“围绕中心、服务大局”的指导思想，紧密围绕分行改革发展大局，以构建和谐“职工之家”为引领，全面推进工会组织及制度建设、维护发展职工合法权益、培养造就高素质职工队伍等项工作，团结和动员分行全体职工同心同德、开拓进取，以主人翁的劳动热情和创造活力，积极投身开发性金融服务甘肃经济社会发展战略。

一、发挥工会组织优势，助推企业文化建设。一是发挥工会“大学校”作用，弘扬社会主义核心价值观。充分利用党建带工建、工建服务党建的工作优势，以服务职工群众作为工会工作生命线，通过分行短信平台、微信群、宣传片、外部报纸、EP业务动态、楼宇视频等多种形式和载体，将弘扬社会主义核心价值观和宣传开行精神、开行文化有机结合起来，进一步激发职工攻坚克难的巨大勇气，引导职工增强主人翁意识，焕发创造活力和劳动热情，为分行攻坚克难、健康可持续发展做出积极贡献。二是组织全员阅读、营造书香开行。积极响应总行工会“品读经典诗书，营造书香开行”的倡议，结合总行工会推荐图书，为每位员工配发图书4本、每个工会小组配发图书6本；在“五四”青年节“奋斗在开行，青春在路上”主题活动中开展赠书，要求职工通过读书来提高个人综合素质，为实现中国梦、开行梦、个人梦打下坚实的知识基础。三是开展争先创优，建设拼搏、进取型团队。通过评比先进活动，弘扬先进人物，宣传先进事迹，鼓舞士气，凝聚人心，培养一支积极向上，勇于拼搏，善于进取，具有勇于进取拼搏精神的有战斗力的团队。四是按照依法治行从严治行要求，举行“廉政促和谐，自律凝能量”警示教育参观活动，将分行工会活动与分行纪委“一季一课”活动相结合，通过实地参观监狱、聆听服刑人员现身说法等方式，进一步增强全员遵纪守法意识和廉洁自律能力，筑牢拒腐防变思想道德防线，为分行业务发展凝聚正能量。

二、组织开展形式多样的文体活动，丰富职工精神生活。一是组建各类兴趣小组，建立常态化活动机制。认真贯彻“工作严肃紧张、生活轻松愉快”的要求，建立“党委统一领导、工会组织推动、全员积极参与”的健身活动机制。以分行羽毛球、乒乓球、瑜伽、足球、篮球、台球、舞蹈、摄影、书画等9个兴趣小组为抓手，丰富职工生活，缓解员工压力。二是开展各类文体活动，丰富职工文化生活。开展“五四”青年节三个主题活动：以“传承五四精神、增强担当意识”为主题，组织分行青年员工前往八路军办事处旧址接受爱国主义教育，以缅怀革命先辈、重温党的历史的方式，纪念反法西斯抗战胜利70周年；贯彻李克强总理在考察国开行时叮嘱大家“多去棚户区看看”的要求，切实感受到了棚户区内“烧煤炉、上公厕，冬如冰窖夏似火”的生活环境，激发了职工投身改善民生的责任感和使命感；开展“奋斗在开行，青春在路上”青年员工主题交流活动，引发了青年员工畅谈对青春和正能量的理解。为庆祝建党94周年，展现员工风采、体现员工积极向上的精神风貌、活跃员工业余文化生活，组织开展“歌颂祖国歌颂党 我的梦想在开行”主题活动。组织全体职工开展“勇攀高峰，活力开行”登山活动，感受到开行这个大家庭的温暖和活力，同时增强了拼搏进取意识和团队意识。

三、关心职工、注重实效，切实把温暖送到职工心中。以扶贫帮困，关心群众疾苦作为工会组织最大职责，尽心尽责为职工服务。一是积极开展“送温暖、献爱心”活动。定期对困难员工、国际业务驻外人员家属等各类人员走访慰问，帮助他们排忧解难；开展员工生日“送蛋糕、送祝福”活动，使每一个员工都能感受到开行大家庭的温暖。二是努力改善硬件设施，丰富职工业余生活。在分行办公楼开辟展览室、阅览室、写字室等，尽力丰富职工业余文体生活。三是高度重视职工身心健康，提供专业辅导。邀请专家结合员工体检情况开设健康讲座，提供医疗保健方面的专业咨询。

（汪永平）

中国农业发展银行甘肃省分行

【综述】 2015年，面对复杂多变的经济金融形势，中国农业发展银行甘肃省分行认真贯彻党和国家“三农”方针政策，全面落实总行新一届党委各项决策部署，紧扣发展主题，加大支农力度，严控信贷风险，努力改善经营，从严管党治行，业务经营及各项工作取得新进展，被甘肃省政府授予“2015年度省长金融奖”。

一、信贷支农取得重大突破

围绕总行“五个全力服务”发展战略，聚焦全省“三农”发展，加大信贷投放力度，信贷支农再创新局面。全年累放贷款351.79亿元，比上年多放141.54亿元，增长67.30%。年末贷款余额644.58亿元，比上年增加143.94亿元，增长28.80%，比全国农发行系统及全省平均贷款增速分别高7.20和4.80个百分点，是建行以来贷款投放最多、增幅最大的一年。一是全力支持粮棉油收储，为经济发展和社会稳定托底。把支持粮棉油收储作为重中之重，累放储备贷款10.40亿元，支持收储粮油（籽）120.35万吨，新增省级储备32.15万吨，地方增储计划完成率100%；累放市场化收购贷款18.45亿元，支持收购粮油167.50万吨、棉花3 959吨；累放其他专项储备贷款5.79亿元，支持储备化肥、地膜、肉等19.49万吨；累放自营性贷款30.37亿元，支持特色农业企业119户，支持的省级以上龙头企业占全省的40%。二是大力支持扶贫攻坚，为全面建成小康社会补短板。把支持全省易地扶贫搬迁作为重大政治任务，累放贷款89.40亿元，居全省同业扶贫贷款之首，支持11个市（州）38个县（区）实施易地扶贫搬迁，受益贫困人口45.23万人，其中建档立卡贫困户搬迁人口占全部拟搬迁人口的53.40%。三是积极支持重大水利工程建设，强化公共产品供给。以列入国家172项重大水利工程项目为重点，投放贷款10.15亿元，余额较年初增加10.15亿元，增长100%。支持增加蓄水能力678万立方米，改善灌溉面积1.12万公顷。四是择优支持基础设施建设，促进城乡协调发展。围绕农村公路、土地整治、农民集中住房、县域城镇等基础设施建设，通过打造省市级融资主体、政府购买等方式，投放贷款133.80亿元，支持项目55个，比上年多放42.30亿元，增长53%。信贷支持的农村基础设施建设项目，已遍布全省所有市（州）县（区），其中向甘肃省机场集团投放的5亿元贷款，成为全国农发行系统支持机场建设的首笔贷款。五是快速推进重点建设基金投放，为经济发展添动能。以支持易地扶贫搬迁、棚户区改造、现代物流、养老服务区建设、园区循环化改造、"宽带乡村"等项目为重点，共申报基金项目1400个、900亿元。国家发改委下达基金项目173个、49.50亿元，实际投放项目149个、40.90亿元，拉动全省固定资产投资近600亿元，为稳增长增添了动能。

二、风险管控得到有效加强

坚持依法合规办贷，从严管贷治贷，着力完善风险管控机制，注重风险排查，加大清收化解力度，坚决遏制不良贷款"双升"势头。一是加大源头风险管控力度。坚持从严管贷治贷，加强贷款调查评审、报备备案、押品审核、法律审查、系统作业监督管理。开展信贷制度执行、斡旋还贷、法律合规、易地扶贫搬迁、中长期贷款、粮棉油库存等检查10余次，发现问题的整改率89%以上。认真做好促销收贷工作，2015年粮棉油收购贷款除3户企业8 350万元贷款出现风险外，其余全部实现"双结零"。继续推进中长期贷款"六无"目标管理，贷款本息收回率分别达到101.16%、99.40%，年末全行贷款担保覆盖率218.05%。二是多措并举化解信贷风险。坚持抓好风险在线监测，集中开展客户风险排查。采取重置贷款期限、调整还款计划、贷款展期、补充抵押物等措施，成功化解10户企业风险贷款3.38亿元，收回13户企业逾期贷款1.86亿元、欠息930万元。三是全力清收存量不良贷款。完善不良贷款目标管理措施，突出抓好不良贷款大行大户，主动加强与地方政府的协调沟通，促进了一些大额不良贷款的成功化解。全年清收处置不良贷款11 850万元，其中现金清收9 560万元。对确无财产可供执行的2户企业1 039万元损失贷款，申报总行呆账核销。年末不良贷款余额6.66亿元，不良率1.03%。

三、营运管理迈上新台阶

主动适应利率市场化、利差收窄、财务可持续压力增大的新形势，注重内部挖潜，努力降本增效，提升营运水平。一是着力提高资金使用效益。实行"靠实总量、分类管理、重点保障、收支分开"的信贷计划管理方式，全年累计追加贷款计划154.29亿元。加强财补资金监督拨付工作，累计拨付各项财补资金43.70亿元，拨补到位率99.5%，从中收回利息5.48亿元，省财政承担的1.4亿元粮食政策性财务挂账贷款利息全部收回。积极推进中间业务和国际业务发展，实现中间业务收入595万元，国际业务收入172.4万元。二是大力组织低成本存款。组织开展存款"开门红"活动，结合重大项目营销，指导各行协调地方政府同步做好项目存款组织工作。省分行与14家金融机构建立资金融通联系机制，累计吸收同业存款81.91亿元，节约资金成本994万元。年末存款余额204亿元，比上年翻了一番。日均存款余额123亿元，比上年增加56亿元，增长84.22%，增幅居全国农发行第二，资金自给率由上年的14.20%提高到24.63%。三是扎实开展财会基础专项整治活动。深入开展自查自纠，加强核查督导，编制问题清单，建立整改台账，问题整改率达97%。制定县级支行会计内控管理、等级行管理等制度办法。实施会计坐班主任异地交流和财会岗位对接突击检查。清产核资解决历史遗留问题，开展涉税发票核查，大力整顿财务开支"任性"行为。贷款综合收息率91.43%，实现账面利润5.90亿元，完成总行下达计划的130%。四是充分发挥科技支撑作用。完成省分行电子验印服务器更换及系统导入切换、人行二代支付系统上线切换、计算机辅助审计系统（CAA）数据接收导入验证工作。深入开展信息科技"规范管理年"专项活动。加强运维服务和信息安全管理，确保系统安全稳定运行。

四、从严管党治行迈出新步伐

坚持管党与治行、从严与求实、严管与厚爱"三个统一"，健全机制，加强教育，强化管理，严肃问责，从严管党治行取得明显成效。一是切实履行从严管党治行责任。成立党建工作领导小组、依法从严治行工作领导小组和合规管理委员会，印发《落实党委主体责任和纪委监督责任实施办法》《落实依法从严治行有关任务分工的实施意见》，从战略和全局高度推进从严管党治行。党委书记认真履行"第一责任人"职责，先后与14个市州分行主要负责人谈话，传导压力，靠实责任。党委班子成员自觉履行"一岗双责"，将从严管党治行融入分管工作之中，统筹安排，强化管理。二是扎实开展"三严三实"专题教育活动。始终把学习领会习近平总书记系列重要讲话精神放在首位。坚持以上率下，各级行领导以身作则，带头讲党课、带头学习研讨，全行党员领导干部共讲授党课86次，专题研讨185次。坚持问题导向，扎实开展干部职工"不作为、乱作为"集中专项整治，对存在问题建立清单，设立台账，逐一进行整改，问题整改率达85%以上。三是加大监督执纪问责力度。认真落实党风廉政建设责任制，整治领导干部办公用房超面积问题。坚持"三谈两述一报告"等制度，推进行风建设。实施廉政监察，深化廉政教育，全行党风廉政建设继续向好的方向发展。深入开展"两加强两遏制"活动，抓好信贷财会制度执行、干部经济责任审计，开展内控检查评价，充分发挥内审监督作用。从严查处有关行违反中央八项规定精神和信贷管理失职问题。四是全面加强干部队伍建设。严格执行干部选拔任用条例，提拔调整处级干部21人，提拔科级干部69人。实施人才结构战略性调整，从省分行机关选拔7名优秀年轻干部挂职支行行长，选拔5名支行行长到省分行机关工作锻炼，组织39名市、县行年轻干部分批到管理行对口部门跟班锻炼。加大干部培训力度，累计培训人员1 000多人（次）。切实解决员工实际问题，调动异地员工21人。五是深入开展企业文化建设。大力推进基层行职工食堂建设，全省36个县支行建立了职工食堂。积极开展"送温暖"活动，累计发放慰问金23万元。继续做好"联村联户、为民富民"帮扶工作。信息调研、宣传思想、组织办公、工会工团等工作同步推进，为全行发展提供了综合保障。

【体制改革】　一、深化组织体系改革。构建扶贫开发金融服务体系，成立了省分行扶贫开发领导小组及办公室，择优配强专职工作人员，为政策性银行助力精准扶贫提供组织保证和人才保证。把抓基层打基础放在更加突出的位置，按照集约化经营、扁平化管理的原则，完善业务操作流程，加强考核管理，深化二级分行经营管理基础平台建设，积极实施县级支行精品银行战略。

二、创新人才使用培养模式。一是保重点。打破部门、层级划分，省市县三级行统一调配使用人才，对重点人才使用开辟绿色通道，先后调配50余人（次），保证重大项目集中攻坚等重点工作需要，在实战中培养了一大批讲政治、善营销、懂银行的专业人才。二是调结构。大力实施“522”工程，采取多岗位锻炼、交流任职、挂职锻炼等方式，培养年轻干部，加快形成合理的干部梯次。选拔下派7名省分行优秀年轻干部担任支行行长，上调5名支行行长到省分行机关工作锻炼，推荐9名同志到总行工作锻炼，选派3名同志挂任副县长，1名同志到监管部门挂职。三是促成长。通过各级推荐、科学评分、综合排名、组织认定等程序，分15个条线建立专业人才库，推选认定专业人才315名。对入库人员进行跟踪培养、优先抽调、动态管理，人才配置与人才使用实现了有机统一。组织全日制本科学历、工作满2年、40岁以下的基层行青年员工到管理行进行3–6个月的跟班锻炼，先后选拔39名同志到省分行跟班锻炼，促使青年员工早日成才。

（史　浩）

【信贷资金计划管理及中间业务】 以加强信贷计划执行、加大存款组织工作、推进投资与国际业务合规发展为重点，不断提高资金使用效益和决策支持水平，强化基础管理，充分发挥综合服务职能。

一、优化信贷计划资源配置。紧紧围绕全行业务发展这一中心，全力满足全省农村路网建设、重大水利设施建设、易地扶贫搬迁、棚户区改造等重点项目资金需求。全年累计投放各项贷款310.89亿元，比上年多投100.89亿元。年末各项贷款余额644.58亿元，较年初增加143.94亿元，增速28.80%。年初开始，省分行严格按照总行信贷政策调剂计划分配，加强与客户、信贷部门之间的沟通，合理摆布投放节奏，督促各行加快计划使用进度。紧抓收支“两条线”管理，进一步强化计划执行的严肃性和时效性，提高计划使用效率。前三季度，已完成总行年初下达中长期投放计划。年末，根据总行四季度调整后的信贷投放计划测算，全年短期流动资金贷款计划执行率106%，中长期计划执行率117%，有效促进了计划资源的合理配置。

二、强化存款营销组织工作。截至年末，全辖所有二级分行存款均实现了增长，各项存款余额达到204.18亿元，较年初增加109.5亿元，增速115.65%；日均贷存比达到24.63%，较上年提高10.43个百分点。先后与14家省内金融机构建立同业资金融通日常联系机制，并与甘肃银行签订全面业务合作协议，着力发展同业存款业务，扩充资金筹集渠道。全年累计组织同业定期存款158笔、81.91亿元，加权平均付息率2.93%，较系统内借款平均成本低1.2个百分点，节省资金成本约994万元。同时，利用总行流动性充裕时机，开展同业存出业务2笔、25亿元，实现经营利润430万元。

三、促进投资业务快速发展。全年共完成基金投资项目4批，组织签约项目149个，产生收益561万元。继续做好信贷资产证券化后续工作，配合总行完成了资产证券化相关贷款债券化处理及延续工作，项下有关贷款全部做到了按时还本付息，实现资产支持证券服务收入63.80万元。积极协调省财政厅做好定向置换债券发行前的数据核对工作，着力推进债券承销业务。

四、着力提升资金使用效益。建立利率定价审查协商机制，依据宏观经济形势，及时调整定价策略，降低利率波动对资产负债的不利影响。全年累计发放利率上浮贷款78.8亿元，比上年增加33.24亿元。充分利用PSL项目利率低对企业负担小的优势，积极向总行申请该类项目资金，累计申请到PSL资金43.14亿元。积极参与省财政公共资源招投标活动，顺利取得财政资金代理拨付资质，全年代理拨付各项财补资金43.70亿元。

五、促进中间业务规范发展。开展保险兼业代理资格证情况自查，及时办理换发了即将到期的42家机构保险兼业代理资格证，与太平洋财产保险等6家保险公司续签了保险兼业代理协议。联合保险公司开展了全省代理保险从业人员集中培训，截至年末全省共有151人持有从业资格证。严格落实外部监管单位和总行关于减免中间业务收费有关政策，精简整合收费项目20余项，取消收费项目1个，降低收费项目2个，有效减轻了企业负担。全年中间业务收入596万元，比上年减少88万元。

六、多措并举促进国际业务发展。确立“结算业务为基础、贸易融资为主体”的业务发展新战略。积极推介贸易融资类产品和外汇信贷产品，着力实现融资业务带动结算业务发展的良好局面。全年共办理贸易融资业务15笔，410.29万美元，因融资业务劳动实现的结算业务量达500余万美元。全年共办理结算业务831笔、8392万美元，结算量位居全国农发行系统第21位，实现外汇业务收入172.40万元。

（付连顺）

【全力服务粮油收储】 继续把支持粮油收储作为全行业务工作的重中之重，坚持在不打“白条”前提下防控风险的指导思想，主动顺应农产品购销政策调整的新变化新要求，确保粮油收储资金供应和管理不出大的问题。

一、全力履行服务“粮食安全”职责。紧抓国务院充实各级储备的重大机遇，合理引导，加快投放，年末粮油政策指令性贷款达到历史最好水平。一是确保宏观调控计划全面落实，累放政策性收购贷款38.80亿元，支持企业储备、轮换粮油33.40万吨，地方增储计划完成率100%，完成16个县（区）2009年地方储备尾欠任务。二是确保全省收购不出大的问题，在主要农产品价格断崖式下跌的情况下，累放市场化收购贷款18.25亿元，支持企业收购粮油167.50万吨，没有出现“卖粮难”和“打白条”问题。三是确保促销收贷计划有效实施，通过定期跟踪、按月通报、重点督导，督促企业销售商品粮油48.80万吨，累计收回贷款18.10亿元，收贷率达到98%。

二、努力提升服务水平。一是积极推行重点工作限时办结机制。根据工作的难易程度和轻重缓急确定办结时间，力促重点客户和政府关注项目在半个月内办结落地，办事效率和办贷效率显著提高。二是重点推行收贷收息全面督导机制。加强到逾期贷款监测，全年下发贷款催收提示12期，督促收回逾期贷款2.54亿元、不良贷款0.40亿元。充分利用县级储备尾欠任务落实的有利契机，协调收回5个县（区）历史欠息318万元。三是积极创新粮油库存监管机制。坚持定期查库，累计安排110人（次），检查企业239户、贷款2.48万吨。积极开展突击检查，累计检查粮油企业15户，核查库存4 950万斤。探索推行远程库存监管，重点选取4户储备贷款企业先行试点。

三、着力夯实基础管理。在准入环节，审核认定粮食收购贷款资格企业118户，比上年减少13户；从严开展客户评级，审查退回7户评级虚高企业；积极实施优质客户战略，累计退出粮油贷款企业30户。在调查环节，制定模板规范调查评估，通过重大项目联合调查、紧急项目委托调查模式，调查项目37个、金额8.76亿元，做到续贷资金“无缝衔接”。在备案环节，安排专人从严审查，全年审查贷款备案151笔、金额22.10亿元，提出风险防范措施500余条。在排查环节，积极开展客户分类排队工作，对155户企业排定支持序列，确保重点优质客户“零流失”。

（贾 喆）

【全力服务农业现代化建设】 积极做好棉花收购和储备信贷工作，着力发展农村流通体系建设贷款业务，稳步推进农村土地流转及规模化经营贷款业务，继续优化调整产业化龙头企业等自营性贷款业务结构，落实精细化管理和全面风险防控，确保业务健康有效发展。

一、全力做好棉花收购信贷工作。一是积极做好棉花贷款促销收贷工作。组织企业负责人赶赴山东、福建等纺织业大省，与当地行协调合作，搭建供需衔接平台。2015年累计收回棉花贷款6.10亿元，13户企业顺利实现“双结零”，棉花贷款购销比和收贷率分别为100%和96.54%，在棉花市场形势复杂的情况下，较好地完成了工作任务。二是充分发挥信贷资金引导作用，促进产棉区种植结构调整，有效规避棉花市场价格持续下行风险。三是严格按照以销定贷的原则支持企业开展棉花收购，确保风险可控。全年发放贷款0.20亿元，收购籽棉0.40万吨，加工皮棉0.16万吨。

二、积极做好农资储备信贷工作。一是支持农资企业充分发挥“蓄水池”作用。全年累计投放农资贷款5.53亿元，支持企业购入农资19.1万吨；春耕用肥旺季，督促贷款企业向市场投放化肥37.80万吨，收回贷款7.70亿元。二是督促贷款企业认真执行国家储备物资入库、轮换计划，确保物资保障充足、库存安全。全年累计投放0.96亿元，支持承储企业及时入储肉0.39万吨。三是配合抛储及时收贷，增加物资供应，促进市场稳定。配合国家向市场投放储备肉0.59万吨，收回贷款1.40亿元。

三、择优支持特色产业和农村流通体系发展。一是针对甘肃省特色农业产业分布特点，采取划区域、选产业、择优支持骨干企业的策略，重点支持了甘肃兰药、陇南祥宇、静宁恒达等一批省级以上产业化龙头企业。全年累计向78户企业发放自营性贷款22.40亿元，其中累计向61户企业发放中药材、果蔬贷款17.52亿元。支持企业实现收入15.60亿元，增加就业机会3.20余万个，带动辐射农户15.10余万户，户均增收1.20万元。二是围绕农村综合批发市场及农产品冷链物流中心建设，分区域、抓特色，重点支持了张掖绿洲、临夏瑞发等省级物流项目。全年累放农村流通体系建设贷款5.94亿元，年末农村流通体系建设贷款余额11.12亿元，较年初增加0.90亿元。农村流通体系建设贷款资金辐射全省11个市（州）19个县（区），有效带动了优势产业和区域经济发展。

（宋芝仙）

【全力服务城乡一体化发展】 紧紧围绕国家“一带一路”重大战略和甘肃省“6873”交通突破行动、“6363”水利保障行动、“精准扶贫”等重大项目工程，开创了服务城乡一体化建设新局面。

一、全力支持农村基础设施建设。全年累放农业农村基础设施建设贷款142.62亿元，比上年多放57.27亿元。年末贷款余额357.60亿元，占全行贷款总额的55.48%，比年初增加84.16亿元，增长58.41%，创历史新高。其中，投放水利和公路贷款110.09亿元，支持除险加固病险水库水闸3座、增加蓄水678万立方米，增加或改善灌溉面积1.12万公顷，修缮疏浚河道沟渠236公里，改善水面污染面积1平方公里；支持新建、改建农村道路1 404公里。支持机场建设项目在全国农发行系统首开先河。

二、加大基金投入，拉动固定资产投资。累计上报中国农发重点建设基金4批、项目1 400个、额度900亿元；争取国家发改委项目173个、金额49.45亿元，当年落实投放31.96亿元。不仅有效解决了全省14个市（州）一批优质重点项目资本金短缺、“开工难”问题，同时通过“投贷结合”带动了全行信贷业务大幅增长，切实发挥了政策性银行在“稳增长、调结构、惠民生”中的独特作用。

三、贷款客户结构进一步优化。进一步优化客户区域布局，优先支持经济水平高、金融环境好、管理能力强的区域发展业务。进一步加强客户分类管理，培育优质客户群，A-级以上客户占比达到92.12%；省市级政府投融资客户贷款占比达到74.49%。进一步优化项目结构，重点支持第一还款来源充足、第二还款来源可靠、地方党政关注的涉农重大项目。截至年末，全行省、市级客户贷款余额占比分别为65.31%和9.18%，较年初分别提高了10.69个百分点及下降了5.27个百分点。

（李善成）

【全力服务脱贫攻坚】 把支持全省易地扶贫搬迁作为重大政治任务和社会担当，深入对接甘肃“1+17精准扶贫”战略行动，突出精准扶贫，全力集中推进，为促进全省易地扶贫搬迁项目的顺利实施发挥了积极作用。截至年末，共审批易地扶贫搬迁贷款项目58个、金额194.4亿元；累放贷款89.4亿元，居全省同业扶贫贷款之首，支持11个市（州）38个县（区）实施易地扶贫搬迁，受益贫困人口45.23万人。

一、坚持内外互动，迅速掀起支持易地扶贫搬迁高潮。在内部，成立脱贫攻坚工程领导小组，率先组建专门机构，短时间内人员基本到位，运转正常有序，为信贷扶贫攻坚提供了强力组织保障。在外部，第一时间向省政府有关领导汇报会议精神及信贷政策，多次与发改委、财政厅、扶贫办等部门进行协调沟通，介绍农发行的政策优势、机构优势及办好易地扶贫搬迁贷款的信心与决心，赢得了肯定与支持。

二、高端实地对接，全力推进贷款营销投放取得实效。依托省分行“5·18重大项目攻坚推进工作小组”，由一把手亲自带队，从全辖抽调项目评审骨干10余人（次），先后赴11个市（州）40个县（区），与地方党政及相关部门召开项目对接协调会，实现“伞形覆盖”，锁定农发行在支持易地扶贫搬迁上的主体地位。融资融智相结合，协助制定融资方案、帮助搭建省级承贷主体，积极营销易地扶贫搬迁地方债和专项建设基金投资份额。采取“5+2”“白+黑”工作方式，以时不我待的紧迫感和连续作战的意志力，积极与相关部门协调，做到“六快”，即快准入、快论证、快评估、快上报、快审批、快投放，实现调查审查同步，审议审批优先。实行“五专”政策，即专项申报、专项调查、专项审查、专项审议和专项审批，保障信贷规模，切实做好扶贫信贷服务工作。

三、坚持投贷结合，推动模式创新助力易地扶贫搬迁。为切实加大易地扶贫搬迁项目支持力度，牢牢把握国家启动专项重点建设债券投资等历史机遇，积极探索易地扶贫搬迁新模式，采用“投贷结合”模式，对项目启动、开工建设等环节提供资金支持。国家第一批重点建设基金核批甘肃省易地扶贫搬迁项目53个、资本金金额7.95亿元，全部指定由农发行甘肃省分行主办。基金均做到及时、精准投放，发挥了四两拨千斤的作用，为撬动银行贷款创造了条件。

（姚春侠）

【全力服务区域发展战略】　积极融入国家“一带一路”“西部地区板块”发展战略，重点在基础设施建设和涉农产业领域，灵活使用农村土地整治产品，创新信贷支农模式，努力拓展业务发展空间。

一、加大重点领域信贷支持。积极同发改委、财政、农垦、交通、水利、住建等部门衔接沟通，广泛建立了合作关系和平台，围绕172项国家重点水利工程、“6873”交通项目、大中型水利建设、国家新型城镇化综合试点等重大项目，制定年度营销计划，及时下发了省列重大项目清单、培育项目清单及棚改、水利等专项营销清单。全年投放农村路网贷款95.16亿元、农村基础设施建设贷款28.50亿元、水利贷款10.15亿元。

二、加大重点区域信贷支持。省分行“一把手”亲自带领“重大项目攻坚推进工作小组”，转战酒泉、张掖、武威、平凉、庆阳等业务发展潜力较大的市县，实地开展重点项目营销攻坚，各级行逐项目上下联动、跟踪落实，取得了较大突破。全年营销共对接项目94个，贷款金额706.80亿元。落地了一批重大项目，储备了一批优势项目。

三、加大重点项目信贷支持。依托省内精准扶贫、“八大市场”及高标准农田建设等行动计划，着力于全省特色产业链打造、土地流转及规模经营、林业生态建设等重点项目。培育项目42个，意向贷款金额63.33亿元。二是切实提高办贷效率。向总行报送新准入客户9户，金额25.40亿元；审核贷款客户评级授信150笔，核定授信总额42.70亿元；调查评估项目162笔，金额56.49亿元。三是建立安全退出机制。对152户企业、62.38亿元贷款进行风险排查，对排查发现风险的企业实行名单制管理，逐步减贷直至退出，全年共退出企业14户。

（宋芝仙　李善成）

【信贷管理】　继续巩固和扩大信贷基础管理年活动成果，抓落实、夯基础、防风险、促发展，实现了办贷效率和办贷质量、基础管理和内部管理四个方面的新提高，有力促进了全行信贷业务的有效发展。

一、以促进业务快速发展为主线，下功夫提高办贷效率。按照区别对待、分类管理原则，加快信贷审查审议审批进度。全年受理审查信贷业务478个、金额387.72亿元。组织召开贷审会48次，审议项目344个、金额348.20亿元，比上年多审议项目261个，增长3.15倍，多审议金额243.13亿元，增长2.31倍。审批信贷项目471个、金额380.68亿元，比上年多审批项目200个，增长73.80%，比上年多审批金额234亿元，增长1.60倍。省分行审批贷款投放123笔、金额167.72亿元，其中发放易地扶贫搬迁贷款30笔、金额89.4元；基金投资149笔，金额40.90亿元。省分行审查审议审批信贷项目数量和金额均创历史新高。

二、以防控风险为重点，下功夫提高办贷质量。针对普遍存在的问题，年初出台《关于加强信贷审查审议作业监督管理工作的通知》，实施全流程规范化管理。一是抓住审查重点，在注重完整性、合规性审查的同时，突出风险性审查。对478项受理业务揭示风险1 638条，补充完善相应管理措施，有力提高了审查质量。二是全力做好省分行贷审会的组织、审议及后续工作。坚持充分揭示风险、暴露问题为导向，注重发挥委员特长，揭示风险问题1 000余个、提出防范措施1 400余条，委员的专业化水平和审议质量显著提升。三是对90笔报备项目提出风险和管理要求245条，充分发挥了报备审查在贷款准入和风险防控的再把关作用。四是全年办理作业监督140笔，发现各类问题300余个，督促及时补充完善和落实，对贷前条件没有落实的坚决不予核批。下发《关于作业监督环节中审核项目资本金到位情况有关要求的通知》，防止资本金虚假到账而被抽逃风险，有效发挥了贷款发放前的风险把关作用。

三、以“标准化、流程化、规范化”建设为目标，下功夫提高管理水平。一是及时下发《关于自营性贷款客户授信用信有关问题的通知》，切实防控风险。对706户企业进行信用评级，审批最高授信额度客户616户，授信额度916亿元。二是重点做好最大十家客户贷款、贷款逾期成因等信贷监测分析。建立银监会客户风险统计系统考核约谈制度，报送质量明显提升。三是全面开展贷款风险排查、客户分类排队和信贷制度落实自查。实施差异化监管措施，有效缓释信贷风险。政策性和自营性客户、政策性和自营性贷款占比分别由年初的67:33和89:11调整到83:17和94:6，客户结构和贷款结构进一步优化。四是进一步加强CM2006系统数据质量管理、考核和征信信息的管理和应用。

四、以“三严三实”专题教育为契机，下功夫加强内部建设。严格按照“讲政治、不忘本，懂政策、不外行，提效率、不懈怠，求团结、不拆台，守纪律、不逾矩”的“五不”工作新要求，持续推进作风建设，信贷管理“五不”要求被新华网甘肃频道采发。汇编下发1 000本《信贷管理业务知识问答》读本，供信贷人员学习参考、答疑解惑。全年举办信贷培训40期次，培训人员1 000多人（次），信贷队伍素质得到提升。认真贯彻落实中央和总行党委“三严三实”要求，积极参与，认真践行，严格执行“廉洁办贷十不准”，信贷条线作风建设进一步加强。

（袁海龙）

【资产质量管理与风险管理】 全行风险管理工作围绕不良贷款“双降”目标，凝聚全行力量控风险、降不良、夯基础，信贷资产质量总体保持稳定。截至年末，正常贷款637.92亿元，比年初增加142.05亿元，占比98.97%。不良贷款6.66亿元，比年初增加1.89亿元，不良率1.03%。

一、攻坚克难，不良贷款清降成效明显。通过下达清收计划、签订清收额度承诺书、现场督导和在线监测、严格考核问责等措施，充分调动各级行积极性，对不良贷款组织全力攻坚，努力压缩基数。在清收来源不足、难度加大的情况下，全年共清收处置不良贷款11 850万元，其中现金清收9 560万元。

二、健全机制，风险管控能力进一步增强。落实全面风险管理机制，全程进行风险监测、识别、控制和处理，把全部贷款纳入监测范围，将风险贷款作为监测重点，在组织定期现场风险排查的同时，建立以综合报表平台和CM2006信贷管理系统为基础的在线监测预警平台，多维度跟踪监测和化解信贷风险。全年累计监测逾期欠息贷款49笔、9.20亿元，化解29笔、4.77亿元，化解率51.92%；下发风险提示书17份，涉及风险贷款23户、65 830万元，化解10户、33 827万元。规范全行贷款风险分类，整改各类分类偏差贷款185笔、共计39.50亿元。

三、强化职责，风险补偿来源进一步夯实。完善押品评估中介合作机构管理，择优选取11家资信状况较好的评估机构作为省分行指定合作机构，对省分行审批的3 000万元以上贷款对应押品进行外部评估，规避评估机构道德风险。严格落实贷前、贷时审查和贷后核查“双审一核”机制，强化担保贷款管理，有效落实押品动态监管和定期重评，从贷前、贷中、贷后全程把控贷款担保风险，把有效降低第二还款来源风险敞口作为缓释化解贷款风险的重要抓手，全行担保贷款风险补偿来源得到有效落实。截至年末，全行担保贷款493.02亿元，比年初增加113.90亿元，贷款担保覆盖率达217.65%。

（韩雪扬）

【法律合规管理】 坚持以创新发展为主线，进一步创新工作机制、狠抓制度落实、提高服务能力，扎实开展“合规文化根植年”“涉诉案件执行年”及合规检查、业务合同检查与评比等活动，为持续建设“法治农发行”提供了法律合规独特的引领规范和支持保障作用。

一、强化法律审查，防控法律风险。截至年末，全行共审查信贷担保项目658个，涉及贷款金额347.13亿元，共出具法审意见2 254条。审查业务合同986份，涉及金额192.45亿元，出具法审意见1 229条。审查非业务合同125份，涉及金额5 046万元，出具法审意见317条。同时，制定下发了《关于对合同文本和抵质押登记手续实行“双审制”的通知》。

二、提高合同管理规范化水平。探索建立业务合同强制执行公证制度，印发了《关于推行信贷业务合同强制执行公证制度的指导意见》，并开展了1次合同管理检查评比。

三、加强经济纠纷案件管理。截至年末，全行存量案件11起，涉诉金额22 133.90万元，处于执行阶段的案件共6起，申请执行金额633万元。执行终结案件1起，执行收回现金额1 583万元，执行收回率20.74%。

四、规范授权管理。充分利用内部控制评定结果，上收或暂时停止了2个二级分行自营性贷款业务审批权限。下发了《甘肃省分行2015年度转授权书》，落实了差异化授权。

五、加强合规管理。印发了《关于进一步加强员工行为积分管理工作的意见》，制定了员工行为积分管理台账明细表，进一步明确了相关部门工作职责，全年全行各领域共发生积分528分，涉及314人（次）。

六、强化操作风险管理。成功化解1起操作风险事件，挽回声誉损失和经济损失54万元。

七、推进条线建设，夯实基础管理。组织开展“合规文化大家谈”征文活动，共征集文章168篇，评选出获奖文章65篇。举办了1期法律合规专业知识培训班。

（杨　欣）

【财务管理】 扎实开展会计基础专项整治活动，夯实基础管理，完善内控机制，坚持勤俭办行，强化增收节支，严格成本控制，确保实现财务可持续。

一、提升财务管理精细化，促进业务有效发展。一是修订经营绩效和等级行考评办法，增加内控评价、合规经营类指标，“指挥棒”作用发挥更加充分。二是结合实际，及时调整，财务计划的科学性和指导性显著加强。全年实现账面盈利5.90亿元，完成总行下达利润计划的130%。三是优化资源分配模式，适度弱化公用费用的挂钩，加大宣招费的挂钩力度，强化专项费用的考核。财务资源继续向基层行倾斜，严格二级分行机关费用预算报备管理，县支行职工福利费和劳动保护费比例全面提升至14%，切实发挥财务资源激励作用。四是严肃财经纪律，规范食堂财务开支，严格负责人履职待遇和业务支出管理，认真清理核实历史遗留问题，严守底线思维，依法合规经营。全年列支公用费用和营销费用合计13 846万元，比上年减少4 154万元。

二、扎实开展财会基础专项整治活动，防控重大操作风险。全行高度重视，精心部署、扎实推进。各级行边学边查，边查边改，以查促改，顺利完成财会专项整治活动各阶段工作任务。制定完善财务、基建、内控管理等方面共6个制度办法，归并重点问题行和情节严重、屡查屡犯的问题106类，编制《问题清册》印发各级行从业人员，全力抓实和推进整改落实工作，发现问题整改率为97.85%，基本达到了“排查纠正问题、增强履职能力、防控案件风险”的目的，取得了阶段性成效，为实现“树‘三铁’、守底线、谋长远”的总体目标奠定了坚实基础。

三、加强基建管理，提升资产管理水平和投资效益。上收基建及装修项目的招标权限，明确招标程序，建立全省建设装潢公司名录库，严格控制基建装修项目的内容及工程造价管理，严禁擅自变更事项或增加工程总投资。切实抓好在建项目的工程进度和工程质量，全面完成2015年核批的维修项目并投入使用，全面完成全省门楣改造的遗留工作。

四、强化合规管理，加强自身建设。一是确保二代支付系统顺利上线，强化生产系统监管，全年共办理34万余笔业务，未发生大的安全责任和差错事故，实现了“规范管理，安全营运”的目标。二是组织开展专项整治现场核查，确保现场检查面达100%，进一步增强财会人员的制度意识和合规意识。三是积极开展会计坐班主任异地交流工作，切实强化全辖财会内控管理，提高坐班主任队伍素质。四是积极开展财会业务岗位突击对接检查工作，保证各业务风险环节无大的安全隐患。五是抓好教育培训，举办二代支付系统操作培训班和会计内控管理培训班，进一步提升财会人员的专业水平和综合素质。

（白　静）

【内部审计】 坚持问题导向，加大CAA系统使用力度，强化非现场审计支撑，突出重点和实效，扎实组织开展现场审计，积极配合内外部审计检查，加大整改督促和处罚力度，较好地发挥了揭示性、防范性和建设性作用。

一、认真开展内控评价工作。研究制定省、市、县三级行内控评价实施方案和评价结果挂钩意见，突出抓动员部署、现场评价、绩效挂钩“三个关键”，严把等级评定和评价结果运用关，采取“上下联动、下评一级”方式，对全行58个机构2014年度内部控制情况全面进行检查，分条线、逐机构审议确定评价结果，把评价等级与年终奖、转授权、评先奖优和干部提拔使用挂钩，考核兑现了85名领导班子成员个人年终奖，调整了2个二级分行自营性贷款审批权限，取消了6个机构的单位及领导班子成员个人评先奖优资格，内控评价工作进入常态化、规范化管理轨道，结果运用迈出实质性步伐。

二、扎实开展“两加强两遏制”专项检查。成立领导小组，专题研究部署，逐级分解任务，一级抓一级，层层抓落实，把存款、票据等6类业务，账户开立与变更、重要空白凭证管理等8个环节作为重点，认真组织开展“两加强两遏制”专项检查和“回头看”，省、市、县三级行自查面100%，二级分行对县级支行的复查面达到100%，省分行对县级支行和二级分行抽查面达到36%和35%，针对检查发现的问题，认真分析基础管理和内部控制薄弱环节，研究制定整改方案，坚持标本兼治，狠抓整改落实，全面巩固和深化检查成果。

三、认真做好序时审计工作。按照“全面揭示问题，督促整改为主”的思路，突出重点和针对性，研究制订方案，强化审前谋划筹备和组织保障作用，落实交叉审计、区域回避、主审和审计负责人复核制度，严把现场检查、事实复核和问题定性关，确保人员力量投入，对6个二级分行和16个县级支行的96户贷款企业准入、调查评估等重点环节，以及会计操作、财务核算、费用开支等16个方面的内容全面进行审计，揭示各类问题71个，现场督促整改26个，现场整改率36.62%，对于现场未整改的问题，分别向各业务管理条线进行了通报。

四、严格组织经济责任审计。认真落实总行内部审计工作会议精神，规范经济责任审计程序，坚持“逢离必审”和“先审后离”原则，先后组织15个工作组对37名领导干部进行了经济责任审计，向监管部门报送审计报告29份，向任职机构下发审计通报8份。

五、积极配合内外部开展检查审计。加强上下联动与横向协调，积极配合内外部开展审计检查，先后配合总行内审西安特派办、成都特派办、甘肃银监局、瑞华会计师事务所完成财务决算报告审计、“三项检查”、清产核资审计、亿元以上不良贷款审计等6次大型审计检查。

六、加大整改督促和问责处罚力度。建立问题台账，坚持整改销号、跟踪监测、动态管理制度，先后对2010至2014年内外部检查、总行“三项检查”、甘肃银监局“两加强两遏制”专项检查发现问题整改情况进行了后续督导和现场核实，督促整改各类问题347个。

（任　劼）

【农业政策性金融调研】 站在服务全局的高度，立足“抓大事、谋全局、出实招”，围绕总行发展战略推进实施及现代银行建设等方面，深入开展调查研究，为上级行和省分行党委决策献计出力。

一、开展新形势下甘肃农发行改革发展专题调研。新常态下，甘肃农发行既面临国家发展战略“西移”的重大历史机遇，也肩负着支持甘肃与全国同步进入全面小康社会的重大历史责任。2015年，甘肃农发行对未来发展路径、发展理念、发展重点、发展方式等进行了专题调研。通过调研认为，一要坚持规划引领、分类指导、可持续发展“三条原则”；二要强化确保、做大、开发、做优“四个一块”；三要走大项目带动、差异化管理、综合经营、探索创新、合作共赢“五条路子”。要把内建体制机制、上争政策支持作为基本保障措施，结合农发行改革，建立完善治贷管贷、风险管控、激励约束、人才保障机制，争取总行在信贷政策、贷款规模、业务创新等方面的政策支持。调研报告《关于新形势下甘肃农发行改革发展问题的研究报告》在总行《农业发展与金融》刊发。

二、开展甘肃农发行现代化建设专题调研。稳步推进农发行现代化建设，是新一届总行党委做出的重大战略部署。2015年，甘肃农发行结合实际，采取分层研究与重点调查相结合方式，按照坚持办行方向、明确目标指向、立足问题导向相统一原则，深入研究了全行“十三五”时期现代化建设的基本原则、主要目标及路径措施，对统一全行思想、坚定办行信心、促进改革发展起到积极作用。调研报告《对甘肃农发行现代化建设的调查与思考》在总行《内部决策参考》和《农业发展与金融》刊发。

（黄虎平）

【宣传思想工作】 重点围绕支农亮点、改革创新、管党治行等方面，加大对外宣传力度，加强思想政治教育，配合改革发展唱响主旋律，形成强大的对外宣传声势，积极培育和践行社会主义核心价值体系，更好地为中心任务助力，为全局工作添彩。

一、加大对外宣传力度，为全行业务发展营造良好的外部舆论环境。累计在各类媒体刊发稿件502篇。其中，在新华网、中央人民广播电台、中新社等8大主流媒体发稿188篇，同比增加133篇，在甘肃日报、甘肃经济日报、甘肃人民广播电台等省级主流媒体发稿135篇。建立了甘肃农发行微信群，及时发布国家重大金融政策和农发行改革动态。加强省分行子网站运维管理，按周编发分支行快讯，按日更新媒体反映，累计发布信息490条，充分发挥了子网站对外宣传的窗口作用。同时，在省分行子网站开设“三严三实”专题教育、易地扶贫搬迁贷款和书画摄影赏析3个图文专栏，选登员工书画、文学、摄影作品100余幅。加强网站安全管理，坚决防止通过网站泄露国家秘密、内部商业秘密等行为。建立省市县三级行联动协作的声誉风险管理体系，确定专人通过网络、报纸、杂志等渠道按日做好舆情监测和声誉风险排查工作，全年没有出现负面舆情。

二、强化思想政治工作，为全行改革发展营造和谐稳定的良好氛围。认真做好党委中心组学习服务工作，全年共组织专题学习11次。坚持按季通报各二级分行党委中心组学习情况。抓好员工思想教育，按月开展员工学习教育日活动，按季开展集中思想教育活动。加强员工思想状况调查分析，通过发放问卷、实地走访、谈心、召开座谈会等形式，及时掌握基层行员工思想状况，上报专题调研报告2篇。认真做好文明单位管理工作，完成了5个文明单位2014-2015年文明创建检查验收工作。

（黄虎平）

【信息科技】 合理配置信息资源，全力构建信息系统安全保障体系，不断提高信息系统运维和信息科技服务水平，为全行经营管理工作的正常开展提供了有力的科技支撑。

一、持续推进信息系统建设，提高科技支撑能力。一是组织实施会计远程监控及安保监控网络资源整合工作，拆除二级分行原租用的2M SDH线路，节省线路使用成本。二是完成省分行电子验印服务器的更换工作，实现了电子验印服务的无缝迁移，降低了硬件设备运行风险。三是应用虚拟技术，对2套运行系统进行了整体平稳迁移，保障了系统运行的连续性。四是组织省市县三级行对4 845台计算机类设备数据进行自查、补录和规范，进一步摸清了全行计算机设备底数，为计算机设备的安全可控打下了基础。

二、加强安全运行管理，提高信息科技风险防范能力。一是及时检查和处置相关的基础软硬件缺陷，积极防范和应对银行业信息技术风险。二是完成全省市县行信息安全突发事件应急预案模板制定工作，完善应急处置流程，切实提升信息安全突发事件应急处置能力。三是制定省分行大楼搬迁临时网络环境建设技术方案，确保省分行大楼搬迁期间全行办公和业务连续性不受影响。四是按月举办信息科技条线培训讲座，提升全行科技人员专业水平。五是编制二级分行信息科技人员运维管理工作手册，提高科技人员履职能力。

三、开展“规范管理年”专项工作，提升科技服务能力。以系统运维、风险防控、科技管理为重点，对部门职责，管理制度和工作流程进行了全面梳理排查和整改。组织科技人员签订了岗位责任书。通过活动开展，全体科技人员进一步强化了责任意识，把遵章守纪作为自己安身立本的基本要求，在业务管理中做到尽职尽责、合规操作，有效杜绝了“慢作为”“乱作为”和“不作为”等行为。

（陈世林）

【人力资源管理】 一、着力打造践行“三严三实”的领导班子和干部队伍。以践行“三严三实”作为配班子、选干部的标尺，严格遵循好干部五个标准，全年累计提拔处级干部13人，调整提拔科级干部69人。先后调整了14个二级分行中8个二级分行的“一把手”，对全辖13个二级分行的领导班子进行了调整配备，调整省分行机关中层干部13人。加强干部监督管理，完成了领导干部民主测评、述职述廉、因私出国（境）情况专项清理工作，组织全辖处级以上干部报告个人有关事项。对涉及违规和失职问题的干部坚决追责，对科级以上干部党纪处分4人，政纪处分6人，经济处罚1人。对风险贷款负有责任的4名处级干部、3名科级干部实施离岗收贷、扣罚绩效工资等处罚措施。

二、积极培养适应改革发展形势的专业人才。充分利用上级调训、内外培训、行校办学、远程教学、鼓励自学等多种渠道，加强对中高级管理人才和专业人才库入库人员的培训。与西南政法大学、上海国家会计学院等院校合作，对275名法律合规、信贷管理、客户业务等条线业务骨干进行了专业培训。全年共举办内部培训13期，培训人员800多人（次）。积极发挥网络培训平台和数字图书馆功效，引导员工线上、线下同步学习，继续推行“身边教师制”等行之有效的措施，不断提升培训的质量和效果。

三、不断优化人力资源配置效率。一是按照公开公正、择优录用的原则，严格按程序招聘了69名具有大学学历的新员工，全部分配到基层行工作。二是考察聘任资深业务岗位人选1名、高级业务岗位人选19名，有102名基层行业务骨干聘任到了上一级业务岗位。落实县支行到龄老同志聘任不占职数政策，39名同志聘任到业务副经理（副专员）岗位，进一步畅通了员工发展通道。三是根据入行年限、年度考核、夫妻分居、与父母异地等因素综合计分排队，解决了21名员工的异地调动问题，进一步强化了对员工的人文关怀。四是继续坚持薪酬资源向基层倾斜、向绩效优质行倾斜，制定年终奖金专项挂钩考核办法和机关联行包行实施意见，拿出年终奖金的50%，与各级行推进业务发展挂钩，拿出140万元专项奖金，奖励业务发展好的单位和个人。全年各层级员工收入水平较上年增长9.46%，基层行职工薪酬增长幅度高于管理行3个百分点。五是按政策规定及时调增发放了退休人员养老金，对退休及内退人员发放了专项生活补贴，全面完成了14个二级分行退休人员津补贴标准调增工作，积极开展老干部“双节”慰问，及时传达组织关怀。

（史　浩）

【党建工作】　从严落实管党治党责任，坚持党建工作和业务工作同谋划、同部署、同考核，扎实开展“三严三实”专题教育活动，努力开创全面从严管党治党新局面。

一、扎实开展“三严三实”专题教育活动。制定印发了专题教育《实施方案》，明确责任主体和部门职责，在县级支行党支部书记中同步开展“三严三实”专题教育，并把解决好党员领导干部思想认识不到位、制度落实不到位、履职尽责不到位、基础管理不到位等“四个不到位”问题作为自选动作。将专题教育学习常态化，与“三会一课”制度结合起来，党员领导干部作专题党课辅导86次，组织专题学习研讨中心发言191次。全行共查找到“不严不实”问题716个，通过建立问题清单，设立整改台账，实行销号管理，狠抓问题整改，全行问题整改率达到85%以上。编发《专题教育周报》34期，编发《专题教育情况反映》8期。先后组织4次集中检查督导，全行专题教育的检查面达到了100%。通过领导干部带头营销攻坚、解决难点热点问题、转作风、促行风的典型事例和具体表现，加强宣传教育，以身边人、身边事将“三严三实”要求进一步生动化、具体化和丰富化，推动专题教育深入开展。

二、构建全面从严治党的新局面。把“三严三实”专题教育作为加强从严治党的有利契机，严格落实管党治党责任。制定印发《关于切实抓好总行贯彻落实全面从严治党要求指导意见的实施方案》和《关于进一步加强和改进党建工作的实施意见》，实施“3339”从严治党推进行动，成立了党建工作领导小组，建立党建联系行制度，积极推动把党建工作和业务工作同谋划、同部署、同检查、同考核。始终把政治标准放在首位，全年新发展党员17名。严格党费收缴、使用和管理，组织开展了《中国共产党发展党员工作细则》执行情况专项检查，对2000年以来全行党内表彰工作进行了分析总结，在春节期间慰问老党员、老干部和生活困难党员33人，发放慰问金7.90万元，增强了组织的凝聚力和向心力。

（史　浩）

【纪检监察及安全保卫】　始终坚持“标本兼治、综合治理、惩防并举、注重预防”的方针，落实“两个责任”，强化监督执纪问责，持续改进工作作风，扎实推进惩防体系建设，深化廉政风险和案件防控，抓好安全保卫工作，为全行改革发展创造良好环境。

一、切实抓好“两个责任”落实。组织重新修订并层层签订《党风廉政建设责任书》，制定下发《中国农业发展银行甘肃省分行落实党委主体责任和纪委监督责任的实施办法》和《关于落实甘肃省分行党风廉政建设党委主体责任和纪委监督责任任务分解的通知》，细化任务、实化责任、硬化监督，有力推动全行“两个责任”的落实。

二、扎实开展反腐倡廉教育。组织全行学习《中国共产党廉洁自律准则》和《中国共产党纪律处分条例》，制定全年廉政教育工作计划，坚持党员领导干部讲廉政党课制度，省分行党委书记和纪委书记带头讲党课，全省各级行党员领导干部带头讲廉政党课101次，全行共组织开展各类廉政教育活动295次。

三、持续加强工作作风建设。重要节点前，发通知、明规矩、挺纪律、提要求，强化遵规守纪意识。召开全省落实中央八项规定精神视频会议，组织全行开展费用开支自查清理活动。全行共举办行务公开活动45次，召开银企座谈会91次，与所有贷款企业重新签订《银企廉政共建协议书》。各行纪委书记走访企业68户。积极创新方式方法，省分行纪委采取背靠背的方式，直接向全省123户企业发放征求意见。

四、认真履行监督执纪职能。完成2015年度党风廉政建设责任制落实、案件防控、廉政风险防控情况的检查考核工作。组织全员签订《廉洁从业承诺书》1 377份。全省各级行围绕贯彻落实中央“八项规定”精神、“三重一大”、财务管理、信贷管理、印章管理以及营业办公用房装修等制度情况开展执法监察。配合完成总行专项巡视发现问题的整改工作，督促各行对领导干部办公用房超面积问题进行自查整改。全行开展任前廉政谈话74人（次），党委书记同下级主要负责人和各部门负责人谈话149人（次），纪委书记同下级行主要负责人谈话50人（次），领导干部报告个人重要事项97人（次），各级行领导干部进行了述职述廉。

五、抓好案件防控和信访工作。2015年上半年，省分行由纪委书记带队组成检查组，历时1个月对天水、陇南等7个二级分行，围绕风险和案件线索进行了督导检查。组织全行干部职工签订《拒绝非法集资承诺书》。加强信访线索处置和查办工作，认真受理和处置每一件信访件，切实做到件件有核查、件件有着落。

六、高度重视安全保卫工作。组织层层签订《安全保卫工作责任书》，自上而下成立安全保卫、综合治理、安全维稳领导小组，举办各类安全教育培训148次，开展应急预案演练85次。全年各级行开展安全保卫检查576次。全行分别开展了业务库、防尾随门、监控设备专项检查，顺利完成了第四次安全评估及安全大检查工作，全行没有发生金融刑事案件和安全责任事故。

（王雯霏）

【工会团委工作】　紧紧围绕全行中心工作，充分发挥工青妇桥梁纽带作用，把服务基层、服务员工作为工团工作的出发点和落脚点，着力推进企业文化建设，为团结动员广大员工扎实推进农发行改革发展发挥积极作用。

一、加强企业文化建设。继续抓好营业窗口门楣建设，严格对照《营业窗口视觉形象建设标准》，对存在问题的11个营业网点进行了整改。省分行工会向全省发出倡议，在办公场所全面禁烟、上班期间统一着装、每天定时集体做操，并制定下发了《甘肃省分行统一着装的有关规定》。

二、加强工会工作。开展了“金农发行杯”信贷基础管理业务技能知识竞赛和法律合规知识竞赛，并组队参加了总行比赛。开展以“奉献在岗位、幸福在家庭、满意在社会”作时代女性为主题的活动。组织开展广播操、健步走、征文等活动，创作近200幅作品开展“送文化下基层”活动。组织参加甘肃金融工会的法律知识竞赛、书画摄影征集和乒乓球比赛活动，其中乒乓球比赛获得团体第四名。开展全省首届片区厨艺比赛活动，三个片区共有26名厨师参加比赛，积极倡导“绿色、健康、营养”的饮食文化。做好特困员工救助工作，有3名同志获得总行14万元救助；组织开展第三次特困救助金捐款，684人捐款88 700元，人均130元；组织为一名患病员工捐款，员工捐款23万余元，系统工会补助6万余元，为患病员工送去30万元关爱。年初慰问困难员工104人，发放慰问金21.90万元。

三、加强共青团工作。开展以“点赞农发行，奋进促改革”为主题的青年文化月活动，有8个二级分行开展了座谈会、才艺展示、访贫问苦等丰富多彩的活动。组织召开了全省农发行青年员工座谈会，有21名优秀青年代表进行了发言。组织开展“团干部如何健康成长”大讨论活动，各级团组织共征集到意见建议6类63条，省分行整理汇总为5类8条。发动青年员工开展了学雷锋青年志愿服务、“无悔的青春”微视频征集、“扶残助残”话题征稿和“积分圆梦、为爱行动”公益视频征集等活动，引导青年员工积极传递正能量。

四、扎实推进双联工作。积极开展“联村联户、为民富民”活动，全省农发行实施帮扶项目81个，帮助改善农业基础、交通、生活、文教、卫生等设施；捐赠资金74万元，帮助解决实际问题190余个，积极履行农发行的社会责任。

（肖延琴）

中国工商银行股份有限公司甘肃省分行

【综述】 2015年，中国工商银行股份有限公司甘肃省分行认真贯彻落实总行各项决策部署，紧扣转型发展经营主线，积极应对经济新常态，经过全行上下奋力拼搏，砥砺进取，各项工作稳步推进，业务经营有了新进步。

一、深化信贷引领战略

一是加大优质信贷市场拓展。公司贷款重点向风光电新能源、铁路、公路、有色冶金四大行业投放117.78亿元，装备制造、煤炭、旅游等行业贷款投放实现了稳定增长；小企业贷款大力推进专业化规模经营，先后在营业部及10个二级分行设立11家小企业经营中心，用足用好银政、银税两大合作平台，全年累计投放107.94亿元，净增额系统排名第2，增幅系统排名第3。个人贷款重点拓展住房贷款市场和个人消费信贷市场，全年累计投放86.45亿元，实现利息收入13.53亿元。信用卡贷款以购车、装修等专项分期业务为主打产品，大力拓展新市场新客户，信用卡贷款余额较年初净增15.30亿元。二是积极构建“哑铃型”信贷格局。在总结近年来信贷业务发展的基础上，提出“发展两头，控制中间，构建‘哑铃型’信贷格局”新思路，即大力发展项目贷款以及小企业、个人、信用卡贷款，严格控制中型流动性贷款，“哑铃型”信贷格局建设初见成效。12月末项目贷款较年初增长13.02%；500万元（含）以下小微企业、个人、信用卡贷款分别较年初增长31.48%、17.52%和42.72%；流动资金贷款较6月末减少0.58%。三是严防死守资产质量生命线。坚持“排查、缓释、处置”六字方针，确定行级领导专职负责信贷风险防控工作，对所有贷款进行拉网式风险大排查，对潜在风险贷款加强常态化管理，逐行逐户制定管控措施。落实“一把手”负责制，每月向省分行上报潜在风险、逾期剪刀差与不良贷款预测表“三张表”，进一步增强信贷风险防控的前瞻性。全年退出转化潜在风险贷款14.68亿元，完成年计划的293.61%。继续实施法人不良贷款清收处置“四定”模式，坚持重点督导行和重点联系行制度，先后3次召开会议专题研究不良贷款与逾期贷款风险状况，有针对性地制定清收处置措施，全年清收处置不良贷款4.75亿元，资产质量总体平稳风险可控。举办7期培训班，对764名信贷人员进行信贷风险防控集中大轮训，围绕“三个核实、二个深入、一个谋划”开展县域支行信贷帮扶工作“回头看”，促进了信贷队伍专业素质提高。

二、加大存款组织力度

公司存款紧盯筛选确定的146户重点公司客户，紧盯大额资金进入行和公司存款负增长严重行等重点区域，紧盯交通、能源、文化、水利等重点项目，以省分行、二级分行、支行、网点四个层面，扎实开展分层营销，百万元以下公司客户存款较年初增加15.71亿元。对裸贷客户实行名单制管理，凡存贷比日均和时点均达不到5%以上的予以退出。机构存款实施以财政、住房公积金、社保和文教卫系统为重点的四轮驱动策略，实行重点系统重点客户重点突破。储蓄存款根据利率市场化主动调整营销策略，大力推进基金、大额存单、节节高、薪金溢、理财、三方存管、陇原交通卡等产品组合营销，积极争夺价格敏感型个人客户群体，以此提升存量客户粘性。

三、积极推动中间业务升级发展

紧盯“完成年度计划目标、占总行一个百分点和保持同业领先”三大标杆不动摇，结合实际确定了34个百万元以上重点项目，配置专门费用，加大专项激励，有力推进了中间业务快速发展。结算与现金管理、银行卡、个人金融三大支柱专业中间业务收入分别增长 16.49%、37%和 35%；三大专业中间业务收入占总行比重超过或接近 1%，起到了基础支撑作用。大力挖掘和培育新的业务收入增长点，代理个人基金及国债、承诺业务、投资银行、养老金、私人银行等新兴业务实现收入均较上年翻番增长。严格中间业务收费管理，对所有手工计息全部由省分行审批，每季组织抽查核实中间业务收入情况，中间业务爬坡过坎，走上了没水分、数字实的发展新路。

四、大力推进作风转变

按照中央和总行党委统一部署，省分行党委周密安排，精心部署，标本兼治，扎实开展“三严三实”专题教育活动。重点在加强学习教育、深入查找问题、深刻剖析原因上下功夫，整改落实工作有序推进，各级党员领导干部思想认识进一步提高。行级领导带头改进作风，调研时一律轻车简从在职工食堂就餐，实实在在为基层行出思路找出路，帮助指导重点联系行抓好经营管理。全面推进“管理效率提升年”活动，通过调查问卷形式广泛征求基层意见，重点整治庸、懒、散、慢等问题，有力促进了各级管理机构作风转变。厉行勤俭办行方针，全行三公经费支出同比下降 906.88 万元，减幅 36.33%。深入推进“服务体验建设年”活动，突出服务规范管理、客户痛点解决、标杆带动提升和服务机制建设，持续强化服务暗查暗访，窗口服务形象明显改善，服务设施全面升级，服务水平显著提升，得到了广大客户的一致好评。

五、持续强化内控管理

大力推进“网状控制法”实施，动态调整关键风险点，关键风险点由原来 11 个业务条线 100 个关键风险点，调整为 9 个业务条线的 44 个关键风险点，通过实施操作风险“网状控制法”，三类以上风险事件由 2011 年的 23 881 件降低到 2015 年的 2 152 件，降幅 91%。积极开展各类监督检查。组织开展“两加强两遏制”、操作风险“网状控制法”推动情况、存款安全管理及飞单治理、反洗钱业务等 12 项专项检查，对 34 名高级管理人员的经济责任审计以及一级支行、二级支行行长进行离岗审计，对发现的问题逐一进行整改。对全省 354 名一、二级支行行长分三期进行“廉洁从业合规经营”专题教育培训，其间开展离岗审计，对客户经理分 9 期进行专业培训和合规教育；严格排查一、二级支行行长和客户经理个人账户资金往来和日常行为；对重点风险岗位人员采取强制轮岗、强制休假等措施，发现和排除风险隐患。组织各二级分行对照临夏分行案件进行自查，组织对 112 个网点开展操作风险大检查，对发现的问题从严查处、从严问责。在总行 12 月 1 日警示教育大会结束后，立即召开专题会议，对照总行通报的违纪违规违法问题和案件深刻反省，积极营造廉洁银行政治生态，全力以赴抓经营、集中精力抓管理。

六、大力培育优秀企业文化

认真办好“行长热线”，4 年来累计收到员工来帖 3 600 余条，员工反映的问题建议绝大部分得到解决和采纳，“行长热线”成为省分行独具特色践行群众路线的“亮丽风景线”。连续 5 年开展全员读书活动，每年举办读书沙龙，每年集萃出版读书心得，受到专家学者和总行领导的肯定，有力推进了学习型银行、学习型团队建设。大力支持实体经济发展，连续第 5 年荣获甘肃省“省长金融奖”；创新方式找准切入点，精准扶贫工作得到省委省政府肯定，工作经验省长批示全省推广，扶贫互助基金获全省金融精准扶贫经典案例；全力弘扬社会正能量，连续第 8 年独家冠名“感动甘肃·陇人骄子”，先后两名员工当选“陇人骄子”；深入推进文明单位创建，省分行本部和所有二级分行获得省级文明单位称号，所有县支行获得县级以上文明单位称号，成为全省荣获文明单位称号最多、且唯一一家实现“双覆盖”的金融机构；努力提升金融服务水平，全省行风政风民主评议排名全省银行业第一。

【财会管理】 2015 年以来，面对复杂而严峻的经营形势，财会专业认真贯彻落实总省行转型发展导向，聚焦核心，积极作为，在引导推动、资源配置和规范管理上狠下功夫，促使经营效益持续快速增长。

一、精准管控预算，促进盈利增长。一是进一步提升预算的精准性和科学性。认真组织编制财务预算，根据各行经营实际，及时调整利润目标，确保全年预算得到良好执行。二是建立标准化的预算管控机制。推行业务预算与财务预算一体管控，根据贷款投放进度，继续实施动态调整，提升预算管理的质量和效率。同时，采取财务分析与业务分析相结合、常态分析与专项分析相结合、要素分析与目标分析相结合，对预算管理过程中发现的问题适时进行提示，保证预算管控的效果。三是建立有效的预算推动机制。加大预算指标与资源配置挂钩力度，引导各行各专业树立成本意识，采取有力措施加强信贷成本、资本成本和手续费支出等成本控制力度，挖掘内部增盈潜力。在严峻的形势下，2015 年全省拨备前和净利润继续保持较快增速，增幅均位列系统第一位。

二、突出考评导向，助推经营发展。根据总省行经营发展思路，建立了涵盖效益管理、风险与内控、可持续发展与竞争能力、业务协调发展等内容的考核体系，更好地发挥经营绩效考评的导向作用。强化计划执行的监测、督导、分析，督促各行各专业找短板、抓进度、抓落实。对经营情况从不同角度进行深入分析，撰写多篇具有较高参考价值的分析报告。

三、加大中收激励，持之以恒抓好业务推动。将中间业务增收作为带动 2015 年效益增长的突破口，着力研究中间业务转型路径，抓好主力品种、稳住基础品种、拓展创新品种，制定落实激励推动方案，积极协调各专业、各二级分行抢抓市场机遇，做好中间业务的组织推动。对“工银信使”“贵金属”等重点产品进行专题分析并指导做好业务拓展。督促各行按照新版价目表合规收费，继续做好中间业务收入监督检查，规范收费行为。通过监测分析和通报，督促各行、各部门及时掌握自身的发展状况、产品推动情况、系统内的发展水平、同业间的差距等，采取有针对性的工作措施。2015 年全省中间业务收入实现较快增长，实际增幅达到 40%，高出系统平均水平 31 个百分点。

四、紧盯年度目标，合理配置财务资源。在营业费用资源增长有限的情况下，以“盘活存量、用好增量、提高投入产出效率”为主基调，在保人力和开门费用的基础上，集中有限资源支持重点业务发展。健全费用管理制度，优化费用支出结构，均衡安排费用支出，做好大额费用投入产出分析和后评价，提高费用投入产出效率，为转型发展提供坚实基础。固定资产投资按照“总量控制、投向转变、结构调整”的要求，优先保障智能银行改造与渠道优化，有序安排各项投资，认真做好项目投入成本效益论证，完善预决算流程，确保项目投入控制在审核范围之内。深化成本控制，组织各行积极盘活处置无效资产，提高了资产使用效率和效益。

五、加强基础管理，提升财会合规水平。一是严格财审会规则，本着效益性、时效性及规范性原则，树立质量、效益、效率、服务、风险和廉洁意识，认真履行财审委秘书处职责。二是按照效益与质量相统一的要求，进一步提升集中采购的管理层次，使有限的财务资源得到更高效使用。三是做好应税管理。按时组织完成了企业所得税汇算清缴申报工作。积极与税务部门进行沟通，做好营业税及其他相关税收的缴纳工作，为“营改增”打下基础。四是继续深化 MOVA 应用推广，在做好网点业绩视图和管理行业绩视图推广的基础上，积极开展员工业绩视图的试点工作，进一步发挥 MOVA 在内部考评、精细管理和决策支持中的作用，使系统使用率大幅提升。五是强化财会专业作风建设，打造过硬的专业队伍。认真遵守中央“八项规定”，反对“四风”，严格执行财经纪律，通过多种方式，深入学习，集中开展财务制度培训，强化自身素质。六是加强财务合规管理。积极整改内外部审计及监督检查发现的问题，并以此为契机规范财务管理。七是加大网点帮扶。深入基层营业网点开展业务调研并积极参与营销，协调帮助解决网点存在的实际困难和问题。

（颉利刚）

【资产负债】 一、信贷规模再创历史新高。认真贯彻信贷引领战略，积极与总行沟通联系，多次向总行报告信贷需求情况，在总行的理解和大力支持下，将省分行年度规模从 158 亿元逐步调增至 200 亿元，既为省分行贷款的稳步增长提供了保障，也为支持全省经济发展做出了重要贡献。年末，各项贷款净增 200.12 亿元，增幅为 17.60%，各项贷款余额、净增额均创历史新高，在国有大型商业银行中排名继续保持双第一。

二、自律机制主任委员单位职能作用得到发挥。2015 年 6 月 17 日，甘肃省市场利率定价自律机制正式成立，省分行当选为自律机制首届主任委员单位，张海琳行长任首任主任委员。省分行认真履行主任委员单位的职责，强化自律机制制度建设，发挥自律机制职能作用，加强与各成员单位的协商沟通，先后召开了 4 次自律机制会议，进一步规范了省内各成员单位存贷款定价行为，有效维护了辖内市场的正当竞争秩序。

三、资本占用保持合理水平。2015 年，总行开始实施调整后风险加权资产和经济资本限额双线管理，省分行和省分行营业部按照总行资本交易规则积极参与总行交易，有效节约经济资本占用。同时将信用风险经济资本占用率和调整后风险加权资产指标纳入二级分行行长经营绩效考核，引导各行增强资本节约意识，资本占用合理增长。

四、资产管理业务模式实现多元化。全行积极开展资产管理项目营销，各级行和相关部门加强沟通协作，加大资产业务创新力度，积极尝试新型理财模式，实现理财资金投资他行票据业务、靖远煤电结构化业务配资、元森房地产项目等投资。认真做好到期项目投资本息的收取和票据托收以及到期理财产品资金的兑付及各项费用的分配工作。继续做好各类债券的发行、承销及兑付工作。

五、票据融资业务取得明显成效。按照机构改革的要求，顺利完成了票据经营机构的职能划分和交接。加大票据业务多方合作，与票据营业部总、分部签订全面合作协议，积极加大票据贴现业务营销力度，优先支持小微企业直贴业务发展，重视发挥票据“调节器”作用，进一步提升票据业务贡献度。组织开展票据专项检查，严格票据融资业务准入机构管理，举办全省票据业务专题培训班，收集、整理票据风险案例，进一步增强了票据风险防范能力，票据资产不良率持续为“零”。

六、积极推动金融市场业务发展。年初邀请总行金融市场部领导在二级分行行长会议上进行金融市场业务培训，为业务发展起到了推动作用。加大黄金远期业务营销，代客办理黄金远期套期保值业务，成功为白银公司办理了首笔金属锌的期权交易，实现代客商品交易业务零突破，账户交易类业务取得较快发展，账户原油收入、交易额和客户数均创历史新高。

（王彩云）

【管理信息】 一、提高数据仓库应用水平。在全行大力推广大数据应用，加强分析师队伍建设，充实人员、强化培训，做好数据仓库对业务发展的服务支持，累计为各业务部门提供 128 个数据服务项目。建立“GS 分析师交流”微信群，推进工作经验的交流。做好 EBM 系统智能营销推广，省分行主导发起“节节高营销”“信用卡分期付款”“三方存管客户精准营销”等 8 项自主营销活动，有效提升了二级分行层面 EBM 智能营销活动的水平。深化数据应用分析，全年累计审批 EDW 灵活查询项目 58 项，向专业部门提供数据信息 202 项，完成数据分析报告多篇。

二、深化统计工作管理。夯实工作基础。根据总行和省银监局的要求，对报表的及时性和准确性实行严格监测。实施 SIS 系统向 GSIS 系统切换工作，完成 GSIS 系统的上报和核对工作，整合一批无效、低效或重复的报表，压降报表总数。加强监督检查，在二级分行进行自查基础上，省分行组织骨干力量，对所辖金昌、武威、天水和陇南 4 个二级分行进行现场检查，下发了检查情况的通报。并配合总行和省银监局，对陇南、天水等分行开展现场检查，对存在的风险点进行了集中整改。加强统计分析，完善了资产负债、资产风险和同业信息类的分析产品。

三、加强数据质量管理。省分行数据质量治理领导小组召开专题会议，修订全省数据质量考核办法及管理实施细则，搭建数据治理架构。定期对数据质量问题突出的专业和二级分行进行通报督导，限期整改。构建数据质量治理的长效管理机制，逐步将工作重心转向全行客户信息真实性、有效性、完整性的治理。通过对全行小微商户逸贷公司卡客户建档情况的检查整治，对全辖1万多户对公客户信息集中整治，对130多万户个人客户缺失信息进行完善，对企业财务指标信息予以补录等，实现了数据质量的提升。

四、提升征信工作管理。做好征信系统的维护。对全行个人征信系统用户查询权限进行了核查，对其中睡眠用户及个别违规用户进行了销户处理。对用户权限进行了严格的界定，对部分用户超过权限使用系统的问题，通过各行系统管理员进行了权限调整。做好征信宣传工作，5月中旬在东方红广场参加打击和防范经济犯罪宣传日活动，将搜集的征信资料现场进行了分发，针对部分对征信业务有疑问的群众进行了详细的解答。开展了"6·14信用记录关爱日"宣传活动。及时做好异议处理工作，制定"个人征信客户异议处理实施细则"，促进了依法合规经营。向总行上报个人和企业信息应用案例48篇。

五、做好网讯及学会管理。网讯工作，制定印发了"网讯资讯工作评价办法"，对全行网讯信息从编写、提交、审核到发布，提出了明确的要求。在此基础上，加强对省分行专业部室、各二级分行信息员的管理，做好相应人员的备案管理，出台激励政策，鼓励信息员围绕重点工作多写稿、写好稿，拓展网讯信息的广度和深度。学会工作，筹备召开了城市金融学会第六届理事会暨换届会议，选举产生新一届会长、副会长、常务理事和理事。并举办了六届一次会议，对学会今后五年的工作进行了安排与部署。举办了2015年城市金融学会金融科研成果的评审，加强对总行新十年纲要和新三年规划的宣传工作。

（柴用栋）

【机构业务】 一、千方百计稳存增存。一是强化组织推动。多次专题召开会议研究促进机构存款快速发展的措施和办法，从重点客户、重点项目、重点产品入手，分析研究稳存增存的来源和渠道。二是加强监测通报。坚持日监测、旬通报制度，同时加强对大额资金的重点监控监测，及时掌握机构存款资金变动情况，严防大额资金非正常流失。三是加强督促督导。及时通过召开座谈会等形式，督促各行特别是落后行进一步明确目标，加快机构存款业务发展步伐。2015年，日均存款较年初增加41.47亿元。

二、强化政府机构重点客户营销。确立了以财政、公积金、社保和文教卫系统为重点的四轮驱动策略，努力夯实机构业务发展基础。财政系统：在做好对财政厅高层营销的同时，及时了解政策信息，做好对财政国库增值服务工作。社保系统：将全省机关事业单位养老保险制度改革项目营销工作作为机构金融业务的重中之重，密切关注改革进展，不断完善金融服务方案，全力争取业务机会。公积金系统：多次对住建厅及各公积金中心进行走访，就开展公积金业务合作进行沟通交流，增进合作基础。同时大力发展省分行委贷业务，有效带动机构存款业务发展。文教卫领域：不断强化对文教卫系统的研究，对重点目标客户实施了名单制管理，积极开展营销拓展。

三、加快中间业务发展。养老金业务：坚持名单制管理的原则，多次走访重点客户，征询客户意见，满足客户需求。同时将理财产品作为促进养老金业务新的增长点，通过多种方式加快营销力度。2015年，实现养老金业务收入1 283.74万元，完成任务计划的160.74%。资产托管业务：坚持以资产托管业务转型发展为目标，创新营销思路，拓宽发展渠道，同时针对各行情况，列出业务发展项目清单，努力拓宽业务发展领域，实现资产托管业务新发展。对公保险：加大了与重点财险公司的合作力度，分别与辖内多家财险公司联合开展营销竞赛活动，取得了明显成效。截至年末，实现代理对公财险225.55万元。银证业务：充分运用网点和客户资源优势，在深化与甘肃省唯一法人券商华龙证券全面业务合作的基础上，积极强化与海通、申银万国等合作券商的沟通联系，不断培育新的客户群体。

四、完善营销机制。一是健全分层营销体系。健全了"分层营销、三级联动、各负其责"的联动营销体系。二是强化市场分析。强化对同业市场的分析研究，盯住市场、盯住对手做业务，提升竞争发展能力。三是强化考核激励。强化重点产品指标的考核，不断加大正向激励，最大限度地调动营销人员的积极性和创造性。

（宋玉宁）

【个人金融】 一、开展优质客户拓展工程，着力拓展和提升优质客户。重点围绕代发工资客户、商友客户、投资理财客户、5万元以上中高端客户、县域农村客户、互联网年轻客户等客户群，通过落实"一把手工程"，加强客户名单制、"双客户经理"制、公私联动，配置相应产品，集群式、批量式拓展和提升优质客户。

二、加大创新产品推广力度，提升储蓄存款同业竞争能力。加大大额存单、节节高、薪金溢、存管通、宝贝成长卡等储蓄存款创新产品的宣传力度，大力开展精准营销；强化通报考核力度，对大额存单、节节高等重点产品按日进行通报，加快推动新产品营销，不断提升储蓄存款同业竞争能力。

三、加快项目营销和新产品推广，促进个人贷款业务进一步发展。继续开展"搜楼""扫盘"活动，加强与辖内二手房中介机构的合作，扩大二手房贷款业务市场。以逸贷、个人资产综合服务业务为着力点，培育消费贷款新的增长点。

四、以理财产品为核心，强力带动个人中间业务收入增长。开展基金认购营销活动，加强债券、股票型基金销售力度，强化重点基金的销售，提升基金销售规模，强力带动个人中间业务收入的增长。

五、全力推进互联网金融发展，培育个人金融业务新潜力。充分运用网点WIFI资源，在网点醒目位置摆放"融e联""融e行"二维码，张贴"融e联""融e行"宣传海报，加大宣传力度，构建线上线下的业务发展新模式。

六、坚持依法合规经营，防范经营风险。切实抓好操作风险管理，突出抓好业务营销过程中的重点岗位、重点部位、重点环节的防控力度，对关键风险点实施重点管控。合规销售各类理财产品，采取有力措施严防“飞单”问题的发生。

（王宏兵）

【公司业务】 一、坚定贯彻信贷引领战略，公司贷款业务保持了快速稳定增长。2015年，面对诸多挑战和困难，公司金融业务积极贯彻信贷引领战略，在深入研究区域经济、行业前景、信贷政策的基础上，确定以铁路、公路、风力发电、光伏发电、有色冶金等行业龙头客户开发建设的“3341”项目为投放重点，公司贷款投放量和净增量都达到了新的高度，公司信贷业务实现了快速增长，信贷结构进一步优化。

二、积极拓展新业务和重点产品，公司金融业务转型发展取得新进展。公司金融业务在加强信贷业务发展的同时，牢牢把握发展机遇，积极挖掘市场潜力，把传统业务与新业务有效结合起来，加大力度拓展新业务和重点产品，不断推进公司业务转型发展。其中首次利用境外资金办理的融资租赁业务和铁路信贷资产证券化业务，实现了业务发展新突破。为房地产企业办理理财投资资产管理业务，既有效缓解了企业资金需求，又化解了房地产贷款规模限制难题。

三、探索完善营销机制，分层营销稳步推进。为进一步适应市场竞争发展需求，公司金融业务认真贯彻总、省行改革发展精神，积极探索完善分层营销机制。根据总行管理要求，督促全行及时更新调整公司客户管理层级，厘清各级管理责任，不断强化客户营销服务工作；对存量公司有贷户进行再分配，实现全部公司有贷户管户到人、责任到人；不断加强法人营销平台数据治理，完善客户资料信息，强化客户基础管理。

四、加强风险防控，业务发展基础更加扎实。为加强风险管理、提高发展质量，在不断加大营销力度、加快优质贷款投放的同时，从操作风险、道德风险、政策制度学习等多个层面努力提高客户经理综合素质，筑牢内部风险管理防火墙。借助系统管理、刚性控制等管理办法，严防产能过剩行业风险。积极配合信贷管理部门对公司信贷业务实施全流程管理，不断提高风险控制水平。

（张广林）

【中小企业】 小企业金融专业荣获总行2015年度“小微金融业务市场竞争力奖”称号，在省直成员单位国有商业银行支持非公经济发展考核中排名第一。

一、加强组织推动，坚定发展信心。高度重视，将发展小企业信贷业务作为优化信贷结构、推动经营转型、促进可持续发展的重要工作来抓，全面完成了“三个不低于”监管要求。年初，制定下发小企业金融业务工作要点，安排部署发展目标、工作要求和具体措施。多次召开业务推动会，专题研究加快营销进度和风险防控的措施，促进了业务发展。

二、强化业务宣传，提升影响力。一是根据银监会的统一安排和总行要求，2015年9月16日至10月16日在全行组织开展了主题为“普助小微 惠及民生”的第四届小微企业金融服务宣传月活动。在各市、州、区、县召开小企业产品推介会18场，700多家小微企业以及地方政府、人民银行、银监局等部门参加了推介会，普及了小企业金融服务知识。二是为配合做好宣传月活动，统一设计印制6万份小企业融资产品宣传彩页开展宣传。三是在省内部分电台、电视台、报刊等媒体宣传报道小企业金融服务成效、特色产品、业务创新和融资案例等内容，使广大小企业了解了服务小企业的融资产品和办理流程，增强了合作意愿。

三、推广重点产品，拓宽业务支持面。一是开展小额信用贷款营销工作。对全省经营状况稳定、发展前景较好、无抵押担保、实质风险可控的小企业办理小额信用贷款业务，2015年发放小额信用贷款1.06亿元。二是推进网络融资业务发展。成立了网络融资领导小组，加快推进信贷产品网络化进程，网贷通余额达到26.84亿元。三是加强与地方政府、市场管理方、商会的业务合作，通过设计个性化的融资方案拓展集群客户，资金池贷款余额达到9.67亿元。

四、成立专营中心，推进集约化经营。2015年，又成立了10家小企业经营中心。中心的成立，缩短了业务流程，提高了工作效率，增强了小企业金融业务的市场竞争力。各中心牢牢把握工作效率和资产质量两个关键点，通过高效专业的运营模式，积极开展客户拓展和产品营销，逐步发挥主力军作用，品牌效应初步显现。

五、加强业务合作，推动持续发展。一是通过加强与政府的联系，积极争取政府的合作与支持，推进“银政通”业务发展。张掖民乐支行成功办理“银政通”业务5笔1 250万元。二是省分行、14家二级分行分别与省国税局、各地国税局签订了税银合作协议，通过定期从国税局获取纳税信用级别较高的客户名单开展对接营销，支持小企业发展。

六、强化风险管理，保障资产安全。一是加强现场检查指导。对贷款余额在千万元以上小企业进行了实地走访了解。二是加大非现场监测力度，及时下发风险预警通知，督促经办行及时采取措施消除风险隐患。三是按季通报小企业贷后管理工作情况，提出加强贷后管理工作的要求。四是进行潜在风险贷款专项督导，督导落实具体管控措施。五是加快小企业不良贷款的清收处置进度。

（成正刚）

【结算现金】 一、紧盯重点、狠抓落实，突出公司存款核心工作。一是坚持分层营销。从二级分行、支行、网点三个层面贯彻落实分层营销，严格执行客户、任务、责任三个锁定，做到责任到人、营销到人、考核到人、激励到人，初步实现“存量客户有人管、新增客户有人抓”的营销格局。二是紧盯重点客户。筛选确定了146户重点公司客户，逐户确定了增存目标，落实营销责任人，确保公司存款增长。各行对当地支柱行业、特色产业、龙头企业开展精准营销，采取多种有效措施拓宽存款增长渠道，确保了公司存款稳定。三是狠抓重点地区。以大额资金进入行和公司存款负增长严重行为公司存款增长重点地区，组成三级营销力量维护稳定重点客户。各重点地区也确定了公司存款增长重点支行和重点网点，自上而下通过加大营销力度、工作督导力度、定期通报等工作措施推动重点地区公司存款增长。四是紧盯重点项目。加强与当地政府职能部门的联系，牢牢抓住当地交通、能源、文化、水利等重点发展领域，做到跟着资金走，资金在哪里、营销到哪里、服务到哪里，以重点项目为抓手，抢抓信息，上下联动，取得了实质性的营销效果。五是落实营销责任。在部门构建了纵向产品支持，横向团队包片推动机制，搭建“产品支持条线+片区营销负责制”的公司存款管理模式，做到分工明确，责任到人，按照地区业务板块分工抓效果、抓成绩、抓亮点。

二、调整结构，转型发展，结算中间业务持续稳定增长。一是收入结构日趋优化。年初确定了以黄金租赁、法人理财和法人积存金三项产品做为结算中间业务增长的主打产品。年末，三项产品收入对结算中间业务的贡献度达到53.72%，较好地完成了年初预定目标。二是贵金属业务强劲增长。通过抓重点、抓成效、盯项目、盯进度等多种有效措施强力推进贵金属业务快速发展。年末，贵金属业务收入突破亿元大关，达到历史最高水平。三是对公账户规模进一步得到夯实和扩大。通过提升结算业务量，做深、做细结算产品营销，拓宽服务渠道等手段提高基本结算业务收入，实现传统人民币结算业务收入6 574万元。

三、围绕客户，开拓市场，开展客户营销维护活动。一是深入维护公司客户。组成重点客户营销小组，分赴各二级分行营销走访重点客户28户，召开三场银企座谈会，营销客户14户，进一步维护了重点客户关系。二是持续发展贵金属客户群体。通过开展交易类贵金属业务“拓户增收”营销竞赛活动，扩大客户规模。年末，新增客户6 510户，完成总、省行任务的114.21%。黄金租赁业务量在系统内排名第7位，年末余额排名第4位。三是积极营销法人理财客户规模。持续营销法人理财重点客户14户，完成目标任务的100%，有效客户达到288户，较年初增长55.68%。截至年末，理财产品日均余额32.69亿元，完成总行经营任务的104.57%，完成省行经营任务的102.16%。四是多措并举营销现金管理客户。通过组织一季度及年度现金管理产品营销推广活动，着力增长现金管理产品对客户的渗透率和附着力。现金管理客户总量达到6 179户，净增1612户，新增总、省行现金管理客户6户、发放财智账户卡21 483张，客户渗透率达到48.32%、销售结算优惠套餐370套。

（徐海彤）

【国投业务】 2015年，全行国际业务人员深度挖掘客户，大力拓展市场，各项国际业务稳步发展。投资银行业务增长较快，实现收入6 441万元，承销各类债务融资工具存量余额达到48.98亿元。

一、国际业务发展稳定。一是认真安排部署，完善工作机制。针对阶段性工作重点，专门就加强国际贸易融资风险防范、跨境人民币业务重点推介、国际业务人才队伍建设、信息报送整改、贯彻落实“一路一带”战略、客户拓展、结售汇业务发展、国际保理业务发展等问题制定了工作方案和计划。就优势富余产能“走出去”问题、国际业务经营管理、外管检查整改提交了专题报告。二是加强对全行业务的组织推动以及指导服务工作。对重点二级分行和兰州城区支行进行多次现场督导，深入调研进行工作指导。深入二级分行进行协助营销，共同走访客户，量身制定产品方案，得到客户的重视和好评。三是加强业务管理，规范业务操作。按照省分行的统一部署，安排对国际业务专业进行“一加强二遏制”专项检查。选派专业人员对重点行进行了业务合规性抽查。配合国家外汇管理局甘肃分局进行多项合规性检查、常规性检查，及时组织进行整改工作。四是加强专业考核，强化国际业务队伍建设。完善考核机制，按月对国际业务各项指标完成情况、各行业务和客户拓展情况进行分析通报。按旬报告重要数据和情况。本着突出激励实效性和及时性的原则，重新修订专业推动激励办法，严格考核，及时兑现。组织人员多次参加外管局外汇新规培训，选派数名业务骨干参加总行国际业务、专项融资业务、外汇资金业务核心人才培训。根据业务发展需求，调整充实了国际业务专业人员。

二、投资银行业务发展较快。一是规范管理，夯实投行业务发展基础。2015年，投资银行业务认真贯彻银监会和总省行相关政策要求，按照“依法合规、服务匹配”的基本要求，做到规范操作、收费与服务、价格与内容的统一，夯实投行业务发展基础。二是多措并举，积极开拓投行业务市场。加强对重点行业、重点区域和重点客户研究分析，综合运用各项产品，切实提升投行融资安排能力，通过“商行+投行”“股权+债权”等组合融资方式，提升省分行投行业务的品牌和市场影响力。三是债券承销业务实现全覆盖。作为联席主承销商参与酒钢集团2015年第一期20亿元超短期融资券项目，承销8亿元；作为联席主承销商注册金川集团120亿元超短期融资券项目，承销份额20亿元。四是上市公司股权融资业务领域取得新突破。以结构化证券方式参与上市公司甘肃靖远煤电股份有限公司定向增发项目，标志着以市场化模式介入上市公司股权融资业务领域取得新突破。五是优化融资结构，财务重组业务取得突破。运用投资银行手段，接受客户委托担任某上市公司全资子公司新能源项目建设财务重组顾问，在切实分析客户实际需求的基础上，运用有关金融知识、金融信息、金融工具、金融渠道和金融资源，实现了客户融资结构的优化、资源的有效配置。六是投行产品分销顾问服务实现突破。经过持续对某重点客户的营销，确定了业务合作的意向。为满足其实现高收益回报为业务合作出发点，经过多方联系，向客户推荐了高收益回报的投资项目。

（张晓龙 叶 真 潘 筱）

【私人银行】 私人银行业务紧紧围绕总行“全行办、专家办”策略，在全行全力推进“六个一”工作，组织开展客户营销活动，优化客户和资产结构，加快客户签约和产品配置进度，取得了良好的工作成效。

一、推动私人银行业务“全行办”。2015年相继出台多项措施，形成了一把手带头营销、全员积极拓户的良好氛围。不定期走访维护客户，邀请客户参加总省行投资报告会等多项维护活动。

二、强化产品配置力度。通过“六个一”工作，推动客户签约和产品配置网点全覆盖。全年全行实现了产品配置全覆盖，销售理财产品 118 亿元，余额达到 32 亿元。

三、丰富非金融活动，密切客户关系。针对不同层级、不同业务需求的客户，分层次、多角度举办多期非金融活动。邀请全省私人银行客户在私人银行中心开展了五场投资策略报告会、财经论坛、产品推介、专户营销等主题活动。

四、强化从业人员培训，提升“专家办”能力。采取“请进来、走出去”的方式组织开展了多层次、全方位的各类业务培训，有效提升业务素质和服务能力。选拔 8 位优秀财富顾问参加总行财富顾问训练营。在全行选拔 80 位优秀客户经理，邀请总部领导、专家举办了精英客户经理实务能力提升训练营。

五、加强业务宣传，树立私人银行品牌形象。利用营业网点门头屏、营业室大屏等自有载体，做好私人银行产品和服务的宣传。在报纸杂志等平面媒体进行品牌宣传，全方位提升私人银行知名度和品牌形象。

（李晓霞）

【电子银行】 一、明确电子银行内涵式发展思路。在 2012–2014 年电子银行发展年取得圆满成功的基础上，2015 年实行 2015–2017 年的新三年发展规划，加快电子银行业务发展步伐，到 2017 年实现电子银行内涵式发展。为实现新三年发展规划开门红，2015 年初即召开了电子银行工作会议，对电子银行工作开展进行了全年部署，明确了工作措施和要求。

二、实施优先快速发展核心业务的战略。明确要优先快速发展移动金融，提升客户质量。一是紧抓 2014 年手机银行和 e 支付良好发展势头，在全行深入推广“四个 1”模式，即“开通 1 户手机银行、捆绑 1 户工银 e 支付、现场登录 1 次手机银行、用 e 支付交易 1 次”。二是多措并举，通过提高客户质量激励标准、下发不动户客户清单，开展不动户唤醒工作，切实提高各项指标动户率。

三、全面推进互联网金融工作。一是年初召开互联网金融领导小组会议，明确 2015 年工作措施和任务目标，制定互联网金融考评办法。二是组建互联网金融营销团队，并强调在全行建立电子银行“三专队伍”（专职、专业、专项考核）。三是开展“工银 e 校园”“融 e 行、融 e 联粉丝见面会”两项重大营销推广活动，邀请学校师生、行外媒体等积极参与，扩大了省分行互联网金融的影响力。

四、加速推广融 e 购电商平台。一是坚持“名商、名品、名店”的商户营销原则，通过建立商户备选库，继续重点营销、签约辖内行业排名前、销售规模大、电商经验足、服务能力强的商户。二是积极开展 O2O 营销活动。除积极配合总行开展 O2O 营销活动外，省分行、各二级分行在辖内广泛开展了 10 余次 O2O 活动。

五、拓宽中间业务收入渠道。一是加强电子银行专属收入的增收及考核。开展工银信使营销竞赛活动，争取用小产品做成大收入。二是规范电子银行收入管理。落实客户证书工本费及年服务费收取标准，严把“费用减免关”，对相关减免申请手续作出严格要求，严防中间业务收入跑、冒、滴、漏。

六、强化风险控制能力。一是全面推行网状控制法，根据网状控制法布设的电子银行关键风险点，严控操作风险事件。二是防范、处理新型风险。针对手机银行、密码器和工银 e 支付客户遭受外部欺诈等风险事件，做好客户警示、安抚和赔付工作，防止风险事件再发生，防控声誉风险。

（张 婷）

【银行卡业务】 全行年末信用卡发卡量达到 132.70 万张，全年实现消费交易额 406 亿元，信用卡存量发卡、消费额、收单额等指标均居同业第一。

一、深入推进精准营销，发卡工作成效显著。积极开展各类营销活动，全行动员、全员参与、全力营销，开展了各类培训，使网点主任、客户经理、柜员熟练掌握了信用卡产品特征和营销管理系统。开展了“工银信用卡爱购全球”境外促销、“工银信用卡，积分当钱花”“工银爱车”促销等项目宣传，树立了信用卡品牌形象。

二、大力拓展收单市场，继续保持同业领先。开展了收单商户网格化管理，将商户拓展工作延伸到支行、网点。同时与公司、机构、结现等部门横向联动，入围了部分重点企事业单位，市场影响进一步加强。

三、多措并举，信用卡贷款规模持续增长。下辖各机构均开办了专项分期业务，消费转分期、现金分期等业务有了新的发展，成立了个人信用消费金融中心，开展无抵押、纯信用、全线上的消费信贷业务。

四、内控管理进一步加强。对各类风险点开展事先管理和控制，及时处理信用卡交易预警和进行风险事件的实时处置，有效防范外部欺诈和违规套现行为；通过组织开展检查和自查工作，严格落实网状式控制法的要求，各项规章制度得到进一步强化。

五、加强品牌建设，客户服务水平有了新的提高。组织开展信用卡“微透支、长期限、巨罚息”专项清理工作，通过数据筛选、数据确认、账务处理等环节积极部署，满足消费者诉求。开展了多项品牌建设及服务工作，加强客户服务水平，加强对全省 95588 投诉业务的管理，确保客户意见工单服务质量，不断提升客户满意率。

（马红刚）

【信贷管理】 一、狠抓管理基础，提升风控能力。一是开展信贷业务风险防控轮训。为切实提高全行信贷人员风险防控能力，从 2015 年 2 月末至 4 月中旬分 7 期对全省 764 名信贷从业人员进行了业务大轮训，进一步增强全体信贷人员的风险意识、责任意识和执行意识。在 2014 年帮扶县域支行基础上，制定了《关于开展帮扶县域支行发展信贷业务工作回头看的通知》，围绕“三个核实、二个深入、一个谋划”的工作内容，组织开展县域支行信贷帮扶工作“回头看”，有效巩固了前期信贷帮扶工作成效，提升了县域支行业务竞争能力。二是依托资产管理系统功能强化对贷后管理工作的刚性控制。组织开展数据治理工作，督导全行及时、准确录入 GCMS 系统并实时维护、更新相关信息，确保系统信息真实、准确、完整，通过环保标识、行业限额、押品信息、风险标识等信息的补录和分析，全年共完成押品补录、数据清理等11万条，为信用风险识别、预警、缓释、控制及经营决策提供支持；推广运用全球信贷管理系统功能，将贷后管理工作全部纳入系统统一处理，实现贷后管理工作的时限性、标准化管理，有效改善了贷后管理薄弱的状况。组织人员认真完成内部评级相关工作。对248户、494笔债项信息进行了核实核查，进一步夯实了内部评级基础数据信息。三是严格贷款分类，真实反映信贷资产质量状况。制定了《关于进一步加强法人客户信贷资产质量分类管理的通知》，明确了信贷资产质量分类工作的职责和具体要求，加强资产质量分类的日常管理，通过按月对全行信贷资产质量十二级分类认定工作，强化信贷资产质量分类的过程管理和监控，充分利用资产管理系统对贷款质量分类进行刚性控制，避免人为导致信贷资产质量分类出现偏差。以潜在风险客户、正常类逾期、欠息贷款分类的准确性为重点，对质量分类进行非现场延伸检查，监督纠改的方式，对19户、8.07亿元分类偏离较大的客户贷款进行了调整，确保分类结果真实准确。

二、狠抓风险排查，防范风险隐患。一是开展全方位、立体式、多角度、拉网式风险排查活动。全年累计开展法人贷款客户表内外融资业务、小企业网贷通、营业部小企业信贷中心风险排查等10次现场检查，发现存在问题贷款342户、464笔、377亿元，对存在的合规等方面的问题进行了有效整改，整改率达到93%。同时，突出潜在风险贷款的识别和化解工作，对潜在风险贷款实行常态化、动态化管理，对排查发现潜在风险特征明显的贷款纳入风险池进行管理，逐户制定了全年压降目标，成立工作小组，对涉及的二级分行进行现场巡回督导压降。二是强化非现场监测核查工作。依托总行风险监控预警体系，通过系统下发核查通知，并建立督办跟踪机制，加强风险核查落实工作。全年共核查风险问题贷款314笔、金额12.64亿元。经核实确认存在问题的，建立问题台账，落实整改责任人，督促经办行及时落实整改措施，对于确实无法整改的信贷业务，采取追加担保、清收等切实有效措施，消除和化解信贷风险。三是实施常态化大户风险会诊分析制度。制定并下发了《法人大户风险会诊实施细则》，明确风险会诊的目标客户为融资余额1亿元以上且存在风险隐患的客户；各二级分行风险会诊的目标客户为一般法人3 000万元以上、小企业1 000万元以上且存在风险隐患的客户。确定会诊目标客户，定风险、定措施、定策略，分析法人大户风险特征，研究确定客户风险性质及程度，制定针对性的风险管控措施。召开法人大户风险会诊会议21次，会诊客户46户，涉及融资总额315.61亿元，制定风险管控措施150条。累计对存在产能过剩、过度融资、关联风险等大户压缩融资78.18亿元。四是着力控制重点领域风险。加强行业限额管理，突出加强产能过剩等受宏观调控影响较大行业的风险监测，有效防范产能严重过剩行业、房地产行业、政府融资平台和煤炭等行业投融资风险，制定《2015年度甘肃分行行业限额管理实施细则》，明确限额管理的行业范围和业务范围。加大产能严重过剩行业劣势客户退出力度，加强融资日常监测管理，对谨慎退出类客户实行系统锁定，对产能过剩行业优质客户实行业务报备等限额管理要求，全年煤炭行业较年初压缩融资10.01亿元，有色压缩1.92亿元，水泥压缩0.02亿元。强化房地产贷款风险管控，重点对2015年到期的开发项目销售、累计回笼款、还贷比等逐户按月进行风险排查，对于销售进度缓慢的3户潜在风险贷款实行专人跟踪督办，按期收回开发贷款3.81亿元。

三、狠抓不良清收，提升贷款质量。一是全力督导压降“剪刀差”。将遏制欠息逾期作为剪刀差压降的主要途径，对到期贷款制定还款预案，减少逾期欠息贷款的发生。针对部分行新发生逾期、欠息及剪刀差上升幅度较大情况，采取现场督导、约谈、问责等形式，推动工作有效开展。召开了信贷资产质量管控专题工作会议，逐户进行研究，制定了清收处置工作目标及措施。对各行逾期贷款风险管控情况实行周监测，月通报、季考核制度，通过下发《信贷风险监测预警通知书》等方式，加大对违约贷款的清收督导力度。全年对法人客户正常关注类贷款新发生逾期、欠息的464户、金额75.28亿元贷款，压降收回362户、56.76亿元，清收率75.39%。二是加强不良贷款清收处置工作。制定了清收处置“四定”工作要求，对不良贷款实施预案管理，强化领导挂牌督导制度，坚持重点督导行和重点联系行制度的落实，针对处置中存在的疑难问题，开展业务调研，协调解决工作中的问题，拓宽工作思路。2015年全行清收处置不良贷款47 548万元，个人不良清收处置37 915万元。

（李峰勇）

【授信审批】 2015年度，全行受理法人客户信贷业务（不含小企业）1 092笔、金额686.35亿元；受理个人客户信贷业务27 167笔、79.41亿元；受理小企业信贷业务1 985笔，103.46亿元；为全行信贷资产质量的稳步提高和经营效益的持续增长提供了有力的业务保障。

一、推进机构改革，优化劳动组合。一是优化完善内部劳动组合，按照客户所属行业的关联性、业务量的匹配性进行人员组合，最大限度发挥现有人员业务专长。二是设立授信审批兰州分部并于2015年10月正式运行，负责营业部辖内的小微企业信贷业务审查审批，随着业务发展逐步拓展审查审批营业部辖内法人客户信贷业务和个贷业务。三是加强小微金融业务中心审查人员管理，根据总行批复，在10家二级分行设立小微企业经营中心，派驻审批人14名，由省分行集中管理，并通过多种形式培训强化审查人的业务技能和风险控制意识，使小微金融业务中心审批效率得到较好的保障和提升。

二、推进流程优化，不断提升审批效率。一是大力推行授信项下授权审批制，全年完成了对40户客户授信使用条件和管理要求的审批。二是不断优化审批流程。实现了信贷管理系统（CM2002）向全球信贷与代理投资管理系统（GCMS）的业务成功移行，加大了对法人客户信贷业务整合力度。三是加快推进个人住房贷款业务自动化审批，加强对开发商“白名单”的管理，确保个人住房贷款自动化审批比例稳步提高。四是拓展微型企业审批渠道，将适用低风险简易流程的信贷业务和微型企业房地产抵押贷款审批权限转授二级分行，有效保证了审批效率。

三、严把风险关口，加强风险缓释。一是调整信贷投向，大力拓展优质项目贷款、小微企业贷款和个人信贷业务，严格把控信贷投向，确保信贷结构不断优化，资产质量持续稳定。二是参与潜在风险客户调研工作，研读政策，做好潜在风险客户缓释风险工作。三是做实做细小企业审查，通过建立优化审批流程及审查模式、加强政策梳理和研读、强化管理等方式有效保证量质同增。四是大力推进个人贷款快速增长。通过推出个人小额信用消费贷款业务品种、加大养殖业贷款、军人个人信用贷款的支持力度等措施，有力推动了个人贷款的快速增长。五是坚持防假反假，加强了对当前防假反假严峻性的认识，积极主动，有效把控风险。

四、强化基础管理，提升审批服务水平。一是做好基础业务管理工作，认真筹划部署年度工作计划，确保业务有序开展。二是执行限时服务，制定了严格的审查审批时限要求，主动接受前台部门和基层行的监督，推行阳光审贷。三是加大检查力度，排查业务风险，重点放在风险的化解和控制上。四是通过业务指导、轮训、培训教案的编制等方式深化培训，加强信贷队伍建设。

（韩　蕾）

【运行管理】 一、服务导向型业务流程建设成效显著。一是网点运营标准化管理改革圆满收官。统筹推进柜口、人员、效率和精益管理等工作。全行网点柜口布局更加合理，高低柜比例由1.7：1降至1.27：1，实现了与网点实际业务结构的合理匹配。网点人员结构大幅优化，累计释放柜员858名。网点运营效率大幅提升，柜员人均工作量由54笔提高至101笔，增幅87%。万笔业务人员投入为170人，较改革前减少65人。E类低效网点下降了17%。二是业务流程优化改造向纵深推进。以单位账户预约开户、凭证预约配售为代表的对公预约服务新模式广泛应用，客户服务水平得以提高，柜面业务操作得以简化，要素风险管理得以加强。2015年单位账户预约开户新模式替代率达到99.25%，9家二级分行149个网点实现了会计凭证的预约集中配售，全行预售率超过40%，集中配售率达37.50%。

二、集约导向型运营后台建设持续深化。一是业务处理集约运营能力不断增强。全年平台集中处理业务564.73万笔，业务集中率为98.61%。实时业务和时效性较强业务单笔平均耗时分别为272秒和572秒。堵截网点重复发报等业务111笔、不规范票据业务11 183笔。2015年共办理本外币资金清算业务2 395万笔，3.78万亿元，实现了本外币清算对账覆盖率、清算差错处理完成率、跨行查询回复率3个100%目标，外汇直通率达到99%，保障了各产品线、各渠道境内外资金汇路畅通和安全有效运行，资金清算业务服务能力显著增强。二是二级分行后台中心规范整合完成。二级分行全部完成了账务管理类、实物管理类两大类中心的整合归并和分类设置，总行要求上收的18项业务已全部集中至后台，大大减轻了一线网点的工作负荷。定岗定编后累计释放人员45人，人力资源配置进一步优化。三是现金营运集约化管理能力实现突破。在省行、二级分行成立现金运营中心，现金运营能力明显提升。全行本外币现钞、贵金属等集中运营扎实推进。2015年累计完成现金收付量5 694亿元，自动柜员机装卸钞793亿元，保管245种贵金属时点库存达710万克，现金综合运用率55%。现金调拨、贵重物品保管等业务以及重要审批流程纳入现金运营管理平台统一管理，全行1 706台自动柜员机全部采用“换箱法”加钞，有效加强了装卸钞环节的风险控制。自动柜员机集约运营管理水平得到提升，现金保障率为99.16%，非技术故障率为0.44%。

三、风险导向型过程控制体系日趋完善。一是业务运营风险监控管理持续强化。进一步提升模型识别效能，从准风险事件入手开展跟踪分析，进行根源性治理。抓好涉及运行专业“网状控制法”风险管控措施的执行落实，构建运营风险防控网络。2015年累计核查确认内外部风险事件6 496笔，全行内部可控风险暴露水平为万分之3.10，较上年下降3.43%。2015年四季度较一季度高风险网点、高风险柜员退出率分别为77.20%、97.02%。二是流程的风险硬控制能力不断增强。实现开户管理与尽职调查电子化并行处理；主机核算与信贷业务系统之间账务核算等关键信息共享和联动控制；柜员指纹签到通过率和网点指纹授权通过率高于80%的人群占比始终持续保持在85%以上；实现了重要核算印章的电子化打印和自动化控制，全行4 198枚废止核算印章全部上收销毁、618枚保留重要核算印章全部纳入柜面用印机保管，数百种用印凭证纳入自动用印范围；支付密码器推广率达到91.14%，支付结算风险防范能力进一步增强。三是参数的核心管控能力不断提升。通过设置、调整近3万条参数记录，保障了11个业务部门、248个项目的及时投产应用，保证了新业务、新产品的顺利开办和发行。参数安全管理继续加强，实施重点业务事项参数关联维护设置，建立参数申请数据质量规范，全行参数风险管理水平持续提升。

（刘　娟）

【内控合规】 一、操作风险“网状控制”法有效推进。2015年，全行全力推进操作风险“网状控制法”工作。一是制定了《操作风险“网状控制法”推动实施方案》，进一步明确了“网状控制法”管控的机制，及时调整和补充了关键风险点，关键风险点由原有11个业务条线100个关键风险点，调整为9个业务条线的44个关键风险点，关键风险点实现了动态化管理。二是积极组织开展了操作风险“网状控制法”推动情况和操作风险全面排查两次全行性、大规模的操作风险排查工作。操作风险“网状控制法”推动情况检查，涉及票据、信息科技、私人银行、安全保卫等八个业务条线的业务；操作风险全面排查工作，涉及运行、个人金融、银行卡、电子银行、结算与现金管理、贷款发放环节等六个业务条线的业务。两次检查共计抽调126名人员组成17个检查组，对省分行营业部、各二级分行和兰州新区支行辖属的230个营业机构进行了检查，网点检查覆盖率达到68.05%。两次检查共计发现各类问题347条，整改率达到100%。对于以上检查发现的问题，按行下发了《意见书》，通报了发现的问题，提出了责任人的处理意见和整改落实要求。累计处理责任人1 002人次。其中，给予行政警告处分40人；违规积分478人，累计计分1 208分；核减绩效收入484人次，核减绩效收入205 110元。通过全面排查、重点排查以及对关键风险点控制措施落实情况的检查工作，及时发现和查处了“网状控制法”推动责任落实不到位和违反关键风险点控制措施的行为，确保关键风险点的有效管控。

二、基层行内控评价持续开展。2015年，严格按照《中国工商银行境内分支行内部控制评价办法》规定，采取下评一级的方式，认真组织开展了2015年度基层行内部控制评价工作。一是二级分行、一级分行现场评价均采用系统评价，即将现场检查情况录入监督监测系统后，由系统自动进行评分，减少了人为因素对评价结果的影响。二是提高了非现场评价的权重，占比达到40%；三是评价指标在总行规定的范围内自主选定。针对基层行内控评价变化的实际，制定了具体的评价方案，选择了272个现场评价要点、88个非现场评价指标、8个效果评价指标，组成三个评价组对8个二级分行进行了现场评价。省分行营业部和12个二级分行、新区支行的内控评价结果均达到二级。通过内控评价工作，有效引导各分支行强化内控管理的主动性。

三、反洗钱集中处理初见成效。2015年，持续深化反洗钱集中处理改革，顺利完成全辖反洗钱业务上收工作。制订印发了《甘肃省分行各级反洗钱机构和岗位工作职责》，对全行各级反洗钱工作机构职责、各反洗钱岗位工作职责进行了调整，对原《甘肃省分行反洗钱协助调查管理办法（暂行)》相关内容进行了修订和完善，进一步细化了外部协查业务处理权限和办理要求；同时，在省分行反洗钱中心指定专人办理协查工作，将查询办理和审核反馈环节予以分离，确保协助工作依法合规，实现了协查信息完整准确、内容真实可靠、数据清晰直观等目标。全年已办理人民银行、公安机关和国家安全机关反洗钱调、侦查数十次，涉及协查对象三百余人（单位）、账户四百余户，为相关单位打击洗钱及上游犯罪提供了有力的信息支持，较好地履行了反洗钱工作的法定义务，受到人民银行的肯定。同时，甘肃省国家安全厅也通报表彰了省分行反洗钱协查工作，反洗钱集中处理发展效果初见成效。

四、监督检查效果明显提升。2015年，按照总行工作要求，合理安排检查监督资源，确定了“风险事件有效控制”“关键风险点管控措施落实到位”“内控评价上位次”的总体工作目标。组织开展了“一加强两遏制”专项检查和“两加强两遏制”回头看检查；开展了操作风险“网状控制法”推动情况检查和操作风险全面排查；组织开展了存款安全管理及飞单治理、案件防范责任制落实、反洗钱业务、信息安全管理、内外部监督检查发现问题整改情况、“非现金柜员兼岗”业务排查等12项专项检查；组织开展了对34名高级管理人员的经济责任审计，各行组织开展一级支行、二级支行行长离岗审计215人次。上述专项检查，累计发现各类问题3 665条，已整改3 588条，整改率为97.80%。累计处理责任人2 225人次，核减绩效收入781人次。通过落实各项监督检查措施，达到了使操作人员知规矩，守纪律，从源头解决违规违章操作行为的发生。

五、内控管理职责进一步得到落实。一是加强内控体系建设。制定了《甘肃省分行2015–2017年内控体系建设规划实施细则》，明确了总体目标和重点任务。建立了任务落实机制，督促各部室将各项任务与本部门工作计划紧密结合起来，落实责任人，确定联系人负责本部门相关任务的协调、汇报和材料保管工作，并对照进度目标检查任务执行情况，按要求报送完成情况、工作进度等内容，有效推进各项工作有序开展。二是编制2015年检查计划。根据总行《2015年度总行境内检查计划》，结合全行经营管理实际，内控合规部牵头组织编制了《2015年度省分行检查计划》，并提交内部控制管理委员会会议（传签）审议。2015年实际执行的检查计划共计48个项目，较上年减少6个项目。通过加强内控体系建设和统筹监督检查计划管理，进一步落实了内控管理的各项职责。

（李华夏）

【法律事务】 一、尽职开展咨询审查工作，保障和推动业务发展。2015年，省分行本部提供口头咨询解答300多人次，内容涉及支付结算、协助执行、工伤纠纷等业务和服务工作中出现的问题与纠纷。参与业务谈判14次。接受各类业务审查事项360项，其中涉及合同、协议审查180份，风险提示210条，提出意见和建议225条，出具书面法律意见书60份。一是通过高效、准确地提供咨询解答和法律审查，支持小企业贷款及电力、交通、水务等基础建设项目贷款的审查、审批。二是通过对合同、协议文本的审查、修改，支持支付结算服务和银保、银证、银企等合作业务的稳健开展。三是通过对贷款企业的债务转让、股权转让、企业集团的股改整合等事项的审查，保障债权安全。四是对潜在风险客户进行追踪调查，支持不良贷款的清收转化。五是以以会代训的方式对员工开展警示教育。

二、加强诉讼案件管理，全力防范和化解法律风险。一是做好案件管理的常规工作，动态掌握全行案件整体情况，注重法律风险的事前防控；二是加强被诉案件管理。对二级分行重大案件提供法律援助，避免损失700余万元；三是对全行被诉案件实行名单制管理。2015年省分行审结被诉案件12件，金额2 280.42万元，其中胜诉8件，金额2 084.13万元，共计避免损失2 277.34万元。四是加强法律清收力度。截至年末，全行胜诉案件应收额16 846.51万元，共计现金收回4 320.72万元。

三、积极推动消费者权益保护工作。一是组织管理体系和工作机制建设，制定《中国工商银行甘肃省分行消费者权益保护工作管理办法》等规章；二是规范和加强服务收费管理工作，做到合法合规，贴近客户；三是依照总行、监管机构的要求，开展了消费者金融知识教育活动；四是客户投诉受理工作成效明显。2015年共受理各类渠道的客户投诉13 144件，截至年末已办结12 938件，占全部投诉的98.43%，124件处于办理时限中，占全部投诉数量的0.94%。

四、加强法律知识培训工作。一是对“六五”普法以来的工作进行了总结，完成了自查工作。二是于2015年9月举办法律事务培训班，对当前重点业务风险进行了警示，对风险防控提出了要求。三是对三个二级分行有针对性地进行了业务风险与防范讲座，参加人数200余人。四是进一步丰富“甘肃工行法苑”微信群平台的法律知识内容，为法律人员和行内其他“微友”学习、使用提供方便。

五、尽职履责，认真做好其他法律事务工作。一是按要求提前完成2015年度基本转授权工作。二是认真做好协助执行工作。三是对金昌分行潜在风险企业贷款进行实地调查，采取与企业谈判的方式，当期收回300余万元贷款。四是全程参与临夏分行风险事件的调查工作，跟踪6 500万元对外“保证”事件的进展，做好应对准备。五是对东岗支行因投诉转为诉讼案件，转变思路，分析法律关系和相互间协议约定，成功追回部分“盗刷款”。

（马正宇）

【纪检监察】 一、以落实党风廉政责任制为抓手，努力推进反腐倡廉工作。省分行行领导与各部室负责人、二级分行负责人签订《党风廉政建设责任书》。制定省分行部室2015年度党风廉政建设和反腐败任务分工安排，对23个部室40余项工作任务进行了分工。省分行纪委书记与14名新提拔任职的处级管理人员进行了任前廉政谈话，组织全行932名管理人员按时完成了廉洁从业报告在线填报工作，提高了干部廉政管理的规范化水平。

二、以纪律作风建设为抓手，努力营造廉洁合规氛围。组织各级党员领导干部认真学习党章党规党纪、习总书记“三严三实”相关讲话以及总行廉洁文化要求，组织各级管理人员参加廉洁文化网上知识竞赛，全行各级领导班子和领导干部的廉洁意识显著增强。在元旦、春节、国庆等重要节点加强廉政监督，建立了落实八项规定精神月报制度，全行党员干部作风纪律意识明显提升。

三、以员工排查为抓手，努力防控案件风险。在全行组织开展“远离违规违纪”学习教育活动，征集优秀心得体会数百篇，较好地增强了员工依法合规经营和廉洁从业意识。先后两次组织开展非法集资风险专项排查和违规投资经商办企业专项排查，有效防范了内外部欺诈事件的发生。全年对59名违规违纪违法人员进行了审理和处理，其中给予行政警告39人，行政记过7人，行政记大过5人，降级1人，免职1人，行政撤职1人，留行察看2人，行政开除并解除劳动合同3人。

四、以执法监察为抓手，扎实推进廉政风险检查。先后组织对临夏、甘南分行贯彻落实中央及总省行作风建设规定情况开展了执法监察，对张掖分行开展了效能监察。2015年，全行共立项并办结执法监察项目4个，对65家分支机构开展了执法监察，发现各类问题127条，提出整改建议129条，督促完善建章立制36条，对22名责任人进行了日常处理和批评教育。

五、以主题教育活动为抓手，努力提升履职能力。在全行纪检监察干部中开展了“一加强、两提高”教育活动，提升了纪检监察干部的纪律责任意识和工作履职能力。专题组织二级分行纪委书记进行履职汇报，组织12个二级分行的纪委书记和监察室主任参加总行纪检监察业务培训，增强各二级分行纪检监察部门负责人的担当意识和履职水平。

（祁志锋）

【人力资源】 一、持续加强和改进党建工作。一是先后组织了“严以修身”“严以律己”“严以用权”三个专题学习研讨，每月至少举办一次党委中心组学习。12月初，相继组织召开了省分行党委专题组织生活会、二级分行党委书记纪委书记会议，严格落实从严治党严肃执纪工作要求。二是认真做好发展党员工作，坚持发展党员工作的严肃性，严格执行发展党员程序和纪律，注重在一线员工和青年骨干中发展党员，全年发展党员55人。

二、强化干部管理，建设高素质队伍。一是2015年共组织对省分行管理的87名管理类和业务类干部开展了提拔、调整、交流和退出转任工作。二是完成了省分行领导班子副职后备人选、中长期培养人选、境外机构副职后备人选的选拔推荐、调研考察等各项工作，产生二级分行副职后备干部51人，中长期培养人选18名。三是分2期对110名基层支行行长进行了领导力素质提升培训，分3期对全行354名基层支行行长进行廉洁从业、合规经营专题教育轮训。

三、提升各机构的综合竞争实力。一是结合省分行实际和需要，制定《甘肃省分行本部组织机构改革实施方案》，并启动完成省分行本部组织机构改革各项工作。二是开办了网讯县域支行竞争力提升专栏，增进各级行的交流与沟通。召集部分县域支行，组织召开了县域支行竞争力提升座谈会，对存在的问题进行了分析、指导和督促。三是在对全行326家网点逐一测算分析的基础上，制定了网点建设三年规划。

四、持续优化员工队伍结构。一是组织开展了2015年校园招聘和柜面用工招聘，共招聘162名新员工，其中校园招聘91人，柜面用工招聘67人。二是实施网点岗位人员优化，通过实施柜口优化，优化改建存量低效网点，挖掘网点人力资源，大力推进柜员转岗工作，向销售类人员转岗337人，网点销售类人员净增317人。三是研究制定了《建立优秀专业人才库的实施意见》，进一步激发专业人才工作积极性和创造性。

五、不断健全完善激励保障机制。一是制定了2015年甘肃省分行工资总额分配办法，简化绩效流程、强化各行效益考核的自主权。二是制定了《甘肃省人力资源管理深化项目实施细则》，更好地支持省分行转型发展，深化人力资源管理改革。三是年内两次调增内部退养人员生活费，连续两年内退人员的收入增幅超过了在职职工。

（吴　丹）

【科技建设】 一、持续加强基础设施建设，服务能力显著提升。一是不断提升管理水平，全行信息系统总体保持稳定运行态势。通过性能容量管理、加强操作自动化、全面实施系统监控等措施，柜面业务系统可用率达到99.99%，自助设备正常运行率达到99%以上，全行日均交易量达到260万笔以上，日峰值达到350多万笔以上，为省分行各项业务顺利开展提供了良好平台。二是持续加强设备管理，自助渠道建设的服务效果进一步显现。2015年，全行新增ATM机

169台，新增智能终端653台，新增回单打印机20台，新增产品领取机316台，新增POS机8 500台，有效健全了设备资源的横向调配机制和快速反应机制，全行自助设备的使用效率和服务能力显著提升，明显改善了客户服务体验，有力推进柜面业务分流和网点运营效率提升。三是深入挖掘服务潜力，信息系统的业务价值进一步增加。大力推广外派业务终端、移动营销终端、移动银行车、全行无线局域网建设、网点营销传播系统建设等项目，不断开展网上银行、手机银行、电商平台等区域特色项目的研发，丰富了省分行互联网渠道的产品种类，有效改善了网上银行、手机银行等渠道的服务体验，有效拓展了信息服务手段，以服务渠道建设不断夯实客户基础，在抢占市场、提升服务、挖掘客户中发挥了重要作用。四是在全国工行系统内率先实现网点智能化全覆盖。省分行智能网点313个的建设目标提前三个月完成，通过智能设备的业务总量已逾100多万笔，借记卡开卡累计超过15万张，电子银行注册1.50万户，密码器发放5.60万个，U盾发放1.10万个，转账汇款达4.20亿元，其投入使用有效促进了柜面业务的分流，在改善客户体验、促进业务发展、释放人力资源、关爱基层员工等方面发挥了重要作用，受到客户和基层员工的广泛欢迎。

二、大力推进服务手段创新，服务渠道有效拓展。一是优化整合资源，不断拓展科技服务渠道。大力推进省分行无线网络建设，实施完成了全省所有311个（不含离行自助网点和信息管制地区网点）营业网点无线上网环境的部署。通过技术创新不断增强信息服务能力，覆盖全辖100%办公环境和100%网点环境，通过打造总行、省行、二级分行乃至行外环境统一联动、无缝衔接的“云环境”，充分满足了全行移动办公和营销需求，大幅提升办公效率，有效延伸营销服务半径，提升用户体验水平，为全行提升服务水平、促进业务发展发挥了重要作用。二是大力营造环境，有效提升信息服务水平。2015年，省分行移动办公和手机办公的新开用户数量均达到翻番增长，增长率居系统内首位；共完成手持营销终端及外派法卡业务终端600余台，手机用户706户，占全行办公用户的17.60%，内网无线办公及VPN移动办公用户106户，开立VPN业务证书30个，有效增强了办公笔记本电脑、移动营销终端、网点无线终端、外派业务终端、无线自助设备的部署效率和应用效果，真正实现“办公无局限、营销可移动、业务能外派”。三是积极探索实践，进一步丰富客户服务渠道。目前全省二级分行科技均开通微信管理群和五个公众平台，大量刊发省分行各类产品信息和业务宣传稿件，关注人数超过2万人，已经初步形成了独具特色的网络品牌。

三、着力信息化银行建设和自主研发创新，促进全行转型发展。一是特色项目研发成果显著，有力助推业务发展。积极推进重点客户、重点领域的系统研发创新，在业务营销、结算、代理以及客户拓展和内部管理方面发挥了巨大作用，截至年底，全省牡丹交通卡累计发卡已达9万张；公积金联名卡业务已覆盖省、市、州等14个公积金中心，共受理结算类交易96.80万笔，不断促进相关业务发展；公务卡项目已经覆盖省市级财政等14个地区财政业务，累计发行8万多张公务卡，查询类交易数超过700万笔；资金监管优化项目已渗透到兰新铁路、兰渝铁路、兰空等8个VIP集团客户，共计查询类交易500万笔、账户保留类交易4.17万笔、账户冻结交类易0.41万笔；以及铁道部自助售票机、银医一卡通、校园一卡通项目，为下一步提升业务发展空间奠定了基础。二是信息化银行建设有序进行，不断提升竞争实力。2015年共完成数据挖掘需求30多个，涉及个金、结现、电子银行、私人银行、银行卡、资产负债等多个专业，个人、法人客户及产品、渠道市场营销、经营分析、数据治理、绩效考核等应用方向，为全行经营分析和市场精准营销提供有力支撑；在NOVA核心系统建设方面，积极推进总行应用产品的推广工作，按照总行安排及时完成10个综合版本投产推广以及60多次500多个补丁版本的推广工作，分别从业务流程改革、业务产品创新、服务水平提升、内部管理提升、推动竞争力等方面提供全面综合的系统支持。

四、基础项目建设深入推进，信息系统高可用性不断增强。一是核心应用平台改造顺利完成。实施完成智能网点服务器F5负载均衡扩容投产工作，F5已挂接4台服务器，下一代终端平台数据库X86迁移项目上线推广，新公文系统延伸到全辖所有二级支行，业务集中处理平台CPS应用服务器、电子验印系统、网点营销传播等应用操作系统由windows2003升级为windows2008，开放平台批量自动化系统由windows系统迁移至SUSE系统，EAP数据库、CBRS数据库的重建迁移，电子档案与文档服务平台蓝光光盘柜项目上线推广，利用自动下载分发及安装平台，实现了网络设备、应用系统、前台终端、办公终端、ATM、POS、自助终端机等客户端系统应用软件的自动下载分发及安装升级工作。二是全省系统、网络建设卓有成效。建设项目主要是省分行中心机房外联防火墙系统区域合并网络的改造、全行办公网接入交换机更新、同城机房Extranet网络建设、二级分行外联网络入侵防护系统、省分行中心机房网络跳线的清理和改造、PC服务器虚拟化技术深入应用和虚拟化平台迁移、核心设备微码升级、开放平台数据集中备份等40多个项目。

（肖　明）

【安全保卫】　一、安全保卫管理工作机制进一步健全。一是调整充实省分行应急管理领导小组和工作规则。二是制定《安全保卫专业2015—2017年发展规划》，为进一步推动全行安全保卫专业转型发展奠定了基础。三是修订完善并层层签订《安全保卫工作责任书》，形成全员参与、网格化安全管理的局面。

二、外部欺诈风险防控能力持续增强。2015年，全行依托外欺系统累计预警或控制信贷业务84笔、信用卡申请1 161笔、私人银行风险客户38户；累计拦截电信诈骗29笔，伪冒证件52笔，保护客户资金29.96万元。全行未发生直接以银行资金或财产为侵害目标的抢劫、盗窃等外部案件。

三、技防、物防设施建设水平得到进一步提高。一是全行报警监控联网综合管理平台建设加快推进。2015年，已组建完成5个二级分行中心平台并投入运行，其他9个二级分行中心平台建设开始组建。全行报警监控联网综合管理平台的建设和投入运行，提升了全行技术防范和预警控制水平。二是安防设施配套建设得到加强。在新建、改建离行自助银行和营业网点安防设施建设配套工作中，各级安保部门严格执行安防设施建设相关标准和制度规定，全程参与安防设施建设的设计、安装施工和验收过程，及时办理相关行政许可手续，确保了新建、改建自助银行和营业网点的顺利投产。

四、全面实现守押社会化改革。2015年，甘南分行实现守押社会化改革后，实现了全行安保服务业务外包全覆盖。同时，对全行安保业务外包开展情况进行专项检查，研究解决守押外包业务存在的问题，进一步完善现金调运、押运的应急机制，提升安全保卫和服务水平。

五、持续开展各项安全检查。一是积极配合开展了银行业金融机构2015年元旦春节期间安全大检查。二是根据《中国银监会甘肃监管局办公室关于开展银行业金融机构业务库专项检查暨自助设备专项安全检查后续整改工作的通知》要求，对业务库和自助设备进行了自查和抽查。三是根据甘肃省公安厅《关于认真做好第四次银行业金融机构安全评估工作的通知》，积极配合开展安全评估检查工作，全行16个二级分行在综合评估中全部取得优秀等次。四是全年组织开展专项和常规安全检查10次，促进了安保职责落实。

六、加强消防安全工作。一是制定下发《2015年度消防、刑事治安事件演练安排》，进一步明确各级行年度消防演练频度、科目以及演练要求等，指导各分支行开展消防安全演练工作。二是针对办公机构消防管理工作，开展了办公机构消防安全评估，提出具体改进意见和建议，督促问题整改，保障安全。

（门　斌）

【工会工作】 一、深入开展劳动竞赛和评先创优工作。2015年组织开展了15项以体验新产品、新业务、提升核心竞争力为主要内容的业务知识和劳动竞赛活动。组织参加了全省金融系统法律知识竞赛，并荣获三等奖。开展各类劳模先进的推荐评选工作，先后有6人分别荣获甘肃省劳动模范、中国工商银行五一劳动奖章、中国工商银行职工之友和中国金融工会优秀工会干部称号，2家分行被总行分别授予五一劳动奖状和职工代表大会示范单位。

二、深化关爱员工工作内涵，维护员工合法权益。认真开展帮扶救助送温暖工作，救助困难员工738人次，发放救助金246.80万元。坚持做好年度体检工作，综合分析2014年全行员工健康指数指标情况，开展了2015年度离退休、内退人员和在岗员工体检工作。加大员工疗休养工作力度，组织全行441名基层劳模先进和一线员工学习培训疗休养。

三、坚持职代会制度，拓展民主管理渠道。坚持职代会预审制度，指导各二级分行如期召开职代会，畅通了员工民主参与、民主管理、民主监督渠道。行务公开工作稳步推进，对涉及重大经营决策事项和员工切身利益的重大事项普遍做到及时公开。

四、加强职工之家建设，充分发挥职工之家效能。加大对县域支行职工之家建设投入力度，全年下达职工之家建设专项维护资金1 569万元，有力地支持了基层行职工之家建设。开展了全行各级模范、先进职工之家（小家）建设情况调研。积极推进职工书屋建设，平凉华亭支行被中国金融工会确认为金融系统职工书屋示范点。开展丰富多彩的员工文化体育活动，承办了总行第三届员工羽毛球甘肃赛区比赛，组队参加了总行在甘肃和长春两个赛区的比赛。参加全省金融系统乒乓球比赛并荣获混合团体冠军，代表甘肃金融工会参加了西部六省（区）金融系统职工乒乓球比赛，荣获团体第5名。参加全省金融系统首届职工书法、美术、摄影作品展，共有27幅作品获奖。积极参加中国工商银行第一届员工书法、美术、摄影展览活动，7位同志的作品入展。配合总行工会开展送文化下基层走进甘肃活动，同时派出基层行艺术家参加了总行第三、四批送文化下基层活动。组织开展“写春联、送祝福”活动，为员工、私人银行客户及帮扶网点送春联9 700余幅。

五、积极引导女员工建功立业。深入推进巾帼建功、岗位练兵、读书征文等活动，开展了“幸福读书、健康生活”读书征文活动。认真落实2015年女员工维权行动月活动，开展了全行女员工权益保护落实情况调研。认真落实《甘肃省分行女职工权益保护专项集体合同》规定，积极组织开展符合女员工身心特点的文化体育活动及健康知识讲座。

六、加强离退休人员服务管理工作。认真落实离退休人员的政治、生活待遇和“两费”。2015年全行共组织离退休人员学习298次，为420名离退休人订阅报纸杂志782份；加强离退休人员慰问走访工作，救助离退休困难员工292人次，发放救助金58.6万元。组织开展了抗日战争胜利70周年慰问离休老同志活动。加强日常服务基础性工作，及时走访探望生病住院老同志。

（王　欣）

【企业文化】 一、党委中心组学习紧扣实际。坚持党委中心理论组学习制度化，下发了《2015年党委中心组学习计划》，省分行先后组织中心组或扩大学习12次，行领导带头撰写调研报告，充分发挥表率作用。认真做好党委中心组秘书工作，及时编发学习信息引导各行深化学习，并加强对基层行的学习指导与督导检查。

二、扎实推进精神文明创建。一是加强与省文明办的沟通汇报，省文明办对省分行精神文明创建工作给予充分肯定。酒泉分行做为全省获得文明单位代表在2015年全省“精神文明单位创建表彰”会上做了发言。二是做好文明单位复查验收及推荐审报。完成了国家级文明单位金昌分行、金城支行复查验收。组织推荐了总行级文明单位评选，陇南分行获得第九届“中国工商银行文明单位”，兰州新区支行获得第九届“中国工商银行精神文明建设先进单位”。省分行通过了区市文明办文明单位的检查验收。三是配合省文明办共同赴陇南文县开展“献爱心，送温暖”活动，为公益活动提供了学习用具、书包和体育用品。

三、充分发挥文化引领发展的积极作用。一是坚持开展读书活动。在全行掀起学习《世界大格局，中国有态度》《每时每刻的阳光—读者杂志卷首语精选集》读书活动，不断促进学习型组织建设。为基层配备多种类书籍，推动“书香网点”建设作了积极探索。举办全行读书沙龙，集纳印刷了《逐梦在路上》读后感集，并下发全行员工深化读书活动。二是“感动工行”员工评选活动成效显著。配合拍摄金昌分行杨荣参加第四届“感动工行”电视宣传片，杨荣同志当选为第四届“感动工行”员工，成为甘肃分行的骄傲。组织开展学习宣传第四届“感动工行”员工先进事迹活动，运用“感动工行”微信公众号、融e联服务号等新载体，引导广大员工学习身边“感动工行”员工事迹，营造学习先进氛围，增强转型发展正能量。三是积极培育特色企业文化。配合东风场区分行策划打造爱国主义教育基地方案。以选树培植“文化示范网点”为依托，打造兰州金城支行服务文化。推动各行积极开展“企业文化墙”与营业网点“文化角”建设，丰富和扩展企业文化内涵，推广温馨家园建设。四是做好“感动甘肃，2015十大陇人骄子”评选等活动，配合完成由省分行冠名“陇人骄子”评选活动。杨荣当选感动甘肃2015十大陇人骄子。协助做好回顾陇人骄子10年评选活动历程专题片《影响》的持续宣传，提升了工行社会美誉度。

四、服务青年、凝聚青年，做好团组织各项工作。一是组织开展青年员工参与总行青年论坛，两篇论文获奖。组织开展“创意无限，我型我塑——我眼中的网点布局设计”主题创意PK竞赛活动，在总行评比中获得三等奖。二是积极开展公益活动。与总行软件开发中心动员青年员工为修建省分行“双联村”爱心诊所捐资20万元。三是联合甘肃省作家协会、西部商报社开展了“工行杯‘中国梦，我的梦’甘肃省第二届大中小学生作文大赛”。同时，两家还携手开展“新年新衣”爱心活动，为双联村4所小学260名师生募资购买棉衣棉帽手套等，向社会宣传工行热心公益、履行社会责任的良好形象。

（卢　昕）

中国农业银行股份有限公司甘肃省分行

【综述】 2015年，中国农业银行股份有限公司甘肃省分行紧扣“15161”工作总指针，遵循“33456”总思路，迎难而上、比学赶超，聚焦重点、精准发力，各项工作稳中有进，主体业务发展良好，实现了“十二五”规划顺利收官，迈上了新的台阶。截至年末，各项存款余额2 152.43亿元，净增137.90亿元。累计投放贷款1 094.57亿元，比上年多投29.96亿元，余额1 240.81亿元，净增199.78亿元，比上年多增4.82亿元。实现拨备前利润36.20亿元，拨备后利润25.80亿元。

一、突出战略导向，厘清确立总体发展思路

在坚持“15161”工作总指针基础上，进一步厘清工作方向和重点，作出了“遵循三种思维，围绕三大目标，把握四点要求，着力五项工作，锻造六种品格”的工作总部署。遵循三种思维即用底线思维正视新常态，用进取思维适应新常态，用转型思维服务新常态。围绕三大目标即主体业务稳健增长，价值创造稳步提升，风险控制稳住底线。把握四点要求即全局工作要稳中求进，基础管理要严中求准，转型调整要快中求变，改革创新要虚中求实。着力五项工作即着力“四融”平台建设，在“三农”金融服务上打响品牌；着力业务转型调整，在科学稳健发展上提质增效；着力风险全面管控，在依法合规经营上守住底线；着力机制深化改革，在发展动力转换上力求突破；着力党建统领全局，在从严管党治党上聚焦发力。锻造六种品格即锻造勇于开拓、敢于创新、攻坚克难、奋发有为的精神状态，顾大局、识大体、忠于职守、乐于奉献的无私境界，力争上游、勇创佳绩、天下为公、回报社会的执着追求，在其位、谋其政、看好门、管好人的履职责任；勇挑重担、积极作为、吃苦在前、享受在后的主动担当，饮水思源、投桃报李、视行如己、爱行为家的感恩情怀。围绕工作部署和目标任务，扎实开展“比学赶超”活动，一以贯之狠抓贯彻落实，业务发展实现了积极可喜变化。

二、突出创新引领，持续提升三农金融服务

一是紧盯试点推广抓好“四融”平台。将“四融”平台作为服务“三农”头号任务，制定规划，明确目标，落实责任，加快建设步伐。3月份“四融”手机版APP成功上线，5月份双联惠农贷款实现线下审批线上放款，10月份平台2.0版升级上线，静宁试点形成可复制推广模式。通过举办论证研讨会、“金穗四融 诺奖学者丝路行”等活动，邀请专家会诊把脉，提升平台品质，扩大社会影响。截至年末，共布放“四融”平台终端10 161台，注册平台客户15.44万户，交易金额达到227.20亿元。二是紧盯精准扶贫抓好贷款投放。全年累计发放三农和县域贷款377.93亿元，同比多投19.27亿元，新增72.37亿元，增长14.27%，高于全国农行平均水平5.81个百分点。农户金融上，设计“金穗惠农精准扶贫专项贷款”品种，制订工作方案，积极承担甘南、陇南建档立卡贫困人口金融扶贫工作，共发放贷款21亿元，惠及4.34万户，提前完成当年投放任务；继续做好双联惠农贷款，已累投32万户、221.58亿元，目前无不良；加大新型农业经营主体支持力度，投放贷款74.54亿元。产业金融上，大力开拓县域中高端产业市场，新增“千百工程”十类达标客户135个；积极支持全省“6363”水利行动，投放项目贷款10.23亿元，系统内首笔项目周转贷款落户农行；加大国家粮食安全重点项目支持，累计发放贷款3.32亿元。三是紧盯提质增效抓好惠农服务。加快渠道建设，建成四星级以上精品点2 803个、星级服务点8 414个，对56个低效服务点退出和改造升级，有效服务点占比达82.14%。做实代理项目，新农保独家代理县13家、新增2家，新农合一卡通累计发卡527万张，水、电、通讯等代理项目由74个增至151个。强化科技支撑，在智付通机具上线“定活通”业务，实施智付通转账电话、“四融”平台终

端等机具助农取款、代理缴费等业务的联网通用。四是紧盯薄弱环节抓好县域核心。确定13家强县弱行、13家弱县弱行，出台专项政策和措施，由班子成员和相关部门负责人挂点联系，加大业务指导，帮助解决问题。启动县域支行评价体系，对70个县域支行进行分类认定，对由弱进强的予以奖励，对由强退弱的予以处罚，并与县支行班子成员效益工资挂钩考核。截至年末，全省县域支行存款净增71.92亿元，增长6.58%；贷款净增72.37亿元，增长14.27%。

三、突出优先发展，稳步增强城市业务实力

一是实施城市行优先发展战略。进一步厘清城市行区域布局，全面实施“5115”城市行发展战略，以兰州市一部四行为龙头，以嘉峪关分行和15家城区支行为骨干，构建龙头带动、梯次衔接的发展格局。调整完善城市行加快发展意见，特别是在项目营销、考核激励等方面配套机制，推动城市业务全面发展。二是提升城市对公市场竞争力。以大行业大项目大客户为抓手，以优质中小客户为基础，持续开展“扩户提质”活动，夯实客户基础。注重客户价值回报，对战略性客户实行更具竞争力的定价，实施战略性经济资本和FTP优惠。截至年末，对公存款净增78.30亿元，贡献度56.80%；对公贷款净增156.30亿元，贡献度78.20%；对公中间业务收入比上年多增0.81亿元。三是提高城市零售价值创造力。强化渠道支撑，升级完善网上银行和移动金融服务，调整优化网点布局和提高自助银行覆盖面。强化产品支撑，大力推广高附加值产品，个人新兴业务收入占比提高1.51个百分点。强化服务支撑，健全客户分层分群服务体系，完善零售产品功能组合，抓好优质目标客户渗透，个人产品交叉销售率提高10个百分点。

四、突出提质增效，持续加快主体业务转型

一是在稳存增存中优化客户结构。组织重点客户重点项目重点业务专项营销活动，开展“百千万客户大回访”，新增对公负债类客户5 157户，新开立人民币对公结算账户1 413个。稳步推进大额存单、同业存单等创新型负债工具营销，营销大额存单16.38亿元。持续加快网点转型，在县域空白乡镇新建自助网点281家。二是在加快投放中服务实体经济。积极落实国家和总行支持实体经济要求，与定西、陇南等地方政府签订战略合作框架协议，与省公航旅、省供销联社等单位签订合作协议。支持全省大客户大行业大项目建设，尤其是对总投资2.15万亿元的“六个一批”项目，主动对接、优先受理、快速审贷。加大小微企业扶持力度，达到“三个不低于”监管要求。加快个人住房、个人消费等领域贷款投放，个人贷款净增21.06亿元，增长17.08%。三是在拓展中收中实现多元发展。做大做强支付结算、代理保险等基础中间业务，在让利于社会、收费标准调低的情况下，实现结算、信用卡业务收入持续增长，代理保险实现收入同比多增，对公贵金属、公司代收代付同比翻番。推动投行业务提速发展，永续债、短期融资券、资产证券化等业务实现零突破。加快拓展消费金融等战略性新兴业务，做大信用卡分期等销售规模。

五、突出防微杜渐，坚决守住风险案件底线

一是持续强化风险管控。始终把信用风险管控放在突出位置，按季对辖内法人客户开展摸底排查，对风险客户逐户开展现场评估，逐一提出化解处置办法。扎实开展重点领域信用风险专项治理，加大发现问题整改力度。强化大额风险客户管控，各级行对前10大风险客户实行行领导包片管户。加强中小企业、城市个贷、信用卡透支风险控制，继续对县域行不良贷款率超5%的进行专项治理。二是持续加强“双基”管理。大力实施“内控管理上台阶”工程，深入开展风险排查、“打假”“两违”检查等治理活动，深挖案件线索，全面“扫雷、排雷”。多方位强化柜面业务风险管控，制定并落实营业机构“五不留”“五必须”“十严禁”的“5510”工作措施。强化员工行为管理，排查面100%，并及时落实整改或处罚措施。认真做好BoEing四期上线推广工作，实现系统切换平稳过渡。深入实施安保“44411”行动部署和“633”重点治理工程，全行“三化三达标”优秀率提高6.60个百分点，全年未发生刑事案件和责任性事故。三是持续推进从严治行。采取召开党委会、案件分析会等形式，分析案防形势，统筹案防工作，解决实际问题。召开全省农行警示教育会议，选取违法违纪违规问题典型案例在全省通报，并抽调业务骨干全面督导所辖分支行抓好落实。建立案件查处“三个联动”机制，前中后台部门、上下级行协调联动，开展直查直处，对违规违纪责任人严肃处理。

六、突出党建统领，坚决落实从严治党要求

一是切实抓好“两个责任”落实。将落实“两个责任”作为推进党风廉政建设的“硬任务”，制定实施细则，突出对“两个责任”的监管考核。逐级签订《党风廉政建设责任书》，扎实开展“从严治党、从严治行”基础性专项工作。坚持抓早抓小，充分运用约谈、提示、函询等方式，加强对领导干部的教育、监督和管理。加强纪检监察队伍建设，为18个管辖行异地交流配备专职纪委书记，在天水开展县支行纪委书记派驻试点工作。二是切实践行“三严三实”要求。精心组织专题教育，制订实施方案，坚持“四个突出”，做实关键动作，把“三严三实”全方位融入到经营管理。精心组织专题党课，各级行党委书记、班子成员带头讲授党课，全行累计讲授党课175场。精心组织专题研讨，围绕“严以修身”“严以律己”“严以用权”专题，共学习研讨375次，党委中心组集中学习17次。精心准备民主生活会，充分保证民主生活会每一环节质量，将“三严三实”专题教育引向深入。三是切实提高基层党建水平。强化党建工作考核，增设党建考核指标，2015年初，省分行组织3家单位和1个机关支部开展了党建述职评议，各级行也比照开展了述考评工作。选择2家二级分行开展全面强化基层党建工作试点，为全行摸索经验探索路子。持续加强二级支行党支部建设，有效发挥基层党组织战斗堡垒作用。抓好基层党组织活动阵地的巩固升级，建成和完善党员活动室、活动走廊、活动角159个。四是切实强化领导干部管理。以“五好标准”“七有目标”“六种品格”为指引，进一步调整优化各

级行领导干部。加快年轻干部培养，在全省公选基层优秀年轻干部，选派干部到发达地区行、地方政府等单位挂职。加强干部任期考核，特别是对长期不出勤人员解除劳动合同，对“退二线”干部进一步落实工作任务和考核要求。强化干部日常监督，完善领导干部廉政档案制度，落实任前廉政谈话、廉政提示函等规定。五是切实推进作风建设。深入抓好中央八项规定、总行28条措施的执行落实，认真开展教育活动整改“回头看”，紧盯关键时点加大监督检查力度。组织学习“一准则、两条例”，制定下发专题学习方案，扎实落实重点摘抄、专题辅导等“十个一”规定动作。认真落实“包行包点”和“三深入结对子”，加大对基层帮扶督导力度。深入开展“双学”活动，发扬“五种精神”，涌现出了一批先进典型。持续落实关爱员工30条措施，营造和谐发展的环境和氛围。

【财务会计管理】 一、完善综合绩效考评管理。完善综合绩效考核方案及政策，精简和整合考评指标，突出重点业务考核导向。对绩效考核方案、考核结果定期进行辅导，积极引导业务发展。组织开展绩效自评估，完成绩效考评系统推广应用，保证考评指标的快速提取、考评方案的在线创建和考评结果的准确运算。

二、优化财务资源配置机制。按照“收入不增、费用不增”的原则，完善财务资源配置机制。业务费用以保障业务营运为前提，以管控规范为前提，规范公务接待管理及列支流程，优化集中采购列支事项管理，落实签报登记制度，全面贯彻厉行节约、勤俭办行要求，避免财务资源低效投入。

三、强化固定资产基础保障。积极做好投资计划分解，充分发挥资源保障支撑作用。加强车辆管理，出台业务用车管理细则，细化和明确业务用车标准和管理职责。根据有关规定，对领导干部办公用房多次进行清理。严格项目立项审查，督促工程施工进度，确保项目及时完工、尽早发挥效益。

四、规范集中采购运行管理。完善集中采购相关制度，制定系统采购目录，优化采购项目，适度下放采购权限。针对在采购过程中存在的问题，优化采购谈判文件、评审流程，提高采购效率和风险防控水平。积极开展集中采购后评价工作，征询采购物品的质量及售后服务意见。

五、不断加强中间业务管理。组织开展中间业务收费检查，两次配合省银监局开展不规范收费清理检查，组织开展商业银行收费“回头看”活动，对检查发现的问题进行及时整改。重新制定2015版服务收费价格目录，积极贯彻让利社会、让利实体经济的减费政策，压降收费项目数量37%。

六、切实做好会计基础管理。在做好会计基础管理工作的同时，加强财会系统管理，根据BoEing四期上线投产要求，认真做好IFAR系统对接及业务核算演练。完成新会计科目启用工作，对“三大表”进行核对，确保新旧科目切换后，报表数据的正确、连贯。

七、全力抓好财会风险管控。认真开展“双违”检查，结合内控上台阶工程，对屡查屡犯的问题进行重点治理。组织开展上、下半年财会尽职监督检查，全程跟踪整改，逐一落实责任人。组织开展财务开支风险评估和财会资金风险自查，对检查发现的问题及时进行整改。加强对财务报账资金流向监控，对资金流向有异常的行及时警示，降低财务资金管理风险。

八、加强从业廉政建设工作。组织开展“一准则、两条例”学习，提高党员修养。严格落实党风廉政建设有关要求，组织开展财会条线合规文化建设活动，收集全行典型事件制作警示教育案例，并组织2次宣讲。召开财务政策宣讲会，加强部门及条线廉洁从业教育，改变工作作风，提高执行力，不触政策红线，不碰制度高压线。

（邱　琦）

【资产负债管理】 一、突出多维度综合管理，推动负债业务平稳增长。一是完善计划管理模式，采取计划下管一级措施，增强计划的一致性和权威性，引导各经营行负债业务稳健发展。二是加大计划推进力度，重点督导季度计划完成率低于80%的行。在重要节点，强化检测督导，积极促进各行稳存增存。三是加强存款偏离度管理，按月制定下达存款增量上下限计划，严格区间管理，确保偏离度控制在计划之内。截至年末，各项存款时点余额居四大行首位，巩固了可比同业优势。

二、突出多元化投放管理，推动资产业务较快增长。一是引导信贷多元化投放，大力支持大客户、大行业、大项目贷款，优选中小微企业，增加存量用信和拓展新增客户，落实精准扶贫要求，加大“三农”县域、涉农贷款及精准扶贫专项贷款投放力度，努力拉动全行贷款较快增长。二是强化信贷投放管控，针对信贷投放持续缓慢的问题，加大分行部门间的协调推进力度，不定期由主管行长召集信贷投放协调会议，分析原因、落实项目，努力推动贷款投放。三是加大重点区域规模配置，重点加大兰州等重点城市行规模配置力度，全力支持其争取系统内“三大”客户的联合贷款。不断加大对陇南分行和甘南分行农户小额贷款信贷规模的配置力度，加快精准扶贫专项发放进度。全年各项贷款净增199.78亿元，增幅达19.19%，创历史最高水平。

三、突出差异化配置管理，推动资本节约型发展。一是完善差额配置政策，采取存量不保底、差额靠优化、增量凭效益的配置办法，严肃预算管理，促进各行实现资本管控目标。二是强化条线计划管理，横向向前台各部门下达经济资本控制目标并纳入部门绩效考核。三是加强资本价值引导，对AA级以上客户贷款，经济资本占用下浮，对BBB+级以下客户贷款占比上升的行，经济资本占用上浮2个百分点，鼓励全行加大新增高信用等级客户的发展力度。

四、突出市场化定价管理，努力稳定存贷利差水平。一是加强利率定价机制建设，明确贷款利率定价和存贷款利率转授权流程，加强存贷款定价与价值回报的联动管理，提升利率定价管理水平。二是实施差异化定价策略，实行贷款分类定价管理，个人贷款按产品定价，法人贷款一户一价，结合差异化的经济资本回报率要求，严控新增法人客户下浮利率贷款占比。三是强化存款付息率、贷款收息率、存贷利差、下浮利率贷款占比管理，对“两率、一差、一比”出现较大变动的行，下发整改通知书，并结合定价授权管理，依据整改情况调整存贷款转授权。

五、突出集约化营运管理，努力提高资金营运效益。一是健全资金管理制度，制定《甘肃省分行流动性事件应急预案》，逐步建立科学有效的流动性突发事件防范、预警和处置机制，提高全行应对和处置流动性突发事件的能力。二是强化备付金及资金预报偏离度考核，日监测、周督导、月通报、季考核，并建立成本分摊机制，强化奖惩，努力提高资金使用效率、降低大额资金预报偏离度，全年日均备付金率0.72%，在全国年度考核中排名第一。三是加强全额资金运行的监测与分析，对全行FTP计息产品、内部资金收支数据进行多维度加工分析，通报全行资产负债期限结构及成本占用收益情况，引导各级行不断优化资产负债结构。

（孙　磊）

【信用管理】 一、加强信贷政策指导和执行。按照总行2015年信贷政策指引和“三农”信贷政策指引，有针对性地提出贯彻落实意见和要求，促进信贷业务健康可持续发展。研究并提出全行2015年信贷业务转授权方案。先后完成“三农”特色押品贷款情况等30多项信贷政策及业务的调研和后评价工作。促进全行信贷业务发展。积极主动配合相关部门，推动全行性重点工作的开展。强化对基层信贷制度执行及业务经营指导，做到既促进业务有效发展，又有效防范和控制风险。

二、加强信贷风险监测和控制，切实化解信贷风险。筛选出150户法人客户，建立重点法人客户监测样本库。做好潜在风险客户退出工作，确保压降计划全面完成。制定《关于信用风险化解客户名单制管理及方案审批有关事项的通知》，实行名单制管理，有效化解风险。做好担保机构风险管理工作，全年共审核政策性担保公司增加合作额度事项16笔，完成全辖74家担保公司的年度复审。组织并完成辖内52家评估机构2014年度评价工作，审查批复7家评估机构准入事项。

三、强化重点领域风险管控，严守风险底线。强化担保圈专项治理工作，全年共化解担保圈风险贷款13户1.95亿元。制定《2015年重点领域信用风险专项治理实施方案》，共排查法人客户1 218户，涉及贷款金额687.60亿元，整改率达到90%以上。先后开展法人客户财务报表数据清理整改、保理业务核查、危险化学品抵质押风险排查等工作，督促相关行抓紧整改，杜绝风险隐患。

四、强化信贷基础管理，提升信贷管理水平。做好用信管理，全年共审核各行上报用信审核事项50笔，确保批复要求落实到位。加强担保及押品管理，进一步提升并规范押品缓释风险效果。做好各项信贷检查，对检查发现问题整改情况进行跟踪督促，确保问题整改到位。扎实推进“三化三无”支行创建工作，推动信贷基础管理水平不断提高。推进法人信贷业务放款中心建设，各管辖分支行法人放款中心于2015年12月1日起全部集中办理放款业务，运行顺畅。严格落实贷后管理例会制度，全年共组织召开省分行贷后管理例会2次。加强C3系统应用维护，强化C3系统支撑，全面启动了C3合同打印功能推广应用，得到总行通报表扬。

五、加强队伍建设，创建合规信贷文化。加强员工培训，举办两次信贷业务培训班，切实提高了信贷从业人员业务素质。做好“包行包点”和强县弱行、弱县弱行帮扶脱困工作。认真履行“一岗双责”，加强党风廉政建设，扎实开展“三严三实”专题教育活动。

（董建中）

【信用审批】 一、明确重点，积极支持实体经济发展。共受理和审查审批各类信贷业务1 438笔，涉及金额498.40亿元，较上年增加358笔、134.50亿元。其中，投放项目贷款108.25亿元，重点支持了民勤红崖山水库、中川铁路、中川机场等一批国家及省列重大投资项目；投放新能源建设贷款99.69亿元，积极支持风电、光电、水电等清洁能源项目23个；投放“三农”贷款360.14亿元，有效支持了现代农业、特色产业、农田水利、基础设施、城镇化及双联惠农贷款、精准扶贫贷款、“四融”平台建设；发放小微企业贷款151.88亿元，达到了“三个不低于”监管要求；审查审批个人贷款62笔，金额3.09亿元。

二、优化流程，切实提高审查审批质效。建立“会诊把脉”机制，对风险较大或难以把握的业务，打破上下级行和部门条块分割，组织不同层面人员集中研究分析，确定审查策略。严格执行限时办结督办机制，对具有垄断优势、区域资源优势且同业竞争激烈、办理时效要求高的客户，开辟绿色通道，急事急办。对涉及“四融”平台、大型农田水利建设、精准扶贫贷款、双联惠农贷款的信贷事项集中专门审批资源，实行特事特办。对总行核心客户、行业重点客户，国家级、省级重点项目，推行平行作业，审查关口前移。审查和审批平均用时较上年分别减少10.43天和2.70天。

三、严防死守，有效提升风险管控水平。严格准入条件，对不符合国家产业政策、项目合法性手续不齐全、信用需求虚假、效益明显下滑的信用业务，坚决予以否决，从源头上有效控制风险。把握风险重点，对信用风险暴露较多的重点行业，产能过剩严重的重点领域，存在本息逾期、资金转移挪用、生产经营大幅下滑的重点客户，从严审查审批，原则上不新增授信。加强监督检查，对11户重点风险客户进行了现场排查，开展了省分行审批信贷业务后评价，对全省所有二级分行（直属支行）安排进行了信用风险排查和尽职监督检查。

四、强化基础，加强部门履职能力建设。强化制度建设，制定全省农行2015年信用审查审批工作要点，对利率定价范围、审批流程、C3系统操作要求等进行明确和规范，进一步明确了部门人员职责和业务分工。从推广运用总行《信贷审查手册》、规范审查报告入手，着力提高审查审批标准化水平。加强队伍建设，建立部门集中学习制度。派6人参加了总行信用审查培训班，共373人次参加了总行在线培训。33人参加了分行信贷条线业务骨干培训班，44人参加了农银大学甘肃分校风险板块集中培训。加强作风建设，牢固树立服务基层意识，认真开展“三严三实”和“一准则、两条例”学习教育活动，积极落实“一岗双责”，将党风廉政建设贯穿到业务经营活动之中，与业务工作同部署、同落实、同提高。

（苟益铭）

【风险管理】 一、重点加强信用风险管控，全力维护资产质量稳定。主动对重点风险客户组织开展现场风险评估，督导经营行用好用活总行风险化解政策，积极救治问题客户，化解当前风险。多维度定期监测总体资产质量和法人客户风险变化情况，揭示风险隐患。按季下达不良和逾期贷款控制计划，实时监测，及时督导。牵头组织相关部门会商风险事件，研究风险处置对策。加强“三农”县域风险管控，对业务品种不良率和支行不良率超限的进行重点监测、分析，下发风险提示。

二、加强评级监测和动态调整，提高评级审慎性、准确性。组织完成1 603户法人客户年度评级工作，严格评级推翻标准，对70户高等级客户进行了评级抽检。年度评级后，对72户受经济下行影响较大、存在风险隐患的客户进行评级重检和评级自检，下调级次29户。进一步加强负面展望客户清单管理和个贷违约监控，前瞻性管控风险。修订年度评级偏离度考核方案，加强评级管理奖惩力度，引导管辖分支行不断提高评级管理工作水平。

三、坚持审慎风险分类，客观反映资产质量。按季组织完成法人客户贷款分类测评，不断夯实风险分类基础管理。加强在线监测，对分类不准的贷款及时进行提示和纠改，确保分类准确。对重点领域、多次逾期等高风险客户持续开展风险排查和评估，实地走访部分钢贸企业，结合非现场监测情况，制定并落实风险控制措施。对部分违约集中的行业客户贷款持续进行筛查，定期开展风险评估，做好应对准备。

四、精细经济资本计量分析，有效促进业务调整优化。加强条线岗位职业轮训，深入管辖分支行进行现场培训指导，加强风险资本约束理念传导。逐月核对、计量、分解、分析三大风险经济资本占用，落实总行经济资本相关优惠政策，做好“隐性”集团客户标识和评级不实纠偏工作。进一步规范减值测试管理，审慎评估不良贷款风险，按所在级次最高比例计提减值准备，不断提升贷款损失准备充足率。

五、加强操作风险管理，严防各类案件发生。主动收集各种操作风险信息，及时下发风险提示，督促整改。加强风险事件报告考核，全行主动报告风险意识明显增强。认真组织开展21个条线操作风险自评估和案防工作、第三方支付等专项风险评估工作，评估质量不断提高。加强信息科技风险监控检查，配合做好声誉风险和员工行为排查。强化关键风险指标监测管理，按月对19项关键风险指标打分考核。

六、严格风险管理考核，正确传导总行管理意图。修订完善风险考核方案，增加“不良贷款余额控制计划偏离”指标，对不良贷款率指标设置资产质量改善和恶化的加扣分项，强化考核激励引导作用。按月监测相关风险考核指标变化情况，做好季度和年度风险考核结果预测，提前采取措施力促弱项指标改善。按季对管辖分支行和横向部门开展风险考评工作，分析关键指标，查找薄弱环节，提出改进意见，不断提升风险管理水平。

（李　建）

【特殊资产经营管理】 一、有效管控，着力提升自营不良贷款清收处置成效。实行差异化清收处置。将全行所有法人不良贷款纳入名单制管理，逐级逐项目落实管户责任。将存量资产细分为9类，实行差异化处置，全年通过多种方式处置法人不良贷款1.54亿元。持续加大呆账核销力度。明确以法人不良贷款、涉诉不良贷款和银行卡透支作为核销重点，逐级细化任务，锁定核销项目。各级行积极组织开展核销项目材料组织、审查、审批等工作，不断加强业务监测督导，努力运用核销手段压降不良贷款。强化已核销呆账的管理和清收。制定下发《关于进一步加强已核销贷款清收管理工作的通知》，明确管理职责和内容，加强条线指导。通过行政推动和激励政策，引导各行加大已核销贷款清收处置力度。

二、攻坚克难，切实加快委托资产处置进度。实现委托资产批量转让业务新突破。经过扎实评估、组织买方尽职调查、多轮营销推介、四大公司公开竞价，成功批转了定西分行委托资产包。总结整理了委托资产批量转让业务操作模版。加大重点类资产清收挖潜。以总分行直管项目、大额项目、有潜力项目为重点，发挥系统联动优势，实施重点攻坚，充分运用减免息、诉讼追偿、委外清收等方式收回法人委托资产7 718万元。组织开展存量资产摸底调查。对剩余117.51万户委托资产组织开展分类梳理及尽职调查工作，摸清了底数，逐项目列出清收处置推进计划，明确了今后一个时期主攻方向和序时计划。

三、强化管理，确保特殊资产经营工作有序开展。推行包片分层处置。将18家行分为6片，省分行特殊资产经营部员工每人包挂一个片区，负责监测督导，将片区行工作成效与包挂员工绩效考核挂钩。扎实开展各类监督检查。组织开展条线“两违”“两严”检查；针对呆账核销业务组织开展了操作风险自评估工作；对9家二级分行开展了尽职监督现场检查。坚持定期监测通报制度。按月分析通报经营中存在的问题，强调下一步工作，定期编发《甘肃分行资产处置动态》，加强信息沟通与交流，通过发送贺信、业务提示函等方式在条线营造比、学、赶、超发展氛围。加强业务培训。组织开展特殊资产经营条线50多人的岗位职业轮训以及呆账核销、批量转让等专题培训工作。认真落实“一岗双责”。不断加强条线党风廉政建设和工作作风建设，强化条线人员党章意识、宗旨意识和自律意识，坚持依法合规、廉洁从业、严守底线，切实防控各类处置风险。

（乔　莉）

【现金管理】 2015年1月，结算与现金管理部职能调整，更名为现金管理部。

一、积极行动，现金管理客户营销成效显著。采取省、市分行上下联动、创新产品组合等营销策略，开展目标营销，重点核心客户营销取得实效。先后与甘肃省农垦集团、祁连山水泥集团成功对接ERP系统实现银企直联，现金管理上线账户99户。为白银公司量身制作现金管理服务解决方案，并成功上线现金管理平台，实现其在农行22个账户的电子化管控。通过了解客户新需求、新动向，及时向存量客户推介营销现金管理新产品，加强后续跟踪服务。成功为金川集团财务公司提供美元、欧元、日元3个币种的外币现金管理服务；迅速响应甘肃省新华书店飞天传媒公司实施收支两条线资金管理需求，成功营销上线56个下属县级新华书店共116个收、支账户；为中铁二十一局增加省外归集账户近10户，有效归集省外工程项目资金。

二、双管齐下，对公结算账户营销稳步推进。开展实时监测，认真督导业务营销。通过CCRM系统实时开展监测，采取电话督导、按周通报、下发提示函、上门座谈等多种方式督促各行稳步推进业务发展，落实账户营销完成情况，探讨破解制约业务发展瓶颈的有效措施，合力推动对公结算账户的营销。组织开展人民币对公结算账户“扩户提质”营销活动，评选奖励活动开展中成绩突出的二级分行、营业网点和个人，全面激励和带动全行员工开展账户营销工作，以赛带学、以赛促练，形成比、学、赶、超的良好营销氛围，全面推进对公结算账户扩户提质。

三、专项营销，强化单位结算卡营销推广。通过送教上门，向客户经理和网点柜员面对面介绍单位结算卡营销亮点和业务操作，及时解答遇到的问题，确保单位结算卡业务知识培训及时到位。通过在营业网点张贴海报、摆放宣传折页、显示屏滚动播出、微信平台推送消息等方式，全方位宣传农行单位结算卡的便捷性、安全性。充分向客户推介农行单位结算卡“7×24小时服务、全国通存通兑、安全防控到位和零费率”的优势特点，快速提高农行单位结算卡的市场占有率。

四、防控风险，确保现金管理业务合规发展。组织开展现金管理业务尽职监督检查。主要对现金管理、对公账户营销、单位结算卡等业务开展检查，特别是对现金管理业务档案资料的完整性、规范性进行了彻底检查，进一步防范和化解了现金管理业务风险。组织实施单位结算卡业务操作风险评估，查找在单位结算卡业务办理中存在的问题和风险，在分析风险事件、风险隐患的基础上，提出整改意见，建立健全业务风险控制机制，防范同类风险问题的再发生。

（梁　富）

【运营管理】 一、多措并举，抓好案件风险防控。实施高风险单位名单制管理，筛选60个基础薄弱网点，进行重点治理。开展电子验印系统和验印业务风险评估。先后开展个人账户身份信息真实性核实、开户业务、大额和异常交易、支付密码管理、印章管理、重要空白凭证和柜员现金箱管理等重点业务风险排查和专项检查。开展上门对账工作，全面排查账户风险，规范账户管理，增强银企关系，对账率达到99.98%。大力推广电子渠道对账和支付密码，电子对账签约率（万元以上）达到75.08%，支付密码推广率（万元以上）达到87.36%。落实金库“六亲自”制度，加强金库撤并集约化和金融机具精细化管理，加大金库突击检查的高压态势，在节假日敏感时期，行领导亲自带队，对金库开展风险排查。按照人民银行要求，顺利完成新版人民币的发行流通，确保羊年贺岁币、抗战币、航天钞、航天币的发行兑换工作平稳有序开展。

二、精细实施，夯实运营管理基础。在营业网点开展“五不留”“五必须”和“十严禁”的“5510”管理措施，规范营业网点运营主管和柜员的日常行为管理。在全行开展“十严禁”巡回宣讲活动，树规范、抓典型、严处理。开展“三化三铁”创建，采取“背靠背”检查模式，对营业机构和运营中心进行考评验收，通过总行考评验收的“三铁”营业机构达到98个。不断优化流程和系统建设，顺利完成BoEing系统切换投产工程，加快“超级柜台”推广应用，先后推广上线柜面信息交互、冠字号码查询、非现金物资配送、存单影像留存、自助回单打印、指纹管理等系统。

三、提质增效，强化运营服务保障。加强支付系统应用，加大票据反假培训，全面推广使用票据鉴别仪。规范网内往来、银行汇票、银行本票、漫游汇款和授权委托开户业务操作。严肃清算纪律，改进清算流程，优化系统内往来、收益类、费用类和银行卡差错资金四类业务操作流程，落实系统内账户对账管理，做好业务响应、司法查询、数据清理、差错处理、机具运维、凭证和档案管理等工作。开展柜员等级评定，调动柜员工作积极性。成功举办全省农行第十届业务技术比赛，推动柜员岗位练兵。举办三期条线人员岗位轮训，对4个分行进行“帮扶送教”活动。加强柜员“三基本”学习，抓好“每日一练”和“自由测试”工作。四是提升业务响应专家水平，加强响应时效和满意度管理，做好基层疑难解答和柜面业务指导，提高业务响应质量和效率。

（李万平）

【科技与产品管理】 一、坚持稳定优先，确保生产运行安全。提升规范化管理水平。严格执行农总行生产运维操作规范和ISO20000IT服务管理体系，确保生产运行各环节规范化、标准化、流程化，生产运行管理水平显著提升。加强应急管理。修订完善突发事件应急处置预案，丰富演练场景，按季组织开展主机、网络和重要信息系统应急演练，全程参与租赁机房基础设施应急演练，提高突发事件应急处置能力。加强灾备管理。不断完善灾备体系建设，组织辖内营业网点开展灾难恢复业务级演练，模拟二级分行发生突发性灾难事件时，通过3G无线灾备系统直接接入省分行恢复生产，进一步提升系统接管能力。

二、坚持产品创新，服务全行重点工作。“四融”平台建设成效显著。手机版“四融”平台于2015年3月26日正式上线运行，PC版、终端版功能不断优化完善。截至年末，全行布放惠农服务终端10 106台，平台注册客户15.44万户，累计交易227.20亿元。BoEing工程（新一代核心银行系统）顺利收官。10月7日，全行零售、信用卡、运营与公共应用等多项核心业务和住房公积金、财政非税、烟草资金配送等32个本地系统顺利进入BoEing系统运行，全辖597家网点、4 600多台终端同时对外营业，标志着历时4年、分期建设的BoEing工程全面收官。

三、坚持优化架构，提升系统服务能力。新一代网络架构顺利落地。历时4个多月时间，完成了省分行数据中心网络割接和融合、二级分行网络融合以及UTM设备的全省推广，进一步优化整合网络资源，实现网络架构由“生产/办公网”向“服务/用户网”的转变，核心网络服务水平和安全水平有了质的提升。省分行数据中心机房建设正式启动。农总行10月份正式批复立项省分行数据中心机房建设项目，并配套相应的资金计划。第一时间安排专人，进一步完善设计方案，截至年末基本完成所有招标采购工作。

四、坚持突出风险，强化信息安全防控。开展重要信息系统安全等级保护测评。按照农总行和监管部门要求，7月份组织第三方测评机构对定级为三级系统的“分行二级骨干网”进行了现场测评。扎实开展检查整改工作。先后组织开展了重要应用系统风险评估、重要系统和重点网站安全自查、网络安全自查、运维操作规范等专题风险排查和尽职监督检查，对检查出的各类风险隐患，建立详细的台账，逐条研究整改措施，及时整改，由于客观条件限制短期内无法整改的，逐项研究制定防控措施。

(他福胜)

【大客户业务】 一、贷款增量、总量双双迈上新台阶。全年大客户业务板块通过加紧信贷运作、加快储备转化、细化目标任务、争取系统支持等有效措施，超额完成了全年贷款投放计划，累计投放贷款238.42亿元，累计收回贷款131.11亿元。截至年末，大客户业务板块本外币贷款余额达到504.10亿元，分别占全行各项贷款余额的40.63%和法人贷款余额的56.94%，贷款总量突破500亿元大关；全年新增贷款107.30亿元，分别占全行各项贷款增量的53.72%和法人贷款增量的68.65%，年增长率达到27.20%，高出全行平均增长水平8个百分点，贷款增量和总量双双迈上新台阶。

二、营销客户效果显著。全年大客户业务板块紧紧围绕“大城市、大行业、大项目、大客户”的发展方向，持续加强对新客户和新开工项目的营销力度，狠抓重点领域和重点项目带动，客户群体显著扩大，业务体量快速增加，大客户板块在对公业务发展中的主体地位更加凸显。截至年末，大客户板块核心客户达到163户，其中央企131户、占比80.36%，分属31家央企集团；省属企业23户、占比14.11%；民企9户、占比5.53%；较年初新增18户（央企14户，其他企业4户）。基本实现了对央企落地公司、总部在兰企业的全覆盖，并实现了多数央企新落地公司的增量扩容。成功与甘肃省公航旅集团签订战略合作协议，信贷介入西部地区首个立体交通枢纽中川铁路项目，并实现了民航系统的业务破零。

三、中收业务取得重大突破。全年大客户业务板块所属客户全年实现中收3 299万元，涉及黄金租赁、债券发行、国际业务、保函、托管等多个业务品种，高端投行收入已成为大客户中收的主体来源，与投行部门联动推进公司业务投行化的协作机制日臻成熟。

四、严控法人客户信用风险。全年大客户业务板块积极在服务“稳增长”“调结构”中，甄选行业产业，区分项目客户，抓好结构性调整和前瞻性退出，提前缓释和化解风险隐患，坚持底线思维，严格把好贷前准入、贷后管理、风险监测与风险处置四大关口，突出对重点领域和重点客户的限额管控及风险排查，不断强化信贷全流程风险管理，确保了大客户板块资产质量的稳定。

(李　斌)

【公司业务】 一、客户建设深入推进，“量质”实现双提升。主动应对经济新常态，始终将客户建设作为工作核心，持续开展“扩户提质”活动，全力推进客户建设，客户基础得到有效夯实。重点加大对实体经济的支持力度，紧盯大城市、大行业、大客户、大项目等领域，持续加大市场营销力度，成功拓展培育了一批优质客户。截至年末，全行对公客户达到4.50万户，较上年增加0.52万户。

二、对公存款稳定增长，总量稳居四大行第一。积极应对经济下行、利率市场化、同业竞争加剧等内外部形势挑战，进一步深化落实对公存款“664”战略战术和基本方法，坚持“量质并重”，抓源头、抓渠道、抓增量，有效促进了对公存款稳步增长。截至年末，全行人民币对公核心存款余额达到914.10亿元，较年初增加78.30亿元，总量稳居四大行第一位，份额较年初提升1.10个百分点。

三、对公贷款加快投放，资产结构有所优化。立足甘肃实际，进一步加大对钢铁、煤炭、有色等省内传统支柱产业、行业的营销和投放力度，大力支持企业生产建设、产品结构调整和产业转型升级。同时，牢牢把握供给侧改革“去产能、去库存、去杠杆”的主旋律，加大对战略新兴产业和绿色信贷的支持力度，加快推进业务转型发展步伐。截至年末，全行对公贷款余额885.50亿元，较年初增加156.30亿元，同比多增17.90亿元，增量居四大行第一位。

四、中间业务稳步发展，较好完成计划任务。主动适应总分行级核心客户、新建在建重大项目、世界500强在甘企业、省内“走出去”企业的多渠道融资需求，积极营销拓展债券承销、股权融资、理财融资以及银团贷款、并购贷款等业务，丰富融资手段，有效提升了综合营销能力。同时依托重点客户加大国内保理、代收代付、担保承诺等重点产品的推广力度，巩固收入基础，扩大业务总量。全年实现公司业务部条线中间业务收入644万元，完成年计划的107.40%。

五、坚决守住风险底线，资产质量保持稳定。面对严峻复杂形势，始终坚持客户拓展与风险管控两手抓、两手硬，牢固树立“控险是第一责任”的经营理念，全面加强对公信贷风险管控，严防资产质量劣变，坚决守住风险底线，对公资产质量保持了总体稳定可控。贷后管理持续加强，重点领域信用风险、限额行业贷款得到有效控制，对重点客户逐户落实管控措施，实行名单制管理，对风险客户采取措施及时进行了化解和处置。

(魏福星)

【小微企业金融业务】 一、转变经营思路，落实监管新要求。围绕银监会提出的“三个不低于”监管新要求，及时转变思路，增强服务能力，重点盯住贷款增速、贷款客户数和申贷获得率等指标，加大信贷规模配置力度，落实小微企业金融服务政策，提高专业化经营管理水平。加强小微金融业务考核，下达小微企业贷款增量、增速和客户增长任务，将贷款增量和“三个不低于”目标纳入考核范畴，业务发展情况与各行的绩效情况挂钩。

二、加大支持力度，积极推进贷款投放。积极贯彻国家“大众创业、万众创新”政策，明确支持重点，围绕重点行业、重点区域、重点客户和新兴领域，打造优质小微企业客户群，实现扩户提质目标。下达专项计划，安排专项信贷规模，优化资源配置，落实贷款资源保障。加大小微专项金融产品推广和应用，大力推广简式贷、厂房贷、银票通等重点产品，拓宽小微企业融资渠道。全年贷款投放圆满完成小微企业“三个不低于”监管目标。

三、开展多项活动，提升经营服务能力。通过“比学赶超”活动、银政园企对接会等多种宣传营销活动，搭建多层次、多领域的营销平台，做细做实小微金融业务经营管理。加强外部交流合作，与银监局小微企业金融服务宣传月活动、工商局支持非公经济活动同部署，与全省各级税务部门广泛开展银税合作，共同支持小微企业发展。充分利用电视、报纸、网络、微信等多种媒介开展小微企业金融政策和产品宣传，提升服务小微企业形象。

四、强化风险防控，保持业务稳健经营。牢固树立依法合规、稳健经营的理念，根据经济形势，前瞻性、预见性地做好风险管控工作。认真开展“两违”专项检查、“简式贷”风险管理等专项活动，强化案件防控，针对小微金融业务的薄弱环节和风险高发部位，加强业务督导和风险管理。通过C3在线监测等手段，做好贷款到期收回和再投放工作，加大风险客户管理力度，运用多种手段及时化解风险。组织开展小微企业金融服务监管政策落实情况检查，对发现的问题及时整改和完善。

（王志强）

【机构业务】　一、千方百计抓客户资源，进一步提升机构类对公存款贡献度。主抓社保。重点跟进机关事业单位养老保险改革进度的同时，持续加强对社保“五险”账户和资金营销，加大对社保财政专户、收入户和支出户等重点账户和基金的营销力度。紧盯财政。从源头上把握财政资金的开户、划拨信息，重点营销“专项资金、预算外资金、国库定期存款”三类账户和存款。全力参与甘肃省财政厅“国库集中支付、省级非税、专户开立”三大项目的招投标，并全部中标，签订了相关业务代理协议。深化与地方政府对接。积极参与甘肃省政府发债承销，为甘肃省政府进行评级、授信，成功取得政府债主承销资格，为甘肃农行与省级政府深化合作奠定了坚实基础。先后与甘南、酒泉、陇南、定西、临夏5市（州）政府签订《战略合作框架协议》，为相关二级分行与当地政府部门的深入合作奠定了坚实基础。

二、形式多样促转型升级，进一步推动代理保险业务再创新高。代理保险业务发展稳中有进，实现了近3年来增速和计划完成率首次第一，并提前3个月完成全年计划。抢抓市场先机。积极开展了“开门红”“比学赶超”“寿险转型”等营销活动，以提升点均产能和网点活动率为抓手，突出对固定收益类产品和高保障产品销售，确保旺季更旺、淡季不淡。突出核心合作。按照公司实力、产品情况、保费占比评价，突出与五家核心保险公司的战略合作，提高业务综合贡献度。积极推动营销模式转型。一方面加大对满期保险客户的挖潜力度，另一方面积极拓展对公、“三农”、个贷、电子银行渠道。

三、多方联动抢占市场，纵深推进托管业务实力全面提升。多方联动，促进托管业务收入多元化发展。联动投资银行与金融市场部，形成系统合力，走访证券公司、信托公司及基金公司等客户，探寻客户需求，拓宽收入渠道，提高服务能力。强化系统操作，提高分行自营托管业务营运服务工作，提升客户服务能力及满意度。三是强化营销，实现养老金规模快速增长。以机关事业单位养老保险改革为契机，推动企业年金、职业年金快速增长。

（赵亚萍）

【金融同业业务】　一、成立金融同业部。2014年末，金融同业部成立（二级部），专司同业市场相关业务。成立之初挂靠投资银行与金融市场部，后调整至机构业务部。

二、以拓户增质为目标，不断加强客户基础建设。加强与本地券商、商业银行等客户的合作，营销华龙证券日均存款19.70亿元；吸收银行合作性存款78.50亿元，营销合作性存放同业45.50亿元，理财同存222.50亿元，业务覆盖面和同业知名度进一步扩大。坚持走出去营销，弥补甘肃同业客户少、质量低等先天不足，借助电话、微信等手段，拓展积累同业客户300余家，营销合作性存放同业28.70亿元，吸收合作性存款172.80亿元。

三、以价值创造为导向，大力发展同业融资业务。以同业融出业务为抓手，合作性存放同业、理财同存业务规模分别达71.20亿元和222.50亿元，实现净利息和中间业务收入2 688.40万元、20 860万元，条线收入贡献度达75%和71.60%，综合效益突出。持之以恒地灵活参与竞价，全力提升资金市场信息捕捉能力和竞价交易水平，积极把握国家政策变化带来的契机，采取灵活报价策略，在总行指导价以下减点报价，拓宽收益空间。抓住自营与理财利率契合时点，营销理财资金对接同业存款，以融出带动融入业务增量提质，吸收非银类合作性存款45亿元。

四、以稳固拓新为重点，推动中收多元化发展。做好第三方存管、同业代理等传统业务增收工作。年内新增第三方存管有效户6.28万户，实现存管业务收入470万元，带动银行卡、网银8万余张（户）；实现代理银行类现金领缴、寄库业务收入359万元。着重提升理财同存业务收入贡献度。积极争取总行政策，加强与当地股份制银行合作，坚持常态化询价报价，提高撮合成功率，实现手续费收入1 860万元，同业中收贡献度超过60%。创新业务拓展中收来源。争取总行支持，开展理财资金投资他行理财产品、结构性同业存款等创新业务，实现手续费收入226万元。

五、以培训宣导为抓手，促进同业业务推广普及。利用会议、培训等机会，向各级行反复宣传同业业务在改善资产结构、提高资金运营收益方面的优势，提高各行对同业业务的重视程度。组织召开兰州市一部四行同业业务研讨会，共同为业务发展出谋划策。采取引进来、走出去的方式，积极学习、借鉴兄弟行先进经验和最新产品，指派专人去总行、二级分行到省分行跟班学习，不断提升业务技能。建立“甘肃分行金融同业群”交流平台，按日公布资金价格、成交情况和最新政策，为各行提供智力支持。

（马鹏飞）

【零售银行业务】 贯彻储蓄“242”战略，全方位推进个人存款工作。立足城乡两个市场，狠抓营业网点和惠农服务点的建设，开源头，拓增量；狠抓“四个高地”建设，全力服务中高端优质客户。以“春天行动”“激情仲夏”“赢在金秋”“年末冲刺”综合营销活动为契机，掀起综合营销热潮，推进了个人存款业务发展。发挥理财产品对个人存款增长的助推作用，细化完成了理财产品与个人存款的转化承接，保证客户资金在本行“体内”循环，确保了月末、季末时点竞争力。

二、保持资产质量稳定，积极推进个贷业务有效投放。重点支持具有行业优势、发展前景看好的优质中小客户和个人客户群体。加大对二手房贷款的营销，以“薪保贷”“余值贷”等新产品为抓手，推动个人消费类贷款的营销和投放；向总行级“百强”专业市场及其他优质专业市场内商户发放个人经营类贷款，加强与公积金管理部门的协调，积极营销和办理公积金委托贷款业务。

三、创新业务思路，力促中间业务收入稳步提高。紧抓旺季营销、推广批量定制，提升贵金属业务综合竞争力。创新活动展销模式，以现场集中展销新模式开展“健康银杯”定制项目，提升了零售产品批量营销整体水平。以时点对接产品、本金留存产品、开放式产品为重点形成营销合力，促进对私理财业务规模增长，提升了业务综合创利能力。丰富实物贵金属优惠措施，配合营销活动设定更具有吸引力的优惠额度，建立了“特事特办”的临时优惠申请机制。

四、网点建设有效推进，文明服务水平逐步提升。制定《2015-2017年网点布局规划》，构建“总量控制、功能互补、服务高效”的网点网络体系，完成2014年度网点数据普查；完成10家分理处由二级支行的升格。对城关区内“一部三行”营业网点进行了布局调整优化。制定了《网点标准化管理实施方案》，推动营业网点实现由“交易结算型”向“营销服务型”转变，打造18个标杆营业网点，并参加全国网点标准化管理“PK”赛，在总行西北区评比中名列第1，进入全国10强；积极参加中国银行业协会举办的“中国银行业文明规范服务星级网点”评选，其中五星级、四星级和三星级各有2个网点入围，通过率位居同业前列。

五、多策并举，实现借记卡业务新突破。依托综合性营销活动做好借记卡业务营销工作。针对贵宾客户，积极实施客户升级计划。对于不动户和睡眠户，借“换芯”之机，加大睡眠卡刺激力度，达到“唤醒”效果，实现年费、小额账户管理费的增长。依托商惠通卡做好商圈类个体工商户等结算业务需求旺盛的个人客户营销工作，有效改善个人客户结构。完成平凉公交一卡通行项目的落地实施，通过IC卡行业应用项目有效带动了借记卡发卡量和储蓄存款的稳定增长。

六、挖潜增效，全力提升自助设备运行效率。积极推进冠字号码查询信息系统上线工作。推广上线现金类自助设备流水无纸化项目，降低了自助设备运营成本，提高了运营效率和差错处置率。对全省自助签约终端进行硬加密系统升级，实现全省自助签约终端硬加密全覆盖。开展了自助设备国密算法改造延时取卡及嵌入式广告营销功能推广工作，为进一步丰富自助渠道业务功能打下了良好基础。完成现金类自助设备EMV国际卡受理环境改造，增强客户自助银行交易体验。促进自助设备交易量和中间业务收入双提升。

（段志军）

【私人银行业务】 一、理顺工作职责，明确工作定位。2015年7月私人银行部正式挂牌成立。按照总行私人银行工作部署和省分行建设“四个高地”总体要求，对部门的主要工作职能、人员配置及岗位工作职责进行了重新梳理，明确了营销管理职责和岗位职责，按照营销管理和风险控制两大板块对部内现有岗位进行了分工界定，进一步细化了各岗位的工作职责，制定了《私人银行客户管理细则（草稿）》和《私人银行客户签约流程操作细则》等制度办法，为转制后私人银行业务工作起步奠定了基础。

二、组织开展客户基本信息摸底工作，初步夯实了客户营销管理基础。以贵宾客户管理系统为依托，组织全辖开展了金融资产百万以上客户基本信息、资产分布状况等摸底工作，夯实了客户营销管理基础，摸清了存量客户及百万以上存量客户挖潜升级底数，固化了客户经理与客户的管户关系，明确了管户客户经理、二级分行零售业务部主管科长和理财经理的客户关系管理职责，对省分行财富顾问进行划片包行，并对所包行管户客户经理和存量客户实行“名单制”管理，使“1+1+N”营销管理模式初步落到了实处，为上下联动营销打下了坚实基础。完善了客户24项信息档案，为动态分析私人银行客户资产变动情况和实时监测分析客户投资偏好、消费习惯、金融需求，不断调整客户营销管理策略打下了基础。通过摸底掌握了符合私人银行标准的拟签约客户底数，为翌年全面开展私人银行客户签约工作打下了基础。

三、策划组织各类个人贵宾客户营销推荐活动，提供个性化服务和产品。一是制定个人贵宾客户营销活动方案。制定了2015年《全省农行个人贵宾客户拓展营销活动方案》《甘肃分行“私人银行伙伴计划”客户转推荐营销“比学赶超”活动方案》。二是组织举办主题鲜明的个人贵宾客户营销推介活动。抢抓“妇女节”等重要节日，共举办美容养颜、高端马术等三场高端客户活动，受到客户的高度赞誉和充分肯定。三是指导与参与各级行举办的“财富大巡讲”活动，共指导8家二级分行和4家县支行举办个人高端客户“财富大巡讲”和贵金属鉴赏活动20余场次。

四、加强队伍建设，不断提高条线员工业务素质和专业能力。一是认真组织举办了“2015年全省农行十大金牌理财师”评选活动，并对“全省十大金牌理财师”进行表彰。二是组织全省财富顾问、理财经理、客户经理共计177人参加了总行“财富顾问岗位资格考试”，通过率达70%。三是采取“请进来”的方式，加强条线员工业务培训。邀请总行级金牌理财师陈莉娟在酒泉分行作《私人银行业务》专题授课，受到员工一致好评。

(赵文平)

【农村产业与城镇化金融业务】 一、细致研究部署“三农”发展方向。积极开展各类调研。对县域经济及金融、农村城镇化建设、商品流通及农业科技园区等基本情况开展调研，全面掌握农村金融需求。规划“三农”发展方向。制定《甘肃分行2015年农村产业与城镇化金融业务工作要点》，明确现代农业、水利建设、新型城镇化、县域成长性行业和集中连片特困地区等五大重点服务领域，认真践行强农惠农富农服务宗旨。制定专项金融服务方案。出台《甘肃分行残疾人金融服务方案》，通过加大信贷投入，提高服务水平，加强残疾人金融服务支持力度；出台《甘肃分行支持水利建设实施方案》，通过完善制度保障，为金融支持全省水利工程建设做贡献。

二、突出重点服务领域加大信贷投放。对全省农业产业化龙头企业和农民专业合作社、农村商品流通市场以及国家粮食安全等现代农业项目进行信贷支持，积极培育新型农业经营主体发展壮大。与甘肃省水利厅、水投公司就甘肃8项重大水利工程、水务水库、水力发电以及农田水利等农村重点水利建设项目，签订《战略合作框架协议》，开展全方位合作，成功营销了国家172项重大水利工程之一的甘肃省民勤红崖山水库和省内一批优质小水电项目。依托“千百工程”，通过促进增量和优化存量，全力打造县域优质客户群体，截至年末，共营销“千百工程”达标客户135户，全年累放县域对公贷款177.91亿元，比上年多放1.31亿元。

三、聚集合力开展“三农”金融服务。邀请静宁县果树果品研究所、静宁县园艺站等果业专家列入“三农”金融辅导专家团队，对苹果行业热点难点问题进行现场讲解和辅导。积极搜集信息，为《金穗双联在行动》“三农”金融辅导专题节目提供质优面广的播报素材，为农民生产致富提供丰富的案例和广泛的资源。积极推荐马铃薯、林果等十大特色产业的生产资料流通和农副产品收购客户开立“四融”平台网上店铺，积极为农民、农企拓宽产品销售渠道。全年共组织开展三农集中宣讲辅导5 107场次，累计辅导农民达66.68万人次。

四、坚决守住“三农”业务风险底线。深入开展重点风险客户排查。制定《2015年农村产业与城镇化金融条线客户信用风险检查方案》，对固定资产、欠息逾期、分期还款计划落实滞后等风险客户进行现场排查。突出重点领域风险防控。将隐性集团客户、县域房地产、“两高一剩”行业等风险领域客户作为风险防控重点，前瞻性制定风险化解预案。加强在线监测分析。定期对客户资金账户监管、贷后现场检查、贷后管理报告以及财务报表质效等贷后管理情况开展监测分析，提前采取可行措施，有效化解风险隐患，不断夯实“三农”业务发展基础。

(张　莉)

【农户金融业务】 一、不断加大农户信贷支持。围绕全省“365”现代农业发展行动计划，全力支持新型农业经营主体发展，组织全行实施“规模农业·千户百社”营销竞赛活动，着力打造“公司+农户”“专业合作社+农户”“电商+农户”等金融服务模式，形成了甘南藏区、乌鞘岭片带、临夏回族自治州及甘州、环县、静宁、安定等一批“一县一业、一村一品”特色产业，促进了草食畜牧、果蔬药材产业发展。对申办条件成熟的陇西、礼县、景泰支行，开展农地抵押贷款业务试点。截至年末，累计发放农户贷款157.70亿元，余额175.44亿元，存量连续两年稳居全国农行系统第一。加大金融扶贫力度，认真贯彻落实省委精准扶贫安排部署，积极承担贫困程度深的甘南、陇南76.96万建档立卡贫困人口金融扶贫工作，围绕“精”字创产品，围绕“准”字贷到户，围绕“扶”字聚力量，围绕“贫”字强担当，扎实推进精准扶贫专项贷款工程，全年共投放贷款4.34万户、21亿元，全面完成省政府当年精准扶贫贷款投放任务。主要做法被省政府办公厅《甘肃情况》第268期上报国务院办公厅。借助政府整合各类财政支农扶贫资金契机，依托财政为农户搭建的担保平台，持续深入推进双联惠农贷款投放。当年投放9.4万户、69亿元。先后获首届“陇上金融家”“甘肃最佳金融产品和服务”奖、2015第二届中国西北金融高峰论坛“经典案例”、总行十佳服务“三农”好案例，被省银协推荐参选全国2015年服务小微企业和三农“双二十佳金融产品”。

二、努力提高农村金融服务。努力搭建物理网点、自助银行、电子银行、惠农服务点、移动终端“五位一体”的农村金融服务渠道体系。以互联网为桥梁，以普惠为导向，倾力打造集融通、融资、融智、融商于一体的服务三农“四融”平台，为“三农”发展提供覆盖产前、产中、产后的全领域、全过程、全方位的金融服务，无缝对接农民生产生活各个方面、各个环节和“三农”各个领域、各个链条，提高金融服务的综合性和可获得性。截至年末，共建“四融”服务点10 161个，实现交易234万笔、126亿元。对惠农服务点按照骨干点、精品点、标准点三类，按年实施分类推进，为农民提供助农取款、现金汇款、转账汇款、代理缴费、查询等联网通用功能。截至年末，共建惠农服务点1.80万个，新增服务点1 340个。其中，助农取款服务点1.47万个，新增6254个，总量占服务点总量的81.60%。

三、坚持做好宣传培训。借助互联网、电视专题栏目等积极向农户宣传讲解“三农”政策、生产经营技术、基础金融知识、有关法律知识和致富案例。与省卫计委、省广电总台联合制作播出“农行杯”2014年“陇原最美乡村医生”评选颁奖晚会，弘扬社会主义核心价值观，促进农村医疗卫生事业发展。联合省卫计委、省人社厅举办全省新农合、新农保业务专题培训，向市县合管办、人社局相关人员，农行客户经理讲授服务“三农”特色产品、业务代理流程。通过甘肃省“团中央‘农村青年电商培育工程’示范培训班”暨“一村一电”工程青年电商示范培训班，向全省100多名电商代表及农村青年创业带头人授课，促进在电商、贷款、基础金融等领域深度合作。

(马菲菲)

【信用卡业务】

一、完善机制，促进业务经营有效发展。完善示范带动机制。在全省建设信用卡营销示范网点，从网点“亮化”、业务操作、风险防范等方面，全程跟进指导和帮扶，起到了以点带面、示范指导的作用。完善营销体验机制。通过内训师评优、“一使用、两开通、三体验”、微信“答题闯关”等系列活动，增强全行员工对产品的认知和体验。完善联动营销机制。对内制定差异化授信及营销策略，稳步推进产品交叉营销工作。对外先后与万达、国芳等重点商户，银联等重点机构合作开展特色营销活动。

二、优化结构，促进价值贡献稳步增长。优化客户结构。强化网点发卡营销系统应用推广，针对公务员等优质客户群体，通过信用分期、“零”首付、费率优惠等一系列差异化营销策略和措施，扩大优质客户份额，优化客户结构。优化透支结构。持续加大对白金卡等大额授信账户的用卡监测，针对套现、低扣率交易占比高等违规及不规范用卡账户，采取锁卡、下调额度等风险管控措施，逐步调整透支结构、降低风险集中度。优化特惠结构。加大重点城市地区特惠美食拓展力度，提升品牌美誉度，优化用卡环境，实现发卡和消费良性互动。

三、强化管控，促进资产质量逐步提升。加强预警提示。按周通报各行发卡营销情况，对空白支行和网点重点进行指导，推动网点常态化营销机制建立。加强事前风险防范。重点对客户准入、“三亲见”落实、调查审批合理性等方面加大复核抽查力度，把好客户准入关，提升发卡质量。加强风险预警排查。重点对风险客户、团办客户及不良资产率上升较快的行下发风险提示，及时发现和处置潜在风险隐患。加强业务合规检查。先后开展了信用卡套现、白金卡、“两违”专项治理等多项检查工作，不断规范业务操作，降低风险隐患。强化不良资产清收督导。加大对重点地区、重点业务和重点客户监测和司法清收力度，提高不良资产清收效率。强化呆账核销推动。组织各行对符合核销时间要求的不良透支进行全面梳理，摸清核销底数，逐户建立台账，按户制定策略。同时，对资料准备、组卷、提交审核审批等环节逐行、逐户跟踪统计，按日监测核销进展情况，有效推动信用卡不良资产处置进度。

四、注重实效，促进管理水平持续提高。做实业务培训。利用数月时间对各行开展全方位的业务巡讲，以信用卡系统群操作、重点产品营销等为主要内容，开展现场宣讲40余场，累计培训3 000多人次。做实队伍建设。对二级分行从业人员开展跟班培训，从产品营销、合规操作、风险管控等方面，提升从业人员的理论水平和实践经验。做实服务保障。根据零售、私人银行、农户金融等部门业务需求，及时完成平凉公交卡、私人银行卡、新农合补制卡等卡种的制作，提升业务保障效率和质量。

（栗　聪）

【电子银行业务】

一、多策并举，加强营销，持续提高业务发展速度。深入开展综合营销。根据总、分行安排，迅速在全行启动“春天行动”“激情仲夏”和“赢在金秋”电子银行综合营销活动，随时密切关注活动开展情况，抓好营销指导、考核评比和督导帮扶，周监测、月提示、季通报，保证了活动的高效有序进行。深入开展专项营销。组织开展电子银行业务“比学赶超”营销竞赛活动，按月通报，按季排名，及时兑现考核奖励，调动了全行上下“比学赶超”的主动性和积极性。从10月10日至11月30日，组织开展企业网银代发工资专项营销活动，通过上下协作、公私联动，取得了一定效果。三是深入开展体验营销。先后组织开展“农行送话费K码赢好礼”“省分行机关员工通用K宝”“掌上银行9.90元观影”和“163”等体验营销活动，采取K码支付送话费、优惠价格观影以及坚持六个走出去现场营销等措施，有效客户数、客户活跃度和客户体验感知全面提升。

二、多管齐下，加快建设，努力提升渠道运营效能。进一步加快网点渠道建设。加快网点WIFI环境搭建，截至年末网点WIFI覆盖率达到100%，比年初提高38.44个百分点；以离行注册设备为营销利器，现场为客户办卡、注册电子银行产品，全年各级行依托离行注册设备开展活动280多场，签约客户近4万户；在高新支行开展大堂经理APP营销试点，全方位拓展客户、引导激活，全行累计参加营销活动客户502人，掌银客户端占比提高1.69个百分点。进一步加快电子渠道建设。组织完成掌银3.0版、BoEing四期等测试验证工作，上线总行智付通Modem版、掌银3.0版等系统，清理智付通数据，整合客户信息，协助武威等分行拓展8个电子渠道代缴费项目，实现了移动等代缴费项目全覆盖，增强了电子渠道业务承载能力。

三、管控结合，防范风险，全力夯实业务发展基础。抓好业务培训。组织编写移动金融等精品培训课程，在全行组织开展电子银行业务培训、启动网点周四电子银行专题晨会。全年共举办培训185场、召开专题晨会24期。抓好督导帮扶。以“春天行动”“比学赶超”和“163”等营销活动为重点到各管辖分支行开展调研、督导和帮扶。及时与“双包行”对接工作情况，靠实主要任务，逐项落实“包行包点”三大任务和四项工作完成情况。抓好风险防控。建立快捷支付类风险事件处置机制，迅速、妥善处置快捷支付类风险事件。做好总行电子银行部现场尽职监督工作，抽调人员完成对天水等12家管辖分支行尽职监督现场检查和操作风险自评估工作。

（胡卫民）

【国际金融业务】　一、经营计划完成情况较好。全年实现对公国际业务收入2 706万元，比上年增加1 341万元，增幅98.24%，完成总、分行计划2 000万元的135.30%，同比翻一番，四大行份额较上年末提升10.01个百分点，对全行中间业务收入贡献度达到2.68%，较上年提升1.18个百分点；办理国际结算5.85亿美元，同比减少5.45亿美元；办理结售汇2.70亿美元，比上年增加1.40亿美元，完成总、分行计划2.15亿美元的125.10%；办理跨境人民币结算26.40亿元，与上年持平。

二、重点产品推进成效显著。境内外联动产品推广有成效。先后与农行新加坡、东京、首尔分行联合办理跨境参融通业务4.45亿元，境外合作行增加2个，业务总量同比增加0.80亿元，增幅22.12%，实现中间业务收入372.54万元，占贸易融资收入的53.25%。人民币与外币衍生交易有突破。抓住汇率双向波动加大的市场机遇，成功营销敦煌种业先锋良种有限公司2.50亿元人民币对欧元掉期业务，增加3 540万欧元外汇存款，实现中间业务收入18.20万元。

三、内控管理迈上新台阶。强化条线管控，落实业务监测指导。通过细化业务流程、规范单证审查等措施，单证业务质量明显提升，在总行考核中首次位列第一。认真开展外汇业务合规经营专项检查、年度尽职监督检查和操作风险自评估工作，对发现问题及时进行整改，规范业务处理。全年国际业务经营稳健，实现国际结算零纠纷和贸易融资零风险。在甘肃省外汇管理局关于银行执行外汇管理规定情况考核中，中国农业银行甘肃省分行连续三年被评为A类行。

四、综合服务水平稳步提升。落实管理职责，加强与甘肃省财政厅沟通，确保转贷业务平稳运行。履行外事职能，规范办理因公出差护照、签证，做好外事服务。加大培训力度，充分利用农银大学、岗位职业轮训、总行及监管部门培训等平台，提升业务素质。认真落实部室党风廉政建设工作，强化作风建设，严格落实限时服务承诺，提高工作质量。统筹管理，做好其他工作。编发《国际业务工作动态》12期；充分发挥国际业务微信群作用，高效解答各经营行疑难问题；完成GTS、跨境人民币等业务系统优化升级；校对交付门户网站英文新闻翻译稿件127篇；开展国际收支申报宣传月活动。

（赵彩霞）

【投资银行与金融市场业务】 一、服务重点企业直接融资，债券承销业务取得重大突破。通过高层营销，上下联动，向4家企业提供债券承销服务，承销份额共计22亿元，较上年净增17亿元，增幅340%。其中，首次担任独立主承销商，为酒钢集团主承销24亿元中期票据，成功发行2亿元；与建行联席主承销酒钢集团25亿元超短期融资券，承销10亿元。主承销甘肃省公路航空旅游投资集团公司15亿元长期限含权中票（永续债）成功发行，填补了甘肃发行永续债的空白。主承销的华龙证券公司11亿元券商短融成功发行，是当年农行系统内的第一笔此类债券。

二、黄金租赁业务稳健发展，中间业务收入贡献巨大。主动退出了个别风险信号显露客户，调整了客户结构，有效防范了业务风险。围绕重点客户，不断做大业务规模，提高市场占有率。全年办理黄金租赁9笔、3.1吨，实现中间业务收入3 065万元，是上年同期的3.30倍。黄金租赁业务全部采用信用方式办理，同时匹配了黄金人民币远期套期保值业务，衍生业务占用授信额度，有效控制了业务风险。

三、地方债业务顺利开局，综合收益十分明显。2015年是甘肃省首次发行地方债，14家银行组成承销团，农行取得主承销商资格。当年甘肃债发行四期，全部采用公开方式发行，在总行的大力支持下，总计实际投资额度64亿元，居同业第二名，得到了省财政厅的高度认可，为改善银政关系、扩大财政资源配置规模发挥了积极作用。

四、对公理财业务平稳增长，操作与管理日趋规范。资产端，积极向总行推荐酒钢集团、公航旅等优质投资项目，理财资金共投资农行承销信用债10.10亿元。负债端，全行累计销售对公理财产品336.96亿元、日均26.04亿元。其中，累计定制对公结构性存款106亿元，有效支持负债业务发展；累计销售开放式净值型对公理财产品159.90亿元、日均余额4.30亿元；销售总行新研发且重点推广理财产品“安心·灵动”11亿元。组织开展了对公理财业务“两违”检查活动和对公理财操作风险自评估，及时纠正了产品销售和管理中存在的不规范问题，防范了业务风险。

（毛浓鹤）

【互联网金融业务】 一、全力推进“四融”平台建设。在深化实践中调整发展方向。从架构设计上，结合“四融”平台功能定位和风险防控需要，并与外部广泛合作，打造综合开放的互联网金融服务模式；从发展目标上，进一步明确通过服务提升、渠道拓展和数据积累，打造集合各类“三农”服务的综合平台，建设覆盖全省的惠农服务网络平台，构建全省统一的“三农”数据平台；从价值体现上，提炼总结“四个核心价值”，为推动平台服务农村经济发展和农民生产生活指明方向。在持续研发中加快功能完善。开启“互联网+信贷业务”新模式为研发农户小额数据网贷业务打下基础；及时上线手机应用，打通农行营业网点、惠农服务点、甘肃农行微信平台以及IOS等10家主流商城下载应用渠道；全面升级系统版本，对1.0版界面进行了优化、架构进行了调整、功能进行了扩展。在做实试点中稳步复制推广。选择静宁县全面试点，打造“整县推进”“行政村全覆盖”模式。在选点布机上，坚持“万村千乡市场工程”农家店、农村小超市、农资供应企业、果品收贮企业“四优先”；在推广应用上，打造了惠农服务点+“四融”平台+农户、产业化龙头企业+“四融”平台+农户、政府+“四融”平台+农户等多种营销模式；在营销宣传上，利用入户宣传、广告宣传、新媒体宣传、礼品宣传“四个平台”，提升客户关注度。在强化管理中提升服务水平。把好制度建设关、终端布放关、店铺审核关、运维保障关、督导培训关、营销宣传关。

二、积极推动新媒体业务发展。着力打造精品微信平台。在持续拓展粉丝的基础上，不断丰富加载平台服务功能，着重提升服务客户能力和移动金融体验感。以“春天行动”为契机，策划微信平台粉丝营销竞赛活动；打造微信平台贵金属交易模块；打造网点Wi-Fi微信认证系统。持续提升《金穗双联在行动》栏目影响力。广泛搜集素材故事、特色产行业知识、优势产品业务，以独特视角，不断丰富节目内容，提升节目趣味性及实用性。积极探索新媒体营销推广新模式。成功举办“金穗四融 诺奖学者丝路行”--互联网金融服务“三农”专题论坛活动，特邀多名国内知名经济学学者及甘肃省内企业家代表和媒体记者，现场观摩体验“四融”平台建设情况，并开展对话，为平台建设推广提出建设性意见和建议。

三、切实加强内控与基础管理。加强队伍建设。建立学习制度、端正工作作风、坚持廉洁自律，形成日常自学、集体交流的良好氛围，增强部内员工“转方式、正风气、提效能”的自觉性和责任感，将党风廉政建设始终贯穿于工作当中。强化风险管理。一是加强风险监测。定期撰写互联网金融部风险分析报告，有效识别、评估和化解业务运营中的风险隐患。二是加强运营管理。建立信息发布、商户准入的审批机制，重要业务、重点环节实行双人复核。三是加强风险应对。引导员工关注了解互联网及电子商务信息和风险隐患点，形成快速响应机制。

（杨 薇）

【统计工作】 一、全面完成各项工作任务。2015 年，统计工作紧紧围绕全行业务经营管理发展需要，不断夯实数据基础、完善报表管理机制、强化统计分析职能，切实提升数据服务水平；按照总行统一部署，积极做好 DIRS 系统的对下培训和全省上线，较好地完成了全年各项工作任务，荣获人民银行兰州中心支行 2015 年度金融机构统计工作考核第一名。

二、全力以赴，做好 DIRS 系统上线工作。根据总分行数据信息报告系统（DIRS 系统）推广方案，统筹兼顾、狠抓落实，保质保量地完成系统推广各项工作。成立专门的推广工作组，指定专门人员负责各项工作的组织实施，切实做好 DIRS 系统的推广运行各阶段工作。开展系统培训，推进推广应用，为 DIRS 系统推广工作打下了坚实基础。认真做好系统演练及数据并行填报，监控数据差异，解决数据问题，力求新系统报表数据平稳，差异可控。

三、认真负责，做好各类报表上报工作。按月收集填报人民银行基础报表、撰写业务经营分析，上报人民银行；按照监管当局要求，按月（季）度填报各类非现场监管报表、客户风险系统报表和区域特色报表，严格进行审核把关，切实提高监管报表的上报质量。加强新旧系统数据比对，对数据差异积极查找原因，确保新旧系统平稳过渡。推动数据治理，通过 DIRS 系统报表数据到基础明细数据的追溯，推动数据源治理，有效提高报表数据质量，减少报表手工干预。

四、加强考核，切实提高数据质量。在《甘肃分行 2015 年内部控制考核方案》设置“数据准确率”指标并与综合绩效考核挂钩，按季对报表报数质量、源系统数据治理、客户风险数据核查进行统一考评，促使各行不断提高数据管控水平。加强客户风险数据管控，按季考核通报，分析报送中存在的问题，对相关责任人加大考核和处罚力度，有效地提高客户风险数据报送质量。同时，针对统计工作中的难点、焦点问题，对基层行进行科学、有效的监督指导，不断提高省分行和二级分行统计数据的权威性。

五、深入分析，充分发挥统计信息决策支持职能。各级行统计人员不断发掘数据，深入分析数据，切实发挥统计信息对决策的支持职能。定期制作、发布各类分析报表，监测主要业务指标变化。结合业务发展需要，不断制作、完善各类分析模版，支持业务决策。维护统计在线分析系统，及时加载各类统计分析数据，提高统计信息查询披露的自动化水平。加强同业沟通，提高同业数据共享水平，通过与同业不断沟通协商，就存贷款、中间业务收入、利润、利差等指标达成定期共享的协议，并按此模式向基层行推广，努力提高统计工作水平。

（孙 磊）

【内控合规】 一、以防范案件和控制风险为重点，有效开展监督检查工作。一是开展了“两违”专项检查。在各行自查的基础上，省分行对武威、金昌、嘉峪关、平凉、庆阳、白银 6 个行进行重点抽查。检查共发现各类问题 194 件、1 225 笔、294 602 万元，处理了一批违规责任人，震慑了违规经营违法犯罪行为。二是完成了第二轮重点业务专项治理。将酒泉、武威、白银三个行作为重点行进行了治理检查，共发现各类违规问题 313 个、2 835 笔，督促收回有问题、有风险贷款 364 笔、19 751 万元，降低贷款风险 96 370 万元；完善制度流程 11 个；累计压降信用卡客户 956 户，压降信用卡授信 3 610 万元；重新签订合同等法律要件 49 份，标的金额 26 980 万元。三是开展了案件风险排查工作。各行开展了自查工作，共发现问题 1 015 笔、涉及金额 17 095 万元。排查期间共发出《风险提示函》及《工作督办函》14 份，提出整改意见 309 条。四是认真完成经济责任审计工作。完成了 81 位领导人员的任期责任审计和离任审计，客观评价了被审计对象职责履行情况。五是开展业务外包后评价工作。对 118 个项目进行了检查评价，未发现重大违规问题，但在合同管理、交易对手服务人员素质、保安公司运钞车辆等方面仍存在一些管理不规范的问题。

二、运用各种手段，扎实做好内控合规基础管理工作。一是启动了“内控管理上台阶工程”。督促各专业小组按阶段、分步骤循序推进各项内控管理工作任务，年内共梳理各类问题 376 条，涉及金额 26.10 亿元。二是推进合规文化建设活动。组织开展了“学一遍守则，抄一遍罚则，写一篇体会，组织一次宣讲，开展一次大讨论，进行一次警示教育”的“六个一”活动，取得了较好的效果。三是强化授权转授权执行。转授权执行中，共对 29 项审批权限进行了调整。对嘉峪关分行、新区支行转授权管理和执行情况进行了检查评价。四是提升反洗钱工作有效性。酒泉公安局根据酒泉分行上报的“赵某疑似毒品犯罪重点可疑交易报告”线索，成功破获了赵某等人涉毒案件，抓获犯罪嫌疑人 2 名。五是提高整改工作效率和质量。组织开展了整改工作“回头看”，完成了“两违”检查成效评估，以及总行“对表”等工作。全年全行各类检查共发现问题 4 142 个，已整改 4 012 个，整改率 96.8%。六是加强员工档案管理，规范违规积分工作。督促各行做好 ICCS 系统操作管理人员配置，以及员工违规积分在 ICCS 系统中录入等工作，共规范违规积分 7 210 分，积分次数 3 853 次，单位人均积分 0.55 分，每次平均积分 1.87 分。

（谢子文）

【纪检监察】 一、强化组织协调，积极推动主体责任落实。抓工作部署。召开纪检监察工作会议，明确全年纪检监察主要工作。制定下发了纪委落实“党要管党、从严治党”方针的贯彻意见，进一步明确监督责任具体工作。抓机制建设。制定下发了落实主体责任实施细则及任务分解表。修订了党风廉政建设责任制考核办法，将“两个责任”纳入全行综合绩效和党风廉政建设责任制“双线”考核。抓任务分解。组织层层签订《党风廉政建设责任书》1 412份，制定了惩防体系建设年度推进计划，分解落实党风廉政建设工作任务，进一步细化各层级领导班子成员及职能部室的党风廉政建设工作任务和职责。抓监督问责。协助“一把手”与各管辖分支行党委书记进行了专题谈话。党委其他成员严格落实“一岗双责”要求，把党风廉政建设融入到分管工作中。纪委书记全面约谈了管辖分支行党委书记，听取了主体责任落实情况汇报。

二、聚焦主业，强化监督执纪问责职责落实。紧盯廉政教育，强化党纪行规意识。通过内部经管网定期发布更新廉政作风制度、典型案例、廉政教育文章等，及时提醒干部员工严守纪律，廉洁从业。组织全体党员开展了“一准则、两条例”专题学习。召开全省农行警示教育视频会议，围绕六大纪律选取13个违法违纪违规问题典型案例在全省通报。注重抓早抓小，坚持纪律挺在前。组织对党的十八大以来收到的信访举报问题再次起底清理，对反映县支行行长及以上领导干部的问题线索进行函询，对2015年受理的信访举报问题及时进行处置。建立健全领导干部廉政档案，加强对民主集中制、“三重一大”决策制度等执行情况的检查监督。对14个二级分行、92个县级支行高管人员履职情况开展了问卷调查，督促领导干部规范履职。继续执行任前廉政谈话、诫勉谈话、廉政提示函、述责述廉等制度。组织全行副科级以上领导干部开展了廉洁自律规定执行情况自查。坚持常抓不懈，强化作风建设规定落实。紧盯重要节假日、重点领域、干部提拔和调岗等关键时点，及时通过通知、短信、电话、廉政提示函等方式，提示提醒全行干部员工严守禁令、遵规守纪。通过明察暗访、专项检查等方式，对落实作风建设规定情况开展常态化督查，营造高压态势。在全行提出“四个倡导”，即倡导简单的人际关系、合规的工作习惯、廉洁的做人底线和勤俭的美好风尚，促进全行作风持续好转。保持高压态势，狠抓案件和违规问题查处。坚持案件查处“三个联动”，进一步强化部门和条线协调配合。认真开展“两严”自查工作，突出“两个责任”落实、制度规定执行、重点业务领域潜在风险等8个自查重点，深入查找重点人、重点事和重点问题。全年对175名责任人给予了纪律处分。组织开展纪检监察条线“两违”检查及2014年纪律处分执行情况后评价，对追责不到位、执行不到位的责令进行整改，确保纪律处分的严肃性。

三、力促三转落实，加强纪检监察队伍建设。严格人员配备。对辖属18个分支行纪委书记进行跨地区交流调配，专司执纪监督问责。在天水分行开展了县支行纪委书记派驻试点工作。加强对二级分行新提任监察部经理的审核，严把纪检监察干部入口关。严格教育管理。加强日常学习，督促各级纪检监察干部认真学习各类制度、文件，提高理论修养。组织对纪检监察干部进行了专题培训。严格监督检查。定期召开纪委会、实行纪委书记工作报告制度，督促各行纪委书记精准履职。强化检查考核，对各行纪检监察日常工作进行台账管理，并将日常考核结果作为年底综合考核依据。

（魏苗青）

【法律事务】　一、规范审查，提升法律服务质效。全年书面审查各类事项344份，出具法律审查意见函187份，提出法律风险缓释建议665条，业务部门采纳651条，采纳率98%。优化完善法律审查流程。参与金穗惠农精准扶贫贷款等重大业务法律论证，提示风险。批复4个直属支行独立开展法律审查。

二、强化诉讼，积极维权化解风险。全年共处理新增诉讼案件196件，结案257件。全年累计批复分支行诉讼案件及外聘律师事项21件。参与处理抽屉协议相关案件。指导天水联众、张掖祁志红等重大被诉案件应诉，取得良好效果。有力推动白银三旺、三洲、加荣等重大案件执行，取得重要进展。

三、完善制度，提高合同管理使用能力。完善合同制度管理框架，制定下发《甘肃分行合同管理实施细则（试行）》，组织视频培训。年内转发总行制式合同文本103份，审查发布省分行制式合同文本1份。组织开展制式合同规范格式条款监管工作。做好C3系统信贷合同模板审核。

四、规范运作，提高制度管理水平。全年共审查制度19件，提出审查意见54条。将制度管理纳入了省分行机关部室绩效考核。开展了省分行下发规章制度清理工作，废止规章制度9项，公布省分行现行有效制度170件。

五、普法宣教，提高员工法律素质。积极推进“法治农行”建设，认真做好“六五”普法收官工作。积极有效开展各种形式的普法宣传活动。突出“微”宣传，在省分行微信、微博平台上发布宣传信息30多条，开设法律知识专题测试。举办了全省农行民事诉讼法新司法解释适用及法律实务培训班，并开展对业务条线的法律培训。

六、健全机制，大力推进消保工作。进一步健全消保工作制度，扎实开展消保系列宣传教育活动，认真做好消费者投诉处理。全行580个城乡网点参与消保宣传，共发放宣传材料81万余份，制作活动展板1 123个，户外集中宣传894次，出动宣传人员7 113人次。组织消费者权益保护知识网络竞赛活动2次，15 000人次参加了竞赛答题。

七、尽职履责，做好其他法律工作。自有知识产权实现突破。2项专利被授予外观设计专利权，“双联惠农贷款”等3个商标已经通过公告。加强条线管理，组织开展首次法律管理工作尽职监督检查。加强法律研究工作，向总行推荐研究论文9篇，被采纳3篇。组织开展了优先股发行第三轮法律尽职调查和绿色债券发行法律尽职调查工作。

（郭　豫）

【人力资源管理】　一、突出党建统领，坚决落实从严治党要求。印发《2015年党建工作要点》《关于新时期贯彻党要管党从严治党的实施意见》《落实基层党建工作责任制实施细则》《党建“述评考”工作方案》等，全面贯彻落实党建工作责任。吃透中央和总行党委精神，把握基本遵循，做实关键动作，对比正反典型，开展“好干部”讨论，深入推进“三严三实”教育。加强二级支行独立党支部建设，落实党员“双培养”，整顿软弱涣散基层党组织，清理不合格党员，力促“两个作用”发挥。

二、改进选拔任用，不断疏通干部成长通道。以“五好标准”“七有”目标、“六种品格”为指引选用干部，营造风清气正的选人用人氛围。通过异地交流配齐分支行纪委书记，加强全行纪检监察力量。建立“两个一批”后备干部库，将优秀年轻干部尽早纳入培养视野，防止干部选拔“急用现找”。综合应用系统内公开竞聘招聘、挂职锻炼、缺岗竞聘等方式，为干部成长搭建平台。认真落实干部个人事项报告、出国（境）管理和提醒、函询和诫勉谈话等制度，抓早抓小抓预防，从严监督管理干部。

三、强化员工管理，全面提升人才开发效率。完成运营后台中心省域集中改革，做好城关区营业网点整合人员划转，批复县支行升格和迁址，积极支持全行经营管理布局。组织实施校园招聘、大学生“村官”招聘、劳务派遣转直签，新增人员全部补充到基层，缓解一线用工压力。制定员工行为管理工作计划、考评方案和《关于进一步加强员工考勤及医疗期管理的实施意见》《关于建立员工谈心谈话和家访制度的通知》等，设立员工行为管理领导小组，扎实推进行为排查工作。做好e-HR系统信息维护、数据治理、推广应用等工作，为日常管理提供更好的数据和系统支持。

四、优化薪酬分配，切实增强激励约束作用。制定《辖属分支行主要负责人核心业务指标考核激励办法》《机关部室及部室负责人绩效考评试行办法》，健全以价值创造为核心的考核分配机制。制定2015年工资计划，兼顾效益与公平，合理把控机构之间、层级之间收入差距，积极构建和谐分配关系。积极应对工资平缓增长新常态，总额增量全部用于基层，引导各级行树立向基层倾斜的分配理念。均衡下达各项人员费用预算、足额扣缴各项社会保险，及时足额申拨离退休人员养老金和企业年金待遇，依法维护员工权益。五是加强教育培训，持续提高队伍能力素质。制定《关于进一步加强员工教育培训工作的意见》《甘肃省分行职工教育经费管理实施细则》，规范教育培训管理。做好岗位职业轮训和重点培训项目，坚持解决问题导向，提高培训工作质量和效率。推广网络学院应用，组织在线培训和岗位资格考试，培育学业务、强素质的学习风气。六是做好机关服务，积极营造和谐工作氛围。增补机关党委委员，组织机关各党支部改选支部委员会成员，加强机关党组织建设。严厉处罚迟到、早退、不着工装、不挂工牌等现象，抓实考勤管理，从细节入手推动机关作风转变。按照“全面覆盖、全员参与”的原则，组织文体活动，丰富机关文化生活，创建和谐融洽工作环境。

（邵彦军）

【党建工作】　一、深入推进“三严三实”教育。把“三严三实”专题教育作为党的群众路线教育实践活动的延展和深化，落实党员领导干部讲党课、三个版块集中学习讨论，确保各行吃透中央和总行党委精神，把握基本遵循，做实关键动作。树立正、反两方面典型，形成鲜明对比，鞭策负效应，弘扬正能量，教育和引导广大干部自觉学习好、践行好“三严三实”。组织开展“好干部”大讨论活动，宣贯选人用人工作新精神新导向，引导全行员工争当“五好”干部，推荐上报典型材料，在总行组织的集中评审中，荣获一等奖、三等奖和组织奖各一个，所获奖项为各行之最。积极筹备专题民主生活会，认真制订方案，广泛征求意见，将“三严三实”专题教育活动不断引向深入。

二、严格落实党建工作责任。制定《2015年党建工作要点》，以贯彻落实“33456”工作总思路为核心，从思想理论建设、管党治党责任落实等7个方面，统筹全年党建工作，加快建设学习型、服务型、创新型党组织，为更好地服务和支持全行发展奠定基础。印发《关于新时期贯彻党要管党从严治党的实施意见》，强化主业意识和主动担当精神，确保党建工作在内容上无死角、主体上全覆盖、制度上有保障。制定《落实基层党建工作责任制实施细则》《党建“述评考”工作方案》等，增强考核针对性和全面性，进一步激发基层行抓党建的积极性。

三、持续加强基层党建工作。以二级支行党支部建设为重点，紧盯任务，严督进度，截至年末全行二级支行设立独立党支部166个、占比提高至70.50%，二级支行行长兼任支部书记占比达到90.30%，运营主管兼任纪检委员占比达到53.90%，完成总行当年目标任务。制定党员发展计划，把好“入口关”，党员发展指标重点向二级支行行长、运营主管、业务骨干和青年员工倾斜，全年新发展党员79人。开展党建培训，举办入党积极分子培训班2期、270人，基层党组织书记培训班3期、360人，强化对党的基本理论学习，特别是加强了十八大以来新理论新体系的再学习、再认识，进一步提升党员干部和党务工作者政治业务素质。加快活动阵地新建、改造、功能升级步伐，建设和完善党员活动室、党员活动走廊、活动角159个。持续推进基层党组织等级管理，对1家“后进”基层党组织开展了帮教、整顿和提高。

（余也平）

【宣传思想文化工作】　一、新闻宣传成效显著。紧贴业务经营宣传。在全国各大媒体上大力宣传农行支持实体、服务“三农”、扶持小微、服务民生的做法和成效，营造良好舆论环境。紧扣工作重点宣传。聚焦党建工作、“四融”平台、精准扶贫、支持地方经济建设等领域，抢抓新闻事件，挖掘先进典型，持续高强度高频率高质量跟进宣传。发挥系统合力宣传。建立三级行通讯员队伍，实行工作量化管理、定期通报发稿数量。加强部门联动沟通，组织参与首届“陇上金融家”评选活动，韩国强行长荣获“陇上金融家”，双联惠农贷款被评选为“甘肃最佳金融产品和服务”；联合甘肃省电视台推出52期《金穗双联在行动》专题节目。全年累计在各类纸媒、视媒、网媒刊播新闻稿件1 900余篇次（含转载），同比多发100余篇。其中，中央电视台报道3次，新华社通稿9篇，《人民日报》3次，《金融时报》33篇，

《中国城乡金融报》头版51篇。发布微博7 365条，博文曝光量1 300万余次，粉丝数突破23万人。1名通讯员获评《金融时报》、《中国城乡金融报》“优秀通讯员”，2名通讯员被中国城乡金融报评聘为“特聘通讯员”。

二、思想政治工作持续加强。持续加强政治理论学习。紧密结合“三严三实”专题，重点学习习近平总书记系列重要讲话、“一准则两条例”等内容。全行围绕“严以修身”“严以律己”“严以用权”专题共学习研讨375次。省分行党委中心组坚持每月至少开展一次集体学习，全年共开展学习17次，举办领导干部集体学习3次。利用网络、微博、微信等渠道，通过图文并茂、寓教于乐的方式，增强员工学习思想理论的趣味性、渗透性和感染力。加强思想政治教育。各级党员领导干部在日常工作中与员工广泛开展谈心谈话活动，及时了解员工思想、学习、工作和生活等情况，帮助解决困难和问题。全行全年共开展谈心谈话活动258次。强化意识形态工作，细化落实党委意识形态工作责任制，明确经办责任和管理责任，规范行内载体信息发布流程。大力弘扬先进典型。组织开展“学焦裕禄、学雷锋、行业树新风”和“学饶才富、学田霞、全员争创先”活动，积极传播正能量，有1家支行获评全国银行业“雷锋岗”，1名员工被授予全国银行业“学雷锋标兵”称号。持续开展文明单位创建活动，张掖甘州支行荣获“全国文明单位”称号，嘉峪关分行、省分行营业部皋兰县支行荣获“省级文明单位”，先后有1名员工获评“中国农业银行核心价值观优秀践行者”，3名员工在总行“践行价值观·文明礼仪行”漫画评选中获二等奖，1名员工荣获2015“十大陇人骄子”提名奖。

三、企业文化建设不断深化。突出企业文化引领。借助经管网、微博微信等自媒体，利用机关楼层视频、网点晨会和LED显示屏宣传农行文化，发布企业文化相关文字、图片、视频信息200余条，使企业文化进一步外化于行、内化于心。大力开展企业文化建设年度自评，坚持定性与定量相结合、动态评估与定期报告相结合的方法，针对农业银行企业文化核心理念，组织对13个方面的55项具体内容进行评判，有效推动了文化理念植入行为、融入管理、引领发展。促进企业文化落地生根。督促各级行、各部门严格按照中国农业银行视觉识别系统制作各类VI标识，对部分辖属机构不符合规范的广告牌、门楣等进行整改。组织全行做好企业文化的文字、表格、照片、影像、录音等的搜集和整理工作，并编辑成30余项企业文化建设成果和社会责任案例及时上报总行和各监管机构。先后5次安排企业文化讲师在辖内进行企业文化课程讲授，引导全员认知认同农业银行企业文化。认真组织企业文化建设优秀单位评选工作，平凉分行被中国企业文化研究会授予“十二五”企业文化建设优秀单位荣誉称号。

（吴　鹏）

【安全保卫】 一、高度重视，切实加强安全生产工作。层层成立安全生产管理委员会，召开全省农行安全生产紧急会议。对全行安全生产工作进行全面部署，提出了“44411”工作要求。同时分两次组织各级行从实体安全、IT运行、消防安全等多方面开展全行性安全生产大检查，检查面均达100%，确保安全生产不出事。

二、积极防范，全力抓好案件防控。狠抓基层员工安全教育，省分行每周直接向辖内各级行安全保卫部门、营业网点、金库下发《营业网点晨会安全提示》，下发各类典型案例37个、《安全保卫工作提示》13份，对260多名新入行员工进行安全保卫知识培训，切实抓好员工安全教育。召开全行安全保卫工作视频会议，对反欺诈工作进行安排部署并提出四项工作要求，并对60多名基层网点负责人就柜面业务反欺诈工作进行专门培训。各级行和基层单位年内至少开展2次以上防暴、防火预案演练，省、市级行通过视频监控中心开展与支行、网点上下联动应急演练29次。

三、深入细致开展安全检查，提升检查效果。省分行对14个二级分行和4个直管支行辖内网点、金库现场检查面分别达40%、80%，检查面和检查频次创历年最高。对辖内所有营业网点、离行自助银行及自助设备进行4次非现场检查，对所有金库非现场检查5次，检查面均达100%。同时实行下级行安全检查情况定期报告制度。对于整改情况能通过照片说明的全部由被查行上报照片，并通过后续跟踪检查确保整改到位。

四、以“三化三达标”为抓手，夯实安全工作基础。组织全行对795个单位进行了“三化三达标”考评，被考评单位成绩首次全部达到良好以上，优秀率达91.20%，较上年提高6.6个百分点。同时在总行“211”重点治理的基础上，选择基础管理水平差、“三化三达标”得分低、存在安全风险隐患的60个网点、30个金库和30个离行式自助银行进行重点治理，需治理问题整改率达98.60%。

五、认真履职，积极发挥视频监控中心作用。成功完成了9个二级分行辖内16个金库的门禁系统联网工作，对所有监控、报警主机和VMNS系统所有用户口令进行了修改与加固，提高安防系统信息安全水平。白银分行监控中心成功堵截2起盗窃案。各视频监控中心全年共处理报警信息70余万条，发现、纠正违规操作行为52次，处理客户卡业务咨询和求助658次，驱散自助银行客户区留宿及可疑人员1 534人次。

六、高度重视，加强消防安全管理。从消防安全教育、消防设施配备管理、电线线路治理等多方面对辖属单位进行全面检查，检查面达100%。在全行营业网点统一设置联动门应急钥匙盒，方便员工火灾应急逃生使用。签订了网点配备的消防斧、消防应急包，自助设备加钞间超细干粉灭火器，以及消防报警主机与视频监控中心联网项目合同，加强消防设施建设。

七、加强学习教育，提高保卫队伍素质。举办全省农行安全保卫岗位职业轮训班，对45名市、县级行保卫干部进行安全保卫知识系统培训；先后4次对各二级分行监控中心管理人员进行非现场业务培训，努力提高保卫人员业务素质。

（刘　欣）

【工会工作】 一、紧扣中心，服务大局，在创先争优上有新进展。抓好先进典型选树，有2人分别荣获“全国五一巾帼标兵”和“全国金融五一巾帼标兵”荣誉称号，1个单位和1名个人被评为“甘肃省三八红旗集体”和“甘肃省三八红旗手”，4个单位和3名个人分别被总行评为中国农业银行“五一劳动奖状”“五一劳动奖章”“先锋号”。围绕“比学赶超”发展要求，举办了全省农行第十届业务技术比赛，涌现出一批业务精湛、作风过硬的岗位能手和业务尖兵，集中展示了全行岗位练兵成果。

二、关注民生，服务员工，在人文关怀上有新提升。完善困难员工档案，建立上下联动、三级覆盖的困难员工动态档案530份，特困员工156份。通过加强与总行的汇报沟通，争取总行“爱心基金”249万元，省分行又配套筹集资金265万元，将全部530名困难员工纳入帮扶范围进行救助。选拔青年员工进行集训，参加总行篮球赛。组队参加全省金融系统乒乓球比赛，荣获团体二等奖。组织参加全省金融系统书法绘画摄影作品展，报送各类作品58件，共有11件作品分获一、二、三等奖。

三、抢抓机遇，重点突破，在职工之家建设上有新贡献。通过实地调研、项目审核，将48个农村营业网点、46个县域支行本部、26个城区和城市行网点纳入建设范围，彻底解决员工“吃饭难、活动难、住宿难”的困境。经争取，2015年总行共下达甘肃分行“职工之家”设施建设固定资产指标1 285万元，全国排名第1位，也是唯一一家投资总额过千万的一级分行。省分行又配套建设费用492万元，支持各行查漏补缺、提升档次。

四、强化职责，维护权益，在民主管理上有新成效。召开全省农行三届二次职代会，审议通过了《行长工作报告》《工会工作报告》《2014年度工会经费审查情况报告》《2014年度工会财务工作报告》等4个主要报告。签订新一轮集体劳动合同。新的集体合同更加注重规范协商环节、做实合同内容，更加注重合同内容的履行监督，发挥集体合同制度对规范和调整劳动关系的基础性作用。

五、注重实效，形成合力，在团青女工上有新作为。评选表彰2013–2014年度全省农行“青年文明号”“青年岗位能手”，1个单位和1名个人被授予总行级“青年文明号”“青年岗位能手”。加强女工工作组织建设，召开女工委第一次全委会，确定全年工作思路和重点工作，制定下发了《关于开展2015年女职工有关活动的通知》。评选表彰2014年度全省农行“和谐文明家庭”。以“花开农行 梦想绽放”为主题，庆祝“三八”国际妇女节105周年。

（卢蔚林）

中国银行股份有限公司甘肃省分行

【综述】 2015年，中国银行股份有限公司甘肃省分行坚持以效益为中心，积极开拓市场、主动管控风险，较好地完成了各项经营指标，保持了全行业务持续发展的良好势头。

一、主要经营业绩

资产负债总额均突破1 000亿元。截至年末，全行资产总额1 019亿元，较上年增加59.43亿元，增幅6.19%；负债总额1 006亿元，较上年增加62.06亿元，增幅6.57%。存贷款新增额均超过100亿元。截至年末，全行本外币贷存比口径存款余额1 014.56亿元，较上年末新增122.95亿元。其中，人民币核心存款时点余额940.34亿元，新增77.65亿元，在总行考核组内排名第3位；本外币贷存比口径贷款余额663.78亿元，较上年末新增112.15亿元。其中，人民币贷款余额636.85亿元，新增96.26亿元，考核组内排名第4位，为2010年以来取得的最好成绩。

经营效益达到预期目标。共实现拨备前利润16.12亿元，净利润9.85亿元。净利润增速排名第3位，在5次连续降息的影响下，较好达到了年初设定的目标。

资产质量实现“双控”目标。年末不良资产余额3.70亿元，不良率0.57%，资产质量在系统内及同业中保持较好水平。

客户规模进一步扩大。新增对公账户1 149户，新增现金管理集团客户30户，新增考核口径个人基础客户2.22万户，新增私人银行客户38户。银行卡新增6.99万张，其中白金卡新增1.6万张。

二、主要工作及成效

一、上下齐心，公司与个人金融业务联动，全力以赴稳存增存。在外部监管日益严厉、同业竞争加剧的大背景下，省分行积极调整思路，创新工作方法，不断进行调整和创新，在保持稳健发展的基础上，持续提升发展质量，较好满足了存款偏离度、贷存比、流动性等管控要求，初步达到了存款稳健增长的目标，实现了“三多三增强”：业务联动多了，项目营销能力进一步增强；争揽存款的产品多了，市场竞争力进一步增强；存款渠道多了，存款稳定性进一步增强。

二、项目开路、产品支撑，有效增加贷款投放。搭台子、抓机遇，积极支持“一带一路”建设与省内企业“走出去”。承办首届甘肃“一带一路”国际产能合作洽谈会，邀请丝绸之路沿线8个国家的政府官员与企业代表，甘肃省各级政府领导及省内企业高管600余人，共商产能合作，加深相互了解，既为甘肃省推动“一带一路”建设创造了广阔的国际合作平台，也为省分行赢得了良好的社会声誉，创造了诸多业务机会。盯目标、抓落实，大力支持全省基础设施建设与重点项目发展。全行狠抓项目营销、清单式营销，根据省内企业融资需求特点，积极学习创新产品，在一批重点项目上取得了突破。例如实现兰州铁路局电子货运支付POS系统突破，获得兰州铁路局11家货运分支机构对公电子支付资格；大力支持全省重点交通建设项目，先后为公航旅授信12亿元，为轨道交通续做16亿元投行业务；成功中标省、市级财政业务“国库集中支付”“非税收入收缴”“财政资金专户”等代理银行资格；顺利承销3批12期共50.40亿元地方政府债券，有效支持了地方经济发展。调结构、增后劲，促进中小微企业与大型企业资产业务协调同步发展。为有效增加中型客户数量，先后完成13个市州中型企业情景分析，及时传导统一风险偏好，指导一线准确把握区域发展趋势，挖掘储备一批中型企业目标客户群。加大产品下沉力度，增强中小企业客户综合营销服务能力。全行小微企业贷款余额216.69亿元，贷款增速16.24%，小微企业贷款客户数1 355户，申贷获得率71%，全面完成银监会“三个不低于”工作任务。

三、固本开源，创新求变，多措并举保利润。全力加快资产业务发展，确保利息收入增长。积极向总行申请累计22.34亿元的专项贷款规模支持，努力为资产业务持续增长创造条件。在严格贷存比、信贷规模及利率管理的基础上，出台多项激励政策，引导各分支行解放思想、因地制宜加大贷款投放力度，有效增加贷款投放量，以量补价，促进利息收入持续提升。加快负债业务结构调整，抑制负债成本过快上升。不断创新产品，综合利用灵活计息、靠档计息、大额存单等各类产品积极争揽行外资金，取得较好成效。为防止负债成本过快上升，在扩大存款规模的同时，着力调整存款结构，通过大力营销行政事业存款、同业存款、保证金存款、代发薪等活期、低息资金来抑制付息率的上升。加大产品创新，不断提升中间业务收入贡献度。持续发挥国际结算、跨境人民币、结售汇等业务市场领先优势，在合规前提下，全力确保保证金、短信费等传统中间业务收入应收尽收。主动借鉴学习兄弟分行先进经验，抓住投资银行、金融机构、银行卡等重点条线，大力拓展新产品、新业务，努力培养新的收入增长点。

四、健全制度，强化监督，增强风险案防能力。健全完善风险管理组织体系，强化各级机构风险内控能力。根据总行相关工作要求，进一步完善调整了全行内控三道防线组织架构，明确了三道防线职责分工、报告路线及工作机制，确保内部控制三道防线做到各司其职。全辖21家分支机构成立了由“一把手”担任主席的风险管理与内部控制委员会，全面落实派驻业务经理制，通过强化配套制度保障，完善基层操作风险管理体系，切实提高了一线操作风险管控水平。先后研究制定了22条加强内部控制与操作风险管理的措施，使各级机构加强内控管理有章可循、有法可依，提高了工作质效。加强全面信用风险管理，增强业务引领能力。密切关注地方债务、“一带一路”甘肃黄金段建设、PPP项目落地实施等重点领域最新动态，适时修订公司授信指引，完成了省内PPP项目授信审查要点梳理及13个市州的中型企业情景分析。全年累计置换他行优质中型客户信贷业务23亿元，批复项目244个，较上年增长14.60%。强化内控控制与操作风险管理，增强全员合规意识。狠抓员工教育与日常管理，制定和实施了《基层机构业务操作手册》，在员工中开展经常性的提醒谈话活动。本着“抓早、抓小”的原则，对苗头问题早提醒、早纠正。在全辖组织开展了“内控合规执行年”主题活动，对关键岗位人员交易、员工参与非法集资、民间融资非现场排查结果进行了现场验证，有效强化了对关键岗位、人员、时段的监督检查，对现场检查中发现的335个问题要求相关机构快速进行整改，堵住风险漏洞。在人民银行兰州中心支行开展的甘肃省银行执行外汇管理规定情况考核中，被认定为A级，考核得分居同业第一名。全力确保资产质量“双控”，努力实现风险化解新突破。组织全辖完成全口径信贷资产盘存与风险排查工作，在此基础上逐月开展资产质量预测，重点落实对涉及政府债、房地产、两高一剩、联保互保及民营企业等重点领域信贷资产专项监控。成立资产质量管控与不良资产化解专项工作组，与各条线、各机构签订不良清收化解责任书，通过加强联动协作、靠实责任、明确目标、细化措施，形成了全行化解不良资产的合力。

五、做好党建工作，为全行发展提供政治保障。持续抓紧抓好党建工作，促进党员干部思想政治素质不断提高。持续狠抓党建工作，各级党组织主动完善自身党委会和行长办公会议议事规则，做到了重大决策征求意见、重大问题集体讨论、重大事项集中决策，保证了议事决策言路畅通。深入开展“三严三实”专题教育活动，持续推进党风廉政建设。在全行组织开展了“三严三实”专题教育活动。集中对《党章》《中国共产党廉洁自律准则》《中国共产党纪律处分条例》等重要党内规章制度，党的十八大和十八届三中、四中、五中全会精神，以及习近平总书记系列重要讲话精神进行了系统深入的学习。健全规章制度，强化党组织建设，为全行党建工作打牢基础。先后制定出台省分行行长办公会议事规则、党委会议事规则、提醒谈话制度、巡视工作办法、委员会工作规则等一系列规章制度，为各级党员干部正确行使自身权力、强化执纪监督提供了系统完善的制度保障。对全辖评选出的151个先进集体和先进人物进行了表彰奖励，进一步凝聚了全行员工的人心。此外，还组织开展了“最好银行、党员先行”和“三亮三比三评”活动。

【品牌建设】　一、做好新闻宣传，助力业务发展。省分行内部网站全年编发员工文字、图片稿件1 362篇，在总行内网上稿1 076篇，在《中行职工报》上稿28篇。成功创办《甘肃中行报》，每月编发2期，累计刊登全行员工各类稿件515篇，报纸受到行内外广泛好评。全年在《金融时报》《甘肃日报》《甘肃经济日报》、新华网、每日甘肃网等省内外媒体上刊登消息、通讯206篇，在甘肃电视台、兰州电视台报道我行26次。借纪念抗战胜利70周年契机，在行内外报刊、网站刊登反映西北中行支持抗战的报道近10篇，引起积极反响。通过新闻宣传，发出了中行好声音，为业务发展营造了良好氛围。

二、推进广告宣传，提高品牌知名度。以传统媒体和户外媒体、新兴媒体相结合的方式，以重点业务、产品为主题，积极开展全方位、立体化的广告宣传。全年在报刊、广播等传统媒体投放业务、产品广告127期；在兰州西客站、公交车体、机场高速公路跨路桥大牌等户外媒体共投放形象、产品广告93块；全辖各二级分行在高速公路、繁华区域广告大牌等户外媒体投放品牌及业务广告182块，统一了宣传内容和形象要求，提升了中行品牌知名度。

三、履行社会责任，提升品牌美誉度。借助国家“一带一路”战略、华夏文明传承创新区建设等重大发展机遇，承办“2015年国际产能合作洽谈会”，举办“大型出国留学推广活动”“高速公路电子缴费（ETC）推介活动”，与省工商联签署战略合作协议。10月份，接受了十多家中央媒体集体调研采访支持“一带一路”建设情况。认真开展“精准扶贫”，积极参与扶贫济困等公益活动。为甘谷县磐安镇捐赠30万元扶贫款及办公桌椅，并为学生送去书包等用品。全辖各分支行开展了向困难家庭捐款捐物送温暖、“在职党员进社区”送温暖、向贫困学生送助学慰问金、向社会福利院捐款捐物等帮扶活动。开展爱绿护绿保护环境公益活动，为出国人员提供便捷服务，参加“金融知识普及月”宣传活动，积极践行“担当社会责任，做最好的银行”的服务理念。

四、增强风险意识，管好声誉风险。积极落实各级管理责任，明确全辖各行、部“一把手”作为声誉风险管理的第一责任人，要求各级人员在经营活动中增强声誉风险管控意识，规范业务操作，改进服务流程，积极应对客户投诉。通过提升员工素质和职业操守，提高客户满意度和品牌美誉度。省分行办公室成立舆情监测小组，严密监控声誉风险事件，及时向全行发送声誉风险提示，做到“有问题早发现、有火苗早扑灭”，全年未发生声誉风险事件。

五、抓好队伍建设，推动品牌建设。从培训、通报、考核、激励四个环节促进品牌宣传。举办综合管理部主任培训班，从公文写作、新闻报道、声誉风险管理等方面开展了培训，对全行“十佳”通讯员和15家先进集体进行表彰奖励。李贵义同志被金融时报社评为优秀通讯员，全行近500名员工在报纸、网站等媒体上稿，员工投稿积极性及稿件质量进一步提高。建立“甘肃中行品牌资讯”与“省分行办公室”两个微信群，通过微信新媒体转发重要报道，交流工作信息，推荐精彩文章，促进了品牌宣传队伍素质的提升。

（李洁娜）

【人力资源管理】　2015年，人力资源工作以“吸引人才、用好人才、培养人才、留住人才”为目标，切实做好领导班子和干部队伍建设，人力资源配置与管理，机构优化整合，职位与薪酬体系建设，绩效考核激励机制建设，人才队伍培养与开发等工作，各项工作措施得到了有效落实，为全行业务发展提供了有力的组织保障和人才支撑。

一、班子建设方面。把加强各级领导班子作风建设作为重点，制定下发了《甘肃省分行“五好”领导班子创建活动实施方案》，在二级分行、中心支行党委班子开展“五好”班子创建活动。持续优化班子结构，提高班子整体合力，全年共调整补充各行、部高级经理以上人员34人次。严格执行干部监督制度规定，坚持从严管理，从严监督，做好“一报告两评议”、领导干部个人有关事项报告等工作。不断加强领导班子后备队伍培养，在全行开展了中层正、副职后备人才测评工作，建立了一支素质优良、数量充足、结构合理的后备人才梯队。

二、招聘配置方面。组织开展2015年分类招聘工作，共招收新员工121人。继续优化全省人员配置，2015年末全辖营业网点人员占比达到66.08%。根据总行关于劳务派遣用工管理政策的调整和部署，截至年末，完成劳务派遣用工形式转换共500人，占原有劳务派遣员工的99.20%。

三、薪酬福利方面。对2015年度人事费用情况进行预算、配置管理，为全行业务发展提供人事费用资源支持。规范辖内高管人员薪酬管理，制定《中国银行股份有限公司甘肃省分行高管人员薪酬管理实施细则》，开展全辖高管人员薪酬福利待遇合规自查工作。整章建制，对高管人员薪酬福利进一步规范管理。规范易地交流任职人员福利管理，制定《中国银行股份有限公司甘肃省易地交流任职人员福利保障办法》，在保障易地交流干部福利的前提下，加强规范指导，避免外部审计、合规检查风险。

四、机构管理方面。认真落实年度机构发展规划，结合机构内部等级管理实施方案，以提升机构综合效能为目标，进一步优化机构布局和管理架构，资源配置效率和机构效能得到进一步提升。在成县新增县域机构1家。进一步调整优化省分行本部及二级分行业务管理架构。为理顺业务关系，规范工作流程，根据总行要求，调整和明确了贸易金融业务管理架构；对公司金融部部分团队名称及职责进行调整；对人力资源部四个团队职责进行优化调整并变更名称。加强信息科技队伍建设，在网点数量较多和业务规模较大的部分二级分行设置了信息科技中心，在其他二级分行及敦煌支行设置了信息科技专岗。组织开展全辖机构信息大检查。对全辖125家分支机构信息进行了全面检查，逐项核对了每家机构的金融许可证、营业执照、组织机构代码证所载信息要素，并与省分行EHR系统内机构信息及在人民银行、外汇局备案信息进行了仔细比对、核查，对存在的问题及时进行通报，持续跟进并督促各行进行整改，牵头整改了兰州地区机构信息存在的问题，并向人民银行、外汇局报送了相关备案材料，确保机构信息准确，依法合规经营。

五、绩效管理方面。牵头修订分支行绩效管理方案。围绕经营效益做好存、贷款和中间业务，加强风险管理与合规经营考核，由负向考核转变为正向激励；增加了社会责任及员工队伍建设指标，引导分支行积极拓展中小微企业业务、涉农贷款、绿色信贷等业务，并重视关爱员工，稳定员工队伍，发挥团队整体力量，促进全行业务发展。修订省分行部门绩效管理方案。根据各部门（中心）工作职能及特点的差异，合理设置考核分组。在考核指标设置时，明确各部门当前业务重点和工作亮点，提高了部门考核的针对性和有效性。修订各行部高管人员绩效管理方案，合理设置高管人员考核中所在机构考核得分及分管条线、分管工作考核得分的权重比例，合理区分机构绩效与个人绩效。

六、员工培训方面。继续按照“自主办”“请进来”“送出去”“重应用”的培训工作基本思路，紧紧围绕业务发展和员工成长对培训工作的需求，突出对基层、一线和核心岗位的培训资源配置，加强责任意识和案防合规教育，分级分类，加大培训工作力度、广度和深度，全年共举办各类培训班50期，培训人次达到6 685人次，其中重点专题培训班24期，条线部门日常业务和综合素质培训26期（含视频培训），各二级分行全年举办自主培训在5期以上。通过开展分级培训、分层培训、全员培训，员工培训覆盖面达到100%。

（孙晓捷）

【风险管理】 一、加强研究前瞻引领，支持资产结构调整。一是继续加强培养研究分析能力。密切跟踪、关注地方政府性债务、房地产、新能源发电、“丝绸之路经济带”甘肃段、政府与社会资本合作项目等重点领域最新动态，适时修订公司授信指引，细化教育行业授信政策，梳理省内政府与社会资本合作项目授信审查要点，更新风电、光电调研报告，全面了解重点领域发展现状，提前布局重点领域，挖掘抢抓业务机遇。二是做好资产结构调整牵头工作。将资产结构调整工作作为部门重点工作之一，与贷款新增投放计划紧密结合，指定专人负责牵头工作，定期组织召开部门联席会议，按月通报各条线调整进度，在继续坚持已批项目跟踪机制的基础上，按月开展审批与投放对比研究，主动跟踪、逐户摸底沟通未投放授信，与公司部联动协作、统筹开展清单式逐户督导工作，引导业务机构合理安排投放进度。截至年末，甘肃省分行表内信贷资产余额本外币汇总折合人民币664亿元，较上年增长20.50%。

二、创新优化工作流程，提升内外服务体验。一是完善授信发起决策机制。持续推进平行作业机制，修订完善授信发起操作手册，加强对一线授信发起的“保姆式一对一”辅导与帮助，继续完善并发挥预先指导、预评审、无纸化在线审批流程等畅通高效机制作用，最大限度地减少发起环节的盲目性与低效性。加强与公司部联动协作，定期召开联席会议，遵循风险可控及可操作性原则，努力为业务健康发展解决实际问题。二是创新高效审批模式。对内严格实施逐环节、逐岗位刚性时效管理，通过每周召开尽责项目讨论会、每月召开评审项目行业讨论会、每月晾晒尽责时效、加大现场尽责评审力度等举措，实现部门内部“互帮互助、取长补短、你追我赶”的工作氛围，不断提升审批服务质效。加强审批原则性和灵活性的有机结合，以“我行是否承担实质信用风险”为标准，严格实施全口径信用风险审查，并进一步规范非标理财资产准入审批，审慎确定授信策略，同时进一步简化批复流转流程，减少流转节点，并在批复下发前，做好与发起机构的充分沟通，确保已批授信实现有效投放。

三、攻坚克难严防死守，确保资产质量“双控”。一是积极发挥主动监控预警职能。逐月进行资产质量预测和重点客户、行业监控，以便及时、准确地把握总体风险和主要风险，为实现全口径客户风险信息的监控、预警和主动压退提供重要决策依据。持续加强公司逾期贷款清单管理、行业限额管控、风险预警，建立完善部门内部“名单式”滚动管理和“评级、尽责、监控”风险管理全流程专人对接管理机制。建立固定资产贷款还款计划台账，建立全辖授信风险预警信息库，整合共享内外部预警信息，努力实现贷前调查、贷中审查和贷后监控有机结合的主动风险管理模式，真正做到风险防控的早发现、早预防、早处理、早化解，确保资产质量基本稳定。二是加强组织领导全力以赴化解不良资产。进一步加大条线部门间联动协作，形成合力化解不良、防控潜在不良，按月组织条线部门召开全行资产质量管控专题会，分析现状和管控进展，研究后续管控重点及措施。坚持“主动前瞻、专业审慎、联动协作、稳定质量”的管控原则，牵头成立资产质量管控与不良资产化解专项工作组。三是加大集团客户风险监控力度。在集团客户授信规模快速扩大的形势下，加强和改进集团客户授信管理，严防传染性、结构性风险，有序开展2015年集团限额年审工作。集团限额核定方面，加强对集团限额的审核，加大对优质集团内优势成员企业的支持力度，严格限制集团内劣势行业、劣势企业的授信限额；集团客户审批方面，进一步明确集中审批要求，对部分高风险客户实施总分行集中审批模式，已将5家集团客户纳入分行集中审批名单，分行权限内客户均实施尽责专人责任制，评审、审批环节人员保持相对稳定，实现集团客户授信策略统一；集团客户管控方面，以“七因素分析法”为基础开展集团客户风险定级，采取差异化管理策略，对于高风险集团客户，持续压缩集团授信规模，调整集团内部客户授信结构，积极化解集团授信风险。

四、提升计量精准性，推动业务理性发展。充分发挥加权风险加权资产引擎工具作用，积极运用各项新协议实施成果及数据来源，开展风险量化分析、风险调整后资本回报和资本占用分析、经济资本增长动态分析。制定实施审批中风险调整后资本回报深入应用的落实方案和提升资本回报的实施方案，试行地区经济资本配置方案、编写资本节约方法及案例。帮助业务部门更加直观地掌握各维度效益情况，指导分支行通过积极争取合格有效的押品、追加优质保证担保、加强系统数据录入管理等措施来改善经济资本占用，提高资本回报率。

（蒋雪婷）

【财务管理】 2015年，甘肃省分行财务管理工作围绕省分行党委“扩规模、拓客户、增收入、控不良、抓合规、防案件”十八字工作方针，发挥财务支撑、引领职能，合理规划、组织、分析和控制业务计划、财务活动及资金流动，有效管理财务风险，促进全行稳健经营。

一、加强财务预算、绩效考核管理。统筹全行财务资源配置情况，在充分沟通的基础上制定业务及财务预算，为全行各级机构经营发展提供目标指引。结合全行预算，根据总行对一级分行的绩效考核方案，制定辖内机构核心绩效考核指标体系，将效益、业务类指标与预算目标相结合，促进辖内机构与业务部门、全行经营目标高度统一。建立联动业务评价机制，规范工作流程，为合理评价各合作方经营绩效提供政策依据，激励板块、条线与分支机构联动发展业务，促进综合效益提升。创新考核管理，对兰州城区网点设计并实施穿透考核，有效激发了基层网点稳增存款、提升利润的积极性。建立全行财务经营分析例会制度，形成多纬度、矩阵式的财务分析机制，提高经营业绩和实施绩效过程管理。

二、加强财务合规管理，提高会计规范操作水平。修订手续费会计核算管理、财务专用章管理、暂收暂付款项管理等实施细则。完善月度会计非现场监控模板，实现会计信息质量非现场监控要点的全覆盖。组织安排“加强内部管控遏制违规经营和违法犯罪财务管理专项检查”“总行财务合规大检查”及会计信息现场检查，强化对问题的整改，提高辖内机构执行力，确保会计核算的合规性、损益的真实性及会计报表编制的准确性。完成财务系统全省集中上收工作，提高全行财务管理效率、加强会计质量、实现信息共享，有效规避财务风险，有效控制操作风险。

三、坚持以效益为中心，努力提升费用管理水平，促进业务发展。加强成本费用管控、优化费用支出结构、提高费用配置效率。加强成本收益分析，向收益更高的业务倾斜资源，促进全行预算目标的实现。优化费用资源配置，在保障基本费用的基础上，将费用配置与存款、客户、产品、收入挂钩，鼓励辖内机构通过发展业务获取费用，提高投入产出效益，确保费用管理符合总行管控要求。

四、提高利率定价管理水平。在连续五次国家利率调整中，准确传达总行执行意见，及时落实利率政策，保证国家利率执行的合规性和严肃性，充分发挥利率的杠杆作用。完善定价制度，制定并下发《关于进一步明确人民币贷款利率授权管理和报批流程的通知》，在总行利率授权范围内，实行分条线、分机构，适当有限授权管理。为适应利率市场化管理需要，提高工作效率，组织成立定价协调小组，并作为定价决策管理的重要基础环节，纳入利率决策审批流程。

五、严控数据质量，宣传推广管理信息平台。制定银监报表关键指标数据质量承诺工作细则、会计信息工作考核奖罚办法，并推进落实数据质量责任制。针对总行对一级分行数据质量考核要求，实行数据质量预警机制，重点对总行考核指标按月测算，超过阀值则启动预警机制。编制了《甘肃分行管理信息报表手册》，进一步向全行介绍管理信息平台内容，推广使用方法，有效提高管理信息服务平台使用率。

六、加强固定资产管理，促进业务发展。在电子设备、营业网点建设、智能化网点建设、ETC项目建设、安防建设、办公楼基础设施更新、行政事业预算包、保障卡项目建设等方面进行固定资产投入，为业务发展提供有力保障。优先保障网点智能化改造等战略性投入，促进固定资产投资结构优化的配置思路，严格控制配置标准及数量，避免资产重复配置、过度配置、提前更新。在全辖组织开展2015年度固定资产盘点工作，通过固定资产条码管理系统，运用电子化的方法，加强固定资产实物管理、完善盘点流程。

七、强化集中采购管理，规范操作流程。监督采购制度落实，加大采购前移力度。秉持竞争原则确定采购方式，严格限制单一来源采购，严格执行国家招标投标制度，对达到招标限额的采购项目以及未达招标限额但重要性、专业性要求高的项目，一律委托招标中介机构实施招标。通过制定项目实施进程表并全流程跟进，强化采购进程管理，明确采购职责，提高采购实施效率。严格合同审核，维护我行合法权益。

八、加强财会队伍建设，全面提高财务管理人员的综合素质和专业化管理水平。组织全辖会计从业资格培训和报考相关工作以及会计继续教育工作，提高财会从业人员持证率。举办2015年度全辖财务管理与运营控制培训班，对基层财务人员进行培训和政策解读，有效传导总行及省分行战略要求，安排部署重点工作，全面提高财务条线人员的经营分析和业务指引能力。

（王丽华）

【公司金融】 截至年末，全辖人民币公司存款余额638.54亿元，较上年末增56.89亿元，平均余额621.80亿元，较上年增59.30亿元，市场份额7.95%，较上年下降0.39个百分点。人民币公司贷款余额490.23亿元，较上年末增83.17亿元，市场份额5.22%，较上年下降0.05个百分点。外币公司贷款余额4.22亿美元，较年初新增2.40亿美元。余额市场份额6.17%，较上年提升3.53个百分点。累计实现公司条线中间业务收入20 021万元，公司中间业务利润贡献度不断提升。

一、推进公司存款持续快速发展。强化公司存款条线管理。开展“开门红”竞赛活动，召开视频调度会，通报、督导各行公司存款发展。加大公司存款费用配置力度，同时根据存款发展情况适时调整奖励政策及费用配比。及时准确把握存款业务发展的新趋势，积极拓展现金管理及网上银行业务，着力营销主归集账户，争取归集资金沉淀。大力拓展有效客户，夯实客户群。围绕目标客户转化、存量客户存款增加、重大项目立项及落实等业务机会，有针对性地开展存款营销工作，对重点客户、重大存款项目逐一跟踪，确保存款的有效沉淀，提高目标客户转化率和营销效率，夯实时点存款基础，由抓存单式存款向账户式存款转变。

二、优化贷款结构。紧密围绕“3341”工程，充分享受国家级兰州新区建设大招商、招大商的红利及打造丝绸之路经济带甘肃黄金段的契机，抓好重大项目的源头营销和落地营销工作，主动调整信贷结构，把制造、电力、水利、交通等与甘肃经济发展契合度较高的基础设施建设及“中”字头在甘企业和国家、省级重大工程、重点项目、节能减排项目，作为授信重点对象。

三、强化与总行、海外行联动，实现多项业务创新。与甘肃省国有资产投资公司共同成功承办2015甘肃“一带一路”国际产能合作洽谈会，邀请12个国家的38家企业，10家海外分行，省内各地市政府领导及企业代表600余人，在中行系统及甘肃省内政府、企业和金融界产生积极反响，获得社会广泛赞誉。成功续做并购贷款、“内保外贷”，为省内重点客户提供融资方案；获得ETC高速公路收费业务资格入围，并对甘肃省高速公路管理局实现开户突破。

四、完善内控管理机制，提升风险管理水平。对分支行开展加强内部管控、遏制违规经营和违法犯罪的专项现场检查；对房地产开发贷款土地和在建工程的抵押情况进行逐笔排查，并对省内重点城市房地产抵押、预售资金监管政策进行调研；对一季度和二季度全辖贸易融资“潜在不良”情况进行排查。

（左　玲）

【中小企业业务】 截至年末，“中银信贷工厂”中小企业新模式贷款余额30.80亿元，小微企业贷款余额239.01亿元，小微企业客户数1 693户，小微企业申贷率77.02%，均完成了监管机构“三个不低于”的要求和总行下达的考核任务指标。

一、积极推进高层营销和名单式客户营销工作。推进与政府部门、各大商会、协会的合作。与甘肃省国税局拟定

《银税业务合作协议》，加快“税融通”产品推广。深化与甘肃投资商会等商会、协会合作关系，推进业务稳步发展。借鉴兄弟行业务经验，有效推进与中国联通甘肃分公司“沃金融”合作项目。依靠总行平台，按照总行中小企业跨境撮合服务对接方案要求，撮合甘肃省中小企业与法国企业、东盟企业开展创新、技术、产业的合作交流。进一步密切与客户战略伙伴关系，推动中小业务发展。成立中小企业业务名单式营销工作小组，将395户2014年诚信纳税A级企业名单和10756户全省贷款余额2000万元以下企业名单分批、分地区下发全辖各行，从严落实、分批推进名单式营销工作。

二、制定激励方案，促进业务发展。通过制定“开门红”竞赛方案、“六大专项行动”实施方案和“拓客户、增收入、控不良”竞赛活动实施方案，对业务贡献突出的个人和集体进行奖励，对所有实现投放的中小企业业务进行奖励。通过树立条线先进个人，推进管理创新，推动整体业务发展。

三、梳理开发产品，提升专业能力。认真归纳中小企业业务产品，收集近二十项中小业务产品，集结完成《中国银行甘肃省分行中小企业业务产品指引》并下发全辖，使各行在业务营销中有抓手、有依据。参照《中国银行甘肃省分行中小企业新模式“互助通宝”业务操作指引》，联动兰州市黄河中心支行铁路支行，结合永登县苦水玫瑰企业和产业实际需求，通过产品创新，制定“玫瑰通宝”业务操作办法，成功为永登苦水玫瑰协会成员单位18户企业续做3200万元“玫瑰通宝”授信业务。

四、加强贷后监管，保证资产安全。紧盯国内经济持续探底和钢材、煤炭、有色金属等大宗商品价格低位震荡等因素的影响，及时开展中小企业新模式授信风险排查。根据总行2015年度“固基行动”现场检查工作总体安排，开展全辖中小企业新模式贷款自查工作。根据总行“两加强 两遏制”专项检查发现问题整改工作要求，深入查找管理和执行中的薄弱环节，切实提高风险防控意识和管理水平。

（马晓峰）

【个人金融】 2015年，甘肃省分行个人金融业务有序开展，客户基础进一步壮大，各项指标稳步提升。全辖人民币个人存款余额316.80亿元，实现个人中间业务收入1.94亿元，个人有效客户169万户。

一、全力促进个人核心存款增长。通过源头代发项目促进存款增长。年初制定代发薪业务方案，配置专项业务费用，从代发量、代发客户等多个维度齐抓共促，梳理客户群清单，指导辖内各行深挖存量客户。通过大额存单等产品吸引客户，利用产品优势提升市场竞争力。通过做大理财、基金等蓄水池拉动存款增长，做好客户营销与服务，引导资金回流。

二、扎实推进客户基础建设。扎实推进个人金融业务“五进”营销活动，夯实客户基础，提升客户金融资产，及时刊发《“五进”活动简报》。以源头项目为抓手，批量化营销客户。一方面，持续将代发薪作为最重要的战略性业务，批量拓展客户规模，定期下发《代发薪业务简报》，协助各行解决实际业务中存在的问题，推广和分享先进营销经验，推动全辖代发薪业务快速发展。另一方面，积极拓展银医通、银校、ETC（高速公路电子缴费）项目，批量拓展客户规模。深挖存量客户潜力，提升客户金融资产。引导客户经理由过去的单纯增加客户存款转型为提升客户的金融资产，从单纯产品销售转向为客户提供综合资产配置方案。指导各行进行名单式营销，注重过程督办，重点加强对临界客户的资产晋级营销和拟退出客户的维护。整合行内外专业服务资源和稀缺营销资源，组织全辖利用总行专属理财产品、个人客户尊享积分等特色增值服务，提升高净值客户服务体验，对维护和吸引中高端客户起到积极作用。

三、多措并举促进个人中间业务收入持续快速增长。狠抓传统中间业务。积极开展个金产品竞赛及主题营销活动，重点对个人结售汇、国际汇款、借记卡年费、短信通收入予以费用激励；积极开展外汇业务创新，组织学子教育与留学服务推介会；开展出国金融手机客户端宣传，提升客户体验，实现全渠道办理个人结售汇业务。狠抓财富私行业务。加大厅堂宣传力度，积极开展理财产品销售竞赛，做大理财蓄水池，使其成为个人存款的有效补充。制定《甘肃分行2015年基金业务工作指引》，逐日下发基金业务每日要览，加强窗口指导；积极开展“送教上门”，协助各行开展客户经理培训、新发基金推广、客户基金健诊等活动；通过开展系列主题营销活动，营造良好的销售氛围，掀起全辖销售基金的热潮；注重售后服务，指导各行通过短信或微信向客户定期发送投资策略报告、市场分析等信息。狠抓贵金属销售，有序组织厂商在全辖进行新品铺货；持续举办节日或新品展销会；持续开展贵金属销售竞赛活动。

四、强化个人客户经理队伍建设。改进个人客户经理培训方式，积极开展送教上门活动，现场讲解产品、市场、营销策略等，解决基层网点业务拓展中遇到的实际问题。加强个人客户经理过程工作管理，增强客户经理与客户的交流和沟通。加强个人客户经理专业序列建设，加强考核力度，严格个人客户经理资格认证。邀请先进兄弟行的优秀理财经理来省分行交流经验，为个人客户经理搭建跨行交流平台。

五、加强个人金融业务风险防范和合规经营管理。加强制度、流程的管理和传导。及时梳理个人金融主要产品及业务的规章制度，制作个人金融条线制度汇编，明确规章使用范围和保密要求，每月下发，定期更新。组织开展外汇业务、人民币个人存量账户、存款业务、借记卡检查工作，并组织整改。组织打击借记卡非法买卖专项行动。对银行卡制度体系建设及落实情况，银行卡渠道交易管理、持卡人信息保密，投诉、诉讼和案件发生、协查、处理等重点环节执行情况进行自查，促进银行卡业务持续、健康发展和合规经营。积极开展非现场检查，排查风险隐患，借助G-map（集团操作风险监控分析平台）数据，对辖内各行风险业务执行状况进行检查，对其中的风险业务和可疑环节进行非现场追踪检查。

（刘云瑞）

【个人贷款】 2015年，个人贷款业务发展势头良好，贷款规模持续扩大，资产质量保持稳定，利润贡献度有效提升。全辖个人贷款（含微企）余额130.53亿元，较年初增加14.40亿元，新增额在总行考核组内排名第7位，实现业务净收入27 329万元，关注类贷款占比0.82%，不良率0.36%，资产质量考核总行考核组内排名第2位，全国排名第4位。

一、强化对开发商的维护和营销工作，增加房贷储备。为进一步巩固房贷基础地位，有针对性地开展维护和再次营销工作，省分行及时了解已合作的开发商的需求和建议，及时调整授信政策，进一步维护双方合作关系。协同和督促经办行对前期流失的优质开发商客户开展再次营销，挽回部分前期与我行暂停合作的开发商。将全辖在建楼盘项目清单和房屋中介名单下发全辖，为各行营销提供指引。组织开展“金秋银冬扫楼盘”活动，对重点项目进行现场调研，开展营销工作，增加房贷项目储备。

二、推进个人经营类贷款业务，提升收益水平。继续坚持以房贷促量，以经营贷提价的发展思路，借力综合收益高的个人经营类贷款，在促进结构调整的同时提升个贷收益水平。制定2015年经营类贷款的业务发展目标，推动实现经营贷款的规模增长，改善个贷的资产结构、客户结构和收益结构。将个人经营类贷款纳入挂价奖励范围，加快结构调整进程，不断提升业务竞争力。

三、加大费用配置，调动发展业务的积极性。对利率上浮30%以上的个贷产品进行费用配置，强化对房贷的支持力度，即在原有费用配置基础上，将住房按揭项目营销和房贷投放（一手房、二手房）全部纳入费用配置范围，凸显住房金融的重要性。

四、加强内控管理，有效防范风险。重点围绕个贷业务内控组织体系、政策制度、内控合规文化、内控监督、问题整改等方面内容对全辖个贷业务内控管理和依法合规经营进行全面深入的排查，杜绝案件风险隐患。完善档案管理及押品落实联系人和责任人制度，强化档案和押品管理工作。启动预审批制度，强化现场尽责频度，对全辖不良零售贷款的变化情况进行日监测。针对全辖零售贷款关注类余额较大的现状，按月下达关注类贷款控制目标，定期对关注类及不良贷款超出控制指标的行确定压降任务指标，对不良贷款波动较大的行（部）采取电话、下发书面督办通知等形式进行压降督办，有效防范和控制贷款风险，保证个贷的资产质量。

五、开展个贷业务培训，提高队伍素质。重检贷前调查内容及尽责审查要点，完善贷前调查信息及尽责审查要素，梳理产品审批指引，结合每日审批情况下发全辖，供各行参考学习。举办个人贷款业务培训班，对全辖客户经理进行集中培训，提升个人客户经理营销产品及风险防范的水平。通过落实“送教上门”“以岗代训”等方式现场解决各行存在的实际问题，切实加强个贷条线队伍建设。

（李嫦宏）

【银行卡业务】　2015年，中国银行甘肃省分行信用卡累计有效卡量40万张，新增有效卡6.99万张，同比增长25%，其中白金卡新增1.6万张，增幅17%；非利息收入12 048万元，占个人金融条线非利息收入的62.29%，占全行非利息收入的21.97%。

一、扩展信用卡客户群规模，夯实业务发展基础。做实行内交叉销售，多渠道推动信用卡客户拓展。针对房贷客户、中高端客户、网银客户、外汇客户，全面开展交叉销售，扩大存量客户的配卡率，提高客户粘性。做大跨境业务。以特色业务为抓手，提升甘肃分行品牌形象。在海淘业务的带动下，甘肃分行跨境年交易总额2.67亿元，同比增长16%。其中，实现网上消费额4 741万元，同比增长65%；年跨境收入额345.22万元，同比增长18%；当年跨境客户数9 550人，同比增长41%。开展发卡竞赛活动，提高员工发卡积极性，打造甘肃分行信用卡支付品牌。在全辖开展信用卡日PK赛活动和“五进”活动，共实现信用卡发卡3.6万张，有效拓展了基础客户群。与甘肃省高速公路管理局合作，开办高速公路快速缴费业务，2015年共有72个网点可办理ETC一站式业务，为客户提供快捷、方便、可靠、安全的优质服务。

二、以消费金融为抓手，拓展中收新领域，规范第三方担保合作。积极联系中小企业合作的担保公司，对专向分期业务全面引入担保并严格落实担保责任，通过汽车中介模式，解决分支行对接经销商过程中的人力及时间成本问题。全面推动卡户分期营销系统上线，加大网点卡户营销的推动力度，引导分支行积极推动卡户分期产品。同时推广“易分享”产品，作为卡户分期产品的有效补充。2015年，全辖实现分期总交易量7.27亿元，其中大额专向分期交易量1.20亿元；卡户分期5.37亿元，同比增长8%；福农分期1 539万元，实现了零突破。

三、以活动促消费，提升综合收益水平。对全面营销活动进行规划，开展了10元看电影活动、万达IMAX活动、员工刷卡活动、“畅刷中行卡 最惠中行日”4折美食活动、“畅刷中行卡 月分月有礼”卡户分期抽奖活动。通过优惠商户的网络建设活动，不断优化用卡环境和用卡体验。通过采取各种营销活动，甘肃省分行信用卡动户率达51.70%，较2014年提升9.8个百分点。根据跨境活动网点宣传督导相关要求，积极调动分支行开展营销活动的积极性，力争形成自上而下的宣传意识和宣传体系。广泛开展发卡30周年营销活动，通过报纸、微信、短信等渠道，广泛进行宣传。

四、全员行动，打赢信用卡“资产保卫战”。整章建制，规范业务操作。修订并下发各类规章制度，进一步规范和明确分期业务及收单业务发展思路。开展自查，全面防控风险。2015年，消费金融业务及收单业务共开展了4次自查；针对信用卡风险问题，共检查16次，处理644笔否认交易。成立内部风险评审委员会，建立健全风险管理流程。明确审批员、审批主管、审批高经、总经理的审批权限，并成立内部风险评审委员会，规范内部评审会的权限和机制，在促进业务发展的同时，有效防范风险。针对全辖信用卡不良上升的严峻形势，召开银行卡不良资产清收压降专题会议，要求不良余额较高的行采取有效措施，紧盯大户，全力以赴压降不良，务必做到月月有进展，催收有成效。向全辖下发催收外包数据，采取各种措施压降不良。加快信用卡核销进程。

对符合信用卡核销条件的尽快搜集核销材料，限期上报核销资料，加快信用卡核销进程。2015年，信用卡不良共核销978万元，信用卡不良率5.31%，不良率由2014年的总行第一降至第三。

（王　娟）

【贸易金融】　全年办理国际贸易结算51.11亿美元，市场份额42.79%，同比下降6.31%，低于总行下达任务2.21个百分点，其中进口结算32.87亿美元，出口结算18.23亿美元；办理跨境人民币结算370.14亿元，市场份额38.51%，同比下降3.26个百分点，高于总行下达任务3.51个百分点。保函业务余额49.03亿元，较上年新增12.44亿元；保函业务发生额19.57亿元，同比下降7.46%。开办单位结算卡5 240张，新增4 261张，同比增长445.25%，卡户占比16.94%，高于总行下达任务8.96个百分点。

全行贸易金融条线共实现中间业务收入6 810万元，同比下降25.98%。其中，国际结算业务收入4 819万元，同比下降34.23%；国内结算业务收入1 991万元，同比增长6.34%。贸易金融条线累计实现利息收入21 034.5万元，同比增长20.67%。其中，贸易融资利息收入14 699.28万元，同比增长14.44%，票据贴现、转贴现利息收入6 335.22万元，同比增长54.86%。

一、推广高收益产品和创新型产品，提升综合收益。大力发展福费廷业务，积极"走出去"营销省外同业。全行当年办理福费廷业务57.56亿元，余额38亿元。保函业务尤其是"内保外贷"业务是省分行支持企业"走出去"的拳头产品。省分行密切关注省内企业走出去情况，为白银公司开立1.80亿美元的融资性保函；为天庆集团开立1 500万加元的融资性保函，这是省分行为民营企业续做的首笔内保外贷业务。协同金昌分行完成首笔票据转贴现同日周转业务，金额7 500万元，实现60个BP利差收入。明确票据转让业务流程，持续拓宽转卖渠道，实施"边贴边转、做大流量、以量补价"经营策略，加速票据周转，提高资源利用效率，增加经营收入。加强海外联动，与多家海外分行签订了协议付款、海外代付等融资业务合作协议，续做人民币信用证项下协议付款业务，实现了跨境人民币信用证项下协议付款业务量"零"的突破。全年续做贸易融资联动业务总计19.25亿元，实现中间业务收入626万元。紧抓产品创新，在兰州首推网上银行自主结汇业务，为甘肃宸生土畜产品有限公司办理全辖第一笔网上银行待核查账户快捷结汇业务，金额1.80万美元。为二十一冶建设有限公司成功办理第一笔以LPR（贷款基准利率）定价的国内商业发票贴现业务，金额6 000万元。根据海关总署颁布的"通关一体化"新政，指导嘉峪关分行为酒钢公司叙做全省首笔"通关一体化保函"业务，金额总计1.10亿元。

二、建立单笔债项审批制度，加强贸易融资贷后管理，严控贸易融资资产质量。建立单笔债项审批制度，对贸易融资及保函业务贸易背景真实性、期限匹配性和自偿性进行审核。建立"客户分层管理、分级授权管理"机制。贸易金融部全年完成单笔债项审批1 197笔，合计金额305.93亿元。加强贸易融资贷后管理，提升贸易融资风险管理的科技化水平，通过贸易融资资金监控系统，解决长期以来贸易融资资金监控不到位的问题。建立贸易融资风险预警制度，对总行重点关注行业、行内重点监控客户及时做出预警提示。不定期进行贷后工作检查，强化贷后管理工作在单笔债项审批的参考比重。落实不良及潜在不良的清收化解工作。贸易金融部成立清收小组，建立定期联系和现场核查制度，关注企业经营状况，现场核查抵押物现状，落实第二还款来源对本行授信资产的保障程度，更全面细致地了解客户及其业务。建立催收记录制度，每天对催收进度进行记录，加快清收进度。全年累计清收化解不良及潜在不良5 940万元，彻底清退潜在不良一户。

（杨树华）

【渠道管理】　截至年末，全辖新设立1家县域机构—陇南成县支行，新建14家离行式自助银行；累计企业网银交易客户数14 971户，其中新激活交易户4 102户，企业网银存量客户达到21 758户；累计手机银行交易客户158 498户，其中新激活交易户126 674户，手机银行存量客户达到684 752户；累计个人电子银行交易客户数240 415户，其中新激活交易户165 121户，个人网银存量客户达到959 469户；全渠道交易客户数达到1 410 976户，其中电子渠道交易客户数1 081 895户，自助渠道交易客户数1 177 857户，电子渠道金融交易迁移率为71.74%；实现手机银行双边交易金额341.44亿元，较上年增长73.40%；企业网银交易量5 867.28亿元，较上年减少14.39%。

一、优化机构布局，推动网点智能化升级。围绕"智能化、网络化、互动化和综合化"的网点建设核心理念，加快1家智能银行旗舰店（省分行营业部）及26家智能化网点的建设进度；大力开展离行式自助银行选址、装修工作，制定了选址的基本原则，重点关注学校、医院、社区、街道、营销类五大类区域。

二、多措并举，促进电子银行交易增长。分阶段开展竞赛活动，营造业务发展氛围。省分行分阶段开展企业网银、个人网银、手机银行、短信通知签约竞赛活动和挂价奖励，适时开展网点单日排名奖励竞赛，全员参与走访网点、电话或短信督导、二级行培训等。强化数据分析，细化客户清单，支持各行开展精准营销。持续做好日报数据统计，帮助网点及时了解开户激活明细，累计下发2015年新开户未激活清单、2014年存量未承接客户清单、存量不动户清单、基金理财转账待激活清单、出国金融目标客户清单等各类客户清单100余万条，指导网点开展精准营销，实现客户清单发送的网点全覆盖，客户全覆盖。创新金融服务，提升电子商务市场竞争力。为省内首家P2P平台提供B2C支付服务。营销省内最大的金融服务平台——甘肃公航旅金融服务有限公司，为其P2P平台"陇e贷"提供B2C支付服务，领先省内同业，开创了与P2P平台合作的先河；紧盯市场，大力推进支付类电子商务业务发展。新增2户B2C商户——酒泉金点科技有限公司及甘肃公航旅金融服务有限公司。

三、认真落实"预防为先"的理念，积极保护消费者权益。加强制度建设，明确工作职责，明确消费者保护工作组织架构、明确各团队在消费者权益保护工作中职责；认真履职，及时跟进强化过程管理，明确电子渠道服务价格，全辖公示收费标准；结合重点产品进校区、社区宣传金融知识，提升消费者金融权益保护意识；发挥甘肃分行微信平台自有渠道优势，发布市场活动、产品信息、品牌宣传、反洗钱、防欺诈等金融知识200条，线上线下结合宣传；规范和加强95566投诉管理，构建和谐金融消费关系，对客户投诉处理采取“统一管理、分级处理、专人负责、逐级上报”的管理模式。

四、强化内控管理，提升风险防范能力。持续开展辖内非现场检查与现场检查，提高员工风险合规意识；优化业务操作流程，多批次发送业务风险点，明确渠道条线业务“三条违规红线”，引导各行合规操作；优化更新电子渠道反洗钱制度，开展全辖风险内控培训，强化员工电子渠道反洗钱意识；开展“防范电子银行外部欺诈”客户安全宣传活动，通过网点视频设备播放安全宣传FLASH，印制安全宣传折页、配发供客户自行取阅的风险提示，LED屏滚动播放安全提示等多渠道、多形式进行客户安全教育，扩大“防范电子银行外部欺诈”客户安全宣传活动影响力，增强客户对于电子银行业务的风险防范意识。

（刘　晋）

【运营管理】　一、开展业务流程优化，减轻基层行压力。开发并投产“人民币跨行支付系统限额在线审批系统”，提高从网点到一级分行主管部门的审批效率。建设支付业务监控平台，有效监控人民币跨行支付系统汇入汇款非直入账报文处理情况，防控后台手工入账风险。开展运营印章集中管控，收窄网点印章使用风险敞口。规范业务专用章配置和使用范围，有效防范串用、盗用、错用印章违规行为。集中上收二级分行运行监控工作，实现了一级分行集中监控模式，每行释放运行监控人员0.5–1人。开展对公贷款交易集中处理。实现对公贷款账户核准及中小企业贷款发放集中操作，切实减负前台工作压力。全面推进现金出纳业务同城集中运营，进一步防范操作风险，提高运营效率。持续扩大远程集中核准交易范围。在综合考虑效率、风控水平、人员配置及业务量的前提下，逐步上收外围系统集中核准交易，释放网点人力资源。牵头业务部门完成7家兰州地区已撤并机构/账户信息/数据的系统撤并工作，组织完成成县支行新开业各应用系统参数维护工作。

二、推进运营管理机制建设，提升风险管控水平。进一步强化派驻业务经理队伍建设。严格规范派驻业务经理准入、退出机制，加强代职管理、强化履职报告、建立考核体系、落实履职标准，确保队伍的独立、专业和履职效果。持续加强柜员权岗匹配管控。进一步规范长期跨岗设置柜员和代岗柜员权限审核，严控核准与柜员数量配比和核准权限。严控远程集中核准转现场业务环节。通过系统控制和绩效考核方式进一步压降转现场率，逐笔对转现场业务进行质检核查，严密控制风险。深入开展业务监控，加大风险预警和提示。加强库存限额管理，全面推广尾数包管理模式，压缩现金占用，防范尾箱操作风险。调整远程监控重点，坚持常规检查与专项检查、联动检查相结合。加强会计档案管理，确保档案安全。组织完成兰州地区2013–2014年度永久会计档案的收集、归档以及移交工作，共计696册。

三、创新服务理念，提升运营管理价值。建立全辖运营科技支持业务发展问题解决机制。每月征集网点设施/设备、基层业务操作流程、系统、操作风险控制、网络运行等基层问题统一解答。不能解答的按季度提交运营/科技支持业务发展联席会议，由业务管理部门、城区行讨论议定后答复全辖共享，助力前台业务发展。落实集中运营项目分部门核算，提高经营单位成本意识。按照“服务谁受益，费用谁承担”的原则，对涉及集中运营的10项业务费用建立《集中运营费用分摊规则》，并定期进行分机构落账，真实反映各行运营成本，培养经营机构成本意识。

四、实施精细化管理，确保安全运营。严格落实运营业务现场检查和非现场监控，促进合规操作。持续推进账务运行及核心内部账户监控管理，有效控制前台操作风险。推进基层网点风险管控50条措施的全面落地。通过召开专题会议，将50条措施具体细化成128条，确保措施的有效性和可操作性。持续完善、实施业务连续性管理。完成支付清算业务应急管理自评估工作，开展支付清算、远程集中核准、凭证影像扫描、会计档案库房及金库管理应急演练，提升应对突发事件反应能力。完善制度建设，优化管理标准，开展支付清算业务全流程风险评估与重检工作。

五、认真做好系统建设，助力前台业务发展。按期完成人民币跨境支付系统、长城国际卡个人卡自动还款服务功能及资金业务结算平台各批次升级投产工作。推进柜员管控平台顺利投产，实现柜员管控设置信息全辖共享，解决了基层网点内控管理及服务需求。

（尚天霞）

【授信执行】　一、全面清收化解不良资产，提高对全行利润贡献度。分解不良化解任务，明确工作要求。对全年全口径不良资产化解情况进行摸底和预测，根据总行不良资产化解考核指标，同各条线管理部门充分沟通后汇总条线任务，向全辖各机构进行任务分解，为确保省分行顺利完成总行下达任务奠定基础。制定不良化解方案，进行督办约谈。针对新发生不良授信较多、化解进展缓慢的状况，组织安排省分行相关条线部门对公司存量不良及潜在不良贷款较多的兰州城区5家中心支行、各市州6家二级分行采取现场或视频方式进行督办约谈，根据客户违约情况明确“一户一策”化解方案，精细化推进我行不良授信资产化解工作进程。梳理表外不良资产状况，提高利润贡献度。贯彻省分行党委“向表外回收要效益”的指导原则，对存量表外不良资产进行全面盘点和深度梳理。按照核销账龄、核销种类、债务人目前存续状况等标准细致划分，初步判断其回收可能性，并根据判断结果对表外不良资产现金回收，实现综合收益最大化。2015年，全行累计化解不良授信资产折合人民币16 886万元，其中表内化解16 263万元，表外化解622万元。通过化解不良资产增加利润5 008万元。

二、持续提高审核质效，逐步实现全产品发放审核。提前介入发放审核业务，有效提高审核效率。根据不同授信产品特点及授信批复要求，逐一制定《授信发放审核资料清单》，便于业务机构准备资料时有章可循。对于之前未涉足的并购贷款、参与银团贷款、非标理财业务等，认真研究授信产品、批复条件及相关制度要求，指导业务机构顺利完成发放审核流程，支持业务多元化发展。履行审核时效承诺，提高贷款发放效率。严格履行在资料齐全的前提下，“一个工作日”审核时效承诺。对重大特殊的项目实施优先处理原则，随到随审，手续齐全当天完成发放审核工作。全年正式审核业务372笔，金额折合人民币619.07亿元。资料齐全的提款业务平均在1.5小时内完成审核。实现全产品系统内发放审核，规范发放审核操作。根据总行工作要求，年内实现金融机构业务、低信用风险/类低信用风险业务、公司客户贵金属租赁额度启用及部分理财产品业务纳入发放审核职能范围，确保业务合规开展。同时，组织全辖公司客户经理顺利完成总行CCMS系统放款支付自动化投产工作，确保系统投产后所有低风险业务（含中小新模式低风险）发放审核均在CCMS系统中完成，实现对低风险授信业务发放审核环节的有效管控。

三、健全押品管理机制，多形式提高押品管控效能。加强押品管理框架及制度建设，提高精细化管理水平。根据总行《关于建立完善押品管理工作机制的指导意见》相关要求，制定《甘肃省分行建立完善押品管理机制的工作方案》，从工作模式、权证管理、系统应用、担保品录入、贷后核查等方面对原有各条线押品管理职能进行整合、优化，夯实押品管理工作基础。贯彻押品贷前、贷后核查制度，提升主动风险管理职能。逐步将评估报告审核嵌入押品贷前核查流程，提升押品动态监控水平。截至年末，共对26个授信项目对应的92宗押品实施了贷前押品现场核查。累计向业务机构发送贷前落实抵押担保条件的工作提示28份，发送各类风险提示20份。先后对12家二级分行及1家县级支行的33个授信项目下67宗存量押品开展押品贷后核查工作，押品价值109.60亿元，对应授信金额45.73亿元，根据核查情况及时进行风险提示并提出化解建议。

（司　琼）

【信息科技】 一、安全生产。2015年，全辖核心银行系统及各外围系统运行整体稳定，未发生三级以上重大信息安全事件，共发生由于安全管理不到位导致的低等级生产系统中断事件17起，其中区域性中断4起，其余为单个网点生产中断，网点中断时间累计13.5小时，中断次数及中断累计时间较去年同期均有大幅下降。为防范信息科技风险，确保信息系统安全稳定运行。积极配合总行完成信息安全现场检查，完成对二级分行的安全生产检查，通过不断开展各层级信息安全检查，有效保障全辖信息系统稳定运行。持续开展信息系统安全防范工作，先后完成网络入侵检测系统（IPS）建设、完成办公终端扫描漏洞修复、完成CSP客户服务平台等多个重要应用系统的主备机应急切换演练、完成重要生产系统堡垒机托管、完成全辖网络灾备演练、完成冠字号码管理系统等系统主备机安全加固、部署“两会”期间全辖信息系统安全保障工作，确保各系统安全、稳定运行。

二、项目开发及配合总行系统推广。新项目开发及拓展。2015年，通过优化项目排期制度，有效提升项目排期的科学性及合理性，完成了更多创新性的开发，丰富了业务种类，拓宽了业务渠道，主要完成中小企业影像平台、网点排队系统二期项目、代理保险业务电子台账系统等40余个应用系统的开发、测试及推广。积极发挥数据信息科技“数据平台”作用，及时满足各级业务部门、风险管理部门和一线网点在管理、统计、检查、审计、业务营销等方面的数据提取和查询需求。一方面，新增数据下传平台数据文件表80余张；另一方面，在“数据服务平台”上，开发个金代发薪数据分析等3个数据分析系统，国内汇款监控等5个监控类数据服务项目，基金分类统计等7个统计类数据服务项目。完成了230余项特色报表的开发。在数据需求方面，先后完成一线业务部门提出的个性化历史数据查询、提取及分析需求累计800余笔。

三、基础设施建设及信息系统维护。先后完成全辖IP电话系统建设、全辖网点WIFI项目建设、全辖高清视频会议系统改造、二级分行2#网二级骨干网提速、同城网点网络改造、省分行主机房UPS室精密空调更换等重点基础设施与网络环境升级改造等项目。合理规划电子化设备投资，积极为全辖更新老旧设备，全年累计完成IT固定资产投资约2 090万元。积极做好省分行本部及兰州城区营业网点各类系统及设备的日常安装、维护工作，全年处理维护类需求共计1 300余笔，确保了甘肃中行各项业务健康、快速发展。

四、其他工作开展情况。为促进业务与科技深度融合、充分发挥信息科技支持引领的作用，甘肃中行还开展了一系列有声有色的IT特色活动，如积极开展“2015年信息科技知识普及年”活动、“下基层”活动、“金融科技惠民”主题活动等。通过以上各类活动的有序开展，使全辖各层级员工对本行IT系统有了充分的认识。通过形式多样的简报、月报等材料，对全辖主要信息系统运行情况、IT资源配置使用情况、安全生产运行情况及各行、部业务发展状况等进行通报，更好地协助全行各项业务持续、快速、健康发展。

（贺柄菱）

【法律与合规】 一、拓展法律事务工作，强化诉讼案件督导。梳理涉及理财产品推荐和劳动争议纠纷的典型诉讼案件，提示防范存在的风险，书面答复法律咨询68件，开展法律知识竞赛活动。加强合同背景的了解调查，制定联保联贷合同、股权质押合同等范本类合同文本，并提出风险缓释建议，审查合同文本374份。审阅未结授信档案，对重点授信业务问题开展专题调研，指导完善了授信业务法律手续。加强诉讼案件督导管理，利用诉前财产保全、债权公证文书、调解、支付令等方式，加快诉讼进程。对重点诉讼案件提前介入，优化诉讼策略，开展不良资产清收法律实务专题培训。对被诉案件，详细论证诉讼方案。修订了律师聘任管理办法，充实了律师库，加强对律师监督管理和考核评估。

二、构建责权清晰的操作风险管理组织体系。发挥风险管理与内部控制委员会核心决策作用，对各类风险的一体化管控，按月召开风控委会议，通报存在的问题，提出改进措施、整改要求和整改责任人，加大督办跟踪，确保决议得到有效落实，把各条线部门、各机构潜在风险隐患化解到日常风险内控管理工作中。完善了全辖风控负责人内控合规绩效考核体系。严格落实各级机构操作风险双线报告和定期报告制度。建立了各条线操作风险管理牵头部门、业务职能部门、其他相关部门负责向分管行领导和风控委双线报告制度。

三、加大现场和非现场监督检查力度。开展“内控合规执行年”现场风险大排查活动。通过分支行自查自纠、省分行现场检查、关键岗位人员排查等环节的全面风险排查，覆盖面达到100%。通过全辖各分支行15个条线、81项控制环节的现场检查，充分暴露问题，共发现问题335条。现场检查实行边查边改边交流边培训，6个现场检查组共对全辖21家二级分支行开展了63次培训，培训全辖各岗位人员2 180人次，加强问题整改和责任追究，杜绝“屡查屡犯”问题再次发生。

四、加强二级行日常内控管理，遏制违规经营和违法犯罪。制定了二级行日常内控管理实施细则，从组织体系、人员管理、检查问责、考核评价、教育培训等五个方面入手，研究制定了22条加强二级行内部控制与操作风险管理的措施，督导各二级分支行认真落实总行加强基层内控管理50条措施。组织全辖21家二级分支机构及省分行13个条线部门开展2014、2015年度风险自评估工作。

五、优化反洗钱管理机制，提升反洗钱工作质效。修订《反洗钱工作委员会章程》《反洗钱大额和可疑交易报告管理实施细则》《反洗钱协查工作管理细则》等多项规章制度，使反洗钱思路从“规则为本”向“风险为本”转变要求。制定反洗钱三年规划。定期指导一道防线开展反洗钱尽职调查工作。重点加大对高风险客户尽职调查业务的监控指导，加大业务存续期间的尽职调查工作，提高可疑交易监控报告质量。加强洗钱类型分析研究，开展对非法集资、地下钱庄、国际新型诈骗、非法倒汇等客户异常交易的监测分析。针对非法集资、客户尽职调查、银行卡非法倒卖、特殊人群集中开户等事件，提出预防和缓释措施。严格落实大额现金监测报告制度，累计报告可疑交易案例931份，向人民银行及时报告重点可疑报告4份。按时配合完成监管部门对35个客户、76个账户的协查。报送2例涉及非法集资、地下钱庄境外取现的重点可疑报告。将反洗钱合规管理嵌入关键业务环节。通过培训提升重点岗位人员的反洗钱专业水平。开展全辖客户信息专项治理工作，召开反洗钱工作委员会会议，部署一道防线反洗钱重点工作。在2014年甘肃省银行业金融机构反洗钱工作考核评估中，再次被评为“A级金融机构”。

六、切实加强授权管理，严格防范合规风险。开展2015年全辖机构基本授权和岗位授权，开展违规越权行为自查工作，与全辖21家分支机构的90名班子成员签订《合规经营承诺函》。严格规章制度审核和集中清理，提升规章制度质量。完成规章制度合规审核并出具审核意见书82份，提出审核修改意见和建议223条，实质性审核意见148条。编制了《基层机构业务操作手册》，手册内容覆盖全行11个业务条线部门、涉及97项基层业务和产品、478张业务流程图。将流程标准及风险点以通俗易懂的形式嵌入案例分析。开展基层机构业务操作手册培训，改善“习惯代替制度”的操作陋习。

七、加强消费者权益保护工作。修订了消费者权益保护工作管理实施细则，完善了相关部门工作职责。召开消费者权益保护工作委员会会议，提出了《2015年消费者权益保护重点工作任务》，明确了责任部门以及完成时限，确保将监管要求落实到位。银监会2014年度消费者权益保护工作考核评估为“一级”。制定了《群体上访应急处理实施方案》。

（袁　炜）

【纪检监察】 2015年，纪检监察工作坚决推动两个责任落实，启动巡视和提醒谈话工作，突出“四风”问题专项整治，从严查处违规违纪行为，圆满完成了各项工作任务，为全行稳健发展提供了有力保障。

一、落实中央八项规定，积极开展“四风”问题专项整治。每逢元旦、春节、端午、中秋及五一、国庆等节假日，提前下发廉洁自律、厉行节约、严格落实中央八项规定精神的通知，进行提醒、提出要求，从办公用房、餐饮、用车、收送礼品等一个个具体问题抓起，重申纪律要求，坚决防止“四风”问题反弹。年底召开全辖党员领导干部警示教育大会，通过曝光系统内外违纪违规违法问题，加强党员领导干部的思想教育，形成强有力的震慑，严防“四风”问题反弹。

二、落实监督责任各项措施，推进反腐倡廉各项任务落实。出台《进一步明确辖内分（支）行行长办公室面积控制标准》《重申明确省分行部门总经理办公室面积控制标准》《中国银行甘肃省分行本部公务车辆管理办法（试行)》《中国银行股份有限公司甘肃省分行员工食堂饭卡管理办法》《中国银行股份有限公司甘肃省分行易地交流任职人员福利保障管理办法（2015年版)》等文件，不断健全完善各类监督制度，促进中央八项规定落实，确保党风廉政建设全面推进。制定了《中国银行甘肃省分行巡视工作办法》，启动了全行首次巡视工作，组成2个巡视组，对6家分支行开展巡视。制定了《中国银行甘肃省分行提醒谈话制度》，开展及时经常性的提醒谈话活动，对苗头问题早提醒、早纠正，做到关心干部，爱护员工，进一步增强风险防范意识，提升员工队伍凝聚力。全辖各级机构部门实施首批提醒谈话覆盖面达到100%。组织各级机构“一把手”逐级签订了党风廉政建设与案防责任书45份。制定下发了《中国银行甘肃省分行关于落实党风廉政建设党委主体责任和纪委监督责任的意见》，要求各级党委、纪委深刻领会“两个责任”的重大意义、精神实质、内涵和具体要求。使各级领导干部认识到落实“两个责任”的根本在敢于担当，自觉尽责。

三、开展2015年廉洁风险防控工作。通过梳理岗位职权、查找廉洁风险点、确定风险等级、制定防控措施，使相关部门干部员工廉洁从业意识和风险防范意识进一步强化，各岗位的职责权限进一步明确，权力运行的监督制约机制和流程进一步完善，有力促进各部门的党风廉政建设。梳理职权78项，绘制“权力运行流程图”56张，查找廉洁风险点145个，制定防控措施172条。

四、加大案件防控工作力度。组织全辖开展“合规操作，杜绝案件”主题教育、“打击非法集资”的宣传教育和员工道德风险案例警示教育等活动。组织2 300多人签订了“合规操作、杜绝案件”承诺书等。依托“内控合规执行年”，对全辖“双十禁”的学习和落实情况进行全面检查。建立了与法律与合规部联动机制，每月对G-MAP系统筛查出的员工自办业务等违反“双十禁”的员工进行问责督办，全年共有7名员工受到问责。通过日常观察、个别访谈、问卷调查、家访以及举报核查、外部调查等多形式多渠道，发现、甄别、控制员工异常行为的活动，每半年对员工进行异常行为排查。组织全辖开展了专项查处活动，重点对员工控制他人账户、员工信用卡集中定向消费等异常交易进行排查，加强预防，有效防范员工参与非法集资、民间借贷。

五、加大责任追究力度。全辖对发生违规操作的325名员工进行了严格问责，其中经济处罚323人，辞退1人，免职1人。

（王　琪）

【稽核工作】　一、全面完成了年度稽核检查计划。根据总行关于稽核工作的指导意见，结合甘肃分行经营管理状况、内部管理要求和风险特点，稽核范围和重点突出了对稽核发现问题整改跟进、基层机构关键控制环节、同业新规执行银监检查发现问题整改跟进、案件和风险事件责任追究及整改情况和消费者权益保护工作的专项检查。稽核检查内容涉及到6个业务条线的15个业务产品，检查辖内机构39家，机构覆盖率达到31.45%。

二、不断教育培育员工的保密意识，与全体稽核人员签订保密协议。总经理室一方面经常利用部务会、项目讨论的机会反复强调保密要求，另一方面为每名稽核人员配备了硬件加密的移动硬盘和U盘。根据总行、省分行的要求拟定了《稽核部员工保密协议》，并与每一名员工签订了保密协议。员工的保密意识不断得到强化。

三、按时保质完成年度内控评价和风险评估的定性工作。为落实监管要求，持续提升省分行内控管理水平，按照总行的统一安排部署，为2016年度稽核工作重点的制定奠定了基础。

四、开展其他相关检查工作。完成了助农取款业务风险管控的稽核调研，开展了嘉峪关分行的现场检查及其他相关专项核查工作。

五、积极配合外部监管部门的检查，做好日常沟通和协调。积极配合甘肃银监局对省分行本部及辖属机构开展银行业金融机构加强内部控制、遏制违规经营和违法犯罪专项检查及票据业务现场检查，每季度报送全辖“两高一剩”行业贷款统计报表、房地产贷款统计表和不良贷款分析报告以及每月报送中国银行甘肃省分行经营情况分析报告。2015年，共向人民银行兰州中心支行报送4项甘肃分行经营管理中的重大事项。

（王　虹）

【党务工作】　一、针对问题，弥补短板，不断加强基层党组织建设。按照2016年省分行党建工作会议要求，组织召开城区、河东、河西片区纪检监察、党务和安全保卫工作会议，全面了解和掌握各分支行党建工作情况，重点解决基层行党建工作中出现的新情况、新问题。健全完善基层党组织建设。对全辖124个党组织党建工作情况进行梳理，对存在问题的18家分支行“一对一”下发整改通知，督促新建立基层党组织26个，使基层党组织达到186个，机构覆盖率达到100%，其中党委20个，党支部166个，党员1 634名。

二、抓住重点，创新形式，全面推进党建工作深入开展。抓班子带队伍。及时制定五好班子创建活动实施方案，进一步细化考核指标，开展“五好班子”“五好支部”创建活动和“最好银行党员先行”主题实践活动，全面加强对各级党委班子、各党支部及党员的考核考评。建立党员示范岗。在全辖124家对外窗口设置186个党员示范岗，党员佩戴党徽，公开党员承诺、党员服务标准。评先进树标杆。对全辖各项活动中涌现出来的8个先进基层党组织、30名优秀党员、6名优秀党务工作者和46名营销能手及“五类”模范进行了大张旗鼓的表彰。举办党建工作论坛，组织全辖党建工作成绩突出的7家分支行部的党组织书记向与会代表交流经验。邀请甘肃建投领导和省委党校教授分别作党建工作的专题讲座，帮助与会代表拓宽党建理论视野，提高党建领导水平。积极推荐辖内党建工作先进单位参加总行评选。

三、坚持党要管党、从严治党，全面加强基层组织管理。加强党组织政治生活制度建设。认真贯彻落实党委中心组学习、民主集中制、“三会一课”、提醒谈话、联系基层、“三重一大”等各项制度，做到重大决策征求意见、重大问题集体讨论、重大事项集中决策，不断加强和完善党内政治生活制度和民主决策制度。加强党员发展。根据《中国共产党发展党员实施细则》，在控制总量的同时，突出重点，优化结构，有计划有步骤地向业务发展好、党建工作好的基层网点倾斜，重点发展25名思想进步、表率作用突出的业务骨干为共产党员。规范党费管理。根据中共中央组织部《关于中国共产党党费收缴、使用和管理的规定》，及时下发通知，并结合省分行党员收入细化在职、离退休党员党费缴纳比例和缴费方式，不断加强党费收缴和管理。

四、深入开展“三严三实”专题教育，为全年业务发展打好思想基础。制定了《中国银行甘肃省分行“三严三实”专题教育实施方案》，明确工作目标、内容、步骤，确定每个环节时间表和责任人，成立领导小组，加强组织领导，督促全辖各行部全面推进专题教育活动。抓好专题教育各个环节。各分支行党委班子结合自学、中心组学习，撰写学习心得100多篇，党委书记专题讲党课62场，有力推动专题教育活动深入开展。广泛征求省分行专题民主生活会意见建议。党委班子成员结合下基层调研工作、参加基层民主生活会之际，现场征求党委班子和各成员意见建议6条；通过邮件等形式，向各级党委征求意见建议26条，为开好省分行专题民主生活会和下一步制定整改措施奠定了良好基础。认真召开专题民主生活会。制定《党员领导干部民主生活会的实施细则》，引导督促各级党组织坚持问题导向，广泛征求意见，认真查摆，开展批评与自我批评，落实整改措施。

五、加强和完善全行共青团组织建设，全面提高青年工作水平。突出思想引领，加强树立优秀典型，积极推进荣誉集体创建工作。开展了系统内优秀共青团员、优秀共青团干部、五四红旗团组织的申报、评选；大力发掘基层青年员工和集体的先进事迹，在全行大张旗鼓地进行宣传表彰；积极开展“青年文明号”“青年岗位能手”等创建活动。开展员工思想动态和工作作风网络调查活动。根据总行要求，及时下发通知，分配指标，全行800多名员工参与了网络调查，占总行分配名额的137%，得到了总行通报表扬。大力宣传省分行党委重大决策、弘扬党的先进性、社会主义核心价值观和省分行简单清晰的企业文化。通过总行网站、《中行职工》报、省分行网站、报纸等媒体报道，大力宣传省分行党委重大决策、党建工作动态成果，不断提升正能量、执行力和凝聚力，体现最好党建引领最好银行建设。

六、认真做好2015年双联工作。召开扶贫联席会议，认真研究扶贫项目，部署推进政策宣导和扶贫底数摸排工作。行领导和部门总经理利用双休日奔赴扶贫村，慰问困难农户，查看村舍住宅、耕地农田、道路桥梁等生产生活设施，有针对性地开展知识、技术、信息和招商引资服务，帮助引导农户分析贫困原因，找准脱贫路子。积极筹集扶贫资金，狠抓扶贫措施落实。安排2名部门领导干部专职驻村扶贫，落实扶贫专项资金40万元，用于磐安镇村主巷道亮化工程和郭嘉镇槐川村道路建设。开展捐助慰问活动。配合国家的“雨露计划”，对扶贫点新入学大学生进行资助，为联系村幼儿园和留守儿童捐赠儿童玩具、课外读物。通过强化措施，加大工作力度，较好履行了中国银行的社会责任。

（徐泽宇）

【安全保卫】 2015年，在全行上下共同努力下，圆满完成了各项安保任务。全年未发生各类案件事故，安保工作被总行绩效考核为A等。

一、加强案件防控，严防“四类案件”发生。为使各项安保工作落地落实，确保实现零案件、零事故的工作目标，分行行长分别与各二级分支行、各中心支行、直属支行一把手层层签订了《党风廉政建设暨纪检监察安防工作责任书》。召开全行党风廉政建设暨纪检监察保卫工作视频会议，围绕深化“平安中行”建设，打造最安全银行的目标，安排部署了全年安保工作。坚持及时有效的风险提示，揭示金融案件规律、特点及手法，共转发总行《安全保卫情况通报》3期、省银监局《案件动态》2期，增强了防控案件的针对性和时效性。建立了全行安全保卫条线、客服中心、案发机构外部侵害案件非营业时间紧急止付协作机制。协助兄弟分行冻结涉案账户8个，冻结涉案资金30万元；辖属兰州城区白银路支行、武威西关支行分别成功堵截电信诈骗案件各1起，嘉峪关分行营业部成功堵截假银行承兑汇票欺诈1起，白银分行营业部堵截假信用卡办卡欺诈1起，4起共堵截涉案资金491万余元，使客户免受直接经济损失共512余万元。按案件防查工作要求，及时向总行和省银监局案防办报送《案件风险信息快报》6期，《信用卡案件报告表》1期。

二、加强安保条线危机处置机制建设，提升全员应对突发事件能力。将4月定为“处置突发事件应急预案演练月”。全年共完成各种预案演练100余次，参演网点123个，参演人员2 400余名，实现了网点、人员的全覆盖。使营业网点预案演练工作形成了制度化、规范化和常态化，增强了员工安防意识，提升了全员整体处置突发事件能力。举办外部侵害案件防控视频培训，使参训人员清醒地认识到当前严峻的社会治安形势和发案特点，提升了全员应对防控案件的方法和措施。开展了义务消防员培训及消防应急疏散演练活动。

三、加强网点安全管理，提升网点安防能力。在网点继续推行“晨会案防一分钟”和“安全值班轮值”两个机制建设，让网点员工轮流当值，行使网点主任职责，每天主持晨会安排讲评当日工作，锻炼员工主动做好安保工作的责任心，使其成为员工和各级管理者抓好安防工作的有力抓手。配合省银监局、市公安局安全评估组对城区6个中心支行共20个营业网点进行了安全评估，受评网点网均得分95分。经省银监局、市公安局安全评估组对兰州市银行业各金融机构综合得分评定，省分行综合得分为同业第一。

四、加强技防设施管理，提升全辖安防能力。被选为总行全国统一安防管理平台四家试点行之一。为推进安防管理平台投产准备工作，安排总预算费用470万元；按平台搭建流程，适时开展数据采集、环境准备、监控中心设计等相关设施设备的立项招标，确定了安防平台建设、大屏和大屏控制工程商，派专人跟进施工，确保了安防平台试点项目的如期完成。配合辅楼装修进程，分别对辅楼和本部泵房进行了消防改造，达到新消防法的验收标准。为配合全行新平台投产，集中对全辖未安装摄像机的科技机房和加钞间加装了摄像机，达到G38-2015新标准，满足了新安防平台的监控需求。根据网点建设流程，集中对新改建的陇南成县等3个支行、敦煌支行等7个自助银行安装了网络高清监控设备，全部取得了安全合格证。

（王天彪）

【工会工作】 2015年，甘肃省分行工会紧紧围绕省分行中心工作，坚持“用心服务，合力建家”的工作思路，转变作风，苦练内功，组织全辖广泛开展“关爱员工”活动，带领各级工会组织较好地完成了全年各项工作任务，较好地发挥了工会组织的桥梁和纽带作用。

一、服务大局，助推业务健康发展。配合一季度“开门红”活动，在全行开展了优质高效服务“百日”竞赛活动，对表现突出的10家“金牌服务单位”，20名“金牌服务柜员”，10名“金牌服务大堂经理”进行了表彰。狠抓技能练兵，不断提升员工技能素质。通过举办全辖业务技能比赛，参加中国银行业务技能竞赛和组织全辖业务技能测评，使全行员工业务技能水平得到了明显提高。

二、服务会员，建设和谐劳动关系。维护职工合法权益，加强民主管理。充分发挥职工参与民主管理、民主决策作用，提高了行务公开的质量。加强服务文化建设，狠抓服务水平提高。把优质高效服务作为系统工程、“一把手”工程来抓。建立和完善了优质高效服务准则，规范了服务流程。加大了服务检查力度。聘请神秘人对全辖营业网点服务工作进行检查。加强对检查出问题的整改落实和培训辅导，把服务检查与培训辅导有机地结合起来。完成60%优质高效服务网点的创建工作。高度关注消费者权益保护和客户投诉处理工作，制定了客户投诉处理组织架构和流程，界定了各部门职责和分工，多管齐下处理投诉，多措并举抓好服务，较好解决了客户的各类投诉。“创先争优”活动成果丰硕。有3家网点被评为“四星级营业网点”，2家网点被评为“三星级营业网点”，1人被中国银行业协会评为“明星大堂经理”。坚持以人为本，推进扶贫济困。一是持续开展了送温暖活动。2015年全辖各级工会共组织慰问困难职工300多人，发放各类慰问金45万元。二是开展本部员工生日祝福活动。三是为全辖2014年以来新招聘的异地单身职工发放租房补助70.80万元。用心服务，合力建家，职工之家建设取得新成果。2015年共下拨建家补助资金67.40万元，帮助8家分支行建设了“职工之家”。针对基层营业网点员工自带午餐存饭难、热饭难等实际困难，挤出20.34万元资金，为全辖每个营业网点配备了一台电冰箱、一台微波炉和一个热水宝，较好解决了基层网点员工午餐就餐难，被广大员工称为“暖心工程”。

三、文化活动丰富多彩，文明和谐企业氛围日渐浓厚。紧紧围绕企业文化建设，充分发挥工会在活跃职工文化生活中的主体作用。举办了职工健步走、象棋、跳棋、羽毛球、围棋、五人制足球比赛等系列文体活动。组队参加了省金融系统第一届职工乒乓球运动会和首届书法、摄影、绘画展。五人制足球队进入中国银行“五人制足球”比赛16强，取得决赛资格。法律知识竞赛队伍取得了中国银行“中国梦·劳动美”职工法律知识竞赛团体第一名。代表中国银行参加全国金融职工法律知识竞赛决赛获第六名。认真开展女职工巾帼建功活动，努力彰显中行女职工的风采。东岗西路支行被全国妇联认定为妇联系统全国“巾帼文明岗”；金昌分行金汇里支行等4家单位被认定为总行级“巾帼文明示范岗”。

四、强化工会自身建设，服务基层有新提升。加强组织制度建设，健全工会组织。严格执行工会财务制度。坚持工会经费年度审查和向职代会报告制度，对全辖工会经费列账及使用情况进行了全面检查和辅导，使工会经费较好地发挥了服务职工、服务大局的作用。

（杨天明）

中国建设银行股份有限公司甘肃省分行

【综述】 2015年，中国建设银行甘肃省分行在建行总行党委的领导下，在甘肃省委、省政府和监管部门的大力支持下，主动适应经济发展新常态，围绕省委省政府提出的“五个着力”，以服务甘肃经济平稳健康发展和社会和谐稳定为己任，积极贯彻落实省委、省政府经济发展战略。深化服务“3341”项目工程、“6873”交通突破行动、“1236”精准扶贫攻坚行动等省委省政府重大部署的金融服务措施，以“开放融合、转型发展、严守底线”为指导，进一步优化服务机制、流程，强化内部管理，各项工作取得了新实效。截至2015年末，资产总额1 781.61亿元，负债总额1 782.34亿元。存款新增217亿元，同比增长15%；贷款净增156亿元，同比增长35%，存贷比67%，新增存贷比72%。

一、发挥传统服务优势，支持重大基础设施建设

对省内铁路项目全部全面给予信贷支持。铁路项目授信额度达到662亿元，铁路行业贷款余额达到162亿元，重点支持了兰渝铁路、兰新铁路第二双线、宝兰客专、天平铁路、中川铁路、敦格铁路、干武二线等项目的建设。全方位支持省内高速公路建设项目。重大公路建设项目总授信额度171.92亿元，投放贷款金额140亿元，重大公路项目贷款余额86.29亿元。重点支持了武罐高速、天定高速、临渭高速、十天高速、临合等一批省内重大项目。率先支持城市轨道交通建设。2013年9月，成功给予兰州市轨道交通有限公司额度授信70亿元，成为该项目第一家获批授信的商业银行，2015年为该项目投放贷款11亿元。

二、顺应产业转型升级趋势，积极支持甘肃特色产业的发展

截至2015年末，电力行业贷款余额103.71亿元，重点支持了五大发电集团在甘分子公司及甘肃省电力投资集团及其他重点水电、风电企业。有色及黑色金属冶炼行业贷款余额130.43亿元，重点支持了酒钢集团、金川集团、白银公司等骨干企业的大型金属冶炼项目扩能改造及技术升级项目。煤炭行业贷款余额41.21亿元，重点支持了黄陇国家煤炭规划区大型煤炭基地建设，以及华亭煤电、靖远煤业等骨干企业的煤电一体化等项目。

三、推动战略转型，服务小微企业发展

截至2015年末，小微企业贷款余额162亿元，授信客户2 436户，并为2万户小微企业提供结算、理财等金融服务。建立了独立的专营体制机制。建设银行甘肃省分行22个二级分支行成立小企业业务专门管理部门，在全省主要城市和38个县设立小企业经营中心和服务团队，配备了近千名小企业业务服务人员。对接需求破解“融资难”。针对小微企业普遍“轻资产”情况，创新抵质押方式。如针对多数高新科技企业，以发明专利、实用新型专利、计算机软件著作权质押等方式，为科技小微企业提供信贷产品。缓解小微企业“融资贵”。创新“网银循环贷”，实现信贷资金随借随还、循环支用，降低企业融资成本。主动减免服务收费让利小微企业。2015年进一步对小微企业免收10项服务收费，推动实现银企相互促进、共同发展的良性循环。搭建小微企业信贷服务平台。运用大数据技术创新信用贷款，陆续推出

并推广小微企业“助保贷”和“五贷一透”大数据信贷产品。截至年末，全省已搭建银政合作的“助保贷”服务平台15个，地市级7个，县区级8个，受惠客户154户，贷款余额5.30亿元。全省共搭建“银税平台”50个，“税易贷”客户344户，贷款余额2.99亿元，分别占全部“五贷一透”大数据信贷业务的35.57%和49.10%。

四、加大创新，深化服务“三农”

加大服务“三农”的政策支持力度。建立了“年度信贷政策指引、行业信贷政策和区域信贷政策”相结合的“三农”信贷政策制度体系。大力扶持县域特色农业龙头企业和签约农户的发展，对旅游观光农业、休闲农业、立体种养业、庭院经济、生态农庄等优质高效的生态农业，以及技术含量高、附加值高、经济效益好的特色农业的合作农户，优先给予信贷支持。2015年，发放涉农贷款累计170亿元，余额83亿元。创新“三农”金融产品。在同业中率先创新了新农村建设贷款、小额农户贷款、农业订单贷款、农民工特色银行卡等一系列好用实用的拳头产品。将个人贷款与特色农牧产业发展相结合，创造性地探索出“基地+农户”“公司+农户”“专业合作组织+农户”“协会+农户”的全新信贷模式，创建了“农耕文明”涉农个人贷款品牌。截至目前，累计发放“农耕文明”涉农个人贷款93.60亿元，其中，“双联”支农个人贷款71.50亿元，有精准扶贫卡的农户占比36%。创新“三农”金融服务渠道和服务模式。将“互联网+”融入“三农”金融服务，通过“善融商务”电商平台，搭建“农户+涉农企业+商户+银行”供需一体化的链式服务平台，实现信息共享、市场拓展、科技传播、人才培养、在线融资功能，打造了“7天*24小时”的互联网服务“三农”渠道。在无网点县域加快布放自助设备步伐。

五、履行社会责任，积极推进精准扶贫

建设银行甘肃省分行高度重视精准扶贫工作，积极响应省委省政府号召，将精准扶贫作为履行建行社会责任的重要政治任务。综合运用建行“善融商务”电商平台、“精准扶贫小额农户贷款”、小微企业“五业富民贷”、在无机构县域设立多功能自助银行等多种方式加大对贫困地区的帮扶力度。同时，通过完善基础设施、壮大富民产业、发展社会事业等三个方面，完善农田水利基础设施建设，夯实贫困村产业发展基础，助推双联扶贫向纵深发展。积极支持贫困村发展特色种植和规模养殖，帮助贫困地区增加造血功能，增加农民收入。积极支持贫困村学校、卫生室、农民书屋、农业实用技术培训、农村留守儿童及空巢老人照料、文化娱乐设施改善，逐步满足贫困村群众精神文化需求。建总行于2015年12月25日印发了《关于下发〈甘肃地区精准扶贫方案〉的通知》，对甘肃地区精准扶贫工作提出了明确的要求。这在全国建行系统尚属首家。建设银行甘肃省分行按照电商扶贫先行、信贷扶贫创新、普惠金融延伸、捐赠项目支持的四大扶贫思路，全力以赴，扎实推动精准扶贫工作。

【财务会计管理】 紧紧围绕转型发展的主线，不断提升财务管理的服务能力，契合全行业务发展的要求，保证业务指标稳步增长。

一、发挥牵头引领作用，积极推进全行转型。组织实施综合经营计划，促进年度目标顺利完成。强化财务资源引领作用，提升财务资源成本效率。突出转型业务考核管理，有序推进全行战略转型。深入了解业务条线实际，切实优化财务资源配置。

二、提升综合定价能力，突出定价精细管理。调整价格授权，制定差异化的定价政策。制定定价管理模板，提高基层行综合定价能力。配合监管部门，完成服务价格收费清理及检查工作。响应利率市场化改革，履行自律机制职责。完善表外业务管理，严控信贷类加权风险资产。关注重大金融政策，积极应对利率市场化。

三、贯彻执行八项规定，严格费用成本管理。优化财务资源配置，有效支持业务发展。积极落实中央八项规定，重点成本项目压缩见成效。加强新一代管理会计系统基础工作，推广系统在全行普及应用。

四、突出中收支柱作用，促进收入稳步增长。高度重视综合经营计划，为全年业务发展做规划。健全完善激励约束机制，为业务发展指方向。加强通报考核，将激励约束政策落到实处。加强中间业务数据分析能力和预测监督管理能力。

五、科学开展成本管理，提高资源使用效率。科学有效配置资源，支持业务发展。积极改善基层行基础设施条件，加大对二级行及县支行综合用房修缮投入。督促各行对已购房屋尽快完善房产证及土地证。积极完成固定资产处置及报废，做好全行固定资产统保工作。

六、稳步推进采购转型，提升采购集约水平。借助建行善融商务平台，大力推广全行营销宣传用品网上订购业务，目前已有20户集中采购供应商成功入驻甘肃建行善融商务平台。进一步充实强化并动态更新供应商信息库，截至年底，供应商信息库已达1 763户。组织专人梳理采购目录，8万元以下的部分资本性支出均可直接自行购买，无需实施集中采购，有效释放人力，有效提高了采购效率。

七、加强会计制度建设，确保账务规范真实。组织协调全行开展年终决算前的各项基础工作。不定期对总账、内部账进行审核监控，对发现的问题及时下发工作提示，并落实整改。做好内部账户维护工作，集中清理作废账户。扎实做好新一代财务会计组件上线后的持续推广工作。

八、深入落实攻坚行动，提高财务内控水平。内控管理重检查，制定印发《严肃财经纪律，守牢财务底线，强化财务内控管理的实施方案》，全面排查，清除隐患，指导二级行高质量地完成自查工作及整改工作。审计整改重落实，积极督办重点费用审计问题的整改落实及责任认定工作。培训调研重效果，前后5次组织专人深入基层行进行调研，在此基础上按照年初的计划进行了有针对性的培训3次，取得了良好的效果。

（刘晓芳）

【信贷审批】 积极应对复杂的市场环境，严格遵守各类信贷审批政策，严把审批关口，坚持统一风险偏好，保质保量完成各类授信审批工作，有力地支持了分行业务的持续稳定发展。

一、坚持以“开放融合、转型发展、严守底线”为指导，提升授信审批质量与效率。按照2015年信贷结构行业调整政策，结合甘肃省“3341”工程、“6873”交通突破行动、“6363”水利保障行动等发展机遇，积极支持辖内重点行业和支柱产业发展，进一步优化信贷结构。建立风险快速化解机制，促进风险有序释放。授信审批部树立大局意识，以“一户一策”的方式，配合风管、经营等部门，用好、用足再融资、期限调整等管理政策，全力支持存量业务风险事项处置化解工作。坚持问题导向，持续落实“效能风暴”，全面梳理了本级审批流程。坚持“透明服务”，在分行信息网页每周公布受理、评估、审批各环节工作进度，及时反馈信贷业务受理、审批信息。

二、坚持以“两经营、两服务、两体验”为主线，加强“三授信”工作，推动业务发展。践行主动授信管理理念，发挥综合授信优势。通过“百行千户”“项目回访”“重大项目调研”等活动强化对项目、客户和业务一系列沟通。继续强化集团客户关系梳理工作，重点关注中小企业、民营企业集团客户多元化经营、关联关系复杂等问题，为纳入集团统一管控，切实防范过度授信风险做好基础工作。深入推进项目评估“两头延伸”工作。及时将国家宏观经济政策、货币政策、总行行业信贷政策及信贷业务风险等传导、提示至前台部门，引导前台业务部门把握好市场动态和信贷投向，提高贷款投放的计划性和有效性；制定项目后评估方法，建立规范的后评估制度，有计划地开展“后评估”，系统性地开展下迁客户分析工作，及时发现预警信号，参与风险化解，为贷后管理、资产保全和贷款风险化解提供技术支持。

三、坚持以“一加强、两提高、三提升”为目标，落实“三个结合”工作方法，不断完善制度机制建设。完善对公授信业务授信流程相关制度，形成规范完善的更新发布机制，确保授信操作标准的规范统一。加强行业研究，提高数据使用效率。综合区域资源禀赋和对区域经济重大影响等因素，发挥省分行评估人员专业团队牵头作用，同时利用专业分（支）行的专业优势，对电力、公路、铁路、房地产等行业进行标准完善、行业研究、信息积累、沟通交流，组织跨行际、跨层级、跨条线的联合协作，弥补因属地管理出现的资源分散、任务分散、信息分散的不足，落实集约化、专业化要求。加强审批指引研究，提升审批把关能力。2015年，先后完成甘肃分行住房开发贷、甘肃分行黄金租借、小微企业“POS贷”、小微企业“税易贷”业务审批指引等4个专题研究，指导二级行提升审批把关能力。及时调整审批政策，强化重点领域风险管控。结合外部经营形势变化和行内资产质量变动趋势，2015年，先后以文件、便函、审批提示等方式，明确小企业、抵质押担保、再融资类项目等领域的审批政策与管理要求，强化了审批环节对重点领域的风险管控作用。根据内、外部审计、检查以及重大风险事项的披露情况，进行追踪、分析，查找审批环节存在的问题，及时给予通报提示，指导二级行加强审批管理，促进风险偏好统一。

（郇　静）

【公司业务】 坚持以负债业务为重点，以资产业务为引领，夯基础、促发展，优化产品业务渠道组合，持续推进信贷结构调整，强化综合联动、综合营销、综合服务，着力资产质量提升和内控管理，推进业务转型跨越发展。

一、立足市场需求，发挥业务优势。紧紧围绕国家产业行业政策和总行“三大一高”战略，主动调整信贷结构。结合区域经济发展的实际，加快信贷投放，突出对实体经济和基础设施建设的支持力度，组织完成对甘肃省内重点项目固定资产贷款的申报审批和信贷投放。

二、提升客户服务能力，着力开展综合金融服务。针对重点领域、重点客户，研究制定综合化金融解决方案。结合客户营销拓展需要，落实“大资产大负债”的经营理念，大力推进公司业务投行化、国际化，针对重点领域重点客户提出间接融资加直接融资、贷款加结算、本外币一体化、线上线下相结合等产品配置建议，满足客户多元化金融服务需求，同时，通过为核心企业制定涵盖上下游、境内外、本外币、线上线下的一体化供应链金融服务方案，提升客户满意度。

三、强化风控管理，确保资产质量总体稳定。通过加强岗位规范和业务流程教育，强化岗位制衡及审核职责，严格各项管理制度执行落实，牢筑新增信贷业务合规门槛，做实信贷业务真实性管理要求，建立常态化风险自查、排查机制，通过整改、分析、排查提高合规操作执行力，关注客户本身经营性风险、政策性风险、信用风险等，确保信贷资产质量安全。

（张红梅）

【机构业务】 密切关注财政资金改革、机关事业养老保险改革、部队资金改革、PPP模式变化、司法制度改革、政府职能转变等政策变化，关注公共服务均等化趋势下教育、卫生等公共服务民生领域投入加大，金融配套服务呈现出向中西部倾斜、向县域以下倾斜、向普通百姓倾斜的趋势，建行甘肃省分行积极探索开辟“大资产、大资管”业务，借助政府自主发债、PPP项目、政府融资平台、产业基金等业务契机，主动适应新政策，积极抓住新机遇，改变客户服务方式，为甘肃省民生领域提供综合化金融支持服务。

一、在经济发展新常态下，建行甘肃省分行积极主动为政府、财政、社保、事业单位、军警客户提供差异化、综合化金融服务方案，通过拓展客户范围，扩大服务账户，为甘肃省机构类客户提供优质服务。

二、积极为甘肃省教育、卫生、文化、水利、林业等民生领域提供金融服务支持。贷款风险管控达到历史最好水平，机构类不良贷款为零，逾期贷款为零，机构类贷款客户风险分类全部为正常，未发生重大风险事件。

三、在代理财政等传统优势业务领域，建行甘肃省分行密切关注政府职能的转换，积极进行产品及服务创新，高票中标省级财政业务全项代理银行服务资质.省级财政授权支付电子化独家提前切换，彰显建行甘肃省分行实力，为业务拓展和存款稳定，奠定了良好基础。

四、顺应“互联网+”发展趋势，转型重点产品银医通、银校通实现有效突破，代收学费、新生发卡持续增长，有效带动个人业务和网络业务同步增长。进一步加强与社保客户的业务合作领域，社保业务取得新突破，金融社保IC卡稳定持续增长。为部队国防建设提高造价咨询服务，为部队官兵提供军人保障卡等金融服务。文化行业拓展找准新方向，宗教活动场所开户效果明显。

（汪晓春）

【国际业务】 坚定贯彻“存款立行”的方针，争做国际结算主办行，外汇日均存款稳步增长；进一步夯实外汇客户基础，外汇有效账户拓展效果显著；坚持创新引领发展，多项业务取得突破，大力发展黄金租借等厚利型产品，外汇价值贡献度稳步提升。在外汇监管部门考核中获得2015年全省外汇管理考核A类佳绩。

一、不断加强重点客户精细化服务水平，多渠道拓展客户。重点客户维护方面，白银公司在建行甘肃省分行外汇贷款和贸易融资份额有所提升，外汇贷款承接率达到100%；国际收支客户增长方面，针对兰内进出口客户数量多、增速高、见效快等特点，出台《兰内中心城市行外汇客户营销推进方案》，以兰内国际业务客户增长辐射带动全省外汇客户营销，取得了一定成效。

二、稳步推进对公贵金属业务均衡发展，市场占比继续保持全省国有大型商业银行第一。不断推进创新产品落地，立足于为全省贵金属生产、加工和使用的客户实际需求，通过构建产品组合，满足客户多元化需求，提升产品覆盖度等一系列措施，进一步夯实了贵金属客户基础，有效提高了贵金属业务的核心竞争力。

三、创新业务发展模式，外汇资金业务发展成效显著。以“存汇盈”业务为抓手，利用美元升值的市场机遇，设计合理的存汇盈方案，满足客户的不同需求。制定综合服务方案，成功为金川集团、白银公司办理美元债务风险管理业务，进一步提升了建行甘肃省分行外汇资金产品的市场竞争力。

四、加强合作，境内外业务联动能力得到进一步提升。充分利用海外平台价格优势、渠道优势、优惠政策。加强与经常联系行，如建行亚洲、伦敦子行等海外分子公司的沟通联络；同时，积极谋求与其他海外分行合作，建立定期询报价机制，先后与大阪分行办理了海外代付业务，与悉尼分行合作办理了全行第一笔跨境融资性风险参与业务。

五、强化产品创新能力，提前完成全年产品创新计划任务。2015年共实现产品移植6项，分别为“浮动库存质押黄金租借业务”“跨境通”“灵活存”“内保租赁通”“周末存”及“换币远期信用证买方付息贴现”，为全行产品创新做出表率。

六、完善机构布局，加快外汇对公机构市场准入步伐。截至年末，开办外汇对公机构新增6个，外汇对公业务二级行覆盖率达到86%，较上年增加42%，极大地提升了建行甘肃省分行外汇对公业务覆盖面和市场竞争力。

（郭红红）

【投资银行】 加大资管和投行业务营销力度，不断强化风险管理，规范操作流程，继续推动全行投资银行业务发展。

一、理财产品。继续支持实体经济发展，重点通过“绿色通道”推进甘肃省及各市州政府存量债务置换工作，有效降低了政府负债成本，延长了原债务期限。设计不同风险和期限的保本、非保本、开放式等“乾元”系列理财产品，有针对性地满足了辖内客户的投资需求。

二、债券承销业务。作为甘肃省政府债券主承销商，协调完成2015年度甘肃省政府债券的发行工作。就省内大型企业发行债务融资工具需求，甘肃省分行作为承销商，承销25亿元。有力拓展了甘肃省企业融资渠道，提升了直接融资比例，推动甘肃省企业进入银行间债券市场融资，提高了甘肃省企业在全国的知名度和影响力。

三、新型财务顾问业务。加大客户资源挖掘和产品创新力度，为企业提供新型财务顾问业务服务。同时加强与建信租赁、建新信托、建银国际等子公司联动，拓展客户多元化融资需求。积极通过产业基金、股权投资等产品满足省级重点大型基础设施项目建设资金需求。

四、强化内控，为业务发展保驾护航。进一步梳理业务流程，明确部门职责和质量管理目标，认真组织开展“内控攻坚”行动，积极配合各项内外部审计检查。

（杨双喜）

【小企业业务】 一、以“五贷一透”为抓手，积极推进小额化，为支持甘肃省小微企业和经济发展做出了国有银行应有的贡献。

二、围绕“一圈一链一平台”推进批量化营销，进一步加大与工信委、财政局、科技局、商务局、产业园区管委会及市场管理方、地方商会、行业协会、商会协会等商圈管理机构合作力度。

三、研发“五业富民贷”精准扶贫贷款产品，建立“普惠小微企业+建档立卡贫困户”精准扶贫新模式。通过对农业、畜牧业、农副产品加工业、农林牧渔服务业四类行业的小额信贷支持，带动贫困地区农户及“建档立卡贫困户”新增就业，促进甘肃境内贫困户脱贫。持续加大信贷资金注入，支持当地“农”字号小微企业发展，由传统的偏重“输血”向注重企业“造血”转变，有效支持贫困地区涉农企业发展生产，改善贫困地区基础设施建设，激发贫困地区经济内生发展动力。

四、机构建设加快推进。通过政策宣传、资源配置，全行对建设“信贷工厂”重要性的认识进一步提高，目前通过省分行验收、按照“信贷工厂”模式运营的小企业经营中心达到6个。

五、风控管理得到加强。完成了资金支用管理专项检查、押品管理全面自查与重点抽查、新增贷款自查，对小企业客户中民营企业、产能严重过剩行业、批发零售业、煤贸、铜贸等高风险行业及客户群开展了风险排查，进一步规范了条线经营行为。加强担保机构管理，降低担保贷款比例。加大逾期及不良贷款催收力度，对不良贷款处置情况实行月度通报督促制度，对重点关注逾期贷款实行每日通报制度。加强内控内管，开展员工行为排查。条线从业人员签订

《小企业客户经理廉洁合规从业承诺书》《中国建设银行小企业从业人员廉洁自律告知书》，有效防范了员工道德风险。

（郭　斌）

【资产保全】　资产保全条线认真贯彻落实2015年全行风险管理工作会议精神，按照全行战略转型规划的总体要求，积极适应经济发展新常态，应对不良激增的严峻挑战，主动进行审计衔接，努力拓展处置渠道，有效服务于全行经营和资产质量控制目标。

一、深挖潜力，应用市场化手段处置不良贷款成效显著。在同业竞争激烈、市场变化复杂的情况下，根据全行资产质量控制要求，严格按照批量转让工作流程，积格配合开展同步审计，认真遴选资产包，摸底市场需求，做好项目对接，成功批量转让建行甘肃省分行第二单不良资产，为有效缓解不良反弹压力较好地腾挪了空间。

二、多策并举，不良资产处置效益和效率有效提升。2015年，不良贷款持续上升，处置压力空前加大，全行资产保全工作始终以重点项目、重点行处、重点行业为抓手，按照一户一策的工作原则，逐户分析，采取现场调研、专家诊断、专题研究等多种方式，制定切实可行的保全处置方案，全年不良资产处置取得良好成效，较好地完成了不良处置的工作任务，尤其个人类不良贷款处置成效显著，全年已核销呆账资产现金回收创下历史最好水平，已核销资产的终极回收价值有效提升。

三、强化内控，精细化管理水平有效提升。将风险防控融入不良处置的日常工作之中，开展专项业务检查，将资产保全业务检查制度化、常态化，及时发现问题，堵塞经营漏洞，夯实业务管理基础，规范操作流程，全年风险防控能力和精细化管理水平有效提升。

（徐静霞）

【住房金融业务】　积极应对复杂多变的经济形势和激烈的市场竞争，多项指标实现新的突破，创历史最高水平。

一、继续深化和推进科技系统营销推广工作。将房改金融系统作为营销切入点和抓手，推行“系统推广即是客户营销”的理念，借力系统营销客户，发挥省住房资金管理中心G系统上线示范作用，为客户提供“G系统+贯标+采集系统+网络渠道”全面系统集成服务，实现单一系统营销向多元系统服务一体化转变。

二、提升综合服务能力。积极推进房改金融业务双名单制管理工作，一对一组建客户服务团队，加快实现房改金融业务合作模式由“单一委托关系”向“全面合作关系”转变，经营模式由“经营产品”向“经营客户”转变，营销模式由“传统关系维护”向“综合化金融服务”转变。

三、坚持做好做强个人住房贷款，确保新增同业第一。面对利率下行周期，抢抓先机，盯住市场，加大楼盘储备、积极营销二手房中介、加快贷款投放，实现个人住房贷款余额、新增市场份额第一。

四、充分调动网点支行、县支行的积极性。加强网点营销个贷业绩的统计、考核、通报，树立典型加大宣传，对响应差的网点认真调研、分析，解决瓶颈困难，有效发挥行内渠道推介作用，重点推进个人二手房贷款、个人助业贷款产品和“快贷”产品。

五、强化内控和资产质量管理。对展逾期涉农贷款进行摸底分析，针对不同项目积极采取反复催收、制订还款计划、媒体公告催收、司法诉讼、资产重组、贷款置换等多种措施，多策并举，加快处置。加快推进司法诉讼进程，对符合条件的贷款及时进行诉讼。房金条线主动牵头，积极配合资产保全部门加快推进不良贷款的核销处置。

（牛晓东）

【个人金融业务】　以转型发展为指导、以稳健经营为目标，坚持以客户为中心、以市场为导向，以零售业务批量化拓展与综合化经营为重点，加强公私板块联动、零售条线协同、上下层级联动、内外客户协作，内部管理与风险控制得到进一步加强，转型发展初见成效。

一、立足全量客户，建立客户类群管理机制，加强市场规划，从客户属性、客户需求等方面入手，细分客户特征，制定相应服务方案及产品配套策略，提高网点外拓客户能力，提升客户精细化管理水平，扩大客户规模。

二、围绕个人存款核心工作建立督导机制，加大对个人存款的激励和考核力度，同时细化资金来源分析，拓展商圈、代工、理财、CTS等资金源头，夯实个人存款业务发展基础。

三、积极推进中间业务转型，通过明晰产品策略、强化营销能力、加大工作力度，保持了发展活力。代销基金、实物贵金属、账户贵金属、代理国债、保管箱业务继续保持同业领先。

四、银行卡业务发展围绕“增量、提质、保收益”的总体思路，坚持金融IC卡发卡、消费支付、增收节支等业务发展的“三条主线”，以打造商圈、社保、ETC、社区等生态圈为手段，以加快产品创新为支撑，努力实现市场份额和产品贡献度双提升。

（张德梅）

【网络金融】　紧紧围绕总分行“移动优先”战略部署，不断推进渠道建设和产品应用，各渠道客户规模和交易规模稳步增长，落实经营客户、经营网点的理念进一步深化，努力将网络金融打造成为建行甘肃省分行的核心竞争力，推动全行战略转型和升级。

一、“互联网+”在全行范围持续深化，电子渠道作为全行主渠道的作用进一步凸显。电子银行账务性交易量占比较上年提高29.73个百分点，理财产品交易电子渠道占比达66.36%，近100%的账户贵金属交易通过电子渠道办理。电子渠道已经成为建行甘肃省分行最主要的交易渠道、客户服务渠道、标准化和低风险产品的销售渠道。

二、移动金融快速发展，客户覆盖水平较高。建行甘肃省分行移动金融服务触角已深入到代发单位、校园、社区等，建行“将银行装进客户口袋”的服务形象深入人心，移动金融实现快速发展。微信银行引领社交网络金融服务创新潮流，微信银行客户数达到34.09万户，增速达到289%，系统内排名第4位。

三、善融商务圆满完成计划任务，为落实跨界金融服务战略提供着力点。2015年，坚持“精专特优”和“涉农深耕”的工作思路，深入挖掘地方特色和名优商品，截至年末，善融商务活跃客户达到61户，善融商务交易额当年新增6 276万元。

四、落实“横向协作、纵向联动、整体推进”的工作方针，进一步促进渠道、产品与客户的深度融合。与信用卡、个金、房金等零售条线强化协同作战，有效促进了信用卡、多盈宝、快贷、ETC、CTS客户移动金融应用水平。与对公条线强化公私联动，全年搭建312个客户综合化服务平台，丰富移动金融应用场景，提升客户黏性。

五、夯实合规管理基础，严防各种风险事件。根据业务发展及时完善制度流程；与渠道与营运管理部联动，对电子银行签约资料进行事后稽核管理，形成常态化合规操作管理流程；将虚假交易核查作为重点工作开展，定期分析核查、通报处理；持续开展现场、非现场检查；强化业务培训，提高风险防范能力，树立合规意识。

（赵培辰）

【信用卡业务】 认真贯彻总分行战略业务目标，不断夯实业务发展基础，业务规模持续扩大，发展质量不断提升，风险管控能力不断加强，市场表现进一步增强。

一、夯实业务发展基础。加大网点信用卡营销培训及营销效能的考核、通报及督导工作，夯实网点营销成效，在网点形成“比学赶超”的营销氛围，实现网点信用卡常态营销习惯。深入开展条线联动，提升条线整合营销协同性，切实将条线客户优势转化为发卡成果。在不断扩大发卡规模的同时提升客户办卡、用卡体验，提升客户质量。

二、强化产品创新管理。紧贴市场，加快金融IC信用卡应用项目的推进工作，研发了陇原交通卡龙卡IC信用卡，实现了ETC行业应用在金融IC卡的集成应用。研发了龙卡甘肃热购卡，围绕客户的衣食住行娱实现了特惠整合。

三、加快商户业务发展。抓好商户营销拓展工作，通过分层营销、层层推进的商户拓展策略，依托联动营销发展大型商户，依托网点拓展中小商户。做好商户维护工作，提升服务商户的能力和水平，对存量不动户，采取有效盘活措施，提升商户的活动率。组织开展一系列促销活动，在进一步优化市场用卡环境的同时提升商户交易额。

四、做大分期业务规模。加快循环分期在网点的全面部署，充分调动网点营销积极性。持续开展“陇原行”分期车展活动，强化“龙卡购车分期付”品牌效应。加大员工培训及营销督导力度，提升营销能力，促进业务的快速增长。

五、强化基础运营管理。规范营销受理行为，建立进件质量管理考核机制，提高营销进件质量。树立“以客户为中心”的服务理念，将客户服务工作贯穿到信用卡业务的各个环节，提升全行信用卡服务质量。强化贷后管理，优化资产质量。

（徐　静）

【造价咨询业务】 按照“综合营销、集约经营、至诚服务、精益管理、平安合规”的基本要求，主动适应经济发展新常态，发挥建设银行金融综合服务优势，抢抓发展机遇，不断提升服务价值和品牌形象。

一、把握市场机遇，开展精准营销。及时关注市场动态，关注各类招标网站、建设项目发布平台，搜集各类造价咨询信息，通过投标、营销等方式拓展造价咨询业务市场。紧盯“一委五局一平台”，围绕建设项目审批、监管、审计等环节，进行针对性、及时性、持续性营销。

二、发挥传统优势，服务基本建设项目。2015年，建行甘肃省分行造价咨询业务量超过100亿元，审计率达到10%以上，为国家和建设项目业主节省了大量资金，提高了投资效率，降低了投资风险。主要服务项目有敦煌丝绸之路国际会展中心、兰石集团石油装备制造园区等重大项目。

三、依托资产业务，推进综合营销。依托建行甘肃省分行客户资源优势，将工程造价咨询业务作为重点产品列入营销方案、战略合作协议中，对有造价咨询业务需求的客户提供一揽子服务。并以造价咨询业务合作为平台，通过为客户提供优质高效造价咨询服务、减免部分造价咨询服务费等方式，巩固银企、银政合作关系。

四、依托优质服务，拓展业务新领域。深入挖掘市场潜力，充分发挥造价咨询“金字招牌”优势，全年共承接4个涉及建设项目造价纠纷的司法鉴定服务，为下一步开展司法鉴定业务积累了良好的服务经验。

五、荣获造价咨询“优秀企业”称号。建行甘肃省分行在甘肃省建设工程造价管理总站和甘肃省建设工程造价管理协会组织的2015年造价咨询诚信执业评价中荣获造价咨询“优秀企业”的称号。

（马银措）

【渠道与运营】 紧紧围绕全行转型发展要求，以渠道资源整合为契机，深化网点“三综合”建设，完善集约化生产体系，强化营运风险管理，提升网点综合营销支持效能，保障了全行业务安全运营。

一、积极推进物理渠道统一管理，建立畅通的渠道运营管理架构。2015年8月成立渠道与运营管理部，下设渠道管理部（二级部），工作职责完全与总行渠道与运营管理部职责对口。建立起以网点“三综合”建设为抓手，以组织机构体系建设为保障，以渠道建设转型为支撑，以营运安全管理为基石的渠道运营管理架构。

二、深化推进网点三综合建设，助力业务发展。网点“三综合”建设取得了明显成效，网点100%实现综合化转型，100%实现公私复用。所有网点均可受理小企业贷款业务，具备小企业贷款经营资格网点12个。所有网点均具备个人贷款经营资格，271个网点已办理个人贷款。具备对公外汇经营资格的网点21个，网点占比7%。营销人员占比达到54%，综合柜员占比达到89%。组建综合营销团队606个，实现辖内网点全覆盖，达到“每个网点组建2个或2个以上综合营销团队”建设目标。

三、积极推进网点分类建设，提升网点综合竞争力。积极推进旗舰、智慧、轻型网点分类建设。加大自助渠道投放，优化自助渠道布局。

四、强化风险管理基础建设，确保安全运营。制定了委派营运主管、柜面业务专用章管理、渠道与运营业务检查管理、柜面业务凭证管理、单位客户对账管理等多个实施细则，进一步细化和明确了柜面业务制度规定。梳理业务流程，编写《营业机构柜面业务工作手册》，重点突出柜面业务基本规定、业务操作流程、各环节主要风险点、控制措施及检查方法等内容。强化过程控制，加强委派营运主管队伍建设，提升营运主管事前、事中控制和现场检查督导能力。运用稽核平台，丰富监控手段。强化检查督导，建立从日启到日终，从客户、账户、交易以及跨渠道、跨产品、跨账户的多维度风险防控架构。

五、顺利完成新一代核心系统二期项目9月26日的投产上线工作。积极完成COS_T系统代理中央财政业务、全国支票影像系统和小额影像截留业务推广上线。

(夏长斌)

【结算与现金管理】 加快转型发展，强化营销支持和服务，各项业务持续健康发展。全行单位人民币结算账户总量、新增持续保持国有大型商业银行第一，单位人民币结算净收入创历史新高，小企业无贷户管理初见成效，各项重点结算产品营销效果显著。

一、加快业务发展，主要指标完成良好。落实总行“两个不低于”目标，组织开展以“拓账户、提质量、盘存量”为主题的账户营销活动和“推产品、抓市场、比贡献”为主题的全年营销竞赛活动。组织开展形式多样的客户推介会，并配合总行在兰州举办了“建行禹道 伴您远航”现金管理业务全国建行客户推介会。全年对公网络系统、单位结算卡、现金管理活跃客户全面完成总行计划目标。

二、加快推进业务转型，提升产品创新力度。制定《甘肃分行结算与现金管理业务转型发展实施方案》，明确转型发展思路、转型发展方向、转型发展目标及措施。落实网点规模以下无贷客户经营管理职责，不断夯实客户基础，扩大客户规模，提升对全行的价值贡献。巩固传统支付结算业务优势，强化主动营销意识，全面提升现金管理服务能力、对公产品集成能力和产品创新能力。创新推出微信缴费一户通产品和“易网通”服务产品。

三、强化风险控制，保证业务健康发展。组织开展支付结算现场和非现场检查，配合人民银行开展金融执法检查，配合甘肃总审计室开展单位人民币结算账户审计工作。对重点产品签约进行集中稽核，有效防范了签约环节风险。积极按季开展结算介质对账工作，通过与客户核对签约产品结算介质的保管和使用情况，及时发现和排查存在的风险隐患。

四、加强业务培训，提升营销能力。为提高委派营运主管业务素质和履岗能力，举办了一期委派营运主管培训班。针对网点负责人、客户经理、产品经理和柜员等岗位举办六期结算产品现场培训。协同客户管理部门，先后到所有二级行和部分县支行开展结算产品现场培训和大对公业务转型现场培训；针对柜员操作举办六期新一代系统项目上线现场培训。开展培训送基层活动，共举办七场票据防伪现场培训。

(李文涛)

【信息技术管理】 一、加强基础设施建设，提升系统运维稳定。优化中心机房网络及存储链路走线，并实现机房所有系统的标准化分级管理。对全辖各二级分支行设备间进行了评估，实行一行一方案，使用“一体化机房”标准开展二级行机房改造建设工作。持续推广系统虚拟化建设，不断整合系统资源，提升设备利用率。发挥各平台系统监控作用，加强集中备份、配置信息的管理。研发网络流量分析系统，实现网络资源的合理调配。保障全行自助设备的稳定运行，并加强网点协管员技术及安全培训。

二、积极推广总行项目，为业务发展奠定基石。按计划完成了总行“新一代”2.2期项目推广的整体协调、技术支持上线工作。住房公积金业务核算管理系统在甘肃省住房资金管理中心成功上线，提升了省中心金融服务水平。完成全行“新一代”终端安全客户端、数据安全组件、安全审计组件的安装部署、特色业务的配套改造工作。有序开展行内各系统的版本升级，共完成了34个维护日的系统常规维护及版本升级工作。

三、积极研发金融产品，支持业务发展。2015年度建行甘肃省分行共获得7项国家版权局颁发的计算机软件著作权。持续推广银校、银医、财政、社保、公积金、昆仑燃气等与企业合作项目的建设，推进重点客户、重点领域的研发创新力度，提升市场竞争力，为甘肃省各企业提供全方位的金融服务。强化“大数据”挖掘能力，加大流程类系统开发资源投入，增强人机并控水平。从客户资金流向、各级机构内部管理、绩效考核等方面开展数据挖掘分析和管理系统的研发，为各级管理层提供业务拓展的决策辅助，为营销人员提供客户营销导向。

四、加强科技综合管理服务水平。制定技术支持“转作风、提效能”实施方案，切实有效地提升了信息技术服务效率及服务质量。从IT风险内控、风险监控、安全技术、安全生产和技术应急等五个方面开展了全行的信息安全管理工作。持续推进全行客户端安全防护、网络隔离准入、敏感信息防泄漏、数据安全管理、信息安全培训等工作。强化应急实战工作经验，在省分行及二级行范围内完成了52次系统应急演练，提升了信息系统应急处置能力。深入开展设备资源配置情况调研，并根据调研结果进行全行设备、耗材的分配管理工作。

(王　燕)

【风险管理】 坚持“心无旁骛抓发展，旗帜鲜明防风险”的理念，围绕全行2015年总目标，坚持压缩存量不良和遏制新暴露不良“两手抓”，强化重点领域风险管控，狠抓逾期贷款管理，夯实信贷管理基础，在经济下行、部分行业风险不断显露的情况下，积极保持全行资产质量的相对稳定。

一、积极推进风险管理转型，实施“全面”“全程”风险管理。建立“领导牵头，部门强力跟进，经办机构快速响应”的资产质量管控联动机制。加大考核约束力度，严格考核兑现。制定完善信贷管理机制流程的贯彻落实意见，进一步理顺信贷管理工作机制。建立重大信用风险应对快速响应机制。

二、加强到期贷款、逾期贷款清收力度，最大限度压缩逾期贷款，控制新暴露不良的产生。加大资产质量监测频度，加强到期贷款清收，杜绝临时性逾期的产生。用好公司类贷款再融资、期限调整等政策，做好资产质量管控工作。加强存量逾期贷款清收力度。

三、主动防控信用风险，全力确保资产质量安全。认真执行总行信贷政策，做好信贷结构调整。做实对公预警客户跟踪管理高层分析会议。加强重大信用风险事件报告、监控和处置工作。运用授信业务监测系统，主动防控风险。开展制造业、煤贸、高速公路、押品和担保公司贷款专项风险排查工作。

四、严格执行总行信贷政策，用好政策工具，优选客户，加强新发放贷款管理。认真学习和严格执行总行2015年信贷政策。结合全行业务实际，对总行行业限额、信贷政策进行梳理，理顺限额政策执行标准。

五、强化风险计量和风险成本控制管理，提升资本回报水平。强化经济资本管理及减值加罚关键因素的管理，提升风险管理价值创造力。加强经济资本的研究分析和运用工作。

六、推进放款中心建设，强化贷中放款审核。不断完善制度建设，提升放款审核的集约化管理水平。优化操作流程、岗位设置，进一步提高整体运行效率。建立对公信贷放款审核会商机制，进一步加强放款环节风险防控，形成统一审核标准。

七、积极推进“内控”攻坚活动，夯实管理基础。加强对风险管理评价改进措施落实工作的管理。认真开展新发放贷款“回头看”检查整改工作，加强事前风险防范。有效部署、扎实推进“一加强，两遏制”自查，防范金融风险。强化约束机制，坚持合规经营。

（车　军）

【人力资源管理】　积极完善选人用人机制，狠抓作风建设、队伍建设，为推动全行转型发展提供了坚强的组织保障和人力资源支持。

一、明确选人用人导向，强化领导班子和干部队伍建设。制定了《甘肃省分行党委管理的领导人员选拔任用工作规定》《关于进一步加强人才培养实施人才倍增计划的意见》等制度，强化机制建设。坚持干部选拔任用工作基本原则，严肃纪律要求，遵循程序规定，稳步开展干部交流工作。按照中央、总行关于做好后备干部推荐培养工作的最新要求，在全行范围内组织开展了七职等管理岗位后备干部和中长期培养对象的推荐选拔工作。坚持从严管理干部，强化选人用人工作监督。开展领导班子情况摸底工作，加大领导班子综合竞争力监测力度。

二、优化人力资源配置。根据总行有关规定，大力组织推进对公业务条线客户经理聘任工作。完善员工离职管理制度，强化重要岗位员工辞职管理。严格落实岗位轮换和强制休假制度。强化流程管控，制定《中国建设银行甘肃省分行员工因私出国（境）管理实施细则》，严格因私出国（境）管理。落实省分行“温暖工程”要求，组织实施“团员计划”，设身处地关心关爱员工。

三、加强机构统一规范管理。制定《建行甘肃省分行本部职能部门优化方案》，大力完善省分行本部内设机构设置。落实省分行党委四大整合要求，健全省分行本部委员会、领导小组设置。以《营业网点内部等级分类管理办法》为依据，对首批进入二类县域支行的机构进行了评定，有序推进营业机构分类管理工作。

四、完善薪酬分配机制，推广绩效管理成果。制定《二级行领导人员及省分行本部员工2015年绩效管理实施方案》，健全薪酬分配机制。持续完善“网点一线岗位补贴”制度，实施员工五项社会保险缴费基数和封线调整、企业年金核算和住房补贴分配、统筹外养老金核定和发放等工作，建立了员工商业保险制度和大病救助机制，员工薪酬福利保障水平进一步提高。完成薪酬系统发薪上线工作，加强系统发薪部门联动，针对性实施了流程优化、网银开设、系统配置等各项系统发薪配套工作。

五、提升培训工作水平，提高员工队伍素质。制定《关于进一步强化员工培训管理提升培训质量的通知》，进一步规范培训管理，提高培训质量。制定《2015年建行甘肃省分行青年英才倍增计划实施方案》，强化青年人才队伍培养。建立新人成长培养机制，全方位开展新员工培训。

（徐晓涵）

【党建工作】　学习宣传和贯彻落实党的十八大、十八届四中、五中全会精神和习近平总书记系列讲话精神，全面加强党组织建设和党员队伍建设。坚持问题导向，在全行党员领导干部中扎实开展“三严三实”教育。成立了省分行协调小组，制订了实施方案和专题教育推进表，组织了调研指导和专题研讨，召开了专题民主生活会。全行党员领导干部讲授专题党课108次，对查出的“不严不实”问题进行了整改。制定了《加强基层党支部活动阵地建设的实施方案》，加强基层党组织活动阵地建设。积极做好党员发展工作和党员教育培训工作，按照“控制总量、优化结构、提高质量、发挥作用”的原则，严把党员发展关口，确保发展党员质量；组织实施了处级领导干部党性教育培训、基层党组织书记轮训和入党积极分子培训等各类培训。健全党建工作述职考评机制，按照中央和总行要求，组织开展了基层党支部书记抓党建工作述职评议考核工作。

（徐晓涵）

【公共关系与企业文化建设】　紧紧围绕省分行党委战略部署，对内振奋精神、对外塑造形象，聚焦实践亮点、策划特色活动、驱动产品创新、给力转型发展，打造文化“软实力”，有效提升了甘肃省分行在总行的存在感、在同业的力量感和员工的幸福感。

一、加强党的宣传教育工作，组织学习十八届四中、五中全会、2015年工作会精神，认真做好党委中心组学习的协调服务工作，以学习推动发展，提升建设“四大工程”的能力。全年省分行党委中心组开展集中学习12次。

二、以培育打造文化品牌和开展企业文化课题研究为载体，在全行大力宣传和培育社会主义核心价值观及建行价值创造理念，强化认知认同，使之成为全行干部员工的职业行为准则。精心培育的3个文化品牌，分别获得省级、国家级荣誉称号。“花韵书香”品牌获得十大“甘肃最佳金融产品和服务”荣誉桂冠；“农耕文明”品牌获得“2015甘肃金融扶贫经典案例”荣誉桂冠；“五维推五型——嘉峪关分行企业文化价值驱动体系”品牌荣获全国企业文化优秀成果奖。

三、举办“丝绸之路上的建行——走进甘肃”央媒大型采访宣传活动。在《金融时报》、中国金融新闻网、中国金融家等金融高端媒体上，运用深度报道、行长专访、消息通讯、图片新闻等多种方式，刊发稿件25篇，展示了建行的良好形象。2015年，新闻宣传刊稿突破600篇，是上年刊稿量的3倍。特别是6月份，甘肃分行党委书记、行长李尚荣就“一带一路”建设、“农耕文明”等接受了中央电视台、金融时报记者访谈，甘肃省分行好新闻首次登上央视传播。

四、制定《省分行2015至2017年三年双联扶贫工作规划》及《省分行机关2015年双联工作计划》，为全省建行系统61个贫困村和1385户双联户，积极探索具有甘肃建行特色的长效造血扶贫工作机制。分别于3至4月份赴漳县草滩乡金门村、侯家村及通渭县鸡川镇上店村进行调研，与乡政府及联系村干部共同座谈协商对接了2015年双联扶贫支持项目。积极争取总行社会捐赠资金，完成总行批复96万元捐赠资金的划转工作。

五、积极开展“四个一”学习活动，提升部门和条线能力，化解员工本领“恐慌”问题。明确要求各二级行中心组把《省分行关爱员工“温暖工程”实施方案》作为重点学习内容，集中学习，深刻理解和把握省分行党委人本文化战略核心理念，带动观念转变。

（蔺文辉）

【纪检监察】　认真贯彻落实党风廉政建设“两个责任”，坚持以从严治党促从严治行，按照强化监督执纪问责的总体要求，狠抓作风建设，强化监督制约，严肃执规执纪，加强案件防控和专项治理，为全行转型发展提供了坚实保障。

一、认真贯彻全面从严治党要求，推进“两个责任”的落实。健全责任落实机制，层层传导压力。层层签订《党风廉政建设及案件防控责任书》，制定下发《党委主体责任清单》和《纪委监督责任清单》，建立落实“两个责任”季度报告制度。坚持过程督导，全面加强从严治党、从严治行。省分行党委书记带头讲党课，开展严守党的政治纪律和政治规矩专题教育。在全行范围内开展落实党委主体责任和中央八项规定精神检查及开展自查自纠工作，对发现问题做到立查立改。制定下发《2015年度党风廉政建设党委主体责任考核方案》和《2015年度党风廉政建设纪委监督责任考核方案》，并对二级分支行落实党风廉政建设“两个责任”情况进行考核。

二、狠抓中央八项规定精神的贯彻落实，驰而不息改进作风。加强日常监督，推进作风建设常态化。设立监督电话、邮箱、短信、微信监督平台，并通过网页、邮箱、微信等渠道，提出加强节日期间党风廉政建设的要求。注重教育引导和制度规范，营造风清气正氛围。组织开展“讲规矩、正风纪、守廉洁”主题教育活动。组织领导干部学习《习近平关于党风廉政建设和反腐败斗争论述摘编》《中国共产党廉洁自律准则》和《中国共产党纪律处分条例》，撰写学习心得。编写《党风廉政建设及案件防控100问》《以案说纪》，加深学习理解。分批次组织干部员工参观廉政建设教育基地，定期观看《警示教育微电影》等视频学习资料。

三、加强纪律建设，将纪律和规矩挺在前面。严明纪律要求，强化执纪问责。认真践行监督执纪“四种形态”，加大对各类违规违纪行为的查处力度。抓住关键少数，加强对领导干部的监督，对信访举报及总行和省纪委移交的问题线索，集中组织力量，坚持快查快办、严查严办，高质高效完成核查任务。认真落实省分行内控“攻坚”行动工作部署，推进案件风险专项治理活动，充分运用非现场审计结果和廉洁合规从业监督问查系统，滚动开展员工违反禁止性规定等问题排查。

四、加强巡视监督，发挥巡视利剑作用。巡视工作紧紧围绕“一个中心”、聚焦“四个着力”和“三个重点”，突出“两个责任”的落实，加强组织领导，强化组织机构及队伍建设，完善工作流程，有序组织开展，完成了6个二级分支行的常规巡视和4个机构的专项巡察。对2014年五个机构巡视整改工作进行了回访督查。

五、深化纪检监察机构“三转”，加强纪检监察组织队伍建设。聚焦主业，全面清理和退出具体业务流程监督和相关议事协调机构，推进纪委书记专职化，纪检监察工作从高压严惩向常态严管转变。改进工作作风，推动规范化管理。制定《建行甘肃省分行2015年纪检监察工作量化管理表》，开展全行违规违纪问责情况重检、纪检监察特派员管理工作重检等工作。加强特派员履职管理，推广运用纪检监察特派员管理系统。加强组织队伍建设，强化纪检监察干部监督管理。制定《建行甘肃省分行2015年纪检监察条线执行力效能监察实施方案》，开展纪检监察条线执行力效能监察。按照忠诚、干净、担当的标准，严格对纪检监察干部要求、管理和监督。

（牛文兰）

【安全保卫】　认真贯彻落实总行、监管单位工作要求，以“平安建行”创建工作为主线，从转变工作作风、提高工作效能、增强服务意识等方面下狠手、出实招、见实效，为全行转型发展和安全稳定运行提供了坚实保障。

一、安保工作责任主体履职能力明显提升。持续落实“条块结合，以块为主”，努力构建“纵向到底、横向到边、人人有责”的安全责任体系。各级机构安全管理的主体责任意识进一步强化，各单位“一把手”都能切实履行第一责任人的职责，落实“一岗双责”“一肩双挑”的要求，统筹抓好安全生产和经营管理工作。

二、“平安建行”创建工作取得新成绩。按照“平安建行，人人有责”的理念要求，依据《甘肃省分行“平安建行”创建考核评价实施办法》，紧紧围绕“安保条线安全隐患专项整治活动”和省分行“内控攻坚行动”的任务目标，将创建活动作为安保工作的主要抓手，融入到日常管理中，在全行范围内持续组织和推动，营造良好的创建氛围，进一步形成“大平安”格局。

三、安全检查工作取得新成效。坚持省分行每半年、二级行每季度、县支行每周、营业网点每日一次的安全检查制度，采取现场与非现场相结合的方式，对点、库、楼、房、区等重点要害部位进行安全隐患排查、监督检查和考核评价，重点按照“谁检查谁负责监督整改、不整改决不放过”的原则，加强隐患整改，使整改率达到了98.23%。同时，坚持安保工作融入业务的导向，加强同业务条线管理部门的紧密协作，有效保障了业务安全运营。

四、押运体制改革取得历史性突破。全面完成押运社会化改革，实现“零枪弹”目标。将工作重心向强化对委外押运工作的管控转移，及时发现、协调、解决服务等事项，确保了押运委外运行高效，服务到位，较好满足了安全运营要求。

五、重大“四类”案件及安全责任事故实现零发生。全年共堵截贷款、电话、短信、网络、假存单等诈骗案件63起，涉案金额93.21万元；冒名开户、挂失事件15起；抓获调包客户银行卡不法分子1名、网上追逃人员3名；通过远程监控及时发现并堵截不法分子撬盗自助设备资金案件2起，并抓获犯罪嫌疑人1名；配合各级公安机关协查案件612件次。

六、安全基础管理取得新进展。从抓各项规章制度和应急预案建设及落实入手，采取组织开展安全教育、刊发安保工作简报、安全预警、岗位操作提示、组织应急演练等形式，使员工安全责任意识和防范技能进一步得到提升。下大力气解决营业网点大堂保安配备不全的问题，使营业网点大堂保安配备率达到了100%。

（郭 峰）

【内控合规】 以全面深化内控合规转型为目标，不断加强内控管理能力；以服务基层为导向，锐意创新，持续提升法律服务水平。

一、在全行开展内控“攻坚”行动，确定了“八项教育、六项排查、十项治理”等54项具体任务，推动内控转型工作稳步前进。表单模块化建设稳步推进，确立了“大内控”的转型思路，对“攻坚”行动建立动态的任务表单管理，形成了“合规文化建设”“合规性监测”“问题整改”“内控体系建设”“内控制度建设”的五大管理模块。“内控抓同级”机制初步建立，明确了各层级、各岗位在整改、问责、检查、考核、信息沟通、双向报告等工作中的职责与考核要求。案件风险的常态化教育机制全面建立，审计发现“划红线”问题联合工作机制运行有效。

二、积极推进合规官试点工作，建立健全合规管理工作机制。结合建行甘肃省分行实际制定了试点工作方案。草拟了《甘肃省分行内控合规工作考核办法》《省分行部门合规岗位设置方案》等一系列制度，梳理二级行合规官工作权利和职责。探索基层机构合规工作机制建设，研究配套的绩效考评机制实现内控前置。

三、认真落实内控体系建设三年规划。每半年督促、收集、通报内控体系建设工作任务推进情况，确保工作进度，并按时向总行报告任务完成情况。

四、认真组织开展年度内控评价。精心设计方案，加强沟通指导。广泛汲取近年来内控评价工作经验，完善实施方案。首次将省分行部门纳入内部控制评价对象，按内控五要素开展部门内部控制自我评价工作。严格把关，确保评价组织质量。通过全行努力，建行甘肃省分行在总行内控评价工作中首次迈入一类行。

五、全力配合内外部审计监管检查工作，提升全行系统性整改能力。全力做好内外部审计项目配合及整改工作。突出问题导向，进行屡查屡犯问题专项治理。屡查屡犯问题由年初73类下降到19类，治理效果显著提升。完善整改制度，以考核推动整改工作的改进。印发了《中国建设银行甘肃省分行检查发现违规问题责任处理实施细则》《中国建设银行甘肃省分行违规问题整改管理实施细则》，优化了《2015年违规问题整改管理评价方案》。在抓好具体问题整改的同时，按照“三个不放过”的原则，更加注重系统性、根源性、持续性整改。严格落实审计监管要求，建立审计发现“划红线”问题联合工作机制。加强对审计发现问题的追责力度，责任追究广度、深度和层级较以往有了明显提升，问责震慑效果逐步体现。

六、紧密结合业务，服务业务发展，有效防范风险。认真做好法律性文件审查，严防法律风险。对授权工作进行动态管理，着力推进信贷授权管理，提升授权工作差异化、动态化管理水平。提升专利申请技术含量，取得了“丝绸之路龙卡”卡面的“外观设计专利”及“丝绸之路龙卡”商标的注册证书，增加了知识产权含金量。

七、进一步加强诉讼管理工作，提升法律维权工作成效。积极做好法律纠纷管理各项基础性工作，通过完成对全行诉讼案件的数量、走势、成因、被诉风险、责任类型等的分析，实现对全行诉讼案件情况的动态化掌握。积极参与历史遗留疑难案件的处置，多笔疑难案件得到良好解决。充分发挥自身专业优势开展内部代理工作，对全行重大、疑难民事诉讼案件、协助执行纠纷等直接参与办理。

八、加强反洗钱工作与关联交易管理，提高集约专业化水平。进一步完善反洗钱与关联交易制度建设，建立了全行反洗钱工作组织架构，明确各业务部门反洗钱工作职责及内容，建立了科学的洗钱风险评估体系及工作流程。加强反洗钱与关联交易的集中管理，成立反洗钱中心，在兰外各行成立反洗钱作业团队。关联交易随着新一代关联交易2.1、2.2期的上线基本实现了由“人控”到“机控”的转变，实现了关联交易一级分行的集中管理。建立自评估责任制，按季组织各行、省分行相关部门开展内部交易自查评估工作，有效防范内部交易风险。

九、加强风险控制措施，提升操作风险与业务连续性工作管理能力。认真做好不相容岗位（职责）的重检工作，及时梳理因业务制度、流程和系统等因素变化而引起的不相容岗位（职责）新增、减少及修改的内容。充分应用工具，建立关键风险指标22个，开展操作风险自评估重检项目6个，向总行提供操作风险损失数据66条，为总行实现资本计量高级方法提供了数据基础。进一步规范业务连续性管理工作，编制本条线应急演练计划，适时调整完善各类应急预案，强化演练，充分发挥了应急演练对应急预案的检测作用。

（何正暐）

【工会工作】 以全方位实施关爱员工“温暖工程”为核心，以持续推进8项工作为重点，在“组织文体活动、开展劳动竞赛、建设职工之家、实施扶危救助、先进典型评选、严格经费管理”等方面扎实推进各项工作。

一、坚持“以人为本”，着力实施关爱员工“温暖工程”。制定《建设银行甘肃省分行关爱员工“温暖工程”实施方案》，提出了27条关爱员工具体措施，按照周通报、月督办、季调度的要求强力推进。全行推出了100个“花韵书香·图书角”示范网点，“花韵书香·小花书架”文化品牌在全行生根，遍地开花，为员工、客户提供了“精神食粮”。向营业网点倾斜费用资源，设立员工“生活便利区”，努力改善营业网点员工就餐条件，新装修网点合理设计员工休息区域、更衣间，营造温馨的工作环境。实施了员工异地分居家庭“团圆计划”，14名长期异地分居员工实现了“团圆梦”。

二、多层级组织各类文体活动，探索关爱员工的新途径、新方法。组织了形式多样的各类趣味运动会、健步行走、户外活动、知识问答、拓展训练、野营拉练、湿地穿越及各种球类比赛，各级工会组织开展了舍宾、瑜伽、太极拳、羽毛球健身培训等活动。全行共组织各类文体活动390多场次，参加员工超过45 000人次。

三、积极组织各类劳动竞赛，大规模建立、完善“职工之家”。投入300万元资金，全力支持48个“职工之家”建设。其中对7个县支行投入70万，对16个分支行职工之家投入155万元，对25个县支行补助器械设备费用75万元。10月份，争取到甘肃银监局援建一个“职工之家”的名额，争取到援建资金3万元。

四、加大慰问、救助和关爱力度，全方位充分体现了党委的人文关怀。慰问员工9 600多人次，其中各二级分行慰问因病住院员工496人次，慰问员工直属亲属和去世亲属209人次。各二级行在传统重要节日做到了“五必访”，即全行各级管理人员对所属员工生病住院必访、员工及直系亲属去世必访、员工家中出现重大变故和遭受自然灾害及意外事故必访、重大节日营业网点必访、特困员工及困难劳模救助必访，取得了较好的效果。对困难、特困员工进行全力帮扶和救助。“两节”期间，职工互助基金救助特困员工39名、困难员工131名。

五、充分发挥先进典型示范作用，争先创优工作扎实推进。2015年，向总行推荐的1个模范职工之家和3名优秀工会干部，均获总行发文表彰。评选出了26个省分行级“女职工文明示范岗”和36名“巾帼建功标兵”。

六、全力做好团的工作。组织了全行各级青年文明号的重新登记、上报工作；开展了中国建设银行上市十周年员工风采展暨员工职业风采大赛活动、组织投票活动，报送了照片12幅，推荐上报风采大赛优秀宣传稿件9篇；积极向总行团委申请援建“音乐教室”，争取到了6个“音乐教室”落户甘肃。

（郑好平）

交通银行股份有限公司甘肃省分行

【综述】 2015年，在交通银行总行的正确领导下，在省委省政府的关心和省金融办、人民银行、银监局的全力支持下，甘肃省分行党委带领全体干部员工，坚决贯彻执行总行“抓存款、稳利润、控风险”的工作主线，强化管理，狠抓风险管控，积极融入甘肃省社会经济发展，较好地完成了全年各项工作计划。

一、以稳定为主基调，统一思想，实现平稳过渡

2015年，分行新一届班子成立后，紧紧围绕总行党委决策部署，把统一思想、稳定队伍、提振信心和士气作为首要工作。通过全方位开展客户走访活动，争取理解和支持，提高重点项目参与度，稳定客户关系；通过基层走访、调研、宣讲，与员工进行对话、沟通、交流，稳定员工队伍。调动全行上下聚焦转型发展，鼓励干部员工大胆转变观念、解放思想，发挥主观能动性，创造性地开展各项工作。经过努力，分行各项工作实现平稳衔接。

截至年末，实现经营利润8.23亿元，增长1.25亿元，增幅17.91%。人民币日均存款400.11亿元，增长17.82亿元，增幅4.70%。人民币日均各项贷款余额261.51亿元，增长34.65亿元，增幅15.27%。本外币各项资产余额476.55亿元，较上年增长27.28亿元。不良贷款余额3.50亿元，占比1.28%，较上年略有上升。

二、以规范经营为着力点，建章立制、强化执行

围绕薄弱环节，强化内部管理水平。针对各部门、各经营单位执行力较弱、权责不明晰、工作质效低下的现状，完善相关制度管理办法。修订《财务审查委员会议事规则》，加强财务管理，优化财务资源配置。修订《会议管理实施细则》，强化会议决策程序。修订《集中采购管理委员会工作规则》《集中采购管理实施细则》《基建项目工程签证管理办法》等制度办法，细化基建、装修、招标、采购处理流程，规范集中采购行为，提升基建和集中采购管理水平。

三、以转型发展为基本要求，提高分行“三位一体”建设水平

以“三位一体”建设、组织结构调整为抓手，以转变经营模式、加快经营一体化建设为目标，通过明确机构网点建设原则、构建前台板块、推进省辖分行和基层网点提升工程等一系列措施，完善一体化经营管理框架，分层分类明确发展目标，创新体制机制，合理配置资源，打造经营合力，力争“三位到位、一体见效”。把辖属分行转型发展作为全行转型促发展的一个重要抓手和突破口，通过总分行专项政策、专项资源、专项考核的支持配套，不断培育和提升辖属分行在经营管理、市场营销、获客活客、区域特色等方面的能力。通过差异化制定发展指数和转型指数，明确辖属分行发展目标，鼓励辖属分行发挥一级党委作用，打造当地市场的服务中心、营销中心和利润中心。深入推进网点分类建设。针对分行存量网点定位不明确，业务发展特色不突出，分行人力、财务资源有限无法支撑原有网点分类建设模式的情况，通过集中资源打造综合型网点，着力提升普通型网点，探索低产网点向特色网点转型，优化普惠型网点、离行式自助银行布局。加快电子渠道建设，紧跟互联网时代步伐，通过建立分行官方微信平台，丰富手机银行、网上银行特色活动，完善家易通、POS专营团队建设，加大线上线下的客户维护和挖潜力度，拓展经营空间。通过整合机关部门人力资源，进一步向营销一线倾斜，充实客户经理队伍。加大对客户经理的系统培训，提升客户经理业务素质和营销能力，落实总行全员全产品计价考核系统上线工作，通过科学考核，激发客户经理队伍活力，真正发挥其市场营销触角作用。

四、以落实党风廉政建设责任制为重点，提高领导干部履职能力

以“三严三实”专题教育活动为契机，贯彻从严治党各项要求，着力党管干部，以提高履职能力为出发点，严肃组织纪律，狠抓班子建设，充分发挥班子的整体效能。加强学习教育，提高班子科学决策水平。充分利用党委中心组学习、“三严三实”专题授课集中学习和日常自学，认真学习党的各项理论知识、经济金融政策、总行党委对转型发展的战略要求等，带着问题学、联系实际学、深入思考学，在提高党性修养、坚定理想信念的同时，加强理论联系实际，及时用最新的理论和政策科学预判分行发展方向，及时调整发展思路和措施。抓好基层党组织和党员队伍建设，着力提高凝聚力和战斗力。认真落实年初制定的党员教育计划，通过分行党委班子成员讲授党课、组织学习中央重要文件精神、举办党的知识竞赛等多种形式，进一步强化党员教育，提高党员素质，增强党员队伍的战斗力。完善基层网点和机关部门党支部建设，加强对培训、学习的监督和指导，发挥党支部的战斗堡垒作用，通过及时传导总分行党委的发展战略和重要决策，增强党组织的凝聚力。将党员发展制度化、程序化，有计划、有质量地扩大党员队伍。

【公司业务】 2015年，公司板块紧紧围绕总分行“抓存款、稳利润、控风险”的发展主线，坚定信心、凝心聚力，扎实推进各项工作。

一、负债业务发展基础逐步夯实，负债结构持续优化。通过召开存款动员会、持续开展存款专项竞赛活动等方式，充分调动经营单位揽存增存的积极性。围绕低成本核心负债拓展，主动调整存款结构，充分用好补贴资源、产品和定价机制，大力推广大额存单等创新产品，负债业务发展质效得到提升。截至年末，人民币对公存款时点余额284.89亿元，较年初增加14.53亿元；对公存款日均余额272.00亿元，较年初增加7.83亿元；外币日均余额增量0.43亿美元，较年初增加0.10亿美元。全口径低成本核心负债余额203.98亿元，占分行对公存款的74.99%，较年初增加7.33亿元。

二、扎实推进客户基础工程建设，客户质量稳步提升。围绕《2015年甘肃省分行客户发展纲要》和《客户行动计划》，不断深化客户工程内涵，逐步建立了客户发展的长效营销管理机制。通过建系统、搭平台，进一步强化政府类机构客户拓展，截至年末分行机构类客户达到412户，较2014年净增44户。不断巩固与省、市级主要投资公司的合作，广泛开展资产管理、债务融资、私募债券等创新型业务，带动负债及中收增长。截至年末，全行公司客户14 680户，较年初增加2 189户；优质客户贡献度进一步提高，对公中高端客户达到533户，完成全年任务的124%。

三、重点储备项目常态化管理机制初步建立，资产业务发展态势良好。2015年，公司板块通过重点储备项目制的推动和实施，促进优质信贷资产项目的落地，带动分行资产业务的稳步发展。通过总行重点储备项目库争取总行专项规模，有效支持了一批分行重点客户的资产业务需求。截至年末，全行人民币对公贷款余额239.95亿元，较年初增加25.58亿元，增幅11.93%。其中人民币对公实质性贷款余额218.28亿元，较年初增加22.22亿元，增幅11.33%。

【个人金融】 一、加大存款工作组织力度。通过抓好代发、做好客户提升、激活睡眠客户，优化个金业务结构及客户结构；通过积极开展储蓄存款及代发工资业务专项劳动竞赛，促进储蓄存款及低成本核心负债增长。截至年末，储蓄存款日均余额133.62亿元，净增11.29亿元。

二、大幅提升销售能力。通过针对支行个金分管行长的“头雁”计划、省辖分行的“启航计划”、客户经理的“飞行培训”计划等有针对性的培训，全面提升个金队伍综合素质。通过积极参加总行各类业务竞赛活动，促进保险、基金销售量。通过开展“服务明星”评比、优化网点便民设施等活动，提高服务水平，吸引基础客户群体。

三、不断优化用卡环境。加大特惠商户拓展力度，建立外拓团队，大力发展“金邻惠”“最红星期五”、手机银行线上特惠商户，涵盖餐饮、娱乐、超市、加油、洗衣、酒店等多个行业。优化微信公众号特惠商户功能，开发特惠商户APP，创建线上宣传品牌。截至年末，贷记卡新增活户1.37万户，完成总行任务的142.96%。

四、积极竞争优质个人信贷客户，发展个人经营贷款业

务，持续提升零贷业务利润贡献度。截至年末，个人消费贷款客户 8 203 户，净增 608 户。

（曹馨予）

【国际业务】 2015 年，面对宏观经济疲软、利率市场化及人民币国际化加快的形势，分行深入贯彻落实总行国际业务转型发展的要求，充分发挥国际业务协同效应，积极拓展新型人民币存款及表外融资业务，大力发展本外币、境内外联动业务，努力克服各种不利因素，多项指标顺利完成总分行计划。

一、把握机遇，科学制定分行国际业务发展规划。在深入研究内外部机遇的基础上，明确未来三年国际业务战略发展防线、目标和路径，实现国际业务的大发展。抓住人民币跨境使用规模持续扩大、人民币汇率和利率市场化改革提速、人民币资本项目可兑换有序推进、跨境人民币结算规模将在人民币国际化推进过程中保持快速增长和监管政策逐步放开的良好机遇，努力为境内个人投资者推出一揽子境外直接投资产品和服务方案。

二、坚持“做早做优、以量补价”思路，做强做大资产业务，同时通过资产端的息差维护传统利润份额。2015 年，分行外币存款营销取得突破性进展。国际结算量逐步摆脱对单个大客户依赖度过高的局面，国际业务客户数量有效增长。截至年末，各项外币贷款余额 7 846.07 万美元，较年初增加 2 711 万美元，增幅 52.82%，2015 年外币贷款日均余额 10 325.73 万美元。其中，跨境人民币业务稳步增长，实现中间业务收入 200 万元，带动国际结算量 7 000 万美元，沉淀存款 21 000 万元，联动效应显著。

三、分步实施，逐项推动产品创新，有效对接客户需求。积极推进跨境人民币“融元通”产品创新，加强与当地人民银行的沟通，先行先试跨境人民币贸易融资资产跨境转让等创新产品。做好出口订单融资、福费廷存量转卖、本外币结构性存款、企业网银待核查账户划转结汇、大型成套设备出口信保融资等产品的推广。通过与中信保等公司的合作，为省内能源资源、基建、高端装备等领域优质客户提供中长期信保项下融资或中长期跨境融资业务，成功摆脱国际结算量指标对大客户的过度依赖，国际业务客户数量有效增长。2015 年，分行实现外汇存款日均余额增量 0.45 亿美元，完成总行计划的 81.26%；非贸易业务发生额 21 882.23 万美元，占比达 20%，增幅 56.08%。全年累计发放贸易融资 15 000 万美元。国际业务新产品累计发生额 45 亿元，对本币业务反哺明显，业务发展呈现新常态。

（曹馨予）

【中间业务】 一、通过大幅提升销售能力，带动中间业务增加，超计划进度完成零售板块中间业务收入。一方面，持续加大发卡力度，积极拓展特惠商户，加强刷卡活动宣传，丰富用卡环境，带动卡收入稳步提升；另一方面，抓住 2015 年资本市场投资热潮，充分利用厅堂、电话、短信等业务渠道和平台，加强基金、国债、保险代销和理财产品销售。截至年末，基金销售收入 1 156 万元，同比增加 788 万元，增幅 214.49%；保险销售收入 525 万元，同比增加 216 万元；个人表外理财收入 1 671 万元，同比增加 521 万元；贵金属销售收入 315 万元，同比增加 89 万元。

二、对公板块积极挖掘新兴业务，重点在同业理财方面加大营销力度，促进对公板块中间业务收入持续增长。2015 年对公板块实现中间业务净收入 12 702 万元。其中，表外理财（含单位理财及同业理财，两项收入合计 1 905 万元）销售收入占比最高，占比达 39.74%，较去年同期增加 984 万元，增幅 106.81%，为公司条线收入的增长作出了重要贡献。

（曹馨予）

【风险管理】 2015 年，分行紧紧围绕总行提出的转型发展的四条标准、六个领域和八大业态，结合分行发展实际，以增强内生动力、提高发展质效为落脚点，兼顾效益与规模，强调发展与风险的平衡，持续推进风险管理体制和架构的深化和全覆盖，以全面、扎实、有效的风险管理保障转型发展。

一、持续完善以“全流程、全覆盖、责任制、风险文化”为核心的全面风险管理体系建设。强化业务部门小中台风险管理能力，推进大小中台工作协同，形成管控合力，力争使风险管理真正“横到边、纵到底、全覆盖”。按季召开一把手参加的全面风险管理委员会例会，使其逐步成为掌控风险管理大局、推动决策的平台。

二、完善组织结构调整、内控制度建设，强化风险责任意识，提高风险管理水平。牢固树立“流程为本、程序至上”的风险管理理念，积极落实风险管理架构调整，积极推进部门职能整合优化，增强风险管控协同能力。制定《交通银行甘肃省分行 2015 年授信与风险政策纲要实施细则》《甘肃省分行 2015 年信贷工作规划》《关于加强潜在风险贷款（授信）管理的通知》《交通银行甘肃省分行关于严格落实信贷三查责任遏制不良资产上升的通知》《关于建立授信风险管控通报机制的通知》等一系列细则、办法，成立由分管行长牵头，相关业务部门参加的风险预期（欠息）贷款压降应急处置小组。严格贷前调查、审查，前移风险管控关口，统一优化授信政策，进一步加强对前台业务发展的指导。同时加强制度考核约束，增强岗位责任意识，加大对风险的防范与化解力度。

三、探索风险管理创新。针对新环境、新情况、新业务的风险管理要求，认真贯彻执行总行风险管理二十条、授信与风险政策纲要三十六条等基本管理政策，进一步提升严守风险底线的自觉性和风险管理的领先性。结合“531”系统，梳理新业务流程，加强数据信息管理，创新管理工具应用。将同业、投行等新型业务纳入全面风险管理，驾驭创新风险，客观、科学评价，实现收益覆盖风险。

（曹馨予）

中国邮政储蓄银行股份有限公司甘肃省分行

【综述】 2015年，中国邮政储蓄银行股份有限公司甘肃省分行按照“创新经营谋发展、精细管理促转型”的工作思路，进一步解放思想、改革创新，顺势而为，主动适应经济发展新常态，全面贯彻落实“管理提升年”总体部署，不断提升综合管理水平，各项工作取得较好成绩，经营效益持续稳步提升。

一、紧扣发展主流，经营业绩实现快速增长

面对经济下行压力逐步加大的不利形势，不断创新金融服务工作，各项业务稳步发展，经营业绩逆势增长，取得了优异的成绩。截至年末，总资产684.83亿元，总负债681.53亿元，各项存款604.79亿元，各项贷款309.75亿元，年新增贷款94.80亿元，增幅44%，新增存贷比237.66%，余额存贷比51.20%，不良贷款额2.08亿元，不良贷款率0.67%，拨备覆盖率312.68%，资产质量居于金融同业领先水平。累计完成金融业务总收入22.85亿元，同比增长29.15%，其中银行自营收入16.66亿元，同比增长38.47%，自营收入完成总行下达目标的111.19%，超进度11.19个百分点。累计实现净利润3.30亿元，同比增长117.83%，完成总行下达目标的142.86%。

二、立足陇原，情系百姓，丰富产品，助推个人金融业务升级

围绕增存和增收两条主线，推进个人金融业务精细化管理，突出重点产品、核心业务，主动研究创新，用新举措推进个人金融业务经营转型。顺应居民金融需求变化，大力发展中间业务和财富管理业务。截至年末，全年新增储蓄存款37.44亿元，增长8.11%，销售实物贵金属2 920.21万元，居全国邮储银行系统第1位；重点基金销售完成比例达到458%，获得总行最佳完成奖。全年累计销售各类理财产品214.31亿元，增长63.09%。开展了大学生网络商务创新应用大赛及校园歌手电视大奖赛等宣传营销活动，手机银行业务得到快速提升。2015年，新增38.30万户电子银行客户，年末达到165.99万户，同比增长29.99%，电子银行客户渗透率达到24.20%，全国邮储银行系统排名第7位，较上年提升7位，较上年末提升4.16%，增速全国邮储银行系统排名第2位。自助银行设备达到852台，交易4 734.41万笔，同比增长26.31%；手机银行交易2 210.58万笔，同比增长147%，手机银行交易替代率17.10%，较上年末提升7.99%。

三、担当责任，创新模式，“双轮驱动”精准扶贫

结合地方经济特色，着力突出“两小”，重点投向“三农”和县域。积极支持现代农业示范区建设，大力发展家庭农场（专业大户）贷款、小额贴息贷款、小企业贷款。截至年末，零售信贷投放159亿元，净增57.50亿元，其中小企业贷款、小额贷款增量分别排名全国邮储银行系统第3位、第8位。针对消费信贷占比过低的现状，主动调整业务结构，出台配套政策，指导市州分行加快消费信贷发展。消费贷款余额实现了连续两年翻番。积极服务新型农业经营主体，重点发展家庭农场贷款，拓展银政、银协、银担、银企合作平台，初步实现了零售客户的批量开发。相继推出了互惠贷、增信贷、医院贷、快捷贷、动产抵（质）押、小水电抵押、助保贷等产品，满足省内小微企业资金需求。截至年末，全省逾5万农户享受了免息政策，近5.5万农户获得了近42亿元的信贷支持。“小微企业互惠贷”产品在首届陇上金融家评选活动中荣获“甘肃最佳金融产品和服务”殊荣；“双业贷款”助力农牧民脱贫致富、“妇女小额担保贷款”在2015年第二届中国西北金融高峰论坛获得“甘肃金融扶贫经典案例”和“甘肃金融扶贫特别致敬案例”两项殊荣。

四、公司业务多元拓展，特色业务有效联动

密切跟踪财政账户和资金管理政策，全力稳定财政类资金，取得国库非税财政资金专户代理资格。以项目为抓手，强化总部营销。进一步密切和政府部门的联系，深化和省公航旅集团、省电力、兰州轨道交通、酒钢集团、省公积金中心等重点客户的合作。新业务引领，供应链业务快速增长。为两家企业办理保理业务3 500万元，实现了供应链项下保理业务新突破。以新业务服务地方经济成效显著。积极参与甘肃省政府债券承销工作，四期政府债券中标25.80亿元。成功与中国进出口银行签订了3.50亿元信贷业务委托代理协议，代理进出口银行对敦煌雅丹国家地质公园基础设施建设（二期）流动资金贷款发放。

五、创新引领，金融市场业务，助推项目营销

结合甘肃省公路建设和省内基础设施建设情况，筹备成立以支持省内公路发展为主的交通产业基金和支持省内基础设施建设为主的财政引导性产业基金。支持省属企业和地方优秀民营企业发展，为省内企业授信达到229.50亿元，投放信贷资金21.30亿元。在做好票据业务、同业融资、债券承销与投资等传统业务的基础上，以金融市场创新业务为支点，在融贷通、SPV存款、投资银行理财等方面实现了创新与突破，顺利完成了全国首笔股权融资业务——兰州轨道交通项目，办理了兰州轨道交通一期项目5年期27亿元的股权融资业务。通过该项目的合作，带动公司存款、机构理财、通知存款等多项业务联动发展。与兰州市政府合作的兰州轨道交通2号线一期工程项目，成功通过财政部审核，成为纳入财政部第二批PPP示范名录的甘肃省4个项目之一。与兰州大学签订了《合作银行服务项目协议书》，为兰州大学教职工办理校园“e教卡”，实现了与兰州大学校园卡绑定。

六、合规经营，立足整改落实到位

着眼于“三个到位”，开展了员工“十条禁令”学习宣贯、“除隐患、提能力”支行建设集中整治和“合规回头看”等活动。坚持组织领导到位。上下联动、协同配合，统

筹安排、全员积极参与。同时，结合工作实际，增加了“法制教育月”“党员干部警示教育”等活动内容。坚持学习宣贯到位。省、市分行坚持“统一组织、分层执行、逐级督导”的原则，细化学习内容、丰富学习形式、确保全员参与，营造了良好的学习氛围。坚持整改落实到位。切实强化各级机构主要领导第一责任人意识，对于发现的问题，及时梳理和汇总，制定切实可行的整改计划，列出整改清单，明确整改目标、要求、重点和方向，逐项落实，责任到人，确保了整改工作的落实。坚持以严格标准约束干部，鼓励干部树立廉政意识和“一岗双责”的观念，认真落实党风廉政建设责任制。省分行本部单独设立了纪检监察部、党群工作部，各市州分行调整明确了纪委书记工作分工，并配备了专职纪检监察干部，切实履行职责落实监督责任。落实中央八项规定，狠抓“四风”问题整改，在自查整改的基础上，积极开展党委、纪委“两个责任”的约谈活动，组织全行领导干部签署反“四风”承诺书。顺利完成省委两个“行动”任务和效能办《2015 年全省效能风暴行动重点工作安排》部署，全面落实效能风暴工作。在扎实开展“三严三实”专题教育的基础上，按照“收尾不收场”的要求，认真开展党的群众路线教育实践活动“回头看”，不断巩固成果。截至年末，全行两批党的群众路线活动中，第一批整改全部完成，第二批共制定整改落实任务 131 项，专项整治任务 89 项，制度建设计划 165 项全部完成。

七、构建消费者权益保护管理体系，营造和谐共赢金融环境

为进一步规范消费者权益保护工作，根据总行相关要求，成立了消费者权益保护工作领导小组，负责统一规划、统筹部署全行或辖内的消费者权益保护工作。制定《消费者权益保护工作管理实施细则》，明确职责分工，完善组织架构和工作流程。建立科学清晰的消费者权益保护激励约束机制，制定下发了全省 2015 年度消费者权益保护工作考核方案和 2015 年消费者权益保护宣传教育工作指导意见。组织开展“金融消费者权益宣传周”“普及金融知识万里行”和“银行业消费者权益保护知识学习、网络竞赛、创优”系列活动。配合监管部门对消费者权益保护工作进行现场检查。

八、践行“普惠金融”，社会影响力进一步提高

借助遍布城乡的网络优势，有效扩大基础金融服务的覆盖面。特别是在广大农村地区，为农民外出务工、子女上学、探亲经商提供存、贷、汇基本服务，使广大农村居民享有与城市市民同样方便快捷的现代金融服务。2015 年，根据总行统一安排，认真开展了服务“三农”理论学习和调研活动，开展了小微金融服务“走政府”和农业龙头企业“走总部”专项活动，积极向各级政府汇报邮储银行在支持地方经济发展、履行社会责任方面取得的成效。围绕甘肃省的特色农业经济和省委省政府的政策导向，锐意进取、精耕细作，加强与政府部门的合作，通过积极对接政策性贴息贷款，进一步拓展农村市场，践行普惠金融，达到了经济效益和社会效益的双丰收，实现了政银双赢，得到了地方政府的认可和好评。紧贴甘肃发展实际，主动与政府部门对接，建立政府合作平台，开启互利共赢、共谋发展的合作模式。与省农牧厅联合下发了《关于金融支持现代农业示范区及新型农业经营主体的通知》，全面支持现代农业示范区及新型农业经营主体。与省国税局签订了《支持小微企业合作框架协议》，在全省范围内合作开展“税贷通”业务，全方位助力小微企业发展。与省科学技术协会签订了金融授信合作协议，全面开展“银会合作”，积极创新“科普+金融”“融资+融智”模式，深化科普惠农。与团省委联合举办“邮储银行杯”全省青年创新创业大赛，借助比赛平台，助推贷款业务发展，进一步提升品牌影响力和社会形象。积极开展了农业龙头企业“走总部”专题营销活动，对国家级、省级、市级重点农业龙头企业、产业集团开展“总对总”营销，推动了产业链综合金融服务成果落地升级。打造银担合作平台，积极尝试小额贷款业务引入担保公司担保，解决“三农”贷款抵押物不足的问题。通过服务实体经济发展，全力支持地方经济建设，得到了政府部门的高度肯定和评价，荣获“省长金融奖”，被授予“甘肃省文明单位”称号、“‘双联行动’先进单位‘民心奖’”荣誉称号。定西、张掖、陇南、天水、平凉、白银、嘉峪关等市州分行分别获得“市长金融奖”。成功组织了“邮储银行杯”青年创新创业大赛、大学生网络商务创新应用大赛、校园歌手电视大赛、成立八周年专题系列宣传等活动，全方位丰富邮储银行“普惠金融”和“进步与您同步”的品牌内涵，进一步提升品牌影响力和社会形象。

【个人金融】　一、个人金融收入稳步提升，余额规模前进两位。2015 年个人金融收入实现 2.53 亿元，增长 20.25%，计划完成率 105.42%，三年来首次完成年度计划。年底全省邮政储蓄人民币存款余额 496.99 亿元，年净增 37.44 亿元，增长 8.11%。其中自营网点余额 127.27 亿元，排全国第 26 位，较上年末提升 2 个位次，超过贵州、大连，年净增 10.57 亿元，增长 9.08%，排全国邮储银行系统第 11 位。兰州、白银、庆阳、陇南、金昌、临夏、平凉、武威 8 个二级分行本年净增过亿元，13 个支行新增超过 300 万元。

二、营销主题丰富多样，贵金属销量系统内第一。利用传统春节、情人节、中秋节等节日，精心策划组织“羊年贺岁金钞首发式”“情系七夕、相约邮储”“感恩教师节、欢庆中秋节”等主题营销活动。全年累计销售实物贵金属 3 064.47 万元，实现收入 442.83 万元，累计销量稳居系统内第 1 位。

三、准确把握市场机遇，基金理财跨越增长。全年累计销售基金 7.50 亿元，其中“臻心智选及重点基金”加权销量 2.47 亿元，计划完成率 456.69%，居系统内第 4 位，获总行“最佳完成奖”，实现基金业务收入 661.25 万元，同比增长 2.29 倍；新增基金定投 13 389 户，增长 2.23 倍，扣款金额 6 580 万元，居系统内第 4 位。理财销售再创新高，理财存量增幅明显，尤其是跨年度期间人民币理财产品销量实现爆发式增长。全年累计销售人民币理财 214.31 亿元，其中自营销售 93.11 亿元，增长 1.98 倍，自营累计销量居系统内第 23 位，较上年提升 6 位。自营个人理财产品存量新增

17.21 亿元，同比增幅高达 8.72 倍。

四、成功推进保险转型，期缴业务一枝独秀。加快保险转型节奏，回归风险保障功能，省分行与人寿保险公司联合开展了“尊贵人生，百万身价，邮储在行动”专项营销活动，累计出单 3 100 单，实现期缴保费 930 万元，实现代理手续费收入 180 万元。自营保险业务转型成效显著，自营期缴业务在系统内位次快速提升。

五、手机银行业务发展迅速，渠道交易再创新高。通过整合营销资源，强力推动，开展“亿路有你、E 路有礼，邮储银行豪礼送不停”营销活动，手机银行业务快速发展。2015 年新增 46.30 万电子银行客户，达到 174 万户，同比增长 36.26%，电子银行渗透率达到 24.17%，系统内排名第 7；电子银行客户渗透率增速系统内排名第 2；手机银行客户渗透率达到 18.38%，较上年末提升 5.17%，系统内排名第 3，增速排名第 2；电子渠道交易笔数达到 8 391.17 万笔，增长 25.90%，电子银行交易替代率达到 72.51%，电子渠道交易金额达到 739.93 亿元。

六、创新营销活动题材，打造邮储品牌形象。坚持战略产品优先发展、重点产品突出发展、基础产品全面发展的指导思想，通过形式多样的活动与产品吸引客户。先后开展了“邮储有你，邮储有礼”中高端客户维护活动、乡情卡“温心惠工，邮储银行优惠享不尽”活动、信用卡“邮储有礼、悦享全球、越刷越惊喜”营销活动、绿卡“邮储有礼，你消费，我返现”营销活动，全面打造了“邮储有礼”品牌形象，通过“邮储银行杯–放飞梦想、唱响中国”甘肃校园歌手大奖赛，走进 14 家高校，宣传手机银行与乡情卡，吸纳青年客户群体，品牌影响力明显提升。在邮储银行杯第八届全国大学生网络商务创新应用大赛总决赛中，我省参赛团队首次荣获专科组特等奖 1 项。

七、全面推进网点转型，能力建设初见成效。对全省营业网点进行实地调研、现场驻点辅导、指导高低柜分离，明确网点转型的关键环节、重点问题和工作方向，调整和梳理网点业务流程，全力推进岗位、条线、渠道之间联动。通过现场指导演练、二次回头检验、评价转型成果三个阶段，推广复制兄弟行及同业网点转型工作的成功经验、转型思路。在总行营业网点转型评价中排名第四，2015 年系统内营业网点服务质量第二期非现场检查全国排名第二，服务环境整体评价全国排名第一。

（田　翔）

【公司业务】 一、负债业务稳步增长，客户基础逐步夯实。坚持以项目营销为抓手，有效推动负债业务的稳步发展。截至年末，对公时点余额 107.80 亿元，同比增加 2.62 亿元，增幅 2.49%。

二、成功中标省级非税收入收缴业务，服务财政能力不断提高。2015 年，在甘肃省财政厅省级财政业务代理银行服务资质招标中，成功中标第二标段省级非税收入收缴业务，为全面推动财政代理业务实现跨越式发展打好了基础。

三、新项目逐一落地，拉动公司业务发展。积极参与甘肃省政府债券承销工作，在四期甘肃省政府债券公开招标中中标 25.80 亿元。与中国进出口银行签订了 3.50 亿元信贷业务委托代理协议，代理该行对敦煌雅丹国家地质公园管理处的地质公园基础设施建设（二期）流动资金贷款发放业务。与甘肃省高速公路管理局于 2015 年 8 月正式开展 ETC 全国联网结算业务，作为交通部指定的唯一跨省结算行，全行累计结算资金 8 956.02 万元。

四、资产业务多向发展，客户行业不断丰富。客户结构有效改善，向多元化发展进行转型，全年共计发放各类公司贷款 40 笔、金额 27.31 亿元；结余 34 笔、结余金额 38.97 亿元，同比增加 2.06 亿元，增长 5.59%，业务品种逐步丰富。

五、中间业务有序推广，进一步拓宽辐射面。现金管理业务在发展存量客户的基础上，有效助力负债业务，提升业务量。共开立现金管理账户 1 729 户，同比增加 432 户，增长 33.31%。现金管理本年累计结算笔数 129.84 万笔，累计结算金额 778.45 亿元。票据承兑业务开票 398 张，金额 3.51 亿元。

六、加强二级分行支撑工作，提升区域经济服务能力。为实现公司业务跨越式发展，进一步转变工作作风，深入基层，加强对二级分行的各项支撑工作。加大服务支撑。先后多次赴省内各地对多家省、市级客户进行了逐一拜访，进一步巩固客我关系，为各分行进一步发展业务提供了有力支撑。与分行相关业务人员通力合作，协助二级分行客户经理进行信贷调查、撰写调查报告、实地贷后检查等工作，提升分行人员业务水平。协助二级分行开展营销，制订营销方案，有力推动了业务发展。

七、加大公司条线队伍建设力度，打造高水平营销团队。坚持打造“两支队伍”，打造高素质、高水平、高业绩的公司业务营销团队。提高产品经理对产品的掌握，在业务办理过程中逐步提高人员技能。通过下基层，与基层客户经理共同营销、合作、探讨、交流，提高基层客户经理对业务产品的认识，为日后更进一步开展营销工作奠定基础。加强学习培训，将远程培训和个人自学及部门讨论学习相结合，持续提高自身业务能力和水平，充实队伍。

八、进一步加强风险管控，规范业务行为。将 2015 年作为“精细化管理年”，认真梳理，对梳理出的问题提出针对性处理意见，出台或下发了相应规章制度、管理办法，用“精细化管理”具体措施推动公司业务发展。

（王炫达）

【服务小微企业】 按照进一步深化小微企业金融服务转型升级、提升精细化管理水平的总体思路，通过调整业务结构、转变业务发展模式，梳理作业流程、精细化管理，强化内控和队伍建设，扩大对外合作平台，提高市场认知度，业务规模突破 100 亿元大关，取得了良好的社会经济效益。截至年末，小微企业贷款余额 112.84 亿元，净增 22.07 亿元，增长 24.31%。树立“以产品促发展、以产品增合规”的工作思路，不断创新现有信贷产品，加强政银合作类产品、民生金融类产品的开发力度，使产品更加贴近市场、更有发展潜力，避免因产品脱离市场带来的风险隐患。积极打造银政、银协、银担、银企合作平台。积极创新“科普+金融”

"融资+融智"模式，与省科学技术协会联合举办了"银会合作"工作会议，签订了金融授信合作协议，加大力度推进"扶贫+扶智"的金融扶贫模式。通过"走政府"专题营销活动，加强与政府部门联系沟通，全省各级机构共走访政府部门158次，与省国税局签订了《支持小微企业合作框架协议》，在全省辖内合作开展"税贷通"业务。与省科技厅就兰白科技创新改革试验区、与张掖市就甘州区国家现代农业示范区建立合作关系，与兰州市城关区政府、庆阳市政府、陇西县政府合作，以"助保贷"业务为依托，设计相应融资方案。重点围绕新产品风险、行业风险、区域风险、合作风险、道德风险，深入开展风险分析和研判，确保措施到位，风险可控，提升精细化管理水平。圆满完成12期小微指数调研工作，并对样本客户颁发了"邮储小微企业运行指数定点采集单位"铭牌，给予利率优惠，提升样本客户受访的荣誉感，配合总行连续发布中国邮政储蓄银行小微企业运行指数。持续开展小企业金融特色支行建设，全年共建设8家总行级小企业特色支行，有效拓展小微企业贷款向专业化、集约化发展。

（张明银）

【服务三农】 发挥网络优势和专业优势、主动担当，按照"一县一业、一行一品"的思路，结合地方区域经济特色，采取提高单笔额度、差异化设计贷款期限和还款方式、创新"三农"特色担保方式、建立金融协作机制等方式有效满足了农户和涉农企业"短、小、频、急"等特点，大力倡导"阳光信贷"，降低融资成本，有效破解了农户和涉农企业融资难融资贵的问题。2015年共为5.3万户农户和涉农小微企业提供120.63亿元的资金支持，年末涉农贷款余额达到177.27亿元，增长33.61%。

与省农牧厅联合下发了《关于金融支持现代农业示范区及新型农业经营主体的通知》，明确了涉农贷款业务发展方向，以全省16个现代农业示范区的三农金融服务为重点，将现代农业示范区作为创新三农金融服务的试验区，截至年末，已向示范区内3 373户家庭农场（专业大户）提供了8.19亿元资金支持。

与人社部门、妇联、共青团等加强联系，开展合作。截至年末，共有69家支行开办了再就业小额担保贴息贷款业务，为6.6万户下岗失业人员、创业人员提供了36亿元资金支持，余额达到19.40亿元。联合团省委举办了"邮储银行杯"第二届"创青春"2015年甘肃青年创新创业大赛，重点关注种养殖、农产品加工、农业社会服务等农业相关产业，为有梦想、有志向的创业者搭建创业、创富的平台。

在人民银行组织的2014年度甘肃省银行业金融机构综合信贷政策导向效果评估中，在民生类信贷政策和涉农信贷政策评估项中，均位列第1。在2015年第二届中国西北金融高峰论坛上，"双业贷款"助力农牧民脱贫致富、"妇女小额担保贷款"喜获"甘肃金融扶贫经典案例"和"甘肃金融扶贫特别致敬案例"两项殊荣。

（杨 翠）

【金融市场】 积极围绕"强基础、求创新、拓渠道、提能力、抓服务"开展工作，主动作为，狠抓市场，不断坚持克服种种困难，同业投资等高收益创新产品快速突破，完成全国邮储银行系统首笔股权融资业务，在同业融入、融贷通、投资银行理财等多方面实现突破，票据交易量位居省内金融机构前列。

2015年超额完成全年计划目标，实现了超预期发展。截至年末，票据业务累计交易541.46亿元，同比增长27.35%；向总行成功推荐办理存放同业24.21亿元，股权融资27亿元，投资融资融券资产收益权业务10亿元，实现机构理财交易84笔，累计金额39.09亿元。

一、以PPP、产业基金为支点，服务地方经济建设。积极响应国家"一带一路"发展战略，主动参与全省"6873"交通突破行动，主动与交通部门沟通，支持省内交通建设。为加快推广运用政府与社会资本合作（PPP）模式，充分发挥产品创新和联动作用，在总行大力支持下，成功参与兰州轨道交通1号线项目27亿元，拉动公司负债、中间业务、理财业务成效显著。

二、以创新为驱动，引领各项业务发展。通过创新管理模式、交易模式，丰富票据交易渠道，开拓同业客户群体；票据反哺企业融资能力进一步增强，服务企业遍及全省各市、州，涉及铁路、批发零售、钢贸等行业。2015年票据累计交易量达到516.58亿元，增长21.49%，连续两年交易量位居全省同业前列。抓住股市震荡和央行降息降准，居民对理财的需求不断增强的有利时机，积极对接个人金融部的业务需求，成功发售两支省内自主平衡理财产品，全年共销售机构理财39.09亿元，其中同业理财21.10亿元，均创出历史新高。通过推荐企业客户购买理财，并实现理财质押开承兑，创新业务联动，进一步丰富了维护客户的产品手段。

三、以市场及总行政策为导向，促进业务转型。主动担责，积极做好三方存管业务的上线推广工作。积极响应总行两条腿走路同业融资模式，从单一融出资金向融入融出双向业务操作，成功与省内国有银行完成同业融入业务。积极向总行推荐，成功营销他行投资首期二级资本债，并成功投资城商行二级资本债6亿元。

（胡秀青）

【授信管理】 一、授信政策、制度进一步完善细分。以"省市联动、自下而上"的方式，进一步查遗补漏、梳理、提炼和细化所辖区域授信政策，开展区域授信政策专题调研工作，对草食畜牧业、中药材种植、装备制造业、黄河几字湾战略经济区及文化产业园区等开展专题调研。制定审查审批工作管理规范实施细则，明确业务受理标准、时限管理方法以及信息公开要求等，对审查审批时限、质量等进行管理考评，以信管规范信审；制定授信管理评价指标，从授信审查审批和授信管理能力两个维度进行评价，实现"以评促管"，指导全省综合管理能力进一步提升；分别制定下发法人客户、零售信贷业务作业监督与授信管理规范实施细则，细化明确监督检查内容、频次和数量，提升授信作业质量，加强信用风险防控，进一步规范授信业务管理。

二、实行严格细致的差异化授权。为防范抵押物风险，对部分分行小企业贷款抵押物担保价值调整系数进行了差异化调整。对无核心企业的供应链金融业务追加个人信用担保；对单户风险超过限额要求的，增加房地产抵押或融资担保公司担保等增信措施。根据日常授信管理工作监测情况，对部分授信管理工作履职不到位的二级分行，小企业贷款审批权限进行动态差异化调整。

三、授信全流程管理进一步规范量化。按照年初确定的省、市分行授信管理工作量化目标，各层级授信部管理工作有序开展。2015 年组织开展了授信管理专项检查、抵质押品现场排查活动、逾期零售贷款检查及征信专项检查工作。通过自查、抽查、互查等方式，授信管理全流程各环节得到进一步规范，授信管理工作得到进一步加强。行业监测与预警工作扎实推进，对全省 14 个重点行业、2 349 户重点客户进行了调研监测，根据监测结果动态调整授信准入标准，引导前台筛选优质客户，为业务发展起到保驾护航的作用。

（任　昱）

【会计营运管理】　一、创新工作思路，推进现金管理中心建设。为提高现金周转效率，减少无效成本占用，本着统筹规划、因地制宜、适度集中、高效运营的原则，在现金管理方面谨慎探索、反复论证，推进现金管理中心建设，初步探索出以二级分行为主、县支行为辅的现金集中清分、统一调拨的管理模式。金昌、天水、临夏 3 个二级分行已成立现金管理中心，日常资金调拨覆盖 17 个市县 115 个网点，清理同业银行账户 8 个，金昌、天水、临夏三个地区的现金备付率由原先的 0.86%、1.47%、1.25%分别下降至 0.70%、0.83%、0.90%，三家分行现金备付率下降幅度均在 30%以上。

二、优化工作流程，开展公司和个人金融业务高低柜整合工作。针对全省公司业务网点日均交易低，公司柜台工作量不饱满的现状，经过充分试点论证，开展了公司和个人金融业务高低柜整合工作，将全省 74 个网点对公业务整合入高柜办理，通过进一步叠加个人金融业务，实现了前台资源的有效整合。进一步优化作业流程，网点人力资源有效盘活，公司现金类业务处理效率大幅提升，柜面作业风险有效压降。

三、落实精细化管理要求，开展会计基础达标复评工作。对会计基础达标指标进行了全面修订，开展了对各二级分行的会计基础达标复评工作。年内完成了对全省 14 家二级分行的现场评价工作，各二级分行全部通过复评，圆满完成了年初制定的精细化管理工作计划。

四、践行反假币义务，做好 2015 版人民币发行配套工作。严格按照“逐级展开、归口管理、有序进行、确保落实”的原则，开展了新版人民币发行设备升级及培训工作，对全省 100 台冠字号清分机、1 512 台 A 类点钞机、228 台 CRS 进行了升级。积极参加人民银行新版人民币反假知识培训，同步在行内开展转培训，累计培训 2 094 人次。通过总行开展的“2015 年版第五套人民币 100 元纸币反假知识”远程培训、考试活动，检验培训效果，全省共计 1 010 名人员报名，考试通过率 100%。

（祝丽珍）

【风险管理】　一、规范风险与内控委员会会议流程，提高会议质量。通过完善风险联络员联席工作会议机制，提高风险管控能力。加强会议过程管理，做好议题分类筛选，突出会议主题，推动决议流程规范。做好会议决议事项的督导落实，每次会议确定事项都实现了落实有部门、结果有监督、效果有反馈。现场参加了兰州、白银、嘉峪关、酒泉、定西、平凉、庆阳、天水、陇南、临夏等 10 家分行的风险与内控委员会会议或座谈会。

二、制定压力测试方案，开展深层次、专业性探索。2015 年，结合实际制定了整体信用风险压力测试方案。在测试风险类型方面，主要是针对信用风险；在测试目标方面，主要是考察各级机构拨备覆盖率、利润等关键指标在不利冲击下的变动情况及其抗风险能力；在测试方法方面，以敏感性分析法为主。此次压力测试是分行成立以来组织的第一次压力测试，开启了检验全省风险管理条线风险管理能力及人员综合素质的大门。

三、深入推进“除隐患、提能力”支行建设集中整治活动。根据总行《关于开展“除隐患、提能力”支行建设集中整治活动的通知》（邮银管〔2015〕130 号）相关要求，制定下发了甘肃省分行“除隐患、提能力”支行建设集中整治活动实施方案，对全省网点转型工作和精细化管理工作提出了要求，将服务投诉、负面舆情管理作为此次整治活动的重点工作内容，提升了基层经营管理能力，有效控制了各类风险，推动业务经营稳健合规发展。

四、做好风险评估，摸清风险底数。根据人民银行要求，组织开展了 2014 年度和 2015 年上半年风险自评估工作，对全行整体抵御风险的状况及能力进行了全面摸底。两次自评估结果为“B 级”。

五、重点强化对操作风险和信用风险的管理。利用公司信贷风险管理系统，开展了两次有针对性的信用风险排查。开展全省信贷资产质量控制工作。制定了 2015 年信贷资产质量控制方案，积极开展信贷资产质量监测、分析和通报。截至年末，全年新增不良贷款 1.52 亿元，不良贷款结余 2.08 亿元、不良率 0.66%。组织开展资产分类工作，按季度组织开展信贷资产风险分类人工重检工作。开展两次贷款风险分类偏离度检查，对分类不准确的贷款及时进行了分类调整。开展区域重点业务操作风险识别与评估活动，2015 年根据各分行相关业务的发展情况，有重点地选择不同的分行，分别对小额贷款、个人消费贷款业务、个人商务贷款、小企业贷款等业务开展了重点区域重点业务风险评估活动。加强新产品新业务风险评估，以有效区分新产品新业务合规审查与风险评估的工作流程、工作内容和工作方法，牵头组织各项新产品新业务风险评估工作。评估对象包括草食畜牧业和设施蔬菜产业贴息小额贷款、市场方担保个人商务贷款业务、小企业互惠贷、个人经营性车辆按揭贷款等四种新业务。加强资产评估合作机构准入工作，依照总行新的管理办法和流程，梳理和完善房地产合作评估机构准入相关制度，进一步明确相关部门职责和流程。加强准入管理，全年共准入房地产评估中介机构66家、二手车评估机构1家。

六、资产保全工作取得了较大突破。进一步夯实资产保全工作管理基础。通过制定2015年全省资产保全工作考核办法，从制度上进一步规范考核标准，明晰考核要求，明确工作重点。组建了全省专业资产保全工作队伍，通过集中培训和集中核销等方式提升条线人员专业素质。积极拓宽不良资产处置方式，努力遏制全行不良贷款增长态势。2015年，通过不良贷款清收、呆账核销等处置方式，共计压降不良资产4千多万元。不良贷款移交增量明显。2015年，全行共移交不良贷款7 830.04万元，同比增加5 853.17万元，移交工作进度明显提升。不良贷款核销显著增加，2015年共核销2 234.18万元，同比增加1 184.17万元。

（高建纲）

【法律与合规工作】 一、着眼组织领导、学习宣贯、整改落实“三个到位”，大力开展“十条禁令”学习宣贯和“除隐患、提能力”支行建设集中整治和“合规回头看”等活动。结合实际，增加了“法制教育月”“党员干部警示教育”等活动内容。

二、突出可疑交易风险数据、岗位轮换、员工行为排查、印章管理、违规问题整改等“五项工作重点”，扎实开展了民间借贷专项排查整治“回头看”活动。

三、坚持查教结合，通过现场检查发现问题、共同研究分析问题、现场帮带解决问题，着力提高分支行合规管理水平。以查代教，根据2015年省分行网点合规检查工作目标，检查自营网点45个，完成年度计划任务的105%。查教并重，现场指导二级分行检查人员开展网点合规综合检查，提高了基层检查人员的实际工作能力。形成常态，针对检查网点发现的主要问题，以视频会议形式，对网点人员进行培训，促进了网点合规管理、合规操作水平的进一步提高。

四、着力推动消费者权益保护工作体制机制建设。制定下发了《中国邮政储蓄银行甘肃省分行消费者权益保护管理实施细则》《中国邮政储蓄银行甘肃省分行消费者权益保护工作应急预案（暂行）》《中国邮政储蓄银行甘肃省分行2015年度消费者权益保护工作考核方案》和《中国邮政储蓄银行甘肃省分行2015年经营管理绩效考核办法》，将消费者权益保护工作纳入全行绩效考核，加强了对二级分行消费者权益保护工作的考核。

五、强化反洗钱日常管理工作。按季对各二级分行反洗钱系统使用情况和反洗钱工作开展情况进行排名通报，对各分行重点指标数据、数据处理情况按月追踪。反洗钱系统的核心指标（日常可疑交易识别，数据补录补正工作和客户风险等级划分）在全国邮储银行系统内排名前列。

六、加强金融知识宣传教育工作。在开展反洗钱知识进校园、进广场、进社区、进乡村等现场宣传的基础上，发送反洗钱知识宣传短信，通过公众微信平台发布反洗钱基础知识和如何防范洗钱的方法，注重保护金融消费者合法权益。

（李玉芳）

【审计工作】 围绕经营发展中的主要风险，统筹安排、有的放矢，高效使用审计资源，精心组织了一系列卓有成效的专项审计活动，审计工作重点突出，效果明显。全年共完成审计项目69个，其中业务类专项审计7个，专项审计调查2个，管理类审计项目1个，经济责任审计17人次，委托完成工程审计类项目44个。审计对象囊括了除甘南州分行外的其余13家二级分行，对辖内二级分行的审计覆盖面达到92.50%。审计人员人均外出检查90个工作日以上。出具业务类专项审计报告14份，提出审计建议37条。被审计单位依据审计报告处罚人员62人，处罚金额2.24万元。

一、发挥非现场审计作用，有的放矢做好审计工作。突出风险导向的审计理念，充分利用数据分析手段把握审计线索，运用现场及非现场审计相结合的手段开展审计活动，取得良好的审计效果。为及时跟踪信贷业务贷款资金真实用途，2015年1月对辖内12家二级分行信贷可疑数据进行了非现场排查核实工作，共核实可疑数据模型5个线索合计727条，业务涵盖小额贷款、个人商务贷款、消费贷款、小企业贷款等多个信贷业务品种。结合非现场排查核实情况及模型数据的线索分布情况，2015年3月2日至3月10日成立专项审计组对张掖市分行信贷可疑数据排查工作进行了现场检查核实。按照总行审计局提供的非现场数据线索，对庆阳市分行汽车消费贷款业务进行了现场审计核实。

二、紧跟业务发展情况，不断拓展内审工作内容。全年针对监管部门的工作要求，适时拓展审计内容，首次开展消费者权益保护工作专项审计工作。审计人员严格参照相关制度的要求对兰州市分行及定西市分行的消费者权益保护工作进行了审计评价，取得了较好的审计效果。对陇南市分行进行了绩效考核、薪酬制度及效益专项审计工作。

三、紧盯重点领域风险，促进业务合规发展。对辖内兰州市和定西市两家二级分行进行了非住房类消费贷款专项审计。本次专项审计工作共抽查非住房类消费贷款业务240户、241笔、贷款金额7 969.40万元。组织开展了零售贷款新产品与资产真实性专项审计工作，先后对平凉市分行及陇南市分行的零售贷款新业务新产品及资产真实性进行了专项审计。本次专项审计共抽查信贷业务档案149户、金额6 828.12万元，电话回访客户62户，现场走访客户3户。根据抵押类零售贷款发展速度较快的特点，对天水市分行和临夏州分行抵质押物管理工作进行了专项审计。对定西市分行及兰州市分行中间业务发展情况开展了专项审计。逐步加大干部任中经济责任审计的频率和力度，进行经济责任审计合计17人次，其中任中经济责任审计1人次，离任经济责任审计16人次。根据相关部门提交的工程资料，组织委托外部审计机构开展好辖内工程项目的结算审计。

四、发挥内审咨询职能，为业务发展提供有益参考。进行了信用卡逾期情况的调研工作，对问题表现比较集中的兰州市分行相关机构进行了实地调研，形成了翔实的调研报告，为做好信用卡资产质量管控及风险防范提供了有价值的参考意见。对甘肃省分行补充养老保险存量资金的监管及使用情况进行了调研分析，完成补充养老保险存量资金管理调查工作，并及时向上级单位上报调查报告。

五、落实外部监管要求，促进业务健康发展。根据甘肃银监局的要求，对甘肃银监局下发的现场检查意见书所提出的问题开展了后续整改工作。对兰州、嘉峪关、金昌和定西分行开展了“一个加强、两个遏制”活动的专项抽查工作。对天水市和临夏州分行进行了反洗钱专项审计工作。

（张春燕）

【安全保卫】 一、完善管理手段，建立安全工作常态机制。加强组织领导，提高全员安防思想认识，召开全省安全保卫工作电视电话会议。加强安保队伍建设，在人员配备、人员调整和人员素质等方面提出要求。强化工作督导落实力度，每季度召开全省安保工作会议，督促各项工作的落实。推行常态化管理工作，制定《甘肃省分行安全保卫工作常态化管理实施方案》，涵盖各级领导和人员的日常工作内容，提出具体工作标准与要求，将工作内容量化、细化。梳理完善安全保卫工作基础信息，制定《甘肃省分行安全保卫综合信息台账管理办法》，做到信息完备、准确，提升管理工作质量。

二、持续开展教育培训，提升安全队伍专业能力。全年共开展安全保卫工作培训 84 次，参训人员 3 679 人次，邀请商业银行专业人员介绍经验，培训效果良好。一级、二级分行安保人员银行持证通过率达到总行通过率要求。全年上报研究性文章 15 篇，其中 3 篇被总行论文集收录，1 篇在“金融安防”征文中荣获优秀奖。

三、履行检查职责，化解营业场所风险隐患。全年安全检查完整覆盖 14 家二级分行，下发《安全隐患风险通知书》31 份。省监控中心按月对营业网点日常安全合规操作情况实施检查。全年更换（新增）摄像头 476 个、维修 581 个，新增监控录像机 46 台，新增安防器材 266 具、更换 493 具，加装（更换）各类报警探测器 845 个（套），新增（更换）防护器械 155 个，安装防盗门 59 个。

四、推进安防建设，发挥技术手段支撑作用。完成预报警接入试点工作，完善预警接入工作实施方案，完成项目所需安防设备和施工商的招投标工作。辖内过夜现金库基本整改完成，全部实现库外值守。网点监控主机 50% 以上符合监控影像资料保存 90 天的监管要求。积极推进营业场所消防安全治理工作，采用专业电源分理器、窗口桌面集线器、固定线槽或增加金属盒等将插座和所连接的线路进盒管理等方式，达到了消除安全隐患目的。

（付　岩）

【信息技术】 一是制定了《全省中间业务平台新业务申请及开发管理流程》《中国邮政储蓄银行甘肃省分行营业网点信息系统基础环境设计要求（试行）》《中国邮政储蓄银行甘肃省分行自助银行网点信息系统基础环境设计要求（试行）》等制度。二是完成了金融数据下载系统、视频会议系统、网点视频监控系统、会计稽核系统等系统的维护工作。定期完成生产系统的升级工作和机房设备的日常监控和运行维护工作。三是完成了全年各项金融应用系统建设工作。完成了储蓄逻辑集中国际业务、网点集中授权两个阶段、内容管理平台二期等总行统版项目的省内推广实施，以及省公积金业务、平凉、定西公务卡业务、微信公众平台建设等省内特色项目的开发上线。四是进行了数据分析工作。完成了“信用卡逾期风险预警分析”“贷款压力测试分析”“代发类客户营销专题分析”“员工轮岗及工号使用监控数据分析”等分析工作。五是持续加强信息安全管理工作。开展邮政金融计算机系统安全运行竞赛工作，按照总行、人民银行兰州中心支行要求，组织各二级分行及网点实施“第二届国家网络安全周”宣传活动，完成省分行生产网、管理网和第三方外联系统网络设备的切换演练工作。

（王　凡）

【党建工作】 一、加强理论武装和党内宣传，提升党的思想建设工作水平。坚持理论联系实际，有目的、有计划地学习“党的群众路线教育”“三严三实”等理论知识；参加总行“2015 年邮储银行党建研究论文征集评选活动”，全省撰写上报论文共计 54 篇，省分行党委撰写的《以企业文化建设推动邮储银行转型跨越发展》获得二等奖，陇南市分行城县支行党支部撰写的《新媒体运用对县支行加强企业党建工作的初探》及张掖市分行民乐县支行党支部撰写的《践行“三严三实”要求，全面提升邮储银行综合竞争力》获得优秀奖。

二、狠抓“三严三实”专题教育。省分行党委制定了“三严三实”专题教育学习计划，严格按照计划组织学习。分别进行了三个阶段的研讨专题，组织召开了“三严三实”专题民主生活会，取得了良好的效果。

三、做好“回头看”工作。在扎实开展“三严三实”专题教育的基础上，按照“收尾不收场”的要求，认真开展党的群路线教育实践活动“回头看”，不断巩固活动成果，取得了实实在在的成效，向全省职工群众交上了一本反“四风”的明白账，亮出了一份作风建设的成绩单。

四、健全组织体系，夯实群众基础，推进民主管理。全省各分行各级党组织进行了换届选举，把支部建立在机关各部门、各网点。年内全省培训入党积极分子 25 名，确定党员发展对象 17 名，新发展党员 61 名，预备党员按期转正 37 名。依托全国党员管理系统，深入开展清理整顿软弱涣散基层党组织工作，对全省各市州分行、县支行基层党组织数、党员人数和没有成立党支部的县级支行，进行了摸底调查，针对全省不健全的 50 个基层党组织进行了全面整顿，选配了支部书记。着力加大干部交流力度，在行内进行干部交流的基础上，向地方输送 8 名金融挂职干部。

五、着力推动中央巡视意见整改落实。认真贯彻习近平总书记关于巡视工作重要讲话精神和中央决策部署，全面落实中央巡视工作要求和中央第六巡视组四项具体要求，按照集团公司党组和总行党委统一部署，成立中国邮政储蓄银行甘肃省分行巡视整改工作领导小组，聚焦巡视反馈的主要问题，紧密结合甘肃邮储银行实际，细化问题清单，明确整改任务，制定具体举措，落实整改责任，规定整改时限，强化督办问责，着力推动整改落实，于 2015 年底全部整改完成。

（丁　怡）

【工会工作】 一、拓展参与渠道，企业民主管理工作稳步推进。完善职代会制度，推进企业民主管理；拓宽疏通进言渠道，行使职工民主权利。在落实职代会基本制度的同时，全面启动民主程序，开展民主评议领导干部等工作，组织引导员工参与本单位的民主管理和民主监督，拓宽进言渠道，倾听职工诉求。省分行领导及各市州分行的领导班子成员坚持带队深入基层调研，与职工面对面谈心，广泛征求意见建议，及时了解和解决存在的问题和困难，有效激发了职工参与经营管理的热情和积极性。

二、和谐劳动关系，工会组织作用得到充分体现。丰富送温暖活动。春节前夕，广泛开展了双节慰问活动，向全行员工致以新春祝福。酷暑时节，组织全省开展了践行“三严三实”专题教育“夏送清凉”慰问活动。制定了员工互助基金管理办法，成立了员工互助基金会。修订印发了员工健康体检实施办法。服务中心工作，加强岗位技能培训。深入开展劳动竞赛活动，通过各种竞赛活动，动员广大干部员工充分发挥聪明才智，在本职岗位上开拓进取，真抓实干，进一步提升干部员工的业务能力、服务能力和创新能力。评选推荐了一批先进集体和先进工作者参与上级机构的评选，荣誉喜人。省分行被评为省级精神文明单位，临夏州和政县支行荣获“全国巾帼文明岗”称号，陇南市建设路支行被评为中国银行业“文明规范服务五星级营业网点”，平凉市静宁县支行喜获全国银行业“雷锋岗”称号。

三、开展文体活动，不断增强职工队伍凝聚力。组织了第一届羽毛球运动会，全力推动全员健身运动的深入开展。专门组织全省开展“除隐患、提能力”支行长演讲比赛活动，进一步促进全行员工的合规意识。组织开展了丰富多彩的纪念中国人民抗日战争暨世界反法西斯战争胜利70周年系列活动。

（孙　磊）

【教育培训】 一、健全机制，确保培训计划顺利实施。通过制定系统性、科学性、合理性的培训计划，缩减了培训期数与天数、人数，规范培训管理。在项目实施中，坚持先计划、后审批，再实施，避免培训计划与培训项目实施的差异性，加强在季末、月末电话跟踪，对各条线的培训项目进度时时督促，确保了培训计划的圆满完成。

二、分层分类，加强各级管理人员素质提升。精心选派4名高管人员参加集团公司党校学习，选派14位高管人员参加总行二级分行行长能力提升培训。组织全省一级支行长履职能力培训班，全省61名一级县支行行长参加了培训。开展支行长培训班。共有76个营业网点支行长参加了培训。

三、做好支撑，提高专业人员素质开发。继续完善学历教育，全省全年共认定学历113份。加强对各部门各条线新知识、新业务、新产品、新流程等方面培训工作的支撑保障工作。开展成立以来第一次职称聘任工作，共有41名员工取得了专业技术职务。

四、积极探索，不断完善全日制大学生培养工作。严格落实“3+3+6”入职培养模式。新入职大学生均安排市州分行确定一个管理能力强、经营情况好的全功能支行做为入职员工的培养基地，严格入职培养流程，统一企业文化灌输，使新入职员工能够规范、严谨地走上工作岗位。

五、精细管理，大力夯实员工持证上岗工作。认真开展精细化管理提升年活动，把员工持证上岗作为改善员工素质结构、提高岗位履职能力、实现员工职业发展目标的重要措施来抓。提出了“以信息化为依托，建立两个机制”为要求的具体改进措施。

六、建立内训师队伍，发挥内部培训师资力量。对内训师队伍进行了补充、整合。经过层层筛选、培训、考试，聘任31名人员为省分行级初级内训师。同时对下一步的培养措施提出了实施方案，为内训师队伍建设的良性发展奠定了基础。

七、立足岗位，认真组织技能大赛参赛活动。认真组织开展了“第四届邮政特有职业技能大赛”竞赛前组织、案例提交、网上竞赛等活动。总决赛中，选派的1名员工获得个人单项全国第6名的优异成绩。

八、以学促业，强化专业人员上下交流学习机制。针对二级分行专业人才缺乏的现状，立足实际，以“干中学，学中干”的形式明确了由省分行对口部门3个月为一个周期的跟班学习的培养模式，分批安排推荐人员对口交流学习，帮助市州分行培养经营管理骨干。选派省分行机关管理骨干，到总行进行3个月到6个月不等的学习交流。

（魏文静）

招商银行股份有限公司
兰　州　分　行

【综述】 2015年是招商银行兰州分行新三年计划的收官之年，也是转型升级、打造轻型银行的关键之年。一年来，分行认真落实总行战略转型的各项要求，克服各种不利因素，取得了非常不易的经营业绩。

2015年，兰州分行用创新驱动发展，打造轻型业务特色，“一体两翼”蓄势起飞。债券承销一枝独秀，存续余额首破百亿大关，发行量位列同业第一。定向增发、员工持股计划、移动智慧医疗、票据资管、股权融资综合授信等新兴业务接连试水成功。地方政府债、私募债连续多次成功发行，成为全行负债的中流砥柱。融资租赁再显身手，开辟新通路。自主创设理财产品，对接客户需求，财富管理产能再飞跃，同比增长185.70%。依托大数据，运用手机银行、掌上生活、云按揭PAD等各类轻型平台，实现线上线下轻型获客。私人银行“全权委托”“家族信托”业务、智慧社区一卡通项目、3.6亿元大单代发业务等不断落地开花。

2015年，兰州分行优化服务、提升管理，以提升客户体验、推动服务升级，加强服务监督与激励引导，全行服务质量、客户满意度均有较大提升。西站支行荣获甘肃省唯一中国银行业协会“百佳示范单位”荣誉称号，5家支行分别获评5星、4星和3星网点荣誉称号。

截至年末，兰州分行全折人民币资产总额441.55亿元，较年初新增 12.87 亿元，增幅 3%。全折自营存款时点余额 370.57 亿元，较年初新增 4.95 亿元，增幅 1.40%；日均余额 378.77 亿元，较年初新增 30.56 亿元，增幅 8.78%。全折自营贷款时点余额 248.46 亿元，较年初新增 43.94 亿元，增幅 21.50%，日均余额 218.65 亿元，较年初新增 18.67 亿元，增幅 9.33%。实现营业净收入 17 亿元，完成总行计划的 109.80%；实现考核利润 5.47 亿元，完成总行计划的 176.06%。不良率 0.63%，低于总行平均水平。

【资产负债业务】　综合运用全面预算管理、经济资本管理、风险定价管理，着眼分行利益，合理布局稀缺资源，充分挖掘资本效能。

负债业务方面，坚持“存款立行”。在重点产品和特色业务推动下，对公存款稳步增长。截至年末，分行人民币对公存款时点余额 248.83 亿元，较上年增长 4.91 亿元，对公存款日均余额 261.06 亿元，较上年增长 29.59 亿元。储蓄存款时点余额 654 亿元，零售总资产 564 亿元，较年初增长 36.40 亿元，增长 44.27%。

资产业务方面，不断优化资产结构，打造轻盈经营能力。业务发展向低风险权重、低资本消耗的零售信贷资产、标准化同业资产、信用卡资产和以财富管理、资产管理为代表的表外资产聚焦。零售金融价值贡献不断提升。全年实现考核利润 2.56 亿元，占比达到 41%，完成总行预算的 123.08%，完成率排名同等行第一。零售信贷以“收获小微，做大零售”为指导思路，坚持不懈地发展小微金融、住房按揭贷款、消费贷款，取得积极成效。截至年末，零售余额达到 65.66 亿元，较年初新增 9.67 亿元，在当地同业总余额比例超过 7%，居当地同业第四，股份制银行第一。公司金融致力于“转型中求发展”，业务重点从传统银行业务向投资银行等轻资本、专业化的业务领域转变。截至年末，对公贷款余额 172.73 亿元，较上年增长 36.21 亿元。小企业金融“搭平台、建渠道、做批量、推产品、控风险”，坚持“批量化、地域特色化”的发展方向，增大投放力度。截至年末，小企业贷款余额 19.97 亿元，小企业表外融资 11.05 亿元，较年初增加 4.24 亿元。

（魏磊平）

【中间业务】　聚焦新型工具，发展直接融资，用低成本投入、低资源消耗、高技术含量和高附加值，走出了一条轻型发展的新道路，融资工具、渠道、规模都实现了较大突破。非利息净收入大幅增长，全年共实现 3.76 亿元，完成总行预算的 129.21%。

公司金融非传统融资增速进一步加快，余额达到 191.19 亿元，比年初增加 50.21 亿元，非传统融资产比达到 48.01%，比年初提升 5.69%。融资租赁业务得到较大发展，全年累计投放 30.05 亿元，比去年增加 17.35 亿元。财富管理业务稳步提升，全年累计创设产品 6.68 亿元，已实现中间业务收入 40 万元。债券承销业务砥砺奋进，全年发行债券共计 42.20 亿元，年末债券存续余额 113.20 亿元，首破百亿大关。实现中间业务收入 3198.75 万元，较上年增长 57%，再创新高。国际业务聚焦“一带一路”市场潜力，布局“跨境资本通”发展机遇，累计实现中间业务收入 861 万元。

零售金融财务类指标不断提升，竞争力持续增强。全年共实现零售非息收入 1.64 亿元，同比增幅 49.09%。零售 ROAROC 达 91.44%，完成全年目标的 118.89%，同等行排名第一；成本收入比 42.89%，同等行排名第二。财富管理产能再飞跃，截至年末实现中收 1.40 亿元，占非利息收入的 84.30%，同期多增 9 100 万元，增幅 185.70%。

同业金融放大格局，打造新的利润支柱。同业交易、资管、自营、托管和金融市场多管齐下，提前三个月完成总行计划指标，并为零售和公司客户提供通向场外金融市场、开展投融资和风险管理的通路。2015 年，分行同业金融条线累计实现考核利润 7 500 万元，完成总行计划的 113.43%。其中非利息净收入 7 300 万元，完成总行计划的 115.11%，累计办理 FPA 新兴融资业务 41.22 亿元。

（魏磊平）

【客群建设】　明确客户定位，狠抓客群建设，不断夯实转型基础。“公私联动”、交叉销售，抓好各类客群的建设工作，让客群经营的理念深入人心。

一、公司金融。公司客群方面，加强过程督导和辅导，集中精力狠抓基础客户、核心客群建设。截至年末，分行对公有效客户达到 8 039 户，较年初净增 2 504 户，完成总行计划的 192.62%；核心价值客户 43 户，较年初净增 8 户。机构客群方面，整理全省目标机构客户 1 700 多户，并针对重点客群、重点客户实施定制化营销，截至年末，全行机构类客户达到 316 户。小企业客群，加快综合化经营，积极搭建平台，拓展渠道，加强“千鹰展翼”客群的营销和管理。截至年末，小企业新开客户数 2 383 户，新开客户占比达到 97.70%，新开客户时点存款达到 6.67 亿元，日均存款 2.62 亿元。千鹰展翼新增有效客户 65 户，完成总行计划的 144%。小企业核心价值客户新增 38 户，完成总行计划的 253.33%。

二、零售金融。零售客群方面，丰富产品体系、强化过程管控，增加与中高端客户联络的广度和频度。以直管直营策略，依托大数据分析，充分利用掌上生活、手机银行平台，加强基础客群的线上获取和经营。大众客群和双金客群实现了稳定增长。尤其是大众客群方面，大单代发业务屡有突破，社区一卡通项目纷纷落地开花。加大信用卡客群经营，完成总行计划的 132.60%。零售信贷客群方面，充分运用转介线上化、销售远程化、宣传高频次化的经营策略，通过微信、远程电话银行等方式，多渠道多频次深化轻型获客。截至年末，全行净增小微有贷户 481 户，完成总行计划的 117%。新增小微客户对公账户 94 户，完成总行计划的 104%。

三、同业客群。积极推进名单制营销方案，“一户一策”，为客户提供量身定做的融资解决方案，配套综合化财务顾问服务，在分支行的共同努力下，同业客群由省内到周边市场，实现了迅速扩大。

（魏磊平）

【考核管理】 积极传递总行资本管控政策，充分发挥考核导向作用，以考核、资产负债管理、财务管理为工作主线，努力贯彻“轻型银行”理念、执行资源与成本精细化管控、提升分行考核绩效，促进分行业务全面发展。

一、以促进分行业务发展为最终目标、辅以科学的资源配置手段，制定较为合理的经营机构与异地团队考核办法，着力解决分行负债、客群发展困局，继续引导支行优化收入结构、发展两小业务。以总行平衡计分卡考核为导向、部门履职情况为抓手，确保总行各项考核指标全面落地，按期监测指标完成进度。以通报、提示性文件帮助各部门对分行各项指标的落地进度进行履职。以服务为导向延伸考核，加强绩效反馈力度，出台多项指引性文件，助力分行业务发展，充分发挥参谋作用，助力分行评优争先。

二、提早开始资本管理筹划工作，实施多项工作有效管控资本。分配风险资产增量限额，按照总行资本管理政策引导条线做大非季末资产业务，同时合理控制季末风险资产限额；对资本结余部门据实调整，明确要求条线不允许通过资本结余来换取利润，以最大限度激励部门多做业务，充分发挥资本效能；严格管控表外业务保证金比例，对银承、保函、信用证等业务提出了明确的保证金比例要求；开展抵质押物自查，避免无效资本占用。

三、以提升财务数据分析能力、费用使用效率为主线，继续深化、细化财务管理。细化财务类指标，落实全年预算，加强测算分析，促考核利润提升；完善管理制度，强化费用管理，严把财务合规。

（魏磊平）

【风险内控管理】 在信用风险方面，信贷业务种类从传统信贷业务向适应大资产管理形势转变。将管理前置，从被动管理变为主动经营，及早发现风险，最大限度地将风险扼杀在萌芽状态。实现了由结果管理向过程管控的转变。认真履行审贷职责，积极开展《授信重检》和《授信后评估》工作，调整信贷结构、化解信用风险。在信贷资产规模再创新高的同时，逐步降低风险资产占比，退出产能过剩行业、单一预警、担保圈高风险客户，优化信贷资产结构，保持信贷资产质量稳定。在合规风险方面，“严”字当头，营造合规文化。从强化督导检查、违规问责处理、绩效考核、合规培训等多方面入手，全力营造“敬畏制度、遵章守规、远离底线”的条线合规文化。进一步加大督导检查频次和覆盖面，丰富监督形式和手段，密切关注问题频发网点及总行多次强调的高发问题，将新业务、柜面高风险业务、理财业务和新柜员作为检查重点，对违规苗头形成有效震慑。加大严重违规和屡查屡犯问题通报及考核力度。通过组织严密、重点突出、形式多样的培训教育活动及相关举措，提升条线人员业务知识水平和风险防范能力。积极开展“两加强、两遏制”专项检查，强化各项监督检查、内控自评工作，做好法律合规审查及法律咨询工作，保障了业务发展。在流动性风险方面，设置专岗，做好头寸管理工作。加强存款数据统计、测算，按计划合理安排信贷投放。制定流动性风险应急预案，组织开展流动性风险应急演练。在操作风险方面，采取针对个别重点领域开展专项评估的方式，提升评估的实效性和对风险的把控能力。不断改进操作风险三大工具的运用。及时缓释、降低操作风险对经营管理带来的影响。在声誉风险方面，全年对省内各类媒体保持动态性监测，增强声誉风险管理的前瞻性，全年未发生一起重大声誉风险事件。

（魏磊平）

【人力资源】 2015年，招商银行兰州分行坚持一切从人出发，以调动人的积极性和创造性为根本手段，为员工提供良好的职业发展平台，实现全面发展的目标。遵循“业务条线管事与管人相结合”的思路，赋予条线人员管理的权力，体现在人员分配环节，也体现在专业岗位序列评审工作中，极大调动了前沿条线管人用人的积极性。顺利完成新旧序列的转换及分行序列评审工作，为拓展员工的职业生涯发展空间，促进员工队伍专业化、可持续发展提供了坚实保障。在继续深度推行双维度考核及强制分布的基础上，严把考评等级占比，加强绩效反馈等环节工作，并在干部任免和专业序列评级等方面工作中加以结果运用。开启分行专业岗位后备人才库建设工作，并采用多种形式对政策进行解读，通过人才交流平台组织推动后备人才报名、选拔、审核工作。

（魏磊平）

【企业文化】 以在全行范围内组织开展企业文化手册（2015版）推广宣传工作为契机，启动分行新时期企业文化建设工作。分行领导高度重视，牵头成立领导小组和执行小组，建立制度保障，层层落地，更好推动全行企业文化建设。

在官网和微信平台设置专栏，通过创作微信书、h5有声读物、《兰小招学文化》系列漫画，对招行新时期的文化进行全方位的宣传和导入。组织全行员工开展各类学习讨论活动，讨论文化的力量，发起“读书悟理”微信接力活动和“招银文化在我心中”征文活动，形成了学文化、悟文化的良好氛围。

将文化理念的“虚”和行为的“实”相结合。以十九周年行庆为契机，组织“原创大赛”“金融大堂故事征文”“主持人大赛”“关爱有我 一路同行客户答谢活动”“新老员工交流座谈会”“爱眼日关注眼健康”“2015综合趣味运动会”等形式多样的活动，丰富员工的业余文化生活，增强员工的归属感与凝聚力。

通过文化宣讲和举办各类主题文化活动，真正落实“以人为本”理念，让员工做自己的主人，培育出和谐关爱的文化氛围，不断凝聚力量，为发展保驾护航。

（沈建强）

上海浦东发展银行股份有限公司兰州分行

【综述】 2015年，在省委省政府和浦发银行总行的正确领导下，在省金融办、人民银行、银监局的指导帮助下，浦发银行兰州分行坚持“五个不动摇”的工作思路，围绕“深化客户经营、加快创新转型、筑牢风险防线、强化内部管理”的工作主线，凝心聚力、攻坚克难，实现了各项业务的稳步发展，圆满完成了“十二五”规划目标。

截至2015年末，资产总额达到720.82亿元。各项存款余额达到438.14亿元，其中人民币一般性存款余额351.47亿元，本年新增70.43亿元，增幅25.06%；人民币一般性存款日均余额达到297.44亿元，本年新增42.14亿元，增幅16.51%。各项贷款余额达到277.31亿元，本年新增38.61亿元，增幅16.18%，圆满完成甘肃省政府指导性计划。经营效益进一步提升，实现账面利润9.77亿元。

与此同时，全行同步实现了“十二五”规划的圆满收官。分行“十二五”规划确定的4大类、15项指标中，除两项结构性指标略有差距外，其他指标全面实现规划目标。“十二五”期间，分行综合竞争力持续提升，市场占比和系统内排名进一步提高，较好实现了规模、效益和质量的均衡发展，初步实现了“十二五”规划提出的建设成为“发展速度最快、创新能力最强、服务效率最好、人均效益最高、资产质量最佳、内部管理最优”的当地一流现代股份制商业银行的规划目标。

【客户经营】 2015年，面对经济下行的市场环境，分行大力引导全行员工全力以赴奔向市场，夯实客户基础，加强业务储备。以创新业务“11226工程”、授信工作“五个一批”、存量授信续作、零售业务“116计划”为重点，深入推进“客户营销拓展工程”，配套制定了考核办法，坚持每周通报，每月考核。切实加强中场企划，建立重点项目库，定期梳理，递进补充，确保充足的营销储备和新增客户来源。公司业务方面，根据甘肃省“3341”项目工程、“6873”交通突破行动、“6363”水利保障行动、“PPP”项目库，确定了73个分行级重点项目和170个支行级重点项目，持续跟踪营销；零售业务方面，梳理了56个批量开发目标，18个重点营销楼盘，65个信用卡分期项目。积极推进重点客户直营和小微客户专营工作，成立了分行大客户部，对20户重点客户进行直营，进一步提升重点客户营销层级；重组小企业金融服务中心营销团队，设立市场、园区、供应链直营团队，深化小微专营工作。在“客户营销拓展工程”的强力推动下，全行业务发展基础进一步夯实。截至年末，对公目标客户达到3 666户，当年新增558户；个人优质及以上客户4.2万户，当年新增1.2万户，增幅41.66%。

（张泽霖）

【公司业务】 以“股债贷”一体化营销为方向，持续推动对公业务创新转型。投行业务继续保持市场优势。加快推进股权、基金和并购业务，积极培育投行业务新客户。完成债券承销54.50亿元，债券承销业务发行数位列当地同业第一位。贸易金融业务持续突破。在稳步发展保理、银承等传统业务的基础上，融资租赁保理业务实现突破，累计办理4.75亿元。加大年金和基金托管业务营销力度，成功中标甘肃银行企业年金账管资格和甘肃广电、甘肃路桥建设集团企业年金托管资格，获得甘肃省新能源产业创业投资基金、养老服务产业基金、新兴战略产业基金托管资格，托管规模17亿元。金融市场业务创新突破。在扩大同业合作渠道的同时，大力发展理财投资资产、自营直投、黄金租赁业务、同业理财业务。实现了地方政府债务平滑工具92.43亿元授信，项目资本金15亿元授信，兰州城投农商行股权融资6亿元授信。票据业务快速增长。大力发展“定向资管”业务，全年累计办理300.98亿元，较上年增长263.55亿元，增幅704.11%，资管业务规模全行排名第11位。继续巩固再贴现业务，再贴现余额在省内同业排名第1位，全行排名第4位。

（张泽霖）

【零售业务】 以建设“零售业务2.0体系”为指引，着力打造新的利润增长点。财富业务持续增长。重点打造“现金管理特色”和“资产配置特色”，通过P2P模式建立了分行理财产品滚动发行机制。全年财富类产品累计销售407.63亿元，比上年增长162.19亿元，增幅66.12%。小微业务快速发展。以“三宝两通”产品为载体，加大园区和市场的批量开发力度，批量渠道新增21个，全行排名第7位。截至年末，分行小微贷款（含个人经营性贷款）余额63.65亿元，当年新增9.34亿元，增幅17.20%，余额占比22.73%，新增占比20.55%。2015年，分行小微专营业务综合排名全国第1位，小企业金融服务中心被银监会评选为“全国银行业金融机构小微企业金融服务优秀团队”称号，张宏斌同志荣获“全国银行业金融机构小微企业金融服务先进个人”称号，分行成为甘肃省内和浦发银行系统内唯一荣获集体和个人两项荣誉的金融机构。住房和消费信贷业务加速发力。主动适应经济下行形势，加大住房按揭、商用房按揭、汽车消费贷款等产品的推广力度，大力推广个人股票质押式回购业务。全行住房和消费贷款余额达到30.06亿元，当年新增11.62亿元，增幅63.02%，新增全行排名第17位，较上年提升7个位次。截至2015年末，分行个人贷款余额跃居同类股份制银行排名第1位，个人贷款在全省市场占比为1.89%，较上年提升0.24个百分点。信用卡业务实现翻番增长。全行信用卡活跃账户达到6.4万户，本年新增2万户，增幅47%，动卡率达到69%，较上年提升5个百分点，排名全行第8位。大力推进信用卡分期业务，租金专项分期规模达到3亿元，占全行总量的一半。在总行考评中，分行信用卡业务由四类行上升为三类行。支付结算取得突破。与国芳百货合作，实现了分行首单大型商场MPOS系统上线。与中国银联合作对物流企业实现分行首个跨行资金归集专属服务平台上线运行。加大收单业务拓展力度，当年新拓展收单商户 1 604 户，增幅 93.53%；实现商户收单交易额 150 亿元，同比增长 93%。社区银行取得较快发展。全行 18 家社区银行（不含店长）优质以上客户达到 3 355 户，当年新增 2 473 户，增幅 280%；存款余额达到 4.01 亿元，当年新增 2.91 亿元，增幅 264.54%；金融资产余额达到 7.68 亿元，当年新增 5.27 亿元，增幅 218.67%。社区银行总体实现盈利。

（张泽霖）

【风险管理】 进一步深化收贷收息“零报告”制度，夯实风险管理基础，积极促进新资本协议落地实施，资产质量保持稳定。

一、进一步深化收贷收息“零报告”制度，提高制度执行效果。不断深化收贷收息“零报告”制度，将个人经营性贷款、住房和消费信贷、类信贷、票据业务均纳入“零报告”范围，实现全覆盖。在日常工作中，各级领导干部带头盯重点、盯难点、盯落实，坚持每天、每周、每月监测分析，定期考核通报，将到账率、漏报率、错报率纳入平衡记分卡考核，提高了制度的执行效果。在此基础上，充分运用“零报告”成果，将收贷收息到账率与业务转授权相结合，对各经营机构实行差异化授权，对到账率低的经营机构和客户进行重点监控，进一步提高了风险管理的针对性。

二、进一步建立健全风险防控体系，加强全方位、全流程风险管控。进一步完善风险偏好。从客户、区域、押品、存量增量、额度、大中和小微等六个维度，明确了分行的信贷风险偏好，为防范风险、提升营销工作的针对性和有效性指明了方向。明确了“盯贷前调查，防违规准入和虚假诈骗”“盯贷时审查，防过度授信和关联交易”“盯放款审核，防条件不落实和资金被挪用”“盯贷后检查，防违规操作和案件风险”的“四盯四防”授信工作要求。建立了贷后直查制度，对贷款本息不能提前到位的客户，实施贷后直查，全年共开展贷后直查 102 户。加强重点环节、重点领域、重点产品的风险防控，顺利完成 102 组 25.13 亿元的“联贷联保”业务“拆转贷”工作，压退结算贷 21 笔 4 600 万元，钢贸客户敞口业务余额较年初减少 1.98 亿元，三色预警客户现金压退 6.27 亿元。进一步加强风险管理队伍建设，年内补充风险管理人员 8 人。设立资产保全部、小微零售贷后管理团队，实现专业化的资产保全。设立信用运营核保团队，对重点客户和重点业务实施专业核保。

三、积极推进新资本协议的实施和运用，提升风险管理的精细化水平。认真落实客户评级、债项评级、风险分类、押品管理等各项工作要求。对照总行资本管理高级方法检查反馈意见，对所有授信业务进行全面梳理，督促各经营单位限时整改，整改率达到 100%。先后四次举办了资本管理高级方法专题培训，制定了资本管理高级方法测算模板，对各类业务逐笔测算，有效提升了风险管理的精细化水平。

四、切实强化“三个责任”，提高风险管控成效。明确支行“一把手”、分行大客户部和小微中心负责人和审查审批人的“三个责任”。明确 100 万元以上的贷款必须由支行“一把手”亲自实地调查、审核把关。分行大客户部、小微中心负责人要切实加强对所辖营销团队、客户经理的管理，充分发挥直营和专营的效果，强化风险管控。审查审批人要切实履行职责，从“八大系统”全面核实授信客户信息，防止多头授信、过度授信、企业涉诉、征信不良等预警事项。

（张泽霖）

【基础管理】 进一步加强制度建设。建立了全行规章制度台账，定期对各项规章、制度、规定等进行全面梳理，督促各部门根据业务发展需要及总行要求及时制定完善规章制度，全年共建立、修订规章制度 118 部。进一步完善考核约束机制。对各部门、各岗位的平衡计分卡逐个、逐项修订完善，强化岗位责任，突出工作重点，明确具体考核口径和考核方法，制定考核细则。修订了中层干部奖金浮动管理办法，建立了员工奖金薪点浮动标准，完善了员工职级晋升标准。进一步强化人力资源建设。强化员工日常管理，修订了《员工请休假管理办法》，认真落实关键重要岗位轮岗和强制休假制度，全年关键岗位轮岗 60 人次，计划执行率 167%；强制休假 97 人次，计划执行率 133%。加强培训工作，组织员工培训 118 期，培训 9 900 多人次。强化员工持证上岗管理，当年新取得各类岗位资格 971 人次。

（张泽霖）

【运营科技】 进一步提升运营科技服务支撑能力。2015 年运营人均业务量全行排名第 8 位；坐销总量较上年增长 26.65%，人均坐销量全行排名第 6 位；银企对账率达到 99.73%，比上年提升 1.44 个百分点，全行排名第 4 位。厅堂建设初显成效，3 家支行通过总行星级网点验收，分行营业部保持“全国千家营业网点服务示范单位”。进一步加强信用运营工作，电子合同使用率达到 95%以上。严守科技安全底线，各类系统全年可用率达到 99.95%以上，实现了全年安全生产无重大事故的目标。

（张泽霖）

【合规安保】 进一步加强合规案防管理。制定了《兰州分行合规案防工作考核实施细则》，将合规案防工作纳入平衡计分卡考核。认真开展常规及专项业务排查，排查员工 1 100 余人次，涉及业务 7 万余笔，金额累计 900 多亿元，员工排查率达到 100%。切实加强合规案防教育，先后开展了警示教育、新员工合规文化教育、“强意识、守规章、促廉洁”专题教育、防范和打击非法集资宣传月、“四盯四防”专题讲座等活动。认真开展总行常规审计“回头看”活动，组织“两个遏制”专项检查的整改工作，发现问题得到了 100%整改。修订了《兰州分行员工违规行为处理实施细则》。加强安全保卫管理，进一步提升“人防、物防、技防、制度防”为核心的安保工作体系，被兰州市公安局评为“安全防范优秀单位”。

（张泽霖）

【党建及企业文化】 切实加强思想政治建设，进一步坚定发展的信心。在全行干部员工中深入开展以“饮水思源、居安思危、发展思进、创新思变”为主题的作风整顿专题教育活动，教育和引导全行员工时刻保持高度的危机感和紧迫感，牢固树立发展理念，为圆满完成全年各项任务目标提供了精神支持。认真组织开展“三严三实”专题教育活动，开展专题党课24场，全行各级党组织谈心600余人次。切实加强基层组织建设，发挥基层组织的战斗堡垒作用。根据工作需要将机关各党支部整合为8个。加强基层党组织负责人队伍建设，调整各级党组织负责人7人次，调整各级党组织委员18人次。建立健全基层党建工作制度，设立了党建工作专干，切实加强对基层党建工作的督促、指导。先后三次对《基层党组织考核办法》进行修订完善，按季考核，纳入基层党组织负责人平衡计分卡管理。切实加强干部队伍建设，发挥党员的先锋模范作用。对任职3年以上的支行负责人轮岗交流，提拔、调整干部23人。新发展党员4人，发展入党积极分子26人。切实加强党风廉政建设，认真落实党委主体责任和“一岗双责”。认真落实党风廉政建设中的主体责任，根据《2015年度党风廉政建设责任目标》和《项目分解表》，加大廉洁从业教育力度，完善干部廉政档案，认真落实《员工收受礼品管理办法》，落实领导干部任前廉政谈话制度、信贷风险隐患责任人廉政谈话制度，全年共廉政谈话50余人次。切实加强企业文化建设，提高员工满意度。继续加强“1556”企业文化体系建设，把企业文化渗透到经营管理的各个环节。加强工会和共青团建设，召开了分行第二届一次职工（会员）代表大会，对分行团委书记、副书记进行了调整，强化工会、共青团的桥梁纽带作用、参谋助手作用，定期举办各类丰富多彩的职工活动。继续深入开展“双联”工作，被评为全省2015年度联村联户及精准扶贫优秀单位。

（张泽霖）

中信银行股份有限公司兰州分行

【综述】 2015年，中信银行股份有限公司兰州分行严格按照总行战略调整的重大决策和总体部署，积极贯彻落实《中信银行兰州分行2015-2017年战略子规划》，抢抓机遇，加快发展，转型调整，强化风控，努力践行最佳综合融资服务银行，着力提高中信银行价值。经过全行上下的团结协作和奋力拼搏，各项业务健康快速发展，经营管理工作有序推进，市场竞争能力不断提高，较好地实现了年度工作目标。2015年，兰州分行的主要工作成绩可以概括为“一个扩大”“两个增长”“三个优化”“四个突破”“五个强化”。

一、“一个扩大”

业务规模持续扩大，资产质量保持优良。截至年末，分行表内总资产余额183.55亿元，表内总负债余额180.27亿元。自营存款时点余额135.33亿元，较年初增长4.17%，日均余额138.11亿元，较年初增长16.27%。各项贷款时点余额127.46亿元，较年初增长19.16%，日均余额118.19亿元，较年初增长6.74%。其中，公司贷款时点余额87.02亿元，较年初增长26.60%，个人贷款时点余额23.14亿元，较年初增长62.36%。截至年末，分行公司及零售不良贷款余额2056.22万元，较年初增加81.33万元，不良贷款率为0.16%，较年初下降0.02个百分点。

二、“两个增长”

（一）盈利能力指标实现新的增长，资本回报水平稳步提升。全年实现营业净收入（考核口径）6.07亿元，同比增加0.86亿元，增长16.61%；实现净利润（考核口径）2.59亿元，同比增加0.23亿元，增长9.61%。风险资本回报率达到17.78%，较上年提高1.48个百分点。

（二）市场份额指标实现新的增长，中信品牌形象明显提升。在兰州市全国性商业银行中，分行自营存款和各项贷款市场占比分别为1.66%和2.26%，与上年基本持平。积极利用广告宣传和活动营销，向目标客户推介中信特色产品和服务，中信品牌知名度和美誉度在区域内得到进一步提升，市场影响力进一步增强。连续三年荣获甘肃省外汇指定银行执行外汇管理规定A类银行称号，连续四年获评甘肃省公安厅、兰州市公安局“安全保卫工作先进集体”，获评甘肃省国税局“A级纳税信用企业”；分行营业部成功跻身中信银行千佳网点前40名，并荣获兰州市公安局“平安金融单位”称号。

三、“三个优化”

（一）资产业务结构进一步优化。完成从信贷投放为主向综合融资转变、从投放规模向投放效益转变。截至年末，公司贷款余额104.32亿元，较年初增长12.52%，个人贷款余额23.14亿元，较年初增长62.26%；对公贷款占比81.84%，个人贷款占比18.16%，较年初上升4.83个百分点，增长结构明显优化。

（二）公私客户结构趋于优化。对公客户坚持以需求为导向，从“经营存款”向“经营客户”转变，进一步夯实客户基础。对存量客户，坚持“深化合作、上下延展、公私联动、集团协同”的经营思路，发挥分行在交易银行、投资银行方面的特色优势；对增量客户，大力推介运用“流动管家”和“公司理财”等拓新利器，发展壮大对公客户群体。截至年末，全行对公客户数达到2 929户，较年初新增576户。对公核心存款日均余额108.20亿元，较年初新增19亿元，计划完成率111.90%，在总行同组考核分行中排名第一。对公贷款余额87.02亿元，较年初增加18.28亿元；银行承兑汇票余额38.47亿元。对私客户总量达到20万户，较年初增长79%。个人贷款余额达到23.14亿元，新增排第16位。600万元以上客户67户，较年初增加3户。出国金融客户达到2 866户，较上年增长13%；代销股票基金5.79亿元，新增排第26位。信用卡方面，“合聚变”促进信用卡业务较快发展，有效发卡指标完成率106.20%，借贷关联指标完成率114.5%，综合考评指标得分排第1位。

（三）收入结构明显优化。继续夯实中间业务发展基础，进一步强化中间业务组织推动工作，中间业务收入首次突破亿元大关，实现收入（考核口径）1.22亿元，同比增加0.44亿元，中间业务收入占比达到20.19%，同比提升5.17个百分点。

四、“四个突破”

（一）公司业务实现新突破。公司业务不断创新突破，对公负债亮点频出。在营销实践中摸索出一套“被动负债+主动负债”“过程管理+产品支持”的有效打法，通过深度挖掘大客户合作潜力，着力强化结算性存款核心地位，积极营销推广交易银行产品，重点提升综合融资服务，提前超额完成了总行下达的对公存款经营计划。成功获得甘肃省财政资金专户业务代理银行资格，年末财政非税专户日均存款余额达8.20亿元；成功营销兰州城投多银行资金管理系统项目，年末日均存款余额达4.80亿元；成功营销兰州铁路局铁路货运电子支付项目，是最早实现此业务突破的分行之一，并适时跟进营销金川集团、白银公司、靖远煤业等铁路货运大户的运费网上支付业务；在不消耗风险资本的情况下，与兰石集团对接融资租赁业务，实现融资5亿元，获得了可观的存款沉淀及75万元的中间业务收入。同时，以债券发行、金融租赁、保理等业务满足客户综合融资需求的同时，获得低成本存款沉淀。成功满足甘肃电投张掖发电有限公司低成本融资需求，将原有流动资金贷款方案转变为“融资租赁+保理”的业务模式，将名义利率由基准下浮6%提高至基准上浮7%，投放租赁保理融资1亿元。

（二）机构业务实现新突破。创新运用“人脉关系+特色产品+优质服务”的营销模式，打开了机构业务营销拓展新局面。财政板块全面盘活存量资源，累计吸收存款15亿元，配合甘肃省财政厅发放地方政府债券15.80亿元；交通板块营销服务水平进一步提高，积极对接甘肃公航旅集团内保外贷业务和甘肃交通建设集团与甘肃路桥建设集团PPP相关项目，吸收存款6亿元；全力推动省、市两级公积金贷款业务，市公积金完成全年任务，省公积金完成全年任务的94%。同时，研发或改进省、市两级非税收入收缴系统、省公积金G系统、中医学院银医通项目、省高等法院点对点数据提取方案等业务系统，为业务拓展提供了有力的技术支撑。

（三）投行业务实现新突破。通过积极营销，储备投行业务项目700多亿元。向兰州城投发行定向债10亿元，续发理财产品10亿元，累计发放委托贷款3.94亿元。成功实现对兰州冶金研究院年金业务的托管，分行企业年金托管实现首单突破。

（四）电子银行业务实现新突破。一是全面开放非现场授权开立电子银行交易权限，为贵宾客户、私人银行客户和代发工资客户以非现场授权方式开通个人网银、手机银行业务创造了便利条件，批量开通手机银行3 500余户。全年新增手机银行客户4.46万户，计划完成率106.36%；手机银行活跃客户数完成1.31万户，计划完成率101.25%。二是在电子银行业务、供应链电商平台、微信平台、快递代保管业务、商圈移动支付项目、餐饮O2O项目等居家金融业务方面创新思路，开拓电子银行业务新领域。分行自媒体微信公众平台“中信银行兰州分行微节奏”运营一年获得粉丝客户26 007人，发表各类活动信息258次578篇，为分行特色产品宣传、客户互动交流提供了有力支持。已与金洲餐饮达成舌尖尖牛肉面O2O项目排他性合作意向，进入合作开发方案制订阶段。三是成功营销兰州市安翔旅行社，在“安翔商旅”PC端网站及手机端APP中接入银联B2C收单业务端口和后台B2B代付业务端口，实现全渠道收单及清算，作为收单行和主要结算银行，为其提供收单清算服务。

五、“五个强化”

（一）基础管理进一步强化。全年共新建制度122项，修订制度21项，废止制度37项，现行有效制度为402项，建立了覆盖所有业务、岗位、环节的完备的制度体系和操作流程。通过进一步完善财务制度，强化财经纪律，严格执行费用报销标准，切实优化费用报销流程，减少不必要的开支，杜绝各类“跑冒滴漏”现象，降低经营成本。配合人民银行反洗钱可疑账户协查7户，涉及交易笔数34笔，发生金额合计17.40万元；主动上报重大可疑交易案例3份，涉及交易笔数11 733笔，发生金额合计1亿元，反洗钱工作得到了人民银行充分肯定。全年共组织会计业务全面检查7次，专项、重点业务检查4次，发现问题98项，整改率95%以上。切实加大合规问责力度，提高合规问责的威慑力。对不良资产责任认定、“双遏制”专项工作以及各种内外部检查中发现的员工违规行为，严格按照相关制度处理，全年经济处罚23人、金额25.40万元，通报批评10人，劝退3人，违规处罚力度进一步加大，全员合规经营意识明显强化。

（二）风险控制进一步强化。在全行大力培育以“强化管理，严控风险”为核心的合规文化，将风险管理贯穿于市场营销、客户服务和产品创新等各个经营管理环节，进一步健全风险管理体系，完善内部控制机制，坚持合规、审慎经营。采取“注重排查、提前预警、及时化解、强化担保”等方式，规避信贷风险。充分发挥前中后台合力作用，有针对性地加大案件风险排查力度，重点对信贷、票据类业务、柜台会计结算业务、反洗钱等7个方面进行风险排查，涉及项目17个、营业机构11个，检查业务9 535笔，涉及金额140.15亿元。截至年末，兰州分行正常贷款逾期率0.13%，低于总行1.10%的要求；主动退出客户10户，占比6.02%；以上指标均获总行满分。同时，针对当下经济形势，提升优质大中型企业授信业务占比，对风险缓释手段弱的存量授信业务加强了担保手段。

（三）精细化管理进一步强化。依托总行精细化管理平台，以盈利为导向，以精细化管理为工具，以服务经营发展为目标，全面加强预算管理、财务管理、资本管理、信息统计和综合调控工作，有效深化FTP和管理会计理念应用，逐步形成了具有分行特色的精细化管理平台，为全行经营发展和战略决策提供了有力支持。积极推进集中采购，严格零星采购，降低运营成本。严格按照总行相关制度和流程，合法、合规做好集中采购和管理工作，在采购中引入竞争机制。全年组织各类招投标18次，预算金额1 451余万元。依据招标结果签订采购类合同17份，与市场相比实现约10%的优惠额度，对比预算节约支出近155万元。在零星采购中，除在供货商中进行价格对比外，增加网络电商价格对比，并通过此种方式进一步降低分行零星采购项目成本。同时，切实加强分、支行水、电、暖管理，杜绝跑冒滴漏，节约运营成本。

（四）组织机构及员工队伍建设进一步强化。2015年10月，消费金融部并入小企业金融部，更名为小企业及个人信贷部，成为分行一级部门，采用集中经营模式，为下一步加速个贷业务发展奠定了基础。渠道建设方面，2015年新建1家综合支行、2家精品支行、4处离行式自助银行及单体自助设备。目前全行共有综合性支行12家、精品支行2家、社区支行1家、小微支行1家、离行式自助银行及单体自助设备51家，自助设备共计114台；POS终端新增172台，总计932台，覆盖范围和辐射半径进一步扩大，服务能力持续增强。员工队伍建设方面，充分发挥中信银行品牌的感召力发挥的磁吸效应，吸引优秀同业人才36人加盟中信；通过校园招聘，吸引39名优秀毕业生，共计引进新员工75人，全行员工总数达到371人，平均年龄31岁，本科及以上学历占96%，柜面及主线部门人员占73%。同时，坚持组织开展各类业务培训、会计上岗考试、操作技能比赛、礼仪培训和拓展训练，共组织各类培训项目219个，累计培训9 027人次，培训时长7 230小时。

（五）党建、纪检监察及企业文化工作进一步强化。深入学习贯彻党的十八届四中、五中全会以及中央领导和总行领导系列讲话精神，进一步提高分行党建的科学化水平；积极投身“三严三实”教育活动，将“三严三实”融入到自己的思想和工作实践中。根据机构和人员变化情况，及时做好党支部划分、支部书记改选和支部党员调整工作。通过教育引导，有32名员工申请入党，9名员工被确定为重点培养对象，吸收3名员工入党，党员队伍进一步扩大。一年来，分行党委书记为全体党员上党课3次、邀请省内各领域专家上党课3次，开展党的各类主题教育活动10余次，切实提高了全体党员的理论水平和政治觉悟。在纪检监察上，分行党委深入学习《中国共产党廉洁自律准则》《中国共产党纪律处分条例》等相关条例制度和总行领导重要讲话，贯彻落实纪检监察工作新精神新要求。根据工作实际，成立分行党风廉政建设责任制领导小组，在干部业绩评定和提拔使用时，将党风廉政建设责任制落实情况，作为重要考核指标。严格执行“三重一大”决策制度要求，重大事项全部由集体讨论决定。继续落实行领导联系点负责制，引导全行树立成本节约理念，加强落实“三公”经费管理制度，多策并举严防“四风”问题反弹。深入宣导总行新的企业文化理念系统，营造良好的发展氛围，增强发展的“软实力”。重新布置了分、支行企业文化园地，尽力办好分、支行员工食堂，组织员工体检，关注员工健康。通过组织开展形式多样的业务技能比赛、演讲比赛、职工运动会等各类文体活动，丰富员工业余文化生活，增强了全行员工的凝聚力和向心力。

【电子银行】 2015年电子银行部坚持“重渠道、高转化、建场景”的工作指导思想，通过全行的努力，取得了较好的业务发展。

一、完成总行下达核心KPI指标。2015年，电子银行部KPI指标主要以4.20万户“手机银行新增客户数”和1.30万户“手机银行活跃客户数”为主。截至年末，手机银行新增客户数4.46万户，计划完成率106.36%；手机银行活跃客户数1.31万户，计划完成率101.25%。

二、加大创新力度。在现有业务的基础上，开发创新业务及特色业务。开发了电视银行业务、供应链电商平台、微信平台营销互动应用、快递代保管业务、商圈移动支付项目、舌尖尖牛肉面O2O等项目。

三、优化网点督导方式。在核心KPI指标推动方面，对分行各家网点定时进行电子银行部产品培训、KPI推动和督导工作，基本达到每日一次电话督导、每月一次专项培训、每两月一次网点转培训、每季度一次网点夕会督导。

四、新版个人网银上线测试、推广、个人网银结售汇上线。2015年，分行启动上线了新版“个人网银6.0”。在正式上线后的推广中，电子银行部借助新版网银颠覆式的功能设计、全新UI视觉冲击、三步可达交易的超便捷体验等亮点进行广泛宣传，积极提升客户体验。截至年末，个人网银活跃用户已达1.82万户。

五、推广电子商务客户。2015年9月，成功营销甘肃拓翔电子商务有限公司，与拓翔电子直接签约了分行首例“全网收单”业务，应用于其自主开发的“899GO”地方O2O网上商城，实现跨行收单及清算。

（景　昭）

【公司银行】 2015年，分行公司条线紧抓核心存款，强化主动负债，深化客户经营，全年核心存款实现有效增长，资产结构不断优化。截至年末，对公日均存款余额114.58亿元，较年初增加19亿元，增长19.80%，对公贷款余额87.02亿元，较年初增加18.32亿元，增长27%。

一、资产业务稳步增长。从信贷投放为主向综合融资转变、从投放规模向投放效益转变，不断加强风险防范、项目跟踪、方案设计。经过全行员工各条线的共同努力，资产业务实现了稳步增长。

二、加快推进公司金融板块产品创新工作。随着分行在业内率先推出交易银行品牌“交易+”，中信银行交易银行抢占了理念制高点，有效树立行业标杆，沿着互联网方向推动分行对公业务快速发展。经过近半年紧锣密鼓的产品设计，正式启用了某大客户多银行资金管理系统。同时，积极组织营销电子支付项目并取得实质成效。

三、积极推进租赁保理及融资租赁业务的发展，满足大型客户低成本融资需求，将原有流动资金贷款方案转变为“融资租赁+保理”的业务模式。

四、客户经营卓有成效。坚持“以客户为中心”的经营理念，以客户需求为导向，从以往“经营存款”的思路，向“经营客户”的理念转变，不断夯实客户基础。发挥分行在交易银行、投资银行方面的特色优势，与重点客户开展进一步的全面合作。注重以公带私，以私促公，推动工资代发和信用卡等业务。用好“流动管家”“公司理财”等拓新工作，开发新客户，提升客户价值。

（王成成）

【零售银行】 截至年末，管理资产余额 53.10 亿元，较年初新增 7.24 亿元；个人日均余额为 19.81 亿元；个人客户 19.92 万户；个人中间业务收入累计新增 2 611 万元。

一、渠道建设稳步推进。截至年末，分行共有综合性支行 12 家、精品支行 2 家、社区支行 1 家、小微支行 1 家、离行式自助银行及单体自助设备 51 家，自助设备共计 114 台。

二、加强服务体系建设，提升服务品质工作。分行从服务品质体系建设入手，重点抓住了服务品质检查、服务培训、服务评比、消费者权益保护等 4 个方面的工作。在银行业协会星级网点评选的工作中，分行申报的 6 家网点全部评选成功。分行消费者权益保护工作得到甘肃银监局的认可，被评为“消费者权益保护二级单位”。

三、推出客户分层管理体系，实现精准营销方案。依据 CRM 系统开展专业营销的要求，有效推动财私客户“1+1+N”的服务模式，财私部大力推进财私客户签约工作。零售银行部积极落实总行各项营销活动，全年共开展各项客户拓展活动 36 场。

（何　倩）

【风险管理】 2015 年，分行坚决贯彻“严控风险、守住底线、完善体系、调整结构、提升能力”的风险管理工作思路，守住风险底线，保障业务稳步发展。

一、信贷资产规模基本稳定。截至年末，分行本外币各项存款余额 167.59 亿元，较年初下降 2.50%。各项贷款余额合计 127.46 亿元，同比增长 30%。其中，公司贷款余额 104.32 亿元，同比增长 24.86%；个人贷款余额 23.14 亿元，同比增长 62.39%。表外授信业务合计 42.39 亿元，减少 11.71%。债券承销、融资性理财、结构化融资业务余额合计 75.80 亿元，同比增长 51.60%。

二、授信结构进一步优化。2015 年，分行公司类授信客户集中在制造、建筑、交通运输、电力、批发零售五大行业，均围绕着基础设施建设、能源及甘肃地区优势行业。加强对民营企业授信业务风险的控制，严格对风险缓释方式的评估及把控，加大对优质大中型国有企业的授信力度。

三、公司贷款结构。从客户所处行业来看，分行公司贷款分布在 15 个行业中，前五大行业分别为交通运输仓储和邮政业、制造业、金融业、房地产业、批发和零售业，前五大行业贷款余额占比为 84.08%。从贷款期限来看，截至年末，分行公司贷款中，1 年以内（含 1 年）贷款余额 61.40 亿元，占比为 58.86%；1–3 年（含 3 年）贷款余额为 19.09 亿元，占比为 18.30%；5 年以上贷款余额为 23.83 亿元，占比为 22.84%。从所有制结构来看，分行公司贷款中，国有控股企业贷款余额为 60.20 亿元，占比为 57.71%；私人控股企业贷款余额为 25.45 亿元，占比为 24.4%。从担保方式来看，截至年末，分行公司贷款中，信用贷款占比 49.58%；保证的贷款余额占比 13.66%；抵押贷款余额占比 27.18%；质押贷款余额占比 9.59%。

（王清瑶）

【投行业务】 截至年末，中信银行兰州分行联合中信集团累计实现投行融资规模 20 亿元，托管规模达到 204 亿元。此外，分行实现企业年金业务新突破。

一、债券承销业务方面。分行于 2015 年 7 月末完成兰州城投 10 亿元定向债的发行工作，进一步提升了中信银行在甘肃债券市场的份额。

二、结构性融资方面。2015 年，分行累计实现委托贷款融资 9.74 亿元，余额为 8.44 亿元。

三、资产管理业务方面。2015 年，分行完成了白银有色集团股份有限公司 10 亿元理财产品续发工作，为甘肃省企业发展提供有力支持。

四、融资服务方面。结合甘肃本地经济形势，积极跟踪市场动态，通过与政府相关主管部门的沟通联系，了解各大企业相关需求，有针对性地进行营销，提供专业化的融资服务方案。加强与同业、信托、证券之间全面业务合作的同时，进一步探索符合条件的私募基金的托管。一是进一步拓宽与信托托管业务的合作渠道，2015 年，分行与光大兴陇信托有限公司开展托管业务合作，实现托管规模 12.98 亿元。二是在原有托管业务的基础上，分行积极与总行沟通，实现对甘肃拓阵股权投资基金及兰州协力财富管理有限公司私募基金的托管。三是经过积极营销，分行成功实现兰州冶金设计院有限公司年金业务转托管，实现企业年金业务突破。

（宋　婧）

【小企业及个人信贷】 一、体系建设初见成效。运营体系、营销体系、培训体系、流程体系、渠道体系等各体系建设逐步完善。小企业个人信贷部积极调整营销体系，推动支行开展消费金融业务，先后参加总行组织的各项培训，组织全行零售人员进行培训，有效提高了客户经理的业务水平。2015 年，通过公私联动，获批二手房资金监管资格，与机构部联合营销省、市公积金中心，推广分行公积金网络贷。

二、贷款规模持续增长。分行小企业及个人信贷业务继续保持稳定增长势头，全年累计投放 13.37 亿元，较上年投放额增加 4.87 亿元。小企业及个人信贷余额达到 23.40 亿元，较年初新增 8.52 亿元。项目储备增速显著，小企业及个人信贷部发挥组织推动职责，充分调研兰州房地产市场、汽车市场，梳理兰州市在售楼盘信息、汽车经销商名单，实施认领模式，推动支行及各经营部门主动认领营销，2015 年共计准入楼盘 15 个，总计授信 35 亿元。全年新增合作汽车经销商 5 家，合计经销商数目达到 25 家。

三、个人信贷结构进一步优化。从信贷结构上看，消费贷款占比较大，占小企业及个人信贷的 90.90%，个人经营贷款占比仅为 4.60%，小微法人贷款占比 4.30%，网络贷款占比 0.20%。

四、客户综合贡献稳步提升。2015 年 1–11 月，新获取个贷客户 1 635 人，人均持有零售产品 4.25 个。存量贷款未结清客户 3 890 人，较上年增加 1 335 人；人均持有零售产品 4.20 个，较年初增加 0.50 个，人均存款余额 1.64 万元，较年初下降 1.17 万元。

（孙媛媛）

【人力资源】 2015 年，分行人力资源管理工作紧紧围绕“建设最佳综合融资服务银行”的战略目标，以岗位体系建设为抓手，按照“制度化、流程化、标准化、信息化”的标准，践行“德才兼备，适才适位”的人才理念，强化支撑业务发展能力、夯实人才管理基础、提升员工组织归属感，立足自身实际，积极开拓思路，加强队伍建设和部门管理，着力提高专业服务能力。

一、完善机构设置，优化员工队伍结构。2015 年，共设一级部门 16 个，同城支行 14 家，小微支行 1 家，社区银行 1 家，设专营市场部门 4 个。分行通过各种渠道共引进新员工 75 人为新建机构储备人才和优化现有人员的结构。

二、扎实做好培训工作。针对不同层级、不同岗位、不同专业员工的发展需要及分行业务开展情况，逐步建立和完善中高层管理人员培训、各条线核心管理人才培养、员工职业生涯成长及员工关怀三位一体的培训课程。2015 年，分行共组织各类培训项目 219 个，累计培训 9 027 人次，累计培训 251 天，培训时长（不含网络学院培训）7 230 小时。

三、完善薪酬管理和考核管理制度，激励员工积极性。制定了薪酬切块、条线单独核算、按季考核、按月分摊发放的新工资考核发放办法。经营机构实施分组、定级考核。修订公司、零售条线人员绩效考核，完善定级管理。

四、全力推进分行人力资源改革项目。年中，分行作为试点分行之一在全行范围内率先启动人力资源改革项目。分行逐步完成组织结构优化、岗位体系设计、职业发展体系设计、薪酬体系设计和绩效管理体系设计等步骤，改革已初显成效，通过有效承接总行的管理要求，深入推进分行人力资源体系建设，强化支撑业务发展能力、夯实人才管理基础，有效提升了员工归属感。

（姜婷婷）

【计划财务】 一、协调业务发展，强化综合资产负债调控。年初，分行自营存款增长乏力、稳定性较低、存贷比和存款偏离度等指标持续承压，计划财务部及时将总行信贷投放政策传导至分行业务层面，加强对信贷规模、存贷比和存款偏离度的管控，协调资产业务和负债业务平衡发展，风险资本回报率达到历史新高。

二、完善财务制度，加强行政财务管理。计划财务部把握形势，不断完善财务制度，大力整顿行政财务工作，严格费用报销要求，不折不扣的落实总行关于财务工作的各项政策。

三、优化考核体系，引导业务健康发展。为适应当前经济金融形势，分行结合实际情况打造简明务实的绩效考核体系，引导经营机构以价值创造和轻型发展为导向，坚持效益、质量、规模协调发展。在考核指标设计方面，加大风险、合规类指标权重，严格控制不良资产。

四、规范服务收费，推动中间业务发展。计划财务部依托总行资产负债部的有力支持，坚持中间业务工作“两手抓”，一手抓合规收费，及时更新并印发《中信银行服务价目表》及服务收费项目调整的相关文件，要求各经营网点在显著位置进行公示，确保客户的知情权和选择权，做好服务收费基础性工作，落实监管要求；一手抓业务推动，宣传中间业务重点产品，供主线管理部门和经营机构学习并应用于中间业务工作中。

（张　亭）

【合规审计】 一、加强制度管理和内控管理平台运用，持续推进制度建设和制度入库管理。截至年末，分行内控管理平台现行存量有效制度数 369 项，其中 2015 年新建 122 项，修订 21 项，废止 37 项。

二、深入推进全行案件防控管理工作。制定了《兰州分行 2015 年案件防控实施方案》，采取专项检查与全面审计相结合、条线自查与分行抽查相结合等方式加大案件风险排查和监督检查力度，同时积极推动以查促防，避免风险隐患积累，有效支持了全行各项业务的正常运营。2015 年共开展排查项目 17 个，涉及 11 个营业机构，业务笔数 9 535 笔，金额 140.15 万元。

三、加强授权管理及合规审核工作，保障各项业务健康运行。对全行的业务进行了转授权，共起草、会签授权文件 11 份。持续加强分行合规审核工作，全年共收到 5 个部门 11 项制度审核，提出合规建议 13 条，被送审部门采纳 13 条，采纳率为 100%。

四、夯实反洗钱基础管理，加强风险管控力度。加强和完善反洗钱内控制度建设，规范反洗钱业务流程，及时修复和完善内部洗钱风险漏洞，加强客户身份识别、甄别可疑数据、及时上报重大可疑线索，积极配合人民银行反洗钱可疑账户协查。

五、开展形式多样的合规文化教育活动。进一步加强合规文化建设，深入开展《员工合规手册》学习，举办了分行第二届合规知识竞赛，通过《合规审计专刊》、操作风险专项培训、邀请监管部门授课等形式，加大了合规文化的培训力度，达到了营造合规文化，力争全员合规的文化理念。

（张伟齐）

【国际及资金资本业务】 2015 年，分行国际及金融市场业务稳健发展，截至年末，国际业务进出口收付汇量为 4.59 亿美元，黄金租赁业务发生额 5.35 亿元人民币，余额为 2.71 亿元人民币。分行跨境收付汇量在甘肃省同业均排名第 6 位，保持在中小股份制商业银行的首位。

一、国际业务方面。在经济环境持续恶化，进出口量锐减的贸易环境下，分行重视产品转型，大力拓展国内证业务。2015 年，运用国内信用证结算为客户续作福费廷业务，实现融资金额 1.59 亿元人民币，打破省内企业在内贸交易中只依赖银行承兑汇票的习惯性做法。为客户办理国内证议付业务 4 748.61 万元人民币，进一步为客户拓宽融资渠道。

二、金融市场业务方面。积极探索黄金租赁业务模式，挖潜适用客户，为省内具有黄金实需的企业办理黄金租赁业务，在满足客户融资需求的同时有效降低企业融资成本。截至年末，为企业办理黄金租赁业务人民币5.35亿元。

三、外汇管理方面。严格审核贸易背景真实性、合规性，在执行外汇管理政策法规的薄弱环节和风险点认真自省，加强与监管部门的沟通，对外汇业务管理工作制定出行之有效的内控管理制度。连续三年荣获甘肃省外汇指定银行执行外汇管理规定A类银行称号。

（朱晓燕）

【信息技术管理】 一、系统运维以及新系统推广上线工作。分行信息部积极应对新核心系统上线前的七轮演练，高效完成各项信息化系统集成项目。新核心上线后，对各关键信息系统漏洞及时更新补丁，配合总行按时投产新项目。调配信息技术人力资源和技术资源解决各类生产中遇到的问题和故障。

二、强化信息系统建设的安全性、可靠性。以总行信息系统安全年为指导逐步推行相应的规范、制度及流程，分行信息部对信息技术制度进行全面细化及修订。2015年，信息技术部对全行进行安全检查两次，对不符合安全要求的部门下达安全检查意见书并逐项落实，对分行电子设备进行台账核对。

三、分行特色业务的开发与创新。信息部在完成运行保障等基础工作的同时与各业务部门积极沟通，逐步加大科技创新的力度，自主研发了分行信息部库管系统和省高等法院点对点数据提取方案等一系列系统软件。

四、利用大数据，为分行提供监管核查需求，支持分行运维平稳。分行绩效系统、ODS业务数据平台在满足全行绩效考核数据查询分析的同时，为各部门提供监管和经营分析数据。2015年，累计处理需新编写程序工单400余笔，数据调整单600余笔，为分行业务经营、发展提供了科学的数据支持。分行技术人员为各部门提供24小时不间断技术支持。

五、基础设施建设卓有成效。完成西固支行、安宁支行、新区支行筹建工作和分行IDC机房的搬迁工作。社区、小微支行按照分行要求陆续开业，技术部完成了网点楼宇综合布线设计建设、计算机设备选型、招标、网络设备的搭建、网络连通性测试、ATM、自助终端等各业务系统的搭建。

（丁博文）

【金融同业】 2015年，全行金融同业条线实现营业净收入7 253万元，同比新增2 056万元，增长39.56%，完成总行全年计划目标的1.23倍，完成分行全年计划目标的72.53%。其中，实现中间业务收入2 122万元，同比新增1 155.35万元，增长1.20倍，完成全年计划目标的1.06倍。

一、负债业务方面。2015年，同业存款实现日均56.62亿元，完成总行计划的94.38%，较上年末新增11.99亿元，同比增长26.86%。

二、资产业务方面。一是2015年票据直贴累计发生34.14亿元，较上年同期新增7.51亿元，同比增长28.22%。二是票据转贴现累计转入352.71亿元，同比新增138.64亿元，同比增长64.77%；买入返售累计发生654.48亿元，同比减少1.45亿元。三是新型资产业务。票据直融业务累计实现1.49亿元，本年结清1.40亿元；票据资产业务累计实现28.08亿元，本年结清17.72亿元；理财产品累计销售19亿元，结清2亿元。四是存放同业业务存出2笔，日均达到1.02亿元。

（韦亦农）

【机构业务】 2015年，机构业务部通过精细化管理保障、综合化平台营销、信息化产品创新、专业化板块推动，实现机构业务的跨越式发展，为分行公司负债业务整体实现稳步增长发挥了积极作用。

一、存款经营情况。截至年末，全行机构存款时点余额50.80亿元，较上年增加4.80亿元，余额占比为43%；机构存款日均余额52.20亿元，较上年增加14.90亿元，余额占比为44%。

二、客户经营情况。截至年末，分行机构客户共计109户，较年初增加9户；机构有效户71户，较年初增加5户。

三、大力推动机构负债业务增长。一是持续加大机构业务营销拓展力度，代理业务形成了“关系+产品+服务”的良性营销模式，打开了近几年陷入营销瓶颈的新局面。二是加强重点板块“扫盲”工作，在以财政业务为核心的基础上，成立了社保、烟草、彩票三大重点板块营销攻坚小组，推动分行开辟机构业务新的增长点。三是强化战略项目的平台搭建。通过机构业务带动其上下游客户的增长，带动对公零售业务的发展。

四、大力推进机构业务管理。一是加强精细化的管理保障。制定兰州分行《机构业务2015-2017年发展规划》，明确了全行机构业务“强化特色、多创价值”的发展理念。二是搭建综合化的营销平台。构建“三位一体”的机构客户营销体系，逐步夯实机构业务发展的客户基础。三是落实电子信息化的产品创新。围绕机构客户金融需求，推动各机构业务板块的专项系统平台建设，实现信息化技术和产品在机构业务领域的广泛应用。四是打造专业化的业务板块。以“全面布局、重点突破”为策略，在继续推动原有五大板块的基础上，扩大细分板块数量。五是加强专业产品培训、政策导向解读和传达，全面提升专业化营销服务水平。

（秦雅静）

【运营管理】 一、加强制度建设，提高会计管理水平。2015年，共制定下发补充制度规定17项，包括账户、印鉴卡管理、重控等风险环节，优化了业务流程，明确了岗位职责和要求，强化了风险防范手段，从制度上确保了会计业务顺利运行和发展。

二、强化内部控制风险屏障建设，有效防范风险。辖属全部支行进行了全面检查，共组织会计业务全面检查7次，专项、重点业务检查4次，对发现的问题及时下发整改通知单，要求被查单位立即进行整改。规范营业场所管理，开展现金接送库突击演练等检查工作，进一步提高员工风险意识，加强对制度的执行力。

三、不断优化业务操作流程，提升会计运营效率和质量。顺利完成远程授权系统、电话录音系统、预填单系统、会计监督系统等新系统、新程序、新业务上线，实行流程化管理，对每一项工作流程进行细化，充分保证系统上线效率。

四、优化现金重要空白凭证管理，降低库存水平。充分发挥分行集中现金管理的优势，实现库存限额的动态管理。现金备付率排名继续攀升。加强重要空白凭证领用时的审核，对数量进行严密监控，有效降低网点库存数。分行会计部加强了现金反假工作，建立了多层次的拦截和防范措施，2015 年上缴现金假币和长短款差错为零。

五、认真履行事后监督工作职责，促进全辖核算质量的提高。每月对会计核算质量进行通报，加大了处罚问责力度，核算质量明显提高，充分发挥会计监控系统监督功能。

（李若宁）

浙商银行股份有限公司兰州分行

【综述】 2015 年，浙商银行股份有限公司兰州分行稳步推进各项工作，积极发展主营业务，科学改进内控管理，优化完善风险防范，经营规模逐渐扩大，经营业绩显著提高，多元化、多渠道的经营创利模式已经形成，业务转型发展的步伐不断加快，呈现出加速发展势头。截至年末，本外币考核口径各项存款余额 175.38 亿元，较年初增加 71.21 亿元，增长 68.36%；各项贷款余额 118.59 亿元，较年初增加 50.32 亿元，增长 73.71%；增速位居浙商银行系统前列。不良贷款率 0.04%，较年初上升 0.04 个百分点，但资产质量保持优良水平。

【营销管理】 坚持“组织化推动与践行轻资产经营”两手抓，最大限度节约资本，取得了传统业务与票据池业务双丰收。全行条线团队和客户经理积极参与“开门红”与季度专项系列营销竞赛活动，通过强化考核与低耗用资本产品的引导运用，“择机、择时、择利”合理安排资产配置，使票据池产品、国内信用证、接力贷、付款保函等一批轻资本业务成为客户经理维护与营销客户的拿手业务，以解决客户流动性为目的，提升了客户黏性。通过定期开展行长走访月等高层营销活动，提升与客户对接的层次与深度，取得了事半功倍的效果，“涌金票据池”业务成为运用轻资产业务的最大亮点。办理了系统内首笔“先质押后移票”业务，充分利用票据池产品优势重新介入重点战略客户，与众多企业建立起合作关系。

（徐鹏飞）

【投行业务】 发挥专业优势，在做大做强传统债券承销业务的同时，全力发掘资本市场与资产管理业务潜能，在结构化融资业务模式上实现突破，将原有的信托计划模式拓展到资产管理计划委托贷款模式，实现了“投行债券+资本市场”联动的人才与资源共享的工作模式，取得了显著效果。分行突破性地完成了全行第一单证券公司短期融资融券承销业务，债券承销发行支数与规模再创新高，承销各类债券 11 支，发行金额 96.85 亿元，发行量完成总行下达任务的 5 倍，当年新增注册债券发行额度 77.35 亿元。

（张　军）

【小企业业务】 坚持“以商圈为核心，以批量营销为主导，以风险可控为前提”，积极发挥小企业业务传统特色优势，以“一圈、一链、一平台”为目标客户群，努力做大小微企业贷款规模，全年累计投放 11.70 亿元，贷款余额达 15.80 亿元，小微企业授信客户达到 755 户，小企业新增贷款完成总行计划任务的 1.42 倍，小企业贷款已连续三年完成“两个不低于”目标，在贷款利率连续下调的情况下，贷款平均收益率仍然保持在 7%水平，不良贷款率控制在 0.30%以内，实现了风险可控前提下的可持续发展。

（王海源）

【金融同业业务】 认真贯彻“全资产、轻资产、大同业”经营理念，主动适应市场变化，加快业务转型，不断提高资金使用效率，积极推进资产管理业务发展。一方面通过办理低风险同业投资，实现授信、资金和负债业务的联动发展；另一方面紧盯利率走势，抢抓市场机会，灵活运用自有资金购买他行保本理财产品。提高资金收益水平，同时优化资源配置，提升同业业务管理水平，全年系统内实现资金运用交易量逾 800 亿元，实现资产管理运用余额达 61 亿元，实现营业增加值 1.40 亿元，业务量、收益水平较上年同期均有较大幅度提高。

（黄金辉）

【个人银行业务】 个人银行业务部成立后，按照“高起点、高标准、以中高端资信客户为中心，以产品营销为导向”的工作方向，以获取个人金融资产为目标，将“进校园、进商会、进企业、进商圈”作为切入点，挖潜外部客户，通过客户增长带动金融资产的提升。个人客户金融资产余额达到 8.60 亿元，较年初新增 6.18 亿元，增长 2.56 倍，计划完成率 159.25%。有效个人客户数 17 954 户，较年初新增 14 511 户，增长 4.21 倍，计划完成率 109.46%；信用卡累计发卡 4 260 张，有效卡 2 768 张，完成总行有效卡任务的 1.46 倍。电子银行业务方面，通过叠加营销、交叉营销以及捆绑营销等多种方式，积极加大宣传推广与客户体验引导力度，电子商务有效客户新增 222 户，完成总行全年任务的 1.11 倍，新增电子商务有效合作平台 4 户，完成总行全年任务的 2 倍。

（丁一茜）

【国际业务】 自 2015 年 9 月获得浙商银行总行授权开办国际业务后，在国际业务部门人员精心准备、其他部门积极配合下，已取得当地外管局授予的即期结售汇业务资格等6项各类国际业务办理资格，申请开通了9个行内业务系统和7个业务监管系统。此外，2015年11月成功开立了分行首个外币结算账户并办理进口信用证业务1笔。截至2015年12月末，共开立外汇结算账户4户，取得除外汇衍生产品外的所有对公外汇业务资格和个人外汇业务资格，为今后业务发展奠定了良好基础。

（兰爱民）

【计划财务】 一、计划预算。根据总行全面对标管理要求，确定分行战略标杆对象，制订分行追标实施方案。制订分行2015年业务及财务预算。按月测算营业增加值及费用列支进度情况，定期测算主要经营指标完成情况并预测全年情况。逐日匡算存款等经营数据，定期测算月末存贷款情况、存款偏离度、存贷比等经营指标情况，确保分行各项经营指标按计划执行。全年累计向总行申请追加贷款额度28亿元，较好地满足了分行资产业务发展需求。

二、绩效考核。制订分行绩效考核工作分工表，顺利完成分行绩效考核体系建设。制订印发了《浙商银行兰州分行经济绩效考核办法（2015版）》等考核实施细则。严格执行分行考核政策，按月公布兑现考核结果，及时反馈客户经理。及时更新发布营业增加值电子计算模版。

三、资产负债与资金管理。制订印发《关于调整资产负债管理委员会的通知》和《兰州分行2015年风险加权资产管理指导意见》。定期召开资产负债例会，加强例会分析的深度和广度，进一步贯彻总行全资产经营模式和理念，努力实现分行在风险加权资产限额约束下的健康快速发展。实行“分类切块，条线管控，逐笔算账，统筹调配”的风险加权资产管理模式，有效提升分行风险加权资产精细化管理水平。掌握分行大额资金往来情况，合理匡算资金头寸，严格履行资金调拨逐级审批流程，保持合理备付。牵头开展同业业务检查，形成反馈报告，跟踪完成整改。

四、税务与统计管理。加强与主管税务机关的沟通，及时、准确申报缴纳各项税金。根据甘肃省国税稽查局、兰州市地税稽查局和兰州市地局大企业分局检查通知书相关要求，认真组织全行开展财务自查，做好与税务机关的沟通汇报。同时，完成各类统计报表报送工作，开展统计自查并上报自查报告。2015年，被中国人民银行兰州中心支行评为金融统计工作考评二等奖。

五、服务收费。及时传导总行服务收费政策，加强服务收费日常管理，制订《兰州分行服务价格管理实施细则》，进一步规范分行服务收费审批流程和部门职责。根据甘肃省发改委下发的《关于做好整改工作切实规范商业银行收费行为的通知》，开展收费自查并提交自查报告。根据《转发〈中国银监会关于进一步开展银行不规范服务收费清理工作的通知〉》的相关要求，开展自查并分别向甘肃银监局及总行提交自查报告。

（苏德明）

【风险管理】 2015年，分行致力于打造贯穿于授信业务全程的风控系统，采取现场检查和非现场检查相结合的方法加强后续管理，制定了可行性强、操作性高的检查指导意见，细化和明确操作规范，引导客户经理和主审查人参与后续管理检查工作，有效提升了后续管理水平。全方位观察授信业务，把控授信业务整体风险，对重点客户进行走访，定期召开风险分析会，查找风险点并提出化解方案。定期收集内外部信息，进一步加强和完善法律审查，防范风险，关注业务经营中的热点、难点问题，加强对业务经营中前瞻性问题的研究，为规范业务操作提供法律支持。共办理法律审查201笔，处理非现场监测预警446条。

（张建清）

【内控管理】 不断完善内控体系，提升内控管理水平，巩固内控成果，坚持系统性培训、系统性检查、系统性整改和系统性奖惩的原则。继续系统性组织开展内控违规问题登记与扣分通报、内控合规经理例会、非现场监测报告、反洗钱问题分析与整改、内控督办、内控考核评价等各项工作。督促各部门落实内控与案防工作实施意见、年度内控工作计划。不断建立健全科学的绩效考核体系和机制，合理配置财务资源，提升绩效考核机制与总分行战略的契合度和传导效率。财务资源配置政策以“价值创造”为指引，突出财务资源对业务发展的引导和强化作用，将经济绩效考核、综合绩效考核、管理绩效考核等有机结合起来，确保主要经营目标与财务资源的有效匹配，充分体现绩效考核机制对分行业务经营的正向激励与引导。积极改进管理方式，不断完善规章制度，通过抓好梯队建设、加强青年员工的教育培养、关心员工幸福指数等工作，切实发挥内部管理的保障作用，分行整体的组织和管理能力得到明显提升。

（张建清）

【会计工作】 一、强化执行力建设，夯实业务基础。一是培育业务骨干，建立人员储备机制，保持会计骨干队伍的稳定。加强重要业务、重要环节的风险管控力度，建立有效的差错纠弊机制。二是加强检查辅导的力度及效果，加强对高风险、重要业务和环节的日常检查辅导工作，按月开展新设机构的现场检查辅导工作。三是完善制度与流程，制定相关制度文件。及时收集整理新产品、新业务需求，加强与总行及相关业务、营销部门的沟通，研究相应的会计操作流程。四是组织营业部门做好新业务的推广应用工作，大力推广应用电子化业务。五是规范员工履职，落实岗位责任制。加强会计检查和会计主管日常业务巡检，培养、监督、规范网点员工履职。

二、深化培训辅导，提高员工素质。一是定期、不定期组织培训，按月开展会计营业条线的培训工作。二是组织会计人员参加分行从业资格、柜员等级、票据审验、反假币资格、反洗钱岗位准入等业务考试。三是组织开展了四次会计人员技能比赛，激发柜员展现自我、积极进取、力争上游的拼搏精神。四是制定在岗学习计划，所有人员分成业务小组分类开展课题研究，对持续提升柜员的业务技能起到了良好作用。五是建立问题解答机制，要求每个柜员每月至少在问题解答系统提出一个问题，由分行进行解答。

三、强化风险管控，保障正常运营。一是指导营业部门合理安排劳动组合和营业排班，加强营业现场和大堂的监督检查，对重要岗位要落实A、B角机制，保障营业网点正常营业和运行。二是加强对新设机构的培训辅导，制定了天水分行营业部的培训计划，通过集中培训、跟班培训、业务考试等方式指导天水分行柜员学习掌握各项规章制度和操作流程。三是完善系统运行管控和质量考核。四是按季通报营业网点运营情况，收集和通报违反“十大禁止”行为和“严重违规行为”等典型案例，对于触及底线的违规行为予以严惩。

（贺　琰）

【信息科技】　一、加强分行制度建设。一是为进一步规范分支行科技运维管理、提高分行机房管理水平，修订了《浙商银行兰州分行网络管理实施细则》《浙商银行兰州分行信息科技运维管理实施细则》《浙商银行兰州分行机房管理实施细则》及《兰州分行辖属支行信息科技运行维护管理细则》。二是加强科技制度的学习。通过对制度学习，梳理出日常工作要点，逐步固化出每日的工作内容，有效避免了工作疏漏。

二、深入排查供电系统风险隐患，落实中国人民银行兰州中心支行要求各行聘请外部专业公司对行内供电系统进行的专项检测，配合北京中大科慧公司对分行辖内机构供电系统进行了专项检测，并对发现的风险隐患进行及时整改。通过本次检测，分行系统运维及业务连续性有了质的提升，同时对机房建设提供了极具参考价值的经验。

三、加强员工技能培训。加强了对天水分行科技人员的培训力度，在信息系统架构、科技制度、主流操作系统及数据库、生产及办公运维、网络系统运维及分支行筹建等方面进行了针对性的培训。分行通过现场科技检辅、整理科技应知应会资料、应急演练指导等方式对新入职人员进行了系统培训。

四、全面提升运维保障。为分行国际业务部搭建了办公环境；对公航旅CBS系统进行了系统联调；赴天津分行了解稀贵金属交易平台建设，对分行与甘肃联合国际大宗商品交易中心系统对接进行了可行性调研；配合总行科技部完成甘电投银企直连系统成功上线。

（魏刚强）

【队伍建设】　一、进一步完善组织架构。增设了国际业务部、个人银行部等七个部门；分设授信评审部和风险管理部；投入大量的人力和精力促进相关人员的引进、配备和岗位调整等相关事项。协助天水分行推进业务、完成施工招标等事项；完成了拟设安宁等3家支行的前期调研、选址、上报等前期工作。

二、积极开展人才引进和培养工作。全年共引进人才91名，提拔任用19人，赴总行交流学习3人，分行内岗位交流15人，为分行业务开展提供了保障与支撑。

三、完善制度建设。制定了分行《后备干部培养》《低效人员调整》《人才举荐》《员工交流培养实施细则》等八项制度，从根本上保证人力资源工作有章可循、各项工作逐步完善化、细致化，促进人事工作水平的整体提升。

（高　姗）

【安全保卫】　一、提高安全保卫“软实力”。从规范管理、提高防风险能力入手，定期、不定期进行360度无死角巡查，查必究，究必改；提高一线人员的安保能力，组织全体人员不定期进行学习，杜绝“盲区”隐患；组织培训演练，强化各部门尤其是安全员的安全意识和应急能力，提高处置突发事件水平。

二、加强设备建设，完善“硬条件”。加强技（消）防系统的运行管理和维护保养，每月对视频监控、报警设备等系统进行维护保养，保证运行正常；强化机构筹建过程中安防建设的规范要求。严格按照公安、消防等部门的规定，确保新机构顺利开业。

三、结合形势，重拟预案，推进安全保卫工作进入“新时代”。根据总行和外部监管单位的工作新要求，结合当前高风险社会形势，重新起草完善相关应急预案。加强“四防”建设，全面确保分行安全运营。2015年度，被甘肃省安全厅评为“全省安全保卫先进集体”。

（唐增泊）

【企业文化】　积极组织各类行内活动及业务技能比赛，增强员工间的凝聚力与战斗力，营造浙商家园文化。积极履行社会责任，为玛曲县开展帮扶活动，累计捐款总额25万余元，帮助该县居民改善了学习、活动的环境，取得了良好成效，得到了当地政府的肯定，分行双联工作被评为“2015年全省优秀级单位”。

【党建工作】　党建工作以“三严三实”为主要方向。通过梳理制度、确定计划等措施，定期组织开展党员学习活动，全年共发展党员3人，预备党员转正2人，发展入党积极分子12人，建立党员学习移动端平台，推行“碎片式”学习方法，使党建工作常态化。

（梁　峰）

中国光大银行股份有限公司兰州分行

【综述】　2015年，中国光大银行股份有限公司兰州分行以落实总行战略和“深化体制机制改革总方案”为契机，坚持稳中求进，发挥基础优势，抢抓政策机遇，采取主动措施，有效开拓市场，稳步实现了存贷款超双百亿目标，盈利目标超额完成并全面实现盈利，连续三年实现了无不良贷款，各项业务实现了跨越发展。

一是业务规模再创新高。截至2015年末，全行表内外资产突破160亿元，较上年增长85.26%，其中各项贷款余额100.79亿元，新增55.13亿元，较上年增长1.36倍，完成计划的4.79倍。二是存款余额大幅增长。各项存款余额达127.20亿元，新增74.15亿元，较上年增长1.42倍，完成计划的4.46倍，对公时点新增完成5.48倍，一般核心存款达88.39亿元，新增41.82亿元，完成计划的2.92倍。三是盈利目标全面实现。实现营业收入2.13亿元，完成预算的1.52倍；实现中间业务净收入6 752万元，其中信用卡业务实现3 965万元；风险调整前利润完成9 645万元，完成预算的11.68倍；EVA实现盈利，完成预算的2.06倍。四是风控目标全面实现。严把风险关口，有效提升信贷资产质量，强化内控合规，在授信大幅增加的同时，坚守风险底线，实现了零不良目标。

三年来的经营管理工作主要是突出打造了“十个方面”：

一是突出了品牌打造。购置了办公大楼，促成了国有资产的保值增值，树立了形象品牌；大力拓展大资管以及阳光理财、阳光信用卡等业务，赢得了广大客户的信赖，树立了业务品牌；致力于“打造网络里的光大银行”，开发各类缴费平台，树立了创新品牌。

二是突出了渠道打造。设立了7家同城支行、7家社区(小微)支行、9个自助银行，物理网点服务覆盖了兰州市各主城区，网点覆盖面走在了同业前列；网上银行、手机银行、微信银行、云缴费也领先同业。

三是突出了客户打造。突出抓大项目、大客户，特别是抢抓政策调整机遇，以国家发改委名单内项目为突破口，促使兰州第二水源地、轨道交通二号线等重点建设项目和重大民生项目的落地，长期储备的一些大项目、大客户陆续发力。同时，强化公私联动，在零售客户的有效提升、信用卡客户的大幅增加等方面，做了大量细致的工作，夯实了可持续发展的基础客户群体。

四是突出了业务打造。资产规模、存贷款均实现了三年战略目标，特别在大资管项目、信用卡、同业投行等方面实现了突破。在总行的支持下，直投的上市公司靖远煤电增发项目，可望获得较好的利润回报。对公、对私、中后台业务规范化水平都在不断提升。

五是突出了合规打造。修订完善了200余项规章制度并汇编成册，形成了凭制度管人管事管过程的良好机制。包括党风廉政建设、安全保卫、经营授权书等在内的各项责任制全面落实，有力推动了分行的合规管理、合规经营、合规发展，实现了无不良、无事故、无案件“三无”目标。

六是突出了系统打造。建行伊始，按照标准化、规范化、专业化的要求，建设了机房等硬件设施，得到各方面的好评，为以后的系统运行、规范运作、顺畅运营奠定了坚实基础，为各类业务系统的上线提供了良好保障。

七是突出了机制打造。建立了能者上、平者让、庸者下的用人机制，建立了绩效向基层、向一线、向前台倾斜的考核机制，建立了规范运行、督查督办的工作机制，不断激发员工的工作创造性和能动性。

八是突出了环境打造。重视做好系统内、同业间及与地方党政等各方面的沟通联系，创造了比较有利的经营环境，特别通过对甘肃省政府与光大集团战略协议有关内容的有效落实及对全省重大项目、重点企业、支柱产业的有效支持，得到了省市党政的好评和充分肯定，光大银行的良好形象进一步树立。

九是突出了联动打造。在光大兴陇信托的重组过程中，开展大量服务协调工作，同时联合光大永明资产、光大期货、光大租赁、光大水务等集团内企业，对当地企业项目进行主动走访和协调，收到了较好的效果。

十是突出了队伍打造。采取“请进来、走出去”的办法，致力于建立“学习型组织”，把培训作为员工最大的福利来办，注重开辟职业生涯发展通道，形成了一支专业突出、作风过硬、阳光向上、团结一心、素质全面的干部员工队伍。

【人力资源】 一是落实编制要求，加强预算管理。严格执行总行人员编制预算，严格控制员工招录数量。截至年末，分行合同制员工总数达到208人，增长28%。

二是落实制度流程，做好员工招录。采取公开招聘、重点推荐、校园招聘、特殊人才引进等方式，先后分批多次开展社会招聘，开展校园招聘1次，共招录新员工46人，竭尽全力保证业务发展与机构建设的基本人员需要。

三是落实党委决议，加强职务管理。根据分行党委要求，按程序开展管理序列和业务序列职务晋升管理工作，先后组织完成了10名中层干部选拔任用事宜，完成了分行正副职中层后备干部推荐选拔工作，开展了西固支行行长竞聘上岗。考察了支行网点公司部零售部经理、副经理，完善了支行网点组织架构，完成了25名员工的业务序列职务正常晋升，完成了总行二级、三级专业人才推荐上报及资格考试和面试，开展了对公授信审批人考察推荐和面试上报。

四是优化薪酬结构，增加员工福利。落实了薪酬福利政策，落实了企业年金计划和补充医疗保险，按总行及地方规定调整了社会保险、住房公积金、企业年金基数，确保广大员工的福利待遇。结合员工收入实际，增加综合补贴，科学合理保证员工固定收入，坚持合理避税，做好日常工资发放和社会保险金、住房公积金缴纳工作。

五是落实培训计划，加强培训管理。制定了年度培训计划，推动开展公司、零售、运营等方面的专业性培训40多期，参训员工达到1 500余人次；会同党务监察部组织开展了“明公私、强纪律”专题讲座，会同办公室开展了舆情专题讲座；组织开展了新入行员工集中培训；会同条线部门开展邀请总行、先进分行进行专题业务培训。

六是落实各项工作，加强日常管理。不断加强考勤管理、休假管理、转正管理、离职管理、派遣员工管理，组织完成了2014年度员工年度考评工作，推进了员工管理的规范化进程；配合总行开展首批境外机构人才库储备人才入库选拔工作，开展案例大赛征集工作。

七是按照分行党委要求，做好党务管理服务工作。开展党务系统维护，完成党费收缴、党员培训等党务日常工作，确定入党积极分子3名，发展对象4名，预备党员4名，预备党员转正4名，充实了分行党员队伍；组织开展了团委书记换届选举；按总行要求，重新梳理调整了管理部门党支部组织架构，经党委批准任命了支部书记，各支部配备了纪检委员，实现了支行党员、纪检管理常态化。

八是完成信用卡中心机制改革。按总行要求，对信用卡中心机构、人员、薪酬、福利等进行全面机制改革，完成信用卡团队劳务派遣人员交接，制定了薪酬绩效标准，确保信用卡营销团队队伍稳定，稳定开展业务。

（雒会梅）

【监察保卫】 一、纪检监察工作。一是加强党风廉政建设责任制。召开了中层以上人员及各党支部纪检委员参加的纪检监察工作会议，分行党委书记、行长张宏作了题为《讲规矩、守纪律、严要求，全力推进分行党风廉政建设和反腐败工作》的讲话，分行党委委员、副行长、纪委书记刘逢作工作报告。二是组织开展“三严三实”专题教育和“明公私、强纪律”主题警示教育活动。成立了领导小组，制订了实施方案，确保“两个教育活动”在全行各级党组织扎实有序推进。三是积极开展反腐倡廉教育和廉政文化创建活动。签订并落实《党风廉政建设责任书》28份，建立纪检监察与组织人事、党务等部门协调配合的反腐倡廉宣传教育机制，落实干部任前廉政谈话25人次，将廉政教育贯穿于干部选拔任用、述职述廉、民主评议、考核、审计全过程。四是全力推进“两个责任”落实。认真履行党风廉政建设党委主体责任。分行党委书记安排部署党风廉政建设工作11次、出席反腐倡廉工作会议5次、协调案件和信访处理情况5次、讲廉政党课5次、听取纪检监察工作汇报4次，班子成员参加分管部门研究党风廉政建设工作11次。纪委认真履行监督责任。分行纪委书记向同级党委和上级纪委汇报工作3次、研究部署纪检监察工作4次、研究案件和信访工作4次、讲廉政课2次。五是加大违规违纪行为问责力度。根据总行常规审计结果，先后对12人次违规行为进行了问责，对5起违规行为进行了责任追究。将防范关口前移，加强了对新员工的岗前培训。开展了光大合规文化、制度、体系的系列培训，全年现场培训797人次。

二、安全保卫。一是筑牢组织防线，做到群防群治。全行分层签订了安全保卫目标责任书，成立了由分行行长任组长、分管行领导任副组长、相关部门负责人参加的安全保卫领导小组，层层落实安全责任制。二是筑牢思想防线，做到居安思危。教育员工牢固树立居安思危的安全责任意识，以防盗抢、防诈骗、防火灾为重点，全力推进安保工作制度化、标准化、专业化。三是筑牢制度防线，做到有规可依。整理编印了《安全保卫管理规定》手册，统一发放到各条线部门组织学习落实。制定了《保安人员管理规定》《押运人员管理规定》和《安全危机预防和处置预案》《员工安全防范应知应会十二条》《保安队长带兵方法十七条》，有效规范各环节安全防范工作的行为标准。四是筑牢技能防线，做到临危不乱。坚持每周五集中安保人员开展思想教育，组织保安员和安全员学习相关文件，通报安全形势，分析问题，交流工作，部署任务，形成安全保卫的高压态势，始终绷紧安全之弦。五是筑牢设施防线，做到防微杜渐。分行监控中心与辖内营业网点、分行办公楼、同城支行、社区银行、自助设备、保管箱库的安防监控系统、报警系统、出入口控制系统全部联网，实现了监控中心对安防监控系统有效地管理和信息共享。

（符智慧）

【计划财务】 一是完善计划财务管理制度体系建设。继续完善分行计划财务管理制度体系建设，先后制定、修订了若干制度细则，确保计划财务工作有章可循。二是全力做好分行决算、预算工作。认真做好2014年年终决算收尾工作，确保了2014年年终决算工作的顺利完成；牵头组织进行了分行2015年度预算工作，经过统筹平衡、上下沟通，及时向各经营机构下达了2015年经营计划；根据总行要求牵头完成了2015年度决算工作。三是做好日常统计、分析、数据通报工作。坚持做好各项日常统计工作，及时准确向各上级单位报送各项统计报表、经营分析和专项调查报告，累计报送各类统计报表近千张；及时通报分行各部门、各经营机构的业务指标完成情况。四是认真做好经营分析工作。及时做好季度经营分析，将各项经营指标的完成情况及时反馈条线，并就实际完成与计划的偏离度进行深入分析，协助条线共同发现问题、寻求解决问题的方案，及时向行领导进行反馈。五是认真做好分行信贷资源的管理工作，按照年度计划指导业务部门进行信贷资源有序投放。六是按时完成各项税款的申报及缴纳工作，加强税务管理工作，按时完成各项税收相关工作，全力维护税企关系，并取得了当地税务机关的支持与认可。七是牵头做好2015年度审计工作。配合毕马威会计师事务所做好2015年度审计工作，认真部署2015年度审计工作（非信贷部分），确保信息披露的顺利完成。八是加强资金管理，确保流动性安全。严格按照总行要求执行头寸预报制度，指定专人做好每日头寸预测预报，密切监控日常资金变化趋势，及时调度，保证总分行之间资金顺利划拨。九是根据各级监管要求，进行了多项业务检查。按照总行《关于“双违”检查财务管理自查有关问题的通知》要求，从人为调节损益、私设“小金库”、假发票报销三个方面进行了财务管理方面的自查，并将自查情况上报；根据总行《关于加强服务收费管理、开展全行服务收费自查工作的通知》精神，牵头组织对自2014年1月1日起至2015年3月31日所有服务收费情况进行自查，并将自查情况上报总行；根据甘肃省总工会办公室《关于在全省工会开展财务大检查的通知》、总行工会《关于转发<关于光大集团工会开展财务检查的通知>的通知》和甘肃省经贸工会的要求，对分行工会经费收、管、用情况进行了全面自查，并分别进行总结上报；通过自查、现场检查和非现场检查三种方式，对各支行进行财务管理、会计核算管理、服务收费管理、利率管理等方面的业务检查。

（卞晓东）

【公司业务】 截至2015年末，全行对公全口径存款时点余额共计118.49亿元，较年初增加72.69亿元，完成总行下达年度计划任务的2.01倍；全行全口径对公存款日均余额共计54.96亿元，较年初增加25.09亿元，完成总行下达年度计划任务的1.32倍。对公核心存款日均余额37.51亿元，较年初增加11.12亿元，完成总行下达年度计划任务的1.04倍。对公客户达1 171户，新增232户；其中对公存款年日均100万以上有效客户131户，较年初增加16户；年日均10万元以上客户236户，较年初增加28户；年日均大于0客户658户，较年初增加162户。对公贷款余额合计82.31亿元，较年初增加48.76亿元，完成总行年度计划的2.03倍。实现对公业务净收入1.41亿元，完成总行计划的1.24倍；对公条线全年预计实现中收1 256万元，完成总行计划的2倍。分行坚持"总量控制、结构调整、有保有压、分类管理、防范风险"的信贷原则，全面摸底全行授信客户。分类排队，加强风险监控和预警分析，落实"早发现、早汇报、早预防、早化解"的风险处理机制，连续三年保持了"零不良"的风险管控成效。

一是小微金融业务。以"小额化、分散化、标准化、便利化"为导向，优化小微授信流程，完善小微金融服务体制机制，积极培育客户，推动小微业务发展，较好地完成了总行下达的各项目标任务。根据总行发展小微金融的战略要求，结合甘肃省经济发展现状，小微金融业务以"配套型、集聚型和优质成长型"小微企业为经营对象，结合国家产业政策导向，围绕"衣、食、住、行"等弱周期行业开展业务，加大对先进制造业、节能环保产业以及传统产业改造升级、消费升级项目的信贷支持力度；同时根据宏观经济运行态势和区域经济发展现状，加强对区域市场风险的管控，规避区域或行业可能引发的系统性风险，提高小微金融业务发展的前瞻性和预判性。产品方面，重点推进"税贷易、小微结算卡、支票易、小额融易贷、银保融易贷、节能融易贷、政采融易贷、互助金"等，简化业务操作流程，推行标准化作业。

二是贸易金融业务。截至年末，开立融资性保函一笔，金额为13亿元，预计生效后可实现年均中间业务收入1 400万元；办理国内证福费廷买入业务共计金额12亿元，实现贸易融资利息收入450万元，贸易金融中间业务收入37万元；办理境外汇出汇款业务2笔，共计5万美元。实现中间业务净收入37万元，完成全年目标的74%。

三是同业业务。截至年末完成资金撮合累计325.94亿元，吸收银行存款余额36.81亿元、信托资金余额0.65亿元、证券资金余额0.32亿元。办理存放资管通25亿元，累计办理票据直贴1.60亿元、票据转贴11.44亿元，累计销售同业理财20亿元。

（程　栋）

【零售业务】 截至2015年末，对私存款余额达到7.71亿元，较年初增加1.47亿元，日均余额达到5.65亿元，较年初增长1.08亿元，个人贷款余额4.16亿元，当年累计投放3.50亿元，当年新增2.21亿元，存款、贷款保持了较好的增长势头。九项资产余额17亿元，较年初增加1.76亿元，增长11.55%。有效客户15 386名，较年初净增6 211名，增长67.69%；潜力客户2 819名，较年初增加669名，增长31.12%；优质客户441名，较年初增加89名，增长25.28%；财富客户337名，较年初增加93名，增长38.11%；私行客户44名，较年初增加15名，增长51.72%。

一、抓有效客户的提升。分行开展了《低净值客户提升营销活动》《高端客户提升活动》等系列活动，借分行成立三周年之际，推出五项回馈客户活动。个贷业务以楼盘营销为切入点，先后与大名城、恒大、绿地等开发商进行合作，目前已经有近10家楼盘正在或即将开展合作。白领易贷、二手房贷款、房抵快贷、渠道类贷款等产品正在全面推进，大大提高了客户满意度，增强了同业竞争能力。

二、抓项目带动。从2014年10月开始分行启动了兰州市房地产交易中心存量房资金监管业务，截至2015年末，共实现监管201笔，引入有效客户352户，资金超5 000万元，全部为核心存款。带来客户和存款的同时，提升了光大银行为民惠民的社会形象。

三、严控风险。在全方位推进业务发展的同时，紧绷"风险"这根弦。按照总行零售部要求，加大零售私售风险排查频次和力度，做到业务发展和风险防范两手抓，没有出现风险事件，确保了零售条线的安全发展。同时在业务发展中，坚持在总分行制度的框架下合规运转，坚决杜绝违规经营，不碰"高压线"、不设"灰色线"、不打"擦边球"。

四、大力发展信用卡业务。一是加强创新，推出手机APP办卡，互联网O2O发卡。认真学习总行各项业务政策，针对业务创新和成功经验反复研究和探索。根据最新的市场变化，学习和利用互联网营销技能，利用手机APP发卡、互联网O2O发卡等创新产品适应市场发展。利用线上渠道加挂《读者》、甘肃红日网、甘肃众合健康网、中国人民财产保险甘肃分公司官网、友森通信网信用卡链接，引入互联网客户。二是加快落实团队建设。总行信用卡中心"深改"方案正式落地执行，分行为优化信用卡中心组织架构，明确岗位职责、岗位编制、岗位考核指标。对现有组织架构进行调整，充实前端力量，充实支行力量，有效提升了信用卡中心的经营效率和服务能力。三是推出光大人保联名信用卡。四是开展多元有效的市场商务活动，提升交易量。根据客户消费旺季，结合支行、联动分行有效开展时点活动，开展了"年货大派送""3.8美女季""引领时尚、快乐购享""乐享分期""双节同庆""首刷厚礼""年末送福""喜迎光大三周年、刷卡回馈迎新春"等形式多样的活动提升信用卡交易额和信用卡客户活跃度。截至2015年末，一年以上引入客户活跃度达到81.80%，高于全国平均值，排名全行第三。五是持续推动信用卡公私联动的渠道优势。2015年以来，在信用卡基础渠道引入外，利用公私联动渠道、名单渠道、部门联动渠道、线上渠道、三方合作渠道等多元化渠道进行产品推动。利用公私联动进企业、引入代发客户、抓住企业需求结合点，将信用卡零售产品批发做。六是持续打造信用卡"10元惠生活"品牌。截至2015年末，开展"10元看大片"促动交易2 700笔，"10元洗靓车"促动交易5 000笔，"10元洗衣"促动交易100笔。信用卡"10元惠"品牌服务深入客户，得到客户好评。围绕阳光服务理念，按照"衣、食、住、行"全方位打造特惠商户体系，全年发展特惠商户50余家，覆盖兰州市。同时，打造高端客户"百元优享"活动，全年开展形式多样的高端客户专属服务品牌，提升高端客户阳光服务体验。七是坚持“业绩第一，风险为重”的经营原则，做好风险防范工作。在全方位推进业务发展的同时，竖立“风险高压线”思想，做到业务发展和风险防范的有机统一。截至2015年末，核销前不良金额221万，低于总行目标29万；不良率0.23%。不良额和不良率均在总分行控制的范围内，排列36家分行最低。

（程　遥　宁　波）

【风险管理】　一是进一步健全制度，完善工作流程，持续提升风险管理工作水平。始终坚持“制度先行”，围绕风险管理工作，进一步梳理、规范工作制度和业务流程，为分行开展风险管理工作提供了制度保障；把“风险可控、效率优先”作为工作准则，在各项业务中严格执行各项操作规程，明晰职责分工，提高各项制度的执行力，不断提升风险管理工作水平。

二是进一步加强授信资产质量管理，继续保持“零”不良资产质量管控目标。面对严峻的外部经济形势，分行认真贯彻落实总行信贷投向政策，坚守底线，加大对各类风险的整体预判和研究，充分利用风险预警会、系统监测及风险排查等工作机制防控授信风险，坚持不懈地抓好资产质量控制工作。2015年，通过全行上下联动、密切配合，资产质量控制工作取得显著成效，全行不良贷款额和不良贷款率继续为“零”，连续三年实现了总行下达的“不良贷款额”和“不良贷款率”为“零”的控制目标。

三是严把审批关口，不断提高审批质量与效率，推动分行各项信贷业务健康发展。围绕重点项目“信审前移”，一方面加强授信调查申报工作的指导，另一方面加大授信前平行作业的频率，实地查看企业的经营情况，掌握第一手材料，严把准入关口。通过对授信业务实施限时审查审批，强化受理审批流程管理，有效提升了授信审查审批环节的工作质效；在贯彻落实总行统一的授信政策和要求的同时，积极引导经营部门将有限的信贷资源配置到最有价值、最有潜力的领域，努力提升全行资产的综合收益率；在控制风险的前提下，加强前、后台之间的沟通与联动，不断提高授信业务审批质量和效率，促进全行信贷业务健康持续发展。

四是持续完善全流程授信风险管理，不断加强授信业务关键环节的风险管控。继续做好贷中管理，严把放款审核关口，有效控制法律风险和操作风险；积极推进分行对公抵质押物集中登记、对公信贷业务面签及核押核保工作，有效管控抵押环节和合同签订环节的操作风险；加强对公授信业务税票的真实性核查，有效防范企业利用虚假票据融资的业务风险；强化授信后管理，严格执行总行授信后管理的各项制度，加强风险预警和风险排查力度，及时发现风险隐患，并采取有效的应对和补救措施，有效控制和预警信贷风险。

五是加强风险条线队伍建设，持续提升履职能力。截至2015年末，已有8名员工取得了总行的对公授信业务中级审批人资格，2名员工取得了固定资产贷款的审批人资格，1名员工取得了零售授信二级审批人资格，1名员工取得个贷专职审批人资格。同时，在日常工作中，不断加强学习和培训，持续提升员工履职能力与专业技能。

（田建丽）

【法律合规】　2015年，法律合规工作围绕“加强合规建设，提升管控能力”的目标，突出“审慎、合规、底线、稳健、可持续”的理念，坚持检查、督促与日常监控并重，切实加强内控合规管理。

一是内控合规管理工作进一步规范。根据总行要求，完成了分行内控合规管理委员会更名工作，明确了内控合规管理委员会职责，完善了内控合规管理委员会例会制度，共计召开例会4次，对分行内部控制、合规风险、操作风险和案件防控等工作进行了全面安排部署。

二是法律审查为业务发展保驾护航。对分行基建、采购、业务等方面的合同和法律事务进行认真审查，审查项目共计595项，出具法律意见书516份，保障了分行的各项业务合法合规运行。

三是反洗钱专业队伍不断壮大，认真履行反洗钱工作职责。共计召开反洗钱工作领导小组会议4次，配合中国人民银行兰州中心支行开展了4次反洗钱调查、组织开展了2次反洗钱宣传活动，有42名员工取得了反洗钱岗位准入证书，有2名员工取得了反洗钱合规官资格。2015年，审查上报了142 046笔大额交易、32 006笔可疑交易。

四是建立员工异常交易排查常态化机制。每月开展一期员工异常交易排查，未发现员工存在参与民间借贷、非法集资、理财私售等情况，员工异常交易线索持续减少，已连续四期未出现员工异常交易。将总行《关于界定员工资金异常交易的指导意见》中严禁员工发生的六类行为制作成警示牌置于每位员工的案头，时刻提示员工恪守职业道德，规范从业行为，远离违规“红线”。

五是持续开展案件风险排查和内部稽核检查，实现了案防责任全覆盖的目标。组织开展了员工及客户异常交易、重点岗位员工异常行为、柜面业务操作风险等专项排查及合规稽核检查、离任审计，加强整改落实，促进分行合规稳健运营。层层签订《案防责任书》和《员工行为无异常承诺书》累计680份，签署率100%。

六是夯实制度基础，强化合规教育培训。对分行开业以来制定的所有制度进行重检和评估，印制《中国光大银行兰州分行制度汇编（2015年版）》，下发到每位员工，提高各项规章制度的针对性和有效性。组织开展了“合规教育月”活动，营造了“人人讲合规、天天讲合规”的良好氛围。编印了《中国光大银行兰州分行员工合规管理手册》，汇集监管机构、行业协会及总行有关合规管理方面的禁止性规定和问责制度，下发到员工人手一册，引导全行员工不碰“高压线”，不踏“红线”，守住“底线”。

（胡晓红）

【信息科技】　2015年，兰州分行信息科技工作继续保持全年无事故，未发生任何三级以上风险事件，取得了连续三年无事故的好成绩，实现了分行各项生产系统全年正常运行。根据分行业务发展及外部监管需要，全年完成了11项开发项目，完成14项系统上线，完成4项网络系统建设。

2015年，兰州分行作为试点行，实现了分行前置系统迁移总行云平台，该项目的实施，极大提高了分行系统的安全性，减轻了分行运维压力。成功将自助设备管理从分行前置上收至总行ATMP系统，保证系统安全运行；将分行所有柜员使用图形前端业务机升级至WIN7操作系统；作为第一批推广行，KMC密钥平台升级为新B/S架构；分行柜台全面上线电子化印章功能，免去柜员手工盖章的步骤，提高了业务办理效率；分行柜台全面实现了排队机叫号功能，省去了原有的叫号器键盘；开通了第一台发卡机视频通话功能；冠字号信息查询系统上线，实现了人民币冠字号码的系统存储、查询，有助于妥善解决涉假纠纷；完成了分行办公生产分离改造项目剩余事项，办公服务器全部迁移完成，防火墙策略于2015年7月整理全部完成；完成了社区银行接入路由器分离改造项目部分工作，后续核心网络下联区接入将实现支行和社区银行、离行自助银行的分开接入，保证了城域网接入的稳定性和安全性；完成了分行网络自动化及合规平台堡垒机项目的上线，该系统对全行网络进行双认证登录，同时对全行所有网络资产设备完成了统计。这些项目的上线投产，极大地提高了分行信息科技安全保障能力和水平。

（朱 君）

【电子银行】 2015年，分行实现电子银行中间业务收入完成总行任务的2.15倍，较2014年增长2.78倍，增速全国排名第一；手机银行客户量达到6.70万户。完成甘南电力网络缴费项目成功上线，实现了全省电力缴费业务在分行云缴费平台上线，并将分行缴费项目输出给甘肃银行，进一步扩大了便民范围，提高了中国光大银行云缴费平台的影响力。预计在2016年将分行缴费项目输出给甘肃省信用联社等银行业机构和其他缴费平台，提高服务水平和质量。

经过两年的不断发展，分行微信公众平台粉丝量达到5.30万人。2015年，通过分行微信平台引入白领易贷预约申请客户106人，引入信用卡客户124人，占信用卡网络渠道发卡量的65%；通过分行微信平台推送各类业务营销宣传帖约800条，总点击量达20万次。在总行举办的2015年“微光芒”最佳微信公众号评选活动中获得第二名，受到总行嘉奖。在总行举办的“光大i体验，要的就是你”新版手机银行体验活动中获得优秀组织奖。

电子支付方面，成功营销安翔商旅，并于2015年5月份开通云支付业务。

2015年，中国光大银行开通了“购精彩”商城，兰州分行成功推荐《读者》杂志社部分书刊、杂志及其特色旅游产品——“沙漠逐星之旅”等商品至总行微店进行销售。经过推荐，“牛大坊牛肉面”已经进入销售清单。

（朱 君）

【运营管理】 一是协调光大银行总行及人民银行相关部门，为新建支行开通相关业务系统，完成支行账户的开立及迁移工作。二是积极配合总行完成系统上线工作。2015年6月，完成电子化印章的上线工作，降低了印章操作风险；7月完成对公新流程平台上线及对公ECIF系统上线及培训测试工作，确保运营业务全国集中项目实施安排计划的实现。三是搭建员工培训教室，开展员工培训。2015年7月，员工培训教室建造完成并投入使用。按照总行的培训要求，进行员工培训，推动了员工业务知识与业务技能的提高。四是贯彻落实总行帮扶政策，积极配合北京分行、武汉分行对兰州分行的帮扶工作。通过帮扶，兰州分行的运营管理工作目标与管理思路逐渐与总行统一，管理水平、合规意识和操作的规范性有了显著提升。五是加大对运营管理工作的梳理及细化，取得新突破。坚持以制度建设为中心，实现用制度管人、用制度规范业务，共制定并下发流程规范15项，下发32期《业务内部参考》及31期《事后监督差错通报》，对网点进行实用性指导。六是做好案件防控与风险排查。加强员工异常行为的监督检查，加大合规教育和培训，在风险防控和风险意识培训方面，牢固树立“安全第一”的科学理念。

（田 玲）

兴业银行股份有限公司兰州分行

【综述】 2015年，兴业银行股份有限公司兰州分行认真贯彻落实兴业银行总行党委的决策部署，以“稳发展、保安全、促转型”为核心，认真落实外部监管要求和兴业银行总行工作部署，大力调整业务结构，加强内控合规管理，整合队伍建设，最大限度地把握住了市场机遇，有效规避了大的业务风险，兴业银行兰州分行各项工作得到稳步推进，实现了2015年预定的任务目标。

兴业银行兰州分行各项存款在当地股份制银行中稳居第三，同业存款在当地股份制银行排名第一，兴业银行兰州分行资产质量良好，营业收入和营业利润同比大幅增加，整体盈利能力进一步增强，人均效益工资在兴业银行各家分行中排名靠前。2015年，在系统内各项考评中企业金融业务被评为类区行第一，金融市场部荣获“银银平台业务拓展一等奖”，风险管理部被评为“优秀分行”，零售事业部、信息科技也获得多项荣誉，在综合考评中，取得类区行第二的喜人佳绩。

一、盈利能力成倍增长，目标计划圆满收官

（一）业务规模稳健增长。截至2015年末，兴业银行兰州分行管理资产达到733.55亿元，本外币各项存款余额233.86亿元，较年初增加124.45亿元，增长1.14倍。其中，企业金融存款余额164.53亿元，较年初增加65.29亿元；零售存款余额17.85亿元，较年初增加8.94亿元；同业存款余额146.47亿元，较年初增加11.52亿元。各项贷款余额76.72亿元。

（二）盈利能力显著提升。截至2015年末，兴业银行兰州分行实现考核利润6.05亿元，较上年增加3.09亿元，增

长 1.04 倍；实现中间业务考核收入 3.08 亿元。资产质量良好，无不良资产。

二、各项指标同业领先，市场地位稳步提升

（一）客户群体稳步扩大，客户基础进一步夯实。截至 2015 年末，企业金融客户 2 545 户，较年初增加 1 477 户，增长 1.38 倍；企业金融基础客户 623 户，较年初增加 266 户，增长 75%。零售核心客户 5.70 万户，较年初新增 2.59 万户，增长 83%。金融市场在客户基础和系统建设上也取得了良好成绩。

（二）各项排名稳居前列，同业地位快速提升。截至 2015 年末，兴业银行兰州分行各项存款余额累计 233.86 亿元，在兰州市七家股份制银行中排名第三，仅次于招商银行和浦发银行。其中企业金融存款余额 164.53 亿元，排名第三；零售储蓄存款余额 17.85 亿元，排名第五；非存款类金融机构存款余额 51.48 亿元，排名第一；同业存款余额 146.47 亿元，排名第一。随着分行业务不断发展壮大，兴业银行兰州分行的市场地位得到显著提升。

三、体制机制不断优化，条线业务有所突破

在总行“精简机构、降低成本、强化专业、提升效率”统一部署下，优化、调整分行组织架构，深化网转体系建设，细化客户分层管理，提升网点产能。完善机构与人员考评管理办法，加快零售营销序列“优胜劣汰、动态调整”，优化提升人员素质。金融市场方面，体系、架构不断规范。风险内控上打造“四位一体”模式，通过风险、信审、尽调、法律合规，切实有效提升风险判断识别的能力。

【企业金融】　企业金融亮点纷呈，重点在投行业务、重大项目推动和机构业务等方面取得了突破性进展。为甘肃省财政厅承销政府债券 27.22 亿，推动资产证券化业务落地 4.85 亿，资本性融资业务获批 105 亿元，最终在分行沉淀存款 15 亿元；省公航旅集团已列入总行战略核心客户培育名单，综合授信 100 亿元，落地险资直投业务 49 亿元，发放项目贷款 1 亿元，承销永续债 10 亿元；为金川集团下属子公司广西金川开立 20 亿元保函用于融资租赁业务；为酒钢集团发行超短券 20 亿元；兰州城投融资租赁业务 11 亿元；成功取得省市两级住房资金管理中心公积金存贷款、甘肃省级财政专户、兰州市财政局非税收入收缴等多项业务代理资格；积极推动甘肃省烟草全面业务合作；成功搭建甘肃省福彩中心福利彩票销售资金归集平台；最终在年度系统内兴业银行企金条线综合考评中位居同类行第一。

（李慧军）

【零售业务】　零售业务稳步增长。“以渠道建设为核心，促五化，抓五动，促使零售业务规模、客户、效益实现跨越发展”，新建传统支行 3 家，社区支行 6 家，网点覆盖兰州市内主要城区；截至 2015 年末，综合金融资产日均余额 26.29 亿元，坚持多渠道获客，夯实客户基础；推行网点标准化管理；发挥理财产品优势；积极组织各类营销竞赛活动，完成总行下达的 17 支重点代销基金，多次获得总行通报表扬；在公募基金、理财产品、贵金属销售和第三方存管等方面都取得了良好业绩，在总行 2015 年度“迎新春”储蓄存款、熊猫金币营销活动和“兴业-华福联名卡”等多项营销竞赛中荣获多项荣誉称号。

（李慧军）

【金融市场】　金融市场强力拓展。截至 2015 年末，分行同业资产规模达到 203.02 亿元，按照分行制定的“深耕省内同业法人客户，面向全国拓展渠道”的工作思路，在同业负债、同业资产和同业投资方面都取得了实质性进展，全年同业负债规模稳定在 100 亿元；与华润深国投信托、兴业基金和天弘基金等机构密切合作，分行非银存款连续多月排名位居当地股份制商业银行首位，与甘肃银行、兰州银行、甘肃省农村信用社、华龙证券建立了资产、负债、理财、托管等全面密切的合作。与甘肃省农村信用联社银银平台系统成功上线，同时成功营销兰州银行购买本行理财和同业大额存单；累计投资华龙证券两融资产包超 25 亿元，成功上线华龙证券三方存管系统以及银证、银行转账系统，沉淀低成本日均存款超过 1 亿元；成功上线华龙期货银期直联系统；与省农信社结算中心及下辖 87 家二级法人合作资金业务、同业大额存单、委托投资和理财销售等业务，沉淀日均负债超 70 亿元。年末，面临同业市场整体资产荒的不利局面，审时度势成功实现全行内第一笔政府债务置换业务 7 亿元，预计 2016 年进一步实现国投项目 40 亿元全提款，为分行新一年资产盈利打下良好基础。

（李慧军）

【风险管理与内控建设】　风控管理稳步推进、运营保障有效提升。坚持以“稳发展、保安全、促转型”为基本工作主线，积极推进风险管理体制机制建设，强化全人员、全流程、全覆盖的风险管理理念，重塑理性、稳健的风险文化，继续保持分行资产质量总体稳定。推进各条线风险内嵌，以授信业务为核心，建立经营责任机制，明确各经营责任人的风险管理职责，强化风险管理队伍建设，实行全面主动风险管理，从事后处置逐步向事前防范的全流程管控转型；严防信用风险，拓宽清收处置进程，压降涉险资产，根据“清收一批、化解一批、核销一批”的处置思路，充分借助法院、公安经侦的力量，加快清收的力度和进程；制定坚持退出机制，针对现有客户制定一户一策，2015 年共压缩金额 19 亿元（含小企业 3.47 亿元），主要涉及的行业为有色、建筑、煤炭、汽贸及批发业；加强问责及员工异常行为监控力度，规范信用责任追究工作，扩大问责范围，全年分行信用风险项目及违规失职行为共计问责项目 7 个，涉及金额共计 5 090.34 万元，相关责任人 18 人，实行经济处罚 1.70 万元。开展全行范围的员工异常行为排查及员工兼职排查，通报批评 25 人，同时密切跟踪整改进度，建立了员工合规档案，强化员工行为管理，多举并措狠抓风险内控。

（李慧军）

【计划财会、人力资源及信息科技】 强化运营支持保障。持续提升中后台集中运营水平，加强精细化管理。计划财务方面，切实发挥统筹指引作用，建立并完善以效益指标为核心的综合考评，以资产负债协调发展为核心，正确把握资产负债节奏，建立健全财务资源配置体系，加强费用支出预算管理，提升财务资源使用效率。一是会计结算方面，完善制度建设、加强支付结算管理、扎实开展反洗钱工作与柜面人员技能培训、重点推进会计后台工作前移与会计内控水平，有力支持前台减负和业务内控。二是人事监察方面，认真落实总行用工总量控制政策，降低派遣员工比例，严把人员关口，拓宽渠道招聘，组织各类培训，完善员工福利保障。三是信息科技方面，加大IT项目研发与利用，加强日常运维保障，有效防范信息科技各类风险。四是后勤保障方面，牵头组织落实好总行、甘肃银监局莅临分行检查指导的接待及各类会务洽谈工作，有效发挥组织协调、正面宣传等作用。

（李慧军）

【党务工作】 党群工作方面，扎实开展"八项规定""三严三实""党风廉政建设"等专题教育活动，同时加强支部建设，规范党员组织关系转接及党员发展流程，丰富党员生活，构建和谐文化。

（李慧军）

【企业文化建设】 文化建设卓有成效，社会影响持续提升。分行工会积极组织了足球赛、羽毛球赛等活动，持续丰富了员工文化生活，促进了各部门员工间的交流、沟通与协作，进一步提高了全行的凝聚力和战斗力。同时，加强与省政府各机构、其他地市政府的沟通交流，形成较好的互动关系，在产品服务、创新发展方面获得广泛认可，帮助省市企业渡过难关，在省内影响力显著增强，先后收到甘肃省委、省政府、白银市人民政府、甘肃省公路航空旅游投资集团有限责任公司、窑街煤电集团有限公司的感谢信，均对分行给予的大力支持表示衷心的感谢。同时，围绕分行经营发展特色，持续加深了与《兰州晨报》《每日甘肃网》等多家主流媒体的合作，探索多样化的形象宣传形式，报道分行经营成果。在玛曲县设立专项扶贫基金，较好地履行了社会责任。

（李慧军）

中国民生银行股份有限公司兰州分行

【综述】 2015年，中国民生银行股份有限公司兰州分行完成了开业后首个完整运行的经营年度，面对复杂多变的外部环境和内部诸多不确定因素，兰州分行在总行党委的正确领导下，在监管部门的大力支持下，在分行全体员工的共同努力下，坚持全年业务发展目标和战略不动摇，创思路、促发展、防风险、保增长，圆满完成了全年经营计划。

一、脚踏实地，经营成果再创新高

截至年末，兰州分行本外币各项存款余额126.79亿元，较年初增加64.93亿元，增长1.05倍。其中对公存款105.58亿元，储蓄存款21.21亿元。各项贷款（含贴现）余额104.23亿元，较年初增加47.23亿元，增长82.86%。其中对公贷款余额61.74亿元，零售贷款余额20.33亿元，贴现余额22.16亿元。全年实现净收入4.58亿元，其中净利息收入3.92亿元，净非利息收入0.66亿元，实现责任利润2.07亿元，圆满完成年初制定的工作计划。

二、多措并举，公司业务发展势头良好

作为一家新设分行，公司业务事关全局，关系到兰州分行能否打开局面、站稳脚跟、大步向前。2015年，公司条线业务坚持壮大规模与提升效益并举，在大力拓展传统存、贷款市场的同时，在票据、同业、金融市场、发债、贸易金融、投资银行等业务领域多措并举，成效显著。

（一）业务规模持续壮大。对公存款余额规模达到105.58亿元，贷款余额61.74亿元，贴现22.16亿元。全年实现收入3.12亿元，为兰州分行圆满完成年度利润计划奠定了良好基础。对公客户达到440户，比年初新增320户。

（二）产品运用渐趋多元。银租通、掉存通、AMT-PG、卖方融资项下外币贷款等产品相继取得突破，学产品、用产品逐渐蔚然成风。

（三）利润中心百花齐放。票据、同业、金融市场、发债、贸易金融、投资银行六大利润中心均成立不足一年，克服了人员、培训、市场、产品、体制等重重困难，实现利润1.65亿元。

（四）机构业务取得突破。在甘肃省财政代理资格招标中，通过精心组织和充分准备，兰州分行获得财政现金管理和专户资格。在此基础上，全年累计承销地方债34.70亿元，借助甘肃省发行地方政府债机遇持续营销财政性存款，收效良好。

三、创新思维，零售业务取得阶段性成果

零售业务开局良好，全年稳步发展。全年存款余额稳定在21亿元的水平，个人贷款达到20.33亿元，小微客户8 393个，零售客户达到13 900个。

（一）民生形象初步彰显。年初以来，分行业务规模、市场份额稳步攀升，截至2015年末，储蓄存款日均规模20.48亿元，较年初新增18.33亿元，个人贷款余额20.33亿元。价值创造能力显著增强，零售条线全年利润占比达到24%。在本地初步树立了民生银行"情系大众，服务民生"的良好社会形象，也赢得了社会各界的诸多好评。

（二）品牌营销有声有色。一是持续开展营销活动，不断提升活动频次，确保户外营销、客户回馈常态化，推动财富课堂进商圈、财富课堂进企业、财富课堂进社区、财富课堂进机关、财富课堂进军营、财富课堂进学校，在为客户提供产品服务的同时，提供非金融增值服务。全年累计开展财

富课堂138场次，参与客户近4 000人次，进一步丰富了获客渠道。二是创新丰富活动主题，着力提升品牌影响。成功开展“一带一路上的小微美食”“活社生香”“最潮自拍达人秀”“惠生活烧烤季”等诸多主题营销活动，结合兰州特色，积极搭建活动平台，丰富市民文化生活，宣传普及金融知识，提升民生银行品牌影响力，既收获了良好口碑，又获得了客户的一致认可。

（三）业务结构渐趋合理。一是大力开拓小微业务。一方面加大宣传力度，多渠道密集营销抵押类贷款产品；另一方面促进存量弱担保授信业务转化，拓展新增抵押贷款业务。二是探索开展消费信贷业务。立足零售业务发展战略，在深入调研消费信贷市场的基础上，谋划消费信贷业务思路，制定消费信贷业务发展规划，充实人员配备，优化业务流程，为2016年大力拓展消费信贷业务奠定了良好基础。三是积极搭建财富团队。充实财富团队配备，壮大营销力量，强化日常培训，规范营销话术，推行厅堂一体化营销，非储蓄金融资产快速增长。

（四）资产质量保持良好。积极调整零售营销策略，统筹兼顾安全与效益，多措并举提升抵押率。通过减免抵押评估费用、加快业务办理速度等方式，简化业务办理流程，在总行基础产品之外创新推出个性化抵押贷款产品。截至2015年末，小微贷款抵押率提升至4.74%。同时，零售类贷款不良率为零。

（五）全面转型夯实基础。坚持“以客户为中心、以收入为导向”的目标，按照民生银行总行零售业务转型整体规划，优化调整零售银行总部的职能架构，强化板块统筹与协同能力，以整合组织架构促职能转型，个人金融客群经营能力和专业化管理支持能力进一步提升。

四、潜心研究，金融市场业务奠定坚实基础

2015年，在拓宽市场渠道、丰富产品类型、提高创利水平方面，民生银行金融市场条线做足功课、充分准备，为今后同业业务和资本市场业务的长足发展打下了基础。一是积极开展同业理财业务，秉承“做深客户、做大规模、做强业务”的理念，致力于发展长期客户合作关系，累计销售近200亿元理财产品。二是稳步推进同业投资业务，多部门协作完成15亿元账户直投和4.60亿元票据资管业务的落地工作。三是资本市场各类业务取得突破，特别是推动3亿元股票质押项目成功落地，为今后资本市场业务拓展了更多的发展空间。

五、精细严谨，风险管理水平不断提升

（一）积极开展评级授信。严把客户准入关，全年授信项目笔数通过率89%，金额通过率84%，通过率较2014年同期提升28%。

（二）严格实施放款及资产监控。积极研究新产品政策，风险管理部门和业务部门通力协作，随着各项电子系统上线运行，放款服务质量持续提升。放款业务大幅增长，多项新产品实现零的突破。督导业务部门及时开展资金流向监控、客户回访、检查报告等，资产质量保持良好，关注及不良贷款为零。

六、明确目标，资源配置导向职能进一步发挥

（一）资源配置导向清晰明确。围绕兰州分行年度经营战略业务和工作重点，坚持“公开、公平、透明”的原则，合理安排资源配置，强化对负债业务、中间业务的激励力度，鼓励低资本耗用业务发展，明确“以规模为基础，以效益为核心”的政策导向，引导全行在成立初期快速做大业务规模、做实业务基础，充分发挥了资源配置的指挥棒和推进器作用。

（二）推动资产负债合理摆布、均衡增长。按照民生银行总行资产负债管理整体思路和兰州分行各阶段具体要求，统筹做好资产负债动态管理和信贷额度管控；积极传导总行资本管理政策，引导业务部门通过加大合格缓释金额、时间错配等方式，有效降低资本占用。

七、运筹帷幄，管理创新支持业务能力进一步提升

（一）运营管理标准化和流程化不断强化。一是通过强化员工培训、上岗考核及轮岗工作常态化，辅以各类业务技能竞赛，全面提升员工业务能力和综合素质。二是根据新业务种类出台相应的标准化操作流程，强化跨部门业务流程衔接规范化，并在不断加强柜面风险控制的基础上持续提升厅堂运营作业效率。三是认真组织定期业务自查，并根据民生银行总行和外部监管机构要求，积极落实各类专项检查，规避业务风险。四是大力推进厅堂营销，积极协助业务团队进行客户拓展，通过MIT智能发卡机等先进机具的推广应用提升兰州分行营销水平。

（二）人力资源管理平台体系逐步构建。一是建立标准化人事工作流程，实现人员入职及转正、行员等级确定、人事信息管理、考勤和休假、出入境外事报备等各项工作的标准化管理，实现审批流程电子化。二是合理、有序设置兰州分行各机构和相应岗位，搭建完整的组织架构和岗位体系，并适时组织开展各类招聘，有序推进人才梯队建设。

八、应运而生，分支机构建设工作全面推进

根据民生银行总行及监管机构的制度要求，确定年内开立4家综合性支行、1家小微支行的机构建设计划目标，完善在本地的经营网络布局。充分发扬民生银行严谨、高效的优良作风，重点围绕网点选址装修、办公设备选配、网络搭建、人员配备、制度建设、监测预警体系构建、内外部报批等方面，有条不紊地推进各项准备工作，按照进度顺利完成工作目标。截至年末，兰州市内首批4家支行和1家小微支行均已正式开业并投入运营。

【风险管理与内控合规】 一、积极开展评级授信工作，引领资产业务稳健发展。一是深刻把握甘肃区域经济现状和发展特点，坚决贯彻总行授信政策，及时制定《授信评审指引》，采取“退、压、限、控、进”的差异化策略，为授信业务指明了发展方向。二是严把客户准入关。紧贴“一带一路”国家重大战略规划，围绕当地优势行业龙头和小微企业，全年累计受理公司评级客户130户次，获批111户，其中，达到AA-以上的48户，A-至A+级的52户。三是授信通过率显著提升。积极响应业务部门工作需求，与其共同走访企业，及时提出优化方案和建议，同时与总行保持了常态化的高效沟通，获批对公授信54户、金额287亿元（含贷款承诺），通过率同比提升了28%。

二、严格实施放款及资产监控，信贷资产质量保持良好。一是着力提升放款服务质量。坚持双人办理取印、面签及核保工作，严格落实授信条件，并通过使用“E贷通”对公放款移动系统外勤影像定位、公安身份信息核查等功能，持续强化操作风险防控能力，“E贷通”使用率排名系统前三位，放款管理和服务水平持续提升。二是提升分行业务创新水平。积极研究总行新的产品政策，并与业务部门通力协作，放款业务大幅增长，外币贷款、账户直投、黄金租赁、买方保理担保等多项新产品实现零的突破，积累了业务办理经验，提升了业务创新水平。三是加强押品管理。严把押品准入关，强化对中介机构的管理，切实做好押品的价值评估。四是做实贷后管理。通过下发《贷后管理通报》《提示函》等方式，督导并协同客户经理及时开展贷后资金流向监控、月度客户回访、季度检查报告，贷后管理任务完成率100%；同时，严密监控关键时点和关键环节，督促客户按期还本付息。五是制定了《中国民生银行兰州分行客户经理授信后管理考核评价工作实施细则》，将客户经理贷后管理质量与绩效考核挂钩，进一步强化了客户经理的风险责任意识。全年分行未发生贷款逾期及垫付情况，表内外信贷资产质量保持良好，关注及不良贷款均为零。

三、全面启动法制民生建设，力促各项业务合规运营。一是开展依法治行与合规内控宣传培训，塑造“知法、守法、用法”的氛围和环境。组织分行全体员工参加法治知识与技能竞赛（初赛），选拔了5名员工参加总行华北片区复赛，获得普及组第五名、技能组第四名的好成绩。同时，针对新机构、新入职人员及时开展准入及日常合规培训。二是紧跟法律环境变化和业务发展情况，准确把握风险性质、风险程度，为业务提供全流程专业支持，全年完成法律合规审查事项99项。三是全面落实监管要求，完善内控导向机制，强化合规内控管理。组织召开合规议决行会议12期，有效查找、发现内控缺陷，整改、解决风险问题，督促提升管理水平；综合运用非现场监控与现场检查相结合的方式，同步监测、及时开展各类案件风险排查工作，处理合规与操作系统预警信息190笔；组织落实合规档案管理制度，及时录入机构合规档案25份、个人合规档案287份。四是积极开展反洗钱工作。处理甄别对公可疑交易184笔、对私可疑交易2 363笔；补录对公大额交易信息985笔、对私大额交易信息6 171笔；补录对公可疑交易信息65笔、对私可疑交易信息711笔。

四、主动对接当地监管机构，大力开展各项风险排查。一是牵头全行各条线、部门完成了分行开业后自评价工作，得到当地银监局的认可，促进了支行筹批等相关工作进程。二是按期向当地银监局、人民银行报送分行经营分析报告、客户风险信息等各项报告报表，及时汇报分行经营风险发展状况。三是大力开展重点业务风险排查。全年开展信贷、票据等业务自查整改专项活动6次，并积极配合银监局完成“两违”专项检查、开业后现场评价、票据业务专项检查、“两违‘回头看’”检查以及人民银行征信管理检查等外部监管现场检查工作。四是加强问题整改落实。针对内外部检查发现的各类问题，举一反三，传达学习，并迅速组织相关部门建立整改台账，制定整改措施，落实整改责任，跟踪整改进度，目前检查发现问题均已整改到位。

（樊康宁）

【公司银行】 2015年，民生银行兰州分行公司条线业务坚持壮大规模与提升效益并举，以资产业务为引领，围绕“精准营销、存量挖掘、创新运用、重点突破、能力提升、风险防控”的工作重点，立足市场需求，紧抓民生领域，投身政府建设，从客户、区域、产品等不同角度，积极推动业务管理与发展。

一、业务规模持续发展。截至年末，对公一般性存款时点余额为105.58亿元，较年初新增59.74亿元。对公一般性存款年日均余额为73.42亿元，较年初新增66.31亿元。分行金融资产总计195.39亿元，金融资产较年初增加131亿元。

二、客户基础进一步夯实。坚持客户分层经营战略，针对重点领域、重点客户，制定差异化的金融服务方案，通过电子银行、现金管理、结算推动等产品组合，满足客户多元化服务需求，全面落实客户维护责任，提高资产收益，培育分行的基础客户群。

三、紧抓中收主线，用活创新产品。以产品营销为抓手，持续拓宽业务渠道。公司条线全年新增结算户323户，有效户126户，运用银租通、掉存通等18个公司业务新产品，通过产品一体化服务，提升客户满意度。

四、加强学习培训、储备人才。建立培训考核机制，制定年度培训计划，将常规培训与专项培训相结合，通过不同层次、不同方向的培训，提升公司业务条线综合能力。加强联动，补充人员，完善考核、激励措施，形成一个协同、开放的整体。

五、提升风险管理水平。把“规规矩矩办银行”的经营理念深入到业务发展全过程，时时刻刻把风险防控作为一个不可突破的底线；同时，把道德风险防范作为重中之重，警钟长鸣。通过加强岗位和业务流程教育，强化岗位制衡及审核职责，严格落实各项管理制度，牢固业务合规门槛。

（蔡 波）

【计划财务】 一、进一步发挥资源配置的导向作用。围绕分行年度经营战略业务和工作重点，坚持“公开、公平、透明”的原则，合理安排资源配置，强化对负债业务、中间业务的激励力度，鼓励低资本耗用业务发展，明确“以规模为基础，以效益为核心”的政策导向，引导全行在成立初期快速做大业务规模、做实业务基础，充分发挥了资源配置的指挥棒和推进器作用。在此基础上，统筹做好分行资产负债动态管理和信贷额度管控，积极传导总行资本管理政策，引导业务部门有效降低资本占用，同时积极向总行沟通，争取各类临时性政策措施，最大限度支持业务发展。

二、不断优化定价管理流程。一方面，根据总行FTP政策的适时调整，及时做好政策的传达、解释工作，充分发挥内部资金转移定价这一工具对业务的引导作用；另一方面，根据总行外部定价的各项管理规定，完善相关分级授权管理机制，优化审批过程规范化管理，提升全行利率管理和定价水平。

三、逐步完善制度体系。根据总行制度修订的情况，结合兰州分行实际，制定了《中国民生银行兰州分行资金头寸报备管理办法（试行）》《中国民生银行兰州分行会议费管理办法》《中国民生银行兰州分行差旅费管理办法》《中国民生银行兰州分行财务费用管理办法》等多项制度和办法，不断完善分行计划财务部制度体系。

四、按时保质完成各类监管报送工作。认真执行人民银行、银监会等统计信息管理制度，积极配合各监管机构对口部门信息报送、临时调查等工作，按要求及时、准确地完成各类定期、不定期的报表编制和报送工作。2015年，分行各类监管报表未出现错报、漏报、迟报等情况，并在人民银行兰州中心支行开展的当地金融系统统计工作评比中取得了第三名的成绩。

五、准确核算、及时缴纳各项税收。按照总行和地方主管税务机关的相关要求，根据各项税法、制度等，准确及时地进行纳税核算、申报和缴纳，确保分行所涉及到的各项税收均能准确核算、计提，及时缴纳、入库。

（张　欣）

【零售业务】　按照民生银行总行整体战略部署，兰州分行进行了零售组织架构及职能的调整，进一步树立“大零售”的经营理念，坚持“以客户为中心”，全面梳理零售业务经营管理活动，增强零售板块在业务规划、客户细分、交叉销售、资源共享、营销推动等方面的统筹与协同性，更好地提升对客户服务的质量与效率，提高客户满意度，提升资源差异化配置的效率和效益。全年零售业务各项工作稳步开展、有序推进，个人存款持续增长、信贷投放稳步进行、多渠道获客成效显现、结算产品覆盖较好、金融资产发展打开局面。在小微业务发展方面，深挖规划项下客户资源，转变“以产品为中心”的理念，回归“以客户为中心”的本源，在开展客户分层、打造产品超市的基础上大力推进交叉销售，提高客户综合贡献，并针对不断发生的形势变化积极调整零售资产结构，大力发展消费信贷。在传统零售方面，一是以打造专业化、竞争力的团队建设为目标，不断完善团队人员配备，提升团队综合素质；二是着力于渠道建设，利用三方平台、重点项目，线上线下批量获客，进一步拓宽获客渠道；三是开展多样化、多层次的客户活动，进行多途径宣传，加大品牌宣传力度，大大提高了民生财富的品牌影响力；四是稳步推进机构建设工作，根据分行整体发展战略和区域发展规划，完成4家综合性支行、1家小微支行的选址工作。

（李　腾）

【人力资源】　深入贯彻民生银行总行人力资源战略，加强分行岗位体系建立和人才引进工作，组织开展多种形式的招聘工作，做好人员引进和人才梯队建设，通过全方位、多层次的员工培训工作，提升员工业务水平、管理沟通能力、风险防范意识等；根据总行统一安排，组织分行相关条线开展岗位资格、专业技术序列评级等工作，满足总行对持证上岗的要求；细化各项人力资源工作流程，实现人力资源标准化管理。

一、构建科学的薪酬福利体系。基于总行行员级别和薪酬管理办法，明确各岗位员工初始定级和调整标准，并建立分行薪酬福利体系，明确各等级员工的薪酬福利标准。依托分行工会平台，建立员工伙食、活动小组、员工体检、休假等福利类工作的标准和流程，充分调动员工的工作积极性。

二、制定全行绩效考核办法。分行借鉴兄弟分行成熟的经验，结合兰州当地特色，明确考核标准，保证绩效考核的公平、公正、公开，确保各项考核指标的可操作性，全面、客观评价各部门和员工的工作业绩。

三、加强分行机构岗位建设和人才引进工作。合理、有序设置新机构和新岗位，搭建分行完整的组织架构体系，确立干部聘任流程，打通员工上升通道。严把进人关，根据总行核定编制和分行各条线岗位需求，适时组织开展各项招聘工作，做好人员引进和人才梯队建设，基本保证业务发展各阶段分行对各类人员的需求，有力促进业务发展。

四、建立标准化人事工作流程。实现人员入职及转正、行员等级确定、人事信息管理、考勤和休假、专业技术序列评级、出入境外事报备、人员培训等各项工作的标准化管理，提高工作效率。

五、不断做好员工各项培训工作。根据总行一级培训计划及分行实际业务发展需求，制订分行各项培训计划，全面开展民生亿度在线培训、中层领导辅导培训、各级干部培训、核心人才骨干培训、商务礼仪培训等各种形式的培训工作，确保员工综合素质、业务技能等方面达到分行发展要求。同时，根据总行统一安排，组织分行相关条线开展岗位资格、专业技术序列评级等工作，确保各项业务及时开展，提升各岗位的专业能力和持证率。

（顾兴文）

【信息科技】　一、持续加强科技风险体系建设，严格执行落实科技制度，实施科技值班及每日定期报告制度。完善和丰富应急演练场景，形成常规演练机制。加强信息科技安全管理工作，通过制度和技术方式，保障科技平台和信息数据安全。丰富科技监控手段，将分支行网络设备、链路、电力、环境等基础设备统一纳入监控平台，为平台配置短信报警等功能。

二、完成分行下联网络区域、3G VPDN、网点WiFi等一系列平台建设及设备实施工作，完成分行网络项目信息等级保护定级工作，确保科技平台的高效、稳定运行。完成分行安防监控网络单独成网工作，围绕分支机构建设，完成分行至所有分支机构安防监控网络的互连互通，通过在分行端部署独立路由设备，实现分行安防监控网络的专网专用。

三、围绕业务发展，完成分行本地特色业务系统开发，以及相关数据提取、分析等方面的工作。根据甘肃省高级人民法院要求，及时完成分行司法查控系统对接及开发工作，并通过法院方验收。面向分行继续做好各类数据服务工作。将技术创新列为日常工作之一，紧跟行业最新技术和产品信息，有针对性地了解和测试部分产品，搭建实验环境和平台。

四、加强科技团队建设，优化人员及岗位配置，定期开展团队培训。根据科技部门工作特点，分别以内部座谈、课题研讨、专业厂商授课以及特色在线课程等形式，推进部门学习和创新氛围。注重团队成员同成长、共提高，确保团队战斗力和创造力。

（孙　戎）

甘肃省农村信用社联合社

【综述】　2015 年，甘肃省农村信用社联合社始终坚持以“三大战略”为引领，各项业务实现了跨越式发展；始终坚持以支农支小为己任，社会贡献度大幅提升；始终坚持以深化改革为动力，体制机制逐步完善；始终坚持以科学发展观为指导，质量和效益持续提高；始终坚持以创新发展为驱动，市场竞争力明显增强；始终坚持以信息科技为支撑，管理和服务水平大幅提高；始终坚持以队伍建设为根本，人力资源结构不断优化；始终坚持以企业文化为保障，行业形象显著提升。2015 年是甘肃省农村信用社联合社成立的第 10 年。10 年来，全省农村信用社实现了超常规跨越式发展，业务规模快速增长，经营效益大幅提高，内控管理不断加强，业务发展能力、风险管控能力和金融服务能力全面提升，品牌知名度、行业形象和社会地位显著提高，成为全省机构网点和从业人员最多、金融服务覆盖面最广、存贷款规模最大、支持“三农”力度最强的银行机构，成为甘肃农村金融的主力军。

截至 2015 年末，全省农村信用社资产总额 4 383.65 亿元，较年初增加 508.03 亿元，增长 13.11%；负债总额 3 955.08 亿元，较年初增加 388.60 亿元，增长 10.90%；所有者权益 428.57 亿元，较年初增加 119.43 亿元，增长 38.63%。各项贷款余额 2 636.54 亿元，较年初净增 528.49 亿元，增长 25.07%，完成年计划的 1.23 倍。各项存款余额 3 154.12 亿元，较年初净增 409.11 亿元，增长 14.90%，完成年计划的 1.02 倍。存贷比为 78.45%，同比提高 7.23 个百分点。不良贷款占比 3.50%，保持在监管部门规定的控制比例 5%以内。实现拨备前利润 106.31 亿元，同比增长 3.19%，完成全年计划的 1.06 倍。实现利润总额 56.23 亿元，同比增长 9.18%，完成年计划的 1.14 倍。资产利润率和资本利润率分别为 1.13%和 12.46%。全年实现收入 286.38 亿元，同比净增 26.92 亿元，增长 10.38%。其中中间业务收入 6.37 亿元，同比净增 0.55 亿元，增长 9.45%，完成全年计划的 1.10 倍。实现拨备前利润 106.31 亿元，同比净增 3.30 亿元，增长 3.20%，完成全年计划的 1.18 倍。实现利润总额 56.23 亿元，计提拨备 50.08 亿元，拨备余额达 175.98 亿元，拨备覆盖率 189.96%。成本收入比 35.74%，同比提高 0.02 个百分点。资本充足率 14.52%，较年初提高 1.01 个百分点；核心一级资本充足率 13.54%，较年初提高 0.88 个百分点。全辖上缴税金 21.58 亿元，同比增加 1.98 亿元，增长 10.10%，大部分行社已成为当地最大纳税户。甘肃省联社结算中心银行间市场交易总量在全部 10 879 家市场参与者中排名第 71 位，在 556 家农信社机构中排名第 4 位。

【机构人员】　截至 2015 年末，全省农村信用社共有法人机构 84 家，其中县级农村信用合作联社 53 家、农村合作银行 8 家、农村商业银行 22 家、结算中心 1 家，共有物理营业网点 2 239 家，共有离行式自助银行 71 家。全辖共有从业人员 19 262 名，网点服务半径不断扩大，从业员工持续增加，人力资源配置更加优化，市场竞争能力继续增强。

2015 年，全省农村信用社共有 67 家行社上报基建项目 324 个，申请投资 13.52 亿元，实际审核准予立项基建项目 311 个，实际批准投资 9.33 亿元。审核已完成建设基建项目 248 个，核减金额 1 692 万元，营业网点建设实际完成投资 3.37 亿元。全年共审批机构变动事项 102 项，其中：新设立机构网点 22 家，设立离行式自助银行 11 家，变更营业场所 31 家，变更名称 8 家，机构终止 2 家，机构升格 27 家，机构降格 1 家。

（高　华　康建华）

【体制改革】　甘肃省联社于 2005 年成立后，稳步推进全省农村信用社产权制度改革，截至 2012 年，全面完成了首轮改革任务，组建了 18 家农村合作银行，完成了 69 家联社的统一法人改革，开展了资格股转投资股的股权改造，完善了法人治理结构，建立了激励约束机制，健全了内控管理制度，促进了经营机制转换。首轮改革极大地激发了经营活力，各项业务快速发展，资产质量稳步提高，经营状况明显改善，支农服务不断加强，各项工作步入了超常规、跨越式发展的良性轨道。为全面建立现代商业银行经营管理的体制机制，进一步激活各项经营管理要素的潜力，按照银行业监管部门的安排，报经省政府同意，甘肃省联社坚持“成熟一家、组建一家”的原则，于 2012 年开始启动了全辖第二轮改革，将县（区、市）农村信用联社、农村合作银行逐步改制为农村商业银行。农村商业银行改制不仅有利于进一步拓宽农村信用社的资本补充渠道，增强资本吸引能力和社会融资能力，扩大资本规模，优化股权结构，化解不良资产包袱，增强贷款供给能力，深度支持“三农”、县域经济发展和城乡一体化建设，而且有利于进一步明晰产权关系，完善法人治理，转换经营机制，扩大业务范围，培育合格市场主体，增强产品创新能力和多样化金融服务能力。

2015 年，甘肃省联社继续坚持市场化原则和股份制方向，加快农商银行改革步伐，完成了 16 家农村信用联社的改制任务。特别是兰州农商银行的成功组建，探索出了联合重组的改革新模式。2015年，组建了兰州、平凉、庆阳、临夏等12家农商银行，农商银行总数达到22家，占全部机构数的26.51%，各项资产、存款、贷款分别占到全辖的42.99%、47.03%和47.52%。

（高　华　康建华）

【信贷支农】　2015年，面对经济下行期的严峻考验，甘肃省联社全面贯彻国家宏观调控政策，准确把握稳健货币政策导向，坚持以调结构、保增长、促惠农为目标，积极适应复杂多变的国内外经济金融形势，持续强化涉农贷款营销工作。截至年末，涉农贷款余额2 167.52亿元，较年初增加381.80亿元，增长21.38%，总量和增量稳居全省同业第一位。一是推进农户小额信用贷款优化升级。围绕“扩面、增量、提质、增效”的营销思路，以提高办贷效率为突破口，以流程优化为抓手，进一步做精、做实、做细农户小额信用贷款，增强品牌适用性和竞争力。截至年末，评级授信农户达到352.19万户，授信总额1 340.88亿元，农户小额信用贷款余额达311.48亿元，较年初增加44.50亿元，增长16.67%。二是推行大联保贷款模式。针对“三农”贷款多元化需求，积极推行“担保中介+企业+农户+信合”等新型融资担保方式，促使“小联保”向“大联保”快速转变。截至年末，全辖农户“大联保”贷款余额1 389.21亿元，较年初增加243.91亿元，增长21.30%。三是强化新型经营主体贷款营销。积极创新信贷产品和服务方式，引导农户实现专业化、科技化和集约化经营，将信贷资金向新型农业经营主体倾斜。截至年末，全辖农民专业合作社贷款余额53.72亿元，支持专业合作社1 463个。四是加强贴息贷款投放。坚持“有进有退、有保有压”原则，着力加大草食畜牧业和设施蔬菜业贴息贷款发放，不断调整优化妇女小额担保贷款结构。截至年末，全辖“双业”贷款余额122.77亿元，支持规模种养户10.45万户、种养殖小区及专业合作社1 214个，妇女小额担保贷款余额11.35亿元，全部贴息贷款余额212.34亿元，较年初增加39.58亿元，增长22.91%。五是大力发放精准扶贫专项贷款。制定了《甘肃省农村信用社精准扶贫专项贷款合作协议》和《甘肃省农村信用社承贷片区其他银行扶贫贷款置换协议》，开发了精准扶贫专项贷款管理系统，协调省财政建立风险补偿基金1.82亿元。指导天水、平凉各行社建立绿色通道，创新贷款模式，做到了贷款早投放、早使用、早得益。截至年末，完成贫困户建档立卡25.48万户、104.69亿元，累计发放精准扶贫专项贷款13.64万户、66.29亿元，其中承贷片区累计发放11.61万户、56.61亿元，完成110.59%。六是积极扶持中小微企业发展。通过单列小微企业信贷计划，实行贷款利率优惠，简化贷款流程，提高审贷效率，创建信用共同体模式等措施，引导信贷资源向农业产业化龙头企业倾斜，有效满足了中小微企业的融资需求。截至年末，全辖小微企业贷款余额1 216.53亿元，较年初增加241.66亿元，增长24.79%，户数同比多增287户，申贷获得率同比上升3.30个百分点。七是巩固提升涉农代理业务。与甘肃省人社厅签订合作协议，进一步完善了社保卡资金结算流程。与国家开发银行甘肃省分行深化业务合作，将业务由棚户区改造拓展到安全饮水项目、道路改建、村村通、基础设施建设、扶贫开发等项目的代理。截至年末，全辖累计发放“一册明、一折统”专用存折490.10万张，代理了76个县（区）的城乡居民养老保险、13个县（区）的新农合、28个县（区）的棚户区改造和安全饮水项目资金。

（高　华　康建华）

【市场发展】　2015年，甘肃省联社继续以存款、贷款、中间业务发展为切入点，加大存款组织工作力度，不断优化贷款结构，积极拓展中间业务，努力促进全省农村信用社各项业务发展。

在2015年2月1日至7月10日期间，全省农村信用社组织开展了“跨越三千亿·献礼十周年”业务竞赛活动，制定下发了竞赛方案。截至7月10日，全省农村信用社各项存款余额达2 931.78亿元，较活动期初新增234.44亿元，完成竞赛活动任务目标的78.15%，日均净增101.85亿元，完成竞赛活动任务目标的67.90%。中间业务收入净增2.71亿元，完成竞赛活动任务目标的77.38%。高端对公客户新增1 189户，完成竞赛活动任务目标的1.49倍。

组织开展了2015年对公存款营销攻坚活动。截至2015年11月30日，全省农村信用社对公存款余额达855.11亿元，较活动期初净增2.42亿元，占各项存款总余额的26.66%，完成活动计划任务的2.42%；对公存款日均余额777.30亿元，较活动期初净增20.70亿元，完成活动计划任务的41.40%；新增有效对公结算账户422户，完成活动计划任务的1.21倍；新增有效政府类存款账户2户，完成活动计划任务的1.05%；新增代发工资账户39户，完成活动计划任务的16.96%。

调结构促发展，进一步落实各基层行社“四自”经营方针。甘肃省联社进一步淡出行政职能，加大行业服务力度，暂停执行《甘肃省农村信用社大额贷款咨询管理暂行办法》，暂时取消了由甘肃省联社对各行社大额贷款的报备制度规定，及时优化了全省农村信用社大额贷款管理方式，进一步明晰了各行社“自主经营、自我约束、自负盈亏、自求发展”的经营定位，有效发挥了资本对风险资产的约束机制，确保全省农村信用社各项贷款投放健康、稳定、有序发展。

着力加强引导，助力小微企业快速发展。在优先满足“三农”信贷需求的前提下，积极引导各行社调整信贷投放结构，进一步向中小微企业倾斜。通过单列小微企业信贷计划，向各行社转发并分解省政府、金融办、工信委等部门的投资项目目录及中小企业项目，与省国税局签署了《甘肃省税银合作框架协议》，提供诚信纳税企业信息等一系列有效措施，对符合贷款条件的项目积极进行支持，引导信贷资源向农业产业化龙头企业倾斜，有效满足了辖内中小微企业客户的融资需求，助力小微企业快速发展。

强化授信管理，培养用信机制。继续做好各行社上报的AA级（含）以上企业客户信用等级的复评及评级到期的续评级工作。评审工作中定岗限时、严格准确，协助指导各行社如实完成企业信用等级评定工作，较好地培养各行社“先评级、再用信”的工作机制。

采取强力措施，有效控制票据业务风险。通过严把主体资格准入关，严审贸易背景关，将票据业务纳入统一授信业务及客户风险集中度管理，敞口部分提供足额有效保证等强有力措施，进一步加强了对银行承兑汇票的管理，使得票据风险得到有效控制。截至年末，全省银行承兑汇票余额为117.26亿元，较年初下降64.41亿元。

狠抓清理整顿，化解信托贷款风险。针对部分行社信托贷款风险意识差，制度落实不到位等问题，甘肃省联社对已经逾期或即将到期的信托贷款进行实时监测，要求相关行社严禁办理展期或转贷手续，采取有效措施积极化解风险。同时督促各行社逐户逐笔建立贷后管理台账，制定有效可行的贷后管理方案，落实贷后管理责任。要求各行社与企业签订书面分期还款计划，按月检查督促还款计划落实情况。经过连续的清理整顿，信托贷款风险化解工作取得了一定成效，年末信托贷款余额90.86亿元，较年初减少了27.59亿元，下降23.29%。

精心梳理订制，不断优化信贷业务操作流程。在梳理和修改存量的信贷管理制度和办法的基础上，制定和完善了《汽车按揭贷款管理办法》《住房按揭贷款管理办法》《保理业务管理试行办法》《人民银行再贴现业务操作规程》等相关的管理制度和操作流程。

丰富存款产品，拓宽揽储举措。2015年4月，推出了起存门槛低、随用随取、分段计息为特点的“金土地”系列“恒得利”存款产品，该产品切实保障了客户利益，适应市场需求，一经发行，反响强烈、推广迅速。全辖共发行理财产品23支，募集资金达17.80亿元，平均年化收益率为4.75%。全年共兑付理财产品22支，兑付本金16.06亿元，实现手续费收入184.68万元，兑付产品实际收益均达预期水平。现存续8支产品未兑付，募集资金余额为6.10亿元。

强化保险业务合作，扩大合作范围。实现保险代理销售共计1.20亿元。为进一步合规代理保险业务，协调保监局，督促各行社及时换发全省717家网点的《保险兼业代理业务许可证》。收取并下拨了2014年11月-2015年10月中国人寿保险公司通过综合业务系统批量转账代收付业务的手续费，共计187.19万元。与平安养老保险股份有限公司甘肃分公司在庆阳、白银、陇南、平凉、天水5个地区开展城乡居民大病医疗保险资金的支付试点工作。办理飞天卡3 361张，资金沉淀达1 287.06万元。

对接电力公司，开通电费代理业务。年初与国网甘肃电力分公司签订合作协议，代理全省范围内电费代收代缴业务，通过沟通协调网络对接各市、州电力公司业务需求，已实现9个市、州电费收代缴业务的办理，代收代缴35万笔，金额达1.70亿元。

建立“银银平台”，实现网络连接柜门互通业务。本着“广泛合作、真诚服务、资源共享、优势互补”的合作理念，与兴业银行、交通银行建立“银银平台”，实现网络连接柜门互通业务。2015年7月，甘肃省联社与兴业银行的“银银平台”柜面互通业务实现系统对接，届时甘肃农信系统内持卡客户可在全国32 000多个他行网点实现存款、取款、转账相关业务。

依托宣传活动，提升服务能力。根据甘肃银监局“金融知识进万家”“小微企业金融服务宣传月”及人民银行兰州中心支行“金融知识普及月”活动要求，甘肃省联社制定下发了《甘肃农村信用社2015年“金融知识进万家”宣传服务月活动方案》《甘肃农村信用社金融知识宣传服务活动突发事件应急预案》《2015年甘肃省农村信用社小微企业金融服务月实施方案》《2015年甘肃农村信用社金融知识普及月活动实施方案》等相关活动方案，要求全省农村信用社在营业网点通过悬挂横幅、设置指示牌、摆放宣传材料、在LED电子显示屏及液晶电视上（滚动播放）服务宣传标语等方式，在甘肃省农村信用社网站开辟金融知识专栏，扎扎实实推进相关活动的开展。

在全省范围内做好ETC业务的全面上线和开办。协调、督促、支持城关联社与甘肃省高速公路管理局签订ETC业务合作框架协议和ETC业务实施方案，全面落实ETC业务在全省范围内的推进和布局。全省共开办陇通卡14 712张，归集金额达1 474.99万元。

攻坚克难认真做好甘肃省生源地国家助学贷款贴息的申报工作。抽调专人对2009年以来未拨付到位的生源地国家助学贷款资料进行筛选整理、核对修改、分类汇集，与全省30家高校反复协商核实贷款信息，2015年申请到位财政贴息资金230万元。

成功与甘肃省国税局签订框架合作协议。2015年5月12日，甘肃省联社与甘肃省国家税务局签署了《甘肃省税银合作框架协议》。通过税务部门提供的足额、按时纳税信用户的相关信息，为全省农村信用社进一步服务小微企提供了信用依据，并与当地国税部门开展了广泛合作，积极创新信贷支持小微企业发展的特色产品，共同扶持小微企业快速发展。截至2015年末，已有20家行社与当地税务部门签订合作协议的，发放银税贷款172笔，金额9.80亿元。

（高 华 康建华）

【创新研发】 2015年，甘肃省联社积极适应农村金融发展的新形势，按照“抓主、抓重和引导、助推”的工作思路，深入推进产品创新研发，大力推广新产品，稳步发展中间业务，创新研发效果明显。

一、产品研发深入推进。一是为落实国家“大众创业、万众创新”战略和甘肃省委、省政府“众创”工作要求，推出了“大众创业宝”系列信贷产品，该产品以城乡创业者为主要支持对象，涵盖大学生、农民工、城乡妇女、下岗失业人员、复转军人、残疾人等各类创业客户群体，是全省农村信用社支持“众创”的金融服务平台。二是指导武山联社和高台农商银行、榆中农村合作银行推出了“陇菜通”特色信贷产品，指导开展“做势”“做实”和“做事”。武山联社在全省蔬菜大会上召开了“陇菜通”产品上线发布会，引起了省委、省政府的高度重视，得到郝远副省长的充分肯定。三是针对临洮建筑业较为发达、经营态势良好；崆峒联社商用车按揭贷款运行多年、日趋成熟；榆中百合产业发达、信贷需求旺盛；通渭小米等杂粮品质优良和两当菌类产业渐成规模等实际情况，甘肃省联社分别指导临洮农商银行、崆峒联社、榆中合行、通渭联社和两当联社分别推出了“建筑宝”“车贷通”“康惠通”“良谷宝”和“金菌宝”等特色信贷产品，产品创新研发呈现出百花齐放的发展态势。

二、品牌建设稳步推进。一是以“五通六宝”为代表的特色产品深入到了全省大部分县、乡、村，成了农村信用社支持当地经济发展和农民增收致富的得力抓手。截至2015年末，“五通六宝”推广行社达56家，累计发放贷款142亿元、累计收回贷款109亿元、贷款余额251亿元；累计销售黄金13 696克、金额373万元。二是按照“一业务、一手册”的要求，汇总整理全省创新产品46个，逐一编制了操作手册，并下发各行社，方便基层行社借鉴推广。三是国家级刊物《中国扶贫》杂志围绕“五通六宝”就全省农村信用社创新金融服务、实施精准扶贫工作进行了专题宣传报道，“金果宝”入围“2015年度中国银行业协会微型创业奖”提名。四是在原有3家创新研发示范基地的基础上，新增了酒泉农商银行、麦积合作银行、武都合作银行、临夏农商银行、静宁县联社5个基地，分别在金融支持“互联网+农业”、农产品电子商务交易、新型农业经营主体和产业、少数民族贸易、果品交易等方面进行积极探索。围绕产品品牌建设的各项准备正在稳步推进，创新产品的知名度进一步提高。

三、中间业务顺利开展。一是信贷资产证券化业务蓄势待发。甘肃省联社组成学习考察组到重庆农商银行、江苏无锡农商银行和江南农商银行，就信贷资产证券化业务进行了专题调研；信贷资产证券化业务已列入了甘肃省联社的业务发展计划，确定由武威农商银行和麦积农村合作银行进行试点。目前，两家银行正在与当地监管部门沟通、申报，并进行试点前的准备工作。二是保管箱业务正在积极筹备中。甘肃省联社组织人员对保管箱业务进行了前期调研，并在兰州市对招商银行等四家银行的保管业务进行了考察交流，同时为进一步了解保管箱厂家的生产信息及省外发达地区保管箱业务的营运情况，前往江苏实地考察。武威农商银行的前期准备工作基本完成，预计2016年就可以正式开办业务。三是组织理财业务资格申报。以武威农商银行、张掖农商银行申办理财业务为契机，编制了理财业务报批申报蓝本，指导全辖农商银行和农村合作银行快速申报取得理财业务资格，为全辖大范围开展理财业务创造了条件。

（高　华　康建华）

【风险管控】　2015年，甘肃省农村信用社坚持检查、督导与日常监控并重的“三位一体”的合规风险工作机制，以重点风险防控、系统改造升级、不良贷款清收处置、合规体系建设以及监管指标达标升级等重点工作为抓手，切实加强合规与风险管控。

一是认真开展“两加强、两遏制”检查。制定下发《甘肃省农村信用社加强内部管控遏制违规经营和违法犯罪专项检查方案》和《甘肃省农村信用社“两个加强、两个遏制”专项检查“回头看”检查方案》，组织各行社认真实施自查，及时实施重点抽查，全面开展“回头看”活动，对内控落实及操作风险防控环节问题进行重点整改，有效防范了经营风险。

二是多措并举化解不良贷款。制定《清收市场化处置不良贷款管理办法》，从管理、清收、考核奖惩等环节明确界定责任，不断规范市场化处置工作。制定了《加快不良贷款清收化解工作指导意见》，牵头成立了贷款责任认定小组，进驻不良贷款余额前20名行社开展责任认定，采取做实分类、落实责任、疏堵结合方式，将不良贷款控制、盘活和处置相结合，建立了内外联动的配套清收机制。

三是扎实推进贷款集中度和准高风险行社化解。2015年，有81家行社贷款集中度达到监管标准，贷款集中度整体呈下降趋势。以《2013-2015年监管指标三年达标升级规划》为基础，全力督导9家准高风险行社深挖经营管理中存在的薄弱环节，制定化解方案，夯实监管基础。同时，实行理（董）事长负责制，落实责任，加强考核，积极推动个别行社高风险运营化解工作，使2家行社摘掉了“准高风险行社”的帽子。严格审查县级行社上报的大额贷款，及时提示预警大额贷款风险，累计审查县级行社报备咨询贷款26笔、金额14.23亿元。

四是有序推进信贷管理系统和风险预警系统升级优化工作。信贷系统将信托贷款业务、银行承兑汇票、委托贷款、住房公积金贷款等表外业务纳入信贷系统管理，新增贷款集中度风险管理、担保公司风险管理、跨网点业务移交、支付审核、客户准入、业务准入、黑名单、关联关系风险拦截等功能；新增精准扶贫贷款等14个新产品，有效防范了贷款集中度、担保集中度风险。规范担保公司担保业务，增强了对大额贷款、多头贷款、跨区贷款、垒大户、关联贷款等重要风险点的系统辅助识别、拦截及监测，满足了不同地区行社差异化服务需求，增强了行社的同业市场竞争力。

五是有效防范社会性风险。抓住开展昆明泛亚有色金属交易所交易业务等外部风险排查的契机，督导各行社高度重视，密切关注与小贷、投资、担保、典当、金融服务公司以及民间借贷等影子银行的合作边界，建立与其关联客户的风险隔离制度，严防风险传染。

（高　华　康建华）

【科技信息】　2015年，甘肃省联社以科技创新为推手，以扩品增效为目标，以运营维护为支持，以安全运行为保障，全方位增强科技信息软实力，有效提高了市场竞争力。

一是科技信息重点项目取得新突破。全年开展新建设项目45项，通过IC卡PBOC3.0改造、Tibco前置升级改造、综合业务管理平台和股金管理系统、POS升级改造、EAST系统推广及升级改造、银银平台、利率费率市场化改造、“三农”终端跨平台、统一支付平台新功能拓展、新一代柜面、移动金融综合服务平台、CMMI咨询等一批重大项目建设，进一步提高了信息系统的竞争力和抗风险能力。

二是科研项目成绩突出。《区域性农村金融机构基于移动互联网的新一代‘背包银行’实践与风险研究》和《省级农村金融机构实现关键系统安全可控、高效持续方法实践研究》两个课题参加中国银监会组织的银行业信息科技风险管理课题评定，获得四类成果奖，本项目课题研究连续三年获得该奖项。

三是积极践行普惠金融，建设互联网金融平台。通过“互联网+”“万颗商城”“移动金融平台”等项目研发推广，积极打造现代化金融服务体系，为甘肃省农村信用社适应市场发展需要、实现向现代银行转型进行了有效尝试。

四是新建和升级各类管理系统，为业务发展提供技术支持。完成了信贷管理系统升级改造、绩效考核系统、企业征信系统2.1升级改造、卡BIN升级、冠字号码信息记录查询系统、监管报送系统升级改造、统一支付平台新功能拓展项目、EAST系统2.0升级改造工作、全省网点WIFI营销管理平台、全省ETC项目。同时，为支持业务部门和基层行社业务发展，通过自主开发和项目合作等方式，建设了惠民一卡通、ETC不停车电子收费、代收兰州居民基本医疗保险、代收酒泉供暖、甘肃省住房公积金系统对接、省社保卡、定西公积金、兰州市存量房交易资金监管业务以及“陇菜通”“康惠通”“建筑宝”“卡贷通”等一批各行社急需开发的项目，为各行社特色金融服务的推出提供了科技保障。

五是顺利完成兰州市城区五家联社账务合并工作。通过对财务系统进行改造，顺利完成兰州市城区五家联社账务合并等工作，为兰州农商银行的成功组建提供了科技支持和技术保障。

（高　华　康建华）

【电子银行】 2015年，甘肃省农村信用社电子银行业务快速发展。按照低门槛、低成本、可复制、可持续的原则，积极探索实践普惠金融。

一是强化“三农”终端管理。2015年，“三农”终端坚持以“强化监督检查、提高发展质量”为重点，组成15个检查组、历时70天，对全省2 864家“三农”终端便民金融服务点进行了全面检查。同时，通过检查调研放宽了管理员准入条件、放开了业务限额、提高了管理员服务费标准。新增了受理IC卡、“他转本”“电商支付”等功能。2015年2月，在新华社甘肃分社、省政府金融办、人民银行兰州中支发起主办的首届“陇上金融家”评选活动中，“三农”终端荣获“甘肃最佳金融产品和服务奖”。

二是创新惠民服务渠道。2015年7月4日，研发上线惠民终端（电话POS）业务，“‘三农’终端+惠民终端”便民金融服务点达到5 620家，覆盖了全省79.50%的行政村。

三是开展农村电商业务试点。甘肃省联社与甘肃米粒公司合作，实施以“互联网+普惠金融”为主要内容的“互联网+农村电商”工程，推动“工业品下乡、农产品进城”。在张掖、酒泉、嘉峪关、陇南、天水五市和榆中县的31家行社的519个便民金融服务点试运行。截至2015年末，电商平台总访问量28万人次，累计实现交易8.13万笔，转化率29%。

四是着力优化电子渠道。以移动互联网金融为重点，加快电子渠道功能拓展和优化升级。持续开展电子银行业务营销竞赛活动。新增电子银行用户318.90万户，增长81.60%。电子银行业务替代率达到36.40%，较上年提高了5.15个百分点。电子银行部荣获“农信银2015年度业务应用推广先进单位”。

五是创新发展银行卡业务。发行飞天系列借记卡669万张。飞天系列卡存量和本年增量均居全省银行业金融机构首位。实现了磁条卡向芯片（IC）卡全面迁移，公务卡分期付款业务顺利上线。2015年12月28日，经甘肃银监局批准，甘肃省联社取得飞天信用卡统一品牌资格。

六是提升客户服务效能。客户服务系统换代升级，客服队伍不断加强，新增45名坐席人员，进行了网点实习和专业化岗前培训。甘肃省联社客服中心在中国银行业协会举办的全国银行业客服中心第二届“寻找好声音”竞赛中，荣获两项团体奖和两项个人综合奖。

（高　华　康建华）

【资金运营】 2015年，甘肃省联社结算中心立足服务基层的职能定位，不断开展业务创新，拓展业务渠道，强化服务职能，提高服务效率，为全省农村信用社提升经营效益、服务“三农”、推动农信社改革发展作出了贡献。截至2015年末，债券持仓余额104.03亿元，较2014年末减少17.72亿元，下降14.55%；实现投资收益8.90亿元，较上年增加1.89亿元，增长26.96%；全年完成债券交易量34 828.80亿元，在全国10 879家市场参与者中排名第71位，在市场556家农信社机构中排名第4位。

2015年，甘肃省联社结算中心累计以市场融资方式转贴现买入票据892笔、票面总额120亿元，实现贴现利息收入1.45亿元。全年累计为原七里河联社和西固联社、皋兰联社等行社支付手续费1 035万元。为甘肃省联社定点帮扶的天水、平凉地区调剂资金5亿元。扶持少数民族地区、贫困地区农村信用社发展，扶持困难行社扭转经营困境和提高流动支付能力。

为践行省属金融企业责任，促进地方经济发展，加大对省属企业的重大项目、重大投资的金融支持力度，2015年累计持有甘公投、甘国投和酒钢集团等地方平台债券28.30亿元。在原有通存通兑、电子汇兑、银行汇票业务的基础上，新开通了手机银行、农信通、支付宝等新型支付清算业务，实现了二代现代化支付系统和二代农信银支付清算系统的升级改造。截至2015年末，全省农村信用社拥有支付系统行社2 007家，加入农信银支付清算系统网点2 258个，具有支付结算能力的网点覆盖面达到98%。全年资金结算量27 060亿元、6 376万笔；日均资金结算量74.14亿元、17.46万笔。全年三大支付系统为基层行社实现结算业务手续费收入2.43亿元。

（高　华　康建华）

【财务管理】 2015年，甘肃省联社不断提升会计财务实力和统计信息质量，加强内控管理，进一步强化业务指导和综合协调能力。

一是扩大支付结算业务覆盖面，提升行社支付结算竞争力。甘肃省联社在中国人民银行兰州中心支行及农信银资金清算中心的大力支持下，为103家营业网点开通了大小额支付业务，为33家营业网点开通了农信银业务。截至年末，全省共计1 963家营业网点开通了大小额支付业务，占比87.24%；2 223家营业网点开通了农信银业务，占比98.80%。

二是切实加强全省反假币管理工作。对2 261家营业网点的7 000余台点验钞机和500余台现金清分机进行升级改造，及时组织全省农村信用社800多名员工进行新版人民币防伪知识的培训，建设人民币冠字号码记录查询系统并推广贴标工作。组织全省农村信用社对已实现冠字号码记录查询功能的现金业务柜台张贴标识4 367个，对已实现冠字号码记录查询功能的自助设备张贴标识1 922个，进一步维护了金融消费者持币利益，完善了涉假纠纷举证工作。

三是不断提高全省反洗钱工作水平。保质保量完成了全省3 258.77万存量客户的洗钱风险等级分类工作，切实履行了反洗钱义务。不断完善反洗钱系统，补充了27条“自定义可疑交易异常监测指标”，可疑交易报告数量明显下降，提升了反洗钱监测分析系统可疑交易报告解析能力。

四是优化会计业务流程，全面征集基层行社意见。广泛开展会计业务管理制度和业务流程优化建议征集活动，共计征集到282条修改完善建议，为2016年启动优化流程工作打下较好基础。

五是严格落实司法查询要求。全年共受理省高级人民法院“点对点”司法查控网络系统查询92 631个账户，综合业务系统司法查询6 095个账户。对甘肃省高级人民法院“点对点”司法查控网络系统进行了系统优化，提高系统查询效率。

六是积极寻求银税合作，切实规范全省农村信用社纳税行为。甘肃省联社整理了涉及农村中小金融机构有关税收知识及涉税相关政策依据，编印为《农村中小金融机构税收知识汇编》；根据中小微企业纳税数据等，对依法合规、诚信纳税的中小微企业给予融资支持、额度提升、利率优惠等措施。组织开展全省税务知识培训，进一步提高财务人员税收知识。

（高　华　康建华）

【稽核审计】 2015年，甘肃省联社共组织开展审计项目50个。其中，组织区域稽核审计中心实施系统性审计项目6个；经济责任审计项目42个；指导各行社实施系统性审计项目2个。审计共发现违规问题9.31万笔，涉及金额980.33亿元，由于审计手段革新，审计发现问题金额较上年增加217.62亿元。2015年，笔数整改率和金额整改率分别为94.11%和67.82%。

2015年，甘肃省联社开展了内部控制评价审计、2014年度会计决算审计、信贷管理审计、安防设施审计以及“渠道业务审计”和“账户管理审计”两个行社系统项目的审计，对各行社稳健发展起到了积极的促进作用。一是比较客观公正地评价了部分行社的内部控制管理水平，揭示了被评价行社真实的内部控制管理状况。二是揭示了各行社会计财务管理工作中存在的薄弱环节，对粉饰经营指标、少预留绩效薪酬、违规列支成本费用等重大违规行为等进行了披露，促进了各行社财务管理水平的提高。三是进一步揭露了信贷管理中存在的风险隐患，确保信贷资金安全，促进各行社依法稳健经营。四是客观评价了全省农村信用社安防设施投入与运用管理状况，促进行社重视安防建设，为各行社安全稳健经营提供保障。五是揭示了渠道业务及对公账户管理状况，促进行社规范开展电子银行渠道业务，不断提高账户管理水平。

2015年，甘肃省联社先后组成9个督导组对6家区域稽核审计中心在37家行社开展的现场审计工作进行现场督导，及时发现并解决现场审计中存在的问题。通过审计管理系统，全面跟踪现场审计人员的工作轨迹，对审计重点走偏、审计发现不充分、问题定性避重就轻等问题及时给予指导和纠正，提高了审计工作质量。

（高　华　康建华）

【党建工作】 2015年，甘肃省联社认真落实省委、省政府各项决策部署，紧紧围绕党建工作中心，积极创新工作方式，全力以赴推动党建及宣传工作取得新进展。

一是努力完善工作机制，全面提升部门工作水平。统筹推进党员管理、团委工作和宣传工作，按照“两严格两规范”，印发了《关于加强党员发展和管理工作的通知》，进一步加强了党员发展和日常教育管理；按照“以党建带群团，以群团促党建”的工作思路，切实加强了团委工作，充分发挥了共青团的桥梁纽带作用；印发了《关于进一步规范对外宣传工作的通知》《甘肃省农村信用社对外宣传管理办法》，统一了宣传口径，规范了宣传工作。

二是全面参与制度建设，努力完善党建工作体系。组织起草了《关于加强全省农村信用社党建工作的意见》《关于进一步加强全省农村信用社共青团工作的指导意见》《甘肃省农村信用社干部素质提升工作实施办法》等文件，形成了甘肃省联社“232”党建工作总体部署，并组织开展了“五好班子”创建和“三亮三比三评”活动，激发基层党组织和党员发挥好战斗堡垒作用和先锋引领作用。

三是组织召开甘肃省联社第一次党员代表大会。召开了甘肃省联社第一次党代会，并组织12个督导组对全辖60家行社党建工作开展情况进行了全面督查，为进一步加强基层党建工作奠定了坚实的基础。

四是扎实推进“三严三实”专题教育。以“三坚持三结合”为推进思路，及时制定“三严三实”专题教育方案和推进计划，高标准严要求做好“四个关键动作”，纵深推进“三严三实”专题教育，制定切实可行的整改方案，推动专题教育成果的全面转化，营造了风清气正、干事创业的良好氛围。

五是积极拓宽宣传渠道，展示甘肃信合良好形象。以甘肃省联社成立十周年为契机，充分利用网站、杂志，联合《甘肃日报》、每日甘肃网等媒体举办了以“甘肃信合·十年回眸”和“甘肃信合助力六大优势富民产业”系列宣传活动，以大型采访、主题征文、汇编书籍的形式，全方位、多角度地展示了甘肃省农村信用社十年来谱写的支农惠农道路上砥砺前行的良好形象。组织举办了2015中国兰州普惠金融论坛，取得了较好的宣传效果，在甘肃金融界引起了强烈反响。

（高 华 康建华）

【纪检监察】 2015年，全省农村信用社纪检监察工作以执纪监督问责为主线，以进一步加强全系统纪检监察工作为重点，狠抓制度落实，完善信访核查机制，加大执纪力度，强化责任追究，为全省农村信用社改革和事业发展保驾护航。

一是“实”字当头，突出示范引领。制定下发《甘肃省农村信用社党风廉政建设“一岗双责”提升工程实施办法》，靠实了党委的主体责任和纪委的监督责任。自觉贯彻落实中央八项规定和省委“双十条”规定，先后两次召开全省农村信用社推进党风廉政建设工作视频大会，通报典型案例，对全系统反“四风”和落实八项规定提出了全面要求。认真开展“三严三实”专题学习活动。积极组织召开甘肃省联社2015年效能风暴行动民主评议工作测评会，省效能办、民主评议代表对甘肃省联社效能风暴行动民主评议机关作风和行风工作进行了公开测评，测评结果满意度为98%。

二是“深”字为要，落实监督责任。制定下发了《关于进一步加强全省农村信用社纪检监察工作的实施意见》，积极协助筹备甘肃省联社第一次党代会，撰写纪委工作报告及决议草案，成功组织各行社纪委委员改选，在87家行社增设了纪委副书记，配强了工作力量。对全省提拔的26名干部进行任前廉政谈话；积极履行集中采购商务谈判监督，监督采购总计76次，监督商务谈判总计39次。

三是“细”字为尺，筑牢信访平台。截至年末，共受理群众信访件124件，其中，甘肃省联社自收49件，有关部门转来75件；对16件重要信访进行了深入核查，并妥善处理集体上访2批次、48人次。建立了信访初核机制，完善信访档案管理及信访反馈流程。对核查处理后信访，在一定范围内采取适当方式对署真实姓名和重点信访的当事人进行了反馈，有针对性地做好疏通和引导工作，妥善化解矛盾纠纷，减少了越级和重复信访，维护了经营环境的稳定。

四是“早”字为先，始终严管厚爱。通过召开全省个别行社违反中央八项规定精神视频通报大会、剖析典型案例、廉政谈话等方式，引导党员干部认真学习、汲取教训，受警醒、明底线、知敬畏。全年对58人进行了诫勉谈话。及时下发《关于严格执行廉洁从业六项要求的紧急通知》和《关于在召开党代会期间严明有关纪律要求的通知》，重申纪律要求，加强事先防范；制定《关于进一步加强涉诉案件管理的通知》，对苗头性、倾向性问题及时提醒、督促整改。

（高 华 康建华）

【队伍建设】 2015年，甘肃省联社按照“强化组织保障、突出班子建设、严格干部管理、优化队伍结构、提升工作效能”的工作思路，认真履行各项工作职能。

一、强化组织保障，着力提高党建工作科学化水平。2015年，甘肃省联社指导各行社按期召开了党员大会，圆满完成了各行社党委班子的换届选举工作。同时出台了《关于加强全省农村信用社党建工作的意见》和《甘肃省农村信用社干部素质提升工程实施办法》。指导各行社全面实施领导干部“一岗双责”、先锋引领和干部素质提升三大工程，通过开展“三严三实”“五好”领导班子和“三亮三比三评”等活动，不断丰富活动载体，切实提升党建工作成效，不断扩大党组织在基层的凝聚力和号召力。

二、突出干部队伍建设，着力提升领导能力和管理水平。对兰州、秦安、甘州、敦煌、礼县、西和、瓜州、民乐、临泽、高台、临夏市11家改制组建农商银行机构高管人员和麦积、永靖、古浪、舟曲、卓尼、永昌、正宁、武都8家行社领导班子进行了调整补充和优化，对23名符合条件的优秀年轻干部提拔使用到了领导岗位，组织考察组对崆峒、泾川、民勤、天祝、徽县5家行社的领导班子进行了考察。对党建宣教部等15个部门和6家区域稽核审计中心部分符合相应条件人员进行了组织考察。对18名管理人员和工作人员岗位职级进行了选拔调整。在系统内选派了2名干部到贫困村任第一书记，依托精准扶贫相关政策，扎实做好干部培养和驻村帮扶工作。2015年，基层行社上挂甘肃省联社干部47人，外派县（区）政府挂职干部6人。同时，积极开展金融后备人才培养项目。根据省委、省政府《甘肃省中长期人才发展规划（2010-2020年）》和《关于加强全省金融人才队伍建设的意见》精神，按照省委组织部及省政府金融办的安排部署，从全省农村信用社遴选26名学员参加第二期金融后备人才培训班。按照省委组织部要求，推荐选配了1名甘肃省联社中层干部参加了全省第十二批脱产研修班赴中国银监会锻炼。

三、从严强化干部管理，着力实现干部监督管理常态化。一是制定下发了《甘肃省农村信用社干部人事档案专项审核工作实施方案》，抽调人员组成干部人事档案专项审核工作小组，对甘肃省联社机关人员、各审计中心人员及各行社领导班子成员共计905卷人事档案逐一进行了专项审核登记，对部分存在材料缺失等问题的，审核小组开展了核实确认工作。二是建立健全干部人事档案工作相关制度。印发了《关于进一步严格干部人事档案管理工作的通知》，制定了《甘肃省农村信用社干部人事档案管理办法（讨论稿）》，要求全省农村信用社进一步强化从严管档意识，严格执行审核制度，严格日常管理，全面加强干部人事档案管理队伍建设。三是稳妥有序开展领导干部个人有关事项报告集中填报和抽查核实工作。顺利完成了全省农村信用社146名副处级及以上领导干部的个人有关事项报告填报工作，并按照中央和省委的要求，认真开展了随机抽查核实和重点抽查核实工作。四是扎实开展违规办理和持有因私出国（境）证件专项治理工作。五是认真开展地（厅）级以下干部职工住房清理工作。

四、不断规范员工管理，着力优化队伍结构、提升综合素质。一是制定了《甘肃省农村信用社员工管理办法（讨论稿）》，对全省农村信用社的劳动用工形式、员工日常管理、招聘录用、考评辞退等事项进行统一规范管理。二是公开招聘客服中心工作人员。为进一步提升客服中心服务效率和服务水平，制定了《甘肃省农村信用社联合社2015年劳务派遣制人员招聘实施方案》，聘用了45名客服中心劳务派遣制工作人员。三是定向招聘了150名具有市场拓展、营销能力的员工。对经考试考核合格的50名劳务派遣人员转聘为正式员工。四是对甘肃省联社机关及各行社部分员工进行了系统内交流调整。重点解决了因夫妻两地分居、照顾子女和父母以及个人身体原因等68名基层行社间员工的实际困难。

五、深化薪酬福利改革，着力提升员工凝聚力和归属感。一是修改企业年金方案，将单位缴费比例由8%提高至上限8.33%，并将单位统筹比例由25%降低为10%，让职工最大限度享受政策优惠。二是落实了甘南州各联社藏区特殊津贴。印发了《关于甘南州各联社享受藏区特殊津贴的通知》，为甘南州各联社员工增加了个人基本工资20%–25%的藏区特殊津贴。三是明确了全省退休职工生活补助发放标准。以每年30元标准为下限，不设上限，由各行社参照执行。

（高　华　康建华）

【普惠金融论坛】　2015年11月8日，在甘肃省农村信用社联合社成立10周年期间，由甘肃银监局、《中国农村金融》杂志社联合主办，甘肃省农村信用社联合社承办的“2015·中国兰州普惠金融论坛”在兰州成功举办。该论坛的宗旨是以线上线下融合发展普惠金融，服务“三农”涵养西部热土；目的是立足甘肃，联动西部，放眼全国，为中西部欠发达地区发展普惠金融寻找新方向、新动力、新路径。

甘肃银监局局长冷云竹、《中国农村金融》杂志社社长廖有明、甘肃省农村信用社联合社理事长雷志强分别致辞。中国社科院金融研究所银行研究室主任曾刚、中国人民银行金融研究所副所长卜永祥、民建中央经济委员会副主任马光远、甘肃省政府金融办主任汤澜分别作了主旨演讲。

论坛紧紧围绕“互联网+普惠金融”主题，以新常态下中小银行转型与发展、小贷公司现状和监管问题、科技与金融的双轮驱动为切入点，就中小金融机构进军互联网金融、运用大数据思维、构建普惠金融体系、迎接机遇与挑战、进行科技创新等方面作了深入探讨，为中西部地区中小金融机构适应经济金融新常态，拥抱互联网金融，践行普惠金融，实现转型发展指出了方向、勾画了路径。

农信银清算中心、天津农商银行、宁夏黄河农商银行、内蒙古自治区联社等16家省级联社，甘肃省委农工办、甘肃省政府金融办、扶贫办，甘肃省银行业协会，国家开发银行甘肃省分行以及工商银行、农业银行、中国银行、建设银行、邮储银行、甘肃银行等兰州地区的17家银行机构的代表共200多人参加了论坛。《甘肃日报》、甘肃电视台、《中华合作时报》等媒体进行了跟踪报道。

（高　华　康建华）

【企业文化】　2015年，甘肃省联社进一步把维护职工合法权益、推动企业稳健发展作为根本任务，积极弘扬“诚信、创新、敬业、兴农”为核心价值的甘肃信合精神，着力为职工搭建素质提升、技能比武、才艺展示、创先争优和困难帮扶的平台，构建职工信赖依靠的精神文化家园，组织动员广大职工在全省农村信用社改革发展中建功立业，为企业和谐发展发挥了重要作用，做出了积极贡献。

2015年，甘肃省联社组队参加了“2015年全国金融系统职工乒乓球大赛选拔赛”暨“‘信合杯’甘肃金融系统第一届职工乒乓球运动会”，获得男子单打第二名的好成绩。参加了由中国金融工会主办的“全国金融系统排舞大赛”和由全国总工会中国职工文体协会主办的“中国梦·劳动美·幸福路”2015年全国职工全健排舞大赛，在两个比赛中均获得一等奖。参加省金融工会组织的全省金融系统职工法律知识竞赛，勇夺一等奖。兰州农商银行刘晓珺荣获“甘肃省三八红旗手”称号，临洮农商银行马培荣获“甘肃省劳动模范”称号，原七里河联社卢家爱同志荣获“全国优秀工会工作者”称号；张掖农商银行荣获全国模范“职工之家”，“三农”业务部研发推广的“妇女小额贷款”在第七届全省职工优秀技术创新成果评选活动中获得二等奖。

2015年，甘肃省联社专题研究出台了《甘肃省农村信用社因病因灾致困职工帮扶救助暂行管理办法》和《甘肃省农村信用社联合社工会委员会慰问金发放暂行管理办法》，组织做好“送温暖”活动，全年慰问困难职工260人，发放慰问金144.50万元。为全体员工建立了职工健康档案。成功举办了全省农村信用社首届职工才艺大赛，共有400多名员工参与了声乐、舞蹈、曲艺、器乐等现场表演类节目和十字绣、剪纸、手工制作等非现场表演类才艺节目的角逐。组织开展了以“强化安全管理、增强安防意识、提升安防能力、创建平安信合”为主题的“安康杯”竞赛活动。举办了甘肃省联社机关员工乒乓球、台球争霸赛，组织甘肃省联社机关与5家联社的1 789名职工共同参加了历时7个月的“走遍陇原大地·乐享甘肃风采”健步走活动，组织甘肃省联社机关职工在“职工之家”开展了瑜伽、舞蹈、搏击操、乒乓球、台球等健身活动，带动职工形成自觉健身的良好习惯。

（高　华　康建华）

【双联行动】　2015年，甘肃省联社按照省委安排部署，制定了“注重长远发展，突出‘造血’功能”的指导意见，坚持“技术帮扶、项目支撑”的帮扶思路，指导各帮扶组开展双联行动和精准扶贫，使12个联系村面貌均有较大改变，其中3个村实现了整体脱贫。

一是从甘肃省联社机关选派了14名干部担任驻贫困村帮扶工作队队长和驻村挂职干部，并制定了《甘肃省农村信用社联合社驻贫困村帮扶工作队队长管理办法》，建立了机关干部轮流驻村和派驻工作队队长的长效机制。

二是邀请省委双联办、省委组织部、省扶贫办等相关专家举办了以“提升驻村干部联村能力，提升联村农民致富能力”为主题的培训班，对甘肃省联社机关、12个联系村的60名双联和精准扶贫工作骨干进行了为期一周的培训；督促帮扶组在联系村举办各类种养殖技术培训班8期，培训农民300多人次。

三是筹集帮扶资金600万元，为12个联系村每村提供50万元帮扶资金，捐建了15个公益性、普惠性基础建设项目，安装72盏太阳能路灯，补助日光温室大棚户棚膜等，支持产业带动，改变联系村面貌。

四是督促全省农村信用社发放精准扶贫专项贷款67.35亿元，覆盖建档立卡贫困户13.88万户，其中承贷片区天水、平凉两市累计发放11.70万户、57亿元，完成2015年投放计划的1.11倍。

五是支持联系村农民书屋建设，为村委会购置必要的办公及生活用品，先后向联系村捐赠农业科技图书2 000套，向村级学校捐赠环保知识、安全知识等课外读本7 000余册，总价值20万元。

六是积极做好甘肃省联社双联行动和精准扶贫的总结宣传工作，全年向省委双联办、组长单位、新闻媒体等报送工作进展、典型材料、新闻简讯等稿件42篇，《甘肃卫视》新闻节目对甘肃省联社“双提升培训班”做了专题新闻报道，省委双联办第158期简报刊登并点评了甘肃省联社双联工作，《甘肃日报》刊登了甘肃省联社双联工作典型材料1篇，内部网站刊登简讯38篇。由于双联工作出色，甘肃省联社再次被省委双联办评为“2015年度全省联村联户·为民富民行动--民心奖”。

（高　华　康建华）

甘肃银行股份有限公司

【综述】 2015年，甘肃银行股份有限公司面对错综复杂的外部环境和日益激烈的同业竞争，全行按照总行党委和董事会的统一部署，围绕“夯基础、调结构、促转型、提质量、快发展、增效益”的战略目标，主动适应经济新常态，团结一致，迎难而上，砥砺奋进，真抓实干，主要业务发展稳中有升、稳中向好，较好地完成了各项预期目标，主要指标创历史最好水平，为甘肃银行长远发展奠定了坚实基础。

一、2015年工作的主要成效

（一）经营效益明显提升。截至2015年末，全行实现利润总额22.47亿元，实现净利润15.42亿元，较上年增加4.87亿元，增长46.16%；全年上缴税金10.12亿元，增长81.69%，四年累计上缴税金20.16亿元。所有者权益122.19亿元，新增15.82亿元，增长14.88%。

（二）资产业务取得突破。资产总额突破2 000亿元，达到2 094.31亿元，是成立之初的30倍，全年新增546.33亿元，增长35.29%；各项贷款余额892.11亿元，是成立之初的23.60倍，全年新增330.08亿元，增长58.73%，余额同业排名第7，新增同业排名第3。

（三）负债业务加快发展。负债总额1 972.12亿元，是成立之初的28.56倍，全年新增530.50亿元，增长36.80%。各项存款余额1 528.12亿元，全年新增416.40亿元，增长43.25%，余额同业排名第5，较上年提升1个位次，新增同业排名第1。其中，对公存款余额1 023.95亿元，新增263.38亿元，增长34.63%；储蓄存款余额504.17亿元，新增198.02亿元，增长64.68%。

（四）资产质量保持合理水平。截至2015年末，全行不良贷款余额7.12亿元，不良贷款率0.80%，控制在总行确定的目标范围内。

（五）资本得到有效补充。成功发行二级资本债券32亿元，及时补充了资本，优化了资本结构，全行经营发展基础更加稳固，既是甘肃银行资本补充和债券发行工作上的重大突破，也是甘肃银行融资能力和市场形象在全国银行间市场上的重要展示。

二、2015年主要工作亮点

（一）存款规模进一步扩大。全行上下认真贯彻总行党委确定的发展战略，多措并举，攻坚克难，资金实力进一步增强。一是大力拓展对公账户，扩大基础客户群。新增对公存款账户14 961户，增长62.08%，新增对公存款客户14 012个，增长63.25%。取得了2个市级、11个县区级国库集中支付业务代理资质，7个市县级非税收入收缴业务代理资质。二是机构业务加快发展。中标省级财政非税收入收缴业务和省级财政专户业务，并成为甘肃省内首家上线省级财政专户资金支付电子化系统的银行。与国开行、农发行等政策性银行合作不断加深，农村公路通畅工程、棚改项目代理业务份额进一步扩大。全年新增机构类存款101.16亿元，余额达304.72亿元。三是深入挖掘财政、科技、公安、教育、旅游、院校等重点客户的潜力，为稳存增存发挥了积极作用。四是以代发工资为抓手，加大指标考核与费用配置力度，注重从源头上拓展客户。代发工资单位新增2 712户，完成年度计划的1.21倍。五是推动同业存单发行工作。全年累计发行同业存单77.40亿元，成为筹资渠道的有益补充。

（二）服务地方经济发展能力进一步提升。在支持地方经济发展中，甘肃银行把服务“三农”和中小微企业作为业务发展的基础和战略转型的重点，取得了明显成效。同时，围绕国家战略和省委、省政府重大决策，积极支持全省重点项目、基础设施建设和支柱产业，在地方经济发展中发挥了地方银行应有的作用。

在服务“三农”方面，全行坚决贯彻全省“1+17”精准扶贫工作方案，立足“扶弱、扶小、扶特、惠民”，主抓产业带动，重点支持了马铃薯、中药材、林果、草畜、果蔬等特色优势产业，累计投放涉农贷款245亿元，支持各类龙头企业、合作社、专业大户等2 400多户、带动农户5万余户，直接向农户及县域个体工商户放贷8万多户。在全行实施专业化经营、链条式跟进，建立了遍及全省的“三农”专业经营体系，根据全省各地区的特色产业及客户需求，通过“农业产业链条式”方案设计，推出了龙头企业、农民专业合作社、家庭农场、专业大户、农户等贷款产品，基本覆盖了新型农业经营主体。结合国家政策，探索推行“三权”抵押、活畜抵押、农业设施和资产抵押、农产品抵押等，并在“三农”各经营主体层面推行信用贷款，有效解决了“三农”客户贷款瓶颈。开展“富民接力”活动，依托农民专业合作社、致富能人等，通过支持其发展富民产业，带动贫困农户脱贫致富。截至2015年末，“三农”贷款余额达到300.63亿元，当年净增158.65亿元，增长1.19倍。

在精准扶贫和“双联”方面，充分发挥自身机制灵活之特点，推进三级联动，研究出台了“政府+承接平台+贫困户+银行”和“政府+合作社+贫困户+银行”等四款精准扶贫专项贷款发放模式，把金融服务送到村、把贷款资金送到户、把富民产业引进门，真正实现精准扶贫。向承办的定西6县1区累计投放精准扶贫专项贷款33.26亿元，共有7.40万户贫困户直接受益，超额完成省政府下达的计划。把深入推进“联村联户，为民富民”行动作为改进服务、锻炼队伍、提升能力和履行社会责任的“助推器”，把金融资源与地方优势产业相结合，为联系村量身定制“富农贷”产品，专项用于三个贫困村发展优势养羊产业，投放贷款814万元，惠及三个贫困村407户农户，占农户总额的99.60%。先后出资237万元、协调228万元为联系村改善民生，甘肃银行也连续两年获得全省“双联”行动“民心奖”。

在服务中小企业方面。一是与省财政厅、省工商局共同研究，联合制定下发了《甘肃省小微企业互助贷款风险补偿担保基金管理暂行办法》，创新推出小微企业互助担保贷款，切实解决了融资难、融资贵的问题。在全省14个市、州同时举行小微企业互助担保贷款发放仪式，为142户小微企业首批发放贷款8.58亿元。截至2015年末，全省申报贷款的小微企业共2 530户，工商部门完成初审2 091户，甘肃银行正在进行贷前调查的1 011户，已完成贷前调查并达成贷款意向的企业514户，拟发放贷款24.91亿元。二是持续推进产品创新。根据中小企业需求，实行先行先试的原则，不断完善产品创新模式，确保推出的新产品“接地气”、满足市场和客户需求。首款网贷产品“税e融”成功上线，实现了全流程电子化渠道自主申请、自动审批、自助放款、自助还款，为全省纳税企业提供了更为便捷、快速、优质的金融服务。三是助力科技型企业创新创业。设立甘肃省首家科技支行，重点支持了甘肃省大众创业万众创新。通过政府设立风险补偿基金增信，降低企业融资门槛，以“知识产权+订单”“知识产权+股权”等抵质押品组合抵押、投贷联动等，创新“挂牌贷”“股权质押贷”新型融资模式，设计推出了甘肃银行科技企业扶持计划推荐企业“科技增信贷”产品方案，累计向科技型企业发放贷款28.57亿元。截至2015年末，甘肃银行小微贷款余额292.47亿元，较年初增加103.06亿元，增长35.24%，高于全行贷款新增平均增幅。

在支持重大项目建设方面。甘肃银行紧密结合国家和地方的战略部署，通过创新金融配套服务措施，积极支持了全省重大项目建设。一是重点支持了“6873”交通突破行动。对交通、公路、铁路和机场集团、公航旅集团等项目和单位，提供了含授信、存款、结算、银行卡、代发工资、电子银行等业务在内的全方位金融服务。全年累计为公路、铁路、航空项目建设提供信贷基金58.06亿元。二是重点支持了“6363”水利保障行动。与省水利厅、省水务投资有限公司主动对接，签署了战略合作协议，对全省涉及水资源配置工程、区域供水工程、农村供水工程、农田节水工程、防洪减灾工程、水生态保护工程中跟进金融服务。截至2015年末，累计信贷投放达37.52亿元。三是重点支持了华夏文明传承创新区建设。围绕“1313”工程和各地文化产业重点项目、龙头企业，综合运用信贷、信托、自有资金定向资产管理等手段，全力支持了省文发集团、读者出版集团、省广电网络公司等一批文化产业龙头企业和文化产业项目，文化产业贷款余额超过28亿元，累计投放超过35亿元。四是重点支持了兰州新区建设。坚持“金融驱动新区建设”的总体思路，在石油化工、装备制造、电子信息、水性材料、光电制造、生物医药等产业方面积极给予信贷支持，为全省科技型企业创新创业提供政策保障、服务平台。截至2015年12月末，甘肃银行向兰州新区范围内多家公司信贷投放余额78.39亿元，有力地支持了兰州新区各类项目建设。五是重点支持了“六个一批”项目。围绕“六个一批”项目，对接营销项目292个，储备项目80个，已投放项目38个，投放贷款22.76亿元。

（三）业务转型进一步推进。全行积极推进结构调整和业务转型，着力实施综合化经营和精细化管理，新兴业务拓展成效显著。一是金融市场业务稳步发展。截至2015年末，金融市场各项业务总资产规模达595.98亿元，较年初新增130.75亿元，其中，同业投资非标资产余额417.34亿元，票据资产余额111.14亿元，债券资产余额67.50亿元。投资的烟台银行优先A级CLO产品，实现甘肃银行“资产支持证券化产品”投资的首单突破。二是投行业务有序推进。2015年，累计投资金额153.52亿元，有力地支持了省内重点行业项目建设。围绕市场和客户需求，合理安排发行计划，全年累计发行理财产品389期，金额321.81亿元，较上年增长26.77%。其中对公理财产品99期，金额97.89亿元；个人理财产品290期，金额223.92亿元。三是银行卡业务取得突破。全年累计发行借记卡140.09万张，发行公务卡3 981张；新增ETC缴费卡5 838张；POS收单商户4 330户，累计交易额73.33亿元，实现手续费收入205.91万元，同比增长1.84倍；新增自助设备179台，累计交易额313.71亿元，同比增长2.38倍。四是国际业务初见成效。成功接入境内外币支付系统，成为省内首家加入人民银行境内外币支付系统的法人银行。办理国际结算5 315万美元，实现中间业务收入571万元，完成全年计划的2.38倍。

（四）服务渠道进一步拓宽。一是机构布局基本到位。加快兰内分支机构选址进度，推进兰外分支行机构建设，扩大县域机构覆盖面，使网点选址更为科学、布局更趋合理、功能更加清晰。截至2015年末，全省已开业营业网点达到176个，新设机构21个。其中，兰内机构36个，新设立8个；兰外机构140个，新设立13个，陇南、定西、张掖3个支行升格为分行，县（市）域支行已达70个。二是便民金融服务点和自助银行成为甘肃银行业务延伸的新阵地。已建成便民金融服务点84家，全年新建51家；建成运行离行式自助银行140家，全年新建93家。三是电子银行渠道进一步拓宽。大力发展电子银行签约客户，提高电子渠道对柜面交易的分流作用。全年企业网银新增7 354户，个人网银新增38.80万户，个人手机银行新增39.34万户，电子渠道累计交易228.70万笔，累计交易额2 006.10亿元。

（五）精细化管理基础进一步夯实。一是风险管控手段不断丰富。全面风险管理体系和内控合规与操作风险管理体系“两大项目”建设基本完成，制定了全面风险管理规划方案、实施路线图；绘制流程图354张，提出控制措施1 600多条，编写完成体系文件186部，初步建立了全行一体化内控及操作风险治理架构。新一代信贷管理系统、内控合规操作风险三合一系统（GRC）“两大系统”建设取得初步进展。积极推进资产处置，累计化解逾期贷款及垫款40亿元，回收不良贷款2.62亿元。深入开展了遏制违规经营专项检查，累计检查各类信贷业务196.42亿元、存款业务450.70亿元、表外业务138.54亿元，发现问题109个，涉及金额9.53亿元，有效防范了风险。二是会计基础管理不断加强。开展了柜面业务操作大检查，一级分支行、营业网点检查覆盖面分别达91%和54%，累计发现问题800个，问题整改率达98%。召开5次座谈会，收集各类问题247个，统一进行了规范。扎实开展了营业机构“夯基础、降差错、提质量”劳动竞赛活动，全年平均差错率降至万分之1.16，下降70.78%。在中国人民银行兰州中心支行2014年度全省银行业金融机构综合评价中，甘肃银行再次被评为A级单位。三是审计监督不断强化。围绕重点业务、重点领域、重点环节，全年组织实施审计项目17个，覆盖了总行本级及22家一级分支机构，累计发现问题763个，问题金额239.74亿元，出具审计报告33份，提出审计建议68条，有效揭示了各类风险隐患和薄弱环节，促进了全行风险防范和合规经营。四是安全保卫工作不断加强。积极开展平安金融单位创建活动，组织开展了安全生产大检查，加强安全设施建设，总行视频监控报警中心已经建成运行，全年实现了安全营运。五是责任追究机制不断完善。在全行深入开展了《违规失职行为问责管理办法》学习活动。建立了员工行为排查机制，全年累计排查3 627人次，快速责任认定处理76人次，违规积分处理139人次，给予党纪、政纪处分及组织处理10人次。

（六）信息科技支撑能力进一步增强。全行不断强化信息科技系统建设，为各项业务稳健运行提供了技术支撑和创新动力。规划了未来3至5年信息科技发展方向和实施路径，启动了新一代核心银行系统建设项目。异地灾备中心、微信银行系统、网银及手机银行回迁、理财销售系统、电子商业汇票系统、现金出纳系统、国库集中支付系统等18个信息科技项目成功上线，自主研发了庆阳交易局招投标、金昌保证金、平凉保证金、天水公积金、司法查控等系统，优化核心等重要信息系统功能534项。新一代电子银行系统成功上线，网上银行、手机银行、微信银行系统功能更加完善，引入“人脸识别”技术，开创了城商行手机银行应用领域的先河。在2014年度中国银行业金融机构信息科技监管评级中，甘肃银行由3B提升到3A，为西北地区城市商业银行最高评级。甘肃银行获得中国银监会颁发的全国信息科技风险管理课题研究三类成果奖。

（七）党的建设和党风廉政建设进一步强化。全面落实党委主体责任和纪委监督责任，做到党风廉政建设与业务发展两手抓，两手硬。基层党组织已全部配备到位，制订党建工作基础制度13项，建立工作机制8项。层层签订了责任书，实现责任落实“无缝隙、全覆盖”。强化压力传导机制，全年共约谈119人次。举办了“履行主体责任，抓好党建工作”和两项党内法规专题辅导报告会，累计2 100余人接受了培训；召开3次警示教育大会，发放廉洁自律情况征求意见书1.20万份；创办了手机党课，编发党课信息31期。对全行22家分支机构进行了全覆盖巡视，发放调查问卷878份，个别谈话751人，征求到意见建议972条。扎实开展了“三严三实”专题教育，累计举办主题党课29场，2 600人次接受了党性教育，并对作风方面的问题重点开展了专项整治。认真贯彻省委工作落实年和全省效能风暴行动总体部署，深入开展了“十大作风”建设活动，扎实推进党风改进和作风转变。

（八）队伍建设进一步加强。2015年全行新增员工756人，员工同比增长25.20%。全年共提拔任用干部242人，其中总经理助理级以上24人，交流调整干部126人，免职25人。累计实施培训项目107个，培训达5 896人次，重点实施了“百名人才培养计划”，进一步提升了员工的履职能力。同时，甘肃银行积极履行社会责任，认真维护消费者合法权益，切实做好各项稳定工作，为全行持续健康发展提供了良好保障。

【人力资源】 2015年，甘肃银行人力资源工作紧紧围绕全行发展战略，积极转变工作思路，不断改进工作方法，为全行业务发展提供了较好的人力资源支持。

一、全面提升党建工作。2015年是全行“党建工作提升年”，针对全行党建工作薄弱的情况，主要从七个方面加强和改进基层党建工作。一是完善基层党组织机构建设。严格落实省委巡视组整改建议，在确保领导班子结构合理、优势互补、整体合力与经营管理能力不断增强的同时，有步骤成立党委（党总支、党支部），不断完善全行基层党组织架构。二是扎实推进组织生活制度的落实。先后下发了《关于进一步严格全行党内组织生活的通知》《关于进一步落实“三会一课”制度的通知》《基层党支部工作台账》等，制定了《甘肃银行基层党委工作规则（暂行）》《甘肃银行基层党支部工作规则（暂行）》，促进了基层组织生活的规范化、制度化、正常化。三是创新党员教育方式，开通手机党课。重点传播中央和省委精神、宣扬先锋模范、报道甘肃银行党建动态，推动全行党建工作。四是在全行党员干部中开展“遵党纪、守规矩、讲廉洁”党纪条规学习活动。五是扎实开好“三严三实”专题民主生活会。制定下发了《关于在甘肃银行中层以上领导干部中开展“三严三实”专题教育的实施方案》。六是开展入党积极分子集中培训。组织全行60名入党积极分子在甘肃省委党校开展了为期5天的集中培训。七是提升基层党组织工作科学化、规范化、制度化水平，制定下发了《甘肃银行基层党委工作规则（暂行）》《甘肃银行基层党支部工作规则（暂行）》等制度，进一步加强甘肃银行基层党组织建设，确保党组织工作规范化运行。

二、优化选人用人机制。坚持树立正确的用人导向，通过调控人才引入速度、加强干部交流调整、规范干部任用程序、增强干部监督管理、完善后备干部队伍等一系列措施，着力提高选人用人公信度，努力营造风清气正的选人用人环境。一是调控人才引入速度。在全行从规模化向效益化、精细化战略转型阶段，甘肃银行人才招录也从批量化引进到精细化选聘进行转变。在满足网点人员刚性需求的基本前提下，有效控制了人员增速。二是加强干部交流调整。有效激发了干部干事创业的积极性、主动性和创造性。三是进一步规范了干部选拔任用程序。按照《党政领导干部选拔任用工作条例》相关要求，从动议、民主推荐、考察、讨论决定、公示、任用等环节，严格了选拔任用工作程序。根据中央和省委关于领导干部个人有关事项重点抽查核实制度要求，将领导干部个人有关事项"凡提必核"工作作为干部选拔任用必经环节，对拟提拔为副总经理级以上的领导干部进行个人有关事项重点抽查核实，核查通过后为可进行后续考察环节。四是加强干部职数管理。制定了《甘肃银行一级分支行内设部门、人员编制和管理岗位职数核定方案》，在充分考虑资产规模、管辖维度的情况下，以精简高效为原则，分类核定分支机构内设部门、人员编制及管理岗位职数。确保干部员工队伍的精简、高效。五是增强干部监督管理。一方面严格执行领导干部个人有关事项随机抽查核实制度，推动从严管理监督干部常态化，对全行副总经理级以上领导干部个人事项按比例进行年度集中抽查，另一方面开展了干部选拔任用纪实工作。六是建立后备干部队伍。开展了全行年轻干部专项调研工作，对全行中层管理人员情况有了较为全面的了解，初步掌握了一批工作表现优秀、发展潜力较大、可塑性较强，可以列为今后重点培养对象的优秀年轻干部名单。七是积极配合银行监管部门，主动做好金融机构高级管理人员任职资格的备案和核准工作。

三、健全薪酬福利体系。一是建立健全规章制度，逐步实现薪酬管理精细化。年初制定了《甘肃银行员工薪酬管理办法》《甘肃银行工资支付管理办法》，并按照银监会《商业银行稳健薪酬指引》要求，制定了《甘肃银行绩效薪酬延期支付管理办法》，建立健全了全行薪酬管理的规章制度，并对员工个人档案中薪酬资料进行了补充和完善。组织全行各一级分支机构根据每位员工具体薪酬套改情况填写《甘肃银行员工薪酬初始化表》，同时建立了薪酬变动审批制度。二是顺利完成企业年金计划建设工作。在全行薪酬体系统一的基础上，按照总行党委"提高员工福利水平，建立长期激励机制"要求，组织开展并完成了甘肃银行企业年金计划建设工作。制定并印发了《甘肃银行股份有限公司企业年金计划实施细则》，顺利完成了全行 3 096 名计划参加人全年的个人缴费代扣、企业缴费分配、资金归集直至向基金专户划账等一系列工作。

四、积极强化培训管理。2015 年，全行培训工作利用多元化培训渠道，加大教育培训工作的力度，使培训工作在覆盖全员的基础上更多注重抓好管理人员、业务骨干的培训。一年来，组织实施了 2015 年度校园招聘新员工培训班和全行第一批金牌内训师培训班，并在上海财经大学举办了基层支行行长综合能力提升培训班、在西南财经大学举办了百佳员工培训班，各业务条线共实施培训项目 107 个，5 896 人次参加了培训。在公司、个人、零售、计财、会计运营、风险等重点业务条线实施了分支机构专业人才培养计划，通过专题培训和跟岗学习的方式，进一步提升条线人员的履职能力、业务能力和合规意识，增强分支行与总行的黏合度，提高分支机构对总行战略部署的执行力，提升全行精细化管理能力。鼓励员工参加在职学历教育及社会各种资格认证考试，促进员工的自我提升。2015 年，共有 6 名员工获得了 MBA 工商管理硕士学位、15 名员工取得了高级注册信贷分析师（CCRA）资格、1 名员工取得了注册信贷分析师资格、1 名员工取得了注册会计师资格、87 名员工通过了金融理财师（AFP）考试，均按照规定给予了不同程度的奖励。

五、其他工作方面。一是加强员工因私出国（境）管理工作。严格按照省委组织部、省公安厅的相关文件要求，明确出国（境）备案范围，组织全行各分支机构按照人事隶属关系，如实进行登记备案，实现了全行全员报备。二是规范做好劳动合同签订工作，顺利完成了总行机关及兰州城区支行员工劳动合同的签订与续签。三是开展了中层干部人事档案专项审核工作，并区分情况要求补充完善相关证明材料。

（李晨玮）

【计划财务】 2015 年，甘肃银行计划财务工作以董事会年度经营计划和财务预算目标为指引，以成本约束和价值经营为导向，积极应对复杂多变的外部环境，持续强化管理基础，紧密衔接转型发展要求，主动寻求创新突破，对全行业务发展和经营管理提供了有力支撑，也为持续推进战略转型和综合化经营夯实了基础。

一、点面结合，进一步完善全行财务管理体系。2015 年，全行财务管理工作的思路由刺激规模扩张，调整为以效益为核心提升经营管理水平。一是结合经营管理实际，补充完善财务管理规章、制度、办法和体系文件，为规范全行日常财务行为，提升财务管理专业化水平提供了规范的制度依据和坚实的体系支撑。二是进一步优化费用资源配置，对经营费用实行分类预算、管理，加大对重点业务和盈利能力提升的支持力度，引导经营机构主动提升经营效率。三是以审计、检查为抓手，进一步规范财务处理流程，防范违规违纪行为，减少税务、审计风险。

二、精心设计，强化预算和考核体系对经营目标的传导。一是在深入研究宏观经济金融形势以及全行经营管理实际的基础上，编制并下达了年度预算计划。通过综合经营计划引导经营机构转变观念，加快结构调整与业务转型，不断提升盈利能力以及综合竞争力。二是在绩效考核中，调整经营机构规模类和效益类指标考核权重，并首次将 FTP 利润和经济增加值指标纳入绩效考评体系，加大对盈利能力的考核评价力度，确保全行战略目标及经营导向有效落实。

三、多措并举，积极应对利率市场化改革。一是顺利通过全国市场利率定价自律机制基础成员审批，获得了参与上海银行间同业拆放利率和贷款基础利率场外报价、发行同业存单等金融产品的资格。二是以 FTP 系统开发和运行为契机，建立全行内部资金转移定价体系，完成了资金管理机制改革，为集中统一管理利率和流动性风险，建立科学定价体系奠定基础。三是全面落实人民银行存款保险制度，及时、准确完成存款保险费用缴纳相关工作。四是大力推动同业存单发行工作，全年累计发行同业存单77.40亿元。五是取得大额存单发行资格，筹备大额存单发行工作。

四、扎实推进，着力提升资本管理水平。初步建立外部监管资本和内部经济资本双线协调的资本管控模式，资本管理的精细化程度和前瞻性得到了有效提升。一是建立经济资本占用审批机制，严格控制风险加权资产规模增长。二是多举措强化资本节约意识，引导经营机构自主调整业务结构。三是完成经济资本计量系统开发，提升了全行经济资本管理数据统计的及时性和准确性。四是成功发行甘肃银行32亿元二级资本债券，使甘肃银行成为全省首家、西北五省区第二家在全国银行间市场发行二级资本工具的法人金融机构，极大地增强了全行资本实力，夯实了经营发展基础。

五、合理规划，在全行IT蓝图架构下，稳步推进财务管理相关系统建设。一是2014年开始开发FTP系统和头寸管理系统按计划顺利投产运行。二是就财务管理系统建设组织多次交流，完成项目初步需求撰写及招标工作。三是启动"营改增"项目前期准备工作，确定了"咨询服务+实施"的项目建设模式，完成咨询服务项目招标。四是积极筹划定价管理及流动性管理系统项目建设。

六、科学统筹，灵活安排流动性备付。一是加强资金计划的监测管理，合理规划，灵活调拨，保证全行流动性平稳运行。二是在流动性安全的基础上，积极与同业议价，实现资金收益最大化。三是加强大额资金异常变动检测，组织开展流动性风险应急演练，明确流动性突发事件的预警、报告路径，完善应急响应及处置措施。

七、高度重视，认真组织完成全年各类监管报表、报告报送，严密监控监管指标。充分发挥统计工作职能，服务内部管理和外部监管需求，不断提高统计分析和监测预警能力，确保各项监管指标合规达标，为业务发展和决策提供准确、完整的数据支持。

八、规范运作，加强集中采购和财务审批管理。严把资本性支出、工程结算等大额款项审批关，以效率、效益、质量协调统一为原则，完成全年集中采购招标和营业网点建设造价预算编制、结算审计等工作。

（王伟涛）

【公司业务】 2015年，全行公司条线认真贯彻总行党委核心发展战略，适应新常态，加快转型发展，进一步优化信贷资源配置，积极推进公司业务快速健康发展。

一、业务基础进一步夯实，实现了账户和代理业务提升。一是当年对公存款账户新增14 961户，增长62.08%，对公存款客户新增14 012个，增长63.25%，账户和客户数量均保持了较快增长速度，其中机构、公积金账户数为2 246个，较年初新增506个。二是代理政策性银行资金及沉淀存款大幅提升，至年末甘肃银行代理国开行和农发行各类项目资金53.73亿元，较上年新增27.56亿元，特别是农村公路通畅工程48.73亿元、实现各类资金沉淀57.56亿元。

二、机构业务平台和延伸作用进一步显现。一是通过代理财政业务，辐射带动其他预算单位及下游收款人账户开立及存款沉淀。当年新开立预算单位零余额账户234户，代理资金5.39亿元。二是甘肃银行年初成功中标省级财政非税收入收缴业务和省级财政专户业务，为后续争办社保基金、国库现金管理等各项省级财政代理业务创造先决条件。同时，甘肃银行成为省内首家上线省级财政专户资金支付电子化系统商业银行，为来年全行办理各级财政代理业务奠定良好基础。三是通过对省政府，人社厅、社保局、财政厅的跟进营销，积极推进甘肃银行代理甘肃省机关事业单位养老保险业务，并及时向各一级分支机构传递营销信息。四是加强总分联动、部门联动，推进金昌市城镇职工养老保险离退休人员社保卡发卡工作。五是加强机构、公司、投行条线之间业务联动，就地方债发行置换资产业务与省财政厅达成合作意向，确定甘肃银行为地方债发行代理行之一。

三、行业营销推动进一步规范。一是制定了《甘肃银行文化产业营销指引》，印发了《甘肃银行文化企业金融服务手册》《甘肃银行文化支行业务发展指导意见》等，为全行各分支机构开展文化产业金融服务明确了目标。二是下发了《甘肃银行"6873"交通突破行动营销指引》，督促全行对接营销"6873"交通项目。制定《甘肃交通投资基金投融资合作方案》，探索通过"投贷联动"方式最大限度地参与"6873"交通项目。三是制定《甘肃银行对接甘肃省"6363"水利保障行动方案的营销指引》，指引各机构在全省各市、州主要涉及水资源工程中积极参与营销金融产品和服务。四是制定了《甘肃银行对接2015年华夏文明传承创新区建设项目重点工作提示》，在全省各分支机构进行了重点工作部署，各机构支持了甘肃省一大批文化旅游企业。

（四）客户营销机制逐步完善，点线面联动营销均有突破。一是重点客户联动营销进一步加强。通过"总行级客户授牌工作"，从全行层面整体推动客户业务合作关系。完成了对兰石集团有限公司等23户企业授予"总行级重点客户"，对兰州科天投资控股股份有限公司等127户企业授予"总行级优质客户"评定工作。督导各机构找准有利契机，完成了对企业的信用等级授牌工作。二是为持续推动集团客户源头性营销，制定了《甘肃银行投贷联动业务工作推进方案》《公航旅集团金融服务方案》《甘肃银行科技金融服务指引》《甘肃银行科技型企业金融服务方案》《长达路业金融服务方案》《金徽酒业经销商融资支持方案》等多种金融服务方案。三是总行部门间的业务联动进一步加强。与个人业务部联动提出旅游联名卡服务方案；与投资银行部联动及时跟进甘肃省地方债发行承销业务等；与信息技术部、会计运营部联动加强系统优化与研发。

（五）产品管理与创新工作步入正轨。一是完成了《甘肃银行产品手册》1.0版本。二是推出了"科技增信贷"产品。向科技型企业提供信贷支持1.53亿元，接受并储备科技型企业220多户，融资需求17.95亿元。三是制定了《甘肃银行科技金融服务指引》《甘肃银行科技型企业金融服务方案》《甘肃银行科技业务指导》。四是制定了《甘肃银行订单融资管理办法》《甘肃银行法人账户透支业务管理办法》《甘肃银行行内银团贷款管理办法》《甘肃银行单位存单质押贷款管理办法》新业务规章制度等，并批复回复或协助完成分支行产品方案或营销方案21个。五是"三农"产品创新取得阶段性成果。推出了针对龙头企业、农民专业合作社、家庭农场、专业大户、农户等贷款产品。

六、“三农”业务转型发展成效初现。重点支持了马铃薯、中药材、林果、草畜、果蔬等特色优势产业，累计投放涉农贷款245亿元，支持各类龙头企业、合作社、专业大户等2 400多户、带动农户5万余户，直接向农户及县域个体工商户放贷8万多户。

七、精准扶贫任务全面完成。截至年末，甘肃银行向承办的定西市6县1区累计投放精准扶贫专项贷款33.26亿元，全面完成省上下达甘肃银行的投放计划，共有74 060户贫困户受益。

（刘晓文）

【风险与授信管理】 2015年，全行风险与授信管理条线认真贯彻年初总行工作会议精神，紧紧围绕全行发展目标，实施主动有效的风险管理，在推进风险与内控管理体系建设、提升风险管控能力及强化授信审批工作、提升审批效率等方面做了大量的工作，有力保障和推动了全行各项业务的健康快速发展。

一、强化全面风险管理体系建设，风险管理的精细化水平进一步增强。2015年，聘请外部咨询公司开展全面风险管理体系、内控管理体系项目的建设，对全面风险管理及内控管理制定科学有效规划。启动新一代信贷管理系统及内控合规操作风险三合一系统（GRC）的建设工作，进一步优化风险识别、计量、监测、分析及控制水平，信用风险、操作风险管理的精细化水平有效提升。夯实风险管理基础工作，强化风险监测力度，在持续加强逾期、欠息及垫款监控力度的同时，加大了风险提示及通报频次，建立了重点关注客户跟踪监控机制，有效防控逾期及垫款风险。多策并举，强化引导，通过加强风险资产的处置化解力度、及时调整授信业务准入和管理标准、加大授信业务风险检查及票据业务等重点领域风险排查等方式，全力提升资产质量。

二、做好授信审查审批工作，支撑全行授信业务的稳步发展。2015年，统筹安排授信审查审批，持续保持良好的工作质效，全面保障和支持了信贷投放任务的完成，进一步支撑了全行信贷资产的稳步发展。契合业务发展实际，持续深化信贷结构调整力度。构建了“三农”、小微业务发展的体系，助力“三农”、小微及个人信贷业务发展。多策并举，服务业务及基层的手段日趋丰富。强化调研机制，深入调研“三农”、小微及县域业务的发展现状，研究适合各县域的“三农”及小微业务实施方案。构建了片区联系人制度，搭建了各分支行授信业务和区域特色方案的咨询和交流、培训和答疑解惑平台。构建了授信审批工作动态及审贷之窗工作机制，通过细化审查审批数据统计分析，加强正反面典型案例的分享交流，强化对条线的业务指导。通过建立绿色审批通道、优化特色金融产品方案及服务方案的审批流程等方式完善审批机制，授信审批工作流程持续优化。制定《甘肃银行授信工作审查要点》等多项规范性文件，完善授信政策制度，授信业务操作进一步规范。

三、合规内控管理工作稳步推进，各项业务经营持续规范。强化授信业务责任规范及约束机制建设，制定完善《甘肃银行授信业务从业人员尽职规定》《甘肃银行授信业务责任认定工作管理办法（试行）》等尽职和问责制度，构建授信业务风险防控的长效治理机制。开展“加强内部管控遏制违规经营和违法犯罪专项检查”工作，制定了《加强内部管控遏制违规经营和违法犯罪专项检查工作方案》。规章制度管理体系建设进一步强化，编写完成186部体系文件，规范、明晰了各项业务的操作流程。制定员工行为排查方案，对全行员工开展行为排查。制订了《外聘律师管理办法》，对外聘律师实行准入制管理，加强对外聘律师管理，确保外聘律师服务质量。通过跟岗培训、聘请外部专家授课等培训方式，加强了对复合型、交叉性、全面性的风险管理人才队伍的培养。

（樊靖靓）

【个人业务】 2015年，个人业务条线通过有效落实“以存款为核心、银行卡为依托、产品为支撑、客户经营能力为手段、营销活动为推动力”五方面重点工作，全面推进个人业务发展。

一、以效益为中心，调整负债业务结构，增强发展实力。通过细化考核、联动营销、产品创新、拓展代发、强势宣传等多种措施，实现了储蓄存款业务较快增长，夯实个人客户基础，拓宽业务发展规模，全年储蓄存款新增位居同业第三位，储蓄存款余额市场占比排名第八位。

二、紧紧围绕“打好五张牌、用好五个支撑”，快速推动银行卡业务发展。一是打好五张牌、扩大银行卡的业务规模。打好“政府、基础、特色、优惠、亲情”五张牌，持续加大银行卡发卡力度，着力提升发卡质量，扩大个人客户规模。二是用好“五个支撑”。2015年，甘肃银行银行卡业务的发展紧紧围绕“以IC卡行业应用特性为支撑、以联名卡特色化服务为支撑、以提升银行卡质量为支撑、以便捷支付为支撑、以贷记卡业务的快速发展为支撑”，快速推动了全行银行卡业务的持续发展，全行银行卡发卡总量达到了295万张。

三、以产品为支持，扩大中间业务收入渠道，提高创收能力。为不断丰富个人业务产品种类，拓宽服务领域，改善服务功能，积极推进信用卡资质申报工作，启动基金代销业务资格申请工作，完成了资质申报业务开办前的系统引进、制度建设、人员储备、产品设计等工作，为新业务正式上线做好了前期充分准备工作。正式上线理财系统，优化完善理财产品的销售和管理模式，为丰富产品种类提供支撑，满足不同客户的需求，提升了产品销售规模。全行正式开办实物贵金属业务，并实现了首款产品代销的“开门红”，扩大了中间业务收入的来源。

四、以提高渠道运营能力为保障，提升渠道覆盖与转型。2015年，持续加强渠道建设，进一步理顺操作流程，提升渠道运行质量与效益产出，着力发展离行式自助银行和便民金融服务点。截至年末，全行建成并投入运行离行式自助银行93家，运行离行式自助设备140台，共批准建设便民金融服务点87家，扩展了服务覆盖半径，扩大了渠道业务功能，拓展了服务范围。同时，完善优化渠道业务，新增了广电收视费、电信代缴费业务。

五、以增强内控合规能力为保障，塑造全行良好的合规氛围。紧紧围绕“行为有规、授权有度、检查有力、控制有效”的内控要求，加强操作风险防范，积极推行内控制度建设，防范案件发生。一是继续加强制度建设。结合个人业务不断发展创新的实际，为了消除业务发展的制度遗漏和空白，开展规章制度梳理和修订工作，全年共修订相关业务制度10个。二是加强内控管理工作检查力度，增强网点风险防范能力。通过系统提取数据、实地盘点、现场观察、调阅资料、抽取录像等手段，对全行进行柜面业务现场检查，发现问题及时督促整改，不断规范操作，网点风险防范能力不断提高。

六、以狠抓服务基础为抓手，努力提升服务体验。持续督导全行营业网点落实标准化服务要求，通过提升服务质量来提高网点软实力。一是下发服务质量提升工作相关文件、方案，安排部署全年服务质量提升工作。二是启动神秘人暗访监测及客户满意度测评工作，真实了解全行各网点服务水平，并召开文明优质服务通报会，明确要求基层网点抓好整改工作，落实整改措施，针对问题，深挖根源，找出症结，有效改进。三是积极开展金融消费者权益保护工作。完成了金融消费者权益保护评级工作，经过行内自评和甘肃银监局复评，甘肃银行的金融消费者权益保护工作综合评定为“B”级。

（胡文静）

【会计运营】 2015年，会计运营工作以增强内控管理和风险防控能力为重点，以精细化管理为核心，以夯实基础提升保障能力为着力点，以提升会计人员素质和部门管理效力为手段，开拓创新，进一步提升会计运营工作规范化水平，有效提高了服务支持能力和风险控制能力。

一、加强监督检查，持续增强内控管理和风险防控能力。2015年，会计运营工作以人民银行兰州中心支行综合执法检查为契机，强化基层机构的业务管理，规范业务操作，防范业务风险。上半年制定下发了现金、支付结算及征信管理等业务自查和整改方案，组织全行各级机构深入开展自查自纠工作全面清理排查。年中采取检查与业务指导、与人员培训相结合的方式，对全行85家机构开展了柜面业务操作情况检查，督导问题整改率达98%；9月，全力配合人民银行兰州中心支行综合执法检查工作，及时组织问题整改安排部署工作，有力指导全行问题整改措施的落实。全年累计组织开展现金及重要空白凭证管理等业务专项检查4次，提高了柜面现金操作的规范性；全面检查全行个人和企业征信系统用户管理，加强用户密码保管，强化征信业务管理。

二、开展劳动竞赛活动，全力提升精细化管理水平。在全行范围内组织开展营业机构“夯基础、降差错、提质量”劳动竞赛活动，全行160个营业网点参与了竞赛活动，共有47个机构获得冠亚季军称号，占机构总数的29.38%，有60名柜员实现季度无差错，占柜员总数的4.58%。通过竞赛，全年平均差错率降低至1.24，较2014年的3.97下降2.73个万分点，降幅达68.29%，事后监督其他业务指标向好，全行柜面整体规范化水平得到了提升，全行柜面员工风险防范意识逐步增强。

三、逐步完善顶层设计，全面提升会计运营保障能力。一是全面推动系统体系建设，进一步完善了机控管理水平。积极推动ACS综合前置系统建设上线和总账系统建设；组织完成电子商业汇票系统接口开发和行内系统改造工作，推动电子商业汇票系统顺利上线工作；周密部署，全力推动出纳管理系统及冠字号码管理子系统、出纳业务管理子系统建设上线工作，提升现金运营服务能力；全面开展个人征信报数数据核对梳理工作，积极协调完成个人征信系统开发工作；认真研究事后监督模型规则设置，修订完善事后监督系统模型，依托监测系统规范柜面操作。二是健全制度体系建设，完善业务制度依据。研究制定和修订了《甘肃银行理财业务会计核算规定（试行）》《直销银行业务相关会计处理》等会计处理规定。制订下发了《甘肃银行电子商业汇票系统管理办法》《甘肃银行电子商业汇票系统危机处置预案》等制度办法。补充完善了《甘肃银行反洗钱保密管理实施办法》《甘肃银行客户身份识别及客户身份资料和交易记录保存办法》等相关制度。全面梳理会计科目体系，完善会计科目，做好会计科目说明及相关核算制度的修改工作。

四、全方位开展业务培训及交流，提升会计运营管理水平。一是认真开展座谈交流，提高条线管理水平。先后召开了5次会计运营工作座谈会议，及时掌握基层机构在业务管理过程中存在的问题，有效指导业务发展，加大会计运营条线的精细化管理水平。二是大力开展会计运营业务培训，增强业务人员素质。2015年1月，举办了甘肃银行2015年征信业务知识培训班，规范全行征信业务管理，夯实全行征信工作管理基础，防范征信业务操作风险。举办了反洗钱知识暨年度报告培训班，全面落实《金融机构反洗钱监督管理办法（试行）》各项要求，提高全行反洗钱工作管理水平。4月，举办了电子商业汇票系统上线培训班，为全行电子商业汇票系统上线奠定了基础。下半年，依据《关于建立营业机构会计主管跟岗学习制度的通知》，建立会计人员跟岗学习机制，各分支行先后派送23名员工到总行后督中心跟岗学习，加快会计运营人才培养。全年采取送课下行的培训方式，分别对平凉分行、定西分行、西大街支行、天津路支行进行了现场培训，加强事后监督的业务指导与培训力度。积极组织全行员工开展反洗钱岗位准入培训、反假货币上岗资格证培训及考试及人民币防伪知识培训等工作，提升员工反洗钱从业能力。

（石朝阳）

【信息技术】 一、信息科技组织机构方面。2015年8月31日，甘肃银行成立了信息科技管理委员会。该委员会是甘肃银行信息科技治理、信息安全管理及各项信息科技工作开展的最高决策机构，对全行信息科技工作负责。同时，按照“管办分离”的治理原则，在总行信息技术部设立了“一室三中心”，即综合室、IT管理中心、数据中心和软件开发中心，下设17个管理团队。

二、信息科技系统建设方面。一是新一代核心银行系统建设情况。2015年，甘肃银行新一代核心银行系统建设前期准备工作稳步推进，组织完成了核心系统产品的POC测试、综合评价及招标工作。2015年12月9日，甘肃银行召开了新一代核心银行系统项目启动大会，正式启动项目建设工作。2015年3月，甘肃银行启动了IT战略规划项目；9月，召开了IT战略规划外部专家评审会，规划成果顺利通过评审专家质询与答辩，正式成为指导甘肃银行未来3-5年信息科技发展的纲领性文件。二是其他信息科技项目建设情况。2015年，甘肃银行正式上线的信息科技项目还有异地灾备中心、理财销售系统、电子商业汇票系统、现金出纳系统、国库集中支付系统等18个项目。其他未进入正式开发实施阶段的建设项目将统一纳入新一代核心银行系统的项目管理体系，统一组织并实施。三是信息科技自主研发情况。2015年，甘肃银行依靠自身力量，自主研发了庆阳保证金、金昌保证金、平凉保证金、天水公积金、司法查控等系统，同时对核心、前置等重要信息系统进行了功能优化及新增。核心、前置、信贷等重要系统全年共优化和新增功能565项，其中优化改造343项，新增222项。

三、互联网金融创新方面。一是电子银行渠道整合平台建设情况。2015年初，甘肃银行启动电子银行渠道整合平台建设工作，将托管在城商行资金清算中心的网上银行、手机银行等系统回迁，同时在统一的平台上建设直销银行、微信银行。6月26日，微信银行正式上线；10月17日，个人网银、企业网银、手机银行顺利回迁。其中，新版手机银行引入了"人脸识别"技术作为客户登录的辅助方式，该技术在城商行手机银行应用领域尚属首例。二是其他渠道建设情况。2015年初，甘肃银行启动了移动营销平台项目；4月30日，系统上线试运行并陆续在全行推广；10月，配合网银、手机银行回迁项目，完成了新版网银的签约注册功能，同时配合定西精准扶贫工作，实现了批量办理借记卡的激活改密和后台审核功能。12月19日，甘肃银行首款网贷产品"税e融"成功上线。该产品打破传统授信模式，实现了自主申请、自动审批、自助放款、自助还款的线上全流程业务办理，为全省纳税企业提供了更为便捷、快速、优质的金融服务。

四、信息系统运行维护方面。2015年初，甘肃银行根据重要信息系统特点，确定了年度信息系统运行维护工作目标。同时，提前进行安排部署，顺利完成了春节、两会、抗战胜利70周年等重要保障时期的系统安全和技术保障工作。截至12月末，甘肃银行按照2015年度例行维护计划，共完成10次规模较大的信息系统例行维护工作。2015年，全行信息系统运行基本稳定，主要生产系统交易量保持平稳，未发生影响业务开展的重大运行故障和安全事件。

五、信息科技风险管理课题研究方面。2015年，根据中国银监会关于信息科技风险管理课题研究的工作安排，甘肃银行完成了《中小银行直销银行运营模式的研究与实践》和《城市商业银行国密算法升级改造研究与应用》两个课题的研究，并顺利通过初审、复审答辩及专家评审，其中《中小银行直销银行运营模式研究与实践》获得2015年度银行业信息科技风险管理研究三类成果奖，是甘肃省银行业首次荣获三类及以上成果奖。

六、信息科技监管评级方面。2015年1月，甘肃银监局对甘肃银行进行了2014年度信息科技监管评级，对信息科技治理、信息科技风险管理、信息科技内外部审计、业务连续性管理等23个方面进行了评级评分。3月，经中国银监会审核通过，甘肃银行在2014年度中国银行业金融机构信息科技监管评级中由3B升级为3A。

七、信息科技制度建设方面。2015年，甘肃银行结合IT管理和技术发展实际，制定、修订了《甘肃银行数据中心机房管理办法》等4个制度，研究制定了《甘肃银行系统建设总体技术规范》等9个技术规范及标准，同时按照总行体系文件推进计划，组织技术骨干研究制定了《甘肃银行数据中心机房设备变更管理操作程序》等14个体系文件。

八、信息安全保障方面。根据国家关于应用安全可控信息技术的相关政策要求，甘肃银行设立了安全可控信息技术推进领导小组，并在信息技术部组建了7个专题实施小组，针对计算机设备、应用软件等10个方面进行了现状梳理及分析，制定了安全可控信息技术推进工作的五年规划和2015年的实施工作计划，并就工作推进情况向甘肃银监局做了专题汇报。

九、信息系统应急管理方面。2015年1月29日，甘肃银行完成了异地灾备中心建设工作，实现了数据级异地灾难恢复目标，基本建成了"大同城小异地"的两地三中心灾难备份恢复体系架构。截至年末，甘肃银行共组织开展了5次信息系统应急演练工作，包括数据中心机房供电系统切换演练，核心网络系统、核心系统、综合前置系统、柜面系统和跨平台系统等重要信息系统的灾备系统切换演练工作。

（郧建伟）

兰州银行股份有限公司

【综述】 2015年，兰州银行股份有限公司以打造差异化竞争优势为核心，深入贯彻"严控风险、强化科技、优化结构、提升服务"的工作方针，各类风险得到有效控制，业务结构、资产结构明显优化，科技创新能力进一步增强，服务水平显著提升。截至2015年末，全行资产总额达到2 070.41亿元，较年初净增517.54亿元。各项存款余额达到1 762.46亿元，较年初净增437.52亿元，存款余额占比跃居全省第二。各项贷款余额达到1 062.46亿元，较年初净增210.87亿元。全行实现总收入117.29亿元。资本利润率达到15.50%，资本充足率达到11.53%，拨备覆盖率达到249.42%，单一客户贷款集中度和最大十家客户贷款集中度均控制在规定范围内。在英国《银行家》杂志公布的"2015全球银行1000强"排行榜中，兰州银行按总资产排名首次跻身500强，位列第438位；连续四年荣获省长金融奖；三维商城被商务部评为"2015-2016年度甘肃省国家级电子商务示范企业"；总行营业部获得2015年度中国银行业文明规范服务全国百佳示范单位创建优秀奖；荣获中国银行业年度最佳社会责任实践案例奖；“农贷通”产品被中国银行业协会授予“服务三农二十佳金融产品”称号；在2015中国金融创新奖评选中，荣获“十佳互联网金融创新奖”；《基于大数据的面向中小微企业的城商行电商平台研究》获得2015年度银行业信息科技风险管理课题四类成果奖，《基于大数据的商业银行风险集中监控平台》项目获得2015年度IDC颁发的最佳创新项目奖；e融e贷获评2015年中国互联网金融总评榜互联网金融平台50强；总行、七里河支行、安宁支行被省委、省政府授予“省级文明单位”荣誉称号。

一、业务结构调整实现重大突破

一是“三农”业务拓展取得重大突破。通过参与全省精准扶贫专项贷款工程，落实“支部+协会”工作，“三农”贷款出现井喷式增长。二是小微业务稳中求进。动产融资产品开发进展顺利，“万企计划”稳妥推进。三是对公营销成效显著。“摘牌”、新“十个一”工程、“一对一帮扶”取得阶段性成果，成功中标省、市两级财政国库集中支付和非税业务代理行资格，全年新增行政事业单位账户333户；对公直通车、现金管理平台、阳光物业等产品大受欢迎，公用事业代收渠道建设进展顺利，全省移动话费、兰州市水、电、气代收渠道全部畅通；专职客户经理考核取得明显成效，考核内客户经理新增存款90亿元。截至年末，对公存款余额达到787.88亿元，新增224.21亿元，对公对私存款比为44.70:55.30，对公存款占较上年上升2.16个百分点。四是个人业务精彩纷呈。推出“本利通”“e享马拉松”“智合盈”和“鑫合盈”产品，成功打造线上信贷产品“一键贷”，积极推动住房公积金委托贷款业务，有效推进联名卡发行工作，推出“一键发卡”，积分营销有声有色，金融IC卡应用范围不断扩展。截至年末，全行个人存款余额974.57亿元，新增213.31亿元；个人消费贷款余额36.65亿元，新增6.25亿元；信用卡总发卡量达到89 398张，激活率达55.56%。五是金融市场、理财和投资银行业务亮点频出。重点加大非标资产投资，选择增加债券资产配置，首次作为债券承销团成员参与甘肃省地方债券发行工作，发行9期大额存单，全年实现资金营运收入36.33亿元；理财业务强调以新产品开发带动电子渠道分流、重点客户营销及固化客户群，在丰富产品种类渠道方面狠下功夫，推出“坐享周末”“月月发”对公对私系列理财产品，设计电子银行和三维商城渠道专属产品，面向兰外分行推出“惠赢”专属定制产品，全年共发行理财产品372期，累计募集资金440.30亿元；投资银行业务在拓展新业务的同时强调稳健，积极参与白银市地下综合管廊PPP项目，全年实现营业收入1.30亿元。

二、风险防控措施切实有效

一是认真研究经济下行时期的经营策略。开展经营策略大讨论，召开全行风险防控会议，明确风险防控重点。二是强化风险预判与排查。制定《年度风险管控指导意见》，通过条线例会、风险提示、总结问题贷款成因等工作，查摆问题，提早布防。狠抓风险排查与整改，开展房地产、票据、大额授信等专项检查，确定存在重大风险隐患的大额信贷客户，并逐户开展风险化解。三是狠抓重点风险防控。制定房地产、商圈、钢贸等5个行业风控意见，实施《信贷投向风控指导意见》，实行差异化风控政策，引导“存量优化、增量转型”；突出信贷结构调整，对偏离主业、产能过剩、融资过度、参与民间融资借贷等客户作为重点压缩和清退对象，严格限制介入省外业务。四是强化内审监督作用。开展“两个加强，两个遏制”专项检查及“回头看”自查自纠工作，对发现的问题梳理分类，进行全面整改。开展内控评价工作，将评价结果作为信贷授权、等级行和标准化支行评定、绩效考核、分支机构负责人调整和评先奖优等的依据。认真组织实施e融e贷、银行卡信息安全风险、信息科技、消费者权益保护等专项审计。五是努力化解大额风险，收回大额不良贷款3.77亿元。六是三宗土地置换工作取得重大进展，收回转让资金2.86亿元。七是有效防范流动性风险。针对存款保险制实施和利率市场化改革，出台流动性应急管理办法、应急预案，开展压力测试及应急预案演练工作。八是进一步发挥视频监控中心作用，实现金库、营业网点、自助银行的视频、报警联网全覆盖。九是完善信息安全体系，系统软硬件国密升级改造按计划开展，互联网灾备系统建设顺利完成，网管系统投入使用。

三、互联网金融生态初步成型

一是互联网平台逐步形成体系。已有平台功能更加完善，手机银行4.0版本上线，三维商城上线金融、积分、团购、全球购等频道，百合银行上线基金超市、龙腾出行、助学e贷等业务，与省股权交易中心等共同推出融资项目；多个新建平台陆续上线，e住e行与房管局系统成功对接，实现住房公积金贷款资金监管功能；电视银行实现话费充值、电费缴费、理财产品推介等功能；“三权”流转交易平台上线运行，互联网信息风险监测分析系统试运行。二是支付场景更加丰富，支付平台的强入口作用逐步凸显。三维易付对外接入17家机构，完成微信支付、中金支付、银联代收代付等通道接入，拓展餐饮、影院等30个二维码支付场景，新增170家二维码支付商户，实现三大运营商SIM卡及银联全手机模式的近场支付。三是初步实现平台的互联互通。推出“一户通”统一用户体系，实现各平台的一键接入，综合门户开始试运行。四是O2O业务模式逐步铺开。硅谷支行正式开业，完成38家线下店建设，三维商城与积分商城实现合并，牛肉面O2O应用取得较好效果。联合发行兰州三维市民卡，整合政府公共服务、公用事业应用、商业应用和金融应用功能。

四、管理和服务水平双提升

一是上市工作进入实质性阶段。兰州市政府正式批准上市申请，辅导机构全面入驻开展尽职调查工作，股权规范确权工作有序推进。全面完成增资扩股工作，募集资金31.93亿元，二级资本债申报材料已上报中国人民银行总行。二是严格贯彻落实“工作落实年”行动要求。对重点工作明确责任人、确定办结时限，限时要求责任部门对办理情况进行反馈，按月召开行领导重点工作汇报会，该做法受到市委党风廉政建设考察组的充分肯定。三是切实提高信贷审批效率。实现全行信贷业务受理、审批、发放的线上运行，坚持信贷业务限时办结制，贷审会周周召开、小组会及时召开、权限内贷款随到随批，全年共审查、审批通过各类信贷业务2 501笔，组织召开54次贷审会、51次贷审小组会。四是全面改进目标任务考核办法。强化对资本节约类业务的考核引导，加大互联网金融等创新工作的考核力度，加强公司存款、“三农”贷款、信贷资产质量考核。五是倡导全员创新。出台奖励措施鼓励全行员工提出新点子、好点子，督促相关部门尽快落实整改。六是继续深化机构改革。城关区五家管理行合并为两家，三家直属行降格为一般支行，总行设立互联网金融部，监察保卫部分立为保卫部和纪检监察室。七是进一步提升人力资源管理水平。深化人事管理制度改革，开展部分管理岗位的公开竞聘，实现兰内“五险一金”统管，民主测评、请假审批等实现线上运行，出台管理人员提升、退出办法。八是深入推进标准化支行工作，共评选出标准化支行81家。九是多措并举提升客户体验。推出“客户排队我送礼”、午间送简餐活动，缓解客户焦虑情绪；开展“支行行长站大堂”活动，倾听客户心声；实施“神秘人”暗访，对全行服务水平进行总体评估；成功举办业务技能竞赛活动，提升全行柜员的操作水平；强化客服中心职能，96799来电人工接通率达到95%以上。十是实施个人业务手续费减免。落地13项个人业务手续费减免措施，对个人借记卡全球银联ATM取现和跨行转账、网银和手机银行转账汇划免手续费，让发展成果惠及更广大客户。

五、提升品牌价值，牢固发展基础

精准扶贫专项贷款得到了社会各界的高度关注，中央电视台进行了报道。连续五年成功冠名兰州国际马拉松赛，连续两年开展“共建美好家园——兰州银行回收废旧电池大型公益活动”，举办中国商界领袖甘肃公益行活动，大力推进“双联”工作，住宅小区全部封顶，员工多层次关怀体系不断完善。兰银品牌更加深入人心，全行上下的工作热情更加高涨，兰州银行的发展势能更加强劲。

【公司治理】 2015年，兰州银行持续加强公司治理制度建设，完善公司治理架构，运作机制不断优化。“三会一层”职能边界清晰，股东大会、董事会、监事会及其专门委员会充分发挥对重大问题的决策、领导和监督作用，经营管理层严格执行股东大会和董事会决议。认真做好信息披露工作，在中国债券信息网和中国货币披露2014年年度报告，编写社会责任报告，确保投资者了解经营情况及重大事项，维护投资者利益。全年共召开董事会会议4次，审议通过35项议案，听取审议10项汇报。2015年，董事会召集召开年度股东大会两次，对2014年年度报告、董事会工作报告、监事会工作报告、利润分配方案、发行二级资本债券、财务预决算方案、董事监事及高管人员履职尽责评价结果、变更注册资本及修改公司章程、兰州银行股份有限公司2015年增资扩股方案等12项议案进行审议。董事会严格执行股东大会各项决议，顺利完成了2014年度分红派息、注册资本变更等工作。鉴于城商行A股上市环境改善，经多次论证，2015年7月兰州银行全面启动上市申报工作。截至年末，上市申报中的主要问题基本得以解决。以上市申报为契机，兰州银行公司治理、内控管理水平显著提升。为满足资本监管要求，经董事会、股东大会审议并经甘肃银监局批准，实施2015年增资扩股工作，确定44家单位出资入股11.40亿股，募集资金31.93亿元。此次增资扩股完成后，兰州银行资本充足率达到11.50%，一级资本充足率达到9.92%，为业务发展及上市申报工作奠定了重要基础。兰州银行监事会认真履行监督职责，根据全行的工作方针，围绕全行创新转型、上市申报的目标，以维护股东利益为目的，以保障发展为根本，以防范风险为核心，以提高经济效益为出发点，坚持把监督工作贯穿于经营管理的全过程，加大“日常监督，专项检查”工作力度，突出“财务活动、风险管理、内部控制、履职尽责”监督重点，通过进一步完善制度体系，强化监督检查，深入调查研究，及时向行董事会和经营管理层提出有益的意见和建议，支持全行依法经营，提高监督与服务的有效性，更好地发挥监事会的监督促进作用。全年共召开4次监事会会议，审议通过25项议案。经营管理议事制度趋于完善，经营管理层对全年的各项经营目标任务，按月抓落实、抓督办。全年召开行长办公会15次，研究、部署各类重点工作200多项。

（戴 慧 祝 伟 殷秀梅）

【公司业务】 2015年，公司业务以“严控风险、强化科技、优化结构、提升服务”为先导，以新“十个一”工程为抓手，专注业务创新、优化操作流程，各项业务实现快速发展。一是对公存款实现快速增长。截至年末，全行对公存款余额787.88亿元，占各项存款44.70%，较年初净增224.21亿元，增幅39.80%。二是持续强化三级摘牌营销。先后成功中标省级财政国库集中支付和省级非税业务代收资格，中标兰州市级国库集中支付和兰州市级非税业务代理行资格。全年共计新增行政事业单位账户331户，摘牌工作取得阶段性成果。三是推进现金管理平台营销。加大路演及培训力度，同时启动平台二期项目，重点解决跨行归集、交易中心类客户的来账清分问题；针对归集后各项成本分担还原问题，制定自动控制的“分润模型”；全年累计接入对公客户74户。四是推进对公直通车业务创新。开发上线单位结算卡，通过装设现金循环机、ATM机解决现金问题；配套线上渠道，开通线上缴费、理财，并引导对公客户加大线上转账使用率。五是推进“三农”战略转型。推进兰州、陇南两市农村产权交易平台建设，开展农业特色试点行业产业链研究和营销布局。六是不断提升产品创新能力。先后开发上线“坐享周末”理财产品，解决对公客户节假日资金“过节”理财问题；加强供应链产品创新，制定《物流监管企业管理办法》和《货融通业务管理办法》；完成“自助贷”业务开发上线，实现客户线上自助提款和还款功能。七是强化信贷管理，防范信贷风险。全行分层签订《贷后管理责任书》，强化问责制实施；制定《公司授信业务贷后管理办法》，规范全行贷后管理行为；制定《对公授信分层贷后检查实施细则》，实现区别化、针对性的贷后检查，突出重点风险防控。

（高　婷）

【个人业务】　2015 年，个人业务以业务转型和创新落地为抓手，以新产品、新项目上线为契机，各项业务快速发展。一是负债业务稳步增长，财富管理有效推进。截至年末，全行个人存款余额 974.57 亿元，较年初新增 213.31 亿元，增长率为 28.02%。全年累计销售个人理财产品 263 期，累计募集资金 230.37 亿元。开展财富管理建设，2015 年末全行个人客户 370.23 万户，较年初新增 56.85 万户。全行第一家保管箱业务正式推出，上线全行中高端客户机场/高铁贵宾室增值服务。二是引导个人资产业务健康发展。2015 年末，全行个人消费贷款余额 36.65 亿元，较年初新增 6.25 亿元，增长 19%。e 住 e 行平台初见成效，二手房资金监管业务资金量逐步加大。平台注册量达 3 500 户，当年累计发生交易量 1 607 笔，成交金额达 3.30 亿元。上线第一款线上信贷产品“一键贷”，截至年末，累计办理 6 716 笔，发放贷款金额 6.54 亿元。加强信用卡产品创新，研发“一键发卡”业务，截至年末，信用卡总发卡量为 89 398 张，当年新增发卡 20 504 张，存量信用卡激活率 55.56%，不良率为 1.47%。大力推进省住房公积金委托贷款业务，全年发放省住房公积金委托贷款 737 笔，累放金额 2.65 亿元。三是多方面拓展银行卡行业应用。截至年末，全行借记卡累计发卡 498.78 万张，新增金融 IC 卡发卡 90 万张。三维市民卡业务顺利上线有序推进，首发卡仪式成功举办。配合省高管局顺利完成 ETC 全国联网工作，完成卡片升级置换工作。正式落地客户分层卡本地化制卡工作，有效提升发卡效率。四是优化特约商户结构、制定激励政策。截至年末，新增签约特惠商户 297 户，签约受理积分消费商户 1 483 户。五是自助设备运维管理及服务提升效果明显。完成自助设备运维管理方面规章制度的建设工作，保障全行 556 台自助设备安全正常运行。完善自助机具业务功能，增加无卡无折存款、二维码取款、刷脸存取款、VTM 理财购买等新功能。

（黄　婷）

【小微业务】　2015 年，兰州银行实现小微业务创新发展和向“三农”业务的转型发展。截至年末，全行小微贷款余额 504.86 亿元，较年初增长 54.32 亿元；涉农贷款余额 330.92 亿元，较年初增长 175.27 亿元。一是应时转型，全力支持全省金融扶贫。面向兰州市三县一区 120 个试点行政村开展“支部+协会”业务，全行累计发放“支部+协会”贷款 6 000 万元；响应“大众创业、万众创新”号召，针对兰州市辖区内小微企业、便民服务店、电子商务企业和孵化企业，发放 200 万元以内、期限 1–2 年的“万企计划”贷款，共计向 1 785 户借款人发放“万企计划”贷款 2.73 亿元；作为首家承贷银行，全面参与全省精准扶贫专项贷款的设计、研发和发放，在产品开发推广和金融扶贫实践中取得多项突破，对农户免抵押免担保、按年结息、县级政府履行主体责任等在全国也属首创，被《金融时报》授予“2015 年最佳精准扶贫中小银行奖”。截至年末，全行累计向承贷的 8 市州 37 县发放精准扶贫专项贷款 107.81 亿元，惠及 25 万户贫困户。二是提质增效，全面提升小微信贷水平。以“稳小微、调结构”为指导，在稳健涉足新行业、稳步开发新客户的同时，开展存量小微信贷增、持、减、退摸排工作，根据客户实际经营情况，逐户确定增加、保持、减少、退出策略；以“拓三农、强模式”为依照，以现代农业为依托，搭建“农村三权流转平台”，整合“三农”产业链，为核心企业及其上下游客户提供“量体裁衣”式金融服务，围绕“三农”产业链开发的“农贷通”产品被中国银行业协会授予全国“服务三农二十佳金融产品”称号。三是狠抓创新，持续丰富小微产品体系。开发“两权一房抵押贷款”“税 e 通”“工业用房按揭贷款”“商铺按揭配套信用贷款”等一系列小微“三农”产品；与世界银行集团国际金融公司合作，开展动产融资项目第二阶段培训，完成循环式动产贷款产品初稿。小微“三农”集群业务开发案例荣获“年度最佳社会责任实践案例”奖。

（冉　哲）

【互联网金融】　2015 年，兰州银行紧抓“互联网+”浪潮机遇，以风险控制为重点，以客户服务为中心，以产品创新为动力，借助“互联网+金融”模式积极推进全行互联网金融业务健康快速发展。截至年末，兰州银行直销银行品牌百合银行注册客户达 6.10 万户，平台活期类货币基金产品百合宝申购金额累计 13.60 亿元，发起赎回交易金额 11.10 亿元，交易总笔数超过 20 万笔；e 融 e 贷投融资平台累计发行 398 期项目，募集金额达 14.31 亿元，成功兑付 120 期项目。e 融 e 贷投融资平台将一户通系统、电子账户系统、三维易付系统进行对接，较好地实现平台融资业务的自主支付、自主清算和自主划款，进一步提升账户安全性及用户体验。兰州银行建设的甘肃省首家大型电商平台——三维商城，从兰州本地化生活服务起步，打造线上与线下结合、服务于全省乃至全国的本地生活平台，致力于为广大用户提供优质产品与服务，为商家与个人提供综合化互联网金融服务。2015 年，交易额突破 2.60 亿元，个人注册会员超过 52 万，被商务部评选为 2015–2016 年度甘肃省唯一一家国家电子商务示范企业，并被银联授予 2015 年度甘肃省银联创新业务贡献奖。三维 e 家便利店是兰州银行全力打造的社区 O2O 连锁生鲜便利店，为用户和家庭提供“品质生活一站式”综合服务。推出“互联网+牛肉面”消费新模式；以及餐饮、娱乐、住宿各类 O2O 生活服务，同时打造以兰州银行各市州分支机构为中心的生活服务圈。2015 年，兰州银行充分利用移动端发展，注重业务创新及用户需求变化。手机银行全面改版，推出电子银行专属理财、e 享马拉松等线上产品；新增燃气缴费、西固及榆中热力缴费，实现公共事业缴费的“一键付”。实现网上银行“一键贷”“房易贷”等个人贷款产品的自助申请，并完成三大运营商 SIM 卡模式及银联全手机模式的近场支付业务。持续推进微信银行建设，用户可通过微信银行进行信用卡申请、积分兑换、查看物流等操作。积极开展第三方支付合作，实现用户微信支付、网银在线快捷支付。

（张　慧　李彦慧　赵阳子）

【金融市场】　2015年，兰州银行为适应国内经济结构转型和新常态的宏观环境，以强化金融市场风险控制体系建设，调整投资策略为方向，积极开展业务创新，动态调整业务结构，优化资源配置，精细管理全行非信贷类金融资产。2015年，兰州银行各类债券交易量突破人民币5万亿元，在国内10 879家银行间市场成员中，按交易品种全口径排名位列第43位，在全国城市商业银行中位居第12位，获"2015年度银行间本币市场最佳城市商业银行奖"，债券类交易连续3年领跑西部地区城市商业银行。2015年，兰州银行票据营运实现转型，电子化商业汇票交易水平大幅提升，占全年交易量572.31亿元的38.89%，较上年增长23.64%。2015年，兰州银行发行同业存单人民币49.50亿元，实现降低负债成本和优化负债期限的有机结合。2015年，兰州银行着力打造区域金融机构合作中心，依托"百合共融"同业合作联盟，差异化建设同业渠道，召开"百合共融联盟暨村镇银行"同业交流会，业务范围拓展至机构理财、债券交易等方面，同业联盟规模及兰州银行影响力再上台阶。2015年，兰州银行积极尝试创新，首次作为承销团成员参与甘肃省定向地方债发行，配合甘肃省财政厅完成相应贷款置换工作；首批入选外汇交易中心"X-Repo质押式回购匿名点击业务"试点行。2015年，兰州银行强化金融市场风险控制，再造金融市场中台风控体系，设立非标准化债权资产投资及审批委员会制度，完善非标准化资产业务投资流程，实现金融市场交易授信全覆盖；应对债券市场信用违约频发、信用利差充分实现存在瓶颈的客观市场状况，实行债券风险动态管理，优化债券资产配置结构，激发债券投资组合避险逐利的潜力。

（孙　亮）

【投资银行与理财】　2015年，兰州银行理财业务迈上新台阶，理财产品发行规模较上年增长91.46%，兑付理财客户收益增长1.33倍。一是理财业务遵循"实行差异化发展，坚持以稳为先"的基本原则，以精细化、专业化为基础，形成以个人、公司、同业为目标客户群的理财产品线。二是以多元化需求为基础，着力在细分客户群、拓展销售渠道、丰富产品种类方面狠下功夫。设计研发电子银行渠道专属"e家计划"系列个人理财产品；设计推出三维商城渠道专属"财MALL"系列产品，提高三维商城用户非柜台渠道的使用率；面向兰外分行推出"惠赢"系列专属定制理财产品和面向全行发售的"月月发"系列理财产品。三是理财资产中非标准化债权资产的投资占比完全符合中国银监会关于"非标资产投资占比不得超过产品余额的35%或全行总资产的4%"。四是健全和完善理财业务制度。修订《兰州银行理财业务管理办法》《兰州银行股份有限公司理财产品创新与管理审议小组工作条例》，保障理财业务的独立性和风险隔离，逐步建立起独立的风险控制机制。2015年，投资银行业务本着坚持产品创新、提升服务效率的宗旨，积极推进信贷资产证券化工作，积极探索结构化融资模式。截至年末，投资银行部资产总额达到22.56亿元，较年初净增9.72亿元，新增投资14.36亿元，全年实现营业收入1.30亿元，较上年增长5.70%。完成兰州银行资产证券化业务可研报告、产品发行备案登记材料以及与各交易方的交易合同、法律文书的制定、产品结构设计、发行计划安排、业务流程和会计核算设置、信贷系统证券化业务管理模块功能的需求制定等相关工作。抓住投资机遇，积极参与PPP项目，密切关注各地PPP项目的推介和开展情况，成功参与白银市地下综合管廊PPP项目，积极支持地方基础设施建设。

（司艳春　张　瑜）

【国际业务】　2015年，国际业务积极创新外汇业务产品，潜心服务中小客户，实现银企双盈的局面。一是加强同业合作，联合抵御风险。进一步建立代理行关系，拓宽同业合作渠道。兰州银行与主要美元清算行、欧元清算行沟通，增设外币账户行，签订代理合作协议，为后续开展业务奠定基础。加快跨境人民币业务渠道建设，与境内CIPS清算行联系，积极准备间接参加跨境人民币的清算。二是稳定老客户，积极营销新客户。针对老客户出口订单下降，积极为企业出谋划策，巩固原有销售渠道、谨慎拓展新渠道。三是加强外汇业务管理，积极防控外汇业务风险。对已开办外汇业务的分支机构进行全面外汇业务检查，撰写调研报告，指导分支机构开办外汇业务。修订外汇业务流程，制订外汇业务管理办法。办理外汇业务坚持制度先行，把防范风险、建立健全外汇业务制度放在首位。

（柴　炯）

【信息科技建设】　信息科技工作以金融科技创新和安全体系建设为重点，促进信息科技和业务的融合，增强信息科技服务的能力，确保全年运行安全无事故。信息科技部《基于大数据的面向中小微企业的城商行电商平台研究》获得2015年银行业信息科技风险管理课题四类成果奖。《基于大数据的商业银行风险集中监控平台》项目获得2015年度IDC（国际数据公司）颁发的最佳创新项目奖。一是持续开展科技创新及成果推广运用，着力打造互联网金融平台。人脸识别应用得以突破，实现在百合银行、手机银行登录，VIP用户识别场景应用，并在全国首家推出活体识别的ATM刷脸取款功能。二维码无卡存取款功能上线，处于全国领先水平。智能服务机器人功能进一步优化，知识库不断完善，二代机器人正式推出，并不断改善。将开发完成的对公结算卡纳入自助现金循环机操作范围，成为对公直通车的有效抓手。农村"三权"流转交易平台一期开发完成，与陇南市政府签署战略合作协议。启动网上供销社、兰州工业品交易平台的需求调研和研发工作。二是完成服务渠道的优化，提高信息科技服务水平。互联网灾备系统建设顺利完成，网管系统投入使用，互联网应用迁移工作进展顺利。2015年8月14日，首家智慧银行——硅谷支行顺利开业。包括综合服务终端、产品领取机、智能打印机、二维码墙、可视化金融超市、手机同屏体验、信息展示屏全息投影等新型功能型和体验型设备投入运行，并按规划进行全行复制和推广。三是积极开展三维市民卡建设工作，落实精准扶贫会议精神，做好相关技术支撑。完成三维市民卡的各项系统开发及发卡准备工作。与三维数字中心开展公用事业缴费项目的技术对接，将公用事业缴费项目进行整合，多渠道提供服务。按照全行精准扶贫工作部署，完成精准扶贫专项贷款业务的技术开发和流动服务车的设备布局、网络设备调试和分支行培训工作。

（邹　绪）

【贷款审批】　2015年，贷款审批工作以"持续优化存量，调整增量结构"为信贷投向的基本原则，在择优扩大信贷客户的基础上，加大对"三农"和中小微客户的信贷支持力度。一是持续调整信贷结构、不断优化信贷投向。制定《关于2015年信贷投向和结构调整的意见》，通过全年120.32亿元精准扶贫专项贷款的发放，进一步推进全行资产业务结构调整，为兰州银行深耕"三农"战略方向奠定坚实基础。突出信贷结构调整，对偏离主业、产能过剩、融资过度、参与民间融资借贷等客户作为重点压缩和清退对象，谨慎介入"异地客户、异地投资、异地担保"业务。二是优化工作流程。切实提高信贷审批效率。坚持信贷业务限时办结制，贷审会确保周周召开、小组会及时召开、权限内贷款随到随批。实现信贷审批由线下向线上转移，实现全行信贷业务的线上受理、线上审批以及线上发放。三是完善信贷审批体系，实现信贷审批服务多样化。在2014年实行票据业务贷款审批人的基础上，2015年实现总行层面的贷款业务审批人和审批团队审批。四是强化内控管理，督促各项信贷管理制度的落实执行。对兰内62家支行、4家直属支行及2家兰外分行完成票据业务和相关贷款业务的专项检查。通过检查，对相关业务办理流程、内控方面存在的问题提出整改要求。五是向全行下发《票据业务审查手册》、重新修订并下发《兰州银行保函业务管理办法》，进一步规范全行相关业务的发展。

（王兴国）

【风险管理】　一是强化风险预判、排查与缓释。制定《年度风险管控指导意见》，突出风控的前瞻性和计划性；通过条线例会、风险提示、总结问题贷款成因等工作，研判形势，查摆问题，提早布防；狠抓风险排查与整改，对上年度6项检查查出问题的整改情况开展后续督查，开展房地产、票据、大额授信等专项检查；对存在潜在风险的客户，提前开展法律咨询，通过重组、诉讼、刑事等多种手段逐户化解，最大限度缓释风险。二是狠抓重点风险防控。制定房地产、商圈、钢贸等5个行业风控意见，强化重点行业风险管控；制定《信贷投向风控指导意见》，实行差异化风控政策，引导"存量优化、增量转型"；修订和完善《授信客户退出指导意见》，将偏离主业、参与民间借贷等客户作为重点压缩和清退对象，严格限制介入异地业务；对违规与中介合作、风险条线异常行为等开展专项排查，严防道德风险和外部风险传感。三是加强日常风险管控。制定《信贷数据质量考核办法》等15项办法；成功上线法律事务管理系统；加强信贷文化建设，开展违规案例巡讲，倡导合规文化理念；强化数据监测与分析，对大额变动、银承垫款、逾期欠息等实时监测和提示，督办跟进；实施弹性动态信贷授权管理，加大差别化弹性授权，适度扩大新组建管理行授权；细化拨备政策，实施差异化计提。

（魏晓文）

【计划财务】　2015年，出台全新的目标任务考核办法，加大对资本消耗类业务、创新工作、公司存款和"三农"贷款的考核力度，在各部门的考核指标中加入电子化渠道建设指标，加强对信贷资产质量的考核。制定从严管控又推动发展的费用管理办法，促进分支行业务的发展；运用费用杠杆助推全行创新转型工作的推进，对"三农"、小微贷款新增实行专项费用奖励；严格费用管理，制定严厉的费用超支处罚办法；强化费用对全行公司存款营销的支持作用，费用向公司存款积极倾斜。配合用友公司上线"头寸管理系统"，实现全行头寸管理的科技化、系统化。严防流动性风险，积极应对利率市场化。针对存款保险制度的实施，开展流动性风险压力测试及流动性应急预案演练工作；密切关注金融市场动态，认真做好流动性风险压力测试及流动性风险管理报告，有效防范流动性风险；适当扩大全行流动性二级备付资产比例，确保全行备付充足，保障业务发展。突出财务合规管理，对部分分支行开展财务合规检查，对查出的问题积极督促整改。面对当前的金融形势，发行第一期个人和机构大额存单，主动调整负债结构，提高自主定价能力，根据全行经营情况及市场变化情况，及时调整全行资金运作方案计划，提高资产负债配置效率和协调发展能力。

（刘占艳）

【会计结算和客户服务】　2015年，全行以深入推进标准化支行建设为主线，以全面提升客户服务质量为中心，多措并举，使会计结算和客服中心建设取得新进展。加强现金工作，安装上线纸币清分流水线系统，实现现金钞币清分工作的自动化、集约化、规范化，日均可实现6 000万元至8 000万元的清分量。搭建便于全员参与的建言献策"趣动平台"，不断发现客户需求，有针对性地予以优化改进。开展"支行行长站大堂"活动，倾听客户心声，解决网点服务瓶颈。组织柜员业务技能竞赛，提升全体柜员的实操能力。规范服务行为，制定实施《营业网点服务语言和服务流程标准化工作实施细则》《业务办理规范用语》《营业网点服务细节管理指南》等规章制度。修订实施2015版《标准化支行千分体系及评分细则》，评选晋级标准化支行达80家，其中，四星级10家，三星级35家，二星级35家。组织支付系统危机处置应急演练和账户管理系统应急演练，按计划ACS综合前置系统顺利上线运行。开展操作风险漏洞的排查工作，完善控制制约措施，确保客户资金安全。实施对营业室条线员工的异常行为排查，达到"预防为先、打防并举、综合治理、标本兼治"的排查目的。强化消保宣传，开展"普及金融知识万里行"系列活动和"消费者权益保护知识"网络竞赛活动。客服中心不断强化工作职能，优化客服系统功能与业务流程。新增坐席代

表23人，坐席代表人数增加至45人，满足多渠道业务受理需求。加强全员业务技能培训学习，综合业务素质与处理能力大幅度提升。96799客服电话全年IVR累计呼入数114.37万次，其中请求人工服务数34.20万次，坐席实际接听33.04万次，来电接通率达到96.60%，实现95%以上的工作目标。全能自助银行平稳运行。年内新增VTM网点11家，总量达到17家，全年累计接待10 287人次的参观体验。

（祁哈斯　陈　艳）

【稽核内审】　2015年，稽核内审工作紧紧围绕总行“严控风险、创新转型，强化科技、提升服务”的工作方针，充分发挥审计的监督评价作用，保障全行各项业务稳健运行。全年完成审计项目63个。其中，离任审计52个、经济责任审计2个、专项审计4项、常规审计4项、对全行2015年内控情况进行评价。2015年，《涉农贷款专项审计》被甘肃省审计厅评为“全省内部审计优秀审计项目”、稽核部被授予“全省内部审计工作先进集体”称号。一是认真履行审计职责，发挥内审监督职能。对全行成立满一年以上的分支机构2015年度内控管理情况进行检查，完成总行人力资源部委托的54位中高级管理人员离任及经济责任审计工作，开展e融e贷和银行卡信息安全风险专项审计。外聘审计公司对信息科技治理、业务连续性管理、科技外包管理等方面进行审计与评价。开展“加强内部管控、遏制违规经营和违法犯罪”及“回头看”两个专项检查。持续开展针对分支行的全面审计和后续跟踪检查。二是强化非现场审计，实现稽核信息管理系统升级改造。根据业务特点和风险控制要求，整合原系统应用平台，优化审计作业流程，扩大预警及查证业务范围，增设内控评价、资金流向、问题库管理、影像查询等模块，进一步拓宽审计深度，提升监督效能，为审计工作的全面性、准确性、及时性提供有力的平台支撑。

（杨　涛）

【人力资源管理】　2015年，人力资源管理工作紧紧围绕全行改革发展大局和中心工作，牢固树立服务意识，积极推进人力资源管理改革，努力创新工作思路，各项工作取得显著成效。一是强化人事组织管理。切实推进干部队伍建设，制定干部晋升逢提必下制度，制定中层管理人员相关退出管理办法，畅通管理人员退出通道和推进干部年轻化。积极引进优秀人才，开展同业招聘、校园招聘和定向招聘。创新和强化人力资源基础管理。首次实现线上民主测评，进一步优化请销假管理办法，加大与出入境管理部门的沟通力度，设计兰州银行专用防伪函件，加强出入境审批管理。二是优化薪酬管理工作。逐步推进薪酬体系调整工作，进一步调整薪酬结构，完善薪酬管理系统功能。除红古管理行外，实现兰内机构五险一金统管。优化全行工资核拨流程，取消分支机构上报工资表环节，首次实现工资二次分配抽查监管。借鉴同业先进经验的同时，结合本行实际，制定全行员工职业生涯发展方案，明确职业生涯通道层级及晋级标准，实现多维员工发展通道。三是细化创新培训工作。分层分类开展相关培训，针对不同对象组织专项培训，切实提升履职能力和岗位胜任能力。年内共举办各类培训228场，参训人员累计达34945人次。完善新员工培训基本制度，建立特色化新员工入职培训体系。创建在线训练与考试系统，构建全员参与、全员考核、公正公平的业务技能训练与考试平台，构建行内培训课件资源共享平台，有效解决基层员工业余学习途径少、范围小的问题。

（孟　繁）

【机构改革与发展】　2015年，根据兰州银行四届董事会提出的各项业务向“‘三农’、互联网、以内涵为主的精细化管理”战略转型的思路，兰州银行物理网点从严审批，抑制支行级机构数量扩张，提高电子渠道交易量，减少柜面人工服务。以审慎、科学和可持续发展为原则，制定2015年度分支机构发展规划。一是在机构网点空白的省辖市设立分支机构，扩大兰州银行机构在省内的覆盖面，为全省经济社会发展服务。二是加快“战略转型、结构调整”，促进各项业务向“三农”倾斜、机构重点向县域下沉，在省内经济较发达、区位优势明显的县（区）设立支行，为县域经济发展服务。三是兰州市区内营业网点以调整布局为主，适度增加支行数量。四是积极推进社区支行建设，为市民提供更加便捷的金融服务。在全省市（州）设立8家传统支行。五是继续深化机构改革。重组兰内管理行和直属行架构，将兰内城关区五家管理行合并为两家，三家直属行降格为一般支行。在总行设立互联网金融部和大客户业务部，监察保卫部分立为保卫部和纪检监察室。

（王葆康　孟　繁）

【村镇银行发展】　2015年，各村镇银行围绕“严控风险、创新转型、强化科技、提升服务”的工作方针，服务“三农”能力持续增强，合规意识得到强化，服务水平大幅度提升，员工队伍不断壮大，品牌形象深入人心。截至年末，6家村镇银行各项存款余额41.63亿元，增长54.68%；各项贷款余额28.14亿元，增长60.39%，实现净利润5 892.83万元。一是风控水平再上新台阶。通过动态监测贷款质量，开展全员参与的“我要合规”主题活动，开展信贷大检查，强化案件防控等措施提高村镇银行员工合规意识和风险管控能力。二是围绕“四位一体”“三农”服务渠道建设，提高村镇银行服务“三农”水平。通过稳步推进分支机构及便民服务点建设，大力拓展电子银行与互联网金融业务渠道。三是提高柜面服务水平，提升客户体验。通过推广综合柜员制度，举办服务礼仪大赛、技能比赛和制度知识竞赛，使柜面服务水平进一步得到提高。四是加强公司治理工作，不断规范村镇银行运营管理。通过规范村镇银行股东大会、董事会和监事会会议内容与程序，根据各村镇银行业务发展规模、资本充足情况，有计划地开展增资扩股工作，不断优化股权结构。五是以异常行为排查为抓手，严格贯彻落实作风建设，确保队伍纯洁性。建立以行长负责制的异常行为排查制度，按季度组织异常行为排查。六是积极开展各项公益活动，村镇银行亲民惠民形象深入人心。6家村镇银行与兰州银行同步开展废旧电池回收大型公益活动，通过开展“环保知识进课堂”“环保知识进社区”等活动，彰显村镇银行关注民生、热心公益的社会形象。

（赵 静）

【党建和纪检监察工作】 2015年，全行党建工作紧紧围绕创新、转型发展主线，多措并举，充分保障和促进了全行各项业务的发展。一是扎实开展“三严三实”专题教育工作，学习传达中央、省、市“三严三实”专题教育有关文件精神，凝聚践行“三严三实”的思想共识。二是有效开展思想政治建设工作。发动广大党员干部结合“三严三实”专题教育就如何实现“中国梦”、围绕如何实现兰州银行创新转型战略目标开展学习交流研讨等系列活动。三是深入开展效能风暴行动民主评议行风工作。紧密结合“三严三实”专题教育、精准扶贫精准脱贫、“工作落实年”行动和民评代表质询问题的整改落实，深入开展效能风暴行动。四是行纪委聚焦执纪监督问责主业，与各分支机构负责人签订《兰州银行党风廉政建设和反腐败重点工作责任书》。认真组织开展约谈工作，突出重点岗位和人员，跟踪落实约谈效果，强化监督检查，促进各项业务工作落实和作风的提升。与总行相关部门紧密配合，将全面排查与重点排查、营业机构排查与纪检监察室抽查相结合，每季度分层级、分岗位开展异常行为排查工作。五是不断加强党风廉政建设工作。认真落实党风廉政建设和反腐败工作主体责任，持之以恒落实中央八项规定、省委“双十条”和兰州市委十四项规定，依纪依法纠正“四风”。六是高效推进文明单位创建工作，制定《关于常态化长效化做好文明单位创建工作的通知》，争取在创建质量和数量上取得新突破，使国家、省、市、县四级文明单位实现梯次覆盖。

（王凌鹏 张润荐）

【社会责任履行】 2015年，兰州银行继续深入推进以“业绩、合规、创新、务实、阳光”为核心的企业文化建设，为服务甘肃地方经济、支持中小企业发展不断开拓创新，始终践行着一个企业所肩负的社会责任，不遗余力地投身公益事业，成为广大群众心目中一家对社会有担当、对百姓怀感恩的金融企业。5月13日，兰州银行再次启动“共建美好家园——兰州银行2015年回收废旧电池大型公益活动”，各分支机构立足自身区域，根据活动特点，以不同的形式深入推进，受到社会各阶层的热烈欢迎和广泛好评。在全省范围内共回收废旧电池46吨，兑换矿泉水218.84万瓶。6月13日，由兰州银行第五次冠名的“兰州银行杯·2015兰州国际马拉松赛”激情开跑，“兰马”极大地提升了兰州城市形象，成为兰州对外宣传城市的一张烫金名片，同时兰州银行热心公益的良好形象也随之深入人心。10月28日，兰州银行举办中国商界领袖甘肃公益行活动，中国商界领袖俞敏洪、冯仑应邀以“创新、创业、转型、发展”为主题，就当前经济转型期企业的发展之策莅临兰州开讲。2015年，兰州银行相继冠名首届“丝绸之路”国际大学生创新创业大赛暨甘肃省第六届大学生创新创业大赛、兰州银行杯·2014全省非公经济十大杰出企业家评选活动、兰州银行杯·“绚丽甘肃·精品丝路”全国摄影大赛和“我的中国梦”主题公益广告大赛优秀作品展等一系列公益活动，进一步加深兰州银行坚持服务中小企业的品牌形象，体现践行普惠金融的市场定位和服务理念。兰州银行行领导、中层管理干部与贫困户结对帮扶，提供智力帮扶、资金支持，取得较好效果。2015年，兰州银行投入198.02万元，政府相关部门投入1 720.23万元，完成19项惠民工程与实事。解决贫困村、贫困户困难问题100余项，特别是建成榆中县东湾村农田灌溉、自来水户户通二期工程，彻底解决了全村1 135人的安全饮水及农田灌溉问题。全行帮扶的23个贫困村中已有12个村整村脱贫，绝大部分贫困村基础设施条件显著改善。

（张润荐 殷秀梅）

【后勤保障】 全力以赴做好全行后勤保障和员工关爱工作，为经营发展提供坚实后盾，切实提高每位员工的归属感和工作热情。一是配合全行业务转型，搭建兰州银行实现甘肃服务最好银行的硬件基础平台。在兰州银行网点装修原设计方案的基础上，对现有第四套网点装修设计方案进行调整、细化和完善，做好创新转型网点的建设工作，突出增加互动式体验自助设备、财富中心、保管箱库等服务区域。硅谷支行更是融入新的装修理念，完成新型材料选型、智能机具嵌入式家具的设计定制等复杂细致的工作，成为全省未来银行网点的标杆。2015年，共装修完成网点13家，离行式自助银行19家，村镇银行4家。二是为倾力打造员工“幸福家园”，经兰州银行第四届董事会第六次会议审议通过，购买原兰州建筑机械厂土地，用于建设职工公寓，根据项目设计方案，该项目建筑基地面积7 613.40平方米，总建筑面积约242 154.60平方米，包括住宅、活动中心、幼儿园和物业管理用房，住宅楼7幢，目前建设房屋共计1 564套。截至目前，所有楼体全部封顶，正进行内部安装、粉刷及小区园林绿化建设，计划2016年末建成。

（朱红军 李晨曦）

【安全保卫】 在深化平安金融单位创建和第四次安全评估工作中，积极配合甘肃银监局、兰州市公安局开展工作，2015年兰州银行被评为优秀单位，总行营业部得到通报表扬。一是与分行、管理行、直属行签订了《安全保卫工作目标责任书》，充分发挥管理单位安全保卫工作职能，形成全行齐抓共管的大保卫格局。制定印发兰州银行营业网点防抢、防盗、防诈骗、防火灾等13个突发事件应急预案模块，指导各级机构修订完善预案，组织全行开展安全知识培训、营业机构应急预案演练。二是顺利通过兰州市消防支队验收，取得总行办公大楼的消防安全合格证书。全年办理网点消防验收合格意见书11份，及时更换全行灭火器8 000余具。三是认真落实办公大楼安全保卫制度，强化押运工作管理措施，确保总行机关人、财、物的安全，保证各营业机构现金速递业务及时便捷。四是加强监控中心、金库、营业网点、人工自助银行报警联网管理，强化工作人员的培训学习，落实岗位责任制，全年累计抓拍各种违规2 422次，涉及违规事项160类，处置夜间突发事件136起，对87名员工做违规积分处理。五是配合信息科技部更换存储主机硬盘，保证全行视频资料存储时间达到3个月以上。六是加强保安人员制度学习、按季度检查督导保容保风、制定《保安奖罚条例》等措施，努力提高全行保安服务水平。

（刘全辉）

华龙证券股份有限公司

【综述】 2015年，华龙证券股份有限公司贯彻“抢抓机遇与风险管理”的主基调，不断巩固业务基础，扩大优势业务规模，持续拓宽业务领域，加强风险管理，经营业绩同比大幅增长，收入与利润迈上新台阶，公司取得了历史最好经营业绩，行业监管评级首次被评为A级，实现新三板挂牌。在股市大幅波动期间，公司积极响应中国证券业协会倡议，及时采取调整两融业务规则等措施，切实维护市场稳定和客户利益，未发生一起客户投诉和极端事件，获得了中国证券投资者保护局和投资者保护基金评选的2015年度“十大优秀证券公司”荣誉称号。截至2015年末，公司资产总额299.82亿元，净资产45.21亿元，净资本20.16亿元，净资产收益率25.37%，比上年增长76.06%，高于行业16.90%的净资产收益率平均水平。2015年，公司继续加大转型创新步伐，经纪业务结构进一步优化；投行业务把握资本市场节奏，拓宽业务领域，取得较好业绩；固定收益业务巩固现有市场，不断开辟新市场；资管业务投资管理能力显现，产品规模不断增加；金城资本严格把控项目质量，加强投后管理，各项工作稳步推进；甘肃股交中心持续加强中小企业培育，不断丰富融资手段；华商基金产品业绩持续优异，管理规模显著增加；华龙期货推动业务转型，逐步拓宽期货业务领域。

【证券经纪】 2015年，经纪业务积极应对佣金急速下滑以及“一人多户”政策冲击，着力推动业务结构多元发展，全力拓展客户规模，加强投资顾问培养，强化金融产品销售和渠道建设，积极探索互联网服务和营销模式，加强管理和考核，优化业务流程和服务，完善客户体验，经纪业务成绩显著。

公司经纪业务全年新增开户20万户，实现证券交易量1.23万亿，托管资产832亿元，省内综合实力排名前十位的优秀证券营业部公司占据半数以上，天水营业部创造利润超亿元，兰州东岗西路、兰州合水路、白银、平凉营业部创造利润达到8 000万元，56家证券营业部构成了公司各项业务创新发展的战略基础。公司着力推动经纪业务结构多元化发展，信用交易、基金销售和场外产品收入占比逐年提升。公司投资顾问与证券从业人员所占比例稳居行业前茅，具有较强的证券投资和分析能力。

【保荐承销】 2015年，公司完成读者传媒IPO、靖远煤电非公开发行、兰石重装非公开发行、甘肃电投公司债和ST建机重大资产重组项目，参与承销了佛慈制药非公开发行，为企业实现融资91.30亿元。吉宏股份IPO项目顺利通过中国证监会发审委审核，陇神戎发和三孚硅业IPO项目等待发审会审核。新三板业务完成了建章立制等基础性工作，基本构建了较为完整的业务管理体系，初步形成了有效的业务模式和管理体制。2015年，新增挂牌企业31家，正在承做的项目超过150家，实施13家挂牌企业的20次定向发行融资，融资总额近9亿元。

【债券发行】 2015年，公司完成了15亿元贵州铜仁债、6亿元伊利小微集合债、15亿元新郑政通公司债、3.50亿元平凉崆峒债、6.50亿元金昌建投债等债券的发行工作，承销规模76亿元，募集资金规模在券商中排名第29位，完成了“阿勒泰聚金城建投资公司”财务顾问项目，上报了包头青山区棚改项目收益债券、甘肃国投公司债等6个项目，储备了10多个项目。债务融资业务的品种趋于丰富，结构更加合理。

【直接投资】 2015年，公司着力开展股权投资基金的管理工作，在严格把控项目质量的前提下，积极完成基金投资。2015年，现代农业基金、生物医药基金和新三板基金共向12家企业投资4.28亿元。养老产业基金进入实际运营，获得财政部、商务部较高评价与肯定。制定了养老服务产业基金相关管理制度，与兰州市城投等合伙人签署出资协议，已到位资金10.78亿元；与中植集团达成了以双GP管理和以项目投资为核心的合作模式，基本确立了后续资金进入的计划与渠道；广泛调研基金养老产业投资项目，完成对兰州康源养老服务项目2亿元的投资以及与兰州虚拟养老院合作组建居家养老服务公司的方案设计。

【资产管理】 2015年，公司资产管理业务践行“树品牌、扩规模、创收入”的方针，不断加强与各部门、各机构的合作，业务收入和资产规模均大幅增长。公司新增集合计划11支，资管产品规模达170亿元。在第三届“金牛财富管理论坛”评选活动中，公司荣获“2014年度金牛券商集合资产管理人奖”，旗下的金智汇灵活配置集合资产管理计划获“2014年度金牛券商集合资管计划奖”。固定收益类集合产品表现稳健，股票质押业务平稳起步，已完成盛达矿业等股票质押业务，总规模超过7亿元。定向资管业务稳健发展，先后为兰州新区铁建、兰州市轨道交通、兰州城投等省内企业实现融资55亿元，有力地支持了地方经济发展。不断创新合作模式，延伸定向类业务链条，通过定向资管计划参与股票质押和定向增发，提高产品覆盖面。公司通过发行收益凭证和两融收益权转让方式，为公司募集运营资金53.97亿元。全年共发行收益凭证168期，募集资金42.97亿元，在报价系统98家参与主体中公司发行数量排名第2，规模排名第22名。设计发行保本浮动收益型收益凭证6期，探索收益凭证利率与市场利率接轨机制。

【金融控股集团战略】 截至2015年末，公司主发起设立的华商基金管理资产规模650亿元，公募产品31支，专户产品25支，公募基金规模比上年增长40%。凭借出色的投资业绩，2015年再次荣获“金牛奖”，投资能力获得市场的充分肯定和高度认可。

华龙期货明确战略目标和市场定位，推动业务模式从通道型向平台型转型。年内成功挂牌新三板，并通过新三板增发增强资本实力；取得期货资管业务资格，完成首支期货资管产品的发行；加大互联网金融平台建设；积极筹建期货交割仓库。

甘肃股权交易中心加大产品创新，丰富融资手段，提升战略新兴产业基金投资管理效率，加快企业培育和融资体系建设，推动全省多层次资本市场建设。全年新增挂牌企业1 068户，新增托管企业1 049户，培育企业2 309户次，实现各类融资141亿元。

【信息工程】 在2015年证券交易屡破天量、多家券商出现交易系统故障的严峻挑战中，公司始终以安全运行无事故为底线，主动预判和分析市场交易压力，及时优化系统功能，确保公司信息系统稳定运行。年内先后上线多种新业务系统，自主开发新型移动证券交易系统、APP集中管理系统，优化升级业务移动办理支持系统，改版公司网站，为开发互联网应用场景夯实了基础技术平台。

【合规建设】 2015年，公司积极应对市场变化，建立合规风控长效机制，着重加强对创新业务的风险识别与评估；严格执行实质性审核，优化监测系统；量化业务风险限额，及时揭示违规及运营风险，定期进行压力测试，深入探索中小券商风险管理策略和实践操作，有效预警和化解公司风险隐患。公司整体合规管理水平和风险防控能力有效提升，各项业务规范运行，全年没有出现重大合规风险事故，没有发现重大风险隐患。稽核工作根据业务发展需要，及时完善制度建设，年内共完成11项内部审计，及时发现管理隐患并持续跟踪整改事项的落实，不断强化审计效果，为各项业务开展保驾护航。

【党建工作】 2015年，公司党委深入贯彻习近平总书记系列重要讲话精神，以改革创新精神全面持续加强班子作风建设，以开展“三严三实”专题教育为契机，扎实抓好集中学习和专题党课辅导，精心组织领导班子学习研讨，认真开展干部约谈，把牢思想和行动“总开关”。全面加强党建工作活力，不断强化思想建设、人才建设、企业文化建设、制度建设和党的自身建设，确保公司沿着正确的方向健康发展。2015年8月25日至10月25日，甘肃省委巡视组对公司进行了专项巡视。针对巡视组指出的问题，公司进行了扎实有效的整改，取得了较好的成绩。2015年，组织公司140多名管理干部赴甘南舟曲县果耶乡，开展对口扶贫工作，感受艰苦地区民生疾苦，增强党员干部社会责任感和使命感；牢固树立“扶贫先扶智”的帮扶理念，设立“陇上人家”爱心基金捐资助学，公司员工累计捐资353万元；制作联名卡，公司管理干部与当地小学生结成帮扶对子，责任到人，联户连心，帮扶果耶村、磨里村259名学生每人每年2 000元助学金，确保不让一名学龄孩童因贫困失学；安排优秀青年党员干部到联系村驻点落实帮扶项目。

（郭晓伟）

海通证券股份有限公司甘肃分公司

【综述】 2015年，海通证券股份有限公司甘肃分公司在总公司、上级管理部门的领导及帮助下，面对跌宕起伏的市场环境，全体干部员工团结一致、群策群力、锐意进取，围绕工作目标，各项业务均有所发展与提升，区域竞争力与品牌效应得到显著增强。

【经纪业务活动】 2015年初，分公司对总公司下达的任务指标进行了深入分析，确定了以开户和内部产品销售为主要抓手的工作目标。积极参与总公司与各银行开展的联合营销活动。借助总公司开展“速度与激情”劳动竞赛活动的契机，在辖区积极拓展客户并取得了一定的成绩。改变以往的产品销售模式，牵头开展系列专项产品推介会，有针对性地邀请客户现场参与活动，带动外部产品销售。

【创新业务】 分公司组织辖属营业部积极开展各项活动。协助证券金融部负责组织了西北片区类融资业务的培训；借经纪业务合规检查之机，在营业部开展多场创新业务培训；协助财富管理中心、资管子公司与地方银行完成产品对接；协助固定收益部与地方银行完成资金池业务；协助创新子公司与地方银行及企业完成产品对接；协助租赁公司对辖区内潜力企业进行业务推介。

【投资者教育】 2015年，分公司严格按照总公司要求，积极组织，认真落实了各项其他投资者教育专项活动。根据总公司《关于开展“投资者权益保护”主题宣传教育活动的通知》，要求各营业部上报活动照片；根据总公司《关于做好2015年上海证券交易所“我是股东”第一季投票的通知》，上报了统计表；根据《关于报送投教培训联络人的通知》，上报了甘肃分公司及所辖营业部投教联络人；根据《关于开展海通证券“与诚信同行”诚信建设宣传活动的通知》，上报了活动总结材料及照片、统计表；根据公司《关于加强投资者咨询电话接听工作的通知》要求，下发了工作提示，并于2015年12月中旬对辖属营业部逐一抽查；根据公司《关于开展“知规融易”融资融券投资者教育活动的通知》要求，上报了活动统计表、照片和优秀文章；根据总公司《关于开展“远离非法证券活动，传递正能量”打非宣传月相关工作安排的通知》要求，组织营业部开展了为期一个月的打击非法宣传月的活动，并在2015年12月14日前要求各营业部上报了活动总结、照片及统计表。

【日常运营管理】 分公司在督导营业部日常做好客户回访、客户投诉响应及投资者教育工作的同时，开展月度评价，从日常管理、参加各项活动情况和投诉情况等10个方面进行跟踪，及时督导到位，强化规范管理。组织开展了营业部经纪业务大检查，加强合规、风控力度。组织了“期权总动员”活动和“沪港通”专题及投资者教育交流会，丰富了分公司和营业部投教工作内容。及时、高效地完成公司布置的各项阶段性工作，做好分公司各项后勤保障工作。积极协调内外关系，加强分公司综合管理工作的规范化、程序化，为辖属营业部做好服务与支持，全年所有上报事项均认真审核、汇总后报送相关部门，使分公司综合管理工作有序开展。“三防一保”工作常抓不懈，确保全年安全无事故。认真做好分公司及辖属营业部行政、综合管理、人事、合规督导、运营管理、安全保卫、信息系统、绩效考核、工会等工作。优化网点建设，完成部分营业部转型改造，完成西宁营业部新设筹建。提高财务分析工作质量，积极配合业务部门，提高财务管理在分公司经营、业务拓展等方面的作用。聘请专家，对本部及辖属营业部营运总监、财务人员进行“营改增”专题培训，对理论和业务处理进行了系统学习。配合公司稽核部完成分公司辖属2家营业部的稽核审计工作。配合公司完成投保基金对公司休眠账户管理工作的专项检查工作。认真组织各营业部开展反洗钱工作。组织落实中国人民银行的金融稳定工作。

【反洗钱工作】 2015年，分公司认真组织开展客户身份识别、客户风险等级划分、客户身份资料和交易记录保存、大额交易和可疑交易报告、反洗钱宣传和培训等各项反洗钱工作。严格按照反洗钱法律法规，认真履行反洗钱工作职责，各项反洗钱工作有序开展。

2015年11月，分公司组织开展以“点滴行动，助力反洗钱”为主题的反洗钱宣传月活动。通过设立投资者园地反洗钱宣传专栏、咨询台、发放宣传单、微信、电子屏幕、悬挂横幅、网站和现场宣传等形式，扩大反洗钱宣传的深度和广度，开展不同内容的反洗钱宣传。

在公司内网合规管理系统建立了反洗钱专栏，使其成为公司员工进行反洗钱学习和宣传的信息交流平台。在公司外网网站首页放置反洗钱宣传月活动提示信息，并对公司网站反洗钱宣传专栏中内容进行了补充，通过公司网站针对证券投资者和一般网民积极开展了反洗钱宣传活动，通过公司官方微信公众平台“海通证券彩虹俱乐部”开展宣传活动。悬挂、张贴反洗钱宣传横幅、海报。统一反洗钱宣传活动口号以及反洗钱宣传横幅内容，张贴证券业协会统一发放的反洗钱宣传海报。发放反洗钱宣传手册、折页、《海通证券反洗钱宣传单》。在营业场所设立反洗钱咨询台，接受咨询、发送反洗钱宣传短信和邮件。营业部在投资者园地中增加反洗钱专栏，开展反洗钱法律法规、基本常识、知识问答以及公民反洗钱的基本义务等内容的宣传工作。张贴内容包括《反洗钱法》《中国人民银行关于证券期货业和保险业金融机构严格执行反洗钱规定防范洗钱风险的通知》《公民反洗钱基本义务》《反洗钱知识问答》、反洗钱举报电话等。

【群众路线活动】 2015年，分公司紧密围绕全年党建工作目标，有计划、有实效地推进各项经营工作健康发展。组织广大党员加强政治理论学习，引导党员干部把学习成效落实到推动经营工作中去；深入开展“三严三实”专题教育，以“严”字为头、从“实”字着手，不断提升领导干部服务群众、履职尽责能力；组织广大党员干部认真学习《中国共产党廉洁自律准则》和《中国共产党纪律处分条例》，教育全体党员以《准则》为标杆、严于律己，以《条例》为底线、防腐拒变；严格落实“三会一课”基本制度，认真开展党员民主评议工作；积极参加“纪念建党94周年”主题活动；加强党员后备力量培养，发展新党员，转正预备党员，有效充实党组织的力量。

2015年，分公司积极开展主题为“服务、纽带、新常态”的工会活动，丰富员工业余文化生活，增强甘肃分公司凝聚力，切实发挥工会组织的作用，动员广大员工以主人翁的劳动热情和创造活力，全力推动分公司业务发展。全面围绕甘肃分公司“创新、转型、发展”的工作重心，以建设先进文化、更好满足职工群众精神文化需要为前提，大力开展职工文化体育活动，立足基层，面向职工，积极开展多层次、多样化、吸引力大、参与面广的群众文体活动。活动具体有参加兰州马拉松赛、徒步、羽毛球、合唱、野外拓展、摄影比赛、趣味运动会等内容。

（郭秋鸽）

国泰君安证券股份有限公司甘肃分公司

【综述】 2015年，国泰君安证券股份有限公司甘肃分公司在“全面深化精细化管理，着力提升服务能力，建设具有国际竞争力现代投资银行”的战略目标下，坚守风控合规底线，践行社会责任，面对错综复杂的经济形势，实现各项业务的快速提升。一是有效应对市场压力，开展投资者教育活动，深入全员营销理念，扩大新增客户资源，提升客户服务质量，确保实现传统经纪业务收入目标。二是顺应行业趋势，借助互联网金融发展契机，加速推进网络金融业务发展。提升甘肃分公司线上服务水平，探索线上客户挖掘与盈利途径，实现了新增有效客户快速增加。三是打造新三板团队，完成甘肃分公司第一个新三板项目，以“新三板”“四板”“大投行”“PB”等业务为切入点，深入探访企业，推动机构业务纵深发展，满足机构客户的多层次需求。四是通过研究客户投资咨询服务的方式及策略，设计出不同风格的投资咨询理财产品，满足各类投资者不同的投资方式需求，创造特色服务，提升综合金融服务能力。五是贯彻落实公司稳中求进的战略部署，在坚守风控合规底线的同时，探索创新业务模式，抓住市场机遇大力拓展业务，进一步提升多元化服务水平。六是加大人才梯队建设工作，注重员工的职业素养与专业水平提升，建立有效人才库，确保支持公司转型后的各项业务有序开展，打造专业型综合金融服务团队。

（刘 畅）

华龙期货股份有限公司

【综述】 2015年，华龙期货股份有限公司期货累计成交量为497.66万手，累计成交金额11 541.16亿元，比上年分别增长76.19%和1.26倍，增幅高于行业水平。实现营业收入4 109.28万元，比上年增长78.51%；利润总额1 543.57万元，比上年增长1.02倍；留存手续费2 482.44万元，比上年增长95.22%；净利润1 150.71万元，比上年增长1.06倍。新开客户共1 190户，金融期货开户243户，全年客户净入金3.33亿元，期末客户权益4.21亿元，比上年增加1.38亿元，增幅48.70%。一是登陆新三板，推动公司战略发展和提高抗风险能力。经公司全体股东决议一致同意将公司整体改制为股份有限公司，2015年7月29日董事长主持召开华龙期货股份有限公司创立大会。同年9月21日公司向全国中小企业股份转让系统递交挂牌申请，11月13日正式在新三板挂牌上市。12月公司通过新三板定向增发，发行3.70亿股，所募集资金将用于增加公司注册资本金。公司在增强资本实力的同时，进一步促进股东多元化，公司增资后将全面推进期货创新业务，依托股东的资源优势，着力发展以资产管理和风险管理为核心的创新业务，实现公司从通道型向平台型的战略转型，逐步拓展公司盈利范围。二是加强风险监控和投资者教育，以合规经营为前提，积极稳妥推进创新。要求期货从业人员勤勉尽责，维护交易合规性，严格落实开户实名制及投资者适当性制度。完善反洗钱系统建设和内部控制制度，在细化业务操作流程、明确岗位职责的过程中，把责任落实在每一个员工身上。加强投资者教育。2015年7月至9月，在华龙证券IB营业部开展了13场以“提高投资者风险管理能力”为主题的系列投教巡回讲座；10月推出“华龙期货周末有约”活动，加强投资者对期货市场的风险意识。在资管业务与信息技术对接中做好预警测试、风险隔离和应急措施，增强对新业务风险的识别和化解能力，使公司创新业务与风险防范能力相匹配。三是监管评级跳跃式提升，行业竞争力不断增强。2015年，在董事长的带领下和全体员工的共同努力下，在全国150家期货公司分类评价中，公司从2014年CCC级提升到2015年BB级，公司的得分情况为100.7分，加分项为0.7分（剩余净资本加0.5分，成本管理能力全国排名38，加0.2分），无扣分项。在本次分类评价中，公司在合规经营及行业竞争力方面呈现出不断提升的趋势。四是取得资产管理业务资格，首支资管产品破茧而出。2015年，公司正式取得资产管理业务资格，公司的业务产品线和发展空间得到扩展。公司在取得资产管理业务资格后，及时结合自身专业优势，对财富管理产品进行研究设计，谋求以保值、增值、收益稳定、风险可控的产品创立自己的资管品牌。2015年11月，资管部的首支“一对一”管理型资管产品破茧，资产管理业务迈出了坚实一步，为将来“一对多”资管产品的推出积累经验。五是顺应互联网金融发展，加大互联网金融平台建设投入。公司推动传统经纪业务与互联网技术平台的融合，2015年7月10日推出互联网PC端开户，传统的开户业务从线下迁移到线上，12月互联网开户又延伸到移动手机终端，开户方式愈发简便，2015年通过互联网开户的投资者达359户；利用互联网思维开展更多的连接，通过互联网平台为客户提供线上账户诊断、资讯等服务，向客户提供全方位投资咨询一体化平台。六是筹备交割仓库建设，谋求更多新业务模式。公司借助于兰州新区作为全国第五个新区和“一带一路”重点发展区域为契机，拟通过风险管理子公司在兰州新区筹设期货交割仓库，为周边地区实体企业交割提供便利，节省成本。借助甘肃金融力量，提供仓单质押业务以及资本中介服务等创新业务，帮助公司在期货创新业务中取得优势，提高期货市场服务辖区实体经济的能力，推动区域经济合作。

（张正卯）

中国人民财产保险股份有限公司甘肃省分公司

【综述】 2015年，中国人民财产保险股份有限公司甘肃省分公司（以下简称“省分公司”），按照“对标市场、跑赢市场”的总要求，突出“三个并重”，狠抓“两提一降”，努力实现“五大目标”，主动适应经济发展新常态，深化改革创新，加快转型升级，持续打造人保财险升级版。全年实现签单保费39.53亿元，净增3.12亿元，比上年增长8.57%；实收保费39.33亿元，净增3.85亿元，比上年增长10.80%；处理赔案40.81万件，赔付24.29亿元，综合赔付率61.24%；综合成本率91.42%，低于行业、系统平均水平；上缴各类税金2.32亿元，实现表结净利润2.96亿元，利润完成率达到1.67倍，17家分公司全部实现表结盈利。

一、实施“发展与效益并重”对标市场积极的进取型市场策略。一是实施重点渠道策略，狠抓“渠道提产能”项目。推进车商渠道标准化建设，落实《省分公司车商渠道建设标准》，车商业务增幅达到30%以上；大力发展电网销渠道业务，严格落实《2015年电子商务渠道工作方案》，大力开拓新兴业务，全年渠道整体业务增速达到25%，商非险业务增速50%以上；银保渠道进一步加大了信用险、保证险业务拓展力度，增速达到50%以上；经纪代理渠道加大与经纪代理公司的合作力度，对经纪公司进行分类评级并采取差异化费用配置政策，业务增速达到15%以上；“三农”网点着力提高商业险产能，挖掘农村市场潜力；重要客户渠道进一步完善基础工作，业务增速达到10%以上；个代渠道加强销售团队及组训队伍建设，业务增幅达到5%。二是实施私家车主攻策略，推进车险发展模式转型。进一步细分客户，通过差异化的价格政策、销售费用配置及服务，主攻私家车、车商4S店等优质业务；强化续保管理，以私家车新保、续保业务为抓手，打好车险市场份额保卫战，确保增量市场份额第1位。三是实施商业非车险专营策略，深化专业团队改革。落实《深化商业非车险专营机构和专业销售团队建设实施方案》，加大业务考核力度，建立新项目、新险种开发专项费用和奖励制度，以“国十条”和甘肃省政府《实施意见》为契机，大力拓展6类战略性险种和新兴业务。四是实施县域市场进攻策略，加快个车业务发展。农村区域市场的发展重点向商业险业务转移，主攻私家车业务，提升县域车险业务市场占有率；继续完善农村网点建设，加强了农村客户信息收集和管理，落实农网建设任务及产能指标。五是实施费用精准投放策略，改进费用管理模式。对优质业务提高配置比例，实施向车商和电网销等重点渠道、私家车和交强险等重点险种倾斜的费用配置政策；对销售费用跟单配置实行系统化管理，实现财务系统与销售人员业绩管理系统有效对接，使各级机构、产品线、业务员实时查询销售费用“配多少、用多少、剩多少”。

二、打造“服务与销售并重”以客户为中心的高效服务体系。一是完善差异化服务体系，提升私家车业务竞争力。落实服务标准化建设，总公司神秘人测评、满意度调查保持行业领先；强化客户投诉处理，降低总转、越级投诉量，亿元保费投诉量达到总公司控制目标；推广客户俱乐部系统，对城市地区覆盖率达到100%；差异化增值服务对私家车客户覆盖率不低于12%，为提升私家车业务市场竞争力提供服务支持。二是落实客户经理制，提高优质客户的续保率。加强一线窗口形象、服务标准化建设，做好产品销售与客户关系维护，对团体和个人VIP客户配置专属客户经理，覆盖率达到100%，团体优质客户保费保有率达到80%、个人优质客户续保率达到85%、客户满意度测评结果优于市场同业，客户信息真实率达到80%以上。三是完善服务监督机制，强化服务效能的考核。对各市（州）分公司、省分公司相关部门从服务标准化、客户满意度、客户投诉、差异化服务4个维度进行分类考核评价，各分公司考核结果纳入综合经营分类评价，省分公司各部门服务效能年度考评等级全部达到B以上。四是切实提高工作效率，提升服务基层的能力。以改进机关工作作风、提高工作效率为切入点，精简文件会议，减少办事环节，明确办结时限，强化监督考评；落实限时办结制和基层公司请示件反馈通报制度，对省市两级机关效率不高、延误工作的情况进行监督和追责；落实《优化运营平台建设工作方案》，强化运营平台支持力度，从承保、理赔、销售、服务、考核等各环节进一步提高服务基层的能力和效率。

三、完善“过程与结果并重”闭环管理的绩效考核机制。一是加强关键环节管控，狠抓“理赔降案均”项目。加强保险反欺诈工作，全面提升公司追偿能力，提高全省系统定价水平，进一步落实人伤管理新模式。车险综合赔付率低于全省行业平均水平。二是加强过程管理，加大市场份额考核。加大对车险、商业非车险、政策性业务三大业务板块的专项考核，打破“大锅饭”现象，促进县域市场业务发展与市场同步；加大对各分公司对标市场的考核力度，实行“市场份额按季考核，同比增速按月考核”，对跑赢市场、增量份额第一的公司，实行专项奖励，对“业务发展、盈利能力、合规工作、重点工作”落实不力的公司进行相应问责处理。三是完善督导工作机制，强化片区管理责任。对三个片区业务发展、合规管控、安全生产、应收保费、“双扭”工作实行“谁包片、谁负责”的工作机制，省分公司对片区工作完成情况进行每月点评、每季评比，加强对区县机构的督导帮扶力度，加大“双扭”工作和应收保费的月度考核和通报工作。四是坚持依法合规经营，防范化解经营风险。完善内控体系建设，逐级签订合规经营承诺书，强化合规责任落实；加强内控合规检查，全年开展了2次对农险、理赔、财会等重点风险领域的专项检查审计，对检查发现的违法违纪行为实行“零容忍”，严格落实问责制度；全力配合完成了“两个加强、两个遏制”专项检查工作。

四、加强干部队伍建设，建立与员工共享发展成果的企业文化。一是加强基层班子建设，为公司发展提供坚强组织保证。抓基层领导班子建设，严肃党内组织生活，严格落实中央“八项规定”，不断提高解决自身矛盾和问题的能力；坚持“凭业绩、凭能力”的用人导向，把政治强、有才干、业绩好、敢担当的干部选拔到关键岗位；管好干部，严格干部日常管理和年度综合考评。二是强化班子专业化分工，建立责任共担的工作机制。加大对基层班子经营绩效考核，经营压力要传导延伸到副职，改变过去班子考核一把手压力大、班子副职责任较轻的现象。实行领导班子专业化分工，副职纳入独立考核范畴，与上级公司分管副总经理签订目标责任状，薪酬与分管的产品线完成业绩挂钩，对考核不称职的副职实行降薪、降职及引咎辞职等方式处理。三是重视人文关怀，让员工共享公司经营成果。关注一线员工，不断完善人力资源和劳动用工管理，逐步缩小员工合同版本待遇差距，稳步提升员工薪酬待遇；充分发挥职代会作用，广泛听取职工对公司发展的建议和意见，丰富员工文化生活，做好困难员工的慰问和扶助工作；开展职业素质培训，形成共同的价值取向；创新人才任用机制，持续开展“千人工程”“引才计划”，为员工提供良好的培训和晋升渠道。坚持公司发展的同时，让员工共享经营成果，不断提高员工的幸福指数，进一步增强公司凝聚力、向心力。

【财产险业务】　2015年，财产险实现保费收入21 361.77万元，比上年下降17.47%，低于市场0.41个百分点，市场份额保持在47.16%。其中，企财险保费收入16 737.86万元，比上年下降16%，市场份额为47.21%；家财险保费收入 1 364.91 万元，比上年增长 6.89%，市场份额为 58.33%；工程险保费收入 3 259 万元，比上年下降 30.39%，高于市场 19.58 个百分点，市场份额上升到 43.44%。

一、对标市场，保持市场份额稳定。一是制定下发了《关于加强财产险续保、新增、竞回业务管理的通知》，落实责任，分级抓好财产险业务续保管理。财产险部门内实行分片包干，按照河西、河东、河中、重要客户 4 个层次进行跟踪督导，财产险在市场整体下滑的形势下，基本与市场持平。二是对标重点项目，对项目进行了梳理，要求每个分公司选择 2–5 个项目进行重点公关，至少实现 1–2 个项目落地承保，确保工程险业务跑赢市场。三是深挖重客货运保险潜力，保证市场份额平稳。加强中石油、酒钢、金川公司货运险业务的专业化团队建设，提升服务水平，维护现有业务范围；积极探寻新的业务资源，将保险展业公关前置到货运业务项目洽谈之中，挖掘潜力扩大业务规模；密切关注同业公司的攻关动向，积极采取应对举措，严防要客业务流失，确保跑在市场前列。四是巩固铁货险业务的绝对份额。省、地、县（区）三级联动，积极维护和巩固与铁路各层面的合作关系，巩固了金轮代理铁路货运险业务在公司的主导地位。加强随车行李联合销售，做好随车行李微推广活动。制定随人行李、货物延迟保险等新险种奖励推动方案，提高新险种发展能力。五是争取财政支持，做好农房保险。及时向民政、财政、保监局等相关部门汇报工作，召开农房保险座谈会，争取到省财政厅的大力支持。争取到省财政补贴资金 300 万元，地方配套 350 万元，在平凉市试点农房保险，在定西市试点农房地震保险。

二、积极推动创新，助力业务发展。一是开拓“互联网+”渠道发展模式。加强移动互联的手机碎屏保险业务合作，与阳光易联联网成功。对定额组合保险“安业保”“安福保”申请网上销售，对抵押物财产保险、房贷险申请与银保通、信保通对接，对原有网上产品与电子商务部合作进行宣传推广。根据客户经营状况和实际需要，为客户制定专业的风险管理方案，使单一的销售工作转变为保险服务工作，使客户增强对风险管理的认可度。切实履行“以客户为中心”的经营理念，从简单的保险产品推销向为客户提供风险管理服务转型，使客户增强对风险管理必要措施保险的认可度。通过风险评估和风险防范，促进保险定价科学合理，完善服务措施，定期防灾防损，让客户切身体验到保险的价值，降低客户对保险的排斥心理，使客户增强对保险主体的认可度。二是借助融资手段拓展客户。以项目融资为切入点，向客户介绍人保集团的资金实力，大力宣传保险资金额度大、还款期限长等特点。通过融资洽谈密切与客户的合作关系，成功促成项目保险的签单。2015 年，公司积极促成人保资本管理公司与甘肃省公路航空旅游投资集团公司成功签订 20 亿元债券融资协议，大力推动公航旅下属甘肃路桥、远大路业、长达路业的工程险项目。三是立足报备产品，制定标准化销售方案，逐步实现产品标准化，便利保险中介市场改革后在小微型代理中介机构和独立代理人销售。立足服务流程与底线，制定标准化理赔服务方案和理赔服务标准，践守服务承诺，增强社会对保险的信赖与认可，扩大保险经营品牌。立足规范操作，制定标准化的各岗位操作使用手册和流程，减少失误，落实责任，推动保险经营的标准化。四是加强队伍建设，培养专业人才。在省级机构承保管理部门充实或选拔工程技术、机械制造、精算、再保险、财务管理专业人才，通过系统化培训与实践，逐步形成专业化管理团队。根据各地产业结构，设立专业销售团队，配置专业技术人才，减少非专业化销售人员，通过销售实践，逐步形成专业化销售队伍。充实财产保险专业理赔和客服人才，成立专门的财产保险理赔团队，建立财产保险快速的理赔、客户服务机制，逐步形成专业化服务队伍。

三、加强内部管理，增强盈利能力。一是加强与政府合作，推动项目建设和政策农房保险、巨灾保险、新兴产业财产保险业务发展。推动部分社会保险商业化运作，扩大财产保险商业运作范围。二是加强与代理渠道合作，推动银行、经纪、专业、独立个人代理业务多元化发展。提前布局与小微型、社区化、门店化经营的区域性专业代理机构及独立代理人员的建立与合作，扩大保险代理渠道。三是加强与互联网平台合作，推动以个人业务为主体的新型险种发展。与个人日常相关的电子产品、个人账户、旅行类经销商和代理人加强合作，发展个人财产保险业务和家庭财产保险业务。四是坚持依法合规经营，防范化解经营风险。严格执行甘肃保监局管理规定，落实相关制度；加强内控合规检查，组织货险业务检查，对照制度，查找问题，及时整改，确保船货险业务依法合规。

四、以重要客户营销企划方案为指导，推动重要客户业务发展。一是制定涉及全省 53 家重要客户的《重要客户营销企划方案》，并下发《重要客户产品发展策略》《全省重点项目投资计划》和《全省重要客户活动量管理办法》。召开“全省系统招投标业务专题培训”“全省系统重要客户转型发展研讨会”等专题会议，进一步提升全省系统重要客户条线的管理水平，系统内各重要客户专业团队更加清醒地认识到目前的市场环境和转型发展的迫切要求。二是全面落实重要客户服务工作，提高重要客户业务竞争能力。针对酒钢、金川、中石油、国家电网等重要客户，由省分公司总经理室成员拜访。三是加强重要客户活动量管理。2015 年，省分公司研究出台了《重要客户活动量管理办法》，对于总省级重要客户业务的日常维护、客户拜访、业务洽谈等内容全部进行表格化管控，要求各专营机构和专业团队每周上报活动量管理反馈表，对上周的要客业务活动进行上报总结，对重点拓展的项目情况进行汇报。

（李继斌）

【车险业务】　截至 2015 年末，车险完成签单保费 24.97 亿元，比上年增长 7.97%；车险市场份额 35.21%，比上年减少 2.12 个百分点；增量市场份额 20.55%，排名第 2 位；承保利润 2.44 亿元，承保利润率 10.27%。

一、多策并举促进业务发展。一是制定符合市场规律的发展及激励政策。稳定车险基础销售费用配置比例，坚定业务发展基础。2015 年，全省传统车险销售费用平均配置比例延续了上年的销售政策并适当提高。紧跟市场，分阶段确定工作目标，及时进行跟踪、点评与兑现，为业务发展提供了支持。及早布局，抢占先机，组织1季度开门红车险市场保卫战，开展团车专项、交强险专项、渠道专项、季度专项等多项竞赛和激励活动。二是强化目标管理力度，加强目标落地能力。加强对全省车险业务数据的分析，认真制定车险承保政策，提高对手续费调整灵活度，并加大监控力度。通过业绩、考评指标晾晒，强化车险业务过程管理，配合服务体系建设，促进私家车业务发展。通过车险发展委员会专题会议做好业务发展相关议题的决议工作，通过《工作简报》、紧盯扭负工作和业务督导会等多种形式进行过程管控，确保开门红效果。强化各渠道、市（州）经营单位对市场变化趋势的认识，要求各市（州）分公司根据辖内实际情况，制定适合本地的私家车业务发展策略，按照客服部工作要求，全面推行私家车服务方案，实施"服务制胜"策略。三是制定《2015年车险经营绩效考评办法》，有效评估分公司车险工作绩效，促进达成公司车险各项工作目标，逐月进行考核通报跟踪。放开商车险手续费跟单比例，做好特殊情况的佣金审核工作。优化费用额逐月管控工作。四是做好团车业务管理工作。积极主动参与重点单位车险项目投标工作。主动参与省市党政机关及企事业单位2016–2017年机动车辆保险招标项目，提升与其他同业保险主体的市场竞争力，支持分公司车险业务发展，取得了预期效果。

二、加强内部管控，防范经营风险。一是做好数据分析与技术指导。定期做好业务数据的提取工作，加强对风险数据的分析和监控，督促整改。加强车险监控系统数据分析，有针对性地对车险经营不佳的分支机构进行详细分析、督导，提供经验借鉴，并及时进行督导干预。由信息技术部开发程序，对部分风险数据进行日监控，要求各公司及时进行确认与整改。完成多种专项业务分析与会议点评材料，为公司后期车险政策的制定提供数据支持。二是继续做好核保省集中工作，加强高风险业务承保管控。认真履行职责，实行关键环节的集中处理和统一管理，统一对全省车险承保规定进行指导，按规定承保条件对人工核保业务进行核保处理，业务更加标准和规范。对核保规则进行全面梳理和调整，做好出单服务指导，对高风险业务要求逐级上报审批。加强与行业协会沟通，做好电子联系单的审核与上报工作，调整核保规则，扩大自动核保范围，同时做好后期的数据质量监控。三是做好车险"两个加强、两个遏制"专项业务自查与检查工作。制定了《车险产品线开展"两个加强、两个遏制"专项检查工作实施细则》和《补充通知》，分阶段完成了自查和检查工作。截至2015年2月末，共自查出27笔违规承保异地车业务，25笔已整改；自查出179笔不严格执行条款费率业务，其中175笔已完成整改，1笔在与客户联系中，尚未整改，3笔已过期，无法整改，并针对出现的问题，进行了相应处罚和问责工作。

三、积极营造发展环境，努力增强自身发展能力。一是提高交强险投保率，强化区县公司扩面工作。公司通过早着手、找方法、学经验、造环境等方式，迅速配合省公安厅免费办理农用三轮车、摩托车牌证的服务工作。截至2015年8月末，共为全省8.97万辆农用三轮、摩托车和拖拉机提供了保险服务，收取保险费1 957.80万元，比上年增长76%。甘肃保监局组织协会牵头将87个区县进行分配，除兰州、白银、金昌、定西、嘉峪关外，公司9个市（州）分公司共对接22个区县，要求各公司抓住机遇，不拘泥现状，主动行动见实效，提高投保面。二是全面推动GAP新产品，促进车险业务多方面深入发展。举办汽车金融产品业务培训，在全省车商渠道全面推动GAP产品，将汽车金融新产品、新精神快速传达、学习、贯彻到位。全省积极行动起来，与经销商进行多次沟通，完善GAP产品的信息采集工作，上报总公司进行相应品牌GAP产品的费率确定。目前已有兰州、嘉峪关、武威、定西、平凉5家公司23家4S店20多个品牌信息报送总公司，总公司已反馈3个品牌的相应费率。同时，协调确定GAP市场地图绘制工作，全力推动GAP产品。三是强化业务培训，提高管理水平。实现甘肃省、兰州市、嘉峪关市、酒泉市、临夏州分公司现场营销管理系统上线。制定续保管理流程，在系统中完成了相应的设置，并根据运行情况进行了相应的修改与完善。做好运行期间相关报价、续保流程问题的解释与答复工作。维护定报价系统和网销报价的准确性。积极参加总公司的各种专项培训，对核保人员进行核保师资格考试培训，做好农村协保员车险业务培训和商车费改培训工作。积极参加总公司第二届车险承保技能大赛，开拓公司眼界，提升业务素质，获得个人考试成绩第2名和承保定价专项第3名的成绩。

（聂　焱）

【监察审计】　一、完善相关制度办法，建立有效的工作机制。一是制定《省分公司纪检监察工作考核暂行办法》，对党风廉政建设和反腐败12项工作进行了细化、量化、分解，进一步明确了党风廉政建设一把手负总责，分管领导负主责，纪检监察组织协调，职责清楚，任务明晰，形成主办部门牵头、相关部门配合、上下齐抓共管的良好领导机制和工作机制。二是制定《人保财险甘肃省分公司案件风险预防与警示教育工作计划》，在上报甘肃保监局的同时，印发全省系统执行。三是制定2015年纪检监察工作计划，进一步分解工作任务，明确项目责任人和完成工作时限，靠实责任，确保纪检监察审计各项工作能够按时保质完成。四是召开"深入落实'三重一大'决策制度视频会议"，制定《中国人民财产保险股份有限公司甘肃省分公司落实"三重一大"决策制度的实施细则》和《省分公司"三重一大"决策制度贯彻落实情况检查方案》等规章制度，组织人员对全省系统分公司进行"三重一大"专项检查，撰写"三重一大"自查报告上报总公司，有效推动全省系统落实"两个责任"和"三重一大"工作。五是制定印发《全省系统"双向约谈"实施方案》，并在全省系统内督促开展，全省系统班子成员约谈干部员工参加总约谈的人数66人次，被约谈人数419人次，约谈中发现问题16个，所提意见建议62条；干部员工约谈班子成员参加总谈人数56人次，被约谈人数30人次，所反映问题3个，提意见建议45条。

二、加强廉洁文化建设和信访工作。一是严格落实中央"八项规定"和总公司各项规定，认真开展办公用房清理和违规使用车辆问题。经清查，甘肃省分公司系统各级领导用车，没有违规使用车辆问题。二是按照总公司“两个加强、两个遏制”专项检查实施方案和总公司领导的讲话要求，省分公司结合全省系统实际，全面启动专项自查检查工作。经过准备部署、全面自查、重点抽查、总结整改四个阶段和总公司联动督查、集团公司第一批重点领域重点地区联动检查督导等工作环节，基本上完成“两个加强、两个遏制”自查工作任务，开展问责数据补录清理工作和信访案件清理录入工作。三是对2012年以来的保险问责案件和信访案件进行认真搜集整理与清理，并根据相关规定，补录系统，对于2015年新问责案件，及时录入系统。

三、认真开展内部审计，筑牢合规经营防线。一是精心组织各项内部审计。组织完成了对天水、白银、定西市分公司负责人任期经理经济责任任中审计；组织完成了对定西市分公司中介业务管理专项审计；强化农险依法合规经营，认真开展农险合规专项审计；对永靖、东乡支公司经理因工作调动进行经理离任监交工作；对全省系统三年以上未审计的地市分公司进行详细的摸底调查。二是认真查找整改审计中出现的问题。针对审计中提出的问题，认真分析研究并制定整改方案，对审计发现经营管理中的风险点进行分析归类，逐一核对分析问题产生的原因，依据“分级负责，分口把关”的原则，全面落实整改工作责任制，将检查中发现的问题及整改要求分解给各相关公司，要求各公司高度重视，针对检查中发现的问题，逐条制定具体的整改措施，限期整改，杜绝再次发生类似问题。三是客观公正地评价被审人员在任职期间的工作业绩和存在的问题，对经营情况进行测评，对有关重点数据进行比对分析。从财务信息的真实性、合法性、效益性，资产管理的质量，经营业绩，内部控制的管控等方面对审计对象进行实事求是的评价。审计结果得到总经理室和被审计单位的关注，提高各级领导的责任意识、自律意识，增强责任感。

四、强化合规经营意识，保障依法合规经营。一是认真开展中介业务管理专项审计，进一步提高公司中介业务依法合规经营意识，促进公司持续健康稳定发展。二是强化农险依法合规经营，认真开展农险合规专项审计，提升农业保险合规经营水平，进一步规范公司农业保险经营行为，促进农业保险持续健康发展，落实总公司“加大检查、完善制度、刚性管控、合规经营、改进服务”要求，推进《农业保险条例》的实施。围绕经营管理的重点工作积极开展农险专项审计工作，积极制定整改措施，有针对性地完善制度，强化管控能力，防范风险，堵塞漏洞，有效开展农险专项审计，进一步规范农险业务的经营行为，增强岗位人员的履行职责意识。三是及时指出风险排查中需要加强和重点关注的环节，强化综合分析，为领导决策和管理提供真实的信息和依据，使审计工作的成效最终落实到提高效益和提升管理水平上来。

（高志昂）

【理赔管理】 一、着力提升理赔服务效率，增强客户体验。2015年，全省持续加强治理理赔难工作，细化理赔服务举措，推动理赔服务品质进一步提升。一是“多快好省”服务品牌落地，严格兑现服务承诺。二是强化人伤电话导航服务。2015年，全省车险涉及人伤案件18 183件，剔除补报案件滞后因素，均通过电话导航进行理赔引导。三是推广兰州市分公司《易车通》《易赔通》《车险理赔流程辅助系统》，促进“订单式”理赔服务新模式落地。四是推进微信理赔和极速理赔。制定甘肃省分公司《车险小额案件极速理赔实施细则》，实行2 000元以下小额案件掌上快处、流程自动、先赔后修、提前调解、无纸理赔和极速付款。在各理赔中心组建微信理赔服务保障团队，报案到结案最快案例用时仅10分钟，微信理赔案件平均用时30分钟。五是加强投诉管控，重视外部测评。通过建立“投诉处理微信群”，对所有理赔投诉案件由理赔中心主任直接负责督办，逐案限时处理，及时化解纠纷，有效降低投诉升级的风险。六是整合推荐送修、故障救援、“人伤无忧”、极速理赔等服务，持续开展“四度领先”专项竞赛。

二、着力强化赔付成本管控，提高盈利能力。一是推进车险专业管理。不断提升车险定价能力，积极推进配件、工时精细化管理和集中化、标准化管理，持续开展零配件价格本地化工作。提高材料、工时点选以及图形点选率，项目点选率、自动报价率、自动核损率等指标均高于系统平均值。加大核损核减考核，2015年省分公司核损核赔中心共处理报价案件122 192笔，核减6 326.30万元，核减率12.11%，对不规范、不按流程操作、不按要求点选的案件责任人进行了考核处罚。严控修理厂利益漏损，严格直赔管理，实行“一店一策”，对个别保费规模小、维修价格奇高、严重倒挂的4S店及赔付率高于65%的35家4S店，实行全省通报，限制理赔资源送修，按规定下浮材料和工时价格推行低碳维修，加大对可修复配件的维修力度。持续加强与交警部门的沟通，推动交警部门合理确定事故责任，减少超赔案件的发生。严格落实“两提一降”重点工作部署，制定了《全省系统2015年车险降低案均赔款考核办法》，加大车险提高定价能力，加强材料报价审核，规范定损准确损失，推广人伤新模式，推进小额人伤快速调节等具体手段。二是推进非车险专业管理，非车险成本管控更加集中化。严格非车险理赔权限，财产险、工程险、货运险、家财险等实行核赔省集中专业处理。成立省分公司重大赔案审核委员会，组建重大赔案审核小组，对车险、非车险重大赔案实施全流程管控，集体上会研究赔付。成立非车险重大项目理赔目标管理专业团队，实行非车险重大项目理赔目标责任制，对非车险重大项目理赔目标实行责任管理。严格非车险未决管理，提高非车险首次估损准确度。加强非车险理赔团队建设，建立由25名专家组成的非车险专家团队，非车险理赔人才储备库也逐步建立起来。充实农险理赔力量，较好地解决了农险查勘力量严重不足且专业性不强的问题。推进非车险智慧理赔系统应用，提高非车险理赔质量。三是落实人伤管理新模式，人伤成本管控能力提高。全面落实全程跟踪、住院探视和提前调解工作，人伤首次跟踪率达到100%；强化住院探视，对超标准费用进行严格控制；推进调解工作，实行超过5 000元案件每案必调。实行人伤案件理赔专员管理，推行人伤理赔管理系统，人伤赔案管控向精细化、专业化方向发展。实施伤残预评定上报省分公司审核制度，与鉴定所建立合作关系，实施推荐、引导和陪同伤残评定。加强与基层法院沟通合作，严格法律和条款判决，降低不合理评残。四是强化理赔稽查和追偿，减损成效显著。加强理赔稽查队伍人员的配备工作，把相关保障落实到位。认真落实 CFR 系统风险案件稽查和"稽查在行动"相关要求，开展专项打击查处系列行动。不断完善理赔反欺诈协作机制，加强与保险监管机构、行业协会、公安司法机关的沟通和协作。加大问责，严肃处理违法违规行为，截至 2015 年 12 月末，理赔问责处罚人数共 36 人，其中黄牌问责 9 人，蓝牌问责 27 人。加大追偿力度，深化损余物资管理和社会公开化处置工作。加强车险交强险垫付、无责代赔的代位追偿，持续强化盗抢找回车辆的集中管理和处置，大力推进整车拍卖、换件回收处置。

三、着力构建承保理赔协同互动机制，促进业务发展。一是继续推进协赔制度落地，实现理赔信息公开化。推进理赔相关系统信息公开，促进基层经营单位、产品线对理赔工作的监督评价作用。制定全省系统重大赔案报告审批制度，完善产品线对重大赔案的参与权与知情权，制定车险、农险理赔协赔工作制度，开展对口帮扶。加快"三师九员"评聘工作，制定全省"从人授权"工作方案，推进以首席核赔师为核心的"从人授权"建设。人员持证率以及具备核赔师资格理赔岗位人员数量占比提高 3.80 个百分点。推进理赔线人员退出、准入、转签合同工作，对不符合总公司理赔线岗位条件要求的人员实行逐步退出；按照理赔线人员准入条件，对相关岗位人员进行了调整，对农险急需人员进行了对外招聘工作；对符合条件的人员进行了相关合同转签。加强理赔队伍建设和理赔文化培育，共举办私家车客户服务体验、农险、合规、财产险、车险等培训 6 次，全省 530 多人次参加了培训；开展送技术下基层活动，先后多次对全省 17 家分公司理赔各岗位人员进行现场培训、业务指导。在总公司举办的第 6 届全国理赔技能大赛上，选送作品"2015+信息技术应用介绍"荣获全国"理赔科技创新项目创新奖"，取得个人农险理赔项目第 5 名、车险理算核赔项目第 12 名的好成绩。

四、坚持以客户为中心，着力推进理赔合规。一是按照疏堵结合、长短结合、合规问责的工作思路，积极开展理赔线合规教育，不断提高全员合规意识，切实做好"两个加强、两个遏制"检查工作，严查违反理赔"八条禁令"、农险违规、理赔利益输送行为和"理赔难"等突出问题。二是层层签订"理赔合规承诺书"，严格违规问责和追究，实行农险合规"一票否决"，营造"不敢碰"的合规氛围，打造"不能碰"的制度环境，筑牢"不想碰"的思想根基，建立合规长效机制。三是以农险合规为重点，持续开展种养两业农险风险排查和稽查，对农险中虚假理赔套取资金返还垫交保费或保费补贴、截留、挪用、侵占保险赔款、封顶赔付、平均赔付、少赔、拖赔、无理拒赔、单证、资料弄虚作假等进行了自查。全年内外部检查审计反馈的理赔违规问题比上年明显减少，在甘肃保监局等外部机构检查中没有出现重大问题。

五、着力培育创新意识，推进新技术应用。持续完善理赔运营，实施岗位重组，优化理赔财务资源配置，加大新技术新工具应用和理赔数据垂直化管理，提高理赔效能。一是建立适应差异化服务理赔组织架构。为适应农险理算市集中和核赔省集中，在条件成熟的 5 家公司设置农险理赔分部；建立财产险、农险、优质客户服务专业团队，持续对车险、财产险、工程险、农险等实施客户分群的差异化服务。二是优化理赔资源配置。加大重大项目费用投放，完成全省理赔用车配置、使用情况的调查；完成理赔线人员服装、移动查勘定损设备的购置；加大对理赔人员培训的投入和技术创新的投入，优化理赔人力配置，充实农险、非车险专业人才，农险理赔人员扩充至近 100 人，非车险专业人才达到 25 人。人员岗位配置、财务配置和费用管理更加科学。三是推进省级理算工厂建设。制定《甘肃省分公司省级理算工厂建设实施方案》，完成自赔案件、通赔案件所有案件的集中工作和授权。四是强化考核和理赔数据垂直化管理。实施理赔质量的过程监督评价和考核。制定《2015 年理赔质量考核评分办法》《通赔业务考核细则》《人伤理赔质量考核细则》《农险理赔业务质量考核细则》《车险理赔质量考核细则》《非车险理赔质量考核细则》等，强化"月排名、月考核、月兑现"的理赔考核机制；加大对分管领导、理赔事业部主要负责人和地市理赔中心主任的垂直考核力度。

（逄春文）

【客户服务】 一、深入推进服务标准化工作在一线单位的落实，进一步提升服务质量。一是制定《2015 年强化服务能力建设实施方案》，明确全年客服工作思路、目标、举措，明确工作重点。二是制定 2015 年服务效能考评指标，强化客户服务管理工作考核，将客服指标纳入分公司综合经营分类评价指标进行考核，提高各级机构重视程度。三是制定 2015 年客户投诉考评办法，明确投诉管理重点，强化越级投诉管理，提升客户满意度；开展投诉溯源整改工程，进一步降低越级客户投诉率和改善客户服务体验。四是开展总、省外部神秘人测评、现场服务标准化检查。加大责任追究力度，提高服务标准化执行效果。开展总、省公司客户满意度调查，发现服务短板，加强问题整改，进一步提升服务质量。

二、推进差异化增值服务体系建设，积极应对车险费率市场化改革，进一步提升公司销售服务能力，提升优质客户忠诚度。一是制定《2015 年私家车差异化增值服务方案》，衔接好销售端、理赔端的各项服务，建立覆盖全流程的差异化服务体系，有效实现客户分级分类管理，提升优质客户满意度和忠诚度。二是在全省系统自上而下建立私家车客户差异化增值服务体系，实现对公司个人客户增值服务的统一管理，极大地提升了公司服务能力。截至 2015 年 10 月末，客户俱乐部系统对市州分公司所在地全覆盖，增值服务配送范围已覆盖全省 17 家市州分公司所在地经营机构以及大部分区县级机构（包括直属团队），对全部 205 家经营机构的覆盖率达到 95.61%，其中兰州、嘉峪关、金昌、白银、矿区、酒泉、张掖、武威、定西、庆阳、营业部、新区 12 家单位已实现辖区 100%覆盖。在全省各地已覆盖区域增值服务对私家车客户覆盖率达到 100%，已服务客户 68 985 人，占现有私家车客户数的20.84%，其中，嘉峪关、金昌、白银、矿区、酒泉、张掖、武威、定西、平凉、庆阳、临夏、甘南12家分公司已服务客户覆盖率达到年度考评目标10%以上，临夏、新区、金昌3家分公司覆盖率较高，分别是75.92%、63.50%和59%，提前完成全年目标。三是俱乐部系统在各市州分公司得到全面推广，系统内注册会员59 809人，占个人客户比例18.20%，其中，兰州分公司入会比例达到79.62%，金昌分公司达到48.89%。四是建立专项服务费用刚性预算体系，省分公司继续投入专项服务费用，组织实施对公司VIP客户的统一增值服务配置，扩大代办年检、酒后代驾等现有服务的覆盖面，在此基础上增加更多服务项目，全面推广人保之友俱乐部系统上线运行。

三、全面推进客户经理制落实，提高客户保单生命周期管理水平。一是采取顶层设计、自上而下统一推进的原则，实现四个统一，有效推动客户经理制取得实质性进展。各分公司已完成客户经理配置，个人VIP客户和团体VIP客户、渠道客户专属客户经理配置率达到100%。建立全省私家车统一续保管理流程，各级机构均建立续保专员，续保管理平台顺利上线并全面启用。二是制定统一的客户经理服务标准，规范客户经理销售服务行为，提高服务水平。制定统一的续保管理流程，建立市州、区县续保专员队伍，强化续保过程管理。统一上线了“人保之友”客户俱乐部平台，为差异化服务的落地实施打好了基础。推广上线基于统一客户视图的营销管理系统，为客户经理有效落地提供技术支持。

四、强化95518运管中心垂直管理能力，全面提升95518综合服务品质。一是配合总、省公司相关政策，做好95518中心人员合同转签工作，着力解决招人难、留人难以及服务质量管控难的问题。二是推进建立95518中心创收工作机制，通过报案、咨询、回访等坐席的话术优化，引导客户投保、续保和转保，形成95518服务促发展能力。三是强化疑难咨询管理制度的落地执行，着重解决专家坐席响应度问题。

（黄玉昌）

【农险工作】 一、科学考核确保计划落实。为确保财政工作计划完成率，制定了严厉的考核办法，将财政计划完成率纳入考核指标，权重高达35%。制定了《关于加快政策性农业保险承保工作进度的通知》，分别设置了计划完成奖、规模贡献奖等奖项。

二、多措并举促进农险业务稳定发展。一是积极开展提标扩面工作。积极协调财政、农牧等部门，提高奶牛、玉米的单位保额。充分调动广大奶牛养殖户经营发展的积极性，科学合理分散风险。扩大地方特色品种范围，充分利用省财政补贴资金，扩大苹果、中药材保险承保面积，首次试点开办蔬菜价格指数保险。二是深入开展保险示范工作。积极按照甘肃保监局《关于创建甘南藏区特色养殖定西马铃薯种植武威农村家庭综合保险示范区的意见》的要求，深入开展农险示范区建设。目前，保险示范区工作成效明显，以点带面促发展作用得到充分发挥。三是拓宽思路开展产品创新。积极贯彻《国务院关于加快发展现代保险服务业的若干意见》《甘肃省人民政府关于加快发展现代保险服务业的实施意见》，大力开展产品创新。着力于价格指数保险和地方特色农业保险产品的开发，开发蔬菜价格指数保险、烤烟保险，改造了中药材产值保险。四是与气象局签订合作协议。签订了全面合作协议，通过双方合作，建立持续高效的信息共享、合作研发、联合观测、防灾减灾的平台和机制，通过推进保险创新、灾前防灾宣传、气象防灾减损、灾后灾情收集等手段实现信息共享，有效提升全省政策性农业保险防灾减灾工作水平，促进政策性农业保险理赔工作的科学性、合理性，以寻求气象和保险联合服务的政策突破。不断提高抵御气象灾害和抗风险能力，实现气象与保险的“融合式”发展，共同构建全省“三农”保险保障体系。

三、继续夯实基层服务能力。采用劳务外包形式，在各乡镇招录协保员，积极构建农村协保员队伍。落实政策性业务服务落地要求，夯实基层农险经营管理基础，提高“三农”保险服务能力、销售能力和市场渗透能力，实现涉农业务落地和产能提升，有力推进“农村综合服务平台建设”和“承保理赔到户工程”。截至2015年末，已招录协保员335名，并组织协保员培训4次。针对基层农险专干队伍薄弱问题，及时组织基层农险工作人员开展合同转签考试，转签农险专干55名，有效加强基层公司农险队伍，有力保证农险专管专营。

四、合规工作取得显著成果。近年来，公司高度重视农业保险合规工作，有效统一了基层公司的合规经营思想，提高了合规经营的认识。制定了政策性各险种承保操作实施细则，明确了从信息采集、现场验标、保前公示、承保录入、核保审核、收费出单、档案装订等各关键节点的操作实务，有效提高了承保工作的真实性、准确性、规范性。

五、继续加大农网建设力度。2015年初，公司对全省119家“三农”营销服务部下达非农产能2亿元，在人、财、物等多方面给予政策支持，并按月兑现相关奖励，全部消灭零产能。完成新建网点的选址、装修和老网点的内外部装饰、标牌标识重新装修，实现农村“三农”服务体系的标准化、规范化。

（宋　佳）

【人力资源工作】 2015年，人力资源部充分发挥职能作用，求真务实，尽职尽责，各项工作顺利实施并取得一定效果。

一、加强人力资源基础体系建设。一是规范用工。用工总量控制较好，队伍结构得到一定优化。截至2015年末，全省系统用工总量为3 124人，其中劳动合同工2 501人，占比80.06%；劳务派遣用工583人，占比18.66%；其他人员40人，占比1.28%。人员学历和年龄结构得到一定优化，对市县二级机构的人员补充较有针对性，进一步加强了基层队伍建设。严格控制和规范劳务派遣用工，全省系统劳务派遣用工控制在总公司下达的10%以下。二是持续推进HR系统建设和应用。一方面，继续完善和修正HR系统基础信息，进一步提高HR系统基础信息质量；另一方面，积极推进HR系统与核心业务系统、费用报销系统、资金支付系统的无缝链接以及销售管理系统、培训管理系统、OA、4A平台对接时信息补录和数据核对工作。进一步实现了全省系统各类用工和离退休人员信息的即时查询、统计和更新，实现了对海量人力资源数据的统计分析和深度挖掘。

二、加强三支人才队伍建设。一是管理人才队伍建设。对市州级分公司班子成员和高级业务主管、省分公司本部部门负责人和高级业务主管进行选配和调整，积极完成组织考察、聘任等相关手续，进一步优化全省系统领导干部人才队伍结构，提升综合领导力和经营管理水平。继续抓好总公司职业牵引系统试点工作，进一步规范管理人员选任管理制度体系，加强对全系统管理人员的选拔任用、考核评价和培养提升，不断增强管理人员能力素质。二是专业技术人才队伍建设。认真落实“三师九员”制，完善“七定”工作，相继组织完成理赔员和核赔师考试工作，开展实施理赔专业技术职务新聘和续解聘工作。组织实施“人力资源工作者任职资格补考”“法律工作者任职资格补考”等考试，提高专业人才队伍上岗持证率。三是销售人才队伍建设。持续优化销售队伍，专业销售人员由年初的848人增加到年底的1 082人，增长28%。与销售管理部、产品线、渠道等部门密切合作，加强对销售人员专业培训，提升销售的人员技能。

三、完善人力资源管理体系。一是完善薪酬管理。全省系统实现HR系统对接资金系统发放薪酬福利，薪酬发放控制能力得到加强，人工成本得到准确完整归集；完成2015年度全省系统基础工资总额测算及分配工作；完成2015年度省分公司本部及省集中操作平台人工成本预算调整工作和2016年度人工成本预算工作；完成市（州）分公司班子成员、省公司本部及操作平台员工薪酬的核定及兑现工作。二是优化绩效管理。制定市（州）分公司领导班子和领导干部综合绩效管理办法、省分公司机关人员绩效管理办法以及市（州）分公司、区县支公司分类管理办法，建立月度、年度考核制度和绩效质询、问责制度。组织和参与对市（州）分公司领导班子的年度考核和领导干部后备人员的定向考察工作，坚持从多维度对领导班子和领导干部的素质能力进行全面评价和系统分析，为公司党委正确识人用人提供决策依据。

四、加强组织建设。一是开展干部选拔任用“一报告两评议”。完成2015年省分公司党委“一报告两评议”总结，完成辖内市（州）分公司班子考察、领导干部聘任文件的下发等工作。二是开展党建课题研究工作。完成党建调研、党建课题研究报告、党内年度统计和党建工作总结，完成领导干部十八大精神轮训计划安排并上报总公司。

五、加强离退休人员服务管理。一是加强自查，及时修正，切实保障离退休人员相关福利待遇。二是积极组织离退休人员开展春、秋季户外郊游活动等，进一步丰富离退休人员的精神文化生活。三是完善离退休人员服务管理，努力做好离退休人员的服务和保障工作。

六、加大教育培训力度。继续加大对销售、客服、管理类人员培训项目的落实力度，全省系统培训总天数比上年增加51.50%，举办的培训班数量和质量都有较大提升。同时，积极采取措施，鼓励有专长的业务技术人员开发三合一教材，组织开展读书活动，率先将机关员工学习积分纳入年度能力素质考评，得到总公司教育培训部的肯定。

（张　力）

【销售管理】 一、加强制度建设，构建有效的销售管理体系。一是制定个代荣誉激励保障制度，稳定销售队伍。结合个代发展整体情况，制定了2015年《营销之星荣誉管理办法》《组训荣誉管理办法》《团队经理荣誉管理办法》，主要侧重于保障个代营销人员的基本待遇、团队组训，将基层个代营销业务管理人员纳入荣誉体系；完善激励方式和内容，让优秀营销员、组训、营销团队和营销管理者得到更加全面、更具吸引力的奖励，全面提升个代营销队伍的满意度和忠诚度。二是强化个代、互动渠道目标分解与考核。构建科学的考核机制，按照绩效考核、综合管理、管理创新三大类指标对系统个代营销渠道进行综合考评，加强对渠道管理人员、营销团队、营销员的管理，提高渠道销售能力和盈利能力。加强渠道专属产品的推动。将专属产品作为个人代理营销业务部2015年综合管理工作考核的一部分。三是与各产品线加强协作，积极提升个代销售人员车险、非车险销售能力。与产品线共同明确激励政策和系统差异化销售费用配置政策，继续深化与产品线合作推广重点产品的模式，配置落实相应的手续费政策。坚持个代渠道业务发展每月通报制度。每月采用业务通报、电话、邮件、实地调研等形式，对分公司开展督导工作。每月提取相关口径数据完成直销、个代的通报，及时分析，抓好个代业务序时进度。四是构建科学的考核机制，加大直销渠道业务发展力度。制定并下发直销渠道经营企划书，制定业务发展目标，层层分解、逐级落实。紧盯保费计划、统筹直销渠道险种发展、挖掘直销渠道客户保险需求，以直销渠道保费计划完成率、渠道重点产品销售、渠道客户服务、直销队伍建设作为综合考评项目。加强对渠道管理、人员资质、直销渠道规范化的管理，提高渠道销售能力和盈利能力。

二、加强员工培训，提高队伍素质和业务能力。一是加大对基层日常管理与培训等方面的支持力度，加强晨（夕）会平台建设，开展丰富多彩的“晨会主题月”活动，推动晨（夕）会日常培训课程体系和展业支持工具的落地实施，提升队伍专业素质和能力。二是加强出单技能培训。组织出单人员培训考核工作，开展2015年全省出单技能竞赛活动。协调相关部门对本辖区所有出单人员进行岗位技能培训。加强出单业务操作规范管理，定期开展出单操作规范和数据质量检查。三是开展交叉互动培训工作。组建产险、寿险讲师团，联合开展交叉互动培训。利用省分公司《个代业务发展通报》，及时将业界动态传递到一线团队。专项组织省分公司宣导组，对全省实施实地调研，并对交叉互动工作的重要意义进行宣导。加强对各层面的互动业务培训，充分发挥互动专员的作用，持续开展形式多样的培训活动，利用营销员晨（夕）会等机会，使交叉互动业务培训工作制度化、经常化，培训内容标准化、实时化，不断提高基层单位的销售能力，夯实交叉互动业务的销售基础。2015年，各分公司、县支公司集中的交叉销售培训班共117次。

三、认真开展专项检查工作，切实防范经营风险。一是做好保险营销清理整顿和“两个加强、两个遏制”专项检查工作。下发《关于落实个人代理营销业务“两个加强、两个遏制”专项检查自查工作的通知》；各分公司根据方案要求，制定辖区“两个加强、两个遏制”专项检查工作实施方案；要求各分公司进行全面整改，并对自查整改的情况进行认真总结；按时汇总全省“两个加强、两个遏制”专项检查工作开展的情况，通过精心组织部署，确保贯彻执行到位、组织领导到位、安排部署到位、宣导培训到位，使“两个加强、两个遏制”专项检查工作得到顺利开展。二是认真开展中介市场清理整顿工作和中介市场风险排查工作。省分公司各相关部门整体协调，统一推进，与甘肃保监局沟通配合，保质保量完成全省系统内的不合规问题及数据的收集、报送工作。印发《甘肃省分公司落实中国保监会保险中介市场风险排查工作实施方案》，配合监管部门对全省2015年1月至11月的保险中介业务进行风险排查。

四、强化客户信息管理使用效能，不断提高客户电话真实性，为公司销售服务升级奠定基础。一是加强制度考评。制定《2015年客户电话质量考评办法》，每月下发客户电话质量考评结果通报，对问题数据及时进行整改，对相关责任人进行奖惩。二是降低回访不确定率。通过调整95518回访时间段、已回访数据确认、开展二次核查等手段，有效降低回访不确定率，解决了客户电话验真的局限性问题。三是强行管控。开启系统完备性错误管控开关，限制空置、无效、重复电话录入，使用真实性校验工具，进行承保电话真实性核对。四是持续跟踪。对完备性错误、不真实电话逐条进行跟踪，直至在系统中修正。五是目标管控。每月给各市（州）分公司、归口管理部门下达管控目标，达标奖励，不达标处罚。六是加大奖惩，奖多罚少，调动管理人员积极性。

五、加强销售运营应用平台建设，销售管理系统、佣金管理系统及业绩考核系统推广应用。一是在全省推广应用客户数据经营分析统一平台ACRM系统。全力推动营销管理系统上线应用，使个人车险续保管理拥有平台抓手、销售管理拥有过程管理工具。放开商业车险跟单比例，授权基层分公司对佣金进行差异化比例配置，制定下发了《关于基层分公司对商业车险佣金比例差异化配置的操作指导》，全面指导基层公司对个性化佣金的配置。二是为配合营销管理系统上线应用推广工作，组织对全省销售管理系统中的机构信息、团队信息、人员信息进行前期的全面清理，通过数据比对完成与HR系统的销售团队与销售人员信息的核查工作，为销售管理经营数据的清理维护工作打下坚实基础。三是组织开展销售运营平台操作培训，对销售团队与合同制人员出单权管理操作流程上线与开展销售资源数据清理结果维护工作进行重点培训。四是制定《销售资源数据清理、维护工作操作指引》，组织全辖17家经营机构对销售管理系统与HR系统通过后台数据进行系统对接，实现了销售机构、销售人员等资源的完整与准确对接。每月通过业绩系统发布销售人员的业绩情况作为全年考评的重要项目，每月对全省各经营单位销售业绩进行确认，督促各机构对本辖区销售团队、销售人员真实业绩的核对统计。

（夏广军）

【信息技术】 一、加强信息技术基础建设。一是加强电子化设备管理，在全省系统推进加域、桌面管理系统相关工作的部署。二是对2015年信息安全检查中发现的问题进行了全面整改，顺利通过了总公司信息安全考核。三是完成了非核心网络设备的上收工作。四是完成了2015年“1主36备”演练工作。五是完成了域账户密码策略部署工作。

二、强化运营平台支撑保障。一是在全省系统推广应用《基于统一客户视图的营销管理系统》《非车险移动查勘系统》《GIS智能调度系统》《客户俱乐部系统》等新系统，完成了《费用管理系统》前期上线准备工作。二是完成了业务系统4次大版本升级，并按时完成了各类系统补丁升级工作，全年各类应用系统运行基本平稳。三是对全省系统用户代码进行全面清理。四是深化一体化运维模式，建立运维系统本地、南中心服务器、数据库等巡检工作体系，运维工作逐步走向规范。

三、加强本地信息平台建设。一是规范全省应用平台建设工作，明确各级公司职责和相应的流程。鼓励各市州分公司多方位、多层次积极创新，向总公司上报多个创新创意说明书，制定《甘肃阳光易联手机碎屏险对接出单项目》《国讯通物流电子商务对接出单》等创新方案，参与总公司2015年科技创新评选，其中“国讯通物流电子商务对接出单”创新方案项目被评审为甘肃省内科技创新项目。二是全年共开发并在全省系统推广应用了9套新的业务管理软件，分别是《车商管理平台》《手工台账系统》《货运险手机APP》《手机版业务监控系统》《教育行业增值服务平台》《信保通后台管理程序》《财务共享中心后台对账系统》《95518案件调度监控及伤调和定损统计系统》《车险、农险风险数据监控系统》。三是积极加强微信平台应用，制定了《微信应用管理办法》《微信应用清理方案》。上线了总版社交媒体服务平台，对微信功能进行了二次开发。对接Ecargo接口，实现零散货运险的实时投保。开发了微官网、大病理赔查询等新功能，并通过承保、理赔记录短信向客户推广微信公众号。四是积极推进“互联网+保险”。编制了《互联网保险销售工具实务手册》，理清了目前适合公司发展的互联网合作模式、适用产品、2015年重点发展的产品、业务合作实施流程以及“3+2”工具。为做好互联网保险业务拓展，在全省范围内进行了多次视频培训及现场培训。五是加强和外部客户单位互联互通，推动业务发展。通过与阳光易联公司的深入合作，手机碎屏险项目实现了线上保险销售。乘客意外险对接项目，2015年开通白银、定西、天水、庆阳、平凉、武威、嘉峪关、张掖8个地市15个客运站，截至2015年12月中旬，保费已突破300万元。新型POS出单项目，以火车乘客意外险项目为契机，引导各分公司针对互联网等外部渠道，使用POS机出单。

四、强化考核，加强数据管理。一是制定《数据质量考核办法2015版》，并按考核办法对各市（州）分公司数据质量情况按月进行分析并考核通报，严重问题数据下发预警函，提示各分公司及时处理问题数据。二是梳理数据修正人员权限，优化数据修正流程，推广使用短信提醒，保证工单流转时效稳定。三是完成承保、理赔、财务等各项数据的切割工作，提高系统运行效率。四是认真做好日常数据支持工作，全年数据提取200多笔，数据修正2 100多笔。

（高利强）

【工会工作】 一是制订印发《关于开展2015年度全省系统先进单位、先进个人评先表彰活动的通知》，修改制定新的配套奖励办法。废止2010年印发的《中国人民财产保险股份有限公司甘肃省分公司对获得地方奖励的单位和个人的配套奖励办法》。二是对员工幸福感测评情况进行分析，召集各经营单位主要负责人就2015年幸福感测评工作做出详细安排，对系统内困难员工根据困难情况进行互助基金救助。三是继续为全省系统在岗员工和退休职工办理雇主责任险附加意外住院津贴、团体人身意外伤害保险附加意外医疗及疾病身故险、团体住院补充医疗保险。四是划拨建家款至基层公司，解决基层公司建家经费困难问题。成立95518客户服务中心、财务共享服务中心、核损核赔中心三个工会小组，加强工会会员管理，便于组织会员活动。五是开展全省系统“立足岗位做贡献”读书演讲比赛，不断提高员工自身综合素质和业务技能。六是积极要求基层工会充分利用网络平台丰富员工业余文化生活，建设网上职工之家，省分公司工会链接网上职工阅览室方便员工浏览书籍，为员工提供学习交流的平台。在开展传统形式文体活动的基础上，工会使用“咕咚”软件开展健步走比赛等活动，有效解决省分公司没有职工之家的问题。七是制订《人保财险甘肃省分公司基层工会财务集中管理实施细则》，指引基层工会财务规范经费管理。八是省分公司全年投入平凉市蒲窝乡宁子村、关庄村扶贫资金17.98万元。其中，关庄村投入10万元，修建0.40公里水泥路；宁子村投入5万元，用于村苹果产业园科学规范管理、新建村文化室3间、救助9户贫困户生产生活；投入2.40万元为宁子村、关庄村490户、438人办理家财险、人身意外险；机关员工捐款，为两村村委会、9户贫困户购煤，解决了过冬困难。

（李晋荣）

中国人寿财产保险股份有限公司甘肃省分公司

【综述】 2015年，中国人寿财产保险股份有限公司甘肃省分公司在监管部门及集团、总公司的正确领导下，以创新为主线、快速发展为中心、渠道建设为动力、精细化管理为抓手、效益经营为目的，紧盯市场动向，积极应对日趋严峻的市场竞争形势，坚持依法合规经营，取得了较好的经营业绩。

一、积极应对激烈的竞争形势，跑赢市场平均增速

2015年，面对经济下行压力加大的大环境，中国人寿财险甘肃省分公司在充分调研的基础上，有针对性地采取一系列措施，组织开展了一系列劳动竞赛活动，与各中支公司签订了确保完成全年任务的“军令状”，扭转了业务持续下滑的势头，取得了较好的经营业绩。全年实现保费收入8.80亿元，同比净增1.20亿元，同比增长15.63%，比甘肃财险行业平均增速高1.81个百分点；市场份额9.06%，同比提升0.14个百分点，跑赢市场平均发展速度。

二、农村市场快速开发，业务领域拓展取得成效

一是涉农保险成功破冰。按照“三定”方案要求，中国人寿财险甘肃省分公司设立了农业保险部，配备了农险专业人才，加大农业保险业务全流程培训，积极开展农业保险市场、政策、经营现状的调研。积极向甘肃保监局和省财政厅汇报工作情况，了解农业保险有关政策和监管要求，虽然在农业保险领域还没有大的突破，但也成功参与农房保险和农房地震保险试点工作。开发报备的农房保险、玉米制种保险产品获得总公司保险创新奖；开发了油菜种植保险条款和胡麻种植保险条款，为将来开展农业保险服务打下了良好基础。二是农村网点建设加速，以集团公司“绿洲工程”为契机，依托寿险公司资源，建设农村网点62个，其中51个网点已经出单。积极落实总公司“万村万店万人创业”试点工作，已经在庆阳、平凉、临夏、定西、武威和酒泉6个中支确定了9个农网所在的重乡重镇开展创业网点建设，已经落实创业店15个。三是积极做好“五小车辆”承保服务工作。为全面拓展农村市场，在甘肃保监局的领导下，配合公安交警部门做好“五小车辆”挂牌及承保服务工作，积极承担社会责任。2015年，共承保“五小车辆”19 898台，实现保费收入452.86万元。四是积极推进责任保险。加大了对环境污染责任保险、食品安全责任保险、医疗责任保险、医疗意外保险、实习安全责任保险、公众安全责任保险、电梯责任保险和校园安全责任保险的研究和跟踪。2015年，中国人寿财险甘肃省分公司继续承保了校园方责任保险、承运人责任保险，并成功入围食品安全责任保险等项目。全年责意险保费收入5 881.56万元，超额达成总公司下达的确保目标。

三、战略合作开启良好开端，为业务发展铺平道路

2015年，中国人寿财险甘肃省分公司积极争取集团公司与甘肃省政府全面战略合作落地取得了良好成效。一是中国人寿财险甘肃省分公司与甘肃省公路航空旅游投资集团公司签订全面战略合作协议。二是获准启动集团公司与甘肃省政府签订全面战略合作协议工作。三是在集团公司、总公司大力支持下，积极沟通衔接甘肃省首届政府和社会资本合作（PPP）项目签约暨推介会，达成集团公司38亿元引资入甘的项目投资意向。战略合作项目的顺利推进为中国人寿财险甘肃省分公司今后业务快速发展奠定了良好基础。

四、严格成本管控，持续保持较强的盈利能力

一是严格费用管控。为了将有限资源倾斜到基层一线，全力支持业务发展，中国人寿财险甘肃省分公司加大费用事前控制力度，从严从紧控制省、市公司本部各项费用支出，全力以赴支持业务发展。二是面对前所未有的发展压力，始终注重发展质量。坚持根据市场变化实行差异化、动态化的承保政策，细分业务市场，按照“承保有盈利”的底线目标思路，在注重质量与效益的基础上实现快速发展。三是加大理赔稽核力度，强化理赔管控。2015年末，综合赔付率同比降低2个百分点，在全国系统位居第7位；综合成本率低于全国系统平均水平6.21个百分点，排名第3位。完成总公司下达利润计划的1.30倍。13家中支公司中有12家实现盈利，公司持续保持了较强的盈利能力，利润率在全国系统中处于前三位。

五、突出客户体验，服务效率明显提升

2015年，中国人寿财险甘肃省分公司始终坚持“专业、快捷、便利、贴心”的服务理念，为客户提供优质高效的保险服务。在承保端，大力推广“国寿天财系统”，运用移动终端，提升客户服务感受，提高了公司展业的成功率，增强了客户的体验值，降低了公司的成本率，延伸了销售的触点，通过“国寿天财系统”出单保费达5 694万元。组织进行了一系列回馈客户活动，在全省系统推广“悦行锦程道路救援卡”，通过对客户提供非保险事故的道路救援增值服务，全面提升公司客户满意度。在理赔端，把为出险客户提供贴心服务和到达现场速度作为每一个查勘人员常态化考核项目，充分体现中国人寿财险的服务理念和人文关怀。同时，强化结案速度考核，及时清理未决赔案。

(畅世栋)

中国太平洋财产保险股份有限公司甘肃分公司

【综述】 2015年，中国太平洋财产保险股份有限公司甘肃分公司（以下简称“分公司”）深入贯彻落实总公司“控品质、保赢利，强基础、增后劲”的经营要求，推进“以客户需求为导向”的战略转型，紧盯市场变化，整合资源配置，力促业务发展，不断夯实管理基础，持续加强成本管控，进一步筑牢合规和风险管理防线，各项工作取得了积极推进。截至2015年末，分公司实现保费收入6.82亿元，较上年增长10.05%。其中，车险保费收入5.30亿元，较上年增长12.28%；非车险保费收入1.52亿元，较上年增长2.90%，较好地实现了各项经营指标。分公司2015年经营特点：一是车险业务质量持续优化，核心渠道业务占比提升，业务品质平稳向好，服务时效提速明显，客户服务体验改善，理赔减损成绩显著，新技术应用初显成效，电销坐席前置工作已实现落地。深入推进转型项目，持续开展客户数据治理，完成了分公司客户脸谱绘制工作，在分析基础上开展了差异化服务实践。二是非车险业务规模持续扩大，综合成本率和综合赔付率指标较上年把控较好，重大项目成功中标助推作用显现。企财险、责任险、意外险等险种继续保持市场优势地位。首台（套）重大技术装备业务在太保系统实现首单破冰，环责险业务开始发力，在食责险、驾乘人意外险等新兴业务领域开展了有益探索。三是集团“以客户需求为导向”的战略转型项目在分公司的落地实施和理赔服务的提质增效，推动公司品牌美誉度、客户满意度不断提升。四是公司组织架构进一步优化，临夏、甘南2家中心支公司及玉门、民乐、瓜州、靖远、静宁5家支公司的相继开业，全省服务网络得到进一步延伸，按照总公司要求如期完成了95500呼叫中心的集中迁移工作。五是公司内部管控不断夯实，机构代码清理、账号权限清理、账户清理、合规检查和风险评估工作持续开展，“两个加强、两个遏制”和“三反五清”专项治理行动取得了阶段性成果，员工合规意识和风险防范能力得到较大提升。

【车险业务】 一是调控跟进承保策略及政策。根据总公司2015年车险经营要求，结合分公司实际申报调整车险承保规则，制定下发了《2015年车险承保规则暨核保指南》。对核保参数开展常态化调整，坚持调整风险品牌险种组合业务规则，保持市场适配性和竞争力。在坚持业务品质专项管理工作中，对出险次数较多车辆业务开展柔性调整，提升保费充足性，利用价格杠杆进行风险筛选，提升了优质险种保费占比。二是建立特殊业务审核及报批流程。针对公司重点调控的出租租赁、搅拌车等特殊业务实行清单化审核及报批流程，实现业务差异化承保管理。坚持高风险业务的甄别及动态监察，加强保前验车制度，提升保前验车制度系统操控性。三是持续推进中国太保APP推广注册。组织APP推广培训，在机构建立推广工作小组，统一制作了中国太保APP宣传模式，有序跟进落实“中国太保APP”2015年推广目标，扩大辖区中国太保APP的推广注册受众面。四是推动优质客户留存举措。全面落实总公司升级服务及转型举措，积极制定关键环节及关键岗位指标分解考核细则，依据家用车险客户出险次数及保费金额，增加优质业务续保增值服务，依托转型项目开展差异化营销。五是绘制分公司客户脸谱。从家用车商业险入手，基于分公司客户保单数据、行为数据信息，通过客户年龄、性别、产品偏好、服务偏好、渠道偏好、客户体验、新技术应用等维度分析，洞见优质客户特征，获取留存要素、产品服务需求，刻画分公司客户脸谱，提出了高客价值群体洞见分析。六是开展非车险客户联动工作。对在分公司辖内投保非车险而未投保车险的客户，协同机构做好其车险业务跟踪，利用现有客户资源牵引，持续推动团车业务发展。跟进总对总、分对分等团车项目的落地工作，建立团车区域跟踪督导制度，做好相关跟踪督导工作。七是开展商业车险改革前期准备工作。按照保险业商业车险改革要求，成立了分公司商改专项工作小组，向全辖下发了《全国商业改革示范条款2014版》及相关文件，组建

了涵盖承保、销售、理赔以及政策解读的专项讲师小组，通过开展专项业务学习、一对一讲解、提炼工作要点等一系列准备工作，初步完成了全国商改准备工作。

【非车险业务】 一是加大责任险市场开拓。以新国十条为契机，重点对环责险、火灾公众责任险、承运人责任险、首台套、汽车延长等项目进行了市场谋划，加大了落实推动力度，全年环责险和首台套项目开拓效果明显，汽车延保项目有序开展。二是关注重点项目和重点渠道。分公司根据重点客户续保项目情况，分别在全省电力、烟草、化工、水泥等重点项目中取得有效进展。在重点渠道拓展方面分别与英大长安、江泰、大唐泰信、北京联合、中汇国际、昆仑经纪等省内外的经纪公司开展了业务合作。三是积极开拓中小企业财产险。根据中小企业财产险业务性质，着力发展优质业务，在有效控制风险的条件下持续推动“财富U保”转型项目，促进“财富U保”保费任务、达成率、综合赔付率等指标的优化。四是寻求银保共赢合作模式。实现了与农行、建行等银行的银保通系统对接，梳理细化合作协议，搭建银保业务平台，在平等洽谈的基础上完成了银行合作协议的续签。五是理顺非车险理赔管理职能。根据总公司非车险KPI理赔考核指标，优化理赔流程，提升赔案质量，落实理赔过程管理制度，实行从出险报案到核赔的分岗流程，摒弃单人一手完成的不规范操作。加强非车险理赔案件的复核力度，特别是针对意健险和责任险综合赔付率居高的情况，制定了《意健险、责任险理赔管理制度》，对意健险、责任险人伤案件现场查勘、调查、估损调整等进行规范管理。

【车险理赔】 一是实施优质客户专属理赔服务。分公司制定了《新车首次出险客户理赔服务方案》（试行）并在兰州地区进行试点，针对零次出险客户推出“小额非人伤案件快速理赔通道”“大额案件定损坐享服务”“全程理赔省心保姆服务”“小额人伤闪赔服务”“大额人伤案件专业化服务”。针对新车首次出险客户、女性客户、优质客户，分别推出小额案件授权授信、大案案件专家团队支持、人伤案件全程通、理赔环节限时、人性化关爱等具有针对性和差异化的专属服务，使优质客户享受到最快、最简、最贴心的优质理赔服务。二是实行车险理赔集约化管理。对车险理赔管理进行了架构改革，设立了9个市州理赔中心，对中支机构理赔职能进行了剥离，完成了相关岗位配置。配合总公司部署完成3G移动视频查勘4.0新平台、中国太保APP手机自助查勘上线和95500话务向华南运营中心的集中。实现对全省查勘人员的垂直管理，统一为查勘人员订制查勘服，为查勘车辆配置GPS及行车记录仪。三是加强客户信息采集，提高数据真实性。加强车险新客户承保信息录入的完整性及真实性，强化车险理赔客户接触点的数据查验及采集规范，制定下发《车险理赔系统客户信息规范录入管理办法》，明确客户信息采集的相关规定和要求，规范系统录入操作，制定了相应考核机制。四是加强赔案品质管理，有效提高理赔质量。按照总公司“强管控、挤水分、优服务”的方针，通过加强调查、回勘、质检等风险管控措施，控制理赔发现，挤压理赔水分。2015年上半年，共质检各类案件8 837件，发现问题案件141件，对涉案责任人按规定给予了追责和处罚。五是持续加强送返修工作。发挥车险理赔服务优势，将理赔资源向车险优质业务倾斜，加强车商渠道业务送返修力度，按照《分公司车险送返修指引》，加强推送力度，有效支持车险业务增长。六是加强人伤、诉讼案件管控，严控理赔风险。通过建立人伤巡回调解及理赔督导小组，在各理赔中心开展人伤巡回调解及理赔督导工作，围绕人伤案件巡回调解、未决案件清理、理赔质量督查进行现场督导，发现问题，解决问题，促进理赔中心各项工作常规化。开展人伤“一对一”调解减损数据真实性检查，建立分公司外聘律师库，提升分公司车险诉讼案件法务水平。2015年，分公司与12家律师事务所签订了《车险理赔外聘律师事务所委托代理框架合同》。七是多项举措降低赔付成本。持续推进与第三方技术合作，加强与中捷通、四惠等技术厂商合作，提高减损效果。加大对高风险、疑似虚假案件的调查，强化推定全损车辆价格管控，通过集中竞价、车辆包修等方式合理减损，车辆残值进行集中竞价，降低赔付成本。与北京丰顺路宝残值拍卖公司、北京恒泰博车网拍卖有限公司、兰州明泽二手车残值回收公司合作询价降低全损赔付。

【风险合规】 一是开展了“三反五清”专项治理行动和严厉打击舞弊行为专项行动，通过制订方案、进行宣导和法制合规教育警示短片，从“反舞弊、反欺诈、反洗钱，清制度、清印章、清单证、清工号、清权限”涉及的各个层面进行了深入排查，逐项进行专项治理，打击和遏制舞弊行为，切实防范违法违规行为发生。二是开展“两个加强、两个遏制”专项检查。按照甘肃保监局、集团公司和总公司要求，组织全辖开展了“两个加强、两个遏制”自查、督查及整改工作。制定了《中国太平洋财产保险股份有限公司甘肃分公司“两个加强、两个遏制”专项检查实施方案》，扎实开展了专项自查。对自查中发现的问题及相关财务业务数据与条线管理部门进行核对，做到了自查发现问题不回避、不隐瞒，务求客观真实。三是开展“重监管、强执行，重合规、强自律”外部监管政策内部落实情况全面排查。以甘肃保监局、人民银行兰州中心支行等监管制度为重点，以分公司制度库为基础，对照合规工作要点逐项自查，梳理检视外部监管制度及内部落实情况，并将排查情况、存在的缺陷和改进事项归整形成《内控合规基础管理指引》。四是加强运营风险预警提示和管控。针对公司经营管理过程中可能存在的风险和薄弱环节，下发风险提示函进行预警，提出相关合规管控对策和风险控制建议，采取积极有效的措施，进行风险预警提示，加强风险管控，促进公司健康运行。五是运用信息系统提升风险防范和管控手段。充分运用信息系统，开展日常合规风险监测防范和管控，通过A05风险控制信息管理系统实现合规条线常规工作的系统操作、报送、审核，通过A05风险管理系统对发生的车险和非车险诉讼案件和非保险业务合同进行审核，实现系统化管理。六是开展非法集资风险排查和防范打击非法集资宣传教育活动。根据甘肃保监局《关于深入开展保险业非法集资风险隐患排查处置工作的通知》要求，对照非法集资的12种主要表现形式，在全辖范围内开展了保险业非法集资风险隐患排查处置工作。在全辖各机构组织开展防范打击非法集资宣传活动，通过播放非法集资典型案例和警示视频宣传片，悬挂横幅、宣传展板、电子显示屏，设置咨询台、发送短信和微博等多种形式，向员工和社会公众宣传有关非法集资的识别方式方法及给广大社会公众所带来的危害。七是进行年度合同大检查。根据集团公司、总公司合同管理的规定，组织对辖内各机构和分公司本部各部室2014年度签署的金额达到80万元以上的非保险业务类合同以及保险业务合同的反垄断、反洗钱情况进行专项检查，并建立了《2014年度重大合同目录》《现行有效的自律协议及共保协议目录》《2014年度保险代理合同目录》，加强了有关合同风险管控。八是做好廉洁风险和案件防控。健全、完善廉洁风险和案件防控机制，把反腐倡廉融入公司经营管理中，按照自查、整纠和建章立制三个阶段，围绕制度、管理、流程、岗位和外部环境等方面，重点关注“人、财、物”集聚的重点领域和关键岗位及环节，分层次排查容易发生或潜在的廉洁风险和案件，查缺补漏做好防控。

【转型工作】 一是推动中小企业业务发展，探索中小企业业务拓展营销，制定交叉销售渠道多车投保激励政策，推动寿代产车险业务增长。二是推动优质客户留存举措，推进客户脸谱分析，构建客户分类分群差异化营销体系。三是细化落实新车首次出险客户理赔服务，在分公司转型重点工作中增加车险理赔集约化管理任务。四是创新女性客户服务举措，总结推广分公司车险分客群的最佳优质服务举措。五是分析客户投诉量排名前三事项的原因，形成整改举措。六是落实标准店门店共享的服务内容、流程和体验标准。七是推进中国太保APP的推广注册工作，达成注册目标、配合开展系统改造、提升用户转化率。八是加强车险新客户承保信息录入的完整性及真实性，强化车险理赔客户接触点的数据查验及采集规范。九是落实个人和团体客户投保环节信息采集流程。

【员工培训】 一是按照总部要求，积极构建“总分一体、条块联动、分级实施”的培训体系，搭建分公司分条线、分层级学习平台。二是按照职位序列，分类开展管理人员、专业技术人员和销售人员培训，全年开展三类培训共计25次，受训员工2 517人次，其中销售类培训16次，受训员工1 967人次。三是按照职级序列，狠抓初、中、高三级培训，基本实现了初级和中级岗位员工全年培训不少于40小时，高级专业人员和高管人员全年培训不少于30小时的目标。四是统一培训知识要素，依托公司经营管理大力推进知识技能标准化培训，在各类培训课程中融入公司企业文化核心要素、一张保单的流转、公司服务礼仪等标准化课程。五是创新培训形式，综合运用在线学习平台、微信及移动应用等新技术和新工具，搭建移动学习平台，推动员工实现碎片化学习。六是整合培训资源，实现全辖培训资源共享。

【双联工作】 按照甘肃省委双联工作总体部署，2015年分公司“联村联户”结对联系点在原有静宁县双岘乡页沟村的基础上，新增了静宁县红寺乡王湾村。根据页沟村和王湾村在基础设施和文化面貌等方面的具体情况，分公司对联户结对干部进行了重新分配，并在双联资金投入上向较为落后的王湾村做了适当倾斜，有侧重点地开展扶贫帮困工作。在扶贫项目实施上，分公司在王湾村援助改扩建集村委办公室、农家书屋、卫生室、党员活动室、人口计生服务室等为一体的村级组织活动场所一处，修整活动场地1 200平方米；砂化穆坡社到牛湾社一线、黄沟到后湾社一线路面9公里；推广种植全膜玉米1 000亩，在苹果幼园内套种全膜马铃薯500亩，新植果园500亩。在页沟村完成了对塘坝沟道内淤地坝的增高加宽加固，对坝体两侧陡坡路进行机械夯实整修，建成了长110米、高17米，坝顶宽6米，最大蓄水量8.50万立方米的塘坝1座，配套现浇200号混凝土排洪洞65米。同时，分公司通过落实一对一结对帮扶工作，使页沟村和王湾村整体面貌得到了不同程度的改善。

（王俊卿）

中国平安财产保险股份有限公司甘肃分公司

【综述】 2015年，中国平安财产保险股份有限公司甘肃分公司（以下简称“分公司”）依托品牌效应、科技创新、服务升级、多渠道线上线下多元化经营，为近40万甘肃客户提供车险、财产险、意外健康险等保险保障。截至2015年末，分公司保费规模突破14亿元，理赔款金额达到5.83亿元，实现了公司、客户双赢的局面。

一、业务规模稳定发展。2015年，分公司保费达成146 864万元，同比增长20.40%。其中，车险保费达成133 960万元，同比增长20.80%；财产险保费达成8 978万元，同比增长8.50%；意健险保费达成3 926万元，同比增长37.20%。截至2015年末，分公司为全省36万车辆提供安全保障，为数千所学校、百万余名学生提供校方责任险保障，承保靖远第二发电有限公司、会宁引洮供水工程、酒钢、中石油危运车辆等大客户车队业务。

在履行纳税业务方面，平安产险甘肃分公司2015年纳税金额达14 802万元，其中个税397.28万元，车船税7 867万元，荣登甘肃省国家税务局、省地方税务局联合发布的2015年度甘肃省纳税百强排行，列51位，位居保险行业第一。

二、不断加强客户服务。2015年，借助于互联网时代发展浪潮，分公司不断完善车主生态平台功能，开展“吸粉”节点营销活动，挖掘客户痛点，有效将用户向客户进行迁徙，提升客户黏性。2015年，分公司累计开展节点服务类活动67次，官微粉丝持续增长，截至年末粉丝量突破6万人。同时，依托官微平台，通过微信小店、网页商城、第三方合作，将个人客户向线上迁徙。通过服务项目、查询系统对接、积分兑换、网上营业厅等形式加强与客户互动，提升黏性。

三、管理稳健，亮点频现。2015年，分公司围绕保险风险管理功能，以创新经营管理模式实现持续稳健发展，积极推进省内责任险的全领域覆盖。在司法领域进行保险创新探索，推出司法鉴定责任险，尝试协助服务司法改革。在甘肃保监局及省高院的支持下，诉讼保全业务有了显著成绩。依照客户车龄、服务类型搭建微信车主生态平台，联合第三方汽车服务供应商，根据客户需求定期发布最新服务动态、汽车相关优惠产品等信息，建立新的服务增长引擎。

四、创新经营，全面绽放。（一）产品方面。创新产品覆盖新领域，其中已开展的产品有司法鉴定责任险、诉讼保全责任险，个人非车业务（二维码方式销售）、小微乐享套餐系列、诉讼保全、首台套等业务。（二）营销方面。一是通过动态调整推修规及系统、定期分析和检视相关数据、同时开展可视化推修项目，实现维修资源的精准投放；二是开发自助保APP，落地“建立一支线下队伍，覆盖无机构县域，外部汽车后市场联盟”；三是结合“互联网”+模式，借助于第三方线上销售企业，开展B2B2C销售模式，推出碎片化、场景化产品。（三）服务方面。一是打造线上车主生态平台，开展节点营销活动以及线下服务向线上转型；二是打造新高铁理赔系统、业内首创电话直赔服务项目，团车智慧询价报价（IBCS）系统顺利上线；三是打造线上收单系统、小微门店、停车关爱活动。（四）管理方面。开展减产品、减流程、减岗位，加服务的“三减一加”创新管理工作。通过对职能部门的职责整合、流程优化、绩效考核与能力评估，对“非战斗”部门进行减员，优化空编全部下沉至三四级机构“战斗”部门，全力支持县域机构发展。

五、取之于民，用之于民。分公司在自身迅猛发展的同时，积极参与地方公益事业。2015年，分公司共投入20余万元用于对口联系村的帮扶工作，完成三个村的空巢老人、留守儿童慰问，两个村的村民文化广场音响设备、实木桌椅捐赠工作，改善了联系村的基础设施条件。全面开展平安希望小学支教行动，24名志愿者分4批在白银市会宁县牛河村平安希望小学进行为期32天的支教行动。为天水市秦州区华歧乡下马村平安希望小学等6所希望小学发放奖学金81 500元。

六、综合金融战略，支持地方经济发展。分公司充分借助平安集团综合金融优势，引入资金支持地方经济发展，2015年推荐给集团各专业子公司的甘肃省融资项目共计9个，确定初步合作意向项目7个，落地项目1个，融资金额1.20亿元。

【人力资源管理】 一是优化组织架构。结合分公司经营目标及发展战略，2015年成功完成了9家四级机构的设立及开业，针对产品销售、服务进行组织架构优化，扩大品牌影响力。二是有序推进招聘工作。2015年，分公司新入编员工204人，其中新入职正式员工51%以上具有本科及以上学历，提升了公司管理队伍的整体素质。三是加强队伍建设，充实干部力量。顺利完成了各三级机构、各部门负责人的任职工作，年末中层以上干部共计74人。四是改革薪酬体系。明确薪酬调整的原则和程序，深入推进薪酬体系改革，有效提升内、外勤员工的薪酬水平，完成了分公司后线员工的考核调薪工作，给予部分核心人才专项调薪，落实高层管理人员异地任职待遇和中层管理人员异地任职待遇。五是进一步完善社保福利体系。为员工按时足额缴纳“五险一金”，提供完善的综合福利保障计划、企业年金、生日礼物等员工福利。

（卢　娜）

【财务管理】 一是加强基础管控。根据业务开展的变化要求，整合财务部内部相关岗位工作，统筹安排各岗位管理工作职能，提高专业能力，提升服务时效。加强内控管理，规范机构财务核算、费用预算、资金、财务管理工作，针对存在的问题和漏洞，及时整改完善。二是引入“两率”机制，合理配置资源。以达成产险整体经营目标为出发点，兼顾平衡和实际情况，引导资源配置合理优化，构建长期核心竞争力。以双优为核心，以利润为导向，借助“两率”这一新的资源分配机制，助力双优达成，提升收入。强调费用合规和成本管控，通过审计及自查完善制度，规范流程。三是完善财务制度，强化机构风险管控。出台完善一系列财务管理制度和办法，做到了日常财务工作有章可循、有制可依。定期安排财务基础工作自查及机构财务“飞行检查”，强化了财务基础管理工作和财务风险的管控。

（吕　萍）

【核保工作】

一、个车业务。一是进一步加强个车业务经营管理，提高公司盈利能力。大力优化车险业务结构，严格控制高风险、高赔付的业务，从承保源头抓起，全面提高车险业务经营管理水平，增强盈利能力，使个人车险成为增收保费和创造利润的骨干险种。二是准确掌握市场动态，及时制定顺应市场变化且适合业务发展、风险控制的核保政策，积极探索车险差异化经营，树立品牌意识，提升企业形象。三是积极应对车险费率改革带来的市场变化，不断优化核保模型，引入创新变量，使风险定价更加合理。四是注重核保队伍专业技能的提升，强化专业知识培训，有效防范承保风险。

二、团车业务。一是强化风险筛选意识，加强核保模型应用，提升优质业务占比，打造公司持续双优的经营能力。二是培养核保队伍市场敏感度，建立骨干培养机制和良性竞争互学机制，打造优质的核保人队伍。三是以持续经营客户为导向，加强客户需求调研，不断完善需求转换服务工作，提升客户满意度。四是严格执行监管规定，依法合规经营，提升行业美誉度。

三、意健险核保。一是密切关注政府民生保险项目动态，为弱势群体提供人身意外、突发疾病保障。二是积极参与地方城建项目意外保险的承保，为农民工提供全面人身保障。三是合理把控业务承保条件和销售费用的投入，对亏损业务出险情况进行分析，类似业务改善承保条件，最终做到品质与增速达成“双优”。四是加强业务创新能力，应用新技术积极参与景区意外、乘客意外、个人二维码意外等业务的拓展。五是坚持合规经营，自查自纠，对潜在风险业务进行整改。

四、财产险核保。一是以市场需求为导向，积极开发新险种，如司法鉴定责任险、房屋质量缺陷责任险等，同时在保障社会民生方面的险种，如养老机构责任险、食品安全责任险等方面，积极与同业组建共保体，扩大社会保障覆盖面。二是继续加大蓝海市场险种的推动力度，如获得“陇上金融奖”的诉讼财产保全责任险，保费规模迅速扩大，“工信部、财政部、保监会”三部委首推的首台套重大技术装备保险取得突破性发展。三是强化业务梳理，管控业务品质。坚守风险底线，对亏损行业可进可退，提升业务品质。通过差异化的费用投入政策引导销售，坚持费用投入的空间性和必要性两大原则。四是做好防灾防损服务，定期为大型或高风险客户提供防灾防损建议，赠送消防及防汛设备物质，督促客户加强日常管理，为高风险客户提出整改建议并追踪、落实整改效果。五是强化中台前置，推动中台下沉，助力销售。帮助、推动分支机构继续深化渠道改革，建立有计划、有目标、有行动的销售模式。深度挖掘财产险市场，对保费规模30万元以上业务实行项目负责制。明确部门人员分工、权限，定期开展核保技术及经验交流。开展分公司团财部人员与三级机构产品支持人员轮岗交流学习活动，提高三级机构相关人员产品支持技能。

（杨双莲　张　强　展　鹏　魏　丽）

【理赔工作】　2015年，分公司车险有效报案件数111 081笔，结案案件106 586笔，赔款金额58 252.70万元，报案结案率达到了95.95%。一是提升服务口碑，争创服务典范。2015年，分公司以客户需求为导向，关注客户投诉问题，优化理赔流程，简化物理单证，创新理赔服务，以高效理赔为服务宗旨，持续推动“电话直赔”“小安理赔指引”“查勘员位置可视化”“口袋理赔”“拒赔+1暖心服务”“人伤及时预行动”“住院安心行动”等服务项目，为客户提供高质量的服务，争创服务典范。二是防范欺诈风险、加强品质管控。2015年，分公司启动了SNA（社交网络关联分析）专项审计项目，运用理赔案件各主体之间的相互关系，生成案件关系网络，通过个体解析、案件分群、集群筛选，进行团伙欺诈特有的规律特征筛查，识别过往无法发现的欺诈团伙。此项目的开展，大大降低了理赔渗漏，防范了欺诈风险。

（李艳萍）

【销售管理】　一是固化渠道作业模式，做好销售支持与服务。通过推动渠道作业模式固化，加强渠道规定动作落地，实现渠道关键指标持续优化，做好销售支持与服务工作。加强项目性工作的整合优化，确立目标、明确抓手，快速提升渠道业务平台，助力业务发展。二是下沉渠道，提升新车经营能力。打通组织架构地域差异，全面铺设代理渠道，对于具备潜力的县域机构提前设立车商渠道。根据市场网点特性匹配渠道归属，贴近业务本源，发挥渠道专属化经营优势。三是对车商进行分类管理，优化车商资源匹配。建立车商分类管理体系，差异化投放资源，管理模式下沉至三四级机构，动态调整资源，与车商建立互惠双赢的合作关系。四是覆盖重点县域，深化渠道建设。搭建三四级机构经营管理平台，细分县域机构类型分类经营，提升三四级机构经营管理能力。五是加强合规培训，推进内控管理，实现合规经营。组织开展中介业务摸底自查自纠、对于代理业务及个人代理人资质进行核查，定期组织开展代理人合规培训，提升合规风险防范意识。

（李　敏）

【企业文化建设】　一是完善员工关怀计划，积极组织员工活动。开展了平安一家亲运动会、员工春游、健康讲座等员工活动，丰富了员工的业余生活，提高了队伍凝聚力。落实总部关于员工EAP计划方面的各项工作，组织员工进行年度体检，协助员工做好年休假规划，确保员工利益的充分实现。二是积极参与各项公益活动。参与无偿献血、平安支教等爱心公益事业，组织公司员工参加健步行活动，提升平安品牌知名度和信誉度。

（杨雨晨）

永安财产保险股份有限公司甘肃分公司

【综述】　2015年，永安财产保险股份有限公司甘肃分公司（以下简称“分公司”）总公司党委的领导下，在地方各级政府及社会各界的大力支持下，全体员工认真贯彻落实中国保监会关于保险业改革发展的指导意见，认真学习领会全国、全省保险业情况通报会精神，上下一致、开拓创新、扎实工作，巩固了既有市场，取得了一定的成绩。

一是巩固既有市场份额，实现持续稳步发展。2015年，分公司积极响应总公司“又快又好”的发展思路，在巩固车险业务的同时，把大力发展责任险、意外险作为全年工作的重点来抓，在发展中调整，在调整中发展，做到业务发展、结构调整两手抓、两不误。首先，抓好续保业务，确保续保业务不流失。其次，加强与住建、交通、教育、卫生等部门的沟通合作，加大招投标业务的公关力度。分公司成立了招投标业务领导小组，及时搜集招投标信息，并在招投标信息群里共享。把握市场先机，积极应对竞争，收到了较好的效果。2015年，分公司共参与招投标项目19个，成功中标2个。

二是不断提升客户服务水平。2015年，分公司针对理赔难问题，查找症结，根据实际情况，及时进行调整。年初针对理赔未决案件居高不下的问题，分公司召开未决案件清理工作专题会议，认真分析原因，逐案分析排查未决原因，重新梳理理赔流程，认真贯彻执行“首接责任制”及“限时工作制”，理赔查勘定损人员从查勘定损到结案支付赔款全流程由分管总经理监控，并及时调整了理赔中心部分人员，确定了千万保费的未决指标。经过一系列有力措施，不仅靠实了责任，而且缩短了结案周期，加快了理赔速度，各项理赔指标得到了总公司的认可，为全省业务发展营造了比较宽松的展业环境。

三是适时调整经营策略，积极应对市场变化。分公司针对全省财险市场家用车保源分散、展业难度相对较小且客户比较稳定、续保率较高等特点，在全省大力发展家庭自用车业务。2015 年，全省家庭自用车业务保费收入 12 073.33 万元，占车险总保费的 44.95%，同比增长 7.60%。

四是加强三四级机构规范化管理和建设，对发展落后的机构负责人进行调整，根据公平、开放的原则，向所有三四级机构合理进行资源配置。

五是配合监管机构做好中介业务自查及现场检查工作，落实相关责任单位和责任人，整改公司及下属单位存在的违规问题，不断提高合规经营管理水平。

（宿　伟）

天安财产保险股份有限公司甘肃省分公司

【综述】 2015 年，天安财产保险股份有限公司甘肃省分公司（以下简称“天安财险甘肃省分公司”）全面秉承“以客户为中心”的经营理念和“以奋斗者为本”的核心价值观，始终坚持“以加快转变发展方式为主线，以紧跟市场发展需求为导向，以依法合规经营为基础，以提升服务品质为保障，以体现效益和实现利益为核心，以加快业务有效增长为落脚点”的经营思路，狠抓经营管理，扎实推进各项改革，实现了各项工作的持续稳健运行。

一、转变观念强力拓展业务，规模效益实现协调增长

2015 年，天安财险甘肃省分公司始终坚持规模与效益并重的经营发展理念和“效益、管理、改革、创新”的经营方针，在加快业务稳健发展的同时，突出体现业务品质和经营效益的提升。一是全面转变在业务负增长压力下以重保费规模、轻业务品质的业务发展思路，推行规模与效益齐抓共管的发展模式，推动公司从亏损的亚健康状态向稳健效益性发展的转变。二是狠抓车商渠道业务，引进专业化车商销售团队和团队管理精英，通过新引进车商销售团队带来的同业先进销售理念和销售模式以及建立车辆定点送修模式，有力推动了车商业务发展。2015 年，天安财险甘肃省分公司实现渠道保费收入 739 万元，车商业务已快速发展成为公司新的业务增长点。三是加强与经代渠道业务的全面合作力度，与长安经纪、中汇国际、江泰经纪、北京国际、昆仑经纪等甘肃主要经代公司建立了良好的业务合作关系。成功中标甘肃省养老服务机构责任险统保项目供应商资格，成为具有承保甘肃省养老服务机构责任险项目的三家保险主体之一。四是加强与政府及企事业单位的业务合作关系，先后成功中标农行甘肃省分行全省固定资产财产一切险保险业务、甘肃省人民政府办公厅行政处机动车辆保险业务、甘肃省省级行政事业单位 2015 年公务车定点保险服务供应商等大项目业务。2015 年，天安财险甘肃省分公司实现保费收入 20 799.12 万元，同比增长 6.45%。

二、严把承保风险管控，经营管理品质得到改善

一是在承保管理上对各机构实行分类指导、差异化管理和分区、分片的核保政策，将各类潜在的承保风险降至最低。二是严格执行总公司业务政策，进一步优选标的、优选客户、优选渠道，提升了风险识别水平，加大销售费用投放的精准度，对于赔付率低和规模较大的项目、渠道业务和优质业务实行费用直投、费用前置和政策倾斜，对于高风险业务费用进行严格控制，引导机构加强业务结构的调整，有效提高了机构承保业务的风险识别能力。2015 年，天安财险甘肃省分公司优质车险 AB 类业务占比达到 69.96%，公司业务品质得到有效提升。三是加大对各机构的承保风险管控，采取随机检查、业务系统抽查、现场检查和机构自查四者相结合的方式定期对机构承保的合规性进行检查，并对存在问题和各类风险隐患及时进行落实整改，有效提高了承保工作的合规性。四是加大对优质续保业务的考核力度，续保达成率与机构班子成员月度绩效考核相挂钩，有效提升了优质客户续保率。

三、狠抓理赔出口关，服务客户能力全面提升

2015 年，天安财险甘肃省分公司以构建高效快捷、精细化、制度化和流程化的理赔管理体系为目标，以提高客户满意度为己任，坚持业务发展与理赔服务齐抓并管，公司的理赔服务品质不断提升。一是全面推行理赔改革，进一步强化理赔省级集中管控力度，根据机构理赔管控质量和管控能力，采取管控较好机构权限下放和管控较差机构权限集中上收相结合的方式，提升了理赔工作质量和服务效率。二是引进理赔实战经验丰富的理赔干部充实分公司理赔班子队伍，引进核价人员严把公司理赔出口关，优化理赔流程节点，加强对理赔关键性指标、理赔人员专业技能、理赔服务速度和客户满意度等关键环节的有效管控，在全辖推广“车易赔”快速理赔特色服务，使公司理赔指标恶化的局面得到有效改善。天安财险甘肃省分公司理赔考核等级在总公司系统的排名从 5 月的 D 类上升到 12 月的 B 类，在甘肃保监局组织的 2015 年第二次车险现场查勘服务质量测评中位列 12 家产险公司第二名。三是对合作修理厂反映存在“吃、拿、卡、要”等行为的核价人员进行严肃查处和调岗处理，并以此为反面教材教育理赔人员尤其是核价、核损等关键岗位人员全面提升职业道德修养和责任使命意识，进一步健全完善监督制约工作机制。四是强化对全辖理赔人员的培训力度，提升理赔人员的岗位专业知识和专业技能，大力提升公司理赔整体服务品质和服务水平。

四、加强财务成本管控，公司盈利能力得到提升

一是坚持以利润为导向，严把承保“进口关”和理赔

“出口关”两个核心关口，加大机构经营指标达成考核，全面提高承保质量，大力挤压理赔水分。二是加强资金管控，切实把握资金风险管控点，加强资金的支付方向审核，防止反洗钱风险，保证了公司资金安全及管理规范。三是加强费用合规管理、保证真实列支，杜绝各类税务风险，实现各险种的效益目标。四是加强重要单证的管理工作，从单证管理方面杜绝业务违规行为的发生，切实降低经营风险。五是全面推行“五个一节约工程”，有效降低公司的各项费用开支和经营成本。2015 年，天安财险甘肃省分公司累计实现承保利润 562.53 万元。

五、强化合规基础管理，有效防范经营风险

2015 年，天安财险甘肃省分公司始终把合规管理工作摆在突出位置，坚持“零违规、零容忍、一票否决制”的合规管控原则，以合规促发展、在发展中合规。一是正确处理合规管理和业务发展之间的关系，全面强化全员对于合规监管红线坚决不能踩的意识，全面强化监管落实机制和责任追究及处罚制度，增强了全员尤其是机构一把手依法合规经营和风险防范意识。二是对机构重点合规内容进行专项审计检查，将合规监控工作重心前移，将事前预防、过程监控和事后处罚三者相结合，对机构经营管理和业务发展环节进行全方位和全过程监控，进一步规范公司的经营行为，有效防范和化解各类经营风险。三是加强法律诉讼力度，加大对重大案件诉讼管理，逐步推动诉讼案件由“诉讼解决”到“调解解决”的转变，降低公司诉讼成本。四是进一步加强反洗钱工作，规范反洗钱操作流程。在全省系统先后组织开展了反洗钱知识专题培训和“反洗钱宣传月”活动，进一步提高了全员的反洗钱意识和反洗钱操作人员技能。

六、全面推进人事改革，执行力和工作效率明显提升

2015 年，天安财险甘肃省分公司针对全辖管理人员较多、工作效率不高、人力成本负担较重等问题，开展了人事改革工作，工作的执行力和工作效率得到提升。一是优化整合职能管理部门，使职能部门职责更加清晰、运行更加顺畅，执行力和工作效率得到提高。本部职能部门从原有的 6 个整合为 4 个，重新整合成立 2 个直属业务部门，中支公司职能管理部门从 4 个整合为 2 个。二是优化和细化岗位流程，建立了权责明确、职责清晰的岗位体系。通过在全辖实行全员公开竞聘上岗机制，为更多优秀人才脱颖而出发挥作用提供了良好发展平台。三是积极鼓励职能部门管理人员自愿申请到业务一线进行锻炼，并通过给予保护期和开展业务帮扶等措施提高了转岗人员的业绩和留存率，有效减低了公司管理人力成本。

七、队伍建设不断加强，人才强司战略稳步推进

2015 年，天安财险甘肃省分公司在人才队伍建设方面始终坚持“人才先行，内培外引”发展战略。在干部队伍建设方面，重点加强机构班子队伍建设，健全完善“能上能下、能高能低”的选才用才机制，积极引进同业高素质管理人才，通过竞聘上岗等形式进一步调整充实机构领导班子队伍，并通过多种途径开展对机构高管人员的培训，全面提升机构班子成员的管理水平和综合素质。加强对公司现有业务骨干和年轻员工的培养力度，努力让工作认真负责、能吃苦、能担重任的年轻同志尽快成长起来，为公司储备后备干部队伍。在员工队伍建设方面，重点加强对专业技术人员和高绩效业务人员队伍建设，实行有效增员和末位淘汰相结合的方式，实现公司现有业务人员的“优胜劣汰”。

八、强化教育培训工作力度，全面提升公司的核心竞争力

2015 年，天安财险甘肃省分公司将加强全员教育培训工作作为提升公司核心竞争力的重中之重和突破口来抓，全面打造学习型公司。一是紧紧围绕公司各项改革发展举措，制定和推进各层次、各类型的培训计划，深入推进各岗位专业技术、技能培训。二是完善干部教育培训培养锻炼机制，强化干部培训的力度，并与选拔、考察干部的机制相结合，形成了完整的干部选拔培养锻炼考察机制。三是加强干部员工的职业道德教育，自觉遵守从业人员守则和行业自律公约，自觉践行承诺，弘扬正气，打击歪风邪气，端正司风，树立公司良好的社会形象。

九、加强公司宣传力度，品牌形象有效提升

一是加强公司企业文化宣导工作，把天安企业文化贯彻落实到公司经营管理的全过程，与推动公司经营发展有机统一起来，提高了员工思想觉悟和对公司的认知度、认同感。二是加强公司的品牌宣传工作，利用多种途径和渠道对公司品牌形象进行广泛宣传，加大对公司服务客户、服务社会等方面的正面宣传和报道，先后发表各类品牌宣传稿件 98 多篇，提升了公司的品牌形象和社会知名度。

（张兴成）

中国大地财产保险股份有限公司甘肃分公司

【综述】 2015 年，中国大地财产保险股份有限公司甘肃分公司紧紧围绕“创新、突破、双优”的总体发展目标，坚持“诚信为先、稳健经营、价值之上、服务社会”的经营理念，积极创造“简单、高效、务实、合规”的企业文化，圆满完成了全年各项经营目标。2015 年，公司已在本部设立 1 家营业部，全省市州设立 14 家中心支公司，县区设立 53 家支公司、营销服务部，合计机构数 67 家，形成了全省性服务网络。全年实现保费收入 8.13 亿元，同比增长 24.70%，综合成本率 93.10%，实现利润 4 942.20 万元。

一、2015 年公司主要工作

一是迈向新目标，力争突破新高。面对新“国十条”

和车险费改的机遇与挑战，着眼于公司转型升级和可持续发展的战略高度，重新审视业务和市场格局，确立“增速高于市场，成本低于市场”的总体目标，以“业务主要增长点、新产品新领域、三大区域五大板块、风险管控”为四个着力点，狠抓业务和结构调整，确保完成理赔管理标杆、公司管理体系建设、发展能力提升三大工程，扎实推进各项工作顺利开展。二是精心转型，稳健增长。坚持成本优势，深化“找、控、引”。公司设立车险品质管控小组，常态化地调控车险品质业务，并设立车险“找、引”单项奖励，确保低成本、高增长。进一步加强数据管控，确定10个核心数据进行月度监控，建立数据治理模型和中支预算达成管控制度，确保年底前完成中支保费日均平台建设，将精细管理、算账经营贯穿全年工作过程。三是全面布局，扎实推进。做大做强省会城市业务，打好增速增量攻坚战，充分利用新基本法加大增员力度，抓增员，严考核，建团队，塑造销售文化，打造销售尖兵，并举全省之力，扎实推进财产险、意健险发展力度。四是强化管理，坚持依法合规。进一步加强公司品牌建设，建立合规、简单、务实的企业核心文化，完善督办机制，强化理赔管控，全面提升公司品牌美誉度。

二、全面提升客户服务水平

一是开展3G智能理赔。运用现代信息技术，配合先进的智能手机和便携式蓝牙打印机，快速、准确地开展现场定损，并现场上传理赔单证，最快3分钟可完成现场定损。二是车险案件免上门交单理赔。对于符合条件且不涉及人伤的车险赔案，通过现场收齐索赔材料、95590网站自主上传材料、上门服务等方式，尽快收齐理赔所需资料赔付结案。三是承保理赔信息在线查询。客户可通过网站、电话等多种方式，即时查询投保及出险信息、案件处理状态、案件赔款金额等情况，让承保、理赔实现全透明。四是事故定责指导。帮助客户对事故责任划分认定过程及结果进行跟踪并给予专业指导，协助客户完成事故定责，切实维护客户利益。五是人伤关怀。为人伤案件提供专业医疗援助服务，在应急处理、住院探视、伤残鉴定、事故调解等方面为客户提供专业建议和咨询服务，协助客户处理人伤损害赔偿事宜。六是限时赔付。3 000元（含）以下小额非人伤车险赔案，现场出具定损单，现场收集索赔材料的，及时结案赔付；上门递交索赔材料的，30分钟内结案赔付。七是赔款全国集中支付。每一笔赔款资金都由总公司直接转账支付到客户本人账户，保证每笔赔款更快速、更安全到账。八是非事故道路救援。只需致电95590专线，即可获得专业人士到场提供换胎、搭电、送水、送油、拖车牵引、困境救援等服务。救援网点覆盖全国335个地级市、1 764个县级市和县（不包括高速公路等交通特殊管制地段）。九是风险提示与排查。采取如微博、短信、风险建议书等适当方式，对客户进行风险提示，帮助客户排查风险，提高风险管理能力。

（郭晓旻）

中华联合财产保险股份有限公司甘肃分公司

【综述】 2015年，中华联合财产保险股份有限公司甘肃分公司（以下简称“分公司”）实现保费收入84 506万元，同比增长18.20%。其中，车险保费收入46 784万元，非车财险保费收入7 185万元，农险业务保费24 028万元，意外和健康险6 509万元。赔款支出36 147万元。

一、车险业务稳步发展

一是以发展提速为中心，以效益优先为前提，制定各类车险相关政策，保证车险业务顺利达成计划目标。二是积极准备应对商车改革落地工作，认真学习中国保监会及行业协会下发的《示范条款》和相关指导性文件，参加了总公司商车改革培训及相关测算工作。三是组织基层公司参与总公司及甘肃保监局各项竞赛及业务活动，并多次获得总公司车险价值发展业务竞赛零集结分项奖励。

二、非车险业务快速推进

（一）在队伍建设方面做到了“三抓”。首先，抓分公司直属团队，明确职能，补充调整人员，制定任务目标，按业务类型具体分解到人。其次，抓中支直属团队。部分有能力、有条件的中支建立直属项目团队，重点提升非车险业务销售能力。最后，抓人才队伍引进。挖掘了一批非车险业务销售人才，为公司整体非车险业务发展注入了活力。

（二）推广“一事一议”项目业务政策，助力业务发展。积极贯彻“一事一议”项目业务政策精神，通过费用政策杠杆，支持大项目和优质业务开拓，取得了较好效果和成绩。

（三）费用精准投放助力项目、渠道发展。2015年9月，定西市通渭县支公司获知县政府启动精准扶贫项目后，分公司积极与支公司联系，迅速制定借款人人身意外伤害保险方案，最终独家承保通渭县政府精准扶贫项目借款人意外险，起到了很好的示范带头效应。

（四）加大银行渠道建设和拓展力度。加强与银行的沟通联系，制定细化考核措施，确保银保渠道开通落实到位。制定激励政策，促使借意险、抵押贷款财产险业务成为非车险业务保费增长点，实现银保、信保业务保费收入810.60万元。

三、农业保险有序开展

（一）立足根本，提标扩面，推动普及高保额马铃薯种植保险，扩大森林、冬小麦保险承保面积。其中，马铃薯保险承保面积490.40万亩，签单保费15 637万元；冬小麦保险预计承保面积267万亩，签单保费4 005万元；森林保险承保面积3 016万亩，签单保费3 020万元；设施农业保险承保面积1.50万亩，签单保费539.60万元；以45%份额共办中药材保险承保面积7万亩，分入保费950.90万元；试点开办果树收获保险0.90万亩，签单保费211.90万元；纯商业林木火灾保险138.70万元。

（二）拓展新领域，开办新险种，实现均衡发展。借力完善的基层服务网络优势，坚持“中央补贴型为主、地方补贴型为辅、商业型为补充、创新型为试点探索”的基本策略，扩大马铃薯差异化方案补贴规模，扩大高保额补贴面积，降低农户自交比例至15%；扩大冬小麦保险承保面积，继续保持中央、省级高补贴比例；继续扩大森林保险覆盖面和占有份额，新增3个省直单位及2个市直单位；以45%的份额比例共办“中药材”产值保险15万亩，新增设施农业保险1.50万亩，试点开办地方特色优势产业“果树收获”保险。

（三）大力推进农网工程建设，全面推进非农业务发展。截至2015年末，实际建设农村服务网点166个，实地完成验收53个，配发电脑24台，添加农网渠道代码114个，依托“五小车辆”政策，实现保费收入800余万元。

（四）强化农险合规建设，规范基础管理。成立农险督导检查领导小组，分三次对9个重点中支开展风险排查工作，对核查中发现的虚假承保等问题，坚决退保、退费。全年共退保马铃薯44万亩，折合保费946万元。同时，组织各机构开展警示教育，参加教育员工650多人次，强化了全员的风险合规意识。

四、加强理赔服务管理基础工作

（一）加强赔案基础性、标准性管理工作，理赔现场管控水平有效提升。全年有效报案件数39 671件，同比增长47.45%；已决案件总数38 526件，同比增长44.11%；已决赔款24 740万元，同比增长38.21%；未决案件总数2 754件，同比增长41.16%；未决赔款（静态）9 595万元，同比增长63.16%；已决未付赔款占比0.12%，低于考核值1.38个百分点；考核综合赔付率（不含农险）63.11%，环比下降1.79个百分点。

（二）多举措齐头并进，狠抓现场管理。深入推进理赔“首接责任制”落实，加强现场管理工作。建立车险理赔服务现场抽查工作机制，制定现场抽查项目和标准，并每月通报。落实四个专项制度，提升理赔服务效率。加强重大案件管控，明确理赔权责运行，规范大案签批流程，提升理赔服务效率。

（三）加强案件稽查监督管理，稳步开展“三个专项活动”。一是对全系统已决赔案分类型进行系统抽检并月度通报。二是不定期对中支进行现场稽查，着力查处虚假骗赔或“跑、冒、滴、漏”案件，对各环节人为造成的损失扩大等违规行为严格强化追责机制。三是按照总公司稽查通报严格落实问题查处及整改。

五、风险合规管控全面展开

一是加强合规管理队伍建设。确定各中心支公司、机关各部门合规兼职管理人员28人，负责本级机构的风险合规及反洗钱工作。组建合规监管QQ群，在群内发送风险管控、合规管理及反洗钱制度相关资料，将学习培训常规化。二是认真开展“两个加强、两个遏制”专项自查工作，根据总公司督导意见认真制定整改措施，积极整改。三是建立长期有效的农险工作核查制度，开展多种多样的警示教育活动，确保公司农险业务健康发展。

（韩 芹）

安邦财产保险股份有限公司甘肃分公司

【综述】 2015年，安邦财产保险股份有限公司甘肃分公司（以下简称“分公司”）以“人”字战略为导向，着力提供“一个客户，综合服务”的全方位、定制化金融解决方案，重点围绕客户服务创新开展工作，努力构建以“家文化”“水文化”和“互联网文化”为主要内容的“和谐”企业文化，实现质量与效益的协调统一，保持了公司的稳健经营和可持续发展。

一、稳步推进机构建设，建立健全全省服务网络

分公司自成立以来，始终将机构建设作为公司发展的基础来抓。在甘肃保监局的大力支持下，分公司根据各市州保险业发展的实际情况，相继在全省开设了14个分支机构。截至2015年末，已在酒泉、张掖、武威、白银、临夏、陇南、天水、平凉、庆阳、合作、定西、永靖县、榆中县、兰州市七里河区设立经营机构。经营机构的下一步铺设规划，也在按计划逐步推动之中。

二、大力推进销售体制改革，构建现代营销体系

2015年，分公司执行“决策委员会制，执行事业部制”，大力推进公司渠道体系改革，构建现代营销体系。根据总公司战略调整，将公司划分为九大渠道，即银行渠道、汽车渠道、代理渠道、法人渠道、政府渠道、移动互联渠道、社区渠道、直销渠道和门店渠道。成立十人为一组的事业部，通过销售团队小型化、机动化、扁平化来快速响应市场变化。为打造高效的客户服务能力，总公司直接给予事业部各项支持，从而将扁平化管理落在了实处，向“零管理”以及员工自我管理迈出了重要一步。

三、深化客户服务理念，开启客户服务升级之路

分公司坚持以客户需求为第一导向，通过融合大数据、云计算、移动互联网等技术手段，为客户带来全新的服务生态体验，提供随时、随心、随行的定制化一站式综合服务。先后推出了广受业界推崇的“掌上安邦”“微信理赔”“人伤快速调解服务”“七星服务”等创新型、特色化的措施，赢得了行业的认可和客户的信赖，在保费规模、经济效益等方面都取得了长足的进步，逐步树立起安邦品牌的良好社会形象。

四、狠抓内控管理，坚持依法合规经营

2015 年，分公司坚定不移执行监管部门的各项合规政策，坚决执行总公司各条线垂直管理制度，充分化解公司经营的各项风险，重点防范承保、理赔及业务发展中存在的合规风险，经营规范性达到了一个新的水平。

（李　琼）

阳光财产保险股份有限公司甘肃省分公司

【综述】 2015 年，阳光财产保险股份有限公司甘肃省分公司（以下简称“分公司”）在监管部门、行业协会的大力支持下，以阳光文化为引领，坚持价值发展，全年实现保费收入 25 527 万元，增长 33%，实现利润 438.57 万元。

一、经营核心指标取得较好成绩

在渠道、产品、团个、机构四个维度涌现出很多亮点和潜力。综拓渠道搭建基本完成，做到了县县有专员、市市有团队，年度保费 3 022 万元，同比增长 3.47 倍；车商渠道初显雏形，事实车商业务达到 4 153.70 万元，很多机构已具备设立专属团队的产能；互联网渠道完成 4 875 万元，同比增长 75.90%，正在将甘肃互联网渠道的业务结构逐步优化；银保渠道蓄势待发。产品方面，车险跨上 2 亿元大关，意健险保费 1 389 万元，同比增长 92.87%；个人客户得到大力发展，个团占比差已经由上年末的 2%提升为 9%。

二、关键工作继续深化“四建”方针

筹建三级机构 1 家（金昌），筹建四级机构 7 家，已开业 4 家，正在筹建的 3 家。逐步形成三级机构基本覆盖，四级机构蓄势待筹之势。各级机构强力打造队伍、健全制度，将管理责任落实到岗位、人员，将管理要求贯穿到后援、前线全流程，培育了“公司兴亡，我有责任”的全员管理意识，渠道建设初具雏形。

三、不断提升客户服务水平

（一）创新理赔服务工作。分公司自 2011 年 4 月开始，全省全面推行“车险闪赔”，即 5 000 元以下纯车案件“免单证、一环节、报案 24 小时赔付”，简化了理赔手续，减少了理赔环节，提高了理赔速度。2011 年 7 月 28 日，升级为闪赔 2.0，增加超时百倍罚息；2012 年 5 月 19 日，再次升级，人伤 1 000 元之内的案件也可闪赔（72 小时内赔付）；2014 年 5 月 19 日，推出闪赔“三省”服务，即省时—免现场、省事—并案处理、省心—人伤闪赔。截至 2015 年末，分公司车险事故年度结案率达成 97.12%，在阳光产险全国机构中排名第五，车险事故年度结案周期达到 5.07 天，在阳光产险全国机构中排名第二，闪赔实施率达成 82.64%，排名第七。

（二）坚持“终极客户”战略。分公司始终贯彻落实“终极客户”战略思想，加强投诉管理工作，以保护消费者利益为出发点和落脚点，建立健全投诉管理工作制度，强化岗位责任，完善投诉责任追究机制，持续改善客户体验，认真办理来信来访和投诉举报，积极化解矛盾纠纷。一是强化制度学习。通过制定《阳光财产保险股份有限公司客户投诉责任追究管理办法(2015 版)》和《阳光产险甘肃分公司投诉处理考核办法》，确保各级机构人员掌握投诉处理要点和问责考核要求，认真对待客户的合理诉求，解决客户实际问题和正常需要。二是建立投诉防范预警机制。在理赔处理工作中，客户提出异议或发生争议时，查勘人员必须立即向上级理赔部门反馈，由上一级理赔管理人员主动介入，安抚客户，及时协调解决问题，减少投诉的发生。客户向公司 95510 进行投诉，及时安排机构投诉责任人进行案件处理，保证投诉案件得到有效处理，避免重复投诉或投诉升级。三是强化问责处罚考核机制，责任追究落实到人。分公司根据月度投诉情况进行分析挂网通报，对月度投诉考核未达标的机构负责人及投诉责任人实施经济处罚，同时对连续 2 个月未达标的三级机构负责人进行问责。四是印制“服务监督卡”，在查勘、定损时现场向客户发放，让客户监督服务人员查勘、定损环节是否行为规范和服务态度良好。

四、坚持依法合规经营

一是加大法律法规宣传力度，强化培训学习。坚持走依法合规经营发展道路，强化对虚假承保、虚假退保、虚挂保费、虚列费用、虚假理赔“五假”问题的整改，确保各项工作的合规管理，使合规经营真正落到实处。二是强化公司内部管理。认真贯彻落实据新《保险法》要求，及时调整现有制度，确保内控制度实施的合法性、有效性，建立健全各项管理制度及责任追究制度，重点加强制度的落实、执行工作。三是加强公司内部管控，将合规经营管理、内部检查审计工作纳入到常态化工作之中，继续提升各级高级管理人员合规经营意识和合规管理能力。加强内控制度、管控流程、内审监督等薄弱环节管理，取得外部监管的认可，提升管理综合能力，从源头上遏制违规经营和违法犯罪行为。

五、积极服务项目建设

围绕全省“3341”项目建设布局，分公司紧跟全省项目建设导向，不断拓宽项目保险服务领域，积极参与政府主导、行业统保或大型企业的责任险项目投标，成功中标甘肃省医疗责任保险全省统保等项目。同时，严格遵守招投标方面的各项规定，理性参与竞争，把保险资源的有效开发和合理保护结合起来。

（王曦晨）

都邦财产保险股份有限公司甘肃分公司

【综述】 2015年，都邦财产保险股份有限公司甘肃分公司实现保费收入1 986.10万元，较上年下降19.21%；综合费用率47.74%，综合赔付率67.91%，综合成本率115.65%；累积赔案2 578笔，赔款支出共计1 197.20万元。

一、全力促进业务发展

一是引入团队和优秀人员，为业务发展注入新鲜血液。全年新增团队2个，新增业务人员9人，带来有效保费300多万元。二是积极拓展渠道业务，全年新增渠道业务4个，累计达成保费200多万元。

二、加强团队建设

一是稳定员工队伍。2015年5月，为部分工资较低员工进行了调薪，及时稳定了员工队伍，避免了优秀人才的进一步流失。二是加强员工考勤制度，营造健康有序的工作环境，提高员工业务水平和工作技能，提升员工工作效率。继续严格执行营销员管理实施方案和长效机制，严格执行100%持证上岗制度，加强对营销员的管理，有效防范经营风险。

三、不断提升理赔服务质量

提升理赔速度，优化服务流程，提高赔付时效。建立客户满意度回访、第三方检查制度，强化服务品质。健全理赔服务规范，实行首问责任制。加强与客户的沟通，妥善处理客户的投诉。

（牛小姣）

永诚财产保险股份有限公司甘肃分公司

【综述】 2015年，永诚财产保险股份有限公司甘肃分公司（以下简称“分公司”）完成保费收入5 949.36万元，计划达成率84.99%。其中，车险业务保费收入3 092.81万元，同比增长30.07%，计划达成率100.74%；非车险业务保费收入2 856.54万元，同比下降27.64%，计划达成率72.69%。车险、非车险结构占比分别为52%和48%。

一、注重基础，积极做好股东业务

股东业务既是公司的基础业务，也是公司的特色和优势。2015年，股东业务共完成保费收入2 034.81万元。一是积极做好股东业务理赔服务工作。对股东未决赔案及时联系、及时沟通，每两周对案件进展情况向股东单位相关负责人通报一次，对赔案中出现的意见分歧及时沟通解释，缩短股东赔案的结案周期，加强股东单位风险防范的培训，切实做到让股东满意，确保了股东业务续保率达到100%。二是在股东延伸业务方面，有针对、有目标、有措施地进行拓展。2015年，股东延伸业务成功完成了由团体意外伤害保险到雇主责任险的转换，同时增加了华能金昌光伏等5家股东单位的雇主责任险投保。

二、着力发展系统性销售

一是积极推进系统性销售。充分发挥华能集团等股东资源，全面推广闭环业务。主要以华能平凉电厂、华亭煤业集团、大唐西固热电等为重点跟踪单位，分别开展现场宣传活动10次，获取客户信息1 800多条，取得了良好效果。二是集中优势攻关大项目。充分整合公司销售资源，确定专人及时搜集各大招标项目信息，成功中标甘肃省升级行政事业单位2015年公务车定点保险服务政府采购项目。

（吴晓利）

中国人民人寿保险股份有限公司甘肃省分公司

【综述】 2015年中国人民人寿保险股份有限公司甘肃省分公司（以下简称“分公司”）认真履行“人民保险、服务于民”的企业宗旨，充分发挥保险功能，为甘肃经济社会跨越式发展提供有力的服务支持。

一、发挥保险功能，助推全省经济社会发展

（一）服务社会经济。分公司成立于2008年1月，已经运营8年时间。截至2015年末，分公司设立的市、州机构14家，其中正式设立的市、州中心支公司有10家，依托人保财险设立的市、州互动部有4家；正式设立的县支公司有24家，县级机构覆盖率为27.91%。分公司共有管理人员153人，劳务派遣内勤人员76人，其中高校毕业生占到了50%以上。销售队伍3 213人，其中下岗、待岗、高校毕业生和农村富余劳动力人数超过1 000人。分公司双联工作不断取得新的成效，资助迭部县尼傲乡巴藏村干粉灭火器（8公升）115个，推车式灭火器（35公升）10台，价值31 000元。

（二）服务社会保障。在全省多个市、州开展了城镇职工、城镇居民补充医疗保险业务，取得了良好的社会效益。同时，通过提供多样化的养老和健康保险产品，丰富社会保障的层次，全面提升保障水平。截至2015年末，分公司保险产品涵盖中介业务、个人代理、团体组织三大类，开发和改造100多个保险产品，不断满足广大人民群众多样化的保险需求。2015年，分公司累计赔付保险金额达3 046.47万元。

二、推进科学发展，护航美好生活

在“全国保险公众宣传日”活动中，分公司开展一系列丰富多彩的活动。公司所属10个三级机构分别开展了“人保寿险进社区送保险”“保险服务下乡”“理赔服务到家门”“邀请公众走进人保寿险”等形式多样的宣传活动。持续推行“发挥保险作用，创造美好生活”的发展战略，进一步加强保险业与消费者的零距离沟通，进一步健全重大自然灾害的快速反应机制和协同工作机制，妥善处理各类重大风险事件，优化服务流程，增强快速理赔能力，不断提高理赔效率和服务质量。

（杨　磊）

中国人寿保险股份有限公司甘肃省分公司

【综述】　2015年，中国人寿保险股份有限公司甘肃省分公司认真贯彻总公司决策部署，按照年初确定的“重价值、强队伍、抢市场、抓制度、优服务”的经营思路，对标发展争地位、夯实队伍提质态、自主经营创效益，取得了较好的经营业绩。

一、业务发展成效显著，费用薪酬快速增长

2015年，全省系统实现股份总保费收入51.40亿元，比上年增长6.50%。其中，续期保费34.50亿元，比上年增长1.80%，续收率95.30%。首年新单保费16.90亿元，比上年增长17.60%，其中首年期交保费8.90亿元，比上年增长38.90%；10年期及以上首年期交保费4.80亿元，比上年增长21.70%。长险首年标准保费4.60亿元，比上年增长37.90%。短期险保费3.40亿元，比上年增长14.20%，其中意外险保费2.40亿元，意外险在短期险中的占比70.30%。上述主要指标均超额达成年度预算目标。从全年发展成效看，个险、银保、团险三大渠道齐头并进，推动费用状况发生质的转变，员工薪酬稳步提升。个险渠道成功组织“开门红”及“五六联动”销售活动，提前半年达成全年奋斗目标；银保渠道实施销售方式转型策略，实现从依赖银行销售向依靠银行客户资源自主发展转型，摆脱了趸交业务贴费用、期交业务不赚钱的被动局面。团险渠道调整考核机制，促进短险管控能力和经营效益“双提升”。

二、对标发展观念增强，争先晋位意识提升

一是在思想观念上，市县两级公司深入贯彻省分公司“对标发展”策略，对外更加关注市场地位、竞争变化；对内更加关注政策导向、应用执行，争先晋级氛围浓厚，抢先发展意识增强。二是在激励机制上，强化组织纪律，对考核靠后的单位和班子成员进行诫勉谈话，鞭策后进；完善考核措施，逐步建立运用市场竞争系数评价经营结果的长效机制。三是在对标成效上，10家市（州）分公司首年期交市场份额高于竞争对手，特别是酒泉、白银2家单位实施有效措施，首年期交市场份额反超主要竞争对手。四是在晋位升级上，11家二级分公司考核等级为A类，较上年增加1家，较2013年增加5家。

三、队伍建设提质扩量，客户培育形成共识

2015年，全省系统各类销售人力23 275人，比上年净增6 203人。个险渠道通过召开2次队伍建设培训会议，引导基层公司重视销售队伍提质扩量。银保渠道转变经营思路，狠抓保险规划师队伍扩张，借助个险培训平台和发展模式，实现队伍“育得成、留得住”。团险渠道依托短期险业务统筹销售与管理，整合资源力量，销售人力比上年净增182人。个险渠道立足客户培育，在三季度开展“理”顺客户、“发”家致富经营活动，借助家庭医生卡、男女老少卡等工具，开展客户开拓积累工作，有效提升销售人员经营客户的意识。

四、运营基础不断夯实，服务手段逐步完善

一是持续开展客户资料收集，大幅提升保单有效信息覆盖率，基本实现临柜客户资料100%收集、新单客户资料100%准确；通过电话回访及运营部门一线暗访通报，有效提升全员服务客户意识。二是以客户体验为中心，规范综合柜员制运行，推广小额理赔件立等可取机制及智能理赔、柜面通服务系统，为客户提供更加便捷高效的服务。三是大力推广“国寿E家”“E宝账”“云助理”等信息化服务方式，自主搭建公用信息平台，深化工单处理系统，加快电子化服务进程，丰富客户和销售人员选择，提升服务满意度。四是梳理完善投诉处理机制，明确客户投诉接办、处理、反馈责任主体，有效化解矛盾纠纷。对接到监管部门、消协、媒体转办的有效客户投诉100%进行沟通处理。

五、风险意识明显提高，管控措施不断加强

一是在思想认识上，引导各级公司敬畏风险、主动作为，将风险管理与业务发展同安排、同落实，营造“风险防范无小事”的氛围，提高全员防控意识。二是在工作落实上，开展“小金库”自查清理工作，取得阶段性成效；加大对市县两级公司巡视检查、效能监察和垂直突击检查，掌握风险底数；扎实开展“两个加强、两个遏制”专项检查和非法集资风险排查，对发现的问题进行有效整改。三是在责任追究方面，对经营风险屡查屡犯的单位负责人及直接责任人，由省分公司检查组依据办法规定直接进行处罚警示。

【综合管理】　2015年，综合管理各项工作平稳开展，服务公司运营能力有较大幅度提升。

一、公文管理稳步开展。一是严控文字质量，对个别部门公文起草中存在的篇幅冗长、讲空话、文不达意等现象进行治理，提升公文的应用效能。二是建立公文流转责任机制，明确公文流转各环节的责任，理顺与上级公司、监管机构、行业内部及公司内部的公文流转关系，保证公文流转效率。三是对各二级分公司公文质量进行监督评审，确保全省系统公文的规范性和严肃性。

二、认真开展单证管理。一是认真开展“两个加强、两个遏制”专项检查工作，从长期未核销单证、遗失单证登报公示、离司人员单证收缴、私印单证、销售人员长期占用重要单证及保险中介机构单证领取、使用、作废、回销等风险点入手进行了全面深入检查，并及时对发现问题进行整改落实。二是加强团险渠道单证管控力度，将团险渠道单证管理工作列入考核范畴，督促团险渠道建立完整台账，准确反映单证领取、使用、作废、回缴等环节详细信息。三是依据既往业务量控制单证发放数量和频率，控制、减少代理网点重要单证存量，使其在低库存下使用，降低后续清查、回缴等工作压力；严格执行双人送达和回缴单证，认真履行与代理机构的交接程序，确保单证交接和流转环节安全。四是加强与中介代理机构的沟通和协调，认真、详细地建立好手工台账登记，切实负责和承担起单证的领用、送达、使用、清查、盘点、回缴和追缴等工作和职责。五是加强中介代理机构单证清查工作力度，定期对所辖中介代理机构的单证进行清查，对清查不合格、不彻底的县支公司，责令其整改。

三、规范印章管理。一是严格按照印章管理系统应用流程进行操作，进一步规范印章管理，有效规避印章管理风险。二是积极开展印章管理现场检查工作，按照“两个加强、两个遏制”专项自查工作安排，在各二级分公司开展自查的基础上，对12家分公司和部分县支公司进行现场抽查，并对现场检查发现的印章管理类问题4项进行反馈提出整改意见。三是进一步规范印章日常管理，对省分公司本部用印申请流程审批进行规范整改，实现所有用印均提交系统，确保每项用印合规、合理、符合程序。四是妥善保管好二级分公司的党群印章和实物印章，新刻印章按规定录入印章系统，及时将作废的旧印章移到印章系统废旧库中，并对所有印章进行核查、清理。

四、加大会议保障及支持力度。一是深入贯彻落实“三重一大”决策制度及党委会议、总经理办公会议议事规则，对“两会”议事程序进行规范，有效提升“两会”质量。二是协调各二级分公司及省分公司本部各部门，筹备召开包括全省系统工作会议、各季度经策会等在内的全省系统大型工作会议，认真组织会议材料，全力保证会议规范、有效召开。三是根据党委工作、学习需要，积极组织召开党委中心组学习会议等，全年共组织党委中心组学习14次。四是组织好本部部门学习及周例会工作，每周安排各部门学习计划，按月下发学习工作通报，保证各部门学习成效。

五、积极开展市场及品牌宣传。一是认真总结分析2015年寿险市场竞争、业务发展及公司各阶段情况，研究竞争对手业务发展数据，形成季度市场竞争分析报告，发挥总经理室参谋和助手作用。二是积极开展多种形式的业务宣传活动，完成“3·15”国际消费者权益日、“7·8”全国公众保险宣传日等专题宣传活动，扩大公司社会影响力。三是抓好微信公众平台管理，对官微进行官方认证，并做好产品、活动、经营动态宣传信息推送工作，全年共计推动消息15次，关注人数达到34 261人。四是密切关注媒体动向，积极协调媒体和监管部门，化解相关媒体事件，维护公司形象。

六、加强信息编发及宣传。一是侧重一线发展单位动态，编发《甘肃寿险信息》45期、《国寿客户报》24期；转变《国寿客户报》定位和角度，通过与业务发展、客户服务部门合作，大力宣传公司产品和服务，使《国寿客户报》成为一线人员的展业工具。二是每日向总公司上报《工作动态》，每月上报《甘肃省分公司大事记》，根据需要随时向总公司上报《重大信息报告单》《综合信息报告单》等，向总公司总裁室反映省分公司发展动态。三是向《中国人寿》《甘肃保险》及《中国保险报》等媒体刊物投稿，积极宣传公司形象，提升公司美誉度，稿件在《甘肃保险》等刊物发稿数排行业第1位。

七、完善档案管理。一是积极落实档案管理省级集中工作，与省分公司业务管理部进行职能交接，接管业务等档案管理工作，并对已存管理档案进行梳理、规整、登记在册。二是对全省系统2010年之前历史存量长险业务档案、2006年至2014年财务管理省级集中后形成的会计档案、地市新增长险业务档案进行集中管理，共交接195 650盒档案。三是认真做好档案查阅服务工作，建立登记制度，在坚持档案管理各项规定的前提下，对调阅者提供及时周到的服务，充分发挥档案的作用和效益。

八、推进信访管理。一是做好信访投诉案件处理工作，实现信访工作的归口管理。2015年，共计受理外部监管部门转办客户来电投诉118件，办结率100%，有效化解了矛盾纠纷。二是建立总经理信访接待日制度，确定每月第二个自然周的星期二为总经理信访接待日，做好接待日人员安排，及时向甘肃保监局反馈。三是建立完善信访登记、受理、办理、办结反馈、归档制度，强化追踪督办，确保工作规范运作，提高处理时效。

九、落实“三严三实”专题教育。一是落实好专题学习。为省、市两级分公司班子成员及省分公司本部部门负责人购置发放一批“三严三实”专题教育学习用书及学习笔记，并做好学习笔记和学习心得记录工作。二是落实好工作安排。及时将中央、集团、总公司各位领导关于“三严三实”讲话及工作安排进行传达、转发，并做好办理时效督办工作。三是落实好规定要求。严格按照“三严三实”要求自己，并结合自身工作实际，对照查找存在的“不严不实”问题，及时进行整改。

十、完善后勤保障工作。一是进一步规范接待用品的管理领用、接待费用的报销、接待的标准和规格等，提高接待服务工作的能力和水平。二是全力满足各类会议、培训、调研接待用车需要。三是做好部门费用报销审批及费用管控工作。

（贾存智）

【财务管理】 一、加强预算精细化管理。一是资源分配坚持“保持政策稳定、倾斜基层一线、全口径费用预算、简化短险方式、鼓励发展新业务”的原则，规避政策波动、准备金等因素对分公司费用预算的影响，进一步削减省、市、县级公司管理费用占比，确保销售条线费用预算增长高于非销售条线费用预算增长。二是制定积极进取的专项财务政策，加大对业务发展重点领域的倾斜，加强成本管控，支持业务发展。三是准确计算，全面分析，确保年度预算考核达标。按月统计、计算保费及费用预算执行情况，并提供渠道个性化管理所需财务数据，提出管理建议，及时向省、市分公司进行反馈，为总经理室经营决策提供财务支持。

二、推进会计核算及税务管理专业化。一是提高会计处理工作效率。与信息技术部共同编写按键精灵脚本，实现接口数据自动下载，减少业务会计重复操作工作量；借鉴广西分公司的个险佣金模板工具，将个险销售部提供的佣金发放表直接转换为凭证模板，提高手工类凭证处理效率和准确率；向信息技术部申请财务系统报错数据修改权限，减少工单数量，进一步提高业务下载效率及数据质量。二是高质量完成财务报告编制。共编报省、市分公司2014年度、2015年中期会计决算报表32份，月度财务报表36份，月度偿付能力报表24份，税务报表30份；向省、市分公司按月提供全省主要保费收入指标反馈表6份；向总公司报送各类统计信息类报表等共计432份。三是做好税务管理工作，采取有效措施优化公司税负成本。四是加强费用报销时效考核通报，指导、督促各地市分公司优化费用报销审核流程，提高报销时效。

三、推进新型资金管理体系建设。一是加强资金省级结算管理。配合总公司开通e宝账、微信支付等新型结算方式，完成系统初始信息设置、商号申请、日常资金结算对账等工作。二是继续优化账户结构，加强对非六大账户的管理。每日监控非六大银行账户余额，确保账户资金及时划转至公司主要收入账户；每半年对非六大账户进行检查，并向总公司上报检查报告，确保资金安全。三是准确完成资金调拨，保障公司资金需求。年初积极与业务管理部门和渠道发展部门沟通，全面准确预计全年资金流量，保证分红险满期给付、红利支付和国寿鑫丰两全保险（分红型）阶段性退保的资金需求。

四、提高银行转账收费效率。一是开通交通银行的转账收付费业务，进一步拓宽转账收付费渠道，目前公司转账收付费渠道已涵盖工、农、建、中、邮政、招商、交通、农信8家银行。二是及时根据客户及柜面反馈意见，调整转账收付费渠道，提高工作效率、减低转账成本。针对农信社转账成本高、邮政银行单笔转账资金限额低、通联农行转账业务效率低等问题，采用将农信社的代扣业务转交通联结算处理，将邮政银行转账业务转交西安金融电子结算中心结算处理，将通联农行业务转交西安金融结算中心结算处理等方式，降低代理收付费成本，提高结算效率。三是稳步推进综合柜员制工作。做好信息采集、权限设置、流程梳理和资料报送等工作，逐步实现全省80个柜面前台服务模式的更新，达到前台柜员独立完成权限范围内的各类新单、保全、理赔与收付费业务，实现对客户提供“一站式”服务目标。有效推进后督平台的使用及功能完善，通过设定条件每天对现金付费、支票付费、冲正业务、发票补打、发票预打印、收付费日清日结等业务抽取一定数量进行检查监控，有效控制全省系统柜面综合柜员制日常作业风险。

五、推进重点固定资产投资项目。一是按照“向销售一线倾斜”原则，配置固定资产投资资源。共批复地市续建项目4项，总投资2 285.28万元；批复地市小额装修项目及租入改良装修项目7项，总投资384.60万元；批复各地市分公司改良项目13项，总投资732.10万元；批复各地市分公司综合设备额度预算33万元；批复各地市分公司综合设备专项预算22项，总投资297.50万元。二是加强固定资产日常管理，积极督导与协调重点房产项目进度。2015年，各地市分公司重点建设项目均取得突破性进展，白银分公司购置办公楼项目、定西分公司新建办公楼项目、临夏分公司购置办公楼项目、玉门市支公司购置办公楼项目均已完工并竣工验收；省分公司滨河路办公楼装修项目，文县、成县支公司新建办公楼项目正在加紧建设中。三是对公司留存资产再次进行清理，对于股份公司使用的房产项目进行确认，并配合国寿投资公司对面积500平方米以上的房产进行现场租金的调研评估，确定全省2015–2016年度租赁国寿投资公司房产项目及租金核定工作。

六、做好404项目遵循及财会检查工作。一是每季度开展SAP系统操作人员权限测试，对不兼容岗位权限和新增、变更、注销权限流程进行全面测试。二是在全省系统范围组织开展财务风险防范及财会监督检查工作，针对检查发现的问题向地市分公司提出具体整改措施，并跟踪整改落实。四是积极配合西安区域审计中心、总公司开展审计资料收集及各类审计、检查工作。

七、加强财务人员队伍建设。一是高度重视队伍建设，打造业务过硬、服务优良的财务工作团队。举办全省系统财务人员专业技能提升培训班，培训内容涵盖财务管理、寿险营销、团队管理、项目管理等方面，满足财务人员专业技能提升和多元化发展要求。二是持续开展财务岗位练兵活动，每周组织财务部门全体员工开展集中学习，内容包括公司财务制度、各级公司领导讲话、会议精神传达、寿险市场前景分析等方面，开拓员工眼界，加强制度执行力建设。三是举办中国人寿保险股份有限公司2015年财务精英大赛第三片区选拔赛，为参赛各省分公司财务精英搭建展现风采、交流经验、寻找差距的平台，受到总公司好评。

（彭　飞）

【人力资源管理】　一、加强员工管理。一是加强各级领导班子建设。坚持干部考察程序，对省分公司本部部门领导及二级分公司班子成员进行述职测评、干部综合素质能力评估工作，并对后备干部进行考察推荐。结合年度述职测评、满意度测评、经营考核等指标，对全省系统中层干部的年度履职能力进行量化考核，对合格干部进行续聘。不断优化干部队伍管理，针对全省系统各二级分公司班子成员年龄老化、出现职位空缺的情况，经过统筹考虑，通过民主推荐、考察，综合干部的全面素质和当地实际情况，合理调配干部，增强班子整体战斗力。二是完善岗位职责，探索工作量评估。在全省系统范围内进一步梳理和细化岗位职责，明确省地县三级机构各岗位工作职责及内容，理顺各岗位的归属关系和职责范围；依据岗位职责对工作量进行初步评估，收集各岗位工作情况，为下一步定岗定编工作积累经验。三是创新员工招聘、加强编制管控。在人员编制管理方面，定期对二级分公司人员变更进行动态追踪，实时掌握人员变化情况，严格控制人员的进出关，确保系统编制不超过总公司核定编制；利用现有编制，引导各二级分公司规范用工，确保在编制范围内用工。在SAP系统管理方面，对全省系统人员调整、岗位变动，及时在系统中进行操作维护；继续完善人员干部任免表数据完整性，对相关数据逐项查找落实，保证数据的完整性和真实性。大学生招聘方面，在通过学校网站、校园张贴海报等传统手段进行宣传的同时，利用微信等社交网络平台，制作招聘宣传资料，在微信朋友圈进行转发，取得良好效果。

二、完善机构管理。一是做好收展机构的设置。在省分公司个险销售部设置收展二级部，在二级分公司个险销售部设置收展管理岗、客资管理岗等岗位，在综合性县支公司个险销售部设置收展管理岗、客资管理岗等岗位，在达到设置收展专业化支公司条件的地市分公司城区新设立收展专业化支公司。二是调整本部组织架构。撤销省分公司销售督察部，职责划归至相关部门，部门人员合理分流；新成立市场部，下设规划与市场研究岗、经营分析岗、企划岗、产品分析与精算岗、创新业务拓展岗（酌设）共5个岗位；撤销办公室的品牌宣传与市场研究岗、业务管理中心的精算岗。

三、优化薪酬、福利管理。一是优化全省系统工资总额预算分配。按照确保全省系统员工工资每年正增长的目标预算分配工资总额，实现员工收入逐年增长；对业务推动奖励过快增长进行一定控制，确保工资总额尽可能通过目标薪酬预算的方式面向所有员工进行分配；在工资总额预算分配中，加入各二级分公司上年经营绩效考核等级对工资总额预算分配的调节机制，强化公司经营绩效考核等级对员工收入的影响；在工资总额预算中坚持薪酬向基层倾斜，向低职级员工倾斜的原则，保障最低工资保障机制、基层工资补贴、大学生最低工资保障津贴等项目的支出。二是优化和规范员工薪酬分配体系。对二级分公司分管个险、团险、运营的班子成员全年绩效工资结算方式进行优化，在全年绩效工资结算时，按照二级分公司班子成员分管渠道和短险赔付率的相关程度，在全年目标绩效工资中拿出一定比例与短险赔付率挂钩发放，对于短险赔付率同比下降或者维持的予以奖励，对于短险赔付率同比提高的扣罚绩效工资，引导相关分管领导紧盯公司短险赔付率变化，提高公司经营效益；为落实总公司和总经理室关于薪酬向基层、向销售倾斜的要求，在向二级分公司班子成员兑现奖励时，全年总奖励金额不超过本人3个月的目标薪酬，业务推动奖励结余的部分可用于公司全体员工分配，并且明确各二级分公司制定业务推动方案时，不得向本公司总经理室成员进行分配。三是夯实全省系统薪酬管理基础工作。加强全省系统薪酬管理基础，要求二级分公司按月对本单位工资数据进行整理，形成工资台账，并要求台账中的薪酬数据必须按照工资性质归类，明确每笔工资项目的名称、归属年份等，改变二级分公司工资发放历史数据不完整、不准确的情况，方便员工绩效工资结算、员工收入统计和分析。四是推广和使用工资查询系统。为方便员工查询和统计个人月度工资，利用公司云助理平台，开发工资通知和月度工资查询功能，员工可通过输入本人工号查询工资信息。

四、加强绩效管理。一是全面考核考评员工绩效。依据2014年度相关绩效考核办法，分别开展省分公司本部员工、各二级分公司班子成员绩效考核测评工作，指导各二级分公司完成下辖员工2014年度绩效考核评估工作。二是继续完善2015年度绩效管理。制定《甘肃省分公司本部员工2015年度绩效考核和薪酬发放管理实施细则》和《各二级分公司班子成员2015年绩效考核及薪酬发放管理实施细则》，规范省分公司本部员工和各二级分公司班子成员2015年度绩效考核管理和薪酬发放；制定省分公司本部以及地市分公司经营指标和职能指标库，针对各级公司各条线岗位人员，选取相关指标，制作各类人员《业绩目标合同》，由直接主管和任职人员进行签订。

五、推进社保管理。一是抓好企业年金管理工作。进一步提高系统企业年金缴费的工作质量，逐步建立起了按月缴费的机制，并逐月完成全省系统员工企业年金的上缴工作。二是抓实社会保险管理。完善省分公司本部员工社会保险和住房公积金管理，及时提高社会保险和住房公积金缴费基数，按照相关部门要求完成全年各类保险费用的缴存和支取工作。

六、离退人员管理。做好离退休人员服务工作。在传统节日慰问走访老干部及退休员工，召开退休老干部座谈会，听取服务退休老干部工作中的不足和问题，收集老干部提出的意见和建议，并研究整改落实。

（张　洋）

【个险销售】　一、实现各项业务指标。个险首年期交、十年期及以上首年期交、首年标准保费等关键业务指标均超额达成总公司下达的任务目标；月均长险举绩人力、月均综合举绩人力、月均增员率、月均持证人力等队伍建设指标比上年实现较大幅度增长，顺利实现总公司下达目标。

二、开发运作业务发展平台。一是开发2015年“开门红”“鑫如意”打新平台，充分挖掘产品卖点，重新组合包装，开发相关工具，整合会销和自展两个平台的销售方法，取得了较好效果。二是整合运作“五六联动会员利益大派送”项目，实现“大瑞鑫”保费15 597.80万元，二季度十年期进度全国第一，“大瑞鑫”单一产品销售总量达到全国第三。三是针对不同层次客户的挖潜需求，开发“会员周年庆”及“基因检测项目”平台，为促进2016年“开门红”业务发展打牢基础。

三、自主开发“保险一本通”项目。组织开发和有效运作“保险一本通”自展项目。一是让销售人员走出去，通过安装e宝账、填写《调查问卷》，促成销售人员走出去面见客户，并获取客户保险需求。二是让销售人员学会销售保险，固化“三步讲保险”流程，销售人员利用《保险一本通》，配合标准用语，以画图的方式讲保险，根据客户需求完成销售流程。

四、大力抓好销售队伍建设工作。一是开发“千店万人1.0”平台，突出增员育成一体化、以基本法制度经营为核心、以晋升做优为抓手、强调增员的有效性、创新创说会、集中增员的常态化等六个方面的特点。二是对“千店万人1.0”关键环节再次优化和整合，体现出三个方面的特点：通过基本法路演、规划面谈、俱乐部运作调动关键人群的意愿；通过规划面谈明确各级主管的发展目标；运用国寿体验日增员模式，并与新人育成体系相结合。三是推出“合作商户招募计划”和“增员助理招募计划”，以“加盟”的形式签约，成为中国人寿合作商户，通过盈利模式的构建，限时限量在全辖范围内进行招募，实现增员效益最大化。四是重建收展队伍。自2015年开始筹建收展队伍，全省系统共新建64个收展职场，新增持证人力2 361人。

五、合理制定激励政策。一是加大销售队伍建设考核力度，职能考核办法中队伍的权重占到50%，与业务指标持平，充分发挥考核杠杆的作用。二是制定2015年队伍建设战略性投入方案，确定2015年战略性投入方向主要在举绩、增员和主管培育三大板块。三是继续出台队伍建设成效评比方案，对二级分公司个险管理人员实施绩效奖罚。

六、积极交流先进经验。一是邀请山西双塔支公司负责人介绍队伍建设工作经验，学习广东湛江分公司队伍建设经验分享视频。二是及时分享二级分公司优秀单位先进经验，在人力发展工作会议上，安排酒泉分公司、金昌分公司、平凉庄浪县支公司等单位介绍队伍建设工作举措。

七、抓好基础管理工作。一是规范营销员管理，抓好基本法制度经营，做好直销成本管控。二是维护国寿e家系统，助力业务发展。三是重点关注营销员出勤管理，提高基础管理能力。四是开展标准化职场建设，逐步改善职场经营环境。

（陈　逵）

【银行保险】　一、渠道预算指标全面实现。全年实现新单保费5.19亿元，完成年计划的103%。其中，新单趸交保费6.04亿元，达成预算目标的1.16倍；新单期交保费1.50亿元，达成预算目标的105%；标准保费2 795万元，达成预算目标的1.40倍；保险规划师人力累计达到1 600人,达成总部下达计划目标的2倍。有12家分公司全面实现年度发展目标。

二是业务发展能力稳步提升。在渠道发展上，以渠道共赢合作为基础，以网点精细化经营为依托，持续深入推进“精品网沙”“金融欢乐节”等优势项目，通过细节把控和专业有序运作，促使项目运作走向精细化和常态化的轨道，为渠道期交业务发展增添了新的动力；在自营发展上，通过“五六联动”“决战金秋”等业务关键时点的把控，借助会员增值利益活动开展的有利时机，以“搭船出海跟个险、统筹协作打专场”为模式，推动自营期交业务按照预期目标快速发展。全年渠道实现新单趸交3.68亿元、期交1.46亿元。

三是规划师队伍建设成绩明显。依托总部队伍建设战略性投入，制定下发银保队伍建设三年规划目标与发展投入方案，持续加大客户经理和保险规划师两支队伍建设步伐，通过“引才、育才、固才”等全方位立体式工作举措，有效提升新人育成率和业务举绩率，初步形成以队伍促业务和以业务稳队伍的良性互动发展局面。

四是期交市场份额持续巩固。在“价值先导、规模适度、优化结构、注重创费”发展思路的统领下，持续深入推进银保期交业务发展实现跨越发展，全年累计实现新单期交保费1.46亿元，市场份额占比43%,较上年提升了1个百分点。继续保持甘肃银保市场新单期交行业第一的名次，市场占有率得以持续有效巩固。

五是合规销售意识不断增强。通过深入开展中介市场清理整顿、积极推进中介业务省级集中管理扩大试点，规范代理网点持证管理和监管部门销售“双录”等工作的有效开展，渠道风险管控能力得到进一步加强，合规经营水平得到显著提升。

（徐国华）

【团险渠道】　一、找准定位，加快发展。坚持“效益为先”的发展原则，通过高质量发展，使渠道价值不仅体现经济效益，更体现在市场位次。借助“国十条”的出台和延伸，继续保持业务发展良好态势，不断加大市场拓展力度，加快业务发展步伐，逐步改变因规模过小而影响效益稳定的局面。

二、突出重点，提升价值。坚持把小额信贷业务作为渠道发展的重中之重，积极沟通融洽代理渠道合作关系，加强渠道维护，确保小额贷款业务在两个主要渠道不丢失，赶超竞争对手。发挥自身优势，积极与其他渠道建立关系，加强公关力度，做到代理渠道增点扩面。全年小额信贷保险业务同比增幅达到41.87%。通过2015年“明确两头、中间调控”财务考核政策的出台和省分公司集中提取未到期责任准备金的调整，简化算账方式，调动基层发展积极性。

三、加大培育，寻求增长。统筹好存量和增量两个市场，把竞争着力点放在增量市场上，努力抢占先机。在政府精准扶贫的大政策背景下，积极向政府相关部门汇报，实现在天水秦安县“两保一孤”保险的全县统保。通过与省扶贫办积极联系，为平凉静宁县在扶贫贷款保险上争取试点并获得50万元定向贷款保费补贴，实现政保业务的突破，努力尽早形成规模。

四、强化攻关，助力发展。进一步加大客户拜访力度。继续保持好与发改委、人社厅、卫生厅、省计生协及各家商业银行等的合作关系，实现计生家庭保险业务的稳步增长，通过与省计生协在全省“陇上幸福家庭”评比活动中的合作，进一步巩固合作基础，助力基层业务发展。

五、创新模式，拓宽业务。采取扩渠道、强队伍、抓推动等手段，在与银行合作双赢的基础上，推动对公寿险业务的快速增长。针对在法人业务领域存在竞争意识不够、经营能力不强、服务水平不高的问题，围绕强化法人客户拓展这个关键点，全力突破短板，努力提升团险渠道城区市场的竞争力。

六、筑牢基础，带好队伍。按照“激励充分、约束有效、管控到位”的要求，不断强化销售队伍、管理队伍的建设；认真落实省分公司队伍建设政策，紧跟总公司GMIS上线工作步伐；全面提升客户服务能力，为业务发展打好队伍基础。

七、做好互动，实现共赢。高度重视企业年金业务发展，强化业务互动，不断提高认识，加强宣导。结合推动方案，制定有效措施，加大互动展业力度，切实抓好落实，全面实现了代理企业年金预算目标达成。

（任建全）

【教育培训】 一、聚焦销售，助推业务发展和销售队伍建设。一是以两个育成体系为抓手，助力队伍扩量增质。完成新人育成体系优化工作，通过省分公司会议宣导和师资培训，推动新人育成模式由以往的以二级分公司为主责，转为落地营业单位，打通“以育促增、以育保增、增育一体、常态育成”的技术瓶颈，推进了营销职场的自主经营活动和主管兼职讲师一体化进程。二是持续强化销售主管制式培训。对销售主管加强晋级培训，更新优化培训课程，采取考训结合的方式，全年共实施个险初级主管晋级培训6期、中级主管晋级培训1期，培训412人，主管晋级培训覆盖率达到87%以上；指导全省系统普遍开展了主管在职研修培训，覆盖率超过85%；积极推进主管讲师一体化工作，借助新版新人育成下沉基层营业单位契机，引导主管在扬帆营上授课，提升主管技能。三是探索建立新人精英培训长效机制。承接总公司“新人成功创富（系列）培训”，吸纳全省系统各营业单位绩效领先的新人，举办6期“个险新人乘风破浪（系列）培训”，培训349人次，学习总公司优秀萃取经验8项，推广全省优秀萃取经验7项，实现以新人精英带动新人骨干、扩充新人群英的目标。

二、开展员工培训，提升岗位技能。一是积极推进党建培训工作。制定下发甘肃省分公司具体实施细则，从全系统层面实现党建培训的统一规划、统筹实施。省分公司邀请省委党校教授进行现场授课，重点加强中高级党员领导干部的专项培训，切实加强党员领导干部的党建思想水平。二是关注新入司员工的岗前培训。组织全省系统33名新入司大学生参加为期8天的岗前培训，让新入司员工了解公司基本规章制度、基本工作流程，进一步提高沟通能力、公文写作能力等基本工作技能。三是重视员工各项工作技能的协调提升。制定信息技术培训实施方案，并就信息安全意识提升工作组织在线培训和全员考试，全系统共有2 349人参加考试。四是配合各条线部门，组织开展13期非制式培训，培训822人次。

三、统一思想认识，推动师资队伍建设。一是规范专职讲师职级档次。细化全省系统专职讲师的职级档次，将总公司的专职讲师细分为四级十档，积极推进全省系统专职讲师薪酬待遇标准的统一，有力推动专职讲师待遇的落实。二是进一步充实讲师队伍。选拔32名预备讲师充实到专职讲师队伍中，使系统专职讲师达到63名，并对新聘讲师指定了辅导老师，明确讲师队伍以老带新的具体方法和辅导老师职责。三是开展讲师技能大赛和微课制作大赛。积极推广总部“经验萃取”技术，以专兼职讲师为主体，开展讲师技能大赛，形成一批经验萃取成果。经评审，共评选出11个优秀作品，其中1个作品获得总公司三等奖。

四、优化培训课件，丰富教学资源。一是运用新技术，使用新工具，丰富教学资源的形式和内涵。2015年，通过云课堂开班45期，注册用户1 300人，制订“陇原微学堂”专栏，方便销售人员及管理人员随时随地学习，提高培训运营效率和学员学习便捷度。二是加强国寿e学系统的保障服务。举办国寿e学管理员培训班，对系统新增功能、数据报表以及云课堂系统的操作方法与常见问题进行培训，为基层公司培养系统管理员，提高培训管理效率。三是组织新人育成体系课件优化工作。编写2015版新人育成体系《执行手册》《主管辅导手册》，修订《新人训练手册》，完善19个工具包，为新人育成工作提供丰富的课程和教学资源。

（朱 娜）

【业务管理】 一、狠抓客户信息完整准确性。持续关注和促进客户信息完整准确率指标达成。经过全省系统共同努力，新单不完整件、不准确件数量呈较快下降趋势；不断加强和规范保全环节变更作业处理，清理变更不准确保单信息61.54万件，修改客户资料保单65.89万件，保全完整准确率基本达成。

二、大力推进e宝账绑定注册工作。为提升客户离柜率，促进客户服务品质有效提高，组织开展临柜客户e宝账注册、绑定工作。累计注册用户接近10万人，实现绑定保单40万件，提前达成总公司业管渠道下达的年度目标。

三、全面推广智能理赔、柜面通系统。研究制定《智能理赔推广上线工作方案》，强力助推智能理赔系统的推广应用，完成了社保、农合三大目录26 866条数据信息的整理、编码和1 285家省、市、县（区）、乡镇医疗机构数据的系统导入，为向客户提供异地受理、报案、委托体检调查等跨省、跨区异地理赔服务奠定基础。组织开展智能理赔上线全流程指导和操作培训，理赔案件智能系统处理率达到90.50%。深化落实“以客户为中心”服务理念，完成柜面通服务系统平稳上线，实现客户在全国任意服务网点的“通查询、通受理、通处理、通收付”功能。

四、稳妥实现代理集团公司业务迁移。为确保代理集团业务系统迁移工作高效开展，先后修改错误数据419万笔，核查修改险种定义错误记录40条，编写、测试险种定义案例530例，批量核查修改错误数据超过25万笔，删除重复应付数据10 216笔，并行测试业务2 809笔，系统培训774人次。

五、紧盯考核指标，增强服务能力。对各类考核指标进行有效分解、细化，充分利用经济杠杆打破旱涝保收的收入分配瓶颈，进一步调动和激活市县两级人员的工作积极性，工作效率得到有效提升。“5日承保率”达到99%以上；30日要约撤销再投保率为0.60%；保全处理时效1.02天/件，5日处理完成率99.98%。整体调查时效和理赔、核保调查时效较上年均有大幅提高，理赔7日调查完成率达到97.85%。理赔平均结案时效1.58天，理赔5日内结案率99.26%，非柜面报案率超过95%。

六、严格落实各类监管规范。加强满期退保、满期给付、红利派发等专项工作的组织领导，加强与当地政府、行业协会、消协等部门关系，建立定期沟通机制，关注媒体变化，统筹好客户服务、销售支持和风险管控之间的关系。严守风险底线，重点对风险监测指标及数据进行非现场检查，对退保、红利领取、满期给付以及未对借款、垫缴保费等系统清算错误进行核查，对违反实务和系统错误数据进行修复，共涉及集团错误数据13 134条，清理及追缴重付、多给业务83笔，为公司挽回经济损失10.20万元。

七、探索柜面功能价值转型。创新柜面服务、丰富柜面理财服务功能，推行柜面直销工作。为临柜客户提供产品销售服务，提升柜面价值创造能力，探索柜面从“成本中心”向“价值中心”的转变。截至2015年末，全省有590名柜员取得销售资质，全年柜面人员柜员ERP工号出单1亿元。

八、加大风险管控，降低公司运营成本。一是加强调查贡献度管理。以理赔调查协议拒付率和长险两年内出险调查协议拒付率两个指标为抓手，实施高额案件及时和柜面沟通，制定调查计划，不断提升风险管控力度。二是做好反保险欺诈工作。加强对高额及疑难案件和保全批次生存调查，全年保全批次生存调查3 434件，保全个案生存调查637件，保全批次生存调查阳性件346件，重大阳性件41件，当年止付金额2.43万元，整体止付金额38.44万元。全省反保险欺诈案件140件，总体涉案金额388.77万元，止损金额357.63万元。三是开展综合柜员后督核查，加强事中事后排查，实现“四大风险”的有效监控。针对系统缺陷，定期核对历史给付数据，普查系统漏洞，及时修复可疑数据，督导客户服务中心追回损失。持续关注日常风险数据，对应收费、应付费业务数据准确性进行抽查，全年核查应收应付数据28 931条。四是开展现场非现场检查，通过高风险业务核查、建立监督检查模型、部署年度业务检查，不断加大集团代理业务监督管理力度，防范经营风险。五是严把“核保核赔”关口，坚持“不合格不承保、不合规不理赔”的工作原则，审核短期险承保协议，监控短期险赔付，配合两核人员奖罚政策，确保短期险赔付率控制目标达成。

（李春雷）

【客户服务】　一、新单电话回访成功率达到100%。一是借助新兴社交平台，建立“甘肃国寿客户服务群”，随时监控全省回访工作。二是加强新单预警。定期下发《新单回访预警》清单，对接近犹豫期满的任务单进行预警提醒，对犹豫期最后一天的任务单逐单督促跟进。三是发生超犹豫回访每单必通报。四是延伸服务，跟进回执核销，及时与二级分公司沟通，督促回执核销工作。五是规范回访问题件流程，确保符合监管规范要求。

二、认真实施95519话后满意度测评。一是高度重视客户反馈意见，对客户不满意服务单进行追踪回访。二是开展二线跟进处理工作，对95519即时渠道转来的非投诉类的服务单及时跟进并转办处理，对网上客户留言所反映的问题及时回复并处理。三是新开展电话保全服务项目，方便客户，提升服务品质。

三、创新通知服务项目。一是创新完善通知服务项目，通知服务项目已从上年度的119项增加到159项，创新开发微信推送服务，为客户及业务发展提供更为便利的售后服务。二是提供满期提醒手工群发短信服务，配合2013年满期给付工作，每月手工向满期客户发送提醒短信。2015年，共手工发送满期提醒短信11次，累计发送19 387条。三是根据销售渠道、基层公司个性化、阶段性需求，客户服务管理人员充分发挥短信平台优势，先后50批次向207 382位客户发送各类服务短信。

四、完善红利通知书寄送流程。一是新增红利通知书提供方式。2014年度红利通知书，以短信、官网、微信、电话、电子邮件、纸质信函等方式送达客户，有效提升客户体验。二是对2014年度红利通知书的信封、内页宣传版面进行重新设计，增加红利通知书送达回执，确保红利通知书送达情况有据可查，全程实现可控追踪。三是及时跟进红利通知书信函寄送情况，跟踪各环节交接递送跟踪，确保寄送工作正常有序。

五、深度挖掘高端客户价值。不断提升VIP客户服务品质，在往年服务基础上加大高端客户投入，增加VIP客户健康管理等服务项目，提高钻石级、白金级客户服务满意度；通过VIP服务项目增加业务拜访机会，深度挖掘高端客户价值，为销售部门高端客户二次销售打下良好基础。2015年，全省VIP服务完成率达到100%。

六、圆满完成国寿客户节活动。组织全省系统14家二级分公司围绕“牵手国寿、孝善为先”主题，开展以提升服务水平、凝聚新老客户、扩大品牌影响、促进业务发展为目的的柜面进店有礼、客户联谊、运动健康、特约商家优惠等一系列客户服务活动。2015年，共计开展9项52场次活动，共有7 266人次参与，达成预期效果。

七、利用活动收集客户信息。以“牵手国寿 孝善为先”为主题，开展具有人文关怀和社会公益性质的第五届少儿绘画比赛活动、国寿大讲堂活动、知心姐姐国学讲座、自行车骑行运动比赛等系列客户服务活动。通过活动开展，有效收集了客户信息，为销售部门营造良好的展业氛围。

（奚　燕）

【信息技术】　一、上下联动，确保系统运行稳定高效。一是顺利完成柜面云桌面的推广工作，实现各系统的统一登录和负载均衡。二是圆满完成集团业务系统转换及日常维护工作，实现同质化管理要求。三是为解决短险实时出单问题，协同团险渠道开展新型热敏POS机推广工作。四是为推动个险销售队伍转型升级，做好收展队伍建设工作，顺利完成收展系统的推广上线，完成佣金计算和孤儿保单分配模块的上线运维工作。五是为实现各服务器之间的负载均衡，提升系统响应时间，提高系统的安全性、可用性和扩展性，顺利完成全省X86平台的迁移工作。迁移完成后，系统运行速度较之前有明显提升。六是做好各类业务系统的日常维护。

二、精耕细作，不断加大软件开发力度。一是不断完善柜面直销系统。为支持柜面直销业务顺利开展，根据柜销系统一期推广上线后的用户反馈需求，完善相关模块的功能。

二是完成指定生效日保费报表开发工作，为管理人员决策提供精准数据。三是加强ODS的日常运维和数据提取工作，实现业务数据1小时同步，客户信息校验6小时同步。四是不断完善工单转派和满意度评价工具，实现工单的自动分类、自动转派、自动评价，避免工单处理超时。

三、服务管理，全力支持公司各项工作开展。一是落实信息化前端服务质量专项治理工作，努力提高信息化前端服务质量，发布“7×24”小时信息技术服务承诺书，公布各系统运维人员名单及联系电话，加强与柜面的联系。二是不断加强信息安全管理，开展IT制度遵循自查工作，编写自查报告，通过总公司信息技术部安全处和外部审计机构的检查；开展2015年年中IT内控审计工作，针对总公司2015版内控手册中16项信息技术控制关键流程，开展风险审计工作；完成2015年保险业信息系统安全检查工作；针对信息技术23个流程及部门员工岗位责任，开展自查自纠工作，梳理排查风险点，提出整改计划和报告。三是不断加强机关信息化运行维护，优化电子化设备资源配置，开展设备盘点工作，加强电子化设备的维护保养，大力推广办公云桌面，确保各类办公设备稳定运行。四是努力做好全省网络维护工作。对全省96个网络节点核心交换机进行配置升级，增强全省核心网络的可用性、稳定性、安全性。积极响应二级分公司的需要，安排专人到酒泉、陇南、白银和平凉开展现场技术支持，实地解决分公司问题。五是全力支持视频会议系统建设和应用。积极配合总公司开展设备联调和测试工作，撰写测试报告，为总公司设备选型提供帮助。努力克服设备老化等不利因素，全力支持总省市视频会议的召开，全年支持各类视频会议231场次，非现场支持10场次。

（宋祖全）

【内控合规】 一、实施关键岗位检查工作。一是制定《县支公司现场垂直检查方案》，先后组织对皋兰、矿区、景泰、漳县、岷县等15个县支公司开展突击性风险防控检查，总结分析风险防控决策情况。二是强化执行力建设。制定《中国人寿保险股份有限公司甘肃省分公司执行力建设考核方案》，建立按章办事、按规管理的执行考核评价机制。三是积极推进轮岗、强制休假管理。下发《关于落实2015年关键岗位轮岗及强制休假工作的通知》，对各二级公司开展岗位轮换工作及强制休假工作提出具体落实要求。四是实施年度关键岗位机动检查，对通渭、渭源、矿区支公司的柜面经理岗、出纳岗、理赔岗、单证管理岗、保单服务岗、收付费岗、银保相关岗位、团险销售管理岗、个险相关岗位等关键岗位实施现场检查，及时发现相关问题并督促整改。

二、完成内控管理各项工作。一是组织省分公司本部14个职能部门开展内控自我评估工作。从控制环境、风险识别、人力资源管理、销售控制、财务控制、业务控制、沟通及监督等控制领域进行总体自我评估打分，并在完成部门自评的基础上，组织签署部门内控自评声明书。二是完成2015年内控标准执行工作，下发《中国人寿保险股份有限公司甘肃省分公司2015年内控标准执行工作实施方案》，督导全省系统落实2015年内控标准执行工作任务。三是督导落实2015年内控缺陷整改工作，对全年发现的各类问题进行分析、归类，在内控管理系统内创建整改计划，督导各相关部门、公司开展缺陷整改工作，并对整改后的每条缺陷制定整改计划，进行签字承诺。

三、启动重点风险监测工作。组织开展“现金或转账支票领取保单借款”“投保人或被保险人死亡登记异常”“转账授权账户变更后进行退保、满期给付、借款、生存金领取”“重复理赔”“重复保单计入业绩”等重点风险监测数据核查和“首期领取养老金日期与合同约定领取年龄不相匹配的数据”协查，共计核查数据873条。通过重点风险监测数据核查，共发现问题保单380件，共追缴错误付费168笔，挽回损失金额2 933.98元。

四、落实各类风险管控工作。一是组织各条线开展人身保险公司风险排查，并对各二级分公司及县支公司落实情况开展现场检查工作，督促各单位认真开展整改落实。二是对14家地市分公司25项指标进行计算，并将计算结果向地市分公司通报；针对总公司下发的风险预警结果，及时督促协调省分公司相关部门完成风险预警指标的改善及目标整改，按时向总公司进行专题报告。

五、开展专项风险排查。在全省系统组织开展“两个加强、两个遏制”专项自查，检查范围包括省、市分公司各职能部门及县级支公司，省分公司重点对14家分公司及所属的1家县支公司进行现场督导检查，及时纠正偏差与不足。

六、扎实落实反洗钱各项工作。组织开展以“依法履行反洗钱义务，预防和打击洗钱犯罪”为主题的反洗钱宣传月活动，营造良好的反洗钱社会环境，取得良好效果；承办甘肃保监局与中国人民银行兰州中心支行联合举办的甘肃保险业反洗钱知识竞赛，并获得决赛团体第一名、现场最佳选手奖及优秀组织奖。

七、认真开展审计配合工作。配合中国人寿西安区域审计中心完成包括酒泉、定西等分公司及民勤、临洮县支公司在内的现场专项审计12期次和各类非现场审计，按要求及时组织落实审计发现问题的整改。

（郭怡辰）

【纪检监察】 一、强化全员纪律意识和规矩意识教育。一是认真学习《习近平关于党风廉政建设和反腐败斗争论述摘编》，结合培育践行社会主义核心价值观，深入开展理想信念、党性党风党规党纪和廉洁从政从业教育。二是强化对纪律执行和中央重大决策部署落实情况的监督检查，将遵守政治纪律和政治规矩的情况作为各级领导班子、领导干部的年度考核、任职考核的首要内容。三是积极参与全省系统开展的“两个加强、两个遏制”专项自查工作、人身保险公司风险排查工作、甘肃省分公司领导人员办公用房核查及改造工作、资金管理及“小金库”自查自纠工作，牵头组织开展防范和处置非法集资各项工作。

二、深入落实党风廉政建设主体责任。一是实行党风廉政建设承诺签字背书制度，督促各级公司主要负责人认真履行第一责任人的职责，领导班子成员严格落实“一岗双责”，职能部门坚持一手抓业务、一手抓党风廉政建设。支持纪检监察部门切实履行监督责任，加大违法违纪问题和腐败案件查处力度。二是按照年度监督检查方案要求，将主体责任的落实纳入巡视和廉政检查内容，采取听取汇报、实地检查、整改建议、纳入考核等方式，推进下级党委主体责任的落实。对4家二级分公司进行了巡视检查和执行力监察，在发现问题上下功夫，重点对拟提拔的、群众反映强烈的、现在重要岗位可能还要提拔使用的领导干部的违纪违规行为进行全面监督。三是严肃党风廉政建设责任追究，细化责任内容，实行“一案双查”。对出现严重违反政治纪律和政治规矩、组织纪律以及“四风”问题突出、问题反复出现或者发生重大腐败案件的公司，既严肃追究直接责任，又严肃追究相关领导的主体责任、监督责任。

三、深入落实中央八项规定精神。一方面，巩固深化群众路线教育实践活动成果，进一步完善领导干部兼职、公务用车、因公（私）出国（境）管理等制度，大力推进作风建设常态化、长效化。另一方面，抓住春节、元旦、五一等关键节点，重点监督党员领导干部违规收受礼品礼金、参加各类宴请等突出问题，坚决查处党员领导干部出入私人会所、公款吃喝、变相公款旅游等问题，加大对违反中央八项规定精神问题的曝光力度。

四、加大案件核查力度。一是重点查处领导干部插手选人用人、工程基建，以权谋私、腐化堕落、失职渎职案件；严肃查处营销人员挪用、套取保费案件；加大对顶风违纪搞“四风”和群众身边不正之风的查处力度。二是严字当头、敢抓敢管，对违规违纪行为铁面无私，大胆查处，不当老好人、不怕得罪人，切实维护党纪司规的严肃性和权威性；贯彻落实查办腐败案件以上级纪委为主的要求，认真执行重要信访、重要案件线索向上级纪检监察部门报告制度。2015年，全省系统未发生大案要案。三是强化问题线索管理，按照标准分类处置，定期清理、规范管理；坚持抓早抓小，对党员干部身上的问题早发现、早处置，及时约谈诫勉谈话；深入剖析典型案例，用好用活反面教材，发挥警示、震慑和教育作用。四是严格按照转职能、转方式、转作风的要求，聚焦中心任务，强化监督执纪问责；加强对专、兼职纪检监察干部的教育管理监督，建设“忠诚、干净、担当”的纪检监察队伍。

（陆　红）

【工会工作】　一、精心组织筹备，组织召开二届四次职代会。根据公司职代会有关要求，制定二届四次职代会议题，认真进行提案办理和征集，调整和审查代表资格，确保会议如期圆满召开。

二、开展劳动竞赛，为公司业务发展增添正能量。开展多种形式的竞赛活动，营造争先创优的浓厚氛围，为业务发展加油鼓劲。全年共有21个集体和122名个人获得表彰奖励，通过树立先进典型，在全省系统大力营造学先进、赶先进的良好局面，为公司业务发展增添正能量。

三、开展送温暖活动，发挥工会的扶贫帮困作用。对全省系统的困难职工、单亲特困职工、特困劳模进行调查摸底，建立特困职工档案，确定帮扶对象，并通过发放互助基金或过年慰问金等形式进行帮助。对于职工在工作、生活中遇到的困难，积极给予力所能及的帮助，使员工真正感受到公司的温暖。全年对89人次进行慰问，较好地发挥了工会帮扶济困的作用。

四、组织竞赛活动，激发员工队伍工作活力。一是与业务管理中心联合组织开展业务技能比赛，提升柜面人员综合能力。二是承办甘肃省保险行业协会“保险杯”羽毛球比赛，并组织员工积极参赛，取得较好成绩。三是督促各基层单位采取不同形式开展活动，有效调节员工工作压力，丰富员工精神文化生活，增强公司凝聚力。

五、加强跟踪检查，提升工会经费管理水平。对二级分公司工会经费收支管理情况进行全面自查，对4家单位进行现场审计，确保工会经费按照规定要求收支和上解。

六、精心组织，确保职工之家创建达标。经总公司工会验收，2015年甘肃省分公司有4家分公司职工之家达标，获得达标奖励。

（周建华）

中国太平洋人寿保险股份有限公司甘肃分公司

【综述】　2015年，中国太平洋人寿保险股份有限公司（以下简称分公司）甘肃分公司规模保费达到15.70亿元，同比增长28.70%，其中新保达到5.60亿元，同比增长70.90%，增速排名全国第三，核心期缴达到4.48亿元，同比增长78.30%，增速排名全国第六，个险业务持续高速发展再创新高，法渠取得重大突破，非健险业务规模翻番，同比全国第一。财务状况得到持续改善，超支额度逐年优化，单位费用产出标保逐年提升，人力成本得到有效控制，干部队伍得到充实，营运新技术应用全国领先，50指标持续提升。市场份额逐年提升，连续获得全省保险机构分类监管A类评价。

【财务管理】　一是优化资源配置，有效提升投入产出效率，加强过程跟踪，持续完善公司经营分析体系，做到业务发展与市场及同业进行对比分析，资源配置与管控目标达成进行对比分析，准确反映公司经营情况，为及时调整经营管理目标提供可靠依据。二是优化流程，提高财务运营效率，对公司费用报销管理办法进行了优化和完善，组织实施了“T+2H”上线试点工作，零现金指标稳步上升。三是夯实基础管理，有效防范财务风险，组织开展了辖内机构财经纪律执行情况全面风险排查工作和现场财务督导，切实构筑财务内控风险防范的第一道防线。加强科目管理，规范会计工作秩序，提升财务凭证的规范性。四是加强队伍建设，提升专业能力，修订财务条线绩效考核办法，建立月度及季度考核排名机制，提升财务工作质量，加强骨干培养力度，提升财务骨干人员的综合性和全面性，强化经营分析能力。

（张建炜）

【人力资源】 一是通过职能梳理、流程优化、绩效牵引、考核评价等手段，促进前中后台的有效融合；加强人力资源与业务条线的合作，形成及时有效的沟通渠道，推动人力资源管理和服务工作的前置，提高对业务前台的支持效率；人才招聘实行集中作业，实现规范化和标准化，辖内机构专业技术人员和干部基本配备到位，对部分岗位人员进行调配优化，实现人力资源合理配置。二是绩效考核方案根据机构发展情况，制定差异化发展目标和考核要求，修订九个薪酬绩效考核方案，关联年终综合考核。三是将有限的资源配置用于社保充足率提升、员工调级调薪等重点项目，员工基本社会保险缴费额明显提升。四是根据调研需求并结合实际情况，对财务、行政、合规实施全员培训，增强后援条线的服务意识，加强后援条线的专业技能；继续做好新入职员工培训，实现员工角色定位与岗位匹配，推动员工职业生涯的发展。

（夏玉亚）

【合规与风险管理】 以"一守三全"为工作目标，秉承"合规工作和基础管理"两个不放松的指导思想，关注监管重点，加强内部防控，以风险排查和缺陷整改为抓手，强化一道防线主动防控责任职责，持续加强二道防线落实合规预警、监督检查、整改问责，不断提升合规内控管理水平。一是关注监管重点，密切关注外部法律法规与监管政策更新变化，预判并把握监管重点，迅速进行合规提示。二是加强整改问责，加大缺陷整改力度，坚持责任追究。三是推进重点工作，认真落实专项排查工作，做好法务支持工作及诉讼案件处理。四是培育合规文化，通过合规宣导、现场检查、合规测试、警示教育四个重点环节，把合规理念及要求逐级传导至机构前沿、业务前线和岗位前端。五是完善合规"三支队伍"建设，形成"内+外""专+兼""2+3+4"的合规队伍，形成"横向到边、纵向到底"的合规管理体系。

（于 莉）

【个人业务】 一是产品结构持续优化，结构更加多元化，新保、价值产品定位更加清晰，理财型产品做大保费规模，提升新保增速，保障型产品加速标保增长。二是个险紧密围绕"打造个人客户经营模式升级版"战略方向，积极提升客户经营水平，客户开发能力逐步提升，一方面大力推动新客户积累，另一方面积极探索存量客户经营方法，新客户数量大幅增长，存量客户数稳步提升，客均保费、客均件数得到明显提升。三是制定个险队伍移动设备配置方案和渠道业务客户信息采集提升方案、"车险、个险"客户资源共享项目推广方案，完成存量客户信息补录等转型工作，客户经营体系更加丰富。

（刘熹敏）

【法人渠道业务】 一是业务快速健康发展，非健险达成同比增长37.62%，新保达成同比增长93.80%，达成率、增速均创历史新高。二是分公司整体毛利润达成率162%，利润指标超额完成。三是分公司核心业务短意险市场份额稳步提升，由10.59%提升至14.16%。四是最大渠道"安贷宝"进一步巩固提升，保费增长27.05%，网均产能增长28.81%。五是新拓渠道业务取得初步突破，乘意险增长71%，学驾险增长83%，旅游险增长4.95倍，航意险增长3.16倍。

（周维新）

【营运工作】 一是作业量持续增长，产能持续提升，传统渠道作业快速向新技术渠道分流；利用制度牵引，对弱体指标过程化管理并得到一定改善，服务评价指标总体向好，同时营运成本得到有效管控，营运效能得到持续提升。二是践行互联互通，服务条线，深化联席会议机制，助力业务发展，率先推广OCR项目试点（光学识别录入），不断提高客户信息完整性、真实性和录入效率，推广离线录单、手机APP等功能，为移动展业提供便利和技术支持，实现云运维，全天候核保，提升服务时效。三是强化培训，举办技能提升现场培训，提高工作效率及服务质量。推广新技术应用，官微绑定用户大幅提升，神行太保设备覆盖率持续扩展；"微贷款""微理赔""微领取"陆续上线，实现了移动应用从内部用户向外部用户的突破。

（王廷亮）

中国平安人寿保险股份有限公司甘肃分公司

【综述】 2015年，中国平安人寿保险股份有限公司甘肃分公司（以下简称"分公司"）围绕"抓服务、严监管、防风险、促发展"的总体要求，持续践行"守信用、担风险、重服务、合规范"的保险行业核心价值理念，实现了公司持续健康发展。截至2015年末，分公司共有66家分支机构，包括1个分公司，12个中心支公司，43个支公司和10个营销服务部，保险业务已覆盖全省13个市、州。

2015年，分公司实现原保费收入27.70亿元，同比增长11.80%。其中，个人营销渠道代理人数量达到12 422人，实现保费收入25.30亿元，占总保费收入的91.20%，同比增长15.80%，其中新单保费收入约9.30亿元，同比增长36.20%；续期保费收入约16亿元，同比增长6.60%。银邮代理渠道实现保费收入8 340万元，占分公司总保费收入的3%。业务支出方面：累计支付各项赔款和给付4.20亿元，同比增长19%。其中，赔款支出2 034万元，同比下降5.50%；死伤医疗给付21 579万元，同比增长34.50%；满期给付17 176万元，同比增长7.40%；年金给付1 683万元，同比增长13.80%。各项赔付支出稳定，无重大风险。

2015年，分公司进一步加大产品升级转换以及产品结构调整力度，通过丰富产品体系、倡导保障理念、推动保障产品组合销售及引导保单保额提升等方式，为更多不同层次客户提供保障。同时，大力推广平安人寿APP应用，持续开展健步走、家庭医生等APP应用推动活动，引入健康管理理念，营造客户生态圈，提升平安人寿APP注册人数和注册客户活跃度，更好服务客户。

【个人寿险业务】 一是强化基础管理，调整队伍结构。对人员管理、证件管理、考核管理、差勤管理、品质案件处理、佣金管理及人员档案的管理工作进行强化，稳定基础管理平台。重点进行品质管理，开展品质宣导日工作，持续进行品质宣导，加强品质教育，持续在全省范围内开展"两个加强、两个遏制""回头看""回头看后再回头"风险排查工作的现场检查。二是分析经营问题，深入创新实践。定期检视经营情况，进行分析，督促进行整改，关注项目性工作的完成，关注人力健康发展，有效提升活动率及绩优团队发展。三是加强队伍建设，提高工作绩效。加强人员架构建设，提升员工专业工作技能。执行轮岗机制，搭建各岗位人员职业生涯规划模块，多方面促进提升工作绩效。四是推动钻石发展，稳定产能平台。搭建完善钻石荣誉表彰体系，推动钻石部组经营，固化钻石沙龙及激励内容，强化日常追踪，建立会议沟通体系，稳定钻石经营平台，保证绩效产能。

（李　晶）

【财务管理】 一是加强预算管理。2015年，预算管理工作通过合理规划各项费用，践行预算管理的控制和决策职能，为分公司各项费用管控作出了积极贡献。出台了《2015年费用管理操作指引》预算管理制度，并建立预算制度平台。每季度召开部门兼职预算员专项培训与预算执行沟通会，及时对各部门费用使用过程中存在的问题与不足进行指导，宣导相关制度及最新要求。结合费用报销集中，每月开展退单率统计。贯彻落实"先申请、后动支"的管理原则，每月进行滞后签报统计，季度进行费用预测追踪，加强保留款的清理，使费用进度与业务进度相匹配。同时，结合总公司建立费用投产模型，推进EPO项目优化，上线"财酷APP"差旅报销终端，进一步规范了兼职预算员日常管理，提高了预算管理工作的时效性。二是提升会计核算质量。重点围绕KPI指标管控、强化基础管理、防范财务风险等工作目标，通过梳理工作流程、加强过程管控、开展弱势三级机构帮扶，防范化解财务风险，促进财务基础工作整体提升。通过开展员工培训、重点数据清理、财务业务真实性自查等一系列项目性工作，进一步夯实财务基础，加快财务人员向管理型转型，使员工的财务综合管理技能得到了有效提升。三是严格资金管理。恪守资金工作标准化流程，下发资金制度指引，强化全省出纳培训，定期对资金收付制度进行检视，完成每年两次资金账户清查，提升员工技能，合理防范资金风险。建立杂费自主收付平台，实现各项收费"零"现金。

（付　海）

【业务管理】 一是提供全面的后援服务支持，全力助推一线业务开展。紧跟公司整体业务节奏，提前安排部署各项后援服务支持举措，不断提升一线队伍和客户良好服务感受度。定期收集一线队伍和三级机构关注的重点工作事项，每季度整理印制成通俗易懂的"后援温馨提示"三折页，便于业务队伍查询，提高业务办理时效。制作2015年度理赔十大案例及理赔数据报告，积极在一线营业单位进行宣导，提升业务员展业信心。二是强化后援风险管理，防范风险发生。根据总公司下发的审计清单，每月定期完成审计工作，对于发现的问题及时与相关作业部门确认，并将审计结果上报总部，确保两核系列工作合规开展。每半年开展一次两核风险监控检查，加强对两核内部业务监控工作的管理和指导。完成总公司下发的理赔医疗险专项审计，排查风险案件，打击保险欺诈，强化理赔品质管理。持续开展理赔案件排查复勘工作，对重点疑似案件进行现场复勘，核实案件的真实性。每季度发布全省各营业部短期健康险赔付率分析报表，对赔付率超过80%以上营业部进行预警，避免医疗险停售；对连续3个月以上赔付率没有改善的营业部，发出停售预警。三是细化业务流程，提供高效后援服务。按照总部安排，为高端体检客户提供尊崇差异化服务，提高客户满意度。举办全省定点医院合作沟通交流会议，加强与定点医院的合作，为客户提供更加细致的服务。定期开展健康大讲堂活动，为一线队伍提供专业的医学知识，提升队伍的专业技能。

（李丽梅）

【人事管理】 一是资源配置方面。配合业务重点和策略并结合两率新政策，完善架构岗位及编制配置，优化投入产出。主要结合三级机构分类成长体系、人力成本费用率，以强化人力发展为主线，寻求新的人力增长点为目标完善三级机构资源配置。结合二元网点业务规划和成长模式，制定二元网点人力配置标准和奖励方案，满足未来3至5年二元网点业务发展需求。持续推动两率新政策的实施，达到"提高效率、降低成本、投产优化"的目标。二是人才培养方面。通过推广分层级培养模式，推动各层级潜在人才的选拔和培养，完善内勤员工培训蓝图，优化培训资源配置，同时结合业务需求，建立针对性的在岗员工培训和梯队培养计划，提升干部及骨干员工的整体素质。三是搭建HR经营规划体系，夯实HR经营管理平台。按照总公司HR经营规划体系的要求，建立以年度预算为牵引的HR工作规划体系，通过年度成本预算编制，统筹规划下一年度的架构配置规划、招聘规划、培训规划、潜在人才培养规划、经营指标问责规划和HR基础管理规划。举办全省HR双月度视频会，搭建HR工作沟通平台，提高三级机构HR服务质量。四是加强HR队伍建设，提升服务时效。在工作中严格遵守相关管理制度，定期检视管理流程，杜绝了不规范用工及违背制度而引起的用工风险。同时，加强HR队伍自身的建设，持续推进各种法律法规及公司规章制度的学习。

（刘劲涛）

【培训管理】 2015年，培训管理工作围绕公司发展目标，通过优化训练运作及管理体系，提高制式化培训运作绩效。梳理人力开口运作，培养重点人群技能，结合新主管543生产线推动，打造合格主管，提升主管技能。夯实留存平台，强调标准化、规范化、绩效化，运作留存平台，稳固增员成果。搭建二元培训平台，逐步提升网点培训绩效，健全网点经营能力，促进网点健康发展。持续深化训练功能组运作，巩固营业部训练平台，深化营业部/课自主经营能力。加强各层级专讲和导师专项培养，提高培训人员综合素质；加强培训基础管理，强化培训督导运作，为业务队伍提供专业务实的培训支持。

（魏晋红）

【企业文化建设】 一是推广“新生活运动”，积极组织员工活动。分公司积极贯彻“平步青春 安享健康”理念，全年开展员工关爱日俱乐部活动9次、主题活动7次、新生活跑团活动2次、员工运动会2次，并积极开展“平安有约 健康行”推广活动。二是践行企业社会公民责任，大力开展公益事业。全年分公司共举办公益宣传活动7次，为临洮地震灾民合计捐款、捐物1万余元。2015年6月10日，中国平安产、寿、养甘肃分公司三家单位和甘肃省卫计委、血液中心联合举办纪念世界献血者日无偿献血活动，近千名员工齐聚兰州体育公园参与献血，共有299位内外勤员工成功献血，合计献血77 400毫升。开展平安希望小学支教活动，共有24名志愿者分4批在白银市会宁县牛河村平安希望小学进行为期32天的支教。

（李从容）

【运营督导】 一是采取多种措施相结合，推动并监控各项续期业务健康发展。持续推动指标追踪体系，保证各项续期指标持续健康发展，有效培育客户持续交费习惯。搭建运营督导荣誉体系，提高运营督导队伍的专业水平及职业素养。根据续收指标达成情况的过程追踪，及时评估出弱体单位及人员进行一对一专项辅导，同时推出配套激励方案并强化追踪，有效提升弱体单位及人员的弱体指标。关注重点险种，同时对业务队伍进行重点险种的续收培训。二是搭建服务平台，夯实基础管理。通过续期专业化系统平台的全面支持，为客户和业务员提供P-STAR五星续期服务。随着续期交费渠道的不断完善，转账率维持在较高水平，有效降低收费成本。持续完善会议管理制度及指标预警追踪体系，搭建咨询分享平台。推动二元网点续期管理平台，强化对网点运营督导专员进行全方位辅导和培训，提升网点自主经营能力。三是搭建长效管控平台及追踪机制，强化续收风险的防范工作。通过电子基础指标日常监测，提高预约服务件的处理时效，提升客户满意度。推动未收件管理，制作风险案例展播，并将防范续收风险作为常态化工作，通过定期现场风险核查内容检视及评估，提高全员风险防范意识，防止续期风险案件发生。

（李振国）

【客户服务】 一是开展主题丰富的客服节活动。2015年，分公司客户服务节以“与平安相伴 与健康同行”为主题，以平安人寿APP为主要渠道，围绕健康管理的核心服务品牌，以身心健康、家庭健康为核心，以客服节20周年为旋律，通过举办全年不间断的线上活动及开幕式、欢乐家庭秀、专家巡讲、平安志愿者行动、新生活运动、闭幕式等系列活动，与客户保持高频互动，扩大活动覆盖，增强信息传递，提升客户体验，打造客户活动生态圈。本届客服节活动期间，共报名参与377 201人次，发布的新闻报道逾千篇。二是推广健康管理服务。平安人寿APP于2015年4月1日正式发布健康模块服务，依托私人医生核心功能，以自建的家庭医生为核心团队，通过高水平的社会化医生签约加盟，围绕问诊、资讯、测评、习惯四大服务功能，推进健康模块功能高频使用，满足客户深层次医疗需求。2015年，累计使用健康服务174 053人次。三是持续开展保单E服务推广活动。以“简单便捷、友善安心”为原则，为客户提供方便快捷的服务体验，建立了全天候的多渠道E服务平台，满足客户任何时间、任何地点、任何方式提出的服务需求。四是加强业务风险管控。开展全省“APP自助回访”，实现回访时间客户做主、多重保障、维护权益，全方位保护投保人权益。定期开展客户回访及录音听取工作，根据客户反馈相关问题，及时制定改善措施。开展应急演练活动，提升处理群体性突发事件的技能，及时有效应对处理重大突发状况。五是加强理赔管理。积极贯彻落实新保险法，全面审视和完善各项规章制度，进一步理顺工作流程，合理优化工作环节，不断提升理赔客户服务满意度。下发《关于加强理赔报案和申请时效要求工作的通知》，缩短理赔时效。推广重疾先赔、特案预赔，解客户燃眉之急。

（张莉君）

新华人寿保险股份有限公司甘肃分公司

【综述】 2015年，新华人寿保险股份有限公司甘肃分公司继续保持快速发展势头，规模及价值保费均达成总公司任务，各项管理工作有序顺畅。继续坚持总公司“以客户为中心”的战略不动摇，强化标准建设，强化制度建设，在业务圆满达成的基础上，坚持做好客户服务、团队建设、机构建设和干部队伍建设，经营管理再上新台阶。2015年，共实现保费收入36 685万元，计划达成率107.47%，同比增长26.17%。其中，个人业务实现规模保费8 177万元；银行代理业务累计实现规模保费24 339万元，期缴保费达到586万元；续收业务累计实收新契约规模保费2 622万元。截至2015年末，共有7家三级机构、19家四级机构。

一是各项任务达成较好。总体规模及价值均达成全年任务，达成及增长率全国领先。二是团队建设卓有成效。个险团队首次突破2 000人，合格超过1 000人。续期团险人力超过200人，银代及法人团队建设达成规模，新建财富团队达标。三是机构建设成果显著。2015年，按高标准筹建机构4家，考核成功率显著提升。四是干部引进成果明显。先后引进班子成员1人，中层干部4人，基层干部13人。

（郝园园）

泰康人寿保险股份有限公司甘肃分公司

【综述】 2015年，泰康人寿保险股份有限公司甘肃分公司实现跨越发展，新单价值破亿元，同比增长31.30%，总保费收入151 247万元，同比增长31.36%。外勤队伍跨越万人大关，业务开拓、组织发展、后援支持在方法和模式上坚持创新突破，年度经营主题圆满达成。

一、各项业务稳步发展

2015年，总保费收入151 247万元，较上年增长31.36%；新单价值12 039万元，较上年增长31%。个险首期保费收入23 372万元，较上年增长21.12%；个险人力10 462人，较上年增长68%。银行保险实现保费收入70 650万元，较上年增长45.21%，市场占比15.24%。个险续期实现保费收入56 568.69万元，较上年增长23.91%，年度13月继续率达成89.35%。

二、加强人才队伍建设

截至2015年末，全公司有内外勤员工660人，其中内勤员工479人，银保营销员181人。2015年，公司申请高管任职核准17人次，14人次获得甘肃保监局高管人员任职资格，其中有57%的干部为自主培养。内部晋升主管3人、高级专员21人。全年共举办各类培训18场次，有效提升了员工队伍的专业水平。主抓活动量管理，从源头进行基盘人力的管控，有效管理代理人队伍。截至年末，公司个险营销人力7 648人，收展人力2 814人。

三、推动运营电子化发展

历经以PC和PAD为主的电子化、以智能手机为主的移动化两个时代后，打造投保、理赔、保全、电话的全流程电子化、无纸化服务，在风险可控的前提下，实现系统稳定、数据安全、风险可控、成本节约、效率提高的最终目标。在电子商务、移动互联网、大数据等创新技术快速发展应用的时代背景下，顺应行业发展趋势，实现传统保险业务互联网化，完成以智能手机为载体的保险销售、理赔、保全、回访、贵宾客户服务等手机运营服务功能，增强市场竞争力。

四、加强合规工作

组织开展内控项目测试验收、保险中介市场清理整顿、保险公司风险排查、社会主义核心价值观主题法制宣传教育、保险案件风险管理与评价、合规审查与风险提示、《合规法律报》创办、离任审计、稽核等工作。全年处理民事涉诉案件21件，涉案金额110万元，全部结案，结案金额46万元，挽回损失64万元。全年未发生刑事司法案件。

（王 杰）

平安养老保险股份有限公司甘肃分公司

【综述】 2015年，平安养老保险股份有限公司甘肃分公司各项业务达成良好。全年短险业绩达成13 322万元，长险业绩达成4 190万元，年金业绩达成15 636万元。庆阳、白银、陇南、天水、平凉五市大病保险累计报销29 573.99万元。

一、落实即时结报工作，切实提高参保人满意度

按照《甘肃省农村重大疾病新型农村合作医疗保障实施方案（试行）》和《关于做好新农合重大疾病省级结算相关工作的通知》的精神，对新农合50种重大疾病在兰州市14家定点医院看病就医实行“基本医保、大病保险、民政救助”的“一站式”省级结算。

二、加强合规管理

贯彻落实《“红、黄、蓝”牌处罚制度（2016版）》，加强自我检视及培训工作，每季度定期召开专项风险检视会，检视内容涉及产品销售、运营管理、档案管理、人员管理、信息安全等公司经营的各个方面。定期开展重点岗位自查自纠工作。全年进行合规自查3次，其中分公司自查2次，集团稽核监察部稽查1次，均未发现重大违规问题。

三、推动医保业务及综合金融业务开展

为广大参合（保）群众提供方便、快捷的大病保险服务，提升大病保险支付效率。承办大病保险以来不断完善信息系统，充分借助平安集团的IT信息技术平台，全面升级了远程管理SMIS、ROSS系统。积极落实项目对接工作，推动地方政府与金融机构密切合作。积极推动企业债、股权直投、险资债权计划及其他一些结构性业务，各项合作项目持续推动。

四、积极开展各项公益活动

举办义务献血活动，获赠由甘肃省输血协会和省红十字血液中心授予的“无偿献血爱心企业”奖牌。积极参与全国保险公众日宣传活动，发放了1万余张宣传彩页。设立总经理咨询台，专门受理客户投诉以及保险承保、理赔等相关问题答疑。参加平安希望小学支教活动，为平安希望小学贫困学生送去平安关怀。以公司八周年司庆日为契机，积极展开“尊老、敬老”活动，前往甘肃新阳光老年公寓看望老人，为老人们送上平安的祝福。

（朱立婷）

太平人寿保险有限公司甘肃分公司

【综述】　2015年，太平人寿保险有限公司甘肃分公司（以下简称“分公司”）战略中心着眼于“特色”“潜力”“精品”三个关键词，不断完善“一个客户、一个太平”的综合经营模式，全力打造“精品战略”，为长期稳健经营发展奠定了坚实基础。

一、业务发展情况

截至2015年末，分公司累计实现总保费收入71 273.47万元，同比增长39.29%，其中新单保费28 619.86万元，同比29.93%；续期保费42 645.09万元，同比增长46.34%。个险总保费40 227.72万元，同比增长57.29%；银保总保费27 780.31万元，同比增长20.07%。

从契约品质继续率角度来看，续收业务情况良好，个险13月继续率为89%，个险25月继续率为95.10%，银保13月继续率为89%，银保25月继续率为96.70%。各项继续率指标达成良好，续收业务超过总公司既定任务要求。

从业务与产品结构来看，传统业务发展形势良好。其中，普通寿险累计实现新单保费16 157.97万元，占比56.46%，同比增长51.68%；分红寿险累计实现新单保费12 452.98万元，占比43.51%，同比增长9.48%；意外险累计实现新单保费969.87万元，同比增长53.78%；健康险累计实现新单保费1 995.54万元，同比增长41.59%。积极推动分红险转型发展力度，进一步增强分红险产品的保障和长期储蓄功能，通过大力发展其他传统型产品，避免出现结构性风险。

从退保及满期给付情况来看，2015年分公司共退保4 966件，退费金额14 977.13万元，同比增长88.81%。其中，个险渠道累计退保1 691件，退保金额765.96万元，同比增长99.72%；银保渠道累计退保3 259件，退保金额14 210.03万元，同比增长88.30%。2015年，累计满期给付件数352件，累计满期给付金额1 765.21万元。其中，个险渠道累计满期给付件数3件，累计金额13万元；银保渠道累计满期给付件数349件，累计金额1 752.21万元，同比增长3.10倍。

从业务达成来看，总规模保费系统占比0.90%。个险期交年计划达成率95.90%，银保趸交年计划达成率131.10%，银保期缴年计划达成率70.60%。

二、经营发展亮点

一是总保费稳健增长。截至2015年末，总保费增长39.30%，成长率系统排名第八，高于上年同期27.40%的增速。

二是个险基层营业单位、营业部产能有了较大幅度的提升。较之上年，500万元营业部由1个提升至3个，300万元营业部由6个提升至14个，200万元营业部由8个增长至18个。分公司营业部部均产能由上年的112万元提升至2015年的155万元，部均产能成长率39%，塑造了“高素质”“高品质”“高绩效”的三高团队。

三是个险绩优人力及所贡献保费大幅度提升。百万精英由上年的6人提升至11人，百万精英贡献保费由上年的805万元提升至1 884万元，年度保费贡献占比高达12.70%；承保在50万元以上的绩优层面保费贡献占个险总保费的26.40%。

四是增加了“电子回访”渠道供客户选择。2015年，新契约犹豫期回访成功率达97.74%，30日回访成功率达98.95%，90日回访成功率达99.49%。2015年，分公司共受理投诉案件179件，结案178件，结案率99.40%。在新契约、保全、理赔等作业环节，推广总公司“E服务”项目，减少作业时效，提升客户体验。

三、特色创新举措

一是推广“精准营销”项目。在大数据时代和经营转型的背景下，与银行渠道携手开展了精准营销项目。通过对客户管理系统的数据分析，更准确定位目标客户，分析客户的行为改变，找准客户需求，匹配产品和服务进行营销。目前，已与工行、建行、浦发银行三大渠道进行合作，期缴业绩显著提升。

二是推广“续保通移动APP”项目。利用移动终端的便携性，集成应用移动终端设备的手写输入、拍照等功能，实现服务前置，完成信息查询、保全、理赔、缴费等服务，提升客户满意度。

四、服务地方建设情况

一是开展扶贫捐资相关公益活动。开展“点亮微心愿　太平爱传递”活动，两当县6所小学233名学生筹集书包233个、课外书籍600余本、篮球足球60个、乒乓球拍和羽毛球拍各30副、画板45个，并给学校捐赠了一批电脑、微波炉等生活用品。向迭部县旺藏乡九龙峡村捐款28 000元，助力该村农田围栏建设。

二是开展引资入甘工作。按照太平—华能核桃峪项目债权投资计划，太平保险集团旗下太平资产管理有限公司2015年需向华能甘肃能源开发有限公司注入第二笔投资款，总额达15亿元。通过与总部积极联系，2015年3月13日该笔投资款按计划如期到账。该项目为太平集团在甘肃省投资的重点项目，总投资30亿元，用于庆阳市核桃峪矿井及选煤厂建设。

（王　睿）

幸福人寿保险股份有限公司甘肃分公司

【综述】　2015年，幸福人寿保险股份有限公司甘肃分公司（以下简称“分公司”）各项业务良性发展，全年累计实现总规模保费7.56亿元，其中新单规保7.19亿元、续期保费

3 702.30 万元，同比分别增长 2.22 倍和 3.05 倍。截至年末，在册各类员工 408 人，其中内勤员工 86 人，团险外勤 16 人，银保外勤 47 人，续收外勤 4 人，个险在册人力 243 人，事务员 12 人。

一、业务经营水平进一步提升

一是个险渠道发展抓“质”抓“量”。以强有力的营销行政管理手段强化追踪督导；加强队伍梯队建设，增加干部储备，提高干部素质；按照既定的业务节奏和目标分解，配合不同阶段的业务激励方案，不断强化月度保费平台和计划目标的达成。

二是大力拓展银保渠道。立足合规经营，进一步深化现有渠道合作，加强联系和维护对总没有全面合作协议支持的渠道；有效利用总公司相关政策，大力拓展新渠道，寻求与甘肃银行全面合作的机会，并积极有效开拓兰州银行合作业务；提升规模保费，发展期缴业务，严控全系统银保趸交保费万能险占比。

三是调整团险业务渠道结构。有效利用中介和兼业代理机构，大力发展集团业务，与建设银行对公业务部门进行全方位、深层次交流，充分利用其桥梁作用，形成了以建设银行甘肃省分行住房金融与个人信贷部为管道的涉农贷款借款人意外伤害保险业务渠道和以小企业中心为管道的中小企业团体意外伤害保险业务渠道。

四是不断健全防范化解退保风险工作体系。组织分公司及机构全体人员进行人身保险业给付与退保应急处置演练，确保退保和满期给付各项工作顺利开展。通过业务品质培训、营销员考核管理制度完善，提升风险防范意识。开展突发事件应对措施培训，提升员工及时化解处理可能引发重大突发事件的苗头性问题的能力。逐步开展对产品风险等级和适销程度的评估，提前防范化解新增业务在未来可能引发的非正常退保风险。

五是进一步提升客户服务水平。完善运营管理制度体系及客户服务工作日志，组织开展客户服务满意度测评，寻找不足，不断改进。开辟理赔绿色通道，为客户解决燃眉之急。做好风险管控，提升契约品质。开展外勤员工培训，定期与业务部门进行沟通与交流，提升整体客户服务水平。

二、基础管理水平再上新台阶

一是不断健全制度体系。分公司结合工作实际，通过ISO 质量管理体系，建立完善各类规章制度，出台了绩效考核办法、费用管控政策、会议管理制度、人员管理细则等一系列基础建设制度，不断提高管理水平。

二是开展多样化的人员培养。广纳保险行业专业人才，构建内部晋升通道，拓宽选人用人渠道；注重中层管理团队的培养；积极开展干部巡视工作，进行干部调整，提升干部队伍素质。

三是不断加强合规管理。把“依法经营、合规管理”作为企业发展的第一要求，营造规范经营的文化，培育员工合规意识，消灭风险隐患；以合规风险为核心，持续监测、识别风险，提高内控合规管理工作的主动性、及时性；根据中国保监会、甘肃保监局、人民银行以及总公司出台的新制度、新政策，及时对制度及实务操作进行调整，提高内控合规管理工作的主动性；梳理分公司、中心支公司内控合规岗位的工作职责，进一步强化了对三级机构的管控力度。

四是切实履行社会责任。积极响应“联村联户”建设需求，捐助 25 000 元帮扶迭部县旺藏乡班藏村建设农田围栏；分别举办 3 场“幸福家庭日”志愿者公益活动，唤起社会对老年人的关注；举办 4 场“幸福教育大讲堂”客户服务节活动，特邀全国知名专家讲师和当地权威知名教育专家开展专题讲座，向家长传授教育经验；紧密围绕“一键保险 呵护无限”的主题，积极开展“7·8 全国保险公众宣传日”线上和线下宣传活动，向社会公众传播保险知识，普及保险理念，展示保险文化。

（柴文娟）

富德生命人寿保险股份有限公司甘肃分公司

【综述】 2015 年，富德生命人寿保险股份有限公司甘肃分公司（以下简称“分公司”）业务发展取得了良好成绩，行业地位和品牌声誉进一步提升。

一、整体发展情况

（一）公司经营方面。一是业务发展跨越式推进。2015 年，分公司达成总保费收入 18.97 亿元，同比增长 1.78 倍；新单规模 17.55 亿元。市场方面，新单规模保费市场份额达到 18.90%，业务呈跨越式发展。二是渠道发展齐头并举。个人业务创造新高，全年达成综合标保 1.06 亿元，同比增长 1.35 倍。银代业务优势凸现，全年达成总规模保费 16.30 亿元，其中趸缴 15.60 亿元，期交 6 760 万元；综合标保 7 688 万元，综合标保达成率 236.60%。团险业务稳中有进，全年达成短险保费 1 032 万元。续期业务明显改善，续期保费收入 1.43 亿元。

（二）机构建设方面。截至 2015 年末，分公司已开业兰州本部、7 家中心支公司和 8 家独立支公司（营服部），全省主要市、州机构搭建已基本完成，县级机构搭建取得一定进展。

二、经营发展亮点

（一）经营模式方面

1.紧抓组织绩效导向，明确员工奖罚机制。推行薪酬管理组织绩效考核，将核心业务目标达成与薪酬奖励直接挂钩，重奖核心干部，拉大资源分配幅度，从组织绩效导向上全面推进公司经营目标的达成。

2.推动“龙头+潜力”双驱动模式。根据个银两大业务渠道及各地市场特点，通过区分个银两大业务渠道的地区差异，实施差异化的经营重点发展策略，以差异性的资源鼓励

“强渠道、优重点、重龙头、扶潜力”的差异驱动模式。紧抓核心干部，培养储备人才，对未达成分公司理想目标的机构负责人予以更换。

（二）管控能力方面

1.合规管控能力有所加强。2015 年，分公司根据监管部门及总公司的工作安排，有效开展各类专项检查、风险排查 12 次，累计参与人员 500 余人次，机构覆盖面达 100%。

对于满期给付及退保防范化解工作：一是定期做好满期给付及退保数据分析和报告；二是提高业务处理时效；三是充实业务力量；四是加强业务队伍培训；五是持续开展应急处置大演练活动。

对于销售误导风险主要的化解工作：一是强化制度的宣导与执行；二是加大对销售人员的培训力度；三是建立责任追究追溯机制；四是化被动为主动，通过资源投入，主动化解客户的投诉矛盾。

2.财务管理能力提升明显。截至年末，分公司合计使用费用 11 951 万元，可用预算 12 620 万元，费用节余 669 万元，预算执行率为 94.70%。除团险预算超支外，各业务条线及固定费用均有结余，整体收支处于良性的平衡。

三、积极服务地方经济发展

一是为地方税收做贡献，全年共向地方上交税收 686.30 万元，新增解决就业人口 2 000 人。二是发挥保险社会稳定器作用，2015 年理赔案件 1 176 起，理赔金额达到 555.90 万元。三是积极参与“双联”工作，已累计捐资捐物超过 5 万元。

（李　敏）

阳光人寿保险股份有限公司甘肃分公司

【综述】　2015 年，阳光人寿保险股份有限公司甘肃分公司（以下简称“分公司”）实现总保费 6.23 亿元，较上年增长 2.22 倍，其中新单保费收入 5.47 亿元，增长 2.77 倍，新单期交规模保费 9 214.10 万元，增长 87.10%。截至年末，分公司设有张掖、平凉、酒泉、武威、庆阳、陇南、白银 7 家中心支公司，榆中、高台、泾川、民勤、嘉峪关、临泽 6 家支公司。

一、提升客户服务水平

一是举办客户服务节。分公司举办 3 项特色客服节活动，累计参与活动客户 400 多人。同时，做出销售、承保、理赔、咨诉回访等各个阶段的服务承诺，供社会各界监督。二是快速办理大额理赔。2015 年 5 月，分公司发生 150 万元的大额理赔案件，从报案到理赔仅用了 9 天时间，被甘肃省保险行业协会评选为“2015 甘肃省财产保险、人身保险年度影响力十大赔案”之一。

二、不断创新服务方式

一是客户服务方面，大力推广 E 服务平台。E 服务平台是分公司与客户互动的重要媒介，2015 年大力推动客户保全官网办理率，使客户官网办理率达到了近 40%。二是开启微信理赔。2015 年，共实现微信理赔 10 件，理赔金额 83 万元，占全年理赔款的 14.43%。三是加快综合金融服务模式发展。在 KPI 考核中加大了综合金融的考核权重（即个销产、个销团两方面），同时通过为客户提供多样化的产品来弥补业务员收入的单一性。选拔和培训了高绩效、高学历、高品质人员成为第一批综合金融理财规划师，为营销队伍转型提前进行准备。

三、加强人才梯队建设

一是从外部引进个人综合素质及能力较强的有志之士加盟阳光。二是加强员工学习公司文化、制度流程等方面的培训力度。三是注重对有潜质员工的培养和锻炼，让员工主动承担工作职责、勇挑工作重担。四是贯彻激励考核制度，实行优胜劣汰，优化员工队伍结构。五是依据员工个人的成长特点、考评结果和公司需要，为每一位员工创造晋升机会，保证优秀人才能够脱颖而出。

四、诚信守法、合规经营

分公司合规管理建设坚持前瞻性、全面性、系统性、有效性的原则，培养员工诚实、守信、正直、审慎的经营观念，通过评价纠正机制对存在的问题进行改进，形成全员尊重规则、遵守规范并恪守职业道德的良好合规氛围，保证了分公司经营无群访群诉事件、无法律案件纠纷、无重大违规事项发生。

（刘蕴颖）

泰康养老保险股份有限公司甘肃分公司

【综述】　2015 年，泰康养老保险股份有限公司甘肃分公司年金签约 15 850 万元，员福折标达成 6 200 万元，特需金业务实现 3.60 亿元，KPI 考核全国系统第一。

作为一家专业的养老保险公司，泰康养老保险股份有限公司甘肃分公司养老年金服务继续坚持以受托为核心提升价值，成本集约、运营高效的“大受托”年金服务模式进一步受到客户认可，管理资产突破 1 200 亿元，增速稳居市场第一。创新服务落地，深化理事会受托咨询业务；创新资管落地，推进受托直投体系建设；积极准备职业年金、养老保障委托等年金管理业务，努力打造以受托为核心的年金全产品链供应商。

（段红亮）

中国华融资产管理股份有限公司甘肃省分公司

【综述】 2015年，中国华融资产管理股份有限公司甘肃省分公司在省委省政府的关心下，在当地金融监管部门指导下，认真贯彻落实公司年初、年中工作会议和各专业会议精神，结合自身实际，认清形势，理清思路，紧紧围绕“抓利润、防风险、带队伍、促发展”中心任务，开展全年各项工作，较好地完成了工作任务。

一是继续保持稳健快速发展势头，经营利润再创历史新高。2015年，分公司甘、青、宁三地管理资产规模达到百亿元，较上年增长46.47%；实现商业化收入12.20亿元，较上年增长67.16%；实现利润5.40亿元，上年增长32.34%，保持同行业领先地位。二是发挥主营业务优势，加大不良贷款处置力度，盘活企业存量资产，增强企业资金的流动性，为当地银行业等金融机构服务实体经济保驾护航。三是深入贯彻供给侧结构性改革的要求，依法合规创新业务模式，合理降低资金成本，紧密结合区域主流经济拓展业务，当年新投放规模中实体经济项目占比70%，分公司客户结构和资产结构得到进一步优化。四是切实服务于企业可持续发展，对于出现短期流动性资金紧张的企业，从整体角度看待项目风险，不简单地抽取到期资金，帮助企业走出困境。

【商业化业务】 一是召开分公司2014年经营形势分析及2015年经营工作展望会议，客观分析2014年经营中存在的问题，并开展“紧密结合区域经济，促进分公司可持续发展”的大讨论，明确2015年分公司经营工作的重点方向。二是认真学习《分公司绩效评价办法》《分公司分类管理实施意见》，确定经营思路和工作重点，“苦干、实干”加“巧干”，提升谋划经营的软实力。三是大力拓展资产包业务，积极且审慎参与金融机构资产包竞价3单，既锻炼了队伍，也积累了资产包业务的经验。四是在业务模式上下功夫，努力开拓“短、平、快”业务和轻资本业务，当年新开展资产证券化业务一笔，入包资产7 000万元。五是深入落实大客户战略，在分解利润计划的同时下达大客户营销计划，要求业务部门全年重点攻关4至5家在当地影响力较大的企业，努力依托客户开拓市场，提升项目质量和储备深度。六是加大对非房行业的拓展力度，逐步扩大对实体经济的渗透。七是在尽职调查上下功夫，做到项目尽调客观、准确、全面。

（魏艳辉）

【股权资产管理与处置】 分公司高度重视股权资产的重要战略资源地位，2015年在公司股权部、分公司领导的带领下，在加强股权基础管理工作的同时，积极与企业沟通和商谈，努力加快股权资产的处置。一是认真落实年度股权经营规划任务目标，按期做好债转股企业的巡访工作，为制定下一步股权经营管理策略奠定基础。二是充分利用参加债转股企业“三会”、对有关决议进行审议与行使表决权的机会，争取更多的知情权、话语权和控制力，有效履行股东职责，强化股东地位，维护股东权益。三是加强与股权企业的联系沟通，积极了解企业的困难和需求，结合公司业务产品，为债转股企业提供有针对性、多层次的金融服务，努力实现共赢。四是认真做好债转股资产项目公开推介工作，广泛征集潜在的资产受让方，拓宽股权资产退出通道，拓展重组机会。五是组织股权管理人员做好债转股企业的调研和股权处置商谈工作，确定处置重点。六是积极落实股权企业分红收益。2015年，分公司实现股权资产收益396.95万元，超额完成全年股权利润计划。

（魏艳辉）

【风险合规工作】 分公司积极贯彻公司党委的要求，在风险管控工作中，全面落实分公司党委责任制，集中力量，明确分工，各负其责，多措并举努力做好风险管控工作。一是树立风险防范高于利润的观念，充分认识风险项目的出现对经营成果和考核指标侵蚀的严重性，正确处理风险防控与利润增长的关系。二是严格按照公司要求，前中后台各司其职，加强流程管控，充分发挥各专业委员会作用，做好做实项目尽职调查，落实后期管理工作，把好“准入关”“审查关”“后期管理关”，为风险防控奠定基础，努力做到审查、审批的项目“放得出、管得住、收得回”。三是严格遵照项目审查标准和风控标准，从客户、项目、行业三个维度把好项目“准入关”，从源头预防增量项目风险。四是按照“五早”原则加强项目后期管理工作，全面开展存续项目风险排查，并抽调骨干力量由分公司领导带队走访企业，确保存续项目资金按期足额收回，整体经营不出问题。五是建立健全风险问责机制，将项目风险的管控与绩效考核挂钩，实施了绩效递延支付和绩效追索措施，真正体现正向激励与有效问责约束相匹配。六是高度重视，全力配合，确保监管部门的例行监管和公司专项检查工作的顺利完成，并针对检查意见和建议，抓好整改落实工作，消除风险隐患。七是加大培训力度，着力提升对项目风险的识别、控制、化解能力。一方面，加强人员风控意识和道德品质培养，牢牢守住“业务风险的底线”和“个人行为规范的底线”，实现公司安全发展，个人平安进步，业绩可持续增长；另一方面，加强业务一线人员的培训，熟悉岗位要求和相关的规章制度，在做项目的过程中把规章制度要求落到实处。八是加强合规文化建设，提高员工职业道德操守，做到“创新不违法、业务不违规、行为不违纪”。

（魏艳辉）

【基础管理工作】 一是及时修订完善分公司《绩效工资考核管理办法》《项目风险管理考核办法》等制度规定，充分发挥绩效考核的激励作用，加大对业务发展质量的考核权重。二是完善机构设置，成立分公司业务审查部，加强业务审查工作，为全年业务的正常开展奠定基础。三是根据发展需要，开展员工招聘工作，充实员工队伍。四是强化分公司内部纪检监察、监督力度，以党风廉政建设助推分公司业务发展，确保分公司依法合规开展各项工作，保持违法违纪零案件运行。五是集中力量，多方协调，全力推进分公司房产权属清理收尾工作。六是认真做好综合保障工作，为分公司全年正常运营提供后勤保障。七是精打细算，开源节流，在分公司营造厉行节约的良好风气。全年分公司业务招待费、管理费开支均明显下降，其中业务招待费比上年下降24.71%，管理费下降7.73%。

（魏艳辉）

【党建及纪检监察】 一是按照公司党委的统一部署，围绕“严格党内生活，严守党的纪律，深化作风建设”主题，组织召开分公司年度党员领导干部民主生活会。二是严格落实“五个一”要求，充分运用党委中心组、党课教育等形式，加强政治理论学习。三是以分公司党委书记带头讲党课作为分公司党委“三严三实”专题教育活动的开局，认真开展专题教育，结合分公司实际工作召开全员座谈会，统一思想，改进作风，增强履职尽责能力，强化责任落实。四是落实党风廉政建设主体责任和监督责任，切实担当起“管党治党”的主体责任，从明责、尽责、追责三个环节入手，把业务工作与党建工作同部署、同推进、同落实、同见效。五是加强对分公司工会的领导，发挥工会组织作用，关心慰问退休、困难职工，组织开展“比学赶帮超”“春季趣味运动会”等活动，在“公司第二届职工运动会”上，分公司代表队展示了昂扬斗志的精神风貌，并取得了优异的成绩。

（魏艳辉）

【员工队伍建设】 一是加强有针对性的培训，通过案例分析讲解，分享好的做法和经验，指出项目的不足与改进的方法，帮助员工提升尽调、法律、评估、后期管理、风险管控等环节的专业化水准，盘活存量人力资源。二是着手引进优秀人才，充实员工力量，努力优化增量人力资源，人才队伍建设取得明显成效。员工数量从2015年初的62人充实到年末的87人，招聘了22名高学历、高素质员工，并引进了3名具有金融行业管理工作经验的中层管理人员，初步扭转了分公司干部数量严重不足、队伍青黄不接的不利局面。三是践行“三严三实”要求，加强中层以上干部的培养和管理，切实发挥关键少数的示范带动作用，做学习的带头人、开拓市场的带头人、防控风险的带头人、谋划发展的带头人，营造公心处事、用心谋事、专心做事的工作氛围，努力打造一支协同作战能力强的队伍，承接分公司未来的发展之路。

（魏艳辉）

【“三严三实”专题教育活动】 一是严格按照公司党委关于“三严三实”专题教育活动的部署，深入学习“三严三实”的丰富内涵，提升自身思想理论水平，并将对“三严三实”的认识以党课的形式传导给全体员工。二是进一步改进学习方式，丰富学习载体，采取中心组学习、支部书记轮训、专题讲座、交流座谈、优秀共产党员先进事迹展播等形式，开展政治理论学习，提高分公司党员领导干部的政治觉悟。三是在分公司范围召开“践行三严三实精神，促进分公司发展”研讨会，领导班子成员主持，全体员工广泛参与，从业务发展、作风建设、人才队伍的培养等方面深入分析分公司存在的“不严不实”问题和改进措施，对分公司未来发展建言献策。四是坚持从严治学，做到不搞形式、不走过场，切实将基层党支部书记轮训工作与公司开展的“三严三实”专题教育结合起来，与公司党委党建工作总体要求、部署结合起来，与公司稳中求进、紧中求新、着力防化风险、推进战略性转型发展的总体部署结合起来，确保取得实效。

（魏艳辉）

【联村联户行动】 一是自发捐款，加大帮扶资金投入力度。2015年，分公司员工自发捐款32 600元，用于购置核桃树苗，并投资修建了两个蓄水池，改善了当地饮水条件，降低了因病返贫的几率。二是克服工作任务重、单位人员少的困难，先后多次赴联系村进村入户开展实地调研，与乡、村干部和农户进行座谈沟通，共同完善帮扶计划，深入了解帮扶群众亟需解决困难和问题，为改进帮扶措施奠定基础工作。三是春节期间，分公司抽调人员载生活物资赴帮扶村开展送温暖活动，帮助帮扶群众改善生活。四是积极开展藏区维稳工作，分公司领导亲自带队，驻村驻点，通过政策宣讲和解决村民实际困难相结合的方式，想村民所想，急村民所急，与藏族群众结下良好的友谊，切实将“双联”行动落到实处。

（魏艳辉）

中国长城资产管理公司兰州办事处

【综述】 2015年，中国长城资产管理公司兰州办事处按照公司统一部署，认真贯彻落实公司年初“两会”、季度业务经营分析会及相关领导的讲话精神与工作要求，围绕“调结构、稳增长、化风险、提效益”主线，坚持以利润为核心、以拓展不良资产收购管理处置为主业，积极开展并购重组业务，努力探索第三方资产管理业务，做大公司平台代理业务，全面强化内部管理与风险控制，抓好人才队伍建设，确保办事处改革发展迈上新台阶。截至2015年末，办事处累计实现利润22 714.44万元，比上年增长26.20%；创造了公司系统综合绩效考评进入前3名的历史最好水平，被公司授予先进单位，党委班子被评为优秀。李志军当选首届“陇上金融家”，杨宝宏当选“甘肃省劳动模范”，陈晓萍被评为全省内部审计先进工作者。长城资产品牌进一步得到社会舆论的认可，为经营绩效的提升创造了良好的外部舆论氛围和改革发展空间。

【业务经营】 2015年，办事处围绕商业化项目，以国家产业政策为导向，密切联系省市政府，结合甘肃、青海辖区实际，以高端装备制造业、生物医药、新型城镇化、新能源等领域为业务切入点，积极拓展项目，将自身发展与地方经济发展紧密结合起来，发挥综合金融服务优势，在项目拓展中实现对地方经济的支持，同时自身也得到了较好发展。全年新增在线项目8个，比上年增长100%。截至2015年末，办事处实现当年考核利润1.81亿元，完成利润目标的1.13倍，提前20天超额完成经营利润目标。当年累计实现利润2.27亿元，比上年度增长26.20%，创历史最高水平。

一、稳步推进不良资产经营管理。2015年，办事处密切关注辖区不良资产市场动态，多方收集信息，密切联系农业银行、建设银行等金融机构，稳步推进资产收购处置工作。一是加快推进建行包资产处置。完成建行包26户企业相关资料录入、档案整理归档等后续工作，通过运用债务重组、追加投资、资产证券化等综合金融手段，深度挖掘资产价值，提升资产内涵，截至年末建设银行包整体处置进度达到80%。二是成功收购农业银行青海省分行1.96亿元不良资产包。5月15日，办事处与农业银行青海省分行签署战略合作协议。11月初，成功收购农业银行青海省分行不良资产包，与农业银行青海省分行配合办理了档案资料移交手续，并在青海日报上就项目处置事宜发布了公告，完成了收购。

二、积极推进商业化新项目。2015年，办事处要求各部门主动出击，围绕战略合作协议，以客户为抓手，多方寻找项目资源，积极运作项目。通过班子成员登门拜访各大商业银行、主管部门，指定部门对口联系、参加多项业务推介会、行企联谊会、发放宣传册等方式，下大力气拓展营销客户，在新项目运作上取得了一定成效。截至2015年末，办事处当年新增在线项目8个，其中收购类项目4个，投资类项目2个，融资租赁类项目2个。

（刘明煜）

【项目管理】 2015年，办事处始终将存量项目管理作为经营重点工作来抓，综合运用资产清收、现金回收等手段，严格贯彻落实公司总部确定的“用好增量，盘活存量”总体经营发展要求，做好存量项目的到期本息清收工作，化解可能存在的风险。办事处党委成立由党委书记、总经理亲自挂帅的风险排查小组制定专项风险排查工作任务时间表，细致周全地推进风险排查工作。12月初，风险排查小组，深入内蒙古、青海、甘肃等地，对逾期风险项目进行了现场检查，对各项目抵（质）押品开展了专项风险排查，按照公司批复，对照要求逐一进行排查，逐项填写了抵（质）押品专项风险排查工作检查表，做到了“六查、六核、六看”。一方面，在企业销售情况、抵（质）押品状况检查核实的过程中，对企业共管账户进行严密监控，密切追踪企业资金流向，按期约谈企业负责人，要求其优先保证归还办事处本息。另一方面，对于经营基础好、发展前景好、资金暂时出现困难的企业，办事处积极与企业共同想办法，为企业出谋划策，帮助企业渡过难关，确保按时回收本息。对于“老赖类”企业，办事处及时启动司法程序，实施诉讼保全，确保抵（质）押品的绝对安全，全力维护公司利益。

（刘明煜）

【风险管理】 2015年，办事处通过细化风险管理内容，明确管理责任，全面加强对逾期项目的管控，并实施“以诉促谈”、协议转让等手段推进风险管理工作。目前，办事处已逾期的3个项目整体风险可控，化解工作取得了一定成效。项目A于11月9日法院开庭，由于债务人未当庭确认债务，法院未当庭判决，并要求债权人、债务人提供相关证明。办事处催促法院下达一审法院判决，争取进入执行程序。完成抵（质）押品检查工作，力争完成挂牌转让工作。对于项目B，针对三季度3 983万元的逾期情况继续加强催收，进入申请强制执行和保全工作。对于项目C，在继续催收二季度利息253.89万元、三季度利息353.89万元及相应的逾期罚息基础上，积极配合法院冻结其他有效资产，协调法院推进案件执行，做好诉讼保全等相关工作。经总部批准，以上3个项目进入专项资产管理计划，风险得到初步化解。

（刘明煜）

【客户开发】 2015年，办事处客户营销工作紧贴经济热点，密切联系地方政府，围绕“一带一路”甘肃黄金段建设展开，进一步扩大影响力。4月15日，与农业银行青海省分行签订战略合作协议；与西北轴承、中国中草药两个上市公司签署战略合作协议；5月21日，成功参与协办2015甘肃“一带一路”国际产能合作洽谈会，办事处扩大客户营销范围，发挥综合金融服务的纽带作用，让更多的企业了解长城办事处，培育潜在客户，并与甘肃省国有资产投资集团公司签署了战略合作协议；6月5日，办事处与中建新疆建工集团公司宁夏分公司签署战略合作协议；10月27日，办事处与西宁特钢集团及西宁特钢股份签战略合作协议。截至2015年末，办事处A类客户新增9户，达到51户，存量客户达到161户，创历史最高水平。

（刘明煜）

【内部管理】 2015年，办事处对内部管理工作进行了细化优化，全面推行责任清单季度考核制度。前台业务部门按业绩考核和责任清单考核两项指标考核。经营业绩考核占60%，责任清单考核占40%，比以往增加了15%，导向是要加强后期管理和风险防控。中后台部门按责任清单考核和年度民主测评两项指标考核，责任清单考核权重为70%，年度民主测评权重为30%。责任清单按部门和个人按季考核评价打分。从全年的考核结果看，责任清单考核制度对提高员工工作效率和提升整体经营水平具有重要推动作用。

（杨　芳）

【党建和队伍建设】 2015年，办事处始终坚持作风建设永远在路上。在“三严三实”专题教育活动中，办事处以“严以修身、严以用权、严以律己，谋事要实、创业要实、做人要实”为准则，继续推进作风建设。在“三严三实”活动展开过程中，办事处组织副高级经理以上中层干部重点研读了《习近平谈治国理政》《优秀领导干部先进事迹选编》《习近平关于党风廉政建设和反腐败斗争论述摘编》《中国共产党党员领导干部廉洁从业若干规定》、公司编发的《廉洁从业手册》等13项重点内容。6月18日，办事处组织员工赴兰州监狱警示教育基地开展了警示教育活动，开展了“讲党性守党规严党纪”答题活动，以学习教育全面激发办事处发展的内在活力，推动办事处又好又快发展。7月1日，办事处持续开展党委书记讲党课及班子成员作辅导活动，党委书记作了题为《践行“三严三实”持续推进办事处改革发展》的党课，班子成员做了题为《践行“三严三实”，廉洁规范从业》《践行“三严三实”，做忠诚干净担当的长城人》的专题辅导研讨活动，全体党员干部认真学习，积极研讨，献言献策，指出问题。班子成员细致查摆出谋事要实、严以用权、严于律己、创业要实等4大类、7个方面的具体问题，并认真开展了整改工作，取得了阶段性效果。

（张　隽　陈晓萍）

【企业文化】　一是不断加大培训力度。2015年，办事处共举办各类培训13次，不断提高领导干部的经营管理运筹帷幄的能力、员工的业务操作能力和重要岗位的职业资格能力，初步实现了审核、评估、法律等关键岗位从业人员的持证上岗。二是着力从青年员工中培养关键岗位业务骨干。对办事处改革发展亟需的人才，通过多渠道、多路径大胆引进，以人才推动各类新业务的发展。2016年，办事处计划再引进2名专业人才。三是充分发挥工会作用。积极组织开展“我与长城共成长”的主题宣讲活动，持续提升企业文化软实力和竞争力，增强办事处的向心力和凝聚力，推动了各项事业持续健康快速发展。创建小餐桌解决员工中午用餐问题，创建活动室丰富员工文娱生活，使办事处的凝聚力、战斗力得到明显提升。

（陈炳良）

中国东方资产管理公司 兰州办事处

【综述】　2015年，中国东方资产管理公司兰州办事处（以下简称“办事处”）本着“开拓进取、稳健发展、严格管理”的指导思想，紧紧围绕公司确定的工作方向和目标，结合办事处自身特点，探寻有效的工作方法和途经，积极推进各项工作的开展。在业务经营中，审慎开发新业务、新项目；在组织管理中，优化组织架构，完善管理制度；在风险管理中，落实风控责任，严控项目风险；在机制改革中，求真务实，积极探索。截至2015年末，办事处新商业化存续资产规模15.60亿元，同比增加4.98亿元，其中不良资产包收购存续项目资产规模14亿元，商业化投资类业务资产规模1.60亿元。

【经营工作】　坚持以成本效益为中心，以依法合规经营为资产处置工作生命线，坚持打造专业技术，提升资产运作能力，从资产收购、管理维护、经营运作、评估定价到资产营销、资产交易等方面打造不良资产管理运作的专业技术和品牌。一是密切关注不良资产动态，抓住不良供给增加机会，发挥主业优势，成功竞得三个资产包。投标竞价严格按照《商业化收购不良资产操作程序》及《资产收购定价管理规范》的要求，制定尽调计划，梳理重点项目，逐笔债权测算对价，为尽职调查、估值定价提供了技术性基础保障。新老员工搭档组合，锻炼了队伍，实现了不良收购业务经验。采用不同的处置方式，丰富业务处置手段的多元化。二是通过属地项目对接、组织架构、人员整合达到偏平化管理效果，开展差异化业务，填补市场化的资金需求。积极与系统内发达地区先进办事处及平台公司争取业务合作，不断稳固和加强资金渠道，培养了一批目标客户和合作伙伴，为商业化业务开展奠定了客户基础。

（王　辉）

【处置审查及风险防范】　2015年，处置审查及风险防范工作围绕公司决策部署和办事处重点工作有的放矢推进工作。一是通过建立和完善各项风控制度建设，使风控管理体系更加健全，风控管理工作更加规范、有效。二是严格执行公司体系文件制度和规定，保证了资产收购、资产处置等项目立项、尽调、审查、执行、管理各阶段按要求执行。三是实施全员参与的项目预审制度，将项目可行性和风险概率提前预判。四是做好事务性授权管理工作，定期进行季度评级工作，满足监管要求，按时上报诉讼项目情况分析报告、案防情况表及风险排查报告。五是做好中介服务机构的管理与交叉选聘工作，优化分类管理，选聘优质中介，做实选聘流程，做细考核评价，加强中介机构出具报告的审核。认真完成办事处审委会及中介机构评审会会议流程。积极参与项目前端的尽调，为办事处经营决策提供意见。逐步健全信息收集和响应机制。做实项目审查和法律审查工作，建立沟通机制，尤其是与总部和业务一线的沟通。2015年，组织召开经营审查会34次，涉及项目84个，出具独立法律意见14份，授权33份，中介邀标函54份，审查、修改各类协议及其他法律文本。

（王秋珍）

【资金财会】　一是以质量管理深化财务工作，全面提升财会规范化管理水平，提高会计核算质量。二是增强成本效益意识，加强财务管理、资本管理工作。编制并上报办事处全年财务预算，按月编制执行报表及报告，并研究和梳理工作中发现的问题，提出改进建议，强化各业务部门及全体员工的效益观念。三是认真组织年度会计决算工作，做好财务分析。四是牵头统计各项数据，积极协调各部门，全面做好综合事务工作。配合公司做好年度评估审计、企业所得税汇算清缴、改制审计评估工作。五是针对现行“营改增”政策进行专项学习，加强财会队伍建设，提高财会人员综合素质。

（孙颢珈）

【队伍建设】　2015年，办事处不断完善优化人力资源管理模式，完善机构设置，优化队伍结构，为业务发展和改革创新提供强有力的人才保障。2015年3月，在公司领导的关怀及相关领导的支持下，办事处抽调1/3的员工在公司总部股权部、风险管理部、投资银行部、处置审查部以及上海办事处和东兴控股投资等平台公司进行长达半年的学习和实践，增长了见识、认识了差距、传导了理念、改善了作风。

加强业务骨干的培养，大胆任用年轻员工，年内调整了8名员工的职级，其中6名员工充实到中层，包括以助理经理参与部门管理和主持部门工作。在干部管理方面，党委提出领导班子要“同心同德、和衷共济”，班子成员要“修身正己、率先垂范”。要求中层干部要提高自身的政治觉悟和专业素养，要锻炼自己的组织协调能力，要强化自己的责任担当意识，发挥中层在办事处的“脊梁”作用。

为进一步加强学习型团队建设，搭建内部学习交流平台，办事处年初制定“创建学习型组织，争做知识型员工”活动方案，定期举行“业务培训+专业技能”的专题学习，全年共计24次，内容包括风险投资、投融资金融工具、房地产开发程序、行业调研、内审制度等，各部门轮流讲课，员工自制课件，大家共同分享，达到了全员学习交流的目的。

（王　辉）

【党建工作】　一是办事处党委把“三严三实”专题教育活动作为全年党建工作的头等大事来抓，制定并实施了《兰州办事处开展“三严三实”专题教育实施意见》。切实对教育实践活动整改落实情况进行“回头看”，扎实做好规定动作，以“三严三实”为标尺，对照办事处制定的“两方案一计划”，全面、深入地分析整改落实的进展、效果和存在的问题。不断增强党性修养，自觉在思想行动上与公司党委的要求保持一致。

二是结合公司开展的“讲党性守党规严党纪”主题教育活动，组织各支部落实党风廉政建设、推进反腐倡廉制度建设、提高党员党性修养，在集体学习文件规定、摘编等基础上，要求每位员工撰写学习心得，深刻领会党的政治纪律、组织纪律、工作纪律、财经纪律和生活纪律；全体党员干部填写《党员干部遵守纪律情况登记表》，签订《承诺书》。重新划分党支部，进行选举工作。

三是坚持和健全党的民主集中制，制定《兰州办事处党委会议事规则》《兰州办事处党委工作规则》等制度，办事处党委制定了《兰州办事处开展党委清理规范工作实施方案》，并按时报送了《党委清理规范工作登记表》，规范了党委日常工作及决策行为，不仅提高了党委集体议事能力和决策水平，增强了办事效率，也保证了党委会议的制度化、规范化。落实“三会一课”制度，党委成员开展了讲党课活动，重点围绕“三严三实”专题教育活动内容，结合办事处当前的发展和经营工作，力争实现以党建新成效汇聚起推动改革创新的正能量，助推办事处健康、长期、稳定发展。

（王　辉）

【内部管理】　一是为防范经营和管理中的各种风险，保障业务健康发展，经过反复讨论、多次修改，修订完成兰州办事处《投融资业务操作和风险管理制度》《法律事务管理操作规程》《合同管理办法》《费用管理细则》等基本业务管理制度，使风险管理与内部控制工作有章可循，并努力打造“三横两纵”（即事前、事中和事后的“三横”、业务和审查两个条线的“两纵”）风控体系。二是强化业务人员、投决会委员的责任意识，制订《兰州办事处投融资业务风险项目经济处罚管理办法》；根据四省区业务开展需要，制订《兰州办事处经营团队跨省区合作业务规范》等一系列规章制度。三是培育“专业、进取、协作、效率”的团队精神，以提高竞争力、创新力和执行力。四是在职工大会通过了《办事处组织架构、人员岗位及激励机制调整方案》，人员、岗位实现了双向选择的再组合，人力资源的配置更加合理、利用更加充分，既体现了商业化的方向，也兼顾了人性化的原则。在此《方案》的框架下，制定下发《办事处2015年绩效考核办法》，明确了“以业绩论英雄、以风险论成败”的市场化激励导向，全员按工作岗位和贡献分配“职级绩效”和“业绩绩效”，积极向上的气氛和市场化竞争的机制已显雏形。

（王　辉）

中国信达资产管理股份有限公司甘肃省分公司

【综述】　2015年，中国信达资产管理股份有限公司甘肃省分公司（以下简称“分公司”）坚持“稳中求进、稳进并举”的工作总基调，主动适应经济金融新常态，促改革、抓创新、调结构、防风险，走特色化、差异化发展之路。认真践行“三严三实”要求，坚持“一手抓党建、一手抓经营管理；一手抓业务拓展，一手抓风险防范”，实现了经济下行期的稳健经营发展。全年实现税前考核利润1.30亿元，全年新增不良资产收购成本7亿元。分公司坚持不良资产经营主业，努力提升不良资产经营价值，着力推进股权经营和处置，积极寻求投资及资产管理业务机会，创新形式开展协同业务，大力开拓培育客户群体，全面加强风险管理，优化人力资源配置，完善经营体制机制，夯实内控内管基础。全面落实从严治党要求，加强企业文化建设，围绕“双联”积极承担社会责任。在分公司党委的领导下，在全体员工的团结拼搏下，分公司努力提升综合经营能力，积极融入区域经济发展，为甘肃省经济金融发展和社会进步做出了积极贡献。分公司“一五”（2011–2015年）经营发展圆满收官，“二五”（2016–2020年）战略发展规划编制完成，持续经营基础更加稳固。

【资产处置与经营】　2015年，分公司主动适应经济金融新常态，克服经济持续下行压力，一方面积极寻求省内传统不良资产收购业务机会，另一方面大力拓展省内外附重组条件收购业务，不良资产经营取得进展。

一是传统不良资产收购业务方面，积极关注省内商业银行、股份制银行、地方法人银行、农信社不良资产出表业务和不良资产包推出动向。参与省内银行批量转让不良资产的竞标，对银行不良资产情况进行调研，为2016年拓展业务打下了基础。二是附重组条件收购业务方面，克服多重不利条件，发挥钉子精神，紧盯优质客户，主动营销，实现2个项目投放，新增投放成本7亿元。三是在深挖存量债权资产价值，在全力推进疑难项目处置的同时，加大力度推进2014年新增农信社不良资产包项目的处置，实现了处置收益。

【股权管理和经营】 一是密切关注白银股份公司上市工作进程，全力配合上市工作。二是积极争取股权企业分红。三是大力推进存量股权处置项目，积极寻求突破。四是加强股权资产的日常管理。分公司按规定参加企业“三会”，认真审核“三会”议题，项目组加强企业走访，及时报告企业重大事项，更新和维护股权信息系统，依法维护了公司的股东权益。

【资产管理和协同】 2015年，分公司积极拓展资产管理业务，创新方式拓展协同业务，夯实了转型发展基础。一是努力推动业务转型，寻求投资及资产管理业务机会，培育持续经营基础。积极寻求财务性投资、另类资产管理业务机会。组织员工加强特殊机遇投资业务知识学习，深挖特殊机遇投资项目资源，培养特殊机遇投资业务客户。二是继续发挥“一个主体、三个中心”优势，创新协同方式，积极与信达租赁、信达财险协同，2015年确认协同收入1 080万元。

【风险管理】 在当前经济下行、市场主体流动性风险逐步暴露的大背景下，分公司持续加强风险管理，严格执行公司风险管理制度，全面落实公司风险管理要求，主动加强事前预防、事中管理、事后监督，不断提高风险管理能力。一是加强对项目风险的主动管理，重大项目风控前移，业务审核部门提前介入核查项目情况。发挥法律、评估中介机构工作的独立性和专业性，强化项目尽职调查。项目组合理设计交易结构和担保措施，提高项目风控质量。二是加强事中管理，在审核审批过程中，业务审核部始终坚持公司的业务标准和客户标准，坚持公允性和合规性，严守风险底线。三是强化事后监督，通过对存量附重组条件收购项目现场查看、风险排查等措施，落实投后管理要求，堵塞管理漏洞，化解潜在风险。四是切实加强到期项目的管理，提前落实责任，强化催收，确保项目本息如期回收。

【内控合规管理】 一是建立健全依法合规经营体系。新制定了《驻村帮扶干部管理实施细则》等2个管理制度，修订完善了《驾驶员、车辆管理办法》等6个制度文件。审核、评估、法律、审计等岗位的工作质量和效率持续增强。全体员工层层签署《合规责任承诺书》，严格执行公司和分公司制度规定，夯实了合规经营基础。二是认真开展“两个加强、两个遏制”自查、甘肃银监局的现场检查、“回头看”工作，以及中国银监会巡视中办公用房、用车问题的整改工作，以自查、迎检和整改工作促进分公司依法合规经营。三是坚持以利润为中心加强财务管理，努力降低运营成本。完成全面预算管理系统上线，完善管理会计系统，提高了会计核算信息化水平和会计数据分析处理能力。2015年，分公司共列支三项费用1 806万元，比上年减少230万元。四是综合管理水平进一步提升。档案管理进一步规范，党务政务、会议组织、工作督办、信息技术等各方面工作效率和质量进一步提升。

【企业文化】 在分公司党委的领导下，工会、共青团、女工委员会等增强服务意识，创新服务方式，创造了良好的文化氛围。一是加强民主管理，广泛征求员工意见和建议，改进经营和内部管理。二是参加《甘肃金融年鉴》《甘肃省组织史》等地方宣传平台组稿，树立信达形象。三是提倡“快乐工作，健康生活”的理念，组织开展了丰富多彩的员工活动。四是开展“大干一百天，全面完成总部下达2015年利润目标”劳动竞赛活动，引领全体员工为分公司经营发展贡献力量。五是组织员工认真学习《信达企业文化手册》《中国信达企业文化纲领释义》《中国信达员工行为规范》，开展信达企业文化管理情况调查工作，增强广大员工践行信达企业文化的自觉性。

【党建和队伍建设】 分公司党委把握党建工作新常态和新要求，全面落实党要管党、从严治党，将党建工作和经营工作同步安排、同步部署，积极推进党的思想建设、组织建设、作风建设、制度建设和廉政建设，促进党建成果向发展成果的转化。一是在党的思想建设方面，加强学习型党组织建设，全面学习领会中央、银监会及公司党委的新要求。大力推进调查研究工作，党委班子成员和各部门结合公司和分公司发展实际，开展现场调查研究，形成了相应调研报告。二是在党的组织建设方面，协调总部配齐了分公司领导班子，让青年党员担任党支部宣传委员，加大了党建宣传力量。开展了清理规范工作，梳理规范了党组织组建、调整事项，强化了干部人事档案管理。三是在党的作风建设方面，严格落实中央八项规定，分公司纪委加大了重大节日期间的监督力度，坚决防范“四风”反弹。开展“讲党性守党规严党纪”主题教育活动，深化全体党员纪律意识和规矩意识。开展“三严三实”专题教育，深化从严从实的工作作风。开展银监会巡视中办公用房、用车问题的整改工作，严格执行负责人履职待遇相关规定。通过党风廉政建设宣传栏、“清风话语”微信公众号等形式，营造廉洁从业的文化氛围。四是在党的制度建设方面，按照公司党委最新工作制度要求，对分公司《党委会议事规则》进行了修改完善。五是在党的廉政建设方面，严格落实党委的主体责任和纪委监督责任，召开2015年党风廉政建设和纪检监察工作会议，安排部署年度党风廉政建设和纪检监察工作，层层签署了《党风廉政建设责任书》。开展廉洁风险排查，杜绝了风险隐患。分公司纪委向相关债务企业和中介机构发送《廉洁自律征询函》，被征询单位反馈函中均未提出问题。

分公司以打造市场化优秀人才队伍为目标，不断优化人力资源配置。一是加强领导班子建设，协调总部配齐了分公司领导班子。二是严格执行后备干部动态管理，及时推荐上报2015年后备干部人选，搭建干部队伍梯队平台。三是调整理顺了员工专业技术职务聘任，强化对青年员工的培养。四是积极推进员工教育培训。制定年度培训计划，组织员工参加各类培训、网络大学学习，推荐员工赴总部交流，提高员工的综合素质和业务能力。五是加强劳动用工管理，确保用工合法合规。

【社会责任】 按照甘肃省委省政府要求，分公司2015年深入践行“精准扶贫精准脱贫”工作要求，继续推进“双联”工作，共投入扶贫资金10.90万元，捐赠物资价值3万元。一是派出脱产驻村工作队队长，对腊子口村扶贫工作重新定位，编制2015年度帮扶计划、方案和脱贫规划。二是向总部申请扶贫资金10万元，实施产业帮扶、教育帮扶和公益帮扶。三是安排资金0.90万元购买60具灭火器，分别放置在腊子口村6个自然村公共消防设施点，防范火灾。四是向腊子口乡政府和腊子口村新建村委会捐赠了电脑、打印机、电视机等办公设备，为哇古村小学捐助6台电脑建起了电教室，捐赠物资价值3万元。

（李志伟）

中国银联股份有限公司甘肃分公司

【综述】 2015年，中国银联股份有限公司甘肃分公司（以下简称“甘肃分公司”）紧密结合甘肃实际，认真贯彻落实总公司年初、年中工作会议精神，强化“五个意识”，加快“市场化转型”，助力“二次创业”，较好地完成了全年各项工作任务。全年全省新增银联卡1 860万张，占银行卡增量的99.34%。其中，新增银联借记卡1 759万张；新增银联信用卡100.80万张，占信用卡增量的90.23%。新增POS商户12.20万户，新增POS终端13.30万台。实现跨行清算交易14 682万笔、4 256亿元，同比分别增长38.60%和30.90%。

【银联卡推广】 一是通过一行一策，分别与辖内11家发卡机构签订了年度发卡合作协议，制定了银标信用卡新增发卡占比和银标高端信用卡新增发卡等指标，加大了营销资源配备，充分调动了发卡银行积极性。二是针对浦发银行、中信银行、兴业银行、光大银行、民生银行兰州分行新成立的信用卡中心配置了专项营销资源，开展了宣传培训，五家机构银标信用卡新增发卡占比均在90%以上。三是采取了发卡银行服务代表上岗制，并通过内部培训、考试上岗、模拟沟通等方式，培养新员工尽快掌握发卡业务，周拜访、周督办，保证发卡目标的完成。四是加大了与中国银行甘肃省分行及浦发、中信、兴业银行兰州分行等高端卡重点发卡银行的合作，开展了银联高端卡权益营销活动。

【银行卡受理市场建设】 一是受理市场规范方面。通过甘肃省新兴业务培训会、规范工作专题培训会议等途径，加强了对新5号文及商户真实性检查工作的宣传贯彻力度。开展了商户真实性专项检查、特殊计费专项整改、中汇电子支付有限公司商户真实性专项检查以及全省重点商户巡检工作。二是市、州建设方面。依托国家“一带一路”重大战略契机，在全省重点市、州和丝绸之路沿线相关城市，持续开展了普惠性用卡营销活动，已累计有4万余名银联卡持卡人参与了优惠体验。三是非接受理环境建设方面。开展了金融IC卡非接受理操作技能的专项培训，累计培训商户3 000余户、收银员3 300余名；开展了甘肃省非接受理商圈营销活动，积极引导持卡人认知、接受并使用IC卡非接触式功能，累计15 000余人次参与活动。四是银联钱包产品推广方面。联合银行、商户共同投入资源开展了特色营销活动，并借助各商业银行宣传渠道以及商户特有资源进行立体化宣传推广，形成了有较大影响力的银联钱包消费热点。

【支付创新】 一是移动支付业务。选定浦发银行兰州分行作为甘肃分公司第一家资金归集试点合作银行，联合向辖内多家物流、快销等企业宣传营销了资金归集产品。二是互联网支付业务。与银联商务、通联支付甘肃分公司开展了代付业务合作，实现了互联网交易额的快速增长。三是行业合作。实现了平凉市公交车受理金融IC卡便民服务，作为甘肃省市、州公交行业应用试点；与兰州公交集团签署了战略框架合作协议，公布了《开放公交车载POS受理金融IC卡系统改造费用的说明》《车载POS收单机构的选择》《银联公交金融IC卡发卡银行的选择》三项实施细则。

【银联品牌宣传营销】 一是打击侵权行为。针对冒充银联工作人员和非法印制银联标志的违法行为，联合公安和工商部门对POS代理机构侵犯中国银联商标权益进行了打击，兰州市城关区工商行政管理局对金盛泰和商贸有限公司下达了行政处罚决定书。二是开展事件性营销。联合商业银行及20余家商户近70家门店开展了一年一度的“银联62儿童日”“重阳感恩季”营销活动，不断培养持卡人对“银联钱包”的认知度。三是拓宽品牌宣传渠道。通过在兰州市大中型超市、餐饮商户及大型商场悬挂的12315公益宣传牌中加入银联宣传内容，在兰州国际车展会场中布置银联宣传展台，通过举办2015年甘肃省“银联杯”银联卡知识大赛和摄影大赛等方式加大了对银联品牌的宣传力度。

【银行卡组织职能】 一是业务技术水平不断提高。协助辖内3家区域性银行申请了国家发改委示范工程项目，推进银行卡跨行系统国密算法改造工作，完成了6家大型商户以MIS系统直连甘肃分公司工作，完成了辖内3家区域性银行助农业务改造测试及投产上线。二是风险管控能力稳步提升。全年全辖无重大银行卡欺诈案件发生，辖内收单机构预警级风险疑似案例机构自行回复率保持100%，在《西部商报》“财经界视点”栏目中发表了银行卡日常使用风险防范技能文章，建立了微信公众号“安全用卡”，定期发送安全用卡技巧和风险防范提示，协助公安部门和司法机关协查各类案件200余起。

【内部管理】 制定印发了《中国银联甘肃分公司绩效管理办法》，加大了绩效考核力度。制定印发了《中国银联甘肃分公司劳务派遣管理办法》，规范了劳务派遣人员管理。制定印发了《中国银联甘肃分公司财务授权事项内部决策规程》，加强了财务授权管理。制定印发了《中国银联甘肃分公司职工大会制度》。组织召开了第二届职工大会，发挥了职工参政议政作用。组织开展了健步走、家庭日、员工健康体检、女员工专项体检等活动，维护了员工合法权益，丰富了员工文体生活。组织开展了保密自查工作，组织新员工签订了保密协议，组织全体员工清理排查了国家秘密信息，加强了保密管理。组织签署了2015年度党风建设和反腐倡廉工作责任书，修改完善了廉洁风险防控指南。开展了"三严三实"专项教育，切实解决了存在的"不严不实"问题。组织召开了党员大会，完成了支部委员会换届选举工作。

（王思远）

光大兴陇信托有限责任公司

【综述】 **一、成功实现增资扩股，推动公司又好又快发展**

2014年5月，经中国银行业监督管理委员会批准，甘肃省国有资产投资集团有限公司将其持有的51%股权转让至中国光大（集团）总公司。2014年7月1日，经中国银监会甘肃监管局核准，公司名称变更为"光大兴陇信托有限责任公司"。2015年12月28日，经中国银监会甘肃监管局批准，公司采取原股东等比例一次性增资方式，将公司注册资本金从101 819.05万元增加至341 819.05万元。公司资本金的增加，有力提升了公司的综合经营实力。

二、以优化业务结构为重点，实现业务发展转型升级

一方面完善机制体制建设，另一方面狠抓业务谋发展。2015年，实施"一二三四"战略计划，即"一"是以风险经营为业务发展中心；"二"是以基础设施类（含房地产类）和资本市场类业务为发展基点；"三"是实现业务整体向"基金化、证券化、资产管理化"转型；"四"是以提升公司优质资产业务专业营销能力、优质渠道客户获取能力、优质产品设计开发能力和优质服务品牌系统能力四项专业能力为重点。信托业务在做大做强资产管理规模的同时，积极发展主动管理业务，强化风险管理，提升业务收入；固有业务在安全性和流动性的前提下，支持促进信托业务稳健发展。

三、持续强化风险管控水平，着力推进合规文化建设

进一步坚持严控风险、稳健经营的方针，持续完善风控政策，针对经营活动中的信用风险、市场风险、操作风险等，完善风险管理的组织架构和流程，积极推进主营业务准入标准的建立和完善，并针对市场和政策变化及时应变调整，提高风险预测、预警和处置能力，保障业务的持续发展。

四、完善内控机制，提升管理水平

优化内部控制环境，不断完善法人治理结构和制度体系建设，以运行合理、执行有效的治理机制提高经营成果，保障了委托人、受益人和出资人的合法利益。

建立分工明确、权责对应、合理制衡的"三会一层"法人治理结构，股东会、董事会、监事会和经营层依照相关法律法规和《光大兴陇信托有限责任公司章程》行使职责，形成了权力机构、决策机构、监督机构和执行机构之间相互制衡、相互协调的运行机制。

重视内控文化建设，始终坚持内控优先的管理理念，通过学习培训、交流研讨等多种形式，不断增强全体员工的合规意识和风险意识，提高风险识别能力和风险防范能力。通过不断完善内部管理制度，真正把内控文化的建设和执行落到实处。

五、积极履行企业社会责任，努力培育回馈社会的企业文化和机制

积极践行《信托公司社会责任公约》，培育和挖掘央企控股金融企业社会责任的内涵，不断丰富企业社会责任的实践内容。全年上缴各项税费及附加共1.05亿元。同时，准确把握国家宏观调控政策走向，依托甘肃的资源优势，充分利用信托投融资的平台优势，积极探索推进甘肃省物流产业基金、甘肃省环保产业基金、甘肃工业2025战略集合资金信托计划等一批具有社会效益和经济效益的优质项目。

（陈　震）

酒钢集团财务有限公司

【综述】 截至2015年末，酒钢集团财务有限公司资产总额61.20亿元，负债总额47.61亿元，所有者权益总额13.59亿元。全年累计实现营业总收入2.08亿元，实现利润总额1.87亿元，超额完成全年考核指标。年末，公司资产收益率2.34%，净资产收益率12.44%，资本充足率23.09%，流动性比例52.96%，不良资产率为零，短期投资比例10.50%。公司各项指标均满足监管要求，资产质量良好，盈利能力较强。

【信贷业务】 2015年，公司不断开拓集团公司信贷渠道，将资金取之于集团、用之于集团，以多样的信贷品种及低于市场价格的利率支持成员单位发展，为成员单位提供票据签发、票据贴现、流动资金贷款、委托贷款等业务，信贷服务能力显著增强。截至年末，公司信贷规模达39.64亿元，累计实现信贷收入1.76亿元。

【票据业务】 积极寻求同业合作，扩大同业授信范围，开展低成本票据融资工作，降低集团融资成本，盘活成员单位库存票据，提高票据流通效率，增加了额外收益。2015年，为集团融入低成本资金9.29亿元，全年已有20余家成员单位使用公司电票系统，累计签发电票14.24亿元，实现手续费收入71.18万元。

【资金归集】 以提升金融服务能力、加强账户管理为抓手，突破公司资金归集瓶颈，进一步提高公司资金归集度。结合各成员单位业务特点，制定个性化的服务方案，将传统的“公司给予服务—客户接受服务”的服务方式转变为“客户需要服务—公司提供服务”的新型服务方式。2015年，公司新纳入成员单位7家，日均吸收存款70.19亿元，年末资金归集度达到90%。

【投资业务】 2015年，加快投资业务报批进程，取得了在银行间债券市场的资质，完成了投资业务体系搭建，同时密切关注市场价格变化，拓展投资业务品种，优化资产结构配置，在风险可控的前提下适度提高投资收益。截至年末，累计投资8.70亿元，实现投资收益393.45万元。

【业务拓展】 积极探索创新业务，促进业务可持续发展。制定切实可行的“票据池”业务实施方案，推动此项工作的开展；积极申请结售汇业务，已获外管局批准，取得了开展即期结售汇业务资格；创新法人账户透支业务，完成了公司法人账户透支业务制度下发及系统配置工作。

【风险管理与内部控制】 严格按照监管要求，不断完善“三会一层”法人治理结构和内控机制建设，公司各治理主体独立运作、有效制衡、相互合作、协调运转。充分发挥风险管理与内部控制委员会及风险管理部门的职能作用，进一步加强贷款、贴现、投资等主要业务的风险尽职调查和事中审核，密切监测分析，适时预警预报，准确分类风险资产，提升公司资产质量。

【稽核检查】 完成了现场检查项目10个，督促整改存在的问题，进一步规范操作流程，强化合规管理。

【人力资源管理】 进一步加强员工培训工作，全年共参加各类培训40余次。制定了考勤、津贴补贴、员工违规违纪、雇主责任险、员工异常行为排查等一系列管理制度，并梳理整改了全体员工的人事档案，将标准化的管理模式运用其中。

（孙　洁）

金川集团财务有限公司

【综述】 2015年，有色金属产品价格断崖式下跌，金川集团公司效益大幅下滑。金川集团财务有限公司（以下简称“公司”）紧紧围绕集团的战略规划和“止滑、减亏、增盈”的任务目标，持续推进精细化管理，加强资金管控，保障资金供给，拓展新业务，金融服务能力和经营管理水平稳步提升。全年实现营业收入15 587.40万元，利润总额10 214.54万元，其中净利润8 680.83万元。截至年末，公司资产总额58.63亿元，负债总额46.26亿元，所有者权益12.37亿元，不良资产率保持为零，各项监管指标均符合监管要求。

【信贷业务】 在流动性安全的前提下，最大限度配置信贷资产规模，加大对成员单位的信贷资金支持，全年发放流动资金贷款37.77亿元，办理委托贷款业务15.86亿元。加强信贷管理工作，做“实”信贷规模，做“优”信贷质量，密切关注贷款单位的经营状况，动态调整优化评级授信方案，有效管控信用风险。

【资金业务】 公司资金运作坚持“安全性、流动性和效益性”原则，以实现集团整体效益最大化为目标，在合规和风险可控的前提下创造效益。精细资金预算，保证合理头寸备付，严格控制各成员单位货币资金存量，有效避免存款、贷款双高现象。同业拆借业务交易对手达11家，资金拆入59亿元，拆出9.50亿元，有效调节资金池短期流动性。公司发挥资金规模优势和议价能力，获取较高资金收益，牵头为成员单位利用闲置资金办理银行理财，增加收益1.18亿元。根据集团整体资金状况，积极为集团制定融资方案，优化金融资源配置，通过选择融资工具、调整币种和期限结构等，协助集团多渠道、低成本融入资金290.97亿元，较一年期人民币贷款基准利率节约财务费用1.16亿元，保障了资金安全供给。

【票据业务】 公司稳步推进票据集中管理，发挥票据池作用，盘活成员单位票据资产。持续监控成员单位的票据持有及流转情况，提供优于市场价格的贴现率，引导成员单位及时贴现票据，免费办理承兑业务，办理票据贴现25.93亿元，出具电子承兑票据11.99亿元，有效降低了集团资金占用及资金成本。

【资金集中】 成员单位经营效益面临下滑压力，资金沉淀大幅减少，公司深入挖潜，进一步加强对成员单位的账户管理以及对账户资金的限额考核，有效巩固了资金归集水平，全口径资金集中度47.99%，剔除不可归集因素，资金集中度93.47%。吸收存款日均余额37.78亿元，全年为96家成员单位办理结算业务79 113笔，同比增长11.26%，结算金额 4 059.24 亿元。

【业务创新】 公司于2015年1月开展即期结售汇业务，全年累计购汇11.28亿美元，为成员单位节约购汇成本811.86万元；累计结汇1 335万美元，结售汇收益114.16万元。

由公司作为主办企业的金川集团跨境双向人民币资金池业务和全球外汇资金集中运营管理业务分别获得人民银行兰州中心支行和外汇管理局甘肃省分局批准，并先后于2015年9月和12月完成业务通道测试，这两项业务的开展加强了金川集团境内外、本外币资金集中运营管理，实现境内外资金双向融通，填补了甘肃省跨境资金集中运营业务的空白。

【风险管理和内部控制】 制定学习梳理制度体系方案，对现行制度进行修订完善，共修订《即期结售汇业务管理办法》《日间稽核操作规程》等15项制度，内控制度体系日益完善，有效控制业务关键节点，防范操作风险。加强日间稽核工作，实现日间稽核常态化、标准化管理。开展票据业务和外汇业务专项内审，及时纠正偏差，保证业务合规和内控管理的有效性。强化贷后管理，按季度完成贷后检查工作报告及资产五级分类工作，信贷资产质量持续保持优良。加强案件风险排查，定期开展案例分析和警示教育活动，不断增强员工风险意识和合规意识。

【人力资源管理】 公司结合监管部门意见和集团绩效考核办法，制订员工绩效考核细则，正向引导和激发员工风险意识和合规意识，完善激励、分配机制，调动员工积极性和主动性。加强员工培训，落实培训计划，聘请银行业务专家举办了即期结售汇、国际结算、融资租赁、全面风险管理、票据池业务等专题培训13期，累计培训360人次。选派员工参加了财务公司协会举办的风险管理等培训和银行业协会组织的金融法律法规培训。组织开展实地考察，赴铜陵有色、紫金矿业等9家财务公司学习考察信息系统、票据管理系统和跨境外汇业务，加强业务交流合作。定期开展内部业务知识学习和交流，员工综合素质进一步提升。

【信息化建设】 加强资金信息系统运维管理，积极与开发商及相关银行的沟通协调，及时解决出现的需求和问题，保障系统安全运行和业务正常开展。公司高度重视信息系统升级与完善，针对现在系统部分业务功能模块缺失等问题，组织人员对拟升级版本的系统进行实地考察、调研和论证，为系统下一步升级工作做好充分准备。

【企业文化建设】 公司持续推进具有金川特色的金融企业文化建设，弘扬艰苦奋斗、勇于超越的企业精神。2015年，公司开展丰富多彩的文体活动，组织球类比赛、登山、徒步行等户外健身活动，增强员工团队精神和凝聚力。开展关爱员工活动，完善员工体检、慰问、互助金等制度，积极为员工创造良好的工作和生活环境，营造和谐的企业文化氛围。

（潘义平）

信达金融租赁有限公司

【综述】 截至2015年末，信达金融租赁有限公司注册资本达到35.05亿元。公司的控股股东为中国信达资产管理股份有限公司，股权占比达到99.64%。公司注册地在兰州，分别在兰州、北京设有办事机构。

截至年末，公司资产总额达到464.77亿元，租赁资产余额达到446.66亿元，累计缴纳税金9.44亿元。员工人数104人，其中70.20%的员工拥有研究生学历，具有中高级以上职称员工8人。

2015年，信达金融租赁有限公司积极运用租赁和服务贸易手段，不断丰富经营品种、完善业务功能，为承租人、设备制造企业及相关金融机构提供综合化优质金融服务。一是围绕经济结构调整和转型升级，充分发挥金融租赁在帮助企业设备更新换代、经济结构调整转型上的逆周期作用，坚定不移地深化公司专业化转型。二是通过大型设备直接租赁，大力支持传统行业企业淘汰落后产能、实现技术升级改造项目，严格按照国家宏观调控目标和产业政策导向，支持企业发展。三是通过存量设备售后回租，帮助企业盘活固定资产、优化财务结构，加快其淘汰落后产能、技术升级的进程。四是加大实施客户战略力度，扩大公司在传统优势领域的市场份额，大力开拓新的专业化业务，不断提高业务规模和市场份额。五是进一步健全全面风险管理体系，强化责任，加大风险项目化解力度，努力实现稳健可持续发展。

（刘　静）

第三部分

各市、州金融发展情况

兰　州　市

2015年，全市完成地区生产总值2 095.99亿元，比上年增长9.10%。其中，第一产业增加值56.22亿元，增长5.90%；第二产业增加值782.65亿元，增长6.80%；第三产业增加值1 257.11亿元，增长11.20%。人均生产总值56 972元，比上年增长8.40%。三次产业结构由上年的2.62:41.23:56.15调整为2.68:37.34:59.98，与上年相比，第一产业所占比重上升0.06个百分点，第二产业所占比重下降3.89个百分点，第三产业所占比重上升3.83个百分点。文化产业完成增加值60.91亿元，比上年增长18.72%，占生产总值的2.91%。全市实现工业增加值535.04亿元，比上年增长6.10%。全年居民消费价格总水平比上年上涨1.30%，全市商品零售价格总水平比上年上涨0.60%。全年粮食总产量45.90万吨，比上年下降2.81%。粮食作物种植面积184.19万亩，比上年减少7.32万亩；蔬菜种植面积100.42万亩，比上年增加6.65万亩；中药材种植面积19.46万亩，比上年增加2.99万亩。全年完成固定资产投资10 803.75亿元，比上年增长11.99%。其中，项目投资10 464.74亿元，增长14.96%。全年完成社会消费品零售总额10 152.15亿元，比上年增长9%。全年进出口总额315.07亿人民币，比上年增长6%。其中，出口总值为277.71亿人民币，增长7.40%；进口总值为37.36亿人民币，下降4.61%。全年城镇居民人均可支配收入27 088元，同比增长10.50%；城镇居民人均消费性支出20 156元，同比增长6.90%；城镇居民家庭恩格尔系数为31%。农村居民人均可支配收入9 621元，同比增长12.30%；农村居民人均生活消费支出7 940元，同比增长11.40%；农村居民家庭恩格尔系数为34%。全市地区性财政收入为593.42亿元，比上年同口径增长26.94%。公共预算收入为185.19亿元，增长21.57%。公共预算支出为344亿元，增长22.85%。年末金融机构人民币各项存款余额7 803.12亿元，同比增长17.44%；金融机构人民币各项贷款余额6 892.02亿元，同比增长22.75%。年末全市共有境内股票上市公司16家；股票市价总值为2 062.35亿元，同比增长9%；发行、配售股票筹集资金811.26亿元，同比增长10.95倍。全年保费收入87.05亿元，同比增长16.05%。年末全市参加城镇职工基本养老保险人数为68.76万人，比上年末增长4%；参加城镇职工基本医疗保险人数为85.72万人，增长1.50%；参加城镇居民医疗保险人数为106.82万人，增长2%；参加失业保险人数为56.75万人，增长0.90%；参加工伤保险人数为45.92万人，下降0.58%；参加生育保险人数为45.25万人，下降0.59%；城乡居民社会养老保险参保续保人数为72.78万人。年末参加新型农村合作医疗农民人数为114.73万人，参合率为98.18%。全年新型农村合作医疗基金支出总额为4.97亿元，比上年增长0.06%；累计受益214.09万人次。

一、认真贯彻执行稳健货币政策，不断拓展融资渠道，全力支持实体经济转型跨越发展

（一）认真贯彻落实稳健货币政策，有效推动经济社会平稳较快发展。2015年，人民银行兰州中心支行紧紧围绕稳增长、调结构、转方式，认真贯彻稳健的货币政策，积极督促金融机构盘活存量、优化增量，把握好信贷投向和节奏，实现了信贷供给和实体经济需求相匹配，促进了兰州市产业结构调整和转型升级。甘肃银监局强化监管引领，制定《关于进一步提高银行业服务全省实体经济质效的指导意见》等多项指导意见，着力引导银行业金融机构盘活存量、用好增量，提高资源配置效率，有效支持了经济社会平稳较快发展。截至年末，兰州市金融机构本外币贷款余额为7 227.96亿元，同比增长21.80%，较年初新增1 293.48亿元；兰州市金融机构本外币存款余额为7 945.82亿元，同比增长19.50%，较年初新增1 296.40亿元。

（二）不断拓展融资渠道，促进发展方式转变和结构调整。加强信贷政策和财政政策、产业政策的配合，加大对重点区域、重点项目、重点行业的支持力度，引导地方法人金融机构主动退出产能过剩行业，利用其贴近市场的优势，集中力量服务中小微企业、“三农”等薄弱环节，切实加大战略性新兴产业、循环经济、特色优势产业以及兰州新区的金融支持力度，以信贷结构优化促进发展方式转变和结构调整。截至年末，兰州市涉农贷款余额1 224.01亿元，较年初增加248.09亿元，增长25.42%，高于贷款增速3.62个百分点；小微企业贷款余额1 360.86亿元，较年初增加196.86亿元，增长16.91%。

二、积极深化金融改革，不断加强金融监管，保持金融系统安全稳健有序运行

（一）稳步推进金融改革，促进经济金融良性互动发展。人民银行兰州中心支行积极推动各项改革政策的落地实施，稳步推进利率市场化改革，顺利实施存款保险制度，完成了辖内106家法人金融机构投保手续办理。甘肃银监局督促城商行严格落实新资本办法要求，引导机构积极探索新的资本补充方式，完成了兰州银行第二期二级资本债发行的初审以及增资扩股方案的初审，完成了甘肃银行二级资本债发行的审核，同时积极支持和引导政策性银行按照改革方案要求，向开发性和政策性金融转型。2015年11月，由兰州市城关区、七里河区、西固区、安宁区、红古区农村信用合作联社以合并新设方式发起组建的兰州农村商业银行开业，标志着全省农商行改制工作取得阶段性成果，并首次在改制中采取市场化方式处置不良贷款25亿元。

（二）加强风险监测评估，金融风险防范能力显著提高。加大金融风险监测力度，配合开展了非法集资风险排查，对17家农村合作金融机构进行了压力测试，对27家银行业机构开展了负债管理现场评估，推动金融机构提升风险管控水平，牢牢守住了不发生系统性、区域性金融风险的底线。严格加强存款偏离度管理，实施按月通报制，并对重点机构进行现场检查，从源头上遏制存款“冲时点”行为。持续关注

负债率偏高、财政实力相对较弱的市县级平台，落实到期贷款偿还方案，加大对抵押物的动态核查力度，有效缓释平台贷款风险。甘肃银监局加强对风险的分析研判，建立“月度非现场分析专题会”制度，认真研究银行业面临的主要问题和潜在风险，制定有针对性的防控措施，提高了风险防控的前瞻性和有效性。强化对大客户的风险管控，指导省银行业协会制定《甘肃省银行业银团贷款实施办法》，实施授信总额联合管理，加强大客户监测预警，实现监管信息共享，集中度风险得到有效管控。深入开展“两个加强、两个遏制”专项检查，加大对违规经营行为、违法犯罪的打击力度，对6家银行业金融机构违规行为进行了处罚，发挥了监管震慑作用，增强了银行业金融机构依法合规经营的意识。积极化解不良贷款，强化对产能过剩行业、地方融资平台、房地产等重点领域风险的防控，通过清收、核销、市场化处置等多种手段及时消化存量不良，全辖银行业风险总体可控。

（三）着力强化金融监管，金融综合管理效能不断提升。人民银行兰州中心支行高效履行法律赋予的金融管理职责，修订完善了金融机构重大事项报告制度，接受重大事项报告915项，指导105家新设金融机构开业，受理加入人民银行金融管理与服务体系申请548项，完成了63家金融机构的年度评价，对30家金融机构开展了专项执法检查，对5家银行业金融机构开展了综合执法检查，给予行政处罚113.66万元。金融消费者权益保护信息管理系统全面上线运行，全年共受理金融消费者咨询1 600余件，受理投诉213件，办结率100%。对73家金融机构反洗钱工作进行了考核评估，扎实开展了打击利用离岸公司和地下钱庄转移赃款专项行动，调查洗钱案件29起，协助破获案件3起。甘肃银监局按照“审办分离、查处分离”的改革精神，制定权力清单、责任清单、约束清单，规范信息公开，完善信访投诉，及时回应消费者重大关切问题，确保了权力在阳光下运行；推行行政许可集中受理和清单式管理，绘制行政许可事项流程图，实施限时移送转办、规定时限办结，监管服务效率进一步提高，对辖区银行业金融机构涉案涉诉情况进行全面排查，针对排查出的2 111起涉诉案件，先后组织对涉诉案件时间较长、标的额较大、数量较多的银行业金融机构进行监管谈话，提出防范风险的监管要求。开展打击银行卡非法买卖专项检查。开展银行不规范服务收费清理工作，累计督查机构216个，发现问题35个，涉及业务金额11 592.49万元。甘肃证监局指导行业协会成立“甘肃辖区证券期货纠纷调解中心”，依法开展投诉事项调解，当年共受理投诉事项43件，成功调解40件，借助“期货大讲堂”等载体，通过走进高校、开展专题培训等多种形式，普及资本市场知识，宣传12386热线功能，提高投资者维权意识，推动行业协会加强与地方法院、仲裁机构的沟通协作，建立完善诉调、调仲对接机制。

三、提升金融服务质量，创新金融服务产品，优化金融服务环境

（一）切实提升金融服务效率，金融服务环境不断优化。人民银行兰州中心支行顺利完成了中央银行会计核算数据集中系统（ACS）综合前置子系统上线工作，完成了11个信息化建设项目，全面实施了网络安全加固工程，金融城域网安全高效运行，金融IC卡在公共服务领域得到推广应用。组织开展了发行库安全管理大检查，严格落实了商业银行存取现金预约管理制度，加强了金融机构现金清分能力建设，顺利完成了2015年版第五套人民币100元纸币和普通纪念币发行工作。集中支付电子化系统和“金税三期”系统测试上线工作顺利推进，财税库银横向联网（TIPS）业务推广力度不断加大，“央行经理国库30周年”宣传活动取得良好效果。构建了“柜台查、网上查、自主查”三位一体的个人信用报告查询体系，顺利完成了“甘肃省社会信用信息平台”建设工作，小微企业和农村信用体系试验区建设取得积极进展。

（二）加强金融业务创新力度，金融转型升级步伐加快。国家开发银行甘肃省分行加强贷款定价管理创新，成功将“开行债加点”首次运用于扶贫开发领域。创新融资模式，保障脱贫攻坚业务持续发展，积极参与易地扶贫搬迁省级投融资机制建设，目前省级平台已经明确，瞄准整村推进、产业扶贫等重点领域，全面铺开精准脱贫5市14县项目试点，探索多元化、可持续的融资模式。农业银行甘肃省分行营业部全面加快“四融”平台推广，截至年末，审核布放“四融”终端537台，新增个人注册客户3 365户，营销线上电商23户，实现融通平台交易金额7 727.85万元，融商平台交易金额7 098.66万元。成功发行甘肃公航旅投资集团永续债5亿元，实现了全省农行债务融资工具创新产品的新突破，促成华能甘肃能源1.50亿元贷款入选总行信贷资产证券化项目资产备选池，为甘肃祁连山集团成功上线银企直连系统，并开立票据融资专户。积极推进新三板业务，全市3户企业与华龙证券签订服务协议。甘肃银行创新了农产品收益权质押、“风险资金+联保+单户保证金担保”等多种担保方式。中信银行兰州分行创新运用“特色产品+优质服务”的营销模式，打开了机构业务营销拓展新局面，配合甘肃省财政厅发行地方政府债券15.80亿元，积极对接甘肃公航旅投资集团内保外贷业务、甘肃交通建设集团与甘肃路桥建设集团PPP相关项目，吸收存款6亿元。同时，研发和改进省市两级非税收入收缴系统、省公积金G系统、中医学院银医通项目、省高等法院点对点数据提取方案等业务系统，为业务拓展提供了有力的技术支撑。兰州银行推出“本利通”“e享马拉松”“智合盈”和“鑫合盈”产品，成功打造线上信贷产品“一键贷”，积极推动住房公积金委托贷款业务，有效推进联名卡发行工作，推出“一键发卡”，金融IC卡应用范围不断扩展。

（三）切实丰富金融服务手段，金融服务广度进一步拓展。农业发展银行甘肃省分行全力推动全省易地扶贫搬迁，深入对接甘肃“1+17”精准扶贫战略行动，为促进全省易地扶贫搬迁项目的顺利实施发挥了积极作用。截至年末，共审批易地扶贫搬迁贷款项目58个、金额194.40亿元；累放贷款89.40亿元，居全省同业扶贫贷款之首，支持11个市（州）38个县（区）实施易地扶贫搬迁，受益贫困人口

45.23万人。工商银行甘肃省分行营业部加快渠道建设，投产离行式自助银行79家，新增35家；加大网点优化整合力度，完成了5家网点装修改造，改建7家网点为“自助+理财”模式，建成智能化网点107家，在现有111家有牌照的物理网点中，全部实现了网点智能化全覆盖。农业银行甘肃省分行营业部加大“双联”贷款投放，积极与市财政局沟通，有效解决双联贷款全额贴息、持续发放的难题，定时下达目标计划、按周进行检测，通过沟通协调、现场督导、通报进度等措施，及时解决贷款发放难题，提高双联贷款审查、审批流程和办贷效率，全年累计发放双联惠农贷款9 146笔、金额52 580万元，余额9 001户、51 810万元，较年初新增1 151户、6 259万元。积极推动“惠农通”工程建设，重点建设骨干点、精品点和标准点，实现“三层”服务点与物理网点、金融便利店、自助银行建设统筹规划、有效互补，全年建成骨干点3个，星级服务点304个。交通银行甘肃省分行通过集中资源打造综合型网点，着力提升普通型网点，探索低产网点向特色网点转型，优化普惠型网点、离行式自助银行布局。同时，加快电子渠道建设，紧跟互联网时代步伐，通过建立分行官方微信平台，丰富手机银行、网上银行特色活动，完善家易通、POS专营团队建设，加大线上线下的客户维护和挖潜力度，拓展经营空间。招商银行兰州分行优化服务、提升管理，以提升客户体验推动服务升级，加强服务监督与激励引导，全行服务质量、客户满意度均有较大提升，西站支行荣获甘肃省唯一中国银行业协会“百佳示范单位”荣誉称号，5家支行分别获评5星、4星和3星网点荣誉称号。光大银行兰州分行以“配套型、集聚型和优质成长型”小微企业为经营对象，结合国家产业政策导向，围绕“衣、食、住、行”等弱周期行业开展业务，加大对先进制造业、节能环保产业以及传统产业改造升级、消费升级项目的信贷支持力度，重点推进“税贷易、小微结算卡、支票易、小额融易贷、银保融易贷、节能融易贷、政采融易贷、互助金”等业务，简化操作流程，推行标准化作业。兰州银行积极推进社区支行建设，为市民提供更加便捷的金融服务，2015年兰州福瑞支行、兰州科教城支行、兰州雁北路支行等3家支行开业。

四、增强金融风险意识，加强内控制度建设，提高风险管理水平

（一）加强风险管理体系建设，风险防控水平不断提升。工商银行甘肃省分行营业部推进操作风险“网状控制法”，梳理营业部关键风险点，做好各层级、各岗位责任认领，对关键风险点逐条制定检查方法，落实防控措施；把“网状控制法”的推动及关键风险点控制措施的落实纳入监督检查重点范围，全年共认定风险事件1 840笔，比上年增加630笔。其中，由客户引发的外部风险事件1 349笔，较上年增加1 028笔；由柜员操作引发的内部风险事件491笔，较上年下降398笔。可控风险暴露水平为万分之2.27，比上年下降了万分之0.78，低于全省平均水平；确认后下发整改通知书162份，整改率100%；对150人次累计积分299分，对其中10名责任人进行了告诫谈话。交通银行甘肃省分行持续完善以“全流程、全覆盖、责任制、风险文化”为核心的全面风险管理体系建设，强化业务部门小中台风险管理能力，推进大小中台工作协同，形成管控合力，力争使风险管理真正实现“横到边、纵到底、全覆盖”，同时针对新环境、新情况、新业务的风险管理要求，认真贯彻执行总行风险管理二十条、授信与风险政策纲要三十六条等基本管理政策，进一步提升严守风险底线的自觉性，保持风险管理的领先水平。兴业银行兰州分行坚持以“稳发展、保安全、促转型”为基本工作主线，积极推进风险管理体制机制建设，强化全人员、全流程、全覆盖的风险管理理念，重塑理性、稳健的风险文化；推进各条线风险内嵌，以授信业务为核心，建立经营责任机制，明确各经营责任人的风险管理职责，强化风险管理队伍建设，实行全面主动风险管理，从事后处置逐步向事前防范的全流程管控转型；严防信用风险，拓宽清收处置进程，压降涉险资产，根据“清收一批、化解一批、核销一批”的处置思路，充分借助法院、公安经侦的力量，加快清收的力度和进程；坚持退出机制，针对现有客户制定一户一策，全年共压缩金额19亿元；加强问责及员工异常行为监控力度，规范信用责任追究工作，扩大问责范围，全年对信用风险项目及违规失职行为共计问责项目7个，涉及金额共计5 090.34万元、相关责任人18人，实行经济处罚1.70万元；开展员工异常行为排查及员工兼职排查，通报批评25人，同时密切跟踪整改进度，建立了员工合规档案，强化员工行为管理，多措并举狠抓风险内控。兰州银行强化风险的预判、排查与缓释，制定《年度风险管控指导意见》，通过条线例会、风险提示、总结问题贷款成因等工作，研判形势，查摆问题，提早布防；狠抓风险排查与整改，对上年度6项检查查出问题的整改情况开展后续督查，开展房地产、票据、大额授信等专项检查；对存在潜在风险的客户，总行保全人员提前开展法律咨询与保全，通过重组、诉讼等多种手段逐户化解，最大限度缓释风险；同时制定房地产、商圈、钢贸等5个行业风控意见，强化重点行业风险管控；制定《信贷投向风控指导意见》，实行差异化风控政策，引导“存量优化、增量转型”；修订和完善《授信客户退出指导意见》，将偏离主业、参与民间借贷等客户作为重点压缩和清退对象，严格限制介入异地业务；对违规与中介合作、风险条线异常行为等开展专项排查，严防道德风险和外部风险传染。

（二）加强内控机制建设，内控管理水平显著提升。农业银行甘肃省分行营业部积极开展“两违”检查和信用风险专项治理，重点加强行业风险敏感客户管理，认真推进“内控管理上台阶”工程，制定下发专项活动方案，明确治理重点领域、重点部位和重点对象，推动形成内控管理精细化、常态化、程序化的良性工作机制，在“两降”方面，内部发现违规问题1 258个，同比下降61.80%；关注类以上问题753个，同比下降71.30%。建设银行甘肃省分行营业部开展内控“攻坚”行动，确定了“八项教育、六项排查、十项治理”等54项具体任务，推动内控转型工作稳步前进；开展了“合规践行”竞赛、合规征文、案例征集、多渠道合规提示等丰富多彩的合规文化教育活动，形成了合规宣导、人人参与的浓厚氛围；各条线、各级机构结合自身实际，开展了卓有成效的多项排查治理工作，主动研究解决业务经办中存在的顽固性、多发性问题，祛除“顽疾”，扫除“积弊”，消除“隐患”，强化薄弱环节，提升了预警和抗风险能力，确立了“大内控”的转型思路，对“攻坚”行动建立动态任务表单管理，形成了“合规文化建设”“合规性监测”“问题整改”“内控体系建设”“内控制度建设”五大管理模块；“内控抓同级”机制初步建立，明确了各层级、各岗位在整改、问责、检查、考核、信息沟通、双向报告等工作中的职责与考核要求，案件风险的常态化教育机制全面建立，审计发现“划红线”问题联合工作机制运行有效。招商银行兰州分行从强化督导检查、违规问责处理、绩效考核、合规培训等多方面入手，全力营造“敬畏制度、遵章守规、远离底线”的条线合规文化。将新业务、柜面高风险业务、理财业务和新柜员作为检查重点，对违规苗头形成有效震慑，加大严重违规和屡查屡犯问题通报及考核力度。积极开展“两个加强，两个遏制”专项检查，强化各项监督检查、内控自评工作，做好法律合规审查及法律咨询工作，保障了业务发展。

五、深入推进干部队伍建设，充分激发干部队伍活力，切实推进现代企业文化建设

（一）全面推动干部队伍建设，充分激发干部职工活力。国家开发银行甘肃省分行充分利用党建带工建、工建服务党建的工作优势，以服务职工群众作为工会工作生命线，通过分行短信平台、微信群、宣传片、外部报纸、业务动态、楼宇视频等多种形式和载体，将弘扬社会主义核心价值观和宣传开行精神、开行文化有机结合起来，进一步明激发职工攻坚克难的巨大勇气，引导职工增强主人翁意识，焕发创造活力和劳动热情，为分行攻坚克难、健康可持续发展做出积极贡献。农业银行甘肃省分行营业部开发员工职业生涯规划管理系统，建立健全基层员工培养选拔链，定期开展优秀员工岗位轮换；举办外拓能力提升训练班，先后开展3期，培训网点负责人、客户经理共96名。建设银行甘肃省分行营业部以全方位实施关爱员工“温暖工程”为核心，以持续推进8项工作为重点，在“组织文体活动、开展劳动竞赛、建设职工之家、实施扶危救助、先进典型评选、严格经费管理”等方面扎实推进各项工作。交通银行甘肃省分行通过整合机关部门人力资源，进一步向营销一线倾斜，充实客户经理队伍，加大对客户经理的系统培训，提升客户经理业务素质和营销能力，落实总行全员全产品计价考核系统上线工作，通过科学考核，激发客户经理队伍活力，真正发挥其市场营销触角作用。招商银行兰州分行遵循“业务条线管事与管人相结合”的思路，赋予条线人员管理的权力，极大调动了前沿条线管人用人的积极性；顺利完成新旧序列的转换及分行序列评审工作，为拓展员工的职业生涯发展空间，促进员工队伍专业化、可持续发展提供了坚实保障；搭建后备人才库建设平台，通过人才交流平台组织推动后备人才报名、选拔、审核工作。

（二）着力创建优秀企业文化，积极履行企业社会责任。农业银行甘肃省分行营业部严格落实关爱员工各项措施，争取省分行资金支持63万元，加强各支行“职工之家”基础设施建设，持续改善员工工作生活条件，积极救助全行困难员工，争取省分行救助资金44.50万元，帮扶员工56名；内部筹集资金8.60万元、帮扶对象28名；组织各类文体活动及岗位练兵活动，丰富员工业余文化生活，有效增强全行员工的凝聚力和战斗力。邮政储蓄银行甘肃省分行成功组织了“邮储银行杯”青年创新创业大赛、大学生网络商务创新应用大赛、校园歌手电视大赛、成立八周年专题系列宣传等活动，全方位丰富邮储银行“普惠金融”和“进步与您同步”的品牌内涵，进一步提升品牌影响力和社会形象。招商银行兰州分行在官网和微信平台设置专栏，通过创作微信书、H5有声读物、《兰小招学文化》系列漫画，对招行新时期的文化进行全方位的宣传和导入。组织全行员工开展各类学习讨论活动，讨论文化的力量，发起“读书悟理”微信接力活动和“招银文化在我心中”征文活动，沉淀落地的精神；大家与身边的同事一起谈理想，说价值，形成了学文化、悟文化的良好氛围；将文化理念的“虚”和行为的“实”相结合，以十九周年行庆为契机，组织“原创大赛”“金融大堂故事征文”“主持人大赛”“关爱有我一路同行客户答谢活动”“新老员工交流座谈会”“爱眼日关注眼健康”“2015综合趣味运动会”等形式多样的活动，丰富员工的业余文化生活，增强员工的归属感与凝聚力。兴业银行兰州分行积极组织了足球赛、羽毛球赛等活动，持续丰富了员工文化生活，促进了各部门员工间的交流、沟通与协作，进一步提高了全行的凝聚力和战斗力；同时围绕分行经营发展特色，持续加深了与《兰州晨报》、每日甘肃网等多家主流媒体的合作，探索多样化的形象宣传形式，报道分行经营成果，在玛曲县设立专项扶贫基金，较好地履行了社会责任。兰州银行深入推进以“业绩、合规、创新、务实、阳光”为核心的企业文化建设，为服务地方经济、支持中小企业发展不断开拓创新，同时积极践行社会责任，投身公益事业，开展“共建美好家园——兰州银行2015年回收废旧电池大型公益活动”，在全省范围内共回收废旧电池46吨，兑换矿泉水218万瓶，第五次冠名的“兰州银行杯·2015兰州国际马拉松赛”激情开跑，“兰马”极大提升了兰州城市形象，成为兰州对外宣传城市的一张烫金名片；“双联”工作取得显著成效，解决贫困村、贫困户困难问题100余项，建成了榆中县东湾村农田灌溉、自来水户户通二期工程，彻底解决了全村1 135人的安全饮水及农田灌溉问题。

（景文宏）

白银市

2015年，白银市实现地区生产总值434.27亿元，同比增长6.80%；其中，第一产业增加值59.03亿元，增长

5.30%；第二产业增加值194.25亿元，增长6%；第三产业增加值181亿元，增长8.70%。三次产业结构比例由上年的12.62:50.41:36.96调整为13.59:44.73:41.68。按常住人口计算，人均生产总值25 410元，增长6.84%。城镇居民人均可支配收入23 438元，增长9.40%；农民人均可支配收入7 065元，增长12%；居民消费价格同比上涨0.30%。全市农作物播种面积462.39万亩，比上年增加2.25万亩，其中粮食播种面积367.23万亩，增长1.07%；粮食总产量达到85.44万吨，增长2.61%，实现“十二连丰”。全市实现工业增加值144.43亿元，同比增长5.30%，其中，规模以上工业企业完成增加值136.95亿元，增长4.80%；实现主营业务收入818.83亿元，增长5%；实现利润3.69亿元，下降60.9%；亏损59户，比上年增加16户，亏损额达8.78亿元。全年完成固定资产投资474.46元，增长10.74%，增速较上年回落10.97个百分点。全市实现大口径财政收入50.95亿元，同比下降3.37%。一般公共预算收入25.49亿元，下降1.94%。一般公共预算支出130.73亿元，增长13.73%。截至年末，全市银行业金融机构资产总额为734.45亿元，比上年增长11.58%；负债总额为710.67元，比上年增长11.04%；全市金融机构本外币各项存款余额632.04亿元，同比增长9.17%，增速为2002年以来新低，低于全省7.38个百分点，低于全国3.23个百分点。全市金融机构本外币各项贷款余额511.92亿元，同比增长25.68%，增速高于上年8.40个百分点，高于全省1.75个百分点，高于全国12.28个百分点；全年新增104.61亿元，同比多增44.60亿元，创白银市贷款年增量新高。实现账面利润8.15亿元，较上年减少0.69亿元。全市共有保险分支机构20家，全年实现保费收入18.25亿元，同比增长21.75%，其中财险保费收入5.74亿元，同比增长7.69%；人身险保费收入12.51亿元，同比增长32.24%。全年完成理赔及给付支出2.95亿元，同比增加0.58亿元，全市保险深度达4.23%，同比上升1.19个百分点；保险密度达到1 067.25元/人，同比增加186.87元/人。全市有证券业营业机构6家，上市公司2家。证券营业部总资产达到42.92亿元，为2014年的10.98倍，负债总额4.02亿元，较2014年增长21.82%。全市二级市场交易新开户10 676户，开户总数达6.50万户，增长1.13倍。累计证券交易量达880.28亿元，是上年交易量的3.2倍。融资融券交易金额157.12亿元，是上年交易量的4.77倍，实现佣金收入1.27亿元。

一、抓引导，促发展，着力提升货币政策执行绩效

（一）突出窗口指导，保持信贷合理均衡增长。人民银行白银市中心支行配合人民银行兰州中心支行制定《金融支持白银市转型跨越发展的指导意见》，并制定印发了贯彻落实的《实施意见》，引导金融机构加大对“3341”项目工程、重大基础设施建设、支柱优势产业等重点领域的信贷支持力度，增强了金融对全市经济发展的核心推动力。白银银监分局制定印发《关于进一步提高银行业服务全市实体经济质效实施意见》，组织开展专题调研、政银企项目洽谈、金融知识宣传、青年创业项目竞赛、融资情况调研等一系列活动，积极推动全市产业结构调整和转型升级，有效加大对重点项目、基础设施建设以及新兴产业等实体经济的信贷支持力度。

（二）突出货币政策工具运用，不断提升资金配置效率。人民银行白银市中心支行认真落实差别存款准备金政策措施，对农行会宁县、景泰县“三农金融事业部”执行低于农业银行2个百分点的存款准备金率，4次下调辖内地方法人金融机构存款准备金率3.5~5.5个百分点，直接增加辖内可贷资金3.89亿元。5次下调存贷款基准利率，充分运用价格杠杆引导融资成本下行。加大支农再贷款管理和投放力度，申请增加支农再贷款限额8.60亿元，累计发放支农再贷款17.90亿元，同比多发放3.26亿元，支农再贷款余额达到10.10亿元。落实支农再贷款利率激励措施，对4家县域法人机构执行低于同类机构同档次1个百分点的利率，引导降低涉农贷款利率，全市借用支农再贷款发放的涉农贷款加权平均利率普遍比其他涉农贷款加权平均利率降低1.89个百分点。截至年末，全市涉农贷款余额252.73亿元，同比增长37%，高于上年同期20个百分点；全年新增68.87亿元，占各项贷款新增额的65.84%，同比多增42.33亿元。小微企业贷款余额达到112.48亿元，同比增长9.82%，全年新增10.96亿元，增长10.80%。

（三）突出精准扶贫金融服务，促进经济社会可持续发展。结合“1+17”精准扶贫方案和“1+18”规划要求，人民银行白银市中心支行以“支农再贷款示范区”创建为切入点，发挥资金“杠杆”效应，使示范区涉农信贷增量、增速明显提高，利率明显降低，人均纯收入增速高于平均水平3个百分点，精准惠农取得明显成效。联合金融办等部门，制订了《精准扶贫金融服务工作的实施方案》，推动落实金融支持精准扶贫的目标任务和具体措施。兰州银行白银分行发放精准扶贫小额信用贷款18.44亿元，白银农商行、农信社全年累放农户小额信用贷款14.96亿元，余额达到23.77亿元；各金融机构惠农“三项”贷款累计发放11.17亿元，其中双联惠农贷款累放6.52亿元，妇女小额担保贷款累放3.33亿元，牛羊蔬菜贷累放1.32亿元。

（四）突出小微企业服务，促进非公经济健康发展。白银银监分局持续落实“四单原则”，建立银税合作联席会议制度，签订《支持小微企业发展合作协议》，推动小微企业金融服务进一步提升。工商银行白银分行成立“小微企业金融服务中心”，创新推出“银税通”“银政通”和“网络融资中心”三大融资平台，进一步压缩贷款办理流程，提高贷款审批速度，在全省系统内首家成功办理第一笔小微企业小额信用贷款。农业银行白银分行举办“2015年全市银政企项目对接暨电商协会成立大会”，与邦农合作社和鼎丰物流等业内实力型企业建立了长期合作关系。

二、抓稳定，防风险，着力维护金融体系安全运行

（一）强化金融管理与服务，金融机构运行基础进一步夯实。人民银行白银市中心支行组织对中国银行白银分行、会宁农村商业银行、靖远县农村信用联社进行了综合执法检查，对发现的违规问题提出了整改要求，并予以行政处罚，促进了金融机构依法、规范、稳健经营意识的提高。白银银

监分局组织召开2015年白银银行业金融机构案件防控工作座谈会，督促辖内银行机构开展柜面业务操作风险自查，推动全辖银行业案防工作进一步强化。

（二）强化金融风险监测，风险防范能力进一步提升。人民银行白银市中心支行建立并实施银行业金融机构金融风险监测与提示制度，按季监测分析金融风险情况，针对部分银行信贷增速下滑、不良贷款余额、占比上升等风险情况进行了风险提示。白银银监分局建立银行授信总额联合管理机制，持续加强对重点区域、重点行业和重点客户的风险排查与监测，分机构建立不良贷款监测台账，按月分析不良贷款增加原因，推动政府融资平台、房地产、产能过剩等信用风险得到有效防控和化解。截至年末，全市银行业金融机构不良贷款余额15.10亿元，年内新增7.15亿元，增长90.02%；不良贷款率2.95%，比上年上升1个百分点。其中法人银行业金融机构不良贷款余额7.37亿元，增加4.39亿元，不良贷款率6.24%，上升3.06个百分点。全市法人金融机构资本充足率12.75%，较上年上升1.73个百分点，贷款损失准备充足率258.05%，较上年下降75.16个百分点；拨备覆盖率156.60%，同比下降162.56个百分点。

（三）强化金融改革，金融发展环境进一步改善。存款保险制度在全市顺利实施，辖区舆情和银行业金融机构业务经营平稳正常。人民银行白银市中心支行加强对《存款保险条例》的正面宣传引导，开展了专题培训、理论测试和知识竞赛，督促地方法人金融机构及时办理投保手续，准确核实被保险存款，6家法人金融机构顺利完成存款保险投保手续，投保金额36.14万元。白银银监分局依托非现场监管信息系统和新版客户风险统计系统，对银行主要指标进行跟踪监测，针对发现问题，及时约见高管人员谈话，下发《监管提示》，风险研判的前瞻性和风险提示的有效性明显提高。截至年末，全市银行业金融机构整体存贷比81.73%，比上年上升10.54个百分点。受央行连续降准和实施平均法考核存款准备金政策影响，全市金融机构在中央银行的准备金存款余额为17.92亿元，全年减少0.92亿元，下降4.88%，有效释放了市场的流动性。村镇银行、农村商业银行、农村信用社的备付金率分别为9.89%、12.63%和10.93%。

三、抓服务，求突破，着力优化金融服务环境

（一）农村支付服务环境不断优化。人民银行白银市中心支行认真执行《白银市改善农村地区支付服务环境实施意见》，深入农村一线，掌握各涉农金融机构助农取款服务点的数量及分布情况，绘制全辖助农服务点分布图，引导涉农金融机构加强农村支付体系建设，加快电子支付创新和普及应用。白银银监分局持续推进农村金融“三大工程”和“村村通”建设，积极引导涉农银行机构下沉网点，延伸服务，有效支持“三农”经济发展。截至年末，全市布放ATM 669台，布放POS机9 844台，设立助农取款服务点1 065个，覆盖全市69个乡镇的561个行政村。

（二）国库服务创新发展。全市各金融机构开展了以“央行经理国库30周年”为主题的宣传周活动，白银电视台《白银新闻》栏目对宣传活动进行了报道。全面推广财政资金国库直拨业务，全年直接拨付财政资金56.18万笔、金额21.69亿元，同比分别增长87%和1.26倍。开通了白银区国税、会宁县国税银行端POS刷卡缴税业务，电子缴税业务量、金额占全市收入总业务量的比重上升至87.34%和85.56%。依托TIPS实现烟草企业纳税电子化；圆满完成甘肃省国税系统POS机银行卡缴税业务试点运行工作；积极推动国税委托邮政“双代”业务纳入电子缴税工作，有效发挥了国库信息技术在服务社会、服务百姓中的积极作用。

（三）人民币管理和服务不断加强。人民银行白银市中心支行两次举办2015年新版100元人民币防伪知识培训，为新版人民币顺利发行奠定了基础；灵活调整发行方式，确保了抗战纪念币公开、有序发行和航天纪念钞（币）网点预约、网点发行兑换工作。全市各金融机构开展了人民币冠字号码分类贴标工作，全市280个金融机构营业网点配备具有冠字号码查询功能的ATM 272台、CRS机（存取款一体机）318台，点验钞机1 171台。各金融机构建立现金清分中心，配备现金清分机具157台，日清分能力超过200万张。

（四）金融生态建设持续深化。结合“金融生态建设深化年”活动，人民银行白银市中心支行自主设计开发了白银市金融生态评价体系，对辖内县域金融生态状况进行了试评估。白银市金融学会完成新一届理事会换届选举工作，成功组织全市18家银行业金融机构举办“金融生态与信用体系建设”学术研讨会，围绕5个环境的8个主题进行发言、讨论和点评，积极建言献策，推动了“金融生态建设巩固深化年”活动的深入开展。

（五）金融知识普及工作广泛开展。全市各金融机构开展了“3·15”金融消费者权益保护日“6·14”征信关爱日、反假货币宣传月、“保护自己、远离洗钱”“打击经济犯罪，识假防骗，共创平安”等大型主题宣传活动，提高了社会公众的金融意识、诚信意识、风险防范意识和维权意识。人民银行白银市中心支行围绕货币信贷政策、金融管理政策、金融消保等内容，组织9家银行机构从业人员进行了11场次的现场培训和闭卷答题，成功举办了全市银行业金融知识现场竞赛活动，推动了金融知识宣传普及活动深入持久开展。白银银监分局先后组织开展了“金融知识进万家”、小微企业金融服务宣传月、“送金融知识下乡”、打击非法集资以及“12·4”法治宣传等多项宣传活动，开展了《信访条例》修改实施10周年宣传活动，完成银行业不规范服务收费清理工作及银行业消费者权益保护服务区建设需求调查问卷，积极稳妥处理消费者信访投诉4件，做了到消费投诉件件有回音、事事有着落。

四、抓管理，强素质，着力加强干部队伍建设

（一）开展“三严三实”专题教育活动。人民银行白银市中心支行通过思想发动、专题学习、上下联学、交流研讨、集中培训等方式，梳理制定了自检卡，对照分析和查摆存在的突出问题，逐一进行整改，努力提升践行“三严三实”的思想自觉和行动自觉。白银银监分局组织党委书记及班子成员讲专题党课、党员干部专题学习培训、交流研讨、

批评与自我批评等活动，推动专题教育活动取得实实在在的效果。农业发展银行白银市分行将专题教育常态化，要求党员领导干部重点对照“三严三实”标准，从对党忠诚、个人干净、敢于担当三个方面加强党性修养，坚持实事求是，着力解决“不严不实”问题。农业银行白银分行开展了重温入党誓词、学雷锋、慰问走访老党员和生活困难党员等党性实践活动，邀请甘肃省委党校教授和省分行组织部专家进行了党建知识专题讲座，两级行基层党建工作能力提到了提升。邮政储蓄银行白银市分行组织开展“三严三实”专题研讨会、党课培训、观看抗战胜利70周年影片及讲座，举办了“三严三实”及党建知识竞赛活动。

(二) 强化内控，完善管理机制。人民银行白银市中心支行顺利完成内设机构调整和业务、人员的划转交接，梳理划定了各岗位工作职责，明确了127个岗位的1 223个风险点的责任人责任，按季进行风险评估，推动工作落实。白银银监分局组织开展“讲党性守党规严党纪”主题教育活动，专题学习《中国共产党廉洁自律准则》和《中国共产党纪律处分条例》，观看反腐倡廉教育片《暖秋》和白银市廉政警示教育图片展，举办纪委书记廉政形势辅导专题讲座，进一步增强了干部职工拒腐防变的意识，提高了廉洁自律的能力。农业发展银行白银市分行坚持每周召开党委工作周例会、按月召开业务分析会、按季组织行务公开，认真落实行长接待日制度，全行民主管理得到进一步加强。农业银行白银分行加强对党风廉政建设的联动管理，定期组织召开案件防控联席会，以农户贷款管理、员工行为管理、银行卡套现为重点，按条线分析当前经营管理中的薄弱环节和各类风险隐患，研究化解风险的具体措施，分解落实案件防控的工作任务，确保案防措施执行到位。

(三) 创新载体，激发工作活力。人民银行白银市中心支行组织开展“讲身边事、学身边人”活动，选树了8名“我身边的榜样”，通过典型的渲染和渗透，聚集了正能量，弘扬了新风气。农业发展银行白银市分行积极开展“学雷锋”“积分圆梦”等活动，共走访慰问困难职工17人次，送去慰问金2.20万元，向总行特困救助基金募集救助金1.41万元。工商银行白银分行结对帮扶贫困农户，签订了《帮扶手册》，捐赠贫困慰问金10 200元，向每户农户发放清油、大米、面粉等慰问品，并组织开展“金秋助学”工作，向2015年高考录取学生发放资助款15 500元，从物质和精神两个层面对帮扶对象予以鼓励。农业银行白银分行组织开展了客户经理座谈会、优秀女员工表彰大会、青年员工主题演讲比赛、田霞同志先进事迹报告会等多种活动，大力倡导和深植敬业奉献、勇于担当、争先创优的企业文化，积极营造健康向上的良好氛围。甘肃银行白银分行开展“甘肃银行服务质量提升活动”，以统一、固化、落实服务标准为导向，不断改进客户体验，激发全行开展文明优质服务积极性和创造性。兰州银行白银分行与白银区教育局联合开展了以“环保意识，从小做起”为主题的回收废旧电池公益活动，覆盖了白银城区的20多所小学，回收废旧电池20 400余枚。会宁农村商业银行开展28个乡（镇）慰问工作，倾听当地政府对农商银行改革发展呼声、期盼和要求，得到了当地政府的评价和赞扬。

（王文海）

天 水 市

2015年，天水市常住人口331.17万人，城镇人口116.90万人，人口自然增长率6.93‰。实现地区生产总值553.80亿元，同比增长9.20%；第一、二、三产业完成增加值分别为61.44亿元、142.84亿元和178.65亿元，分别增长6.10%、10%和12.09%；三次产业比例为16:37.30:46.70。规模以上工业企业增加值111.04亿元，增长10%。农作物播种面积460 780公顷，增长0.62%；粮食总产量126.97万吨，增长2.55%。全社会固定资产投资602.79亿元，增长12.09%。社会消费品零售总额262.42亿元，增长9.20%。居民消费价格指数102%。进出口总额23.85亿元，增长0.26%。其中，出口13.91亿元，下降9.68%；进口9.94亿元，增长18.52%。城镇居民人均可支配收入20 809元，增长10%；农村居民人均纯收入6 006元，增长12.50%。大口径财政收入110.66亿元，增长9.90%；财政支出227.91亿元，增长22.70%。金融机构本外币各项存款余额1 033.41亿元，同比增长15.05%；本外币各项贷款余额642.58亿元，同比增长35.25%，较年初增加167.48亿元，创历史新高。实现保费收入18.11亿元，增长41.82%；保费支出3.83亿元，下降17.57%。

一、认真贯彻稳健的货币政策，加大金融支持实体经济力度

(一) 灵活运用政策工具，抓好政策传导落实。人民银行天水市中心支行出台了《进一步推进“金融生态建设深化年”活动的实施意见》《2015年贯彻落实信贷政策支持天水实体经济发展的实施意见》，参与了全市文化旅游、精准扶贫、非公经济发展等有关意见和方案的制定。指导和督促商业银行严格执行有关利率政策及管理规定，对辖内8家地方性法人金融机构进行了合格审慎评估。积极探索开展支农再贷款示范区创建工作，取得了良好效果，得到了主管副市长和兰州中支有关领导的肯定性批示，有效促进了稳健的货币政策贯彻落实。

(二) 发挥信贷政策导向作用，支持特色产业和小微企业发展。全市金融机构认真贯彻国家货币政策，不断加大信贷投入。天水银监分局引领全市银行业金融机构持续改进小微企业金融服务，小微企业贷款余额201.82亿元，占全市贷款余额的57.40%。农业发展银行天水市分行完成了甘谷粮油购销公司1 200万元的首笔建仓贷款；扶持众兴菌业成功登陆中小板，成为天水市第二家上市公司。中国银行天水分行向天水华天科技股份有限公司发放1 600万美元海外并购贷款，支持该公司成功收购美国FCI公司，成为全省发放的首笔海外并购贷款。兰州银行天水分行大力支持天水装备

制造业、商贸流通业和房地产开发经营行业，累计发放贷款7.65亿元。秦州农合行和麦积农合行以支持“三农”为定位，全年新增各类涉农贷款32.98亿元。

（三）支持民生工程建设，加大基础设施信贷投放。农业发展银行天水市分行加大对土地储备整理、农村路网等农业农村基础设施建设贷款力度，全年先后向市土地储备中心发放贷款8.10亿元，发放张川至恭门段农村路网建设贷款2亿元。中国银行天水分行发放“中油燃气卡”、开办“中银E社区”以及在全省首家开通了“银医通”业务，社会知名度和美誉度大幅提升，获得“2014年度市长金融奖”“2014年度精神文明建设奖”。兰州银行天水分行发放市政建设、道路交通、土地征用等基础设施建设贷款10.50亿元。

（四）抓好“金融扶贫攻坚”行动，做好精准扶贫专项贷款发放。面对全市扶贫工作新形势，人民银行天水市中心支行配合政府有关部门，协助做好精准扶贫专项贷款的发放工作，两批专项贷款共发放43.80亿元，覆盖两区五县8.89万户贫困户。农业发展银行天水市分行支持易地扶贫搬迁等项目的实施，共发放贷款3.34亿元。秦州农合行创建太京、西口两个镇万亩果园示范区，在平南镇选定支持养殖农民专业合作社作为精准支持示范点，充分发挥支农贷款作用。

二、多方位加强风险监测，确保辖区金融安全稳定

（一）推动存款保险有序开展，关注金融风险苗头。存款保险制度在全市顺利实施，法人金融机构依规完成了首次参保。人民银行天水市中心支行加强对全市大型企业的风险监测，组织业务科室先后3次到星火机床有限公司对其经营情况进行实地调查，根据调研情况向兰州中支报送了4期相关报告，为上级行掌握其经营情况和债务风险提供了第一手资料。天水银监分局严控地方融资平台贷款风险，在对平台贷款清理确权的基础上，继续加强对平台贷款名单制管理，年末全市平台贷款余额49.60亿元，比年初增加8.10亿元，平台贷款总体基本实现现金流全覆盖，风险总体可控。

（二）有效控制信贷资金风险，提升风险应对处置能力。天水银监分局持续加强流动性管理，全市法人金融机构流动性比例为62.07%，资本充足率达到13.50%。中国银行天水分行信贷资金风险得到有效控制，不良贷款率0.02%，较年初下降0.02个百分点。秦州农合行不良贷款余额1.29亿元，较年初下降0.13亿元，不良贷款率1.40%，较年初下降了0.69个百分点，不良贷款余额和不良贷款率实现了双降。麦积农合行不良贷款率1.47%，较年初下降0.32个百分点。

（三）推动金融改革，加强金融综合管理与监测。人民银行天水市中心支行依法开展“两管理、两综合”工作，进一步加强了对金融机构开业管理、日常管理和年度综合评价工作；组织开展了辖内互联网金融、网络银行、移动支付等新型金融业务面临信息安全风险的调研，增强了风险的监测能力。天水银监分局为有效控制信贷资金风险，对扶贫贷款增长较快的秦州合作银行进行了风险提示。农业发展银行天水市分行开展重大风险和信贷担保管理检查，共排查企业73户，涉及信贷资金63.16亿元。农业银行天水分行加强信用风险管控，审慎处置了重点信用风险，共收回自营不良贷款4 491万元。麦积农合行在全辖范围开展不良贷款集中清收排查活动，收回各类不良贷款及表外欠息857笔，金额843.99万元。

三、不断深化金融服务内涵，确保服务优质高效

（一）加大业务创新，探索信贷业务发展新方向。人民银行天水市中心支行稳步完善支付结算体系，全市各网点ACS业务成功率达99.17%，创新推行了非现场监管季度考核机制。农业银行天水分行三项新业务破零，累计办理合作性同业业务60亿元，承销华龙证券短期融资券11.50亿元，全省首笔投资他行理财业务5亿元，三项新业务实现收入1 005万元。建设银行天水分行成功签约人民币与外币双向资金池运营业务，实现全省跨境资金池业务的首单突破。交通银行天水分行SEMS客户新增23户，PLIS客户新增356户。邮储银行天水市分行营业部取得市级国库集中支付代理资格，五个县支行取得县级以上代理银行资格，共开立市、县级国库集中支付账户217户；申报华天授信项目，授信总额度4.50亿元，信用评级AA级，华天授信项目的获批填补了邮储银行授信业务空白。秦州农合行创新推出公职人员担保贷款及“公务贷”等信贷产品，飞天公务卡正式发行，成为全省首家开办公务卡的农村合作银行。麦积农合行研发了“大众创业宝”系列贷款产品，填补了全省信用社系统创业类贷款的空白，共办理“大众创业宝”贷款74笔，金额730万元。

（二）狠抓业务营销，多方式促进存贷款稳定发展。工商银行天水分行开展大战50天全员揽储活动、基金大营销活动，通过包片帮扶有力促进了网点存款任务的完成。建设银行天水分行社区金融快速跟进，与17个重点社区签订合作协议，成功搭建缴费平台8个，发放社区一卡通1 800张。交通银行天水分行累计新开机构账户46户，带动公务卡发卡近1 000张，与天水市公共资源交易中心搭建了招标通业务平台，吸纳土地拍卖保证金1.60亿元。邮储银行天水市分行开展了“邮储有福”羊年贺岁金钞的销售品鉴会，在天水生活网、金点子DM上进行了广告宣传，深入开展“亿路有你”活动。甘肃银行天水分行采取进社区、跑单位、访商圈等形式，巧借“神舟兴陇卡——全球ATM取款零费用”等多项优惠政策和“汇福”理财产品，个人存款接近40亿元，发卡超过10万张。秦州农合行相继开展了“跨越三千亿，献礼十周年”揽储竞赛、“喜迎伏羲节 献礼十周年”竞赛等活动，各项存款余额突破120亿元大关。

（三）推进经营转型，积极实施网点营运标准化改革。工商银行天水分行积极实施网点人员结构优化和转型，经过严格测算高低柜比例达到2.19:1；对罗玉支行进行了搬迁改造，完成了21个物理网点WIFI建设和智能化改造工程，全行离行式自助网点达到29个。农业银行天水分行新开业自助银行30个，新增现金类自助设备32台，自助服务终端22台；新增惠农通有效服务点419个，有效服务点总数达到2 855个，打通了农村基础金融服务“最后一公里”。建

设银行天水分行稳步推进了以“单功能网点转型、综合柜员制、综合营销团队”为核心的营业网点综合化建设。甘肃银行天水分行在全市五个县分别设立了支行，兰州银行天水分行在甘谷县设立了支行，原秦安农村信用社改制成甘肃秦安农村商业银行，加大了对县域金融的支持力度。秦州农合行对西口支行进行重建，对银坑、公园、新庄等分理处进行迁址，对营业部、天河支行、吕二支行等进行装修改造，改造后的合行营业部被中国银行业协会评为“五星级”营业网点。麦积农合行将马跑泉支行、渭滨分理处迁址重装，社棠支行迁址更名、增设社棠分理处。

（四）精简行政许可，稳步推进金融消费权益保护工作。天水银监分局精简了行政许可事项，重新梳理了行政许可流程，明确了各部门的责任，累计减少审核事项38项，占比36.89%，累计节约审核时间1 026个工作日，受理、审核了66项行政许可事项，换发58张金融许可证，提高了行政许可工作质效。坚持“为民监管”理念，深入开展银行业消费者权益保护工作，成立了天水银行业消费者保护工作指导委员会，制定了《天水银行业消费者权益保护工作联席会议制度》。对辖内银行业收费和落实《银行业消费者权益保护工作指引》的情况进行了现场检查，建立完善了投诉处理机制，共受理解决各类信访投诉10件，群众满意率90%，有效维护了金融消费者的合法权益。

四、加强党的建设和内部管理，抓好干部队伍建设

（一）加强基层党组织建设，切实改进工作作风。人民银行天水市中心支行扎实开展“三严三实”专题教育，中支党委建立了“专题党课巡讲制度”，班子成员分别深入10个专题教育联系点讲党课，累计开展7次专题研讨，组织制定了《党委（组）落实“两个责任”实施细则》和《党风廉政建设主体责任、监督责任清单》，从19个方面明确了党委班子、党委第一责任人及党委成员主体责任21项，被西安分行确定为试点单位，以“四项主抓”落实好监督执纪四种形态工作受到了总行调研组的充分肯定，其做法被总行《纪检监察简报》第7期刊载。天水银监分局党委对机关党总支提前进行了换届，按科室将原来的2个党支部扩展为8个。工商银行天水分行开展了领导干部廉洁谈话会，组织63名领导干部到天水监狱现身说法接受警示教育。农业银行天水分行新一届党委组建后，经过广泛深入调研，制定了“1161”工作思路。麦积农合行明确提出“小事马上办、大事一周办、特事加班办”的服务机制，审批时形成“开快会、勤开会，可则批、否则退”的办公理念。

（二）注重安全管理，安全保卫工作再上新台阶。人民银行天水市中心支行不断加强保密密码和网络安全工作，全年未发生失泄密和内联网非法外联事件；强化发行库守卫、发行基金押运和枪支弹药管理，成功组织举办了辖内金融系统反恐防暴应急演练。工商银行天水分行坚持每季度安防委员会例会和守押联席会议制度，对监控、报警设备进行了安全隐患排查，排除隐患9处，现场纠改违章操作6次。麦积农合行以“安康杯”竞赛活动为契机，组织安全检查6次，查纠安全隐患问题11个，处罚相关责任人15人，处罚金额1.23万元。

（三）做好稽核审计工作，狠抓问题整改及制度落实。人民银行天水市中心支行结合分行审计反馈意见，全年开展重点项目审计11个。工商银行天水分行全年完成检查项目8个，对发现的问题提出整改意见59条，整改率达到94.92%，经济处罚（扣减绩效）58人次、2.61万元，行政处分（警告）3人次。麦积农合行针对内审发现的各类问题提出整改建议17条，经济处罚56人次，处罚金额7.26万元，通报批评12个网点。

（四）坚持以人为本，大力推进干部队伍建设。人民银行天水市中心支行积极开展“文明单位”及“标杆示范行”创建，认真抓好业务竞赛及各类团体活动，凝聚了正能量，推进了基层央行文化建设。工商银行天水分行全方位、多渠道为员工办实事、办好事，慰问困难员工65人次，发放慰问金22万元。农业银行天水分行对老党员、退休干部和困难员工开展送温暖活动，全年共慰问67人次，发放慰问金25万元。建设银行天水分行提出了“抓两头，促中间”干部队伍建设思路，构建了“三位一体”的联动会议机制。秦州农合行采取“走出去”“请进来”和轮训的方式，共举办培训班22期，举办规范服务、内部管理现场会、座谈会4期，取得了明显的培训效果。

（焦晓玲）

嘉峪关市

2015年末，嘉峪关市常住人口24.39万人，比上年增加0.26万人，增长1.08%。其中，城镇人口22.79万人，占常住人口93.42%；农村人口1.60万人，占全市常住人口的6.58%。全年实现地区生产总值190亿元，比上年增长9%。其中，第一产业增加值4.17亿元，增长5%；第二产业增加值108.56亿元，增长5.40%；第三产业增加值77.30亿元，增长19.10%，三大产业结构由上年的1.63:69.80:28.57调整为2.2:57.1:40.70，与上年相比，第一产业所占比重上升0.50个百分点，第二产业所占比重下降13.40个百分点，第三产业所占比重上升12.90个百分点。全年完成工业增加值98.97亿元，比上年增长5.20%。人均生产总值为78 336元。粮食总产量12 600吨，比上年增产0.80%。完成全社会固定资产投资144.16亿元，比上年增长15.11%。完成社会消费品零售总额54.95亿元，增长8.80%。商品零售价格总水平比上年下降1.30%。实现外贸进出口总值117 363万元，比上年下降45.78%。城镇居民人均可支配收入达到30 714元，增长10.10%；农民人均纯收入达到15 371元，增长11%。全年大口径财政收入39.80亿元，比上年下降21.74%。城镇登记失业率2.70%，与上年持平。截至年末，辖区金融机构本外币各项存款余额321.95亿元，比年初下降3.84%；本外币各项贷款余额425.45亿元，比年初增长9.50%。

一、认真贯彻国家宏观调控政策，积极支持地方经济发展

（一）准确把握货币政策意图，努力保持货币信贷合理均衡增长。人民银行嘉峪关市中心支行认真落实货币信贷调控要求，通过制定支持实体经济发展实施意见，召开金融工作会、座谈会和形势分析会，深入企业和金融机构调查，向地方党政汇报有关情况，对金融机构高管人员开展约见谈话等多种形式，准确、及时传达宏观调控最新要求，引导金融机构把握好信贷投放力度、节奏和结构。认真做好信贷政策导向效果评估工作，强化地方法人金融机构流动性日常监测分析，积极向兰州中心支行申请调增嘉峪关农商行合意贷款规划至7亿元，促进地方法人金融机构贷款投放保持合理均衡。推动跨境人民币业务持续快速发展，截至年末，累计办理跨境人民币业务金额21.57亿元，同比增长42%，业务量全省排名第3。

（二）加强货币信贷政策引导，大力支持经济结构调整和转型升级。面对钢铁产业产能过剩、经营困难的严峻形势，人民银行嘉峪关市中心支行积极引导金融机构争取政策倾斜，拓宽融资渠道，优化金融资源配置，加大对酒钢公司及支柱产业和重点项目建设的信贷支持力度。截至年末，酒钢公司辖区贷款余额262.13亿元，同比增加16.39亿元，增长6.67%，占全市贷款总量的61.61%。发挥集中对接优势，牵头组织召开2015年嘉峪关市政银企项目融资对接会，全市9家银行与289户企业、374个项目达成总金额476.57亿元的融资协议，资金落实率达109.20%，进一步缓解了实体经济发展中的资金供需矛盾。嘉峪关银监分局引导辖区各银行盘活存量、用好增量，通过核销不良贷款、回收再贷、现金清收等方式腾挪信贷资源，通过调整增量结构，加大对新能源、有色、煤化工等行业的支持力度，使信贷结构得到进一步优化。

（三）充分发挥政策工具正向激励作用，进一步提高宏观调控的精准性和导向力。人民银行嘉峪关市中心支行认真落实差别存款准备金率和利率优惠政策，全年连续5次下调辖区农商银行准备金率，累计释放可贷资金9 000余万元。充分发挥再贴现引导信贷资金流向作用，积极向兰州中心支行申请调增再贴现额度1亿元，使全年再贴现规模达到3.23亿元，全年累计办理再贴现6.30亿元。年末，全市中小微企业贷款余额91.98亿元，同比增长19.35%，其中小微企业贷款余额43.38亿元，同比增长42.40%。围绕“金融生态建设深化年”活动和普惠金融发展目标，引导金融机构不断加大对“三农”、新型农村经济合作组织、妇女创业、下岗失业人员等薄弱环节贷款需求支持力度。截至年末，辖区涉农贷款、妇女小额担保、下岗失业人员贷款余额分别为18.72亿元、1.18亿元和3 232万元。

二、强化金融监管职能，切实维护辖区金融稳定

（一）加强监测排查，严密防范金融体系风险。人民银行嘉峪关市中心支行充分发挥全市金融稳定领导小组各成员单位的作用，进一步健全完善辖区金融安全稳定保障机制，抓好辖区《金融稳定工作目标责任书》的组织落实工作。认真组织做好《存款保险条例》出台前的各项准备工作和出台后的金融机构流动性监测、舆情引导和宣传督导，顺利完成辖区法人金融机构投保手续办理、保费测算、保费缴纳等工作。扎实组织开展对银行证券保险、地方法人银行机构、酒钢公司、影子银行等领域的风险监测，完成对辖区农业银行、农商银行的负债管理业务现场评估。积极配合做好全市非法集资风险排查、宣传、案件核查和处置工作，动态掌握金融稳定状况，宏观预测金融风险变化情况，牢牢守住不发生区域性、系统性金融风险的底线。嘉峪关银监分局强化集团客户风险管理工作，科学评估酒钢集团公司市场竞争力，动态调整企业评级和信贷资产质量变化，严防资金挪用和过度授信，做到对重点风险底数清、可控制。

（二）坚持依法履职，不断提升金融管理效能。人民银行嘉峪关市中心支行全面清理现行有效的依法行政和法律事务相关制度29件，排查对外执法检查权力26项，风险点134个，防控措施69条，进一步规范依法履职行为，防范行政执法风险。切实履行金融管理职能，圆满完成对辖区金融机构2014年度综合评价工作，认真履行金融机构开业管理、营业管理及重大事项报告职责，全年受理开办业务申请48项，重大事项报告72项。组织开展对辖区农业银行、农商银行综合执法检查，对部分银行、保险业金融机构开展专项执法检查，针对个别金融机构的金融违规行为给予行政处罚，规范金融机构经营行为，切实提高金融管理能力。

（三）夯实工作基础，进一步优化金融生态环境。突出强化反洗钱监管效能，以风险评估和风险监管为主线，深入开展反洗钱宣传培训，组织完成辖区洗钱风险评估和金融机构洗钱风险自评估工作，进一步巩固洗钱风险防控成效。深入推进小微企业和农村信用体系建设，指导辖区2家小额贷款公司接入征信系统，不断扩大征信系统覆盖面。大力推广信用报告互联网查询业务，依法处置征信异议和咨询投诉，为社会公众和企业提供了更为便利的信息服务。深入开展金融消费权益保护工作，加强金融消费者教育，进一步完善12363电话运行机制，畅通金融消费者维权渠道。积极推动辖区金融机构与公安机关建立银警联席会议、案件通报、联动宣传等长效机制，共同密织起预防和打击银行卡犯罪的防控网。

三、不断优化金融服务，提升金融服务水平

（一）以强化金融综合服务为切入点，切实提升服务质量和水平。一是金融统计和调研信息参谋作用突出。围绕“一带一路”建设、金融生态环境建设、金融支持精准扶贫情况等开展特色研究，进一步增强调查统计和金融研究工作的针对性和有效性。二是支付体系建设和服务功能不断完善。制定并实施《嘉峪关市银行卡助农取款服务管理办法（试行）》，支农、惠农、便农“支付绿色通道”通畅运行。截至年末，29个助农取款服务点累计发生现金收付26 478笔，金额1 664.60万元。三是经理国库职能有效发挥。加快财税库银横向联网推广进程，截至年末通过财税库银横向联网系统完成电子缴税业务36 431笔，入库资金26.84亿元，办理电子缴税业务的金额占比达80.90%。精心组织开展

《国家金库条例》及其实施细则颁布30周年系列宣传活动，荣获人民银行系统“国库人、国库事、国库情”演讲比赛三等奖。四是外汇管理服务水平不断提高。深入酒钢宏兴公司开展短期外债余额指标需求调研，积极向省分局争取新增短期外债余额指标2 500万美元，拓宽企业使用低成本外汇资金的渠道。五是货币流通环境进一步优化。持续巩固完善“银行+社区+农户”的反假货币两个网络建设模式，充分发挥辖区107个反假货币工作站点服务支持作用，不断增强社会公众的反假意识。六是科技服务保障作用显著增强。人民银行嘉峪关市中心支行认真做好办公楼网络迁移、业务系统升级上线及日常运行维护等工作，配合上级行完成机房标准化改造及全省数据备份中心建设任务，确保网络与信息系统安全稳定运行。

（二）及时更新营销观念，积极拓展信贷市场。农业发展银行嘉峪关市分行积极主动与市发改委及有关企业对接，及时投放5 458万元重点建设资金，主要用于解决嘉峪关市第二污水处理厂和棚户区改造项目资金需求。建设银行嘉峪关分行小企业中心累计为当地149户小微企业提供融资金融服务，累计向小微企业投放贷款205笔，金额4.74亿元，切实解决中小企业融资难、融资慢问题。嘉峪关农村商业银行继续加大农户小额信用贷款的推广力度，截至年末为全市4 068户农户评级授信19 376万元，信用户占全市农户数的90%，农户小额信用贷款余额达到5 203万元。邮政储蓄银行嘉峪关市分行抓住贴现发展旺季，加大营销力度，全年累计贴现4.39亿元，在全省排名第2。

（三）创新金融产品，积极发展中间业务。建设银行嘉峪关分行成功搭建酒钢财务公司票据贴现平台，实现了银企合作的重大突破，有利于解决酒钢财务公司签发票据的流动性需求和支付需求，截至年末已办理贴现业务2亿元。中国银行嘉峪关分行积极研究产品优势，成功为酒钢集团开立区域通关一体化保函1.10亿元，成功协助酒钢集团注册100亿元超短期融资券发行规模，并作为主承销商承销首期规模20亿元，积极协调中银国际为酒钢集团海外项目并购提供高效顾问服务。兰州银行嘉峪关分行积极推广三维商城、手机银行、微信银行、百合银行等新型业务，继续提高电子银行渠道的替代水平。嘉峪关农商银行与市工信委协商，独家代理4家融资性担保公司的注册资金托管业务，增加对公存款4 500万元。

四、保险业、证券业平稳运行

（一）保险市场运行平稳，主要指标增长乏力。随着改革深入推进和业务的快速发展，辖区保险市场实力不断加强，功能进一步得到强化。截至年末，辖区9家保险公司实现保费总收入5.04亿元，同比增加0.13亿元，增长2.61%。其中，人身险保费收入2.49亿元，同比减少0.08亿元，下降3.01%；财产险保费收入2.55亿元，同比增加0.21亿元，增长8.78%。2015年，嘉峪关市保险业赔款支出1.98亿元，同比增加0.13亿元，增长6.29%。其中，人身险赔付支出0.68亿元，同比增加0.04亿元，增长5.82%；财产险赔付支出1.30亿元，同比增加0.09亿元，增长7.49%。截至年末，辖内保险密度2 088元/人，同比增长3.10%。受经济下行压力增大及辖属支柱企业效益整体下滑的影响，全年嘉峪关市保险业亏损2 703万元，全辖保险业未发现大额欺诈、骗保、地下保单等恶性事件和较大经营性风险等不稳定因素，保险业总体运行平稳。

（二）证券行业各项指标大幅增长。截至年末，嘉峪关市证券投资者开户数51 550户，同比增加17 022户，增长49.29%。其中，新增账户数17 003户，同比增加13 691户，增长4.13倍。证券交易额667.35亿元，同比增加469.50亿元，增长2.37倍。基金认购额30.27亿元，同比增加16.82亿元，增长1.25倍。其中，基金申购额15.19亿元，同比增加8.38亿元，增长1.23倍；基金赎回额15.08亿元，同比增加8.44亿元，增长1.27倍。2015年，嘉峪关市证券业累计上缴税金864万元，同比增长2.93倍。

五、强化内部管理，加强职工队伍建设

（一）加强党建和干部队伍建设。人民银行嘉峪关市中心支行按照内设机构设置政策要求，内设机构由原来的13个职能科室调整为11个科室职能不断优化，工作效率得到进一步提升。农业发展银行嘉峪关市分行开展业务岗位到期重新竞聘和中层干部、业务岗位空岗竞聘工作，提拔高级主管（主任）、副主任3名，专员、业务副经理2名，使中层干部进一步年轻化。嘉峪关农商银行按照“干部能上能下、员工能进能出”的激励机制规定，从严推行全员竞聘上岗。通过竞聘，全行13名中层干部实现了岗位轮换，岗位轮换率达到69.56%。

（二）不断推动内部管理水平上台阶。人民银行嘉峪关市中心支行做好目标管理责任制考核等制度的修订工作，制定实施中心支行2015–2017年发展规划，明确总体发展思路和各年度发展目标，形成推动中心支行持续发展的有力抓手。建设银行嘉峪关分行制定《全面推进内控管理水平2015年“攻坚”行动实施方案》，建立表单管理，按季召开推进会议听取汇报，定期通报，提高执行力。嘉峪关农村商业银行与全体员工签订《嘉峪关农商银行员工拒绝参与经商办企业、民间借贷和非法集资承诺书》，教育和培养全体干部职工自觉遵守规章制度、自觉执行内控要求、自觉抵制违规行为的良好执行力文化，杜绝各类案件的发生。

（三）继续加强精神文明建设。人民银行嘉峪关市中心支行进一步发挥工、青、妇、团等组织的桥梁纽带和组织协调作用，举办全市金融团工委“激情互动·和谐金融”青年联谊活动，参加甘肃省人民银行系统“舞动青春·放飞梦想”青年干部风彩展示活动并获三等奖。农业发展银行嘉峪关市分行推进“双联”工作，为双联村捐赠了办公用品50台（套），援建的机井改建项目建成竣工，得到了联系村村民的充分肯定，被赠予“联村联户又联心，为民富民真惠民”锦旗。建设银行嘉峪关分行荣获中国企业联合会、中国企业家协会颁发的全国“企业文化优秀成果”奖，总行级“平安建行”创建活动先进集体。

（赵 锋）

金 昌 市

2015年末，金昌市常住人口47.05万人，城镇人口31.98万人，乡村人口15.07万人，城镇化率67.96%。全年实现地区生产总值224.52亿元，增长3.20%；第一、二、三产业增加值分别为17.98亿元、130.69亿元和75.85亿元，增长5.20%、2%和8.50%。农作物播种面积117.85万亩，增长5.67%；粮食作物78.70万亩，增长12.51%；粮食产量39.22万吨，增长10.10%。实现工业增加值101.20亿元，增长1.30%。完成全社会固定资产投资248.59亿元，增长0.58%。实现社会消费品零售总额76.01亿元，增长8.60%。居民消费价格总指数为101.20%，商品零售价格指数101.20%。接待旅游人数278.82万人次，增长22.63%；实现旅游收入14.49亿元，增长25.07%。实现进出口贸易总额11.25亿美元，下降39%，占全省进出口总额的14%。实现大口径财政收入44.10亿元，下降9.02%；地方财政收入18.47亿元，增长2.63%。城镇居民人均可支配收入29 670元，增长10.40%；农村居民人均纯收入11 459元，增长11.20%。城镇登记失业人员5 134人，登记失业率3.10%。金融机构本外币存款余额325.72亿元，比年初增加25.41亿元，增长8.46%。其中人民币储蓄存款余额178.32亿元，比年初增加10.08亿元，增长5.99%；本外币贷款余额397.07亿元，比年初增加160.63亿元，增长67.94%。银行业金融机构总资产459.08亿元，增长37.39%；其中不良贷款余额2.96亿元、增加0.95亿元，贷款不良率0.78%、下降0.10个百分点。证券成交额621.83亿元，增长184.52%；托管市值总额14.67亿元，增长45.31%；新增在册账户数16 671户，在册总户数6.34万户。保险业保费收入10.54亿元，增长24.08%。其中财产保险保费收入3.53亿元、增长13.24%；寿险保费收入7.01亿元、增长30.38%。保险公司赔款支出2.69亿元，保险平均赔付率25.54%。

一、落实稳健货币政策，支持地方经济提质增效

（一）适时指导，抓好政策落实。人民银行金昌市中心支行紧跟全市推进“四化”（新型工业化、农业现代化、新型城镇化、信息化）战略部署，制定了《关于贯彻落实信贷政策、着力促进金昌市实体经济提质增效的指导意见》《金融支持金昌市国家新型城镇化试点的指导意见》《金融支持金昌市房地产业健康发展的实施意见》《金昌市进一步加强农村金融服务的意见》，引导金融资源有针对性地向经济转型发展的重要领域和关键环节配置。金昌银监分局围绕发展循环经济“金昌模式”和建设全国新能源示范城市，引导金融机构突出支持金川公司铜镍合金加工等重点产业、重点领域的发展，以实现小微企业贷款“三个不低于”和涉农贷款“两个不低于”为目标，督促政策的落实。

（二）围绕重点，促进经济转型。一是围绕有色金属等支柱产业和金川公司、八冶公司等重点企业，加大金融支持力度。外管局金昌市中心支局帮助金川公司申请调增短期外债余额指标至1亿美元，争取到跨国公司外汇资金集中运营业务资格。工、农、中、建“四大行”以本外币贷款、黄金租赁、贸易融资、票据保函等多种形式，支持金川公司做大做强，工商银行金昌分行为广西金川子公司办理1.01亿元进口结构性风险参贷业务，开创全省办理此业务的先河，将八冶公司从“其他”潜在风险客户中调出，扫清了开展业务的障碍；农业银行金昌分行根据金川公司多元融资和交易避险的双重需求组成团队，营销黄金租赁业务2吨，在全省系统内处于领先地位；中国银行金昌分行利用境内外汇差优势和人民币对美元贬值预期为金川公司办理汇差交易10 262万美元，保持了跨境业务的领先优势；建设银行金昌分行与金川公司签订165.50亿元全球综合授信合作协议，支持支柱产业和重点企业渡过难关。二是围绕扶贫攻坚，全面发展普惠金融。人民银行金昌市中心支行会商市财政局制定了《金昌市财政金融精准扶贫工作方案》，促成了永昌县扶贫开发担保有限公司的设立，运用财政担保方式推动涉农金融机构加大精准扶贫力度；兰州银行金昌分行为永昌县南坝、六坝、红山窑等7个乡镇667户建档立卡贫困户发放精准扶贫专项贷款3 300万元。人民银行金昌市中心支行制定《金昌市普惠金融发展规划（2015–2018年）》，规划普惠金融发展路径。农发行金昌市分行发挥投资基金业务经办行优势支持棚户区改期项目1个、金额7 447.50万元。工、农、中、建“支大支重不嫌小”，多渠道多形式壮大中小微企业客户群体，全市小微企业贷款余额52.43亿元、增长17.32%。农业银行金昌分行以“整村推进”方式加快“四融”平台建设，农村信用社坚守服务“三农”、服务中小微企业、服务县域经济定位，不断加大对“三农”经济的信贷投放，2015年全市涉农贷款余额110.58亿元，较年初增长18.69%，保持了“七连增”。三是围绕重点项目建设，力促经济转型升级，农发行金昌市分行支持金昌市韩家峡水库、高标准农田建设等农业开发农村基础设施建设，工商银行金昌分行以行内银团贷款方式支持风电光电等新能源项目，中、农、建分别支持龙首新区、康颐健康养老中心、传媒中心等重点项目，增强了地方经济发展潜力。

（三）用好工具，传导调控意图。人民银行金昌市中心支行认真落实再贷款投向和增量管理新要求，开展支农“再贷款示范区”创建活动，严格落实再贷款发放四级审查制度，实施支农再贷款封闭管理措施，加强支农再贷款和再贴现投向使用监测。完成地方法人金融机构合格审慎评估，推进利率市场化改革，永昌县农村信用联社被成功吸收为自律机制基础成员。

二、加强金融管理和风险防范，确保区域金融稳健发展

（一）切实防范系统性区域性金融风险。人民银行金昌市中心支行落实金融风险定期监测制度，建立覆盖全市所有大型企业的风险监测季度报告机制，按季上报监测动态信息；完成银行业金融机构负债业务现场评估，组织实施存款保险制度并得到兰州中支的肯定；配合市政府完善《金昌市

处置非法集资突发事件应急预案》和《金昌市2015年县（区）防范打击非法集资工作综合治理考核评价细则》，完成非法集资风险排查清理专项行动；修订金融机构风险处置预案，开展市县联动处置金融机构突发风险应急演练，增强金融风险应急处置能力；汇编"两管理、两综合"工作制度，创新设置综合评价工作台账，把日常管理工作、综合评价与执法检查统筹结合起来，对问题突出、工作不力的机构依法加强监督管理。全年开展综合执法检查1次，开展专项执法检查6次，检查各类金融机构15家，给予1家机构3万元行政处罚并在辖内通报，约谈了2家机构的高管人员。

（二）紧盯重点业务和领域提高监管效能。金昌银监分局紧盯信用风险，制定辖区银行业集团客户重点客户联席会议方案，通过加强内外联动、数据分析运用、风险状况预判，针对辖区金化集团生产经营风险问题，加强与地方政府、企业、银行的联动，共同促使政府推动金化集团控股的丰盛环保公司重组进程。紧盯集中度风险，与金川公司财务部建立定期会谈制度，畅通公司全部间接融资数据采集渠道，按季监测和报告集团客户授信业务风险状况。紧盯案件风险，加大案件风险防控压力传导，强化银行业机构第一责任，推动风险排查、员工教育、行为管理、岗位轮换、交叉监督、安全检查等工作。紧盯社会金融风险，配合市政府开展民间融资、中介机构、非法集资的风险排查。全年共开展票据业务、融资性担保业务、监管统计等14项现场检查，共发现问题38个，涉及金额3.80亿元。

（三）不断健全内控制度，提高风险防范能力。人民银行金昌市中心支行开展"内审质量提高年""标杆示范行"创建、制度学习落实和业务督导检查等活动，加强政务值班管理，强化查岗通报力度，建立金昌武威区域人民银行安全保卫工作交流协作机制，探讨跨区域人民银行安全保卫工作新模式。金昌银监分局推进依法行政，强化高管履职和消费者权益保护，推动银行业机构自查、整改、纠偏、问责等环节的内生机制建设，着力解决屡查屡犯的问题。各金融机构控风险和抓发展并重，农发行金昌市分行开展"合规文化根植年"活动，合规经营、严控风险；工商银行金昌分行推行操作风险"网状控制法"，实现安全运营；农业银行金昌分行开展"内控管理上台阶工程"和"从严治党、从严治行"基础性专项工作，防控各类风险；中国银行金昌分行对重点领域、重点业务和重要岗位、重要人员按月排查及时整改；建设银行金昌分行以合规经营和廉政建设并举、风险防控和责任追究并行提升队伍廉洁性和管理水平；甘肃银行、兰州银行金昌分行和邮储银行金昌市分行在拓展业务的同时严格落实各项规章制度，严防违规经营和违纪违法案件发生；农村信用社与员工签订《员工防范案件互保责任书》《合规履职承诺书》，确保员工人身和信用社财产安全。

三、创新产品和服务，提升金融服务水平

（一）改进管理方式，简政放权。外管局金昌市中心支局按照主体监管转变的要求，以金川公司为重点监测对象建立了货物贸易敏感样本企业库，对中小微企业采取结算银行"一对一"的定向培训，使中小企业人民币跨境业务取得突破，2015年全市跨境人民币收付量达295.58亿元，增长35.72%，占全省的74.92%。人民银行金昌市中心支行推广反洗钱信息管理系统，运用档案监管、日常考核登记、约见谈话、监管走访、风险评估、执法检查等手段对金融机构进行分类监管。金昌银监分局完成了非现场监督系统和客户风险系统的升级，提升了监管效能。

（二）创新服务手段，提升效率。人民银行金昌市中心支行以"金融生态建设深化年"活动为抓手，进一步优化金融服务环境，辖区所有农村金融网点接入了现代化支付系统，在全市最大果蔬批发市场推广示范非现金支付工具。推行金税三期系统和财政支出电子化工作，全市电子缴税业务量占公共预算收入的63%。推进金融IC卡应用试点工作，初步建成了金川公司一卡通、健康龙卡、广电网络联名卡、金昌市城乡医保等应用项目。实现银证保、影子银行、异地贷款、表外业务数据常态化统计。开展"五百中小企业"信用培育工作，推介应收账款应用服务系统，发布诚信"红黑榜"，建立农户信用档案，推进社会信用体系建设。开展"金融知识普及月"活动，营造优质便民的金融服务环境。金昌银监分局与税务部门达成"银税互动"协议，完善企业信息共享平台，确保普惠金融可持续发展。加强对不合理收费行为的专项治理，责令整改对房屋抵押登记费由客户承担的问题，切实降低社会融资成本。

（三）丰富金融产品，满足金融需求。各金融机构紧密结合实际创新推进金融新产品，农发行金昌市分行扩大支持领域开办了新型城镇化和农业开发农村基础设施贷款，工商银行金昌分行为重点企业量身定制"黄金租赁+定向购金"服务组合，农业银行金昌分行推广贵金属、国内融资保函等新业务丰富产品，中国银行金昌分行根据客户需求推出"招标通""税贷通""住建通""银医通"等，建设银行金昌分行与市开发区管委会搭建小微企业"助保贷"平台支持小微企业发展，农村信用社发放"金种宝""双联致富宝"等扩大贷款的覆盖面，邮储银行金昌市分行、甘肃银行和兰州银行金昌分行积极发放妇女创业贷款和"双业贷款"等支持民生金融发展。

四、加强党建和队伍建设，为高效履职保驾护航

（一）党建和队伍建设取得新成效。人民银行金昌市中心支行采取跨行联学、专题党课、主题党日、中心组理论学习等推进"三严三实"专题教育，开展"守纪律、讲规矩"主题教育、"廉政教育月"、警示教育等活动，基层服务型党组织建设工作在西安分行党建工作座谈会上进行了交流；制定《青年干部培养评价管理暂行办法》，开展"微课堂"活动改进教育培训模式，制作的《金融消费者权益保护——我的存款哪去了》获得全省人民银行系统微课堂评比优秀奖。金昌市银监分局向辖区银行业机构公开监督电话，建立"请进来、走出去"的干部培训计划，抓好行业作风和干部队伍建设。各金融机构结合各自业务特点抓党建、带队伍，农发行金昌市分行通过坚持周二、四集体学习制度加大员工的教育，工商银行金昌分行通过开展"党在我心中"主题征文活动弘扬社会主义核心价格观，农业银行金昌分行优化薪

资分配机制激发员工创造力，中国银行金昌分行开展行领导“下基层、听心声、解难题”促进业务发展，建设银行金昌分行以文化引领和舆论宣传增强团队凝聚力，县区农村信用社开展党员亮牌上岗、青年争当岗位先锋活动。

（二）金融文化建设丰富多彩。人民银行金昌市中心支行通过专家讲座、知识答题、专题活动等形式培育和践行社会主义核心价值观，青年主题实践活动被西安分行评为“我与央行共奋进”精品活动，在全省人民银行系统庆“五四”青年干部风采展示中荣获一等奖，荣获甘肃省和西安分行“文明单位”、金昌市“创建全国文明城市先进单位”。工商银行金昌分行开展“榜样的力量”主题活动，员工杨荣先后获得“陇人骄子”“甘肃最美人物”荣誉，分行机关通过了全国文明单位复查验收。各金融机构结合业务特点，组织开展职工运动会、主题歌咏比赛、心理健康咨询和技能训练等活动，为员工职业发展及金融业发展提供了有力支持；参加青年志愿活动、关爱空巢老人和留守儿童活动、义务植树和树木认养活动等，履行社会责任，为金昌市文明城市创建工作贡献力量。

（李广炎）

武 威 市

2015年，武威市实现地区生产总值416.19亿元，比上年增长8.70%，列全省第7位。其中，第一、二、三产业分别完成增加值99.79亿元、152.54亿元和163.86亿元，比上年分别增长6%、6.70%和11.30%，三次产业结构调整为23.98:36.65:39.37，人均生产总值22 931元。完成工业增加值97.41亿元，增长5.80%。粮食总产量达到107.09万吨，增长1.50%，蔬菜产量达249.50万吨，增长9.80%。完成全社会固定资产投资827.64亿元，增长15.02%，其中完成规模以上固定资产投资620.10亿元，增长12.80%。实现社会消费品零售总额162.58亿元，增长9%。居民消费价格总指数101.50%，商品零售价格指数100.70%。实现外贸进出口总额8 151.31万美元，增长95.45%，其中，进口115.68万美元，下降84.63%，出口8 035.63万美元，增长133.24%。城镇居民人均可支配收入达21 702元，增长9.20%，农村居民人均可支配收入9 101元，增长11.60%。实现大口径财政收入43.45亿元，增长18.44%，完成一般公共预算收入26.84亿元，增长21.02%，一般公共预算支出171.86亿元，增长14%。城镇新增就业人员2.36万人，城镇登记失业率3.05%。年末，全市银行业金融机构资产总额955.62亿元，增长18.71%，负债总额911.96亿元，增长18.59%；本外币各项存款余额816.09亿元，增长15.83%，本外币各项贷款余额696.20亿元，增长31.87%。实现保费收入17.59亿元，增长33.42%，赔付支出4.23亿元，增长32.38%。证券投资者开户数3.64万户，增长64.84%，全年累计交易量461.37亿元，增长188.61%，托管资产总额14.94亿元，增长64.22%。

一、贯彻稳健货币政策，发挥金融支撑作用

（一）强化信贷政策指导，发挥信贷政策在转方式调结构中的积极作用。人民银行武威市中心支行通过窗口指导、运行分析会、专题解读、调研座谈等多种形式，及时向地方党政部门和金融机构准确传达货币政策意图，为实施稳健货币政策创造有利条件。强化信贷政策指导，制定《关于2015年贯彻落实信贷政策支持武威实体经济发展的实施意见》和《关于金融支持甜高粱战略性新兴产业加快发展的指导意见》等信贷政策指导意见，满足实体经济发展对信贷资金的合理需求。综合运用信贷导向考核评估机制，加强对现代农业、小微企业、扶贫攻坚、产业升级、民生服务等领域的信贷支持力度。联合市金融办支持2家小企业分别在上海股权托管交易中心挂牌交易和“新三板”上市，开拓了融资渠道。2015年末，全市各项存款、贷款增速分别居位全省第五位和第三位，社会融资规模突破1 000亿元，社会融资环境显著改善，货币政策执行绩效进一步提升。

（二）强化金融扶贫力度，落实精准扶贫战略。人民银行武威市中心支行认真落实金融扶贫各项政策措施和省、市精准扶贫“1+17+2”实施方案，深入推进“金融扶贫攻坚”行动，以提升金融扶贫精准度为核心，在扶贫措施上下功夫，推动扶贫信贷政策、产品创新、信用建设、支付结算等手段和措施形成合力，增强效能。以实施“扶贫小额信用贷款”为突破口，加大优惠利率贷款投放力度和调增合意贷款规划，促进金融资源向贫困地区倾斜。2015年，累计向古浪、天祝两个贫困县投放优惠利率支农再贷款10.05亿元，共发放精准扶贫贷款32.14亿元，易地扶贫搬迁贷款33.59亿元。做好古浪金融扶贫示范县创建工作，进一步增强金融扶贫开发“造血”功能，大力支持“下山入川”移民搬迁，富民产业、特色产业发展。推出的“深度融入+精准推进”的普惠金融扶贫开发模式被第二届中国西北金融高峰论坛确定为“甘肃金融扶贫经典案例”。武威市“122”金融扶贫模式、金融“真扶贫、扶真贫”模式等扶贫经验被《金融时报》宣传报道。

（三）落实好“定向支持”政策，着力改善小微企业和“三农”融资环境。组织银行深入15个园区、42家小微企业，开展“银行行长园区行”活动，组织召开两次银企项目对接会，为企业量身打造信贷产品，达成合作意向30家，达成签约项目180个，意向签约金额达237亿元，助力小微企业融资。加大农村金融产品和服务方式创新，加强对农业产业化龙头企业、家庭农场、种养大户、农民专业合作社等新型农业经营主体的金融服务，落实金融服务主办行制度，当年发放双联惠农贷款10 049户、9.80亿元，发放“双业”贷款22 953户、33.60亿元，有力推动了设施农牧业发展。2015年末，全辖小微企业贷款余额200.61亿元，增长22.25%；涉农贷款余额499.62亿元，增长37.03%。

（四）货币政策工具调控作用有效发挥。认真执行利率、存款准备金率、定向降准政策，落实利率市场化改革各项措施，指导地方法人金融机构健全存款利率定价机制。累计向

贫困县投放优惠利率支农再贷款9.45亿元，建立了4个支农再贷款实验区。加强合意贷款管理，科学合理调控信贷总量和投放节奏，2015年，全市银行业地方法人金融机构新增贷款50.95亿元。以“增量、扩面”规范化发展为目标，大力推进跨境人民币业务发展，全年办理跨境人民币业务8笔、5 342万元。

二、加强金融风险防控，维护区域金融稳定

（一）金融稳定机制更加健全，区域金融运行安全稳健。人民银行武威市中心支行加强金融风险应急管理，修订完善《武威市金融突发事件应急预案》和《武威突发金融风险事件应急演练方案》，制订了《武威市金融突发事件应急演练脚本》和《武威市突发金融事件应急处置流程图》。加强风险监测分析，完成非法集资风险排查，加大对地方政府融资平台、房地产、产能过剩行业金融风险监测，开展对融信村镇银行流动性状况调查评估工作，武威农村商业银行风险防控情况调查工作。开展金融稳定协调沟通，召开金武区域金融稳定工作交流协作第三次例会，建立信息数据共享机制。认真执行存款保险制度，圆满完成辖区5家机构存款保费交纳工作。

（二）金融管理方式不断完善，“两管理、两综合”工作不断加强。人民银行武威市中心支行夯实基础工作，建立金融稳定分析例会制度，制定了《武威市地方法人金融机构综合评价办法（试行）》，修订完善《武威市金融机构重大事项报告制度》，引入“先行承诺”制度，全年共受理各类重大事项55项，对全辖70家金融机构进行了综合评价。配合兰州中支对辖内建设银行、邮储银行、甘肃银行分支机构开展了综合执法检查，自行组织对民勤县5家金融机构开展了综合执法检查，完成其他各类业务专项执法检查11次。加大金融消费权益保护力度，顺利完成金融消费权益保护系统上线运行，全年共受理办结金融消费者投诉29件，回访满意度100%。增强反洗钱监管效能，发挥反洗钱协调机制作用，分别与武威市禁毒办、市检察院建立反洗钱工作情报会商机制，打通了洗钱情报信息的交流会商渠道和金融案件移送快速通道。

（三）加强金融监管，防范金融风险。武威银监分局落实监管职责，对建行武威分行、中行武威分行等5家机构开展“两个加强、两个遏制”专项现场检查，全年共开展现场检查14项，加强非现场监管，发现问题并进行风险提示6次，共办理各类行政许可事项120项。开展涉银行系统债权案件专项清理活动，清理出的案件并执行到位资金1 579.41万元。加强信用风险防范，对辖内最大20户公司类贷款企业建立了重点监测机制，做好平台贷款确权工作，融资平台17.66亿元贷款被地方政府确权并纳入政府预算。

（四）金融稳健运行，改革稳步推进。截至年末，辖区银行业金融机构不良贷款余额10.01亿元，比上年增加2.15亿元，不良率1.44%，同比下降0.05个百分点，当年实现利润13.30亿元，同比下降3.42%。金融业对地方经济和财税收入的贡献突出，金融业实现增加值9.30亿元，上缴各类税收3.80亿元。银行业改革发展全面深入推进，民勤县联社成功改制为农村商业银行，交通银行武威分行开业运营，邮储银行二类支行改革全面完成，行业竞争的充分性和服务的供给力得到有力增强。

三、优化金融服务水平，提升服务效率质量

（一）央行服务功能不断增强。金融统计分析质量不断提升，制定了武威市经济调查工作考评办法、武威市特色农业调查等制度，依托“金融统计数据质量提升年”活动，成功举办全市银行业金融机构金融统计业务竞赛，组织开展金融统计培训，提升统计人员业务素质。支付服务环境进一步改善，制定《武威市银行卡助农取款服务点管理办法》，新增新农合、新农保、通讯费、水电费等代理缴费服务功能，联合地方多部门集中开展银行卡网上非法买卖专项整治行动。积极推进武威市农产品批发市场电子支付商圈建设，有效拓宽金融IC卡应用领域，推出燃气卡、交通卡、物业卡、广电联名卡、金融社保卡等金融IC卡行业应用产品。货币流通环境进一步优化，做好新版100元人民币和纪念币（钞）的发行工作，在古浪县率先成立无库县支行现金调剂中心，开发金融机构残损币整合上缴预约系统。国库服务效能进一步提高，完善和创新税收退库业务操作流程，电子退税业务走在了全省前列，加快财税库银横向联网系统（TIPS）推广应用，实现了电子缴税业务金额突破80%的目标，开展纪念经理国库30周年系列活动，邀请人大常委（代表）对国库工作视察，增强社会各界对国库工作的了解。信用体系建设稳步推进，加快“信用武威”建设力度，在武威职业学院、武威信息工程学校建立“征信文化宣传教育基地”，开展征信知识进校园，学唱征信歌、文艺展演等系列活动。严格落实“红黑榜”公示制度，探索机构信用代码应用渠道，探索制定《个人征信系统异常查询核查办法》，会同地方有关部门签订“武威市关于重大税收违法案件当事人实施联合惩戒措施的合作备忘录”，将失信惩戒扩大到了税务领域。以“农村青年信用示范户”创建为着力点，推动农村信用体系建设，创建“农村青年信用示范户”1 126户，带动就业2 600多人。

（二）金融机构服务创新力度不断加大。建行武威分行、兰州银行武威分行从考核机制、贷款管理等方面改进小微企业服务，拓宽抵质押担保物范围，合理确定贷款利率，为小微企业量身打造“助保贷”“商协贷”“惠商通”等信贷产品，农行、工行、中行等银行与税务部门开展“税银合作”，推出“信用贷”“创业贷”“税易贷”“出口退税池融资”等金融创新产品，为200余户中小企业解决了融资难问题。金融机构严格执行“七不准、四公开”，减少降低服务收费，简化审批流程，企业贷款资料由原来的9项简化为6项，贷款审核审批时间由15个工作日缩短到7个工作日，对与贷款挂钩、未列入收费目录中的收费项目一律取消，切实减轻企业负担。农商行、农信社通过搭建银、政、商沟通与合作平台，建立“政府+协会+交易市场+贩运商+养殖户+银行”六位一体运行机制，助推养殖业发展，开展“阳光信贷”“进村组、进社区、走遍千家万户”活动，优化信贷环境。全省“财政+金融+贫困户”发展模式经验交流现场推进会

在辖内古浪县召开。推广新型支付工具，扩大金融服务覆盖面，将“金融服务遍布城乡”和“二十四小时不打烊”的目标落到实处，新增ATM 628台，发展网上银行客户62.14万户，手机银行客户30.69万户，电话银行客户20.77万户，支付渠道更加便捷。甘肃银行在政府部门密集区、居民社区设立服务网点3个，农村信用社在网点空白乡镇设立分社2个，银行业金融机构全年累计在村一级设立金融便民服务点244个、便利店13个、布放“三农四融平台”824台，辖区行政村金融服务点覆盖率已达30%以上，打通了服务群众的“神经末梢”，有效解决了服务群众“最后一公里”问题。

四、强化内部管理水平，全面提升履职能力

人民银行武威市中心支行以“两深化五提升”活动为重点，梳理规整各项制度165项，深入开展“标杆示范行”创建和“制度执行月”活动。加强党建工作，开展“基层党组织建设深化年”活动，对支部分类定级，“三严三实”专题教育扎实有效。落实党风廉政建设责任制，建立领导干部“三个清单”，开展以《传承革命烈士邱少云忠诚守纪精神》为主题的“一行一品”廉政文化建设，印制了《廉洁从政警示提醒手册》，对新提任的16名科级干部进行任前廉政谈话。抓班子、抓中层、抓一线，制定多项干部考评管理制度，举办了“中层领导干部培训班”，开展了副科级领导干部竞争性选拔工作，优化了干部队伍结构。文明单位创建稳步推进，研究制定《2015–2017年文明单位创建规划》和《2015武威市中心支行文明单位实施方案》，创建了以法治、文化和廉政为主题的文化走廊，2015年人民银行武威市中心支行被甘肃省委、省政府表彰命名为省级“文明单位”，中支工会被推荐为总行“模范职工之家”。武威银监分局通过抓班子、抓教育、抓制度、抓规范，抓群团等措施，加强基层党建，强化内部管理，提升干部素质。狠抓党风廉政建设，强化“两个责任”，补充修订廉政风险防控内容，查找廉政风险点334个，建立干部廉政档案，聘请18名行风监督员，定期开展行风评议。农业银行武威分行完善绩效考核机制，抓好操作风险防控，推进“三化三铁”创建工作，坚持开展岗位练兵、技术比武，积极推进“双联富民”行动，天祝县炭山岭支行被评为全国级“送金融知识下乡”宣传服务站。建设银行武威分行对内强化“员工第一”理念，创建“花韵书香”文化品牌，举办道德讲堂，开展“讲员工故事、展员工风采”活动。辖区农商行、农村信用联社坚持以人为本，提升经营管理，加强团队建设，先后组织160多名中层、业务骨干赴郑州、上海开展学习培训。

（杨小林）

张掖市

2015年末，张掖市实现地区生产总值373.53亿元，较上年增长7.50%，其中，第一产业增加值95.02亿元，增长5.70%；第二产业增加值109.84亿元，增长6.10%。第三产业增加值168.67亿元，增长9.50%。按常住人口计算，人均生产总值30 704元，比上年增长7%。全年全部工业增加值72.70亿元，比上年增长5.20%。规模以上工业增加值62.67亿元，增长4%。粮食总产量135.50万吨，比上年增加2.88万吨，增长2.20%。完成固定资产投资312.81亿元，比上年增长13.50%。实现社会消费品零售总额147.60亿元，比上年增长8.90%。全市全年大口径财政收入52.96亿元，比上年增长10.16%。一般公共预算收入24.14亿元，增长11.28%。全市常住人口121.98万人，比上年末增加0.65万人。其中，城镇常住人口51.46万人，占常住人口的42.19%，比重比上年末提高1.86个百分点。城镇居民人均可支配收入19 673元，比上年增长10%。农村居民人均纯收入10 832元，增长11.50%；农村居民人均生活消费支出9 527元，增长12.70%。

全市金融机构各项贷款余额485.53亿元，比上年增长24.30%。各项存款余额563.94亿元，增长12.70%。其中，居民储蓄存款余额332.34亿元，增长12.90%。保费收入20.46亿元，比上年增长34.90%。其中，财产险收入5.98亿元，增长20.10%；寿险收入14.47亿元，增长42.10%。全年赔付额5.12亿元，比上年增长14.90%。其中，财产险赔款2.99亿元，比上年增长67.60%；人身险给付2.13亿元，增长26.30%。

一、认真贯彻落实货币政策，促进地方经济稳步发展

（一）把握国家宏观调控和地方经济发展大局，引导金融机构服务地方经济。2015年，人民银行张掖市中心支行按照“稳中求进、改革创新”的总要求，把握好稳增长、调结构、促改革、防风险的平衡点，以深化金融生态建设为核心，着力优化社会融资环境，引导金融机构优化信贷结构和投向，侧重扩大对“三农”、小微企业、民生、就业、新型城镇化等领域的信贷投放，有力提升了货币政策执行绩效。年末，全市金融机构贷款余额485.53亿元，同比增长24.27%，高于全国9.24个百分点；存贷比达86.10%；涉农贷款达到351.41亿元，企业贷款达到222.49亿元，分别较年初增长27.43%和29.87%。

（二）积极加大对全市重点项目和特色领域的信贷投入，有力支持了地方经济发展。一是充分运用货币政策工具杠杆作用，增强涉农金融支农能力。用足用活支农再贷款政策，全年累计向农村合作金融机构提供再贷款资金32.96亿元，充分发挥差别化存款准备金率政策的正向激励作用，对全市五家考核达标的农行县域“三农金融事业部”执行比农业银行正常标准低2个百分点的存款准备金率，释放支农资金1.04亿元。二是突出信贷支持重点，全面优化信贷资源配置。大力引导涉农金融机构研发新型涉农信贷产品，持续加大了对农户小额信用贷款的推广力度，截至年末，全市农户贷款达到205.52亿元，同比增长18.69%。农业发展银行张掖市分行坚持把支持粮棉油收储作为业务工作的重中之重，全年累放粮油储备、轮换贷款8 412万元，支持完成1 200万公斤油菜籽的储备任务和997万公斤县级储备粮轮换任务。累放市场化粮油收购贷款17 300万元，支持企业收购玉米4 023万公斤、油菜籽753万公斤、小麦3 296万公斤、马铃薯4 677万公斤，为保障国家粮食安全和主要农产品市场稳定发挥了积极作用。三是加大支持小微企业力度。全市金融机构先后推出40余种创新信贷产品，先后多次组织召开全市小微企业金融产品推介会、银政企座谈会，组织政府部门、金融机构和企业面对面开展产品推介，重点推动小微企业使用商品存货贷、采购便利融资、小企业简式贷、善融贷等新型信贷业务，加强创新产品推介力度。截至年末，全市中小微企业贷款余额203.74亿元，占各项贷款总额的25.89%，较年初增长41.42%，高于全部企业贷款增速11.56个百分点。建设银行张掖分行创新推出了面向小微企业、个体工商户的“创业贷”“税易贷”“POS贷”等六种免担保、免抵押的“大数据”信用贷款产品，当年发放贷款92户、3 300万元；一市四县“助保贷”业务平台成功搭建并健康运营，当年进入“小微企业池”客户186户，投放贷款31笔，金额1.52亿元，余额1.52亿元，储备客户80多户，金额3亿元，“助保贷”已成为建行在同业中具有竞争优势的特色信贷产品，得到了地方政府的高度认可。

（三）“大水漫灌”向“精细滴灌”转变，金融精准扶贫工作有序开展。自甘肃省“1236”扶贫攻坚行动实施以来，张掖市扶贫开发工作取得显著成绩，5个“插花型”贫困县区先后实现了整体脱贫。2015年，张掖市委市政府研究制定了张掖市《关于推进65个贫困村精准扶贫实现当年整村脱贫的实施意见》，明确要求年内65个重点贫困村村级贫困发生率由9.80%下降到6%以下，扶贫对象人均纯收入增幅高于全市6个百分点。人民银行张掖市中心支行组织制定了张掖市《金融支持“联村联户、为民富民”行动指导意见》《金融支持张掖市“插花型”扶贫攻坚行动指导意见》《关于精准扶贫小额信贷支持计划的实施方案》，督促全市金融机构立足全市扶贫攻坚行动。所有贫困县建立了金融扶贫主办行制度，全市金融机构积极践行社会责任，引导贫困区发展种养项目，对全市65个贫困村的贫困户建档立卡，提供精准扶贫定向再贷款资金1.07亿元，向精准扶贫村2 416户贫困户发放贷款1.19亿元，全市双业贷款余额达26.55亿元，有效缓解了全市金融支持扶贫工作资金不足的问题。

二、全方位开展风险监测，确保辖区金融体系稳定运行

（一）进一步拓展金融风险监测范围。坚决守住不发生系统性、区域性金融风险的工作底线，按照“建机制、抓监测、防风险、保稳定”的思路，扎实做好各项工作，确保了全市金融稳定运行，营造了良好的金融生态环境。严格落实银、证、保行业风险定期监测分析制度，前移风险监测视角，把大型企业监测纳入日常监测工作中，选取大型企业样本，通过建立银行和企业信息定期反馈机制，实现了对重点大型企业的日常监测。工商银行张掖分行资产质量持续改善，不良贷款余额较上年减少734万元，不良贷款率0.05%，较上年降低0.15个百分点，不良贷款持续保持“双下降”，资产质量创历史最好水平。同时，内控案防得到强化，业务运行质量稳步提升，运行差错率较上年大幅下降，“网状控制法”全面推行并有效实施，操作风险事件较同期明显下降，内控案防和安全保卫工作得到进一步加强。

（二）积极做好存款保险以及风险排查工作。有效监测存款保险制度推出后辖内金融业运行、地方法人金融机构经营、舆情信息、企业及社会公众情绪等情况，做好重大事项报告和应对工作，完成了全市6家投保金融机构投保手续办理工作，确保了存款保险制度在辖区平稳有序推进。工商银行张掖分行全力做好资产质量稳定工作，坚定不移地贯彻“排查、缓释、处置”六字方针，积极主动地强化风险管理，安排相关部门和支行多次对存量贷款进行拉网式排查，将进入信贷“风险池”的客户进行重点管控，做到一户一策，责任到人，定期对名单客户进行后续跟踪和排查，发现风险提前介入，掌握风险防控的主动权，对小企业贷款把好准入关，对个人逾期贷款剪刀差加强控制，将风险关口前移，全年累计清收处置不良贷款2 286万元，完成年度计划的1.35倍，继续保持不良贷款余额、占比双下降。农业发展银行张掖市分行加大风险排查力度。先后组织开展了贷款风险全面排查、小水电贷款风险专项排查、农业基础设施建设贷款“回头看”排查、系统内重大风险和信贷担保管理专项检查、粮油库存核查等风险排查工作十多次，覆盖贷款企业58户、贷款26.27亿元。

（三）进一步加大金融管理力度。以“两管理、两综合、一保护”为重点，进一步健全“五位一体”的金融管理工作机制，完善“以训促管”的金融管理模式，统筹制定2015年综合执法检查计划，年内对辖内2家金融机构开展了综合执法检查，受理辖区金融机构重大事项报告、报备21项，进一步增强了金融管理的针对性和有效性。扎实做好金融消费权益保护咨询投诉工作，有19家机构正式开通运行金融消费者权益保护系统，全年共受理金融消费者咨询24笔，受理投诉26件，办结26件，办结率达100%，切实维护了金融消费者合法权益。

三、外汇管理水平促提高

（一）紧紧围绕“依法行政、深化改革、加强监管、改进服务”的总体工作思路，推进外汇管理重点领域改革，加强跨境资金流动监测分析，加强外汇市场监管，提升外汇服务工作水平，积极支持全市涉外经济健康发展，较好地完成了全年工作任务。截至年末，张掖市跨境收支总额2 727.90万美元，同比增长7.30%。其中，涉外收入1 875.10万美元，同比增长22.82%；对外支出852.80万美元，同比下降16.15%。银行结售汇总额累计3 326.10万美元，同比增长13.20%。其中，结汇1 937万美元，同比下降25.29%；售汇1 399万美元，同比下降0.14%。

（二）全面落实资本项下外汇管理改革相关政策，积极推动资本项目信息系统上线工作。举办了直接投资外汇管理政策培训班，对资本金结汇、银行办理等新政策进行了详细解读。组织人员赴6家企业实地调研走访，认真做好企业联机接口服务推广工作，顺利完成辖区外商投资企业境内直接投资存量权益数据的登记工作。加强跨境资金流动监测，强

化现场和非现场核查力度，全年累计核查大额国际收支申报数据144笔、金额1 812.20万美元，切实防范了跨境资金流动风险。

（三）继续探索开展经常项目、资本项目“一体化”主体监管新模式，研究分类管理与主体监管的有效对接方式。选取辖内4家涉外企业及结售汇量较大的中国银行为重点监管和服务对象，通过信息提示、咨询服务等方式，从业务流程、岗位职能等方面，实施货物贸易和服务贸易项下交易主体异常资金流动的一体化监测，不断提高外汇管理服务重点企业和银行的水平。进一步拓宽外汇宣传渠道，建立“张掖外汇宣传”微信服务平台，制作外汇知识微课程，全年先后组织和举办了5期由银行、涉外企业共60余人参加的外汇业务综合知识培训班，提高了外汇管理服务实体经济的能力。

四、持续不断推进金融创新，做好金融服务惠及民生

（一）着力提升科技保障水平，积极推进金融创新。人民银行张掖市中心支行完成ACS换版升级、堡垒机系统等上线运行、360盾甲系统的安装部署；大力实施网络安全加固工程，完成机房网络结构升级改造；组织开展形式多样的金融IC卡宣传活动，全力做好金融IC卡推广应用指导协调工作；严格执行机构信息管理规定，做好机构信息编码管理工作，全年共办理金融机构信息变更52家，新增机构信息21家。工商银行张掖分行认真落实电子银行新的三年发展规划，突出互联网金融这一核心，根据总行已将贯通金融服务、电子商务、社交生活的互联网金融整体架构搭建起来的实际，充分利用“融e购”电商平台、“融e联”即时通讯平台、“融e行”直销银行“三大平台”和支付、融资、投资理财“三大产品主线”，积极通过产品体验方式，全面开展市场推广，聘请专家老师授课加强对融E购、融E联、融E行业务培训，及时更新知识，确保达到对互联网金融产品的“认识、体验、使用、宣传、发展”的目的，通过组建营销团队，明确指标责任，通过产品计价和绩效考核充分调动团队人员工作积极性。2015年，该行加快“互联网+”信贷产品的推广应用，有36户小微企业办理网贷通3.40亿元，网贷通余额已占全部小企业贷款余额的49.10%；充分利用网络平台优势为辖内企业开展电商金融服务，率先在全省引入商户融e购入住代理，全年新上线商户达到7户，线上用户办理网络理财1.93亿元，网上销售商品达到134万元，新产品融E联也在全行员工中开始了积极的体验和推广。

（二）金融知识宣传开启新媒体时代。为扩大货币信贷、金融稳定、反洗钱、支付结算等金融知识宣传的覆盖面和影响力，提升金融知识宣传、培训工作的有效性，人民银行张掖市中心支行正式开通了反洗钱、支付结算、外汇管理、国库微信公共平台，制作了民间借贷、反洗钱等微课程对相关政策进行详细解读，正式开启了新媒体时代。微信宣传平台主要立足于辖区金融机构和社会公众，通过搭建信息发布、工作服务和互动交流三大平台，及时向社会公众发布国内前沿工作资讯，传播各项业务知识，提示区域金融风险，交流辖区工作动态，推广经验做法。“微课程”通过大众易于接受的宣传视频演绎尝试开展的新的宣传方式，以漫画设计配合同步讲解的方式对民间借贷、反洗钱等常用的知识点进行了整理、讲解和宣传，提升了金融知识在人民群众中的认知度和公信度。目前，全市229家金融机构网点、2 940名金融从业人员关注微信号，并引导金融系统职工通过朋友圈转发关注微信号，微信日均关注度1 500人左右。

（三）着力改善金融服务。一是强调国库服务。截至年末，累计办理电子缴税业务7.13万笔，同比增长50.28%；电子缴税金额14.10亿元，同比增长20.60%。POS机刷卡缴税3.86万笔，金额4.74亿元，同比分别增长1.92倍和1.35倍，有效发挥了国库服务地方经济发展的作用。二是着力推进支付体系建设。积极督导辖内涉农银行业金融机构加快农村地区网点接入系统步伐，截至年末，共有216家县域金融机构网点以间接参与者身份接入现代化支付系统，占县域金融机构网点数量的93.38%。继续做好银行卡助农取款服务工作，截至年末，全市特约商户达到9 397户，布放POS机具13 157台，ATM机具537台，银行卡累计发卡达434万张，新兴电子支付用户达157万户。三是着力加强征信管理与服务。以实地“下企业、进机构”辅导宣传为主要方式，继续稳步推广“中征应收账款融资服务平台”，全年走访企业70余家，动员企业、商业银行新注册用户4个，指导各类企业上传账款15.42亿元，成交业务4笔，成功实现应收账款融资9.35亿元。组织开展两类机构信用评级，稳步推进两类机构接入征信系统，目前全市共有8家“两类机构”接入征信系统。认真开展企业及个人信用报告查询工作，截至年末，共办理企业信用报告查询业务1 490笔，个人信用报告查询业务13 344笔，有效满足了社会公众的查询需求。

（周　潮）

平　凉　市

2015年末，平凉市总人口209.80万人。实现地区生产总值347.70亿元，较上年增长7.60%。其中第一、第二、第三产业增加值分别达到94.21亿元、96.95亿元、156.54亿元，较上年分别增长5.80%、5.70%、11.30%，三次产业结构比由上年的24.28:38.31:37.41调整为27.10:27.88:45.02。工业增加值完成57.01亿元，较上年增长4.80%。粮食总产量113.21万吨，较上年减产1.15%。全社会固定资产投资完成602.95亿元，较上年增长12.17%。社会消费品零售总额177.50亿元，较上年增长9%。进出口总额2.39亿元，较上年增长37.60%。接待国内外游客1 332.27万人次，增长22.20%，实现旅游综合收入70.53亿元，增长25.50%。市民汽车保有量19.23万辆，增长49.43%。全社会用电量27.28亿千瓦时，较上年下降11.99%。环保投资2.26亿元，6项主要污染物均控制在目标值之内，总控制率达到100%。城镇居民人均可支配收入21 490元，较上年增长10.20%。农村居民人均可支配收入6 501元，较上年增长12.20%。完成大口径财政收入48.11亿元，较上年增长3.90%。全市共有各类金融机构37家439个网点，其中银行业机构17家382个网点，保险业机构19家52个网点，证券业机构1家5个网点。金融机构本外币各项存、贷款余额分别为702.19亿元和470.38亿元，较上年分别增长12.54%和18.09%。全年保费收入13.09亿元，增长34.12%，证券交易额348.22亿元。

一、落实稳健货币政策，金融支持地方经济成效显著

(一) 用好稳健货币政策工具，助推信贷规模合理增长。人民银行平凉市中心支行准确把握执行稳健货币政策要求，引导货币信贷和社会融资规模平稳适度增长，为稳增长、转方式、调结构营造稳定的金融运行环境。制定印发《关于2015年贯彻落实信贷政策支持平凉实体经济发展的实施意见》，进一步明确了信贷支持重点，为金融机构进一步调整信贷结构、优化信贷资金配置提供指引。制定了《支农再贷款风险预警制度》和《支农再贷款集体审批制度》，把支农再贷款发放与支持特色产业发展相结合，与金融救灾服务相结合，与六盘山片区集中扶贫攻坚相对接，截至年末限额达到12.53亿元，累计发放15.11亿元，撬动地方法人金融机构发放涉农贷款35.51亿元。加强存款准备金管理，及时传达落实了5次降准工作，并贯彻执行了平均法监测考核要求，确保全市法人金融机构能够按照规定比例，及时、足额交存存款准备金，资金头寸充足，备付状况良好。积极落实差别化存款准备金政策，对考核达标的4家县级“三农金融事业部”执行了差别存款准备金优惠政策，对县域法人金融机构新增存款一定比例用于当地贷款达标的7家地方法人金融机构执行了降低1个百分点的存款准备金优惠政策。严格执行利率管理制度，认真贯彻落实5次存贷款基准利率调整工作。准确把握稳健货币政策要求，不断引导金融机构优化信贷结构、创新金融服务，加大对“三农”、小微企业、科技文化和战略性新兴产业的支持，切实做好“丝绸之路经济带”平凉段建设和战略性新兴产业发展的金融服务工作。2015年，全市各项贷款增幅高于经济增速11个百分点，有效推动了辖区经济发展方式转变和经济结构调整。

(二) 积极践行社会责任，金融精准扶贫工作成效显著。市县人民银行积极加强与政府部门的沟通和协调，参与成立了精准扶贫工作领导小组，联合扶贫办、金融办、财政等部门制定了《精准扶贫小额信贷支持计划实施方案》，全力支持金融精准扶贫攻坚，指导辖内农村信用社积极跟进当地政府产业布局和发展规划，推进产品创新，丰富金融扶贫信贷模式，支持当地产业发展，帮助贫困人口脱贫致富，累计发放精准扶贫小额信用贷款13.10亿元，扶持贫困户25 618户，支持扶贫企业327家，扶持项目9个，辐射带动54 280农户增收致富，超额完成省上下达的任务。同时，大力发展普惠金融，全市双联贷款余额8.54亿元，新增0.72亿元，惠及农户1.35万户，双业贷款余额3.25亿元。

(三) 突出支持重点，小微企业和涉农领域信贷投放持续增加。一是加大现代农业转型发展的信贷投入。充分运用政策工具，推动金融资源继续向“三农”倾斜。实施金融服务主办行制度，改进和完善对新型农业经营主体的金融服务。截至年末，全市涉农贷款余额294.79亿元，同比增长18.40%，占各项贷款的62.67%。二是小微企业贷款高速增长。改进小微企业服务，拓宽抵质押担保物范围，提高贷款审批发放效率，持续扩大小微和非公企业信贷投放。举办“全市中小企业融资规范化培育暨金融支持小微企业专题讲堂”，邀请浙江泰隆银行副行长金学良作了专题讲座。各金融机构开发适合小微企业的信贷产品20余种，全市小微企业发展较快。截至年末，全市小微企业贷款余额87.40亿元，同比增长24.55%，高于各项贷款增速6.47个百分点；新增20.85亿元，同比多增7.22亿元。

二、推进信贷产品创新，银行信贷服务持续优化

(一) 扎实推进“一县一品牌、一行一特色”创新行动。一是创建崆峒区普惠金融示范区，取得阶段性成果，全区信贷总量占全市四成以上，创建信用乡镇5个，信用村62个，普惠金融的服务网络、层次、水平都有明显提升。二是积极总结推广林权抵押贷款业务的成功经验，探索推进泾川果树经济林抵押贷款试点。三是崇信县农村信用社经典扶贫案例《找准扶贫着力点——甘肃平凉市崇信县金融支持精准扶贫纪实》被《金融时报》报道。四是灵台农商行农户小额信用贷款占各项贷款余额的50%，受益农户占农户总数的33.10%。五是农业银行积极创建“四融”平台，其建设经验先后被《人民日报》、中央电视台、《金融时报》《甘肃日报》报道。

(二) 探索开启“信贷自村治”惠农贷款新模式。利用12.53亿元支农再贷款，选择在信用基础较好的国列扶贫县静宁县6个乡18个村建立了以“信贷自治村”为运行机制的精准惠农贷款新模式，全年为3 819户种植和养农户发放低利率的贷款1.14亿元，引导涉农贷款利率保持在5.20%左右，较商业贷款低3.20个百分点，降幅为38%，探索破解农民贷款难、贷款贵问题，取得较好效果。

(三) 积极推广服务特色产业的“金果宝”贷款模式。静宁县农村信用联社为有效服务苹果大县，更好解决果品种植、经销、贩运、运输及纸箱、网套、果醋、果汁生产加工、流通到仓储各环节的全流程“一篮子”产业链的信贷支持，推出了“金果宝”贷款模式。截至年末，“金果宝”发放专项支持果品产业贷款8 091万元，占新增贷款总额28.40%；发放果品贮藏企业、包装企业、果品深加工企业贷款5 413万元，占新增贷款总额的19%，惠及小微企业352户。

(四) 大力推行跟进政策的“林权抵押贷款”模式。泾川县围绕林果产业发展的优势，重点推动以农村“林权”抵押贷款为主的“三权”贷款，全面启动以林权证提供抵押的“林农贷款”。努力延伸林权抵押对农村信贷服务创新空间，积极开拓林权抵押农村消费信贷市场，探索开展“林农联保互保贷款”和“林业合作经济组织贷款”等信贷业务。截至年末，全市林权抵押贷款已达5.07亿元，总量居全省首位。

三、创新金融服务方式，城乡支付环境稳步改善

（一）农村支付服务环境进一步优化。集中开展账户实名制验证和银行卡网上非法买卖专项整治活动，构建银行卡风险防范长效机制。大力拓展银行卡应用功能，金融IC卡行业运用成效显著，“广电网络联名卡”“养生平凉龙卡”等惠及广大老百姓。加大金融IC卡与移动金融推广应用力度，指导农业银行公交IC卡项目顺利实施，实现了金融IC卡行业应用工作的突破。加快助农取款服务点建设，全市已建成服务点839个，行政村覆盖率达到58.92%，农民足不出村就能够享受到方便快捷的金融服务。大力推广现代支付终端，支付环境得到优化，全市布放ATM、POS机以及其他受理终端8 505台，同比增长54.78%，交易笔数1 174万笔，同比增长48.62%，交易金额110亿元，同比增长40.25%。

（二）支付系统业务量和资金交易规模快速增长。2015年，全市处理支付业务2 408万笔、3 151.51亿元，较上年分别增长1.32倍和41.45%。支付系统资金流动总量284.22万笔、6 346.22亿元，较上年分别增长1.78倍和48.23%。全市累计发放银行卡461.25万张，银行卡人均持卡量1.97张。大力助推农业银行“四融”平台试点建设工作，县域行政村累计布放“四融”平台终端机具1 040台，注册企业和个人客户2.86万户，“融通”累计交易33.97万笔、45.62亿元，有效支持了“三农”发展。

四、加强金融生态体系建设，夯实金融风险防范基础

（一）县域金融生态环境建设扎实有效。平凉市以金融生态评价体系建设为抓手，大力推进金融生态环境建设，扎实推动“诚信平凉”建设，促使金融生态环境持续优化。根据《平凉市金融生态环境评价办法（试行）》要求，运用标准值比较法对各县（区）金融生态环境进行客观评价和排序，评价结果通报全辖，评价报告被市委书记批示印发各县区主要领导参阅。《平凉市县域金融生态环境评估报告》和《泾川县县域金融生态环境评估报告》得到了兰州中支肯定和采纳，并被推荐全省各市州参考借鉴。

（二）社会信用体系建设持续深入开展。协同地方政府开展社会信用评级，把社会信用体系建设纳入地方政府考核，将信用户、信用村、信用乡（镇）建设与普惠金融相结合，推进县域金融生态环境建设。扎实推进小微企业信用体系试验区建设，扩大小微企业信用评分范围，促进评分结果的运用。经过推荐申报、考评筛选和多方面征求意见等综合评估，联合文明办、工商、工信等部门，先后分两批向社会发布信用小微企业20户，信用名片催生贷款满足率明显提升。加大中征应收账款融资服务平台的推广运用力度，全年完成6笔、8 300万元的应收账款融资业务，实现了应收账款融资平台工作的新突破。金融生态环境评估不仅提高了地方政府对于金融生态环境的重视，也为解决小微企业贷款难作了有益探索。

（三）金融机构深化改革稳步有序推进。积极推动农业发展银行、国有商业银行、邮政储蓄银行继续深化改革，优化内控管理，提升经营绩效，服务社会经济。农业银行“三农金融事业部”制改革试点持续深入，持续加强“三农金融事业部”改革试点工作监测，达标率达到66.67%，高于全省水平13.81个百分点。地方法人金融机构改革顺利推进，崆峒区农信社、泾川县农信社顺利改制成农村商业银行，改制后资产总额分别为6亿元和4亿元。“引行入平”战略进展良好，兰州银行平凉分行正式选址筹建。2015年，全市银行业金融机构实现各项营业收入58.43亿元，同比增加9.30亿元，增长18.93%；各项支出44.91亿元，同比增加6.73亿元，增长17.63%；实现利润13.53亿元，同比增加2.44亿元，增长22.06%。年末，资产利润率达到1.83%，同比增长0.17个百分点。

（四）金融风险防范化解工作卓有成效。在社会各界的协调配合和金融部门的大力推动下，2015年末，全市银行业金融机构不良贷款余额10.97亿元，较年初增加1.12亿元，不良贷款占比2.33%，较年初下降0.14个百分点。贷款损失准备充足，抵御风险能力增强。2015年末，全市农村中小金融机构贷款损失准备9.42亿元，较年初净增1.07亿元，增长12.82%，贷款损失准备充足率199.65%，拨备覆盖率196.70%，较年初下降53.83个百分点。9家法人机构贷款损失准备充足率均在110%以上，资本充足率达到17.96%，均高于10.50%的监管要求；核心资本充足率16.90%，较年初上升4.99个百分点。

（辛文科）

庆　阳　市

2015年末，庆阳市实现地区生产总值609.43亿元，按可比价计算，比上年增长9%。其中，第一产业增加值82.25亿元，增长5.60%；第二产业增加值321.26亿元，增长9.70%；第三产业增加值205.92亿元，增长8.90%。三次产业结构比例为13.50:52.71:33.79。实现工业增加值287.76亿元，比上年增长9.70%。原油产量776.09万吨，增长7.40%。粮食总产量163.13万吨，比上年下降0.70%。全社会固定资产投资总额完成1 216.07亿元，比上年增长8.30%。实现社会消费品零售总额203.96亿元，比上年增长9%。商品零售价格总指数为101.80%。外贸出口创汇7 465万美元，比上年下降9%。城镇居民人均可支配收入23 426元，比上年增加2 188元，增长10.30%。农村居民人均可支配收入6 945元，比上年增加756元，增长12.20%。完成大口径财政收入147.83亿元，比上年下降1%；财政支出207.57亿元，比上年增长11.80%。城镇登记失业率2.07%，上升0.12个百分点。全市废水中主要污染物化学需氧量排放量14 682.47吨，比上年下降2.10%。本外币各项存款余额814.67亿元，比上年增长21.70%；各项贷款余额585.04亿元，比上年增长30.70%。实现保费收入19.58亿元，比上年增长82.30%；保费支出9.71亿元，比上年增长1.50倍。

一、金融业持续稳健发展，支持地方经济转型升级

（一）稳健货币政策有效落实，为地方经济发展保驾护航。2015年，人民银行庆阳市中心支行采取有效措施，准确落实稳健货币政策。制定了《再贷款、再贴现对账制度》《支农再贷款风险预警制度》《支农再贷款检查报告制度》。为切实提高支农再贷款的使用效果，开展了支农再贷款示范区创建活动，三个示范区共创建示范企业11家、示范村9个、示范户226户，共占用支农再贷款1.42亿元，取得了良好的示范带动效果。截至年末，全市累计发放支农再贷款12.70亿元，撬动地方法人金融机构发放涉农贷款23.58亿元。加强存款准备金管理，及时传达落实了5次降准工作，并贯彻执行了平均法监测考核要求，确保全市法人金融机构能够按照规定比例，及时、足额交存存款准备金，资金头寸充足，备付状况良好。积极落实差别化存款准备金政策，对考核达标的农业银行环县支行“三农金融事业部”执行了差别存款准备金优惠政策。严格执行利率管理制度，认真贯彻落实5次存贷款基准利率调整工作，组织召开了“庆阳市地方法人金融机构贯彻落实利率政策”专题会议，叫停了部分法人金融机构违规揽储行为，净化了全市存款利率市场。圆满完成了存款保险制度推进实施工作，按时完成存款保险投保手续办理，全辖11家投保机构已全部提前足额交纳了保费。

（二）金融扶贫纵深发展，助力精准扶贫工作早日实现。庆阳市金融系统持续开展金融扶贫示范县创建活动，将金融扶贫示范县创建活动扩大到全辖7县1区。扎实开展金融精准扶贫工作，成立了金融精准扶贫工作领导小组，市政府印发了《全面推进庆阳市金融精准扶贫工作的指导意见》，建立了金融精准扶贫统计制度，在市县金融机构的双联村创建了68个金融精准扶贫示范村，明确了每个示范村的主办银行，为示范村提供“一对三”金融服务。积极落实《金融支持甘肃革命老区发展五年规划》，着力研究金融支持老区发展的长效机制，切实加大对辖区重大项目、重点领域和薄弱环节的信贷支持。《金融时报》分别以“为金融支持精准扶贫领路搭桥”和“让革命老区的明天更美好”为题，对庆阳市金融支持精准扶贫、支持革命老区建设工作进行了报道。

（三）信贷支持持续有力，助推地方项目建设。农业发展银行庆阳市分行按照省分行与庆阳市政府签订的《关于支持革命老区脱贫致富奔小康战略合作协议》，大力支持易地扶贫搬迁、棚户区改造、县域公共基础设施建设等项目，审批各类贷款46.45亿元，累计投放贷款35.85亿元。中国银行庆阳分行瞄准庆阳绿色能源发展，向华润能源（环县）风能有限公司核定2亿元授信总量，专项用于华润庆阳环县甜水堡风电场一期50MW项目建设。建设银行庆阳分行密切与机构合作，狠抓对公业务，与庆阳市人民医院签署“银医通”合作协议书，成功向庆阳市老年保健医院投放流动资金贷款1 500万元，并荣获建设银行总行代发工资专项活动“突出贡献团队”。邮储银行庆阳市分行持续跟进重大项目建设，华能庆阳煤电公司综合金融服务项目获得突破，华能甘肃能源开发公司3亿元流动资金贷款在5月通过其总行审批。兰州银行庆阳分行全力以赴安排部署精准扶贫贷款发放工作，送服务至基层一线，赴乡镇举办精准扶贫宣讲培训会，运用精准扶贫专用车提供到村到户服务；全面、迅速、准确的完成了第一、二批精准扶贫贷款发放工作，全年累计发放精准扶贫专项贷款20.39亿元。西峰瑞信村镇银行深入开展“百企千村万户”支农助微活动，完成了28个村组、22户企业、1 611户农户的评级授信工作，授信额度达到1.40亿元，发放“惠农宝”贷款1.10亿元，赢得了社会各界的一致好评。

（四）经营管理更富科学性，金融企业效益趋于稳定。2015年，庆阳市经济增长开始放缓，为应对这一不利因素，全市金融业调整经营管理方式，实现了经营效益的稳步增长。年末，全市银行业金融机构总资产达1 316.36亿元，增长5.02%；各项存款余额801.93亿元，同比增长22.14%；各项贷款余额585.04亿元，同比增长30.72%；全年实现利润12.04亿元，同比增长10.87%。建设银行庆阳分行加快转型发展，信用卡业务推进领先全行业，盈利能力快速提升，收入首次突破千万元大关，达到1 134万元，完成年度考核任务的1.22倍。邮储银行庆阳分行重点抓好个金业务，实现跨越发展，信用卡、电子银行等单项业务考核在全省邮储银行系统继续保持前列。自营收入完成1.51亿元，同比增长23.64%，实现利润4 297万元，圆满完成利润预算目标。全市农村信用社系统在经济下行压力加大的背景下，创新服务方式，较好地确保了各项目标任务的完成，全年实现利润总额2.16亿元，同比下降13.60%。三家村镇银行立足“三农”事业，主动适应经济下行的新形势，以创新谋创收，全年实现利润5 449万元，同比增长74.59%。2家证券公司全年证券累计交易总额达到266.64亿元，同比增长58.45%。保险业机构新增阳光人寿和平安养老两个新成员，在队伍壮大的同时，实现保费收入20.21亿元，同比增长40.61%。

二、稳步推进信用体系建设，有效抑制不良资产上升势头

庆阳市以建设“全国农村信用体系建设示范市”为契机，稳步推进全市社会信用体系建设。由人民银行庆阳市中心支行自主研发建成的“农户信用信息综合评级系统”历经5年的建设实践，已趋成熟，取得了国家版权局软件著作权登记，受到人民银行总行的高度重视，目前已获准在甘肃省部分地区试点推广，省内外多家人民银行前来学习借鉴。庆阳市政府组织召开了全市农村信用体系试验区建设工作推进会，印发了庆阳市农户信用信息综合评级系统管理制度，将农户信用信息推广应用工作成员单位扩大到24个。截至2015年末共采集农户信用信息681万条，建立农户信用档案55万户，评定信用农户51万户，评定信用村312个，信用乡镇12个，农户查询信用评级报告4万余次，农村信用体系建设成效显著。随着全国互联网金融和第三方征信市场的快速发展，庆阳市第三方征信市场亦取得重要突破，相继有庆城县汇诚企业征信有限公司和庆阳绿盾征信有限公司成立，这两家机构均为依托“11315全国企业征信系统”建立

的企业征信法人机构，目前正处于发展壮大期。

由于全市支柱行业不景气，尤其是小微企业资金紧张，农产品价格下滑、销售困难、效益不佳等因素，加之房地产市场和民间借贷风险的传染，庆阳辖内部分贷款风险释放，导致2015年成为近7年来辖内银行业金融机构不良贷款反弹最大的一年。庆阳银监分局按照“持续监测、深入排查、预警提示、及时处置”的思路，督促银行机构充分暴露风险，加强清收管理，提足拨备，有效抑制了全市不良贷款率过快上升，确保风险处于可控范围内。截至年末，全市银行业金融机构不良贷款余额达16.96亿元，较上年增加5.53亿元，不良贷款率2.90%，较上年上升0.35个百分点。各行业中，新增不良贷款主要集中在农林牧渔业、批发零售业、制造业以及建筑业四个行业，四大行业不良贷款较上年新增5.34亿元，占到全辖不良贷款增量的96.56%。城市商业银行不良贷款增长达1倍，农村信用社增长65.85%。不良贷款增多使金融机构放贷积极性受挫，谨慎性增强，一定程度上弱化了金融机构对实体经济的支持力度。

三、持续推进金融创新，丰富金融服务手段

（一）金融支持实体经济方式更加丰富科学。人民银行庆阳市中心支行积极助推银企、银农对接，解决企业、农户信贷需求。制定了《关于金融支持庆阳新型农业经营主体加快发展的意见》，全面落实金融支持新型农业经营主体主办行制度，年底全辖金融机构共与118家农民专业合作社、种养大户签订了新型农业经营主体主办行合作协议，为其提供“一对一”金融服务。农业发展银行庆阳市分行探索发放全省首笔政府购买服务委托代建项目贷款，向庆阳市交通投资建设集团有限公司发放2亿元农村路网项目建设贷款，被省分行推广，为全省和全市其他农发行项目融资模式提供了模板。工商银行庆阳分行加强银政、银税合作，与市国税局签订《支持小微企业发展合作协议》，储备有融资需求的企业433户，筛选3户企业向省行上报了贷款审批流程，全年累计发放小企业新增贷款29户、金额20 706万元，并成功发放一笔200万元的“网贷通”信用贷款，小额信用贷款实现了零的突破。农业银行庆阳分行创新信贷业务集中用信管理模式，在市分行成立“法人信贷业务放款中心”，在各支行成立“个人信贷业务放款中心”，集中办理用信管理业务，提高用信管理的专业化、规范化和集约化水平。邮储银行庆阳市分行率先在全省开展网点转型工作，整合高低柜与三大业务板块资源，将高柜非现金业务和小额现金业务向低柜和自助设备、电子渠道分流，提高设备利用率，实现岗位之间的交叉销售，提升了服务效率，减少了客户排队等待时间。交通银行庆阳分行通过开展“一站式”“一对一”、沃德客户服务等形式，为客户提供个性化、差异化服务，提高了柜员对文明优质服务的自觉性、主动性。

（二）信贷产品紧随客户需求。甘肃银行庆阳分行立足“草根金融”定位，先后创新推出了“农业产业化重点龙头企业贷款”“专业合作社贷款”“农户种植养殖贷款”“个人果品收购贷款”等贷种，向个体私营业主大力推广适用于小微的“商贷易”“流贷易”“手拉手”“易卡通”等信贷产品，形成了多种类、广覆盖的产品体系。庆城县金城村镇银行以白马便民服务点为依托，以村组干部为向导，因地制宜推出了“果真好”系列六款贷款产品，为苹果产业发展提供了全产业链的金融服务，有效解决了果农、果库、果贩资金不足的问题。同时，对城区商户推出了“微易融”系列8款信贷产品。这些创新信贷产品深受当地群众青睐，认知度已覆盖周边乡镇，群众反映较好，目前已在全市推广。

四、基础设施渐趋完善，更好服务地方发展

（一）注重服务提升，金融机构实现全面发展。2015年11月，庆阳市银行业协会成立，并通过《庆阳市银行业协会章程》，银行业行业自律有了新的发展；12月，庆阳农商行成立。至此，全市共有银行业机构类型9类，地方法人机构12家，9家全国和地方银行在庆阳设立分支机构，机构及网点数升至387个，从业人员达到4 594人，初步形成以政策性银行、国有大型银行、邮政储蓄银行为主体，农村合作金融机构、城市商业银行为两翼，村镇银行、资金互助社为补充的多层次银行业金融体系。民间金融发展放缓，渐趋理性。全市小额贷款公司、担保公司、典当公司三类具有融资功能的非金融机构数量112家，同比减少2家，行业整合现象初现。2015年，全市金融系统以“三严三实”专题教育活动为契机，狠抓作风转变，提升服务水平，机构影响力不断提高。人民银行庆阳市中心支行获得2012–2014年度人民银行总行级“文明单位”称号。西峰瑞信村镇银行在全国第八届村镇银行论坛会上，获得了“百强银行”“资产总额前50强”“服务三农与小微企业优秀单位”三项殊荣。

（二）加大基础投入，金融服务设施遍地开花。2015年末，全市金融机构387个网点中，219个机构网点接入大小额支付系统，占比达56.59%；完成了ACS客户端升级换版工作，各业务系统运行正常；银行卡累计发放108.23万张，增长21.92%，其中金融IC卡发行99.77万张，已成为银行卡发行主流。农业银行庆阳分行以“四融”平台建设为抓手努力提高金融服务，择优选点投放“四融”平台服务终端，分3批布放了875台服务终端，实现所有乡镇和重点行政村全覆盖，年末融通业务交易金额7.40亿元，融商业务交易金额5.90亿元。交通银行庆阳分行加大网点建设力度，2015年开立了3家普惠支行和2家自助银行，为站稳陇东市场、发展普惠金融具有重大意义。宁县农村合作银行按照合作银行“两个环境”建设总体要求，改善基础设施，新建平子办公楼，对营业网点窄小，办公环境陈旧的和盛、良平、米桥装修改造，进一步优化了基层网点营业环境。庆城县农村信用合作联社以解决51个贫困村的金融服务和打通“最后一公里”服务为重点，三农服务终端布放总量达到29台，覆盖了全县56%的行政村和58%的农户。

（张武浩）

酒泉市

2015年末，酒泉市常住人口111.54万人，自然增长率为4.42‰。其中城镇人口达64.43万，城镇化率56.87%。地区生产总值达到544.80亿元，增长5.30%，同比回落2.50个百分点。第一产业增加值78.59亿元，同比增长5.50%；第二产业增加值202.02亿元，同比增长4.30%；第三产业增加值264.18亿元，同比增长6.30%。三次产业结构为14.43:37.08:48.49；人均生产总值48 920元。粮食总产量35.60万吨，增加2.10万吨，增长6.10%。全社会固定资产投资达1 104.70亿元，增长10.07%，增速同比回落10.93个百分点。社会消费品零售总额176.56亿元，增长8.50%，增速同比回落4.10个百分点。进出口贸易总额7 566.70万美元，比上年下降0.70%。其中，进口274.10万美元，下降58.20%；出口7 292.60万美元，增长4.70%。城镇居民人均可支配收入27 793元，比上年实际增长8.20%；人均生活消费支出21 655元，比上年实际增长6.80%。农村居民人均可支配收入13 603元，实际增长9.50%；人均生活消费支出10 407元，实际增长6.80%。全市财政收入100.61亿元，增长7.45%，增速同比回落2.15个百分点；财政总支出124.80亿元，增长5.90%。城镇登记失业率2.53%。全年能源消费总量399.90万吨标准煤，比上年增长1%。万元生产总值能耗比上年下降4.04%。主要污染物化学需氧量排放量2.80万吨，下降2.90%。

辖区金融运行总体平稳，社会融资结构优化，贷款增长速度走低，重点领域资金支持到位，融资贵的问题略有缓解，金融风险可控。全市金融机构本外币各项存款余额938.27亿元，比上年增长11.60%；贷款余额659.66亿元，比上年增长12.60%。年末，全年保险公司保费收入23.30亿元，比上年增长21%；支付各类赔款及给付5.70亿元，比上年下降13.50%。

一、稳健货币政策贯彻落实到位

认真贯彻稳健货币政策，制定指导性文件，召开专题会议，深入调研督导，在全省率先举办县域金融活动周，实现了货币信贷投放的合理均衡增长。充分运用货币政策工具，全面落实平均法考核存款准备金及全面、定向降准政策，加强支农再贷款管理，全年累计投放支农再贷款13.50亿元，增长95.70%，建成支农再贷款示范区12个。全市涉农和小微企业贷款余额分别增长12.40%和9.20%，金融机构累计为建档立卡的贫困户发放精准扶贫小额贷款近2亿元。企业融资渠道进一步拓宽，实现直接融资8.50亿元，增长62.90%。跨境人民币业务快速突破，实现了参与银行、企业和涉及地域的大幅拓展，全市跨境人民币业务收付总额达到1.60亿元，同比增长1.74倍。积极配合做好金融改革政策落地实施工作，辖区8家法人金融机构顺利完成存款保险首次投保工作。落实利率市场化改革措施，指导金融机构完善定价机制，酒泉农村商业银行被吸收为银行间市场利率定价自律机制基础成员，并正式加入全国银行间同业拆借市场。

二、辖区金融业安全稳健运行

完善金融稳定工作运行机制，定期监测、重点排查、现场评估、压力测试和年度稳定报告等全方位的风险监测和分析框架更加健全，牢牢守住了不发生区域性、系统性金融风险的底线。进一步规范金融管理，组织开展金融管理知识专题轮训，充分运用执法检查、监管走访、约见谈话等履职手段，监管职责得到有效履行。严肃查处外汇领域违规行为，对违法违规行为给予行政处理，起到了较好的警示作用。

酒泉银监分局稳步推进政府融资平台贷款风险防控，通过“名单制”管理、分类处置、约见谈话、风险提示、专项检查和召开专题监管会议等监管措施，审慎稳妥地防范化解平台贷款风险。围绕信用违约、集中度和流动性三类风险，持续加强监测分析、分类处置和专项检查。综合运用风险提示、监管预警、审慎会谈、约见谈话等监管手段，着力提高对法人机构的依法监管、科学监管水平。健全完善影子银行风险“防火墙”，有效防范民间融资、非法集资和影子银行等外部风险向银行机构扩散转移。切实加强反洗钱业务培训、现场检查和监管走访，可疑交易和大额现金交易监测分析能力稳步提升，与公安机关的反洗钱协作机制成效初现。修订完善《反洗钱工作联席会议制度》，整理规范反洗钱非现场监管档案，有效夯实了反洗钱监管工作基础。加大现场检查督导力度，组织对2家银行、3家保险公司及其分支机构进行了反洗钱现场检查，规范金融机构反洗钱工作。强化反洗钱非现场监管，扎实做好大额现金监测和洗钱类型分析工作，建立与公安、检察和法院的常态联系机制，密切关注洗钱上游犯罪动向，提高洗钱风险防控能力。

工商银行酒泉分行强化业务营销，竞争优质客户取得成效，扭转了存款下滑的局面，共营销存款3.55亿元，处于全省领先位置；围绕“县域经济、核心企业上下游、专业市场”拓展中小企业信贷业务，为中小企业发放贷款3.26亿元；投放个人贷款5.54亿元，净增1.11亿元；主动拓展表外业务，办理票据直贴2.38亿元，签发银行承兑汇票1.78亿元，信用卡贷款3.49亿元。农业银行酒泉分行业务发展速度加快，在继续保持农户小额贷款稳定增长的同时大力发展金融便利店建设，以“四融”平台建设为契机，不断推进“金穗惠农通”建设，各项存款增速高于往年，“三农”各项存款余额94.58亿元，较年初增加7.35亿元。农业发展银行酒泉市分行各项存款余额14.67亿元，同比增加5.70亿元，增长67.60%；存款日均余额7.67亿元，同比增加1.52亿元，增长24.80%；存贷比19.10%，同比提升5.69个百分点。交通银行酒泉分行与重点客户的合作关系进一步加强。被酒泉市政府确定为首单10亿元中小企业增信集合债的资金监管行和委托行。邮储银行酒泉市分行个人金融全量资产稳定增长，净资产增加10.71亿元，自营网点资产增加3.61亿元。

三、金融创新能力进一步增强

农业发展银行酒泉市分行积极探索信贷支农型模式和新方向，大力支持粮棉油收储，扎实推进扶贫攻坚。农业银行酒泉分行突出经营转型和机制创新，坚持“双轮”驱动，强化“三农”服务。工商银行酒泉分行坚持信贷引领战略，以重大项目、小微企业、个人贷款和信用卡贷款为发展方向，完成了信贷突破百亿大关的目标；大力发展创新业务，产品覆盖率有所提升；信用卡业务发展迅速，有效拉动了中间业务收入的增长；大力拓展国际业务和表外业务，国际业务结算量达 2 972.18 万美元，跨境人民币业务 36.20 万元；推进县支行改革，综合竞争力有所提升，3 个一级支行存款增幅扭负为正，8 个二级支行全部实现了正增长。交通银行酒泉分行形成大酒泉营销格局，与 5 县区形成良好的合作趋势，启动了月牙泉投资项目、金塔胡杨文化旅游开发项目。邮储银行酒泉分行负债稳步提升，票据市场实现突破。在重点加大负债业务的前提下，稳定发展资产业务和中间业务，办理票据贴现 0.93 亿元，还成功代理了中国进出口银行 1 亿元信贷资金托管。建设银行酒泉分行加大战略转型，在全省率先实现了网上支付商户的突破，分离式保函、出口订单融资贷款业务均实现零的突破；创新小微企业贷款，搭建批量化营销平台，发放公积金联名卡，投放“大数据”贷款。甘肃银行酒泉分行立足辖区资源优势和区位特点，按照“一县一特、一行一品”的思路，全力打造以产业链为基础的涉农小微企业金融服务模式。兰州银行酒泉分行针对小微企业融资难、担保难的问题，推出灵活多变的贷款模式，加大微信银行、手机银行和三维商城等创新产品的推广力度，着力提升服务质量。农村合作金融机构充分运用固定资产抵押循环贷款、担保公司担保贷款及联保授信、“联保+集团保”、“商会保”授信等新产品，中小企业融资渠道进一步拓宽，打造普惠金融服务模式，“飞天福农卡”签约率达到了 95%，ATM 机乡镇覆盖率达到 100%，金融支农取得新成效。

四、金融服务功能和质量有了新的提高

现代化支付体系建设成效显著。人民银行酒泉市中心支行持续改善农村支付服务环境，推动银行卡受理终端由城区向农村扩展，满足农村地区支付结算需求。规范银行卡助农取款业务，印发了《酒泉市银行卡助农取款服务管理办法》，对全辖 528 个银行卡助农取款服务点进行了现场核查和准入审批。严肃支付结算纪律，设立支付结算投诉电话，累计受理处置支付结算举报投诉 21 起。规范银行结算账户管理，核准银行结算账户 3 427 户，受理各类账户业务咨询 963 人次。

积极落实外汇简政放权措施，报请市政府批转了优化丝绸之路酒泉段外汇服务的指导意见，进出口企业联机接口服务工作在全省率先成功推广。充分运用统计数据资源，探索开展县域金融生态环境评估，调查统计工作质量持续提升。加强发行库标准化管理，人民币社会化清分试点顺利推进。加快推进横向联网推进和 COM-POS 刷卡缴税业务，广泛开展央行经理国库 30 周年系列宣传活动。完善征信体系建设，两类机构信用评级和应收账款融资服务平台应用取得明显突破，征信服务覆盖面进一步拓宽。加强社会信用体系建设，拓宽中小企业信用档案收集，为全市中小企业建立了信用信息档案，指导辖区小贷公司顺利接入征信系统。加强应收账款融资服务平台的推广应用。大力推动信用评级市场发展，认真履行征信管理及服务职能。

工商银行酒泉分行个人理财产品业务发展成效显著，实现个人理财产品营销 57.20 亿元；坚持信贷引领战略，转型发展步伐加快，确保已审批项目和承诺项目的贷款及时投放落地，倾力打造覆盖全辖的风光电项目信贷高地，贷款余额突破了百亿元大关；努力提高服务质量，柜口服务竞争力有所提升；自主银行和智能银行建设遍布各服务网点，位居同行前列；大力发展互联网金融，加快手机银行、工行 E 支付、线上 POS、工行 E 投资等产品推广；加快电商平台营销，电子银行交易额 1 077 亿元。交通银行酒泉分行个金销售业务发展成效显著，完成信用卡销售 11 530 张，POS 机有效商户净增 404 户，家易通有效商户净增 482 户。邮储银行酒泉市分行市场拓展有所提升，零售信贷有所增加，为家庭农场投放信贷资金 1.70 亿元，居全省第 2 位；小额循环贷款发放 2 482 万元，居全省第 3 位；电子银行业务发展良好，电子渠道替代率不断提升，新增客户交易笔数、交易金额较上年均有所增加。

中国人寿等寿险公司开展柜面业务办理和驻场销售服务试点，缓解柜面处理压力。中国人保等财险公司创新发展模式和营销服务方式，探索试办了地方政策性保险项目——设施农业保险，为农民增收和保障农村经济发展发挥了重要作用；借助电子信息技术，完善网上投保流程，提高了人性化服务水平。国泰君安营业部通过举办投资讲座、专题沙龙、投资报告会等，对投资者进行宣传引导及风险提示。华龙证券营业部积极搭建融资项目平台，努力争取地方发债及保荐项目，持续跟踪培育优质企业，帮助并指导制定并购重组方案，有效推进企业上市融资。

五、金融风险防控能力显著增强

工商银行酒泉分行有效防控信贷风险，全力应对资产质量新考验；法人不良贷款余额下降 2 027 万元，同比下降了 85.30%；清收个人不良贷款 4 555 万元，不良贷款率控制在了 0.09%，下降了 0.23 个百分点。农业银行酒泉分行内控管理继续强化，着力排查风险隐患，及时发现并修补内部管理漏洞，全力推进风险处置。邮储银行酒泉市分行授信管理能力有所提升，内控管理能力加强，风险管控水平提高，全行不良率为 0.92%，比上年下降 0.79 个百分点。建设银行酒泉分行积极推进风控案防常态管理，建立健全风险防控机制，信贷资产稳健运行。中国银行酒泉分行加强风险管控，切实提升风险合规意识，实现违规案件“零容忍”。农村合作金融机构实施风险预警，有效遏制了新增风险的发生；加大清收力度，实现了不良贷款余额、占比双下降，资产质量持续向好。甘肃银行酒泉分行强化贷前条件审查和贷后跟踪管理，及时督促贷款企业按期还本付息，杜绝人情贷、关系贷，确保了信贷安全。

六、金融消费权益保护和网络安全工作有新进展

人民银行酒泉市中心支行认真落实金融消费权益保护工作联络员制度、金融消费投诉督办制度和考核评价制度，形成了内外协调、相互联动的金融消费权益保护工作机制。畅通金融消费者咨询投诉渠道，成功上线运行并在全辖银行网点公布12363投诉热线，累计受理、办结金融消费投诉14起。创新金融消费者宣传教育模式，广泛开展金融知识进学校、进企业、进社区宣传活动，金融知识普及面明显扩大。强化网络安全管理，实施网络环境结构治理和网络设备改造工程，中心机房标准化建设和管理的成功经验被人民银行兰州中支转发全省参考。加强科技服务和技术保障，为各业务系统的高效运行提供了保障。严格执行金融机构信息编码管理规定和业务系统准入规定，全面完成了辖区银行业金融机构代码证的发放工作。加强金融IC卡在公共服务领域的应用工作。酒泉银监分局密切关注媒体舆情动态，加强舆情引导，构建了以银行业机构信访为主体、监管部门信访为纽带、多方联动的信访快速处置机制，强化银行主体责任，受理并办结消费者投诉24项，处理结果满意度100%。

七、党建工作和内部管理迈上新台阶

人民银行酒泉市中心支行坚持从严从实，突出问题导向，深入开展了“三严三实”专题教育，组织开展了新团队亮相展示、青年干部风采展示、微课程讲授及新任职干部承诺演讲等特色活动。全面落实主体责任，召开基层党组织建设现场会，党建示范引领作用充分发挥。高度重视干部队伍建设，从严加强干部监督管理，顺利完成了机关内设部门调整设置。制定了党委（组）落实党风廉政建设“两个责任”量化考评和责任追究办法，全面实施“党风廉政建设工作台账”制度，党风廉政建设主体责任和监督责任全面落实。积极培育和践行社会主义核心价值观，大力开展文明单位建设。扎实开展“内审质量提高年”活动，内审转型成效不断显现。人员经费和财务预算管理进一步规范，保卫守押、机要保密、网络信息安全管理全面加强，实现了全年安全无事故。“标杆示范行”创建初见成效，命名表彰了2家县级“标杆示范行”。

酒泉银监分局严格落实单位主体责任，坚持把党建与监管工作同谋划、同部署、同考核。以严格党内政治生活、组织生活为切入点，深入开展“讲党性 守党规 严党纪”主题教育活动。突出坚强党支部建设和党员教育管理，进一步推进党风、政风、作风、行风的转变。严格“一岗双责”，切实做到真抓真管、敢抓敢管，坚决避免一手硬一手软的问题。切实加强党风廉政建设，逐级签订党风廉政建设责任书，按季对部门考核，不断改进廉政监督、执纪监督、行政监督。扎实开展“三严三实”教育。把“三严三实”教育活动成果转化为坚强监管的动力，推动银行业转型发展。

（段　霖）

定　西　市

2015年末，定西市实现地区生产总值304.92亿元，比上年增长8.70%。其中，第一产业增加值76.97亿元，增长5.50%；第二产业增加值66.49亿元，增长9.50%；第三产业增加值161.46亿元，增长9.70%。三次产业结构为25.20:21.80:53，与上年相比，第一、二产业所占比重分别下降0.20%、2.50%，第三产业所占比重上升2.70%。全市共播种各类农作物857.34万亩，其中粮食作物628.89万亩。全市粮食总产量达162.15万吨，增长2.20%。完成工业增加值36.27亿元，比上年增长9.50%。规模以上工业企业完成增加值27.86亿元，增长9.50%。工业增加值占生产总值的比重为11.90%。完成固定资产投资555.35亿元，比上年增长10.94%。实现社会消费品零售总额107.38亿元，比上年增长9%。外贸进出口总值为2.85亿元，比上年增长4.02%。完成大口径财政收入42.94亿元，增长12.02%；完成公共财政预算收入24.35亿元，增长13.02%；完成公共财政预算支出197.85亿元，增长9.76%。城镇居民人均可支配收入19 167元，比上年增长9.50%；城镇居民人均消费支出12 925元，增长11.70%。农村居民人均可支配收入5 823元，比上年增长12.40%；农村居民人均生活消费支出5 319元，增长11.30%。

一、贯彻执行稳健货币政策，持续推动辖区经济提质增效

（一）以确保政策稳健为前提，窗口指导水平不断精准。人民银行定西市中心支行坚持准确贯彻落实金融宏观调控的方向、力度和节奏，引导货币信贷和社会融资规模平稳适度增长，积极调整优化信贷结构，制定并报请市委市政府批转了《关于贯彻落实信贷政策支持定西实体经济发展的指导意见》等7个指导意见，有效发挥了信贷政策在转方式调结构中的积极作用。同时，大力推进“支农再贷款示范区”创建工作，进一步提升支农再贷款支持的精准度和导向力。年内已在全市7个县区相继建立18个具有区域特色的“支农再贷款示范区”。截至年末，全市支农再贷款余额22.26亿元，同比增加2.57亿元，增长13.05%；全年累计发放支农再贷款26.76亿元，增长14.16%。支农再贷款限额、余额均创历史新高，使全市银行业金融机构资金实力进一步增强。

（二）以提升扶贫精准度为核心，“金融扶贫攻坚”行动获得新动能。年内，定西市探索发展了“富民产业合作社+贫困户+银行”的金融精准扶贫模式，已在16个乡镇78个行政村组建78个金融服务合作社，累计发放贷款1.76亿元，支持1.20万户农户发展生产，脱贫致富。金融机构创新推出了“贫困户+增收产业”“贫困户+电子商务”“贫

困户+致富能人”“贫困户+协会”“贫困户+合作社”和“贫困户+龙头企业”等“贫困户+X”贷款模式。甘肃银行定西分行先后承接定西市六县一区14.73万户、65.95亿元建档立卡贫困人口精准扶贫贷款投放工作，与市财政局、市政府金融办三方联动、积极配合，全力开展确认额度、收集资料、制定方案、集中放款、现场发卡等工作，确保了精准扶贫工作的有效、有序推进。农业发展银行定西市分行坚持高端营销，上下联动，限时办贷的工作机制，着力支持易地扶贫搬迁贷款业务，年内已投放易地扶贫搬迁贷款10笔、金额26.30亿元。

（三）以推进普惠金融发展为目标，民生金融服务水平实现新提升。全市金融机构在支农支小、创新服务等方面结合实际、多措并举，为促进民生领域改善、推动普惠金融发展做出了重要贡献。工商银行定西分行推出以借款人缴纳的互助保证金和政府设立的风险补偿基金作为增信手段的“银政通”业务，被工总行选为全国61家首批小微金融业务中心（试点）之一。定西市农村商业银行则将农户小额信用贷款作为支农的“拳头”产品，在政府确定的125个贫困村实行了5.85%的农户小额信用贷款利率优惠。兰州银行定西分行不断创新开展信用村信用等级评定授信、“合作社+基地+农户”的养殖产业链贷款、“惠农贷”联保贷款等多种模式，有力推动了辖区特色优势产业的良好发展。建设银行定西分行小微企业“助保贷”，农业银行定西分行“连贷通”等业务创新，使普惠金融深入到贫困地区，让弱势群体享受到了更多的现代金融发展成果。此外，在岷县漳县地震灾区灾后重建工作开展两年来，人民银行定西市中心支行认真贯彻落实各项灾后重建政策措施，有力推动灾区城乡居民住房重建工作。截至年末，灾区5县金融机构累计发放各类灾后重建和恢复生产贷款4.06万笔、金额24.36亿元。

（四）以促进经济发展为重点，金融支持力度不断增强。金融机构从盘活存量、优化增量入手，切实提高信贷资源配置效率，将更多信贷资源投向“三农”、小微企业、扶贫、民生等重点领域和薄弱环节，进一步加大对经济结构调整的支持力度。截至年末，全市金融机构涉农贷款、小微企业贷款余额分别为441.53亿元、175.61亿元，较年初分别增长了25.01%和34.57%。同时，积极引导金融机构整合信贷资源，充分利用银团贷款、联合授信等方式，切实加大对兰渝铁路、宝兰客专及国家、省级重要公路建设，引洮工程一、二期等重大水利建设以及重要骨干企业发展的资金投入。截至年末，全市金融机构投入到铁路、公路等交通运输方面的贷款41.61亿元，较年初增长9.24%；投入到水利、环境和公共设施管理方面的贷款59.08亿元，较年初增长了2.18倍。

二、强化金融风险监测和防范机制，辖区金融安全与稳定获得保障

（一）完善金融监管机制，风险管控基础不断夯实。人民银行定西市中心支行以防风险、守底线为根本，自主研发了“准金融机构风险监测管理系统”，扎实开展风险监测排查，提升了金融风险防范能力。印发《关于指导地方法人金融机构建立流动性风险突发事件应急预案的通知》，指导辖区8家法人银行机构建立流动性风险突发事件应急预案。同时，人民银行定西市中心支行和辖区临洮县支行作为兰州中心支行“省市县三级人民银行系统内金融风险应急演练”配合单位，顺利开展了风险自救演练工作，全面检验了人民银行应对金融突发事件能力和应急预案有效性。认真开展了存款保险投保机构保费基数核定、保费交纳以及存款保险标识管理，做好辖内投保机构的信息收集、风险监测和评级，完成了全市8家法人金融机构投保手续办理和保费缴纳工作，存款保险制度顺利实施。

（二）强化金融案件防控，现场检查和非现场监管有效性增强。年内，定西银监分局坚持在发展中防化风险理念，不断加强产能过剩行业、房地产贷款、平台贷款等重点领域风险的监测、排查与报告，全辖信用风险得到有效压降。加强存款偏离度指标监测，制定农村中小机构监管指标进步度规划，采取多种措施缓释流动性风险。着力做好“抓防、布控、追责、促长”工作，坚持会议推动、通知督办、现场检查三种方式齐抓共管，案件和信息科技风险得到有效防范。重点关注银行业案件与非法集资等外部风险的关联，密切监测银行员工参与民间融资和非法集资行为，社会金融风险得到有效治理。同时，定西银监分局制定了《定西银监分局非现场监管考核办法》，对辖内银行业机构贷款前20户企业进行了名单式监测。建立了现场检查问题库，完成了收费项目、表外业务、贷款质量真实性项目的后续检查。首次运用EAST系统（现场检查分析系统）对渭源联社贷款合规性及五级分类情况进行了现场检查。全年现场检查共投入有效工作日2 510个，发现违规问题64项，涉及金额56.22亿元，提出整改要求48条，整改率达到了100%。

（三）金融运行保持健康平稳，市场竞争力不断提升。截至年末，全市银行业金融机构本外币贷款余额556.57亿元，增长29.77%；本外币存款余额697.63亿元，增长17.76%。当年实现利润12.79亿元，比年初增加0.09亿元。不良贷款率比年初下降0.17%。金融机构存贷比为77.41%，较年初上升5.01%，银行业资产总量增长较多，资产质量有所提高。全年保险业发展呈现快速增长的良好态势，截至年末，全市保费收入14.83亿元，同比增长25.49%。其中，财产险保费收入6.59亿元，同比增长14.04%；寿险保费收入8.24亿元，同比增长36.44%。同时，保险业金融机构认真践行社会责任，积极参与精准扶贫，“三农”保险赔款达14.60亿元，其中四分之一的赔款受益户为贫困户。大病医疗保险报销3 820.52万元，有效解决了贫困户因病致贫的问题。全市证券业金融机构坚持推进“转变态度、产品推进、贴近客户”的服务经营理念，积极适应市场变化。年内，全市证券业金融机构总计开户12 802户，增长60.79%；证券交易金额166.69亿元，增长4.63倍；实现营业收入3 971.73万元，增长9.28倍；实现利润2 621.37万元，增长16.50倍。

三、紧抓金融改革和服务管理的创新，金融发展环境显著改善

（一）创新产品和服务，金融支持的针对性不断提升。

年内，陇西县被列为全省唯一一家“农村承包土地经营权抵押贷款”和“农民住房财产权抵押贷款”共同试点的县份。同时，中国人民银行定西市中心支行将安定区、陇西县和临洮县确定为农村土地承包经营权贷款试点区，建设银行和农业银行为主办行，突出试点示范效应，试点推出了“农村两权+小额担保贷款”“贫困村互助资金+农村两权反担保”和“农村两权+地上附着物”等贷款模式，全年累计发放贷款1 021万元。此外，全市金融机构积极创新产品和服务，着力提升金融支持的针对性。截至年末，累计创新开发“农村民生扶贫、特色农业产业发展、小微企业成长、新型农业经营主体”四大类36种有效管用的信贷产品，贷款余额42.35亿元，同比增长34.06%，累计受益企业446家，直接受益农户27 402户。

（二）创新金融管理方法，金融发展环境持续改善。人民银行定西市中心支行将重大事项报告机构从银行业和保险业拓展到小额贷款公司等影子银行体系，实现了对影子银行开业事项、变更事项、风险事件及其他可能对区域金融稳定发展造成重大影响事件的及时监管掌控。继续完善和优化自主开发的“金融机构综合评价管理系统”，运用该系统完成了对全市9家银行业金融机构、15家保险业金融机构、1家证券机构执行金融法律法规、规章和管理规定情况的综合评价工作，将评价结果在全市金融机构范围内进行了通报，并对评价为C级的1家金融机构作为全年执法检查的重点，有效引导金融机构依法合规经营。综合运用现场检查、监管走访、约见谈话、考核评估等措施，对辖区25家金融机构反洗钱工作开展情况实施了综合考评，对新改制的定西市农村商业银行就反洗钱制度建设、组织架构与岗位设置、系统设计与开发、反洗钱机制有效性等方面开展了现场检查。同时，定西银监分局切实加强准入监管，年内核准银行业金融机构高管任职资格33人，董事10人，开业7家，更名2项。

（三）创新农村支付方式，金融基础设施不断完善。定西市银行业金融机构330个网点全部加入现代化支付体系，为各类经济组织、企事业单位、城乡居民提供了多样化的支付清算服务，农村金融环境得以持续改善。截至年末，全市各类金融便农服务网点达2 765个，占1 829个行政村的151.20%，累计布放ATM、POS机和转账电话10 943台。大型银行在行政村设立各类简易便民服务点1 978个，农业银行定西分行创建“四融”平台1 480台，农信社系统便民服务站达到315个，“村村通”覆盖面达到86.40%。同时，银联商务、通联支付和快钱3家第三方支付机构在辖内农村地区开展银行卡收单业务，基本实现农村支付结算服务“两个全覆盖”的目标。人民银行定西市中心支行通过在陇西县举办定西市深化农村支付服务环境建设暨农村支付宣传示范站授牌仪式，进一步推动全市农村支付服务环境建设。

四、强化内控管理和党风廉政建设，履职效能全面提升

（一）认真学习实践核心价值观，党风廉政和文化建设再创新局面。人民银行定西市中心支行全面落实党风廉政建设主体责任和监督责任，扎实开展“三严三实”专题教育实践活动。文明单位创建和央行文化建设不断深化，工会、女工、共青团的桥梁纽带作用切实发挥，中心支行被评为2012–2014年度总行级文明单位。同时，人民银行陇西县支行召开了全省人民银行系统县级支行标杆示范行创建试点工作总结交流会，创建成果得到进一步的巩固拓展。定西银监分局将党建工作与“三严三实”专题教育、效能建设和监管业务有机结合起来，全面开展了“五好三优双示范”创先争优活动、“讲党性守党规严党纪”主题教育活动。

（二）全面加强党的建设，内控安全管理水平得到有效提高。农业发展银行定西市分行扎实开展内控评价工作，对所辖4个县（区）支行9个条线的内部控制状况进行全面评价，并通过内控评价发现一般性缺陷21个，年内已全部整改到位。工商银行定西分行将“行为有规、授权有度、监测有窗、检查有力、控制有效”的内控工作要求，贯穿于经营发展各层面、各专业、各环节，确保各项业务的依法合规经营。定西市农村商业银行严格落实“三严三实”及“九严禁”“九严查”制度，有效增强了员工勇于担当、廉洁奉公、按章办事、行止有度的作风和品质，行业形象明显提升。甘肃银行定西分行则将加强内控管理作为提升会计运营质量的重要途径，在全行开展了“会计运营质量提升年”活动。

（胡凯敏）

陇　南　市

2015年末，陇南市总人口285.76万人，人口自然增长率6.33‰。全年实现地区生产总值315.14亿元，比上年增长9.50%。其中，第一产业增加值70.31亿元，增长6%；第二产业增加值72.93亿元，增长9.90%；第三产业增加值171.89亿元，增长10.80%。产业结构比例22.31∶23.14∶54.55。人均生产总值12 172元。粮食总产量114.82万吨，比上年增长2.97%。全年实现工业增加值45.36亿元，比上年增长9.90%。全社会固定资产投资590.61亿元，比上年增长10.84%。实现社会消费品零售总额90.81亿元，比上年增长9%。居民消费价格总水平101.50%，比上年下降0.90个百分点。外贸进出口总额10 396万美元，比上年下降22%。城镇居民人均可支配收入18 915元，比上年增长9%。农村居民人均可支配收入5 405元，比上年增长12.60%。全年财政收入51.49亿元，比上年增长4.49%；一般预算公共支出195.40亿元，比上年增长18.63%。全市从业人员156.26万人。全市金融机构本外币各项存款、贷款余额分别为723.24亿元和478.66亿元，分别比上年增长15.57%和27.13%。全市保费收入10.28亿元，比上年增长51.84%；赔款支出2.17亿元，比上年增长52.74%。

一、认真执行宏观调控政策，推动当地经济社会转型跨越发展

（一）有效发挥“窗口指导”作用。人民银行陇南市中

心支行以“金融生态建设深化年”活动为契机，围绕陇南“433”发展战略和“1+17”精准扶贫方案，切实发挥“窗口指导”作用，着力提升国家货币信贷政策与陇南经济发展的契合度。结合实际，出台了《陇南市金融支持旅游产业发展的意见》，得到了市委书记肯定性批示。联合市金融办、银监局等部门实施了“5+1”金融精准扶贫工程，形成金融精准扶贫的工作合力。报送的《“5+1”立体化扶贫》在第二届中国西北金融高峰论坛上被评为甘肃金融扶贫经典案例。

（二）担负时代新重任，积极发放精准扶贫贷款。农业银行陇南分行坚持与银政共管工作机制结合、与双联农户贷款结合、与“三权”抵押贷款试点结合、与“四融”平台建设结合、与金融扶贫创新结合的“五结合”思路，推动精准扶贫贷款专项业务开展，向建档立卡贫困户发放专项贷款13.54亿元，惠及2.82万户。陇南武都农村合作银行响应政府号召，按期完成了第一批1.71亿元精准扶贫贷款任务发放工作。

（三）银行信贷发力，支持经济社会发展成效显著。农业发展银行陇南市分行全年累计向省分行上报农业农村基础设施建设贷款项目10笔，贷款金额14.50亿元；全年累计向陇南市土地矿产统征储备交易中心、陇南市武都区土地收购储备中心、成县土地统征储备中心发放农村土地整治后续贷款3.55亿元，累计向陇南市田园油橄榄公司等3户油橄榄企业发放流动资金贷款0.80亿元，支持企业开展油橄榄收购。工商银行陇南分行制定了对公存款、储蓄存款考核办法和相应的营销推动激励方案，做到人员、任务、考核三落实，截至年末，各项存款余额63.03亿元，比上年增加2.15亿元；各项贷款总额37.74亿元，比上年增加6.42亿元，个人贷款、小企业贷款两项贷款余额达到20.27亿元，占各项贷款的52.80%。农业银行陇南分行放好双联贷款，当年累放1.02万户、6.24亿元，截至年末，贷款余额6.57亿元、1.05万户；全行惠农服务点较上年新增1 007个，新农合代理项目账户累计归集资金32.10亿元，累计留存资金3.27亿元。中国银行陇南分行成功置换同业祥宇电力公司固定资产置换贷款1.60亿元，改善了存量授信资产结构；陇南市第一人民医院500万美元以色列转贷款项目获得实质性突破，已发放368万美元；开创了陇南市首个以“信”养“信”的企业融资新模式；探索创新推出了“贫困户小股东”计划。邮政储蓄银行陇南市分行机构理财购买20.60亿元，打破了业务空白；发放贷款突破2亿元，为全市3 890户农户提供了养殖、种植资金扶持；全年共发放家庭农场（专业大户）贷款62户，金额3 472万元；积极开办电子商务贷款1户、金额100万元；发放税贷通业务贷款3笔、金额1 200万元；发放小额循环贷款621户、金额8 144万元。陇南武都农村合作银行发放春耕生产贷款9 454万元，花椒贷款33 349万元，油橄榄贷款7 835万元，医药宝贷款6 450万元；发放林权抵押贷款3 190万、土地承包权抵押贷款3 040万元、宅基地抵押贷款2 839万元；积极支持地方中小企业发展，累计发放中小企业贷款76 018万元。陇南武都金桥村镇银行坚持专注“三农”，关注民生，截至年末贷款余额9.31亿元，其中涉农贷款8.51亿元，占各项贷款的91.40%，受益农户3.54万户。甘肃银行陇南分行推出电商“e贷易”“椒贷易”等9款特色“富农贷”产品，累计向茶叶、油橄榄、核桃、中药材、苗木等地方特色产业协会、龙头企业和农户投放贷款130笔、9 970万元。

二、不断强化金融风险管理，切实维护辖区金融稳定

（一）着力加强监管督导，有效防范金融风险。人民银行陇南市中心支行对武都农村合作银行、泰康人寿保险公司等5家金融机构开展了反洗钱执法检查，对17家金融机构进行了反洗钱监管走访。对全辖29家银行、证券、保险业金融机构开展了综合评价，根据评价结果实施了差别化管理措施。加强对存款保险工作的组织领导，为辖内10家地方法人金融机构办理了存保手续，确保了《存款保险条例》平稳有序实施。陇南银监分局有效化解不良贷款风险，督促武都合作银行制定了不良贷款清收方案，对新增单一客户贷款超监管底线进行了风险提示。有效管控流动性风险，引导辖内9家农村合作金融机构共同签订了《全市农村合作金融机构签订流动性同业救助协议》。有效管控社会信用风险，针对陇南市大华商贸有限公司涉嫌社会集资、资金链条断裂等风险状况，及时向建行陇南分行、农行陇南分行发出非现场监管预警通知书。

（二）全力清收灾后重建贷款和妇女小额担保贷款。陇南武都农村合作银行加强与村社干部、花椒协会、中药材协会负责人的联系沟通力度，利用村社干部熟悉村中每户情况的人缘优势，按照村社干部提供的信息，信贷员与农户的入户见面率明显提高，取到了较好的清收效果。全年收回妇女创业不良贷款2 113万元、灾后重建贷款4 376万元。

三、以服务社会为己任，不断提升金融服务层次和服务水平

（一）央行服务功能不断增强。人民银行陇南市中心支行加大非现金支付工具推广力度，指导兰州银行创新推出了“祥宇银行卡”，打通了支付系统服务群众的“最后一公里”。组织两当县支库与陕西凤县支库联合开展了国库TCBS系统业务异地交流应急演练，探索建立了毗邻地区国库应急协作新机制。在西和县试点开展了“十百千”农村信用体系建设工程，在陇南师专建立了“征信宣传教育基地”，中征应收账款融资业务迅速发展。实施了普通纪念币网上预约发行改革工作，开展了人民币收付业务专项检查和反假币宣传月活动。制定了《陇南市新型农村金融机构金融统计管理办法》，荣获“甘肃省第三次经济普查先进集体”称号。加强辖内跨境资金流动监测，开展外汇业务专项检查，对违规企业进行了行政处罚。稳步推进金融消费权益保护工作，努力提高信息调研质量，切实增强科技保障能力。

（二）银行业服务水平不断提升。农业发展银行陇南市分行全年实现账面利润2 415万元，超额完成省分行下达的利润计划415万元，超计划20.75%；人均利润40.25万元；人均中间业务收入0.34万元；工商银行陇南分行将融e联打造成为领先的金融社交平台。年末，融e购平台进驻5家商户，实现B2C交易额2.40亿元，走在全省前列；手机银

行净增11 819户，手机银行户达到9 537户，工银e支付净增17 618户。农业银行陇南分行布放终端1 165台，完成计划的1.02倍；全行“四融”平台注册个人客户新增12 488户，注册企业商户新增23户，完成年度计划的100%；“融通”“融商”平台金融交易额分别新增9.85亿元和11.02亿元，分别完成年度计划的4.32倍和1.08倍。中国银行陇南分行当年累计办理票据置换通业务18笔，签发银行承兑汇票12 969万元；为3户企业累计贴现6 861万元；已成功办理票据贴现5笔，累计贴现3 142万元；在全辖成功办理首笔电票置换通业务；票据承兑和贴现业务均创造了有史以来最好水平，通过票据置换通累计带来公司存款约9 000万元，实现保证金存款3 200万元。建设银行陇南分行零售业务转型从客户行为分析和应用需求驱动出发，加快转型发展，加快网点“三综合”建设步伐，全行所辖14个营业网点全部转型为综合性网点，实现了综合性网点全覆盖。邮政储蓄银行陇南市分行全年累计销售基金产品1 978万元，实现收入34万元，比上年增长1.77倍；累计销售理财产品1.80亿元，实现收入16.27万元，比上年增长80.80%；累计销售保险产品81.68万元，实现收入23万元，比上年增长2.47倍；累计销售贵金属产品170.96万元，实现收入49.15万元，比上年增长100%。陇南市武都金桥村镇银行成立同业业务部，已办理2笔票据业务、2笔同业业务。

（三）保险业务发展迅速。中国人寿保险公司陇南分公司实现个险新单期交保费收入4 923.89万元；实现个险十年期期交保费收入3 592万元；实现个险首年标准保费收入2 866.67万元；完成短期险业务（含个险、团险渠道）2 875.98万元，比上年增长5.75%；实现新单保费2 206.23万元；实现首年期交保费535.45万元，实现标保108.12万元。人保财险公司陇南市分公司探索以政策性业务带动商业性保险业务的发展模式，当年承保玉米27.24万亩，能繁母猪4.32万头，分别赔款490.76万元和269.50万元；承保宕昌县中药材5.13万亩，参保农户达10 146户，农户获得保险赔款637.60万元，参保的10 146户全部受益。当年全市系统农业保险共赔款750.26万元。

四、始终加强自身建设，努力打造严格高效新金融

（一）党的建设措施有力。人民银行陇南市中心支行通过扎实开展“三严三实”专题教育，全面落实党建工作主体责任，以严的要求、确实的作风，着力抓好基层党组织建设、党风廉政建设、干部队伍建设和央行文化建设，为高效履职提供了坚强保障。

（二）金融文化建设稳步推进。人民银行陇南市中心支行牵头成立了陇南市金融团工委，创新方式开展了“四个一”干部培训活动。工商银行陇南分行荣获总行级“文明单位”称号。农业银行陇南分行组织开展“岗位练兵”活动，继续推进“职工之家”和网点“四小”建设工作。建设银行陇南分行积极开展“金融知识普及月”等宣传活动。

（三）内部管理进一步加强。人民银行陇南市中心支行完成了中支机关内设机构调整工作。成功举办了首届陇南市金融法律知识竞赛。加强基建项目管理，“库办楼”工程进展顺利。陇南银监分局举办了全市18家银行业金融机构参加的全辖银行业金融机构监管统计知识竞赛活动。农业发展银行陇南市分行出台了《小水电贷款贷后尽职管理考核办法》，制定下发《综合统计专项考核办法》。工商银行陇南分行建成投产自助银行14家，宕昌支行新购营业用房进入设计阶段，礼县支行、两当支行和康县支行购置营业用房正在进行选址。建设银行陇南分行开展“效能风暴”。中国银行陇南分行成县支行于2015年11月6日举行开业庆典。陇南武都金桥村镇银行召开股东大会及董事会议、监事会议，重组发展战略。甘肃银行陇南分行正式挂牌成立，武都支行筹建已获甘肃银监局批复。

（王登荣）

临夏回族自治州

2015年末，临夏回族自治州总人口为219.23万人，净增0.85万人。其中，城镇人口44.56万人，乡村人口174.67万人，镇化率为31.21%。全年实现地区生产总值211.41亿元，比上年增长9%。其中，第一产业增加值36.14亿元，比上年增长5.90%；第二产业增加值44.83亿元，比上年增长11.10%；第三产业增加值130.44亿元，比上年增长8.90%。全年实现工业增加值25.56亿元，比上年增长12.40%。其中规模以上工业企业实现增加值18.95亿元，比上年增长10.40%。完成全社会固定资产投资298.71亿元，比上年增长13.26%。实现社会消费品零售总额76.07亿元，比上年增长9.20%。完成大口径财政收入28.66亿元，比上年增长12.74%，其中公共财政预算收入16.59亿元，比上年增长16.78%。财政支出195.67亿元，比上年增长14.65%，其中公共预算支出175.58亿元，比上年增长12.97%。城镇居民人均可支配收入16 508元，比上年增加1 446元，增长9.60%。农民人均可支配收入5 245元，比上年增加587元，增长12.60%。城镇居民人均消费支出12 879元，比上年增长16.50%；农村居民人均消费支出4 769元，比上年增长7.20%。居民消费价格总水平同比上涨0.70%，其中食品价格上涨3.20%。全年外贸进出口总额达14 036万元，比上年增长37.53%。其中进口总额达1 740万元，下降57.68%；出口总额达12 296万元，比上年增长101.70%。全年旅游接待总人数895.41万人次，比上年增长23.58%。

一、全面推进“金融生态建设深化年”活动，依法履职取得显著成效

2015年，人民银行临夏州中心支行，坚持“抓学习、强基础、转作风、促发展”的总体思路和“务实、从严、团结、进取”的治行理念，深入开展“三严三实”专题教育实践活动，认真执行稳健货币政策，积极维护辖区金融稳定，全面提升金融管理和服务水平，努力提高干部队伍素质和内部管理水平，较好地履行了基层央行各项职责。同时，紧扣少数民族地区特点，积极引导金融机构深入开展“金融生态建设深化年”活动，取得了全辖信贷支持力度加大，金融运行平稳，金融服务水平和效率稳步提高的良好效果。

（一）认真执行稳健的货币政策，全力支持实体经济健康发展。一是强化货币信贷政策引导，保持信贷总量合理适度增长。围绕全州经济发展目标制定《关于2015年贯彻落实信贷政策支持全州实体经济发展的实施意见》，重点推动信贷资源向“三农”、小微企业、重点项目和扶贫开发等领域倾斜，有效满足了全州经济发展合理的信贷需求。截至年末，全州金融机构各项存款余额为479.85亿元，较年初增加79.46亿元，增长19.85%；各项贷款余额为386.29亿元，较年初增加75.75亿元，增长24.39%。二是强化货币政策工具管理，充分发挥其引导和支持作用。制定《中国人民银行临夏州中心支行再贷款、再贴现对账制度》并实施交叉检查，促进支农再贷款规范管理和高效使用。及时调整落实支农再贷款优惠利率政策，促使涉农贷款利率下行。积极申请再贷款限额，创建“支农再贷款示范区”，全年累计发放支农再贷款19.57亿元，同比增长30.47%，余额达到16.74亿元，同比增长60.96%。认真落实存款准备金率正向激励政策措施，对考核达标机构执行优惠存款准备金率政策，增加其可用信贷资金。及时、准确传导利率政策，助推利率市场化改革。严格执行民族贸易和民族用品生产企业贷款贴息政策，全年审核上报贴息资金3 672.89万元，同比增长57.75%。大力宣传推介跨境人民币业务，帮助涉外企业规避汇率风险。三是深入开展金融精准扶贫工作，支持民族地区加快脱贫致富步伐。不断完善精准扶贫、精准脱贫的金融支持措施，做好金融扶贫示范县创建工作。全州金融支持扶贫开发工作取得了较好成效，在总行召开的全国扶贫开发金融服务工作座谈会上作了经验交流。四是加大对“三农”和小微企业的金融支持，改善薄弱环节金融服务。全年新增涉农贷款73.93亿元，增速为30.82%，高于各项贷款增速6.43个百分点。推动信贷资源向小微企业倾斜，大力支持小微企业发展。截至年末，全州小微企业贷款余额58.42亿元，较年初增长11.62%。

（二）强化金融风险监测分析，积极维护全州金融安全稳定。一是加大金融风险监测力度。认真落实银行、证券、保险业及影子银行风险监测分析制度，组织开展法人金融机构稳健性评估、风险自评估工作。二是扎实做好存款保险组织实施工作。顺利完成全州9家法人存款类金融机构的投保手续办理和缴费基数核定。三是稳步推进金融改革。加强农业银行“三农金融事业部”改革试点监测反馈工作。做好农村信用社专项票据兑付后改革成效监测考核工作。

（三）认真履行管理职责，着力维护良好的金融秩序。一是积极做好开业管理工作。及时批复4家银行业金融机构按期开业，审核备案1家保险公司的开业资料，受理农业银行临夏东郊分理处等6家银行业金融机构和临夏州信用担保中心等2家非银行业金融机构加入人民银行金融管理与服务体系的申请。二是强化日常营业管理。严格按程序办理已设机构申请增加的服务项目，完成新增金融机构信息代码、加入财税库银横向联网系统等金融管理与服务事宜。组织完成对银行、证券、保险等58家机构的综合评价。对部分金融机构负责人进行约见谈话，提高了金融管理工作的权威性和严肃性。三是加强金融机构重大事项报告工作。全年累计报送各类金融机构重大事项84项，其中风险事件4项、经营动向35项、变更事项45项，向人民银行兰州中心支行上报金融突发事件和金融机构重大事项7次。四是组织开展综合执法检查工作。对辖内中国银行和临夏县、和政县、东乡县农村信用联社及其部分分支机构开展2015年度综合执法检查，并对4家机构的违规行为做出处罚3.50万元的决定。五是积极开展金融消费权益保护工作。认真做好12363咨询电话的接听、答复和转办等工作。组织完成专项检查和现场评估等工作，金融机构对金融消费权益保护工作的重视程度明显提高。

（四）提升金融服务现代化水平，为全州经济发展提供良好的金融服务。一是维护良好的支付结算秩序，支付服务环境不断改善。深入推进农村支付环境建设，全州金融机构助农取款服务点总数达到834个，占全州行政村的72.52%；银行卡、ATM、POS机存量分别为473.13万张、509台和12 752台。二是全面履行经理国库职责，国库服务效能不断提高。大力推广财税库银横向联网系统（TIPS），丰富TIPS缴税业务种类，开办银行端查询缴税、银联模式POS机刷卡缴税等业务。三是大力推进外汇管理改革，外汇服务水平明显提升。全面落实外汇管理改革各项措施，简化直接投资项下外国投资者出资管理，不断提升利用外资和对外投资的效率和质量，促进涉外经济发展。截至年末，全州被纳入名录管理的36家涉外企业累计完成进出口总额2 072万美元，其中，出口1 835万美元，同比增长1.05倍；进口237万美元，同比减少65%。四是扎实开展征信管理工作，社会信用环境持续优化。深入推进社会信用体系建设，继续深化中小企业和农户信用档案建设。截至年末，累计更新中小企业信用信息2 645户，其中270户企业获得银行授信意向，企业获得银行信贷支持2.97亿元。建立农户信用档案31.92万户，建档率达87.78%；评定信用农户25.05万户，评定率为78.48%；累计为已建立信用档案的16.86万户农户发放贷款78.76亿元。五是不断深化反洗钱监管，洗钱风险防范水平进一步提高。通过对金融机构开展反洗钱现场检查，促使其反洗钱义务履行绩效全面提升。六是强化货币发行管理，货币流通环境进一步优化。全年累计投放现金60.81亿元，回笼36.44亿元，净投放24.37亿元，有效满足了全州经济发展对现金的需求。七是大力推广金融IC卡，科技行业指导和服务能力明显提升。积极做好全州金融IC卡应用环境改造和相关行业应用推广工作，2015年全州金融机构新增银行卡发卡全部为金融IC卡，POS机具非接受理环境改造率为60%，电子现金和跨行交易等移动金融应用取得新的突破。八是准确高效完成调查统计工作，金融统计标准化水平稳步提高。准确完成各类金融统计数据的报送和报表编制工作，开展临夏州农村经济金融发展现状统计和各项制度性经济调查，发挥统计的信息支撑作用。加强县域经济金融数据库的日常管理、维护和运用，经济调查工作基础不断夯实。

（五）加强金融知识宣传，社会公众金融意识进一步增强。充分利用“3·15”消费者权益保护日、“5·15”打击和防范经济犯罪日、“金融知识普及月”、金融知识进千家万户宣传培训活动等有利时机，通过悬挂横幅、布放展板、散发资料、面对面讲解、LED屏显及配合州政府举办金融知识培训班等形式，开展金融政策、新型金融产品、金融消费权益保护、征信服务、外汇管理、支付体系建设、反洗钱、反假币、非法集资等金融知识的宣传讲解活动，全面提升社会各界的金融意识、诚信意识和风险防范意识。

（六）扎实开展“三严三实”专题教育，有效巩固党的群众路线教育实践活动成果。围绕加强州县两级行党的建设，着眼有效履行基层央行职责，扎实开展“三严三实”专题教育。做到安排部署扎实，专题党课辅导形式多样，开展正反典型案例教育效果明显。以“严以修身、严以律己、严以用权”为专题，聚焦对党忠诚、个人干净、敢于担当，认真撰写心得体会或发言材料，查摆自身不严不实问题，全年行领导进行专题党课辅导共计8次，先后6次开展专题教育学习研讨，实现以作风改进凸显专题教育的成效。

二、银监分局多策并举，强化风险防控

临夏银监分局围绕“守底线、强服务、严内控、促转型”的总体工作思路，督促辖内银行业金融机构全面落实风险防控责任，增强风险防控的前瞻性和敏感性，以确保不发生系统性、区域性风险为底线。将农村信用社、邮储银行、村镇银行等风险隐患较多的机构作为风险防控的重点，多策并举，强化风险防控。一是针对农村信用社不良贷款大幅反弹问题，分局连续三次下发监管提示，先后两次开展高管约谈，深入分析原因，持续关注清收工作，严格责任追究制度，严肃问责有关责任人员。二是督促金融机构落实新的流动性管理办法要求，定期开展压力测试，及时制定了流动性补充预案。加强主动负债管理，将理财、同业等业务纳入统一流动性管理范围，提高融资多元化程度和资金来源稳定性，降低流动性错配，谨防流动性风险与其他风险交织放大。三是督促金融各机构在巩固近年来集中度风险防控成效的基础上，持续做好贷款集中度风险防控工作。截至年末，辖内农村中小金融机构单一客户贷款集中度全部控制在10%以内。四是督促金融各机构强化内控制度执行力度，加强岗位轮换、内外对账、亲属回避、强制休假、干部交流等“五项制度”的执行。强化对操作风险的管控，完善相关操作流程，严防由于业务操作不当诱发案件风险。

三、银行业信贷投放力度加大，保险业发展势头强劲，金融服务质量和效率进一步提升

农业发展银行临夏州分行坚持实施“两轮驱动”发展战略，充分发挥信贷支农作用，积极化解信贷风险，夯实内部管理，各项工作取得新进展。一是做好政策性粮油主体业务；二是审慎发展自营性贷款业务；三是农发重点建设基金实现快速投放；四是扶贫信贷业务取得重要突破。截至年末，各项存款余额5.65亿元，较上年增加4.98亿元，增长7.44倍。各项贷款余额达21.56亿元，较上年增加2.48亿元，增长13%。存贷款余额均达到历年最高水平。

工商银行临夏分行紧紧围绕“转型发展”十项重点工作，准确把握自身发展和支持地方经济发展的契合点，积极有效的支持实体经济发展，但存贷款业务呈现“双降”。截至年末，各项存款余额45.08亿元，较上年下降2.05亿元，下降4.35%；各项贷款余额33.44亿元，较上年下降4.43亿元，下降11.69%；中间业务较上年增加251万元，增长10%；净利润较上年增加161万元，增长3.78%。

农业银行临夏分行调整结构，突出重点，精细管理，着力改善服务质量，严控风险和杜绝案件。一是负债转型促进份额提升。各项存款余额达到113.51亿元，比上年增加7.16亿元，增长6.67%。二是贷款投放平稳结构优化。贷款余额达65.62亿元，较上年增加3.95亿元，其中个人贷款增加2.82亿元，对公贷款增加1.13亿元。三是拓宽增收渠道。实现中间业务收入4 344.49万元，较上年增加201.32万元，增长4.62%。四是经营效益实现预期目标。实现拨备后利润18 477万元，较上年减少3 960万元。

中国银行临夏分行按照“扩规模、调结构、抓创新、打基础、防风险、增效益”的整体工作思路，从大力发展核心业务，扩大客户基础，提高中间业务收益等方面入手，积极拓展市场，攻坚克难，取得信贷规模逐步壮大，业务结构不断优化、经营效益稳步提速的良好成效。截至年末，人民币存款余额达18.13亿元，同比增长12.20%；贷款余额达15.02亿元，同比增长4.21%；实现净利润2 683万元，同比下降6.75%。

建设银行临夏分行以“毫不动摇抓发展，旗帜鲜明防风险”为经营理念，进一步夯实基础，挖掘客户潜力，加大对无机构县域客户的拓展力度，提高服务质量和水平，推动各项业务持续稳健发展。截至年末，一般性存款余额44.11亿元，较上年新增3.35亿元。各项贷款余额33.93亿元，较上年新增6.61亿元。中间业务收入完成3 562.30万元；实现净利润9 934.89万元。

邮政储蓄银行临夏州分行以“抓基础、补短板、转作风、促发展”为抓手，努力推进业务结构调整，强化风险管理，各项工作有序发展，经营效益稳步提高。截至年末，储蓄余额增长3.81亿元；发放各类贷款7.62亿元，贷款余额11.37亿元。业务总收入完成7 229.44万元，较上年增长32.91%，完成计划的100.27%。

兰州银行临夏分行以“严控风险、强化科技、优化结构、提升服务”为经营理念，各项工作稳步发展，特别是认真扎实推进精准扶贫贷款承办行工作，推动业务形象双提升。截至年末，各项存款余额19.94亿元，较上年净增7.04亿元；各项贷款余额39.77亿元，较上年净增27.07亿元，其中，精准扶贫贷款24.55亿元，覆盖全州8县市，取得了良好的社会效益。

甘肃银行红园路支行坚持以效益为中心，以发展“三农”、中小微业务为基础，以精细化经营和提升风控能力为保障，努力增强可持续发展实力。截至年末，存款余额达38.73亿元，全年新增20.98亿元，完成目标任务的1.16倍；贷款余额达24.16亿元，全年新增贷款8.86亿元，完成任务

的73%。实现净利润2 529万元，完成利润任务的2.40倍。

临夏农商银行抢抓发展机遇，全方位、多渠道开拓市场，不断夯实发展基础，经营规模迈上新台阶。截至年末，各项存款余额34.72亿元，较上年净增4.66亿元，增长15.50%；各项贷款余额23.43亿元，较上年净增3.42亿元，增长17.07%，其中涉农贷款22.74亿元，较上年增加3.17亿元。

农村信用社作为农村金融市场的排头兵，立足服务“三农”、服务小微企业、服务县域经济的市场定位，在支持新农村建设以及县域经济发展中，积极发挥支持“三农”主力军的作用，成效显著。截至年末，各项存款余额146.59亿元，较上年净增24.59亿元，增长20.16%；各项贷款余额137.52亿元，较上年净增26.90亿元，增长24.32%。其中涉农贷款133.19亿元，占各项贷款的96.85%。

保险业发展势头强劲。全年保费收入6.81亿元，比上年增长19.38%。其中，财产险保费收入4.80亿元，比上年增长15.24%；寿险保费收入2.01亿元，比上年增长30.60%。全年赔付额3.19亿元，比上年增长77.25%。其中，财产险赔付3.09亿元，比上年增长80.93%；寿险赔付1 062.84万元，比上年增长12.63%。

（马全福）

甘南藏族自治州

2015年末，甘南州藏族自治州实现地区生产总值126.54亿元，同比增长7.50%，其中，第一产业实现增加值27.01亿元，增长5.40%；第二产业实现增加值20.70亿元，增长2.20%；第三产业实现增加值78.84亿元，增长10.40%。三次产业结构比为21.34:16.36:62.30。全社会固定资产投资完成186.24亿元，同比增长4.50%，其中，项目投资185.60亿元，增长4.90%，房地产开发投资0.64亿元，下降49.80%。全州居民消费价格总水平保持了基本稳定，居民消费价格累计上涨2.80%。社会消费品零售总额41.58亿元，同比增长8.30%；大口径财政收入15.73亿元，同比下降6.70%；完成公共财政预算收入9.17亿元，下降11.30%，一般预算支出143.78亿元，同比增长23.10%，城镇居民和农牧民人均可支配收入分别达到19 656元和5 928元，分别增长9.20%和12%。全州金融机构本外币各项贷款余额突破200亿元大关，达到205.36亿元，同比增长21.08%，新增贷款35.75亿元，增速较上年同期下降1.03个百分点。其中，涉农贷款余额173.41亿元，新增30.03亿元，占全年新增贷款的84%。全州金融机构本外币各项存款余额296.40亿元，同比增长19.95%，增速同比上升7.54个百分点，存贷比69.28%，同比上升0.64个百分点。实现外贸进出口总额143.20万美元，同比下降98.01%。保险机构保费收入3.95亿元，同比增长6.38%，保费支出2.09亿元，同比增长4.60%，赔付率52.99%。

一、加大金融支持力度，促进全州经济社会发展

（一）突出央行“窗口指导”，切实优化信贷结构。人民银行甘南州中心支行以促进经济结构转型升级为目标，制定并经州政府批转了信贷增长、支持旅游业发展等指导性文件，完善金融形势分析会制度，准确传达货币政策意图，以约见谈话、现场督导、召开专题会等形式，引导金融机构把握信贷投向，加大对畜牧、旅游、生态等重点领域和薄弱环节的信贷支持，实现了信贷投放的合理均衡。截至年末，全州金融机构各项存款余额296.40亿元，同比增长19.95%；各项贷款余额205.36亿元，同比增长21.08%。

（二）运用货币政策工具，撬动涉农信贷投放。人民银行甘南州中心支行加强支农再贷款管理，积极争取限额，使支农再贷款限额增加到15.48亿元，优先照顾“金融扶贫示范县”，满足了当地的支农资金需求。推动农村金融改革创新，鼓励迭部县、碌曲县申报“支农再贷款示范区”。认真执行差别化利率优惠政策，对考核达标的农业银行县级“三农金融事业部”执行优惠存款准备金率，对灾区农村信用社降低存款准备金率和支农再贷款利率，增强了全州涉农金融机构支农资金实力。截至年末，全州支农再贷款余额15.48亿元，资金使用率为100%。

（三）强化信贷支持力度，支持实体经济发展。用足用活信贷政策，促进金融机构降低涉农贷款、小微企业贷款利率，缓解融资难、融资贵问题。搭建银政企合作平台，召开银政企洽谈会，成功签约项目14项，签约金额2.65亿元。督促金融机构建立和落实新型农业经营主体主办行制度，结合特色产业和“三农”需求，规范、稳妥开展农村“两权”抵押贷款业务。开展小微企业定向辅导培育，加大民贸民品贴息力度，降低小微企业融资成本。甘南银监分局坚持“政府组织、监管推动、银行主导、多方参与”的总体思路，支持特色畜牧业、旅游业发展。同时，着力推动“银税互动”助力小微发展，成立了由州国税局、地税局、银监分局、各银行业金融机构各单位负责人为主要成员的甘南州“银税互动”活动联络小组，建立了银税合作联席会议制度，确保小微企业信息充分共享，进一步拓宽小微企业融资渠道和方式。截至年末，共发放中小微企业贷款56.31亿元。审核上报民贸民品贴息127笔，贴息资金2 170万元，24家民族企业受惠。农业发展银行甘南州分行把支持全州基础设施项目建设作为各项工作的重中之重，主动开展贷款营销，推介信贷产品，签订20亿元战略合作备忘录，对接营销易地扶贫搬迁、棚户区改造、“6873”交通突破及列入国家172项重大水利项目，全年发放易地扶贫搬迁贷款8 600万元，棚户区改造项目贷款9 834万元。

（四）推进金融精准扶贫，加快农牧民精准脱贫。人民银行甘南州中心支行与辖内各金融机构积极配合州政府制定全州普惠金融发展规划、精准扶贫小额信贷支持计划，引导金融机构创新信贷产品，稳步扩大普惠金融覆盖面。扎实推进“金融扶贫攻坚”行动，督促金融机构加大双联惠农、精准扶贫、“旺畜宝”等贷款力度，在舟曲县推进“金融扶贫示范县”创建活动，在碌曲县探索建立农户小额信贷“郎木

寺模式”，有力提升了金融精准扶贫度和普惠面，得到人民银行兰州中心支行的充分肯定。甘南银监分局针对小微企业融资存在的有效担保条件不足、获取贷款方式单一、银企信息沟通不畅、中介机构服务落后、小微企业自身问题突出、信贷环境有待改善六个方面的问题，提出了适当下发贷款审批权限、强化金融服务、加强自身建设、优化融资环境四条政策建议。截至年末，全州金融机构累计发放双联贷款23.09亿元，发放精准扶贫贷款7.53亿元，“旺畜宝”贷款3.20亿元，受益农牧户8.73万户，占全州农牧户总数的80%。

二、创建“藏区普惠金融示范区”，推进普惠金融发展

（一）积极推动村级金融服务站建设。为了切实提升农牧村金融服务水平，人民银行甘南州中心支行制定了《甘南州惠农金融服务站建设工作方案》，探索开创了“政府主导、人民银行和银监局配合、金融机构参与挂点、村委会具体负责”的工作模式，顺利在全州推开惠农金融服务站建设。截至年末，全州已建成134个村级惠农金融服务站。

（二）积极创建农牧户信用信息系统。为改善全州农牧村信用环境，建设科学化、标准化的全州农牧村信用信息平台，2015年8月20日，在甘南州政府主导和人民银行的助推下，成立了甘南藏族自治州地方征信中心，同时，在人民银行广州分行的大力支持和无偿援助下，成功上线运行了甘南州农牧户信用信息系统。该系统收集全州所有农牧户的家庭基本信息、资产信息、农业信息、经营收支情况、融资借贷情况以及社会管理信息等6大类118项数据进行系统化采集处理，通过引入信用等级评价功能，建立信用激励机制，从而实现全州农牧户信用信息精细化管理；为全州所有农牧户及中小微企业提供一个良好的信用管理和查询平台，实现政府各部门之间信用信息的互联互通、共建共享，为金融机构发放农牧户贷款提供了更为便捷的信用信息查询平台，破解贷款难与难贷款的难题。

（三）建立健全农牧村金融服务体系。一是督导金融机构加快农村地区网点接入步伐，加大银行卡助农取款服务力度，农村支付环境显著改善。二是积极引导农行ATM新增藏文菜单功能，农业银行甘南分行成功在七县一市启动8辆金融服务流动车，为农牧户提供查询、转账、取现、自助还贷等基础金融服务，农牧民在2.50公里半径内均能享受到基本金融服务。截至年末，全州累计发放银行卡151.49万张，设立助农取款服务点293个，布放ATM共284台，较年初增加108台，POS机1 728台、电话银行累计361.70万笔。

（四）有序推进互联网金融发展。工商银行甘南分行与甘肃安多清真绿色食品有限公司的“安多牧场”旗舰店、“笃斌洮砚”等电商平台签约上线，有效增强了互联网金融对传统金融的补充。农业银行甘南分行全力打造“四融”平台，通过形象重塑、规范管理、优化服务，提升为精品服务点。截至年末，布放“四融”平台终端308台，“四融”平台注册客户数2 474户，电商客户数16户，“融通”交易金额6 291万元，“融商”交易金额4 895万元。农村信用合作联社深入实施“三大工程”，合理布设ATM、VTM、POS机等电子机具，逐步提高“村村通”的覆盖面，积极布局移动金融，大力发展手机银行、网上银行等电子银行。强化客户分层、分群管理，继续下沉服务对象，将农村贫困农户、残障人士等弱势群体纳入服务范围，开发丰富“三农”、小微等普适性的金融产品服务，全力做好金融精准扶贫工作。

三、金融服务创新力度加大，金融综合服务水平提高

全州金融机构通过创新信贷产品、扩大抵押范围、提高审贷效率等方式加大信贷投放。一是农业发展银行甘南州分行随着信贷政策的调整，加大营销力度，在易地扶贫搬迁、棚户区改造、县域公路等基础项目建设方面取得了新进展，发放贷款3.60亿元。二是工商银行甘南分行在推进中小企业融资模式、产品创新和服务方式上大胆探索、积极创新，对不符合银行信贷条件但符合国家产业政策、有市场、守信用的小微企业开展定向辅导和培育，推出“设备租赁”“发票融资”“黄金租赁”“应收账款融资”等融资模式，截至年末发放小微企业贷款余额2.13亿元，有效缓解了小微企业融资难题。三是农业银行甘南分行将双联惠农贷款作为小额信贷模式的一种创新方式，积极推进这一惠民政策，“双联”惠农贷款得到快速推广，年末余额达到14.98亿元，累计发放23.09亿元，有力地支持了农牧村经济发展；同时积极支持小水电和小微企业发展，简化信贷流程，提高营销效率，采取成熟一个支持一个的原则，截至年末发放小微企业贷款9.60亿元。四是邮政储蓄银行甘南州分行结合甘南州资源条件、区域优势，以大力发展旅游及特色产品行业为抓手，推出“农家乐”“藏家乐”贷款，同时积极发放草食畜牧业、设施蔬菜产业“双业贷款”，截至年末双业贷款余额2 133万元。邮储银行甘肃省分行与甘南州政府签订旅游产业战略合作备忘录30亿元，打造大美甘南得到地方政府的认可。五是全州农村信用社在做好农户小额信用贷款发放的同时，创新信贷产品，结合当地民族特点，创新推出为藏区群众量身打造的信贷产品——“藏饰贷”，截至年末，在推出不到2个月的时间，发放“藏饰贷”共160笔，金额2 597.32万元。在畜牧业较为发达的夏河、碌曲、玛曲县推广“旺畜宝”信贷产品，有力地促进了当地畜牧养殖业健康、稳步发展。

四、保险业务稳步发展，社会保障能力不断提升

甘南州保险业金融机构以提升服务为核心，提升服务效能，以公司改革转型为动力，推进业务稳步发展，实现保险业务全面、健康发展。截至年末，全州保险机构保费收入3.95亿元，同比增长6.38%，赔付支出2.09亿元，增长4.60%。保险业金融机构增强发展意识，围绕“双联”“精准扶贫”积极与政府扶贫项目对接，扩大业务范围。一是人保财险甘南公司加强与兼业代理、经纪公司合作，银保合作进一步深入，合作范围进一步扩大，全年银保收入超过200万元，增长14.56%。经纪业务保费达到273万元，增长1.03倍。同时，农险规模不断壮大，截至年末，保费达1.90

亿元。全年累计保费收入2.89亿元，同比增长17.64%，占市场份额的73.16%。二是中国人寿甘南分公司保费收入实现了较快增长，截至年末，保费收入1 460.64万元，同比增长18.30%，支付赔款471.95万元，同比下降22.52%。公司在加强内部管理管控的同时，完善并建立了案件防范的责任追究制度，业务质量持续好转。政策性农业保险有了长足发展，承保马铃薯保险12万亩、冬小麦5万亩。

五、加强金融风险防范，维护辖区金融稳定

（一）加大风险监测排查，提高风险应对能力。人民银行甘南州中心支行把监测分析地方法人金融机构风险作为履行维护金融稳定职责的重点，严格落实银行业、保险业风险监测月报制度，按月分析地方法人金融机构风险状况，提高日常监测的质量和水平。督促指导银行业金融机构开展风险自评估工作，每半年分析金融业风险状况，确保了地方法人金融机构稳健运行和金融业健康发展。一是加强重点领域风险排查。持续做好具有融资功能的地方非金融机构、民间借贷等影子银行领域定期风险监测工作，对辖内融资性担保公司、小额贷款公司、典当行和企业民间借贷等领域的风险按季进行监测上报。对甘南州房地产信用风险、法人银行业金融机构资产质量和流动性风险、商业银行理财产品及表外业务风险等开展了调研排查，做到风险隐患早发现、早识别、早处置。二是深入分析辖区内经济金融运行态势及变化趋势，多层面对辖区金融运行情况，包括金融机构、金融市场以及热点行业、重要事件、区域金融生态环境等，通过现场评估、专项评估、压力测试等有效手段，对金融稳定的影响进行了全面分析评估，增强了金融稳定评估工作的有效性。

（二）强化金融管理与服务，提升综合管理水平。一是强化“两管理、两综合”工作。截至年末，全辖金融机构共上报重大事项21项。全年开展3次综合执法检查，发出了执法检查意见书、对违法违规问题进行了行政处罚，进一步规范了辖区金融机构的经营行为。二是对辖区9家银行业金融机构和6家保险业金融机构进行了综合评价。银行业金融机构3家被评为A级，6家为B级。保险业金融机构中1家被评为A级，5家为B级。将综合评价结果向各金融机构进行了通报，提高了金融机构对“两管理、两综合”金融管理制度的认识。三是针对藏区实际，大力开展特色金融宣传。人民银行与各金融机构携手继续推进“金融知识宣讲团”活动，相继开展金融知识进校园、进社区、进牧区，收到良好效果。

（三）加强风险管理，提高信贷资产质量。农业发展银行甘南州分行积极倡导信贷风险“零容忍”理念，进一步落实贷款清收责任，保持了连续6年无新增不良贷款的记录，不良贷款持续保持零余额。工商银行甘南分行认真贯彻“排查、缓释、处置”的方针，强化风险管理，加大对潜在风险客户的检测，提前制定处置预案，对不良贷款实行保单制管理，责任到人，不良贷款余额56万元，较年初下降7万元。农业银行甘南分行累计处置自营不良贷款1 264.23万元，委托资产137.30万元，不良贷款余额648万元，较年初下降354万元，占比0.11%。建设银行甘南分行不良贷款率为0.03%，2015年成功收回了长达10年之久的同业拆借资金585万元，资产质量明显提升。邮储银行甘南州分行不良贷款余额为131.72万元，不良贷款率0.26%，拨备覆盖率为680.66%。全州七县一市农村信用社不良贷款余额有所上升，信用社加大清收力度，采取上门催收、约见谈话、司法起诉等方式全力清非攻坚。甘南银监分局严格执行“严禁新增超比例贷款”的要求，切实遏制大额放贷的偏好，严控增量风险，根据全州信用社不良贷款持续上升的态势，研究制定了《甘南州农村信用社不良贷款和集中度风险化解方案》，加强非现场监管数据跟踪监测和现场检查深入查找，将风险苗头消除在萌芽状态。截至年末，全州不良贷款余额2.37亿元，不良贷款率2.92%。

（四）深化监管职能，推动银行业治理体系改革。甘南银监分局通过督导各县联社加强内控管理，进一步健全完善了法人机构“三会一层”治理结构和制衡有效、激励兼容的运行机制。农村商业银行组建步伐稳步推进。督促辖内邮储银行贯彻落实《邮储银行代理营业机构管理暂行办法》，深入推进辖内机构改革，邮储银行二类支行改革完成后，对邮储银行新设分支机构实行年度规划管理。针对甘肃银行，在实现“高速度、超常规、跨越式”发展的同时，督促其建立健全合规经营和风险管控机制，防止业绩考核短期化带来的不良影响。

（五）夯实工作基础，推进存款保险制度落实。一是人民银行和金融机构分别成立了存款保险工作领导小组，明确工作职责，做好投保机构的流动性和舆情监测。二是夯实工作基础。积极组织参加甘肃省法人存款类金融机构《存款保险条例》培训。完成保费审核缴纳，开展现场风险评级。完成了辖内8家吸收存款的银行业金融机构投保手续办理工作，收集整理了8家金融机构相关资料并按时上报上级行审核。向中国存款保险业务中心开立的存款保险基金专门账户交纳了2015年5月至6月的存款保险保费。

六、强化作风建设，综合履职能力全面提升

（一）加强党风廉政建设，严格落实八项规定。一是扎实开展“三严三实”教育活动。各金融机构牢固树立“不抓党风廉政建设就是严重失职”的意识，认真履行“第一责任人”的责任，从班子建设、基层党组织建设入手，狠抓重点工作的推动落实，通过开展经常性教育活动，切实发挥党员在营销、管理、服务等各项工作中的中坚力量和模范带头作用。二是大力推行敬业、勤俭、廉政之风。工商银行甘南分行坚决抵制铺张浪费、坚决遏制大手大脚现象，细算账、勤算账，把有限的资金投入到经营管理的提升上来。建设银行甘南分行严控招待费和营销费用和开支，规范集中采购和固定资产管理。农业银行甘南分行制定了《农业银行甘南分行车辆管理办法》和《农业银行甘南分行改进作风实施细则》，所有公务接待不出职工食堂，形成了风正气顺的工作氛围。

（二）强化企业文化建设，营造和谐进取的工作氛围。工商银行甘南分行投入90万元对县支行党员活动室、职工

之家等进行了修缮；组织业务骨干和优秀员工赴兄弟行参观学习，并组织314名在职职工、离退休职工进行了健康体检，尽最大努力保障职工的正当权益。农业银行甘南分行加大人文关怀，关爱基层员工，为玛曲、碌曲支行员工配发制氧机，建立困难员工档案。建设银行甘南分行充分发挥工、青、妇组织，坚持开展健康、文明、有益的群众文化活动；大力改善员工食堂和宿舍环境，通过业绩导向，科学的用人机制，提高员工的竞争意识。邮储银行甘南州分行树立正确的用人导向，以德育人、以身示人，通过加强业务培训、完善绩效考核办法，各项业务实现了提质增效，稳步发展。

（来怡琴）

临夏回族自治州金融知识进千家万户活动启动仪式

中国工商银行白银分行组织干部到景泰县寺滩乡新墩湾村开展精准扶贫

中国人民银行天水市中心支行在天水师范学院等6所院校举办“天水市首届大学生信用记录关爱日”大型征信知识宣传活动

第四部分

调查报告与专题材料

对新时期金融支持精准扶贫工作的几点认识

中央政治局审议通过的《关于打赢脱贫攻坚战的决定》和中央扶贫开发工作会议明确了我国扶贫开发新目标：到2020年确保我国现行标准下的农村贫困人口实现脱贫，贫困县全部摘帽，解决区域性整体贫困。同时要求，加大金融扶贫力度，鼓励和引导各类金融机构加大对扶贫开发的金融支持，这为新时期金融精准扶贫指明了方向。甘肃是我国扶贫的主战场之一，贫困人口多、贫困程度深，致贫因素多、脱贫难度大。甘肃要在2020年完成精准脱贫攻坚任务，离不开金融机构的积极参与。金融扶贫作为农村扶贫开发战略体系的重要组成部分，切实做好金融支持精准扶贫对甘肃省加快脱贫致富步伐，努力同全国一道进入全面小康社会至关重要。

一、深刻认识新时期金融支持精准扶贫的重要意义

金融是货币流通和信用活动以及与之相联系的经济活动的总称，金融作为市场经济的产物，已经进入到了经济社会生活中的各个角落，金融已经成了当代经济社会不可或缺的重要组成部分。金融支持精准扶贫，实质就是以扶贫富民为出发点，以财政扶贫资金扶持为主导，以信贷资金市场化运作为基础，以建立有效风险防控机制为支撑，以扶贫机制创新为保障，解决农民担保难、贷款难问题，放大资金效益，做大做强扶贫特色优势产业，加快贫困地区、贫困农民增收致富步伐，为扶贫攻坚打下坚实基础。在新时期扶贫开发工作中，需要充分认识金融支持精准扶贫的重要性。仅靠有限的财政扶贫资金难以满足扶贫攻坚资金的需要，只有将财政资金和金融资金有机结合起来，充分发挥金融资金在扶贫攻坚中的作用，形成集中攻坚的强大合力，才能顺利完成精准扶贫、精准脱贫攻坚任务。

金融支持精准扶贫有利于放大扶贫资金总量。通过扶贫资源的合理配置，促使金融机构放大对贫困地区和贫困人口的信贷投放，用财政扶贫资金撬动金融扶贫资金，发挥滚雪球效应，逐步增加扶贫资金总量，扩大扶贫覆盖面，加大扶贫力度，加快扶贫进度。金融支持精准扶贫有利于提高贫困人口的思想认识。金融扶贫资金的有偿使用，使贫困人口转变了“等、靠、要”的思想，增强自我发展的动力和积极性，培育主导产业，让扶贫工作从“输血型”向“造血型”转变。金融支持精准扶贫有利于充分发挥政府和市场两方面的作用，合理有效配置扶贫资源，将有限的资金用于支持和鼓励贫困户发展生产脱贫工作上，集中力量解决突出问题，最大限度地激发和调动贫困地区干部群众的积极性和创造性。开展金融精准扶贫工作，对改革创新扶贫工作体制，加快转变扶贫开发方式，构建政府、市场、社会协同推进的扶贫大格局，促进贫困地区经济社会发展，具有极其重要的现实意义。

消除贫困、改善民生、实现共同富裕，是社会主义的本质要求。大力推进金融扶贫是党和国家对扶贫开发的新要求，也是金融机构的责任和使命所在。努力建成全方位覆盖贫困地区群众的金融体系，支持精准扶贫，是金融系统贯彻落实中央扶贫开发系列指示精神的重要举措和义不容辞的责任。最大限度地整合好、运用好金融资源，充分发挥金融在扶贫攻坚中的作用，打赢精准扶贫攻坚战、精准脱贫大决战，是精准扶贫攻坚行动的关键环节。

二、甘肃省金融支持精准扶贫的有益探索

发挥货币政策工具引导作用支持精准扶贫。“定向降准”、差别存款准备金率、支农再贷款等多种货币政策工具向贫困地区倾斜，允许贫困县区金融机构在保证贷款优先投向扶贫的前提下可突破年度贷款规划，引导扩大贫困地区信贷投放。针对贫困地区农户和小微企业融资需求，组织实施金融扶贫攻坚行动，开展金融扶贫示范县、支农再贷款示范区等活动，探索建立金融扶贫主办行制度，促进了金融机构与贫困地区特色产业、扶贫项目和新型农业经营主体金融服务需求的精准对接。

探索创新多种金融模式支持精准扶贫。甘肃省金融机构以促进贫困地区经济社会发展、推动精准扶贫为目标，创新推出80多个特色鲜明、贴近“三农”需求的信贷创新产品，探索形成了各具特色的甘肃金融扶贫模式。如“信贷+产品创新”扶贫模式：金融机构根据甘肃贫困地区的实际情况，创新推出“双联惠农贷款”“农耕文明贷款”“双业贷款”等一系列信贷产品，通过金融服务的有效供给，促进贫困地区特色产业发展；“信贷+大众创业”扶贫模式：金融机构基于贫困地区农户和农村留守妇女的自主创业需求，创新推出妇女小额担保贷款、“大众创业宝”“返乡农民工创业贷”等信贷产品，有效解决了贫困农户想创业、没资金的问题；“信贷+互联网金融”扶贫模式：金融机构借助现代化的科技手段，实现了互联网金融与扶贫开发的有机融合，如农业银行的“四融”服务平台、建设银行的“电子银行善融商务平台”，有效增加了贫困地区金融服务的覆盖率和可得性，在一定程度上降低了金融扶贫成本；“信贷+新型城镇化”扶贫模式：金融机构将金融扶贫工作融入到新型城镇化建设之中，如农业发展银行的易地扶贫搬迁贷款项目、国家开发银行的基础设施建设贷款项目，着力于改善贫困农户基本生活生产条件和培育贫困地区发展能力，从而促进连片特困地区农户增收脱贫和新型城镇化的快速发展。

启动专项贷款工程支持精准扶贫。在总结双联惠农、牛羊蔬菜、妇女小额担保等涉农贷款贴息政策实施经验的基础上，财政、金融与扶贫等部门研究推出总规模400亿元的精准扶贫小额信用贷款，力争3年内为全省建档立卡的97万户、417万贫困人口提供5万元以内、3年以下、基准利率、免抵押、免担保的小额信用贷款支持。在实施精准扶贫专项贷款工程工作实践中，各地结合实际探索形成了贫困户直贷、龙头企业带动、合作社或能人带动、村内担保等多样化的贷款形式，走出了一条具有甘肃特色的金融扶贫新路子。

完善普惠金融服务功能支持精准扶贫。甘肃省金融机构积极组织参加“民生金融服务年”和“农村金融服务年”活动，以普惠金融体系建设为突破口，将金融服务向贫困地区行政村延伸，通过增设流动服务网点、助农取款站点，合理布放ATM、POS机、转账电话等措施，着力改变贫困地区金融服务面貌，为贫困地区构建了便捷、高效的金融服务网络体系，切实满足了贫困农户各项支农补贴发放、小额取现、转账、余额查询等基本服务需求。积极改善农村信用环境，创建了庆阳、定西、武威等农村信用体系试验区，鼓励金融机构在同等条件下优先满足信用农户的信贷需求，累计发放农户小额信用贷款近700多亿元，支持了70多万农户创业增收。

三、金融支持精准扶贫要提升精准度

精准定位金融扶贫对象，解决好“扶持谁”的问题。面对脱贫攻坚这一重要任务，我国扶贫开发亟需从“大水漫灌”的粗放式扶贫向“定向喷灌”“定点滴灌”的精准扶贫精准脱贫转变，确保有限的扶贫资金真正用于贫困地区和贫困人口，最大限度地提高扶贫成效。区分金融资源区域投向重点，加大对集中连片特困地区、革命老区、民族地区和重点贫困县的金融支持力度。瞄准金融扶贫对象，以贫困村、贫困户的准确识别和建档立卡为依据，利用农村信用体系建设成果，掌握贫困人口的数量、分布、贫困程度、致贫原因等。建立健全金融精准扶贫信息平台和数据库，实现对金融扶贫对象的科学化管理和有进有出的动态管理，为贫困人口识别与金融扶贫措施的有效对接奠定基础。

精准定位金融扶贫主体，解决好“谁来扶”的问题。按照市场化和可持续性原则，逐步形成政策性、商业性、合作性等金融机构共同参与的金融扶贫开发新格局。根据各类金融机构的职能定位和专业优势，增加贫困地区信贷投放，系统解决贫困地区基础设施、公共服务等共性问题，满足贫困人口生活生产发展等多样化金融需求。国家开发银行、农业发展银行等政策性金融机构重点支持易地扶贫搬迁、基础设施以及新型城镇化建设，为贫困人口发展生产、改善生活提供良好的外部环境。大型商业银行和股份制银行等金融机构积极向贫困地区延伸服务网点，重点支持贫困地区特色优势产业的培育发展以及涉农龙头企业、专业合作社、家庭农场、专业大户等新型经营主体，通过产业发展引领和新型经营主体带动，增强贫困地区对金融资源的承载力，为贫困人口提供更多的就业和创业机会。合作性金融机构进一步发挥其网点较多、贴近农村、熟悉农村业务的优势，继续发挥好农村金融主力军作用，推动扶贫小额贷款、贴息贷款、农户小额信贷以及金融产品和服务创新，支持贫困人口增收脱贫。

精准定位金融扶贫手段，解决好“怎么扶”的问题。因地制宜支持基础设施扶贫和易地搬迁扶贫，切实解决贫困人口最急迫、最现实的困难和问题。针对部分贫困地区尤其是集中连片特困地区生存环境恶劣、农业基础薄弱、农村发展相对滞后等现状，积极推进基础设施建设，着力改善贫困群体的生活生产条件。对于居住在不具备基本生产生活条件地区、就地扶贫成本高难度大、停止扶贫就返贫的贫困群体，有序推进易地扶贫搬迁。坚持金融扶贫分类指导原则，基于不同贫困地区、贫困人口的现实需求，制定扶贫规划和措施保障，做到因户施策、因人施策，积极推进金融服务与精准扶贫深度融合。围绕“五个一批”工程，制定差异化金融扶持政策，找准支持方向和切入点，使有限的金融扶贫资金产生最大的扶贫成效。立足于帮助贫困群体“换脑、增智、造血、夯基”，激发贫困群体脱贫致富的内在动力和发展潜力，实现稳定脱贫和可持续发展。

四、新时期金融支持精准扶贫的着力点

创新运用货币政策工具，引导金融资源向贫困地区聚集。发挥支农支小再贷款、再贴现、差别存款准备金率、差异化监管政策等工具的正向激励作用，引导和鼓励金融资源向贫困地区聚集，增强贫困地区金融机构资金动员能力，降低社会融资成本。设立扶贫再贷款，发挥好扶贫再贷款的作用，专项用于支持精准扶贫，实行比支农再贷款更优惠的利率。建立贫困地区金融扶贫专项评估机制，鼓励和引导金融机构积极支持脱贫攻坚行动，营造良好的金融扶贫环境。

发展普惠金融，增加贫困地区金融服务的可获得性。建立大中小型金融机构并存的普惠金融机构体系，加快农村金融改革创新步伐，降低银行准入门槛，鼓励民间资本发起成立民营银行，规范发展民间融资，促进市场竞争，增加金融供给。优先安排在贫困地区设立村镇银行、小额贷款公司等小微型金融机构。创新基于贫困地区各类产权的金融产品，扩大抵押物品种和范围。积极为不同的贫困群体量身设计金融产品和服务，让金融扶贫产品可以真正惠及和对接贫困地区的经济发展和贫困人口的金融需求。鼓励和支持贫困地区符合条件的企业借助各类债务性融资工具，拓宽直接融资渠道。创新金融服务提供方式，推广非现金支付工具，积极发展网络支付、手机支付等新型支付方式，深化银行卡助农取款和农民工银行卡特色服务，改善贫困地区支付服务环境。

建立健全风险分散补偿机制，推动金融扶贫可持续发展。金融扶贫必须坚持可持续性原则，在加大扶贫资金投入的同时，需要做好风险防控。在贫困地区探索设立由政府出资的融资担保机构或扶贫贷款风险补偿基金并建立稳定的资本金补充机制，支持商业性担保机构积极拓展符合贫困地区特点的担保业务，建立各类产权流转交易和抵押登记服务平台，有效防控和化解金融机构经营风险，促进在贫困地区形成“贷得出、用得好、还得上”的良性循环机制。在贫困地区大力发展农业保险业务，建立健全保险服务网络，探索保

险服务扶贫开发的新途径、新方式。防范非法集资向农村渗透，维护农村地区金融秩序和金融稳定。

加强金融基础设施建设，优化金融生态环境。金融机构服务网点向贫困乡镇和贫困村延伸，实现贫困地区金融服务全覆盖。加强物理网点建设、电子机具布放和电子渠道建设，推广电话银行、手机银行和网上银行等现代金融服务方式，让更多的贫困人口享受到账户开立、存取款、转账支付、政府各种扶贫资金分配搭载工具等基本金融服务。加强地方社会信用体系建设，在贫困地区深入开展信用户、信用乡镇创建活动，营造良好的金融生态环境。加强金融知识和金融扶贫政策的宣传普及，提高贫困地区金融消费者的金融素养和风险识别能力，培育“有借有还”的金融意识和诚信意识。

整合扶贫资源和力量，构筑脱贫攻坚强大合力。建立健全金融系统与扶贫开发相关部门的合作机制，确定金融扶贫支持的重点区域、重点产业、重点项目和扶持对象，加强各方在信息共享、政策制定、创新发展等方面的协调联动，为金融机构扶贫项目和对象的选择以及风险管理提供便利条件。构建多元化、全方位、可持续的扶贫政策保障和资金供给体系，加强各部门扶贫政策的协调配合，有效整合各类扶贫资金，特别要发挥财政政策对金融业务的支持和引导作用，落实农户贷款税收优惠、涉农贷款增量奖励、农村金融机构定向费用补贴等政策，降低贫困地区金融机构经营成本。搭建开放式扶贫平台，创新社会扶贫机制，制定优惠政策，激发市场主体和社会资本参与扶贫开发的积极性，形成专项扶贫、行业扶贫、社会扶贫互为补充的大扶贫格局。

（中国人民银行兰州中心支行行长　姜再勇）

推动金融普惠发展　提升扶贫精准水平

自联合国2005年提出普惠金融以来，普惠金融以其平等、包容、和谐的理念受到社会各界的普遍关注。我国也十分重视普惠金融发展工作，十八届三中全会首次将发展普惠金融写入《中共中央关于全面深化改革若干重大问题的决定》，国民经济和社会发展第十三个五年规划的建议明确提出要发展普惠金融，我国普惠金融发展正处在一个大有作为的战略机遇期。尤其是在经济新常态环境下，做实、做好普惠金融，对促进就业、改善民生、稳定社会、发展经济、推动创新都大有裨益。

一、发展普惠金融是我国全面实现小康社会的现实选择

党的十八大以来，习近平总书记围绕“全面建成小康社会”提出了一系列新思想、新论断、新要求，总书记一再强调：“小康不小康，关键看老乡。”“没有农村的小康，特别是没有贫困地区的小康，就没有全面建成小康社会。”普惠金融的内涵与总书记讲话精神高度一致。普惠金融从其萌芽——15世纪意大利小额信贷开始，就旨在通过为贫困和低收入群体提供金融服务，进而消除贫困，提高社会公平性。本质上讲，普惠金融就是能够有效、全方位地为社会所有阶层和群体提供服务的金融体系，其主要任务是让农户、贫困人群及小微企业等薄弱环节能够及时有效地获取价格合理、便捷安全的金融服务，主要目的就是消除贫困。

从普惠金融的国际实践来看，孟加拉格莱珉银行、印度尼西亚人民银行、肯尼亚手机银行等典型案例，都在改进弱势群体金融服务、推动本地区经济发展和社会公平方面发挥了重要作用。我国普惠金融发展也非常迅速，小额贷款公司、村镇银行、社区银行、资金互助社、民营银行等新型金融机构不断涌现，互联网金融蓬勃发展，涉农贷款、小微贷款等薄弱环节贷款快速增长，弱势群体金融服务逐步完善。但我们也要看到，在我国许多地区尤其是欠发达地区，很大一部分低收入群体仍然无法获得高质量的综合金融服务。因此，进一步加大普惠金融发展力度，把更多贫困群体纳入到金融服务对象中来，使其能够获得安全可靠的储蓄理财服务、信贷服务、保险和支付结算服务，能够使用低成本资金创业致富，对于精准扶贫、精准脱贫、实现全面小康具有重要的现实意义。

二、普惠金融大发展在甘肃扶贫攻坚行动中发挥了重要作用

甘肃贫困人口多、贫困程度深，致贫因素多、脱贫难度大，全省86个县市区中有58个县区被列入集中连片特困地区，另有17个扶贫插花县。目前，全省仍有贫困人口101万户、417万人。在财政实力有限的情况下，扶贫脱贫资金需求更多依赖金融。近年来，甘肃省委、省政府高度重视普惠金融发展，先后出台了《甘肃省普惠金融发展规划(2014-2018)》《关于进一步加强农村金融服务的意见》等一系列政策措施，在58个贫困县设立了担保基金，组织金融人才到基层挂职，为普惠金融发展提供了诸多支持。全省金融机构以“1236”扶贫攻坚行动为契机，组织实施“金融扶贫攻坚行动”，深入开展金融精准扶贫，确保“信贷投向精准、金融服务精准、政策工具精准、信用培育精准”，充分发挥了金融支持农村发展和农户脱贫致富的作用，为全省精准扶贫攻坚行动提供了强有力的金融支撑。

一是普惠金融支持力度不断加大。近年来，甘肃省涉农贷款余额年均增速保持在25%以上，小微企业贷款余额年均增速保持在30%以上，均高于全省贷款平均增速，排名

居全国前列。截至2015年10月末，全省58个特困县区各项贷款余额3 155.46亿元，同比增长26.51%，信贷投入进一步向薄弱环节倾斜。

一是普惠金融创新产品不断丰富。近年来，人民银行兰州中心支行组织开展金融扶贫示范县、支农再贷款示范区等活动，建立金融主办行制度，充分利用货币政策工具，指导、激励金融机构创新薄弱环节金融服务。截至目前，全省金融机构创新推出80多个特色鲜明、贴近“三农”需求的信贷创新产品，受益农户超过290万户。特别是今年财政、金融与扶贫等部门联合推出总额400亿元、基准利率、免抵押、免担保、财政全额贴息的精准扶贫小额信用贷款，力争2年内为全省建档立卡的贫困户提供贷款支持，有效解决贫困农户发展生产、脱贫致富资金不足的问题。这是甘肃发挥财政资金杠杆作用，撬动金融资金参与扶贫攻坚行动，破解贫困群体贷款难的大胆尝试。目前已发放贷款214亿元，对甘肃贫困地区经济社会发展产生了积极影响。

三是普惠金融服务功能不断完善。截至目前，全省金融机构累计在贫困地区设立助农取款服务点1.10万个、ATM和POS机等自助设备机具5万多个、农村地区发卡量5 344.37万张，网上支付、移动支付等新型电子支付方式和农民工银行卡特色服务也得到大力推广，切实满足了农民各项支农补贴发放、小额取现、转账、余额查询等基本服务需求。累计为全省418万户农户建立信用档案，累计发放农户小额信用贷款近700亿元，支持了70多万农户创业增收。

四是普惠金融机制体系不断健全。人民银行建立了秦巴山区、六盘山区和四省藏区“三大片区”金融扶贫联动合作机制，有力地加强了贫困地区扶贫开发金融合作。近几年，甘肃引进了一批股份制商业银行，村镇银行、小额贷款公司、资金互助社等机构也蓬勃发展，初步形成了种类齐全、功能完善的金融机构体系。

三、当前普惠金融发展中存在的问题

在普惠金融快速发展的同时，也存在一些不可忽视的问题，主要表现在以下几个方面：

一是政策配合问题。普惠金融发展不仅需要金融政策支持，产业政策、产权政策、财政政策、社保政策等也要及时跟进、加强配合。在财政十分困难的情况下，虽然多方筹资为58个特困县建立了政策性融资担保体系，但基于甘肃贫困程度深、扶贫任务重的现实背景，仍难以满足金融机构对相关配套资金的需求。特别是在产业政策、产权制度改革等方面，仍不能很好地与金融政策对接。

二是供给不足问题。普惠金融资金来源主要依靠银行贷款，但目前我国银行体系是大银行偏大，由于机构网点、人员配备、服务半径等问题，很难惠及边远贫困地区，而贴近基层、贴近农民、支农效果好的小银行偏小偏少，甘肃86个县市区仅成立了18家村镇银行，远远满足不了公众对普惠金融的需求。特别是随着农村信用社不断改制为农村商业银行，在部分地区乃至全国，农村金融服务的功能有弱化趋势甚至有一定程度的脱农倾向，需要引起国家相关部门的高度重视，亟需研究新形势下支农支小支弱的担当主体问题。

三是精准度问题。部分地区在普惠金融发展上，采取大水漫灌的办法，对有效需求的甄别有所放松，有限的金融资源没有发挥更好的普惠作用。虽然农业银行、邮储银行、建设银行等金融机构都积极推出了各具特色的普惠金融产品和服务，但是实践操作中，由于不同贫困地区和贫困农户的差异很大，“扶持谁”的精准度有待提高，部分真正需要扶持的贫困农户得不到贷款，影响了金融精准扶贫作用的发挥。

四是可持续发展问题。鉴于资金来源、运作方式等方面的差异，金融扶贫应立足于开发性扶贫，必须坚持可持续性原则，既要求一定规模的资金投入，也要关注风险防控。目前，全省担保、保险及风险补偿等机制尚不健全，农业保险发展滞后，难以对普惠金融发展提供足够的增信功能和风险保障。

四、以更加精准的理念把践行普惠金融契入到精准扶贫攻坚行动中

习总书记在11月底召开的中央扶贫开发工作会议上强调，脱贫攻坚冲锋号已经吹响，全党全国要咬定目标，苦干实干，坚决打赢脱贫攻坚战。发展普惠金融、增加贫困地区金融供给、提高供给精准度，解决好“扶持谁”“谁来扶”“怎么扶”的问题，作为脱贫攻坚的重要着力点，必将发挥越来越重要的作用。基于工作实践，当前应从以下几个方面入手，进一步提升普惠金融在精准扶贫中的作用。

（一）有效增加普惠金融供给

一是完善金融组织体系。建立大中小型金融机构并存的普惠金融机构体系，加快农村金融改革创新步伐，降低银行准入门槛，鼓励民间资本发起成立民营银行，规范发展民间融资，促进市场竞争，增加金融供给。二是健全金融市场体系。创新基于贫困地区各类产权的金融产品，扩大抵押物品种和范围。支持贫困地区探索通过发行地方债、企业债等方式筹集扶贫开发资金。大力发展政策性农业保险、扶贫小额保险、涉农信贷保证保险等保险产品，提升贫困地区的保险密度和深度。三是创新金融服务提供方式。推广非现金支付工具，积极发展网络支付、手机支付等新型支付方式，深化银行卡助农取款和农民工银行卡特色服务，改善贫困地区支付服务环境。

（二）精准定位金融扶贫对象和扶贫主体

一是充分利用贫困村、贫困户建档立卡和农村信用体系建设成果，确保把真正的贫困人口弄清楚，把贫困程度、致贫原因等搞清楚，做到因户施策、因人施策。针对有发展意愿、发展能力的贫困农户，金融机构可依托地方政府推出的扶贫开发项目，设计金融产品和服务，激发其自主创业的积极性。针对有发展意愿、没有发展能力的贫困农户，金融机构在提供扶贫信贷的同时，开展技术和技能培训，注重培育贫困农户的自生能力。针对既无发展意愿、也无发展能力的贫困农户，金融机构可通过创新信贷扶贫方式，将贫困农户的贷款“转移”到涉农企业、合作社或农村致富能人手里，使贫困农户充分享受到扶贫政策的好处，有助于贫困农户获得就业机会和投资收益。围绕“五个一批”工程制定差异化扶持政策，找准支持方向和切入点。二是基于有限的金融资

源难以满足所有群体的信贷需求，应根据政策性、商业性、合作性等各类金融机构不同职能定位，实施分层管理、分类支持。政策性金融应重点支持易地搬迁、基础设施以及新型城镇化建设，为贫困农户发展生产、改善生活提供良好的外部环境。商业性金融应重点支持已经脱贫致富的农户以及种养大户、涉农龙头企业等，支持其做大做强，通过为贫困农户创造就业机会，实现先富带后富。合作性金融应进一步发挥其网点较多、贴近农村、熟悉农村业务的优势，推动扶贫小额贷款、贴息贷款、农户小额信贷以及金融产品创新，支持贫困农户增收脱贫。

（三）努力坚持普惠金融市场化发展方向

一是针对普惠金融受众人口多、单笔数额小的特点，鼓励发展基于大数据基础的流程简化、系统自助、批量操作的普惠金融模式，充分发挥规模效应，降低运营成本，提高收益。二是综合考虑普惠金融发展的经济效益和社会效益，对确实很难实现盈利但又确需支持的普惠金融项目，给予一定的倾斜照顾，确保其走保本微利的可持续发展之路。三是坚持市场化运作机制，尽量减少政府干预，推动普惠金融业务行为市场化、营业管理市场化、产品定价市场化，发挥市场在金融资源配置中的决定性作用，实现服务社会效益最大化。

（四）充分发挥各项政策合力作用

一是产业政策方面，积极培育和发展特色优势产业，增强贫困地区对金融资源的承载力，形成经济与金融良性循环、相互促进的机制。二是产权制度方面，尽快破除农村产权流转的制度障碍，推动建立各类产权流转交易和抵押登记服务平台。三是货币政策方面，加大再贷款、再贴现、定向降准等货币政策工具运用力度，降低薄弱环节融资成本。建议推出覆盖所有金融机构、低息或免息的扶贫再贷款，以充分调动金融机构参与扶贫攻坚的积极性。四是财政政策方面，加大向贫困地区的转移支付力度，确保各种奖补及时足额到位。充分利用税收减免、贴息支持、融资担保、风险补偿等措施，激励普惠金融发展。五是监管政策方面，建立适应普惠金融发展的适度监管政策，制定科学规范的考核激励机制，为普惠金融市场的公平竞争和创新发展提供规范保障。加强普惠金融消费者权益保护，避免弱势群体合法金融权益受损。

（中国人民银行兰州中心支行副行长 李文瑞）

培育和打造战略转型新时期建行文化品牌的实践与案例

中国建设银行2015–2020年转型发展规划明确指出：优秀的企业文化是企业发展的精神力量，必须以优秀的文化增强企业凝聚力，提高队伍战斗力。这就是建行企业文化建设的总目标，更是对建行企业文化转型和建行文化品牌建设的总要求。企业文化是企业发展的底蕴，是企业的灵魂，是推动企业转型发展的可持续的最深层次驱动力。在建行的发展历程中，文化始终发挥着价值引导和精神纽带的作用，是引领和推动建行改革创新发展的重要软实力和核心竞争力。

根据"建行文化丛书"之《文化品牌精粹》记述，建行"文化品牌"是建行企业文化建设的特色和优势之一，不仅在同业中始终保持领先水平，更是社会认知建行的最深记忆符号。建行成功打造的"向党工作站""红梅理财""何晓工作法"等老品牌，还是"刘艳快线""百步亭社区银行""花韵书香"等新品牌，以其具有的先进服务理念、个性化的服务特色、高超的服务艺术，得到了客户认同，员工喜爱，在社会上树立了建行服务的良好口碑和形象，获得了良好的社会效应，更是对业务发展也起到了积极的推动作用。

当前，各分支机构按照规划蓝图，积极推动建行新一轮的转型发展。而具有传统优势的文化品牌，必将在转型发展的大实践中发挥引领作用。那么，在战略转型的新时期，应该如何成功培育打造新的文化品牌，成功引领建行文化实现转型发展？本文以甘肃分行的企业文化转型实践为案例，对建行战略转型新时期的企业文化转型和文化品牌建设进行思考和研究。

一、建行企业文化转型背景分析

（一）外部环境

1.不断提升文化软实力，提升企业文化价值创造力，着力打造充满生机与活力的建行文化，这是王洪章董事长对企业文化建设的总要求，《中国建设银行转型发展规划》对企业文化也作出了明确的目标要求。这反映了建行战略的转型，为企业文化的转型与发展创造了机遇，提出了新的要求。同时，外部经营风险加大和客户服务期望的提升，使声誉风险管理压力增大。随着银行同业竞争加剧，经济发展趋缓，一些新的矛盾必然出现，突发事件进一步增多，银行不断被推上舆论的风口浪尖。

2.多样化信息与文化的影响，优秀企业文化的培育面临很多考验。随着社会的不断进步和发展，在信息化和网络时代，员工思想政治工作难度加大。近几年，随着年轻员工的增多，员工思想的独立性、选择性、多边性、差距性特点越来越突出，质疑能力、辩论能力不断增强。相同的故事，相同的信息，作用在边际递减。优秀成效宣传、先进典型宣传效果和带动作用面临新的挑战。

3.同业竞争加剧，员工队伍的管理难度加大。随着中小股份制银行和地方银行的不断扩张，新设金融机构不断增多，导致建行员工离职现象较多。据调查，2012年以来，甘肃分行大学本科学历辞职人员占比达到57%，35~45岁人员占比达到59%，员工流失带来一定的负面影响。因此不断提高整体管理水平，加强企业文化建设，增强员工队伍的凝聚力是甘肃分行转型发展的迫切任务。

（二）内部因素

近年来，甘肃分行在典型宣传、文明创建和企业文化建设方面积淀了一定的文化底蕴。但总的来看，目前甘肃分行的企业文化工作还没有做到“内化于心，外化于形”，企业价值观、经营理念、文化理念等传导不够深入，方法不多。企业的价值观、理念未能很好地转化为员工自觉的行为准则。受文化建设体系不完善、制度层、行为层设计统筹不够，以及文化认同等因素影响，文化的功能作用在防范风险、服务客户、参与竞争等方面尚未充分发挥出来，尤其在遵章守纪、合规经营、风险防范方面，问题比较突出，屡查屡犯、此查彼犯。其原因分析如下：

一是对企业文化建设重视不够、自觉性不强。部分管理者对企业文化建设的重要性、必要性和紧迫性认识不够，一定程度上还存在“说起来重要、做起来次要、忙起来不要”的现象，把企业文化建设与业务经营和改革发展割裂开，甚至把企业文化建设看成一种负担。有的把企业文化建设片面、简单理解为“吹拉弹唱、打球照相”，没有把重点放在建立核心价值观、调动员工积极性、树立正确经营理念、增强员工凝聚力、提升服务层次上，企业文化建设停留在表象层面，与转型发展、员工精神追求有机融合不够。

二是企业文化的吸引力和感召力仍显不足。具有建行特色的文化氛围不够浓厚，文化特点不够突出，文化建设对转型发展的引领助推作用还没有充分发挥。

三是员工的文化认同、习惯养成还有待进一步加强。有的员工对建设银行核心价值观的理解不深不透，部分员工的忠诚度不高、责任心不强，在客户服务、行为规范、礼仪着装、工作环境维护等方面尚未完全养成自觉习惯。

四是工作作风与转型发展要求差距较大。没有认真践行“以客户为中心”的经营理念，工作效率不高、执行力不强、团队意识差、精细化管理不到位，客户意识、主动意识、担当意识不强，缺乏底线思维和问题导向等等。特别是在思维模式上，不善于整体构建，点状思维、分散思维比较多，逻辑思维、结构思维欠缺。

面对新的形势、新的任务、新的机遇、新的挑战，要想在日益激烈的市场竞争中取胜，实现转型跨越发展，只有主动适应，转型发展，积极作为，树立“用文化管企业”“以文化兴企业”的理念，对原有文化进行整合和创新，建设一流的企业文化，营造“企业有生气、产品有名气、领导有正气、员工有士气”的发展环境和精神面貌，才能抢占先机，把握主动，实现客户价值与自身价值的同步增长。

二、企业文化转型指导思想、发展目标

（一）指导思想

将社会主义核心价值体系和建行核心价值观建设作为企业文化建设的首要任务，围绕甘肃分行中心工作，服务战略转型大局，坚持战略导向和问题导向，以文化传导战略，挖掘提炼“甘肃建行精神”，加强内外宣传，弘扬先进事迹，提振员工士气，传播正能量，打造甘肃分行在转型发展中新的“精、气、神”，让企业文化成为凝心聚力、凝神聚气、振奋精神、引领业务发展的核心，努力创造有利于业务发展的和谐内外部环境。

（二）发展目标

以“人本文化”为核心，发挥企业文化的“引领、凝聚、辐射、带动”作用，努力营造“风清、气正、劲足、绩优”的良好局面，增强全行员工的“存在感、力量感和幸福感”，坚持“两经营，两服务”（经营客户、经营网点，服务基层、服务一线），提升“两体验”（客户体验、员工体验），打造“和谐、高效、担当、力量”的甘肃建行精神，为甘肃分行转型发展加油、鼓劲，使甘肃分行成为当地“员工素质一流、客户服务一流、社会影响一流、品牌价值一流”的好银行。

三、企业文化转型具体措施

以培育“人本文化、服务文化、品牌文化、典型文化、创新文化、合规文化”等“六位一体”文化为主线，以营造建行“好氛围”、提升建行“好形象”、传递建行“好声音”、传播建行“好故事”、争做建行“好员工”、打造建行“好品牌”的“六好举措”为推动，画出甘肃分行最美的“脸型”，让企业文化成为“强素质、塑形象”的“引擎”，成为提升甘肃分行核心竞争力的强有力武器。

（一）培育人本文化。建立常态化员工关爱机制，持续抓好“温暖工程”，建立人文关怀平台，通过健康关爱暖人心、工作关爱聚人心、成长关爱悦人心、家庭关爱宽人心、精神关爱和人心，提升员工满意度，增强员工的归属感和幸福感，营造出“温暖和谐、团结奋进”的建行发展“好氛围”。

（二）培育服务文化。牢记为了客户、为了员工，依靠客户、依靠员工的服务宗旨。按照“三严三实”要求，坚持经营客户、经营网点的思路，服务基层、服务客户、服务员工，通过服务文化建设，切实把客户至上、服务至上变为全员的自觉行动，真正做到机关为基层、全员为客户，相互支持、相互配合，实现始于客户需求，终于客户满意，提升甘肃建行“好形象”。

1.坚持“以客户为中心”，搭建大服务文化建设平台。快速发展投资银行、私人银行、电子银行、小微企业和消费金融等战略性新兴业务，全面打造包括保险、基金、信托、租赁、投行、期货等在内的综合服务平台，大力拓展“三大一高”客户的企业链、产品链、供应链系统服务，推进网点“三综合”建设，做到一点接触、全面响应的“一站式”服务。提升大服务能力，利用新一代核心信息系统，深入挖掘大数据应用，以综合营销的方式，通过综合化的平台，向客户提供综合化的产品，最终满足客户综合化需求。通过综合化多功能的大服务文化建设，打造同业难以复制的综合化多功能服务能力，进而形成新的竞争优势，发挥好地方金融生力军作用。

2.坚持经营网点的思路，着力于服务基层、服务一线，

最终提高客户体验和员工体验。按照《甘肃分行本部转变工作作风提高工作效能实施方案》《关于在全行各级机关开展“效能风暴”行动的实施意见》和《甘肃分行本部服务兰州二级行工作方案》的要求，积极转变工作作风，说实话、办实事，进一步提升对基层和一线的服务水平，切实提高工作效率。提倡马上就办，实行首问负责、日清日结、限时办结制度。明确服务职责，实行“清单”服务模式，各部门对服务基层、服务员工事项进行梳理，形成责任清单，明确其职责权限。在此基础上提出改进和加强本部门服务基层、服务网点工作的具体措施，并将服务基层、服务网点的内容、标准、程序、质量、办理时限等向基层公开。完善《甘肃分行本部服务兰州二级行工作方案》，在加大调研的基础上，推出服务兰外行具体举措。

3.坚持开展学习活动，提高三个能力。通过定期组织集中学习，邀请总行、高校和研究机构的专家学者进行辅导讲座，开拓思想，丰富知识。开展全员读书活动，全员配发读书卡，定期举办读书沙龙，交流学习体会。同时，开展“送培训到基层”活动，推动能力素养的大提升。进一步增强服务地方建设能力、防范金融风险能力、参与市场竞争能力。省分行部门每年“送培训到基层”活动应不少于2次。

4.坚持畅通监督渠道，落实服务监督机制。建立完善客户投诉信息收集、处理、反馈和改进的管理机制，实行首问负责制，认真接待服务对象的评价和监督，及时处理客户投诉。持续开展“客户满意度”调查，并将其纳入到各级行绩效考核体系。设立“委屈奖”，为正确处理客户投诉而受委屈员工进行鼓励嘉奖。对客户投诉处理不及时导致投诉升级并造成声誉风险事件者，要严肃追究责任。

（三）培育典型文化。积极搭建建行故事、建行骄子、建行荣誉等典型平台，以典型带动群众，以典型促进发展，凝聚建行“正能量”，传播建行“好故事”，争做建行“好员工”。营造“爱行敬业、创业干事”的争先氛围，让文化驱动转化为推动业务发展的生产力。

1.培育先进典型，培养一流团队。通过定期举办风采展示、道德讲堂、故事会、竞赛等活动，培育各种先进典型，培养一流建行团队。每年组织开展“十大陇原最美建行人”表彰活动（十大最美分支行行长、十大最美服务团队、十大最美大堂经理、十大最美客户经理、十大最美柜面明星、十大最美风控标兵和十大最美道德模范），展示他们在转型发展中爱岗敬业、创先争优的先进事迹，表彰他们传承中华民族正直勤勉的美德，在重重困难面前依然乐观包容的人间大爱，在全行树立标杆，弘扬正气，让先进典型群体时时刻刻传递正能量，让敬业爱岗得到褒奖，让大善大美得以传承。

2.规范典型形象展示，多渠道传承典型文化。各二级行应因地制宜建立“荣誉室”“文化墙”，由省分行制定统一规范，每年对各行“荣誉室”“文化墙”进行评比奖励。实行精神表扬卡制度，量化表扬指标。运用企业网、微信平台、传统媒体和新媒体、行长“微信点赞”等平台和形式进行广泛宣传，使典型人物和事迹广泛传承，使好人好事蔚然成风。

3.加大典型宣传力度，定期开展“三带”（带媒体进建行、带记者下基层、带先进学典型）活动，讲故事，广传播，促发展。每年定期组织中央和地方知名新闻媒体进建行、进基层开展采访宣传活动，以建设银行战略转型为宣传主题，挖掘工作亮点，传播先进事迹，使“建行好声音”贯穿全年。充分调动媒体资源，创新宣传形式，开展多角度、全方位的立体宣传，进一步提升甘肃分行声誉形象。每年组织1次通讯员培训，宣传稿件每年增长20%以上，年终奖优罚劣。每年组织先进员工到省内外进行学习交流1~2次，取长补短，不断提高。

（四）培育创新文化。在“大众创业万众创新”的时代，牢固树立“人人可以创新、事事可以创新”“创新从我开始，创新从现在开始”的理念，让创新成为一种习惯。重视创新、崇尚创新、鼓励创新，让创新氛围更浓，创新文化深入人心，不断研究新情况、解决新问题、创造新经验、开创新局面。

1.培养创新意识。通过“三方驱动”，即高层驱动、员工驱动、客户驱动，树立“创新驱动发展”的理念，营造全员创新的动力，寻找创新亮点，发掘创新内容。定期举办创新沙龙活动。加强上下联动，及时发现创新需求，启发创新思维，做好跨部门、跨条线的沟通、交流和协调。强化学习型组织建设，提高创新能力，坚持做到“四个一”，即坚持每天看一次总分行和兄弟行的网站；每周组织一次学习，把握国家和总行的政策要求；每旬与兄弟行电话交流一次；每月读一本书开阔视野。

2.拓展创新渠道。开展形式多样的创新专题活动。一是做好创客金点子大赛活动。充分发挥青年员工创新能力强、思维敏捷的优势，调动青年员工创新的积极性，掀起创新热潮。二是举办“造梦建行”创意赛。常态化收集全体员工和客户对分行产品、管理、商业模式、流程优化等方面的创意及解决方案，推动好建议、好方案的落地转化，提升创新集聚速度，使创新充分贴近市场、贴近客户、贴近员工。三是推行创新试点行制、产品创新直通车制和银企联动创新团队制，鼓励创新积极性，提高创新效率和创新针对性。

3.推广创新模式。对创新理念、创新产品、创新方法等创新成果，加强推广宣传，转化为生产力。省分行建立产品创新论坛，发布同业新产品信息，提供产品创新思路。举办“新产品上市推介会”，提高客户对产品的认知度，增加客户粘度。加强创新表彰，通过示范引领作用，带动更多创新激情，实现创新的良性循环。

（五）培育合规文化。按照依法治行要求，要进一步强化风险合规意识，着力打造全员全面风险管理的合规文化体系。通过强化思想道德、价值理念的“软约束”和制度机制、信息技术的“硬约束”，培养依法经营、规范操作的行为习惯。实现“内控促发展、合规创价值”，提升核心竞争力。

1.树立合规风险理念，加强合规文化主题教育。一是继续落实提升内控管理水平“攻坚”行动要求，开展“合规文化大家谈”活动。结合自身实际，以丰富多彩的方式，征集员工对合规工作的意见建议、对合规文化的认识体会、对合规操作的心得技巧等，鼓励员工对好的意见建议“点赞”，鼓励员工将合规理念融日常行为规范，融入具体业务操作。二是在全行评选表彰优秀“合规文化”宣传形式，宣传内容，通过开展“合规文化新媒体作品征集”活动，展现具有建行特色的合规文化。三是开展企业文化实践课题研究，将合规文化建设成果纳入全行企业文化优秀成果评选范围。

2.夯实“合规文化”落地机制，形成合规文化良性循环。通过每周合规谈、制度学习等方式，加强全员教育培训，使全员熟知操作流程、规章内容，实现“有规能合”。通过制度梳理，明确红线、底线范围，使制度清晰有效，实现“有规可合”。加强监督检查，强化执行、整改纠偏和考核奖惩。通过有规有矩、守规褒奖、违规惩罚、奖罚分明的正向激励约束机制，并与绩效挂钩，实行责任倒逼制度，实现“有规必合”。

3.营造合规氛围，创建平安建行。开展“合规标兵”评选活动，通过树立典型，宣传合规人物，带动全员合规积极性。开展案件案例学习、加强违规违纪通报，将“合规文化”贯穿于日常工作之中，让“合规”成为一种态度、一种习惯、一种职业精神。

四、加快企业文化转型的策略

（一）加强组织领导。健全党委领导、主要领导负责、各部门齐抓共管的企业文化转型机制。把文化转型纳入重要议事日程，与业务工作同部署、同落实、同检查，形成一级抓一级、层层抓落实的企业文化工作格局。各级行要成立由行长任组长、分管行领导任副组长、相关部门负责人为成员的文化转型领导小组，专门负责文化转型的部署、推进和协调工作。一把手要亲自抓，做文化转型打造的倡导者、示范者和推动者；分管行领导要明确职责，一抓到底；各职能部门要认真履行本部门、本条线文化转型工作职责，以带动企业文化的转型与发展。

（二）加大资源投入。省分行设立文化转型与品牌培育打造岗，配备专职人员，负责企业文化转型工作，明确具体岗位职责。二级分支行要设立文化转型岗，配备兼职人员。进一步加大文化转型的资金投入，按照财务制度和有关费用使用要求，每年在行政经费中安排一定数额的费用专门用于文化品牌打造，实行专款专用。同时要厉行节约，讲求实效，利用好现有资源，防止重复建设、铺张浪费。

（三）建立健全持续健康运行机制。建立企业文化转型与文化品牌、业务发展有机结合、相融共进的工作机制。注意发掘和运用公共资源优势，既鼓励先进，又兼顾多数；既统一思想，又尊重差异；既解决思想问题，又解决实际问题。

由无序化推行转变为系统化推行。避免文化转型依照管理者的主观决策，即兴开展、随意实施、任意而行。各行要根据实际情况，从满足员工物质、精神需要，激励员工行为出发，制定系统全面的推广方案和计划，分阶段分步骤地实施，在内部建立完整的运行机制，从思想和行为两方面确保全体干部员工能够领悟贯彻。

实现粗放型向个性化转变。各级管理者要充分考虑到员工个体的价值观、物质需要、精神追求、工作潜能、心理状况等因素的差异，以此为基础多途径多渠道地实施“以人为本”，让员工充分感受到文化品牌的强大关怀力，增强企业的凝聚力、向心力和生命力，从而激发员工强烈的工作热情。

（四）建立文化转型培训教育体系和文化传播网络。通过将《建行文化培训教材》《建行文化丛书》纳入全行教育培训体系，进一步规范全行文化品牌培训教育。自上而下开展文化品牌和企业文化转型专题培训和推广，培养宣讲队伍，层层宣讲，统一全行思想共识，形成良好文化氛围，使全行员工人人明确转型目标任务，人人参与转型过程，人人收获转型成果，为文化的落地生根夯实基础。先行确定1~2个二级行先行试点推进，探索和掌握切合甘肃分行实际的文化品牌深植方法，通过总结提炼升华，以点带面，点面结，全面开花。把文化品牌的成果转化为文化产品，通过各类文化活动、报刊、网络、视频、手机等载体广泛传播建行文化，为促进建行科学发展提供精神动力、舆论支持和文化氛围。

五、剖析甘肃分行成功培育打造的3个文化品牌典型案例，找准文化品牌建设的方向与定位

品牌之一：五维推五型。在2015年7月25日至26日召开的全国企业文化年会上，甘肃分行“五维推五型——企业文化价值驱动体系”获得“全国企业文化优秀成果”大奖，标志着甘肃分行文化品牌培育，迈上了新台阶。这是甘肃分行机构首次获得该项荣誉，也是西部地区建行系统首次获得该项荣誉（金融系统获奖单位仅8家，建行系统有4家）。

此次获奖，是甘肃分行新一届党委高度重视企业文化建设，积极践行核心价值观、坚定落实总行转型发展战略的成果。同时，也树立了甘肃分行良好的企业形象和品牌形象，是基层行成功践行省分行党委“提升三感”战略的又一典型案例。

“全国企业文化优秀成果”奖项，属于国家级企业文化领域的最高奖项，具有很高的权威性和影响力。经过分行申报、甘肃省企联推荐、专家评审委员会审定等流程，甘肃分行申报的成果最终从全国众多企业文化建设优秀成果中脱颖而出，斩获荣誉。

新一届甘肃省分行党委面对“提升三感、转语境、构建新行为体系”的迫切愿望，大胆运用“顶层设计、基层践行”的新方法，展开了企业文化价值驱动体系方案的设计工作。

“要把总行转型战略转化成为基层行的各项行为，是一项巨大的系统工程。”试点单位直面挑战，迎难而上，努力打造经济新常态下新的发展优势。“班子领导定方向，全员参与找方法”，分行成立方案设计小组，每个网点都有青年员工加入，为体系的宣贯执行奠定了基础。

“整个方案设计过程中，青年员工肩负重任，承担着系统板块的设计任务。”从酝酿到方案出台，对参与者的思想、行为，不仅是一次脱胎换骨的涅槃，更是面对全员的一场融头脑、效能转型为一体的风暴行动。

通过上下联动，精准定位，确定了以“为客户创造价值、为股东创造价值、为社会创造价值、为员工创造价值、为建行创造价值”的“以价值为中心”五维设计模式，以价值驱动为轴线，与各项业务板块对接，引领实现“总行五个转型、打造最具价值创造力银行”的总体目标，形成了详细的“五维推五型企业文化价值驱动体系”实施方案，颁发试行，勇敢地迈出了向“以价值为中心”转型的第一步。

方案以“五维推五型”为模式，以“梦想、担当、力量、创新”为主线，设计了“文化理念、人本关怀、业务推进、合规文化、激励考核、团队管理、典型示范、发展创新、慧馨服务”九大板块，推出了开心农场、创意墙角、成才之“路”、素质晴雨表等20余项品牌、工具、策略、平台等，致力于培育领先的服务品牌、建设一流的企业文化，加快推进总行战略转型目标落地生根，以更快、更高、更优的标准打造基层行新优势，增强新常态下一线机构的核心竞争力。

“五维推五型”企业文化价值驱动体系主打的“价值驱动”理念中的“价值”源于总行“打造最具价值创造力银行”，“驱动”源于国家“创新驱动”战略和建行创新实践，主题鲜明地致力于诠释“善建者行，成其久远”的建行文化，引领一线员工为实现“国内最佳、国际一流”“最具价值创造力银行”的建行中国梦做出更大的贡献。

品牌之二：花韵书香。在2015年2月前举办的首届“陇上金融家”颁奖典礼暨“陇上金融家圆桌会议”上，甘肃分行“花韵书香”服务品牌荣获“十大甘肃最佳金融产品和服务”称号。

总行编辑发行的《建行文化》系列丛书，将甘肃分行“花韵书香”编入其中，标志着“花韵书香”品牌成为建行成立60年来成功创建的前二十大品牌之列。2012年，新华网甘肃频道登载《全省建行系统“花韵书香”读书活动在武威启动》的消息；《建设银行报》刊载《甘肃推广“花韵书香”服务品牌》的新闻；还有凤凰网西北频道、中国文化报、光明日报等进行了宣传报道。

满载花韵品自高，万卷书香润心田；书山有路勤为径，学海无涯苦作舟。这种“花韵书香”的朴素情怀，生生不息，激荡在中华民族浩瀚的历史长河上，从古至今演绎了宛如星辰般的“读书求学”故事和洋洋大观的名言佳句。习近平总书记指出，领导干部读书学习应该有三种境界：首先，要有“望尽天涯路”那样志存高远的追求，有耐得住“昨夜西风凋碧树”的清冷和“独上高楼”的寂寞，静下心来通读苦读；其次，要勤奋努力，刻苦钻研，舍得付出，百折不挠，下真功夫、苦功夫、细功夫，即使是“衣带渐宽”也“终不悔”，“人憔悴”也心甘情愿；再次，要坚持独立思考，学用结合，学有所悟，用有所得，要在学习和实践中“众里寻他千百度”，最终“蓦然回首”，在“灯火阑珊处”领悟真谛。这三种境界，也是我们“花韵书香”文化品牌所追求所引领的境界。作为国家的一家“大银行”，肩负实现“中国梦”的使命和责任。“每一个人，都有一颗花韵书香的心！”选择引领建行客户和建行员工积极培育“爱读书、勤读书、读好书、善读书”的风尚和“全民阅读”的理念，建行更是责无旁贷，更要勇挑重担，与客户同发展，与社会共繁荣。

“花韵书香”品牌，具有传播先进文化，践行核心价值观，加强学习型组织建设，提升员工素质，提升学习型客户服务品质，倡导文化服务理念和文化强国、文化兴行等丰富的内涵。“小花书架”和“爱行悦读”从两个分支诠释了品牌具有的内涵。

“小花书架”品牌：以客户为中心，以“综合性、多功能、集约化”为指导，以“内强素质，外塑形象，打造客户首选银行”为目标，面向“三大一高”客户，引导客户树立“爱读书、读好书、善读书”的学习理念，传导“投资产生价值，让财富在建行增值”的理财观念，培育学习型客户，服务学习型客户，实现建行与社会共享和谐、员工与客户共创财富的长远合作愿景，用“文化之魂魄”提升建行发展软实力。

“爱行悦读”品牌：以服务员工为中心，以打造学习型员工、学习型组织为目的，以“读好书、强素质、促转型”为主题，以“书漂陇原”等多种活动为载体，号召全行员工大力宣传和弘扬社会主义核心价值观，普及和践行“全民阅读”的理念，让建行成为“丝绸之路经济带”和“华夏文明传承创新区”建设的新生力量。

2013年，建行甘肃省分行“花韵书香”品牌通过国家商标局第36类商标专利注册认证，标志着该品牌名称在批准范围内的使用推广成为建行的专有权利，为持续创新该项文化品牌的内涵，扩大品牌影响力提供了法律保障。

2014年，甘肃省分行成功举办“爱行悦读·书漂陇原”活动启动仪式，现场推出60余条图书漂流线路图，图书200多本，涉及到社科、管理、励志、经济、互联网、国学等各类图书70个品类。这些图书经历三个多月，漂流到全省20家二级分支机构、282个经营网点，覆盖7000余名员工。截至目前，“花韵书香”品牌在甘肃省分行所辖机构拥有29个面向客户的“小花书架”示范点，在甘肃省分行本部建设了1个拥有面积1000平方米的“花韵书香”示范基地——“爱行悦读”书院，即可用于员工读书、展示员工各类才艺作品，又可开展各类讲座、文艺活动，以此营造浓厚的“阅读季”氛围，产生强劲的“阅读季”风，为最终实现建行转型发展战略目标提供强有力的思想保障和精神动力。

2015年，选择100个网点，建设“花韵书香”品牌“图书角”，力推品牌落地生根。“‘花香书韵’是建行最大的文化创新。对于客户来讲，来银行里读书，简直就是心中最亮丽的风景，也是洗去心灵浮华的实践。建行尽了一份社会责任，开了一个正本清源的好头！”这只是客户对“花韵书香”服务品牌的一个评价，由此诠释了品牌力量，是金融业勇担社会责任的最美创新。

品牌之三：农耕文明。“日出而作，日入而息，凿井而饮，耕田而食”“锄禾日当午，汗滴禾下土，谁知盘中餐，粒粒皆辛苦”“兴文盛礼乐，偃武息民黎”“朝为田舍郎，暮登天子堂”……回味这字字佳句，中华“农耕文明”的历史宛如一部厚重磅礴的歌诀从远古吟咏而来。她是千百年来中华民族生产生活的实践总结；她是华夏儿女以不同形式延续下来的精华浓缩并传承至今的一种文化形态；她的应时、取宜、守则、和谐的理念，发达持久和长盛不衰。而今站在新的历史起点上，努力开创农业大国现代版的“农耕文明”辉煌，是每个中华儿女为之追求不舍的“中国梦”。

为推进建行转型发展，落实总行“三大一高”客户战略，支持农业实体经济，甘肃分行汲取陇原大地得天独厚的伏羲文化、周祖农耕文化，挖掘推出了“农耕文明”金融服务文化品牌，主打“农耕文明”涉农个人贷款，金融支持大农业，服务“三农”产业链，在陇原大地上谱写了建行支持农业发展的最美旋律。

“农耕文明”文化品牌，是利用中国丰富多彩的“农耕文明”历史遗产资源，开发、打造的具有影响力文化品牌，是“创新、守则、和谐、文明”核心理念的有形载体，是“中国建设银行，建设现代生活”理念的生动诠释，必将助力建行在实现农业现代化的“中国梦”中做出更大贡献。

由于“农耕文明”深植于人心，每个人都藏着一个农业大国再创农业文明辉煌的梦想，可以说她是中华民族赖以传承的血脉。将“农耕文明”作为建行的文化品牌进行宣传推广，非常容易引起社会各个成员的心里共鸣，对于建行发展农业普惠金融，提升建行形象具有极高的品牌价值和品牌魅力。

每年省政府1号文件关于农业政策的出台，说明政府对农业发展的关切与重视。建行积极探索“三农”金融业务，推广“农耕文明”品牌，就能更好地获得政府支持，搭建良好的“三农”业务发展平台。人民银行、银监会出台的《关于全面推进农村金融产品和服务方式创新的指导意见》中鼓励创新、支持“三农”，总行要求“三农”贷款不低于全部贷款增速、增量不低于上年，创设“农耕文明”品牌，为发展涉农个人贷款插上了飞翔的“金翅膀”。

2013年，甘肃省分行“农耕文明”品牌通过国家商标局第36类商标专利注册认证，标志着该品牌名称在批准范围内的使用推广成为建行的专有权利，为持续创新该项文化品牌的内涵，扩大品牌影响力提供了法律保障。

“扩大‘农耕文明’贷款规模”作为甘肃“强化‘三农’支持保障，支持农村金融创新发展”的举措写入了2014年中共甘肃省委《关于全面深化农村改革加快推进农业现代化的意见》的省委1号文件。这标志着甘肃省分行打造的“农耕文明”贷款不仅成为引领陇原农业经济发展的金融品牌，更是成为了推动自身转型发展、提升农村金融市场竞争力的新优势。

善建者行，成其久远。“公司+农户”的商业运作贷款模式，把脉“三农”，既解决龙头企业原料供应难题，也解决了农户发展资金不足的问题，为破解“三农”贷款难题找到了准确的切入点。在“农耕文明”品牌贷款的扶持下，陇原大地一幅农业新的画卷已徐徐展开，一个个实现农业现代化的“中国梦”在老百姓的心里更加浓烈地腾升了起来……

由甘肃省分行培育打造“3个文化品牌”的实践中得出结论，文化品牌成功的原因，在于把握了以下标准：一是将“以客户为中心”的理念贯穿于服务的全过程。坚持“以客户为中心”，就要求在践行服务理念、制定规章制度、设置业务流程、创新产品开发和开展服务营销时，在有效把控风险的前提下，始终把客户体验和感受放在第一位；二是把握优质高效服务这一根本。银行作为窗口单位，优质服务永远是根本要求。科技再发达，产品再丰富，渠道再先进，可能最能打动客户的还是我们员工有温度、有情感的优质高效服务。产品再好，如果服务不到位导致客户感受不好，也可能会丢失掉已有的客户；三是突出为客户提供综合化和多功能服务的要求。强调基于客户的视角，围绕客户需求创新产品，为客户提供综合化、全球化服务，满足客户多样化、多功能的需求，进而全面挖掘客户金融价值。

培育文化品牌成功的关键内因：一是将企业文化建设工作体系化、品牌化，对企业文化工作所包含的众多事项进行整合，形成推动建行改革创新发展的重要软实力和核心竞争力；二是将企业文化与战略转型紧密结合，为战略转型推进工作提供保障，充分发挥价值引导和精神纽带的作用。

总之，加快推进企业文化转型、培育打造文化品牌是一项系统工程，涉及建行核心价值理念的物化、固化，也涉及建行企业形象的传播等方方面面。“向党工作站”“红梅理财”“刘艳快线”“花韵书香”等享誉行内外的服务品牌，之所以能“叫得响、立得住、推得开”，就在于这些文化品牌坚持了工作规律，并根据业务发展和金融服务的需要，与时俱进，不断创新，赋予品牌新的内涵，从而保持了文化品牌的生命力，成为推动企业文化转型最具生机与活力的“文化工程”。

（中国建设银行甘肃省分行 王文永 尉文晋 阎焱 陈萍 蔺文辉）

关于新形势下甘肃农发行改革发展问题的研究报告

一、现状分析：可持续发展的任务十分繁重

认真落实党和国家经济金融政策，服从和服务于经济社会发展大局，坚持按金融规律办事，是研究农发行办行方向、职能定位、发展战略的根本前提。分析现状，也必须立足于这一前提。

（一）从宏观层面看，国家发展战略“西移”，对甘肃农发行既是难得机遇，更是严峻挑战。十八大以来，党中央、

国务院从我国经济社会发展大局出发，先后提出并实施了“加快西部大开发”、“一路一带”、扶贫开发、产业转移和一系列扶持西部地区经济社会发展的区域发展战略，把发展的聚焦点和着力点更多地转向西部，并通过西部的辐射，形成“向外开放”新格局。甘肃作为西部大开发的主阵地，扶贫开发的主战场，新丝绸之路经济带的黄金段，承接产业转移的主区域，已经和正在迎来前所未有的重要历史机遇。近年来，全省上下充分利用各种叠加政策，加快开发开放、兴陇富民步伐，经济社会呈现转型跨越的喜人局面。作为农业政策性银行，如何在国家“西部开发、向西开放”的战略布局中找准位置，发挥好职能作用，社会各界充满期待，我们深感责任重大。

（二）从甘肃省情看，与全国同步进入全面小康社会是当前和今后压倒一切的中心任务。2013 年，习近平总书记视察甘肃时，提出了甘肃与全国同步建成全面小康社会的目标要求。按照国家新的扶贫标准，全省现有贫困对象 751 万余人，占农村总人口的 46.2%，贫困发生率位居全国第二。全省 86 个县（市、区）中享受国家特殊扶贫政策的重点县 64 个，占 74.4%。为完成这一历史使命，近年来，省委省政府连续出台了包括“3341”项目工程和富民增收“六大行动”、“联村联户”、推进精准扶贫、“365”现代农业、“6873”交通突破等一系列行动计划，举全省之力大打扶贫开发攻坚战，这在甘肃历史上是空前的。作为生长在这块土地上的甘肃农发行人，在这场“输不起”的战斗中，不论责任还是情感，都必须有所担当。

（三）从甘肃农发行实际看，经过长期艰苦努力，业务取得长足进展，但发展速度缓慢、困难问题突出的局面没有根本改观。近 10 年来，甘肃农发行在各方面条件都不赢人的情况下，凭着“人一我十、人十我百”的创业精神，坚持“两轮驱动”业务发展战略，实现了新的跨越。目前甘肃农发行农业政策性金融基本框架、基本制度、基本运行方式趋于形成。从 2004 年到 2014 年，贷款规模由 110 亿元发展到 500 亿元，增长近 5 倍，宽领域、多方位、深介入的支农格局基本形成；存款余额由 26 亿元发展到 95 亿元，增长 3.60 倍，资金自给能力逐步增强；不良贷款率由 14.5%降至 0.95%，下降 13.55 个百分点；发展质量明显提升；经营利润由亏损 0.30 亿元到盈利 6.87 亿元，增长 23 倍，累计实现经营利润 45.77 亿元，全行可持续发展能力明显增强。特别是 2014 年新一届党委班子组成后，奋发努力，积极进取，成功营销审批重大项目 40 个、贷款 213 亿元（其中当年投放 25 亿元），带动全行各项工作取得突破性进展。尤其是审批通过的省交通厅 117 亿元农村公路贷款，创造了甘肃分行建行以来单个贷款项目的最高额纪录。但受体制、机制、条件等多重因素的影响和制约，甘肃农发行发展还面临许多困难和问题。

一是发展速度仍然缓慢。2014 年，全国农发行平均贷款余额增长 13%，而甘肃农发行仅为 8.7%，相差 4.3 个百分点；全省金融机构贷款余额增长 25.52%，位居全国第二，高出甘肃农发行近 17 个百分点。同时，经济新常态、管理新要求对甘肃农发行发展带来一系列新的挑战。粮棉油类贷款受农业结构调整、种植面积下降的影响，整体处于萎缩趋势；甘肃农发行长期扶持并已初具规模的特色农业产业，由于准入、授信政策收紧，发展明显受限；中长期贷款受条件限制，介入领域有限，实际投放与现实需求差距较大。总体看，如果没有特殊的政策倾斜，甘肃农发行发展将难有更大突破。

二是资产质量不容乐观。2014 年，按照总行“信贷基础管理年”活动要求，经过多次风险排查，真实反映资产状况，全行不良贷款出现反弹。不良贷款率 0.95%，比年初上升 0.79 个百分点。受经济下行影响，贷款潜在风险明显增大，一些粮棉油加工企业和小水电项目存在较大风险隐患，随时都有进入不良的可能。

三是体制机制存在缺陷。在办贷管贷方面，主要是流程长、手续多、效率低，有的贷款批下来时，已错过用款的最佳时机，企业有怨言，基层行很无奈。办贷过程中的多级负责制，导致管贷环节责任模糊，贷款出现风险后，把主要责任落在客户部门，靠在县支行，这在一定程度上影响了基层行发展业务的积极性。在资源配置方面，虽有一定挂钩，但力度不大，起不到激励作用。信贷资源基本按项目配置，没有考虑区域均衡；财务资源基本按机构配置，与业务发展的关联度不大；工资资源基本按人头配置，干多干少没有多大差别。在考核评价上，偏重于效益性指标，体现不出政策性银行特色，考评结果与个人利益、职务升迁联系不紧密。

四是基础保障不够稳固。制度安排缺乏弹性，多数制度注重规范和约束，忽略了制度的激励作用和人性化管理，导致检查多、处罚多，有时形成“检查→处罚→再检查→再处罚”的恶性循环，基层行负担重、压力大。流程设置条块割据，部门与部门之间存在“隔墙”，相互推诿扯皮，形成各自为政的“部门银行”现象，影响了办贷效率。科技支撑存在差距，内部无法实现互联互通，对外满足不了客户的正常需求。薪酬待遇与同业之间差距较大，造成员工队伍不稳定，人才流失现象趋于严重，员工整体素质满足不了业务发展需要。营业机构覆盖率低且摆布不够合理。在经济增速放缓、利率市场化进程加快的叠加作用下，财务可持续压力日益加剧。

二、路径选择：走跨越式发展的路子

上述情况表明，目前甘肃农发行一方面面临发展不足的严峻挑战，同时也迎来难得的历史机遇。只要统一思想、坚定信心、发奋努力，今后 2 至 3 年内，贷款规模翻一番，实现跨越式发展是完全有可能的。确定这一思路，需要在发展理念、发展重点、发展方式上进行调整，构建符合甘肃实际的信贷支农新格局。

（一）把握“三条原则”。

一是规划引领原则。依据总行信贷政策和全省“三农”实际，制定当前和今后一个时期业务发展规划，明确发展思路、目标、重点及措施，细化规划实施的时间表、路线图、责任人，为跨越发展提供战略保障。

二是分类指导原则。针对不同区域和客户的实际需求，量身定做服务方案。建立重点产业、行业及重大客户定期诊断制度，动态调整服务策略，增强服务的针对性和有效性，为跨越发展提供方法保障。

三是可持续发展原则。根据各类业务实际，制定有区别的风险管理策略，建立可量化的风险容忍度体系，完善全面风险管理体制机制，确保发展质量可持续；强化经营机制建设，探索符合实际的盈利模式，培育新的利润增长点，确保财务盈利能力可持续，为跨越发展提供质量和效益保障。

（二）强化“四个一块”。

根据2015年中央1号文件和农发行改革方案，当前和今后一个时期农发行将以“保障、扶持、开发”为基本职能。结合甘肃实际，应以“四个一块”为重点，做好信贷业务布局工作。

一是“确保一块”。就是确保粮棉油收储信贷资金及时足额供应。这是农发行的立行之本、兴行之基，任何时候、任何情况下都要摆在信贷业务的重中之重。要优先保证国家和省级粮油储备信贷资金供应，积极支持市、县粮油储备，促进建立完善的粮油储备体系，维护国家和地方粮食安全。要继续坚持在不打“白条”前提下防控风险的指导思想，主动做好粮棉油市场化收购和其他专项储备信贷资金供应，确保一定市场份额，释放宏观调控功能，保护农民利益，维护重要农产品市场稳定和有效供给。要不断完善信贷政策，加强管理创新，力争把这块业务办成甘肃农发行的“招牌业务”。

二是“做大一块”。就是做大农业农村基础设施建设中长期信贷业务。要围绕新型城镇化和新农村建设，积极支持大中城市周边集体土地收储整治项目和农民集中住房项目，大力支持纳入棚户区改造计划的城中村改造项目，择优支持具有稳定现金流和充足担保资源的县域公共服务体系建设项目，加大对贫困地区公路建设和整区域城镇化建设试点工作的支持力度，积极跟进“一路一带”基础设施建设项目，努力把这块业务办成全行的“主体业务”。

三是“开发一块”。就是以重大水利工程建设过桥贷款为契机，积极做好农业开发性信贷业务，成为新的业务增长点。当前，要以列入国家投资计划的172项重大水利工程中涉及甘肃的7个项目为切入点，积极汇报协调，争取资金早投放、项目早启动。同时，要认真总结经验，完善管理措施，探索支持模式，拓展业务范围，力争在支持高标准农田建设、农村生态环境治理、农村饮水安全、农村扶贫开发等方面取得新进展。

四是“做优一块”。就是择优支持特色农业产业，使之成为富民兴陇的主导产业。要和地方政府、监管部门共同努力，将这部分业务全部或部分纳入政策性业务范围，使富民产业成为甘肃农发行支持的重点领域。以多年支持培育的马铃薯、啤酒大麦、玉米制种、中药村、果蔬、草食蓄等“六大特色产业”为重点，紧紧围绕省委、省政府的产业发展规划，按照“龙头带基地、基地连农户”模式，以支持各类标准化示范区建设为切入点，以支持产业升级和出口创汇为目标，通过支持各类龙头加工企业做大做强，形成区域产业集群，带动农民增收，促进脱贫致富。要延伸服务链条，配套支持农业科技研发和农产品物流体系建设，探索全产业链支持模式，努力把这块业务办成全行的“特色业务”。

（三）走好“五条路子”。

一是大项目带动的路子。要紧盯“一路一带”、西部大开发等国家战略和省上“3341”项目工程及精准扶贫、“365”现代农业、“6873”路网建设等行动计划，以农业基础设施、重大水利工程、贫困地区公路建设、农村集中住房改造等项目为重点，按照“沙盘作业、整体营销”思路，实行“高层对接、逐级落实、抓点带面、专业运作”方式，力争营销一批地方政府关注、社会效益显著、承贷主体规范的大项目，带动全行业务快速稳健发展。

二是差异化管理的路子。要认真研究不同类型、不同等级客户的特点和规律，通过准入、评级、授信、用信、监管、防险等流程再造，落实差异化管理措施，着力构建扶优限劣、差别管理的治贷管贷机制，不断完善“按级授信、从严用信、守信增信、违约减信”的动态信用管理方式，努力培育相互忠诚、守信履约、合作共赢的新型银企关系。

三是综合经营的路子。要把发展存款、投资和中间业务作为降低运营成本、提升服务功能、防控信贷风险的重要途径。以增加存量、调整结构、提高贷存比率为目标，着力完善机制、改进手段、开辟渠道、创新产品，加大低成本存款组织力度。以丰富服务手段、扩充服务内涵、延伸服务触角为基点，重点挖掘代理保险、咨询顾问、信贷资产证券化等现有业务潜力，稳步推进债券承销、企业理财等业务，大力发展国际贸易业务和跨境人民币业务，努力形成以信贷业务为主体、其他业务为补充的协调发展格局。

四是探索创新的路子。要把创新作为实现跨越式发展的动力和支撑，在探索中破解难题、加快发展。探索创新支持方式。紧盯政府重大规划和重点项目建设，按照“政府牵头、银企协议、行业协会担保”模式，加大对特色优势农业产业支持力度；按照“高层对接、部门牵头、专人评估、经办行跟进服务”模式，加大对农业农村基础设施建设项目的支持力度。探索创新信贷产品。通过协调政府建立产业扶持和风险保证基金，争取对纳入政府精准扶贫补助的甘肃“六大特色农业产业”（马铃薯、啤酒大麦、玉米制种、中药材、果蔬、草食蓄）纳入政策性业务范围。探索创新风险管理方式。通过银政合作、贷款撬动、利息浮动，促进政府建立专项或区域性风险补偿基金，做好集中性风险化解工作；通过协调建立企业信用联盟，引导企业形成相互合作、风险共担的利益共同体。探索创新存款组织方式。对大额信贷资金在无机构地区的支付，可协议委托其他金融机构代付，由此形成的存款资源，按一定比例返存，增加低成本存款。

五是合作共赢的路子。全面加强与各级地方政府的战略合作关系，充分利用政府的组织、行政和增信优势，加大对全省“三农”重大项目的介入力度，积极探索政策性信贷资金与财政支农资金合力支农的新途径。协调建立与各级政府主管部门的合作机制，增强在政策衔接、项目对接、组织存款等方面的主动权和话语权。加大同业合作力度，大力发展“银团贷款”业务，开通资金融通渠道，促进共同发展。

三、保障措施：建立完善体制机制，争取政策支持

（一）建立完善治贷管贷机制。

一是梳理制度。要结合业务整合工作，本着“便捷、实用、高效”原则，对现行信贷制度进行全面梳理，着重明确治贷管贷基本要求，准确界定各级行职能定位，合理确定各岗位“权利清单”和“责任清单”，进一步理清前、中、后台之间的关系，在制度设计和安排上，要打通部门“隔墙”，建立上下“接口”，创建岗位标准化“模板”，形成“统一管理、分工合作、便捷高效、安全规范”的制度体系。

二是优化流程。要以满足客户需求为目的，以提高办贷效率为原则，按照统一管理、流水线操作方式，对前、中、后台各环节的工作进行整合，精简重复性环节，压缩一般化程序，明确各环节的办理时限、操作标准及责任要求，形成全流程标准化办贷模式，实现由部门银行向流程银行的转变。

三是创新管理。按照“专业人员办专业事”的原则，突出业务主体，整合人力资源，在省、市行建立贷款调查、贷款审查、风险合规管理“三大中心”，完善项目经理、风险经理、审查工作责任制，通过整合人员、会商会审、集中推进，努力提高办贷效率。

四是强化效能。要以安全性、效益性、流动性为主要内容，探索建立贷款质量效益评价体系；以“贷前调查、贷时审查、贷后检查”为主要内容，探索建立贷款标准化操作评价体系；以政策执行情况、客户满意程度、贷款安全状况为主要内容，建立完善贷款后评价体系。

（二）建立完善风险管理体系。

一是完善风险治理组织体系。为适应“公司治理”结构和全面风险管理要求，设立行级风险总监，建立完善风险管理委员会领导下的分部门风险管控体系，着重明确风险管理部门（风险管理处）、风险控制部门（信贷管理处、法律合规处）、风险承担部门（各客户业务处）的工作职责和协作机制，增强内部审计的独立性和权威性，梳理优化信用审批流程、责任传导流程、风险预警流程和风险报告流程，把全面风险管理的理念、要求贯穿到办贷、控制、执行和监督各环节，形成职责清晰、分工明确、控制有力的风险治理体系。

二是细化风险管理责任。风险管理委员会负责制定风险战略，决策重大风险事项，承担并监控业务经营中产生的所有风险；风险管理处负责拟定风险管理制度，全面监测预警风险，制定风险缓释政策，报告全面风险管理情况；信贷管理处、法律合规处负责贷款审查环节的资料完整性、指标合规性、合同合法性、程序规范性等方面的风险控制；客户部门负责贷款调查资料真实性、风险管控措施落实和发生风险后的化解处置工作；内部审计处负责对贷款运行全过程的检查评价，保障风险管理制度流程、各项风险控制程序和活动的有效性。

三是建立风险评价制度。在设定经营绩效考评指标时，应确保贷款质量指标的相应权重。不但要考核不良贷款率、不良贷款下降率，也要考核不良贷款的利息收回率。对于抵债资产，抵债后要继续作为不良资产考核直至处置完毕。对于减免利息、处置资产、批量转让、呆账核销所形成的损失，要纳入该行利润的考核范围。对所有发生的风险，都要区别情况，从严问责。对道德风险和操作风险而引发的贷款风险，实行零容忍。对其他原因而引发的贷款风险，要有一定的容忍度。

四是明确风险管控重点。要始终把清降防增作为风险管理的重点，从强化领导、靠实责任、挂实目标、加强考核、严格奖罚入手，借助行政、司法等各种力量，通过“一户一策、重组转让、依法处置”等措施，持续打好风险贷款化解和不良贷款清降两个攻坚战。

（三）建立完善激励约束机制。

一是建立完善绩效考评指标体系。要结合政策性银行特点，建立经营类指标为量化基础，管理类指标为重要评价标准，一票否决指标为特别警示的涵盖经营、管理、安全等方方面面的大考评指标体系。强化二级分行财务评价和县级支行等级行管理，加大省级分行对县级支行渗透监管力度。在具体指标设置上，要突出以政策执行效果、政策目标任务完成情况等为主要内容的政策性导向；要侧重以人均利润、人均低成本存款增长率、人均中间业务收入等为主要内容的效益性指标；要强化以风险及不良贷款占有率、下降率为主要内容的资产质量管理指标；要把合规管理、基础管理纳入绩效考评，体现依法合规和注重长远的导向作用。要改进考评方式，进一步细化差异化考核指标体系，完善从贡献和自身进步两个维度进行考核的模式。

二是强化对员工的考核评价。要建立完善“双向选择”“全员竞聘上岗”“定期岗位轮换”制度，按工作量和工作难度适当拉开部门间、员工间的收入差距。要推行差异化考核方式。对高管人员的考核可与机构考核结合起来；对客户经理可探索模拟利润和规模指标的考核；对柜台操作岗位可采用业务办理量、业务差错率、技能等级等指标的考核；对管理行员工，建立定量与定性相结合的考核模式，凡能定量的工作一律定量，对定性类工作，可采用部门主管打分、部门内评议、全行（条线）测评的方式。不论那个层级的考核，都要与个人收入、职务升迁挂钩。

三是优化资源配置模式。强化县级支行的地位和作用，试行县级支行行政级别差异化管理措施。探索建立营业机构动态调整机制，在确保机构总量不变的前提下，对业务萎缩、连年亏损的县级支行调整至金融需求迫切、发展潜力大的地区，优化机构布局。建立正向激励与兼顾区域均衡的信贷资源配置模式，在信贷计划安排上，既要与贷款质量、存款增长、基础管理等挂钩，也要考虑行际间的大体均衡，并对一些重要产业、重大项目，实行区域倾斜政策。合理配置人力资源，综合考虑分支机构经营管理绩效、业务量大小、管理难易程度等因素，与员工总数、管理岗位和业务岗位职数挂钩，解决业务发展需要和现有人员的结构性矛盾。提高财务、薪酬资源配置效率。将费用、工资划分为保开门和绩效挂钩两部分，保开门的一次性到位，激励部分与绩效考评结果挂钩，加大考核结果与绩效工资、奖金的挂钩力度。

四是配套做好基础性工作。要立足当前，着眼长远，开展“三定”工作。对政策和历史原因形成的问题，需要照顾的要放到明处，切实提高刚性约束，根据“三定”结果，合理确定各级行和员工的基础费用、薪酬，作为存量管理；其余应纳入考核，作为增量管理；根据定员数量，实行“增人不增资，减人不减资”。

五是建立财务可持续长效机制。要深入研究新常态下财务可持续的特点和规律，牢固树立发展增效的科学理念，充分依靠资产收益和成本控制“双引擎”驱动，确保信贷增速保持在合理区间，全面推进利率定价工作，努力提升存款、投资和中间业务收入对经营利润的贡献度，坚持不懈向节约和合规要效益，坚决扼制经营效益“断崖式”下降趋势，确保财务可持续。

（四）建立完善人才保障机制。

与跨越式发展相适应，通过“四个一批”，着力解决人才总量不足且结构型矛盾突出的问题。

一是培养选拔一批。建立完善规范有序的干部进出口管理制度。针对“70后”“80后”高管人才“断层”问题，统筹规划、制订方案，对全行有一定发展潜力的中青年干部进行摸底排队，采取交流挂职锻炼、岗位定标加压、承担急难任务等方式，确定专人跟踪辅导考评，加大在工作实践中培育人、考察人、使用人的力度，力争通过2~3年的努力，培养选拔一批想干事、能干事、干成事的中青年干部队伍。

二是培训提高一批。对各级行普遍缺乏的业务骨干，要立足现有人力资源，分类制定人才培训计划，分层落实培训任务，采用集中培训、定向培训、岗位培训、行校联合培训、鼓励自学等方式，加大培训力度。建立岗位等级管理制度，实行末尾强制学习，通过全员充电和激励约束，促进整体素质提高。

三是调整挪腾一批。对一些业务量大且人员少的行，要打破现有格局，有计划地在全行范围内进行调剂、配置，确保业务量和人员数量大体相适应。

四是招收引进一批。对各类专业人才，要利用每年的增人计划，分批从商业银行或社会上选招，并在政策允许范围内尽量落实好对他们的待遇，确保招得来，留得下。

（中国农业发展银行甘肃省分行 课题组）

中国邮政储蓄银行甘肃省分行行长周巨龙一行到白银市分行调研

第五部分

金融学会、协会及金融研究成果

甘肃省金融学会

2015年，甘肃省金融学会按照“以学术立会、以活动兴会、以创新强会”的总体思路，紧紧围绕课题研究、高峰论坛、成果评奖、专业刊物、金融年鉴、金融志书六项重点工作，凝心聚力，开拓创新，充分发挥桥梁纽带作用，紧密团结会员单位，认真组织开展活动，积极为全省经济金融又好又快发展提供智力支持。

一、广泛开展课题研究活动

组织各会员单位围绕全省经济金融改革和发展中的热点、难点问题和重大理论问题，并结合本行业实际工作中需要解决的现实问题进行调研课题立项申报，学会对申报的课题进行审查后及时给予立项，并督促承担课题的会员单位认真开展调研课题攻关活动。2015年，各会员单位共完成重点调研课题28项，涉及金融宏观调控、货币政策实施、金融生态环境建设、金融扶贫和银行改革和发展等方面，其中部分成果已在相关刊物发表，部分成果已转化为领导决策依据。为调动会员单位开展课题调研的积极性，年终对这些课题进行了评奖，对获得一、二、三等奖的课题给予适当奖励。与人民银行甘肃省青年联合会联合举办了2015年甘肃省人民银行系统青年课题征文与竞赛活动，有效促进了全省人民银行系统青年研究成果学术交流，极大激发了广大青年干部职工开展学术研究的热情。

二、联合举办第二届西北金融高峰论坛

2015年12月5日，甘肃省金融学会联合兰州财经大学、甘肃日报社共同举办了以“践行普惠金融 聚焦精准扶贫”为主题的第二届中国西北金融高峰论坛，论坛围绕普惠金融发展，关注甘肃金融力量，聚焦金融扶贫工作，进一步探索金融机构在精准扶贫方面的经验模式，宣传推广在精准扶贫过程中涌现的优秀单位，积极倡导金融企业整合资源助力精准扶贫，打好扶贫攻坚战，推动甘肃加快小康社会建设步伐。为办好这次论坛，三家单位利用《甘肃日报》《甘肃金融》及网络平台媒体进行广泛宣传动员，营造了良好的氛围，得到了省委宣传部、省委农办、省扶贫办、省金融办、人民银行兰州中心支行、甘肃银监局、甘肃证监局、甘肃保监局等单位的支持和指导。同时，学会秘书处与甘肃日报社、兰州财经大学联合开展了“践行普惠金融 聚焦精准扶贫—2015甘肃金融扶贫经典案例征集”活动，搜集整理典型案例160余个，形成调查报告20多篇，选取有代表性和创新性的案例和调研报告在《甘肃日报》《甘肃金融》刊载，并邀请专家对这些案例进行了认真评选。论坛上，对评选出的2个“甘肃金融扶贫特别致敬案例”和18个“甘肃金融扶贫经典案例”进行了颁证。辽宁大学白钦先教授、国务院发展研究中心金融所张承惠所长、人民银行金融研究所纪敏副所长、对外经济贸易大学校长助理丁志杰教授等国内著名专家学者和部分省内专家教授围绕普惠金融作了主题演讲，陕西省金融学会、宁夏金融学会、青海省金融学会派代表参加了论坛。论坛的成功举办，赢得了社会各界的广泛赞誉，取得了良好的社会反响，《2015甘肃金融扶贫经典案例》和论坛交流成果为金融政策制定和实践交流提供了参考。

三、稳步推进甘肃省第五次金融科研优秀成果评奖工作

2015年，学会秘书处按照《甘肃省第五次金融科研优秀成果评奖办法》要求，完成了甘肃省第五次金融科研优秀成果复评工作。根据23名评委特长和成果分类组建经济金融理论、金融改革与创新、会计结算和金融服务、银行经营与管理、信贷与中间业务、保险证券和租赁等七个专业评审组。严格按照评奖办法和评审标准，对初评上报的317项科研成果进行了分组讨论和复评工作，推荐出本次金融科研优秀成果评奖活动的特等奖和一、二、三等奖建议项目101项。

四、《甘肃金融》《甘肃金融年鉴》质量持续提升

2015年，《甘肃金融》以办成甘肃省最具权威的金融学术期刊为目标，完成了全面改版工作。在走访《读者》等数家报纸杂志社的基础上，对《甘肃金融》封面、版式和栏目进行了设计完善，使刊物风格更加清新自然，理论与实务相结合的学术研究型期刊风格更加鲜明突出。每期选编文章能够紧扣时代脉搏，顺应政策取向，正确引导社会舆论和市场预期的宣传效果明显提升，得到了新闻出版主管部门、媒体同行和广大读者的充分肯定，被国家新闻出版广电总局正式评定为学术性期刊，刊物影响力进一步增强。《甘肃金融》月发行量稳定在1万份，电子版机构用户超过3800个，分布在全球13个国家和地区，个人读者遍布11个国家和地区。

2015年，《甘肃金融年鉴》以提供更多、更丰富、更权威的信息资料为目标，年鉴编辑部认真策划设计年鉴栏目框架和结构，使年鉴的编排设计更加科学合理，实用性更强。加强对年鉴工作的组织、协调，及时安排部署，规范操作流程，在抓质量上下功夫。按照编审、校对工作规程，对稿件严格实行“二编、四审、三校、一读”规范化操作，层层把关，反复核实，确保了《甘肃金融年鉴》编写质量。在甘肃人民出版社支持下，《甘肃金融年鉴》2015卷顺利出版发行。

《中国金融年鉴》《甘肃发展年鉴》《兰州年鉴》组稿撰稿工作全面完成。克服各种困难，《甘肃省志·金融志》编纂即将进入总纂阶段。历时三年编纂完成的《新编经济金融词典》由中国金融出版社正式出版发行。

五、强化金融学会管理，提高服务水平

严格执行八项规定、学会财务制度等各项制度规定，确保学会日常管理、财务收支管理和会计核算等合法合规，不断提高学会建设的规范化。期间学会接受了会计师事务所、人行兰州中支内审处和人行总行审计组的审计，对提出的整

改意见和要求进行了认真整改，并举一反三进一步完善了学会各项管理制度。认真组织参与甘肃省第十四次哲学社会科学优秀成果评奖工作。广泛动员会员单位参与成果申报。成立省金融学会初评小组，并对申报的成果进行认真评选。其中通过资格审查成果10项，择优向省社科联推荐评审成果及相关材料6项，有2项成果分别荣获二等奖和三等奖。积极参加全国性、区域性学术交流会活动。先后派员参加了2015中国金融学会学术年会暨2015中国金融论坛、第二十届两岸金融合作研讨会、中国金融论坛第二届青年论坛、小贷十年回顾与愿景展望专题研讨会等活动。

（何 剑）

甘肃省钱币学会

2015年，甘肃省钱币学会按照理事会制定的工作规划，坚持“三贴近”的原则，凝心聚力，求真务实，真抓实干，开拓进取，较好地完成了全年各项工作任务。

一、以学术立会，钱币研究再结硕果

（一）成功举办全省丝绸之路货币学术交流会议。9月24日，甘肃省钱币学会丝绸之路货币学术交流会议顺利召开。来自高校、文博及金融系统的教授、学者40多人参加了会议。会议收到《略谈丝路货币中武威西夏钱币考古的几点重大收获》等22篇学术论文，武威、平凉、庆阳等学会的会员代表在会议上发言。中国钱币学会副秘书长、中国钱币学会秘书处处长王永生作了学术报告。

（二）积极参加全国钱币学术研讨会议。6月份，学会2名代表参加了中国钱币学会组织召开的“中国货币史研讨会”，并在会上做了交流发言。11月份，派员参加了中国钱币与银行博物馆委员会年会。通过参加学术会议开拓工作视野，扩大行业交流，促进了博物馆和学会的各项工作。

（三）加大人才培养，深入钱币研究。一是按照中国钱币学会立项课题的要求，积极做好全省两项重点课题的联系和服务工作；二是对新中国纸币进行重点研究，撰写了兰州中支重点调研课题《丝绸之路经济带政策下的货币文化发展研究》和行长调研报告《新中国纸币货币文化发展研究》；三是按照中国钱币学会的要求，做好2016年全省研究课题的申报工作。

（四）汇集研究成果，出版学术专刊。在丝绸之路学术交流会议的基础上，学会收集整理了30多篇优秀成果，编辑出版了《甘肃金融》钱币专刊。专刊的出版不仅汇集了甘肃省钱币研究的宝贵成果，更是为今后丝绸之路货币研究积累了重要史料。

此外，学会推荐《甘肃区域货币及在我国货币史上的地位研究》等2篇优秀成果参加全省哲学社会科学优秀成果评奖活动；在《甘肃金融》编发了《汉佉二体钱补议》等3篇专栏文章。钱币学术研究取得了丰硕的成果。

二、以活动兴会，学会组织凝聚力进一步增强

（一）以博物馆展示为平台，办好以钱币、债券、保险为主要内容的基本陈列展览。全年甘肃省钱币博物馆接待了中国人民银行郭庆平副行长，国家外汇管理局、甘肃省档案局、甘肃省委组织部金融培训班的领导参观，接待了高校及社会各界参观人士1万余人次，充分发挥了钱币博物馆文化宣传窗口作用；甘南州钱币学会以甘南州钱币陈列室为平台，大力宣传钱币文化，在钱币知识普惠方面成效显著。

（二）举办特色展览，亮点突出。4月份，甘肃省博物馆整理了有关反假货币的相关资料，设计、布展了“反假货币专题展”，并与人行兰州中支货币金银处联合组织辖内17家金融机构工作人员参观、学习，大力推动了全省反假货币工作的开展；7月份，甘肃省钱币博物举办了“红色政权货币展”，由专人负责对红色货币实物进行整理和研究，梳理红色金融尤其是甘肃红色金融的脉络，借鉴先进的布展形式，设计、布展了红色政权货币展览。

（三）宣传形式多样，成效显著。3月15日，参加了人行兰州中支组织的“权利·责任·风险”2015年金融消费者权益保护日宣传活动；5月18日，联合西北民族大学，在民大校园内共同开展博物馆日宣传活动；6月13日，参加了省文物局组织的文化遗产日集中宣传活动；11月7日—9日参加了北京钱币博览会。在活动过程中，通过展示钱币实物、摆放宣传展板等多种形式，宣讲钱币历史，普及防伪知识，活动内容丰富、效果良好。庆阳、天水、张掖等钱币学会也配合货币金银部门开展了丰富多彩的货币文化宣传，取得了良好社会效益。

（四）加强媒体报道，扩大学会工作影响力。借助《文物工作动态》《钱币报》等平面媒体，中国钱币博物馆网站、中国金币网站、人民银行兰州中支网站等网络媒体大力宣传学会工作的新成绩、新动态，全年发布各类新闻稿件50余篇。

此外，学会对中国保险专题展的近200件展品进行拍照、测量、称重、信息采集和信息录入，同时修改、完善中国保险专题展讲解词，建立健全中国保险专题展展品电子档案；按照全省第一次可移动文物普查要求，完成了2 000余件藏品的信息采集和录入工作。

三、以会员立会，队伍建设和会员服务再上台阶

（一）规划学会工作，合理安排部署。年初，学会按照中国钱币学会的工作安排，结合全省实际，制定了《甘肃省钱币学会2015年工作安排及指导意见》下发各团体会员单位。

（二）以会员服务为宗旨，提高服务水平。2015年，学会为各团体会员订阅了《中国钱币》《中国金币》《钱币报》等报纸杂志1 000余份；完成辖内2015版熊猫金银纪念币等10个项目50多个规格金银纪念币项目的发售工作；为会员分发纪念币装帧卡5 000余枚；开发了“唐宋宝船”

“丝路撷萃”等钱币文化产品，为辖内会员钱币集藏搭建交流平台，在会员服务工作中取得了实效。

（三）坚持学会章程，注重学会资料文档的收集整理。按照民政部对社团管理的有关要求，认真补充完善会员基础资料，做好学会年检、年审工作，并积极参加社团组织的各项培训，进一步夯实基础工作。

（曹 源）

甘肃省金融会计学会

2015年，甘肃省金融会计学会以服务于货币政策、金融改革和地方经济建设为出发点，紧紧围绕“繁荣金融会计理论，推动金融会计改革”的宗旨，理论联系实际，围绕金融改革与发展热点、重点、难点问题开展调查研究和理论探讨，为全省金融会计事业的健康发展发挥了积极作用。

一、立足实际，积极开展调查研究和理论研讨

按照地域特色相同、研究方向相近、优势力量互补的原则，指导省内各金融机构结合实际积极开展联合调研，形成了质量较高的专题研究和调研报告，获得了较好的社会反响。2015年，立足当前经济金融大环境，先后组织开展了“存款准备金率调整对我国商业银行资产负债管理的影响研究”“新预算法实施背景下人民银行预算管理改革研究”“人民银行基本建设内部控制研究”“新形势下严格会计财务管理的主要措施建议”“人民银行固定资产管理和核算探讨”“基层人民银行集中采购风险管理与控制”“信贷资产抵押品会计核算研究”“从落实中央财经政策视角对加强基层央行预算管理的思考和建议”等专题研究20余项，为全省金融事业的发展做出了积极贡献。

二、锐意创新，不断加强组织建设

学会秘书处和会计财务处党支部，积极谋划，精心组织，立足岗位、锐意创新，以创建设模范处室、打造过硬队伍、争创一流业绩为目标，认真开展党建工作，充分发挥党员先锋模范作用和党支部战斗堡垒作用，为甘肃省金融会计学会各项工作的顺利完成提供有力保障。学会秘书处把“时时学习、终生学习”的理念植入人心，牢固树立终身学习的思想理念，同时也要求各会员单位结合实际，开展多种形式的业务知识学习和培训，深入学习贯彻总行、兰州中心支行廉政工作会议精神，结合兰州中心支行基层党组织建设深化年活动要求，通过多种方式努力提升党建工作的针对性、生动性和实效性。先后组织开展了“三严三实”系列专题学习研讨、支部书记讲党课专题活动、观看学习“李克强总理在中央党校关于当前经济形势和重点工作的报告暨李克强总理第三次经济公开课”等专题活动，围绕新时期如何自觉加强党性修养、提高自身素质、做好会计财务工作展开讨论，为全体党员干部职工进行了思想再教育、再动员，强化了部门干部职工立足岗位，务实严谨，积极向上的工作作风和态度。从总体上全面把握廉政风险防控的必然要求和主要内容，切实将履行工作职责与党风廉政建设紧密结合，确保各项财经政策纪律规定落到实处。

三、积极主动，全面开展会计业务培训

坚持“立足岗位，全面发展”的人才培养观，制定了详细的会计业务培训计划，合理统筹，有序推进；全年共利用电视电话会议系统开展培训6次，培训范围涵盖省内各级行会计财务及相关业务部门会计人员；在培训方式和内容上进一步创新思路，除对中央银行会计业务、财经法规制度进行培训学习外，还邀请纪检监察办公室人员开展专题培训，培训的针对性、实效性都得到有力提升；培训后，将培训计划、课件、交流材料等上传兰州中心支行网站“业务指导”“会计队伍建设”等专栏，方便各级行会计人员自行安排时间对培训内容进行学习巩固。通过培训，不断改善会计人员知识结构，提高会计人员综合素质；进一步巩固和深化了全省人民银行会计人员对中央政策法规的领会和把握；对加强金融会计人员职业道德建设和作风建设发挥了积极作用。

四、拓宽渠道，积极提升学术理论研究水平

积极参加总行或兄弟单位举办的会计业务研讨班、高层次会计人才培训班等活动，拓宽沟通渠道，分享工作成果，积累工作经验，借鉴学习国内外先进经验和做法，促进学会工作再创佳绩。2015年先后参加了“中国金融会计学会2015年学术年会”和“2015《金融会计》年度工作会议”等学术活动，并获得《金融会计》征订发行工作“三等奖”。通过参加高层次的学术会议，了解和掌握金融会计方面的前沿理论，提升了学术理论研究水平。

（刘志晓）

甘肃省银行业协会

2015年，甘肃省银行业协会按照“抓党建、转观念、抓管理、促发展”的工作思路，在业务主管单位和各会员单位的大力支持下，切实履行“自律、维权、协调、服务”职能，不断优化工作方式、提高服务能力、强化自身建设，各项工作得到进一步推动。

一、以党建促工作，强化协会内部管理

一是进一步加强党组织建设。结合协会工作特点，切实发挥党员的先锋模范作用和党组织战斗堡垒作用。严格按照《中国共产党章程》《中国共产党基层组织选举工作暂行条

例》的有关规定，选举产生了新一届协会党支部，并按月召开党支部会议，组织协会党员学习贯彻党的十八届四中、五中全会精神和习近平总书记系列重要讲话精神，自觉践行“三严三实”的具体要求，加强党性修养，增强履职能力，以学促干，推进学习型党组织建设。

二是进一步发挥理事会、监事会的组织领导作用。召开甘肃省银行业协会第六届理事会第三次常务理事会，提升理事会领导、决策地位，审议通过了《甘肃省银行业协会第六届理事会2014年工作报告》《甘肃省银行业协会2014年度财务预算执行情况及2015年度财务预算报告》等七项议案。进一步发挥专业委员会作用，增强工作实效性，2015年共召开自律工作委员会工作会议四次，法律工作委员会工作会议两次，银团贷款工作委员会工作会议两次，对“百佳示范单位”“星级营业网点”评选工作、建立全省银行业内部法律专家资源库事宜、银团贷款工作进行了商讨。

三是进一步加强内部管理。按月向业务主管单位上报月度重点工作任务，并于次月向业务主管单位汇报当月工作完成情况。为提高各部门工作效率与质量，坚持工作周计划与总结报告制度，并结合《甘肃省银行业协会目标责任考核管理办法（试行）》，对协会工作人员从“德能勤绩”等方面进行考核，以进一步规范协会工作，激发工作人员履职尽责能力。严格执行中央八项规定，提升协会财务管理水平。

二、以自律促服务，积极履行社会责任

一是进一步做好文明规范服务评选工作。根据中银协文明示范单位创建评选工作方案的要求，结合甘肃实际，分别制定了《甘肃省2015年度中国银行业文明规范服务百佳示范单位创建评选工作方案》《中国银行业文明规范服务星级营业网点2015年度甘肃省评定工作方案》和《甘肃省银行业2015年度百佳示范单位、星级营业网点文明规范服务评选工作实施方案》，组织9个评选小组，对92家星级网点和7家千佳进行复查，最终推荐兰州银行营业部、招商银行西站支行为“2015年度中国银行业文明规范服务百佳示范单位”候选单位，交通银行甘肃省分行营业部等72家单位为“2015年度中国银行业文明规范服务星级营业网点”候选单位；为切实维护会员单位权益，发挥各会员单位内部文明规范服务检查专家的整体作用，制定了《甘肃省银行业协会自律工作委员会文明规范服务检查专家组选拔方案》，共有15家会员单位向协会推荐23名文明规范服务专家候选人。

二是进一步推进银行业金融知识普及工作。为促进银行业建立公众教育服务工作长效机制，根据中银协《2015年度中国银行业普及金融知识万里行方案》的要求，结合甘肃银行业工作实际，制定了《2015年度甘肃省银行业“普及金融知识万里行”活动方案》，6月至8月在全行业分别开展了“利率市场化与存款保险制度宣传月”“互联网金融服务宣传月”“警惕非法融资宣传月”为主题的专项活动及自选主题活动，并向中国银行业协会推选了此次活动中表现优秀的先进单位。

三是进一步深化银行业消费者权益保护工作。为进一步巩固和完善银行业消费者权益保护工作长效机制，增强银行从业人员的消费者权益保护意识和能力，组织制定了《甘肃省银行业消费者权益保护知识学习、网络竞赛、创优系列活动方案》，力求通过活动将消费者权益保护理念和知识外化于形内化于心。积极动员会员单位参加2015年度中国银行业消费者权益保护知识网络竞赛，最终全省共有16 163名银行业从业人员参与消费者权益保护知识网络竞赛网上答题活动。

三、以维权促合规，着力化解金融风险

一是进一步推动银行业积案清理工作。强化与中国银行业协会、甘肃省高级人民法院的协调沟通、维权联动，于4月向中银协补充报送了有明确可供执行财产且未执结的案件4件，涉及金额7 817万元；为深入推进银行业执行积案清理工作，按照中银协《关于开展银行业积案执行情况月度统计工作的通知》要求，汇总报送甘肃省银行业金融机构每月积案执行情况，截至2015年末，总计执结案件32件，实际执结总金额为6 354.67万元；向各会员单位征集在开展银行业执行积案清理工作中遇到的典型案例、疑难复杂案件的处理方法、久拖不决案件的处理经验、具有典型性的执行案件，向中银协报送了邮储银行、农业银行执行积案清理工作中的典型案例，以进一步巩固全省银行业执行积案清理专项活动的成果。

二是进一步推动甘肃省银团贷款业务发展。2015年，协会按照甘肃银监局的要求，本着大力推进银团/社团贷款工作，积极支持省内重大项目建设和实体经济健康发展，引导银团贷款与交易市场稳健运行的宗旨，以搭建平台为抓手，以协调服务为手段，以规范业务、分散和防范风险为目标，较好地促进了全省银行业银团贷款业务的发展。截至2015年末，共发生银团贷款项目28个，银团贷款累计合同金额736.56亿元，较年初新增120亿元；累计放款金额323.43亿元，较年初新增16.22亿元。其中，交通项目9个，合同金额368.8亿元，占累计银团贷款金额的50%，仅兰州市轨道交通1号线一期工程，银团贷款合同金额为127.46亿元；能源项目12个，合同金额183.04亿元，占累计银团贷款金额的25%。28个银团贷款项目中，10亿以上项目18个，10亿以下项目10个。

三是进一步提高维权工作法律专业水准。为有效维护全省银行业金融机构合法权益，发挥银行业法律专家的整体作用，制定了《关于拟推荐甘肃省银行业协会法律专家的方案》，并经第三届法律工作委员会第二次工作会议审议通过，拟建立全省银行业内部法律专家库及外部律师团，为会员单位提供专业的、行业内部的法律培训及服务。最终，共有13家会员单位向协会推荐16名行业内部法律专家，12家会员单位向协会推荐15名外部律师。

四、以协调促发展，不断强化服务职能

一是进一步深入开展专题调研。面对当前我国经济步入新常态发展阶段，银行信贷呈现增速放缓，全省信贷“行业集中、客户集中、期限中长期化”特征逐渐显现的区域热点问题，在各会员单位的积极支持下，对全省银行业截至

2014年底重点大中型企业的贷款发放与相关企业的经营发展状况、还贷能力进行了系统调研，确定了重点关注企业，走访天水星火机床有限责任公司，对其银行贷款主要存在的问题及集中风险进行分析，完成《对我省银行业贷款集中风险现状调研报告》并上报甘肃银监局，为解决会员单位单家机构信息不对称、手段不足问题，共同维护良好的竞争环境做出应有的努力。

二是进一步延伸职能服务空间。为有效发挥银行业协会核心职能，推进银行业规范有序发展，协调省州市会员隶属关系和银监分局关系以及区域间银行业会员关系，根据《关于设立市州级银行业协会的指导意见》，协会负责指导市州银行业协会开展筹备设立工作。截至2015年末，全省共有庆阳、平凉、金昌等11个市成立银行业协会。

三是进一步做好发展新会员工作。加强与新开业银行业金融机构的沟通联系，经第六届理事会第三次常务理事会审议通过，兴业银行兰州分行、民生银行兰州分行正式成为协会会员。截至年底，协会省级会员单位总数达到27个。

五、以需求为导向，加强培训和信息宣传工作

一是进一步了解会员单位培训需求。为更好地把握协会培训方向，开拓工作思路，推动全省银行业各项教育培训工作有序开展，协会召开第三届教育培训工作委员会第二次会议，特邀中国银行业协会教育培训部主任、东方银行业高级管理人员研修院副总监及有关领导参会。会议就各省级会员单位2016年对协会培训需求进行了调研，各委员结合各行实际情况，提出整合省内高校和行业内资源成立师资库，共享师资、强化内训师队伍培训，提高内训师综合素质、加强培训评估等建议；中银协有关负责人重点从培训理念、师资力量、授课方式、课题选择等方面对行业培训共性问题向会员单位进行了战略性剖析，并就今后如何进一步搞好西部地区银行业金融机构的培训工作提出了指导性意见。

二是进一步提升培训实效性。组织举办了甘肃省银行业新入职员工金融法律法规培训班，邀请了人民银行兰州中心支行反洗钱处、甘肃银监局法律法规处负责同志以《从预防洗钱，维护金融稳定》和《银行柜面从业者的法律风险》为主题，理论联系实际，结合大量实际案例，深入浅出进行讲解，各行近60名新入职员工参加培训。为巩固培训成果，培训结束后对各学员进行了闭卷考试，对取得优异成绩的学员进行表彰，并就学习知识应用情况、对协会培训工作的要求及建议向各学员单位及受训学员做了培训情况跟踪反馈，得到了各会员单位的认可；组织举办了甘肃省银行业2015年新媒体宣传培训班，邀请了腾讯大秦网市场总监、甘肃省公安厅网络安全保卫总队队长及相关领域工程师分别进行了题为《互联网时代的趋势分析及新媒体产品运营思路》《网络安全相关法律法规》和《国内外网络安全形势》的讲解，各行近30名宣传联络员参加培训。

三是进一步增强信息宣传平台交流作用。强化“两刊两网”管理，突出展现银行业特色风采，及时反映银行业热点、焦点问题，聚焦会员动态，截至12月初，共组织稿件1 168篇，在协会网站和银监局内网刊发简讯32篇，编辑《甘肃银行业》杂志3期（含两期电子刊物）。每期《甘肃银行业》及时分送投递到各会员单位，定期进行电话回访，落实杂志接收情况，申请开通“甘肃银行业”微信公众号，进一步提升协会影响力；针对全省多地发生投资、担保等披着合法注册外衣的公司未经有关部门许可非法进行投融资而跑路的事件，协会搜集、整理了有关非法集资的知识，积极利用全省新闻主要媒体发布投资理财警示，大力推广、普及非法集资知识。在《兰州晨报》市民之家板块刊登了有关非法集资的文章，帮助广大民众提高对非法集资的识别能力。

四是进一步落实好中国银行业专业人员职业资格考试报名、咨询、巡考工作。事先召开考务会议、加强考试管理条例学习，在硬件设备配置、考场环境等方面对考点进行考前检查确认，保障考试工作顺利有序进行。全年两次到全省10个考点、89个考场进行考前检查、巡考，初级考试报名32 700科次，参考21 713科次，参考率为66.40%，通过5 596科次，通过率为25.77%。2015年下半年第一次开考银行业专业人员中级职业资格考试，报考75科次，参考56科次，通过7人次，通过率为12.50%。

（杨　婷）

甘肃证券期货业协会

2015年，甘肃证券期货业协会按照促进市场回归理性，维护行业和谐稳定的总体工作思路，围绕“自律、服务、传导”的办会宗旨，通过“三提升、一做好”开展了各项工作。

一、加强投资者教育及保护，提升行业公信力

2015年，中国证券期货市场跌宕起伏备受瞩目，协会结合市场实际，以“进一步倡导行业诚信建设、加强投资者保护”作为行业自律工作的重点。

（一）与甘肃证监局联合修订发布《告投资者书》，公示《辖区合法证券期货经营机构名录》，维护辖区投资者与合法经营机构权益，防止不法机构侵害行业公信力。让“市场有风险、投资需谨慎”的观念进一步深入人心。共制作海报260份，折页86 000册。

（二）响应全国证券期货行业号召，开展辖区证券期货市场诚信建设宣传月活动，联合甘肃证监局开展辖区打击非法证券期货暨防非宣传进社区活动，进一步增强辖区经营机构投资者保护责任意识，提高投资者对风险防范与合法维权的思想认识，树立社会公众对金融诈骗、非法证券、非法期货、洗钱等违法行为的识别能力，以期达到扩大保护投资者合法权益深刻影响的宣传目的，在彰显行业正能量的同时，维护国家经济金融的安全与稳定。共制作诚信倡议书宣传海报110份，打非宣传海报1 320份，折页近22万册。

（三）在整个证券期货市场行情出现剧烈波动时，根据行业维稳工作部署，审慎适时的要求会员单位进行市场风险提示工作，协助监管部门对市场极端行情进行防控，推进市场回归理性的平稳过渡。

（四）鼓励辖区证券期货经营机构创先争优，倡导行业正气，树立行业新风。通过开展一年一度的评优选先工作，引导会员单位进一步树立行业诚信意识，增强经营管理与专业服务能力，提升辖区行业综合竞争实力。

（五）贯彻落实中国证券业协会、中国期货业协会关于行业纠纷调解工作有关精神，开展辖区证券期货行业纠纷调解中心的具体工作，调解辖区经营机构间、投资者与经营机构、从业人员与经营机构的有关纠纷，受理投资者投诉，切实保护投资者合法权益，减轻监管部门信访压力，维护辖区市场稳定发展。全年共受理投诉纠纷近50起。

二、经营和谐会员之家，提升行业凝聚力

（一）编辑制作“回忆2014”纪念光盘、“使命.担当”纪念画册，通过影像资料、历史照片记录甘肃资本市场走过的艰辛历程。

（二）组织第二届庆三八主题活动，加强行业女性高管沟通交流，活跃文化生活，鼓励女性从业者以巾帼不让须眉的面貌、扎实努力创新的精神、美丽健康的体魄投入到辖区资本市场转型发展大潮中，建功立业、再创佳绩。

（三）通过“甘肃证券一家亲”微信交流群开展指数有奖竞猜活动，提升会员关注度与参与度；开展征集协会logo标识活动，树立协会职业化、专业化、品牌化发展思路，提升协会凝聚力与影响力。

（四）联合中国金融期货交易所举办金融衍生品培训班、协助中国证券业协会在甘举办大宗商品培训班，在丰富会员活动的基础上，帮助会员及投资者学习了解期货及金融衍生品有关知识，为提高辖区从业人员综合素质提供了有效保障。

（五）与甘肃证监局联合举办辖区信息报送员培训班，定期发布证券、期货行业统计信息，通过数据分析帮助会员单位合理定位、改善经营；为行政机关、监管部门提供辖区行业发展概貌，为行业政策制定提供数据支持。

三、发挥桥梁纽带作用，提升行业影响力

（一）积极参加行业制度建设。配合中国证券业协会完善自律规则体系，对中国期货业协会《中国期货业发展规划纲要（2015年—2020年）》《期货公司互联网开户规则》《关于建立全国期货行业自律协作机制的若干意见》《期货行业参与打击非法期货活动工作指引》《期货公司从事中间介绍业务规则》《期货公司代销金融产品业务规则》《中国期货业协会诚信评估方案》《中国期货业协会自律规则制定办法》《中国期货业协会会员管理办法》《期货公司委托机构开展中间介绍业务管理办法》等征求意见稿进行意见反馈。

（二）积极配合中国证券业协会、中国期货业协会、中国证券投资基金业协会组织开展从业人员资格考试工作，负责完成辖区主要考点的巡考工作，全年共18次。

（三）加强行业宣传窗口建设，2015年协会网站进行了全面升级改版，新栏目、新内容将进一步拓展协会宣传平台，增强行业的宣传力和影响力。

（陈熠昕）

甘肃省上市公司协会

2015年，甘肃省上市公司协会秉承“自律、服务、传导”的办会宗旨与“科学发展”理念，继续围绕推进自律规范、提高服务水平、增进沟通交流、加强自身建设开展工作，为稳定并推动辖区资本市场健康发展发挥了积极作用。

一、推进自律管理，促进规范运作

（一）以评促建，开展2014年度评优活动。为推进自律管理，鼓励创先争优，在全行业营造积极向上、健康发展的良好氛围，协会按计划开展了2014年度评优工作，评选出年度优秀董事会秘书、优秀证券事务代表、优秀财务总监、协会工作奉献奖、拼搏进取奖、巾帼风采奖等奖项，并发挥先进典型的引领示范作用，促进行业规范、健康发展。

（二）举办投资者网上集体接待日活动。为持续推动辖区上市公司提高投资者关系管理水平，加强与广大投资者的沟通交流，2015年投资者网上集体接待日活动如期开展，通过集中时段的在线交流、解答相关疑问，拉近了上市公司与社会公众的距离，为维护投资者特别是中小投资者合法权益发挥了积极作用。

二、丰富服务内容，提升服务水平

（一）及时反映会员需求，展示会员风采。2015年，结合中国上市公司协会相关部署，协会面向会员单位开展征集上市公司诚信建设实践案例、组织会员参加“2015年最受投资者尊重的上市公司评选活动”等工作，一方面，及时了解会员需求、征集反馈意见，为相关政策制定执行提供客观依据；另一方面，充分发掘上市公司在公司治理等方面的先进经验，宣传展示甘肃上市公司形象。

（二）加强交流培训，启迪发展思路。2015年在创新发展的背景下，协会根据会员需求，积极整合多方资源，创新培训研讨活动。除组织会员开展春季联谊交流、参加金融衍生品培训以外，积极打造上市公司、拟上市公司、新三板挂牌公司交流对话平台，举办创新发展研讨会，以创新思路发掘新的机遇，引领企业更好更快发展。

三、加强自身建设

（一）完成三届会员大会换届工作。按照甘肃省民间组织管理局要求，在完整报备换届申请材料的前提下，协会

召开了2015年会员大会暨四届一次理事会会议，投票选举产生第四届会员大会、理事会及董事会秘书委员会，圆满完成换届，同时完成《协会章程》及《会费收缴办法》的修订。

（二）完成协会网站改版，建立上市公司协会独立信息发布平台与会员展示窗口。在网络环境越发成熟，协会各方面工作不断向前推进的前提下，为使会员、社会公众得到更加便捷、直观的信息服务，秘书处在完成网站云主机升级的基础上，制作完成上市公司协会独立信息发布平台与会员展示窗口，方便社会公众了解协会全貌，及时发布、收取相关信息，倾听会员诉求，展示会员风采，形成功能较为完备的信息化平台。

（黄修珺）

甘肃省保险行业协会
甘肃省保险学会

2015年，甘肃省保险行业协会、甘肃省保险学会（以下简称“两会”）紧紧围绕“抓自律、促规范、搭平台、增交流、强宣传、塑形象”的工作重心，始终坚持“服务行业、服务会员单位”的工作宗旨，较好地履行了两会“自律、维权、服务、交流、宣传”五项基本职能，在持续改进服务工作水平、努力搭建行业交流平台等方面协助监管部门为甘肃保险业持续健康快速发展作出了积极努力，发挥了行业社团组织的重要作用。

一、明确工作任务，提升自律水平，推进市场规范发展

1.发挥专业委员会工作职能，提升加强行业自律，规范市场运行机制

2015年在两会第五届理事会的统筹安排下，各专业工作委员会积极推进工作进程，着力解决各自专业领域问题，合力助推行业工作稳步提升，不断改进自律水平与效果，积极推进市场规范发展，主要开展了四个方面工作：

一是4月组织召开了产险直属工作委员会工作会议，学习了保监会《关于进一步加强大型商业保险及各类投标业务管理的通知》和甘肃保监局下发的《甘肃省大型商业保险及招投标业务规范》，就如何进一步做好兰州市招投标相关业务与各财产险公司进行了交流研讨，讨论通过了财产险条款费率执行情况自律检查方案。

二是抽调各财产保险公司相关业务及财务骨干组成专项检查组，于5月对兰州市辖内各财产保险公司自2014年1月至2015年3月以来的涉及条款费率执行、手续费支付、非车险见费出单等制度执行情况的15项重点工作开展专项检查，积极维护全省财产险市场秩序、推进市场规范发展。

三是根据《保险营销工作委员会章程》，通过积极推荐、审查通过了保险营销工作委员会选举工作，产生了新一届委员会，增补更换了委员会成员，将全年工作重点放在推进保险销售从业人员诚信管理和“双十佳”评选活动，积极努力提升全省保险销售从业人员队伍整体素质。

四是保险中介工作委员会于4月22日组织召开了2015年工作会议，深入学习“新国十条”“省政府实施意见”及“保监会关于深化保险中介市场改革的意见”，与辖内各保险专业中介机构展开座谈与交流，共同探讨新形势、新常态下我省保险专业中介机构改革及发展方向，会议审议通过了《甘肃省保险专业代理机构、经纪机构、公估机构服务规范》，为全省保险专业中介机构提供基本服务和中介市场合规发展提供了规范化指引。

2.加强联系、改进服务，优化保险销售从业人员业内流动自律管理工作

一年来，两会继续加强与各会员单位的沟通联系，不断完善优化全省保险销售从业人员业内流动自律管理工作。

一是设置专人专岗负责保险销售从业人员流动管理工作，严格遵循“实事求是、调查反馈、合理解释、妥善处理”的工作原则，对于保险销售从业人员反映的会员公司不予及时注销执业证书的问题，予以解释说明并开展事实调查。确保从业人员合理流动，积极维护保险人及保险销售从业人员合法权益。

二是针对个别业内从业人员一年内多次流动的不良现象，对会员公司进行谨慎招录的系统风险提示。

2015年，协会共接到《执业证书》管理问题电话咨询及投诉236件，事实清楚的及时联系有关会员公司注销执业登记224人；因事实陈述不清，通过核实确认强制注销67人。

3.完善诚信管理体系，规范保险业务活动

在2014年修改完善“甘肃省保险从业人员综合信息服务平台”的基础上。年初，协会制定并下发了《甘肃省保险从业人员信息管理暂行办法》，对于保险从业人员因提供诚信、优质服务，受到有关部门表彰奖励的情况和因违反国家法律法规、保险监管规定等受到监管部门处分的行为，经事实确认后在保险从业人员信息档案中予以分类登记。通过诚信档案登记管理，切实有效发挥行业和社会的监督作用，不断加强完善甘肃保险业诚信建设，规范保险销售从业人员保险销售活动。

4.整合行业资源，根据费率市场化及商车改革，调查研究车险自律规范要求

一是针对《中国保监会关于深化商业车险条款费率管理制度改革的意见》和《中国保监会关于印发<深化商业车险条款费率管理制度改革试点工作方案>的通知》，积极应对商业车险改革给市场带来的变化，发挥市场资源配置作用，增强全省财产保险市场可持续发展能力，密切关注全国先行试点省市商车改革情况，组织辖内各财产保险公司针对新车折扣、渠道系数、费用投放等社会关注的热点问题进行交流研讨，积极处理解决车险市场发展与稳定关系，提升财产保险行业准确评估标的风险、有效管控经营成本、持续改善服务质量的能力。

二是根据2014年4月中国保险行业协会和中国汽车维修协会披露的18种常见车型的“整车配件零整比”和“50

项易损配件零整比”系数。协会整合2014年兰州市汽车销售情况和各财产保险公司提供的承保及理赔数据，组织业内有关财产保险公司理赔部负责同志成立了零整比专项调研工作小组，自6月开始经过为期5个多月的努力，以大众、通用，日系、德系等代表性车型作为试点，调研汇总出了“兰州市10大畅销车型50项易损配件零整比调研报告（草案）”，对费改后的10大畅销车型保费提供业务指导，为全省商车改革工作奠定了数据基础。

二、坚持依法维权，积极协调，努力保护保险消费者及会员单位合法权益

两会2015年紧紧围绕“做好投诉处理、推动诉调对接、打击保险欺诈”3个工作重点，坚持“依法维权、积极协调，努力保护保险消费者和会员单位合法权益”的工作原则，开展了加强改进保险消费者投诉处理工作质量、有效推动保险纠纷案件诉调工作对接和构建合作机制，与有关部门联合打击保险欺诈行为等3大类重点工作。

1.开展专项调研，加强改进保险消费者投诉处理工作质量

一是严格执行《保险消费投诉处理规定》，遵循“以事实为依据，坚持双方自愿、合法、合理、公正、便民”的工作原则，受理日常及监管部门交办、会员公司或其他部门转送的各类投诉事项。不推诿、敷衍、拖延，认真听取投诉人陈述事实及理由，妥善处理，避免激化矛盾。2015年全年共受理各类投诉案件52起，其中：电话投诉30起，书面投诉12起，人员来访投诉10起，转交市州保险行业协会及会员公司办理24件。

二是为推动全省保险消费者权益保护工作顺利开展，加强改进投诉处理工作质量，6月我会配合甘肃保监局消保处就保险合同纠纷调解工作对人保财险、中国人寿、太保寿险、平安人寿4家公司进行了专项调研，通过调研了解到，随着保险消费者维权意识的逐步提高，会员单位加强了对保险消费者投诉处理工作的重视，逐步建立了投诉处理集体会商、风险预警和处理时限考核等相关制度，有效减少了重复及多部门受理投诉的情况。针对2015年投诉量少且集中在银保业务和保险销售从业人员与会员公司内部矛盾等方面的实际情况，在投诉处理中注重转办时限与效果，及时对投诉人进行办理结果反馈并耐心细致做好解释工作。对于投诉双方有调解意愿的，积极引导进行行业调解，进一步加强和改进了投诉工作质量。

2.加强业内外沟通协调，有效推动诉调对接工作开展

一是完善调解委员会内部建设。2月，第一届调解委员会进行换届，选举产生了第二届调解委员会主任委员、委员，聘任保险公司、法院、消协、仲裁委、部分省内高校等业内外调解员40名，充实了调解员队伍，为诉调对接工作开展奠定了人才基础。

二是加强与法院系统的沟通与交流。针对张掖地区司法环境及部分车险投诉案件中存在的问题及时向省高院书面进行情况反映，争取在省高院的牵头指导下做到同一性质的案件全省统一审判标准，逐步完善改变在全省司法实践中存在的不合理做法。

三是加强金融知识学习，提升金融保险案件审判水平。10月30日受兰州市铁路运输法院邀请，协会组织甘肃保监局法制处、人保财险、太保寿险理赔及法务工作专家为受理保险案件的法官进行了保险知识专题授课，着重就改进保险案件工作流程、提高调解效率、车险及人身险调解案件审理中存在的问题等进行了现场解答和交流，为今后加强行业交流、进一步推进诉调对接工作开展打下了良好的基础。

四是不断完善内外沟通协调机制。为了建立与会员公司法律事务工作的日常联系机制，协会于年初建立了全省法律事务工作微信群，针对部分案件开展广泛交流，及时向会员公司进行风险提示及合理建议；9月，协会与省高院参加了由最高人民法院和中国保监会联合组织召开的“全国保险纠纷诉讼与调解对接机制建设工作推进会”，会议总结了开展建立保险纠纷诉调对接机制试点的工作经验与成效，研究部署了进一步深化保险纠纷诉调对接机制建设工作。10月，协会对拟定的《兰州市保险纠纷案件诉调对接实施方案》做了进一步补充和完善，确保全省及兰州市保险纠纷案件诉调对接工作顺利开展。

3.构建合作联系机制，联合打击保险欺诈行为

一是为贯彻落实保险业新国十条、推动建立保险监管多方合作机制，1月29日成立了“甘肃保险业反欺诈中心”。中心作为全省反保险欺诈工作全面协作、多方联动的平台，为行业搭建了沟通联系渠道，承担协作办案、信息交换、业务指导和宣传教育职能。拟定了“甘肃保险业反欺诈中心工作细则”“可疑线索报送指引”“信息使用规范”及“反保险欺诈举报奖励办法”等4个制度，经省公安厅经侦总队征求意见后下发试行。

二是加强对会员公司风险预警通报及提示。针对会员公司已经发现并上报的案例进行全行业预警通报，提示各公司防范风险；部分公司反映的不良修理厂、嫌疑车辆和高风险客户等需要重点排查的案件，要求公司5个工作日内上报排查结果；对于冒充保险公司工作人员的电话诈骗活动进行及时风险提示。

三是与有关部门开展专项联合打击保险欺诈行为。7月，协会与省公安厅经侦总队针对部分车辆修理厂开展了为期3个月的车险反欺诈专项联合行动，要求各会员公司分期分批重点报送涉及修理厂疑似虚假或涉嫌欺诈的案件线索，由反欺诈中心汇总整理后移交省公安厅经侦总队办理。截至11月，反欺诈中心共收到会员公司报送的疑似欺诈案例21件，涉案金额近90余万元。经过对案件的分析筛选，选取了较为典型的3件案例转交经侦部门办理。

三、积极发挥服务职能，改进提升服务质量，为行业发展提供良好有利环境

1.引导会员公司积极提升服务水平、改进服务质量，建立服务质量评价良性循环机制

一是根据年初工作安排，一季度对全省10家开展个人业务的人身险公司针对涉及投保人、被保险人和受益人的27项重点服务指标进行了为期20多天的现场服务质量评价

工作。共抽取客户样本 2 320 份，进行客户电话回访 120 余次，调取电话录音 100 份，对评价工作中发现的问题及时要求公司整改完善。引导公司不断改进服务、改善薄弱环节、积极提升服务水平，建立“评价、查找、整改、提高”的良性循环机制，更好地服务广大保险消费者。

二是为贯彻落实《甘肃省机动车辆保险理赔服务质量评价实施办法》，敦促各财产保险公司进一步提升车险理赔服务质量，提高保险消费者理赔服务满意度，协会会同甘肃保监局于 5 月 29 日至 6 月 4 日在全省 14 个市州全面开展了车险现场查勘服务质量测评工作，公开服务质量测评结果，促进行业提升改善服务质量。

2.建立人身保险产品数据库链接，方便广大保险消费者了解、查询、购买保险产品

为方便广大保险消费者查询、验证保险条款，配合中保协于 3 月完成了两会官网连接“中保协产品库人身保险产品条款信息公众多维查询地址”。数据库查询链接包含：条款内容真实性验证、查询购买产品相关信息、保险责任及销售、停售时间，极大地方便了广大保险消费者详细了解、查询及购买保险产品。

3.加强与省公安厅交警总队工作通联，积极推进全省道路交通事故快速理赔服务中心建设

为全面落实《甘肃保监局、甘肃省公安厅关于在全省建立道路交通事故快速处理中心的意见》精神，全年组织召开了 2 次兰州市道路交通事故快处快赔中心联席会议，加强了对兰州市四通、仕通服务点的建设管理，分析了快处快赔中心运行过程中存在的问题和困难，就快处快赔中心建设工作进行安排部署。

9 月 21 日，省公安厅交警总队队长党尕、甘肃保监局局长焦清平和兰州市公安局副局长、交警支队队长傅连宏等领导在兰州市道路交通事故快速处理中心观摩、指导工作中提出了“互联网+快处快赔”创新服务理念。为了尽快推进落实工作，协会于 9 月 23 日组织人保、太保、平安、大地、中华联合和国寿财险 6 家财产险公司紧急召开了“互联网+快处快赔”工作推进项目研讨会，就如何开展相关工作广泛听取会员公司意见和建议。

10 月 9 日，协会与甘肃保监局、省公安厅交警总队联合召开了全省道路交通事故快处快赔工作现场推进会，向各财产险公司及市州保险行业协会主要负责同志介绍了兰州市大沙坪四通服务点道路交通事故快处快赔中心的建设及运行情况，针对兰州市道路交通事故快速处理中心现场会上提出的：“积极创新互联网+快处快赔”工作模式，打造“小投入、小队伍、小场地、快处理”的“三小一快”小微型快处中心工作进行研究讨论，积极协调敦促市州保险行业协会对提出的“年底前全省各个市州各建立至少 1 家快处快赔中心”工作要求进行落实。截至年末，定西、陇南、庆阳、张掖、临夏州、甘南藏族自治州 6 个市、州已按要求建立所属地区快赔快处中心，全省其余 7 个市、州也目前正在加紧与当地交警部门协调联系，争取按照要求尽快完成建立。

4.省市州保险行业协会上下联动，协力做好全省道路交通安全与保险服务全面对接工作

根据《甘肃保监局、省公安厅、省农牧厅关于全面提升机动车交强险投保率，依法保障交通事故当事人合法权益的通知》要求，讨论制定了《全省财产险公司探索建立道路交通安全与保险服务全面对接工作推进实施方案》，联合甘肃保监局组织召开专项工作督导推进会，全面部署对接工作。通过前期的调研座谈，7 月 29 日协会会同甘肃保监局组织各市州保险行业协会秘书长在定西市召开道路交通安全与保险服务全面对接工作推进情况现场会，深入调研定西市安定区葛家岔镇、内官镇永丰乡服务点观摩“五小车辆”办牌办证及交强险业务办理一站式服务情况，通过交流座谈积极介绍推广“定西经验”，确保对接工作在全省顺利开展。截至年末，全省共承保“五小车辆”28.44 万辆，实现保费收入 5 414.85 万元。

5.评选全省 2014 年度社会影响力保险赔案，积极推广保险机构特色创新理赔服务举措

为深入贯彻落实“新国十条”和“省政府实施意见”精神，展示甘肃保险业在服务经济社会发展和服务民生中的功能与作用，在甘肃保监局积极指导下，协会从各省级保险公司推荐的 133 件全省产、寿险重大理赔案件中分别评选出了 2014 年度“全省财产险十大影响力赔案案例”和“全省人身险十大影响力赔案案例”，通过《甘肃保险》行业内刊、省保险行业协会网站、微博进行宣传。“十大典型赔案”基本涵盖了 2013、2014 年发生，2014 年结案的一些重大自然灾害和广受社会关注的热点事件。并结合各保险公司特色创新理赔服务举措，组织编印了《甘肃省 2014 年度社会影响力保险赔案暨特色创新理赔服务举措选编》，凸显了保险行业“守信用、担风险、重服务、合规范”的核心价值理念，提示全社会提高风险意识和保险意识。

6.规范管理、严肃纪律、优化服务、提高质量，配合有关部门做好全年各类资格考试工作

4 月 24 日，全国人民代表大会常务委员会通过修改《保险法》的决定，取消了保险销售（含保险代理）、保险经纪从业人员资格核准审批事项。按照甘肃保监局要求，协会及时通知各市州保险行业协会、在甘各保险机构于 6 月 15 日全面停止了各类资格考试报名申请，于 6 月 30 日全面停止各类资格考试从业人员证书打印、换发工作，各保险公司自行在保监会保险中介监管信息系统中进行从业人员执业登记工作，并针对有关情况向会员单位及广大考生进行政策解释及说明。为了应对新形势，合理做好后续工作，经研究并报甘肃保监局批准于 9 月 15 日撤销了考试认证中心，指派安排专人负责资格考试后续工作。梳理近 3 年来的资格考试考务管理工作，协会积极响应有关部门要求，严格遵循“规范考务管理、严肃考试纪律、优化考试服务、提高考试质量”的 24 字考务管理工作原则，认真、扎实、严谨、高效地配合监管部门完成了各类资格考试考务管理工作，得到了监管部门、会员单位及广大考生的一致好评。

自 2013 年 1 月开展全省保险中介从业人员资格考试管理工作以来，协会先后制定并起草了《甘肃省保险从业人员资格考试管理办法》《实施细则》《违纪处理办法》等 12 项考务规章制度；配合甘肃保监局对全省甘南藏族自治州合

作市、敦煌市、陇南市、酒泉市4个自建电子化考点进行业务指导和验收；对金昌、临夏、白银、合作、天水、定西6个市州电子化考点开展考务管理巡查工作；完成各类资格考试报名150 271人次，组织考试938次，完成监考3 765场，打印发放各类资格证书125 751册，处理违纪考生1 567人，3年来各类资格考试年平均通过率保持在68%左右，较以往年度总体下降约20个百分点；与会员单位共商考务管理工作改革发展方向，组织召开3次考务管理工作会议，接受考试工作咨询电话约2 600余件。

在逐步取消行业准入类考试的同时，配合中保协、中保信、广州信平等单位完成了责任险初级核保人资格考试、车险查勘理赔人员资格考试、人身保险从业人员资格考试的组考及监考工作。联系深圳永新元技术股份有限公司增设了保险公司高级管理人员资格考试模块，积极配合甘肃保监局办公室行政许可服务大厅认真开展2015年全省高管考试工作。

四、增进业内外交流、扩大行业宣传影响力，营造保险业良好发展环境

为全面助推我省保险业持续、健康、快速发展，协会积极协调增进与业内外有关单位的交流合作，借助新闻媒体不断扩大行业宣传影响力，积极搭建行业交流发展平台，努力塑造行业良好形象、积极营造良好发展环境。

一是按照甘肃保监局《2015年甘肃保险业3.15保险消费者权益保护系列活动方案》要求，对各市州保险行业协会、各省级保险公司制定了活动方案，并于3.15当天对兰州市辖部门保险机构活动开展情况进行现场督导，通过《甘肃保险》、两会网站、微博开辟了专栏，及时报道我省保险业开展3.15宣传咨询活动情况。同时，协会还与省消协召开座谈会，重点研讨保险合同纠纷处理工作情况，就共同维护保险消费者合法权益达成一致意见。

二是组织部分省级会员公司于5月15日上午，在兰州市东方红广场参加了由省公安厅组织开展的“打击防范经济犯罪宣传日”主题活动。针对保险欺诈表现形式、防范对策及非法集资特点和防范要点印制宣传材料5 000余份，活动当日接受群众咨询30余次。设置宣传展台、公布省保险行业协会投诉举报电话，号召社会各界和广大群众积极参与打击、防范保险欺诈工作，使广大群众进一步了解了保险欺诈的社会危害性，提高了风险防范意识。

三是按照中保协统一部署，于7月8日上午组织部分会员单位在兰州市城关区新港城社区南广场举办了主题为“一键保险、呵护无限”的“2015年全国保险公众宣传日”宣传活动。甘肃保监局、兰州市政府金融办、各省级保险公司及在兰各主要新闻媒体共同参与，通过搭建形式多样的宣传平台、保险优质服务展示平台，推广行业发展成就，营造了“学保险、懂保险、用保险”的浓厚氛围。借助“新国十条引领保险新生活”漫画册、保险公众日宣传海报，持续扩大新“国十条”在社会上的影响力，将宣传日主题文化元素及会员公司优质服务理念、典型赔案等进行推广和普及，为我省保险业发展营造了良好的外部环境。

四是于9月8日至9日，在兰州金城大剧院组织承办了由国内首部最美保险人原创话剧《生命密码》兰州站的巡演工作，将“中国最美保险人”林萍的感人事迹真情传递，受到了社会各界的广泛关注。

五是根据中保协《组织开展2014年寻找最美保险营销员大型主题活动方案》，经过协会积极推荐及中保协审核选拔，最终甘肃省平安人寿瓜州支公司闫继军、人保财险甘南州分公司蒲文红2名同志被评为“2014年度中国最美保险营销员提名人物”，中国人寿财险甘肃分公司陈世香被评为“2014年度中国百强保险营销员提名人物”。

六是配合中保协于7月在兰州成功举办了“2015年全国保险行业协会工作座谈会”。甘肃保监局局长焦清平，中国保险行业协会会长朱进元及全国37家省级保险行业协会、中介行业协会的主要负责同志近200人出席并参加会议。会议总结了2015年上半年中保协工作情况、强调了行业协会工作应“建立健全各项工作机制、推进项目研究成果落地、拓展服务深度广度和积极反映行业诉求”等4个方面要求、民政部6家优秀社团就“如何适应新常态、找准新定位、实现新作为，开创保险行业协会工作新局面”交流了工作经验、与会代表还针对国办和中办下发的《行业协会商会与行政主管部门脱钩方案》就“行业协会改革与出路”这一关注的热点问题进行了讨论与交流。

七是在甘肃保监局局领导的关怀和会员单位的共同努力下，于8月下旬成功举办了甘肃保险界第四届“保险杯”羽毛球比赛。此次比赛共有来自业内30支代表队、248名运动员参加，较往届人数多、规模大。比赛经过2天的激烈角逐产生了6个团体奖项和40个个人奖项。活动的举办活跃了广大保险从业人员的业余文化生活，为会员公司搭建了交流、沟通、相互了解、增进友谊的平台，促进了甘肃保险业和谐发展、团结奋进。

八是为表彰保险销售从业人员及销售团队对保险业所作的贡献，激发保险销售从业人员投身保险事业的热情，加强全省保险销售从业人员队伍建设，强化诚信服务的职业精神，树立行业良好形象，促进“诚信甘肃”建设。协会自6月至12月组织开展了甘肃省第三届保险销售从业人员“双十佳”评比表彰系列活动。评审委员会经过对各会员公司推荐的先进个人及团队进行量化评审，最终对评选出的20名“十佳”保险销售从业人员，20支“十佳”保险销售团队，76名优秀保险销售从业人员，通过两会网站、微信、微博进行公示。于10月26日召开表彰大会，邀请兰州电视台、在兰各新闻媒体对表彰会进行报道，对受表彰的先进个人和团队在甘肃日报、兰州晚报整版专刊进行宣传。

另外，还配合甘肃保监局、中国保险行业协会、中国保险学会、《中国保险报》等有关单位先后组织开展了金融青年阳光助残“五个一”行动倡议、“规范行业协会制度建设”项目研究工作和“预防洗钱犯罪、构建金融保险安全网”2015年甘肃保险业反洗钱知识竞赛；借助首届全国大学生保险新产品创意大赛活动，搭建与省内高校的交流平台，积极开展“保险进学校”系列等活动；与东莞市保险行业协会、云南保险业及司法系统代表就如何开展行业协会工作，进一步推进保险纠纷调解工作创新机制、有效提升行业协会服务能力与水平等热点问题在兰开展交流座谈等工作。

（田逸君）

甘肃省城市金融学会

2015年，甘肃省城市金融学会围绕总行和甘肃分行的改革大局，组织开展了形式多样的学术科研交流、金融知识宣传、发展规划讲解活动，为推动金融创新做出了积极的努力。

一、做好新十年纲要和新三年规划宣讲活动

一是按照总行《关于组织开展新十年纲要和新三年规划宣讲学习工作的通知》要求，学会联合省分行办公室下发专题通知，对辖内16家二级分行提出学习全行新的十年纲要和三年规划的具体要求。成立宣讲学习活动领导小组，主管行长任组长，领导小组办公室设在城市金融学会，具体负责学习活动的开展。12月3日邀请总行金研所刘彪高级专家围绕"经济新常态与十三五规划"举办专题讲座，省分行党委中心组成员、各部门总经理及员工代表120多人进行了集体学习。省分行要求全行要把深入实施总行新十年发展纲要和新三年规划结合起来，以新的理念破解发展难题，做好各项工作。各行也按照省分行的要求积极开展了学习活动。二是在省分行网讯开辟"新十年纲要和三年规划"专题，共分为三类，包括2015至2017年的政策解读、国内外经济金融形势分析以及工商银行发展趋势研究，累计刊发稿件20篇，引导广大员工将工作思路统一到总行和省分行发展部署上来。三是按照总行的工作要求，一季度及时上报省分行规划执行情况（含重点城市行）报告及统计表，三季度上报省分行、营业部、酒泉分行和玉门支行三年规划分解及检查表，并对于全行三年规划的落实情况进行了检查安排。

二、围绕业务经营开展好课题调研

一是根据总行2014年和2015年《改革发展重点课题研究计划》的文件精神，以及省分行领导的批示，城市金融学会组织在省分行本部和各二级分行分别成立了课题研究小组，立足于解决全行经营发展中的实际问题，开展分析探讨。经过一年多的努力，全行共报送研究课题44项，内容既包含对业务经营的思考，又涉及内控管理的研究。在此基础上，学会将44项课题集结成册，形成匿名评审材料。在行内和行外聘请了20位有突出贡献的学者和专家，于2015年9月份开始进行了集中的评议和审定。根据专家反馈的有效选票，共推举了15篇文章参加了12月25日的复评会议，最后评定出一等奖、二等奖和优秀奖，课题评审工作对于全行开展金融科研起到了积极的作用。二是及时向中国城市金融学会进行2015年的课题立项，经过文献资料准备、银行网点实地调研以及资料搜集与整理，历经半年多的时间完成了"丝绸之路经济带框架下甘肃省能源产业发展战略研究"，并在年底前进行了上报。三是积极参加甘肃省金融学会课题调研活动，完成甘肃省第五次金融科研优秀成果申报工作，报送优秀成果5项。其中学会撰写的论文"利率非对称性调整对中小银行盈利增长的影响"获得了二等奖，实现了工作上的突破。

三、认真做好学会换届的各项工作

根据《社团登记管理条例》的规定，按照既定的章程，甘肃城市金融学会认真做好换届的各项准备工作，包括财务报表的审计、会员代表的确定、学会报告的修订等。2015年8月20日，召开了学会第六届理事会暨换届会议，邀请甘肃省民政厅民间组织管理局相关领导进行了现场监督。与会的90名会员代表选举产生新一届会长、副会长、常务理事和理事。会议对甘肃城市金融学会今后五年的工作进行了安排与部署。在此基础上，进一步完成了学会2015年年度检查报告书，重新更换社会团体法人登记证和组织机构代码证，达到了社团登记管理的相关要求。

四、进一步做好年鉴编纂工作

一是按照甘肃省金融学会的要求，组织全行25个专业开展了2014年度"甘肃金融年鉴"的编纂工作。对所涉及的稿件进行了全面的校对，对于查出的问题及时进行了订正。完成2014年金融年鉴的征订工作，及时进行了年鉴的发送。二是学会历时三年负责组织了《甘肃金融志·工商银行》的编写工作，2015年对于初稿又进行了三次的修订，目前已送交人民银行兰州中心支行进行终稿的审定，总计19万字。

五、积极开展金融知识宣讲活动

一是按照省分行的要求，学会组织员工在2015年5月中旬在东方红广场参加打击和防范经济犯罪宣传日活动。在现场进行了金融知识和征信工作的宣传活动，将搜集的资料进行了现场分发，针对部分对金融知识存有疑问的群众进行了详细的解答。此外，开展了金融与信用知识进社区宣传活动，通过悬挂宣传横幅、LED显示屏播放宣传标语、柜面配发宣传材料及张贴宣传海报的形式，集中开展对外宣传活动。全年参加征信宣传活动的机构达到85个，网点275个，举办宣传活动32场，参加人数达到1 542人次，发放宣传品2 770份。二是学会联系省分行企业文化部于12月4日举办第五届"逐梦在路上"主题读书沙龙活动。来自全行的12名代表围绕着《世界大格局，中国有态度》《每时每刻的阳光—〈读者〉杂志卷首语精选集》两本书畅谈了心得体会，展示读书成果，学会秘书长也进行了学习心得的交流。

（柴运栋）

甘肃省农村金融学会

2015年，甘肃省农村金融学会紧紧围绕全省农行改革发展的战略部署，以应用研究为统领，着力提高研究的广度和深度，不断提升研究队伍素质和能力水平，努力把学会打造成课题研究平台、学术交流平台、人才培养平台，为全行改革发展提供坚强的智力支持和服务保证。

一、确定调查研究重点

根据全省农行2015年工作会议确定的指导思想、工作任务和各项改革发展目标、重点工作措施，确定全年调查研究重点。

(一) 深入研究宏观形势和监管政策变化对甘肃农行改革发展的影响及对策。宏观形势方面，研究经济增长方式的转变和结构调整的趋势、特点对商业银行的影响；研究如何认识新常态、适应新常态、服务新常态，深入实施转型发展，提升发展的质量效益。监管政策方面，研究金融环境的不断变化、金融监管的趋严趋紧、业务监管标准逐渐升级对经营管理的影响；研究利率市场化趋势下商业银行业务发展策略，以及如何在应对利率市场化挑战中优化收入结构；研究新金融监管形势下金融服务价格的市场竞争问题。

(二) 全面深化金融服务三农研究。深入剖析甘肃农村经济发展和农村金融需求特征，研究如何进一步扎实推进服务三农"四融"平台建设，并以此为契机打造具有农行鲜明特色的互联网金融服务新模式、新途径和新方法；研究新型城镇化进程中的金融服务问题、县域金融市场的供求情况、农村金融机构的竞争现状以及金融服务"三农"的差异化策略；研究如何在统筹城乡联动发展中优化区域结构，做实惠农金融服务渠道，加强涉农贷款精细管理，巩固扩大"三农"和县域业务优势，加快推进城乡一体化金融服务新模式。

(三) 研究探索新形势下业务转型调整新思路。研究顺应市场和客户需求变化，及时有效地推进业务经营转型和产品、服务创新的措施和机制；研究如何在日益激烈的存款竞争中壮大客户基础，提升渠道优势，力促负债业务稳定增长；研究如何进一步加大对重点区域、重大项目、重要客户和薄弱环节的信贷支持，加快资产业务转型调整，促进客户数量质量提升、结构效益同步优化；研究如何在差异化竞争优势中优化业务结构，提升业务品质及模式，进一步增强综合竞争力和业务发展水平的途径；研究如何紧盯"一比两率"，发挥优势、弥补短板，大力提升价值创造水平。

(四) 研究探索进一步夯实管理基础新途径。研究如何加强资本约束、走资本节约型发展道路，提升经济资本管理能力和水平；研究如何持续优化组织流程，探索完善资本管理机制、绩效考评机制、资源配置机制和工作推动机制；研究如何加强信用风险管控和财务资源管理，大力开展内控管理上台阶，持续推进信贷、财会、内控等重点领域精细化管理水平；研究如何做好全面风险管控，进一步建立健全风险管理长效机制。

(五) 研究探索党建、队伍、企业文化建设新措施。研究如何落实主体责任，坚持从严管党治党，进一步坚定理想信念、执行意志和文化引领，做到党建统领全局；研究如何在班子建设、组织建设和队伍建设上持续发力，整顿"后进"党组织，推进组织生活规范化和经常化；探索践行社会主义核心价值观、弘扬农行优良传统的新方法、新措施，切实发挥思想文化宣传力量，练好内功，提升工作能力和水平；研究如何在依法合规经营上守住底线，遏制各类案件和违规违纪问题的发生，探索廉政、安保和案件防控的有效措施。

二、组织开展调查研究

(一) 开展群众性调研活动。全省各市、州农村金融学会和农村金融研究组织，根据甘肃省农村金融学会确定的调研重点，紧盯全省农行2015年工作的指导思想、工作任务和各项改革发展目标、重点工作措施，切实加强领导，指定专人负责，结合本单位的业务经营实际，确定调研课题，抓薄弱环节、抓突出问题、抓措施策略、抓沟通协调、抓督办考核，落实责任、落实课题、落实数量、落实质量、落实时限。调研活动中，各级行及农村金融学会领导带头，广大员工踊跃参与，将群众性调研和中青年业务骨干调研相结合、指定课题和自选课题相结合，采取集体攻关、联合攻关或个人承担的调研方式，努力探究影响和制约全省农行业务经营和改革发展的源头性、结构性问题，通过对一个点、一个面、一件事的深入剖析，寻求解决热点、难点、重点问题的有效途径和对策。全年形成了160余项切合实际、观点鲜明、资料翔实、论据充足、论证科学，针对性、指导性和可操作性较强的调研成果，为业务经营提供决策参考。

(二) 开展重点课题调研。一是完成了中国农村金融学会重点调研课题。根据中国农村金融学会确定的2015年重大、重点调研课题，结合甘肃省农村金融学会的实际，组织申报了《互联网金融服务"三农"问题研究》作为甘肃省农村金融学会的调研课题。经中国农村金融学会审查，同意立项。按照中国农村金融学会重大、重点调研课题调研要求，按时完成了承担的重点课题调研，向中国农村金融学会进行了报送，该项调研成果荣获中国农村金融学会2015年度一般课题优秀奖。二是完成了甘肃省金融学会重点调研课题。根据甘肃省金融学会2015年重点调查研究课题，结合甘肃农行的实际，组织力量深入调研，完成了所承担课题的调研，按时向甘肃省金融学会报送了《藏区农户金融服务问题研究》调研成果。三是甘肃省农村金融学会秘书处与省分行工会办、内控与法律合规部和零售银行业务部先后完成"青年论坛""商业银行内部控制主题征文""财富管理征文大赛"等主题调研和征文活动，共收到各类调研报告20余篇，优秀调研报告在《甘肃农村金融》上进行了刊登。

三、办好《甘肃农村金融》

《甘肃农村金融》全年共编发8期，刊发各类文章230余篇，共100余万字；封二、封三、封底刊登反映农行甘肃省分行业务经营、行风行貌、员工风采、书画作品等宣传图片130余幅；各级文章主题配图200余幅；编发有关经济和金融政策及全行经营动态、趋势的信息120余条。

（一）体现决策重点。根据全省农行2015年“突出两个宣战，落实五项要求，有效破解六局，戮力过好五关，培育六种文化”的工作思路，编发展望经济金融形势，剖析金融热点和焦点的专题文章；刊登深化“三农”服务，加快结构调整，强化风险管理，加强党建和队伍建设，大力提升全行核心竞争力和价值创造力的构想和做法；宣传有针对性、实用性和代表性的经验、案例，服务农行甘肃省分行业务经营和加快有效发展。

（二）体现经营重点。围绕深化“三农”服务，加快结构调整，强化风险管理，加强党建和队伍建设，大力提升全行核心竞争力和价值创造力等工作重心和业务经营重点，有针对性地先后组编各级行谋发展、求实效、展形象、显风采的稿件近200篇。“发展论坛”栏目，刊发农行甘肃分行高管关注经济、金融形势，剖析当前业务经营热点和焦点的专题文章，指导全行业务经营。“经营纵横”栏目，摆各种观点，剖深层原因，交流各级行谋求又好又快发展、大力提升核心竞争力和价值创造力的构想和做法，为改革发展献计献策。“管理实务”栏目，编发深化“三农”服务，加快结构调整，强化风险管理，提升核心竞争力和价值创造力等有针对性、实用性和代表性的经验、案例，服务业务经营。“银苑”栏目，宣传各级行的先进典型事例和广大干部、员工默默奉献的感人事迹，为农行甘肃省分行改革发展凝聚人心，鼓舞士气，更好地为农行甘肃省分行改革发展服务。

（三）体现栏目特色。栏目设置坚持“贴紧中心工作，服务业务经营，力求质量第一，突出刊物特色”的办刊宗旨，贴紧农行甘肃省分行中心工作，以服务基层、服务一线、服务业务经营为目的，增强针对性、指导性和实用性。设置了“决策参考”“资讯速递”“发展论坛”“经营纵横”“管理实务”“青年视觉”“企业文化”“银苑”“动态·信息”等栏目。栏目设置着重宣传、反映农行甘肃省分行改革发展趋势、经营管理动态，解决业务经营热点、难点、焦点的对策、措施，增加信息量，满足各层次读者的需要。

（四）体现质量要求。围绕创办一流期刊的目标，优化选题与栏目设置，重视编印质量，严把审稿、编辑、校对、印刷、装帧等环节关口，确保了《甘肃农村金融》质量保持较高水平，受到同业和广大读者好评。

四、做好《甘肃金融年鉴》组编和《甘肃省志·金融志》续志撰稿

（一）做好《甘肃金融年鉴》（2014年卷）组稿、编辑。根据人民银行兰州中心支行《甘肃金融年鉴》（2014年卷）的组稿安排，承担了《甘肃金融年鉴》（2014年）农行条目的组稿、编辑。组织、协调完成了《甘肃金融年鉴》2014年卷农行部分条目的组稿、审稿、编辑，按照《甘肃金融年鉴》的组稿要求，提供条目34个，大事记170例，宣传图片16幅，统计表格7份。

（二）修改、补充《甘肃省志·金融志》续志农行部分内容。根据《甘肃省志·金融志》续志编纂的要求，按照“以改革发展为主线，以机制创新为重点，以经济金融政策、法规制度为依据”的撰稿原则，围绕《甘肃省志·金融志》编委会一审对“机构沿革、负债业务、资产业务、中间业务、信托业务、外汇业务、财务会计、内控管理、金融科研、主要负责人名录、先进人物名录、大事记”等内容的修改意见，对《甘肃省志·金融志》续志农行部分进行了修改、撰稿，补充了1986—2007年各项存款、各项贷款、银行卡、外汇业务数据表。

五、加强学会自身建设

（一）加强思想、作风和组织建设。全省各级农村金融学会认真学习习近平总书记系列讲话精神，坚持“理论联系实际，服务业务经营”的宗旨和“百花齐放、百家争鸣”的方针，树立研究创造价值理念，切实发挥职能作用，服务农行改革发展和业务经营，为农行改革发展和业务经营进言献策，提供智力支持。

（二）加强管理，依法合规开展工作。一是各级学会按照《学会章程》，完善组织机构，配备具有一定研究能力和组织能力的人员，积极开展学会工作，做到学会工作有人抓、有人管、有人干，真正使学会工作组织健全、制度完善、人员稳定。二是根据甘肃省民政厅民间组织管理局，甘肃省新闻出版局对社团组织和刊物管理的规定，及时办理了甘肃省农村金融学会、《甘肃农村金融》年检手续，依法合规开展工作。

（三）充分挖掘中青年员工的智力资源，不断充实学会力量。一是全省各级农村金融学会不断增强服务意识，提高组织能力，充分挖掘蕴藏在广大员工特别是中青年员工的智力资源，把具有一定理论水平和实践经验的业务骨干吸收进学会，不断充实学会力量。二是组织、引导和带动广大热心于业务研究并有一定研究能力和写作水平的员工，特别是中青年员工，对全省农行业务经营中的难点、热点和焦点问题进行广泛深入地探讨，充分发挥中青年员工的聪明才智，为甘肃农行的改革发展和业务经营进言献策，提供智力支持。三是不断创新交流方式，加强调研成果交流应用。全省各级农村金融学会根据中青年员工的特点，开展形式多样的研讨会、座谈会、辩论会、读书沙龙等活动，增强学会的吸引力和凝聚力，使学会工作充满生机和活力。

（四）做好各种资料的收集、整理和管理、利用。一是选购、征订了600余册经济、金融方面最新的图书资料。同时，对于各种资料做好登记、整理、上架，保证其完整性、连续性。二是做好各类资料的利用。积极收集、整理经济、金融方面的政策信息、市场资讯、管理经典、营销案例、专家观点、新业务介绍等方面的信息500余条。

（常鸣强）

中国人民银行陇南市中心支行党委书记、行长王亚林深入成县调研实施“5+1”金融精准扶贫情况

中国人民银行酒泉市中心支行开展“传承铁人精神 矢志央行事业”教育活动

第六部分

金融法规、规定、办法选编

中国人民银行兰州中心支行直属县（区）支行同级监督管理办法（试行）

（2015年10月20日）

第一条 为进一步加强直属县（区）支行纪检监察同级监督工作，明确监督职责，细化监督要求，规范工作程序，提高监督能力和水平，依据《中国共产党章程》《中国共产党党内监督条例（试行）》《中国人民银行党风廉政建设责任制实施办法》及总行、西安分行、兰州中心支行岗位（廉政）风险防控有关制度，结合实际，制定本办法。

第二条 本办法所称"同级监督"是指直属县（区）支行纪检监察部门对本级行党组、班子成员、其他行级干部履行党风廉政建设职责，遵守党纪党规、国家法律、行政法规、人民银行规章制度及廉洁从政各项规定的监督。

第三条 同级监督主要目的：

强化直属县（区）支行党组班子成员、其他行级干部及部门岗位（廉政）风险防控，规范对权力运行的监督与制约，构建以风险为导向的科学管理体系，运用风险识别、评估和预警机制，服务于重大事项决策，促进领导干部廉洁从政，推动本级行各项工作规范、稳定、健康发展。

第四条 开展同级监督应坚持以下原则：

（一）服从兰州中心支行纪委和同级党组领导，为同级党组履职保驾护航；

（二）围绕中心，服务大局，维护团结，注重预防；

（三）以风险防控为导向，推进长效机制建设；

（四）主动服务和严格监督相结合；

（五）严格执纪和教育干部相兼顾；

（六）尽职免责和失职问责相统一。

第五条 直属县（区）支行党组班子成员及领导干部应提高责任意识、法纪意识和自觉接受监督意识，服从大局，密切协作，统筹安排，加强沟通，不断完善内部监督机制，深化岗位（廉政）风险防控，为有效开展纪检监察同级监督工作提供支持、指导和保障。

第六条 纪检组长及纪检监察部门应认真履行《党章》和《中华人民共和国行政监察法》赋予的职责，敢于负责、敢于监督、敢于担当，确保党和国家方针政策的贯彻落实。同时，要结合工作实际，提高自身素质，做到善于监督；

（一）加强纪检监察业务知识学习和培训，熟悉掌握反腐倡廉各项制度规定和上级行工作任务要求；

（二）严格执行岗位（廉政）风险防控各项规定，熟悉和掌握风险监督管理系统，并能运用系统数据来分析、研判和促进本单位岗位（廉政）风险防控工作；

（三）熟悉、掌握党组会、行长办公会等重要会议制度和议事规则，以及干部选拔任用、财务管理和基本建设等内部管理制度；

（四）密切关注网络廉政舆情、典型案例等廉政动态信息，为党组决策发挥好参谋和助手作用；

（五）培养爱岗敬业精神，积极主动，认真细致，增强岗位（廉政）风险防控的责任感、使命感和风险敏锐度。

第七条 纪检组长或纪检监察部门应定期对重大事项议事、决策及执行情况进行监督检查，主要内容为：

（一）"三重一大"事项是否列入集体决策范围；

（二）前期准备是否充分、合规，有关要素是否完备；

（三）是否存在违反民主集中制和议事规则等情况；

（四）决策依据、内容、结论是否符合相关规章制度；

（五）是否存在决而不议、议而不决、决而不行等情况；

（六）其他需要进行监督的情况。

第八条 纪检组长或纪检监察部门对本级行开展的以下工作进行重点监督：

（一）党组班子成员、其他行级干部执行中央八项规定、廉洁从政各项要求及《中国人民银行兰州中心支行贯彻落实改进工作作风、密切联系群众八项规定的实施细则》情况；

（二）干部选拔任用工作；

（三）集中采购、工程建设等工作；

（四）行政许可、审批、执法和处罚等工作；

（五）目标责任考核、创先评优、代表选举等重要内部民主管理活动。

第九条 纪检组长或纪检监察部门可以对党组班子成员、其他行级干部、部门涉廉涉险事项提出询问或质询，有关部门、人员应当自觉接受监督并提供必要的监督条件和工作协助。

第十条 直属县（区）支行党组班子成员、其他行级干部应严格执行民主集中制、有关会议议事规则和党风廉政建设等规章制度，特别是涉及"三重一大"事项，应加强与纪检组长及纪检监察部门的充分沟通协调。

第十一条 纪检组长在党组会、行长办公会及其他重要会议上，对违反议事规则的程序性行为应立即予以制止；对决策事项不符合相关规章制度的，应及时指出并说明理由；对决策事项违反党风廉政建设、岗位（廉政）风险防控等制度规定的，应予以提示并提出纠改意见或建议。

第十二条 对纪检组长或纪检监察部门提出的监督意见或建议，县（区）支行党组班子成员、其他行级干部及有关部门应高度重视、正确对待并及时纠改。对有争议的事项，必要时县（区）支行党组可以提请兰州中心支行纪委审核裁定。

第十三条 纪检监察部门应加强与相关职能部门的协调配合，完善监督信息共享机制，定期进行岗位（廉政）风险的信息收集、分析、评估和研判并报告党组。

第十四条 纪检组长及纪检监察部门应结合半年、年度工作总结和述职，向兰州中心支行纪委报告同级监督情况。

第十五条 出现下列情况之一的，纪检组长应立即向兰州中心支行纪委报告：

（一）党组会特别是“一把手”违反民主集中制和党委会议、行长办公会议等议事规则决策的；

（二）党组班子成员、其他行级干部对纪检监察部门提出的重要廉政意见无正当理由不纠正的；

（三）领导干部涉嫌违法违纪违规的；

（四）违反规定提拔任用干部的；

（五）党组班子成员、其他行级干部故意隐瞒职责范围内的廉政风险、责任事故及违纪违法案件不报告，或者偏袒、包庇相关责任人的；

（六）其他需要上报的重要情况。

第十六条 出现党组班子成员、其他行级领导涉嫌违纪违法；司法机关将要或已经对本单位干部职工采取行政或刑事措施；以及其他可能或已经对兰州中心支行造成重大影响的严重风险隐患等特殊情况，必须由兰州中心支行纪委迅速处理的，县（区）支行纪检组长可以书面、电话或其他形式直接报告兰州中心支行纪委书记。

第十七条 纪检监察部门工作人员在开展同级监督工作时，应严格遵守保密规定，不得故意泄露信访举报或其他监督信息，不得利用监督信息谋取不正当利益，否则将依据有关规定追究责任人责任。

第十八条 纪检组长及纪检监察部门应当严格依照本规定，忠于职责，恪尽职守，履行同级监督职责。对于故意隐瞒重要涉廉涉险信息或玩忽职守、消极履职的，根据以下情况追究相应责任：

（一）情节较轻，未造成严重后果

1.对纪检组长及有关人员批评教育、诫勉谈话或通报批评；

2.对纪检监察部门责令纠错、通报批评。

（二）情节较重，造成较为严重后果

1.对纪检组长及有关人员取消年度评先评优资格，视情节进行组织处理；

2.对纪检监察部门年度目标责任考核降一个及以上等级。

（三）情节严重，造成严重后果或发生违纪违法案件

1.对纪检组长及有关人员年度考核为不称职，并进行党纪政纪问责；

2.对纪检监察部门年度目标责任考核为不达标。

第十九条 纪检组长及纪检监察部门完全或部分尽到提醒督促、制度示明、监督检查、重要廉政情况报告等同级监督职责，有效降低、化解岗位（廉政）风险，或在岗位（廉政）风险及案件发生后采取有效措施及时控制应对的，经兰州中心支行纪委审核认定后，可以酌情免除其相应责任。对监督成效显著，工作能力突出的纪检组长及纪检监察部门，纳入综合业绩考核，作为重要的评定参考。

第二十条 本办法由中国人民银行兰州中心支行党委负责解释和修订。

第二十一条 本办法自发布之日起施行。

甘肃省辖内人民银行市州中心支行风险监督管理系统运行管理工作考核办法

（2015年9月17日）

第一章 总 则

第一条 为了加强风险监督管理系统推广运行工作，充分发挥系统作用，深化岗位（廉政）风险防控，根据《中国人民银行岗位（廉政）风险防控管理暂行办法》和《中国人民银行风险监督管理系统运行管理暂行办法》，结合实际，制定本办法。

第二条 本办法所称风险监督管理系统是指中国人民银行风险监督管理系统（以下简称“系统”）。

第三条 本办法仅适用于甘肃省辖内人民银行各市、州中心支行。

第二章 考核组织与实施

第四条 系统运行考核工作由人民银行兰州中心支行纪检监察办公室负责实施。

第五条 考核工作坚持公平、公正的原则，以日常非现场监测考核为主，必要时进行现场考核。年末由兰州中心支行纪检监察办公室成立考核组，具体实施考核，研究确定考核结果，报分管行领导审定。

第六条 考核结果通过风险监督管理系统工作中心发布或兰州中心支行《岗位（廉政）风险防控工作简报》进行通报。

第三章 考核内容及标准

第七条 考核的主要内容：

（一）系统运行组织管理情况。

（二）监督计划执行情况。

（三）监督信息录入情况。

（四）条线管理模块应用情况。

（五）发现问题整改情况。

（六）自主发布监督计划的申请和报备情况。

（七）录入信息的真实性和准确性。

（八）风险排查情况。

具体内容见《甘肃省辖内人民银行市州中心支行风险监督管理系统量化考核表》，以后每年根据系统工作任务变化情况适当调整。

第八条 考核采取百分制，计分标准和分值见《甘肃省辖内人民银行市州中心支行风险监督管理系统量化考核表》。

第九条 考核小组根据考核的内容进行逐项打分，总分按比例换算分值计入纪检监察授权管理考核相应项目。

第十条 涉密的数据和文档资料不能录入风险监督管理系统，凡在系统中违规录入，造成失泄密事件的，此项工作实行“一票否决”，并按规定追究相关人员责任。

第四章 考核结果的运用

第十一条 考核结果应及时反馈给被考核单位，提出工作建议和要求，加强指导。被考核单位要认真纠正存在的问题，不断改进工作，提高系统运行水平。

第十二条 系统运行考核结果作为评价岗位风险防控工作的一项重要内容，纳入对辖内人民银行市州中心支行纪检监察授权管理工作范围统一考核，进行通报。

第五章 附 则

第十三条 本办法由中国人民银行兰州中心支行纪检监察办公室负责解释。

第十四条 本办法自印发之日起执行。

甘肃保险统计工作考评办法

（2015年3月16日）

第一章 总 则

第一条 为进一步规范保险统计工作，加强对保险公司统计工作的考核，保障保险统计信息的真实性、完整性、准确性和及时性，根据《中华人民共和国保险法》《保险统计管理规定》等法律法规，制定本办法。

第二条 本办法考评对象为辖区内保险法人机构和各保险公司省级分公司（以下简称保险机构）。

第三条 本办法所称保险统计工作包括保险机构按照有关规定向监管部门报送反映公司经营情况的有关数据、报表、报告、文件以及完成甘肃保监局规定的其他统计工作。

第二章 考评内容和报送时限

第四条 保险统计工作考评内容主要包括：

（一）保险统计制度建设和统计管理；

（二）保险统计数据信息的报送；

（三）保险统计季度分析报告；

（四）专题分析报告；

（五）保险统计调研和统计监督检查等其他统计相关工作。

第五条 保险统计信息的报送时间为：季度报表为季后12日内，季度统计分析报告为季后18日内（如遇国庆、春节等法定长假可以顺延3日）。其他非常规统计报表、报告和文件按规定时间上报。

第三章 评分标准

第六条 统计制度建设和统计管理考评标准（20分）

（一）根据《统计法》《保险法》和《保险统计管理规定》等法律法规制定与公司相适应的统计工作制度。（5分）

（二）设立或指定统计工作职能部门，设立统计岗位，配备相应数量的统计人员，并及时将指定或变更的保险统计负责人、统计联系人和经办人向甘肃保监局报告。（5分）

保险机构应当指定一名高级管理人员为统计负责人，指定统计工作职能部门主要负责人为统计联系人，具体负责统计工作的人员为经办人。

（三）统计工作人员具有相应专业技能且岗位相对稳定。工作变动时，能认真完成交接工作，确保统计工作正常开展。（5分）

（四）加强统计信息系统建设和维护，及时联系总公司上报保监会对中国保险统计信息系统中数据机构名称予以更新。（5分）

第七条 统计数据信息报送考评标准（20分）

（一）严格按照监管部门要求，真实、准确、完整地报送全

科目数据信息，不得瞒报、虚报或者伪造、篡改统计信息，确保中国保险统计信息系统数据与机构账表数据的一致性。（10分）

（二）严格按照要求按时报送报表和数据信息。（10分）

第八条 季度统计分析报告考评标准（40分）

（一）能按照要求及时报送季度统计分析报告。（5分）

（二）能按照《甘肃省保险公司季度统计分析报告基本框架》要求，季度分析报告内容涵盖全面。（10分）

（三）能归纳总结公司业务发展基本特征，挖掘深层次原因，对异动指标和公司特色业务做深入分析。（20分）

（四）能反映出当前公司经营以及行业发展遇到的主要问题并提出相关政策建议。（5分）

第九条 专题分析报告考评标准（10分）

按照专题分析报告报送要点，每季度报送1篇专题分析报告。（10分）

多报的专题报告按照下列第十二条酌情予以奖励加分。

第十条 其他统计工作考评标准（10分）

（一）积极配合统计调研和统计监督检查工作。（5分）

（二）按照要求及时上报统计调研报告、其他专项分析报告。（5分）

第十一条 扣分标准：

（一）以上统计工作考评时限以第五条为准，迟报、漏报和拒报的扣除相应考评标准的全部分数。

（二）变更保险统计负责人、联系人和经办人后未在10个工作日内上报的扣5分；统计工作人员变动影响统计工作的扣5分。

（三）“中国保险统计信息系统”中数据以及保险机构报送甘肃保监局的数据及报表出现错报、瞒报、虚报或者伪造、篡改统计信息的，扣除相应考评标准的全部分数。

（四）季度统计分析报告内容不全面和分析质量不高的酌情扣分。

（五）其他考评标准根据实际情况酌情扣分。

第十二条 保险机构能主动按照《专题分析报告报送要点》，上报公司贯彻落实《国务院关于加快发展现代保险服务业的若干意见》和《甘肃省人民政府关于加快发展现代保险服务业的实施意见》相关情况、市场重大风险情况分析以及行业发展情况等专题分析报告的，在考评中给予加分，每篇专题报告根据上报质量加1-10分。

第四章 考评的组织和管理

第十三条 甘肃保监局统计研究处负责根据以上考评标准对保险机构每季度进行一次考评，每半年通报一次。

第十四条 考评采用百分制，并增设加分项目。

第十五条 实行统计工作考评奖惩制度。年终对照考评标准对各保险机构统计工作综合评分，评选保险统计工作先进单位和先进个人予以表彰，并建议保险机构对相关保险统计工作部门及人员给予奖励。

第十六条 对年度考评成绩排后两名的保险公司，列为统计重点监管对象，并采取相应监管措施。

第十七条 保险机构违反本办法的，除在考评时给予扣分外，将分别采取警示性提示、监管谈话、下发监管函等监管措施。情节严重的，将依据《保险法》和《保险统计管理规定》依法实施行政处罚。

第十八条 本办法由甘肃保监局统计研究处负责解释、修订。

第十九条 本办法自印发之日起实施，2009年4月16日印发的《关于印发〈甘肃保险统计分析工作考评办法〉的通知》（甘保监发〔2009〕49号）和《关于印发〈甘肃省保险公司统计分析报告基本框架〉的通知》（甘保监发〔2009〕62号）同时废止。

中国农业发展银行甘肃省分行 2015年粮油信贷专业条线考核办法

第一章 总 则

第一条 为切实转变工作作风，进一步增强全省粮油信贷专业条线执行力，督促和激励各行认真履行工作职责，确保各项政策制度有效落实，根据《中国农业发展银行2015年度粮油信贷专业条线考核办法》、总行粮油信贷专业会议精神、全省农发行分支行长会议精神和客户业务工作会议精神，制定本办法。

第二条 本办法考核范围适用于各市、州分行和省分行营业部粮油信贷专业贷款管理的各项工作。

第三条 粮油信贷专业条线考核工作遵循“标准统一、量化考核、突出重点、客观公正”的原则。

第四条 考核按日历年度实施，每年1月1日至12月31日为一个考核年度。

第五条 考核按照“量化打分、综合评价、评定等级”的方式进行。

（一）量化打分。对所有考核内容制定量化标准，实行打分考核。

（二）综合评价。在对单项工作实行日常考核的基础上，年终对全年业务发展和基础管理工作的考核情况进行综合评价。

（三）评定等级。根据综合考核得分，对被考核对象进行排名并评定等级。

第二章 考核内容

第六条 考核内容包括专项工作考核和综合工作考核两部分，实行百分制量化考核，各项考核内容及分值设定如下：

（一）专项工作考核（42分）

1.粮油收购信贷工作（11分）

2.各级储备粮油贷款业务（12分）

3.粮油产业化龙头企业、农业科技和粮油仓储设施贷款业务（13分）

4.银企直联系统管理工作（6分）

（二）综合工作考核（58分）

1.粮油收购贷款工作量（9分）

2.粮油贷款客户结构调整（9分）

3.粮油不良贷款（12分）

4.粮油信贷各项检查（6分）

5.粮油信贷基础性工作（22分）

第三章　考核方法和标准

第七条　粮油收购信贷工作考核（11分）

1.粮油收购信贷各环节工作充分到位。考核各行资金需求预测、贷款客户确定、贷款调查、备案、发放、支付、贷后管理、收贷收息等情况。（4分）

计分方法：考核结果按照工作完成效果打分，分差0.5分，相应计4分、3.5分、3分、2.5分、2分、1.5分、1分、0.5分、0分。

2.确保支持粮油收购不出大的问题。考核各行粮油收购资金供应管理工作落实到位情况。（3分）

计分方法：因各行自身工作落实不到位而产生的“卖粮难”“打白条”现象，或媒体报道涉及我行的负面新闻和上级行收到的信访件，经核实后，确因农发行自身工作不到位而出现问题，造成重大影响，该项计0分，反之，视情况酌情扣分。

3.政策指导性粮油收购贷款本息年度“双结零”。（4分）

计分方法：该项考核依据CM2006系统数据，政策指导性收购贷款本息“双结零”分值计算公式：

政策指导性粮油收购贷款未“双结零”率=（∑当年未按时双结零的政策指导性粮油收购贷款余额/∑当年政策指导性粮油收购贷款累放额）×100%

说明：政策指导性粮油收购贷款“双结零”按总行有关“双结零”要求的分品种设置的结零时点。

指标得分=4-4×（政策指导性粮油收购贷款未“双结零”率计算值/10%）

说明：如果政策指导性粮油收购贷款未“双结零”率≥10%，则该项指标不得分，该指标最低分为0分。

第八条　各级储备粮油贷款业务考核（12分）

1.认真贯彻落实国家宏观调控政策和上级行有关储备粮油贷款管理的规章制度，确保各项政策措施落实到位。（3分）

计分方法：落实国家宏观调控政策及各级储备粮油贷款管理规章制度未出现问题，上级行未接到有关部门负面反映的得满分；发现问题的，根据问题性质及轻重程度每次酌情扣0.2–0.5分，对出现上级行严令禁止的重大问题的不得分。

2.认真贯彻落实上级行关于各级储备粮油及轮换贷款的有关要求，确保各项管理措施落实到位。（3分）

计分方法：认真执行上述规定的，得3分。对实行先销后购轮换方式的回笼货款没有根据要求收回储备粮贷款的；未按要求做好各级储备粮油增储信贷工作的；未按照国家有关部门及地方政府下达的储备粮轮换计划发放储备粮轮换贷款的；录入CM2006系统轮换数量与下达轮换计划差异较大的，以及录入变动方式错误造成与实际轮换方式不符的，每次发现扣0.2–0.5分，未及时上报跨省移库相关数据或数据与统计系统不一致的，未按计划及时发放和收回跨省移库贷款的，每次发现扣0.2分，直至扣完为止；对发现重大问题的，不得分。

3.严格执行各级储备粮油贷款贷后管理各项措施，确保库贷挂钩，各项利费补贴及时足额到位，正确反映贷款形态，有效防控和处置贷款风险，积极参与各级储备粮油销售工作，及时足额收回贷款本息。（4分）

计分方法：认真执行上述规定的，计4分；出现各级储备粮油贷款财政拨补跨年度不到位情况的，粮油出库未及时收贷的，未严格落实定期查库制度的，未严格执行封闭管理措施的，贷款形态反映不正确的，发现一次扣0.2分，在此基础上各级储备粮油贷款企业出现月末欠息，每次（户）扣0.1分，直到分数扣完为止，若发现重大问题，如挤占挪用等，不得分。

4.对各级储备粮油贷款客户分级分企业建立管理档案，并实行动态管理，掌握客户结构调整进度；因地制宜，研究制定本地区各级储备粮油贷款集中统一管理方案，推进工作取得成效。（2分）

计分方法：主要根据各级储备粮油贷款客户档案建立和管理情况，结合日常工作和专项重点工作、调研指导、检查督导过程中掌握的情况进行综合评价，考核结果分为优秀、良好、一般，相应计2分、1.5分和1分。

以上扣分依据为内外部各类检查结果和上级行日常监测情况。

第九条　粮油产业化龙头企业、农业科技和仓储设施贷款业务考核（13分）

1.贷款业务政策制度落实到位。（4分）

本项考核内容具体包括：客户准入、评级授信、调查评估、授信后管理、资金支取与回笼、收贷收息、定期检查、监测分析等。

计分方法：以现场检查和非现场监测结果进行考评。现场检查以及非现场监测发现问题的，每例视情况扣0.1–0.3分；发现存在客户准入不严、违规放贷等重大问题的每例扣2分，直到扣完为止；对省分行明确重点风险客户，贷款过亿元客户，未按要求上报监测分析报告的；未按要求报送大额贷款客户材料的；出现关注、展期、逾期、欠息贷款的；财务数据录入不及时、不准确的，贷款科目使用不规范的，每例（次）扣0.2分。

2.按要求开展粮油重点行业分析。（2分）

计分方法：根据省分行要求开展重点行业分析，报告分为优秀、良好、一般，分别计2分、1分和0.5分，未按要求开展此项工作的不得分。

3.重大风险及时报告，有效化解处置。（4分）

计分方法：（1）出现银行账户被冻结、企业停产、法人走逃病亡等重大事项，未在3个工作日内将《贷款风险重大事项报告单》和详细说明报至省分行的，每例扣0.5分。

（2）出现贷款挤占挪用、库存亏空、贷款担保方出现问题或被要求代偿等重大风险信号，未能及时预警并采取有效措施的，每例扣0.3分。

(3) 当年每净增500万元（含）以上粮油产业化龙头企业、农业科技和仓储设施贷款不良贷款扣3分；净增不良贷款小于500万元的，每净增1户扣2分；净增关注贷款（金额同上）分别扣1分和0.5分。

(4) 根据各行已上报的中长期贷款分期偿还计划和CM2006系统中的贷款偿还情况进行考核，按期偿还的计1分，每出现1笔未按期偿还的扣0.2分。

(5) 出现区域性、系统性风险且处置不力的，瞒报、漏报，故意掩盖风险的，本项不得分。

4.粮油产业化龙头企业、农业科技和仓储设施贷款核准备案、新客户准入报审材料完整准确及时。(3分)

计分方法：根据各行报省分行核准、备案、新客户准入等相关材料的质量进行考评，分优秀、良好、一般三个档次，相应计3分、2分、1分；凡发现材料弄虚作假，应报未报的，计0分。

第十条 银企直联系统管理工作考核（6分）

1.银企直联业务系统使用及管理工作规范到位。(3分)

计分方法：银企直联业务系统使用及管理工作规范到位的得满分。经检查核实发现以下问题的做相应扣分处理，3分扣完为止。

(1) 未及时报备银企直联业务具体管办人员调整相关信息的，发现一次扣0.1分。

(2) 未按总行要求在规定时间内完成银企直联系统相关操作的，发现一次扣0.1分。

(3) 对银企直联业务系统中用户信息维护不规范（包括用户资料信息）、各级用户角色设置不全、资金支付额度设置不规范、客户信息维护不规范、客户资料变更不及时修改(包括账号信息和基本信息)、费率关系维护和收费管理不规范、定向支付关系维护不规范等情况，发现一次扣0.1分。

(4) 在工作时间内，无故拖延或拒绝客户资金支付审核业务、未及时对客户资金支付审核业务进行审批处理的、客户对服务质量不满意投诉至上级行查实的，每次扣0.2分。

2.积极推广应用银企直联业务系统。(2分)

计分方法：(1)积极推荐上报符合条件优质集团性客户开通银企直联业务系统且被上级行列入本年度优先开通银企直联业务系统客户名单的每个集团客户加0.1分，加满0.5分为止。

(2) 当年集团客户开通农发行银企直联业务系统的，每开通一个集团客户加0.5分，加满1.5分为止。

3.创造性开展银企直联业务工作。(1分)

计分方法：(1) 对银企直联业务系统使用和管理提出合理化建议，并被上级行采纳推广的，每项加0.1分，加满0.5分为止。

(2) 对银企直联业务系统优化升级改造提出建议并被上级行采纳的，每项加0.1分，加满0.5分为止。

第十一条 粮油收购贷款工作量考核（9分）

1.各行人均粮油收购类贷款和调销贷款累放累收工作量。(5分)

计分方法：考核依据项电数据。该项采用分段简单平均法测算设定标准值：将二级分行人均额从大到小进行排序，排序前4位的人均额的算术平均数确定为优秀档标准值，所有二级分行的人均额的算术平均数（以下简称“平均水平”）确定为中等档标准值，排序后4位的人均额的算术平均数确定为较低档标准值。

凡人均额等于平均水平的，计为3.5分。

优于平均水平的，按以下公式在3.5分基础上加分：

人均额得分=3.5+3.5×50%×〔(人均额-平均水平)/(优秀档标准值-平均水平)〕。

逊于平均水平的，按以下公式在3.5分基础上减分：

人均额得分=3.5-3.5×50%×〔(人均额-平均水平)/(较低档标准值-平均水平)〕。

最后得分，不超过5分，不低于3分。

计算公式：人均粮油收购类贷款和调销贷款累放累收额（下称“人均额”）=（∑粮油收购类贷款和调销贷款累放额+∑粮油收购类贷款和调销贷款累收额）/在岗职工人数

∑粮油收购类贷款和调销贷款累放额=中央储备粮油贷款累放额+粮食最低价收购贷款累放额+国家临储粮油贷款累放额+地方储备粮油贷款累放额+地方调控粮油贷款累放额+储备轮换贷款累放额+政策指导性粮油收购贷款累放额+政策指导性粮油调销贷款累放额×30%+政策指令性粮食跨省移库调入省累计发放的贷款×30%

∑粮油收购类贷款和调销贷款累收额=中央储备粮油贷款累收额×30%+粮食最低价收购贷款累收额×30%+国家临储粮油贷款累收额×30%+地方储备粮油贷款累收额×30%+地方调控粮油贷款累收额×30%+储备轮换贷款累收额×50%+政策指导性粮油调销贷款累收额×30%+政策指导性粮油收购贷款累收额

注：政策指导性粮油收购贷款累放额、累收额包括以下科目：购销贸易企业稻谷、小麦、玉米、油菜籽、大豆及其他粮食、购销贸易企业粮食、油料短期贷款科目；产业化龙头企业稻谷、小麦、玉米、油菜籽、大豆及其他粮食、产业化龙头企业粮食、油料购销流动资金贷款科目。

在岗职工人数=（年初在岗职工人数+年末在岗职工人数）/2，在岗职工不含退休职工、内退职工和临时工。

2.各行人均支持企业粮油累计收购量。(2分)

计分方法：考核依据CM2006系统粮油库存模块数据。该项采用分段简单平均法测算设定标准值：将二级分行人均量从大到小进行排序，排序前4位的人均量的算术平均数确定为优秀档标准值，所有二级分行的人均量的算术平均数（以下简称“平均水平”）确定为中等档标准值，排序后4位的人均量的算术平均数确定为较低档标准值。

凡人均量等于平均水平的，计为1.4分。

优于平均水平的，按以下公式在1.4分基础上加分：

人均量得分=1.4+1.4×50%×〔(人均量-平均水平)/(优秀档标准值-平均水平)〕。

逊于平均水平的，按以下公式在1.4分基础上减分：

人均量得分=1.4-1.4×50%×〔(人均量-平均水平)/(较低档标准值-平均水平)〕。

最后得分，不超过2分，不低于0.5分。

计算公式：人均粮油累计收购量（下称“人均量”）=∑粮油累计收购量/在岗职工人数

∑粮油累计收购量=政策指令贷款累计收购量+政策指导贷款累计收购量+商业性贷款（含产业化龙头购销流贷）累计收购量+商业性贷款周转回笼资金（含产业化龙头购销流贷）累计收购量+其他银行贷款累计收购量+其他资金累计收购量。

在岗职工人数=（年初在岗职工人数+年末在岗职工人数）/2，在岗职工不含退休职工、内退职工和临时工。

3.各行开户企业粮油收购市场份额。（2分）

计分方法：考核依据CM2006系统粮油库存模块数据和省粮食局统计数据。该项采用分段简单平均法测算设定标准值：将二级分行收购市场份额从大到小进行排序，排序前4位的收购市场份额的算术平均数确定为优秀档标准值，所有二级分行的收购市场份额的算术平均数（以下简称“平均水平”）确定为中等档标准值，排序后4位的收购市场份额的算术平均数确定为较低档标准值。

凡收购市场份额等于平均水平的，计为1.4分。

优于平均水平的，按以下公式在1.4分基础上加分：

收购市场份额得分=1.4+1.4×50%×〔(收购市场份额–平均水平）/(优秀档标准值–平均水平)〕。

逊于平均水平的，按以下公式在1.4分基础上减分：

收购市场份额得分=1.4–1.4×50%×〔(收购市场份额–平均水平）/(较低档标准值–平均水平)〕。

最后得分，不超过2分，不低于0.5分。

计算公式：开户企业粮油收购市场份额=∑开户企业各类资金粮油累计收购量/本市（州）全社会收购量

∑开户企业各类资金粮油累计收购量=各开户企业农发行政策指令贷款累计收购量+各开户企业农发行政策指导贷款累计收购量+各开户企业农发行商业性贷款（含龙头加工购销流贷）累计收购量+各开户企业农发行商业性贷款周转回笼资金（含产业化龙头购销流贷）累计收购量+各开户企业其他银行贷款累计收购量+各开户企业其他资金累计收购量。

本市（州）全社会收购量以省粮食局当年统计各粮油品种全社会收购数据为准。

第十二条 粮油贷款客户结构优化考核（9分）

1.粮油战略性客户定点布局工作。重点考核粮油战略性客户定点布局工作开展情况，包括：布局定点工作时效性、合理性，是否实行动态管理等。（4分）

计分方法：（1）按时开展并完成战略性客户布局定点工作。此项工作完成得1分，未完成不得分。

（2）粮油战略性客户布局定点合理。统筹协调粮油战略性客户布局定点合理得2分，其他不得分。

（3）实行动态管理。此项工作完成得1分，出现符合条件的优质客户未及时上报认定、不符合条件劣质客户未及时退出等情况不得分。

2.“AA–”级（含）以上粮油客户贷款余额比年初增加，占全部贷款的比重比年初提高；或二者达到较高比例。（2分）

计分方法：（1）“AA–”级（含）以上粮油客户贷款余额（不含挂账贷款，下同）比年初增加（分值1分）具体为：贷款余额增加5%（含）以上的计1分；2%（含）–5%，计0.7分；0（不含）–2%，计0.5分；未增长的，计0.2分；下降的，不得分。

（2）“AA–级（含）以上粮油客户贷款余额占全部贷款的比重比年初提高”（分值1分）具体为：贷款余额占比提高2个（含）百分点以上的计1分；1（含）–2个百分点的，计0.7分；0（不含）–1个百分点的，计0.5分；未提高的，计0.2分；下降的，不得分。

另外，AA–级（含）以上客户贷款余额占比超过80%（含）的第2项直接计满分2分。

3.县级储备粮油贷款客户实现“一县一企”。（1分）

计分方法：县级储备贷款客户全部实现“一县一企”的，得1分；“一县一企”比例低于100%，高于全省平均水平的，得0.8分；低于全省平均水平，有推进成效的，得0.5分；低于全省平均水平，没有推进成效的，得0.2分。

4.粮油附营业务和其他不合理占用贷款客户退出情况。（2分）

计分方法：附营业务和其他不合理占用贷款客户全部已退出直接得2分。未全部退出的，采用分段简单平均法测算设定标准值：将实现附营业务和其他不合理占用贷款客户数量下降的二级分行下降率从大到小进行排序，排序前25%二级分行的下降率的算术平均数确定为优秀档标准值，所有分行的下降率的算术平均数确定为中等档标准值，排序后25%二级分行的下降率的算术平均数确定为较低档标准值。

凡下降率等于平均水平的，得1分。

优于平均水平的，按以下公式在1分基础上加分：

1+1×50%×［(下降率–平均水平）/(优秀档标准值–平均水平)］

低于平均水平的，按以下公式在1分基础上减分：

1–1×50%×［(下降率–平均水平）/(较低档标准值–平均水平)］

最后得分不超过2分，不低于0分。

附营业务和其他不合理占用贷款客户未下降不得分。

第十三条 粮油不良贷款考核（12分）

本指标中不良贷款指客户一处条线管理的不良贷款。重点考核不良贷款下降率和不良贷款率两项指标，凡年末不良贷款余额为0的，粮油不良贷款考核计满分12分。

1.粮油不良贷款下降率。本指标考核各行的不良贷款下降率，不良贷款下降率=（期初不良贷款余额–期末不良贷款余额）/期初不良贷款余额×100%。（6分）

计分方法：粮油不良贷款下降率达到50%，计6分；下降率为30%–50%的，计4分；下降率为15%–30%的，计2分；下降率低于15%的，计0分。

2.粮油不良贷款率。本指标考核不良贷款余额占全部粮油贷款余额的比例，不良贷款率=期末不良贷款余额/期末全部粮油贷款余额×100%。（6分）

计分方法：将年末有粮油不良贷款余额的二级分行按照不良贷款率从小到大进行排序，排序1–2名的，计5分；排名3–5名的，计3分；排名6–8名的，计1分；排名9名以后的，计0分。

粮油不良贷款下降率和粮油不良贷款率两项指标考核时剔除本年呆账核销金额。

第十四条 粮油信贷各项检查工作考核（6分）

1.考核各行外部检查发现问题及整改情况。（3分）

计分方法：银监会、粮食局等外部检查没有查出问题的，计3分；全年没有接受外部检查的，计1.5分；对检查发现的问题及时整改到位的，计2分；被查出问题整改不到位的，属于违规放贷的，发现一户扣0.5分；属于操作不规范的，发现一处扣0.2分，直至扣完本项3分。

2.考核各行内部检查发现问题及整改情况。（3分）

计分方法：上级行内审、信贷等内部检查没有被检查出问题的，计3分；全年没有接受内部检查的计1.5分，对检查发现的问题及时整改到位的，计2分；检查出违规问题整改不到位的相应扣分，直至扣完本项3分。

第十五条 粮油信贷基础性工作考核（22分）

1.各行组织开展粮油信贷检查（包括专项检查）情况。重点考核内容：正式印发的检查通知、检查方案、检查报告以及对检查中发现问题整改情况的报告等。（2分）

计分方法：根据二级分行组织开展粮油信贷检查抄送省分行的文件材料进行考评。抄送省分行的文件材料包括开展粮油信贷工作检查的通知、检查方案、检查情况报告以及检查出的问题整改报告等文件。组织开展了检查，抄送省分行的文件齐全，检查报告内容翔实，问题分析透彻，整改到位的，计2分；开展了检查但文件材料不齐全或问题整改不到位的，酌情计0.5–1.5分；没有开展检查工作的，计0分。

2.各行上报省分行的粮油贷款业务运行情况报告以及省分行客户一处要求的其他各类文字材料时效性强，结构清晰，重点突出，建议合理。（2分）

计分方法：按时、准确报送，质量较高计2分，迟报、漏报、错报1次扣0.2分，扣完为止。

3.及时上报各类周报、旬报、月报及其他省分行客户一处要求上报的临时性报表，并做到数据真实、报送及时。(2分)

计分方法：按时、准确报送计2分，报表迟报、漏报、错报、数据有误的，每次扣0.1分，扣完为止。

4.上报省分行的贷款核准、备案材料质量高，数据勾稽关系准确。（2分）

计分方法：准确上报，质量较高计2分，数据勾稽关系不准确，相关要素及审批意见填写不完整，每次扣0.2分，扣完为止。

5.非现场监测及现场检查。（10分）

通过CM2006系统、综合报表平台、统计数据集中管理等系统，对粮油贷款会计科目使用、贷款办理流程和贷后管理记录、客户信息维护、粮油库存数据采集等粮油信贷基础工作进行非现场监测，统一组织力量对重点二级分行、重点企业进行现场检查。

(1) 省分行日常监测。(2分)

计分方法：客户一处通过各系统对粮油信贷基础工作进行日常监测，即时登记差错扣分。各二级分行自行监测发现差错并及时修改的，不扣分；对旬后2日、月后3日后由省分行监测发现差错的，扣0.1分/次，直至扣完本项2分。

(2) 各行组织非现场检查。（2分）

计分方法：计分依据是二级分行抄送省分行的组织开展非现场检查正式印发的检查通知、检查方案、检查情况通报、对检查中发现问题整改情况的报告，以及省分行根据各二级分行上报的文件通过三个系统进行监测的情况。组织开展了非现场检查，抄送省分行的文件齐全，问题纠改到位的，计2分；没有开展检查工作的，计0分。开展了检查，文件材料不齐全或问题纠改不到位的，酌情扣分，直至本项2分扣完。

(3) 省分行集中统一检查。（6分）

计分方法：省分行客户一处抽调业务骨干，对全省粮油信贷业务运行情况进行现场检查，查出问题的，每个问题扣0.2分，直至本项6分扣完。

6.粮油类贷款利息收回情况的考核。(4分)

本项指标重点考核粮油类贷款的年末利息收回率，年末剔除挂账及不合理占用贷款外，正常粮油类贷款利息要做到应收尽收。

计分方法：粮油类贷款利息收回率主要考核粮油类贷款（挂账及不合理占用贷款除外）的利息收回率，利息收回率达到98%（含）以上的得4分，不足98%的，每减少1个百分点扣减0.5分，直至扣完本项分为止。

第十六条 在百分考核的基础上，对下列情况予以加分或扣分：

1.创新工作。各行创新开展粮油信贷工作并被上级行通过各种形式推介的，每项加0.2分，最高加至0.5分。

2.经验材料。各行撰写的粮油信贷工作经验材料被上级行通过简报、内部决策参考等形式推介的，按0.1分/篇次加分，最高加至0.3分。

3.调查研究。各行撰写调研报告、行业分析等被上级行以各种形式推介的，按0.1分/篇次加分，最高加至0.3分。

4.宣传报道。各行及所辖机构宣传报道粮油信贷工作在当地主流媒体刊发的，按0.1分/篇加分，最高加至0.3分。

5.对各行派员参加上级行组织开展的项目调查评估、信贷检查等临时性工作的，按0.1分/人次加分；派员参加总行系统开发以及被上级行借调工作时间超过三个月的，按0.2分/人次加分，最高加至1分。

6.粮油信贷管理工作被外部监管部门通报批评的，每次减2分；

7.不服从客户一处条线工作安排或工作敷衍的，或者不配合客户一处开展调研工作的，每次减2分；

8.客户服务不到位，受到合理投诉的，每次扣1分。

第四章 等级评定

第十七条 根据计分情况，对各二级分行粮油信贷工作进行综合评价和排名并评定考核等级。考核得分前3名的为优秀；考核得分排名4–8名的为良好；考核得分排名9–14名的为合格。

第十八条 发生下列情况的，降低考核等级：

1.因自身工作失误或不到位，出现农民“卖粮难”“打白条”现象；

2.发生重大挤占挪用、形成较大贷款风险，给农发行造成严重负面影响的；

3.单个企业或项目形成不良贷款5 000万元以上并在年度内没有收回的；

4.违反总行《廉洁办贷十不准》规定的。

第五章 考核组织与结果运用

第十九条 省分行客户一处设立考核小组，具体实施对辖内各市、州分行和省分行营业部粮油信贷工作的考核。考核工作分日常考评和年终统一评定两个阶段进行。第十五条第5项省分行日常监测考核具体由客户一处即时登记扣分，按季汇总；现场检查由省分行统一组织，抽调辖内业务骨干，集中对辖内粮油信贷业务按比例进行交叉检查，并将检查结果通报各行；其他考核内容年终由客户一处集中评定。

第二十条 专业条线考核由省分行客户一处组织评分，考核小组审议，并报行领导审定后，向全省通报。

第六章 附 则

第二十一条 受当地经济和其他因素限制，部分行没有中央储备贷款、政策指导性粮油收购贷款、农业科技贷款及其他贷款业务，为使结果客观公正，故将部分贷款业务进行合并考核。

第二十二条 本办法由省分行客户一处负责解释。

中国农业发展银行甘肃省分行县级支行等级行管理办法

(2015年修订)

第一章 总 则

第一条 为构建科学合理、统一规范的经营管理分类指导体系，增加激励约束机制，引导全行围绕发展战略，提高经营管理水平，优化资源配置，增强可持续发展能力，逐步完善符合农发行特点的县级支行等级行管理体系，特制定本办法。

第二条 本办法所称等级行管理是指按照统一的标准对县级支行经营绩效进行综合评定，依据考评结果评定不同等级并实行分类管理的活动。

第三条 县级支行等级行管理坚持公平性、导向性、激励性的原则。

公平性是指通过建立全行统一的县级支行等级评定体系，全面、客观评价各县级支行的绩效贡献。

导向性是指通过等级评定实施分类指导，强化、细化分类管理，引导资源配置适当向高等级行倾斜。

激励性是指评价结果可以达到激励先进、鞭策后进的要求，促使经营绩效和管理水平不断迈上新台阶。

第四条 县级支行等级行管理实行“按年考核评定、分类挂钩管理”的办法。

按年考核评定是指每年根据县级支行前一年的经营数据测算评定等级、全行通报。

分类挂钩管理是指县级支行等级行评定结果与业务管理费、招待费、宣传费、固定资产购置指标分类挂钩分配。

第五条 本办法适用于全省所有县级支行，省分行营业部营业室、嘉峪关市分行营业室、临夏州分行营业室和甘南州分行营业室也纳入考评范围，上述机构人员含营业室全部人员以及二级分行机关财会和信贷条线人员的30%。

第二章 考核评定

第六条 等级行考核评定设置12项指标，满分100分，从存量（或增量）角度基础上评价各县级支行的经营状况、管理水平和绩效贡献。其名称和权重分值如下：

1.人均日均贷款（10分）

2.人均日均贷款增长率（5分）

3.人均考核利润（10分）

4.成本收入比（7分）

5.人均日均存款（12分）

6.人均存贷款客户数（5分）

7.不良贷款率（12分）

8.不良贷款余额下降率（12分）

9.资产利润率（10分）

10.低成本存款占比（6分）

11.中间业务收入（5分）

12.内控评价（6分）

第七条 考评中所指不良贷款包括不良贷款账面余额和当年核销呆账。确属政策性原因形成的不良贷款经省分行严格认定后予以剔除的（计算当年应计提影子拨备时也一并剔除），以后年度收回或盘活迁徙为正常贷款时也不作为不良贷款下降考核。

第八条 本实施细则中的考核利润指账面利润扣除当年应计提影子拨备增加额（负数为零），若考核利润为负值，一律按零计算，异地库存监管利差按照2：8进行分成，80%计入监管行考核利润。

应计提影子拨备指对关注类、次级类、可疑类、损失类贷款分别按2%、20%、40%、100%应计提的专项拨备。当年核销呆账要还原为年末损失类贷款计提影子拨备。影子拨备当年增加额等于年末应计提影子拨备减去年初应计提影子拨备。当年增加额为负数的，视同为零。

第九条　本实施细则中的人均存款，指日均存款余额（含对公存款和同业存款）除以平均在岗人数。为体现考核公平性，对省级粮食风险基金专户的日均存款余额按照30%计入省分行营业部日均存款余额，其对利润的影响额按照70%计入考核利润。

第十条　低成本存款包含对公存款和利率在3%以下的同业存款，即低成本存款日均余额=对公存款日均余额+同业存款日均余额*3%/同业存款付息率。

第十一条　为鼓励各行发展投资业务等新型中间业务，考核时将投资业务收入按账面的150%计入中间业务收入。

第十二条　各单项指标得分不超过权重分的150%，不低于权重分的50%。

第十三条　人均日均贷款、成本收入比、人均日均存款、不良贷款率、人均考核利润、人均存贷款客户数、资产利润率、低成本存款占比指标从各行对全行的贡献度进行考核，每项指标设置贡献标准值，分别划分为优秀、中等、较低三个档次，达到中等档标准值的得权重分，达到优秀档标准值的得权重分的150%，达到较低档标准值的得权重分的50%；不良贷款余额下降率、人均日均贷款增长率指标从自身的进步进行考核，设置进步标准值，分别划分为优秀、中等、较低三个档次，达到中等档标准值的得权重分，达到优秀档标准值的得权重分的150%，达到较低档标准值的得权重分的50%。

第十四条　对于年初年末不良贷款均为零的县级支行，其不良贷款下降率得分均为权重分的150%；对于不良贷款余额下降率指标计算值低于-300%的支行，计算值一律定为-300%。

第十五条　凡年末不良贷款率≤0.2%的支行，不良贷款余额较年初上升的，则不良贷款余额下降率指标得分取该指标权重分；不良贷款余额与年初持平的，不良贷款余额下降率指标得分取该指标权重分的110%；不良贷款余额较年初下降的，不良贷款余额下降率指标得分取按计分规则计算得分与该指标权重分的120%两者中较高者。

第三章　等级划分

第十六条　县级支行等级行管理将所有县级支行划分为一级行、二级分行、三级行三个等级。

第十七条　各县级支行的等级根据考核得分情况确定，即将县级支行考核得分按照由高到低排序，前30%的支行（向上取整）为一级行，中间40%的支行（向上取整）为二级行，其余30%为三级行。

第十八条　评为一级行的机构应同时满足以下标准：

（一）考核周期内三年平均人均利润不低于考核周期内前50%县级支行三年平均人均利润。

（二）考核周期内三年平均不良贷款率不高于考核周期内前50%县级支行三年平均不良贷款率。

第十九条　县级支行在考核期内出现下列情况之一的，考核结果扣5分：

1.因农发行贷款资金供应不足导致粮棉油收购“打白条”现象或因农发行原因导致农民出现“卖粮难”问题，并造成一定社会影响的；

2.收购贷款年度末“双结零”，特别是虚假结零和无法结零；

3.单个客户不良贷款新增1 000万元，或形成资金损失的；若发生重大责任事故和案件的，该行直接作降级处理。

第四章　考核结果运用

第二十条　等级行管理考核评定结果作为评价县支行经营管理水平、资源配置、绩效奖励和干部使用的重要依据。

第二十一条　依据等级行考核评定结果，按照以下方式挂钩分配相关财务资源：

1.财务费用分配。在年初下达财务计划时，拿出一部分业务管理费、业务宣传费、业务招待费与等级行考核评定结果挂钩分配。

某县级支行等级行管理挂钩专项费用=上年县级支行人均费用平均值×（1+挂钩系数）×该县支行平均人数

其中：一级行挂钩系数为0.10，二级行挂钩系数为0，三级行挂钩系数为-0.10。

2.固定资产购置指标分配。对省分行掌握固定资产购置指标，按照一定的系数进行分配。二级行取平均数，一级行上浮10%，三级行下浮10%。

第二十二条　新增车辆编制分配和车辆更新换代，根据新增车辆编制数和车辆购置指标，按排名顺序依次安排。

第二十三条　考核结果作为资金供应、信贷计划安排的重要依据，在风险可控的情况下，排名越靠前，授权范围、内容和权限应越高。

第五章　组织实施

第二十四条　县级支行等级行管理实行行长负责制，各有关部门分工协作负责。省分行成立县级支行等级行管理领导小组，组长由省分行行长担任，副组长由分管财会工作的副行长担任，领导小组成员由省分行财务会计处、资金计划处、客户一处、客户二处、客户三处、风险管理处、内部审计处、信息科技处、人力资源处和监察处等部门的主要负责人组成。领导小组下设办公室，办公室设在财务会计处。

财务会计处负责牵头进行各项指标的计算、评分、排序及评定结果的报审工作，于年后60日内将等级评定初步结果报送等级行管理领导小组审定，并按考核评定结果对挂钩的财务费用、固定资产购置指标进行调整配置；客户部门负责对异地监管库存占用贷款利差分成的确认；资金计划处负责人均贷款余额、人均存款、贷存比指标的确认与考核；风险管理处负责年末不良贷款率、不良贷款下降额、当年应计提影子拨备增加额指标的测算核实；内部审计处负责对评定结果的真实性审计；人力资源处负责按考核评定结果对挂钩的人力资源等事项进行调整配置；监察处负责考核期内重大事项的扣分。

第六章 附 则

第二十五条 省分行根据业务经营管理需要，必要时于年度中间适当调整等级行评定指标、权重及计分方法。

第二十六条 年度内新设、合并的机构，原则上不参与当年的等级行管理考核评定。

第二十七条 本办法由中国农业发展银行甘肃省分行负责解释和修订。

第二十八条 本办法自2015年起施行。原《中国农业发展银行甘肃省分行县级支行等级行管理办法》(2014年修订)(甘农发行发〔2014〕201号)同时废止。

中国人民银行武威市中心支行组织开展“打击银行卡犯罪”宣传活动

中国农业银行庆阳分行“四融”平台服务终端投放启动仪式

中国人民银行张掖市中心支行开展5·15打击经济犯罪宣传活动

第七部分

甘肃金融大事记

甘肃金融大事记

2016年

一 月

5日 浦发银行兰州分行首单外汇衍生品业务成功落地。

8日 中国光大银行兰州安宁支行开业。

9日 申健任浙商银行兰州分行行长。

同日 中国人寿保险股份有限公司甘肃省分公司分别与中国农业银行甘肃省分行、中国邮政储蓄银行甘肃省分行签订2015年代理保险产品协议。

12日 甘肃省财政非税收入收缴系统及兰州市财政非税收入收缴优化系统全面上线，标志着中信银行兰州分行代理省、市两级财政非税收入收缴工作进入新的阶段。

12日至13日 中国人民财产保险股份有限公司甘肃省分公司召开2015年全省系统工作会议。

14日 冷云竹任甘肃银监局局长。

同日 中国农业银行副行长李振江与中共甘肃省委副书记欧阳坚座谈。

同日 中信银行兰州分行成功营销兰州有色冶金设计研究院有限公司，获得其年金托管资格，年金业务实现零突破。

15日 中国太平洋财产保险股份有限公司临夏中心支公司开业。

同日 2014年金融和科技挂职干部河西片区座谈会在酒泉市召开。

16日 光大银行兰州分行成功中标甘肃靖远煤电股份有限公司股票定向增发项目。

同日 兰州银行金昌分行公园路支行开业。

19日 甘肃保监局印发《“两个加强、两个遏制”专项检查工作方案》和《“两个加强、两个遏制”自查自纠工作方案》，部署开展“两个加强、两个遏制”专项检查。

20日 招商银行兰州分行金昌南路支行开业。

同日 浦发银行兰州分行首单应收账款池融资业务成功落地。

同日 中国信息安全认证中心向甘肃省农村信用社联合社颁发ISO 20000IT服务管理体系认证证书。

同日 中国东方资产管理公司兰州办事处组织召开2015年度工作会议。

21日 中国银行甘肃省分行与甘肃省广播电影电视总台签订全面合作业务协议。

同日 兰州银行天水分行武山支行开业。这是兰州银行第一家自主建设、具有独立产权营业大楼的县域支行。

同日 中国银联甘肃分公司与兰州公交集团召开业务洽谈会。

22日 甘肃保监局印发《甘肃省人身保险公司服务质量评价办法（试行)》。

同日 中国建设银行副行长章更生与中共甘肃省委书记王三运座谈。

24日 “甘肃骄傲”2014年度甘肃十大经济人物颁奖典礼在甘肃大剧院举行。甘肃省农村信用社联合社理事长雷志强当选为“2014年度甘肃十大经济人物”。

26日至28日 甘肃银监局召开2015年全省银行业监督管理工作会议。

29日 甘肃保监局联合甘肃省公安厅召开甘肃保险业反欺诈中心成立大会。

同日 中国邮政储蓄银行行长吕家进与甘肃省副省长郝远围绕服务“三农”工作进行会谈。

同日 世界银行东亚区主管赖金昌主讲的“国内外动产融资及供应链金融发展”专题培训在兰州银行圆满完成。

30日 由兰州银行作为主发起单位成立的兰州市教育发展基金会第一届理事会暨成立大会在兰州市教育局举行。

是月 中国农业银行甘肃省分行完成“超级柜台”试点上线，并正式对外试营业。

二 月

2日 兰州银行庆阳分行环县支行开业。这是兰州银行在庆阳设立的第一家县域支行。

3日 国家开发银行甘肃省分行联合甘肃省住建厅、国资委召开中央在甘企业和省属监管企业棚改推进会，酒钢集团、兰石集团等18家省属及中央在甘企业参加会议。

3日至4日 甘肃省农村信用社联合社召开二届七次社员代表大会暨全省农村信用社2015年工作会议。

4日 兰州银行独家冠名的“兰州银行杯”2014全省非公经济十大杰出企业家颁奖典礼在甘肃省广播电视总台举办。

5日 中国人民财产保险股份有限公司甘肃省分公司与中国电信甘肃省分公司签订业务战略合作协议。

5日–6日 中国农业银行甘肃省分行召开全省农行2015年工作会议。

6日 经中国保监会批准，甘肃保监局成立消费者权益保护处。

同日 中国建设银行甘肃省分行举办旺季营销典型风采展示。

8日 由新华社甘肃分社、甘肃省人民政府金融工作办公室、中国人民银行兰州中心支行发起主办，甘肃银监局、甘肃证监局、甘肃保监局、中国银联甘肃分公司支持，新华网甘肃分公司承办的首届“陇上金融家”评选结果揭晓，中国农业银行甘肃省分行行长韩国强、浦发银行兰州分行行长张宜临、甘肃省农村信用社联合社理事长雷志强、兰州银行董事长房向阳、中国人寿保险股份有限公司甘肃省分公司总经理张举科获得首届“陇上金融家”荣誉称号，农业银行“双联惠农贷款”、甘肃省联社“三农服务终端”、兰州银行“农贷通”被评为“甘肃最佳金融产品和服务”。

同日 甘肃省农村信用社获得中国人民银行兰州中心支行批准代理省级国库集中支付业务资格以及代理省级财政国库集中支付资格的行政许可。

9日 光大银行兰州分行中标甘肃省财政厅省级财政三项业务代理资格。

10日 中国农业银行甘肃省分行、甘肃省农村信用社联合社被中共甘肃省委双联行动协调推进领导小组授予“2014年度全省联村联户为民富民行动——民心奖”。

同日 中国农业银行甘肃省分行与甘南州政府签订支持甘南州旅游产业战略合作备忘录。

11日 光大银行兰州分行、浦发银行兰州分行、兰州银行与甘肃省住房资金管理中心签订公积金业务合作协议。

同日 兰州银行成功中标甘肃省非税收入收缴业务和甘肃省财政资金专户业务代理资质。

同日 中国太平洋财产保险股份有限公司玉门支公司开业。

同日 中国东方资产管理公司兰州办事处举办首届“创争”之专业技能讲座活动。

同日 中国信达资产管理股份有限公司甘肃省分公司召开2014年度党员领导干部民主生活会。

11日至12日 中国建设银行甘肃省分行召开2015年工作会议。

12日 兰州银行召开2015年工作会议。

13日 甘肃银行业消费者权益保护指导委员会成立。

同日 兰州银行与兰州市住房保障和房地产管理局签订《兰州市存量房交易结算资金监管委托协议》，于3月1日起正式开展资金监管业务。

25日 招商银行兰州分行举行开门迎新活动。

26日 甘肃省金融工作会议暨省长金融奖颁奖仪式在兰州召开。会议对2014年为全省经济转型升级提供有力金融支撑和做出突出贡献的有关单位进行表彰，授予省内20家金融机构、融资企业和3个市州政府2014年度“省长金融奖”。

27日 中国建设银行甘肃省分行召开兰州地区行内控合规工作座谈会。

28日 李尚荣任中国建设银行甘肃省分行行长。

三月

6日 中国建设银行甘肃省分行召开2015年一季度本部中间业务推进会。

9日 中信银行兰州分行成功中标甘肃省级财政非税收入收缴业务和财政资金专户业务代理银行两项资格。

11日至12日 中国人民财产保险股份有限公司甘肃省分公司在兰州召开2015年全省系统农险工作会议。

12日 甘肃银监局印发《行政应诉实施办法》，全面推进银行业依法监管。

同日 中国农业银行甘肃省分行召开2015年纪检监察工作会议暨重点业务专项治理活动动员大会。

15日 为保护银行业消费者的合法权益，招商银行兰州分行开展以“权利·责任·风险”为主题的宣传教育活动和“行长站大堂”活动。

同日 中国平安财产保险股份有限公司甘肃分公司组织客服部、理赔部及办公室联合开展“理赔服务保障”及“总经理室热线”活动。

16日 浦发银行兰州滨河南路小微支行开业。

18日 甘肃证监局召开辖区证券期货监管工作会议。辖区各上市公司代表、各证券期货经营机构负责人、有关证券服务机构负责人、行业自律组织和新闻单位代表140余人参加会议。

19日 中国工商银行甘肃省分行与甘肃省文化产业发展集团、甘肃省公路航空旅游投资集团有限公司等企业签订文化旅游产业战略合作协议。

同日 浦发银行仁恒支行开业。仁恒支行是浦发银行在兰州市内设立的第14家同城支行。

同日 中信银行兰州分行与兰州市城关区人民政府签订战略合作协议，将重点关注城关区城市化建设、土地储备、轨道交通建设及现代服务业等方面的金融需求。

20日 国家开发银行甘肃省分行管理资产突破2000亿元，资产总额达到2015.40亿元。

同日 光大银行兰州分行信用卡手机APP项目上线。

23日 国家开发银行甘肃省分行向甘肃省2014-2018年扶贫开发通村道路项目发放贷款5亿元。

24日 甘肃银监局召开“两个加强、两个遏制”专项检查工作汇报会。

同日 兰州银行高新支行开业。

同日 中国太平洋人寿保险股份有限公司兰州中心支公司给付“安行宝”在甘肃市场上销售以来的首例百万元级赔付。

25日 国家开发银行甘肃省分行成功代理2015年度首笔甘肃省财政国库现金管理业务，吸收半年期定期存款10亿元。

同日 中信集团专家团队为兰州市政府举办政府债务管理及融资业务培训。

26日 中国农业银行甘肃省分行发布服务三农“四融”平台手机版APP，这是国内首家上线互联网金融服务“三农”手机版平台的国有商业银行。

同日 中国人民财产保险股份有限公司甘肃省分公司与甘肃省公路航空旅游投资集团签订全面战略合作协议。

27日 甘肃保监局组织召开甘肃保险业新国十条安排

部署视频工作会议。

同日 甘肃股权交易中心挂牌贷、股权质押贷产品推介暨签约仪式在招商银行兰州分行举行。

同日 浦发银行兰州分行成功办理首笔利多多智能存款(类活期)业务，总额度为人民币1亿元。

29日 由浦发银行兰州分行独立承销的甘肃省电力投资集团有限责任公司8亿元短期融资券成功发行。

31日 中国人寿保险股份有限公司甘肃省分公司分别与交通银行甘肃省分行、招商银行兰州分行签订2015年代理人身保险产品代理合作协议。

是月 中国太平洋财产保险股份有限公司甘肃分公司开展为期一个月的“携手共治，畅享消费”3·15保险服务月主题活动。

四 月

1日 中国农业银行甘肃省分行召开2015年对公业务工作会议。

2日 民生银行兰州分行与中国联通甘肃省分公司签订战略合作协议。

3日 中国银联甘肃分公司荣获“全国巾帼文明岗”“甘肃省巾帼文明岗”荣誉称号。

7日 兰州银行东部支行——永新商贸城社区银行开业。

8日 甘肃省农村信用社“飞天惠民一卡通”开始在全省推广发行。

同日 中国东方资产管理公司兰州办事处组织全体员工召开首次项目预审视频会议。

9日 中国建设银行甘肃省分行与甘肃省农垦集团有限责任公司签订现金管理业务、对公网络服务合作协议。

同日 “兰州银行杯”2015兰州国际马拉松赛新闻发布会在甘肃国际会议中心多功能厅举行。

10日 浦发银行兰州分行大客户部及小企业金融服务中心各团队成立。

13日 中国农业银行甘肃省分行在平凉市静宁县召开全省农行2015年“三农”和县域业务工作暨“四融”平台推进现场会。

14日 由浦发银行兰州分行承销的甘肃省国有资产投资集团有限公司2015年第一期15亿元短期融资券成功发行。

同日 兰州银行召开2015年二级资本债发行启动会。

15日 甘肃银监局印发《银行业改革工作规则》，深入推进辖内银行业改革。

17日至18日 中国建设银行甘肃省分行召开2015年零售及电子业务转型发展暨工作会议。

19日 中国太平洋财产保险股份有限公司民乐支公司开业。

20日 中国农业银行甘肃省分行与甘肃省公路航空旅游集团公司签订战略合作协议。

21日至24日 中国建设银行甘肃省分行召开2015年对公业务战略转型暨年度工作会议。

22日 国家开发银行甘肃省分行与甘肃省发改委联合举办全省“十三五”规划编制专题培训会议。会议由国家发改委规划司、国家发改委宏观经济研究院及中国国际经济交流中心专家主讲，省直有关部门、全省14个市州发改系统、重大课题研究承担单位170余人参加培训。

27日 甘肃银监局召开2015年第一季度经济金融形势通报会。

同日 国家开发银行甘肃省分行参加甘肃省2015年规划外农村饮水安全工程规划报告审查会。

28日 光大银行兰州分行存量房资金监管系统成功投产上线。

同日 兰州银行与甘肃省水务投资有限责任公司签订战略合作协议。

30日 甘肃保监局会同甘肃省公安厅印发《关于在全省建立道路交通事故快速处理中心的意见》。

是月 中国农业银行甘肃省分行开展业务经营“比学赶超”活动。

五 月

6日 浦发银行兰州分行首个商场POS集中收单业务——酒泉分行东方国际广场集中收单系统成功上线。

8日 中国农业银行甘肃省分行召开全行事业单位养老保险业务专项营销推动会。

11日 国家开发银行甘肃省分行向兰州兰石集团有限公司棚户区改造项目(一期)承诺贷款7.90亿元，该项目是国开行系统内首个市场化方式支持国企棚户区改造项目。

12日 国家开发银行甘肃省分行向渭武高速公路项目承诺贷款235亿元，成为甘肃省分行承诺额度最大的公路项目。

同日 中国工商银行甘肃省分行、中国农业银行甘肃省分行、招商银行兰州分行、甘肃省农村信用社联合社、兰州银行分别与甘肃省国家税务局签订税银合作框架协议。

同日 中国建设银行甘肃省分行召开内控合规转型动员大会。

13日 兰州银行2015年回收废旧电池大型公益活动正式启动。

14日 中国农业银行甘肃省分行召开“双联”联席会议。

15日 中国建设银行甘肃省分行与甘肃省供销合作社签订战略合作协议。

18日 中国农业银行甘肃省分行与甘肃省供销合作社签订战略合作协议。

20日 甘肃省人民政府与中国平安保险(集团)签订战略合作协议。

21日 由甘肃省国资委主办，中国银行甘肃省分行和甘肃省国有资产投资集团有限公司承办的“一带一路”国际产能合作洽谈会在兰州召开。

22日 光大银行兰州分行与安翔商旅合作的电子支付

业务投产上线。

25日 中国太平洋财产保险股份有限公司甘南中心支公司开业。

26日 中信银行兰州分行与兰州市城市发展投资有限公司签订银行资金管理业务合作协议。

同日 兰州银行与北京宝润兴业科技发展有限公司签订互联网金融战略合作协议。

同日 兰州银行“二维码预约取款”正式上线。

28日 甘肃银监局召开2015年甘肃银行业金融机构案件防控工作座谈会。

同日 中国银联甘肃分公司联合中国建设银行甘肃省分行发布“龙卡甘肃热购信用卡”。

30日 甘肃省农村信用社手机银行签约用户总量突破50万户大关，交易笔数超过1 000万笔，交易金额达到212亿元，标志着甘肃省农村信用社手机银行业务迈上新台阶。

是月 甘肃证监局完成辖区私募机构“两个加强、两个遏制”专项检查工作。

是月 甘肃保险业评选出2014年度财产保险十大典型赔案和人身保险十大典型赔案。

六 月

2日 中国建设银行甘肃省分行与张掖市人民政府签订中小微企业“助保贷”业务战略合作框架协议。

3日 中国建设银行甘肃省分行与武警甘肃省总队签订武警部队应急资金结算服务保障协议。

3日 中信银行兰州分行推出“华龙金智汇集合资产管理计划”系列产品，成功募集资金3.51亿元。

8日 甘肃证监局与上海期货交易所对白银有色集团股份有限公司进行走访调研。

10日 中国建设银行甘肃省分行召开全面深化网点“三综合”建设工作（视频）会议。

11日 甘肃证监局与上海期货交易所对金川集团股份有限公司进行走访调研。

13日 “兰州银行杯·2015兰州国际马拉松赛”在甘肃国际会展中心鸣枪开跑。

15日 中信银行兰州分行顺利完成首批7台铁路货运POS机安装工作。

17日 中国人民银行兰州中心支行召开甘肃省市场利率定价自律机制成立会议。自律机制的成立意味着甘肃省利率市场化改革迈出了坚实的一步。

18日 国家开发银行甘肃省分行实现全省首个政府购买棚改服务项目落地，向会宁县2015年棚户区改造项目（一期）承诺贷款1.90亿元，惠及居民400余户。

19日 兰州银行与甘肃广电网络、兰州北科维拓签订三方战略合作框架协议。

23日 中国建设银行甘肃省分行举办“丝绸之路上的建行甘肃省分行”大型采访宣传活动启动仪式暨媒体记者见面会。

25日 中国建设银行甘肃省分行成功承办2015年甘肃省政府债券发行工作座谈会。

26日 天水众兴菌业科技股份有限公司在深圳证券交易所中小板挂牌上市。

是月 中国农业银行甘肃省分行通过服务三农“四融”平台，成功发放自助循环贷款，标志着“四融”平台网贷功能正式投入运营，在省内同业中率先开启了“互联网+银行信贷服务”新模式。

七 月

1日 中国农业发展银行甘肃省分行与酒泉市政府签订“6873”交通突破行动暨重大项目合作协议。

3日 中国人寿保险股份有限公司甘肃省分公司召开2015年中国人寿全省系统半年工作会议。

6日 第二十一届中国兰州投资贸易洽谈会在兰州开幕。此次洽谈会共签约合同项目1 292个，签约项目稳中有升；签约总额6 973.18亿元，比上届兰洽会增加461.65亿元。

8日 甘肃保监局组织全省保险业开展“一键保险，呵护无限”主题保险公众宣传日活动。

同日 中国建设银行副行长章更生与甘肃省常务副省长咸辉座谈，商谈地方政府债券发行以及全面战略合作事宜。

同日 中国建设银行甘肃省分行联合山西省分行、甘肃省商务厅、山西省商务厅共同举办“善融商务”政银企合作洽谈会。

9日 国家开发银行甘肃省分行配合甘肃省政府公开招标发行2015年首批政府一般债券200亿元，本批债券为甘肃省政府首次自发自还地方政府债券。

同日 招商银行副行长刘建军与甘肃省副省长郝远座谈。

10日 甘肃证监局核准华龙证券股份有限公司在甘肃省酒泉市新城区、新疆维吾尔自治区玛依市、石河子市、伊犁州伊宁市设立4家证券营业部。

同日 国家开发银行甘肃省分行与甘肃省国投公司联合召开省属国有企业棚改贷款工作推进会。

同日 招商银行私人银行（兰州）中心开业。私人银行（兰州）中心是招商银行在全国范围内设立的第36家中心。

同日 甘肃省农村信用社联合社兴业银行柜面代理结算系统正式上线并运行成功。

13日 兰州银行率先推出的人脸识别系统在百合银行APP成功上线。

14日 兰州银行与兰州新区管委会签订金融合作协议，为兰州新区提供20亿元人民币授信。

15日 兰州银行举行上市申报启动大会。

16日 甘肃省精准扶贫专项贷款工程在兰州启动。

同日 全国保险行业协会工作座谈会在兰州召开。

20日 国家开发银行甘肃省分行与兰州市政府共同召开“兰州市棚户区改造座谈会”，兰州市市长袁占亭、副市长严志坚以及兰州新区、各县区、市发改委、市建设局、市城投负责人参会。

同日 中国建设银行甘肃省分行与兰州财经大学签订战略合作协议。

22日 中国银联甘肃分公司与兰州公交集团签订全面合作协议。

24日 兰州银行荣获IDC“2015年度中国金融行业最佳创新项目奖”。

27日 中国农业银行甘肃省分行与酒泉市政府签订银政合作协议。

28日 国家开发银行甘肃省分行与甘肃省商务厅、进出口银行陕西省分行、中信保陕西分公司签订《外经贸企业投融资平台建设“3+1”合作协议》，搭建甘肃省外经贸企业投融资平台，支持省内企业“走出去”。

同日 兰州银行与兰州市旅游局签订战略合作协议，为其提供50亿元人民币授信。

30日 浦发银行兰州静宁路社区支行开业。

同日 光大银行兰州分行与甘肃银行签订云缴费业务合作协议。

31日 中信银行兰州分行成功发行兰州市城市发展投资有限公司10亿元2年期非公开定向债务融资工具。

是月 中国农业银行甘肃省分行举办第十届业务技术比赛。

八 月

3日 2015年上半年全省金融形势分析会在兰州召开。

同日 中国农业发展银行甘肃省分行与甘肃省水利厅签订全面支持水利建设战略合作框架协议。

同日 浦发银行兰州银河小微支行开业。

4日 中国东方资产管理公司兰州办事处银川业务部举办资产包公开转让竞价会，成功转让建行宁夏资产包。

5日 甘肃银监局召开2015年上半年全省银行业监管工作暨经济金融形势分析会议。

同日 中国农业发展银行甘肃省分行与张掖市政府签订重大项目合作备忘录。

同日 中国建设银行行长王祖继与中共甘肃省委书记王三运座谈。

6日 中国建设银行甘肃省分行与兰州大学签订战略合作协议。

同日 浦发银行兰州天水路支行开业。

7日 光大银行兰州分行为甘肃省建设投资（控股）集团总公司提供综合授信20亿元。

同日 兰州银行举行全国城商行首个存货融资专题培训。

11日 中信银行兰州分行召开2015年年中工作会议暨企业文化宣导会议。

12日 甘肃证监局核准华龙证券股份有限公司在兰州新区设立1家分公司。

同日 光大银行兰州分行与中国人民财产保险股份有限公司甘肃省分公司举行全面战略合作签约仪式并启动光大——人保联名信用卡项目。

13日 兰州银行省级非税系统正式上线。

14日 兰州银行硅谷支行开业。

17日 国家开发银行评审总监郑旭东参加甘肃省首届PPP项目签约暨推介会，并与甘肃省常务副省长咸辉座谈。

19日 甘肃银监局印发《2015年甘肃银行业“金融知识进万家”宣传服务月活动实施方案》，深入推广小微企业金融服务，普及小微企业金融服务知识，推动全社会共同关注和支持小微企业发展。

同日 国家开发银行甘肃省分行与天水市政府签订全面金融合作协议。

21日 中国平安财产保险股份有限公司甘肃分公司承保全国首台套重大技术装备保险最大保单。

25日 浦发银行兰州分行成功实现首单政府债务平滑融资业务落地，首笔起息规模20.48亿元，期限5年。

26日 国家开发银行甘肃省分行与甘肃省电力投资集团有限责任公司签订开发性金融促进实施丝绸之路经济带甘肃铁路能源跨越发展战略合作协议。

同日 兰州银行与甘肃省文化产权交易中心签订战略合作框架协议。

27日 甘肃保监局联合中国人民银行兰州中心支行举办2015年甘肃保险业反洗钱知识竞赛。

28日 浙商银行兰州分行升格为一级分行。

是月 甘肃证监局与甘肃省政府金融办联合向14个市州及兰州新区金融办印发《关于对通过互联网开展股权融资活动的机构进行专项检查的通知》，在全省范围内对互联网股权融资平台开展专项检查工作。

九 月

1日 浦发银行兰州分行首个移动MIS-POS集中收单业务——兰州国芳百货购物广场有限责任公司移动收银收单系统成功上线。

8日 甘肃省政府金融办与中信建投证券股份有限公司签订战略合作协议。

9日 兰州银行与甘肃省股权交易中心签订战略合作及互联网业务合作协议。

14日 国家开发银行甘肃省分行“生源地助学贷款诚信教育宣讲项目”被中国金融总工会、中国银行业协会评选为“2014—2015年度全国送金融知识下乡优秀项目”。

15日 中国农业银行甘肃省分行与定西市人民政府签订金融支持扶贫开发和经济社会发展战略合作框架协议。

同日 中国民生银行兰州分行与甘肃省工业和信息化委员会签订战略合作协议。

16日 兰州银行东江支行开业。

同日 中国太平洋财产保险股份有限公司瓜州支公司开业。

17日 兰州银行与青岛银行、西安银行、青海银行、晋商银行、郑州银行、宁夏银行、乌鲁木齐市商业银行等23家金融机构共同签订“一带一路”金融联盟合作协议，并共同发起成立“丝绸之路合作基金”。

18日 浦发银行兰州文化宫社区支行开业。

20日 中国太平洋财产保险股份有限公司靖远支公司开业。

22日 甘肃银监局组织召开辖内5家国有大型商业银行专题工作会议。

同日 甘肃省农村信用社联合社天水科技培训中心开业。

24日 国家开发银行甘肃省分行联合甘肃省发改委、住建厅召开"开发性金融支持城市地下综合管廊研讨会"。

同日 甘肃省农村信用社惠民终端"助农取款"业务正式上线。

同日 兰州银行2015年柜面业务技能大赛成功举行。

25日 浦发银行兰州西湖小微支行开业。

是月 国务院扶贫办公室主任刘永富在平凉市静宁县检查"三西"扶贫开发工作，听取中国农业银行甘肃省分行对"四融"平台的介绍，现场体验平台功能，对平台建设给予充分肯定。

十 月

1日 兰州银行个人借记卡全球银联ATM取现、个人借记卡兰州银行ATM跨行转账、个人网银转账、手机银行转账四项个人业务实行免除手续费。

8日 甘肃保监局与甘肃省公安厅交警总队召开全省道路交通事故快处快赔工作现场推进会，全面推动道路交通快处快赔机制在全省落地。

同日 国家开发银行行长郑之杰与甘肃省副省长李荣灿座谈。

9日 浦发银行兰州分行首笔他行承兑未贴现银行承兑汇票定向资管业务成功落地。

同日 中国人寿保险股份有限公司甘肃省分公司与甘肃省农村信用社联合社签订代理保险业务合作协议。

13日 甘肃省农村信用社联合社组织召开"跨越三千亿·献礼十周年"竞赛活动总结暨第四季度业务经营重点工作（视频）会议。

14日 国家棚改工作联合督查组向甘肃省政府反馈督查意见，甘肃省副省长李荣灿，省住建厅、发改委、财政厅等部门、各市州有关部门及国家开发银行甘肃省分行参加会议。

同日 姜新任招商银行兰州分行行长。

15日 甘肃省农村信用社与财付通公司联合推出的微信支付业务、与京东商城联合推出的借记卡快捷支付业务成功上线并正式对客户开放。

同日 兰州庄园牧场股份有限公司在香港联合交易所挂牌上市。

16日 中国工商银行甘肃省分行举行"工银e校园——普惠大学生"项目启动仪式。

19日 光大银行兰州分行向兰州市轨道交通有限公司授信的轨道交通2号线一期65.94亿元固定资产获得其总行审批通过。此笔授信是光大银行兰州分行成立以来获得的最大单笔授信。

21日 国家开发银行董事会调研组与甘肃副省长郝远座谈金融支持扶贫开发事宜，甘肃省财政厅、扶贫办、金融办、以工代赈办有关负责人参加。

同日 中国农业银行甘肃省分行与陇南市政府签订战略合作框架协议。

23日 国家开发银行甘肃省分行与庆阳市政府签订开发性金融支持庆阳革命老区脱贫致富奔小康战略合作备忘录。

同日 第八届中国村镇银行发展论坛在北京举办，兰州银行发起设立的陇南市武都金桥村镇银行被论坛组委会授予"全国百强村镇银行""全国50强服务三农与小微企业优秀单位"两项荣誉称号。

26日 甘肃省第三届保险销售从业人员"双十佳"表彰大会在兰州举行。

26日至28日 新华社、中央电视台等15家媒体，联合调研采访甘肃省银行业支持丝绸之路经济带建设情况。

27日 浦发银行兰州西津西路小微支行开业。

同日 甘肃省商务厅与兰州银行召开合作发展暨三维商城电商模式推介会。

29日 中国银联甘肃分公司召开2015年甘肃省银行卡风险管理交流培训会。

30日 中国太平洋财产保险股份有限公司静宁支公司开业。

是月 中国农业银行甘肃省分行与甘肃省财政厅签订精准扶贫专项贷款工程合作协议。

十一月

3日 浦发银行兰州定西路小微支行开业。

5日 甘肃省农村信用社联合社"三农"业务部推出的《妇女小额担保贷款》项目荣获由甘肃省总工会、省科学技术厅、省人力资源和社会保障厅组织的第八届全省职工优秀技术创新成果二等奖。

6日 光大银行兰州分行与甘肃省广播电视网络股份有限公司签订全面战略合作协议。

8日 由甘肃银监局、中国农村金融杂志社联合主办，甘肃省农村信用社联合社承办的2015中国兰州普惠金融论坛在兰州成功举办。

10日 甘肃省农村信用社联合社与甘肃省工信委联合举办"甘肃省融资担保机构注册资本金协议托管银行"签约仪式。

同日 中国人寿保险股份有限公司甘肃省分公司召开2016年全省系统"开门红"培训暨启动会议。

12日 中国银行甘肃省分行与甘肃建投集团签订全面合作协议。

同日 兰州银行与兰州晨报旗下全资子公司兰州晨报易购商贸有限责任公司签订电子商务合作框架协议。

13日 兰州银行与甘肃省商务厅签订小微外贸企业互助贷款风险补偿担保基金合作协议。

17 日 中国东方资产管理公司副总裁辛学东在兰州办事处调研。

18 日 甘肃省农村信用社 EAST 系统 2.0 版正式上线运行。

25 日 国家开发银行完成甘肃省公航旅集团 2015 年度第二期中期票据发行，发行金额 20 亿元，发行利率 4.61%，创发行人债券发行历史利率新低。

26 日 兰州银行与陇南市政府签订陇南市农村产权确权抵押交易服务平台合作开发协议。

29 日 兰州农村商业银行股份有限公司开业揭牌仪式在兰州举行。甘肃省副省长郝远、甘肃省政协副主席张世珍出席开业仪式并为兰州农商银行揭牌，甘肃银监局负责人宣读开业批复并颁发金融许可证。

30 日 国家开发银行甘肃省分行与张掖市政府签订开发性金融支持张掖市“十三五”经济社会发展合作备忘录。

同日 中信银行兰州分行牵头召开中信集团甘肃地区 2015 年业务协同联席会议。

十二月

2 日 中国工商银行甘肃省分行与金川集团财务公司签订外汇资金集中运营管理和跨境双向人民币资金池集中收付业务合作协议。

3 日 浦发银行兰州天鹅湖小微支行开业。

4 日 中国农业银行甘肃省分行与临夏州政府签订金融支持临夏州经济社会暨清真产业民族用品发展战略合作框架协议。

同日 中国邮政储蓄银行甘肃省分行与兰州大学签订合作银行服务项目协议书。

5 日 甘肃金融学会、甘肃日报社、兰州财经大学联合举办第二届西北金融高峰论坛，为陇原金融发展及金融扶贫建言献策。

7 日 兰州银行在 ATM（自助取款机）成功上线人脸识别技术，成为全国首家将活体验证功能的人脸识别技术应用于 ATM 渠道的银行。

10 日 甘肃省政府公开招标发行 2015 年第四批政府一般债券 52.70 亿元，至此 2015 年甘肃政府债券全部发行完毕，累计发行 8 批次 28 期共 482.70 亿元。

同日 读者出版传媒股份有限公司在上海证券交易所主板挂牌上市。

11 日 光大银行兰州分行与中国华融资产管理股份有限公司中共甘肃省分公司签订全面战略合作协议。

16 日 中国人民银行会同国家扶贫办等部门召开全国金融助推脱贫攻坚电视电话会议，在人民银行兰州中心支行设立分会场。

同日 中国农业发展银行行长祝树民与中共甘肃省委书记王三运、省长刘伟平会见，商谈支持甘肃省经济社会发展有关事宜。

同日 兰州银行与甘肃省农垦集团有限责任公司签订银企直连合作协议。

18 日 兰州银行与兰州三维市民卡股份有限公司联合发行的兰州三维市民卡正式首发。

22 日 国家开发银行甘肃省分行日均存款突破 300 亿元，达到 301 亿元。

同日 中国建设银行甘肃省分行与甘肃省农垦集团有限责任公司及下属 20 家成员单位举行业务合作对接会。

23 日 中国建设银行甘肃省分行与酒泉钢铁（集团）有限责任公司签订票据池业务合作协议。

28 日 经甘肃银监局正式批准，甘肃省农村信用社联合社取得飞天信用卡统一品牌资格。飞天信用卡是全辖各行社自愿委托省联社以统一银行卡品牌加入中国银联、面向社会发行的银联标准信用卡，具有消费信贷、转账结算、存取现金、分期付款等功能。

29 日 国家开发银行甘肃省分行实现首笔“开行债加点”扶贫贷款发放，该项目为华池县精准扶贫整村推进乡村基础设施项目，为后续政策性项目定价进行了有益探索。

同日 国家开发银行甘肃省分行完成开行内地分行首笔信用证项下出口贴现业务，用于支持中资企业在加勒比海地区开展出口贸易。

同日 中国农业银行甘肃省分行与兰州财经大学签订银校战略合作框架协议。

是月 中国农业银行甘肃省分行开展 2016 年代理保险业务“开门红”营销活动。

中国人民银行武威市中心支行在国际旅游日开展征信知识宣传活动

中国人民银行天水市中心支行和甘谷县支行、甘谷县农信社举办“央行支付中流砥柱”大型宣传活动

第八部分

经济、金融统计资料

甘肃省金融机构本外币各项存、贷款月度增量及年增量对比

(2015 年)　　单位：亿元

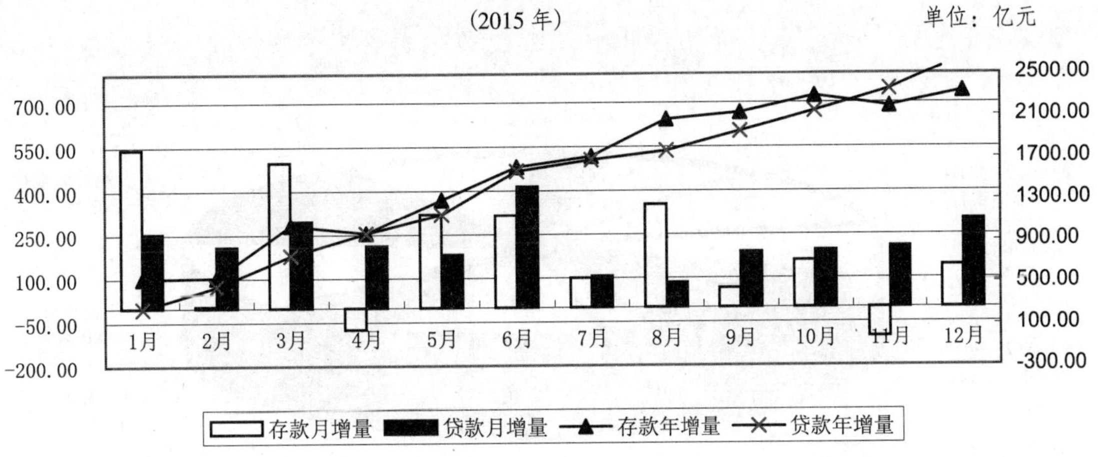

甘肃省金融机构本外币各项存、贷款同比增速对比

(2014 年-2015 年)　　单位：%

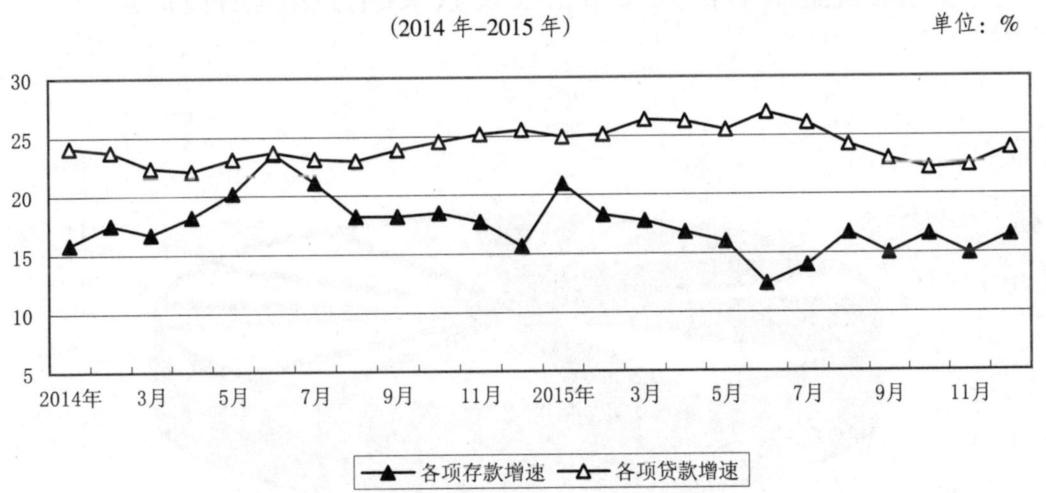

甘肃省金融机构人民币各项存、贷款余额及增量对比

(2015 年)　　单位：亿元

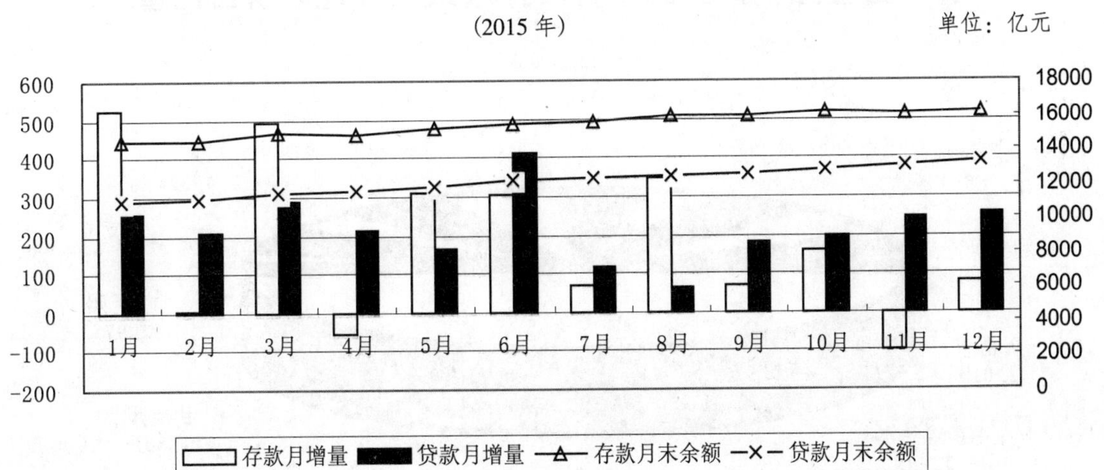

甘肃省金融机构人民币各项存款余额分机构所占比重

(2015年末)

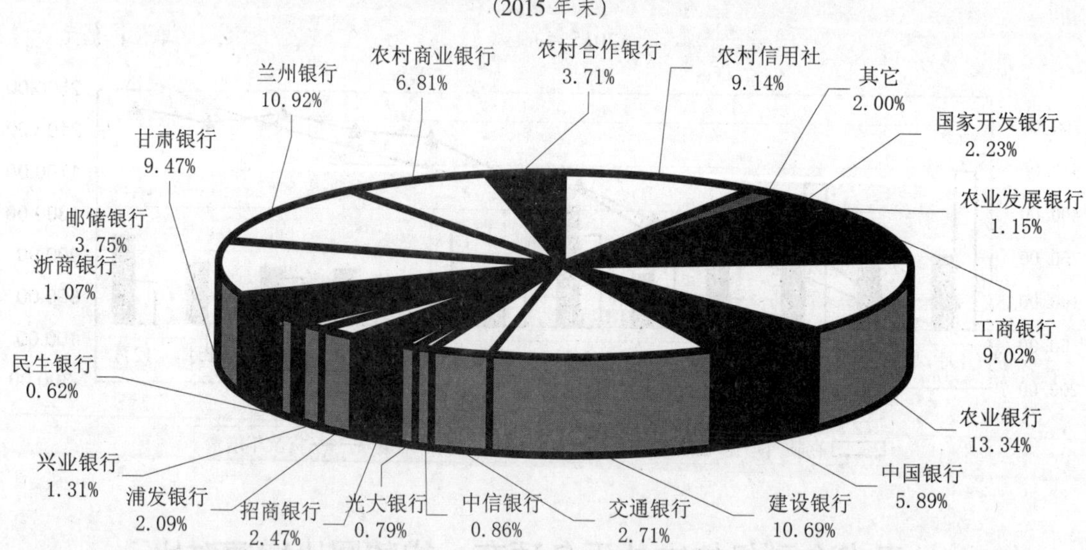

甘肃省金融机构人民币各项贷款余额分机构所占比重

(2015年末)

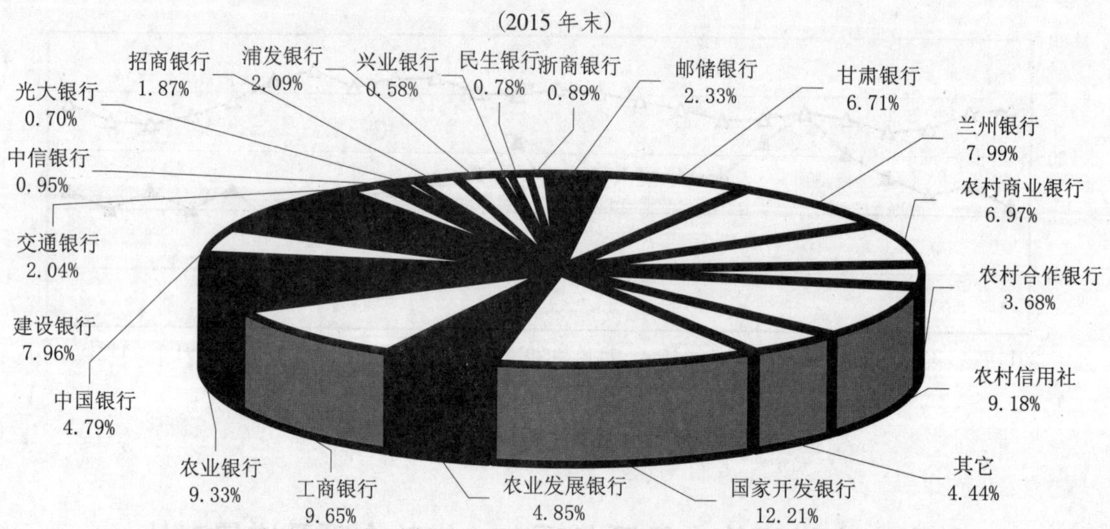

甘肃省金融机构人民币各项存款余额分地区所占比重

(2015年末)

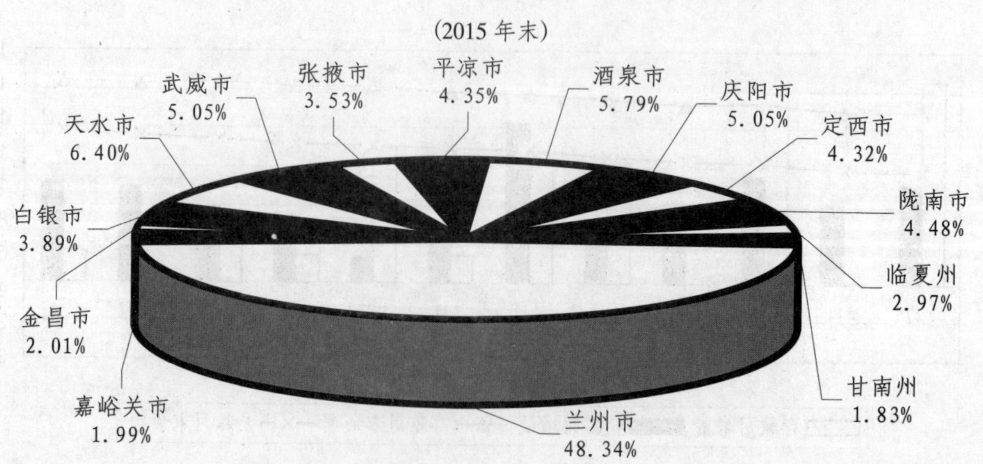

甘肃省金融机构人民币各项贷款余额分地区所占比重

(2015 年末)

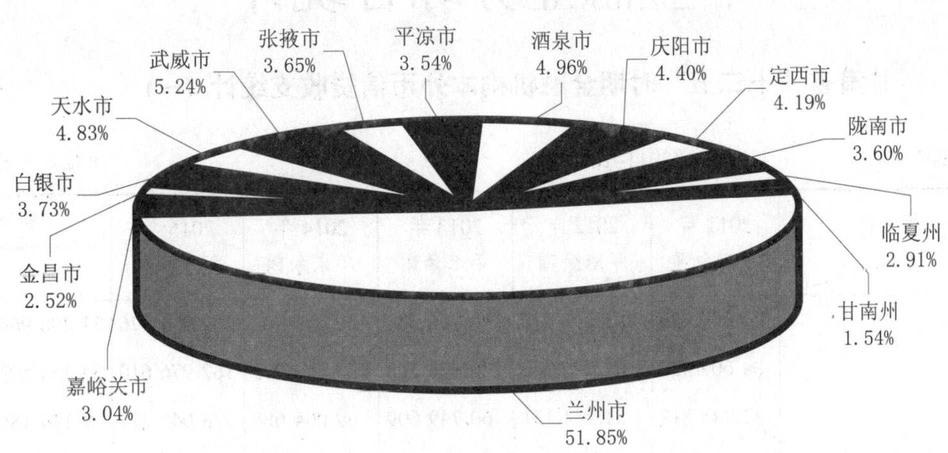

甘肃省金融机构人民币储蓄存款余额分机构所占重比

(2015 年末)

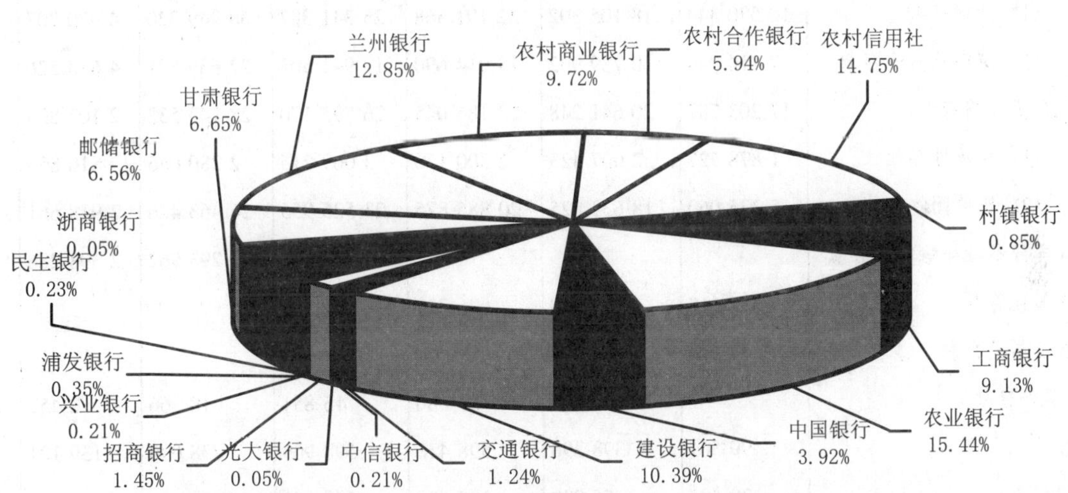

甘肃省金融机构人民币储蓄存款余额分地区所占比重

(2015 年末)

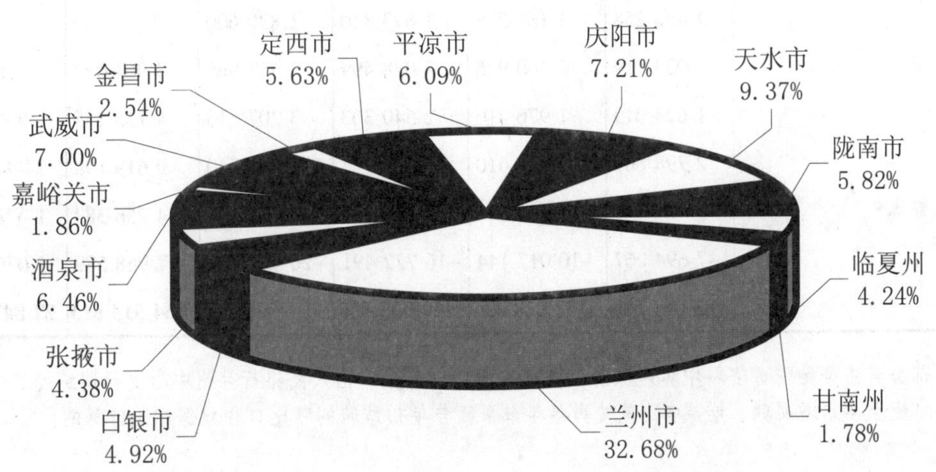

一、金融业务综合统计

甘肃省“十二五”时期金融机构本外币信贷收支统计（一）

2015 年末汇率：6.4936　　(2011~2015 年)　　单位：人民币万元

栏目 来源项目	2011 年 年末余额	2012 年 年末余额	2013 年 年末余额	2014 年 年末余额	2015 年 年末余额	比年初 增减额	比年初 增减%
一、各项存款	84 609 427	101 296 940	120 706 388	139 579 763	162 994 976	23 296 964	16.68
（一）境内存款	84 609 427	101 296 940	120 678 528	139 563 912	162 976 610	23 294 507	16.68
1.住户存款	42 745 819	51 284 131	60 749 509	69 004 685	78 045 275	9 174 185	13.32
（1）活期存款	18 569 991	21 986 435	25 652 824	27 021 519	31 209 003	4 323 553	16.08
（2）定期及其他存款	24 175 828	29 297 696	35 096 685	41 983 166	46 836 273	4 850 632	11.55
2.非金融企业存款	24 285 190	28 895 204	36 106 258	43 332 890	52 888 840	9 619 233	22.23
（1）活期存款	16 570 344	18 105 302	22 191 568	25 341 387	30 249 320	4 970 707	19.66
（2）定期及其他存款	7 714 846	10 789 902	13 914 690	17 991 503	22 639 521	4 648 526	25.84
3.广义政府存款	17 203 787	20 641 248	23 186 045	26 595 170	28 743 532	2 107 803	7.91
（1）财政性存款	1 878 727	2 007 423	2 300 170	3 069 215	2 280 046	–810 858	–26.23
（2）机关团体存款	15 325 060	18 633 825	20 885 875	23 525 955	26 463 486	2 918 661	12.40
4.非银行业金融机构存款					3 298 962	2 393 286	264.25
5.其他存款	357 118	459 660	636 717	631 167			
6.非居民存款	17 513	16 697					
（二）境外存款			27 860	15 851	18 366	2 457	15.45
二、金融债券	99 561	398 390	598 416	598 969	738 090	139 121	23.23
三、中长期借款	38 505	56 939	104 599	248 651			
四、卖出回购资产					643 870	–345 463	–34.92
五、借款及非银行业金融机构拆入	737 293	1 626 619	471 112	1 313 036	349 785	49 787	16.60
六、外汇买卖	1 498 258	1 164 528	1 673 310	1 890 600			
七、应付及暂收款	1 933 819	2 400 926	3 028 499	3 557 960	3 961 027	218 064	5.83
八、各项准备	1 623 019	1 976 416	2 540 303	3 207 513	4 175 155	967 641	30.17
九、所有者权益	2 798 869	3 924 610	5 534 944	7 613 040	9 619 199	2 444 699	34.07
其中：实收资本			2 305 624	3 175 364	4 256 384	1 078 020	33.92
十、其他	–7 694 067	–10 017 144	–16 722 491	–20 438 321	–17 968 589	1 076 784	–5.65
资金来源总计	**85 644 684**	**102 828 224**	**117 935 080**	**13 7571 212**	**164 513 513**	**27 847 599**	**20.38**

注：1. 第八部分经济金融统计资料中各表除加注资料来源的，其他均由人民银行兰州中心支行调统处提供。

2. 表中“比上年末增减额、增减%”是按当年年末余额与年初结转的可比口径数据相比计算的。

甘肃省“十二五”时期金融机构本外币信贷收支统计（二）

2015年末汇率：6.4936　　(2011~2015年)　　单位：人民币万元

栏目 运用项目	2011年 年末余额	2012年 年末余额	2013年 年末余额	2014年 年末余额	2015年 年末余额	比年初 增减额	 增减%
一、各项贷款	57 361 994	71 965 984	88 222 338	110 757 828	137 288 914	26 511 087	23.93
（一）境内贷款	57 183 069	71 618 876	87 831 555	110 217 467	136 490 155	26 252 689	23.81
1.住户贷款	12 324 518	16 624 724	22 795 798	29 004 705	35 510 900	6 506 196	22.43
（1）短期贷款	4 329 083	6 120 339	9 220 620	11 854 298	13 746 075	1 891 778	15.96
消费贷款	396 361	616 220	978 239	1 344 701	1 681 074	336 373	25.01
经营贷款	3 932 722	5 504 119	8 242 381	10 509 597	12 065 001	1 555 404	14.80
（2）中长期贷款	7 995 435	10 504 385	13 575 178	17 150 407	21 764 825	4 614 418	26.91
消费贷款	3 446 995	4 289 963	5 674 601	7 665 103	9 383 108	1 718 309	22.42
经营贷款	4 548 440	6 214 422	7 900 577	9 485 304	12 381 717	2 896 108	30.53
2.非金融企业及机关团体贷款	44 858 551	54 994 152	65 035 757	81 212 762	100 979 255	19 766 493	24.34
（1）短期贷款	15 376 351	19 149 830	23 507 228	27 280 113	32 877 325	5 597 212	20.52
（2）中长期贷款	27 118 297	31 702 717	37 488 130	47 393 070	58 901 178	11 508 109	24.28
（3）票据融资	1 519 130	2 348 691	1 422 513	2 753 023	4 581 577	1 828 554	66.42
（4）融资租赁			2 599 266	3 717 480	4 467 220	749 741	20.17
（5）各项垫款			18 620	69 077	151 954	82 878	119.98
（6）其他贷款	844 773	1 792 914					
3. 非银行业金融机构贷款						−20 000	
（二）境外贷款	178 925	347 108	390 783	540 361	798 759	258 398	47.82
二、债券投资	1 319 063	1 427 448	1 638 309	3 133 112	10 722 354	5 499 479	105.30
三、股权及其他投资	103 190	912 572	1 010 732	1 362 190	1 361 809	−381	−0.03
四、买入返售资产					1 997 504	−503 482	−20.13
五、应收及预付款	627 457	603 440	1 252 941	1 458 595	989 279	−495 705	−33.38
六、存放非银行业金融机构款项	484 138	245 264	215 168	2 522 020	130	−905	−87.44
七、联行往来（净）	22 618 388	24 531 486	21 677 143	13 760 233	10 013 757	−3 388 051	−25.28
其中：境内存放二级准备金					5 395 309	−188 641	−3.38
八、外汇买卖	1 498 681	1 163 473	1 671 776	1 888 779			
其中：结售汇	1 494 605	1 159 342	1 664 601	1 880 953			
九、固定资产	1 116 416	1 378 629	1 583 836	1 872 256	2 138 524	266 194	14.22
十、库存现金	470 708	554 487	638 638	774 318			
十一、投资性房地产	44 649	45 441	24 199	41 880	1 243	−40 637	−97.03
资金运用总计	**85 644 684**	**102 828 224**	**117 935 080**	**137 571 212**	**164 513 513**	**27 847 599**	**20.38**

甘肃省中资全国性四家银行本外币信贷收支统计

汇率：6.4936　　(2015年)　　单位：人民币万元

来源项目	年末余额	比年初增减额	比年初增减%	运用项目	年末余额	比年初增减额	比年初增减%
一、各项存款	63 179 240	3 113 800	5.18	一、各项贷款	43 297 683	6 380 856	17.28
（一）境内存款	63 165 274	3 113 583	5.18	（一）境内贷款	43 297 510	6 380 702	17.28
1.个人存款	30 498 315	289 891	0.96	1. 短期贷款	14 201 102	1 677 918	13.40
其中:活期储蓄存款	14 744 176	747 251	5.34	(1) 个人贷款及透支	28 25 014	165 030	6.20
定期储蓄存款	13 513 096	−585 350	−4.15	其中：个人消费贷款	1 059 142	135 833	14.71
结构性存款	633 692	−705 254	−52.67	(2) 单位贷款及透支	11 376 088	1 602 889	16.40
2.单位存款	31 891 212	2 322 513	7.85	经营贷款及透支	9 852 333	1 039 621	11.80
其中:活期存款	17 360 320	127 140	0.74	固定资产贷款	55 619	50 889	
定期存款	8 998 708	7 253	0.08	贸易融资	1 468 135	512 379	53.61
保证金存款	656 774	−40 786	−5.85	(3) 非存款类金融机构贷款		−90 000	
结构性存款	463 472	184 742	66.28	2. 中长期贷款	27 728 262	3 773 185	15.75
3.非存款类金融机构存款	775 747	501 179	182.53	(1) 个人贷款	7 174 985	1 398 622	24.21
（二）境外存款	13 966	217	1.58	其中：个人消费贷款	5 799 376	1 023 711	21.44
二、代理财政性存款	156 904	38 193	32.17	(2) 单位贷款	20 553 277	2 374 562	13.06
三、金融债券	23			经营贷款	698 377	88 133	14.44
四、卖出回购资产	1 300	1 300		固定资产贷款	19 827 346	2 276 667	12.97
五、向中央银行借款	3 318			并购贷款	20 980	3 280	18.53
六、银行业存款类金融机构往来	521 162	−172 676	−24.89	贸易融资	6 574	6 483	
七、借款及非存款类金融机构拆入	51 388	−15 066	−22.67	3. 票据融资	1 358 515	920 368	210.06
八、应付及暂收款	1 387 918	112 002	8.78	4. 各项垫款	9 631	9 231	
其中：应付利息	870 400	74 832	9.41	（二）境外贷款	173	154	817.66
九、其他负债	342 029	2 335	0.69	二、债券投资	165 553	111 025	203.61
十、所有者权益	544 234	25 145	4.84	三、股权及其他投资	14 604	14 511	
				四、存放中央银行存款	1 673 995	−132 656	−7.34
				五、缴存中央银行财政性存款	169 387	49 466	41.25
				六、银行业存款类金融机构往来	41 516	−558 868	−93.09
				七、存放非存款类金融机构款项	8		
				八、联行往来	19 466 556	-236 4227	−10.83
				其中：境内存放二级准备金	2 790 323	-390 271	−12.27
				九、库存现金	411 196	−6 466	2.26
				十、应收及预付款	173 677	−677 360	−9.69
				其中：应收利息	137 315	−17 272	18.99
				十一、固定资产	755 968	50 353	5.66
				十二、其他资产	638 636	336 836	587.04
				十三、减：各项准备	621 263	98 437	−1.33
				其中：贷款损失准备	611 402	101 278	20.08
资金来源总计	**66 187 516**	**3 105 034**	**4.92**	**资金运用总计**	**6 6187 516**	**3 105 034**	**4.92**

注：本表数据统计口径机构包括中国工商银行、中国农业银行、中国银行、中国建设银行。

甘肃省“十二五”时期金融机构人民币信贷收支统计（一）

（2011~2015 年）　　单位:万元

栏目 / 来源项目	2011 年年末余额	2012 年年末余额	2013 年年末余额	2014 年年末余额	2015 年年末余额	比年初	
						增减额	增减%
一、各项存款	83 940 441	100 333 999	120 296 590	139 213 627	161 411 943	22 094 220	15.86
（一）境内存款	83 940 441	100 333 999	120 296 590	139 213 627	161 394 768	22 091 760	15.86
1.住户存款	42 558 260	51 080 955	60 521 492	68 784 710	77 767 994	9 116 879	13.28
(1) 活期存款	18 466 893	21 868 206	25 514 123	26 892 281	31 043 628	4 287 435	16.02
(2) 定期及其他存款	24 091 367	29 212 749	35 007 369	41 892 429	46 724 367	4 829 443	11.53
2.非金融企业存款	23 796 171	28 166 066	35 933 302	43 209 365	51 630 536	8 484 397	19.66
(1) 活期存款	16 097 630	17 413 759	22 026 226	25 236 845	29 707 109	4 532 981	18.01
(2) 定期及其他存款	7 698 541	10 752 307	13 907 076	17 972 520	21 923 427	3 951 416	21.99
3.广义政府存款	17 212 234	20 611 497	23 178 027	26 573 673	28 698 878	2 097 612	7.89
(1) 财政性存款	1 900 069	2 025 807	2 315 852	3 082 060	2 280 007	–810 774	–26.23
(2) 机关团体存款	15 312 165	18 585 690	20 862 175	23 491 613	2 648 871	2 908 387	12.37
4.非银行业金融机构存款					3 297 360	2 392 872	264.56
5.其他存款	357 114	459 653	636 717	631 165			
6.非居民存款	16 662	15 828	27 052	14 714			
（二）境外存款					17 175	2 460	16.72
二、金融债券	99 561	398 390	598 416	598 969	738 090	139 121	23.23
三、中长期借款	1 311	1 311	46 311	196 311			
四、卖出回购资产					643 870	–345 463	–34.92
五、借款及非银行业金融机构拆入	729 670	1 622 339	407 126	1 295 505	296 267	64 956	28.08
六、外汇买卖	915 404	573 805	833 883	943 898			
七、应付及暂收款	1 860 445	2 388 298	3 003 105	3 551 097	3 952 121	2160 621	5.78
八、各项准备	1 614 192	1 845 886	2 383 107	3 057 488	3 954 343	896 855	29.33
九、所有者权益	2 744 032	3 973 025	5 505 172	7 537 904	9 617 603	2 507 998	35.28
其中：实收资本					4 256 384	1 078 020	33.92
十、其他	–7 730 270	–9 973 986	–16 577 561	–20 318 296	–17 756 261	1 156 906	–6.12
资金来源总计	**84 174 786**	**101 163 067**	**116 496 149**	**136 076 503**	**162 857 976**	**26 730 614**	**19.64**

注：本表数据统计口径机构包括中国人民银行、政策性银行、国有商业银行、交通银行、中信银行、光大银行、招商银行、浦发银行、兴业银行、民生银行、浙商银行、邮政储蓄银行、城市商业银行、农村商业银行、农村合作银行、农村信用社、村镇银行、财务公司、光大兴陇信托公司、信达金融租赁公司。

甘肃省“十二五”时期金融机构人民币信贷收支统计（二）

（2011~2015 年）

单位:万元

运用项目 \ 栏目	2011 年年末余额	2012 年年末余额	2013 年年末余额	2014 年年末余额	2015 年年末余额	比年初	
						增减额	增减%
一、各项贷款	54 688 112	68 294 189	84 300 828	106 816 342	132 921 827	26 085 485	24.42
（一）境内贷款	54 687 923	68 294 040	84 300 693	106 816 221	132 921 123	26 084 902	24.42
1.住户贷款	12 324 393	16624500	22 795 153	29 003 186	35 509 098	6 505 913	22.43
（1）短期贷款	4 328 959	6 120 116	9 220 013	11 853 305	13 745 075	1 891 770	15.96
消费贷款	396 237	615 997	977 632	1 343 708	1 680 074	336 366	25.03
经营贷款	3 932 722	5 504 119	8 242 381	10 509 597	12 065 001	1 555 404	14.80
（2）中长期贷款	7 995 435	10 504 385	13 575 140	17 149 881	21 764 023	4 614 143	26.90
消费贷款	3 446 995	4 289 963	5 674 563	7 664 577	9 382 306	1 718 034	22.42
经营贷款	4 548 440	6 214 422	7 900 577	9 485 304	12 381 717	2 896 108	30.53
2.非金融企业及机关团体贷款	42 363 530	51 669 540	61 505 540	77 813 035	97 412 025	19 598 989	25.19
（1）短期贷款	13 288 439	16 795 351	21 087 966	24 865 281	29 825 686	4 960 406	19.95
（2）中长期贷款	26 711 333	30 732 740	36 377 484	46 408 175	58 387 394	11 979 219	25.81
（3）票据融资	1 519 130	2 348 691	1 422 513	2 753 023	4 581 577	1 828 554	66.42
（4）融资租赁					4 467 220	749 741	20.17
（5）各项垫款					150 147	81 070	117.36
（6）其他贷款	844 628	1 792 758	2 617 577	3 786 556			
3.非银行业金融机构贷款						−20 000	
（二）境外贷款	189	149	135	121	704	583	479.63
二、债券投资	1 319 063	1 427 448	1 638 309	3 133 112	10 722 354	5 499 479	105.30
三、股权及其他投资	103 190	912 572	1 010 732	1 362 190	1 361 809	−381	−0.03
四、买入返售资产					1 997 504	−503 482	−20.13
五、存放非银行业金融机构款项	482 121	244 635	214 353	2 520 999	34	20	145.00
六、联行往来（净）	24 477 207	27 155 035	25 028 351	17 178 444	12 729 384	−4 087 906	−24.31
其中：境内存放二级准备金					5 392 299	−188 918	−3.38
七、外汇买卖	922 761	582 140	839 449	949 578	10 242	4 562	80.33
八、应收及预付款	559 591	578 969	1 232 999	1 441 388	975 057	−492 720	−33.57
九、投资性房地产	44 649	45 441	24 199	41 880	1243	−40 637	−97.03
十、库存现金	461 676	544 008	623 093	760 314			
十一、固定资产	1 116 416	1 378 629	1 583 836	1 872 256	2 138 524	266 194	14.22
资金运用总计	**84 174 786**	**101 163 067**	**116 496 149**	**136 076 503**	**162 857 976**	**26 730 614**	**19.64**

甘肃省“十二五”时期金融机构外汇信贷收支统计（一）

(2011~2015年)

单位:万美元

栏目 来源项目	2011年 年末余额	2012年 年末余额	2013年 年末余额	2014年 年末余额	2015年 年末余额	比年初 增减额	 增减%
一、各项存款	106 173	153 200	67 214	59 836	243 783	181 635	292.26
（一）境内存款	106 173	153 200	67 214	59 836	243 600	181 646	293.20
1.住户存款	29 768	32 325	37 399	35 949	42 701	6 751	18.78
(1) 活期存款	16 363	18 810	22 749	21 121	25 467	4 343	20.56
(2) 定期及其他存款	13 405	13 515	14 649	14 829	17 233	2 408	16.24
2.非金融企业存款	77 611	116 003	28 368	20 187	193 776	173 598	860.34
(1) 活期存款	75 023	110 022	27 119	17 085	83 499	66 424	389.00
(2) 定期及其他存款	2 588	5 981	1 249	3 102	110 277	107 174	
3.广义政府存款	−1 340	4 733	1 315	3 513	6 877	1 244	22.09
(1) 财政性存款	−3 387	−2 925	−2 572	−2 099	6	−14	−70.00
(2) 机关团体存款	2 047	7 658	3 887	5 612	6 871	1 258	22.42
4.非银行业金融机构存款					247	53	27.13
5.其他存款	1	1		1			
6.非居民存款	133	138	132	186			
（二）境外存款					183	−12	−5.99
二、中长期借款	5 903	8 850	9 560	8 554			
三、借款及非银行业金融机构拆入	1 210	681	10 495	2 865	8 242	−2 984	−26.58
四、联行往来（净）	295 009	417 397	549 658	558 622	418 201	−139 976	−25.08
五、应付及暂收款	11 645	2 009	4 165	1 122	1 372	250	22.29
六、外汇买卖	92 503	93 982	137 681	154 715	1 833	607	49.51
七、各项准备	1 401	20 767	25 783	24 518	34 004	9 487	38.69
八、所有者权益	8 703	−7 703	4 883	12 279	246	−10 360	−97.68
九、其他	5 746	−6 865	−23 771	−19 615	−32 953	−11 050	50.45
资金来源总计	**528 293**	**682 318**	**785 668**	**802 896**	**674 727**	**27 609**	**4.27**

甘肃省“十二五”时期金融机构外汇信贷收支统计（二）

(2011~2015 年) 单位:万美元

运用项目 \ 栏目	2011 年年末余额	2012 年年末余额	2013 年年末余额	2014 年年末余额	2015 年年末余额	比年初	
						增减额	增减%
一、各项贷款	424 365	584 169	643 197	644 139	672 522	28 383	4.41
（一）境内贷款	395 998	528 969	579 124	555 850	549 623	−6 227	−1.12
1.住户贷款	20	36	106	248	277	29	11.75
(1) 短期贷款	20	36	100	162	154	−8	−5.09
消费贷款	20	36	100	162	154	−8	−5.09
经营贷款							
(2) 中长期贷款			6	86	123	37	43.54
消费贷款			6	86	123	37	43.54
经营贷款							
2.非金融企业及机关团体贷款	395 978	528 933	579 018	555 602	549 346	−6 256	−1.13
(1) 短期贷款	331 367	374 589	396 802	394 645	469 946	75 301	19.08
(2) 中长期贷款	64 588	154 320	182 166	160 957	79 122	−81 835	−50.84
(3) 各项垫款					278	278	
(4) 其他贷款	23	24	50				
（二）境外贷款	28 367	55 200	64 073	88 289	122 899	34 610	39.20
二、存放非银行业金融机构款项	320	100	134	167	15	−152	−91.14
三、联行往来（净）							
其中：境内存放二级准备金					464	17	604
四、应收及预付款	10 772	3 894	3 271	2 812	2 190	−622	−22.12
五、外汇买卖	91 403	92 488	136 516	153 489			
六、库存现金	1 433	1 667	2 550	2 289			
资金运用总计	**528 293**	**682 318**	**785 668**	**802 896**	**674 727**	**27 609**	**4.27**

甘肃省“十二五”时期金融机构分机构人民币存款统计

(2011~2015年)

单位:万元

栏目 机构	2011年 年末余额	2012年 年末余额	2013年 年末余额	2014年 年末余额	2015年 年末余额
金融机构存款合计	**83 940 441**	**100 333 999**	**120 296 590**	**139 213 627**	**161 411 943**
国家开发银行	893 116	984 977	844 647	2 109 928	3 604 027
中国农业发展银行	412 269	402 095	370 116	631 965	1 848 651
中国工商银行	12 498 242	13 449 794	14 867 069	15 799 540	14 551 879
中国农业银行	14 011 815	16 919 555	19 152 443	20 106 089	21 524 302
中国银行	6 518 619	7 388 395	8 433 907	8 671 112	9 500 189
中国建设银行	13 974 819	15 225 200	16 579 118	15 051 928	17 254 950
交通银行	3 061 068	3 706 093	3 919 186	4 004 906	4 366 300
中信银行	772 942	1 030 774	1 122 030	1 292 762	1 394 109
中国光大银行		138 686	307 207	510 027	1 271 105
招商银行	2 752 140	2 893 166	2 771 111	3 614 983	3 994 016
上海浦东发展银行	1 231 240	1 494 368	2 176 970	2 806 194	3 366 819
兴业银行			730 248	1 081 594	2 119 024
民生银行				618 620	995 022
浙商银行	261 093	673 239	985 956	1 041 570	1 724 010
中国邮政储蓄银行	3 522 549	4 464 494	4 882 626	5 648 870	6 047 871
甘肃银行	1 019 266	2 022 476	5 560 192	10 667 157	15 281 169
兰州银行	5 799 992	7 603 326	10 137 089	13 248 473	17 622 199
农村商业银行		674 663	1 082 282	3 465 186	10 992 482
农村合作银行	4 512 592	4 964 284	6 093 266	6 326 652	5 981 675
农村信用社	10 650 855	13 737 788	16 404 039	1 7701 189	14 746 020
村镇银行	169 765	291 886	439 889	617 976	837 510
金川集团财务有限公司	128 854	246 556	289 042	493 382	444 075
酒钢集团财务公司	263 304	402 369	513 069	624 380	475 118
光大兴陇信托有限责任公司					
信达金融租赁有限公司					

甘肃省“十二五”时期金融机构分机构人民币贷款统计

(2011~2015年)

单位:万元

机构＼栏目	2011年 年末余额	2012年 年末余额	2013年 年末余额	2014年 年末余额	2015年 年末余额
金融机构贷款合计	**54 688 112**	**68 294 189**	**84 300 828**	**106 816 342**	**132 921 827**
国家开发银行	7 931 787	9 335 657	10 935 710	13 145 418	16 228 729
中国农业发展银行	3 762 075	4 337 846	4 604 055	5 006 403	6 445 805
中国工商银行	6 710 870	7 854 140	9 183 838	10 984 763	12 832 889
中国农业银行	5 937 608	7 080 138	8 460 786	10 410 377	12 408 132
中国银行	3 243 679	3 865 599	4 729 670	5 401 472	6 363 154
中国建设银行	6 070 198	6 714 457	7 716 811	9 147 929	10 575 261
交通银行	1 544 246	1 816 691	2 136 616	2 416 647	2 708 092
中信银行	623 421	919 133	1 042 771	1 051 157	1 269 179
中国光大银行			128 087	362 536	932 418
招商银行	1 625 477	1 829 741	1 861 264	2 045 156	2 484 552
上海浦东发展银行	1 056 178	1 385 226	1 818 156	2 387 009	2 772 211
兴业银行			304 054	813 479	766 822
民生银行				570 000	1 042 315
浙商银行	178 331	373 728	547 793	682 662	1 185 879
中国邮政储蓄银行	448 630	828 004	1 180 182	2 149 198	3 097 454
甘肃银行	607 724	1 398 436	2 982 035	5 620 396	8 921 180
兰州银行	3 895958	4 991 512	6 442 873	8 515 932	10 624 634
农村商业银行		466 906	777 352	2 578 815	9 265 886
农村合作银行	3 097 947	3 635 042	4 477 300	4 808 959	4 890 894
农村信用社	6 839 955	9 120 063	11 491 072	13 692 724	12 208 624
村镇银行	121 021	190 799	302 490	465 808	693 911
金川集团财务有限公司	64 127	164 545	264 749	380 854	297 541
酒钢集团财务公司	56 990	157 460	278 176	411 397	396 430
光大兴陇信托有限责任公司	27 797	37 721	35 722	49 771	42 613
信达金融租赁有限公司	844 093	1 791 344	2 599 266	3 717 480	4 467 220

甘肃省“十二五”时期金融机构分地区人民币存款统计

(2011~2015 年) 单位:万元

地区 \ 栏目	各项存款						
	2011 年年末余额	2012 年年末余额	2013 年年末余额	2014 年年末余额	2015 年年末余额	比年初增减额	比年初增减%
兰州市	38 335 471	45 892 564	54 991 504	66 175 147	78 031 227	11 761 457	17.75
白银市	3 934 228	4 664 450	5 242 856	5 784 701	6 274 402	489 572	8.46
天水市	5 418 284	6 552 181	7 913 516	8 973 126	10 323 960	1 350 322	15.05
嘉峪关市	2 145 134	2 517 117	2 953 024	3 308 690	3212 194	-96 516	-2.92
金昌市	2 021 983	2 152 611	2 663 909	2 977 783	3 245 880	268 088	9.00
武威市	3 953 672	4 869 160	6 050 764	7 043 375	8 155 317	1 111 928	15.79
张掖市	3 194 848	3 730 576	4 364 534	5 005 079	5 697 169	690 909	13.80
平凉市	3 960 312	4 723 060	5 903 427	6 236 203	7 017 313	782 115	12.54
庆阳市	4 108 780	5060716	5 999 756	6 693 094	8 146 661	1 453 201	21.71
酒泉市	5 588 746	6 520 810	7 643 501	8 376 064	9 349 102	972 851	11.61
定西市	3 240 176	4 099 475	5 179 888	5 920 874	6 969 440	1 048 747	17.71
陇南市	4 102 377	4 767 250	5 689 578	6 255 351	7 229 635	974 149	15.57
临夏州	2 256 783	2 857 314	3 498 340	3 995 634	4 798 480	794 634	19.85
甘南州	1 679 647	1 926 715	2 201 993	2 468 506	2 961 163	492 764	19.96
全省合计	**83 940 441**	**100 333 999**	**120 296 590**	**139 213 627**	**161 411 943**	**22 094 220**	**15.86**

甘肃省“十二五”时期金融机构分地区人民币贷款统计

(2011~2015 年) 单位:万元

地区 \ 栏目	各项贷款						
	2011 年年末余额	2012 年年末余额	2013 年年末余额	2014 年年末余额	2015 年年末余额	比年初增减额	比年初增减%
兰州市	29 178 761	36 728 523	44 077 083	56 127 233	68 920 176	12 772 942	22.75
白银市	2 252 614	2 790 144	3 296 609	3 789 256	4 952 286	1 163 030	30.69
天水市	2 706 810	3 296 708	3 876 825	4 737 240	6 423 446	1 686 206	35.59
嘉峪关市	2 123 245	2 744 658	3 208 308	3 573 168	4 046 502	473 334	13.25
金昌市	1 517 133	1 435 508	1 772 605	2 238 381	3 343 966	1 105 585	49.39
武威市	2 029 025	2 720 320	3 991 672	5 276 139	6 962 008	1 685 869	31.95
张掖市	1 652 250	2 202 279	2 939 004	3 907 206	4 855 322	948 116	24.27
平凉市	2 342 552	2 606 100	3 194 496	3 981 968	4 702 368	720 400	18.09
庆阳市	1 765 910	2 436 692	3 377 807	4 475 428	5 850 422	1 374 994	30.72
酒泉市	3 178 959	3 769 963	4 668 258	5 854 596	6 596 586	741 990	12.67
定西市	1 789 056	2 394 446	3 150 882	4 288 943	5 565 666	1 276 723	29.77
陇南市	2 023 226	2 437 592	3 066 232	3 765 244	4 786 576	1 021 332	27.13
临夏州	1 276 804	1 649 622	2 292 029	3 105 406	3 862 886	757 480	24.39
甘南州	851 767	1 081 634	1 389 018	1 696 134	2 053 617	357 483	21.08
全省合计	**54 688 112**	**68 294 189**	**84 300 828**	**106 816 342**	**132 921 827**	**26 085 485**	**24.42**

甘肃省“十二五”时期各市、州分县（区）人民币存款统计

（2011~2015 年） 单位:万元

项目 地区、县（区）	2011 年 年末余额	2012 年 年末余额	2013 年 年末余额	2014 年 年末余额	2015 年 年末余额
全省合计	**83 940 441**	**100 333 999**	**120 296 590**	**139 213 627**	**161 411 943**
兰州市	**38 335 471**	**45 892 564**	**54 991 504**	**66 175 147**	**78 031 227**
城关区	24 543 175	29 389 330	35 761 711	41 454 624	50 219 628
七里河区	4 206 416	4 880 854	5 592 836	6 183 151	7 087 827
西固区	2 651 543	3 105 062	3 486 892	3 872 446	4 290 279
安宁区	1 685 115	2 174 585	2 495 320	2 882 132	3 279 528
红古区	743 736	828 458	908 695	971 575	952 879
榆中县	964 258	1 192 038	1 597 423	1 819 547	2 052 939
皋兰县	536 082	703 110	812 444	925 089	985 257
永登县	849 083	1 128 437	1 660 164	1 303 501	1 476 938
省本部	2 156 064	2 490 692	2 676 018	5 467 123	6 141 560
兰州新区				1 295 957	1 544 391
白银市	**3 934 228**	**4 664 450**	**5 242 856**	**5 784 701**	**6 274 402**
白银区	1 880 105	2 252 104	2 437 815	2 701 037	2 901 192
平川区	819 804	871 151	938 297	980 737	1 058 417
靖远县	390 544	492 187	623 746	703 698	803 345
景泰县	398 947	492 503	549 184	603 143	643 222
会宁县	444 828	556 505	693 814	796 086	868 226
天水市	**5 418 284**	**6 552 181**	**7 913 516**	**8 973 126**	**10 323 960**
秦州区	2 354 524	2 874 616	3 507 724	3 748 240	4 305 518
麦积区	1 066 092	1 252 294	1 486 841	1 912 037	2 083 186
甘谷县	525 468	621 879	751 729	846 392	981 192
武山县	397 272	482 078	574 806	651 310	784 743
清水县	286 625	367 254	439 144	477 076	528 529
张川县	263 781	311 766	362 733	424 315	535 262
秦安县	524 521	642 294	790 538	913 756	1 105 530
嘉峪关市	**2 145 134**	**2 517 117**	**2 953 024**	**3 308 690**	**3 212 194**
金昌市	**2 021 983**	**2 152 611**	**2 663 909**	**2 977 783**	**3 245 880**
金川区	1 465 086	1 477 987	1 847 598	2 141 840	2 340 083
永昌县	556 897	674 624	816 311	835 943	905 797
武威市	**3 953 672**	**4 869 160**	**6 050 764**	**7 043 375**	**8 155 317**
凉州区	2 548 188	3 149 106	3 965 692	4 620 301	5 090 486
民勤县	613 685	748 600	952 566	1 132 912	1 387 613
天祝县	436 513	545 248	626 773	713 157	910 951
古浪县	355 286	426 206	505 733	577 005	766 267

续表

地区、县（区） \ 项目	2011年年末余额	2012年年末余额	2013年年末余额	2014年年末余额	2015年年末余额
张掖市	**3 194 848**	**3 730 576**	**4 364 534**	**5 005 079**	**5 697 169**
甘州区	1 786 215	2 054 048	2 451 172	2 810 136	3 195 028
山丹县	360 851	446 895	502 120	582 358	656 107
高台县	317 170	363 185	423 438	487 681	556 086
临泽县	307 756	369 320	440 622	482 124	599 212
民乐县	282 055	327 938	371 105	437 866	504 434
肃南县	140 801	169 190	176 076	204 913	186 302
平凉市	**3 960 312**	**4 723 060**	**5 903 427**	**6 236 203**	**7 017 313**
崆峒区	1 513 526	1 896 387	2 571 271	2 494 205	2 821 870
泾川县	438 232	544 203	646 585	707 714	819 974
华亭县	744 672	753 037	826 648	956 158	993 616
静宁县	409 701	487 036	593 010	690 100	812 563
庄浪县	359 737	422 911	538 712	607 893	692 393
灵台县	295 003	371 844	434 957	487 592	548 832
崇信县	199 441	247 642	292 244	292 541	328 065
庆阳市	**4 108 780**	**5 060 716**	**5 999 756**	**6 693 094**	**8 146 661**
西峰区	1 441 277	1 771 466	2 253 181	2 554 953	3 043 948
庆城县	629 134	720 601	744 184	759 623	955 019
宁　县	513 988	635 356	730 454	829 234	1 065 029
镇原县	426 810	532 347	636 420	720 725	876 057
正宁县	287 069	369 867	442 084	491 910	568 342
合水县	254 580	326 360	389 087	429 950	531 449
环　县	315 005	411 217	491 520	563 940	691 682
华池县	240 917	293 502	312 826	342 759	415 136
酒泉市	**5 588 746**	**6 520 810**	**7 643 501**	**8 376 064**	**9 349 102**
肃州区	2 146 997	2 554 149	3 165 568	3 585 093	4 161 444
玉门市	685 465	787 666	876 644	964 187	952 635
敦煌市	1 268 863	1 491 564	1 763 621	1 897 488	2 053 975
瓜州县	456 413	532 489	602 200	592 198	686 358
金塔县	344 155	424 089	447 915	477 391	559 829
肃北县	126 691	148 354	143 154	137 876	143 581
阿克塞县	71 495	79 328	84 324	82 112	95 303
东风矿区	488 667	503 171	560 075	639 720	695 978

续表

地区、县（区）＼项目	2011年年末余额	2012年年末余额	2013年年末余额	2014年年末余额	2015年年末余额
定西市	**3 240 176**	**4 099 475**	**5 179 888**	**5 920 874**	**6 969 440**
安定区	1 036 372	1 226 332	1 588 605	1 784 518	2 144 185
陇西县	626 944	785 260	900 166	1 065 368	1 211 592
临洮县	567 624	740 654	883 164	1 084 333	1 260 002
渭源县	262 969	343 030	424 017	494 308	557 572
通渭县	219 393	296 272	355 166	400 376	579 706
岷　县	365 896	498 439	720 061	717 521	805 352
漳　县	160 978	209 488	308 709	374 450	411 031
陇南市	**4 102 377**	**4 767 250**	**5 689 578**	**6 255 351**	**7 229 635**
西和县	442 498	513 907	620 176	727 611	834 960
礼　县	448 502	549 650	677 977	778 411	952 687
徽　县	382 198	453 356	544 856	628 795	679 881
两当县	135 107	166 803	194 315	206 888	220 869
武都区	1 234 294	1 401 187	1 696 913	1 683 037	1 985 534
宕昌县	236 854	298463	364 832	417 784	493 254
成　县	535 332	644 517	762 327	887 907	987 598
康　县	280 992	306 107	359 517	412 047	493 658
文　县	406 600	433 260	468 666	512 871	581 194
临夏州	**2 256 783**	**2 857 314**	**3 498 340**	**3 9956 34**	**4 798 480**
临夏市	933 282	1 201 341	1 452 501	1 675 266	2 186 625
临夏县	211 743	269 411	331 097	381 381	440 893
永靖县	408 133	484 303	572 398	620 894	688 264
康乐县	185 884	224 645	283 809	322 399	336 833
和政县	133 177	185 647	240 221	277 046	319 140
广河县	140 417	174 737	225 351	257 992	302 875
积石山县	137 364	168 215	214 540	230 412	256 229
东乡县	106 783	149 015	178 423	230 244	267 621
甘南州	**1 679 647**	**1 926 715**	**2 201 993**	**2 468 506**	**2 961 163**
合作市	441 721	537 298	628 007	765 943	991 067
夏河县	145 073	190 984	235 072	252 116	278 020
临潭县	178 498	211 258	274 020	302 406	347 035
卓尼县	129 340	178 254	213 297	221 359	273 117
迭部县	126 388	166 699	178 232	198 109	225 879
舟曲县	496 293	445 108	444 687	477 529	533 463
玛曲县	95 893	118 369	140 194	151 094	172 392
碌曲县	66 441	78 745	88 484	99 950	140 190

甘肃省“十二五”时期各市、州分县（区）人民币贷款统计

（2011~2015 年）

单位:万元

项目 地区、县（区）	2011 年 年末余额	2012 年 年末余额	2013 年 年末余额	2014 年 年末余额	2015 年 年末余额
全省合计	**54 688 112**	**68 294 189**	**84 300 828**	**106 816 342**	**132 921 827**
兰州市	**29 178 761**	**36 728 523**	**44 077 083**	**56 127 233**	**68 920 176**
城 关 区	14 009 496	18 387 994	22 385 645	28 963 478	35 250 163
七里河区	2 566 556	3 004 230	3 459 243	4 339 105	5 239 117
西 固 区	1 202 783	1 341 605	1 594 505	2 192 064	2 360 234
安 宁 区	891 948	1 085 686	1 328 145	1 658 257	1 578 157
红 古 区	404 139	549 098	604 257	781 002	695 621
榆 中 县	511 153	696 592	905 053	960 949	1 239 370
皋 兰 县	286 779	387 274	469 664	600 613	691 490
永 登 县	447 726	539 297	837 711	811 817	1 116 773
省 本 部	8 858 180	10 736 746	12 492 860	14 960 682	19 299 156
兰州新区				859 266	1 450 094
白银市	**2 252 614**	**2 790 144**	**3 296 609**	**3 789 256**	**4 952 286**
白银区	1 144 063	1 359 008	1 521 315	1 705 410	2 348 042
平川区	347 985	483 817	560 525	628 836	749 919
靖远县	191 457	239 899	370 623	439 046	627 028
景泰县	337 536	407 833	455 787	541 293	610 880
会宁县	231 573	299 587	388 359	474 671	616 417
天水市	**2 706 810**	**3 296 708**	**3 876 825**	**4 737 240**	**6 423 446**
秦州区	1 344 926	1 644 771	1 898 949	2 219 856	2 841 648
麦积区	570 074	716 884	867 596	997 737	1 375 663
甘谷县	203 606	232 629	255 677	324 182	474 693
武山县	193 285	216 254	257 684	303 072	418 151
清水县	89 593	111 658	136 321	252 421	381 565
张川县	68 425	90 549	111 128	126 603	241 995
秦安县	236 901	283 964	349 469	513 368	689 731
嘉峪关市	**2 123 245**	**2 744 658**	**3 208 308**	**3 573 168**	**4 046 502**
金昌市	**1 517 133**	**1 435 508**	**1 772 605**	**2 238 381**	**3 343 966**
金川区	1 135 688	909 724	1 125 208	1 440 984	2 472 094
永昌县	381 445	525 784	647 397	797 397	871 872
武威市	**2 029 025**	**2 720 320**	**3 991 672**	**5 276 139**	**6 962 008**
凉州区	1 363 286	1 883 076	2 636 475	3 359 509	4 213 379
民勤县	345 218	434 686	720 702	1 003 347	1 403 824
天祝县	156 863	205 021	322 597	473 371	650 972
古浪县	163 658	197 537	311 898	439 912	693 833

续表

地区、县（区） \ 项目	2011年年末余额	2012年年末余额	2013年年末余额	2014年年末余额	2015年年末余额
张掖市	**1 652 250**	**2 202 279**	**2 939 004**	**3 907 206**	**4 855 322**
甘州区	955 634	1 269 735	1 713 278	2 200 356	2 556 335
山丹县	119 645	177 156	251 924	405 856	571 843
高台县	195 760	262 682	306 151	397 469	551 002
临泽县	168 816	220 901	308 922	366 875	507 171
民乐县	162 164	205 320	278 132	428 459	537 883
肃南县	50 231	66 485	80 596	108 191	131 088
平凉市	**2 342 552**	**2 606 100**	**3 194 496**	**3 981 968**	**4 702 368**
崆峒区	1 080 038	1 176 461	1 413 336	1 747 507	2 027 316
泾川县	207 274	241 561	307 003	423 039	470 621
华亭县	442 147	448 906	538 814	639 723	652 752
静宁县	237 790	285 210	346 908	442 867	611 475
庄浪县	139 867	177 303	233 363	308 898	400 121
灵台县	118 241	141 445	193 911	247 820	326 005
崇信县	117 195	135 214	161 161	172 114	214 078
庆阳市	**1 765 910**	**2 436 692**	**3 377 807**	**4 475 428**	**5 850 422**
西峰区	671 555	978 968	1 531 361	2 047 364	2 866 982
庆城县	222 104	281 123	372 942	457 210	653 579
宁县	243 138	340 262	391 793	484 985	565 720
镇原县	231 951	274 803	330 460	432 931	520 731
正宁县	77 280	127 586	151 721	219 676	226 832
合水县	101 544	143 431	193 845	270 139	318 542
环县	147 274	191 684	278 958	382 835	495 319
华池县	71 064	98 835	126 727	180 286	202 718
酒泉市	**3 178 959**	**3 769 963**	**4 668 258**	**5 854 596**	**6 596 586**
肃州区	1 342 251	1 637 984	2 091 041	2 691 817	3 075 667
玉门市	413 098	522 492	556 607	640 857	697 883
敦煌市	351 840	418 901	605 644	994 236	1 222 796
瓜州县	699 821	704 223	810 982	840 068	900 331
金塔县	303 463	351 321	409 323	431 208	440 124
肃北县	16 833	22 382	30 665	45 255	59 263
阿克塞县	18 674	42 393	50 309	58 375	66 358
东风矿区	32 979	70 269	113 688	152 781	134 164

续表

地区、县（区） \ 项目	2011年 年末余额	2012年 年末余额	2013年 年末余额	2014年 年末余额	2015年 年末余额
定西市	**1 789 056**	**2 394 446**	**3 150 882**	**4 288 943**	**5 565 666**
安定区	603 186	805 469	1 117 931	1 393 047	1 595 204
陇西县	423 946	596 205	783 285	1 011 034	1 355 162
临洮县	276 330	394 575	471 783	669 618	885 667
渭源县	95 396	132 041	189 290	305 210	436 209
通渭县	138 134	165 696	212 811	335 321	561 142
岷　县	189 379	216 802	273 526	416 722	534 616
漳　县	62 685	83 658	102 256	157 991	197 666
陇南市	**2 023 226**	**2 437 592**	**3 066 232**	**3 765 244**	**4 786 576**
西和县	166 466	198 251	259 373	297 968	444 902
礼　县	121 021	171 925	238 855	319 988	394 670
徽　县	309 033	304 633	316 128	453 720	561 674
两当县	51 235	64 196	95 919	114 510	147 106
武都区	668 817	834 683	1 154 370	1 359 690	1 682 403
宕昌县	92 672	120 823	148 408	197 420	280 277
成　县	268 381	319 151	334 894	390 943	535 905
康　县	95 602	117 288	151 779	224 064	253 539
文　县	249 998	306 642	366 507	406 939	486 100
临夏回族自治州	**1 276 804**	**1 649 622**	**2 292 029**	**3 105 406**	**3 862 886**
临夏市	483 064	641 811	944 304	1 297 266	1 819 692
临夏县	85 166	126 069	177 502	252 320	290 432
永靖县	329 064	366 053	452 850	542 604	572 338
康乐县	82 581	109 688	160 941	210 732	229 192
和政县	71 003	91 885	126 802	170 030	198 595
广河县	115 880	145 328	194 078	262 668	296 247
积石山县	58 967	90 363	129 163	176 951	236 362
东乡县	51 079	78 425	106 389	192 835	220 028
甘南藏族自治州	**851 767**	**1 081 634**	**1 389 018**	**1 696 134**	**2 053 617**
合作市	344 607	484 127	603 806	685 844	800 483
夏河县	71 307	80 485	98 842	105 774	114 940
临潭县	76 378	99 611	136 962	170 577	255 664
卓尼县	77 886	95 713	114 534	158 874	194 637
迭部县	120 427	123 437	151 803	174 118	200 053
舟曲县	95 725	121 013	163 969	239 738	301 578
玛曲县	35 401	45 129	71 351	90 006	102 211
碌曲县	30 036	32 119	47 751	71 203	84 051

甘肃省金融机构分地区人民币存款统计

(2015 年)

单位：万元

地区 \ 项目	各项存款	比年初 增减额	比年初 增减%	住户存款	其中:活期存款	非金融企业存款	其中:活期存款	广义政府存款	其中：财政性存款	机关团体存款	非银行业金融机构存款
兰州市	78 031 226	11 761 457	17.75	26 085 399	9 087 283	34 371 548	17 658 466	14 414 700	879 493	13 535 207	3 147 970
白银市	6 274 402	489 572	8.46	3 774 361	1 605 342	1 589 258	913 011	908 308	56 883	851 425	1 700
天水市	10 323 960	1 350 322	15.05	7 193 404	2 894 492	1 831 630	1 525 015	1 291 908	124 047	1 167 861	6 654
嘉峪关市	3 212 194	-96 516	-2.92	1 460 411	465 029	1 104 488	419 101	647 060	50 246	596 814	147
金昌市	3 245 880	268 088	9.00	2 012 692	673 284	617 242	270 105	609 765	58 729	551 035	6 087
武威市	8 155 317	1 111 928	15.79	5 376 376	1 980 602	1 556 388	1 024 247	1 209 250	162 143	1 047 108	13 241
张掖市	5 697 169	690 909	13.80	3 399 181	1 446 854	1 250 737	929 121	1 031 741	111 776	919 965	15 204
平凉市	7 017 313	782 115	12.54	4 651 643	1 798 011	1 252 256	896 465	1 108 481	207 535	900 946	4 065
庆阳市	8 146 661	1 453 201	21.71	5 519 102	2 441 631	1 527 006	1 262 901	1 048 104	55 756	992 348	52 286
酒泉市	9 349 102	972 851	11.61	5 003 023	1 835 838	2 494 783	1 201 307	1 816 900	63 529	1 753 370	33 863
定西市	6 969 440	1 048 747	17.71	4 278 371	1 984 499	1 433 586	1 225 808	1 244 096	65 929	1 178 167	13 171
陇南市	7 229 635	974 149	15.57	4 426 635	2 234 223	1 414 663	1 289 580	1 386 157	146 416	1 239 741	141
临夏州	4 798 480	794 634	19.85	3 226 168	1 801 196	660 416	592 106	909 696	141 386	768 310	2 157
甘南州	2 961 163	492 764	19.96	1 361 227	795 345	526 534	499 874	1 072 713	156 138	916 575	675
全省合计	**161 411 943**	**22 094 220**	**15.86**	**77 767 994**	**31 043 628**	**51 630 536**	**29 707 109**	**28 698 878**	**2 280 007**	**264 18 871**	**3 297 360**

甘肃省金融机构分地区人民币贷款统计

(2015 年)

单位：万元

地区 \ 项目	各项贷款	比年初 增减额	比年初 增减%	住户贷款	短期贷款	中长期贷款	非金融企业及机关团体贷款	短期贷款	中长期贷款	票据融资	融资租赁	各项垫款
兰州市	68 920 175	12 772 942	22.75	9 622 072	3 556 652	6 065 420	59 297 456	14 388 224	36 584 776	3 715 575	4 467 220	141 660
白银市	4 952 286	1 163 030	30.69	1 775 541	588 078	1 187 462	3 176 746	1 852 045	1 290 318	28 622		5 760
天水市	6 423 446	1 686 206	35.59	2 365 902	689 453	1 676 449	4 057 492	1 258 728	2 796 063	2 701		
嘉峪关市	4046 502	473 334	13.25	497 225	154 488	342 737	3 549 277	2 773 721	661 383	114 173		
金昌市	3 343 966	1 105 585	49.39	907 714	444 128	463 586	2 436 251	1 011 729	786 965	637 558		
武威市	6 962 008	1 685 869	31.95	2 336 772	821 319	1 515 453	4 625 236	1 352 385	3 268 183	4 668		
张掖市	4 855 322	948 116	24.27	2 518 456	1 163 029	1 355 427	2 336 866	1 091 222	1 233 264	12381		
平凉市	4 702 368	720 400	18.09	2 126 345	551 697	1 574 648	2 576 023	1 107 473	1 463 259	5291		
庆阳市	5 850 422	1374 994	30.72	2 654 457	842 032	1 812 425	3 195 961	762 286	2 433 530	145		
酒泉市	6 596 586	741 990	12.67	2 165 504	1 333 967	831 536	4 431 082	1 601 627	2 771 326	57683		446
定西市	5 565 666	1 276 723	29.77	2 616 900	1 269 227	1 347 672	2 948 767	1 203 770	1 741 274	1442		2 280
陇南市	4 786 576	1 021 332	27.13	2 653 899	520 937	2 132 962	2 132 677	701 803	1 429 556	1317		
临夏州	3 862 886	757 480	24.39	2 288 517	1 583 097	705 419	1 574 370	583 929	990 420	20		
甘南州	2 053 617	357 483	21.08	979 795	226 970	752 826	1 073 822	136 745	937 076			
全省合计	**132 921 827**	**26 085 485**	**24.42**	**35 509 098**	**13 745 075**	**21 764 023**	**9 741 2025**	**29 825 686**	**58 387 394**	**4 581 577**	**4 467 220**	**150 147**

甘肃省金融机构本外币个人消费贷款专项统计

（2015 年）

汇率：6.4936　　　　单位：万元

项目名称＼机构	年末余额	国家开发银行	工商银行	农业银行	中国银行	建设银行	交通银行	中信银行	光大银行	招商银行	浦东发展银行	兴业银行	民生银行	浙商银行	邮政储蓄银行	城市商业银行	农村商业银行	农村合作银行	农村信用社	村镇银行
个人消费贷款合计	**11064182**	**415753**	**1997378**	**1252075**	**1269273**	**2339794**	**256427**	**184 631**	**12 792**	**336 262**	**301 741**	**54 643**	**7 315**	**962**	**577 319**	**530 709**	**657 338**	**176 048**	**623 882**	**69 841**
一、个人短期消费贷款	1 681 074		60 561	388 223	198 020	412 339	6 540	8 756	2 224	3 917	103 617	7 760	6 916	340	23 462	99 614	167 772	10 753	130 102	50 159
1.住房贷款	48 114			91	45	45		368		99					200	1156	30440	3 031	11 959	681
2.汽车贷款	15 202		481	11	38			1 677				85			2 562	31	4292	1 185	4 312	526
3.助学贷款	321				210		60			30		20							1	
4.其他贷款	1 617 437		60 079	388 121	197 727	412 293	6 480	6 711	2 224	3 788	103 617	7 655	6 916	340	20 699	98 427	133 040	6 537	113 830	48 953
其中:个人卡透支	970 603			339 713	165 777	398 067		1			202					34 911	29 998	474	1 460	
二、中长期个人消费贷款	9 383 108	415 753	1 936 817	863 851	1071 253	1 927 455	249 887	175 875	10 568	332 345	198 124	46 884	399	622	553 857	431 095	489 566	165 295	493 780	19 681
1.住房贷款	7 171 269		1 620 060	709 167	103 6971	1 881 311	245 416	155 786	8 094	298 138	197 791	44 757	279	622	264 029	343 879	159 673	66 699	134 127	4 468
2.汽车贷款	239 974		5 373	8 925	25 031	47	302	16 954		56	333	1 296			50 021	2 150	49 262	47 175	32 892	158
3.助学贷款	422 924	415 753	135	39	6717	59	14	10		15					25		21	29	107	
4.其他贷款	1 548 941		311 249	145 721	2 533	46 038	4 154	3 125	2 474	34 136		831	120		239 782	85 066	280 610	51 392	326 654	15 056

甘肃省商业银行人民币信贷收支统计

(2015年)

单位:万元

来源项目	年末余额	比年初增减额	比年初增减%	运用项目	年末余额	比年初增减额	比年初增减%
一、各项存款	125 957 574	2 3543 990	22.99	一、各项贷款	84 152 604	21 054 274	33.37
(一) 境内存款	125 940 447	2 3541 290	22.99	(一) 境内贷款	84 151 900	21 053 691	33.37
1.个人存款	56 394 175	9 501 806	20.26	1.短期贷款	31 994 036	7 816 890	32.33
其中:活期储蓄存款	22 264 793	4 458 069	25.04	(1) 个人贷款及透支	7 206 958	2 482 894	52.56
定期储蓄存款	30 086 943	4 052 530	15.57	其中:个人消费贷款	1 465 597	362 193	32.83
结构性存款	1 595 672	-231 114	-12.65	(2) 单位普通贷款及透支	24 787 079	5 443 996	28.14
2.单位存款	65 438 400	11 198 723	20.65	经营贷款及透支	23 161 718	5 131 552	28.46
其中:活期存款	35 174 408	4 927 258	16.29	固定资产贷款	316 819	211 542	200.94
定期存款	13 979 360	1 110 831	8.63	贸易融资	1 308 542	100 903	8.36
保证金存款	6 920 857	856 102	14.12	(3) 非存款类金融机构贷款		-110 000	
结构性存款	2 173 937	1 238 721	132.45	2.中长期贷款	47 984 200	11 574 616	31.79
3.国库定期存款	170 000	-40 000	-19.05	(1) 个人贷款	11 730 791	3 193 552	37.41
4.非存款类金融机构存款	3 937 872	2 880 762	272.51	其中:个人消费贷款	7 733 940	1 793 004	30.18
(二) 境内贷款	17 127	2 700	18.71	(2) 单位贷款	36 253 409	8 381 064	30.07
二、代理财政性存款	175 523	10 011	6.05	经营贷款	7 971 941	3 788 160	90.54
三、金融债券	738 090	139 121	23.23	固定资产贷款	28 203 914	4 548 190	19.23
四、卖出回购资产	910 368	671 325	280.84	并购贷款	20 980	-4 720	-18.37
五、向中央银行借款	1 223 897	542 327	79.57	贸易融资	56 574	49 434	692.28
六、银行业存款金融机构往来	7 383 425	-902 362	-10.89	3.票据融资	4 026 337	1 583 935	64.85
七、借款及非存款类金融机构拆入	347			4.各项垫款	147 327	78 250	113.28
八、应收及暂收款	2 462 525	306 119	14.20	(二) 境外贷款	704	583	479.63
其中:应付利息	1 527 702	258 735	1180.74	二、债券投资	9 482 395	5 770 744	155.48
九、其他负债	575 422	-252 894	78.62	三、股权及其他投资	934 938	624 507	201.17
十、所有者权益	5 376 469	2 152 276	78.67	四、买入返售资产	1 449 962	-1 404 038	-49.20
其中:实收资本	2 349 913	989 206	22.99	五、存放中央银行存款	8 233 133	787 995	10.58
				六、缴存中央银行财政性存款	201 538	20 591	11.38
				七、银行业存款金融机构往来	5 599 249	1 180 466	26.71
				八、存放非存款类金融机构款项	11		
				九、联行往来	26 251 016	-3 129 243	-10.65
				其中:境内存放二级准备金	3 748 142	-188 918	-4.80
				十、外汇买卖(净)	5 267	4 072	340.54
				十一、库存现金	594 506	45 654	8.32
				十二、应收及预付款	672 147	-509 307	-43.11
				其中:应收利息	408 544	82 245	25.21
				十三、投资性房地产	1 243	-40 637	-97.03
				十四、固定资产	1 413 268	319 698	29.23
				十五、其他资产	7 620 435	2 107 152	38.22
				十六、减:各项准备	1 808 074	622 014	52.44
				其中:贷款损失准备	1 647 290	564 721	52.16
资金来源总计	**144 803 640**	**26 209 914**	**22.10**	**资金运用总计**	**144 803 640**	**26 209 914**	**22.10**

注:本表数据统计口径包括中国工商银行、中国农业银行、中国银行、中国建设银行、交通银行、中信银行、光大银行、招商银行、浦发银行、兴业银行、民生银行、浙商银行、城市商业银行、农村商业银行。

甘肃省商业银行分地区人民币存款统计

(2015 年) 单位：万元

项目 地区	各项存款	比年初		个人存款		单位存款		国库定期存款	非存款类金融机构存款
		增减额	增减%		其中：活期		其中：活期		
兰州市	69 332 588	15 654 804	29.16	23 857 027	8 225 960	41 628 593	18 712 983	100 000	3 735 378
白银市	4 684 577	303 178	6.92	2 628 801	1 133 135	2 053 305	1 200 686		1 700
天水市	6 199 623	1 050 780	20.41	3 994 224	1 732 485	2 168 407	1 678 088	30 000	6 644
嘉峪关市	2 990 380	-104 155	-3.37	1 322 348	429 086	1 667 798	657 119		147
金昌市	2 360 932	135 488	6.09	1 366 006	469 273	988 745	449 342		6 087
武威市	5 963 825	657 683	12.39	3 868 293	1 441 889	2 082 209	1 424 100		13 263
张掖市	4 138 822	1 190 471	40.38	2 328 021	1 025 003	1 745 290	1 211 296		65 204
平凉市	4 738 988	492 617	11.60	2 855 877	1 181 923	1 838 179	1 364 616	40 000	4 065
庆阳市	4 533 542	692 808	18.04	2 788 423	1 403 624	1 692 671	1 435 546		52 286
酒泉市	8 029 616	1 283 564	19.03	4 127 431	1 484 613	3 867 789	1 988 198		33 863
定西市	4 709 804	1 012 827	27.40	2 872 627	1 316 212	1 823 792	1 544 626		13 171
陇南市	3 802 715	553 466	17.03	2 049 312	1 065 359	1 748 065	1 540 561		3 299
临夏州	2 789 591	384 882	16.01	1 709 589	947 010	1 077 870	963 772		2 091
甘南州	1 682 571	235 577	16.28	626 197	409 220	1 055 686	1 003 476		675
全省合计	**125 957 574**	**23 543 990**	**22.99**	**56 394 175**	**22 264 793**	**65 438 400**	**35 174 408**	**170 000**	**3 937 872**

甘肃省商业银行分地区人民币贷款统计

(2015 年) 单位：万元

项目 地区	各项贷款	比年初		短期贷款			中长期贷款			票据融资	各项垫款
		增减额	增减%		个人贷款及透支	单位贷款及透支		个人贷款	单位贷款		
兰州市	42 865 662	10 685 497	33.21	15 274 709	2 982 569	12 292 139	2 429 1081	4 834 661	19 456 420	3 160 385	138 840
白银市	3 583 275	916 782	34.38	1 891 578	245 700	1 645 878	165 7314	628 436	1 028 878	28 622	5 760
天水市	3 146 098	1 097 321	53.56	812 033	172 615	639 418	2 331 311	659 243	1 672 068	2 701	
嘉峪关市	3 937 412	508 454	14.83	2 893 712	144 129	2 749 583	929 527	317 979	611 548	114 173	
金昌市	2 559 072	956 324	59.67	930 229	116 669	813 560	991 315	263 458	727 857	637 528	
武威市	4 803 471	1 063 182	28.43	1 317 867	377 069	940 798	3 480 936	849 861	2 631 075	4 668	
张掖市	3 205 722	1 249 594	63.88	1 565 887	707 172	858 715	1 627 454	640 951	986 504	12 381	
平凉市	2 923 381	407 657	16.20	1 165 879	266 375	899 503	1 752 212	456 697	1 295 515	5 291	
庆阳市	3 116 056	908 719	41.17	591 298	110 679	480 619	2 524 608	614 717	1 909 891	145	
酒泉市	5 409 381	1 080 292	24.95	2 358 528	951 196	140 7331	2 992 724	544 944	2 447 779	57 683	446
定西市	3 315 454	1 101 806	49.77	1 514 887	607 962	906 925	1 796 844	729 706	1 067 138	1 442	2 280
陇南市	2 202 153	469 856	27.12	656 515	104 958	551 558	1 544 341	461 988	1 082 353	1297	
临夏州	2 119 298	426 734	25.21	883 836	392 141	491 695	1 235 442	437 329	798 112	20	
甘南州	966 169	182 056	23.22	137 079	27 721	109 357	829 091	290 819	538 271		
全省合计	**84 152 604**	**21 054 274**	**33.37**	**31 994 036**	**7 206 958**	**24 787 079**	**47 984 200**	**11 730 791**	**36 253 409**	**4 026 337**	**147 327**

甘肃省各金融机构外汇信贷收支情况统计（一）

(2015 年)

单位:万美元

来源项目 \ 机构	国家开发银行	农业发展银行	工商银行	农业银行	中国银行	建设银行	交通银行	中信银行	光大银行	招商银行	浦东发展银行	兴业银行	民生银行	浙商银行	邮政储蓄银行	甘肃银行	兰州银行	农村商业银行	金川财务公司
一、各项存款	72 515	79	12 695	1 466	28 505	10 913	5 282	934	169	8 395	23 717	33 818	42 023	17	3		364	31	2 850
(一) 境内存款	72 515	79	12 687	1 465	28 397	10 912	5 282	934	169	8 329	23 717	33 818	42 023	17	3		364	31	2 850
1.个人存款			11 609	323	23 038	861	2 045	205	169	4 018	356	11	6		3		27	31	
其中:活期储蓄存款			10 945	80	11 349	205	330	129	52	2 142	207	8	6		3			11	
定期储蓄存款			649	243	11 602	614	857	73	8	1 876	131	2			1		27	20	
结构性存款							850	2	109		18								
2.单位存款	72 515	79	1 078	1 142	5 127	10 052	3 236	729		4 297	23 361	33 807	42 017	17			337		2 850
其中:活期存款	72 515	79	720	1 090	4 779	2 651	1 452	729		2 274	810	1					337		2 850
定期存款				52	81	5 614	1 758					19 644							
保证金存款			358		266	1 787	27			2 023	22 551	14 162	42 017	17					
3.国库定期存款																			
4.非存款类金融机构存款					233					14									
(二) 境外存款			8	1	108					66									
二、代理财政性存款										6									
三、金融债券																			
其中：境外发行																			
四、卖出回购资产																			
五、向中央银行借款																			
六、银行业存款类金融机构往来			96	216	4053		27					1 003							
七、借款及非存款类金融机构拆入			1 648			6 266					328								
八、联行往来（净）	389 226	19	32 517	8 282	12 306	84 349	1 626											1	
九、外汇买卖（净）	766			13				204								719	484		
十、应付及暂收款	67		14	306	48	273	70		1	12	34	291	253				1		
其中：应付利息			3	1	48	257	11		1	12	34	291	253				1		
十一、其他负债	38		1 790	182		11	500				1				8	1 000			
十二、所有者权益	−1 488	5	−155	451	821	256		84	130	72	14	−286	336		3	4	−1		1
资金来源总计	**461 125**	**103**	**48 605**	**10 916**	**45 733**	**102 067**	**7 505**	**1 223**	**300**	**8 485**	**24 094**	**34 826**	**42 612**	**17**	**14**	**1 723**	**848**	**32**	**2 851**

甘肃省各金融机构外汇信贷收支情况统计（二）

(2015年)

单位:万美元

运用项目＼机构	国家开发银行	农业发展银行	工商银行	农业银行	中国银行	建设银行	交通银行	中信银行	光大银行	招商银行	浦东发展银行	兴业银行	民生银行	浙商银行	邮政储蓄银行	甘肃银行	兰州银行	农村商业银行	金川财务公司
一、各项贷款	491 466	103	18 296	10 742	41 463	101 707	7 702	835			143	64							
(一) 境内贷款	368 568	103	18 296	10 742	41 463	101 707	7 702	835			143	64							
1.短期贷款	302 060	103	16 648	10 742	38 994	95 516	4 994	835			143	64							
(1) 个人贷款及透支				42	38	74													
其中：个人消费贷款				42	38	74													
(2) 单位贷款及透支	302 060	103	16 648	10 700	38 956	95 442	4 994	835			143	64							
经营贷款及透支	302 060		3 000	10 700		74 977	3 868												
贸易融资		103	13 648		38 956	20 465	1 126	835			143	64							
2.中长期贷款	66 508		1 648		2 470	6 190	2 430												
(1) 个人贷款					123														
其中：个人消费贷款					123														
(2) 单位贷款	66 508		1 648		2 346	6 190	2 430												
经营贷款	40 500						460												
固定资产贷款	11 120		1 648		2 346	6 190	1 970												
并购贷款	14 250																		
贸易融资	638																		
3.各项垫款							278												
(二) 境外贷款	122 899																		
二、存放中央银行存款					1 386												18		5
三、银行业存款类金融机构往来			90	10		92	57	27		65	1	1				1 715	495		
四、存放非存款类金融机构款项																6	8		
五、联行往来								299	293	8 267	23 917	34 758	42 575	17					
六、外汇买卖（净）			54				264			28	8								
七、库存现金			185	30	1 612	95	63	8	7	125	23	3				2	328	32	
八、应收及预付款	1 528		38	67	291	119	42	54			2		37		2				
其中：应收利息	1 524		36	11	259	119	42	11			2		37						
九、其他资产	39		31 045	67	1 338	53	1								12				2 846
十、减：各项准备	31 908		1 104		358		624	11											
其中：贷款损失准备	31 908		1 104		354		624	11											
资金运用总计	**461 125**	**103**	**48 605**	**10 916**	**45 733**	**102 067**	**7 505**	**1 223**	**300**	**8 485**	**24 094**	**34 826**	**42 612**	**17**	**14**	**1 723**	**848**	**32**	**2 851**

甘肃省各市、州分县（区）人民币储蓄存款余额统计

（2015年）

单位:万元

项目 / 地区、县（区）	城乡储蓄		其中：城镇储蓄		其中：农户储蓄	
	合计	#活期	合计	#活期	合计	#活期
全省合计	**75 803 110**	**31 051 839**	**52 103 307**	**21 993 965**	**23 699 803**	**9 057 874**
兰州市	**24 772 602**	**9 092 026**	**20 789 312**	**7 736 873**	**3 983 290**	**1 355 153**
城关区	13 070 959	5 192 588	12 142 375	4 822 011	928 584	370 577
七里河区	3 719 756	1 284 359	3 133 421	1 080 922	586 335	203 437
西固区	2 629 928	733 771	2 155 832	625 260	474 096	108 511
安宁区	1 823 419	546 025	1 424 899	450 606	398 520	95 419
红古区	569 793	221 878	426 776	158 668	143 017	63 210
榆中县	1 206 546	387 723	555 596	199 153	650 950	188 570
皋兰县	535 481	222 675	160 398	69 562	375 083	153 113
永登县	841 127	335 743	414 422	163 427	426 705	172 316
省本部	180 829	58 028	180 829	58 028		
兰州新区	194 764	109 236	194 764	109 236		
白银市	**3 731 056**	**1 605 891**	**2 587 319**	**1 142 979**	**1 143 737**	**462 912**
白银区	1 498 124	536 296	1 234 201	485 238	263 923	51 058
平川区	623 867	256 862	473 551	208 175	150 316	48 687
靖远县	576 750	307 911	303 871	167 932	272 879	139 979
景泰县	418 943	228 731	266 674	145 045	152 269	83 686
会宁县	613 372	276 091	309 022	136 589	304 350	139 502
天水市	**7 106 388**	**2 894 697**	**4 388 718**	**1 996 873**	**2 717 670**	**897 824**
秦州区	2 764 196	973 698	1 731 711	772 816	1 032 485	200 882
麦积区	1 383 639	562 702	901 396	384 245	482 243	178 457
甘谷县	761 408	353 382	513 381	245 824	248 027	107 558
武山县	561 039	245 597	341 019	147 584	220 020	98 013
清水县	362 042	172 230	192 801	98 787	169 241	73 443
张川县	406 039	214 462	248 779	142 643	157 260	71 819
秦安县	868 025	372 626	459 631	204 974	408 394	167 652
嘉峪关市	**1 412 344**	**465 109**	**1 237 250**	**416 921**	**175 094**	**48 188**
金昌市	**1 925 920**	**673 343**	**1 425 574**	**513 320**	**500 346**	**160 023**
金川区	1 326 636	419 555	1 095 717	367 001	230 919	52 554
永昌县	599 284	253 788	329 857	146 319	269 427	107 469
武威市	**5 305 622**	**1 980 632**	**3 031 056**	**1 198 018**	**2 274 566**	**782 614**
凉州区	3 270 944	1 143 057	2 118 639	774 240	1 152 305	368 817
民勤县	956 387	325 612	408 596	161 736	547 791	163 876
天祝县	463 098	231 947	223 544	129 767	239 554	102 180
古浪县	615 193	280 017	280 277	132 276	334 916	147 741

续表

项目 地区、县（区）	城乡储蓄		其中：城镇储蓄		其中：农户储蓄	
	合计	#活期	合计	#活期	合计	#活期
张掖市	**3 323 404**	**1 446 955**	**1 881 330**	**891 702**	**1 442 074**	**555 253**
甘州区	1 680 558	721 957	1 145 661	517 042	534 897	204 915
山丹县	448 400	200 968	233 305	122 653	215 095	78 315
高台县	393 160	147 653	162 792	77 149	230 368	70 504
临泽县	378 989	158 440	151 561	69 476	227 428	88 964
民乐县	328 380	153 861	158 961	85 920	169 419	67 941
肃南县	93 917	64 076	29 050	19 462	64 867	44 614
平凉市	**4615 581**	**1 798 698**	**2 940 377**	**1 254 381**	**1 675 204**	**544 317**
崆峒区	1 586 706	642 639	1 271 449	529 008	315 257	113 631
泾川县	663 217	190 920	374 885	124 168	288 331	66 752
华亭县	609 983	239 989	385 655	180 405	224 328	59 584
静宁县	576 835	286 451	269 404	138 280	307 431	148 172
庄浪县	545 655	235 358	324 386	149 024	221 269	86 334
灵台县	410 088	111 607	184 428	67 700	225 660	43 907
崇信县	223 097	91 734	130 169	65 797	92 928	25 937
庆阳市	**5 465 414**	**2 441 706**	**3 366 749**	**1 688 260**	**2 098 665**	**753 446**
西峰区	1 773 067	905 103	1 348 652	736 119	424 415	168 984
庆城县	650 619	310 535	416 963	220 434	233 656	90 101
宁　县	8 01 173	245 356	388 066	144 742	413 107	100 614
镇原县	709 849	278 115	415 916	181 172	293 933	96 943
正宁县	489 788	139 297	307 473	100 023	182 315	39 274
合水县	358 663	147 997	109 707	66 663	248 956	81 334
环　县	419 029	278 024	234 099	155 348	184 930	122 676
华池县	263 226	137 279	145 873	83 759	117 353	53 520
酒泉市	**4 898 089**	**1 836 140**	**2 888 747**	**1 148 015**	**2 009 342**	**688 125**
肃州区	2 146 909	769 340	1 281 886	495 669	865 023	273 671
玉门市	503 982	226 777	285 836	139 469	218 146	87 308
敦煌市	1 291 726	389 924	847 163	261 067	444 563	128 857
瓜州县	342 375	176 702	117 123	74 647	225 252	102 055
金塔县	346 402	135 686	139 837	60 428	206 565	75 258
肃北县	53 604	27 454	22 060	14 659	31 544	12 795
阿克塞县	45 394	22 142	27 145	13 961	18 249	8 181
东风矿区	167 695	88 114	167 695	88 114		

续表

项目 地区、县（区）	城乡储蓄		其中：城镇储蓄		其中：农户储蓄	
	合　计	#活期	合　计	#活期	合　计	#活期
定 西 市	**4 268 609**	**1 984 616**	**2 392 614**	**1 143 836**	**1 875 995**	**840 780**
安定区	1 109 158	451 694	721 932	313 193	387 226	138 501
陇西县	761 644	374 032	462 361	237 962	299 283	136 070
临洮县	990 010	385 274	489 221	193 742	500 789	191 532
渭源县	351 429	197 128	189 377	104 329	162 052	92 799
通渭县	393 039	151 152	169 898	72 884	223 141	78 268
岷　县	461 985	307 910	240 320	151 042	221 665	156 868
漳　县	201 344	117 426	119 505	70 684	81 839	46 742
陇 南 市	**4 410 625**	**2 235 429**	**2 532 633**	**1 327 015**	**1 877 992**	**908 414**
西和县	607 034	254 877	385 495	174 972	221 539	79 905
礼　县	626 646	265 043	296 073	130 610	330 573	134 433
徽　县	445 739	204 493	269 840	132 187	175 899	72 306
两当县	113 366	59 267	53 845	29 478	59 521	29 789
武都区	1 014 050	645 485	585 667	369 428	428 383	276 057
宕昌县	339 968	199 865	144 447	92 932	195 521	106 933
成　县	637 807	291 349	454 228	215 098	183 579	76 251
康　县	280 656	127 725	114 003	60 139	166 653	67 586
文　县	345 361	187 324	229 037	122 170	116 324	65 154
临夏回族自治州	**3 215 709**	**1 801 239**	**1 938 795**	**1 085 307**	**1 276 914**	**715 932**
临 夏 市	1 415 546	674 373	1 097 248	515 764	318 298	158 609
临 夏 县	335 880	193 899	146 498	90 506	189 382	103 393
永 靖 县	443 870	182 871	196 177	95 123	247 693	87 748
康 乐 县	232 465	162 540	114 331	83 872	118 134	78 668
和 政 县	215 846	131 589	96 421	63 092	119 425	68 497
广 河 县	219 078	186 047	123 023	107 463	96 055	78 584
积石山县	186 640	147 908	86 829	74 428	99 811	73 480
东 乡 县	166 384	122 011	78 268	55 058	88 116	66 953
甘南藏族自治州	**1 351 747**	**795 358**	**702 833**	**450 465**	**648 914**	**344 893**
合作市	360 897	218 061	285 598	185 263	75 299	32 798
夏河县	110 407	77 457	53 173	38 958	57 234	38 499
临潭县	200 309	125 908	80 392	58 242	119 917	67 666
卓尼县	131 317	87 615	62 992	41 790	68 325	45 825
迭部县	116 697	71 075	51 857	34 539	64 840	36 536
舟曲县	311 109	115 364	105 417	39 023	205 692	76 341
玛曲县	70 438	59 939	35 732	30 395	34 706	29 544
碌曲县	50 573	39 939	27 672	22 255	22 901	17 684

注：本表“农户储蓄”数据统计口径机构包括农村商业银行、农村合作银行、农村信用社、村镇银行。

甘肃省金融机构本外币贷款按行业分类统计

汇率：6.4936　　(2015年)　　单位：万元、%

项目 \ 栏目	年末余额	比年初增减	增速%	余额占比%
贷款总计	**132 707 337**	**24 592 533**	**22.87**	**100.00**
A.农、林、牧、渔业	4 103 001	923 575	28.59	3.09
B.采矿业	5 901 004	118 108	2.04	4.45
C.制造业	17 083 369	2 017 798	13.44	12.87
D.电力、热力、燃气及水生产和供应业	12 185 527	722 211	6.30	9.18
E.建筑业	4 262 463	509 936	13.08	3.21
F.批发和零售业	10 470 309	2 155 806	26.24	7.89
G.交通运输、仓储和邮政业	18 889 918	4 348 528	29.72	14.23
H.住宿和餐饮业	815 221	156 365	23.73	0.61
I.信息传输、软件和信息技术服务业	207 840	27 661	15.35	0.16
J.金融业	544 982	189 186	121.94	0.41
K.房地产业	5 873 870	2 269 494	64.54	4.43
L.租赁和商务服务业	3 872 243	622 076	19.14	2.92
M.科学研究和技术服务业	191 414	58 981	44.54	0.14
N.水利、环境和公共设施管理业	6 463 195	1 661 631	34.21	4.87
O.居民服务、修理和其他服务业	573 970	-35 296	-5.64	0.43
P.教育	437 906	-1 956	-0.44	0.33
Q.卫生和社会工作	310 766	54 527	21.28	0.23
R.文化、体育和娱乐业	465 275	56 001	13.68	0.35
S.公共管理、社会保障和社会组织	3 745 403	1 973 307	111.35	2.82
T.国际组织				
对境外贷款	798 759	258 398	47.82	0.60
个人贷款及透支	35 510 900	6 506 196	22.43	26.76

注：贷款总数不包含票据融资

甘肃省金融机构本外币涉农贷款分类统计

汇率：6.4936　　　　(2015 年)　　　　单位：人民币万元、%

项　目 ＼ 栏　目	年末余额	比年初增减	增速%
涉农贷款	**52 753 463**	**11 522 881**	**27.37**
一、按用途分类			
(一) 农林牧渔业贷款	20 968 061	4 888 300	30.47
1.农户农林牧渔业贷款	14 988 894	2 593 075	20.92
2.非农户农林牧渔业贷款	209 003	77 255	58.48
3.农村企业农林牧渔业贷款	2 493 940	611 988	32.23
4.城市企业农林牧渔业贷款	1 341 764	320 233	30.50
5.农村各类组织农业贷款	1 700 859	1 116 906	193.80
6.城市各类组织农业贷款	233 601	168 843	366.01
(二) 农用物资和农副产品流通贷款	2 755 056	264 354	10.92
(三) 农村基础设施建设贷款	5 941 871	2 070 737	53.42
(四) 农产品加工贷款	1 525 809	75 522	5.06
(五) 农业生产资料制造贷款	683 524	12 660	1.89
(六) 农田基本建设贷款	229 236	47 561	26.18
(七) 农业科技贷款	230 754	45 332	24.45
(八) 其他	20 419 153	4 118 415	23.75
二、按城乡地域分类			
(一) 农村贷款	44 430 306	9 184 674	25.39
1.农户贷款	22 830 339	4 243 016	22.83
其中：农户消费贷款	2 695 438	513 423	23.53
2.农村企业及各类组织贷款	21 599 967	4 941 658	28.22
(二) 城市涉农贷款	8 323 158	2 338 208	39.07
1.城市企业及各类组织涉农贷款	8 114 154	2 260 953	38.63
2.非农户个人涉农贷款	209 003	77 255	58.48
三、按授贷主体分类			
(一) 个人涉农贷款	23 039 342	4 320 271	23.08
1.农户贷款	22 830 339	4 243 016	22.83
2.非农户个人贷款	209 003	77 255	58.48
(二) 企业贷款	23 664 976	4 635 716	23.63
1.农村企业贷款	18 726 553	3 478 560	22.02
2.城市企业涉农贷款	4 938 423	1 157 156	30.12
(三) 各类非企业组织贷款	6 049 145	2 566 894	70.04
1.农村各类组织贷款	2 873 414	1 463 097	91.60
2.城市各类组织涉农贷款	3 175 731	1 103 797	54.33
附：农村企业支农贷款	4 201 719	737 264	21.46
附：农村各类组织支农贷款	625 741	7 025	2.13
附：城市企业支农贷款	3 596 659	836 923	29.97
附：城市各类组织支农贷款	2 942 130	934 954	46.54
居民户贷款	35 510 900	6 506 196	22.43
各项贷款余额	132 707 337	24 682 533	22.85

甘肃省金融机构本外币大中小微型企业贷款统计

(2015 年)

汇率：6.4936　　　　单位：万元

项　目	大型企业		中型企业		小型企业		微型企业	
	年末余额	比年初增减	年末余额	比年初增减	年末余额	比年初增减	年末余额	比年初增减
境内企业贷款合计	**38 428 078**	**5 414 318**	**20 465 843**	**4 089 211**	**25 619 520**	**5 294 765**	**3 618 367**	**259 120**
农、林、牧、渔业	259 688	–93 370	1 074 942	247 914	1 582 293	239 233	316 915	44 927
采矿业	3 438 005	–14 752	1 444 847	234 073	924 719	155 802	90 438	–259 769
制造业	11 264 252	1 644 635	2 356 354	58 276	3 016 553	201 111	426 087	124 761
电力、热力、燃气及水生产和供应业	2 555 081	–163 618	3 784 149	450 510	5 330 239	416 260	478 446	32 740
建筑业	961 090	–147 841	1 310 816	338 732	1 672 915	318 227	256 700	–6 757
批发和零售业	560 946	97 922	2 731 640	188 409	5 606 829	1 506 934	957 429	256 350
交通运输、仓储和邮政业	13 883 729	3 248 602	1 519 915	406 430	2 231 325	686 387	329 857	14 041
其中：政府投融资平台	346 881	82 607				–100		
住宿和餐饮业	24 500	21 200	189 175	–27 880	490 581	94188	99 814	58 043
信息传输、软件和信息技术服务业	35 543	409	52 958	8 666	99 944	19100	13 005	1 751
金融业	50 000		435 882	351 478	13 901	–22642	45 198	–29 650
房地产业	400 105	16 505	3 250 429	1 706 207	834 656	257355	258 723	–94 841
其中：政府投融资平台	30 960	30 960	89 566	–24 842	86 100	500	1 900	–1 700
租赁和商务服务业	1 463 542	109 371	777 036	–35 997	1 388 294	494001	195 044	105 639
其中：政府投融资平台	756 853	–115 947	10 000	–2 000	10 000	–41142	68 000	53 166
科学研究和技术服务业	21 800	2 200	31 446	8 570	99 891	35947	4 227	–5 486
水利、环境和公共设施管理业	3 136 928	550 251	1 299 766	148 550	1 753 262	963022	36 961	11 294
其中：政府投融资平台	2 626 338	1 038 323	708 852	24 112	94 165	–54549	15 978	–5 341
居民服务、修理和其他服务业	11 000	9 920	75 393	28 919	396 452	–64877	59 832	–25 037
教育	27 500	989	18 854	–9 401	41 032	–8817	17 044	13 075
卫生和社会工作	20 900	9 135	22 050	–4 276	21 931	10161	1 532	1 245
文化、体育和娱乐业	280 470	92 760	18 708	–60 932	99 560	4195	27 563	15 557
公共管理、社会保障和社会组织	33 000	30 000	71 482	50 962	15 145	–10821	3 552	1 236
国际组织								

甘肃省银行结售汇统计

(2015年)　　单位:万美元

项　目	本期金额	比上年增减%	项　目	本期金额	比上年增减%
一、结汇合计	**153 964**	**−7.50**	**三、售汇合计**	**464 566**	**48.85**
(一) 经常项目	102 363	−28.55	(一) 经常项目	243 473	−0.49
1.货物贸易	82 624	−28.76	1.货物贸易	157 214	−8.33
2.服务贸易	9 192	−27.38	2.服务贸易	67 174	21.81
运输	255	32.81	运输	77	−73.36
旅游	5 875	−7.84	旅游	58 253	43.53
金融和保险服务	82	82.22	金融和保险服务	395	−44.76
专有权利使用费和特许费	119	−12.50	专有权利使用费和特许费	892	−43.08
咨询服务	234	−30.36	咨询服务	824	4.04
其他服务	2 627	−52.86	其他服务	6 733	−39.88
其中：银行卡	175	306.98	其中：银行卡	1 151	178.69
3.收益和经常转移	10 547	−27.89	3.收益和经常转移	19 085	5.83
职工报酬和赡家费	8 437	−14.28	职工报酬和赡家费	5 736	−9.78
投资收益	956	−72.46	投资收益	9 355	8.75
其他经常转移	1 154	−12.11	其他经常转移	3 994	29.97
(二) 资本与金融项目	51 601	122.44	(二) 资本与金融项目	221 093	227.91
1.资本账户	483	−48.40	1.资本账户	113	
2.直接投资	2 041	−12.37	2.直接投资	4 779	27.81
其中：投资资本金	2 030	−7.73	其中：投资资本金	3 206	−11.41
直接投资撤资	5		直接投资撤资	1 321	4 303.33
房地产		−100.00	房地产		
3.证券投资	6		3.证券投资	7 582	3 154.08
对境外证券投资撤回	6		对境外证券投资	7 581	3 239.65
证券筹资			证券投资撤出	1	−83.33
4.其他投资	48 979	148.90	4.其他投资	25 536	260.73
其中：跨境贷款	39 547	1 619.43	其中：跨境贷款	18 470	48 505.26
外债转贷款	9 379	−43.46	外债转贷款	7 061	7.67
5.国内外汇贷款			5.国内外汇贷款	181 416	260.85
6.金融机构资金本外币转换	69		6.金融机构资金本外币转换		−100.00
其中:资本金(营运资金)	69		其中：资本金（营运资金）		−100.00
代债务人结汇			代债务人售汇		
7.其他	23	−90.98	7.其他	1 667	−67.31
二、远期结汇签约额			**四、远期售汇签约额**		
未到期远期结汇			未到期远期售汇		
			五、结售汇差额	**−310 602**	**113.27**
			经常项目差额	−141 110	39.14
			资本与金融项目差额	−169 492	283.24

资料来源：由国家外汇管理局甘肃分局提供。

甘肃省外汇债务统计

(2015年)　　单位:万美元

债务类型	上年末余额	本年新提款额	本年偿还额		汇率差及调整数	本年末余额
			已还本金	已付利息		
多边贷款	6 087		1 042	392	2	5 047
从境外母公司贷款	5 203	49	885	5	−120	4 247
非股东及非关联企业贷款	2 550			16		2 550
境外金融机构贷款	12 653	8 000	9 512	279	1 959	13 100
其他贷款	12 411				−1 467	10 944
债券和票据	24 452				−1 001	23 451
合　计	**63 356**	**8 049**	**11 439**	**692**	**−627**	**59 339**

资料来源:由国家外汇管理局甘肃省分局提供。

甘肃省银行外汇账户余额统计

(2015年)　　单位:个、万美元

项　　目	户　数	期初余额	期末余额
一、经常项目外汇账户	**5 044**	**10 847**	**64 698**
1.结算账户	2 868	7 224	4 943
2.承包工程账户			
3.捐赠账户	139	101	132
4.其他账户	2 037	3 522	59 623
二、资本项目账户	**527**	**10 662**	**80 533**
1.外债专户	32	1 205	151
2.外债转贷款专户	45	4 226	6 288
3.自营外汇贷款专户	89	3 466	73 296
4.外商投资企业资本金账户	192	1 266	584
5.其他账户	169	500	214
合计	**5 571**	**21 509**	**145 231**

注:1. 资料来源:由国家外汇管理局甘肃省分局提供。
　　2. 以上外汇账户余额统计数据中不包括居民外汇储蓄存款。

甘肃保险业主要指标统计

(2015年)　　单位：亿元

项　　目	本年累计	上年累计	比上年增减%
保费收入	**256.89**	**208.44**	**23.24**
财产险业务	90.30	80.00	12.88
寿险业务	132.74	106.44	24.71
健康险业务	25.96	15.66	65.79
意外险业务	7.89	6.34	24.41
赔款与给付	**92.75**	**84.42**	**9.87**
财产险业务	45.68	38.92	17.37
寿险业务	33.06	38.77	-14.74
健康险业务	11.67	4.97	134.63
意外险业务	2.34	1.75	33.89
总资产	**582.37**	**502.17**	**15.97**

注：1. 资料来源：由甘肃保监局统计研究处提供。
　　2. 部分公司没有包括固定资产项目和上划资金项目，该资产较为谨慎。
　　3. “总资产”上年累计栏为年初值。

甘肃省银行、邮政系统凭证式国债发行情况统计

(2015年)

单位：万元

机构名称	第一期			第二期			第三期			第四期			凭证式国债发行总额
	三年期	五年期	小计	三年期	五年期	小计	三年期	五年期	小计	三年期	五年期	小计	
中国工商银行	2 595	1 617	4 212	2 336	1 462	3 798	1 773	1 030	2 804	1 865	967	2 832	13 646
中国农业银行	330	222	552	464	194	659	387	499	885	585	331	916	3 012
中国银行	1 024	1 101	2 126	1 227	2 157	3 383	1 289	344	1 632	897	532	1 429	8 570
中国建设银行	3 042	2 075	5 117	3 020	1 049	4 069	2 553	2 385	4 938	2 786	1 743	4 529	18 653
交通银行	500	400	900	513	400	913	358	157	515	361	298	659	2 986
招商银行	267	267	534	446	7	453	354	208	562	162		162	1 711
浦发银行	200	116	316				3	1	4	10	6	16	335
中信银行	88	59	147	82	60	142	22	3	25	13	1	14	327
邮储银行	1 060	364	1 425	890	424	1 314	384	301	685	670	785	1 455	4 878
光大银行				7		7							7
兴业银行	16		16										16
合　计	**9 123**	**6 221**	**15 344**	**8 985**	**5 752**	**14 737**	**7 121**	**4 928**	**12 049**	**7 347**	**4 662**	**12 009**	**54 140**

资料来源：由中国人民银行兰州中心支国库处提供。

甘肃省人民银行系统分地区国债兑付情况统计

(2015年)

单位：元

项目 / 地区	单位兑付		个人兑付		合计		
	本金	利息	本金	利息	本金	利息	本息合计
兰州市			2 271.00	1 277.08	2 271.00	1 277.08	3 548.08
天水市							
白银市							
金昌市							
嘉峪关市							
庆阳市							
平凉市							
陇南市							
定西市							
武威市							
张掖市							
酒泉市							
临夏州							
甘南州							
合　计			**2 271.00**	**1 277.08**	**2 271.00**	**1 277.08**	**3 548.08**

资料来源：由中国人民银行兰州中心支国库处提供。

金融机构人民币存款基准利率调整情况

单位：年利率%

项目	利率					
	2014年11月22日	2015年3月1日	2015年5月11日	2015年6月28日	2015年8月26日	2015年10月24日
一、活期存款	0.35	0.35	0.35	0.35	0.35	0.35
二、定期存款						
（一）整存整取						
三个月	2.35	2.10	1.85	1.60	1.35	1.10
半年	2.55	2.30	2.05	1.80	1.55	1.30
一年	2.75	2.50	2.25	2.00	1.75	1.50
二年	3.35	3.10	2.85	2.60	2.35	2.10
三年	4.00	3.75	3.50	3.25	3.00	2.75
五年						
（二）零存整取、整存零取、存本取息						
一年	2.35	2.10	1.85	1.60	1.35	1.10
三年	2.55	2.30	2.00	1.80	1.55	1.30
五年						
（三）定活两便	按一年以内定期整存整取同档次税率打六折执行	同前	同前	同前	同前	同前
三、协定存款	1.15	1.15	1.15	1.15	1.15	1.15
四、通知存款						
一天	0.80	0.80	0.80	0.80	0.80	0.80
七天	1.35	1.35	1.35	1.35	1.35	1.35

资料来源：由中国人民银行兰州中心支行货币信贷处提供。

金融机构人民币贷款基准利率调整情况

单位：年利率%

项目	利率					
	2014年11月22日	2015年3月1日	2015年5月11日	2015年6月28日	2015年8月26日	2015年10月24日
一、短期贷款						
一年以内（含一年）	5.60	5.35	5.10	4.85	4.60	4.35
二、中长期贷款						
一年至五年（含五年）	6.00	5.75	5.50	5.25	5.00	4.75
五年以上	6.15	5.90	5.65	5.40	5.15	4.90
三、个人住房公积金贷款						
五年以下（含五年）	3.75	3.50	3.25	3.00	2.75	2.75
五年以上	4.25	4.00	3.75	3.50	3.25	3.25

资料来源：由中国人民银行兰州中心支行货币信贷处提供。

优惠贷款利率调整情况

单位：年利率%

项目	利率					
	2014年11月22日	2015年3月1日	2015年5月11日	2015年6月28日	2015年8月26日	2015年10月24日
第一类						
中国进出口银行出口卖方信贷船舶	3.45	3.45	3.45	3.45	3.45	3.45
成套和高技术含量	4.26	4.26	4.26	4.26	4.26	4.26
低技术含量和一般产品	4.98	4.98	4.98	4.98	4.98	4.98
第二类						
民政部门福利工厂贷款	4.62	4.62	4.62	4.62	4.62	4.62
第三类						
老少边穷发展经济贷款	3.18	3.18	3.18	3.18	3.18	3.18
贫困县办工业贷款	3.18	3.18	3.18	3.18	3.18	3.18
民族贸易及民族用品生产贷款	3.12	3.12	3.12	3.12	3.12	3.12
其他类						
银行系统印制企业基建储备贷款	4.68	4.68	4.68	4.68	4.68	4.68
扶贫贴息贷款（含牧区）	3.00	3.00	3.00	3.00	3.00	3.00

资料来源：由中国人民银行兰州中心支行货币信贷处提供。

二、金融机构业务统计

中国人民银行甘肃省人民币信贷收支统计

(2015年)

单位：万元

资金来源项目	年末余额	比年初		资金运用项目	年末余额	比年初	
		增减额	增减%			增减额	增减%
一、财政存款	1 904 091	-772 732	-28.87	一、金融机构贷款	2 285 010	429 900	23.17
其中：中央财政存款				1.中资大型银行			
地方财政存款	1 904 091	-772 732	-28.87	2.中资中小型银行	1 154 100	450 200	64.00
二、金融机构存款	11 189 088	-66 583	-0.59	3.农村信用社	1 130 910	-20 300	-1.76
(一)境内金融机构存款	11 189 088	-66 583	-0.59	4.财务公司			
中资大型银行	74 662	-56 314	-43.00	5.外资金融机构			
中资中小型银行	8 083 696	889 847	12.37	6.其他金融机构			
农村信用社	2 977 689	-827 839	-21.75	二、再贴现	563 207	134 741	31.00
财务公司	52 977	-72 277	-57.70	三、外汇占款			
其他金融机构	66			四、有价证券及投资			
三、商业银行划来财政性存款	209 522	19 221	10.10	五、买入返售证券			
四、其他	-178 248	-38 185	27.26	六、存放金融机构			
				七、清算资金往来（净）	10 276 236	-1 422 920	-12.16
				六、存放金融机构			
				七、清算资金往来（净）	10 276 236	-1 422 920	-12.16
资金来源总计	**13 124 453**	**-858 279**	**-6.14**	**资金运用总计**	**13 124 453**	**-858 279**	**-6.14**

中国人民银行甘肃省分地区人民币存款统计

(2015年)

单位：万元

地区 \ 项目	各项存款	比年初		财政存款	
		增减额	增减%		其中：地方财政存款
兰州市	667 607	-957 874	-58.93	667 607	667 607
白银市	51 462	-14 595	-22.09	51 462	51 462
天水市	91 780	-24 875	-21.32	91 780	91 780
嘉峪关市	49 882	27 424	122.11	49 882	49 882
金昌市	58 469	11 246	23.81	58 469	58 469
武威市	160 623	-32 352	-16.76	160 623	160 623
张掖市	108 640	-5 697	-4.98	108 640	108 640
平凉市	166 541	4 303	2.65	166 541	166 541
庆阳市	52 837	-21 791	-29.20	52 837	52 837
酒泉市	58 296	32 518	126.15	58 296	58 296
定西市	64 386	35 527	123.11	64 386	64 386
陇南市	143 889	55 446	62.69	143 889	143 889
临夏州	116 420	52 973	83.49	116 420	116 420
甘南州	113 259	65 015	134.76	113 259	113 259
全省合计	**1 904 091**	**-772 732**	**-28.87**	**1 904 091**	**1 904 091**

国家开发银行股份有限公司甘肃省人民币信贷收支统计

(2015年)　　单位：万元

资金来源项目	年末余额	比年初增减额	比年初增减%	资金运用项目	年末余额	比年初增减额	比年初增减%
一、各项存款	3 604 027	1 494 099	70.81	一、各项贷款	16 228 729	3 083 312	23.46
（一）境内存款	3 604 027	1 494 099	70.81	（一）境内贷款	16 228 729	3 083 312	23.46
1.个人存款				1.短期贷款	222 445	197 545	793.35
其中:活期储蓄存款				⑴ 个人贷款及透支			
定期储蓄存款				其中：个人消费贷款			
结构性存款				⑵ 单位贷款及透支	222 445	197 545	793.35
2.单位存款	3 604 027	1 494 099	70.81	经营贷款及透支	177 445	152 545	612.63
其中:活期存款	2 758 368	890 509	47.68	固定资产贷款	45 000	45 000	
定期存款	90 597	-43 203	-32.29	并购贷款			
保证金存款	18 317	-17 766	-49.24	贸易融资			
结构性存款	150 000	145 000	2 900.00	⑶ 非存款类金融机构贷款			
3.国库定期存款				2.中长期贷款	16 006 284	2 885 767	21.99
4.非存款类金融机构存款				⑴ 个人贷款	415 753	27 080	6.97
（二）境外存款				其中：个人消费贷款	415 753	36 580	9.65
二、代理财政性存款				⑵ 单位贷款	15 590 531	2 858 686	22.45
三、金融债券				经营贷款	20 000	-10 100	-33.55
其中：境外发行				固定资产贷款	15 570 531	2 868 786	22.59
四、银行业存款类金融机构往来	620 943	509 393	456.65	（二）境外贷款			
五、联行往来（净）	11 611 678	1 309 401	12.71	二、债券投资	80 000	75 000	1 500.00
六、应付及暂收款	18 607	2 365	14.56	三、股权及其他投资	1 015		
其中：应付利息	5 614	3 558	173.01	四、存放中央银行	13 263	-14 890	-52.89
七、其他负债	143 597	17 950	14.29	五、银行业存款类金融机构往来	320 001	320 000	
八、所有者权益	256 346	21 114	8.98	六、外汇买卖（净）	4 975	491	10.94
其中：实收资本				七、应收及预付款	49 082	-3143	-6.02
				其中：应收利息	49 062	-3092	-5.93
				八、固定资产	24 334	-826	-3.28
				九、其他资产	36 767	-569	-1.52
				十、减：各项准备	502 969	105 052	26.40
				其中：贷款损失准备	502 969	105 052	26.40
资金来源总计	**16 255 197**	**3 354 323**	**26.00**	**资金运用总计**	**16 255 197**	**3 354 323**	**26.00**

国家开发银行股份有限公司甘肃省分行资产负债表

(2015年)　　单位：万元

资　产	期末余额	负债和股东权益	期末余额
资产		负债	
现金		向中央银行借款	
银行存款		联行存放款项	
存放中央银行款项	13 263	向政府和其他金融机构借款	
贵金属		同业及其他金融机构存放款项	370 943
存放联行款项		拆入资金	
存放同业款项	343	交易性金融负债	400 000
拆出资金		衍生金融负债	
交易性金融资产	400 000	卖出回购金融资产款	
衍生金融资产		吸收存款	3 924 913
买入返售金融资产		应付职工薪酬	377
应收款项类投资		应交税费	12 598
应收利息	58 841	应付利息	5 498
其他应收款		其他应付款	
发放贷款和垫款	18 709 948	预计负债	
可供出售金融资产		应付债券	
持有至到期投资		递延所得税负债	
长期股权投资	1 015	其他负债	19 582 419
投资性房地产		**负债合计**	**24 296 748**
固定资产	24 334	股东权益	
在建工程		实收资本（或股本）	
固定资产清理		资本公积	
无形资产	433	减：库存股	
商誉		盈余公积	
长期待摊费用		一般风险准备	
抵债资产		未分配利润	246 684
递延所得税资产		外币报表折算差额	
其他资产	5 335 256	归属于母公司所有者权益合计	246 684
		少数股东权益	
		所有者权益合计	**246 684**
资产总计	**24 543 432**	**负债及所有者权益总计**	**24 543 432**

资料来源：由国家开发银行股份有限公司甘肃省分行提供。

国家开发银行股份有限公司甘肃省分行利润表

(2015年)　　单位：万元

项　目	本期金额	项　目	本期金额
一、营业收入	478 985	二、营业支出	232 228
利息净收入	446 957	营业税金及附加	53 528
利息收入	1 081 262	业务及管理费	11 259
利息支出	634 304	资产减值损失或呆账损失（转回金额以“–”号填列）	167 440
手续费及佣金净收入	27 717	其他业务成本	
手续费及佣金收入	28 691	三、营业利润（亏损以“–”号填列）	246 757
手续费及佣金支出	973	加：营业外收入	3
投资收益（损失以“–”号填列）	1 533	减：营业外支出	76
其中：对联营企业和合营企业的投资收益		四、利润总额（亏损以“–”号填列）	246 684
公允价值变动收益（损失以“–”号填列）		减：所得税费用	
汇兑收益（损失以“–”号填列）	2 777	五、净利润	246 684
其他业务收入			

资料来源：由国家开发银行股份有限公司甘肃省分行提供。

中国农业发展银行甘肃省人民币信贷收支统计

(2015年) 单位：万元

资金来源项目	年末余额	比年初		资金运用项目	年末余额	比年初	
		增减额	增减%			增减额	增减%
一、各项存款	1 848 651	1 216 686	192.52	一、各项贷款	6 445 805	1 439 403	28.75
（一）境内存款	1 848 651	1 216 686	192.52	（一）境内贷款	6 445 805	1 439 403	28.75
1.个人存款				1.短期贷款	1 849 025	-333 047	-15.26
其中:活期储蓄存款				(1) 个人贷款及透支			
定期储蓄存款				其中：个人消费贷款			
结构性存款				(2) 单位贷款及透支	1 849 025	-333 047	-15.26
2.单位存款	1 848 651	1 216 686	192.52	经营贷款及透支	1 849 025	-270 347	-12.76
其中:活期存款	1 802 670	1 245 935	223.79	固定资产贷款		-62 700	
定期存款	10 148	-5 796	-36.35	并购贷款			
保证金存款	34 834	-24 453	-41.25	贸易融资			
结构性存款				2.中长期贷款	4 596 750	1 772 420	62.76
3.国库定期存款				(1) 个人贷款			
4.非存款类金融机构存款				其中:个人消费贷款			
（二）境外存款				(2) 单位贷款	4 596 750	1 772 420	62.76
二、代理财政性存款	30 393	-8 053	-20.95	经营贷款	3 500	-12 300	-77.85
三、银行业存款类金融机构往来	162 200	-114 000	-41.27	固定资产贷款	4 593 250	1 784 720	63.55
四、联行往来（净）	4 366 711	136 166	3.22	3.票据融资	30	30	
五、应付及暂收款	9 987	-733	-6.84	（二）境外贷款			
其中：应付利息	161	-1 649	-91.11	二、存放中央银行存款	2 194	-24 074	-91.65
六、其他负债	13 302	1	0.01	三、银行业存款类金融机构往来	731	-199 989	-99.64
七、所有者权益	58 173	-10 478	-15.26	四、存放非存款类金融机构款项	33	28	587.73
其中：实收资本				五、库存现金	653	174	36.44
				六、应收及预付款	793	-332	-29.48
				其中：应收利息	574	-420	-42.23
				七、固定资产	39 573	5 142	14.93
				八、其他资产	438	38	9.44
				九、减：各项准备	804	799	15 795.80
资金来源总计	**6 489 416**	**1 219 590**	**23.14**	**资金运用总计**	**648 941 6**	**1 219 590**	**23.14**

中国农业发展银行甘肃省分地区人民币存、贷款统计

(2015年)

单位：万元

项目 地区	各项存款	比年初		单位存款		各项贷款	比年初		短期贷款	中长期贷款	票据融资
		增减额	增减%	存款	活期		增减额	增减%			
兰州市	407 063	223 822	122.15	407 063	403 590	1 525 397	814 193	114.48	488 081	1 037 316	
白银市	51 908	16 381	46.11	51 908	49 477	279 302	22 874	8.92	108 912	170 390	
天水市	150 164	107 158	249.17	150 164	146 078	612 973	66 084	12.08	129 668	483 305	
嘉峪关市	6 806	1 227	21.99	6 806	5 048	51 426	−54 590	−51.49	8 607	42 819	
金昌市	12 170	8 174	204.54	12 170	11 535	127 353	29 822	30.58	110 623	16 700	30
武威市	204 030	138 715	212.38	204 030	200 955	766 752	289 464	60.65	181 287	585 465	
张掖市	186 796	142 465	321.37	186 796	182 771	366 481	66 084	22.00	162 219	204 262	
平凉市	29 861	7 641	34.39	29 861	23 837	230 717	−71 578	−23.68	120 417	110 300	
庆阳市	296 339	239 643	422.68	296 339	288 694	608 348	144 117	31.04	145 194	463 154	
酒泉市	139 876	73 108	109.49	139 876	137 405	389 131	−98 670	−20.23	107 974	281 157	
定西市	242 734	184 541	317.12	242 734	233 959	760 528	170 660	28.93	146 001	614 527	
陇南市	24 007	8 907	58.99	24 007	23 892	286 490	36 560	14.63	101 583	184 907	
临夏州	55 792	49 495	786.05	55 792	54 602	215 609	24 813	13.00	31 109	184 500	
甘南州	41 105	15 411	59.98	41 105	40 827	225 299	−430	−0.19	7 351	217 948	
全省合计	**1 848 651**	**1 216 688**	**192.53**	**1 848 651**	**1 802 670**	**6 445 805**	**1 439 403**	**28.75**	**1 849 025**	**4 596 750**	**30**

中国农业发展银行甘肃省分行资产负债表

(2015 年) 单位：万元（本外币合计）

资产	期末余额	负债和所有者权益	期末余额
资产		负债	
现金及银行存款	653	向中央银行借款	
存放中央银行款项	2 194	联行存放款项	4 366 829
贵金属		同业及其他金融机构存放款项	162 200
存放联行款项	764	拆入资金	
存放同业款项		交易性金融负债	
拆出资金		衍生金融负债	
交易性金融资产		卖出回购金融资产款	
衍生金融资产		吸收存款	1 879 560
买入返售金融资产		应付职工薪酬	2 436
应收款项类金融资产		应交税费	4 945
应收利息	574	应付利息	161
其他应收款	190	其他应付款	2 450
发放贷款和垫款	6 446 476	预计负债	
可供出售金融资产		应付债券	
持有至到期投资		递延所得税负债	
长期股权投资		其他负债	13 302
投资性房地产		**负债合计**	**6 431 883**
固定资产	27 499	所有者权益（或股东权益）	
在建工程	11 300	实收资本（或股本）	
固定资产清理		其中：国有资本	
无形资产	424	外商资本	
商誉		资本公积	
长期待摊费用	11	减：库存股	
抵债资产		盈余公积	
递延所得税资产		一般风险准备	
其他资产	2	未分配利润	58 204
		所有者权益（或股东权益）合计	**58 204**
资产总计	**6 490 087**	**负债和所有者权益总计**	**6 490 087**

资料来源：由中国农业发展银行甘肃省分行财务会计处提供。

中国农业发展银行甘肃省分行利润表

(2015 年) 单位：万元（本外币合计）

项　目	本期金额	项　目	本期金额
贷款利息收入	296 284	存款及债券利息支出	4 064
国际贸易融资利息收入	51	金融机构往来支出	188 693
金融机构往来收入	13 414	业务管理费	37 275
其他营业收入	635	其他营业支出	4 598
营业外收入	480	营业税金及附加	16 523
		营业外支出	719
收入小计	310 864	支出小计	251 872
纯　损		纯　益	58 992
合　计	**310 864**	**合　计**	**310 864**

资料来源：由中国农业发展银行甘肃省分行财务会计处提供。

中国工商银行股份有限公司甘肃省人民币信贷收支统计

(2015年)

单位：万元

资金来源项目	年末余额	比年初		资金运用项目	年末余额	比年初	
		增减额	增减%			增减额	增减%
一、各项存款	14 551 879	-1 307 466	-8.24	一、各项贷款	12 832 889	1 848 126	16.82
(一) 境内存款	14 545 037	-1 307 371	-8.25	(一) 境内贷款	12 832 870	1 848 126	16.82
1.个人存款	7 096 465	-979 410	-12.13	1.短期贷款	2 881 499	389 992	15.65
其中:活期储蓄存款	3 559 557	-10 556	-0.30	(1) 个人贷款及透支	73 621	17 326	30.78
定期储蓄存款	3 260 417	-359 076	-9.92	其中：个人消费贷款	60 561	22 194	57.85
结构性存款	139 742	-708 669	-83.53	(2) 单位贷款及透支	2 807 879	372 666	15.30
2.单位存款	7 262 023	-445 651	-5.78	经营贷款及透支	2 538 783	505 649	24.87
其中:活期存款	4 417 397	-614 487	-12.21	固定资产贷款	300	-4 430	-93.66
定期存款	1 902 146	-104 885	-5.23	贸易融资	268 796	-128 553	-32.35
保证金存款	56 788	-38 036	-40.11	2.中长期贷款	9 378 217	1 068 445	12.86
结构性存款	36 222	17742	96.00	(1) 个人贷款	2 230 961	32 6312	17.13
3.国库定期存款				其中：个人消费贷款	1 936 817	288 874	17.53
4.非存款类金融机构存款	186 549	117 690	170.92	(2) 单位贷款	7 147 256	742 133	11.59
(二) 境外存款	6 842	-95	-1.37	经营贷款	100 628	-77 145	-43.40
二、代理财政性存款	71 010	-557	-0.78	固定资产贷款	7 044 649	817 299	13.12
三、金融债券				并购贷款	1 980	1 980	
其中：境外发行				3.票据融资	566 850	383 386	208.97
四、卖出回购资产				4.各项垫款	6 303	6 303	
五、向中央银行借款				(二) 境外贷款	19		
六、银行业存款类金融机构往来	231 079	77 027	50.00	二、债券投资	159 064	111 933	237.49
七、借款及非存款类金融机构拆入				三、股权及其他投资	93		
八、联行往来 (净)				四、存放中央银行存款		-8 858	
九、外汇买卖 (净)	350			五、缴存中央银行财政性存款	130 112	52 750	68.19
十、应付及暂收款	411 455	64 098	18.45	六、银行业存款类金融机构往来	12 377	-3 983	-24.35
其中：应付利息	189 362	4 740	2.57	七、联行往来	2 334 418	-2 494 749	-51.66
十一、其他负债	140 876	10 144	7.76	八、库存现金	98 209	-18 810	-16.07
十二、所有者权益	205 482	25 064	13.89	九、应收及预付款	48 347	-639 767	-92.97
其中：实收资本				其中：应收利息	27 924	2 156	8.37
				十、固定资产	185 421	15 457	9.09
				十一、其他资产	34 108	-3 148	-8.45
				十二、减：各项准备	222 908	-9 360	-4.03
				其中：贷款损失准备	222 145	-9 360	-4.04
资金来源总计	**15 612 130**	**-1 131 689**	**-6.76**	**资金运用总计**	**15 612 130**	**-1 131 689**	**-6.76**

中国工商银行股份有限公司甘肃省分地区人民币存款统计

(2015年) 单位：万元

地区＼项目	各项存款	比年初		个人存款		单位存款		非存款类金融机构存款
		增减额	增减%		活期		活期	
兰州市	6 270 162	-145 285	-2.26	2510 923	1 151 032	3 578 537	1 591 176	178 189
白银市	903 892	-139 397	-13.36	480 604	258 294	422 417	219 405	211
天水市	835 296	-63 439	-7.06	540 692	283 992	294 275	258 080	68
嘉峪关市	410 382	-240 399	-36.94	174 671	67 249	235 584	104 352	59
金昌市	508 990	-148 054	-22.53	359 227	144 994	146 644	88 336	3 065
武威市	554 241	-87 444	-13.63	413 272	183 038	140 901	110 134	56
张掖市	605 018	-129 091	-17.58	336 694	198 445	264 105	215 407	4 093
平凉市	550 883	-99 012	-15.24	356 137	187 287	193 892	167 585	30
庆阳市	527 805	-84 463	-13.80	377 493	218 099	150 209	148 568	46
酒泉市	1 366 400	-100 293	-6.84	587 205	292 679	778 479	551 416	624
定西市	547 479	-120 054	-17.98	288 822	163 849	258 489	213 117	45
陇南市	629 537	21 842	3.59	299 272	171 489	328 205	301 267	32
临夏州	450 583	-20 457	-4.34	238 836	143 057	211 727	197 953	7
甘南州	391 210	48 080	14.01	132 619	96 054	258 557	250 602	25
全省合计	**14 551 879**	**-1 307 466**	**-8.24**	**7 096 465**	**3 559 557**	**7 262 023**	**4 417 397**	**186 549**

中国工商银行股份有限公司甘肃省分地区人民币贷款统计

(2015年) 单位：万元

地区＼项目	各项贷款	比年初		短期贷款	个人贷款及透支	单位贷款及透支	中长期贷款	个人贷款	单位贷款	票据融资	各项垫款
		增减额	增减%								
兰州市	5 458 229	985 455	22.03	778 620	6 769	771 851	4186 412	699 509	3 486 903	486 878	6 303
白银市	881 610	166 625	23.30	424 293	2 805	421 488	444 890	149 248	295 641	12 427	
天水市	445 244	107 198	31.71	85 618	9 705	75 912	359 508	134 378	225 130	119	
嘉峪关市	985 449	162 644	19.77	744 927	8 461	736 466	230 301	74 086	156 215	10 220	
金昌市	647 318	75 101	13.12	249 277	1 142	248 135	370 539	121 185	249 354	27 501	
武威市	551 821	93 078	20.29	34 660	17 309	17 352	517 160	100 610	416 550		
张掖市	557 427	51 242	10.12	65 277	8 356	56 921	484 375	183 260	301 115	7 775	
平凉市	436 972	-14 463	-3.20	154 945	4 825	150 120	281 686	84 401	197 285	340	
庆阳市	414 712	-15 222	-3.54	34 882	585	34 297	379 826	191 204	188 622		
酒泉市	1 091 831	124 667	12.89	27 471	8 039	19 432	1 043 071	100 118	942 952	21 289	
定西市	409 754	57 209	16.23	122 665	1 553	121 112	286 788	147 198	139 590	300	
陇南市	377 436	64 197	20.49	58 732	1 234	57 498	318 704	131 469	187 235		
临夏州	334 364	-44 261	-11.69	77 751	463	77 287	256 613	84 925	171 688		
甘南州	240 725	34 656	16.82	22 382	2 375	20 007	218 343	29 368	188 975		
全省合计	**12 832 889**	**1 848 126**	**16.82**	**2 881 499**	**73 621**	**2 807 879**	**9 378 217**	**2 230 961**	**7 147 256**	**566 850**	**6 303**

中国工商银行股份有限公司甘肃省分行资产负债表

(2015 年)　　单位：万元 (本外币合计)

资　产	期末余额	负债和股东权益	期末余额
资产		负债	
现金	99 414	单位存款	7 212 461
贵金属	197 254	储蓄存款	7 176 783
存放中央银行款项		向中央银行借款	
存放同业款项	12 964	同业存放款项	406 429
存放系统内款项	2 119 339	系统内存放款项	
拨付营运资金		同业拆入	
应收利息	28 157	卖出回购款项	
贷款	12 027 425	境内外金融机构	
贸易融资	357 422	境内外非金融机构	
贴现及买断式转贴现	566 850	汇出汇款	6 378
其他贷款		应解汇款	1 186
拆放同业		存入保证金	61 074
其他应收款	20 799	其他存款	
投资	159 870	应付利息	189 381
买入返售资产		应交税费	85 359
长期待摊费用	4 987	应付职工薪酬	4 547
固定资产原价	283 965	应付股利	
减：累计折旧	135 366	其他应付款	132 733
固定资产净值	148 599	递延收益	12 315
固定资产清理	29	预计负债	
在建工程	36 792	应付债券	
无形资产	29 297	其他负债	15 267
抵债资产	123	衍生金融负债	
递延所得税资产	–3 503	递延所得税负债	11 363
其他资产	65 188	**负债合计**	**15 315 278**
减：各项资产减值损失准备	230 076	股东权益	
		实收资本	121 179
		资本公积	563
		盈余公积	
		一般风险准备	
		信托赔偿准备	
		未分配利润	203 910
		其中：本年利润	203 910
		外币报表折算差额	
		股东权益合计	**325 652**
资产总计	**15 640 930**	**负债和股东权益总计**	**15 640 930**

资料来源：由中国工商银行股份有限公司甘肃省分行提供。

中国工商银行股份有限公司甘肃省分行利润表

(2015 年)　　单位：万元 (本外币合计)

项　目	本期金额	项　目	本期金额
一、营业收入	560 617	二、营业支出	289 057
1.利息净收入	460 542	营业税金及附加	46 141
利息收入	703 143	业务及管理费	199 192
其中:客户贷款利息收入	706 275	资产减值损失	38 681
投资证券利息收入	2 656	其他业务成本	5 043
系统内往来净收入	–6 212	三、营业利润	271 559
利息支出	242 602	加：营业外收入	1 622
其中:客户存款利息支出	236 222	减：营业外支出	338
同业及其他金融机构存入和拆入款项	6 380	四、利润总额	272 844
2.手续费及佣金净收入	96 579	减：所得税费用	68 934
手续费及佣金收入	112 345	五、净利润	203 910
手续费及佣金支出	15 766		
3.投资收益	260		
4.公允价值变动收益	462		
5.汇兑损益	–145		
6.其他业务收入	2 919		

资料来源：由中国工商银行股份有限公司甘肃省分行提供。

中国农业银行股份有限公司甘肃省人民币信贷收支统计

(2015年)

单位：万元

资金来源项目	年末余额	比年初		资金运用项目	年末余额	比年初	
		增减额	增减%			增减额	增减%
一、各项存款	21 524 302	1 378 990	6.85	一、各项贷款	12 408 132	1 997 755	19.19
（一）境内存款	21 523 499	1 379 199	6.85	（一）境内贷款	12 408 076	1 997 699	19.19
1.个人存款	12 214 445	467 937	3.98	1.短期贷款	5 594 996	628 581	12.66
其中:活期储蓄存款	6 505 053	502 352	8.37	(1) 个人贷款及透支	1 937 142	88 827	4.81
定期储蓄存款	5 103 853	−88 811	−1.71	其中：个人消费贷款	387 953	6 673	1.75
结构性存款	480 927	106 734	28.52	(2) 单位贷款及透支	3 657 854	539 753	17.31
2.单位存款	9 071 870	785 880	9.48	经营贷款及透支	3 653 335	578 067	18.80
其中:活期存款	5 514 821	12 714	0.23	固定资产贷款	4 519	4 519	
定期存款	2 654 519	677 491	34.27	贸易融资		−42 832	
保证金存款	138 722	−12672	−8.37	2.中长期贷款	6 677 848	1 266 491	23.40
结构性存款	117 000	−82 300	−41.29	(1) 个人贷款	1 616 349	345817	27.22
3.国库定期存款				其中：个人消费贷款	863 851	107 029	14.14
4.非存款类金融机构存款	237 184	125 383	112.15	(2) 单位贷款	5 061 499	920 673	22.23
（二）境外存款	803	−209	−20.66	经营贷款	383 446	123 973	47.78
二、代理财政性存款	66 548	29 546	79.85	固定资产贷款	4 661 053	791 400	20.45
三、金融债券				并购贷款	17 000	5 300	45.30
其中：境外发行				3.票据融资	134 042	101 437	311.11
四、卖出回购资产	1 300	1 300		4.各项垫款	1 191	1 191	
五、向中央银行借款	2 955			（二）境外贷款	56	56	
六、银行业存款类金融机构往来	59 320	−120 138	−66.94	二、存放中央银行存款	1 734	−1 018	−36.99
七、借款及非存款类金融机构拆入				三、缴存中央银行财政性存款	28 956	445	1.56
八、联行往来（净）				四、银行业存款类金融机构往来	1 973	−131 538	−98.52
九、外汇买卖（净）	1 785	175	10.88	五、联行往来	9 656 371	−542 488	−5.32
十、应付及暂收款	415 153	25 958	6.67	六、库存现金	148 352	6 625	4.67
其中：应付利息	273 648	29 608	12.13	七、应收及预付款	39 035	−13 332	−25.46
十一、其他负债	62 188	−1 146	−1.81	其中：应收利息	34 352	−461	−1.32
十二、所有者权益	250 494	−61 931	−19.82	八、固定资产	319 232	21 447	7.20
其中：实收资本				九、其他资产	34 076	−860	−2.46
				十、减：各项准备	253 817	84 283	49.71
				其中：贷款损失准备	253 122	84 987	50.55
资金来源总计	**22 384 045**	**1 252 753**	**5.93**	**资金运用总计**	**22 384 045**	**1 252 753**	**5.93**

中国农业银行股份有限公司甘肃省分地区人民币存款统计

(2015年)

单位：万元

地区＼项目	各项存款	比年初		个人存款		单位存款		非存款类金融机构存款
		增减额	增减%		活期		活期	
兰州市	4 279 040	297 477	7.47	1 804 874	1 022 845	2 277 998	900 324	19 5677
白银市	1 187 418	101 414	9.34	690 553	345 013	495 623	275 986	1 236
天水市	1 942 098	96 206	5.21	1 412 887	734 823	524 150	394 399	5 045
嘉峪关市	401 148	-86 681	-17.77	174 525	71 954	226 606	49 143	17
金昌市	655 778	53 600	8.90	352 064	141 481	300 693	132 895	3 019
武威市	1 822 389	114 561	6.71	1 192 751	548 326	616 449	456 736	13 175
张掖市	1 186 785	80 675	7.29	679 420	322 663	498 265	305 142	9 013
平凉市	1 698 901	118 902	7.53	1 117 197	540 816	577 698	352 556	4 002
庆阳市	1 565 858	116 704	8.05	1 089 921	562 305	473 936	331 429	2 000
酒泉市	1 540 196	68 735	4.67	616 458	340 409	923 383	307 912	197
定西市	1 492 413	67 549	4.74	974 776	514 906	514 577	476 177	3 043
陇南市	1 589 318	150 689	10.47	958 967	545 627	630 298	576 166	51
临夏州	1 130 118	71 618	6.77	743 050	544 036	387 005	362 731	59
甘南州	1 032 843	127 541	14.09	407 002	269 849	625 190	593 225	650
全省合计	**21 524 302**	**1 378 990**	**6.85**	**12 214 445**	**6 505 053**	**9 071 870**	**5 514 821**	**237 184**

中国农业银行股份有限公司甘肃省分地区人民币贷款统计

(2015年)

单位：万元

地区＼项目	各项贷款	比年初		短期贷款			中长期贷款			票据融资	各项垫款
		增减额	增减%		个人贷款及透支	单位贷款及透支		个人贷款	单位贷款		
兰州市	2 733 412	454 317	19.93	912 610	257 218	655 392	1 765 958	226 049	1 539 909	53 597	1 191
白银市	812 950	188 049	30.09	580 691	141 382	439 309	228 399	105 442	122 957	3 860	
天水市	480 828	103 317	27.37	116 310	37 875	78 435	364 517	87 917	276 601		
嘉峪关市	1 007 092	219 252	27.83	861 261	26 702	834 560	99 048	20 148	78 900	46 783	
金昌市	590 706	138 123	30.52	404 788	88 948	315 840	174 258	40 620	133 638	11 661	
武威市	1 144 042	105 261	10.13	385 420	243 817	141 603	758 542	95 066	663 476	80	
张掖市	653 900	118 168	22.06	322 050	215 235	106 815	331 850	105 651	226 199		
平凉市	768 696	135 186	21.34	365 849	179 901	185 948	399 659	98 059	301 600	3 189	
庆阳市	758 857	103 858	15.86	95 749	38 897	56 851	663 109	111 863	551 246		
酒泉市	909 746	55 749	6.53	398 373	108 655	289 717	496 799	70 855	425 944	14 575	
定西市	639 529	69 410	12.17	445 255	202 436	242 819	194 274	61 660	132 614		
陇南市	651 477	134 298	25.97	253 614	83 284	170 330	397 566	202 075	195 492	297	
临夏州	656 203	39 533	6.41	394 520	290 484	104 035	261 683	133 366	128 318		
甘南州	600 693	133 234	28.50	58 507	22 307	36 200	542 186	257 581	284 605		
全省合计	**12 408 132**	**1 997 755**	**19.19**	**5 594 996**	**1 937 142**	**3 657 854**	**6 677 848**	**1 616 349**	**5 061 499**	**134 042**	**1 191**

中国农业银行股份有限公司甘肃省分行资产负债表

(2015年)　　单位：万元（合并本外币）

资　产	期末余额	负债和股东权益	期末余额
资产		负债	
现金及存放中央银行款项	179 239	向中央银行借款	2 955
存放同业款项净额	2 039	同业及其他金融机构存放款项	297 910
贵金属	1	联行存放款项	145 377
存放联行款项	9 682 821	拆入资金	
拆出资金净额		以公允价值计量且其变动计入当期损益的金融负债	
以公允价值计量且其变动计入当期损益的金融资产		衍生金融负债	435
衍生金融资产	435	卖出回购金融资产款	1 300
买入返售金融资产净额		客户存款	21 363 188
应收利息	34 425	应付职工薪酬	50 555
发放贷款及垫款净额	12 224 762	应交税费	9 982
可供出售金融资产净额		应付利息	273 453
持有至到期投资净额	–231	预计负债	6 330
应收款项类投资净额		应付债券及发行存款证	
长期股权投资净额		递延所得税负债	
固定资产净值	319 232	其他负债	88 921
无形资产净值	22 463	**负债合计**	**22 240 406**
投资性房地产净值		股东权益	
递延所得税资产		实收资本	
其他资产	33 185	其他权益工具	
		资本公积	
		其他综合收益	
		盈余公积	
		一般风险准备	
		未分配利润/(累计亏损)	257 966
		归属于母公司所有者权益合计	257 966
		少数股东权益	
		所有者权益合计	**257 966**
资产总计	**22 498 371**	**负债及所有者权益总计**	**22 498 371**

资料来源：由中国农业银行股份有限公司甘肃省分行提供。

中国农业银行股份有限公司甘肃省分行利润表

(2015年)　　单位：万元（合并本外币）

项　目	本期金额	项　目	本期金额
一、营业收入	698 054	二、营业支出	440 750
（一）利息净收入	282 734	（一）营业税金及附加	37 540
1.利息收入	689 454	（二）业务及管理费	299 245
2.利息支出	406 719	（三）资产减值损失	103 959
（二）系统内往来净收入	345 549	（四）其他业务成本	6
1.系统内往来收入	348 926	三、营业利润	257 303
2.系统内往来支出	3 377	四、营业外净收入	–403
（三）手续费及佣金净收入	67 419	1.营业外收入	5 561
1.手续费及佣金收入	73 431	2.营业外支出	5 964
2.手续费及佣金支出	6 012	五、利润总额	256 900
（四）投资收益	816	所得税费用	585
（五）公允价值变动损益	224	六、净利润	256 315
（六）汇兑损益	355	归属于母公司股东的净利润	256 315
（七）其他业务收入	957	少数股东损益	

资料来源：由中国农业银行股份有限公司甘肃省分行提供。

中国银行股份有限公司甘肃省人民币信贷收支统计

（2015 年）

单位：万元

资金来源项目	年末余额	比年初		资金运用项目	年末余额	比年初	
		增减额	增减%			增减额	增减%
一、各项存款	9 500 189	804 471	9.25	一、各项贷款	6 363 154	871 681	15.87
（一）境内存款	9 496 340	804 545	9.26	（一）境内贷款	6 363 154	871 681	15.87
1.个人存款	3 014 041	207 443	7.39	1.短期贷款	2 101 083	625 718	42.41
其中:活期储蓄存款	1 152 255	57 362	5.24	(1) 个人贷款及透支	294 203	23 584	8.71
定期储蓄存款	1 775 768	106 143	6.36	其中：个人消费贷款	197 773	-5 518	-2.71
结构性存款				(2) 单位贷款及透支	1 806 880	692 134	62.09
2.单位存款	6 385 414	568 935	9.78	经营贷款及透支	1 283 370	313 227	32.29
其中:活期存款	2 303 180	-153 065	-6.23	固定资产贷款	800	800	
定期存款	2 376 762	-6 734	-0.28	贸易融资	522 710	378 107	261.48
保证金存款	213 926	46 193	27.54	(3) 非存款类金融机构贷款		-90 000	
结构性存款				2.中长期贷款	4 202 566	305 350	7.84
3.国库定期存款				(1) 个人贷款	1 166 690	106 389	10.03
4.非存款类金融机构存款	96 884	28 168	40.99	其中：个人消费贷款	1 070 452	88 197	8.98
（二）境外存款	3 849	-75	-1.90	(2) 单位贷款	3 035 877	198 961	7.01
二、代理财政性存款	6	1	21.02	经营贷款	63 167	6 967	12.40
三、金融债券				固定资产贷款	2 966 137	185 421	6.67
其中：境外发行				贸易融资	6 572	6 572	
四、卖出回购资产				3.票据融资	57 814	-60 677	-51.21
五、向中央银行借款				4.各项垫款	1 691	1 291	322.84
六、银行业存款类金融机构往来	86 400	-183 711	-68.01	（二）境外贷款			
七、借款及非存款类金融机构拆入				二、债券投资	1 607	-468	-22.56
八、联行往来（净）				三、存放中央银行存款	1 659 429	-124 912	-7.00
九、外汇买卖（净）				四、缴存中央银行财政性存款	764	-1 430	-65.19
十、应付及暂收款	268 335	24 154	9.89	五、银行业存款类金融机构往来		-93 232	
其中：应付利息	197 861	24 711	14.27	六、联行往来	1 907 271	115119	6.42
十一、其他负债	33 105	-4 354	-11.62	七、库存现金	45 849	-5 883	-11.37
十二、所有者权益	88 280	88 280		八、应收及预付款	21 505	-21 270	-49.72
其中：实收资本				其中：应收利息	19 037	-19 058	-50.03
				九、固定资产	85 586	7 941	10.23
				十、其他资产	19 180	275	1.45
				十一、减：各项准备	128 030	18 980	17.40
				其中：贷款损失准备	126 664	21 668	20.64
资金来源总计	**9 976 315**	**728 840**	**7.88**	**资金运用总计**	**9 976 315**	**728 840**	**7.88**

中国银行股份有限公司甘肃省分地区人民币存款统计

(2015 年)

单位：万元

地区 \ 项目	各项存款	比年初		个人存款		单位存款		非存款类金融机构存款
		增减额	增减%		活期		活期	
兰州市	5 995 657	732 685	13.92	1470 589	527 412	4 460 729	1 165 549	61 085
白银市	201 319	-82 56	-3.94	68 535	27 228	132 709	38 175	
天水市	245 343	37 420	18.00	123 851	44 148	120 986	83 639	493
嘉峪关市	377 813	-159 025	-29.62	166 455	50 172	211 301	71 236	43
金昌市	263 221	28 869	12.32	117 761	31 535	145 426	63 470	
武威市	223 164	38 517	20.86	119 756	38 840	103 382	86 652	13
张掖市	197 571	20 821	11.78	56 245	31 450	139 258	89 730	2 000
平凉市	392 449	16 420	4.37	182 823	76 846	209 567	146 226	21
庆阳市	428 646	-14 875	-3.35	213 881	112 408	214 598	195 636	86
酒泉市	614 096	52 913	9.43	263 102	95 455	317 738	111 015	33 030
定西市	152 478	18 321	13.66	49 850	25 603	102 527	58 080	83
陇南市	227 101	20 947	10.16	78 304	38 876	148 788	127 421	5
临夏州	181 332	19 714	12.20	102 892	52 281	78 406	66 352	25
全省合计	**9 500 189**	**804 471**	**9.25**	**3 014 041**	**1 152 255**	**6 385 414**	**2 303 180**	**96 884**

中国银行股份有限公司甘肃省分地区人民币贷款统计

(2015 年)

单位：万元

地区 \ 项目	各项贷款	比年初		短期贷款			中长期贷款			票据融资	各项垫款
		增减额	增减%		个人贷款及透支	单位贷款及透支		个人贷款	单位贷款		
兰州市	3 030 661	598 688	24.62	1 022 042	133 406	888 635	1 962 619	428 608	1 534 011	44 310	1 691
白银市	275 548	89 293	47.94	214 980	15 273	199 707	56 961	51 961	5 000	3 607	
天水市	195 707	66 086	50.98	40 176	7 162	33 013	153 915	52 815	101 100	1 616	
嘉峪关市	425 288	-43 971	-9.37	34 3254	28 454	314 800	78 007	78 007		4 027	
金昌市	163 770	41 609	34.06	69 866	11 378	58 488	92 882	65 025	27 857	1 023	
武威市	210 301	-301	-0.14	57 994	13 449	44 545	152 269	62 549	89 720	38	
张掖市	245 832	48 172	24.37	95 835	12 503	83 332	149 125	75 111	74 015	871	
平凉市	395 327	11 377	2.96	92 339	14 689	77 650	302 307	42 057	260 250	682	
庆阳市	332 471	69 996	26.67	30 434	11 381	19 053	302 037	92 857	209 180		
酒泉市	539 186	-13 137	-2.38	77 447	20 470	56 976	461 119	54 213	406 906	620	
定西市	100 616	516	0.52	13 934	5 184	8 750	86 681	25 308	61 374		
陇南市	298 300	-2 715	-0.90	7 457	4 357	3 100	289 843	42 931	246 913	1 000	
临夏州	150 147	6 068	4.21	35 325	16 495	18 830	114 801	95 249	19 552	20	
全省合计	**6 363 154**	**871 681**	**15.87**	**2 101 083**	**294 203**	**1 806 880**	**4 202 566**	**1 166 690**	**3 035 877**	**57 814**	**1 691**

中国银行股份有限公司甘肃省分行资产负债表

(2015 年) 单位：万元（本外币合计）

资　产	期末余额	负债和股东权益	期末余额
资产		负债	
现金及存放中央银行款项	1 725 512	向中央银行借款	
存放同业款项	1 834 623	同业及其他金融机构存放款项	211 112
贵金属	15 005	拆入资金	
拆出资金		交易性金融负债	
交易性金融资产		衍生金融负债	
衍生金融资产		卖出回购金融资产款	
买入返售金融资产		吸收存款	9 582 530
应收利息	18 429	应付职工薪酬	32 343
发放贷款和垫款	6 500 861	应交税费	2 036
可供出售金融资产		应付利息	195 878
持有至到期投资		预计负债	760
贷款及应收款项类债券	1 607	发行债券	
长期股权投资		递延所得税负债	
投资性房地产		其他负债	38 431
固定资产	85 586	**负债合计**	**10 063 090**
无形资产	5 255	股东权益	
商誉		股本（营运资金）	31 803
递延税资产		资本公积	
其他资产	1 447	减：库藏股	
		盈余公积	
		一般风险准备	
		未分配利润	93 431
		外币折算差额	
		归属于母公司股东权益合计	125 235
		少数股东权益	
		股东权益合计	**125 235**
资产总计	**10 188 325**	**负债和股东权益总计**	**10 188 325**

资料来源：由中国银行股份有限公司甘肃省分行财务管理部提供。

中国银行股份有限公司甘肃省分行利润表

(2015 年) 单位：万元（本外币合计）

项　目	本期金额	项　目	本期金额
一、营业收入	279 752	二、营业支出	147 735
利息净收入	221 664	营业税金及附加	23 148
利息收入	476 111	业务及管理费	100 166
利息支出	254 447	资产减值损失	20 917
手续费及佣金净收入	52 235	其他业务成本	3 504
手续费及佣金收入	52 919	三、营业利润	132 016
手续费及佣金支出	684	加：营业外收入	382
投资收益		减：营业外支出	411
公允价值变动损益		四、利润总额	131 988
汇兑损益		减：所得税费用	38 556
其他业务收入	5 852	五、净利润	93 431

资料来源：由中国银行股份有限公司甘肃省分行财务管理部提供。

中国银行股份有限公司甘肃省分行外汇资产负债表

(2015年)　　单位：万美元

来源项目	年末余额	比年初增减额	比年初增减%	运用项目	年末余额	比年初增减额	比年初增减%
一、各项存款	28 505	1 425	5.26	一、各项贷款	41 463	24 471	144.01
(一) 境内存款	28 397	1 429	5.30	(一) 境内贷款	41 463	24 471	144.01
1.个人存款	23 038	4 719	25.76	1.短期贷款	38 994	24 435	167.84
其中:活期储蓄存款	11 349	3 228		(1) 个人贷款及透支	38	-9	-19.49
定期储蓄存款	11 602	1 527		其中：个人消费贷款	38	-9	-19.49
结构性存款				(2) 单位贷款及透支	38 956	24 445	168.45
2.单位存款	5 127	-3 343	-39.47	经营贷款及透支		-5 225	
其中:活期存款	4 779	-3 557	-42.67	固定资产贷款			
定期存款	81			并购贷款			
保证金存款	266	214	410.75	贸易融资	38 956	29 670	319.50
结构性存款				(3) 非存款类金融机构贷款			
3.国库定期存款				2.中长期贷款	2 470	36	1.46
4.非存款类金融机构存款	233	54	29.98	(1) 个人贷款	123	37	43.54
(二) 境外存款	108	-4	-3.41	其中：个人消费贷款	123	37	43.54
二、代理财政性存款				(2) 单位贷款	2 346	-2	-0.08
三、金融债券				经营贷款			
其中：境外发行				固定资产贷款	2 346	-2	-0.08
四、卖出回购资产				并购贷款			
五、向中央银行借款				贸易融资			
六、银行业存款类金融机构往来	4 053	-5 297	-56.66	(3) 非存款类金融机构贷款			
七、借款及非存款类金融机构拆入		-1 342		3.票据融资			
八、联行往来（净）	12 306	12 306		4.融资租赁			
九、外汇买卖（净）				5.各项垫款			
十、应付及暂收款	48	-43		(二) 境外贷款			
其中：应付利息	48	-43		二、债券投资			
十一、其他负债				三、股权及其他投资			
十二、所有者权益	821	821		四、买入返售资产			
其中：实收资本				五、存放中央银行存款	1 386	66	5.04
				六、缴存中央银行财政性存款			
				七、银行业存款类金融机构往来			
				八、存放非存款类金融机构款项			
				九、联行往来		-16 451	
				其中：境内存放二级准备金			
				十、外汇买卖（净）			
				十一、库存现金	1 612	-25	-1.53
				十二、应收及预付款	291	215	282.60
				其中：应收利息	259	186	251.90
				十三、投资性房地产			
				十四、固定资产			
				十五、其他资产	1 338	-412	-23.55
				十六、减：各项准备	358	-6	-1.72
				其中：贷款损失准备	354	-9	-2.53
资金来源总计	**45 733**	**7 871**	**20.79**	**资金运用总计**	**45 733**	**7 871**	**20.79**

资料来源：由中国银行股份有限公司甘肃省分行财务管理部提供。

中国银行股份有限公司甘肃省分行分地区外汇存款统计

(2015年)　　单位：万美元

地区 \ 项目	各项存款合计	企业存款	个人存款	存入保证金
省分行（含兰州地区）	21 378	4 118	1 6941	262
白银分行	848	141	698	
天水分行	886	47	836	
嘉峪关分行	678	30	648	
金昌分行	1 250	437	813	
武威分行	380	12	367	3
张掖分行	293	18	275	
平凉分行	344		342	
庆阳分行	326	1	325	
酒泉分行	1 483	316	1 160	1
定西分行	99	6	93	
陇南分行	83		82	
临夏分行	457	1	456	
合　计	**28 505**	**5 127**	**23 038**	**266**

资料来源：由中国银行股份有限公司甘肃省分行财务管理部提供。

中国建设银行股份有限公司甘肃省人民币信贷收支统计

(2015年)

单位：万元

资金来源项目	年末余额	比年初 增减额	比年初 增减%	资金运用项目	年末余额	比年初 增减额	比年初 增减%
一、各项存款	17 254 950	2 190 070	14.54	一、各项贷款	10 575 261	1 427 332	15.60
（一）境内存款	17 253 240	2 189 515	14.54	（一）境内贷款	10 575 164	1 427 235	15.60
1.个人存款	7 940 697	548 929	7.43	1.短期贷款	2 572 210	-325 935	-11.25
其中:活期储蓄存款	3 380 687	169 805	5.29	(1) 个人贷款及透支	519 047	35 285	7.29
定期储蓄存款	3 287 945	-260 240	-7.33	其中：个人消费贷款	411 855	112 477	37.57
结构性存款	13 023	-103 319	-88.81	(2) 单位贷款及透支	2 053 163	-361 221	-14.96
2.单位存款	9 058 924	1 411 063	18.45	经营贷款及透支	1 801 011	-387 098	-17.69
其中:活期存款	5 064 919	914 700	22.04	固定资产贷款	50 000	50 000	
定期存款	2 027 958	-595 109	-22.69	贸易融资	202 152	-24 123	-10.66
保证金存款	231 683	-34 789	-13.06	2.中长期贷款	7 402 697	1 256 501	20.44
结构性存款	310 250	249 301	409.03	(1) 个人贷款	2 160 184	619 829	40.24
3.国库定期存款				其中：个人消费贷款	1 927 455	539 335	38.85
4.非存款类金融机构存款	253 619	229 522	952.51	(2) 单位贷款	5 242 513	636 672	13.82
（二）境外存款	1 710	555	48.05	经营贷款	151 136	34 337	29.40
二、代理财政性存款	19 340	9 203	90.79	固定资产贷款	5 089 375	606 335	13.53
三、金融债券	23			并购贷款	2 000	-4 000	-66.67
其中：境外发行				贸易融资	2		
四、卖出回购资产				3.票据融资	599 811	496 222	479.03
五、向中央银行借款	363			4.各项垫款	446	446	
六、银行业存款类金融机构往来	116 016	84 482	267.90	（二）境外贷款	97	97	
七、借款及非存款类金融机构拆入				二、债券投资	4 882	-440	-8.28
八、联行往来（净）				三、股权及其他投资	14 511	14 511	
九、外汇买卖（净）				四、存放中央银行存款	3 831	1 207	45.97
十、应付及暂收款	288 810	-1 965	-0.68	五、缴存中央银行财政性存款	9 555	-2 299	-19.39
其中：应付利息	207 524	15 150	7.88	六、银行业存款类金融机构往来	25 913	-329 986	-92.72
十一、其他负债	91 867	3 514	3.98	七、存放非存款类金融机构款项	8		
十二、所有者权益	-8 932	-17 192	-208.12	八、联行往来	6 461 069	834 057	14.82
其中：实收资本				九、库存现金	106 299	10 894	11.42
				十、应收及预付款	61 444	-4 995	-7.52
				其中：应收利息	53 241	-1 646	-3.00
				十一、固定资产	165 729	5 508	3.44
				十二、其他资产	340 952	312 844	1113.04
				十三、减：各项准备	7 017	521	8.02
				其中：贷款损失准备	1	-11	-92.14
资金来源总计	**17 762 437**	**2 268 111**	**14.64**	**资金运用总计**	**17 762 437**	**2 268 111**	**14.64**

中国建设银行股份有限公司甘肃省分地区人民币存款统计

（2015年） 单位：万元

地区＼项目	各项存款	比年初增减额	比年初增减%	个人存款	个人存款：活期	单位存款	单位存款：活期	非存款类金融机构存款
兰州市	8 146 718	1 241 795	17.98	3 226 317	1 371 224	4 682 158	2 153 934	236 831
白银市	761 451	−13 022	−1.68	398 177	170 949	362 991	217 871	252
天水市	1 195 171	70 119	6.23	702 124	281 072	491 955	312 742	1 037
嘉峪关市	789 205	89 709	12.82	299 841	131 430	489 355	205 650	4
金昌市	396 384	33 637	9.27	204 381	90 855	191 997	85 909	4
武威市	692 215	81 090	13.27	365 737	147 770	326 438	250 358	18
张掖市	619 773	79 573	14.73	285 217	141 642	334 433	225 804	98
平凉市	606 083	99 548	19.65	329 731	145 722	276 338	199 774	12
庆阳市	816 652	118 372	16.95	583 568	289 101	232 907	209 574	154
酒泉市	1 242 916	113 933	10.09	593 134	203 536	649 712	331 844	13
定西市	667 620	137 848	26.02	290 624	123 120	366 941	329 984	10 000
陇南市	776 035	86 670	12.57	370 464	174 574	402 371	344 414	3 196
临夏州	440 873	33 841	8.31	262 782	92 132	176 077	131 459	2 000
甘南州	103 855	16 957	19.51	28 601	17 558	75 250	65 601	
全省合计	**17 254 950**	**2 190 070**	**14.54**	**7 940 697**	**3 380 687**	**9 058 924**	**5 064 919**	**253 619**

中国建设银行股份有限公司甘肃省分地区人民币贷款统计

（2015年） 单位：万元

地区＼项目	各项贷款	比年初增减额	比年初增减%	短期贷款	个人贷款及透支	单位贷款及透支	中长期贷款	个人贷款	单位贷款	票据融资	各项垫款
兰州市	4 649 422	241 222	5.47	963 557	434 596	528 961	3 681 637	942 088	2 739 550	4 130	
白银市	314 803	35 726	12.80	164 306	17 756	146 550	150 198	87 196	63 001	300	
天水市	565 774	90 442	19.03	48 043	5 407	42 636	517 730	120 155	397 575		
嘉峪关市	742 599	62 334	9.16	400 151	911	399 240	319 009	101 139	217 870	23 439	
金昌市	812 959	542 758	200.87	81 526	1 862	79 664	161 263	26 422	134 841	570 171	
武威市	533 681	21 013	4.10	88 828	5 419	83 409	444 853	129 144	315 709		
张掖市	379 765	22 514	6.30	114 972	12 299	102 673	263 942	132 472	131 470	850	
平凉市	335 383	26 024	8.41	172 854	8 108	164 746	162 529	64 893	97 637		
庆阳市	533 654	248 330	87.03	52 889	5 704	47 185	480 764	127 563	353 201		
酒泉市	514 791	9 899	1.96	199 138	5 928	193 210	314 286	82 927	231 360	920	446
定西市	368 929	−28 003	−7.05	124 832	8 473	116 359	244 098	156 452	87 646		
陇南市	447 505	99 032	28.42	65 777	4 481	61 296	381 729	77 015	304 714		
临夏州	339 282	66 066	24.18	90 188	8 055	82 134	249 093	109 994	139 099		
甘南州	36 713	−10 025	−21.45	5 148	48	5 100	31 565	2 724	28 841		
全省合计	**10 575 261**	**1 427 332**	**15.60**	**2 572 210**	**519 047**	**2 053 163**	**7 402 697**	**2 160 184**	**5 242 513**	**599 811**	**446**

中国建设银行股份有限公司甘肃省分行资产负债表

(2015 年) 单位：万元（本外币合计）

资　产	期末余额	负债和股东权益	期末余额
资产		负债	
现金及存放中央银行款项	120 304	向中央银行借款	363
存放同业款项	15 821	同业及其他金融机构存放款项	369 280
贵金属	2 030	拆入资金	
拆出资金	-580	交易性金融负债	323 612
交易性金融资产	25 211	衍生金融负债	1 495
衍生金融资产	21 860	卖出回购金融资产款	
买入返售金融资产		吸收存款	16 809 307
发放贷款和垫款	10 827 869	应付利息	204 344
应收利息	43 137	应付职工薪酬	34 587
可供出售金融资产		应交税费	7 564
应收款项投资		预计负债	2 671
持有至到期投资	4 882	应付债券	23
长期股权投资		递延所得税负债	
资产支持证券		其他负债	70 186
投资性房地产		**负债合计**	**17 823 431**
固定资产	153 021	股东权益	
在建工程	8 979	股本	
无形资产	15 127	资本公积	
商誉		减：库存股	
递延所得税资产		盈余公积	
其他资产	6 578 497	一般风险准备	
		未分配利润	-7 272
		外币报表折算差额	
		股东权益合计	**-7 272**
资产总计	**17 816 159**	**负债和股东权益总计**	**17 816 159**

资料来源：由中国建设银行股份有限公司甘肃省分行提供。

中国建设银行股份有限公司甘肃省分行利润表

(2015 年) 单位：万元（本外币合计）

项　目	本期金额	项　目	本期金额
一、营业收入	566 216	二、营业支出	333 648
利息净收入	459 202	营业税金及附加	38 757
利息收入	736 166	业务及管理费	215 864
利息支出	276 963	资产减值损失	66 265
手续费及佣金净收入	98 424	其他业务成本	12 762
手续费及佣金收入	105 576	三、营业利润（亏损以“-”号填列）	232 568
手续费及佣金支出	7 152	加：营业外收入	1 570
投资收益（损失以“-”号填列）	6 935	减：营业外支出	3 042
其中：对联营企业和合营企业的投资收益		四、利润总额（亏损总额以“-”号填列）	231 096
公允价值变动收益（损失以“-”号填列）	580	减：所得税费用	1
汇兑收益（损失以“-”号填列）	321	五、净利润（净亏损以“-”号填列）	231 095
其他业务收入	754		

资料来源：由中国建设银行股份有限公司甘肃省分行提供。

交通银行股份有限公司甘肃省人民币信贷收支统计

(2015年) 单位：万元

资金来源项目	年末余额	比年初		资金运用项目	年末余额	比年初	
		增减额	增减%			增减额	增减%
一、各项存款	4 366 300	189 628	4.54	一、各项贷款	2 708 092	291 445	12.06
(一)境内存款	4 366 034	189 499	4.54	(一)境内贷款	2 707 740	291 107	12.05
1.个人存款	1 314 763	12 724	0.98	1.短期贷款	848 948	-58 442	-6.44
其中:活期储蓄存款	556 444	57 212	11.46	(1)个人贷款及透支	14 826	640	4.51
定期储蓄存款	366 019	-70 799	-16.21	其中：个人消费贷款	6 540	2 126	48.15
结构性存款	374 656	25 126	7.19	(2)单位贷款及透支	834 122	-59 082	-6.61
2.单位存款	2 674 275	300 325	12.65	经营贷款及透支	785 031	-50 170	-6.01
其中:活期存款	1 198 008	142 200	13.47	贸易融资	49 091	-8 911	-15.36
定期存款	546 898	75 250	15.95	2.中长期贷款	1 765 366	270 670	18.11
保证金存款	234 859	-72 919	-23.69	(1)个人贷款	293 428	34 585	13.36
结构性存款	330 900	35 400	11.98	其中：个人消费贷款	249 887	28 343	12.79
3.国库定期存款	70 000	-140 000	-66.67	(2)单位贷款	1 471 939	236 085	19.10
4.非存款类金融机构存款	306 995	16 450	5.66	经营贷款	241 906	-22 233	-8.42
(二)境外存款	266	129	93.82	固定资产贷款	1 230 032	258 318	26.58
二、代理财政性存款		-874		3.票据融资	89 336	78 060	692.27
三、金融债券				4.各项垫款	4 091	819	25.05
其中：境外发行				(二)境外贷款	352	338	2 305.48
四、卖出回购资产				二、债券投资		-205	
五、向中央银行借款				三、股权及其他投资	152		
六、银行业存款类金融机构往来	234 369	110 860	89.76	四、存放中央银行存款	5 517	-33 428	-85.83
七、借款及非存款类金融机构拆入				五、缴存中央银行财政性存款	131	-1 263	-90.63
八、联行往来(净)				六、银行业存款类金融机构往来	16 241	6 944	74.69
九、外汇买卖(净)	1 712	1 712		七、联行往来	2 026 816	82 335	4.23
十、应付及暂收款	68 386	10 707	18.56	八、库存现金	18 374	2 201	13.61
其中：应付利息	35 168	-1 370	-3.75	九、应收及预付款	15 423	7 267	89.09
十一、其他负债	63 568	9 863	18.37	其中：应收利息	10973	7 342	202.20
十二、所有者权益	60 964	-6 079	-9.07	十、固定资产	46 972	537	1.16
其中：实收资本				十一、其他资产	15 883	-9 203	-36.69
				十二、减：各项准备	58 303	30 814	112.09
				其中：贷款损失准备	58 150	30 661	111.54
资金来源总计	**4 795 299**	**315 816**	**7.05**	**资金运用总计**	**4 795 299**	**315 816**	**7.05**

交通银行股份有限公司甘肃省分地区人民币存款统计

(2015年)　　单位：万元

地区＼项目	各项存款	比年初 增减额	比年初 增减%	个人存款	活期	单位存款	活期	国库定期存款	非存款类金融机构存款
兰州市	3 892 157	260 078	7.16	1 202 335	505 403	2432 565	1 055 988		256 995
天水市	175 369	–57 071	–24.55	45 754	22 333	99 613	56 759	30 000	
武威市	2 497	2 497		465	230	2 032	2 032		
平凉市	110 409	45 178		18 135	6 877	52 274	34 781	40 000	
庆阳市	112 764	7 080		24 376	12 074	38 388	21 126		50 000
酒泉市	73 103	–68 134	–48.24	23 699	9 528	49 404	27 321		
全省合计	**4 366 300**	**189 628**	**4.54**	**1 314 763**	**556 444**	**2 674 275**	**1 198 008**	**70 000**	**306 995**

交通银行股份有限公司甘肃省分地区人民币贷款统计

(2015年)　　单位：万元

地区＼项目	各项贷款	比年初 增减额	比年初 增减%	短期贷款	个人贷款及透支	单位贷款及透支	中长期贷款	个人贷款	单位贷款	票据融资	各项垫款
兰州市	2 199 357	207 954	10.44	689 067	11 912	677 154	1 417 438	224 409	1 193 029	88 462	4 091
天水市	180 023	40 164	28.72	28 021	1 638	26 384	151 397	25 335	126 062	553	
武威市											
平凉市	101 675	14 165		43 106	311	42 795	58 569	1 301	57 268		
庆阳市	149 941	22369		51 352	613	50 739	98 484	33 114	65 370	105	
酒泉市	77 097	6 793	9.66	37 402	352	37 050	39 479	9 269	30 210	216	
全省合计	**2 708 092**	**291 445**	**12.06**	**848 948**	**14 826**	**834 122**	**165 366**	**293 428**	**1 471 939**	**89 336**	**4 091**

交通银行股份有限公司甘肃省分行资产负债表

(2015 年)　　单位：万元（本外币合计）

资　产	期末余额	负债和股东权益	期末余额
资产		负债	
现金及银行存款	18 785	向中央银行借款	
存放中央银行款项	5 647	联行存放款项	
贵金属	808	同业及其他金融机构存放款项	541 542
存放联行款项	1 951 989	拆入资金	
存放同业款项	16 613	以公允价值计量且其变动计入当期损益的金融负债	406
拆出资金		衍生金融负债	
以公允价值计量且其变动计入当期损益的金融资产	7 406	卖出回购金融资产款	
衍生金融资产		吸收存款	4 093 602
买入返售金融资产		应付职工薪酬	4 207
应收款项类金融资产		应交税费	–2 046
应收利息	11 244	应付利息	35 237
其他应收款	5 715	其他应付款	31 445
发放贷款及垫款	2 695 909	预计负债	
可供出售金融资产		应付债券	
持有至到期投资		递延所得税负债	
长期股权投资		其他负债	162
投资性房地产		**负债合计**	**4 704 556**
固定资产	46 789	股东权益	
在建工程	144	实收资本（或股本）	
固定资产清理	38	资本公积	
无形资产	1 100	盈余公积	
商誉		未分配利润	60 964
长期待摊费用	1 929	**股东权益合计**	**60 964**
抵债资产			
递延所得税资产			
其他资产	1 403		
资产总计	**4 765 520**	**负债及股东权益合计**	**4 765 520**

资料来源：由交通银行股份有限公司甘肃省分行提供。

交通银行股份有限公司甘肃省分行利润表

(2015 年)　　单位：万元（本外币合计）

项　目	本期金额	项　目	本期金额
一、营业收入	125 382	二、营业支出	64 289
（一）利息净收入	106 057	（一）营业税金及附加	10 645
利息收入	205 407	（二）业务及管理费	42 922
利息支出	99 350	（三）资产减值损失（转回金额以“–”号填列）	5 882
（二）手续费及佣金净收入	16 112	（四）其他业务成本	4 841
手续费及佣金收入	18 670	三、营业利润（亏损以“–”号填列）	61 093
手续费及佣金支出	2 557	加：营业外收入	78
（三）投资收益（损失以“–”号填列）	–1 782	减：营业外支出	206
其中：对联营企业和合营企业的投资收益		四、利润总额（亏损以“–”号填列）	60 964
（四）公允价值变动收益（损失以“–”号填列）		减：所得税费用	
（五）汇兑收益（损失以“–”号填列）	–385	五、净利润（亏损以“–”号填列）	60 964
（六）其他业务收入	5 380		

资料来源：由交通银行股份有限公司甘肃省分行提供。

中国邮政储蓄银行股份有限公司甘肃省人民币信贷收支统计

(2015年)

单位：万元

资金来源项目	年末余额	比年初		资金运用项目	年末余额	比年初	
		增减额	增减%			增减额	增减%
一、各项存款	6 047 871	398 772	7.06	一、各项贷款	3 097 454	948 256	44.12
(一) 境内存款	6 047 823	399 011	7.06	(一) 境内贷款	3 097 454	948 256	44.12
1.个人存款	4 969 824	373 046	8.12	1.短期贷款	878 805	217 336	32.86
其中:活期储蓄存款	2 233 057	336 771	17.76	(1) 个人贷款及透支	252 329	74 782	42.12
定期储蓄存款	508 298	-826 879	-61.93	其中：个人消费贷款	23 462	19 451	484.89
结构性存款				(2) 单位贷款及透支	626 475	142 554	29.46
2.单位存款	1 077 926	26 147	2.49	经营贷款及透支	623 580	142 019	29.49
其中:活期存款	889 645	-52 864	-5.61	固定资产贷款	2 895	535	22.67
定期存款	101 024	31 275	44.84	2.中长期贷款	1 790 308	378 745	26.83
保证金存款	48 196	20 195	72.12	(1) 个人贷款	1 589 144	384 971	31.97
结构性存款				其中：个人消费贷款	553 857	262 669	90.21
3.国库定期存款				(2) 单位贷款	201 165	-6 226	-3.00
4.非存款类金融机构存款	73	-182	-71.44	经营贷款	28 436	19 319	211.91
(二) 境外存款	49	-240	-83.09	固定资产贷款	172 729	-25545	-12.88
二、代理财政性存款				3.票据融资	428 341	352 174	462.37
三、金融债券				(二) 境外贷款			
其中：境外发行				二、买入返售资产		-1 322 388	
四、卖出回购资产				三、存放中央银行存款	3 304	162	5.15
五、向中央银行借款	39 198	11 833	43.24	四、缴存中央银行财政性存款	2 337	2 336	
六、银行业存款类金融机构往来	21 745	18 337	538.17	五、银行业存款类金融机构往来	4 806	1 014	26.73
七、借款及非存款类金融机构拆入				六、联行往来	2 732 895	718 844	35.69
八、联行往来（净）				七、库存现金	39 409	2 129	5.71
九、外汇买卖（净）				八、应收及预付款	31 705	-2 877	-8.32
十、应付及暂收款	113 554	985	0.87	其中：应收利息	28 661	-4 335	-13.14
其中：应付利息	82 242	-4 060	-4.70	九、固定资产	34 454	128	0.37
十一、其他负债	1 005 088	307 571	44.10	十、其他资产	1 376 376	429 352	45.34
十二、所有者权益	30 365	15 265	101.10	十一、减：各项准备	64 921	24 193	59.40
其中：实收资本				其中：贷款损失准备	64 921	24 193	59.40
资金来源总计	**7 257 820**	**752 763**	**11.57**	**资金运用总计**	**7 257 820**	**752 763**	**11.57**

中国邮政储蓄银行股份有限公司甘肃省分地区人民币存款统计

(2015年)

单位：万元

项目 地区	各项存款	比年初		个人存款		单位存款		非存款类金融机构存款
		增减额	增减%		活期		活期	
兰州市	1 031 314	122 771	13.51	679 671	342 737	351 573	258 379	50
白银市	371 223	58 649	18.76	290 297	142 996	80 923	72 278	
天水市	974 790	104 709	12.03	870 895	423 212	103 857	96 614	22
嘉峪关市	164 762	–21 218	–11.41	138 064	35 943	26 698	9 327	
金昌市	188 069	30 135	19.08	146 340	43 988	41 729	37 262	
武威市	471 941	5 862	1.26	384 461	124 916	87 478	72 202	1
张掖市	187 518	–36 152	–16.16	163 983	71 512	23 536	21 885	
平凉市	390 366	16 457	4.40	346 222	115 678	44 143	34 076	
庆阳市	700 284	92 090	15.14	632 014	284 560	68 270	57 773	
酒泉市	196 382	–40569	–17.12	158 248	63 021	38 134	30 225	
定西市	454 129	–15 059	–3.21	334 519	144559	119 609	113 651	
陇南市	558 959	39 818	7.67	499 331	260 450	59 627	59 211	
临夏州	267 852	30 848	13.02	239 665	138 253	28 184	22 595	
全省合计	**6 047 871**	**398 772**	**7.06**	**4 969 824**	**2 233 057**	**1 077 926**	**889 645**	**73**

中国邮政储蓄银行股份有限公司甘肃省分地区人民币贷款统计

(2015年)

单位：万元

项目 地区	各项贷款	比年初		短期贷款			中长期贷款			票据融资
		增减额	增减%		个人贷款及透支	单位贷款及透支		个人贷款	单位贷款	
兰州市	1213 821	533 129	78.32	292 320	10 959	281 361	493 160	348 773	144 388	428341
白银市	163 798	25 439	18.39	36 412	4 583	31 829	127 386	111 225	16 161	
天水市	169421	38 105	29.02	77 345	24 996	52 349	92 076	91 037	1 039	
嘉峪关市	57 663	19 469	50.97	25 889	10 359	15 530	31 774	24 758	7 016	
金昌市	103 572	26 555	34.48	46 156	29 416	16 740	57 416	56 907	509	
武威市	181 869	33 732	22.77	52 256	16 746	35 510	129 613	128 030	1 583	
张掖市	179 089	18 107	11.25	29 863	21 888	7 975	149226	145 473	3 753	
平凉市	162 681	33 107	25.55	71 244	24 487	46 757	91 436	85 626	5 810	
庆阳市	238 278	24 433	11.43	69 593	11 202	58 391	168 685	167 925	760	
酒泉市	145 573	61 527	73.21	52 929	33 586	19 343	92 644	90 860	1 784	
定西市	206 278	43 492	26.72	59 428	17 473	41 955	146 851	140 029	6 822	
陇南市	111 240	44 828	67.50	35 000	25 304	9 696	76 240	76 240		
临夏州	113 706	23 237	25.68	27 718	19 178	8 540	85 989	85 176	812	
甘南州	50 465	23 096	84.39	2 654	2 154	500	47 811	37 084	10 726	
全省合计	**3 097 454**	**948 256**	**44.12**	**878 805**	**252 329**	**626 475**	**1 790 308**	**1 589 144**	**201 165**	**428 341**

中国邮政储蓄银行股份有限公司甘肃省分行资产负债表

（2015 年）

单位：万元

资　产	期末余额	负债和股东权益	期末余额
资产		负债	
现金及银行存款	39 412	向中央银行借款	
存放中央银行款项	5 642	联行存放款项	
贵金属		同业及其他金融机构存放款项	21 817
存放联行款项	3 281 978	拆入资金	
存放同业款项	4 806	交易性金融负债	
拆出资金		衍生金融负债	
交易性金融资产		卖出回购金融资产款	39 198
衍生金融资产		吸收存款	6 050 315
买入返售金融资产		应付职工薪酬	319
应收款项类金融资产		应交税费	6 884
应收利息	13 681	应付利息	73 000
其他应收款	241	其他应付款	9 655
发放贷款和垫款	3 027 281	预计负债	
可供出售金融资产		应付债券	
持有至到期投资		递延所得税负债	
长期股权投资		其他负债	614 115
投资性房地产		**负债合计**	**6 815 303**
固定资产	34 138	股东权益	
在建工程	316	实收资本（或股本）	
固定资产清理		其中：国有资本	
无形资产	1 341	外商资本	
商誉		资本公积	
长期待摊费用	2 500	减：库存股	
抵债资产		盈余公积	
递延所得税资产		一般风险准备	
其他资产	436 920	未分配利润	32 951
		外币报表折算差额	
		归属于母公司所有者权益合计	
		少数股东权益	
		股东权益合计	**32 951**
资产总计	**6 848 254**	**负债和股东权益总计**	**6 848 254**

资料来源：由中国邮政储蓄银行股份有限公司甘肃省分行提供。

中国邮政储蓄银行股份有限公司甘肃省分行利润表

（2015 年）

单位：万元

项　目	本期金额	项　目	本期金额
一、营业收入	218 155	二、营业支出	182 554
（一）利息净收入	212 642	（一）营业税金及附加	10 100
利息收入	422 914	（二）业务及管理费	145 032
利息支出	210 272	（三）资产减值损失	26 579
（二）手续费及佣金净收入	4 236	（四）其他业务成本	843
手续费及佣金收入	16 979	三、营业利润（亏损以“-”号填列）	35 602
手续费及佣金支出	12 743	加：营业外收入	1 646
（三）投资收益（损失以“-”号填列）		减：营业外支出	234
其中：对联营企业和合营企业的投资收益		四、利润总额（亏损总额以“-”号填列）	37 014
（四）公允价值变动收益（损失以“-”号填列）		减：所得税费用	4 063
（五）汇兑收益（损失以“-”号填列）	2	五、净利润（净亏损以“-”号填列）	32 952
（六）其他业务收入	1 276		

资料来源：由中国邮政储蓄银行股份有限公司甘肃省分行提供。

招商银行股份有限公司兰州分行人民币信贷收支统计

(2015 年)　　　　单位：万元

资金来源项目	年末余额	比年初		资金运用项目	年末余额	比年初	
		增减额	增减%			增减额	增减%
一、各项存款	3 994 016	330 896	9.03	一、各项贷款	2 484 552	439 396	21.48
(一) 境内存款	3 992 156	330 082	9.01	(一) 境内贷款	2 484 462	439 394	21.49
1.个人存款	1 164 405	-14 145	-1.20	1.短期贷款	1 012 887	158 045	18.49
其中:活期储蓄存款	730 118	61 304	9.17	(1) 个人贷款及透支	166 987	-61 363	-26.87
定期储蓄存款	362 015	-112 851	-23.76	其中：个人消费贷款	3 917	571	17.07
结构性存款	52 175	26 425	102.62	(2) 单位贷款及透支	845 900	219 408	35.02
2.单位存款	2 348 230	55 735	2.43	经营贷款及透支	796 848	197 104	32.86
其中:活期存款	1184 634	-140 457	-10.60	固定资产贷款	35 390	35 390	
定期存款	753 285	153 362	25.56	贸易融资	13 662	-13 086	-48.92
保证金存款	144 470	-29 762	-17.08	2.中长期贷款	1 370 941	300 749	28.10
结构性存款	134 700	35 564	35.87	(1) 个人贷款	497 438	155 287	45.39
3.国库定期存款				其中：个人消费贷款	332 345	72 113	27.71
4.非存款类金融机构存款	479 521	288 492	151.02	(2) 单位贷款	873 503	145 462	19.98
(二) 境外存款	1 860	814	77.82	经营贷款	260 876	126 379	93.96
二、代理财政性存款	2 856	1 683	143.48	固定资产贷款	612 627	27 083	4.63
三、金融债券				并购贷款		-8 000	
其中：境外发行				3.票据融资	100 634	-19 400	-16.16
四、卖出回购资产	42 501	42 501		(二) 境外贷款	90	2	2.27
五、向中央银行借款	96 363	32 452	50.78	二、股权及其他投资	298 776	227 976	322.00
六、银行业存款类金融机构往来	87 343	-275 546	-75.93	三、买入返售资产	138 864	74 953	117.28
七、借款及非存款类金融机构拆入				四、存放中央银行存款	11 046	-6 451	-36.87
八、联行往来 (净)				五、缴存中央银行财政性存款	2 960	1 858	168.60
九、外汇买卖 (净)	185	162	704.35	六、银行业存款类金融机构往来	25 171	-30 070	-54.43
十、应付及暂收款	74 673	-6 467	-7.97	七、存放非存款类金融机构款项	1		
其中：应付利息	54 158	-496	-0.91	八、联行往来	1 413 228	-581 689	-29.16
十一、其他负债	14 986	2 986	24.88	九、库存现金	17 904	296	1.68
十二、所有者权益	49 187	-13 381	-21.39	十、应收及预付款	8 393	2 226	36.10
其中：实收资本				其中：应收利息	7 498	1 761	30.70
				十一、固定资产	6 361	-574	-8.28
				十二、其他资产	12 279	5 942	93.77
				十三、减：各项准备	57 425	18 577	47.82
				其中：贷款损失准备	56 803	18 519	48.37
资金来源总计	**4 362 110**	**115 286**	**2.71**	**资金运用总计**	**4 362 110**	**115 286**	**2.71**

招商银行股份有限公司兰州分行资产负债表

(2015 年)

单位：万元

资　产	期末余额	负债和股东权益	期末余额
资产		负债	
现金及存放同业	1 525 273	短期存款	1 654 293
短期贷款	967 202	联行及同业存款	442 231
进出口押汇		应付款项	17 427
贴现	99 700	其他流动负债	1 559 538
买入返售款项	138 227	长期存款	550 100
应收及其他应收款	310 420	其他长期负债	142 258
待摊费用	3 046	**负债合计**	**4 365 847**
中长期贷款	1 406 168	股东权益	
逾期贷款	10 548	股本	
呆账准备	–5 6803	公积金	
固定资产净值	6 360	未分配利润	49 656
无形、递延及其他资产	5 362	**股东权益合计**	**4 9656**
资产总计	**4 415 503**	**负债和股东权益总计**	**4 415 503**

资料来源：由招商银行股份有限公司兰州分行计划财务部提供。

招商银行股份有限公司兰州分行利润表

(2015 年)

单位：万元

项　目	本期金额	项　目	本期金额
贷款利息收入	130 215	存款及债券利息支出	64 370
国际贸易融资利息收入	1 119	金融机构往来支出	124 758
金融机构往来收入	181 621	业务管理费	89 025
其他营业收入	25 993	其他营业支出	2 931
营业外收入	9	营业税金及附加	8 192
		营业外支出	26
各项收入	**338 957**	**各项支出**	**289 302**
		纯益	**49 655**
合计	**338 957**	**合计**	**338 957**

资料来源：由招商银行股份有限公司兰州分行计划财务部提供。

上海浦东发展银行股份有限公司兰州分行人民币信贷收支统计

(2015年)

单位：万元

资金来源项目	年末余额	比年初		资金运用项目	年末余额	比年初	
		增减额	增减%			增减额	增减%
一、各项存款	3 366 819	542 874	19.22	一、各项贷款	2 772 211	385 202	16.14
(一) 境内存款	3 365 904	542 119	19.20	(一) 境内贷款	2 772 157	385 148	16.14
1.个人存款	798 524	241 683	43.40	1.短期贷款	1 582 905	290 991	22.52
其中:活期储蓄存款	105 278	-3 537	-3.25	(1) 个人贷款及透支	349 005	99 815	40.06
定期储蓄存款	60 649	-210 001	-77.59	其中：个人消费贷款	103 617	53 392	106.31
结构性存款	415 873	368 305	774.27	(2) 单位贷款及透支	1 233 900	191 176	18.33
2.单位存款	2 460 671	311 579	14.50	经营贷款及透支	1 047 164	188 224	21.91
其中:活期存款	860 513	-84 037	-8.90	固定资产贷款	269	269	
定期存款	43 247	-81 353	-65.29	贸易融资	186 467	2 683	1.46
保证金存款	578 275	-33 902	-5.54	2.中长期贷款	1 062 819	72 866	7.36
结构性存款	695 335	570 385	456.49	(1) 个人贷款	321 264	93 015	40.75
3.国库定期存款				其中：个人消费贷款	198 124	62 669	46.27
4.非存款类金融机构存款	106 709	-11 143	-9.46	(2) 单位贷款	741 555	-20 149	-2.65
(二) 境外存款	915	755	471.88	经营贷款	67 387	13 735	25.60
二、代理财政性存款				固定资产贷款	674 168	-33 884	-4.79
三、金融债券				3.票据融资	126 350	21 208	20.17
其中：境外发行				4.各项垫款	83	83	
四、卖出回购资产	220 825	220 825		(二) 境外贷款	54	54	
五、向中央银行借款	92 216	-7 347	-7.38	二、债券投资	2 479 404	1 908 293	334.14
六、银行业存款类金融机构往来	860 563	-845 408	-49.56	三、买入返售资产	477 895	-221 919	-31.71
七、借款及非存款类金融机构拆入				四、存放中央银行存款	4 079	-4 257	-51.07
八、联行往来（净）	1 420 266	1 420 266		五、银行业存款类金融机构往来	359 632	-52 871	-12.82
九、外汇买卖（净）	47	47		六、联行往来		-691 459	
十、应付及暂收款	47 738	-58 052	-54.87	七、外汇买卖（净）		-69	
其中：应付利息	14 431	1 406	10.79	八、库存现金	6 471	-164	-2.47
十一、其他负债	11 173	2	0.02	九、应收及预付款	35 109	-52 830	-60.08
十二、所有者权益	97 641	-1 240	-1.25	其中：应收利息	10 717	6 062	130.23
其中：实收资本				十、固定资产	21 359	9 679	82.87
				十一、其他资产	2 953	-1 613	-35.33
				十二、减：各项准备	41 825	6 025	16.83
				其中：贷款损失准备	39 082	6 063	18.36
资金来源总计	**6 117 288**	**1 271 967**	**26.25**	**资金运用总计**	**6 117 288**	**1 271 967**	**26.25**

上海浦东发展银行股份有限公司兰州分行分地区人民币存款统计

(2015 年)

单位：万元

项目 地区	各项存款	比年初		个人存款		单位存款		非存款类金融机构存款
		增减额	增减%		活期		活期	
兰州市	3 240 603	505 163	18.47	796 419	105 273	2 336 560	832 441	106 709
酒泉市	126 216	37 711	42.61	2105	5	124 111	28 072	
全省合计	**3 366 819**	**542 874**	**19.22**	**798 524**	**105 278**	**2 460 671**	**860 513**	**106 709**

上海浦东发展银行股份有限公司兰州分行分地区人民币贷款统计

(2015 年)

单位：万元

项目 地区	各项贷款	比年初		短期贷款			中长期贷款			票据融资	各项垫款
		增减额	增减%		个人贷款及透支	单位贷款及透支		个人贷款	单位贷款		
兰州市	2 579 127	348 041	15.60	1 465 634	311 424	1 154 210	993 660	304 205	689 455	119 696	83
酒泉市	193 084	37161	23.83	117 271	37 581	79 690	69 159	17 059	52 100	6 654	
全省合计	**2 772 211**	**385 202**	**16.14**	**1 582 905**	**349 005**	**1 233 900**	**1 062 819**	**321 264**	**741 555**	**126 350**	**83**

上海浦东发展银行股份有限公司兰州分行资产负债表

(2015 年)　　　　单位：万元

资　产	期末余额	负债和股东权益	期末余额
资产		负债	
现金	6 623	向中央银行借款	
存放中央银行款项	4 079	同业存放款项	866 671
存放同业	79 639	拆入资金	
贵金属		衍生金融负债	
拆出资金		卖出回购金融资产款	313 041
交易性金融资产		短期存款	1 834 312
加或减：交易性金融资产公允价值调整		短期储蓄存款	666 166
衍生金融资产		存入短期保证金	98 496
买入返售金融资产	477 895	长期存款	101 621
应收利息	10 165	长期储蓄存款	18 665
短期贷款	1 532 109	存入长期保证金	743 041
贴现	126 350	发行单位大额存单	11 300
进出口押汇		发行个人大额存单	100
中期贷款	334 212	应解汇款及临时存款	5 730
长期贷款	777 082	汇出汇款	
逾期贷款	3 387	资产托管存款	35 291
减：贷款呆帐准备	39 081	应付职工薪酬	141
可供出售金融资产		应交税费	2 968
加或减：可供出售金融资产公允价值调整		应付利息	14 339
减：可供出售金融资产减值准备		发行同业存单	
持有至到期投资		发行长期债券	
减：持有至到期投资减值准备		递延所得税负债	
分为贷款和应收款的金融资产	2 759 404	委托资金	
减：分为贷款和应收款的金融资产减值准备	2 706	财政性存款	
长期股权投资		其他应付款	5 932
减：长期股权投资减值准备		应付利润	
固定资产	17 846	预提费用	
减：累计折旧	6 487	其他流动负债	2 390 526
减：固定资产减值准备		其他长期负债	2 128
固定资产清理		**负债合计**	**7 110 468**
在建工程	10 000	股东权益	
减：在建工程减值准备		实收资本	
无形资产	86	其他权益工具	
减：无形资产累计摊销	23	资本公积	
减：无形资产减值准备		盈余公积	
递延所得税资产		一般风险准备	
其他应收款	2 774	未分配利润	97 735
减：坏账准备	38	**所有者权益合计**	**97 735**
其他流动资产	950		
长期待摊费用	2 611		
待处理抵债资产			
减：抵债资产跌价准备			
其他长期资产	1 111 328		
减：其他非贷款资产减值准备			
资产合计	**7 208 203**	**负债及股东权益总计**	**7 208 203**

资料来源:由上海浦东发展银行股份有限公司兰州分行提供。

上海浦东发展银行股份有限公司兰州分行利润表

(2015 年)　　　　单位：万元

项　目	本期金额	项　目	本期金额
一、营业收入	162 585	二、营业支出	64 919
利息收入	246 696	营业税金及附加	11 532
金融机构往来利息收入	46 940	营业费用	36 333
系统内往来收入	158 060	资产减值损失	13 884
利息支出	38 715	其他营业支出	3 171
金融机构往来利息支出	52 078	三、营业利润（亏损以“–”号填列）	97 667
系统内往来支出	221 627	加：营业外收入	169
手续费收入	22 808	减：营业外支出	101
手续费支出	297	四、利润总额（亏损总额以“–”号填列）	97 735
汇兑收益	98		
汇兑损失			
其他营业收入	700		

资料来源：由上海浦东发展银行股份有限公司兰州分行提供。

中信银行股份有限公司兰州分行人民币信贷收支统计

(2015年)

单位：万元

资金来源项目	年末余额	比年初		资金运用项目	年末余额	比年初	
		增减额	增减%			增减额	增减%
一、各项存款	1 394 109	87 292	6.68	一、各项贷款	1 269 179	218 022	20.74
(一) 境内存款	1 394 084	87 294	6.68	(一) 境内贷款	1 269 143	217 987	20.74
1.个人存款	188 343	-32 185	-14.59	1.短期贷款	456 316	151 328	49.62
其中:活期储蓄存款	62 166	734	1.19	(1) 个人贷款及透支	19 779	3 821	23.95
定期储蓄存款	92 942	-18 939	-16.93	其中：个人消费贷款	8 756	5 275	151.51
结构性存款	25 642	-7 294	-22.14	(2) 单位贷款及透支	436 537	147 506	51.03
2.单位存款	1 078 369	86 162	8.68	经营贷款及透支	408 288	143 257	54.05
其中:活期存款	428 081	-43 547	-9.23	贸易融资	28 249	4 249	17.70
定期存款	190 209	-21 326	-10.08	2.中长期贷款	638 803	132 380	26.14
保证金存款	132 423	-14 760	-10.03	(1) 个人贷款	211 603	85 030	67.18
结构性存款	31 000	-30 000	-49.18	其中：个人消费贷款	175 875	76 525	77.03
3.国库定期存款				(2) 单位贷款	427 200	47 350	12.47
4.非存款类金融机构存款	127 372	33 317	35.42	经营贷款	17 000	-16 300	-48.95
(二) 境外存款	25	-2	-7.73	固定资产贷款	410 200	63 650	18.37
二、代理财政性存款				3.票据融资	172 952	-66 793	-27.86
三、金融债券				4.各项垫款	1 072	1 072	
其中：境外发行				(二) 境外贷款	35	35	
四、卖出回购资产				二、债券投资		-161	
五、向中央银行借款	73 991	28 945	64.26	三、买入返售资产		-41 599	
六、银行业存款类金融机构往来	275 736	-129 911	-32.03	四、存放中央银行存款	3 848	-7 352	-65.64
七、借款及非存款类金融机构拆入				五、缴存中央银行财政性存款	15	15	
八、联行往来 (净)				六、银行业存款类金融机构往来	16 624	15 726	1 750.99
九、外汇买卖 (净)				七、联行往来	481 406	-199 450	-29.29
十、应付及暂收款	25 169	1 865	8.00	八、外汇买卖 (净)	1 282	415	47.95
其中：应付利息	9 077	-428	-4.50	九、库存现金	4 354	-1 418	-24.56
十一、其他负债	13 868	-3567	-20.46	十、应收及预付款	32 380	2 330	7.75
十二、所有者权益	22 200	820	3.83	其中：应收利息	3 933	2 082	112.52
其中：实收资本				十一、固定资产	3 083	528	20.66
				十二、其他资产	5 067	1 433	39.45
				十三、减：各项准备	12 165	3 047	33.42
				其中：贷款损失准备	12 121	3 040	33.48
资金来源总计	**1 805 072**	**-14 557**	**-0.80**	**资金运用总计**	**1 805 072**	**-14 557**	**-0.80**

中信银行股份有限公司兰州分行资产负债表

(2015年) 单位：万元

资　产	期末余额	负债和股东权益	期末余额
资产		负债	
现金及存放中央银行款项	8 271	向中央银行借款	
存放同业款项	16 801	同业及其他金融机构存放款项	322 623
贵金属		拆入资金	
拆出资金		以公允价值计量且其变动计入当期损益的金融负债	
以公允价值计量且其变动计入当期损益的金融资产		衍生金融负债	
衍生金融资产		卖出回购金融资产款	73 429
买入返售金融资产		吸收存款	1 353 290
应收利息	3 959	应付职工薪酬	3 647
发放贷款和垫款	1 260 314	应交税费	6 839
可供出售金融资产		应付利息	9 078
持有至到期投资		预计负债	
应收款项类投资		已发行债务凭证	
长期股权投资		联行存放	27 066
固定资产	3 083	其他负债	6 757
无形资产	55	**负债合计**	**1 802 731**
递延所得税资产	676	股东权益	
存放联行	510 414	拨入营运资金	10 000
其他资产	31 945	未分配利润	22 788
		股东权益合计	**32 788**
资产总计	**1 835 518**	**负债及股东权益总计**	**1 835 518**

资料来源：由中信银行股份有限公司兰州分行提供。

中信银行股份有限公司兰州分行利润表

(2015年) 单位：万元

项　目	本期金额	项　目	本期金额
一、营业收入	57 037	二、营业支出	25 820
利息净收入	44 016	营业税金及附加	4 314
利息收入	93 096	业务及管理费	18 630
利息支出	49 080	资产减值损失	2 876
手续费及佣金净收入	10 198	其他业务成本	
手续费及佣金收入	10 480	三、营业利润	31 217
手续费及佣金支出	283	加：营业外收入	45
投资收益/(损失)	1 112	减：营业外支出	38
公允价值变动收益/(损失)		四、利润总额	31 225
汇兑收益/(损失)	171	减:所得税费用	8 437
系统内往来收支	1 539	五、净利润	22 788
其他业务收入			

资料来源：由中信银行股份有限公司兰州分行提供。

浙商银行股份有限公司兰州分行人民币信贷收支统计

(2015年)

单位：万元

资金来源项目	年末余额	比年初		资金运用项目	年末余额	比年初	
		增减额	增减%			增减额	增减%
一、各项存款	1 724 010	681 947	65.44	一、各项贷款	1 185 879	503 218	73.71
(一) 境内存款	1 724 010	681 947	65.44	(一) 境内贷款	1 185 879	503 218	73.71
1.个人存款	40 031	25 149	168.99	1.短期贷款	501 373	315 226	169.34
其中:活期储蓄存款	7 508	-126	-1.65	(1) 个人贷款及透支	59 292	8 184	16.01
定期储蓄存款	32 468	25 388	358.58	其中：个人消费贷款	340	-264	-43.71
结构性存款				(2) 单位贷款及透支	442 081	307 042	227.37
2.单位存款	1 563 963	587 275	60.13	经营贷款及透支	410 733	275 694	204.16
其中:活期存款	443 899	201 874	83.41	固定资产贷款	5 758	5 758	
定期存款	762 838	282 674	58.87	贸易融资	25 590	25 590	
保证金存款	187 601	61 788	49.11	2.中长期贷款	684 206	187 691	37.80
结构性存款				(1) 个人贷款	65 302	38 102	1 40.08
3.国库定期存款				其中：个人消费贷款	622	622	
4.非存款类金融机构存款	120 015	69 523	137.69	(2) 单位贷款	618 905	149 590	31.87
(二) 境外存款				经营贷款	263 895	300	0.11
二、代理财政性存款				固定资产贷款	355 009	149 289	72.57
三、金融债券				3.票据融资	300	300	
其中：境外发行				(二) 境外贷款			
四、卖出回购资产				二、股权及其他投资	361 171	311 171	622.34
五、向中央银行借款	39 968	-9 485	-19.18	三、买入返售资产	39 930	-182 153	-82.02
六、银行业存款类金融机构往来	115 000	15 000	15.00	四、存放中央银行存款		-9 843	
七、借款及非存款类金融机构拆入				五、银行业存款类金融机构往来	40 604	39 519	3 642.67
八、联行往来 (净)				六、联行往来	263 838	1 962	0.75
九、外汇买卖 (净)				七、库存现金	409	128	45.41
十、应付及暂收款	4 111	1 027	33.30	八、应收及预付款	6 847	4 111	150.29
其中：应付利息				其中：应收利息	6 771	4 091	152.65
十一、其他负债	10 766	-2 135	-16.55	九、固定资产	855	42	5.14
十二、所有者权益	14 249	-11 175	-43.95	十、其他资产	8 570	7 025	454.88
资金来源总计	**1 908 103**	**675 180**	**54.76**	**资金运用总计**	**1 908 103**	**675 180**	**54.76**

浙商银行股份有限公司兰州分行资产负债表

(2015 年) 单位：万元

资　产	期末余额	负债和所有者权益	期末余额
资产		负债	
现金及存放中央银行款项	409	向中央银行借款	
贵金属		同业及其他金融机构存放款项	135 015
存放同业及其他金融机构款项	549 629	拆入资金	285 076
拆出资金		交易性金融负债	
交易性金融资产		衍生金融负债	
衍生金融资产		贴现负债	
买入返售金融资产	39 930	吸收存款	1 704 105
应收利息	6 771	其中：各项存款	1 704 105
发放贷款和垫款	1 185 873	财政预算存款	
其中：贷款	1 185 579	汇出汇款	
票据贴现	293	卖出回购金融资产款	39 968
减值准备		预计负债	
可供出售金融资产		应付职工薪酬	3 041
持有至到期投资		应交税费	1 006
贷款和应收款项类投资	408 066	应付利息	
长期股权投资		应付债券	
固定资产	855	递延所得税负债	
无形资产	18	其他负债	10 830
递延所得税资产		**负债合计**	2 179 041
其他资产	1 738	所有者权益	
		实收资本（或股本）	
		资本公积	
		其中:股本溢价	
		可供出售金融资产公允价值变动	
		盈余公积	
		一般风险准备	
		未分配利润	14 249
		所有者权益合计	14 249
资产总计	**2 193 290**	**负债和所有者权益总计**	**2 193 290**

资料来源：由浙商银行股份有限公司兰州分行提供。

浙商银行股份有限公司兰州分行利润表

(2015 年) 单位：万元

项　目	本期金额	项　目	本期金额
一、营业收入	46 630	二、营业支出	29 406
利息净收入	40 004	业务及管理费	14 752
利息收入	98 210	资产减值损失	10 883
利息支出	58 206	营业税金及附加	3 771
手续费及佣金净收入	5 131	三、营业利润	17 224
手续费及佣金收入	5 163	加:营业外收入	4
手续费及佣金支出	32	减:营业外支出	8
投资收益（损失以“–”号填列）	1 436	加：以前年度损益调整	
公允价值变动收益（损失以“–”号填列）		四、利润总额	17 221
汇兑收益（损失以“–”号填列）		减:所得税费用	2 972
其他业务收入	58	五、净利润	14 249

资料来源：由浙商银行股份有限公司兰州分行提供。

中国光大银行股份有限公司兰州分行人民币信贷收支统计

(2015年)

单位：万元

资金来源项目	年末余额	比年初		资金运用项目	年末余额	比年初	
		增减额	增减%			增减额	增减%
一、各项存款	1 271 105	734 534	136.89	一、各项贷款	932 418	569 882	157.19
(一) 境内存款	1 271 105	734 560	136.91	(一) 境内贷款	932 418	569 882	157.19
1.个人存款	76 053	14 069	22.70	1.短期贷款	305 816	74 370	32.13
其中:活期储蓄存款	35 285	7 701	27.92	(1) 个人贷款及透支	7 532	1 736	29.95
定期储蓄存款	4 686	861	22.51	其中：个人消费贷款	2224	2063	1281.37
结构性存款	35 802	5 484	18.09	(2) 单位贷款及透支	298 284	72 634	32.19
2.单位存款	884 580	436 878	97.58	经营贷款及透支	290 948	65 298	28.94
其中:活期存款	681 083	403 338	145.22	贸易融资	7 336	7 336	
定期存款	64 688	38 254	144.72	2.中长期贷款	558 948	453 935	432.27
保证金存款	49 955	8 250	19.78	(1) 个人贷款	34 084	20 365	148.44
结构性存款	41 000	27 000	192.86	其中：个人消费贷款	10 568	7 260	219.47
3.国库定期存款				(2) 单位贷款	524 864	433 570	474.92
4.非存款类金融机构存款	310 472	283 613	1 055.93	经营贷款	7 000	−18 000	−72.00
(二) 境外存款		−26		固定资产贷款	517 864	451 570	681.16
二、代理财政性存款				3.票据融资	67 654	41 577	159.44
三、金融债券				(二) 境外贷款			
其中：境外发行				二、债券投资	81	4	5.19
四、卖出回购资产				三、股权及其他投资		−67 500	
五、向中央银行借款	19 960	9 318	87.56	四、买入返售资产		−10 642	
六、银行业存款类金融机构往来	205 277	115 057	127.53	五、存放中央银行存款	311	−2 387	−88.47
七、借款及非存款类金融机构拆入				六、银行业存款类金融机构往来	909	281	44.75
八、联行往来（净）				七、联行往来	562 500	385 347	217.52
九、外汇买卖（净）				八、库存现金	1 821	265	17.03
十、应付及暂收款	7418	3769	103.29	九、应收及预付款	1 613	−1 047	−39.36
其中：应付利息	3 661	2 589	241.51	其中：应收利息	1 440	−1 091	−43.11
十一、其他负债	16 007	1 973	14.06	十、固定资产	28 348	−1 205	−4.08
十二、所有者权益	−766	2716	−78.00	十一、其他资产	2 064	579	38.99
其中：实收资本				十二、减：各项准备	11 064	6 210	127.94
				其中：贷款损失准备	11 064	6 210	127.94
资金来源总计	**1 519 001**	**867 367**	**133.11**	**资金运用总计**	**1 519 001**	**867 367**	**133.11**

中国光大银行股份有限公司兰州分行资产负债表

(2015 年)　　单位：万元（本外币合计）

资　产	期末余额	负债和股东权益	期末余额
资产		负债	
现金及银行存款	1 867	对公存款	1 184 933
贵金属		储蓄存款	77 110
存放中央银行款项	311	财政性存款	
存放同业款项	911	向中央银行借款	
存放联行款项	548 965	同业存放款项	215 441
拆出资金		联行存放款项	
买入返售金融资产		同业拆入款项	
发放贷款和垫款	857 429	卖出回购金融资产款	19 928
贸易融资	7 311	应解汇款	
贴现	67 173	汇出汇款	
信贷资产减值准备	11 064	应付利息	3 670
应收利息	1 438	其他应付款	585
其他应收款	131	交易性金融负债	
交易性金融资产		衍生金融负债	
衍生金融资产		应付债券	
可供出售金融资产		长期借款	
持有至到期投资	81	应付职工薪酬	1 884
长期股权投资		应交税费	743
应收款项类投资		应付股利	
固定资产原值	32 518	预计负债	33
减：累计折旧	4 170	递延所得税负债	
固定资产净值	28 348	其他负债	328
投资性房地产		**负债合计**	**1 504 655**
固定资产清理		股东权益	
在建工程		股本	
无形资产	68	资本公积	
商誉		盈余公积	
长期待摊费用	1 026	一般风险准备	
抵债资产		未分配利润	86
递延所得税资产		其中：本年利润	
其他资产	746	**股东权益合计**	**86**
资产总计	**1 504 740**	**负债和股东权益总计**	**1 504 740**

资料来源：由中国光大银行股份有限公司兰州分行提供。

中国光大银行股份有限公司兰州分行利润表

(2015 年)　　单位：万元（本外币合计）

项　目	本期金额	项　目	本期金额
一、营业收入	18,912	二、营业支出	18 213
利息净收入	17 559	营业税金及附加	1 772
利息收入	28 089	业务管理费用	10 595
利息支出	10 587	资产减值损失	5 837
金融企业往来收入	14 034	其他业务成本	9
金融企业往来支出	13 977	三、营业利润	699
手续费及佣金净收入	1 343	加：营业外收入	340
手续费及佣金收入	1 749	减：营业外支出	4
手续费及佣金支出	406	四、利润总额	1 034
投资收益		减：所得税	948
公允价值变动收益		五、净利润	86
汇兑收益	9		
其他业务收入	1		

资料来源：由中国光大银行股份有限公司兰州分行提供。

兴业银行股份有限公司兰州分行人民币信贷收支统计

(2015年)

单位：万元

资金来源项目	年末余额	比年初		资金运用项目	年末余额	比年初	
		增减额	增减%			增减额	增减%
一、各项存款	2 119 024	1 024 941	93.68	一、各项贷款	766 822	-66 657	-8.00
（一）境内存款	2 119 024	1 024 941	93.68	（一）境内贷款	766 822	-66 657	-8.00
1.个人存款	178 442	73 738	70.43	1.短期贷款	463 806	-234 179	-33.55
其中:活期储蓄存款	117 781	44 939	61.69	(1) 个人贷款及透支	36 298	18 862	108.17
定期储蓄存款	36 899	23 455	174.47	其中：个人消费贷款	7 760	2 435	45.72
结构性存款	17 729	15 991	919.69	(2) 单位贷款及透支	427 508	-233 040	-35.28
2.单位存款	1 425 800	448 910	45.95	经营贷款及透支	423 019	-177 272	-29.53
其中:活期存款	345 265	-327 488	-48.68	贸易融资	4 489	-55 768	-92.55
定期存款	121 346	70 125	136.91	(3) 非存款类金融机构贷款		-20 000	
保证金存款	374 297	298 166	391.65	2.中长期贷款	269 162	145 545	117.74
结构性存款	347 530	285 630	461.44	(1) 个人贷款	65 883	41 705	172.49
3.国库定期存款				其中：个人消费贷款	46 884	30 621	188.30
4.非存款类金融机构存款	514 782	502 293	4 022.05	(2) 单位贷款	203 279	103 840	104.43
（二）境外存款				经营贷款	54 006	140	0.26
二、代理财政性存款				固定资产贷款	99 273	53 700	117.83
三、金融债券				贸易融资	50 000	50 000	
其中：境外发行				3.票据融资	33 250	21 372	179.93
四、卖出回购资产				4.各项垫款	605	605	
五、向中央银行借款		-9 900		（二）境外贷款			
六、银行业存款类金融机构往来	1 458 190	108 702	8.06	二、股权及其他投资		-80 000	
七、借款及非存款类金融机构拆入				三、买入返售资产	80 000	-665 273	-89.27
八、联行往来（净）				四、存放中央银行存款	13 579	11 099	447.45
九、外汇买卖（净）				五、银行业存款类金融机构往来	5 985	-11 398	-65.57
十、应付及暂收款	19 004	8 301	77.55	六、存放非存款类金融机构款项	1		
其中：应付利息	11 907	4 396	58.53	七、联行往来	2 782 543	1 656 415	147.09
十一、其他负债	15 422	-327 795	-95.51	八、库存现金	2 408	-327	-11.95
十二、所有者权益	42 049	26 152	164.50	九、应收及预付款	4 102	-2 741	-40.06
其中：实收资本				其中：应收利息	2 338	-4 315	-64.86
				十、固定资产	2 279	718	45.97
				十一、其他资产	8 729	-9 203	-51.32
				十二、减：各项准备	12 761	2 232	21.20
				其中：贷款损失准备	12 761	2 272	21.67
资金来源总计	**3 653 688**	**830 401**	**29.41**	**资金运用总计**	**3 653 688**	**830 401**	**29.41**

兴业银行股份有限公司兰州分行资产负债表

(2015年)　　　　单位：万元（本外币合计）

资　产	期末余额	负债和股东权益	期末余额
资产		负债	
现金及存放中央银行款项	16 009	向中央银行借款	
存放同业款项	5 994	同业及其他金融机构存放款项	1 979 485
贵金属		拆入资金	
拆出资金		交易性金融负债	
交易性金融资产		衍生金融负债	
衍生金融资产		卖出回购金融资产款	
买入返售金融资产	80 000	吸收存款	1 823 842
应收利息	2 339	应付职工薪酬	4 848
发放贷款及垫款	754 068	应交税费	1 257
可供出售金融资产		应付利息	13 798
持有至到期投资		预计负债	
应收款项类投资		应付债券	
长期股权投资		递延所得税负债	
投资性房地产		其他负债	12 088
固定资产	2 279	**负债合计**	**3 835 319**
在建工程		股东权益	
无形资产	19	股本	
递延所得税资产		资本公积	
其他资产	3 014 805	盈余公积	
		一般风险准备	
		未分配利润	40 194
		减：库存股	
		股东权益合计	**40 194**
资产总计	**3 875 512**	**负债和股东权益总计**	**3 875 512**

资料来源：由兴业银行股份有限公司兰州分行提供。

兴业银行股份有限公司兰州分行利润表

(2015年)　　　　单位：万元（本外币合计）

项　目	本期金额	项　目	本期金额
一、营业收入	70 534	二、营业支出	30 340
利息净收入	52 398	营业税金及附加	4 486
利息收入	142 891	业务及管理费	23 622
利息支出	90 493	资产损失	2 232
手续费及佣金净收入	17 283	其它营业支出	
手续费及佣金收入	17 374	三、营业利润	40 194
手续费及佣金支出	90	加：营业外收入	
公允价值变动损益		减：营业外支出	
投资净收益	92	四、利润总额	40 194
其中：对联营企业和合资企业的投资收益		减：所得税费用	
汇兑损益	762	五、净利润	40 194
其他营业收入			

资料来源：由兴业银行股份有限公司兰州分行提供。

中国民生银行股份有限公司兰州分行人民币信贷收支统计

（2015年）

单位：万元

资金来源项目	年末余额	比年初		资金运用项目	年末余额	比年初	
		增减额	增减%			增减额	增减%
一、各项存款	995 022	376 402	60.85	一、各项贷款	1 042 315	472 315	82.86
（一）境内存款	995 018	376 401	60.85	（一）境内贷款	1 042 315	472 315	82.86
1.个人存款	212 043	51 846	32.36	1.短期贷款	377 452	140 452	59.26
其中:活期储蓄存款	12 173	1 490	13.95	(1) 个人贷款及透支	201 952	101 152	100.35
定期储蓄存款	155 738	13 658	9.61	其中：个人消费贷款	6 916	6 916	
结构性存款	40 103	40 103		(2) 单位贷款及透支	175 500	39 300	28.85
2.单位存款	682 975	224 554	48.98	经营贷款及透支	175 500	39 300	28.85
其中:活期存款	378 891	7 834	2.11	2.中长期贷款	443 227	110 227	33.10
定期存款	77 786	15 226	24.34	(1) 个人贷款	1 352	1352	
保证金存款	30 269	18 856	165.22	其中：个人消费贷款	399	399	
结构性存款	130 000	130 000		(2) 单位贷款	441 875	108 875	32.70
3.国库定期存款	100 000	100 000		经营贷款	221 750	96 750	77.40
4.非存款类金融机构存款	1	1		固定资产贷款	220 125	12 125	5.83
（二）境外存款	4	1	46.68	3.票据融资	221 636	221 636	
二、代理财政性存款	137	137		（二）境外贷款			
三、金融债券				二、买入返售资产	551 135	287 268	108.87
其中：境外发行				三、存放中央银行存款	7 143	-10 029	-58.40
四、卖出回购资产				四、银行业存款类金融机构往来	89 944	88 594	6 56255
五、向中央银行借款	99 634	99 634		五、库存现金	1 095	712	185.75
六、银行业存款类金融机构往来	21 012	-190 201	-90.05	六、应收及预付款	9 244	6 883	291.42
七、联行往来（净）	531 102	517 196	371934	其中：应收利息	6 117	3 815	165.73
八、应付及暂收款	12 600	10 110	406.08	七、固定资产	1 563	914	140.80
其中：应付利息	3 337	1 987	147.25	八、其他资产	2 188	218	11.06
九、其他负债	10 000			九、减：各项准备	13 793	4 433	47.36
十、所有者权益	21 328	29 164	–372.18	其中：贷款损失准备	13 793	4 433	47.36
资金来源总计	**1 690 834**	**842 441**	**99.30**	**资金运用总计**	**1 690 834**	**842 441**	**99.30**

中国民生银行股份有限公司兰州分行资产负债表

(2015年)　　单位：万元

资　产	期末余额	负债和股东权益	期末余额
资产		负债	
现金及存放中央银行款项	8 335	向中央银行借款	
存放同业及其他金融机构款项	89 944	同业及其他金融机构存放款项	21 013
贵金属		拆入资金	
拆出资金		以公允价值计量且其变动计入当期损益的金融负债	
以公允价值计量且其变动计入当期损益的金融资产		衍生金融负债	
衍生金融资产		卖出回购金融资产款	99 634
买入返售金融资产	551 135	吸收存款	1 268 039
应收利息	5 903	应付职工薪酬	3 995
发放贷款和垫款	1 026 495	应交税费	753
可供出售金融资产		应付利息	4 526
持有至到期投资		预计负债	2 315
应收款项类投资		应付债券	
长期股权投资		递延所得税负债	
投资性房地产		其他负债	254 818
固定资产	1 563	**负债合计**	**1 655 093**
无形资产	12	股东权益	
递延所得税资产		股本	10 000
其他资产	5 213	资本公积	
		减：库存股	
		盈余公积	
		一般风险准备	
		未分配利润	23 507
		外币报表折算差额	
		股东权益合计	**33 507**
资产总计	**1 688 600**	**负债和股东权益总计**	**1 688 600**

资料来源：由中国民生银行股份有限公司兰州分行提供。

中国民生银行股份有限公司兰州分行利润表

(2015年)　　单位：万元

项　目	本期金额	项　目	本期金额
一、营业收入	47 380	二、营业支出	23 847
利息净收入	40 991	营业税金及附加	2 935
利息收入	68 741	业务及管理费	14 601
利息支出	27 750	资产减值损失	4 433
手续费及佣金净收入	2 013	其他业务成本	1 878
手续费及佣金收入	2 425	三、营业利润（亏损以“-”号填列）	23 532
手续费及佣金支出	412	加：营业外收入	4
投资收益（损失以“-”号填列）	954	减：营业外支出	30
公允价值变动收益（损失以“-”号填列）		四、利润总额（亏损总额以“-”号填列）	23 507
汇兑收益（损失以“-”号填列）		减：所得税费用	
其他业务收入	3 421	五、净利润（净亏损以“-”号填列）	23 507

资料来源：由中国民生银行股份有限公司兰州分行提供。

甘肃省农村信用合作社人民币信贷收支统计

(2015年)

单位：万元

资金来源项目	年末余额	比年初		资金运用项目	年末余额	比年初	
		增减额	增减%			增减额	增减%
一、各项存款	14 746 020	-2 971 545	-16.77	一、各项贷款	12 208 624	-1 484 100	-10.84
（一）境内存款	14 746 020	-2 971 545	-16.77	（一）境内贷款	12 208 624	-1 484 100	-10.84
1.个人存款	11 181 462	-846 072	-7.03	1.短期贷款	5 573 262	-1 196 051	-17.67
其中:活期储蓄存款	4 864 591	-357 569	-6.85	(1) 个人贷款及透支	4 531 659	-543 569	-10.71
定期储蓄存款	6 219 652	-385 389	-5.83	其中：个人消费贷款	130 102	-48 287	-27.07
结构性存款				(2) 单位贷款及透支	1 041 603	-652 482	-38.52
2.单位存款	3 564 558	-2 125 473	-37.35	经营贷款及透支	1 041 383	-647 127	-38.33
其中:活期存款	3 236 181	-1120 643	-25.72	固定资产贷款	220	-5 355	-96.05
定期存款	191 626	-360 566	-65.30	2.中长期贷款	6 632 542	-282 170	-4.08
保证金存款	130 882	-636 847	-82.95	(1) 个人贷款	5 777 023	684 542	13.44
结构性存款				其中：个人消费贷款	493 780	-253 701	-33.94
3.国库定期存款				(2) 单位贷款	855 519	-966 712	-53.05
4.非存款类金融机构存款				经营贷款	835 565	-835 782	-50.01
（二）境外存款				固定资产贷款	19 954	-130 930	-86.78
二、代理财政性存款				3.票据融资		-8 699	
三、金融债券				4.各项垫款	2 820	2 820	
其中：境外发行				（二）境外贷款			
四、卖出回购资产	1 043 490	-954 843	-47.78	二、债券投资	1 026 286	-297 854	-22.49
五、向中央银行借款	1 117 800	-6 300	-0.56	三、股权及其他投资	218 942	-654 947	-74.95
六、银行业存款类金融机构往来	2 304 434	-268 278	-10.43	四、买入返售资产	2 257 900	-685 294	-23.28
七、借款及非存款类金融机构拆入	959	-5	-0.52	五、存放中央银行存款	2 977 327	-830 051	-21.80
八、联行往来（净）	514 139	271 981	112.32	六、缴存中央银行财政性存款	448	-2 582	-85.21
九、外汇买卖（净）				七、银行业存款类金融机构往来	4 083 394	-17 268	-0.42
十、应付及暂收款	438 379	-167 480	-27.64	八、库存现金	114 213	-16 718	-12.77
其中：应付利息	230 071	-2 925	-1.26	九、应收及预付款	56 492	-28 117	-33.23
十一、其他负债	277 521	-427 756	-60.65	其中：应收利息	41 509	-18 905	-31.29
十二、所有者权益	1 943 918	-15 954	-0.81	十、固定资产	304 421	-69 218	-18.53
其中：实收资本	903 208	39 002	4.51	十一、其他资产	127 810	-413 440	-76.39
				十二、减：各项准备	989 197	40 591	4.28
				其中：贷款损失准备	941 966	63 286	7.20
资金来源总计	**22 386 660**	**-4 540 180**	**-16.86**	**资金运用总计**	**22 386 660**	**-4 540 180**	**-16.86**

甘肃省农村信用合作社分地区人民币存款统计

(2015 年)

单位：万元

地区＼项目	各项存款	比年初		个人存款		单位存款	
		增减额	增减%		活期		活期
兰州市	1 366 396	-4 338 209	-76.05	797 484	323 280	568 912	371 912
白银市	1 068 702	119 173	12.55	837 989	322 489	230 713	221 372
天水市	1 031 937	-143 445	-12.20	794 548	350 833	237 389	229 701
金昌市	625 979	85 505	15.82	500 346	160 023	125 633	113 877
武威市	1 250 666	305 473	32.32	1 032 733	394 237	217 933	198 997
张掖市	329 832	58 519	21.57	279 962	122 929	49 870	46 065
平凉市	1 092 906	167 283	18.07	936 553	322 255	156 353	151 228
庆阳市	1 886 391	330 878	21.27	1 532 457	609 494	353 934	343 682
酒泉市	900 511	99 860	12.47	699 756	285 597	200 755	184 732
定西市	1 006 074	-237 354	-19.09	688 697	374 677	317 377	312 153
陇南市	1 729 617	210 829	13.88	1 228 070	552 452	501 547	486 662
临夏州	1 465 942	237 602	19.34	1 203 953	701 432	261 989	258 149
甘南州	991 067	132 341	15.41	648 914	344 893	342 153	317 651
全省合计	**14 746 020**	**-2 971 545**	**-16.77**	**11 181 462**	**4 864 591**	**3 564 558**	**3 236 181**

甘肃省农村信用合作社分地区人民币贷款统计

(2015 年)

单位：万元

地区＼项目	各项贷款	比年初		短期贷款			中长期贷款			各项垫款
		增减额	增减%		个人贷款及透支	单位贷款及透支		个人贷款	单位贷款	
兰州市	1 034 677	-3 289 046	-76.07	629 580	306 230	323 350	402 277	282 650	119 627	2 820
白银市	900 719	194 019	27.45	393 074	328 543	64 531	507 645	438 757	68 888	
天水市	982 310	76 486	8.44	348 287	244 862	103 425	634 023	482 723	151 300	
金昌市	553 969	92 884	20.14	368 849	298 043	70 806	185 120	143 221	41 899	
武威市	1 126 034	269 885	31.52	564 345	372 855	191 490	561 689	518 069	43 620	
张掖市	323 600	60 194	22.85	172 329	166 399	5 930	151 271	147 351	3 920	
平凉市	907 141	240 619	36.10	127 572	112 199	15 373	779 569	747 330	32 239	
庆阳市	1 418 882	233 883	19.74	518 478	466 483	51 995	900 404	850 814	49 590	
酒泉市	639 279	51 528	8.77	405 286	338 898	66 388	233 993	193 838	40 155	
定西市	820 156	-126 879	-13.40	464 564	408 952	55 612	355 592	321 132	34 460	
陇南市	1 315 019	290 562	28.36	172 633	151 152	21 481	1 142 386	1 049 692	92 694	
临夏州	1 375 154	269 004	24.32	1 191 634	1 139 949	51 685	183 520	176 524	6 996	
甘南州	811 684	152 761	23.18	216 631	197 094	19 537	595 053	424 922	170 131	
全省合计	**12 208 624**	**-1 484 100**	**-10.84**	**5 573 262**	**4 531 659**	**1 041 603**	**6 632 542**	**5 777 023**	**855 519**	**2 820**

甘肃省农村信用合作社资产负债表

(2015年) 单位：万元（本外币合计）

资　产	期末余额	负债和所有者权益	期末余额
资产		负债	
现金及存放中央银行款项	6 142 784	向中央银行借款	1 694 263
贵金属		联行存放款项	8
存放联行款项	33 723	同业及其他金融机构存放款	3 648 291
存放同业款项	7 427 029	拆入资金	187 905
拆出资金	210 328	交易性金融负债	
交易性金融资产	259 751	衍生金融负债	
衍生金融资产	3	卖出回购金融资产款	1 043 490
买入返售金融资产	2 257 900	吸收存款	31 540 984
应收款项类金融资产	153 331	应付职工薪酬	165 652
应收利息	57 042	应交税费	62 444
应收股利	1 049	应付利息	489 219
其他应收款	103 020	应付股利	246 517
发放贷款和垫款	24 701 937	其他应付款	113 300
可供出售金融资产	595 352	预计负债	
持有至到期投资	140 474	应付债券	
长期股权投资	248 952	递延所得税负债	1 479
投资性房地产		其他负债	357 004
固定资产	490 119	**负债合计**	**39 550 556**
在建工程	107 867	所有者权益	
固定资产清理	20	实收资本（股本）	2 272 980
无形资产	9 460	其中：法人股股本	808 300
长期待摊费用	6 255	自然人股股本	1 464 680
抵债资产	45 200	资本公积	398 397
递延所得税资产	30	减：库存股	2
待处理财产损溢		盈余公积	138 460
其他资产	844 673	一般风险准备	956 380
		未分配利润	519 528
		所有者权益合计	**4 285 743**
资产总计	**43 836 299**	**负债及所有者权益总计**	**43 836 299**

资料来源：由甘肃省农村信用社联合社提供。

甘肃省农村信用合作社利润表

(2015年) 单位：万元（本外币合计）

项　目	本期金额	项　目	本期金额
一、营业收入	2 853 184	手续费及佣金支出	18 223
利息收入	2 200 643	业务及管理费	652 845
金融机构往来收入	482 795	其他业务支出	526
手续费及佣金收入	63 740	营业税金及附加	116 348
其他业务收入	1 945	资产减值损失	500 756
汇兑损益		三、营业利润（净亏损以“–”号填列）	557 765
公允价值变动损益		加：营业外收入	10 580
投资收益	104 061	减：营业外支出	6 003
二、营业支出	2 295 419	四、利润总额（净亏损以“–”号填列）	562 342
利息支出	767 430	减：所得税费用	94 551
金融机构往来支出	239 291	五、净利润（净亏损以“–”号填列）	467 791

资料来源：由甘肃省农村信用社联合社提供。

甘肃省农村商业银行人民币信贷收支统计

(2015年) 单位：万元

资金来源项目	年末余额	比年初增减额	比年初增减%	资金运用项目	年末余额	比年初增减额	比年初增减%
一、各项存款	1 0992 482	7 521 991	216.74	一、各项贷款	9 265 886	6 687 071	259.31
（一）境内存款	1 0992 482	7 521 991	216.74	（一）境内贷款	9 265 886	6 687 071	259.31
1.个人存款	7 369 078	4 771 117	183.65	1.短期贷款	4 307 748	3 376 022	362.34
其中：活期储蓄存款	2 512 096	1 636 134	186.78	（1）个人贷款及透支	2 607 473	1 942 052	291.85
定期储蓄存款	4 412 138	2 895 605	190.94	其中：个人消费贷款	167 772	127 616	317.80
结构性存款				（2）单位贷款及透支	1 700 275	1 433 970	538.47
2.单位存款	3 623 404	2 750 874	315.28	经营贷款及透支	1 598 556	1 332 805	501.52
其中：活期存款	2 420 551	1 960 964	426.68	固定资产贷款	101 719	101 165	18 260.83
定期存款	336 051	217 822	184.24	2.中长期贷款	4 883 265	3 236 266	196.49
保证金存款	739 012	451 776	157.28	（1）个人贷款	2 206 431	1 149 851	108.83
结构性存款				其中：个人消费贷款	489 566	412 885	538.44
3.国库定期存款				（2）单位贷款	2 676 834	2 086 415	353.38
4.非存款类金融机构存款				经营贷款	2 234 476	1 654 897	285.53
（二）境外存款				固定资产贷款	442 358	431 518	3 980.79
二、代理财政性存款				3.票据融资	122	32	35.56
三、金融债券				4.各项垫款	74 751	74 751	
其中：境外发行				（二）境外贷款			
四、卖出回购资产				二、债券投资	16 687	16 687	
五、向中央银行借款	249 163	181 900	270.43	三、股权及其他投资	248 803	216 833	678.24
六、银行业存款类金融机构往来	425 915	358 454	531.35	四、存放中央银行存款	1 600 781	938 142	141.58
七、借款及非存款类金融机构拆入	347			五、缴存中央银行财政性存款	427	426	42 600.00
八、联行往来（净）				六、银行业存款类金融机构往来	1 777 835	931 856	110.15
九、外汇买卖（净）				七、联行往来	318 748	259 898	441.63
十、应付及暂收款	256 245	93 891	57.83	八、库存现金	57 901	40 186	226.85
其中：应付利息	151 141	94 619	167.40	九、应收及预付款	94 211	89 785	2 028.58
十一、其他负债	42 002	27 067	181.23	其中：应收利息	8 160	6 576	415.15
十二、所有者权益	1 857 682	1 423 954	328.31	十、固定资产	211 452	172 477	442.53
其中：实收资本	1 084 701	800 018	281.02	十一、其他资产	631 397	573 245	985.77
				十二、减：各项准备	400 292	319 349	394.54
				其中：贷款损失准备	355 155	275 752	347.28
资金来源总计	**13 823 836**	**9 607 257**	**227.84**	**资金运用总计**	**13 823 836**	**9 607 257**	**227.84**

甘肃省农村商业银行分地区人民币存款统计

(2015年)　　单位：万元

地区 \ 项目	各项存款	比年初		个人存款		单位存款	
		增减额	增减%		活期		活期
兰州市	4 699 954	4 699 954		2 506 496	836 566	2 193 458	1 399 228
白银市	346 360	50 151	16.93	288 474	133 701	57 886	57 870
天水市	464 467	464 467		389 385	159 028	75 082	72 838
嘉峪关市	262 174	39 557	17.77	175 094	48 188	87 080	44 189
武威市	1 581 493	68 175	4.51	1 152 305	368 817	429 188	215 242
张掖市	839 346	839 346		534 897	204 915	304 449	245 909
平凉市	255 291	34 307	15.52	225 660	43 907	29 631	27 324
酒泉市	1 574 240	765 053	94.55	1 291 998	399 922	282 242	206 736
定西市	969 157	560 981	137.44	804 769	317 052	164 388	151 215
全省合计	**10 992 482**	**7 521 991**	**216.74**	**7 369 078**	**2 512 096**	**3 623 404**	**2 420 551**

甘肃省农村商业银行分地区人民币贷款统计

(2015年)　　单位：万元

地区 \ 项目	各项贷款	比年初		短期贷款			中长期贷款			票据融资	各项垫款
		增减数	增减%		个人贷款及透支	单位贷款及透支		个人贷款	单位贷款		
兰州市	4 056 642	4 056 642		1 802 085	866 522	935 563	2 179 806	593 892	1 585 914		74 751
白银市	281 140	50 252	21.76	33 199	33 184	15	247 941	205 221	42 720		
天水市	414 881	414 881		85 551	65 646	19 905	329 330	218 017	111 313		
嘉峪关市	210 527	38 103	22.10	184 214	71 733	112 481	26 191	20 798	5 393	122	
武威市	1 253 057	210 070	20.14	254 262	70 729	183 533	998 795	414 266	584 529		
张掖市	774 152	774 152		582 240	420 344	161 896	191 912	107 872	84 040		
平凉市	186 122	34 118	22.45	38 110	32 370	5 740	148 012	137 206	10 806		
酒泉市	1 280 583	645 511	101.64	935 721	721 762	213 959	344 862	195 944	148 918		
定西市	808 782	463 342	134.13	392 366	325 183	67 183	416 416	313 215	103 201		
全省合计	9 265 886	66 87 071	259.31	4 307 748	2 607 473	1 700 275	4 883 265	2 206 431	2 676 834	122	74 751

甘肃省农村合作银行人民币信贷收支统计

(2015年) 单位：万元

资金来源项目	年末余额	比年初 增减额	比年初 增减%	资金运用项目	年末余额	比年初 增减额	比年初 增减%
一、各项存款	5 981 675	-346 546	-5.48	一、各项贷款	4 890 894	81 935	1.70
（一）境内存款	5 981 675	-346 546	-5.48	（一）境内贷款	4 890 894	81 935	1.70
1.个人存款	4 574 687	-124 210	-2.64	1.短期贷款	1 939 630	-143 821	-6.90
其中:活期储蓄存款	1 494 661	-200 064	-11.81	(1) 个人贷款及透支	1 244 363	-298 567	-19.35
定期储蓄存款	2 959 767	298 800	11.23	其中：个人消费贷款	10 753	-13 492	-55.65
结构性存款	71 909	28 272	64.79	(2) 单位贷款及透支	695 267	154 746	28.63
2.单位存款	1 406 988	-222 336	-13.65	经营贷款及透支	695 267	163 565	30.76
其中:活期存款	1 291 218	-10 379	-0.80	固定资产贷款		-8 819	
定期存款	89 075	-54 880	-38.12	2.中长期贷款	2951 264	225 756	8.28
保证金存款	22 769	-149 087	-86.75	(1) 个人贷款	2 155 189	293 941	15.79
结构性存款				其中：个人消费贷款	165 295	-126 911	-43.43
3.国库定期存款				(2) 单位贷款	796 075	-68 185	-7.89
4.非存款类金融机构存款				经营贷款	787 802	-23 246	-2.87
（二）境外存款				固定资产贷款	8 273	-44 939	-84.45
二、代理财政性存款				（二）境外贷款			
三、金融债券				二、债券投资	132 300	-34 250	-20.56
其中：境外发行				三、股权及其他投资	132 694	-7 673	-5.47
四、卖出回购资产				四、存放中央银行存款	1 361 282	-65 008	-4.56
五、向中央银行借款	327 300	-30 700	-8.58	五、缴存中央银行财政性存款	4 197	-119	-2.76
六、银行业存款类金融机构往来	39 157	25 298	182.54	六、银行业存款类金融机构往来	724 222	-367 100	-33.64
七、借款及非存款类金融机构拆入				七、联行往来	237 930	39 972	20.19
八、联行往来（净）				八、库存现金	26 205	-8 718	-24.96
九、外汇买卖（净）				九、应收及预付款	20 015	1 377	7.39
十、应付及暂收款	171 542	-59 479	-25.75	其中：应收利息	7 422	337	4.76
其中：应付利息	108 006	8 302	8.33	十、固定资产	82 838	-1 427	-1.69
十一、其他负债	24 975	-15 951	-38.98	十一、其他资产	18 068	-187	-1.02
十二、所有者权益	715 645	17 825	2.55	十二、减：各项准备	370 351	48 355	15.02
其中：实收资本	285 067	45 312	18.90	其中：贷款损失准备	366 366	53 525	17.11
资金来源总计	**7 260 294**	**-409 553**	**-5.34**	**资金运用总计**	**7 260 294**	**-409 553**	**-5.34**

甘肃省农村合作银行分地区人民币存款统计

(2015 年)

单位：万元

项目 地区	各项存款	比年初		个人存款		单位存款	
		增减额	增减%		活期		活期
兰州市	1 106 925	175 885	18.89	714 658	185 356	392 267	348 863
天水市	1 853 396	254 673	15.93	1 514 728	379 339	338 668	311 294
张掖市	792 425	-601 814	-43.16	627 215	227 409	165 210	144 574
平凉市	507 040	70 305	16.10	445 597	145 918	61 443	57 811
庆阳市	484 096	114 891	31.12	413 107	100 614	70 989	69 848
酒泉市		-469 910					
定西市	382 968	25 503	7.13	299 283	136 070	83 685	72 109
陇南市	854 825	83 921	10.89	560 099	319 955	294 726	286 719
全省合计	**5 981 675**	**-346 546**	**-5.48**	**4 574 687**	**1 494 661**	**1 406 988**	**1 291 218**

甘肃省农村合作银行分地区人民币贷款统计

(2015 年)

单位：万元

项目 地区	各项贷款	比年初		短期贷款			中长期贷款		
		增减额	增减%		个人贷款及透支	单位贷款及透支		个人贷款	单位贷款
兰州市	750 691	160 514	27.20	421 130	201 795	219 335	329 561	168 154	161 407
天水市	1 492 685	400 187	36.63	560 888	227 610	333 278	931 797	443 446	488 351
张掖市	780 430	-445 864	-36.36	323 953	267 570	56 383	456 477	421 652	34 825
平凉市	402 423	89 105	28.44	108 457	94 894	13 563	293 966	275 031	18 935
庆阳市	281 626	12 738	4.74	108 990	104 751	4 239	172 636	164 787	7 849
酒泉市		-355 924							
定西市	405 453	68 633	20.38	240 084	188 401	51 683	165 369	147 603	17 766
陇南市	777 586	152 546	24.41	176 128	159 342	16 786	601 458	534 516	66 942
全省合计	**4 890 894**	**81 935**	**1.70**	**1 939 630**	**1 244 363**	**695 267**	**2 951 264**	**2 155 189**	**796 075**

甘肃省村镇银行人民币信贷收支统计

(2015年) 单位：万元

资金来源项目	年末余额	比年初		资金运用项目	年末余额	比年初	
		增减额	增减%			增减额	增减%
一、各项存款	837 510	215 816	34.71	一、各项贷款	693 911	228 103	48.97
(一) 境内存款	837 510	215 816	34.71	(一) 境内贷款	693 911	228 103	48.97
1.个人存款	647 846	212 309	48.75	1.短期贷款	575 595	190 779	49.58
其中:活期储蓄存款	186 526	50 228	36.85	(1) 个人贷款及透支	509 766	176 230	52.84
定期储蓄存款	443 761	157 130	54.82	其中：个人消费贷款	50 159	16 501	49.02
结构性存款				(2) 单位贷款及透支	65 829	14 549	28.37
2.单位存款	189 664	3 507	1.88	经营贷款及透支	65 730	15 709	31.41
其中:活期存款	180 000	31 122	20.90	固定资产贷款	100	-1 160	-92.09
定期存款	4 549	-28 965	-86.43	2.中长期贷款	118 068	38 228	47.88
保证金存款	5 116	1 350	35.84	(1) 个人贷款	96 124	30 056	45.49
结构性存款				其中：个人消费贷款	19 681	6 392	48.10
3.国库定期存款				(2) 单位贷款	21 944	8 172	59.33
4.非存款类金融机构存款				经营贷款	17 740	4 887	38.02
(二) 境外存款				固定资产贷款	4 205	3 285	357.04
二、代理财政性存款				3.票据融资	248	-904	-78.51
三、金融债券				(二) 境外贷款			
其中：境外发行				二、存放中央银行存款	203 173	69 046	51.48
四、卖出回购资产				三、银行业存款类金融机构往来	216 689	-29 734	-12.07
五、向中央银行借款	131 900	45 000	51.78	四、联行往来	70	69	1190723
六、银行业存款类金融机构往来	39 121	-13 313	-25.39	五、库存现金	8 812	828	10.37
七、应付及暂收款	15 686	3 778	31.73	六、应收及预付款	9 925	1 146	13.06
其中：应付利息	9 193	3 318	56.49	其中：应收利息	2 571	689	36.64
八、其他负债	3 017	2 929	3 354.31	七、固定资产	13 848	6 207	81.23
九、所有者权益	106 800	17 934	20.18	八、其他资产	9 355	4 167	80.33
其中：实收资本	65 852	4 500	7.33	九、减：各项准备	21 748	7 688	54.68
				其中：贷款损失准备	20 992	7 797	59.10
资金来源总计	**1 134 035**	**272 144**	**31.58**	**资金运用总计**	**1 134 035**	**272 144**	**31.58**

甘肃省村镇银行分地区人民币存款统计

(2015 年)　　单位：万元

项目 地区	各项存款	比年初		个人存款		单位存款	
		增减额	增减%		活期		活期
兰州市	71 686	31 252	77.29	36 559	9 951	35 127	30 904
白银市	41 109	1 638	4.15	17 274	6 722	23 834	23 817
天水市	20 015	7 977	66.27	19 009	8 624	1 006	1 006
武威市	102 735	38 650	60.31	90 889	19 560	11 846	11 251
平凉市	90 617	23 525	35.06	67 394	32 237	23 223	22 568
庆阳市	190 252	7 820	4.29	153 101	43 338	37 151	36 968
酒泉市	19 187	4 001	26.35	17 588	2 606	1 599	1 599
定西市	107 802	41 658	62.98	83 246	12 981	24 556	23 872
陇南市	116 255	27 920	31.61	89 823	36 007	26 432	23 370
临夏州	77 852	31 375	67.51	72 961	14 500	4 891	4 645
全省合计	**837 510**	**215 816**	**34.71**	**647 846**	**186 526**	**189 664**	**180 000**

甘肃省村镇银行分地区人民币贷款统计

(2015 年)　　单位：万元

项目 地区	各项贷款	比年初		短期贷款			中长期贷款			票据融资
		增减额	增减%		个人贷款及透支	单位贷款及透支		个人贷款	单位贷款	
兰州市	97 393	51 044	110.13	78 649	55 099	23 550	18 516	15 429	3 087	228
白银市	25 193	3 917	18.41	10 148	9 252	896	15 045	9 044	6 001	
天水市	19 960	8 022	67.20	19 960	19 370	590				
武威市	83 882	29 606	54.55	57 949	54 649	3 300	25 933	19 493	6 440	
平凉市	76 025	21 491	39.41	65 601	53 741	11 860	10 424	9 964	460	
庆阳市	187 233	51 104	37.54	170 765	148 916	21 848	16 468	14 182	2 286	
酒泉市	13 221	3 236	32.41	10 877	10 287	590	2 344	1 894	450	
定西市	57 797	19 011	49.01	48 035	46 440	1 595	9 763	9 203	560	
陇南市	94 088	26 980	40.20	80 882	80 182	700	13 186	10 526	2 660	20
临夏州	39 119	13 692	53.85	32 730	31 830	900	6 389	6 389		
全省合计	**693 911**	**228 103**	**48.97**	**575 595**	**509 766**	**65 829**	**118 068**	**96 124**	**21 944**	**248**

甘肃银行股份有限公司人民币信贷收支统计

(2015年)　　单位：万元

资金来源项目	年末余额	比年初		资金运用项目	年末余额	比年初	
		增减额	增减%			增减额	增减%
一、各项存款	15 281 169	4 613 695	43.25	一、各项贷款	8 921 180	3 300 784	58.73
(一) 境内存款	15 280 317	4 612 842	43.24	(一) 境内贷款	8 921 180	3 300 784	58.73
1.个人存款	5 041 294	1 979 837	64.67	1.短期贷款	4 125 651	1 391 944	50.92
其中:活期储蓄存款	1 636 592	948 907	137.99	(1) 个人贷款及透支	303 651	206 050	211.11
定期储蓄存款	3 295 456	966 424	41.49	其中：个人消费贷款	26 208	9 084	53.05
结构性存款				(2) 单位贷款及透支	3 822 000	1 185 894	44.99
2.单位存款	9 260 308	1 654 608	21.75	经营贷款及透支	3 801 715	1 195 409	45.87
其中:活期存款	4 781 067	1 337 279	38.83	固定资产贷款	20 285	-9 515	-31.93
定期存款	1 450 262	498 243	52.34	2.中长期贷款	3 516 672	1 193 545	51.38
保证金存款	2 222 204	-397 909	-15.19	(1) 个人贷款	229 671	103 689	82.30
结构性存款				其中：个人消费贷款	140 252	50 260	55.85
3.国库定期存款				(2) 单位贷款	3 287 001	1 089 856	49.60
4.非存款类金融机构存款	978 715	978 397		经营贷款	1 217 944	566 266	86.89
(二) 境外存款	852	852		固定资产贷款	2 069 058	523 591	33.88
二、代理财政性存款	316	295		3.票据融资	1 237 149	710 699	135.00
三、金融债券	318 698	318 698		4.各项垫款	41 707	4 596	12.38
其中：境外发行				(二) 境外贷款			
四、卖出回购资产	520 612	319 569	158.96	二、债券投资	619 521	432 439	231.15
五、向中央银行借款	421 712	180 099	74.54	三、股权及其他投资	3 225		
六、银行业存款类金融机构往来	2 911 149	-224 575	-7.16	四、买入返售资产		-493 398	
七、借款及非存款类金融机构拆入				五、存放中央银行存款	2 305 095	237 216	11.47
八、联行往来（净)	5 825	5 825		六、缴存中央银行财政性存款	866	-346	-28.56
九、外汇买卖（净)		-127		七、银行业存款类金融机构往来	2 700 158	778 912	40.54
十、应付及暂收款	231 838	66 385	40.12	八、联行往来		-11255	
其中：应付利息	148 307	38 090	34.56	九、外汇买卖（净)	4 921	4 921	
十一、其他负债	29 841	25 187	541.17	十、库存现金	40 588	3 327	8.93
十二、所有者权益	1 222 409	158 855	14.94	十一、应收及预付款	76 021	14 285	23.14
其中：实收资本	752 599	38 913	5.45	其中：应收利息	69 989	9 222	15.18
				十二、固定资产	116 516	60 833	109.25
				十三、其他资产	6 414 626	1 229 817	23.72
				十四、减：各项准备	259 148	93 629	56.57
				其中：贷款损失准备	177 961	55 346	45.14
资金来源总计	**20 943 568**	**5 463 905**	**35.30**	**资金运用总计**	**20 943 568**	**5 463 905**	**35.30**

甘肃银行股份有限公司分地区人民币存款统计

(2015 年)　　单位：万元

项目 地区	各项存款	比年初		个人存款		单位存款		非存款类金融机构存款
		增减额	增减%		活期		活期	
兰州市	7 715 760	1 841 555	31.35	1 067 852	308 788	5 668 382	2 129 149	978 674
白银市	939 090	97 670	11.61	530 094	127 429	408 996	255 611	
天水市	701 953	326 373	86.90	383 663	134 052	318 290	288 696	
嘉峪关市	447 177	160 774	56.14	182 874	36 268	264 279	101 553	25
金昌市	247 439	77 775	45.84	142 238	29 058	105 201	42 649	
武威市	548 146	256 524	87.96	255 170	92 950	292 976	163 541	
张掖市	456 670	229 832	101.32	301 846	100 736	154 823	107 820	
平凉市	1 124 972	277 274	32.71	626 194	180 468	498 778	436 369	
庆阳市	679 884	352 168	107.46	364 057	165 401	315 827	277 906	
酒泉市	694 673	182 578	35.65	290 571	80 522	404 102	281 714	
定西市	615 017	297 393	93.63	302 953	137 308	312 064	242 121	
陇南市	568 406	261 000	84.90	336 622	130 660	231 768	1848 18	16
临夏州	387 319	209 781	118.16	199 186	87 194	188 133	175 073	
甘南州	154 664	42 998	38.51	57 975	25 759	96 688	94 048	
全省合计	**15 281 169**	**4 613 695**	**43.25**	**5 041 294**	**1 636 592**	**9 260 308**	**4 781 067**	**978 715**

甘肃银行股份有限公司分地区人民币贷款统计

(2015 年)　　单位：万元

项目 地区	各项贷款	比年初		短期贷款	个人贷款及透支	单位贷款及透支	中长期贷款	个人贷款	单位贷款	票据融资	各项垫款
		增减额	增减%								
兰州市	3 363 734	1 269 688	60.63	1 061 225	55 624	1 005 601	1 064 552	46 366	1 018 186	1 203 509	34 448
白银市	604 643	114 236	23.29	335 304	24 256	311 049	255 932	22 376	233 556	8 428	4 979
天水市	491 402	200 658	69.02	293 807	18 646	275 161	197 595	7 475	190 120		
嘉峪关市	395 218	82 619	26.43	271 677	4 367	267 310	114 746	4 576	110 170	8 795	
金昌市	187 398	92 798	98.10	45 689	5 349	40 340	138 442	6 822	131 620	3 267	
武威市	472 381	216 080	84.31	304 677	11 793	292 884	166 554	12 695	153 859	1 150	
张掖市	372 953	150 397	67.58	279 761	14 474	265 287	90 306	30 306	60 000	2 885	
平凉市	699 206	201 250	40.42	298 676	26 171	272 504	399 450	28 781	370 669	1 080	
庆阳市	429 538	137 387	47.03	241 191	45 864	195 327	188 307	28 567	159 740	40	
酒泉市	412 087	99 369	31.78	253 747	15 847	237 900	151 465	6 719	144 747	6 875	
定西市	801 421	514 344	179.17	285 095	41 622	243 473	512 925	15 540	497 385	1 120	2 280
陇南市	361 573	109 182	43.26	250 903	8 203	242 700	110 670	6 870	103 800		
临夏州	241 589	88 584	57.90	152 858	28 444	124 414	88 731	11 431	77 300		
甘南州	88 038	24 192	37.89	51 042	2 992	48 050	36 996	1 146	35 850		
全省合计	**8 921 180**	**3 300 784**	**58.73**	**4 125 651**	**303 651**	**3 822 000**	**3 516 672**	**229 671**	**3 287 001**	**1 237 149**	**41 707**

甘肃银行股份有限公司资产负债表

(2015 年)　　　　单位：万元（本外币合计）

资　产	期末余额	负债和股东权益	期末余额
资产		负债	
现金及存放中央银行款项	2 346 561	向中央银行借款	421 712
存放同业款项	2 652 028	同业及其他金融机构存放款项	2 624 610
买入返售金融资产		吸收存款	15 281 169
应收利息	69 752	应付职工薪酬	19 514
发放贷款和垫款	8 921 180	应交税费	49 708
应收款项类投资	6 253 372	应付利息	148 307
长期股权投资	3 225	其他负债	1 176 137
固定资产	51 451	**负债合计**	**19 721 159**
无形资产	4 697	所有者权益	
递延所得税资产	6 145	股本	752 599
其他资产	635 183	资本公积	176 278
		盈余公积	23 963
		一般风险准备	109 288
		未分配利润	160 306
		所有者权益合计	**1 222 434**
资产总计	**20 943 594**	**负债和所有者权益总计**	**20 943 594**

资料来源：由甘肃银行股份有限公司提供。

甘肃银行股份有限公司利润表

(2015 年)　　　　单位：万元（本外币合计）

项　目	本期金额	项　目	本期金额
一、营业收入	508 702	二、营业支出	285 556
利息净收入	469 836	营业税金及附加	29 685
利息收入	2 246 879	业务及管理费	148 841
利息支出	1 777 042	资产减值损失	107 030
手续费及佣金净收入	18 846	其他业务成本	
手续费及佣金收入	26 071	三、营业利润（亏损）	223 145
手续费及佣金支出	7 225	加：营业外收入	2 275
投资收益（损失）	18 756	减：营业外支出	151
其中：对联营企业和合营企业的投资收益		四、利润总额（亏损）	225 269
公允价值变动收益（损失）	38	减：所得税费用	70 984
汇兑收益（损失）	514	五、净利润（净亏损）	154 286
其他业务收入	711		

资料来源：由甘肃银行股份有限公司提供。

兰州银行股份有限公司人民币信贷收支统计

(2015 年)

单位：万元

资金来源项目	年末余额	比年初		资金运用项目	年末余额	比年初	
		增减额	增减%			增减额	增减%
一、各项存款	17 622 199	4 373 726	33.01	一、各项贷款	10 624 634	2 108 702	24.76
（一）境内存款	17 622 199	4 373 726	33.01	（一）境内贷款	10 624 634	2 108 702	24.76
1.个人存款	9 745 549	2 133 074	28.02	1.短期贷款	4 861 345	892 777	22.50
其中:活期储蓄存款	1 891 800	984 349	108.47	(1) 个人贷款及透支	616 148	-3 078	-0.50
定期储蓄存款	7 839 950	1 141 712	17.04	其中：个人消费贷款	73 406	17 155	30.50
结构性存款				(2) 单位贷款及透支	4 245 197	895 855	26.75
2.单位存款	7 657 593	2 021 596	35.87	经营贷款及透支	4 147 418	912 058	28.19
其中:活期存款	5 152 097	1 309 435	34.08	固定资产贷款	97 779	27 586	39.30
定期存款	671 364	-108 209	-13.88	贸易融资		-43 788	
保证金存款	1 586 374	605 821	61.78	2.中长期贷款	5 129 462	1 573 955	44.27
结构性存款				(1) 个人贷款	630 152	72 224	12.95
3.国库定期存款				其中：个人消费贷款	290 843	27 871	10.60
4.非存款类金融机构存款	219 057	219 057		(2) 单位贷款	4 499 310	1 501 731	50.10
（二）境外存款				经营贷款	2 687 324	1 298 093	93.44
二、代理财政性存款	15 310	-29 423	-65.77	固定资产贷款	1 811 986	210 776	13.16
三、金融债券	419 370	-179 577	-29.98	贸易融资		-7 139	
其中：境外发行				3.票据融资	618 439	-345 123	-35.82
四、卖出回购资产	125 130	87 130	229.29	4.各项垫款	15 387	-12 907	-45.62
五、向中央银行借款	127 573	36 711	40.40	（二）境外贷款			
六、银行业存款类金融机构往来	296 056	197 547	200.54	二、债券投资	6 201 149	3 302 661	113.94
七、借款及非存款类金融机构拆入				三、股权及其他投资	8 206	1 516	22.66
八、联行往来（净）				四、买入返售资产	162 139	-151 276	-48.27
九、外汇买卖（净）				五、存放中央银行存款	2 616 740	-191 133	-6.81
十、应付及暂收款	331 591	62 339	23.15	六、缴存中央银行财政性存款	27 752	-29 565	-51.58
其中：应付利息	228 120	43 733	23.72	七、银行业存款类金融机构往来	525 882	-28 289	-5.10
十一、其他负债	19 752	5 367	37.30	八、存放非存款类金融机构款项	1		
十二、所有者权益	1 454 202	508 270	53.73	九、外汇买卖（净）	3 143	773	32.64
其中：实收资本	512 613	150 275	41.47	十、库存现金	44 471	7 623	20.69
				十一、应收及预付款	218 474	99 790	84.08
				其中：应收利息	146 056	65 709	81.78
				十二、投资性房地产	1 243	-40 637	-97.03
				十三、固定资产	218 514	25 396	13.15
				十四、其他资产	88 363	-200	-0.23
				十五、减：各项准备	329 527	43 273	15.12
				其中：贷款损失准备	308 468	65 139	26.77
资金来源总计	**20 411 184**	**5 062 090**	**32.98**	**资金运用总计**	**20 411 184**	**5 062 090**	**32.98**

兰州银行股份有限公司分地区人民币存款统计

(2015 年) 单位：万元

地区 \ 项目	各项存款	比年初		个人存款		单位存款		非存款类金融机构存款
		增减额	增减%		活期		活期	
兰州市	13 595 251	2 985 369	28.14	7 411 906	1 432 386	6 014 289	4 023 342	169 057
白银市	345 047	214 618	164.55	172 364	70 520	172 683	135 769	
天水市	639 926	176 706	38.15	395 869	73 036	244 057	210 935	
嘉峪关市	302 480	91 910	43.65	148 888	23 825	153 593	80 996	
金昌市	289 120	89 663	44.95	190 336	31 351	98 784	36 083	
武威市	539 680	183 764	51.63	368 837	61 919	170 843	139 405	
张掖市	233 660	69 314	42.18	133 703	25 151	49 957	21 483	50 000
庆阳市	401 934	197 823	96.92	135 128	44 235	266 807	251 306	
酒泉市	797 777	231 068	40.77	459 159	62 557	338 617	142 168	
定西市	265 640	50 789	23.64	160 834	34 374	104 806	73 932	
陇南市	12 318	12 318		5 683	4 135	6 635	6 475	
临夏州	199 367	70 384	54.57	162 843	28 311	36 523	30 204	
全省合计	**17 622 199**	**4 373 726**	**33.01**	**9 745 549**	**1 891 800**	**7 657 593**	**5 152 097**	**219 057**

兰州银行股份有限公司分地区人民币贷款统计

(2015 年) 单位：万元

地区 \ 项目	各项贷款	比年初		短期贷款			中长期贷款			票据融资	各项垫款
		增减额	增减%		个人贷款及透支	单位贷款及透支		个人贷款	单位贷款		
兰州市	7 113 914	387 310	5.76	3 462 219	413 256	3 048 963	3 073 712	493 874	2 579 838	563 377	14 606
白银市	412 581	272 600	194.74	138 805	11 045	127 760	272 994	6 992	266 003		781
天水市	372 240	74 575	25.05	114 507	26 536	87 971	257 319	13 152	244 167	414	
嘉峪关市	171 239	-12 527	-6.82	88 227	3 501	84 726	62 225	19 225	43 000	20 787	
金昌市	156 920	65 935	72.47	79 084	7 991	71 093	53 931	3 385	50 547	23 905	
武威市	638 188	417 981	189.81	192 026	14 554	177 472	442 762	35 530	407 232	3 400	
张掖市	221 694	84 951	62.12	105 751	23 959	81 791	115 943	6 278	109 665		
庆阳市	496 883	342 002	220.82	84 802	7 634	77 167	412 082	29 550	382 532		
酒泉市	390 976	114 279	41.30	311 959	32 562	279 397	72 484	7 841	64 643	6 534	
定西市	186 424	24 989	15.48	130 740	23 511	107 229	55 662	10 333	45 329	22	
陇南市	65 862	65 862		20 033	3 400	16 633	45 829	1 629	44 200		
临夏州	397 714	270 745	213.24	133 194	48 199	84 995	264 520	2 364	262 156		
全省合计	**10 624 634**	**2 108 702**	**24.76**	**4 861 345**	**616 148**	**424 5197**	**5 129 462**	**63 0152**	**4 499 310**	**618 439**	**15 387**

兰州银行股份有限公司资产负债表

(2015年)

单位：万元（本外币合计）

资　产	期末余额	负债和股东权益	期末余额
资产		负债	
现金及存放中央银行款项	2 691 208	向中央银行借款	127 472
存放同业款项	529 148	财政性存款	15 310
贵金属		同业存放存款	296 056
拆出资金		拆入资金	
交易性金融资产	33 169	卖出回购金融资产	125 130
买入返售金融资产	162 139	吸收存款	17 624 562
应收利息	146 056	应付职工薪酬	11 128
发放贷款及垫款	10 311 504	应缴税费	52 459
可供出售金融资产	377 830	应付利息	228 128
应收款项类投资	3 176 717	预计负债	972
持有至到期投资	2 595 050	应付债券	419 370
长期股权投资	8 206	递延所得税负债	7 960
投资性房地产	1 243	其他负债	341 379
固定资产	140 298	**负债合计**	**19 249 926**
在建工程	78 141	股东权益	
无形资产	6 799	实收资本	512 613
递延所得税资产	59 288	资本公积	415 878
其他资产	387 327	其他综合收益	35 628
		盈余公积	70 656
		一般风险准备	263 800
		未分配利润	155 622
		股东权益合计	**1 454 197**
资产总计	**20 704 123**	**负债和股东权益总计**	**20 704 123**

资料来源：由兰州银行股份有限公司提供。

兰州银行股份有限公司利润表

(2015年)

单位：万元（本外币合计）

项　目	本期金额	项　目	本期金额
一、营业收入	541 714	二、营业支出	336 847
利息净收入	518 961	营业税金及附加	52 103
利息收入	1 130 966	管理费用	176 115
利息支出	612 004	资产减值损失	107 366
手续费及佣金收入	18 494	其他业务成本	1 262
手续费及佣金收入	21 443	三、营业利润	204 867
手续费及佣金支出	2 949	营业外收入	18 755
投资收益	2 886	营业外支出	1 203
公充价值变动损益	705	四、利润总额	222 419
汇兑损益	142	所得税费用	47 553
其它业务收入	525	五、净利润	174 865

资料来源：由兰州银行股份有限公司提供。

中国人民财产保险股份有限公司甘肃省分公司保险业务主要指标统计

(2015年)

项目	单位	金额	项目	单位	金额
一、承保额	万元	710 635 091	三、储金期末有效数	万元	
企事业财产险	万元	19 006 832	四、返还性险退保金	万元	
家庭财产险	万元	937 126	五、赔案件数	件数	425 461
工程险	万元	1 901 022	已决赔案件数	件数	408 148
责任险	万元	23 793 650	未决赔案件数	件数	17 313
保证险	万元	19 841	六、已决赔款支出	万元	245 573
其他险	万元	371 189	企事业财产险	万元	10 219
机动车辆险	万元	31 750 743	家庭财产险	万元	578
船舶险	万元	6 538	工程险	万元	1 796
货物运输险	万元	16 995 562	责任险	万元	8 696
农业险	万元	2 006 337	保证险	万元	36
特殊风险	万元	153 817	其它险	万元	43
人身意外伤害险	万元	11 569 852	机动车辆险	万元	131 059
健康险	万元	602 122 582	船舶险	万元	7
二、保费收入	万元	395 301	货物运输险	万元	2 339
企事业财产险	万元	17 128	农业险	万元	43 028
家庭财产险	万元	1 521	特殊风险	万元	
工程险	万元	3 381	人身意外伤害险	万元	5 295
责任险	万元	17 673	健康险	万元	42 476
保证险	万元	991	七、未决赔款估损金额	万元	46 385
其他险	万元	1 120	八、满期返还金额	万元	
机动车辆险	万元	249 679	九、当年结案率	%	95.93
船舶险	万元	33	十、赔付率	%	61.24
货物运输险	万元	6 223	十一、年内平均职工人数	人	2 501
农业险	万元	52 853	十二、年末实有职工人数	人	2 501
特殊风险	万元	198	十三、年内费用支出	万元	86 898
人身意外伤害险	万元	12 242			
健康险	万元	32 260			

资料来源：由中国人民财产保险股份有限公司甘肃省分公司提供。

中国人民财产保险股份有限公司甘肃省分公司保险业务情况统计

(2015年)

指标 / 险种	计量单位	承保数量累计	保险金额累计(万元)	保费收入累计(万元)	储金期末有效数(万元)	已决赔案件数累计(件)	已决赔款金额累计(万元)	满期返还累计(万元)	已决赔付率(%)
合计	件	3 272 003	710 635 091	395 301		408 148	245 573		62.12
一、财产险	件	66 892	21 998 798	22 228		4 320	12 593		56.65
1.企事业财产险	件	3 242	19 006 832	17 128		1 946	10 219		59.66
2.家庭财产险	件	63 559	937 126	1 521		2 225	578		38.01
3.工程险	件	78	1 901 022	3 381		149	1 796		53.14
4.特殊风险	件	13	153 817	198					
二、责信险	件	35 630	24 184 680	19 784		3 395	8 775		44.35
5.责任险	件	33 989	23 793 650	17 673		3 384	8 696		49.20
6.信用保证险	件	1 641	391 030	2 111		11	80		3.77
三、机动车辆险	件	1 120 250	31 750 743	249 679		222 596	131 059		52.49
四、船舶险	件	21	6 538	33		5	7		21.00
五、货物运输险	件	199 801	16 995 562	6 223		771	2 339		37.59
六、农业险	件	15 324	2 006 337	52 853		67 944	43 028		81.41
七、人身意外伤害险	件	1 834 043	11 569 852	12 242		7 035	5 295		43.26
八、健康险	件	42	602 122 582	32 260		102 082	42 476		131.67

资料来源：由中国人民财产保险股份有限公司甘肃省分公司提供。

中国人民财产保险股份有限公司甘肃省分公司保险业务分地区收支情况统计

(2015 年)

单位：万元

地区 \ 指标	全年保费收入累计	全年赔款支出累计	已决赔付率(%)
合计	395 301	245 573	62.12
兰州市	74 103	42 181	56.92
白银市	16 216	9 337	57.58
天水市	17 733	8 843	49.87
嘉峪关市	14 609	7 407	50.70
金昌市	19 566	10 104	51.64
武威市	18 055	14 303	79.22
张掖市	25 369	15 762	62.13
平凉市	19 359	10 055	51.94
庆阳市	26 122	15 437	59.09
酒泉市	27 662	19 166	69.29
定西市	27 173	22 690	83.50
陇南市	14 629	5 918	40.45
临夏州	24 841	20 261	81.56
甘南州	28 893	20 556	71.14
省分公司营业部	23 161	14 041	60.62
兰州新区	15 887	8 400	52.88
矿区	1 923	1 114	57.93

资料来源：中国人民财产保险股份有限公司甘肃省分公司提供。

中国人民财产保险股份有限公司甘肃省分公司利润表

(2015 年)

单位：万元

项目	本期金额	项目	本期金额
一、保费收入	395 319	减：摊回分保费用	17 550
加：分保费收入		加：资产减值损失	2 027
二、毛保费收入	395 319	加：提取保险保障基金	2 916
减：分出保费	60 784	加：提交强险救助基金	1 420
三、净保费收入	334 535	七、承保毛利	42 090
减：提未到期准备金	2 102	减：管理费用	13 544
加：提分保未到期责任	347	八、承保利润	28 545
四、已赚净保费	332 780	九、投资净收益	40
五、赔付成本	203 792	公允价值变动损益	
赔付支出	251 897	加：投资收益	
其中:直接赔款	242 858	加：利息收入	14
直接理赔费用	399	减：利息支出	
间接理赔费用	9 810	减：投资费用	
代位追偿款	−280	加：汇兑损益	25
收回赔款及物资折价	−891	减：投资资产减值损失	
加：分保赔付支出		十、其他收支净额	1 059
减：摊回赔付支出	40 146	其他业务收入	1 173
加：提未决赔款准备金	−4 175	减：其他业务支出	114
减：提分保未决准备金	2 555	十一、营业利润	29 644
加：提农险巨灾准备金	−1 229	加：营业外收入	313
六、费用	86 898	减：营业外支出	311
手续费支出	38 716	十二、利润总额	29 646
加：营业税金及附加	17 071	减:所得税	
加：承保费用	42 298	十三、净利润	29 646
加：分保费用支出			

资料来源：中国人民财产保险股份有限公司甘肃省分公司提供。

中国人寿保险股份有限公司甘肃省分公司保险业务情况统计

(2015 年)

单位：万元

险种 \ 指标	保费收入累计	赔付累计	满期给付累计	退保累计
合计	**513 994**	**35 890**	**89 181**	**91 073**
一、普通保险小计	207 535	15 527	17 086	56 727
(一) 定期寿险	3 304	698		12
(二) 两全寿险	86 707	1 584	17 086	52 769
(三) 终身寿险	52 564	8 756		3 464
(四) 年金保险	64 960	4 489		481
二、分红保险小计	243 593	5 374	72 095	33 714
(一) 定期寿险				
(二) 两全寿险	217 406	2 420	72 095	29 332
(三) 终身寿险	1 507	12		142
(四) 年金保险	24 564	2 932		4 226
(五) 健康保险	116	10		14
三、意外险	22 598	5 147		7
四、健康险	40 268	9 842		625
(一) 短期健康险	10 035	7 621		
(二) 长期健康险	30 233	2 220		625

说明：1. 数据为股份公司 2015 年报数据，不含集团公司数据。
2. 资料由中国人寿保险股份有限公司甘肃省分公司提供。

中国人寿保险股份有限公司甘肃省分公司分地区保险业务情况统计

(2015 年)

单位：万元

单位 \ 指标	保费收入累计	赔付累计	满期给付累计	退保累计
全省合计	**513 994**	**35 890**	**89 181**	**91 073**
兰州市	95 745	7 064	16 684	27 437
天水市	26 946	1 355	10 376	5 291
白银市	30 690	1 669	4 763	4 769
金昌市	26 643	2 009	9 600	7 317
嘉峪关市	12 979	1 063	4 242	3 265
酒泉市	63 880	5 118	7 313	10 109
张掖市	51 706	5 079	6 919	6 744
武威市	39 122	2 346	5 910	8 812
庆阳市	44 333	2 504	7 569	4 317
平凉市	38 015	1 493	5 588	4 809
陇南市	31 712	2 484	3 006	2 024
定西市	32 423	2 141	4 472	3 336
临夏州	13 712	1 117	2 462	2 430
甘南州	6 087	448	277	413
矿区				

说明：1. 数据为股份公司 2015 年报数据，不含集团公司数据。
2. 资料由中国人寿保险股份有限公司甘肃省分公司提供。

中国太平洋财产保险股份有限公司甘肃分公司保险业务主要指标统计

(2015年)

项　目	单位	金　额	项　目	单位	金　额
一、承保金额	万元	31 863 240	1.理赔支出	万元	35 682
1.企业财产险	万元	8 129 278	(1) 企业财产险	万元	1 798
2.机动车辆险	万元	6 416 571	(2) 机动车辆险	万元	27 487
3.家庭财产险	万元	28 061	(3) 家庭财产险	万元	43
4.货运险	万元	243 209	(4) 货运险	万元	147
5.责任保险	万元	7 866 165	(5) 责任保险	万元	2 301
6.其他险	万元	9 179 956	(6) 其他险	万元	3 906
二、保费收入	万元	68 196	2.退保支出	万元	
1.企业财产险	万元	5 796	五、未决赔款估损金额	万元	10 894
2.机动车辆险	万元	52 982	六、当年结案率	%	
3.家庭财产险	万元	21	七、综合赔付率	%	
4.货运险	万元	530	八、年内费用支出	万元	
5.责任保险	万元	4 204	九、年内平均职工人数	人	561
6.其他险	万元	4 662	十、年末平均职工人数	人	584
三、赔案件数	件	55 607	十一、机构数	个	41
1.已决赔案件数	件	51 349	1.一级分公司	个	1
2.未决赔案件数	件	4 258	2.地（市）中心支公司	个	15
四、保险业务支出	万元	60 907	3.县（区）支公司	个	25

资料来源：由中国太平洋财产保险股份有限公司甘肃分公司提供。

中国太平洋财产保险股份有限公司甘肃分公司保险业务情况统计

(2015年)

险种 \ 指标	承保数量累计(件)	保险金额累计(万元)	保费收入累计(万元)	赔案件数累计(件)	赔款金额累计(万元)	未决赔案累计(件)	未决赔案估损金额(万元)
合计	**1 058 935**	**31 863 240**	**68 196**	**51 349**	**35 682**	**4 258**	**10 894**
一、非水险业务	789 285	25 074 200	14 663	5 092	8 049	2 135	3 202
1.企业财产保险	2 042	8 129 278	5 796	865	1 798	243	892
2.家庭财产保险	2 712	28 061	21	33	43	14	5
3.建筑工程保险	19	603 926	812	75	1 342	13	392
4.安装工程险				12	51	8	57
5.责任保险	6 232	7 866 165	4 204	2 299	2 301	1 202	916
6.短意险	778 275	8 444 186	3 816	1 808	2 513	655	940
7.保证保险	5	2 584	13				
二、水险业务	48 614	243 209	530	51	147	7	26
1.国内货运险	48 612	243 125	530	51	147	7	26
2.进出口货运险	2	84					
三、机动车辆保险	221 035	6 416 571	52 982	46 206	27 487	2 116	7 666

资料来源：中国太平洋财产保险股份有限公司甘肃分公司提供。

中国太平洋人寿保险股份有限公司甘肃分公司保险业务主要指标统计

(2015年)

项　目	单位	金　额	项　目	单位	金　额
一、保险金额	万元	4 487 929	六、退保金支出	万元	32 786
1.个人营销业务	万元	2 113 367	1.个人营销业务	万元	3 676
2.银行保险业务	万元	212 734	2.银行保险业务	万元	29 092
3.团体保险业务	万元	2 161 828	3.团体保险业务	万元	18
二、保费收入	万元	148 830	七、营业费用支出	万元	44 922
1.个人营销业务	万元	138 046	八、承保利润	万元	-14 143
2.银行保险业务	万元	5 244	九、年内平均员工人数	人	567
3.团体保险业务	万元	5 540	十、年末实用员工人数	人	566
三、理赔案件件数	件	9 549	十一、年内平均正式职工人数	人	553
1.已决赔案件数	件	9 531	十二、年末正式职工人数	人	550
2.未决赔案件数	件	18	十三、机构数	个	44
四、理赔结案率	%	99.81	1.一级分公司	个	1
五、给付支出	万元	14 416	2.地（市）中心支公司	个	10
1.个人营销业务	万元	10 818	3.县（区）支公司	个	32
2.银行保险业务	万元	1 908	4.营销服务部	个	1
3.团体保险业务	万元	1 690			

资料来源：由中国太平洋人寿保险股份有限公司甘肃分公司财务会计部、人力资源部、营运部提供。

中国太平洋人寿保险股份有限公司甘肃分公司分地区保险业务情况统计

(2015年)

单位：万元

单位＼指标	保费收入累计	赔付累计	满期给付累计	退保累计
全省总计	**148 830**	**13 865**	**550**	**32 786**
兰州市	48 717	7 625	525	23 894
白银市	11 592	823	15	1 279
天水市	3 963	210	2	90
金昌市	13 662	784		1 316
武威市	13 397	812	3	2 227
张掖市	10 161	814		913
平凉市	3 068	227		37
庆阳市	21 996	1 174		850
酒泉市	8 050	598		914
定西市	14 225	798	5	1 267

资料来源：由中国太平洋人寿保险股份有限公司甘肃分公司财务会计部提供。

中国太平洋人寿保险股份有限公司甘肃分公司利润表

(2015年)

单位：万元

项　目	本期金额	项　目	本期金额
一、营业收入	146 214	5.营业税金及附加	375
1.已赚保费	144 340	6.手续费及佣金支出	20 556
2.保费业务收入	148 830	7.业务及管理费	12 516
3.提取未到期责任准备金	1 557	8.利息支出	568
4.分出保费	2 933	9.其他业务支出	2 919
5.投资收益	533	三、营业利润	-14 143
6.其他业务收入	1 341	加:营业外收入	7
二、营业支出	160 357	减:营业外支出	14
1.退保金	32 786	六.利润总额	-14 150
2.赔款总支出	14 416	减:所得税	
3.提取保险责任准备金	68 233	七.净利润	-14 150
4.保户红利支出	7 988		

资料来源：1. 由中国太平洋人寿保险股份有限公司甘肃分公司财务会计部提供。

2. 收入中：营业收入为（1+5+6）、已赚保费为（2-3-4）。

中国平安财产保险股份有限公司甘肃分公司保险业务情况统计

(2015 年)

项　目	单位	金　额	项　目	单位	金　额
一、保费收入	万元	162 934	其他财产保险	万元	
企业财产保险	万元	1 851	责任保险	万元	705
机动车辆保险	万元	134 010	信用保证保险	万元	983
货物运输保险	万元	53	农业保险	万元	
其他财产保险	万元		短期健康保险	万元	126
责任保险	万元	2 938	意外保险	万元	1 028
信用保证保险	万元	15 950	三、赔款件数	件	131 389
农业保险	万元	6	四、未决件数	件	9 131
短期健康保险	万元	483	五、机构数	个	48
意外保险	万元	3 413	省级分公司	个	1
二、已决赔款支出	万元	64 304	中心支公司	个	13
企业财产保险	万元	1 128	营销服务部	个	1
机动车辆保险	万元	59 129	支公司	个	33
货物运输保险	万元	15	六、年末职工人数	人	932

资料来源：由中国平安财产保险股份有限公司甘肃分公司提供。

中国平安财产保险股份有限公司甘肃分公司利润表

(2015 年)

单位：万元

项　目	本期金额	项　目	本期金额
一、保险业务收入	162 934	减：摊回未决赔款准备金	596
1.保费收入	162 934	其中：转回已发生未报告责任准备金	931
2.分保费收入		2.提存未到期责任准备金	17 072
3.追偿款收入		减：转回未到期责任准备金	
二、保险业务支出	124 784	3.提存长期责任准备金	
1.赔款支出	67 038	减：转回长期责任准备金	
减：摊回分保赔款	7 096	四、承保利润	10 264
2.分出保费	14 030	加：投资收益	2
3.分保赔款支出		利息收入	
4.分保费用支出		其他收入	688
5.手续费支出	20 334	汇兑收益	-6
6.营业税金及附加	9 158	减：利息支出	
7.营业费用	25 016	其他支出	91
减：摊回分保费用	4 999	五、营业利润	10 857
8.提取保险保障基金	1 303	加：营业外收入	705
三、准备金提转差	27 886	减：营业外支出	102
1.提存未决赔款准备金	11 410	六、利润总额	11 460
其中：提存已发生未报告责任准备金	9 478		

资料来源：由中国平安财产保险股份有限公司甘肃分公司提供。

中国平安人寿保险股份有限公司甘肃分公司保险业务情况统计

(2015 年) 单位：万元

指标 险种	承保人数累计(人)	保险金额累计	保费收入累计	赔款支出累计	满期给付累计	年金给付累计	死伤医疗给付	退保累计
总　计	**633 576**	**6 551 783**	**276 790**	**2 034**	**17 176**	**1 683**	**21 579**	**22 678**
个人业务	633 576	6 551 783	276 790	2 034	17 176	1 683	21 579	22 678
1.寿险	525 176	4 182 872	267 558		17 176	1 683	21 579	22 678
2.意外险	96 077	2 318 336	8 679	1 468				
3.短期健康险	12 323	50 574	552	566				

资料来源：由中国平安人寿保险股份有限公司甘肃分公司提供。

中国平安人寿保险股份有限公司甘肃分公司利润表

(2015 年) 单位：万元

项　目	本期金额	项　目	本期金额
一、营业收入	280 382	赔付支出	42 473
已赚保费	269 212	减:摊回赔付支出	8 316
保险业务收入	276 790	提取保险责任准备金	151 916
其中：分保费收入		减：摊回保险责任准备金	361
减:分出保费	11 321	保单红利支出	11 345
提取未到期责任准备金	-3 743	分保费用	
银行业务利息净收入	2 934	营业税金及附加	972
利息收入	2 934	保险业务手续费及佣金支出	35 039
利息支出		业务及管理费	28 756
手续费及佣金净收入		减：摊回分保费用	3 860
手续费及佣金收入		其他业务成本	55 460
手续费及佣金支出		资产减值损失	2
投资收益		三、营业利润	-55 719
其中：对联营企业和合营企		加:营业外收入	75
公允价值变动收益		减:营业外支出	22
汇兑收益		四、利润总额	-55 666
其他业务收入	8 437	减:所得税费用	
二、营业支出	336 102	五、净利润	-55 666
退保金	22 678		

资料来源：由中国平安人寿保险股份有限公司甘肃分公司财务部提供。

光大兴陇信托投资公司人民币信贷收支统计

（2015年）

单位：万元

资金来源项目	年末余额	比年初		资金运用项目	年末余额	比年初	
		增减额	增减%			增减额	增减%
一、各项存款				一、各项贷款	42 613	−7 158	−14.38
（一）境内存款				（一）境内贷款	42 613	−7 158	−14.38
1.个人存款				1.短期贷款	42 613	−7 158	−14.38
其中：保证金存款				（1）个人贷款及透支			
2.单位存款				其中：个人消费贷款			
其中：活期存款				（2）单位贷款及透支	42 613	−7 158	−14.38
定期存款				经营贷款及透支	42 613	−7 158	−14.38
保证金存款				固定资产贷款			
（二）境外存款				并购贷款			
二、代理财政性存款				贸易融资			
三、金融债券				2.中长期贷款			
其中：境外发行				（1）个人贷款			
四、卖出回购资产				其中：个人消费贷款			
五、中长期借款				（2）单位贷款			
其中：境外借款				经营贷款			
六、向中央银行借款				固定资产贷款			
七、金融机构存放				并购贷款			
八、金融机构拆入				贸易融资			
九、外汇买卖（净）				3.票据融资			
十、应付及暂收款	27 973	19 864	244.96	4.融资租赁			
十一、其他负债	2 080	2 080		5.各项垫款			
十二、所有者权益	434 576	259 670	148.46	（二）境外贷款			
其中：实收资本	101 819			二、债券投资	1 373	−14 161	−91.16
				三、股权及其他投资	74 220	37 732	103.41
				四、存放金融机构	330 838	294 957	822.04
				五、应收及预付款	13 138	2 196	20.07
				其中：应收利息	97	97	
				六、固定资产	9 275	1 696	22.38
				七、其他资产	4 620	−26 682	−85.24
				八、减：各项准备	11 448	6 966	155.42
资金来源总计	**464 629**	**281 614**	**153.87**	**资金运用总计**	**46 4629**	**281 614**	**153.87**

酒钢集团财务有限公司人民币信贷收支统计

(2015年) 单位：万元

资金来源项目	年末余额	比年初增减额	比年初增减%	资金运用项目	年末余额	比年初增减额	比年初增减%
一、各项存款	475 118	-149 262	-23.91	一、各项贷款	396 430	-14 966	-3.64
(一) 境内存款	475 118	-149 262	-23.91	(一) 境内贷款	396 430	-14 966	-3.64
1.个人存款				1.短期贷款	264 750	-400	-0.15
其中:活期储蓄存款				(1) 个人贷款及透支			
定期储蓄存款				其中：个人消费贷款			
结构性存款				(2) 单位贷款及透支	264 750	-400	-0.15
2.单位存款	475 118	-149 262	-23.91	经营贷款及透支	264 750	-400	-0.15
其中:活期存款	240 504	-156 342	-39.40	固定资产贷款			
定期存款	59 746	-5 674	-8.67	并购贷款			
保证金存款	3 805	3 805		贸易融资			
结构性存款				2.中长期贷款	72 000		
3.国库定期存款				(1) 个人贷款			
4.非存款类金融机构存款				其中：个人消费贷款			
(二) 境外存款				(2) 单位贷款	72 000		
二、代理财政性存款				经营贷款	72 000		
三、金融债券				固定资产贷款			
其中：境外发行				并购贷款			
四、卖出回购资产				贸易融资			
五、向中央银行借款				3.票据融资	59 680	-14 566	-19.62
六、银行业存款类金融机构往来				(二) 境外贷款			
七、借款及非存款类金融机构拆入				二、存放中央银行存款	31 918	-55 506	-63.49
八、联行往来（净）				三、银行业存款类金融机构往来	192 521	-63 815	-24.90
九、外汇买卖（净）				四、应收及预付款	21	-66	-75.40
十、应付及暂收款	1 039	-1 198	-53.55	其中：应收利息	21	-66	-75.40
其中：应付利息	527	-20	-3.62	五、固定资产	1 779	-188	-9.54
十一、其他负债	533	-8	-1.51	六、其他资产	211	-14	-6.11
十二、所有者权益	135 904	15 914	13.26	七、减：各项准备	10 286	1	0.01
其中：实收资本	100 000			其中：贷款损失准备	9 911	-374	-3.64
资金来源总计	**612 595**	**-134 555**	**-18.01**	**资金运用总计**	**612 595**	**-134 555**	**-18.01**

金川集团财务有限公司人民币信贷收支统计

(2015年)

单位：万元

资金来源项目	年末余额	比年初		资金运用项目	年末余额	比年初	
		增减额	增减%			增减额	增减%
一、各项存款	444 075	-49 308	-9.99	一、各项贷款	297 541	-83 313	-21.88
（一）境内存款	444 075	-49 308	-9.99	（一）境内贷款	297 541	-83 313	-21.88
1.个人存款				1.短期贷款	230 600	103	0.04
其中:活期储蓄存款				(1) 个人贷款及透支			
定期储蓄存款				其中：个人消费贷款			
结构性存款				(2) 单位贷款及透支	230 600	103	0.04
2.单位存款	444 075	-49 308	-9.99	经营贷款及透支	230 600	103	0.04
其中:活期存款	419 720	-40 451	-8.79	固定资产贷款			
定期存款	18 193	181	1.00	并购贷款			
保证金存款				贸易融资			
结构性存款				2.中长期贷款			
3.国库定期存款				(1) 个人贷款			
4.非存款类金融机构存款				其中：个人消费贷款			
（二）境外存款				(2) 单位贷款			
二、代理财政性存款				经营贷款			
三、金融债券				固定资产贷款			
四、卖出回购资产				并购贷款			
五、向中央银行借款				贸易融资			
六、银行业存款类金融机构往来				3.票据融资	66 941	-83 416	-55.48
七、借款及非存款类金融机构拆入				（二）境外贷款			
八、联行往来（净）				二、存放中央银行存款	21 059	-16 772	-44.33
九、外汇买卖（净）				三、银行业存款类金融机构往来	257 511	55 374	27.39
十、应付及暂收款	62	-945	-93.88	四、库存现金		-1	
其中：应付利息	47	26	120.01	五、固定资产	35	2	6.72
十一、其他负债	545	-1 111	-67.08	六、其他资产	233	233	
十二、所有者权益	12 3667	3 346	2.78	七、减：各项准备	8 030	3 542	78.94
其中：实收资本	100 000			其中：贷款损失准备	8 030	3 542	78.94
资金来源总计	**568 349**	**-48 018**	**-7.79**	**资金运用总计**	**56 8349**	**-48 018**	**-7.79**

信达金融租赁公司人民币信贷收支统计

(2015年)　　　　单位：万元

资金来源项目	年末余额	比年初		资金运用项目	年末余额	比年初	
		增减额	增减%			增减额	增减%
一、各项存款				一、各项贷款	4 467 220	749 741	20.17
(一)境内存款				(一)境内贷款	4 467 220	749 741	20.17
1.个人存款				1.短期贷款			
其中：保证金存款				(1)个人贷款及透支			
2.单位存款				其中：个人消费贷款			
其中:活期存款				(2)单位贷款及透支			
定期存款				经营贷款及透支			
保证金存款				固定资产贷款			
(二)境外存款				并购贷款			
二、代理财政性存款				贸易融资			
三、金融债券				2.中长期贷款			
其中：境外发行				(1)个人贷款			
四、卖出回购资产	44 150	−15 800	−26.36	其中：个人消费贷款			
五、中长期借款	294 961	99 961	51.26	(2)单位贷款			
其中：境外借款				经营贷款			
六、向中央银行借款				固定资产贷款			
七、金融机构存放	2 874 000	2 874 000		并购贷款			
八、金融机构拆入		−2 553 655		贸易融资			
九、外汇买卖(净)				3.融资租赁	4 467 220	749 741	20.17
十、应付及暂收款	692 767	112 746	19.44	(二)境外贷款			
十一、其他负债	124 055	29 189	30.77	二、存放金融机构	192 496	−45 643	−19.17
十二、所有者权益	613 989	69 269	12.72	三、拆放金融机构		−100 000	
其中：实收资本	350 525			四、库存现金	5	1	29.07
				五、应收及预付款	121 738	46 403	61.60
				其中：应收利息	22 755	−1 424	−5.89
				六、固定资产	9 733	−453	−4.45
				七、其他资产	19 246	3 316	20.82
				八、减：各项准备	166 516	37 654	29.22
资金来源总计	**4 643 922**	**615 710**	**15.28**	**资金运用总计**	**4 643 922**	**615 710**	**15.28**

三、金融系统机构、人员统计

甘肃省金融监管部门及银行业分级别机构、人员统计

(2015 年)

机构名称	合计		总部		一级分行		二级分行		营业部		支行		分理处		储蓄所		其他	
	机构(个)	人数(人)	机构(个)	人数(人)	机构(个)	人数(人)	机构(个)	人数(人)	机构(个)	人数(人)	机构(个)	人数(人)	机构(个)	人数(人)	机构(个)	人数(人)	机构(个)	人数(人)
金融监管部门																		
中国人民银行兰州中心支行	77	3 367			1	415	13	1 628			63	1 324						
中国银行业监督管理委员会甘肃监管局	79	780			1	129	13	469			65	182						
中国证券监督管理委员会甘肃监管局	1	37			1	37												
中国保险监督管理委员会甘肃监管局	1	60			1	60												
政策性银行																		
国家开发银行股份有限公司甘肃省分行	1	141			1	141												
中国农业发展银行甘肃省分行	59	1 405			1	110	13	420	4	132	41	743						
股份制商业银行																		
中国工商银行股份有限公司甘肃省分行	330	7 628			1	617	15	1 573	113	512	200	4 923			1	3		
中国农业银行股份有限公司甘肃省分行	602	10 320			1	474	13	1 170	1	153	96	3 985	489	4 516			2	22
中国银行股份有限公司甘肃省分行	125	2 904			1	545	18	979			106	1 380						
中国建设银行股份有限公司甘肃省分行	288	7 425			1	706	13	1 878	1	130	256	4 414	15	215	1	82	1	
交通银行股份有限公司甘肃省分行	48	903			1	272	5	140	1	28	41	463						
中国邮政储蓄银行股份有限公司甘肃省分行	620	2 738			1	157	14	797	2	1 129	603	655						
招商银行股份有限公司兰州分行	29	771			1	261					28	510						
上海浦东发展银行股份有限公司兰州分行	17	460			1	137	1	40	1	34	14	249						
中信银行股份有限公司兰州分行	14	371			1	184			1	32	12	155						
浙商银行股份有限公司兰州分行	3	239			1	171					2	68						
中国光大银行股份有限公司兰州分行	8	208			1	92			1	33	6	83						
兴业银行股份有限公司兰州分行	15	269			1	199			1	15	13	55						
中国民生银行股份有限公司兰州分行	6	170			1	107			1	22	4	41						
甘肃省农村信用社联合社	2 329	19 262	1	310			89	3 409			2 239	15 543						
其中：农村商业银行	793	7 695					22	1 009			771	6 686						
农村合作银行	241	2 245					8	412			233	1 833						
农村信用联社	53	1 887					53	1 887										
稽核审计中心	6	101					6	101										
农村信用社	1 235	7 024									1 235	7 024						
甘肃银行股份有限公司	177	3 491	1	326	8	1 875			1	114	167	1 176						
兰州银行股份有限公司	127	3 859	1	572			36	1 007			90	2 280						
村镇银行	65	913			65	913												

注：1. 根据中国人民银行兰州中心支行及各市（州）中心支行、甘肃银监局、甘肃证监局、甘肃保险局、各银行人事部门提供的资料汇总。

2. “其他”栏中：农业银行系农银大学甘肃分校机构 1 个 19 人、农银大学敦煌分部机构 1 个 3 人;建设银行系兰州小企业经营中心机构 1 个，与建设银行西津西路支行合署办公。

甘肃省金融监管部门及银行业分地区机构、人员统计

（2015 年）

机构名称	单位	合计	总部	一级分公司、分公司及直（附）属机构	兰州市	白银市	天水市	嘉峪关市	金昌市	武威市	张掖市	平凉市	庆阳市	酒泉市	定西市	陇南市	临夏州	甘南州	其他
金融监管部门																			
中国人民银行兰州中心支行	机构(个)	77		1	4	5	6	1	2	4	6	7	8	5	7	9	6	6	
	人数(人)	3 367		415	86	210	251	88	102	201	233	303	280	218	275	260	228	217	
中国银行业监督管理委员会甘肃监管局	机构(个)	79		1	4	5	6	1	2	4	6	7	8	6	7	9	7	6	
	人数(人)	780		129	12	46	61	22	32	47	55	61	64	49	49	58	48	47	
中国证券监督管理委员会甘肃监管局	机构(个)	1		1															
	人数(人)	37		37															
中国保险监督管理委员会甘肃监管局	机构(个)	1		1															
	人数(人)	60		60															
政策性银行																			
国家开发银行股份有限公司甘肃省分行	机构(个)	1		1															
	人数(人)	141		141															
中国农业发展银行甘肃省分行	机构(个)	59		1	8	5	5	1	3	5	6	4	5	6	5	3	1	1	
	人数(人)	1 405		110	204	92	111	25	55	107	109	92	105	123	124	60	46	42	
股份制商业银行																			
中国工商银行股份有限公司甘肃省分行	机构(个)	330		1	113	22	21	8	17	16	17	18	18	24	14	15	11	10	5
	人数(人)	7 628		617	2 343	522	518	193	385	289	395	406	364	478	327	312	217	185	77
中国农业银行股份有限公司甘肃省分行	机构(个)	602		1	96	40	59	9	18	49	37	58	50	44	45	41	30	23	2
	人数(人)	10 320		474	1 746	660	947	148	325	682	613	832	753	688	784	720	544	382	22
中国银行股份有限公司甘肃省分行	机构(个)	125		1	50	5	7	6	5	6	5	7	7	13	3	5	5		
	人数(人)	2 904		536	986	90	145	114	103	107	90	134	134	219	61	97	88		
中国建设银行股份有限公司甘肃省分行	机构(个)	288		1	110	19	21	13	11	12	12	13	16	25	11	14	8	2	
	人数(人)	7 425		706	2 422	430	538	274	281	298	280	324	524	420	268	362	235	63	
交通银行股份有限公司甘肃省分行	机构(个)	48		1	29		5			1		4	4	4					
	人数(人)	903		272	428		46			31		39	46	41					
中国邮政储蓄银行股份有限公司甘肃省分行	机构(个)	620		1	128	38	64	11	20	47	29	49	58	32	43	52	35	13	
	人数(人)	2 738		157	428	175	227	77	108	164	156	202	247	183	205	204	149	56	
招商银行股份有限公司兰州分行	机构(个)	29		1	28														
	人数(人)	771		261	510														
上海浦东发展银行股份有限公司兰州分行	机构(个)	17		1	15									1					
	人数(人)	460		137	283									40					

续表

机构名称	单位	合计	总部	一级分公司、分公司及直（附）属机构	兰州市	白银市	天水市	嘉峪关市	金昌市	武威市	张掖市	平凉市	庆阳市	酒泉市	定西市	陇南市	临夏州	甘南州	其他
中信银行股份有限公司兰州分行	机构（个）	14		1	13														
	人数（人）	371		184	187														
浙商银行股份有限公司兰州分行	机构（个）	3		1	2														
	人数（人）	239		171	68														
中国光大银行股份有限公司兰州分行	机构（个）	8		1	7														
	人数（人）	208		92	116														
兴业银行股份有限公司兰州分行	机构（个）	15		1	14														
	人数（人）	269		199	70														
中国民生银行股份有限公司兰州分行	机构（个）	6		1	5														
	人数（人）	170		107	63														
甘肃省农村信用社联合社	机构（个）	2 329	1		323	141	242	19	60	153	142	198	218	121	163	231	196	121	
	人数（人）	19 262	310		2 961	1 038	1 878	131	409	1 618	1 172	1 420	1 656	1 320	1 552	1 695	1 373	729	
其中：农村商业银行	机构（个）	793			174	43	34	19		92	97	99	26	63	50	67	29		
	人数（人）	7 695			1 838	250	325	131		1187	890	729	278	880	567	407	213		
农村合作银行	机构（个）	241			47		84					42	36		15	17			
	人数（人）	2 245			389		544					363	260		328	361			
农村信用联社	机构（个）	53			2	4	4		2	2	2	2	6	4	4	6	7	8	
	人数（人）	1 887			119	173	209		97	80	68	64	221	87	158	160	271	180	
稽核审计中心	机构（个）	6			1		1				1		1	1			1		
	人数（人）	101			18		14				17		20	13			19		
农村信用社	机构（个）	1 235			99	94	119		58	59	42	55	149	53	94	141	159	113	
	人数（人）	7 024			597	615	786		312	351	197	264	877	340	499	767	870	549	
甘肃银行股份有限公司	机构（个）	177	1		35	21	11	4	4	8	6	26	15	14	9	10	9	4	
	人数（人）	3 491	326		816	372	167	88	75	120	111	387	260	210	178	190	141	50	
兰州银行股份有限公司	机构（个）	127	1		90	3	4	3	3	3	3		4	4	4	1	1		3
	人数（人）	3 859	572		2 280	77	129	72	74	93	82		128	92	107	35	52		66
村镇银行	机构（个）	65			7	2	2			6		13	17	2	3	10	3		
	人数（人）	913			135	67	24			42		122	242	13	60	150	58		

注：1. 根据中国人民银行兰州中心支行及各市（州）中心支行、甘肃银监局、甘肃证监局、甘肃保险局、各银行人事部门提供的资料汇总。

2. “其他”栏中：工商银行系甘肃矿区机构2个35人、东风场区机构3个42人；农业银行系农银大学甘肃分校机构1个19人、农银大学敦煌分部机构1个3人；兰州银行系敦煌分行机构3个66人

甘肃省证券、期货业经营机构、人员统计

(2015 年)

机构名称	单位	合计	总公司	省级分公司	兰州市	白银市	天水市	嘉峪关市	金昌市	武威市	张掖市	平凉市	庆阳市	酒泉市	定西市	陇南市	临夏州	甘南州	其他
华龙证券股份有限公司	机构(个)	67	1		13	5	5		1	1	1	6	1	3	2	1	1		26
	人数(人)	1 246	275		280	40	61		9	13	14	31	10	33	15	9	12		444
海通证券甘肃分公司	机构(个)	13		1	5		1	1	1	1			1			1			1
	人数(人)	169		19	82		9	12	12	11			8			8			8
国泰君安证券甘肃分公司	机构(个)	9		1	3		1	1			1			1					1
	人数(人)	199		50	72		16	15			16			15					15
华龙期货经纪有限公司	机构(个)	2	1											1					
	人数(人)	50	46											4					
其他证券期货经营机构	机构(个)	43		5	28	2	2		1	2	1			2					
	人数(人)	563		40	448	18	14		18	10	8			7					

注：1. 根据甘肃证监局、各证券公司及期货经营机构的资料汇总。

2. “其他”栏内：华龙证券股份有限公司系省外分公司 5 个 196 人、敦煌营业部 1 个 11 人、省外营业部 20 个 237 人；海通证券甘肃分公司系省外营业部 1 个 8 人；国泰君安证券甘肃分公司系敦煌营业部 1 个 15 人

甘肃省保险业分级别机构、人员统计

(2015年)

类别	机构名称	合计		总公司		分公司		中心支公司		支公司		营业部		营销服务部		其他	
		机构(个)	人数(人)	机构(个)	人数(人)	机构(个)	人数(人)	机构(个)	人数(人)	机构(个)	人数(人)	机构(个)	人数(人)	机构(个)	人数(人)	机构(个)	人数(人)
财产保险	中国人民财产保险股份有限公司甘肃省分公司	273	2 501			1	193	17	750	91	1 396	1	20	163	142		
	中国人寿财产保险股份有限公司甘肃省分公司	76	901			1	71	13	270	61	555			1	5		
	中国太平洋财产保险股份有限公司甘肃分公司	41	584			1	103	15	328	25	153						
	中国平安财产保险股份有限公司甘肃分公司	48	932			1	350	13	407	33	169			1	6		
	永安财产保险股份有限公司甘肃分公司	58	671			1	107	13	296	43	259			1	9		
	天安财产保险股份有限公司甘肃省分公司	36	576			1	79	14	394	20	99			1	4		
	中国大地财产保险股份有限公司甘肃分公司	67	1 061			1	154	14	492	27	295			25	120		
	中华联合财产保险股份有限公司甘肃分公司	94	616			1	96	15	255	77	251	1	14				
	安邦财产保险股份有限公司甘肃分公司	15	52			1	14	9	31	2	4			3	3		
	阳光财产保险股份有限公司甘肃省分公司	33	506			1	41	10	305	21	155			1	5		
	都邦财产保险股份有限公司甘肃分公司	5	68			1	45	4	23								
	永诚财产保险股份有限公司甘肃分公司	8	104			1	37	6	62					1	5		
人寿保险	中国人民人寿保险股份有限公司甘肃省分公司	35	153			1	42	10	87	24	24						
	中国人寿保险股份有限公司甘肃省分公司	541	1 970			1	217	14	937	86	751	1	2	439	63		
	中国太平洋人寿保险股份有限公司甘肃分公司	44	566			1	120	10	326	32	118			1	2		
	中国平安人寿保险股份有限公司甘肃分公司	72	899			1	384	12	428	44	80			15	7		
	新华人寿保险股份有限公司甘肃分公司	19	202			1	84	5	69	11	41			2	8		
	泰康人寿保险股份有限公司甘肃分公司	41	660			1	157	10	411	24	77			6	15		
	泰康养老保险股份有限公司甘肃分公司	1	110			1	110										
	平安养老保险股份有限公司甘肃分公司	6	115			1	86	5	29								
	太平人寿保险有限公司甘肃分公司	20	279			1	105	8	142	11	32						
	幸福人寿保险股份有限公司甘肃分公司	7	87			1	39	3	39	3	9						
	富德生命人寿保险股份有限公司甘肃分公司	18	446			1	134	7	284	7	19			3	9		
	阳光人寿保险股份有限公司甘肃分公司	14	154			1	52	7	87	6	15						

注：根据甘肃保监局和各保险公司提供的资料汇总。

甘肃省保险业分地区机构、人员统计

（2015 年）

类别	机构名称	单位	合计	一级分公司	兰州市	白银市	天水市	嘉峪关市	金昌市	武威市	张掖市	平凉市	庆阳市	酒泉市	定西市	陇南市	临夏州	甘南州	其他
财产保险	中国人民财产保险股份有限公司甘肃省分公司	机构(个)	273	1	34	21	23	7	6	17	26	18	30	31	17	14	18	10	
		人数(人)	2 501	193	545	121	156	106	110	120	134	135	180	185	135	128	141	112	
	中国人寿财产保险股份有限公司甘肃省分公司	机构(个)	76	1	11	5	6	2	3	4	5	8	7	5	6	7	4	1	1
		人数(人)	901	71	143	77	49	19	35	55	80	71	62	52	61	66	49	6	5
	中国太平洋财产保险股份有限公司甘肃分公司	机构(个)	41		10	4	3	1	1	2	3	3	3	4	2	3	1	1	
		人数(人)	584		279	42	35	10	10	19	26	30	28	39	14	33	13	6	
	中国平安财产保险股份有限公司甘肃分公司	机构(个)	48	1	8	5	5	1	2	3	4	3	4	5	4	3			
		人数(人)	932	194	235	64	51	29	26	44	48	49	50	57	52	33			
	永安财产保险股份有限公司甘肃分公司	机构(个)	58	1	7	3	5		2	4	3	4	6	5	7	5	3	3	
		人数(人)	671	107	90	20	44		15	60	24	47	45	40	93	28	33	25	
	天安财产保险股份有限公司甘肃省分公司	机构(个)	36	1	7	2	3	1	1	3	3	2	3	2	2	3	2	1	
		人数(人)	576	79	111	29	34	24	14	37	51	27	42	27	29	33	23	16	
	中国大地财产保险股份有限公司甘肃分公司	机构(个)	67	1	6	7	5	1	3	5	5	6	5	4	6	3	8	2	
		人数(人)	1 061	154	126	96	63	21	44	90	69	69	67	50	64	29	93	26	
	中华联合财产保险股份有限公司甘肃分公司	机构(个)	94	1	13	6	7	2	4	5	6	8	7	6	7	8	9	5	
		人数(人)	616	96	129	56	29	10	26	35	41	27	35	29	37	26	24	16	
	安邦财产保险股份有限公司甘肃分公司	机构(个)	15		3	1	1			1	1	1	1	1	1	1	2	1	
		人数(人)	52		16	4	9			3	3	2	2	4	2	2	3	2	
	阳光财产保险股份有限公司甘肃省分公司	机构(个)	33	1	5	5			1	2	2	3	3	3	5	1	2		
		人数(人)	506	41	102	51			26	28	41	36	39	36	66	25	15		
	都邦财产保险股份有限公司甘肃分公司	机构(个)	5	1			1				1	1		1					
		人数(人)	68	45			10					9		4					
	永诚财产保险股份有限公司甘肃分公司	机构(个)	8	1	1	1	1				1	2			1				
		人数(人)	104	37	8	4	11				9	18			17				

续表

类别	机构名称	单位	合计	一级分公司	兰州市	白银市	天水市	嘉峪关市	金昌市	武威市	张掖市	平凉市	庆阳市	酒泉市	定西市	陇南市	临夏州	甘南州	其他
人寿保险	中国人民人寿保险股份有限公司甘肃省分公司	机构（个）	35	1	5	5	4			1	5	4	6	1	2	1			
		人数（人）	153	42	17	13	14			8	10	14	19	4	9	3			
	中国人寿保险股份有限公司甘肃省分公司	机构（个）	541	1	44	30	41	6	13	34	69	63	53	59	58	48	13	9	
		人数（人）	1 970	217	282	119	128	43	89	117	166	138	151	201	113	132	47	27	
	中国太平洋人寿保险股份有限公司甘肃分公司	机构（个）	44	1	8	5	2		3	4	4	1	7	5	4				
		人数（人）	566	120	120	44	23		28	42	40	20	48	41	40				
	中国平安人寿保险股份有限公司甘肃分公司	机构（个）	72	1	16	7	7	1	3	4	6	5	5	8	5	1	3		
		人数（人）	899	349	52	50	64	39	27	38	58	36	48	76	35	10	17		
	新华人寿保险股份有限公司甘肃分公司	机构（个）	19	1	5	3	2	1		1	3			3					
		人数（人）	202	84	25	16	16	2		13	18			28					
	泰康人寿保险股份有限公司甘肃分公司	机构（个）	41	1	7	5	6		2	3	5	2	1	5	3	1			
		人数（人）	660	157	37	45	59		40	45	73	50	7	71	46	30			
	泰康养老保险股份有限公司甘肃分公司	机构（个）	1	1															
		人数（人）	110	110															
	平安养老保险股份有限公司甘肃分公司	机构（个）	6	1		1	1					1	1			1			
		人数（人）	115	86		5	4					5	10			5			
	太平人寿保险有限公司甘肃分公司	机构（个）	20	1	2	3			2	1	3		2	4		2			
		人数（人）	279	105	24	24			19	17	26		19	27		18			
	幸福人寿保险股份有限公司甘肃分公司	机构（个）	7	1	2		1			2				1					
		人数（人）	87	39	6		16			18				8					
	富德生命人寿保险股份有限公司甘肃分公司	机构（个）	18	1	2	2	2		1	3	3		1	3					
		人数（人）	446	132	8	47	53		34	59	46		31	36					
	阳光人寿保险股份有限公司甘肃分公司	机构（个）	14	1	1	1		1		2	3	2	1	1		1			
		人数（人）	154	52	3	9		3		18	20	14	8	17		10			

注：1. 根据甘肃保监局和各保险公司提供的资料汇总。

2. 人民财产保险公司、人寿保险公司含保险代理机构数，但不含营销代理人员数。

3. “其他”栏中：中国人寿财产保险公司系临夏南龙营销服务部1个5人。

4. 都邦财产保险公司甘肃分公司个别地区有机构无人员，为暂停营业状态。

甘肃省资产管理及非银行金融公司机构、人员统计

(2015 年)

机构名称	合计		总公司		省级分公司		支公司		其他	
	机构（个）	人数（人）	机构（个）	人数（人）	机构（个）	人数（人）	机构（个）	人数（人）	机构（个）	人数（人）
资产管理公司										
中国华融资产管理股份有限公司甘肃省分公司	1	86			1	86				
中国长城资产管理公司兰州办事处	1	59			1	59				
中国东方资产管理公司兰州办事处	1	46			1	46				
中国信达资产管理股份有限公司甘肃省分公司	1	23			1	23				
非银行金融公司										
中国银联股份有限公司甘肃分公司	1	23			1	23				
光大兴陇信托有限责任公司	1	227	1	227						
酒钢集团财务有限公司	1	37	1	37						
金川集团财务有限公司	1	30	1	30						
信达金融租赁有限公司	1	104	1	104						

注：1. 根据甘肃银监局、各资产管理公司和中国银联甘肃分公司、光大兴陇信托有限责任公司、酒钢集团财务有限公司、金川集团财务有限公司、信达金融租赁有限公司提供的资料汇总

中国人民银行甘肃省职工年龄、文化、职称情况统计

(2015 年)

年龄结构			文化结构			职称结构		
年龄档次	人数（人）	比重（%）	文化水平	人数（人）	比重（%）	职称档次	人数（人）	比重（%）
30 岁以下	432	12.83	博　士	9	0.27	高级职称	76	2.26
31~40 岁	648	19.25	硕　士	184	5.46	中级职称	1 469	43.63
41~50 岁	1 500	44.55	本　科	2 151	63.88	初级职称	1 294	38.43
51~60 岁	784	23.28	专　科	745	22.13			
60 岁以上	3	0.09	中专及以下	278	8.26			
合　计	**3 367**	**100**	**合　计**	**3 367**	**100**	**合　计**	**2 839**	**84.32**

资料来源：由中国人民银行兰州中心支行和各市（州）中心支行人事部门提供。

中国银行业监督管理委员会甘肃监管局系统职工年龄、文化、职称情况统计

(2015 年)

年龄结构			文化结构			职称结构		
年龄档次	人数（人）	比重（%）	文化水平	人数（人）	比重（%）	职称档次	人数（人）	比重（%）
30 岁以下	96	12.31	博　士	2	0.26	高级职称	31	3.97
31~40 岁	113	14.49	硕　士	61	7.82	中级职称	319	40.90
41~50 岁	358	45.90	本　科	544	69.74	初级职称	246	31.54
51~60 岁	213	27.31	专　科	145	18.59			
60 岁以上			中专及以下	28	3.59			
合　计	**780**	**100**	**合　计**	**780**	**100**	**合　计**	**596**	**76.41**

资料来源：由中国银行业监督管理委员会甘肃监管局人事部门提供。

中国证券监督管理委员会甘肃监管局职工年龄、文化、职称情况统计

(2015 年)

年龄结构			文化结构			职称结构		
年龄档次	人数（人）	比重（%）	文化水平	人数（人）	比重（%）	职称档次	人数（人）	比重（%）
30 岁以下	9	24.32	博　士	1	2.70	高级职称	1	2.70
31~40 岁	18	48.65	硕　士	20	54.05	中级职称	5	13.51
41~50 岁	6	16.22	本　科	16	43.24	初级职称	4	10.81
51~60 岁	4	10.81	专　科					
60 岁以上			中专及以下					
合　计	**37**	**100**	**合　计**	**37**	**100**	**合　计**	**10**	**27.03**

资料来源：由中国证券监督管理委员会甘肃监管局人事部门提供。

中国保险监督管理委员会甘肃监管局职工年龄、文化、职称情况统计

(2015 年)

年龄结构			文化结构			职称结构		
年龄档次	人数（人）	比重（%）	文化水平	人数（人）	比重（%）	职称档次	人数（人）	比重（%）
30 岁以下	10	16.67	博　士	1	1.67	高级职称	3	5.00
31~40 岁	36	60.00	硕　士	25	41.67	中级职称	19	31.67
41~50 岁	10	16.67	本　科	34	56.67	初级职称	16	26.67
51~60 岁	4	6.67	专　科					
60 岁以上			中专及以下					
合　计	**60**	**100**	**合　计**	**60**	**100**	**合　计**	**38**	**63.33**

资料来源：由中国保险监督管理委员会甘肃监管局人事部门提供。

国家开发银行股份有限公司甘肃省分行系统职工年龄、文化、职称情况统计

(2015 年)

年龄结构			文化结构			职称结构		
年龄档次	人数（人）	比重（%）	文化水平	人数（人）	比重（%）	职称档次	人数（人）	比重（%）
30 岁以下	47	33.33	博　士	4	2.84	高级职称	34	24.11
31~40 岁	65	46.10	硕　士	92	65.25	中级职称	33	23.40
41~50 岁	24	17.02	本　科	45	31.91	初级职称	53	37.59
51~60 岁	5	3.55	专　科					
60 岁以上			中专及以下					
合　计	**141**	**100**	**合　计**	**141**	**100**	**合　计**	**120**	**85.11**

资料来源：由国家开发银行股份有限公司甘肃省分行人事部门提供。

中国农业发展银行甘肃省分行系统职工年龄、文化、职称情况统计

(2015 年)

年龄结构			文化结构			职称结构		
年龄档次	人数（人）	比重（%）	文化水平	人数（人）	比重（%）	职称档次	人数（人）	比重（%）
30 岁以下	332	23.63	博　士			高级职称	29	2.06
31~40 岁	296	21.07	硕　士	97	6.90	中级职称	378	26.90
41~50 岁	384	27.33	本　科	882	62.78	初级职称	469	33.38
51~60 岁	389	27.69	专　科	327	23.27			
60 岁以上	4		中专及以下	99	7.05			
合　计	**1 405**	**100**	**合　计**	**1405**	**100**	**合　计**	**876**	**62.35**

资料来源：由中国农业发展银行甘肃省分行人事部门提供。

中国工商银行股份有限公司甘肃省分行系统职工年龄、文化、职称情况统计

(2015 年)

年龄结构			文化结构			职称结构		
年龄档次	人数（人）	比重（%）	文化水平	人数（人）	比重（%）	职称档次	人数（人）	比重（%）
30 岁以下	725	9.50	博　士	1	0.01	高级职称	175	2.29
31~40 岁	913	11.97	硕　士	70	0.92	中级职称	2 461	32.26
41~50 岁	3 655	47.92	本　科	3 868	50.71	初级职称	2 692	35.29
51~60 岁	2 335	30.61	专　科	2 904	38.07			
60 岁以上			中专及以下	785	10.29			
合　计	**7 628**	**100**	**合　计**	**7 628**	**100**	**合　计**	**5 328**	**69.85**

资料来源：由中国工商银行股份有限公司甘肃省分行人事部门提供。

中国农业银行股份有限公司甘肃省分行系统职工年龄、文化、职称情况统计

(2015 年)

年龄结构			文化结构			职称结构		
年龄档次	人数（人）	比重（%）	文化水平	人数（人）	比重（%）	职称档次	人数（人）	比重（%）
30 岁以下	2 347	22.74	博　士			高级职称	200	1.94
31~40 岁	1 000	9.69	硕　士	153	1.48	中级职称	1 540	14.92
41~50 岁	4 416	42.79	本　科	4 239	41.08	初级职称	5 310	51.45
51~60 岁	2 557	24.78	专　科	3 483	33.75			
60 岁以上			中专及以下	2 445	23.69			
合　计	**10 320**	**100**	**合　计**	**10 320**	**100**	**合　计**	**7 050**	**68.31**

资料来源：由中国农业银行股份有限公司甘肃省分行人事部门提供。

中国银行股份有限公司甘肃省分行系统职工年龄、文化、职称情况统计

(2015 年)

年龄结构			文化结构			职称结构		
年龄档次	人数（人）	比重（%）	文化水平	人数（人）	比重（%）	职称档次	人数（人）	比重（%）
30 岁以下	1 217	41.91	博　士	1		高级职称	40	1.38
31~40 岁	528	18.18	硕　士	157	5.41	中级职称	587	20.22
41~50 岁	829	28.55	本　科	1 959	67.48	初级职称	749	25.80
51~60 岁	330	11.36	专　科	595	20.50			
60 岁以上			中专及以下	192	6.61			
合　计	**2 904**	**100**	**合　计**	**2 903**	**100**	**合　计**	**1 376**	**47.40**

资料来源：由中国银行股份有限公司甘肃省分行人事部门提供。

中国建设银行股份有限公司甘肃省分行系统职工年龄、文化、职称情况统计

(2015 年)

年龄结构			文化结构			职称结构		
年龄档次	人数（人）	比重（%）	文化水平	人数（人）	比重（%）	职称档次	人数（人）	比重（%）
30 岁以下	1 442	19.42	博　士	2	0.03	高级职称	64	0.86
31~40 岁	998	13.44	硕　士	350	4.71	中级职称	2 027	27.30
41~50 岁	3 695	49.76	本　科	3 407	45.89	初级职称	2 646	35.64
51~60 岁	1 290	17.37	专　科	2 713	36.54			
60 岁以上			中专及以下	953	12.84			
合　计	**7 425**	**100**	**合　计**	**7 425**	**100**	**合　计**	**4 737**	**63.80**

资料来源：由中国建设银行股份有限公司甘肃省分行人事部门提供。

交通银行股份有限公司甘肃省分行系统职工年龄、文化、职称情况统计

(2015 年)

年龄结构			文化结构			职称结构		
年龄档次	人数（人）	比重（%）	文化水平	人数（人）	比重（%）	职称档次	人数（人）	比重（%）
30 岁以下	489	54.15	博　士			高级职称	2	0.22
31~40 岁	159	17.61	硕　士	121	13.40	中级职称	123	13.62
41~50 岁	202	22.37	本　科	672	74.42	初级职称	143	15.84
51~60 岁	53	5.87	专　科	96	10.63			
60 岁以上			中专及以下	14	1.55			
合　计	**903**	**100**	**合　计**	**903**	**100**	**合　计**	**268**	**29.68**

资料来源：由交通银行股份有限公司甘肃省分行人事部门提供。

中国邮政储蓄银行股份有限公司甘肃省分行系统职工年龄、文化、职称情况统计

(2015 年)

年龄结构			文化结构			职称结构		
年龄档次	人数（人）	比重（%）	文化水平	人数（人）	比重（%）	职称档次	人数（人）	比重（%）
30 岁以下	1 231	44.96	博　士			高级职称	41	1.50
31~40 岁	658	24.03	硕　士	63	2.30	中级职称	61	2.23
41~50 岁	722	26.37	本　科	1 323	48.32	初级职称	602	21.99
51~60 岁	127	4.64	专　科	1 003	36.63			
60 岁以上			中专及以下	349	12.75			
合　计	**2 738**	**100**	**合　计**	**2 738**	**100**	**合　计**	**704**	**25.71**

资料来源：由中国邮政储蓄银行股份有限公司甘肃省分行人事部门提供。

招商银行股份有限公司兰州分行系统职工年龄、文化、职称情况统计

(2015年)

年龄结构			文化结构			职称结构		
年龄档次	人数（人）	比重（%）	文化水平	人数（人）	比重（%）	职称档次	人数（人）	比重（%）
30岁以下	425	55.12	博　士	1	0.13	高级职称	5	0.65
31~40岁	203	26.33	硕　士	77	9.99	中级职称	70	9.08
41~50岁	123	15.95	本　科	622	80.67	初级职称	35	4.54
51~60岁	20	2.59	专　科	63	8.17			
60岁以上			中专及以下	8	1.04			
合　计	**771**	**100**	**合　计**	**771**	**100**	**合　计**	**110**	**14.27**

资料来源：由招商银行股份有限公司兰州分行人事部门提供。

上海浦东发展银行股份有限公司兰州分行系统职工年龄、文化、职称情况统计

(2015年)

年龄结构			文化结构			职称结构		
年龄档次	人数（人）	比重（%）	文化水平	人数（人）	比重（%）	职称档次	人数（人）	比重（%）
30岁以下	263	57.17	博　士			高级职称	2	0.43
31~40岁	108	23.48	硕　士	62	13.48	中级职称	86	18.70
41~50岁	85	18.48	本　科	383	83.26	初级职称	30	6.52
51~60岁	4	0.87	专　科	14	3.04			
60岁以上			中专及以下	1	0.22			
合　计	**460**	**100**	**合　计**	**460**	**100**	**合　计**	**118**	**25.65**

资料来源：由上海浦东发展银行股份有限公司兰州分行人事部门提供。

中信银行股份有限公司兰州分行系统职工年龄、文化、职称情况统计

(2015年)

年龄结构			文化结构			职称结构		
年龄档次	人数（人）	比重（%）	文化水平	人数（人）	比重（%）	职称档次	人数（人）	比重（%）
30岁以下	221	59.57	博　士			高级职称	6	1.62
31~40岁	108	29.11	硕　士	49	13.21	中级职称	36	9.70
41~50岁	42	11.32	本　科	307	82.75	初级职称	17	4.58
51~60岁			专　科	13	3.50			
60岁以上			中专及以下	2	0.54			
合　计	**371**	**100**	**合　计**	**371**	**100**	**合　计**	**59**	**15.90**

资料来源：由中信银行股份有限公司兰州分行人事部门提供。

浙商银行股份有限公司兰州分行系统职工年龄、文化、职称情况统计

(2015 年)

年龄结构			文化结构			职称结构		
年龄档次	人数（人）	比重（%）	文化水平	人数（人）	比重（%）	职称档次	人数（人）	比重（%）
30 岁以下	101	42.26	博　士			高级职称	4	1.67
31~40 岁	87	36.40	硕　士	27	11.30	中级职称	39	16.32
41~50 岁	49	20.50	本　科	177	74.06	初级职称	30	12.55
51~60 岁	2	0.84	专　科	29	12.13			
60 岁以上			中专及以下	6	2.51			
合　计	**239**	**100**	**合　计**	**239**	**100**	**合　计**	**73**	**30.54**

资料来源：由浙商银行股份有限公司兰州分行人事部门提供。

中国光大银行股份有限公司兰州分行系统职工年龄、文化、职称情况统计

(2015 年)

年龄结构			文化结构			职称结构		
年龄档次	人数（人）	比重（%）	文化水平	人数（人）	比重（%）	职称档次	人数（人）	比重（%）
30 岁以下	114	54.81	博　士	1	0.48	高级职称	5	2.40
31~40 岁	58	27.88	硕　士	22	10.58	中级职称	33	15.87
41~50 岁	31	14.90	本　科	181	87.02	初级职称	19	9.13
51~60 岁	5	2.40	专　科	4	1.92			
60 岁以上			中专及以下					
合　计	**208**	**100**	**合　计**	**208**	**100**	**合　计**	**57**	**27.40**

资料来源：由中国光大银行股份有限公司兰州分行人事部门提供。

兴业银行股份有限公司兰州分行系统职工年龄、文化、职称情况统计

(2015 年)

年龄结构			文化结构			职称结构		
年龄档次	人数（人）	比重（%）	文化水平	人数（人）	比重（%）	职称档次	人数（人）	比重（%）
30 岁以下	168	62.45	博　士			高级职称	4	1.49
31~40 岁	81	30.11	硕　士	41	15.24	中级职称	15	5.58
41~50 岁	20	7.43	本　科	212	78.81	初级职称	20	7.43
51~60 岁			专　科	14	5.20			
60 岁以上			中专及以下	2	0.74			
合　计	**269**	**100**	**合　计**	**269**	**100**	**合　计**	**39**	**14.50**

资料来源：由兴业银行股份有限公司兰州分行人事部门提供。

中国民生银行股份有限公司兰州分行系统职工年龄、文化、职称情况统计

(2015 年)

年龄结构			文化结构			职称结构		
年龄档次	人数（人）	比重（%）	文化水平	人数（人）	比重（%）	职称档次	人数（人）	比重（%）
30 岁以下	102	60.00	博　士			高级职称	1	0.59
31~40 岁	52	30.59	硕　士	25	14.71	中级职称	9	5.29
41~50 岁	15	8.82	本　科	145	85.29	初级职称	1	0.59
51~60 岁	1	0.59	专　科					
60 岁以上			中专及以下					
合　计	**170**	**100**	**合　计**	**170**	**100**	**合　计**	**11**	**6.47**

资料来源：由中国民生银行股份有限公司兰州分行人事部门提供。

甘肃省农村信用社联合社系统职工年龄、文化、职称情况统计

(2015 年)

年龄结构			文化结构			职称结构		
年龄档次	人数（人）	比重（%）	文化水平	人数（人）	比重（%）	职称档次	人数（人）	比重（%）
30 岁以下	7 298	37.89	博　士			高级职称	17	0.09
31~40 岁	5 813	30.18	硕　士	128	0.66	中级职称	861	4.47
41~50 岁	3 792	19.69	本　科	9 172	47.62	初级职称	2 963	15.38
51~60 岁	2 359	12.25	专　科	7 032	36.51			
60 岁以上			中专及以下	2 930	15.21			
合　计	**19 262**	**100**	**合　计**	**19 262**	**100**	**合　计**	**3 841**	**19.94**

资料来源：由甘肃省农村信用社联合社人事部门提供。

甘肃银行股份有限公司系统职工年龄、文化、职称情况统计

(2015 年)

年龄结构			文化结构			职称结构		
年龄档次	人数（人）	比重（%）	文化水平	人数（人）	比重（%）	职称档次	人数（人）	比重（%）
30 岁以下	2 309	66.14	博　士	1	0.03	高级职称	12	0.34
31~40 岁	629	18.02	硕　士	219	6.27	中级职称	331	9.48
41~50 岁	495	14.18	本　科	2 808	80.44	初级职称	513	14.69
51~60 岁	58	1.66	专　科	395	11.31			
60 岁以上			中专及以下	68	1.95			
合　计	**3 491**	**100**	**合　计**	**3 491**	**100**	**合　计**	**856**	**24.52**

资料来源：由甘肃银行股份有限公司人事部门提供。

兰州银行股份有限公司系统职工年龄、文化、职称情况统计

(2015年)

年龄结构			文化结构			职称结构		
年龄档次	人数（人）	比重（%）	文化水平	人数（人）	比重（%）	职称档次	人数（人）	比重（%）
30岁以下	2 153	55.79	博　士	3	0.08	高级职称	37	0.96
31~40岁	546	14.15	硕　士	200	5.18	中级职称	349	9.04
41~50岁	835	21.64	本　科	3242	84.01	初级职称	1 051	27.24
51~60岁	325	8.42	专　科	267	6.92			
60岁以上			中专及以下	147	3.81			
合　计	**3 859**	**100**	**合　计**	**3 859**	**100**	**合　计**	**1 437**	**37.24**

资料来源：由兰州银行股份有限公司人事部门提供。

华龙证券股份有限公司职工年龄、文化、职称情况统计

(2015年)

年龄结构			文化结构			职称结构		
年龄档次	人数（人）	比重（%）	文化水平	人数（人）	比重（%）	职称档次	人数（人）	比重（%）
30岁以下	491	39.41	博　士	3	0.24	高级职称	6	0.48
31~40岁	455	36.52	硕　士	211	16.93	中级职称	116	9.31
41~50岁	253	20.30	本　科	900	72.23	初级职称	60	4.82
51~60岁	47	3.77	专　科	106	8.51			
60岁以上			中专及以下	26	2.09			
合　计	**1 246**	**100**	**合　计**	**1 246**	**100**	**合　计**	**182**	**14.61**

资料来源：由华龙证券股份有限公司人事部门提供。

海通证券股份有限公司甘肃分公司职工年龄、文化、职称情况统计

(2015年)

年龄结构			文化结构			职称结构		
年龄档次	人数（人）	比重（%）	文化水平	人数（人）	比重（%）	职称档次	人数（人）	比重（%）
30岁以下	41	24.26	博　士			高级职称	1	0.59
31~40岁	80	47.34	硕　士	7	4.14	中级职称	33	19.53
41~50岁	44	26.04	本　科	142	84.02	初级职称	4	2.37
51~60岁	4	2.37	专　科	18	10.65			
60岁以上			中专及以下	2	1.18			
合　计	**169**	**100**	**合　计**	**169**	**100**	**合　计**	**38**	**22.49**

资料来源：由海通证券股份有限公司甘肃分公司人事部门提供。

国泰君安证券股份有限公司甘肃分公司职工年龄、文化、职称情况统计

(2015 年)

年龄结构			文化结构			职称结构		
年龄档次	人数（人）	比重（%）	文化水平	人数（人）	比重（%）	职称档次	人数（人）	比重（%）
30 岁以下	78	39.20	博　士			高级职称	1	0.50
31~40 岁	90	45.23	硕　士	7	3.52	中级职称	4	2.01
41~50 岁	31	15.58	本　科	192	96.48	初级职称	194	97.49
51~60 岁			专　科					
60 岁以上			中专及以下					
合　计	**199**	**100**	**合　计**	**199**	**100**	**合　计**	**199**	**100**

资料来源：由国泰君安证券股份有限公司甘肃分公司人事部门提供。

华龙期货经纪有限公司职工年龄、文化、职称情况统计

(2015 年)

年龄结构			文化结构			职称结构		
年龄档次	人数（人）	比重（%）	文化水平	人数（人）	比重（%）	职称档次	人数（人）	比重（%）
30 岁以下	22	44.00	博　士			高级职称		
31~40 岁	14	28.00	硕　士	6	12.00	中级职称	6	12.00
41~50 岁	13	26.00	本　科	36	72.00	初级职称	9	18.00
51~60 岁	1	2.00	专　科	8	16.00			
60 岁以上			中专及以下					
合　计	**50**	**100**	**合　计**	**50**	**100**	**合　计**	**15**	**30.00**

资料来源：由华龙期货经纪有限公司人事部门提供。

异地在甘肃证券期货经营机构职工年龄、文化、职称情况统计

(2015 年)

年龄结构			文化结构			职称结构		
年龄档次	人数（人）	比重（%）	文化水平	人数（人）	比重（%）	职称档次	人数（人）	比重（%）
30 岁以下	274	48.67	博　士			高级职称	2	0.36
31~40 岁	176	31.26	硕　士	33	5.86	中级职称	30	5.33
41~50 岁	103	18.29	本　科	447	79.40	初级职称	30	5.33
51~60 岁	10	1.78	专　科	78	13.85			
60 岁以上			中专及以下	5	0.89			
合　计	**563**	**100**	**合　计**	**563**	**100**	**合　计**	**62**	**11.01**

资料来源：由中国证券监督管理委员会甘肃监管局提供。

中国人民财产保险股份有限公司甘肃省分公司系统职工年龄、文化、职称情况统计

(2015年)

年龄结构			文化结构			职称结构		
年龄档次	人数（人）	比重（%）	文化水平	人数（人）	比重（%）	职称档次	人数（人）	比重（%）
30岁以下	835	33.39	博　士			高级职称	48	1.92
31~40岁	768	30.71	硕　士	25	1.00	中级职称	159	6.36
41~50岁	661	26.43	本　科	1 242	49.66	初级职称	236	9.44
51~60岁	234	9.36	专　科	1 028	41.10			
60岁以上	3	0.12	中专及以下	206	8.24			
合　计	**2 501**	**100**	**合　计**	**2 501**	**100**	**合　计**	**443**	**17.71**

资料来源：由中国人民财产保险股份有限公司甘肃省分公司人事部门提供，不含营销代理人员。

中国人寿财产保险股份有限公司甘肃省分公司系统职工年龄、文化、职称情况统计

(2015年)

年龄结构			文化结构			职称结构		
年龄档次	人数（人）	比重（%）	文化水平	人数（人）	比重（%）	职称档次	人数（人）	比重（%）
30岁以下	348	38.62	博　士			高级职称	4	0.44
31~40岁	272	30.19	硕　士	2	0.22	中级职称	26	2.89
41~50岁	241	26.75	本　科	406	45.06	初级职称	45	4.99
51~60岁	40	4.44	专　科	383	42.51			
60岁以上			中专及以下	110	12.21			
合　计	**901**	**100**	**合　计**	**901**	**100**	**合　计**	**75**	**8.32**

资料来源：由中国人寿财产保险股份有限公司甘肃省分公司人事部门提供。

中国太平洋财产保险股份有限公司甘肃分公司系统职工年龄、文化、职称情况统计

(2015年)

年龄结构			文化结构			职称结构		
年龄档次	人数（人）	比重（%）	文化水平	人数（人）	比重（%）	职称档次	人数（人）	比重（%）
30岁以下	226	38.70	博　士			高级职称	3	0.51
31~40岁	174	29.79	硕　士	7	1.20	中级职称	11	1.88
41~50岁	152	26.03	本　科	256	43.84	初级职称	16	2.74
51~60岁	32	5.48	专　科	242	41.44			
60岁以上			中专及以下	79	13.53			
合　计	**584**	**100**	**合　计**	**584**	**100**	**合　计**	**30**	**5.14**

资料来源：由中国太平洋财产保险股份有限公司甘肃分公司人事部门提供。

中国平安财产保险股份有限公司甘肃分公司系统职工年龄、文化、职称情况统计

(2015 年)

年龄结构			文化结构			职称结构		
年龄档次	人数（人）	比重（%）	文化水平	人数（人）	比重（%）	职称档次	人数（人）	比重（%）
30 岁以下	592	63.52	博　士			高级职称	2	0.21
31~40 岁	242	25.97	硕　士	11	1.18	中级职称	64	6.87
41~50 岁	89	9.55	本　科	500	53.65	初级职称	358	38.41
51~60 岁	9	0.97	专　科	377	40.45			
60 岁以上			中专及以下	44	4.72			
合　计	**932**	**100**	**合　计**	**932**	**100**	**合　计**	**424**	**45.49**

资料来源：由中国平安财产保险股份有限公司甘肃分公司人事部门提供。

永安财产保险股份有限公司甘肃分公司系统职工年龄、文化、职称情况统计

(2015 年)

年龄结构			文化结构			职称结构		
年龄档次	人数（人）	比重（%）	文化水平	人数（人）	比重（%）	职称档次	人数（人）	比重（%）
30 岁以下	168	25.04	博　士			高级职称		
31~40 岁	200	29.81	硕　士			中级职称	23	3.43
41~50 岁	218	32.49	本　科	115	17.14	初级职称	42	6.26
51~60 岁	81	12.07	专　科	277	41.28			
60 岁以上	4	0.60	中专及以下	279	41.58			
合　计	**671**	**99**	**合　计**	**671**	**100**	**合　计**	**65**	**9.69**

资料来源：由永安财产保险股份有限公司甘肃分公司人事部门提供。

天安财产保险股份有限公司甘肃省分公司系统职工年龄、文化、职称情况统计

(2015 年)

年龄结构			文化结构			职称结构		
年龄档次	人数（人）	比重（%）	文化水平	人数（人）	比重（%）	职称档次	人数（人）	比重（%）
30 岁以下	203	35.24	博　士			高级职称		
31~40 岁	162	28.13	硕　士	4	0.69	中级职称	18	3.13
41~50 岁	161	27.95	本　科	143	24.83	初级职称	55	9.55
51~60 岁	49	8.51	专　科	319	55.38			
60 岁以上	1	0.17	中专及以下	110	19.10			
合　计	576	100	合　计	576	100	合　计	73	12.67

资料来源：由天安财产保险股份有限公司甘肃省分公司人事部门提供。

中国大地财产保险股份有限公司甘肃分公司系统职工年龄、文化、职称情况统计

(2015 年)

年龄结构			文化结构			职称结构		
年龄档次	人数（人）	比重（%）	文化水平	人数（人）	比重（%）	职称档次	人数（人）	比重（%）
30 岁以下	407	38.36	博　士			高级职称		
31~40 岁	329	31.01	硕　士	6	0.57	中级职称	36	3.39
41~50 岁	268	25.26	本　科	301	28.37	初级职称	80	7.54
51~60 岁	57	5.37	专　科	477	44.96			
60 岁以上			中专及以下	277	26.11			
合　计	**1 061**	**100**	**合　计**	**1 061**	**100**	**合　计**	**116**	**10.93**

资料来源：由中国大地财产保险股份有限公司甘肃分公司人事部门提供。

中华联合财产保险股份有限公司甘肃分公司系统职工年龄、文化、职称情况统计

(2015 年)

年龄结构			文化结构			职称结构		
年龄档次	人数（人）	比重（%）	文化水平	人数（人）	比重（%）	职称档次	人数（人）	比重（%）
30 岁以下	214	34.74	博　士			高级职称		
31~40 岁	181	29.38	硕　士	6	0.97	中级职称	15	2.44
41~50 岁	177	28.73	本　科	221	35.88	初级职称	21	3.41
51~60 岁	44	7.14	专　科	389	63.15			
60 岁以上			中专及以下		0.00			
合　计	**616**	**100**	**合　计**	**616**	**100**	**合　计**	**36**	**5.84**

资料来源：由中华联合财产保险股份有限公司甘肃分公司人事部门提供。

安邦财产保险股份有限公司甘肃分公司系统职工年龄、文化、职称情况统计

(2015 年)

年龄结构			文化结构			职称结构		
年龄档次	人数（人）	比重（%）	文化水平	人数（人）	比重（%）	职称档次	人数（人）	比重（%）
30 岁以下	17	32.69	博　士			高级职称		
31~40 岁	17	32.69	硕　士	1	1.92	中级职称		
41~50 岁	15	28.85	本　科	38	73.08	初级职称		
51~60 岁	3	5.77	专　科	12	23.08			
60 岁以上			中专及以下	1	1.92			
合　计	**52**	**100**	**合　计**	**52**	**98**	**合　计**		

资料来源：由安邦财产保险股份有限公司甘肃分公司人事部门提供。

阳光财产保险股份有限公司甘肃省分公司系统职工年龄、文化、职称情况统计

(2015 年)

年龄结构			文化结构			职称结构		
年龄档次	人数（人）	比重（%）	文化水平	人数（人）	比重（%）	职称档次	人数（人）	比重（%）
30 岁以下	259	51.19	博　士			高级职称		
31~40 岁	140	27.67	硕　士	3	0.59	中级职称	2	0.40
41~50 岁	89	17.59	本　科	153	30.24	初级职称	5	0.99
51~60 岁	15	2.96	专　科	266	52.57			
60 岁以上	3	0.59	中专及以下	84	16.60			
合　计	**506**	**100**	**合　计**	**506**	**100**	**合　计**	**7**	**1.38**

资料来源：由阳光财产保险股份有限公司甘肃省分公司人事部门提供。

都邦财产保险股份有限公司甘肃分公司系统职工年龄、文化、职称情况统计

(2015 年)

年龄结构			文化结构			职称结构		
年龄档次	人数（人）	比重（%）	文化水平	人数（人）	比重（%）	职称档次	人数（人）	比重（%）
30 岁以下	24	35.29	博　士			高级职称	1	1.47
31~40 岁	20	29.41	硕　士			中级职称	4	5.88
41~50 岁	16	23.53	本　科	14	20.59	初级职称		
51~60 岁	8	11.76	专　科	46	67.65			
60 岁以上			中专及以下	8	11.76			
合　计	**68**	**100**	**合　计**	**68**	**100**	**合　计**	**5**	**7.35**

资料来源：由都邦财产保险股份有限公司甘肃分公司人事部门提供。

永诚财产保险股份有限公司甘肃分公司系统职工年龄、文化、职称情况统计

(2015 年)

年龄结构			文化结构			职称结构		
年龄档次	人数（人）	比重（%）	文化水平	人数（人）	比重（%）	职称档次	人数（人）	比重（%）
30 岁以下	41	39.42	博　士			高级职称	1	
31~40 岁	29	27.88	硕　士	2	1.92	中级职称	4	3.85
41~50 岁	27	25.96	本　科	49	47.12	初级职称	7	6.73
51~60 岁	7	6.73	专　科	32	30.77			
60 岁以上			中专及以下	21	20.19			
合　计	**104**	**100**	**合　计**	**104**	**100**	**合　计**	**12**	**10.58**

资料来源：由永诚财产保险股份有限公司甘肃分公司人事部门提供。

中国人民人寿保险股份有限公司甘肃省分公司系统职工年龄、文化、职称情况统计

(2015年)

年龄结构			文化结构			职称结构		
年龄档次	人数（人）	比重（%）	文化水平	人数（人）	比重（%）	职称档次	人数（人）	比重（%）
30岁以下	31	20.26	博　士			高级职称	3	1.96
31~40岁	49	32.03	硕　士	3	1.96	中级职称	17	11.11
41~50岁	56	36.60	本　科	90	58.82	初级职称	4	2.61
51~60岁	17	11.11	专　科	60	39.22			
60岁以上			中专及以下					
合　计	**153**	**100**	**合　计**	**153**	**100**	**合　计**	**24**	**15.69**

资料来源：由中国人民人寿保险股份有限公司甘肃省分公司人事部门提供。

中国人寿保险股份有限公司甘肃省分公司系统职工年龄、文化、职称情况统计

(2015年)

年龄结构			文化结构			职称结构		
年龄档次	人数（人）	比重（%）	文化水平	人数（人）	比重（%）	职称档次	人数（人）	比重（%）
30岁以下	325	16.50	博　士			高级职称	32	1.62
31~40岁	706	35.84	硕　士	29	1.47	中级职称	214	10.86
41~50岁	726	36.85	本　科	939	47.66	初级职称	610	30.96
51~60岁	211	10.71	专　科	778	39.49			
60岁以上	2	0.10	中专及以下	224	11.37			
合　计	**1 970**	**100**	**合　计**	**1970**	**100**	**合　计**	**856**	**43.45**

资料来源：由中国人寿保险股份有限公司甘肃省分公司人事部门提供，不含营销代理人员。

中国太平洋人寿保险股份有限公司甘肃分公司系统职工年龄、文化、职称情况统计

(2015年)

年龄结构			文化结构			职称结构		
年龄档次	人数（人）	比重（%）	文化水平	人数（人）	比重（%）	职称档次	人数（人）	比重（%）
30岁以下	163	28.80	博　士			高级职称	20	3.53
31~40岁	243	42.93	硕　士	3	0.53	中级职称	31	5.48
41~50岁	136	24.03	本　科	398	70.32	初级职称	20	3.53
51~60岁	24	4.24	专　科	139	24.56			
60岁以上			中专及以下	26	4.59			
合　计	**566**	**100**	**合　计**	**566**	**100**	**合　计**	**71**	**12.54**

资料来源：由中国太平洋人寿保险股份有限公司甘肃分公司人事部门提供。

中国平安人寿保险股份有限公司甘肃分公司系统职工年龄、文化、职称情况统计

(2015年)

年龄结构			文化结构			职称结构		
年龄档次	人数（人）	比重（%）	文化水平	人数（人）	比重（%）	职称档次	人数（人）	比重（%）
30岁以下	360	40.04	博士			高级职称	1	0.11
31~40岁	452	50.28	硕士	4	0.44	中级职称	3	0.33
41~50岁	80	8.90	本科	691	76.86	初级职称	3	0.33
51~60岁	7	0.78	专科	163	18.13			
60岁以上			中专及以下	41	4.56			
合计	**899**	**100**	**合计**	**899**	**100**	**合计**	**7**	**0.78**

资料来源：由中国平安人寿保险股份有限公司甘肃分公司人事部门提供。

新华人寿保险股份有限公司甘肃分公司系统职工年龄、文化、职称情况统计

(2015年)

年龄结构			文化结构			职称结构		
年龄档次	人数（人）	比重（%）	文化水平	人数（人）	比重（%）	职称档次	人数（人）	比重（%）
30岁以下	102	50.50	博士			高级职称		
31~40岁	75	37.13	硕士	7	3.47	中级职称	1	0.50
41~50岁	24	11.88	本科	133	65.84	初级职称	4	1.98
51~60岁	1	0.50	专科	58	28.71			
60岁以上			中专及以下	4	1.98			
合计	**202**	**100**	**合计**	**202**	**100**	**合计**	**5**	**2.48**

资料来源：由新华人寿保险股份有限公司甘肃分公司人事部门提供，不含营销代理人员。

泰康人寿保险股份有限公司甘肃分公司系统职工年龄、文化、职称情况统计

(2015年)

年龄结构			文化结构			职称结构		
年龄档次	人数（人）	比重（%）	文化水平	人数（人）	比重（%）	职称档次	人数（人）	比重（%）
30岁以下	382	57.88	博士			高级职称	1	0.15
31~40岁	174	26.36	硕士	8	1.21	中级职称	10	1.52
41~50岁	99	15.00	本科	424	64.24	初级职称	15	2.27
51~60岁	5	0.76	专科	195	29.55			
60岁以上			中专及以下	33	5.00			
合计	**660**	**100**	**合计**	**660**	**100**	**合计**	**26**	**3.94**

资料来源：由泰康人寿保险股份有限公司甘肃分公司人事部门提供。

泰康养老保险股份有限公司甘肃分公司系统职工年龄、文化、职称情况统计

(2015年)

年龄结构			文化结构			职称结构		
年龄档次	人数（人）	比重（%）	文化水平	人数（人）	比重（%）	职称档次	人数（人）	比重（%）
30岁以下	36	32.73	博　士			高级职称	6	5.45
31~40岁	35	31.82	硕　士	2	1.82	中级职称	28	25.45
41~50岁	34	30.91	本　科	52	47.27	初级职称	76	69.09
51~60岁	5	4.55	专　科	48	43.64			
60岁以上			中专及以下	8	7.27			
合　计	**110**	**100**	**合　计**	**110**	**100**	**合　计**	**110**	**100**

资料来源：由泰康养老保险股份有限公司甘肃分公司人事部门提供。

平安养老保险股份有限公司甘肃分公司系统职工年龄、文化、职称情况统计

(2015年)

年龄结构			文化结构			职称结构		
年龄档次	人数（人）	比重（%）	文化水平	人数（人）	比重（%）	职称档次	人数（人）	比重（%）
30岁以下	73	63.48	博　士			高级职称		
31~40岁	29	25.22	硕　士	7	6.09	中级职称		
41~50岁	13	11.30	本　科	73	63.48	初级职称		
51~60岁			专　科	33	28.70			
60岁以上			中专及以下	2	1.74			
合　计	**115**	**100**	**合　计**	**115**	**100**	**合　计**		

资料来源：由平安养老保险股份有限公司甘肃分公司人事部门提供。

太平人寿保险股份有限公司甘肃分公司系统职工年龄、文化、职称情况统计

(2015年)

年龄结构			文化结构			职称结构		
年龄档次	人数（人）	比重（%）	文化水平	人数（人）	比重（%）	职称档次	人数（人）	比重（%）
30岁以下	151	54.12	博　士			高级职称		
31~40岁	98	35.13	硕　士	5	1.79	中级职称	6	2.15
41~50岁	28	10.04	本　科	229	82.08	初级职称	6	2.15
51~60岁	2	0.72	专　科	33	11.83			
60岁以上			中专及以下	12	4.30			
合　计	**279**	**100**	**合　计**	**279**	**100**	**合　计**	**12**	**4.30**

资料来源：由太平人寿保险股份有限公司甘肃分公司人事部门提供。

幸福人寿保险股份有限公司甘肃分公司系统职工年龄、文化、职称情况统计

(2015 年)

年龄结构			文化结构			职称结构		
年龄档次	人数（人）	比重（%）	文化水平	人数（人）	比重（%）	职称档次	人数（人）	比重（%）
30 岁以下	47	54.02	博　士			高级职称	1	1.15
31~40 岁	22	25.29	硕　士	2	2.30	中级职称	2	2.30
41~50 岁	16	18.39	本　科	77	88.51	初级职称		
51~60 岁	2	2.30	专　科	8	9.20			
60 岁以上			中专及以下					
合　计	**87**	**100**	**合　计**	**87**	**100**	**合　计**	**3**	**3.45**

资料来源：由幸福人寿保险股份有限公司甘肃分公司人事部门提供。

富德生命人寿保险股份有限公司甘肃分公司系统职工年龄、文化、职称情况统计

(2015 年)

年龄结构			文化结构			职称结构		
年龄档次	人数（人）	比重（%）	文化水平	人数（人）	比重（%）	职称档次	人数（人）	比重（%）
30 岁以下	209	46.86	博　士			高级职称	2	0.45
31~40 岁	149	33.41	硕　士	2	0.45	中级职称	8	1.79
41~50 岁	80	17.94	本　科	181	40.58	初级职称	12	2.69
51~60 岁	8	1.79	专　科	203	45.52			
60 岁以上			中专及以下	60	13.45			
合　计	**446**	**100**	**合　计**	**446**	**100**	**合　计**	**22**	**4.93**

资料来源：由富德生命人寿保险股份有限公司甘肃分公司人事部门提供。

阳光人寿保险股份有限公司甘肃分公司系统职工年龄、文化、职称情况统计

(2015 年)

年龄结构			文化结构			职称结构		
年龄档次	人数（人）	比重（%）	文化水平	人数（人）	比重（%）	职称档次	人数（人）	比重（%）
30 岁以下	98	63.64	博　士			高级职称		
31~40 岁	43	27.92	硕　士			中级职称	3	1.95
41~50 岁	11	7.14	本　科	122	79.22	初级职称	5	3.25
51~60 岁	2	1.30	专　科	30	19.48			
60 岁以上			中专及以下	2	1.30			
合　计	**154**	**100**	**合　计**	**154**	**100**	**合　计**	**8**	**5.19**

资料来源：由阳光人寿保险股份有限公司甘肃分公司人事部门提供。

甘肃省保险中介公司职工年龄、文化、职称情况统计

(2015 年)

年龄结构			文化结构			职称结构		
年龄档次	人数（人）	比重（%）	文化水平	人数（人）	比重（%）	职称档次	人数（人）	比重（%）
30 岁以下	281	44.18	博　士			高级职称	36	5.65
31~40 岁	202	31.76	硕　士	14	2.20	中级职称	42	6.59
41~50 岁	83	13.05	本　科	303	47.57	初级职称	53	8.32
51~60 岁	58	9.12	专　科	263	41.29			
60 岁以上	12	1.89	中专及以下	57	8.95			
合　计	**636**	**100**	**合　计**	**637**	**100**	**合　计**	**131**	**20.57**

资料来源：由中国保险监督管理委员会甘肃监管局提供。

注：此表包括安诺、北京华育、诚合、德圣、华润、北京金诚国际、昆仑、英大长安、长城、中汇国际、浙江洲际保险经纪有限公司甘肃分公司，中盛国际、北京联合保险经纪有限公司甘肃省分公司，江泰保险经纪股份有限公司兰州分公司，甘肃鸿润、甘肃吉安保险经纪有限责任公司，上海广汇德太、平安保险代理有限公司甘肃分公司，甘肃华盛陇安、甘肃盛大、甘肃金轮、甘肃安泰、甘肃兰天、兰州翔宇、兰州众源保险代理有限公司，泛华、民太安财产、中衡保险公估股份有限公司甘肃分公司，和谐、平安创展、天安佰盈保险销售有限公司甘肃分公司的人数。

中国华融资产管理股份有限公司甘肃省分公司职工年龄、文化、职称情况统计

(2015 年)

年龄结构			文化结构			职称结构		
年龄档次	人数（人）	比重（%）	文化水平	人数（人）	比重（%）	职称档次	人数（人）	比重（%）
30 岁以下	26	30.23	博　士			高级职称	16	18.60
31~40 岁	18	20.93	硕　士	18	20.93	中级职称	49	56.98
41~50 岁	16	18.60	本　科	64	74.42	初级职称	17	19.77
51~60 岁	26	30.23	专　科	4	4.65			
60 岁以上			中专及以下					
合　计	**86**	**100**	**合　计**	**86**	**100**	**合　计**	**82**	**95.35**

资料来源：由中国华融资产管理股份有限公司甘肃省分公司人事部门提供。

中国长城资产管理公司兰州办事处职工年龄、文化、职称情况统计

(2015 年)

年龄结构			文化结构			职称结构		
年龄档次	人数（人）	比重（%）	文化水平	人数（人）	比重（%）	职称档次	人数（人）	比重（%）
30 岁以下	10	16.95	博　士	1	1.69	高级职称	5	8.47
31~40 岁	20	33.90	硕　士	7	11.86	中级职称	18	30.51
41~50 岁	23	38.98	本　科	34	57.63	初级职称	6	10.17
51~60 岁	6	10.17	专　科	13	22.03			
60 岁以上			中专及以下	4	6.78			
合　计	**59**	**100**	**合　计**	**59**	**100**	**合　计**	**29**	**49.15**

资料来源：由中国长城资产管理公司兰州办事处人事部门提供。

中国东方资产管理公司兰州办事处职工年龄、文化、职称情况统计

(2015 年)

年龄结构			文化结构			职称结构		
年龄档次	人数（人）	比重（%）	文化水平	人数（人）	比重（%）	职称档次	人数（人）	比重（%）
30 岁以下	15	32.61	博　士			高级职称	3	6.52
31~40 岁	14	30.43	硕　士	12	26.09	中级职称	11	23.91
41~50 岁	11	23.91	本　科	27	58.70	初级职称	3	6.52
51~60 岁	6	13.04	专　科	5	10.87			
60 岁以上			中专及以下	2	4.35			
合　计	**46**	**100**	**合　计**	**46**	**74**	**合　计**	**17**	**36.96**

资料来源：由中国东方资产管理公司兰州办事处人事部门提供。

中国信达资产管理股份有限公司甘肃省分公司职工年龄、文化、职称情况统计

(2015 年)

年龄结构			文化结构			职称结构		
年龄档次	人数（人）	比重（%）	文化水平	人数（人）	比重（%）	职称档次	人数（人）	比重（%）
30 岁以下	4	17.39	博　士			高级职称	2	8.70
31~40 岁	6	26.09	硕　士	7	30.43	中级职称	6	26.09
41~50 岁	8	34.78	本　科	13	56.52	初级职称	5	21.74
51~60 岁	5	21.74	专　科	3	13.04			
60 岁以上			中专及以下					
合　计	**23**	**100**	**合　计**	**23**	**100**	**合　计**	**13**	**56.52**

资料来源：由中国信达资产管理股份有限公司甘肃省分公司人事部门提供。

中国银联股份有限公司甘肃分公司职工年龄、文化、职称情况统计

(2015 年)

年龄结构			文化结构			职称结构		
年龄档次	人数（人）	比重（%）	文化水平	人数（人）	比重（%）	职称档次	人数（人）	比重（%）
30 岁以下	10	43.48	博　士			高级职称		
31~40 岁	8	34.78	硕　士	9	39.13	中级职称	5	21.74
41~50 岁	4	17.39	本　科	14	60.87	初级职称		
51~60 岁	1	4.35	专　科					
60 岁以上			中专及以下					
合　计	**23**	**100**	**合　计**	**23**	**100**	**合　计**	**5**	**21.74**

资料来源：由中国银联股份有限公司甘肃分公司人事部门提供。

光大兴陇信托有限责任公司系统职工年龄、文化、职称情况统计

(2015 年)

年龄结构			文化结构			职称结构		
年龄档次	人数（人）	比重（%）	文化水平	人数（人）	比重（%）	职称档次	人数（人）	比重（%）
30 岁以下	49	21.59	博　士	13	5.73	高级职称	8	3.52
31~40 岁	108	47.58	硕　士	121	53.30	中级职称	40	17.62
41~50 岁	46	20.26	本　科	73	32.16	初级职称	179	78.85
51~60 岁	24	10.57	专　科	13	5.73			
60 岁以上			中专及以下	7	3.08			
合　计	**227**	**100**	**合　计**	**227**	**100**	**合　计**	**227**	**100**

资料来源：由光大兴陇信托有限责任公司人事部门提供。

酒钢集团财务有限公司系统职工年龄、文化、职称情况统计

(2015 年)

年龄结构			文化结构			职称结构		
年龄档次	人数（人）	比重（%）	文化水平	人数（人）	比重（%）	职称档次	人数（人）	比重（%）
30 岁以下	9	24.32	博　士			高级职称	1	2.70
31~40 岁	22	59.46	硕　士	2	5.41	中级职称	10	27.03
41~50 岁	5	13.51	本　科	34	91.89	初级职称	19	51.35
51~60 岁	1	2.70	专　科	1	2.70			
60 岁以上			中专及以下					
合　计	**37**	**100**	**合　计**	**37**	**100**	**合　计**	**30**	**81.08**

资料来源：由酒钢集团财务有限公司人事部门提供。

金川集团财务有限公司系统职工年龄、文化、职称情况统计

(2015 年)

年龄结构			文化结构			职称结构		
年龄档次	人数（人）	比重（%）	文化水平	人数（人）	比重（%）	职称档次	人数（人）	比重（%）
30 岁以下	11	36.67	博　士			高级职称	2	6.67
31~40 岁	9	30.00	硕　士	3	10.00	中级职称	11	36.67
41~50 岁	7	23.33	本　科	26	86.67	初级职称	5	16.67
51~60 岁	3	10.00	专　科	1	3.33			
60 岁以上			中专及以下					
合　计	**30**	**100**	**合　计**	**30**	**100**	**合　计**	**18**	**60**

资料来源：由金川集团财务有限公司人事部门提供。

信达金融租赁有限公司系统职工年龄、文化、职称情况统计

(2015 年)

年龄结构			文化结构			职称结构		
年龄档次	人数（人）	比重（%）	文化水平	人数（人）	比重（%）	职称档次	人数（人）	比重（%）
30 岁以下	30	28.85	博　士	2	1.92	高级职称	8	7.69
31~40 岁	54	51.92	硕　士	73	70.19	中级职称	21	20.19
41~50 岁	14	13.46	本　科	24	23.08	初级职称	8	7.69
51~60 岁	6	5.77	专　科	3	2.88			
60 岁以上			中专及以下	2				
合　计	**104**	**100**	**合　计**	**104**	**98**	**合　计**	**37**	**35.58**

资料来源：由信达金融租赁有限公司人事部门提供。

靖远县农村信用联社开展金融知识普及下乡宣传活动，宣传讲解人民币防假识别知识

四、国民经济统计

甘肃省国民经济主要指标

指标 \ 年份	单位	2011	2012	2013	2014	2015
一、常住人口	万人	2 564.19	2 577.55	2 582.18	2 590.78	2 599.55
城镇人口	万人	952.60	998.80	1 036.23	1 079.84	1 122.75
乡村人口	万人	1 611.59	1 578.75	1 545.95	1 510.94	1 476.80
自然增长率	‰	6.05	6.06	6.08	6.10	6.21
二、从业人员数	万人	1 500.26	1 491.59	1 504.97	1 519.86	1 535.69
城镇登记失业人数	万人	10.80	9.78	9.28	9.70	9.48
城镇登记失业率	%	3.11	2.68	2.35	2.19	2.14
三、生产总值	亿元	5 020.37	5 650.20	6 268.01	6 835.27	6 790.32
四、农林牧渔业增加值	亿元	678.75	780.50	879.90	939.17	954.09
五、规模以上工业增加值	亿元	1 782.85	1 931.37	2 045.20	2 070.00	1 662.00
支柱工业增加值	亿元	1 656.33	1 742.74	1 789.70	1 821.10	1 447.10
支柱工业增加值占全省比重	%	92.90	90.23	87.51	87.98	87.07
六、固定资产投资总额	亿元	4 180.24	5 040.53	6 407.20	7 759.62	8626.60
七、交通、邮电						
1.货运量	万吨	34 179	45 856	51 482	57 247	58 258
铁路	万吨	5 355	6 313	6 394	6 450	5 936
公路	万吨	28 790	39 517	45 072	50 780	52 281
2.客运量	万人	60 906	64 477	36 934	39 852	41 516
铁路	万人	2 353	2 383	2 522	2 672	3 123
公路	万人	58 355	61 884	33 556	36 224	36 224
3.邮电业务总量	亿元	195.00	188.21	235.12	278	364
八、社会消费品零售总额	亿元	1 648	1 907	2 174	2 668	2 907
九、海关进出口总额	万美元	875 059	889 940	1 028 103	864 894	795 253
十、财政						
财政收入	亿元	933.62	1 079.90	1 144.83	1 234.24	1 386.28
财政收入占生产总值的比重	%	18.60	19.11	18.26	18.05	20.42
财政支出	亿元	1 791.24	2 059.56	2 309.62	2 541.49	2 958.31
十一、物价 (上年=100)						
居民消费价格指数	%	105.90	102.70	103.20	102.10	101.60
商品零售价格指数	%	105.40	102.60	102.60	101.70	101.00
农产品生产价格指数	%	112.90	106.40	102.10	102.80	98.60
十二、能源生产与消费						
生产总量	万吨标煤	4 898	5 370	5 638	5 927	5 816.78
消费总量	万吨标煤	6 496	7 007	7 407	7 521	7 522.85
十三、实际利用外资额	万美元	38 524	37 210	39 129	45 542	
十四、旅游业						
国际旅游外汇收入	万美元	1 740	2 235	2 039	1 017	1 418
国际旅游人数	人次	91 080	102 028	97 761	48 750	

注：国民经济统计资料由人民银行兰州中心支行调统处根据甘肃省统计局《2015 年甘肃发展年鉴》有关资料整理。

甘肃省生产总值及指数

年份 \ 项目	生产总值	第一产业	第二产业	第三产业	人均生产总值（元/人）
绝对值（亿元）					
2005	1 933.98	308.06	838.56	787.36	7477
2006	2 277.35	334.00	1 043.19	900.16	8945
2007	2 703.98	387.55	1 279.32	1 037.11	1 0614
2008	3 166.82	462.27	1 470.34	1 234.21	1 2421
2009	3 387.56	497.05	1 527.24	1 363.27	1 3269
2010	4 120.75	599.28	1 984.97	1 536.50	1 6113
2011	5 020.37	678.22	2 377.83	1 963.79	1 9595
2012	5 650.20	780.50	2 600.09	2 269.61	2 1978
2013	6 268.01	844.69	2 804.97	2 225.22	2 4296
2014	6 836.82	900.76	2 926.45	3 009.61	2 6433
2015	6 790.32	954.09	2 494.77	3 341.46	2 6165
指数（上年=100）					
2005	111.84	105.86	113.15	112.82	111.20
2006	111.51	105.18	114.25	111.06	111.39
2007	112.30	104.00	116.80	110.50	112.28
2008	110.14	107.12	108.43	113.17	110.05
2009	110.29	105.10	111.02	111.18	110.15
2010	111.77	105.48	115.25	109.88	111.57
2011	112.50	105.90	115.21	111.63	112.32
2012	112.56	106.84	114.21	112.47	112.17
2013	110.76	105.50	111.53	111.47	110.37
2014	108.89	105.51	109.23	109.46	108.61
2015	108.08	106.39	107.39	109.73	107.72
平均年增长速度（%）					
“六五”时期	8.08	9.95	6.16	10.42	
“七五”时期	9.56	6.40	5.50	15.88	
“八五”时期	9.65	5.04	10.90	11.56	
“九五”时期	9.20	2.70	10.20	11.70	
“十五”时期	10.74	6.12	11.37	11.99	
“十一五”时期	11.18	5.38	13.12	11.14	
“十二五”时期	10.55	5.93	11.50	10.95	

注：1. 此表数据为经济普查调整数。

2. 2008 年、2009 年又根据第二次经济普查结果进行了数据调整。

甘肃省主要工业产品产量

年份 / 产品名称	单位	2011	2012	2013	2014	2015
原煤	万吨	4 700.65	4 878.08	4 497.30	4 691.73	4 390.27
天然原油	万吨	502.66	629.52	710.39	771.81	8 200.09
原油加工量	万吨	1 613.53	1 520.52	1 554.21	1 446.44	1 424.31
焦炭	万吨	263.24	337.46	458.24	583.27	525.05
发电量总计	亿千瓦小时	1 027.91	1 083.25	1 148.60	1 129.93	1 139.45
卷烟	万箱	82.00	88.00	94.00	100.00	103.00
塑料制品	万吨	11.80	19.03	35.59	29.95	39.09
农用化肥	万吨	62.17	79.20	58.75	49.22	46.70
化学农药	万吨	0.14	0.17	0.21	0.28	0.32
乙烯	万吨	69.39	64.67	63.16	62.99	64.20
水泥	万吨	2 746.82	3 515.06	4 412.72	4 925.52	4 764.30
平板玻璃	万重量箱	577.14	496.79	600.07	538.32	124.78
粗钢	万吨	819.80	810.16	1 024.33	1 073.98	852.10
钢材	万吨	812.75	883.04	1 021.57	1 108.12	844.77
生铁	万吨	769.28	746.60	897.49	898.78	690.52
铁合金	万吨	129.25	128.12	141.06	118.23	85.65
铅	万吨	1.91	2.15	3.08	2.36	2.82
锌	万吨	24.42	32.08	27.45	27.35	40.38
铜	万吨	62.54	70.86	77.96	89.23	92.47
镍	万吨	12.70	12.78	14.39	14.82	15.31
铝	万吨	117.41	176.00	200.51	213.90	230.38

工业企业主要经济效益指标

年份 / 项目	单位	2011	2012	2013	2014	2015
总资产贡献率	%	10.61	10.03	8.93	8.75	6.30
资产负债率	%	64.04	62.34	64.16	63.49	63.70
流动资产周转次数	次/年	2.19	2.21	2.19	2.22	2.00
成本费用利润率	%	4.38	3.89	3.64	2.73	-0.90
产品销售率	%	95.48	93.14	93.30	93.92	

甘肃省主要年份农、林、牧、渔业产值及指数

指　　标	总　计	农　业	林　业	牧　业	渔　业	农林牧渔服务业
总产值（万元）						
2005	5 497 110	3 628 896	158 959	1 143 231	10 237	555 787
2006	59 37 000	3 958 383	149 934	1 182 928	10 369	635 386
2007	6 860 990	4 587 283	194 286	1 311 680	10 469	757 272
2008	8 080 990	5 295 644	224 366	1 682 607	10 112	868 261
2009	8 762 818	5 872 679	242 400	1 718 887	11 130	917 722
2010	10 570 174	7 575 568	185 445	1 818 017	11 714	979 430
2011	11 8775 62	8 484 540	172 413	2 105 997	15 940	1 098 672
2012	13 581 624	9 842 433	200 740	2 317 220	18 031	1 203 200
2013	15 177 423	11 044 719	225 330	2 533 899	20 062	1 353 412
2014	16 187 954	11 749 284	255 416	2 684 347	21 450	1 477 457
2015	17 220 912	12 525 055	286 483	2 794 230	21 798	1 593 347
发展速度（上年=100）						
2005	107.03	107.21	90.85	107.03	105.92	111.30
2006	104.61	103.58	85.55	109.04	105.29	112.99
2007	104.31	104.17	130.96	96.83	107.17	112.76
2008	107.35	108.89	109.48	102.93	101.16	105.24
2009	105.79	105.18	116.21	107.50	101.04	103.57
2010	105.69	106.74	89.35	104.84	105.25	103.02
2011	105.38	106.71	105.35	101.83	109.39	105.83
2012	106.35	106.98	103.13	104.20	102.04	106.22
2013	104.90	104.80	112.25	102.66	105.18	108.79
2014	105.36	104.70	108.91	107.09	101.07	106.92
2015	105.70	105.58	112.16	105.53	101.02	105.94

注：农业总产值和牧业总产值根据第一、二次农业普查结果对部分历史数据进行了调整。

甘肃省主要农、林产品及畜牧、渔业产量

产品＼年份	单位	2011	2012	2013	2014	2015
粮食	万吨	1 014.60	1 109.70	1 138.90	1 158.65	1 171.10
夏粮	万吨	319.50	323.80	278.40	310.10	321.70
秋粮	万吨	695.10	785.90	860.50	848.55	849.40
谷物	万吨	750.89	836.31	859.13	884.55	9 08.65
小麦	万吨	247.50	278.50	235.90	271.60	281
玉米	万吨	425.60	504.10	571.50	564.48	577.20
豆类	万吨	34.81	33.89	35.17	36.21	37.19
薯类	万吨	228.90	239.50	244.60	237.89	225.29
油料	万吨	63.52	67.00	69.72	72.42	71.57
棉花	万吨	7.60	8.10	7.05	6.47	4.25
麻类	万吨	0.21	0.25	0.34	0.33	0.34
甜菜	万吨	18.08	24.65	24.72	27.42	16.058
烟叶	万吨	1.21	1.30	1.45	0.99	1.22
蔬菜	万吨	1 320.60	1 460.42	1 578.72	1 705.19	1 823.14
水果	万吨	330.84	359.71	391.37	425.23	461.80
大牲畜（年末头数）	万头	657.64	650.90	661.24	686.12	680.97
猪（年末头数）	万头	621.59	655.32	675.63	687.79	666.07
羊（年末只数）	万只	1 898.59	1 932.79	1 973.38	2 119.41	2 096.73
肉类总产量	万吨	88.46	92.28	95.10	99.73	100.55
禽蛋	万吨	11.03	11.38	11.07	11.10	11.69
水产品产量	万吨	1.78	1.33	1.39	1.43	1.49

注：有关畜牧业及水产品数据根据第一、二次农业普查结果进行了相应衔接调整。

甘肃省财政收入情况

单位：万元

项目 年份	财政收入	各项税收		非税收收入	附：上划中央税收收入
			企业所得税		
2005	2 545 665	919 615	84 320	247 439	1 310 639
2006	2 949 750	1 108 360	106 902	293 589	1 537 598
2007	3 918 687	1 420 532	179 740	488 575	2 009 580
2008	4 709 361	1 628 049	206 233	1 021 601	2 059 711
2009	6 039 849	1 760 411	169 511	1 105 487	3 173 951
2010	7 452 511	2 202 883	199 868	1 332 950	3 916 678
2011	9 336 165	2 840 435	285 861	1 660 753	4 834 977
2012	10 798 983	3 477 792	365 313	1 726 201	5 594 990
2013	11 448 265	4 177 266	400 978	1 895 451	5 375 548
2014	12 342 376	4 902 596	459 990	1 824 102	5 615 678
2015	13 862 830	5 297 863	592 025	2 140 102	6 424 226

注：1. 财政收入为大口径财政收入，不含基金收入。

甘肃省财政支出情况

单位：万元

项目 年份	一般预算支出				
		一般公共服务	农业支出	文教科学及医疗卫生支出	社会保障和就业
2005	4 293 479	425 038	136 613	981 860	826 988
2006	5 285 946	534 555	188 778	1 268 730	860 488
2007	6 753 372	1 111 147	310 221	1 875 450	1 068 675
2008	9 684 336	1 271 358	450 664	2 701 614	1 536 984
2009	12 462 817	1 500 716	751 906	3 294 109	1 997 489
2010	14 685 810	1 457 540	760 584	3 692 979	2 150 927
2011	17 912 432	1 749 150	900 828	4 738 048	2 792 219
2012	20 595 638	2 295 005	1 094 227	5 821 771	2 946 396
2013	23 096 320	2 785 954	1 143 795	6 224 398	3 467 666
2014	25 414 935	3 004 798	1 194 353	6 762 060	3 762 231
2015	29 583 117	2 720 127		5 909 362	4 213 133

注：2006 年以前“农业支出”为“支援农业生产支出”；“一般公共服务”为“行政管理费”。

甘肃省固定资产投资额构成情况

项目 \ 年份	2011	2012	2013	2014	2015	2015年比上年增长（%）
固定资产投资（亿元）	4 180.24	5 054.53	6 407.20	7 759.62	8 626.60	11.17
项目投资	3 817.36	4 479.51	5 682.55	7 038.15	7 858.53	11.66
房地产开发	362.88	561.02	724.65	721.47	768.06	6.46
按产业分						
第一产业	191.45	169.94	232.64	409.09	534.89	30.75
第二产业	2 032.99	2 705.18	3 245.02	3 531.53	3 434.90	–2.74
第三产业	1 955.80	2 165.41	2 929.54	3 819.01	4 656.91	21.94
本年实际到位资金	4 064.71	5 138.99	7 272.24	7 474.91	8 469.94	13.31
国家预算内资金	731.12	780.90	928.50	844.49	1 101.91	30.48
国内贷款	488.68	679.61	897.31	948.56	990.33	4.40
债券	0.56	0.41	6.45	20.4	17.63	–13.56
利用外资	17.63	15.80	30.32	34.48	21.39	–37.98
自筹资金	2 410.08	3 301.78	4 605.80	4 856.44	5 489.638	13.04
其他资金	416.08	540.49	809.60	790.94	849	10.18
按登记注册类型分						
内资	4 127.66	4 976.58	6 384.51	7 706.93	8 565.44	11.14
国有	2 186.61	2 323.71	3 009.49	3 219.82	3 635.01	12.83
集体	128.88	144.05	199.35	301.68	333.96	10.70
股份合作	11.12	26.00	38.37	62.19	18.07	–70.94
联营企业	9.13	29.12	30.05	54.63	40.38	–26.09
国有联营	0.50	3.98	8.13	34.7	14.62	–57.88
集体联营	3.25	0.92	6.14	10.74	5.06	–52.90
国有与集体联营		5.47	2.38	1.95	3.39	74.49
其他联营	5.39	18.76	13.40	13.4	17.31	138.64
有限责任公司	861.87	1 063.12	1 277.60	1 680.05	1 683.76	0.22
国有独资公司	48.57	57.15	115.72	293.68	333.82	13.67
其他有限责任公司	813.30	1 005.97	1 161.87	1 386.37	1 349.95	–2.63
股份有限公司	295.40	287.59	329.45	265.43	258.58	–2.58
私营	498.96	752.98	1 120.17	1 616.39	1 898.07	17.43
其他	135.67	350.01	380.03	506.73	697.61	37.67
港澳台商投资经济	19.28	9.11	7.27	17.05	20.36	19.38
外商投资经济	19.52	26.69	10.44	16.37	16.50	0.76
个体经济	13.79	28.15	4.98	19.28	24.31	26.11
房屋建筑面积（万平方米）						
施工面积	9 980.70	11 527.59	14 188.96	14 988.35	15 683.12	4.64
#住宅	6 686.04	6 810.18	7 436.90	7 826.99	7 459.52	–4.69
竣工面积	2 360.92	2 438.95	2 443.43	2 537.50	2 858.46	12.65
#住宅	1 496.24	1 403.04	1 260.17	1 322.98	1 233.42	–6.77

甘肃省固定资产投资额及指数

指标	合计	国有经济	集体经济	个体经济	其他经济
投资额（万元）					
2005 年	8 745 250	5 107 600	580 595	539 971	2 517 084
2006 年	10 248 651	5 676 745	252 476	623 318	3 696 112
2007 年	13 103 759	7 000 896	482 940	670 610	4 949 313
2008 年	17 357 895	9 613 256	534 076	972 050	6 238 513
2009 年	24 795 998	14 309 438	628 608	1 244 894	8 613 058
2010 年	33 781 000	19 538 800	712 800	1 109 100	12 420 300
2011 年	41 802 400	22 356 800	1 432 500	137 900	17 875 200
2012 年	50 405 300	23 848 400	1 709 700	281 500	24 565 700
2013 年	64 072 000	31 333 400	2 438 600	49 800	30 250 200
2014 年	77 596 200	35 482 000	3 746 100	192 800	38 175 300
2015 年	86 266 000	39 834 400	3 570 900	243 100	42 617 600
发展速度（上年=100）					
2005 年	115.68	109.01	116.85	100.96	136.57
2006 年	117.19	111.14	43.49	133.86	142.89
2007 年	127.86	123.33	191.28	107.59	133.91
2008 年	132.47	137.31	110.59	144.95	126.05
2009 年	142.85	148.85	117.70	128.07	138.06
2010 年	136.24	136.54	113.39	89.09	144.20
2011 年	140.16	131.92	130.34	206.91	
2012 年	153.27	128.79	152.24	268.17	161.01
2013 年	127.11	131.39	142.63	17.69	123.14
2014 年	121.11	113.24	153.62	387.15	155.40
2015 年	111.17	123.71	118.37	126.09	111.64

注：1. 国有经济中含国有联营，国有独资公司，集体中含集体联营及股份合作数，集体经济 2006 年以后按新口径计算。
2. 2010 年度以前（含 2010 年）固定资产投资数据为全社会口径，全社会口径中包含农户投资和跨区域项目投资。
3. 2011 年起，固定资产投资的起点标准由计划总投资 50 万元提高到 500 万元，500 万元以下项目不再纳入固定资产投资统计范围内。
4. 2011 年固定资产投资由城镇固定资产投资和农村非农户固定资产投资组成。

甘肃省海关进出口贸易总额情况

单位：万美元

项目 / 年份	进出口总额	进口总额	出口总额	差额
2005	263 136	154 038	109 098	-44 940
2006	382 450	231 525	150 925	-80 600
2007	549 594	383 673	165 921	-217 752
2008	609 355	449 138	160 217	-288 921
2009	386 175	312 624	73 551	-239 073
2010	736 975	573 178	163 797	-409 381
2011	875 059	656 526	218 533	-437 993
2012	889 940	532 575	357 365	-175 210
2013	1 028 103	560 226	467 877	-92 349
2014	846 894	331 817	533 077	201 260
2015	795 253	214 075	581 178	367 103

注：货物进出口差额负数为逆差。

甘肃省社会消费品零售总额情况

单位：亿元

项目 \ 年份	2011	2012	2013	2014	2015
社会消费品零售总额	1 772.94	2 064.43	2 368.83	2 668.33	2 907.22
一、按城乡分					
城镇	1 423.29	1 656.76	1 903.16	2 142.65	2 316.80
#城区	1 067.30	1 290.00	1 398.04	1 586.40	1 709.07
乡村	349.65	407.67	465.67	525.68	590.42
二、按销售形态分					
#商品零售	1 528.33	1 736.91	1 993.15	2 253.47	2 447.19
餐费收入	244.61	327.52	375.68	414.86	460.03
三、批发和零售企业购销存情况					
商品购进额	2 400.08	2 881.25	3 030.14	3 862.89	3 572.37
商品销售额	2 642.14	3 190.07	3 868.09	4 457.68	4 232.94
期末商品库存额	246.89	245.28	257.71	271.01	240.68

甘肃省人民生活水平情况

项目 \ 年份	单位	2010	2011	2012	2013	2014	2015
一、人均收入							
城镇居民人均可支配收入	元/人	13 189	14 989	17 157	18 965	20 804	23 767
农村居民人均纯收入	元/人	3 425	3 909	4 507	5 108	5 736	6 936
二、在岗职工工资总额	万元	5 606 325	6 240 150	7 495 588	10 035 267	11 346 460	13 140 400
其中：国有单位	万元	4 379 800	4 775 310	5 745 887	6 328 504	7 109 417	8 539 000
城镇集体单位	万元	154 324	197 167	236 342	315 153	329 029	344 300
其他	万元	1 072 201	1 267 675	1 513 359	3391 610	3 908 015	
职工年平均工资	元/人	29 588	32 906	38 440	44 109	48 470	54 454
其中：国有单位	元/人	30 475	33 232	39 177	47 050	51 366	59 862
城镇集体单位	元/人	22 249	28 129	32 524	33 040	34 978	37 898
其他	元/人	27 616	32 565	36 896	40 833	45 437	
三、人均消费性支出							
城镇居民	元/人	9 895	11 189	12 847	14 021	15 507	19 480
农村居民	元/人	2 942	3 665	4146	4 850	5 272	6 255
四、恩格尔系数							
城镇居民	%	37.41	37.38	35.82	36.82	36.83	30.63
农村居民	%	44.71	42.24	39.76	37.08	37.56	32.86
五、人均储蓄存款	元/人	14 070	16 515	19 644	22 786	25 806	29 209
六、人均居住面积							
城镇居民	平方米	27.89	28.04	28.45	29.82	30.60	34.00
农村居民	平方米	20.96	23.70	24.08	24.66	28.60	29.30

甘肃省各种物价总指数

项目 年份	商品零售价格指数	居民消费价格指数			农产品生产价格指数
			城镇	农村	
(上年=100)					
2005	99.90	101.70	101.20	103.00	103.06
2006	101.20	101.30	101.20	101.40	102.63
2007	104.40	105.50	105.20	106.30	111.40
2008	107.90	108.20	108.00	108.70	114.00
2009	101.80	101.30	100.90	102.20	100.20
2010	104.60	104.10	104.40	103.60	113.80
2011	105.40	105.90	106.00	105.70	112.90
2012	102.60	102.70	102.50	103.10	106.40
2013	102.60	103.20	103.00	103.40	105.60
2014	101.70	102.10	102.20	102.10	102.80
2015	101.10	101.60	101.40	101.80	98.60

甘肃省近年各种价格指数

年份 项目	2010	2011	2012	2013	2014	2015
居民消费价格指数	104.10	105.90	102.70	103.20	102.10	101.60
商品零售价格指数	104.60	105.40	102.60	102.60	101.70	101.10
农产品生产价格指数	113.80	112.90	106.40	105.60	102.80	98.50
农业生产资料价格指数	101.70	107.60	105.20	102.10	99.00	98.60
固定资产投资价格指数	103.50	104.70	102.10	100.40	100.10	97.70
工业生产者购进价格指数	114.40	115.10	98.70	97.80	97.60	87.00
工业生产者出厂价格指数	115.00	111.00	96.80	96.90	96.70	87.00

甘肃省人民银行系统省市县三级联动处置金融机构突发风险应急演练在定西市人行举办

中国农业银行临夏分行开展金融业务宣传

第九部分

金融机构、负责人名录

一、甘肃省金融管理部门机构、负责人名录

（截至2015年12月31日）

中国人民银行兰州中心支行机构、负责人名录

中国人民银行兰州中心支行
行　长：姜再勇
副行长：陶君道　张立民
　　　　李文瑞　马常青
纪委书记：陈文武
工会主任：白克荣
地　址：甘肃省兰州市东岗西路698号
邮　编：730000
电　话：（0931）8800596

办公室
主　任：蔡　彤
副主任：许朝阳

法律事务处（金融消费权益保护处）
处　长：王晓红
副处长：柴用志

货币信贷管理处
副处长：李兴坚　刘　刚

金融稳定处
处　长：王宗祥
副处长：杨文彦

调查统计处
处　长：陈兰萍
副处长：李　军　于建新

会计财务处
处　长：蒋　烈

基建办公室
主　任：潘　强

支付结算处
处　长：陈文华
副处长：尚　睿

反洗钱处
处　长：李艳华
副处长：唐爱萍

科技处
处　长：李　华
副处长：牛仲亮

货币金银处
处　长：王　宾

甘肃重点库
副主任：王　宾（兼）

国库处
副处长：乔天锋（主持工作）

内审处
处　长：冯　刚
副处长：李爱萍

人事处
处　长：来元元
副处长：李海东

金融研究处
处　长：蒋润祥

征信管理处
处　长：李宝岱
副处长：王端行

国际收支处
处　长：尚　莉

外汇管理处
处　长：张宏清

事后监督中心
主　任：王晓华
副主任：安晓蓉

保卫处
处　长：邓建华
副处长：何占虎

守卫押运中心
主　任：宋　立
副主任：张麦贵

离退休干部处
副处长：包　卉（主持工作）

纪律检查委员会
副书记：郭长平

监察室
主　任：郭长平（兼）

工会办公室
主　任：马　斌
副主任：陈　梅

宣传群工部
部　长：李常武
副部长：崔晓祥

《金融时报》驻甘记者站
站　长：李常武（兼）

团　委
书　记：李高元

营业部
主　任：卫　静
副主任：韩克恩

清算中心
主　任：李万柱
副主任：樊昭明

后勤服务中心
主　任：余跃泉
副主任：倪　明

钞票处理中心
副主任：魏至山（主持工作）

甘肃钱币博物馆
副馆长：李文娟（主持工作）

甘肃金融培训中心
主　任：崔　浩

兰州金融电子结算中心
主　任：赵书海

国家外汇管理局甘肃省分局
局　长：姜再勇（兼）
地　址：甘肃省兰州市东岗西路698号
邮　编：730000
电　话：（0931）8800709

中国银行业监督管理委员会甘肃监管局机构、负责人名录

中国银行业监督管理委员会甘肃监管局

局　长：冷云竹
副局长：贾　锐　柳　楼　刘爱平
纪委书记：董友周
地　址：甘肃省兰州市南滨河东路635号
邮　编：730030
电　话：(0931) 8855377

办公室（党委办公室）
主　任：田　宝
电　话：(0931) 8838435
副主任：张宗武　路　玮
电　话：(0931) 8813726　8854658

案防办
负责人：何　毅
电　话　(0931) 8854658

政策法规处
调研员：卢和平（主持工作）
电　话：(0931) 8803697
副处长：牛钦泽　朱　键
电　话：(0931) 8824636

国有银行监管一处
处　长：王　宏
电　话　(0931) 8829246

国有银行监管二处
副处长：李克玮（主持工作）
电　话：(0931) 8823707
副处长：刘　鹏　齐继红
电　话：(0931) 8855470　8867884

城市商业银行监管处
处　长：田　军
电　话：(0931) 8828029
副处长：何雁汀　高士贺
电　话：(0931) 8828074　8829300

股份制银行监管处
处　长：袁一峰
电　话：(0931) 8855472

政策性银行和邮政储蓄银行监管处
副处长：李　涛（主持工作）
电　话：(0931) 8816271
副处长：姜　海
电　话：(0931) 8825009

非银行金融机构监管处
副处长：贾　宁（主持工作）
电　话：(0931) 8821010
副处长：李春林　张海燕
电　话：(0931) 8832982　8827550

农村中小金融机构监管处
副处长：阮　澧（主持工作）
电　话：(0931) 8825109
副处长：芦晓莉　成　中　张　忠
电　话：(0931) 8849328　8823977　8836287

信息科技监管处
处　长：吕兆军
电　话：(0931) 8827681
副处长：师　岳
电　话：(0391) 8823770

银行业消费者保护处
副处长：张立新（主持工作）
电　话：(0931) 8723898
副处长：沈宏毅　张尚林
电　话：(0391) 8822905　8629242

统计信息处
处　长：张天祀
电　话：(0931) 8823785
副处长：朱　彤
电　话：(0931) 8854498

财务会计处
处　长：李福泉
电　话：(0931) 8829328
副处长：蒋　云　张应奇
电　话：(0931) 8803817　8821137

人事处（党委组织部）
处　长：(部长)：成　江
电　话：(0931) 8849318
副处长：(副部长)：常　晔
电　话：(0931) 8802107

监察室（纪委办公室）
主　任：瞿　靖
电　话：(0931) 8870733
副主任：樊立农　刘喜平　陈增春
电　话：(0931) 8849214　8849358　8885285

机关党委（党委宣传部）
副书记（部长）：胡　睿
电　话：(0931) 8848758

后勤服务中心
副主任：佟旭冬（主持工作）
电　话：(0931) 8823192

中国金融工会甘肃工作委员会办公室
主　任：石治平
电　话：(0931) 8823597

中国证券监督管理委员会甘肃监管局机构、负责人名录

中国证券监督管理委员会甘肃监管局

局　长：管兴业
副局长：韩小玉　付惟龙
副巡视员：杨敬文
地　址：甘肃省兰州市张掖路87号中广大厦18层
邮　编：730030
电　话：(0931) 8475698
传　真：(0931) 8475929

党务工作办公室（纪检监察室）
副主任：戴　旭
电　话：(0931) 8483339

办公室
主　任：许尔远
电　话：(0931) 8475893
副主任：刘荣华
电　话：(0931) 8488525

公司监管处
处　长：王玉宝
电　话：(0931) 8475643
副处长：贾汝明
电　话：(0931) 8489230

机构监管处
处　长：许尔远（兼）
电　话：(0931) 8475893
副处长：王　彬

电 话：(0931) 8489766

综合业务监管处

副处长：戴 旭 (兼)

电 话：(0931) 8483339

稽查处

处 长：柴小平

电 话：(0931) 8475061

中国保险监督管理委员会甘肃监管局机构、负责人名录

中国保险监督管理委员会甘肃监管局

局 长：焦清平

副局长：潘 波 井正萌

地 址：甘肃省兰州市广场北路168号陆都嘉邸

邮 编：730030

电 话：(0931) 7879690

传 真：(0931) 7879700

办公室

副主任：刘辉云

电 话：(0931) 7879685

财产保险监管处

处 长：刘永宏

电 话：(0931) 7879681

人身保险监管处

处 长：刘景琪

电 话：(0931) 7879682

保险中介监管处

处 长：张倍源

电 话：(0931) 7879683

统计研究处

副处长：任 卓

电 话：(0931) 7879758

人事教育处

处 长：石富覃

电 话：(0931) 7879779

法制处

处 长：李 琦

副处长：陈邦瑞

电 话：(0931) 7879686

稽查处

处 长：郭恒健

电 话：(0931) 7879687

消保处

处 长：李新建

副处长：朱克桐

电 话：(0931) 7879680

国家开发银行股份有限公司甘肃省分行机构、负责人名录

国家开发银行股份有限公司甘肃省分行

行 长：方笑明

副行长：李 成 张 禔 李建江

高级客户经理（副厅级）：赵香定

地 址：甘肃省兰州市南昌路1728号

邮 编：730030

电 话：(0931) 8866628 (值班)

传 真：(0931) 8866237

办公室（党委办公室）

主 任：汪国平

副主任：黄智山

规划发展处

处 长：张 艳

副处长：顾克壮 王恪铖

市场与投资处

处 长：金永治

副处长：张晨光 梁璐璐

经营管理处

处 长：景晓刚

副处长：徐润艳 武玉洁

法律事务办公室

主 任：郭宏伟

国际合作业务处

处 长：马旭兵

副处长：孙晓宇 路兰忠

风险管理处

处 长：邓云波

副处长：汪 军 刘振亚

评审处

处 长：王 海

副处长：张 健 魏 巍

贷委会办公室

主 任：吴志平

副主任：牛春丽

客户一处

处 长：刘天会

副处长：王育军 王 科

客户二处

处 长：徐俊屏

副处长：沙海龙 樊 凯

客户三处

处 长：李武德

副处长：宋 明 吕 金

客户四处

处 长：周登基

副处长：徐 杰 翟剑虹 孙 强

财会处

处 长：汪永平

副处长：杨晓媛 贺春纹

人事处

处 长：周岳蕾

副处长：杜 娟

纪检监察（审计举办）办公室

主 任：赵海珍

信息科技处

处 长：窦世成

行政事务管理处

处 长：汪国平 (兼)

中国农业发展银行甘肃省分行机构、负责人名录

中国农业发展银行甘肃省分行

行　长：刘峰林

副行长：管立新　王达祖
　　　　张世祖　张　岩

地　址：甘肃省兰州市张掖路82号

邮　编：730030

电　话：(0931) 8445010（值班）

传　真：(0931) 8445029

办公室

主　任：景晓光

副主任：郭小宏　周金明

电　话：(0931) 8445028

资金计划处

处　长：汪玉贵

副处长：张志云

电　话：(0931) 8445098

客户一处

副处长：彭吾银（主持工作）

副处长：郭幸兰

电　话：(0931) 8445060

客户二处

处　长：徐守库

副处长：陈旭明

电　话：(0931) 8445068

客户三处

处　长：罗思锋

副处长：车五强

电　话：(0931) 8445055

信贷管理处

处　长：孙建成

副处长：巨　津

电　话：(0931) 8445099

风险管理处

处　长：肖春兰

副处长：满国红

电　话：(0931) 8445013

法律合规处

处　长：管海宁

副处长：张　晔

电　话：(0931) 8445235

财务会计处

处　长：章　路

副处长：罗永涛

电　话：(0931) 8445020

内部审计处

处　长：方一颖

电　话：(0931) 8445039

信息科技处

处　长：翟红义

电　话：(0931) 8445217

人力资源处

处　长：张学友

副处长：丁国锋

电　话：(0931) 8445053

监察处

处　长：李茂森

副处长：张全明

电　话：(0931) 8445069

工会团委工作处（机关党委）

处　长：朱四军

电　话：(0931) 8445082

总务处

处　长：杨兰平

副处长：周林平

电　话：(0931) 8441267

培训中心

主　任：李青善

电　话：(0931) 8445086

中国工商银行股份有限公司甘肃省分行机构、负责人名录

中国工商银行股份有限公司甘肃省分行

行　长：张海琳

副行长：樊志成　李　昶　郭一民
　　　　蒋立强　晏贵宾　袁　桃

行长助理：贝玉双

高级专家：何　林　李增耀

专　家：王　贵　张辉明

地　址：甘肃省兰州市庆阳路408号

邮　编：730030

电　话：(0931) 8434172

办公室（企业文化部）

主　任：李双平

宣传部长：王　岚（总经理级）

副主任：郝发贤　吕进财

财务会计部

总经理：徐　燕

副总经理：雷德庆　李兰芬
　　　　　梁为民

资产负债管理部

总经理：王志勇

副总经理：王金凌　冷丹君

管理信息部

总经理：周俊杰

个人金融业务部

总经理：王学义

副总经理：胡建国　张　焕（兼）
　　　　　石明洲

私人银行中心

总经理：张　焕

机构金融业务部

总经理：付　强

副总经理：杨　林（总经理级）
　　　　　刘　萍

公司金融业务部

总经理：唐红武

副总经理：王志奇　昝映涛
　　　　　冯进玺　杨　波

国际业务部（投资银行部）

总经理：李　锋

副总经理：张荣红　廉小社
　　　　　刘　敏

银行卡中心

总经理：姚　平

副总经理：巨　刚（总经理级）
　　　　　马维民　刘　瑞

小企业金融业务部

总经理：平德鸿

副总经理：王多祥（总经理级）
　　　　　李保平　付　凯

结算与现金管理部
总经理：洪　军
副总经理：赵景雁　王效泽

电子银行部
总经理：田世春
副总经理：王登俊　任杰龙（总经理级）　石　瑛

信贷与投资管理部（风险管理部）
总经理：柯德明
副总经理：姬林春　井兰萍　万山荣　王　海　朱永庆

授信审批部
总经理：任卫秋
副总经理：史补龙　江文广　霍　涛

运行管理部
总经理：黄国发
副总经理：樊昕梅　张忠呈

渠道管理部
总经理：周玉龙
副总经理：郭　力

业务处理中心
总经理：王岩刚
副总经理：叶飞舟（总经理级）

内控合规部
总经理：闫生正
副总经理：王志伟（总经理级）　杜林杰

法律事务部
副总经理：陈　炜

技术支持中心
总经理：祁学军
副总经理：王庆伟

人力资源部
总经理：冯　刚
副总经理：张树新

现金运营中心
总经理：黄国发（兼）

运行风险监控中心
总经理：闫生正（兼）
副总经理：贾耀华

中共中国工商银行甘肃省分行纪律检查委员会
纪委书记：樊志成（兼）
纪委副书记：陈力明

监察室
主　任：陈力明（兼）
副主任：崔永平

安全保卫部
总经理：陈　垣
副总经理：陈立新　刘　录

中国金融工会中国工商银行甘肃省分行工作委员会
主　任：李　昶（兼）
副主任：王殿军

工会工作委员会办公室
主　任：王殿军（兼）
女工委主任：王再评
副主任：许广伟

中共中国工商银行甘肃省分行直属党委
书　记：王　贵（兼）

共青团中国工商银行甘肃省分行团委
书　记：李双平（兼）

中国工商银行甘肃金融培训学校
校　长：王小平
支部书记：张厚斌（总经理级）
副校长：岳继明

中国农业银行股份有限公司甘肃省分行机构、负责人名录

中国农业银行股份有限公司甘肃省分行

行　长：韩国强
副行长：何独业　关学斌　杨玉杰　魏孔山　徐杨春
地　址：甘肃省兰州市金昌北路108号
邮　编：730000
电　话：（0931）8895082

大客户部
总经理：王承军

投资银行与金融市场部
总经理：廖海洋

特殊资产经营部
总经理：李卫东

信用卡中心
总经理：朱　斌
副总经理：王　宏

农村产业与城镇化金融部
总经理：雷兆振
副总经理：门晓蓉

农户金融部
总经理：周占斌
副总经理：苟雅妮

公司业务部
总经理：顾长喜
副总经理：梁彩霞

机构业务部
总经理：罗立军

国际金融部
总经理：徐光成
副总经理：吴临霞

零售银行业务部
副总经理：王彦恒　张小菊

现金管理部
总经理：向铁军

电子银行部
总经理：任　杰

互联网金融部
总经理：李正辉
副总经理：张　蓉

风险管理部
总经理：蒋大同
副总经理：史军亮

信用管理部
总经理：杨宗勇

信用审批部
总经理：史小平

运营管理部
副总经理：孟卫强　薛泽邦

内控与法律合规部
总经理：王文明
副总经理：陶宗武

安全保卫部
总经理：胡　刚
副总经理：陈锦隆

财务会计部
总经理：秦少华
副总经理：石万太

资产负债管理部
总经理：张远军
副总经理：郭宏甫

科技与产品管理部
总经理：满宏昌
副总经理：汪贻鹏　安力晶

总务部
总经理：吴志军
副总经理：李文军

办公室
主　任：郭永强
副主任：王永峰

人力资源部
总经理：赵旭红
副总经理：郑　凤
监察部
总经理：杜　波
工会工作委员会办公室
主　任：王世忠
副主任：毛小明
机关党委
副书记：谢　风（正处级）
小微企业金融部（二级部）
总经理：赵建平
私人银行部（二级部）
总经理：杨　军
信贷审查审批中心（二级部）
总经理：李锦礼
法律事务部（二级部）
总经理：魏志强
农银大学甘肃分校
常务副校长：苏永新
教务长：许跃武　张孝军
运营后台中心
党总支书记：张　宁
组　长：张吉龙

中国银行股份有限公司甘肃省分行机构、负责人名录

中国银行股份有限公司甘肃省分行
行　长：何方恩
副行长：余　岳
副行长、财务总监：于金山
副行长：王才先
副行长、风险总监：邱　笠
纪委书记：刘共杰
地　址：甘肃省兰州市天水南路525号
邮　编：730000
电　话：(0931) 7825003
办公室
主　任：王　鑫
副主任：郭晓峰
电　话：(0931) 7825333
人力资源部
总经理：胡海滨
副总经理：汪　江
电　话：(0931) 7825033
财务管理部
总经理：刘锡岗
副总经理：梁沛力　白雪亮
电　话：(0931) 7825060
风险管理部
总经理：高红勤
副总经理：刘永江　刘晓峰
电　话：(0931) 7825370
公司金融部
总经理：王学军
副总经理：伍再奇　张德华
　　　　　姚宇栋　杨志新
电　话：(0931) 7825090
金融机构部
总经理：张晓虹
副总经理：宋　芳
电　话：(0931) 7825156
行政事业机构部
总经理：张　莉
电　话：(0931) 7825240
渠道管理部
总经理：魏逸伦
电　话：(0931) 7825420
中小企业部
总经理：张　宁
副总经理：刘湛琳
电　话：(0931) 7825210
授信执行部
总经理：邓朝晖
副总经理：司　琼（挂职）
电　话：(0931) 7825400
个人金融部
总经理：杨　军
副总经理：丁文豹　邓　珑（挂职）
电　话：(0931) 7825280
银行卡部
总经理：赵　妙
副总经理：田　锋
电　话：(0931) 7825340
贸易金融部
总经理：李　海
副总经理：赵立新　裘　江
　　　　　窦圣勃　李启盛
电　话：(0931) 7825170
运营管理部
总经理：史文玲
副总经理：张浩东　白　雪（挂职）
电　话：(0931) 7825490
稽核部
总经理：王　斌
副总经理：陆英杰
电　话：(0931) 7825600
监察部
总经理：于立人
电　话：(0931) 7825620
安全保卫部
总经理：漆海林
电　话：(0931) 7825630
信息科技部
副总经理：陈　耕
电　话：(0931) 7825570
法律与合规部
总经理：喇延学
副总经理：袁　炜
电　话：(0931) 7825450
党务工作部
部　长：侯海涛
电　话：(0931) 7825650
省分行机关党委
专职副书记：东　方
电　话：(0931) 7825651
总务部
总经理：仲　琎
副总经理：李晓东　张卫东
　　　　　王　平
电　话：(0931) 7825680
工会工委
常务副主任：张光阳
副主任：杨天明
女工委主任：牟红彬
电　话：(0931) 7825660
营业部
总经理：薛　燕
副总经理：董钰禄　杨　彤
　　　　　朱　亮（挂职）
电　话：(0931) 7825720

中国建设银行股份有限公司甘肃省分行机构、负责人名录

中国建设银行股份有限公司甘肃省分行

行　长：李尚荣
副行长：王晓永　孙一顺　王文永　杨玉江
纪委书记：杨仲元
资深财务师：徐谊萍
资深专员：苏安平
地　址：甘肃省兰州市秦安路77号
邮　编：730030
电　话：(0931) 4891555

办公室
主　任：赵　涛
副主任：闫学诗
电　话：(0931) 4891500

财务会计部
副总经理：王建芬　南乃心
电　话：(0931) 4891996

人力资源部
总经理：李　卫
电　话：(0931) 4891929

风险管理部
总经理：徐志鹏
副总经理：张慧丽
电　话：(0931) 4891006

授信审批部
总经理：马银莎
副总经理：于彩荣
电　话：(0931) 4891918

内控合规部
总经理：赵更生
副总经理：吕　红
电　话：(0931) 4891859

公司业务部
总经理：王生红
副总经理：李大辉　石　柠
电　话：(0931) 4891938

机构业务部
负责人：杨卫军
副总经理：陈允伟　马翼飞　高裕振
电　话：(0931) 4891942

小企业业务部
总经理：陈金龙
副总经理：王　斌
电　话：(0931) 8864269

造价咨询业务部
总经理：孙兆丰
副总经理：王一强
电　话：(0931) 4891945

结算与现金管理部
总经理：赵　炜
副总经理：赫海燕
电　话：(0931) 4891027

个人金融部
副总经理：李德生
电　话：(0931) 4891895

住房金融业务部
总经理：田邯平
副总经理：周海英　杨　帆
电　话：(0931) 4891840

信用卡业务部
总经理：范　兵
副总经理：李　群
电　话：(0931) 4891754

网络金融部
总经理：刘凤枝
电　话：(0931) 4891641

国际业务部
总经理：刘　艳
电　话：(0931) 4891035

投资银行业务部
负责人：薛　靖
电　话：(0931) 4891933

渠道与运营管理部
总经理：姜梅霞
副总经理：李　洪　方志远　宋志强　胡开珍
电　话：(0931) 4891907

信息技术部
总经理：买　曦
副总经理：田永红　段维聪
电话：(0931) 4891766

纪委、监察部（巡视工作办公室）
负责人：李兆桂
副总经理：张耀华
电　话：(0931) 4891967

公共关系与企业文化部（党委宣传部、机关党委、工会）
总经理：尉文晋
副总经理：蔡汉工　阎　焱
机关党委副书记：幺晓淳
电　话：(0931) 4891961

工　会
负责人：范喜岷
电　话：(0931) 4891939

安全保卫部
总经理：张三宝
电　话：(0931) 4891876

离退休人员管理部
副总经理：贾岚云
电　话：(0931) 8419917

甘肃省分行营业部
总经理：王锡真
副总经理：李　军　王　洋　寇　峰　王建军
邮　编：730030
电　话：(0931) 4891058

交通银行股份有限公司甘肃省分行机构、负责人名录

交通银行股份有限公司甘肃省分行

行　长：李文方
副行长：郭小静　汪　麟　李洪涛
纪委书记：项志红
行长助理：黄守信
工会主席：郭小静
高级督察：苏　毅
地　址：甘肃省兰州市庆阳路129号
邮　编：730030

电　话：(0931) 8105120

办公室

主　任：陈兰芝

人力资源部

总经理：杨武贵

副总经理：郭　鸣

预算财务部（资产负债管理部）

总经理：孟学军

副总经理：史美玲

公司业务部

总经理：张海俊

副总经理：布媛媛

金融同业部

副总经理：唐艳琪（主持工作）

投资银行部

副总经理：王　劲（主持工作）

大客户部

总经理：胡国君

国际业务部

总经理：彭福嘉

总经理助理：李丽杰

风险管理部（资产保全部）

总经理：刘　坚

副总经理：徐　鸣

个人金融业务部（消费者权益保护部）

总经理：王春玲

副总经理：王玉娟

总经理助理：陈　勇

总经理助理：韩　军

零售信贷管理部

副总经理：赵　萍（主持工作）

小企业金融部

总经理：李振亚

营运管理部

副总经理：张　炜（主持工作）

业务处理中心

总经理：李银平

副总经理：赵　艳

授信管理部

总经理：刘国予

副总经理：金吉才

副总经理：李亚东

总经理助理：李立强

审计部

总经理：洪昌元

副总经理：丁延宇

法律合规部

总经理：杨　耀

网络渠道部

总经理：谢建湘

信息技术部

副总经理：曹　堃（主持工作）

副总经理：张　斌

监察室

主　任：贾奋飞

员工部

总经理：包小玲

保卫部

总经理：赵来仁

行政部

总经理：李新潮

中国邮政储蓄银行股份有限公司甘肃省分行机构、负责人名录

副总经理：杨纪维

中国邮政储蓄银行股份有限公司甘肃省分行

行　长、党委书记：周巨龙

副行长、党委委员：韩　涛

纪委书记、党委委员：郭万梅

副行长、党委委员：刘　波

总审计师：屈海泓

资深经理：王蔚奇　张学峰

个人金融部

副总经理：王鹤鸣

电子银行部

总经理：李芳军

零售信贷部／三农金融部

总经理：张　颖

小企业金融部

总经理：张　颖（兼）

公司业务部

总经理：季　澜

金融市场部

总经理：李建刚

副总经理：胡秀青

票据中心

主　任：李建刚（兼）

风险管理部

副总经理：杨莹军

授信管理部

总经理：张　铭

副总经理：任　昱

审查审批中心

主　任：张　铭（兼）

会计与营运结部

总经理：张　丽

业务处理中心

主　任：蒲国荣

副主任：高　俊

法律与合规部

副总经理：马荔渭（高级经理、主持工作）

信息科技部

总经理：李砚轶

办公室

总经理：杨军红

采购管理部

总经理：江小军

计划财务部

副总经理：朱天龙（主持工作）

工程建设部

总经理：景爱民

人力资源部

总经理：杜国战

审计部

总经理：王学斌

纪检监察部

主　任：袁子成

党群工作部／工会

总经理：姚旭年

副总经理：董惠萍

安全保卫部

总经理：边　涛

招商银行股份有限公司兰州分行机构、负责人名录

副总经理：付　岩

招商银行股份有限公司兰州分行

行　长：姜　新

副行长：刘　燕　苏　力　彭　峰

地　址：甘肃省兰州市庆阳路9号

邮　编：730030

电　话：(0931) 8729793

办公室

主　任：魏磊平

人力资源部

总经理：李继虹

总经理助理：赵春红

计划财务部

总经理：卢会明

副总经理：王剑峰

信用风险管理部

总经理：岳兆和

副总经理：侯伏平　宋子旭

授信审批部

总经理：王学军

法律合规部

总经理：张雪梅

公司业务总部

总经理：张晓燕

总经理助理：闫　文

交易银行部

总经理：陈　莉

总经理助理：刘　斌

运营管理部

总经理：尹　进

运营中心主任：梁晓东

总经理助理：吴圣亮

总经理助理：张丽琼

零售银行部

总经理：左勇刚

副总经理：张　琼

总经理助理：肖　伟

总经理助理：何万银

私人银行中心

总经理：李　军

总经理助理：李宜泽

监察保卫部

总经理：张玉忠

总经理助理：贺彦俊

信息技术部

总经理：牟继林

副总经理：陈志刚

总经理助理：吕　辉

机构客户部

总经理：王文娟

小企业金融部

总经理：雷　晏

副总经理：王雪霞

票据中心

总经理：王凌霜

投资银行部

总经理：沈　泉

同业客户部

总经理：张家玺

行政管理中心

主任助理：黄　杰

零售信贷部

总经理：宋　睿

总经理助理：王　婧

总经理助理：王晓静

信用卡部

总经理：马　民

营业部

总经理：郑　钊

总经理助理：蔡晓军

总经理助理：周文静

上海浦东发展银行股份有限公司兰州分行机构、负责人名录

上海浦东发展银行股份有限公司兰州分行

行　长：张宜临

副行长：景红卫　庄稼臻

行长助理：梁　敏

地　址：甘肃省兰州市广场南路101号

邮　编：730030

电　话：(0931) 8948920

办公室

负责人：陶　斌

公司业务管理部

负责人：李　治

贸易与现金管理部

负责人：姜东杰

投资银行部

负责人：魏　骅

金融市场部

负责人：刘　珺

票据中心

负责人：郭永军

零售业务管理部

负责人：伊　丽

小企业金融服务中心

负责人：张宏斌

零售信贷部

负责人：李明政

零售产品及渠道部

负责人：刘云晖

信用卡部

负责人：卯　昀

风险管理部

负责人：王蕊皎

资产保全部

负责人：达艺馨

授信审批部

负责人：张得林

合规部

负责人：李　莉

运营管理部

负责人：冯　倩

作业中心

负责人：贾选强

信息科技部
负责人：付　强
资金财务部
负责人：张　磊
财务核算中心
负责人：田　伟
总行审计特派办
负责人：姚雅文
人力资源部
负责人：张延敏

中信银行股份有限公司兰州分行机构、负责人名录

中信银行股份有限公司兰州分行
行　长：杨晓峰
副行长：李　军
行长助理：丁红宇
地　址：甘肃省兰州市东岗西路638号
邮　编：730000
电　话：(0931) 8890666
办公室
总经理：李小宁
人力资源部
副总经理：王克果（主持工作）
计划财务部
总经理助理：王　卉（主持工作）
风险管理部
总经理：王汉鹏
授信业务管理部
副总经理：杨　钧（主持工作）
合规部
副总经理：刘淑华（主持工作）
运营管理部
副总经理：兰永平（主持工作）
公司银行部
总经理：罗　强
国际业务部
副总经理：彭　娜（主持工作）
投资银行部
副总经理：伍　强（主持工作）
机构业务部
总经理：张应桥
零售银行部
副总经理：薛　凯（主持工作）
个人信贷部
副总经理：刘　平（主持工作）
金融同业部
副总经理：彭　娜（主持工作）
网络银行部
副总经理：薛　凯（主持工作）
信息技术部
总经理助理：周　磊（主持工作）
营业部
副总经理：刘　妍（主持工作）

浙商银行股份有限公司兰州分行机构、负责人名录

浙商银行股份有限公司兰州分行
行　长：申　健
副行长：赵　刚
行长助理：邓小彬
党委委员：弓永平
地　址：甘肃省兰州市白银路308号
邮　编：730030
电　话：(0931) 8172110
办公室
主　任：张　梁
电　话：(0931) 8172138
公司银行部
总经理：徐鹏飞
电　话：(0931) 8172057
小企业信贷中心
总经理：王海源（兼）
电　话：(0931) 8172020
小企业与个银风险控制部
总经理：王海源
电　话：(0931) 8172020
个人银行部
负责人：丁一茜
电　话：(0931) 8172163
国际业务部
负责人：兰爱民
电　话：(0931) 8172101
资产管理部（投资银行部）
总经理：张　军
电　话：(0931) 8172094
金融同业兰州分部
总经理：黄金辉
电　话：(0931) 8172097
授信评审部
总经理：裴　炜
电　话：(0931) 8172039
会计科技部
总经理：贺　琰
电　话：(0931) 8172166
计划财务部
总经理：苏德明
电　话：(0931) 8172029
风险管理部
总经理：张建清
电　话：(0931) 8172068
合规部
总经理：程　曦
电　话：(0931) 8172026
业务发展一部
总经理：贾　煜
电　话：(0931) 8172023
业务发展二部
总经理：吕建雄
电　话：(0931) 8172138
业务发展三部
负责人：胡文磊
电　话：(0931) 8172130
公司金融一部
总经理：刘雪梅
电　话：(0931) 8172014
公司金融二部
总经理：阎　璞
电　话：(0931) 8172054

公司金融三部
负责人：张瑞涛
电　话：(0931) 8172002

基础产业部
总经理：陈立鹏
电　话：(0931) 8171920

西宁业务部
总经理：张　晶
电　话：(0931) 8172130

天水业务部
总经理：闫　斌
电　话：(0931) 8172083

营业部
总经理：弥　淼
电　话：(0938) 6826665

中国光大银行股份有限公司兰州分行机构、负责人名录

中国光大银行股份有限公司兰州分行

行　长：张　宏
副行长、纪委书记：刘　逢
风险总监：田志军
副行长：刘佰伶
地　址：甘肃省兰州市东岗西路555号
邮　编：730030
电　话：(0931) 8688600　8688700

办公室
总经理：李东山

人力资源部
总经理：徐　聪

信息科技部
总经理：朱　君
副总经理：胡文胜

计划财务部
总经理：张晓忠
高级业务副经理：罗　雅

风险管理部
总经理：张　莉
副总经理：杨海霞
六级对公授信审批人
刘筱芳（总经理助理级）

法律合规部
总经理：张海军（兼）

党务监察（安全保卫）部
总经理：符智慧

运营管理部
总经理：朱明丽
总经理助理：李　茜
高级业务副经理：张红玲

贸易金融部
总经理：冯菊萍
同业票据中心主任
邵　晖（总经理助理级）

小微金融业务部
总经理：张海军

公司业务管理部
总经理：马东彦
总经理助理：程　栋

公司业务一部
总经理：侯　巍

公司业务二部
负责人：李海明（总经理助理级）

零售业务部
总经理：陈　雁
总经理助理：陈新亮
信用卡中心主任：
肖玉军（总经理助理级）

营业部
总经理：徐　聪（兼）
副总经理：李　琳
副总经理：洪延丰

兴业银行股份有限公司兰州分行机构、负责人名录

兴业银行股份有限公司兰州分行

行　长：祖大伟
副行长：魏明华　徐曙光
行长助理：阿依帕莎
地　址：甘肃省兰州市庆阳路75号
邮　编：730000
电　话：(0931) 8731778

综合部
负责人：金　钟

计划财会部
负责人：张　琦

风险管理部
负责人：李淑华

信用审查部
负责人：张雪春

企业金融总部
负责人：林　屹

金融市场部
负责人：张　琦

零售事业部
负责人：李　娟

信息科技部
负责人：罗维辉

民生银行股份有限公司兰州分行机构、负责人名录

民生银行股份有限公司兰州分行

行　长：李　真
副行长：魏惠霞　代　钦
行长助理：刘卫宏
地　址：甘肃省兰州市白银路123号
邮　编：730000
电　话：(0931) 6116085

综合管理部
副总经理：张　锋（主持工作）
电　话：(0931) 6116200

计划财务部
总经理：陶　松
电　话：(0931) 6116678

风险管理部
总经理：冯苍玉
电　话：(0931) 6116789

运营管理部
总经理：古汉达
电　话：(0931) 6116188

科技部
总经理：孙　戎（主持工作）
电　话：(0931) 6116015

零售业务风险管理部
总经理助理：王　克
电　话：(0931) 6116066

公司银行部
总经理：陈进远
电　话：(0931) 6116123

个人金融部
总经理：赵玉萍
电　话：(0931) 6118666

机构金融部
总经理：薛宗侃
电　话：(0931) 6116162

投资银行部
副总经理：李玉冰（主持工作）
电　话：(0931) 6116000

票据业务部
副总经理：吴彦文
电　话：(0931) 6116166

金融市场部
副总经理：张建斌
电　话：(0931) 6116186

企业金融一部
总经理助理：李世龙
电　话：(0931) 6116125

企业金融二部
总经理助理：王　勇
电　话：(0931) 6116145

企业金融三部
总经理助理：冯乐龙　王　欢
电　话：(0931) 6116167　6116126

企业金融四部
副总经理：王　平（主持工作）
电　话：(0931) 6116198

甘肃省农村信用社联合社机构、负责人名录

甘肃省农村信用社联合社

理事长：雷志强
副理事长：朱维繁
主　任：王广平
纪委书记、监事长：王蓉生
副主任：高明亮　康　欣　李　峰
工会主席、总审计师：贾　涛
党委委员：孙建华　石海龙
主任助理：钱瑞峰
地　址：甘肃省兰州市天水南路36号
邮　编：730000

理事会
秘　书：孙建华
电　话：(0931) 2906732

监事会
秘　书：肖如强
电　话：(0931) 2906782

综合管理部
总经理：孙建华（兼）
电　话：(0931) 2906732

会计财务部
总经理：任晓军
电　话：(0931) 2906810

人力资源部
总经理：石海龙
电　话：(0931) 2906758

市场发展部
总经理：宋　卫
电　话：(0931) 2906889

三农业务部
总经理：潘发军
电　话：(0931) 2906829

创新研发部
总经理：杨子江
电　话：(0931) 2906726

电子银行部
总经理：尹进亮
电　话：(0931) 2906818

合规与风险管理部
总经理：张忠林
电　话：(0931) 2906763

稽核审计部
副总经理：李向东
电　话：(0931) 2906659

科技信息部
总经理：陈国庆
电　话：(0931) 8738869

安全保卫部
总经理：巩若冰
电　话：(0931) 2906757

纪检监察部
总经理：周长海
电　话：(0931) 2906643

机构与资产管理部
总经理：袁银贵
电　话：(0931) 2906677

统计信息部
副总经理：杨　军（主持工作）
电　话：(0931) 2906842

教育培训中心
主　任：贾小莹

电　话：(0931) 2906656

集中采购办

主　任：俞　欣

电　话：(0931) 2909963

党委巡视办

主　任：徐永寿

电　话：(0931) 2906793

工　会

副主席：滑　斌

电　话：(0931) 2906778

后勤中心

主　任：姚平生

电　话：(0931) 2906593

结算中心

主　任：苏　蓉

电　话：(0931) 8819521

省联社兰州稽核审计中心

主　任：刘　霞

电　话：(0931) 8738999

地　址：兰州市城关区庆阳路128号

邮　编：730030

省联社天水稽核审计中心

主　任：苏忠兴

电　话：(0938) 2917081

地　址：天水市麦积区分路口

邮　编：741020

省联社临夏稽核审计中心

主　任：韩继源

电　话：(0930) 6230599

地　址：临夏州临夏市青年路57号

邮　编：731100

省联社酒泉稽核审计中心

主　任：任玉涛

电　话：(0937) 2655316

地　址：酒泉市肃州区香庄花园15号

邮　编：735000

省联社张掖稽核审计中心

副主任：夏书英（主持工作）

电　话：(0936) 8257755

地　址：张掖市甘州区西街212号

邮　编：734000

省联社庆阳稽核审计中心

主　任：李松涛

电　话：(0934) 8687750

地　址：庆阳市西峰区南大街

邮　编：745000

甘肃银行股份有限公司机构、负责人名录

甘肃银行股份有限公司

董事长、法定代表人：李　鑫

行　长：陈景功

副行长：刘　青　雷　铁

　　　　刘永明　仇金虎

纪委书记：马志强

监事长：杨　乾

地　址：甘肃省兰州市甘南路122号

邮　编：730000

电　话：(0931) 8771800　8776181

办公室

主　任：许建平

副主任：韩　斌　郭富刚

电　话：(0931) 8771850

人力资源部

总经理：王志远

副总经理：许　瑞

电　话：(0931) 8771838

计划财务部

总经理：郝菊梅

副总经理：刘培训　郭　力

电　话：(0931) 8771815

风险与授信管理部

总经理：王春云

副总经理：王文瑾　盖瀚琳

电　话：(0931) 8771828

公司业务部

总经理：徐永桂

副总经理：姚　枫　倪　娜

电　话：(0931) 8771818

个人业务部

总经理：杜　晶

副总经理：朱志强

电　话：(0931) 8771811

零售业务金融服务中心

副总经理：梁　青

电　话：(0931) 8737021

会计运营部

总经理：王晓玉

副总经理：张淑华　郑惠荣

电　话：(0931) 8771826

审计部

总经理：张　峰

电话：(0931) 8771870

机构管理部

总经理：许勇锋

电　话：(0931) 8771881

安全保卫部

总经理：许勇锋（兼）

电　话：(0931) 8771881

纪检监察室

总经理：谢慧仁

电　话：(0931) 8776037

信息技术部

总经理：段剑星

副总经理：胡运江　赵建勋

电　话：(0931) 8771836

营业部

总经理：毕业庆

副总经理：李爱玲

电　话：(0931) 8770196

金融市场部

副总经理：李继涛

电　话：(0931) 8771820

电子银行部

副总经理：李　晖

电　话：(0931) 8774573

战略发展部

总经理：王志远（兼）

电　话：(0931) 8771838

国际业务部

副总经理：徐明磊

电　话：(0931) 8771865

投资银行部

副总经理：徐明磊（兼）

电　话：(0931) 8771865

兰州银行股份有限公司机构、负责人名录

兰州银行股份有限公司

董事长、法定代表人：房向阳
党委书记：田国强
党委副书记、纪委书记：辛　坚
监事长：张鹏举
行　长：张俊良
董事会秘书：郭　泉
副行长：潘竟琴　李玉峰　杨　阳
王瑞虹　李小林
总稽核：黄筱红
行长助理：何　力
金融市场总监：杨江惠
地　址：甘肃省兰州市酒泉路211号
邮　编：730030
电　话：(0931) 8405041

董事会办公室
主　任：李　军
副主任：祝　伟

监事会办公室
主　任：戴　慧

办公室
主　任：袁志军
副主任：李玉华　童长凤

人力资源部
总经理：韩佳峻
副总经理：王彩翔　刘三锁
总经理助理：王凌鹏

机构管理部
总经理：张民政
副总经理：吴序莉

公司业务部
副总经理：盛柏涵（主持工作）
副总经理：宋轶群
总经理助理：李舜蛟　刘啸波

个人业务部
总经理：李胜龙
总经理助理：刘晓艺　王　蕾

小微业务部
总经理：高晓民
副总经理：师小伟
总经理助理：黄旭升

金融市场部
总经理：杨江惠（兼）
总经理助理：孙　亮

理财业务管理部
总经理：宿　波

计划财务部
总经理：张会荣
总经理助理：王翠芳　蔡彦文

会计结算部
总经理：高建生
副总经理：魏学鑫
总经理助理：陈　艳

信息科技部
副经理：苗小军（主持工作）
副总经理：祁哈斯
总工程师：王蔚民

贷款审批部
总经理：敬君生
总经理助理：张礼霞　王兴国
张　轲

风险管理部
总经理：李启明
总经理助理：蔡国峰　张　明
董亚军

移动金融部
总经理：张怀民
技术总监：李　彪

电商金融部
总经理：陈广师

投资银行部
总经理：祁文新

互联网金融部
总经理：彭政刚
总经理助理：胡小虎

大客户业务部
总经理：姜　敏

国际业务部
负责人：苌　雷

稽核部
副总经理：徐国华

基建办公室
副主任：朱红军

村镇银行管理部
总经理：李川斗

后勤服务部
总经理：邵广龙
副总经理：李晓东

保卫部
总经理：夏力行

纪检监察室
负责人：高汝霖
总经理助理：冯进军

华龙证券股份有限公司机构、负责人名录

华龙证券股份有限公司

董事长、党委书记：李晓安
总经理：韩　鹏
党委副书记、董事：娄德全
监事长：梁文科
副总经理：徐国兴　王小刚
副总经理、总会计师：苏金奎
纪委书记、工会主席：刘旺兴
副总经理、组织部部长：杨艳丽
副总经理、合规总监、首席风险官：
卢卫民
董事会秘书：陈武林
副总经理：廖圣柱
地　址：甘肃省兰州市东岗西路
638号兰州财富中心21楼
邮　编：730000
电　话：(0931) 8888088
传　真：(0931) 4890515

办公室
主　任：贺　强

人力资源总部
总经理：张莘榆

计划财务总部
副总经理：党满龙（主持工作）

合规风控管理总部
总经理：胡海全
稽核总部
副总经理：王桃桃（主持工作）
客户资产存管中心
总经理：姜驱虎
信息工程中心
总经理：孟敬颐
工会办公室
主　任：王一棠
经纪业务管理总部
总经理：朱之明
资产管理总部
总经理：王保国
证券投资总部
总经理：陈武林（兼）
互联网金融部
总经理：赵嵩宇
北京分公司
总经理：朱　彤
深圳分公司
总经理：孙守用
金城资本管理有限公司
总经理：李福祥

海通证券股份有限公司甘肃分公司机构、负责人名录

海通证券股份有限公司甘肃分公司
副总经理：韩　钢（主持工作）
总经理助理：张晓英
工会主席：郭秋鸽
地　址：甘肃省兰州市武都路157号10楼
邮　编：730030
电　话：(0931) 8487893
传　真：(0931) 8406197
综合管理总部
经　理：郭秋鸽（兼）
财务部
经　理：张晓英（兼）
业务管理总部
经　理：周绍东
高端客户总部
经　理：韩　钢（兼）

国泰君安证券股份有限公司甘肃分公司机构、负责人名录

国泰君安证券股份有限公司甘肃分公司
总经理：郭丽萍
副总经理、分公司营业部总经理：兰革儒
副总经理、信用交易业务总监：安　定
督察专员：张　晶
总经理助理、机构总监：廖光蔚
总经理助理、经纪业务总监：朱　莉
地　址：甘肃省兰州市酒泉路215号
邮　编：730030
电　话：(0931) 4807209
机构业务部
总　监：王军辉
电　话：(0931) 4807871
财富管理部
业务总监：丁国华
电　话：(0931) 4807851
金融同业部
业务总监：孙昕杰
电　话：(0931) 8106496
网络金融部
业务总监：宋　峥
电　话：(0931) 8462010
财务部
经　理：贾　晋
电　话：(0931) 8468254
电脑部
经　理：刘晓剑
电　话：(0931) 8436907
综合办公室
经　理：陈慧玲
电　话：(0931) 4807209

华龙期货经纪有限公司机构、负责人名录

华龙期货股份有限公司
董事长：娄德全
总经理：曹　锋
副总经理：马兆勇　李　琦
首席风险官：杨　昕
董事会秘书：高明远
地　址：甘肃省兰州市静宁路308号4楼
邮　编：730030
电　话：(0931) 8894644
综合管理部
部门经理：张　军
电　话：(0931) 8894644
财务部
部门经理：李　琦
电　话：(0931) 8894550
合规部
部门经理：杨　昕
电　话：(0931) 8894473

风控结算部
部门经理：曹文惠
电　话：(0931) 8894198
技术部
部门经理：石　博
电　话：(0931) 8836551
交易客服部
部门经理：胡佳艺
电　话：(0931) 8894283
业务部
部门经理：邓夏羽
电　话：(0931) 8894335
研究中心
部门经理：宋　鹏
电　话：(0931) 8894545
投资咨询部
部门经理：马兆勇
电　话：(0931) 8894851
资产管理部
部门经理：田宇光
电　话：(0931) 8894403

中国人民财产保险股份有限公司甘肃省分公司机构、负责人名录

中国人民财产保险股份有限公司甘肃省分公司
总经理：董彦明
副总经理：画　林　张少华　文　海
地　址：甘肃省兰州市庆阳路270号
邮　编：730030
电　话：(0931) 8416078
办公室
主　任：李　晖
副主任：惠永平
财务会计部 / 再保险部
总经理：董　怡
副总经理：陈　丽
人力资源部 / 教育培训部
总经理：王伟荣
副总经理：卢永婷
车辆保险部
总经理：魏　欣
副总经理：谢伟华
财产保险部 / 船舶货运险部 / 重要客户部 / 经纪代理业务部
总经理：杜　军
副总经理：刘　彬
责任保险事业部 / 信用保证保险事业部 / 银行保险业务部
总经理：杨发仁
意外健康保险部
总经理：陈元生
副总经理：李　洋
车商业务部
总经理：姚洪河
农业保险部 / 三农保险部
总经理：张玉虎
副总经理：张树功
理赔事业部
负责人：王天军
副总经理：孙　峰　张新林
电子商务部 / 网络保险部
总经理：崔卫平
销售管理部
负责人：毛丰美
个人代理营销业务部
总经理：郭晓菲
客户服务管理部
负责人：李耀辉
信息技术部
总经理：丁　滨
监察部 / 审计部
负责人：高志昂
工会工作办公室
主　任：龚建钢
法律部 / 合规部
总经理：伏　强
市场企划部
总经理：卢　金
副总经理：黄复刚

中国人寿财产保险股份有限公司甘肃省分公司机构、负责人名录

中国人寿财产保险股份有限公司甘肃省分公司
党委书记、总经理：王　权
副总经理：牛彦莹
总经理助理：关　群
地　址：甘肃省兰州市静宁路298号中海国际大厦13楼
电　话：(0931) 730030
电　话：(0931) 7848800
办公室（党委办公室、党委宣传部、工会、机关党委）
主　任：畅世栋
电　话：(0931) 7848801
人力资源部 / 教育培训部
总经理：贺兴华
电　话：(0931) 7848809
财务会计部
总经理：郑晓红
电　话：(0931) 7848806
监察部（纪委）
总经理助理：李存萍（主持工作）
电　话：(0931) 7848812
审计部
总经理助理：李存萍（主持工作，兼）
电　话：(0931) 7848812
内控合规部
总经理：赵　军
电　话：(0931) 7848332
信息技术部
总经理：王武生
电　话：(0931) 7848810
互动业务部 / 电子业务部
总经理：袁生强
电　话：(0931) 7848826
销售管理部 / 车行业务部 / 银保业务部
总经理：蔺云霄
电　话：(0931) 7848820

重客业务部

总经理：窦　军

电　话：(0931) 7848828

责任意外保险部

总经理：刘　华

电　话：(0931) 7848818

农业保险部

总经理：赵　军（兼）

电　话：(0931) 7848332

车辆保险部

总经理：刘　华（兼）

电　话：(0931) 7848818

理赔管理部

总经理：王文彬

电　话：(0931) 7848838

副总经理：葛朝阳

电　话：(0931) 7848836

财产保险部

总经理：刘　华

电　话：(0931) 7848818

客户服务部

总经理助理：李雪珍

电　话：(0931) 7848822

中国太平洋财产保险股份有限公司甘肃分公司机构、负责人名录

中国太平洋财产保险股份有限公司甘肃分公司

党委书记、总经理、战略转型总监：吴　刚

副总经理、工会主席：刘　妮

副总经理、纪委书记：陈　虎

财务总监：刘　晖

地　址：甘肃省兰州市静宁路308号

邮　编：730030

电　话：(0931) 2105191

办公室

主　任：侯娇丽

人力资源部

总经理：白幼鹏

计划财务部

总经理：王锡娟

信息技术部

总经理：牟克显

法律合规部

经　理：侯娇丽（兼）

车险业务管理部

总经理：王立志

非车险业务管理部

总经理：孟庆旭

重大客户部

总经理：孟庆旭（兼）

车意险理赔部

总经理：王小宁

非车险理赔部

总经理：仇宁涛

客户服务部

总经理：王海旭

渠道合作部

总经理：韩昊成

电网销业务部

总经理：韩昊成（兼）

企业客户部

总经理：张　晶

银行保险部

总经理：张　晶（兼）

车商业务部

总经理：方鲁刚

农险事业部

副总经理：王剑峰（主持工作）

战略转型办公室

主　任：王俊卿

中国平安财产保险股份有限公司甘肃分公司机构、负责人名录

中国平安财产保险股份有限公司甘肃分公司

副总经理：冯　征（主持工作）

副总经理：李　强　张晓虎

地　址：甘肃省兰州市雁南路甘肃联创科技孵化园综合楼1层、4–6层

邮　编：730010

电　话：(0931) 8593088

传　真：(0931) 8593066

人力资源部

经　理：梁子石

电　话：(0931) 8593197

办公室

主　任：车思烨

电　话：(0931) 8593094

财务部

经　理：钱　薇

电　话：(0931) 8870355

个人客户市场营销管理部

负责人：王思宇

电　话：(0931) 8593069

团体渠道管理部

负责人：夏　锋

电　话：(0931) 8593086

市场企划部

负责人：张　莉

电　话：(0931) 8593163

团体车险部

经　理：刘　军

电　话：(0931) 8593193

个人产品管理部

经　理：卢加利

电　话：(0931) 8593065

团体财产险部

负责人：于婷婷

电　话：(0931) 8593082

团体意健险部

负责人：于婷婷（兼）

电　话：(0931) 8593082

客服运营管理部

负责人：邵　钧

电　话：(0931) 8843099

车险及意健险理赔部

经　理：毛新智

电　话：(0931) 8593199

财产险理赔部
负责人：李　睿
电　话：(0931) 8593096

直销业务二部
渠道总监：王　勤
电　话：(0931) 8593018

兰州综拓业务部
渠道总监：王君侠
电　话：(0931) 8593050

车商业务部
渠道总监：闫民臣
电　话：(0931) 8373292

新渠道业务部
渠道总监：刘志锋
电　话：(0931) 8593036

直销业务一部
渠道总监：李晓晖
电　话：(0931) 8593058

兰州城区代理业务部
渠道总监：王李勃
电　话：(0931) 8593007

县域管理部
负责人：吉　祥
电　话：(0931) 8593009

永安财产保险股份有限公司甘肃分公司机构、负责人名录

永安财产保险股份有限公司甘肃分公司
党委书记、总经理：王晓东
总经理助理：石庆忠
地　址：甘肃省兰州市庆阳路169号陇鑫大厦14楼
邮　编：730030
电　话：(0931) 2183626

综合管理部
经　理：宿　炜
电　话：(0931) 2183626
副经理：孙常虹
电　话：(0931) 2183626

计划财务部
经　理：班玛草
电　话：(0931) 2183588

业务管理部
经　理：康文磊
电　话：(0931) 2183599
副经理：穆永昕
电　话：(0931) 2183640

市场部
负责人：张　宁
副经理：刘洪铭
电　话：(0931) 2183603

理赔服务分中心
经　理：赵志远
电　话：(0931) 8406150

理算核赔室
主　任：姚国义
电　话：(0931) 2183777

综合管理室
副主任：姜　雪
电　话：(0931) 2100152

天安财产保险股份有限公司甘肃省分公司机构、负责人名录

天安财产保险股份有限公司甘肃省分公司
党委书记、总经理：王作海
副总经理：张兴成
市场总监：梁永军
地　址：甘肃省兰州市金昌南路158号山水名庭综合楼南区5楼
邮　编：730000
电　话：(0931) 8263029

人事行政部
经　理：陈玉梅
电　话：(0931) 8262639

财务管理部
经　理：刘　燕
电　话：(0931) 8263290

车险部
经　理：任莹莹
电　话：(0931) 8262795

销售管理部
经　理：吴世江
电　话：(0931) 8151565

客户服务部
经　理：吴世江（兼）
电　话：(0931) 8151565

理赔管理部
经　理：陈远志
电　话：(0931) 8479572
副经理：杨　侃
电　话：(0931) 8262516

渠道管理部
经　理：任莹莹（兼）
电　话：(0931) 8262795
副经理：刘蕴霄
电　话：(0931) 4606057

重客部
经　理：赵志成
电　话：(0931) 8447783

银保业务部
经　理：刘文生
电　话：(0931) 8262009

中国大地财产保险股份有限公司甘肃分公司机构、负责人名录

中国大地财产保险股份有限公司甘肃分公司

总经理：黄中德
副总经理：王文林 岳晓萍
陈彦霖
地 址：甘肃省兰州市定西南路438号和平饭店综合楼18、19、20楼
邮 编：730030
电 话：(0931) 7844010
传 真：(0931) 7844004

办公室 / 纪检监察部

主 任：肖宗宁
电 话：(0931) 7844008

人力资源部

总经理：徐伟娟
电 话：(0931) 7844018

审计部

总经理：安治斌
电 话：(0931) 7844009

企划财务部

总经理：郭新惠
电 话：(0931) 7844011

车险部

总经理：贾海昕
电 话：(0931) 7844012

财意险部

总经理：窦晓淮
电 话：(0931) 7844016

理赔部

总经理：苏 博
电 话：(0931) 7844025

销售管理 / 客户服务部

总经理：苏北辰
电 话：(0931) 7844021

渠道发展部

总经理：苏北辰（兼）
电 话：(0931) 7844021

电子商务部

总经理：邴 昕
电 话：(0931) 7844021

车商渠道部

总经理：康智勇
电 话：(0931) 7844027

重客渠道业务部

副总经理：冯 杰
电 话：(0931) 7844049

中华联合财产保险股份有限公司甘肃分公司机构、负责人名录

中华联合财产保险股份有限公司甘肃分公司

党委书记、总经理：党延嵩
总经理助理：曹文选
地 址：甘肃省兰州市南昌路1728号19幢福文大厦4层、5层
邮 编：730030
电 话：(0931) 8830778

办公室

主 任：张 青
电 话：(0931) 8830308

人力资源部

副总经理：梁海霞（主持工作）
电 话：(0931) 8712273

财务会计部

总经理助理：李万伟（主持工作）
电 话：(0931) 8830496

风险合规部

总经理：刘润和
电 话：(0931) 8830097

销售管理部

副总经理：张 宇（主持工作）
电 话：(0931) 8830780

车辆保险部

总经理：曹文选
电 话：(0931) 8835126

意外和健康保险部

总经理：李庭智
副总经理：张纬国 曹延山
电 话：(0931) 8830105

财产保险部

总经理：张淑芳
总经理助理：董青霞
电 话：(0931) 8839821

农业保险部

经 理：许兴明
总经理助理：汪世乾 冯月峰
电 话：(0931) 8830376

公司业务部

总经理：张淑芳
总经理助理：董青霞
电 话：(0931) 8839821

车商渠道部

总经理：刘 俊
电 话：(0931) 8839298

承保中心

总经理：高 宏
电 话：(0931) 8830450

理赔中心

主 任：马忠英
副主任：周建国 段霁荣
电 话：(0931) 8830128

安邦财产保险股份有限公司甘肃分公司机构、负责人名录

安邦财产保险股份有限公司甘肃分公司

副总经理：孙　勇（主持工作）
总经理助理：陈　杰　王钦瑞
理赔负责人：杨　旭
地　址：甘肃省兰州市东岗西路638号
邮　编：730030
电　话：（0931）8405678

办公室

主　任：陈　杰（兼）
电　话：（0931）4538072

财务部

经　理：张　全
电　话：（0931）4538074

车险管理部

副经理：闫　博
电　话：（0931）4538079

客服部

运营官：王　斌
电　话：（0931）4538082

非车险管理部

经　理：刘录华
电　话：（0931）4538084

理赔部

运营官助理：王喜伟
电　话：（0931）4538049

阳光财产保险股份有限公司甘肃省分公司机构、负责人名录

阳光财产保险股份有限公司甘肃分公司

副总经理：郭朝晖（主持工作）
地　址：甘肃省兰州市庆阳路488号万盛商务大厦11楼
邮　编：730030
电　话：（0931）8403456

人事行政部

负责人：张姗姗
电　话：（0931）8401982

企划财务部

负责人：张意皎
电　话：（0931）8405185

团体渠道客户部

负责人：沙　峰
电　话：（0931）8405139

客户价值与体验部

负责人：杨琴霞
电　话：（0931）8401221

非车险部

负责人：马　嵘
电　话：（0931）8401057

理赔服务部

负责人：马　毅
电　话：（0931）8403861

车险部

负责人：杨骐毓
电　话：（0931）8403881

个人客户部

负责人：刘玉军
电　话：（0931）8401895

都邦财产保险股份有限公司甘肃分公司机构、负责人名录

都邦财产保险股份有限公司甘肃分公司

副总经理：周辽东（主持工作）
地　址：甘肃省兰州市正宁路117号（原省军区营房楼5、6楼）
邮　编：730000
电　话：（0931）8120155

综合管理部

经　理：钱海鹰
电　话：（0931）8120152

计划财务部

经　理：王晓燕
电　话：（0931）8120176

车险管理部

经　理：张　莉
电　话：（0931）8120169

市场部

经　理：张　莉
电　话：（0931）8120169

非车险管理部

经　理：张　莉
电　话：（0931）8120169

理赔服务分中心

经　理：李　靖
电　话：（0931）8120160

理算核赔室

主　任：张　群
电　话：（0931）8120162

永诚财产保险股份有限公司甘肃分公司机构、负责人名录

永诚财产保险股份有限公司甘肃分公司

总经理：王世文
销售总监：程晓红
地　址：甘肃省兰州市酒泉路汇金大厦17层
邮　编：730000
电　话：(0931) 8235715

综合管理部

经　理：冯艳锋
电　话：(0931) 8235715

企事业个人业务部

经　理：任月萍
电　话：(0931) 8235166

财务部

经　理：张　慧
电　话：(0931) 8235720

运营部

经　理：程晓红（代）
电　话：(0931) 8235766

市场营销部

经　理：杨天茂
电　话：(0931) 8235718

合规与监察审计部

经　理：鲁　涛
电　话：(0931) 8235967

股东及电力能源部

经　理：欧文杰
电　话：(0931) 8235719

中国人民人寿保险股份有限公司甘肃省分公司机构、负责人名录

中国人民人寿保险股份有限公司甘肃省分公司

党委书记、总经理：李永芳
纪委书记、副总经理：陈渊博
地　址：甘肃省兰州市庆阳路75号中科银座大厦25层
邮　编：730030
电　话：(0931) 8795600

综合部

副总经理：刘志堂（主持工作）
电　话：(0931) 8795603

计划财务部

总经理助理：刘小兵
电　话：(0931) 8795608

合规监察部

总经理：石自虎
电　话：(0931) 8795617

业务管理部

副总经理：程永梅（主持工作）
电　话：(0931) 8795632

个人保险部

副总经理：刘　斌（主持工作）
电　话：(0931) 8795619

银行保险部

副总经理：张振宇（主持工作）
电　话：(0931) 8795622

团体保险部

总经理：朱　玉
电　话：(0931) 8795627

互动业务部

总经理：赵江义
电　话：(0931) 8795629

战略客户部

副总经理：缪召起
电　话：(0931) 8795631

企划培训部

总经理助理：戴　琼（主持工作）
电　话：(0931) 8795647

中国人寿保险股份有限公司甘肃省分公司机构、负责人名录

中国人寿保险股份有限公司甘肃省分公司

总经理：张举科
副总经理：任　彬　陈兴煜　周应斌　贾嘉宁
总经理助理：王建刚
业务总监：李源良
地　址：甘肃省兰州市南滨河东路719号
邮　编：730030
电　话：(0931) 2906221

办公室

主　任：宋　平
副主任：段　锋

财务管理中心

总经理：郑江涛
副总经理：毛丽娟

人力资源部

总经理：杨　军

个险销售部

总经理：陈　逵

银行保险部

总经理：张晓彬

团体业务部

总经理：任建全

信息技术部

总经理：张志生

业务管理中心

总经理：邱成荣
副总经理：韦建明

客户服务管理中心

总经理：贾世平

副总经理：胡　平

教育培训部

总经理：朱　娜

内控合规部

总经理：郭怡辰

监察部

总经理：周建华

工会工作部

总经理：周建华

市场部

总经理：武晓娟

中国太平洋人寿保险股份有限公司甘肃分公司机构、负责人名录

中国太平洋人寿保险股份有限公司甘肃分公司

副总经理：孔　强（主持工作）
副总经理：王莉春
财务总监：钱　江
地　址：甘肃省兰州市静宁路308号
邮　编：730030
传　真：(0931) 8849606

办公室

主　任：夏玉亚（兼）
电　话：(0931) 7879013

人力资源部

总经理：夏玉亚
电　话：(0931) 7879013

财务会计部

总经理助理：张建炜（主持工作）
电　话：(0931) 7879016

合规与风险管理部

总经理：于　莉
电　话：(0931) 7879022

营运部

总经理：王廷亮
电　话：(0931) 7879030

信息技术部

总经理：王廷亮（兼）
电　话：(0931) 7879030

个险营销部

总经理：陈　红（兼）
电　话：(0931) 7879043

个人业务培训部

副总经理：方　刚（主持工作）
电　话：(0931) 7879040

顾问营销部

总经理：陈　红
电　话：(0931) 7879043

服务营销部

副总经理：薛鑫睿（主持工作）
电　话：(0931) 7879047

个人业务企划部

副总经理：刘熹敏（主持工作）
电　话：(0931) 7879053

银团业务部

总经理：周维新
电　话：(0931) 7879010

中国平安人寿保险股份有限公司甘肃分公司机构、负责人名录

中国平安人寿保险股份有限公司甘肃分公司

总经理：彭若杰
副总经理：王长庚　唐　榕
　　　　　龙　江　于洪泉
　　　　　李小勇　张冬梅
地　址：甘肃省兰州市张掖路1号保利大厦
邮　编：730030
传　真：(0931) 8431133

人力资源部

经　理：王　晶
电　话：13893297838

行政部

经　理：刘　燕
电　话：18393710001

企划部

经　理：雷　蕾
电　话：18919138880

财务部

经　理：陈新霞
电　话：13519619848

销售企划部

经　理：史　炜
电　话：18609499663

营销管理部

经　理：张　楠
电　话：18609318233

培训部

经　理：龚丽娍
电　话：18509480930

二元发展部

经　理：雷文浩
电　话：18093119511

综合开拓部

负责人：姚春媛
电　话：13919079971

区拓管理部

负责人：黄兆明
电　话：18093119780

业务管理部

负责人：梁红玉
电　话：13519614183

运营督导部

经　理：高　琴
电　话：15101204130

客户服务部

负责人：陈星邑
电　话：18693166177

银保销售部

代　管：张冬梅
电　话：13609384007

银保销售支持部
经　理：王君秋
电　话：13993830757

稽核监察部

经　理：王双生
电　话：13893291114

新华人寿保险股份有限公司甘肃分公司机构、负责人名录

新华人寿保险股份有限公司甘肃分公司

党委书记、总经理：赵登森
副总经理：梁国耀
总经理助理：张　蓬　邹建强
地　址：甘肃省兰州市东岗西路638号财富中心15楼
邮　编：730030
电　话：(0931) 8116199

办公室

经　理：李　强
电　话：(0931) 4536042

计划财务部

经　理：凌　梅
电　话：(0931) 7842696

人力资源部

经　理：王真凡
电　话：(0931) 8116196

风险管控部

总经理助理：史玉娟
电　话：(0931) 7842691

运营管理部

总经理：邵恩荣
电　话：(0931) 8116122

企划信息室

总经理：黎强龙
电　话：(0931) 4536040

营销培训部

经　理：谭晞文
电　话：(0931) 8876085

银行业务部

总经理：白文智
电　话：(0931) 4523805
财富管理中心：张　帅
电　话：(0931) 4917672

保费部

总经理：陈小梅
电　话：(0931) 8737901

团体业务部

总经理：薛　花
电　话：(0931) 7842698

泰康人寿保险股份有限公司甘肃分公司机构、负责人名录

泰康人寿保险股份有限公司甘肃分公司

党委书记、总经理：谢宪民
副总经理：李宗阳　贾　明
理赔负责人：赵娅妮
地　址：甘肃省兰州市东岗西路525号酒钢大厦1号楼20层、21层
邮　编：730030
电　话：(0931) 4895580

综合管理部／办公室

经　理：王　杰
电　话：13893493313

计划财务部

经　理：吕贵春
电　话：18093150707

营销部

经　理：陈　涛
电　话：13309385522

培训部

经　理：田玉成
电　话：18693190631

客户服务部

经　理：陈　洁
电　话：13919807951

人力资源部

经　理：祁松林
电　话：18919882568

平安养老保险股份有限公司甘肃分公司机构、负责人名录

平安养老保险股份有限公司甘肃分公司

总经理：党春雄
地　址：甘肃省兰州市张掖路1号保利大厦25楼
邮　编：730030
电　话：(0931) 8400211

综合管理部

经　理：李树霞
电　话：(0931) 8438378

医保业务部

经　理：程　郦
电　话：(0931) 8403798

医保运营部

经　理：何爱芳
电　话：(0931) 8433800

综合渠道部

经　理：吴巍栋
电　话：(0931) 8434255

保险运营部

经　理：孙太飞
电　话：(0931) 8437801

泰康养老保险股份有限公司甘肃分公司机构、负责人名录

泰康养老保险股份有限公司甘肃分公司

总经理：丁嘉珅
电　话：(0931) 4895590
地　址：甘肃省兰州市东岗西路525号酒钢大厦21楼
邮　编：730030

行政人事部／办公室

主　任：段红亮
电　话：(0931) 4895570

计划财务部

财务经理：张　瑞
电　话：(0931) 4895523

健康保险部

经　理：郭　炜
电　话：(0931) 8240006

运营服务部

经　理：陈瑞芬
电　话：(0931) 4895582

技术支持部

经　理：赵红亮
电　话：(0931) 8175408

太平人寿保险有限公司甘肃分公司机构、负责人名录

太平人寿保险有限公司甘肃分公司

党委书记、总经理：贾平民
副总经理：张举钦
总经理助理：鞠　虹
业务总监：张　磊
地　址：甘肃省兰州市金昌南路152–158号山水名庭3–4楼
邮　编：730030
电　话：(0931) 8107639

教育培训部

经　理：范　瑛
电　话：(0931) 8107606

财务部

经　理：原　磊
电　话：(0931) 8107668

个人业务部

经　理：贺延凤
电　话：(0931) 8107605

银行保险销售支援部

经　理：金银兵
电　话：(0931) 8107633

运营服务部

经　理：吴　林
电　话：(0931) 8107638

企划部

经　理：马艳莉
电　话：(0931) 8107657

保费部

经　理：王海峰
电　话：(0931) 8107636

办公室

经　理：王　睿
电　话：(0931) 8107639

人力资源部

经　理：张小琴
电　话：(0931) 8107623

幸福人寿保险股份有限公司甘肃分公司机构、负责人名录

幸福人寿保险股份有限公司甘肃分公司

党委书记、总经理：葛宝泉
地　址：甘肃省兰州市酒泉路31号汇金大厦16层
邮　编：730030
电　话：(0931) 2119599

人事行政部

经　理：张湘凌
电　话：(0931) 2119686

行政办公室

经　理：黄子瑄
电　话：(0931) 2119592

计划财务部

经　理：孙淑芳
电　话：(0931) 2119695

个险营销部

经　理：马刘海
电　话：(0931) 2158427

银行保险部

经　理：吴永先
电　话：(0931) 2119691

团体／中介部

经　理：高　贺
电　话：(0931) 2119690

运营管理部

经　理：刘　锦
电　话：(0931) 2119689

富德生命人寿保险股份有限公司甘肃分公司机构、负责人名录

富德生命人寿保险股份有限公司甘肃分公司

党委书记、总经理：夏涵文
副总经理：王　蕾
总经理助理：张　瑞
地　址：甘肃省兰州市金昌南路361号东方数码大厦29层
邮　编：730030
电　话：(0931) 8773991

办公室
经理助理：刘志广（主持工作）
电　话：(0931) 8773826

法律合规部
临时负责人：陶　涛
电　话：(0931) 8773995

人力资源部
副经理：李宏斌（主持工作）
电　话：(0931) 8773996

银保业务部
负责人：司小军
电　话：(0931) 8773840

团险部
经　理：夏兴鹏
电　话：(0931) 8773989

财务部
副经理：薛崇华（主持工作）
电　话：(0931) 8773988

营销业务部
经理助理：李文辉（主持工作）
电　话：(0931) 8773939

培训部
经理助理：马彩霞（主持工作）
电　话：(0931) 8773953

核保核赔部
经理助理：陈　刚（主持工作）
电　话：(0931) 8773982

客户服务部
经理助理：任子亮（主持工作）
电　话：(0931) 8773969

兰州个险营销本部
副经理：周海峰（主持工作）
电　话：(0931) 8458224

兰州银保本部
经理助理：温小艳（主持工作）
电　话：(0931) 8943437

保费部
副经理：马京义（主持工作）
电　话：(0931) 8773956

阳光人寿保险股份有限公司甘肃分公司机构、负责人名录

阳光人寿保险股份有限公司甘肃分公司

党总支书记、总经理：王　江
副总经理：王亚兴　韩伟龙
地　址：甘肃省兰州市金昌北路75号4楼
邮　编：730030
电　话：(0931) 8153759

人事行政部
经　理：王　燕
电　话：(0931) 8153759

财务部
经　理：何　涌
电　话：(0931) 8156718

客户服务部
经　理：马建堂
电　话：(0931) 8153378

营销部
经　理：章　俊
电　话：(0931) 8157062

人力发展与培训部
经　理：陈　静
电　话：(0931) 8153328

银保营销部
经　理：张昌飞
电　话：(0931) 8156528

团体客户部
经　理：杨中元
电　话：(0931) 8154925

本部营销部
经　理：刘兴龙
电　话：(0931) 8153156

中国华融资产管理股份有限公司甘肃省分公司机构、负责人名录

中国华融资产管理股份有限公司甘肃省分公司

总经理：张焕涛
副总经理（总经理级）：周志宏
副总经理、纪委书记：杨 威
副总经理：卫国栋 曹龙年
裴瑞清
总经理助理：吕云洲
总经理级：刘龙光
地 址：甘肃省兰州市武都路225号
邮 编：730030
电 话：(0931) 8500288

综合管理部
高级经理：王 岚（部门负责人）
电 话：(0931) 8500226

风险合规部
高级副经理：邢 钊
电 话：(0931) 8505561

业务审查部
高级副经理：李惠庆
电 话：(0931) 8500611

业务一部
高级经理：卜广平（部门负责人）
电 话：(0931) 8506135

业务二部
高级经理：秦志成（部门负责人）
电 话：(0931) 8505952

业务三部
高级经理：石伟平（部门负责人）
电 话：(0931) 8500388

业务四部
经 理：向 飞（部门负责人）
电 话：(0931) 8514899

银川营业部
副总经理：周志宏（总经理级、主持工作）
电 话：(0951) 6037718

西宁营业部
副总经理：卫国栋（主持工作）
电 话：(0971) 6122072

中国长城资产管理公司兰州办事处机构、负责人名录

中国长城资产管理公司兰州办事处

总经理：李志军
纪委书记、风险总监：许天信
副总经理：李 龙 杨宝宏
地 址：甘肃省兰州市中心广场统办二号楼
邮 编：730030

综合管理部（人力资源部）
高级经理：任 博
电 话：(0931) 8418644
副高级经理：张 隽
电 话：(0931) 8867035
高级业务主管：李小芹
电 话：(0931) 8418586

资金财务部
高级经理：陈志豪
电 话：(0931) 8418664

监察审计部
高级经理：陈晓萍
电 话：(0931) 8412391

法律合规部（业务管理部）
高级经理：安少良
电 话：(0931) 8417762
(0971) 6139398

业务审核部
高级业务主管：龚志英
电 话：(0931) 8810074

资产经营业务部
高级经理：毛永良
电 话：(0931) 8411391

资产经营业务二部
高级经理：聂 焱
电 话：(0931) 8418650

投资业务部
高级经理：罗书军
电 话：(0931) 8418740
副高级经理：梁凯龙
电 话：(0931) 8418782

投资业务二部
业务主管：王生红（负责人）
电 话：(0931) 8731355

代理业务部
高级经理：雷 钧
电 话：(0931) 8413347

青海业务部
副高级经理：白愈之（主持工作）
电 话：(0931) 8418386
(0971) 6139156

兴陇基金
副总经理：张 恒
电 话：(0931) 8830157

中国东方资产管理公司兰州办事处机构、负责人名录

中国东方资产管理公司兰州办事处

副总经理：南　兵（主持工作）
助理总经理：刘　柯　穆小龙
地　址：甘肃省兰州市天水南路525号
邮　编：730000

综合管理部

高级经理：南　兵（兼）
电　话：(0931) 8724092

资金财会部

高级经理：陈　华
电　话：(0931) 8859234

风险管理部

经　理：王秋珍
电　话：(0931) 8888463

资产经营一部

助理总经理：穆小龙（兼）
电　话：(0931) 8724091

银川业务部

高级经理：侯敬伟
电　话：(0951) 6039065

乌鲁木齐业务部

助理经理：冯延娟
电　话：(0991) 2305803

西宁业务部

经　理：孔志强
电　话：(0971) 8118526

中国信达资产管理股份有限公司甘肃省分公司机构、负责人名录

中国信达资产管理股份有限公司甘肃省分公司

总经理：汪雄亚
副总经理：杨　景
总经理助理：李冰江
地　址：甘肃省兰州市东岗西路555号甘肃金融国际大厦25–26层
邮　编：730030
电　话：(0931) 8869100
传　真：(0931) 8869100

综合管理处（党委办公室）

副处长：石柱新（主持工作）
电　话：(0931) 8869290

业务一处

副处长：王　健（主持工作）
电　话：(0931) 8866077

业务二处

副处长：张晓军（主持工作）
电　话：(0931) 8823309

业务三处

处　长：刘　巍
电　话：(0931) 8869730

业务四处

处　长：王立勇
电　话：(0931) 8866373

业务五处

副处长：王胜龙（主持工作）
电　话：(0931) 8618235

风险审核管理处

处　长：张剑眉
电　话：(0931) 8821382

计划财务处

副处长：罗建虹（主持工作）
电　话：(0931) 8868590

中国银联股份有限公司甘肃分公司机构、负责人名录

中国银联股份有限公司甘肃分公司

总经理：王可为
副总经理：苏晓军
地　址：甘肃省兰州市东岗西路638号兰州财富中心16层
邮　编：730000
电　话：(0931) 8833329

综合部

总经理：杜永强
电　话：(0931) 8835925

市场部

副总经理：朱　珠
电　话：(0931) 8837271

创新推广部

总经理：吴雪红
电　话：(0931) 8838446
助理总经理：马宇明
电　话：(0931) 8838672

业务技术部

总经理：田　庆
电　话：(0931) 8837893

光大兴陇信托有限责任公司机构、负责人名录

光大兴陇信托有限责任公司

董事长：吴少华
总　裁：闫桂军
监事长：陆代森
副董事长：梁春满
常务副总裁：陈凯慧
副总裁：李招军
纪委书记、董事会秘书：黄智洋
副总裁、首席经济学家兼发展研究与战略管理部总经理：刘向东
地　址：甘肃省兰州市东岗西路555号甘肃国际金融大厦8、9层
邮　编：730000
电　话：（0931）4650503

综合管理部
副总经理：刘卓飞（主持工作）

人力资源部
总经理：李春菊

信托业务中心
总经理：李春菊（兼）

党务部 / 纪检监察室
副总经理：刘余斌

风险管理部
总经理：晁明东

法律合规部（二级部）
总经理：杨　涛

计划财务部
总经理：李　敏

投后管理部（二级部）
总经理：陈虹百

证券信托部
经理：钟艳冰

财富管理中心
副总经理：章　猛

资本运营中心
副总经理：郝国庆（主持工作）

稽核审计部
副总经理：俞　静（主持工作）

公司总工会
副主席：解冰华
副主席：宋　妍

北京区域中心
总经理：魏志良

甘肃区域中心
营销总监：张满红（主持工作）
总经理：杨　文

上海区域中心
总经理：郝　威

深圳区域中心
总经理：李建玲

酒钢集团财务有限公司机构、负责人名录

酒钢集团财务有限公司

董事长：江　飚
总经理：王丽华
监事长：康厚新
副经理：温春来
地　址：甘肃省嘉峪关市雄关东路10号
邮　编：735100
电　话：（0937）6713218

综合管理部
部　长：董　巍
电　话：（0937）6717999

计划资金部
部　长：杨玉慧
电　话：（0937）6712262

结算业务部
部　长：高　欣
电　话：（0937）6717824

信贷业务部
部　长：常爱军
电　话：（0937）6712792

投资业务部
部　长：吴玉宝
电　话：（0937）6711895

风险稽核部
部　长：郭　明
电　话：（0937）6712239

信息技术部
部　长：吴　限
电　话：（0937）6714297

金川集团财务有限公司机构、负责人名录

金川集团财务有限公司

董事长：孙洪元
总经理：刘世超
风险总监：郭明君
副总经理：杜志环
地　址：甘肃省兰州市天水南路525号5楼
邮　编：730000
电　话：（0931）2122259

综合管理部
经　理：潘义平
电　话：（0931）2122259

财务会计部
经　理：沈秀华

电　话：(0931) 2122252

资金计划部

经　理：王若冰

电　话：(0931) 2122251

结算业务部

经　理：谢　安

电　话：(0931) 2122257

信贷业务部

经　理：王巧芸

电　话：(0931) 2122254

风险稽核部

经　理：刘文玉

电　话：(0931) 2122255

金川联络处

经　理：龚　莉

电　话：(0935) 8825978

信达金融租赁有限公司机构、负责人名录

信达金融租赁有限公司

董事长：朱金叶

总经理：余　伟

监事长：王建军

地　址：甘肃省兰州市东岗西路638号财富中心26层

邮　编：730030

电　话：(010) 64198109

办公室

部门负责人：赵拴林

电　话：(010) 64198109

业务一部

部门负责人：陈　路

电　话：(010) 64198162

业务二部

部门负责人：孙　婷

电　话：(010) 64198161

业务三部

部门负责人：巩　建

电　话：(0931) 8179872

业务四部

部门负责人：刘显萍

电　话：(010) 64198108

业务五部

部门负责人：张晓松

电　话：(010) 64198110

业务六部

部门负责人：姬广磊

电　话：(010) 64198163

业务七部

部门负责人：龙有清

电　话：(010) 64198136

业务八部

部门负责人：谢华江

电　话：(0931) 8179863

厂商及农机业务部

部门负责人：李　强

电　话：(010) 64198149

船舶业务部

部门负责人：张　砚

电　话：(010) 64198102

国际业务部

部门负责人：高　菲

电　话：(010) 64198167

金融市场部

部门负责人：王　辉

电　话：(010) 64198127

法律合规和资产管理部：

部门负责人：周宇辉

电　话：(010) 64198176

风险管理和项目评审部

部门负责人：余毅涛

电　话：(010) 64198185

计划财务部

部门负责人：刘　军

电　话：(010) 64198126

信息技术部

部门负责人：智明光

电　话：(010) 64198115

二、甘肃省金融系统分支机构负责人名录

（截至2015年12月31日）

中国人民银行甘肃省分支机构、负责人名录

机构名称	地址	负责人	邮编	电话
中国人民银行榆中县支行	榆中县文成路7号	陈荣国	730100	（0931）8800430
中国人民银行皋兰县支行	皋兰县兰泉路11号	涂建强	730200	（0931）8800441
中国人民银行永登县支行	永登县建军路7号	高信银	730300	（0931）8800456
中国人民银行红古支行	兰州市红古区海石湾镇8号	刘志强	730084	（0931）8800460
中国人民银行白银市中心支行	白银市白银区城信大道	白伟东	730900	（0943）8269010
中国人民银行白银市平川区支行	白银市平川区长征东路2号	张国柱	730913	（0943）8269188
中国人民银行靖远县支行	靖远县南大街	张玉珠	730600	（0943）8269158
中国人民银行会宁县支行	会宁县教场路85号	马可毅	730700	（0943）8269119
中国人民银行景泰县支行	景泰县一条山镇东街2号	胡成选	730400	（0943）8269135
中国人民银行天水市中心支行	天水市秦州区建设路22号	高怀璧	741000	（0938）8274088
中国人民银行甘谷县支行	甘谷县康庄东路	张军虎	741200	（0938）8274128
中国人民银行武山县支行	武山县公园路	石银祥	741300	（0938）3421475
中国人民银行清水县支行	清水县永清路59号	胡一栋	741400	（0938）8274208
中国人民银行张家川县支行	张家川县人民西路6号	郑梦碧	741500	（0938）8274228
中国人民银行秦安县支行	秦安县青年东路15号	王　勇	741600	（0938）8274188
中国人民银行嘉峪关市中心支行	嘉峪关市新华南路42号	毕宏伟	735100	（0937）6320001
中国人民银行金昌市中心支行	金昌市延安西路18号	柏宏繁	737100	（0935）8610506
中国人民银行永昌县支行	永昌县东大街17号	李振祖	737200	（0935）8610586
中国人民银行武威市中心支行	武威市凉州区北大街17号	周俊才	733000	（0935）2262180
中国人民银行古浪县支行	古浪县城昌灵路	贾　康	733100	（0935）2262135
中国人民银行天祝县支行	天祝县华藏寺镇祝贡北路2号	卓美才	733200	（0935）2262158
中国人民银行民勤县支行	民勤县三雷镇南环路80号	陆得祯	733300	（0935）2262115

续表

机构名称	地址	负责人	邮编	电话
中国人民银行张掖市中心支行	张掖市甘州区丹霞东路19号	石建平	734000	(0936) 8257201
中国人民银行山丹县支行	山丹县东大街53号	郭进才	734100	(0936) 8257340
中国人民银行临泽县支行	临泽县东关街711号	王有龙	734200	(0936) 8257301
中国人民银行高台县支行	高台县城关镇前进路2号	谢兴国	734300	(0936) 8257320
中国人民银行肃南县支行	肃南县红湾寺镇明花路11号	钟自红	734400	(0936) 8257380
中国人民银行民乐县支行	民乐县县府街47号	孙得才	734500	(0936) 8257360
中国人民银行平凉市中心支行	平凉市崆峒区石家巷1号	王永恒	744000	(0933) 8268061
中国人民银行泾川县支行	泾川县泾崇路12号	宋英民	744300	(0933) 8268011
中国人民银行灵台县支行	灵台县环城路20号	李　荣	744400	(0933) 8268022
中国人民银行崇信县支行	崇信县西南路9号	黄永会	744200	(0933) 8268031
中国人民银行华亭县支行	华亭县东大街500号	马文科	744100	(0933) 8268051
中国人民银行庄浪县支行	庄浪县水洛镇西关街1号	甘团粒	744600	(0933) 8268041
中国人民银行静宁县支行	静宁县北环路83号	白路民	743400	(0933) 8268001
中国人民银行庆阳市中心支行	庆阳市长庆大道55号	陈永明	745000	(0934) 8628666
中国人民银行庆城县支行	庆城县北大街5号	张录民	745100	(0934) 8628505
中国人民银行环县支行	环县城南新区振兴路东侧	刘　德	745700	(0934) 8628560
中国人民银行华池县支行	华池县中街26号	景文涛	745600	(0934) 8628555
中国人民银行合水县支行	合水县西华北街246号	董建虹	745400	(0934) 8628539
中国人民银行正宁县支行	正宁县县城长乐路7号	李永哲	745300	(0934) 8628520
中国人民银行宁县支行	宁县新宁镇人民路12号	郑亚宁	745200	(0934) 8628516
中国人民银行镇原县支行	镇原县文汇路14号	刘浩武	744500	(0934) 8628545
中国人民银行酒泉市中心支行	酒泉市肃州区富康路31号	曹　诚	735000	(0937) 2677001
中国人民银行金塔县支行	金塔县解放路26号	刘明敏	735300	(0937) 4418389
中国人民银行玉门市支行	玉门市新市区清泉路1号	盛庆军	735211	(0937) 3338966
中国人民银行瓜州县支行	瓜州县渊泉街144号	段新平	736100	(0937) 5522520
中国人民银行敦煌市支行	敦煌市沙州北路88号	赵宗荣	736200	(0937) 8829226
中国人民银行定西市中心支行	定西市安定区西环路	田　霏	743000	(0932) 8237801
人民银行陇西县支行	陇西县长安路中段	项建军	748100	(0932) 8237881

续表

机构名称	地址	负责人	邮编	电话
人民银行渭源县支行	渭源县清源镇下集139号	王维林	748200	(0932) 8237941
人民银行通渭县支行	通渭县平襄镇西街59-1号	张令奇	743300	(0932) 8237921
人民银行临洮县支行	临洮县洮阳镇北关文峰西路开发区	刘克俊	730500	(0932) 8237901
人民银行漳县支行	漳县武阳路48号	李凌云	748300	(0932) 8237961
人民银行岷县支行	岷县和平街114号	何漳生	748400	(0932) 8237981
中国人民银行陇南市中心支行	陇南市武都区盘旋南路	王亚林	746000	(0939) 8266001
中国人民银行文县支行	文县城关东坝	张汇文	746400	(0939) 8266099
中国人民银行成县支行	成县陇南北路6号	苏韶柏	742500	(0939) 8266068
中国人民银行康县支行	康县城关镇方家坝	吕正生	746500	(0939) 8266132
中国人民银行宕昌县支行	宕昌县小堡子新城区	陈志杰	748500	(0939) 8266076
中国人民银行西和县支行	西和县青年街83号	陈　立	742100	(0939) 8266080
中国人民银行礼县支行	礼县城关镇秦汉大道经二路	代文化	742200	(0939) 8266128
中国人民银行徽县支行	徽县金徽大道中段（唐庄）	赵东平	742300	(0939) 8266108
中国人民银行两当县支行	两当县新城区鱼池路口	赵四奎	742400	(0939) 8266118
中国人民银行临夏回族自治州中心	临夏市红园路101号	薛书明	731100	(0930) 6241008
中国人民银行永靖县支行	永靖县川中路11号	党志明	731600	(0930) 6241076
中国人民银行广河县支行	广河县东街26号	王廷俊	731300	(0930) 6241086
中国人民银行东乡县支行	东乡县锁南镇西大街14号	马庆廉	731400	(0930) 6241096
中国人民银行积石山县支行	积石山县吹麻滩镇大河路11号	马国良	731700	(0930) 6241102
中国人民银行康乐县支行	康乐县中街5号	丁温玉	731500	(0930) 6241108
中国人民银行甘南藏族自治州中心支行	合作市通钦街52号	郭常民	747000	(0941) 8250128
中国人民银行夏河县支行	夏河县人民西街65号	李鸿雄	747100	(0941) 8250110
中国人民银行临潭县支行	临潭县城关上郊口21号	梁建伟	747500	(0941) 8250080
中国人民银行卓尼县支行	卓尼县上城门街69号	李学仁	747600	(0941) 8250090
中国人民银行迭部县支行	迭部县兴迭东街176号	张卓林	747400	(0941) 8250060
中国人民银行舟曲县支行	舟曲县峰迭新区金融大厦	王连华	746300	(0941) 8250070

国家外汇管理局甘肃省分支机构、负责人名录

机构名称	地 址	负责人	邮 编	电 话
国家外汇管理局白银市中心支局	白银市白银区城信大道	白伟东（兼）	730900	（0943）8269010
国家外汇管理局天水市中心支局	天水市秦州区建设路22号	高怀璧（兼）	741000	（0938）8274088
国家外汇管理局嘉峪关市中心支局	嘉峪关市新华南路42号	毕宏伟（兼）	735100	（0937）6320001
国家外汇管理局金昌市中心支局	金昌市延安西路18号	柏宏繁（兼）	737100	（0935）8610506
国家外汇管理局武威市中心支局	武威市凉州区北大街17号	周俊才（兼）	733000	（0935）2262180
国家外汇管理局张掖市中心支局	张掖市甘州区丹霞东路19号	石建平（兼）	734000	（0936）8257201
国家外汇管理局平凉市中心支局	平凉市崆峒区石家巷1号	王永恒（兼）	744000	（0933）8268061
国家外汇管理局庆阳市中心支局	庆阳市西峰区长庆大道55号	陈永明（兼）	745000	（0934）8628666
国家外汇管理局酒泉市中心支局	酒泉市肃州区富康路31号	曹 诚（兼）	735000	（0937）2677001
国家外汇管理局定西市中心支局	定西市安定区西环路	田 霏（兼）	743000	（0932）8237801
国家外汇管理局陇南市中心支局	陇南市武都区盘旋南路	土亚林（兼）	746000	（0939）8266001
国家外汇管理局临夏回族自治州中心支局	临夏市红园路101号	薛书明（兼）	731100	（0930）6241008
国家外汇管理局甘南藏族自治州中心支局	合作市通钦街52号	郭常民（兼）	747000	（0941）8250128
国家外汇管理局敦煌市支局	敦煌市沙州北路88号	赵宗荣（兼）	736200	（0937）8829226

中国银行业监督管理委员会甘肃监管局分支机构、负责人名录

机构名称	地 址	负责人	邮 编	电 话
中国银行业监督管理委员会白银监管分局	白银市白银区长安路18号	王录应	730900	（0943）8290288
中国银行业监督管理委员会天水监管分局	天水市秦州区建设路42号	柳 华	741000	（0938）8298668
中国银行业监督管理委员会嘉峪关监管分局	嘉峪关市雄关西路76号	王玉琴	735100	（0937）6285188
中国银行业监督管理委员会金昌监管分局	金昌市金川区北京路83号	赖学龙	737100	（0935）8212296
中国银行业监督管理委员会武威监管分局	武威市凉州区雷海西路卫生大厦西	马学渊	733000	（0935）2212116
中国银行业监督管理委员会张掖监管分局	张掖市甘州区丹霞东路23号	巴年基	734000	（0936）8226460
中国银行业监督管理委员会平凉监管分局	平凉市崆峒区红旗街28号	李作永	744000	（0933）8212989

续表

机构名称	地址	负责人	邮编	电话
中国银行业监督管理委员会庆阳监管分局	庆阳市西峰区岐黄大道瑞信大厦	马 卓	745000	(0934) 8359966
中国银行业监督管理委员会酒泉监管分局	酒泉市肃州区莫高路21号	巩 固	735000	(0937) 2617559
中国银行业监督管理委员会定西监管分局	定西市安定区西环路	徐向宝	743000	(0932) 8216777
中国银行业监督管理委员会陇南监管分局	陇南市武都区下教场	张新胜	746000	(0939) 8255032
中国银行业监督管理委员会临夏监管分局	临夏市民主西路25号	肖燕群	731100	(0930) 6228132
中国银行业监督管理委员会甘南监管分局	合作市当周街131号	高卫东	747000	(0941) 5910136

中国农业发展银行甘肃省分行分支机构、负责人名录

机构名称	地址	负责人	邮编	电话
中国农业发展银行甘肃省分行营业部	兰州市城关区静宁路87号	杨晓明	730030	(0931) 8883353
中国农业发展银行兰州市城关区支行	兰州市城关区广场南路77号统办2号楼6楼	冯 全	730030	(0931) 8174926
中国农业发展银行兰州市七里河区支行	兰州市七里河区西津东路178号	曹云兰	730050	(0931) 2615806
中国农业发展银行兰州市西固区支行	兰州市西固区玉门街325号	张小海	730060	(0931) 7546698
中国农业发展银行兰州市红古区支行	兰州市红古区海石湾平安路490号	王崑山	730084	(0931) 6214016
中国农业发展银行皋兰县支行	皋兰县石洞镇中心路	赵培俊	730200	(0931) 5723795
中国农业发展银行榆中县支行	榆中县太白东路19号	岳 伟	730100	(0931) 5225342
中国农业发展银行永登县支行	永登县城关镇和平街4号	卢双波	730300	(0931) 6427033
中国农业发展银行白银市分行	白银市白银区兰州路35号	张 雄	730900	(0943) 8661518
中国农业发展银行白银市分行营业部	白银市白银区兰州路35号	杨文权	730900	(0943) 8661528
中国农业发展银行景泰县支行	景泰县条山镇黄河路83号	王玲香	730400	(0943) 5526306
中国农业发展银行会宁县支行	会宁县会师北路10号	刘 健	730700	(0943) 3222543
中国农业发展银行白银市平川支行	白银市平川区乐雅路永安综合大楼	李兴亮	730913	(0943) 6626271
中国农业发展银行天水市分行	天水市秦州区藉河南路13号	赵传勇	741000	(0938) 8621726
中国农业发展银行天水市分行营业部	天水市秦州区藉河南路13号	王文武	741000	(0938) 8623958
中国农业发展银行天水市麦积支行	天水市麦积开发区伯阳路18号	张靖宇	741020	(0938) 2737418
中国农业发展银行武山县支行	武山县富强路62号	万朝耀	741300	(0938) 3422401

续表

机构名称	地址	负责人	邮编	电话
中国农业发展银行秦安县支行	秦安县兴国镇兴国路11号	高保国	741600	(0938) 6529580
中国农业发展银行嘉峪关市分行	嘉峪关市新华南路1865-1号	张志宏	735100	(0937) 6232530
中国农业发展银行金昌市分行	金昌市金川区长春路27号	聂向阳	737100	(0935) 8233807
中国农业发展银行金昌市分行营业部	金昌市金川区长春路27号	韩　鹏	737100	(0935) 8312912
中国农业发展银行永昌县支行	永昌县东大街1号	王永俊	737200	(0935) 7524605
中国农业发展银行武威市分行	武威市凉州区东大街12号	于　禄	733000	(0935) 6985607
中国农业发展银行武威市凉州区支行	武威市凉州区东大街12号	韩臻昀	733000	(0935) 6985667
中国农业发展银行民勤县支行	民勤县东大街38号	高　勇	733300	(0935) 4124638
中国农业发展银行天祝藏族自治县支行	天祝县华藏镇天堂路12号	李存军	733200	(0935) 3123824
中国农业发展银行古浪县支行	古浪县建设路57号	刘万军	733100	(0935) 5123595
中国农业发展银行张掖市分行	张掖市甘州区民主西街283号	王得绪	734000	(0936) 8290558
中国农业发展银行张掖市甘州区支行	张掖市甘州区民主西街283号	亢如红	734000	(0936) 8213041
中国农业发展银行临泽县支行	临泽县沙河镇	吴春海	734200	(0936) 5522634
中国农业发展银行高台县支行	高台县城关镇西城河路5号	贾　明	734300	(0936) 6626275
中国农业发展银行山丹县支行	山丹县南大街	陈光明	734100	(0936) 2723774
中国农业发展银行民乐县支行	民乐县解放北路锦华商业街2号综合商住楼	张　俊	734500	(0936) 4423976
中国农业发展银行平凉市分行	平凉市崆峒区兴北路西侧（南端）	张俊明	744000	(0933) 8229511
中国农业发展银行平凉市崆峒支行	平凉市崆峒区兴北路西侧（南端）	冯　宁	744000	(0933) 8223751
中国农业发展银行泾川县支行	泾川县北新街59号	田永水	744300	(0933) 3323636
中国农业发展银行静宁县支行	静宁县北环路62号	古宝全	743400	(0933) 2533056
中国农业发展银行庆阳市分行	庆阳市西峰区西大街25号	慕逸仙	745000	(0934) 8210965
中国农业发展银行镇原县支行	镇原县南环路15号	吴生智	744500	(0934) 7122114
中国农业发展银行宁县支行	宁县新宁镇河西坡	王九鼎	745200	(0934) 6621545
中国农业发展银行庆阳市西峰区支行	庆阳市西峰区西大街25号	刘利民	745000	(0934) 8619019
中国农业发展银行庆城县支行	庆城县南大街25号	秦东麟	745100	(0934) 3221893
中国农业发展银行酒泉市分行	酒泉市肃州区东大街23号	马　鸿	735000	(0937) 2636337
中国农业发展银行酒泉市肃州区支行	酒泉市肃州区东大街23号	郑　伟	735000	(0937) 2630010
中国农业发展银行敦煌市支行	敦煌市沙州镇沙州北路401号	付　平	736200	(0937) 8820552

续表

机构名称	地址	负责人	邮编	电话
中国农业发展银行玉门市支行	玉门市新市区广场路12号	任肃明	735211	(0937) 3338861
中国农业发展银行瓜州县支行	瓜州县渊泉镇渊泉街135号	齐晓平	736100	(0937) 5523333
中国农业发展银行金塔县支行	金塔县金塔镇解放路356号	朱增山	735300	(0937) 4423539
中国农业发展银行定西市分行	定西市安定区永定西路26号	王自斌	743000	(0932) 8262928
中国农业发展银行定西市安定支行	定西市安定区永定西路1号	蔺建军	743000	(0932) 8212298
中国农业发展银行陇西县支行	陇西县巩昌镇东城路	张　弛	748100	(0932) 6624031
中国农业发展银行岷县支行	岷县岷阳镇和平街34号	郎卫健	748400	(0932) 7722473
中国农业发展银行通渭县支行	通渭县城北街31号	李陇平	743300	(0932) 5556442
中国农业发展银行陇南市分行	陇南市武都区城关镇建设东路	李　新	746000	(0939) 8216742
中国农业发展银行陇南市武都支行	陇南市武都区城关镇建设东路	陈　培	746000	(0939) 8260971
中国农业发展银行陇南市成县支行	成县陇南大道盘旋路	冯锐军	742500	(0939) 5925822
中国农业发展银行临夏回族自治州分行	临夏市自力路55号	王宁平	731100	(0930) 6222634
中国农业发展银行甘南藏族自治州分行	合作市当周街381号	杨建华	747000	(0941) 8232523

中国工商银行股份有限公司甘肃省分行分支机构、负责人名录

机构名称	地址	负责人	邮编	电话
中国工商银行股份有限公司甘肃省分行营业部	兰州市城关区静宁路358号	蒲五斤	730030	(0931) 8792188
中国工商银行股份有限公司兰州金城支行	兰州市城关区庆阳路410号	盛小林	730030	(0931) 8464558
中国工商银行股份有限公司兰州城关支行	兰州市城关区庆阳路163号	高玉涛	730030	(0931) 4657166
中国工商银行股份有限公司兰州东岗支行	兰州市城关区定西南路475号	王伯平	730030	(0931) 4800168
中国工商银行股份有限公司兰州七里河支行	兰州市七里区西津西路47号	强永辉	730050	(0931) 2336582
中国工商银行股份有限公司兰州西固支行	兰州市西固区合水路43号	惠　亮	730060	(0931) 7552860
中国工商银行股份有限公司兰州安宁支行	兰州市安宁区安宁西路399号	张泽鸿	730070	(0931) 7756063
中国工商银行股份有限公司兰州八一支行	兰州市城关区南昌路796号	朱晓明	730030	(0931) 8733199
中国工商银行股份有限公司兰州广场支行	兰州市城关区庆阳路77号	吴立新	730030	(0931) 8826800
中国工商银行股份有限公司兰州汇通支行	兰州市城关区静宁路61-65号	韩少波	730030	(0931) 8444170
中国工商银行股份有限公司兰州红古支行	兰州市红古区海石湾平安路976号	高　健	730080	(0931) 6211332

续表

机构名称	地址	负责人	邮编	电话
中国工商银行股份有限公司兰州永登支行	永登县和平街2号	刘　琦	730300	(0931) 6422229
中国工商银行股份有限公司兰州榆中支行	榆中县兴隆路192号	刘晓萍	730100	(0931) 5221719
中国工商银行股份有限公司兰州皋兰支行	皋兰县北辰路131号	马志翀	730200	(0931) 5728310
中国工商银行股份有限公司白银分行	白银市白银区人民路81号	李　哲	730900	(0943) 8222657
中国工商银行股份有限公司平川支行	白银市平川区大桥路18号	童俊峰	730913	(0943) 6633611
中国工商银行股份有限公司靖远支行	靖远县城关镇东大街	吴玉根	730600	(0943) 6121127
中国工商银行股份有限公司景泰支行	景泰县条山镇西街	卢守统	730400	(0943) 5523064
中国工商银行股份有限公司会宁支行	会宁县会师镇会师南路11号	李卫东	730700	(0943) 3228872
中国工商银行股份有限公司天水分行	天水市秦州区建设路185号	杨凤伟	741000	(0938) 8225899
中国工商银行股份有限公司天水麦积支行	天水市麦积区埠南路26号	陈效选	741020	(0938) 2736695
中国工商银行股份有限公司甘谷支行	甘谷县北大街25号	安明理	741200	(0938) 5622508
中国工商银行股份有限公司武山支行	武山县富强路68号	张兆晖	741300	(0938) 3422628
中国工商银行股份有限公司秦安支行	秦安县新华街70号	任少军	741600	(0938) 6526845
中国工商银行股份有限公司天水张家川支行	张家川县解放东路步行街	张希清	741500	(0938) 7812142
中国工商银行股份有限公司天水清水支行	清水县永清镇12号	崔保强	741400	(0938) 7152613
中国工商银行股份有限公司嘉峪关分行	嘉峪关市新华中路476号	杨振乾	735100	(0937) 6226062
中国工商银行股份有限公司金昌分行	金昌市新华路18号	王多令	737100	(0935) 8238972
中国工商银行股份有限公司河西堡支行	永昌县河西堡镇河雅路701号	张先贵	737000	(0935) 7321831
中国工商银行股份有限公司永昌支行	永昌县城关镇东大街1号	邢立明	737200	(0935) 7522312
中国工商银行股份有限公司武威分行	武威市凉州区西大街9号	师建华	733000	(0935) 2265988
中国工商银行股份有限公司民勤支行	民勤县南大街4号	赵欣荣	733300	(0935) 4121471
中国工商银行股份有限公司天祝支行	天祝县祝贡路34号	于国卫	733200	(0935) 3121523
中国工商银行股份有限公司古浪支行	古浪县广场路1号	周耀锋	733100	(0935) 5129810
中国工商银行股份有限公司武威分行武南支行	武威市武南镇	李秉红	733000	(0935) 2716936
中国工商银行股份有限公司张掖分行	张掖市甘州区县府街99号	许国军	734000	(0936) 8215862
中国工商银行股份有限公司山丹支行	山丹县南大街8号	付多军	734100	(0936) 2721064
中国工商银行股份有限公司民乐支行	民乐县城西街	岳新明	734500	(0936) 4421335
中国工商银行股份有限公司临泽支行	临泽县县府街276号	冯建国	734200	(0936) 5521030

续表

机构名称	地　址	负责人	邮编	电话
中国工商银行股份有限公司高台支行	高台县人民西路31号	袁小隽	734300	(0936) 6626957
中国工商银行股份有限公司张掖肃南支行	肃南县红湾寺镇明花路裕兴巷2号	殷　臣	734400	(0936) 6125338
中国工商银行股份有限公司平凉分行	平凉市崆峒区西大街75号	马　煜	744000	(0933) 8213075
中国工商银行股份有限公司华亭支行	华亭县东大街520号	于　宏	744100	(0933) 7721588
中国工商银行股份有限公司泾川支行	泾川县中山街15号	杜晓龙	744300	(0933) 3321532
中国工商银行股份有限公司静宁支行	静宁县中街131号	张刚栋	743400	(0933) 2521023
中国工商银行股份有限公司崇信支行	崇信县团结路8号	王俊海	744200	(0933) 6123606
中国工商银行股份有限公司庄浪支行	庄浪县水洛镇东关街7号	余效军	744600	(0933) 6621376
中国工商银行股份有限公司灵台支行	灵台县南大街灵都大厦1楼	王学军	744400	(0933) 3625011
中国工商银行股份有限公司庆阳分行	庆阳市西峰区西大街23号	王　虎	745000	18693414299
中国工商银行股份有限公司庆城支行	庆城县城西大街1号	黄睿通	745100	13830486106
中国工商银行股份有限公司镇原支行	镇原县城中街8号	李众海	744500	13830481380
中国工商银行股份有限公司宁县支行	宁县城辑宁路4号	戴亦博	745200	13993423156
中国工商银行股份有限公司正宁支行	正宁县城团结路8号	马涛年	745300	13830449789
中国工商银行股份有限公司环县支行	环县环城镇冀龙路中段	岳志坚	745700	18839406866
中国工商银行股份有限公司华池支行	华池县城中街39号	张仲斌	745600	13993498618
中国工商银行股份有限公司合水支行	合水县西华北街振海家园1号楼1–2楼	高世祯	745500	13830429858
中国工商银行股份有限公司酒泉分行	酒泉市肃州区解放路2号	汤志锋	735000	(0937) 2615585
中国工商银行股份有限公司玉门支行	玉门市新市区铁人路盛远公司综合办公大楼1–2楼	镡陇征	735211	(0937) 3922580
中国工商银行股份有限公司敦煌支行	敦煌市阳关中路991号	代文玉	736200	(0937) 8822820
中国工商银行股份有限公司瓜州支行	瓜州县渊泉镇榆林南路142号	施　忠	736100	(0937) 5510961
中国工商银行股份有限公司金塔支行	金塔县解放路384号	杨景朝	735300	(0937) 4421440
中国工商银行股份有限公司肃北支行	肃北县党城湾镇梦柯东路1号	许金铭	736300	(0937) 8121698
中国工商银行股份有限公司阿克塞支行	阿克塞县红柳湾镇团结路32号	龚建明	736400	(0937) 8321949
中国工商银行股份有限公司定西分行	定西市安定区解放路14号	刘彦辉	743000	(0932) 8217973
中国工商银行股份有限公司陇西支行	陇西县巩昌镇万寿街3号	张建军	748100	(0932) 6622733
中国工商银行股份有限公司临洮支行	临洮县洮阳镇东大街2号	梁　斌	730500	(0932) 2242106
中国工商银行股份有限公司岷县支行	岷县岷阳镇和平街75号	张一彬	748400	(0932) 7722287

续表

机构名称	地址	负责人	邮编	电话
中国工商银行股份有限公司渭源支行	渭源县清源镇新街36号	刘 伟	748200	(0932) 4136438
中国工商银行股份有限公司漳县支行	漳县武阳镇武阳路75号	刘伟耀	748300	(0932) 4863415
中国工商银行股份有限公司通渭支行	通渭县平襄镇西街11-34号	王 斌	743300	(0932) 5552829
中国工商银行股份有限公司陇南分行	陇南市武都区盘旋西路006号	石 云	746000	(0939) 8215788
中国工商银行股份有限公司成县支行	成县东新街20号	张建德	742500	(0939) 3221905
中国工商银行股份有限公司宕昌支行	宕昌县岷江大道06号	陈平兰	748500	(0939) 6125589
中国工商银行股份有限公司徽县支行	徽县城关镇南街	黄海波	742300	(0939) 7621167
中国工商银行股份有限公司康县支行	康县城关镇东街9号	朱晓铭	746500	(0939) 5123938
中国工商银行股份有限公司礼县支行	礼县城关镇西大街	何 伟	742200	(0939) 4488816
中国工商银行股份有限公司两当支行	两当县城关镇显龙北路	孙彰辉	742400	(0939) 7124009
中国工商银行股份有限公司文县支行	文县所城东街61号	任卫群	746400	(0939) 5522633
中国工商银行股份有限公司西和支行	西和县汉源镇中山南路3号	王恩会	742100	(0939) 6626339
中国工商银行股份有限公司临夏分行	临夏市团结路50号	孙 平	731100	(0930) 6214778
中国工商银行股份有限公司永靖支行	永靖县川东路125号	秦玉成	731600	(0930) 8832441
中国工商银行股份有限公司和政支行	和政县后泉什字龙泉馨苑2号楼1层	陈 东	731200	(0930) 5581116
中国工商银行股份有限公司广河支行	广河县河北新区广通大道国际花园1号楼1层	马东清	731300	(0930) 5626998
中国工商银行股份有限公司东乡支行	东乡县锁南镇东西大街中段	贾治国	731400	(0930) 7122265
中国工商银行股份有限公司康乐支行	康乐县新治街中街288号	黎向春	731500	(0930) 4466331
中国工商银行股份有限公司积石山支行	积石山县利民街南建筑公司第二工程处综合楼	杨 宽	731700	(0930) 7723282
中国工商银行股份有限公司临夏开发区支行	临夏县韩集镇上街路南1号	王 涛	731800	(0930) 3223568
中国工商银行股份有限公司甘南分行	合作市碌曲东路18号	郝 巍	747000	(0941) 8213315
中国工商银行股份有限公司迭部支行	迭部县兴迭东街8号	刘小华	747400	(0941) 5622265
中国工商银行股份有限公司玛曲支行	玛曲县团结东路72号	郭德志	747300	(0941) 6121012
中国工商银行股份有限公司夏河支行	夏河县人民东街117号	李永贵	747100	(0941) 7123821
中国工商银行股份有限公司舟曲支行	舟曲县城关北街8号	王礼慧	746300	(0941) 5122980
中国工商银行股份有限公司临潭支行	临潭县西大街	王沛林	747500	(0941) 3123616
中国工商银行股份有限公司卓尼支行	卓尼县柳林镇洮砚广场西口	赵学庆	747600	(0941) 3623669
中国工商银行股份有限公司碌曲支行	碌曲县商业步行街8号楼	杨永锋	747200	(0941) 6627188

续表

机构名称	地址	负责人	邮编	电话
中国工商银行股份有限公司甘肃矿区分行	甘肃矿区三区	贾忠宁	732850	(0937) 6337278
中国工商银行股份有限公司东风场区分行	兰州27支局18信箱106号	彭希鹏	732750	18909379976
中国工商银行股份有限公司东风场区河东里支行	酒泉市14支局128号	常秀娥	735018	13369376892
中国工商银行股份有限公司东风场区红旗支行	兰州27支局18信箱106号	崔建新	732750	13809377678
中国工商银行股份有限公司兰州新区支行	兰州新区纬一路彩虹城安置房A区	汤　涛	730314	(0931) 8256109

中国农业银行股份有限公司甘肃省分行分支机构、负责人名录

机构名称	地址	负责人	邮编	电话
中国农业银行股份有限公司甘肃省分行营业部	兰州市城关区酒泉路408号	苏小龙	730030	(0931) 4657529
中国农业银行股份有限公司兰州城关支行	兰州市城关区鼓楼巷75号	兰　耘	730030	(0931) 4662071
中国农业银行股份有限公司兰州七里河支行	兰州市七里河区西津东路490号	孙有成	730050	(0931) 2661158
中国农业银行股份有限公司兰州西固支行	兰州市西固区福利西路22号	施德元	730060	(0931) 7554965
中国农业银行股份有限公司兰州安宁支行	兰州市安宁区安宁西路558号	陈克彪	730070	(0931) 7667873
中国农业银行股份有限公司兰州红古支行	兰州市红古区海石路56号	王万峰	730084	(0931) 6213176
中国农业银行股份有限公司兰州高新技术开发区支行	兰州市城关区南昌路542号	孙生延	730000	(0931) 8606006
中国农业银行股份有限公司兰州金城支行	兰州市城关区东岗东路1028号	苏荣国	730030	(0931) 8692212
中国农业银行股份有限公司兰州金穗支行	兰州市城关区庆阳路251号	李　梅	730030	(0931) 8468890
中国农业银行股份有限公司兰州中央广场支行	兰州市城关区酒泉路368号	李镇山	730030	(0931) 8433292
中国农业银行股份有限公司榆中县支行	榆中县栖云北路2号	罗有栋	730100	(0931) 5221693
中国农业银行股份有限公司皋兰县支行	皋兰县石洞镇北辰路137号	马得金	730200	(0931) 5725011
中国农业银行股份有限公司永登县支行	永登县城关镇永窑路48号	王锦明	730300	(0931) 6423342
中国农业银行股份有限公司兰州新区支行	兰州新区中川镇中川商贸街108号-1	索亚夫	730000	(0931) 8258185
中国农业银行股份有限公司兰州金昌路支行	兰州市城关区南滨河东路517号	李荣福	730000	(0931) 4635020
中国农业银行股份有限公司白银分行	白银市白银区北京路173号	常春燕	730900	(0943) 8222035
中国农业银行股份有限公司白银西区支行	白银市白银区北京路508号	张昌冬	730900	(0943) 8240654
中国农业银行股份有限公司白银白银区支行	白银市白银区人民路98号	陶维旭	730900	(0943) 8222916
中国农业银行股份有限公司白银平川支行	白银市平川区长征东路86号	曾继荣	730913	(0943) 6622643

续表

机构名称	地址	负责人	邮编	电话
中国农业银行股份有限公司靖远县支行	靖远县乌兰镇解放街38号	冯学智	730600	(0943) 6122135
中国农业银行股份有限公司会宁县支行	会宁县会师镇北大街9号	李永向	730700	(0943) 3221220
中国农业银行股份有限公司景泰县支行	景泰县一条山镇西街3号	张登科	730400	(0943) 5523022
中国农业银行股份有限公司天水分行	天水市秦州区中心广场	杨晓明	741000	(0938) 8213561
中国农业银行股份有限公司天水秦州支行	天水市秦州区民主东路55号	李怀东	741000	(0938) 8298348
中国农业银行股份有限公司天水麦积支行	天水市麦积区兴陇路	冯彦明	741020	(0938) 2736744
中国农业银行股份有限公司甘谷县支行	甘谷县城关镇北大街29号	刘　星	741200	(0938) 5624047
中国农业银行股份有限公司武山县支行	武山县城关镇公园路16号	许立明	741300	(0938) 3421602
中国农业银行股份有限公司清水县支行	清水县永清镇永清路48号	傅永丰	741400	(0938) 7151624
中国农业银行股份有限公司张家川回族自治县支行	张家川县张川镇人民东路4号	毛毅明	741500	(0938) 7881174
中国农业银行股份有限公司秦安县支行	秦安县兴国路11号	成小录	741600	(0938) 6521440
中国农业银行股份有限公司嘉峪关分行	嘉峪关市新华中路616号	牛鸿泉	735100	(0937) 6226508
中国农业银行股份有限公司金昌分行	金昌市金川区公园路6号	车　华	737100	(0935) 8212757
中国农业银行股份有限公司金昌金川支行	金昌市金川区新华路72号	刘文学	737100	(0935) 8212058
中国农业银行股份有限公司金昌河西堡支行	永昌县河西堡镇永河路	张安政	737100	(0935) 7322421
中国农业银行股份有限公司永昌县支行	永昌县城关镇东大街	冯玉玺	737200	(0935) 7522738
中国农业银行股份有限公司武威分行	武威市凉州区东大街183号	魏高山	733000	(0935) 2212792
中国农业银行股份有限公司武威城区支行	武威市凉州区东大街183号	魏喜民	733000	(0935) 2290160
中国农业银行股份有限公司武威凉州支行	武威市凉州区东大街183号	李庆超	733000	(0935) 2215332
中国农业银行股份有限公司民勤县支行	民勤县城东大街5号	陈文山	733300	(0935) 4125035
中国农业银行股份有限公司古浪县支行	古浪县中心路33号	俞存平	733100	(0935) 5121182
中国农业银行股份有限公司天祝藏族自治县支行	天祝县华藏寺镇天堂路11号	张浩凯	733200	(0935) 3121166
中国农业银行股份有限公司张掖分行	张掖市甘州区东街大什字东南角	石　兵	734000	(0936) 8213218
中国农业银行股份有限公司张掖甘州支行	张掖市甘州区西大街富民小区西C楼	陈永贵	734000	(0936) 8211139
中国农业银行股份有限公司张掖西区支行	张掖市甘州区西大街71号	陈永贵	734000	(0936) 8211139
中国农业银行股份有限公司临泽县支行	临泽县沙河镇县府街396号	赵欣刚	734200	(0936) 5521092
中国农业银行股份有限公司山丹县支行	山丹县东大街31号	王之海	734100	(0936) 2721341
中国农业银行股份有限公司民乐县支行	民乐县西大街4号	杨胥志	734500	(0936) 4421310

续表

机构名称	地址	负责人	邮编	电话
中国农业银行股份有限公司高台县支行	高台县解放南路1号	邹　玉	734300	(0936) 6621063
中国农业银行股份有限公司肃南裕固族自治县支行	肃南县红湾寺镇马蹄路2号	张立斌	734400	(0936) 6121109
中国农业银行股份有限公司平凉分行	平凉市崆峒区中山街48号	史砾鑫	744000	(0933) 8212553
中国农业银行股份有限公司平凉崆峒支行	平凉市崆峒区东大街31号	贾治国	744000	(0933) 8213065
中国农业银行股份有限公司华亭县支行	华亭县东华镇东大街522号	张福生	744100	(0933) 7721382
中国农业银行股份有限公司泾川县支行	泾川县城安定街17号	张林果	744300	(0933) 3321261
中国农业银行股份有限公司灵台县支行	灵台县中台镇西大街2号	郭永生	744400	(0933) 3621345
中国农业银行股份有限公司静宁县支行	静宁县城关镇中街5号	李向明	743400	(0933) 2521492
中国农业银行股份有限公司庄浪县支行	庄浪县水洛镇北滨河路西段	柳道春	744699	(0933) 6621551
中国农业银行股份有限公司崇信县支行	崇信县环城西路4号	常永锋	744200	(0933) 6121376
中国农业银行股份有限公司庆阳分行	庆阳市西峰区解放西路10号	董东渊	745000	(0934) 8612942
中国农业银行股份有限公司庆阳西峰支行	庆阳市西峰区东大街9号	韩小龙	745000	(0934) 8212340
中国农业银行股份有限公司庆城县支行	庆城县安宁路8号	焦　兵	745100	(0934) 3222746
中国农业银行股份有限公司镇原县支行	镇原县潜夫街2号	杨平祎	744500	(0934) 7121247
中国农业银行股份有限公司宁县支行	宁县新宁镇人民路8号	杨　博	745200	(0934) 6622354
中国农业银行股份有限公司正宁县支行	正宁县城南街1号	关晓军	745300	(0934) 6121621
中国农业银行股份有限公司华池县支行	华池县中街25号	李廷红	745600	(0934) 5121305
中国农业银行股份有限公司合水县支行	合水县文化西路2号	韦好雄	745400	(0934) 5521026
中国农业银行股份有限公司环县支行	环县环州路136号	靳正甫	745700	(0934) 4421754
中国农业银行股份有限公司酒泉分行	酒泉市肃州区盘旋东路2号	李　峰	735000	(0937) 2664925
中国农业银行股份有限公司酒泉肃州支行	酒泉市肃州区盘旋东路2号	梁福国	735000	(0937) 2665290
中国农业银行股份有限公司玉门市支行	玉门市永宁路2号	张三虎	735200	(0937) 3376007
中国农业银行股份有限公司敦煌市支行	敦煌市阳关中路1129号	马雁骋	736200	(0937) 8822599
中国农业银行股份有限公司瓜州县支行	瓜州县榆林南路138号	俞振江	736100	(0937) 5522610
中国农业银行股份有限公司金塔县支行	金塔县金塔镇解放路389号	耿孝年	735300	(0937) 4421796
中国农业银行股份有限公司肃北蒙古族自治县支行	肃北县党城湾镇梦柯路34号	范淑萍	736300	(0937) 8122242
中国农业银行股份有限公司阿克塞哈萨克族自治县支行	阿克塞县红柳湾镇金山路西建设区1号	崔　劲	736400	(0937) 8322549
中国农业银行股份有限公司定西分行	定西市安定区解放路85号	负建华	743000	(0932) 8213908

续表

机构名称	地址	负责人	邮编	电话
中国农业银行股份有限公司定西安定支行	定西市安定区永定西路1号	张富军	743000	(0932) 8214229
中国农业银行股份有限公司通渭县支行	通渭县平襄镇文化广场北侧	王继宗	743300	(0932) 5552808
中国农业银行股份有限公司陇西县支行	陇西县巩昌镇景家桥1号	田爱林	748100	(0932) 6666268
中国农业银行股份有限公司漳县支行	漳县武阳镇武阳路60号	包晓东	748300	(0932) 4862307
中国农业银行股份有限公司岷县支行	岷县岷州西路	苏　海	748400	(0932) 7722482
中国农业银行股份有限公司渭源县支行	渭源县清源镇首阳路22号	于占海	748200	(0932) 4132383
中国农业银行股份有限公司临洮县支行	临洮县北大街1号	边天龙	730500	(0932) 2242439
中国农业银行股份有限公司陇南分行	陇南市武都区东江新区王石坝社区9号路	武占宏	746000	(0939) 8213072
中国农业银行股份有限公司陇南武都支行	陇南市武都区城关镇钟楼滩公园向北50米	王全兴	746000	(0939) 8213052
中国农业银行股份有限公司康县支行	康县城关镇南街15号	唐文会	746500	(0939) 5121527
中国农业银行股份有限公司成县支行	成县陇南大道盘旋路	王维科	742500	(0939) 3203151
中国农业银行股份有限公司文县支行	文县城关镇韩家坝小区	魏　凯	746400	(0939) 5522132
中国农业银行股份有限公司宕昌县支行	宕昌县城关镇岷江大道79号	张青松	748500	(0939) 6121325
中国农业银行股份有限公司西和县支行	西和县汉源镇南大街	王旭军	742100	(0939) 6621911
中国农业银行股份有限公司礼县支行	礼县城关镇东新南路2号	李　赟	742200	(0939) 4422541
中国农业银行股份有限公司徽县支行	徽县城关镇建新路21号	权建刚	742300	(0939) 7521676
中国农业银行股份有限公司两当县支行	两当县城关镇南街2号	韩会军	742400	(0939) 7121901
中国农业银行股份有限公司临夏分行	临夏市北大街1号	薛存元	731100	(0930) 6221435
中国农业银行股份有限公司临夏市支行	临夏市解放路45号	妥　建	731100	(0930) 6313560
中国农业银行股份有限公司临夏县支行	临夏县韩集镇双城村中街	冶成义	731800	(0930) 3222176
中国农业银行股份有限公司积石山保安族东乡族撒拉族自治县支行	积石山县吹麻滩镇临夏路南3号	马世林	731700	(0930) 7721511
中国农业银行股份有限公司永靖县支行	永靖县刘家峡镇古城新区县政府隔壁	张　忠	731600	(0930) 8832661
中国农业银行股份有限公司东乡族自治县支行	东乡县锁南镇巴洋路	马英虎	731400	(0930) 7121338
中国农业银行股份有限公司和政县支行	和政县城关镇横街6号	马忠明	731200	(0930) 5521682
中国农业银行股份有限公司广河县支行	广河县城关镇西街35号	马国良	731300	(0930) 5622155
中国农业银行股份有限公司康乐县支行	康乐县附城镇西街68号	白剑峰	731500	(0930) 4421274
中国农业银行股份有限公司甘南分行	合作市腾志街28号	史斌华	747000	(0941) 8258502
中国农业银行股份有限公司合作市支行	合作市腾志街28号	刘亚琳	747000	(0941) 8219379

续表

机构名称	地　址	负责人	邮　编	电　话
中国农业银行股份有限公司临潭县支行	临潭县城关镇西大街51号	牟岳麟	747500	(0941) 3123129
中国农业银行股份有限公司卓尼县支行	卓尼县柳林镇民主街48号	曹永利	747600	(0941) 3621766
中国农业银行股份有限公司舟曲县支行	舟曲县城关镇广坝27栋	王晓宏	746300	(0941) 5122197
中国农业银行股份有限公司迭部县支行	迭部县兴迭东街12号	王永昌	747400	(0941) 5622181
中国农业银行股份有限公司玛曲县支行	玛曲县支行格萨尔东路123号	杨克昌	747300	(0941) 6121307
中国农业银行股份有限公司夏河县支行	夏河县人民东街11号	乔文涌	747100	(0941) 7121118
中国农业银行股份有限公司碌曲县支行	碌曲县勒尔多西路	宋和平	747200	(0941) 6621089

中国银行股份有限公司甘肃省分行分支机构、负责人名录

机构名称	地　址	负责人	邮　编	电　话
中国银行股份有限公司甘肃省分行营业部	兰州市城关区天水南路525号	薛　燕	730000	(0931) 7825720
中国银行股份有限公司兰州市城关中心支行	兰州市城关区广场南路79号	陈　炜	730030	(0931) 7825899
中国银行股份有限公司兰州市广武门支行	兰州市城关区金昌北路75号(广武门手机市场1层)	陈　英	730030	(0931) 7825831
中国银行股份有限公司兰州市大教梁支行	兰州市城关区平凉路大教梁12号	崔　骁	730030	(0931) 7825821
中国银行股份有限公司兰州市中央广场支行	兰州市城关区张掖路81号	王　燕	730030	(0931) 7825850
中国银行股份有限公司兰州市静宁路支行	兰州市城关区庆阳路89号	侯春霞	730030	(0931) 7825843
中国银行股份有限公司兰州市南关什字支行	兰州市城关区甘南路716号	齐　虹	730030	(0931) 7825872
中国银行股份有限公司兰州市秦安路支行	兰州市城关区静宁路298号	卡玉玲	730030	(0931) 7825866
中国银行股份有限公司兰州市甘南中路支行	兰州市城关区甘南中路462号	梁麟明	730030	(0931) 7825867
中国银行股份有限公司兰州市平凉路支行	兰州市城关区平凉路665号	邹　敏	730030	(0931) 7825859
中国银行股份有限公司兰州市七里河中心支行	兰州市七里河区建工中街68-72号(建工大厦)	周玉文	730050	(0931) 7826100
中国银行股份有限公司兰州市西津东路支行	兰州市七里河区西津东路477号	郭兰杰	730050	(0931) 7826157
中国银行股份有限公司兰州市西关什字支行	兰州市城关区中山路166号（中山宾馆1层）	柳　静	730030	(0931) 7826167
中国银行股份有限公司兰州市西站支行	兰州市七里河区西津西路59号	张德帅	730050	(0931) 7826136
中国银行股份有限公司兰州市敦煌南路支行	兰州市七里河区敦煌路270号	周　一	730050	(0931) 7826146
中国银行股份有限公司兰州市敦煌路支行	兰州市七里河区敦煌路591号	张　虹	730050	(0931) 7826193
中国银行股份有限公司兰州市双城门支行	兰州市城关区庆阳路235号1层4号	何姊轩	730030	(0931) 7826186

续表

机构名称	地址	负责人	邮编	电话
中国银行股份有限公司兰州市永昌路支行	兰州市城关区永昌路290号	王润	730030	(0931) 7826196
中国银行股份有限公司兰州市会展中心支行	兰州市城关区滨河北路北侧陇能家园1号1-2层	满艺	730046	(0931) 7826176
中国银行股份有限公司兰州市西津西路支行	兰州市七里河区西津西路239号	乔德康	730050	(0931) 7826126
中国银行股份有限公司兰州市高新区中心支行	兰州市城关区张苏滩553号（兰州电信二枢纽办公楼1楼）	张雪芳	730030	(0931) 7873666
中国银行股份有限公司兰州市滨河支行	兰州市城关区天水北路1号（兰州市御景东方商务会所1-2楼）	董菁钰	730000	(0931) 7873612
中国银行股份有限公司兰州市莱茵小镇支行	兰州市城关区雁园路688号	郭凤霞	730020	(0931) 7873625
中国银行股份有限公司兰州市雁滩路支行	兰州市城关区雁滩路3614-2号	刘亚琴	730000	(0931) 7873633
中国银行股份有限公司兰州市南昌路支行	兰州市城关区南昌路479号	辛建琴	730000	(0931) 7873637
中国银行股份有限公司兰州市嘉峪关东路支行	兰州市城关区嘉峪关西路248号	徐昉	730000	(0931) 7873643
中国银行股份有限公司兰州市金雁支行	兰州市城关区雁滩路3918号	蒋昌莉	730000	(0931) 7873648
中国银行股份有限公司兰州市东湖支行	兰州市城关区南昌路89号	景晓鸽	730000	(0931) 7873654
中国银行股份有限公司兰州市新港城支行	兰州市城关区新港城604号	朱泽	730000	(0931) 7873662
中国银行股份有限公司兰州市黄河中心支行	兰州市城关区火车站西路海天新都3号楼	彭政文	730000	(0931) 7825966
中国银行股份有限公司兰州市铁路支行	兰州市城关区民主东路中铁科技大厦1楼	褚彦桃	730000	(0931) 7825922
中国银行股份有限公司兰州市金昌路支行	兰州市城关区民主西路97号	苏德勤	730000	(0931) 7825949
中国银行股份有限公司兰州市金城支行	兰州市城关区金昌南路213号	李刚	730030	(0931) 7825986
中国银行股份有限公司兰州市定西路支行	兰州市城关区定西路55号	李彦虎	730000	(0931) 7825915
中国银行股份有限公司兰州市金轮广场支行	兰州市城关区和政东路191号	王继荣	730000	(0931) 7825934
中国银行股份有限公司兰州市火车站支行	兰州市城关区天水路与和政路交汇处的阳光雅居1号楼	师飞	730000	(0931) 7825960
中国银行股份有限公司兰州市白银路支行	兰州市城关区白银路220号	周洋	730000	(0931) 7825979
中国银行股份有限公司兰州市八冶支行	兰州市城关区定西路八冶兰州基地北院高层住宅1楼	郗志军	730000	(0931) 7825980
中国银行股份有限公司兰州市西固中心支行	兰州市西固区合水路89号	司朝阳	730060	(0931) 7826266
中国银行股份有限公司兰州市明生广场支行	兰州市西固区公园路438号（西固区明生大厦1层）	王心怡	730060	(0931) 7826262
中国银行股份有限公司兰州市福利路支行	兰州市西固区福利路136号	张明富	730060	(0931) 7826255
中国银行股份有限公司兰州市蓝馨花苑支行	兰州市西固区十二街1号综合服务楼1-2号1层商铺	芦海山	730060	(0931) 7826279
中国银行股份有限公司兰州市福利西路支行	兰州市西固区福利西路735号	倪琼	730060	(0931) 7826249
中国银行股份有限公司兰州市幸福小区支行	兰州市西固区福利区九街区915号楼1楼	孙建军	730060	(0931) 7826272
中国银行股份有限公司兰州市红古支行	兰州市红古区花庄北路海城嘉园	高吉元	730084	(0931) 7826284

续表

机构名称	地址	负责人	邮编	电话
中国银行股份有限公司兰州市安宁中心支行	兰州市安宁区万新南路38号	钱 俊	730070	(0931) 7826399
中国银行股份有限公司兰州市科技城支行	兰州市安宁区安宁西路159号	张娅玲	730070	(0931) 7826328
中国银行股份有限公司兰州市安宁西路支行	兰州市安宁区安宁西路624号	张乐昌	730070	(0931) 7826323
中国银行股份有限公司兰州市安宁庭院支行	兰州市安宁区北滨河西路28号	仵伟伟	730030	(0931) 7826337
中国银行股份有限公司兰州市东岗西路支行	兰州市城关区东岗西路704号	白玉霞	730030	(0931) 7826400
中国银行股份有限公司兰州新区支行	兰州新区纬三路瑞玲翠苑小区第32幢2号商铺	马鹏飞	730314	(0931) 7826499
中国银行股份有限公司白银分行	白银市白银区红星街286号	王维良	730900	(0943) 5910000
中国银行股份有限公司白银市大什字支行	白银市白银区天鹭大厦1楼	关春阳	730900	(0943) 5910033
中国银行股份有限公司白银市西区广场支行	白银市白银区会师路69号西区国芳百货1楼	王冬仁	730900	(0943) 5910027
中国银行股份有限公司白银市公园路支行	白银市白银区公园路336号	张秀丽	730900	(0943) 5910030
中国银行股份有限公司白银市人民路支行	白银市白银区新华书店1楼	牛晨骐	730900	(0943) 5910028
中国银行股份有限公司天水分行	天水市秦州区建设路8号	王 军	741000	(0938) 4757500
中国银行股份有限公司天水市麦积支行	天水市麦积区埠南路45号	谢 起	741020	(0938) 4957615
中国银行股份有限公司天水市秦州支行	天水市秦州区成纪大道新华2号楼	艾泽华	741000	(0938) 4957583
中国银行股份有限公司天水市民主西路支行	天水市秦州区民主西路30号	杨作舟	741000	(0938) 4957593
中国银行股份有限公司天水市解放路支行	天水市秦州区解放路	孙 亮	741000	(0938) 4957600
中国银行股份有限公司天水市埠北支行	天水市麦积区埠北路	杨晓东	741020	(0938) 4957620
中国银行股份有限公司天水市羲皇支行	天水市麦积区羲皇大道	于长龙	741020	(0938) 4957630
中国银行股份有限公司嘉峪关分行	嘉峪关市新华中路42号	孟 杰	735100	(0937) 5979599
中国银行股份有限公司嘉峪关酒钢支行	嘉峪关市酒钢（集团）公司钢材交易大厅	刘梦妮	735100	(0937) 5979620
中国银行股份有限公司嘉峪关世纪园支行	嘉峪关市大众街26号楼3号	唐红岩	735100	(0937) 5979590
中国银行股份有限公司嘉峪关新华中路支行	嘉峪关市新华中路24-8号	郭嘉红	735100	(0937) 5979580
中国银行股份有限公司嘉峪关核城支行	嘉峪关市中核四〇四总公司生活基地碧波园底商碧A-1-5、碧A-1-6	孙 磊	735100	(0937) 5979560
中国银行股份有限公司嘉峪关雄关广场支行	嘉峪关市雄关广场绿景苑1楼6号	戴 斐	735100	(0937) 5979570
中国银行股份有限公司金昌分行	金昌市金川区新华路81号	王小军	737100	(0935) 5831301
中国银行股份有限公司金昌市金汇里支行	金昌市金川区新华西路6号	庞芳芳	737100	(0935) 5831391
中国银行股份有限公司金昌市金川支行	金昌市金川区金戈购物广场416号	王海武	737100	(0935) 5831401
中国银行股份有限公司金昌上海路支行	金昌市上海路恒昌国际住宅区沿街商铺17-20号	苏鹏程	737100	(0935) 5831411

续表

机构名称	地址	负责人	邮编	电话
中国银行股份有限公司金昌天水路支行	金昌市金川区公园路36-1号	王倩倩	737100	(0935) 5831421
中国银行股份有限公司武威分行	武威市凉州区西大街21号	马向东	733000	(0935) 5814700
中国银行股份有限公司武威市南街支行	武威市凉州区南大街63号	李　蔚	733000	(0935) 5814790
中国银行股份有限公司武威市盘旋路支行	武威市凉州区凤凰路44号	张　庆	733000	(0935) 5814780
中国银行股份有限公司武威市西关支行	武威市凉州区西关什字西南角公园路南1号	权雅玲	733000	(0935) 5814770
中国银行股份有限公司武威市云翔什字支行	武威市凉州区北关东路云翔什字芙蓉苑小区1号楼1层	蔡小平	733000	(0935) 5814810
中国银行股份有限公司武威市东关支行	武威市凉州区东大街48号	顾云霞	733000	(0935) 5814800
中国银行股份有限公司张掖分行	张掖市甘州区东街大什字西北角	董德威	734000	(0936) 5991500
中国银行股份有限公司张掖市明珠支行	张掖市甘州区南环路甘州明珠大厦	张晓云	734000	(0936) 5991535
中国银行股份有限公司张掖市新乐支行	张掖市甘州区西环路32号	张晓彬	734000	(0936) 5991541
中国银行股份有限公司张掖市西大街什字支行	张掖市甘州区西大街什字汇丰大厦1楼	梁永斌	734000	(0936) 5991545
中国银行股份有限公司张掖市城关支行	张掖市甘州区南街54号	汤咏梅	734000	(0936) 5991550
中国银行股份有限公司平凉分行	平凉市崆峒区西大街17号	赵振杰	744000	(0933) 5969066
中国银行股份有限公司平凉市西大街支行	平凉市崆峒区西大街银河大厦1楼	张　文	744000	(0933) 5969038
中国银行股份有限公司平凉市中山街支行	平凉市崆峒区果木市巷1号	赵俊杰	744000	(0933) 5969030
中国银行股份有限公司平凉市二天门支行	平凉市崆峒区西郊经济开发区天门花园6号楼13号	郭　雷	744000	(0933) 5969035
中国银行股份有限公司平凉市盘旋路支行	平凉市崆峒区明信时代商贸住宅1体楼1层	王晓钟	744000	(0933) 5969032
中国银行股份有限公司华亭支行	华亭县东大街532号	杨震荣	744100	(0933) 5969017
中国银行股份有限公司华亭县仪洲大道支行	华亭县仪洲大道鸿昊盛府商业裙楼西9-10号	沈瑞丰	744100	(0933) 5969022
中国银行股份有限公司庆阳分行	庆阳市西峰区西大街66号	魏谦斌	745000	(0934) 5918100
中国银行股份有限公司庆阳市东街支行	庆阳市西峰区九龙南路锦龙大厦106、107号	张乃心	745000	(0934) 5918132
中国银行股份有限公司庆阳市南街支行	庆阳市西峰区南大街416号	姚　佩	745000	(0934) 5918138
中国银行股份有限公司庆阳市北街支行	庆阳市西峰区北大街258号	付丽芳	745000	(0934) 5918157
中国银行股份有限公司庆阳市西街支行	庆阳市西峰区长庆南路73号	王　瑛	745000	(0934) 5918155
中国银行股份有限公司庆城支行	庆城县北关8号	张　寅	745100	(0934) 5918168
中国银行股份有限公司庆阳市开发区支行	庆阳市西峰区世纪大道庆阳市财政局办公楼附1楼	冯　云	745000	(0934) 5918160
中国银行股份有限公司酒泉分行	酒泉市肃州区东大街90号	魏晓春	735000	(0937) 5983001
中国银行股份有限公司酒泉市北街支行	酒泉市肃州区北大街39号	赵开治	735000	(0937) 5983047

续表

机构名称	地址	负责人	邮编	电话
中国银行股份有限公司酒泉市盘旋路支行	酒泉市肃州区解放路33号	杜彬	735000	(0937) 5983082
中国银行股份有限公司酒泉市西街支行	酒泉市肃州区西大街13–3号	范远达	735000	(0937) 5983052
中国银行股份有限公司酒泉雄关支行	酒泉市肃州区南大街61号	卢永昌	735000	(0937) 5983055
中国银行股份有限公司酒泉盘旋中路支行	酒泉市肃州区盘旋中路光明宾馆1楼	马保权	735000	(0937) 5983062
中国银行股份有限公司酒泉富康支行	酒泉市肃州区惠民路1号1–3号门点	韩秀娟	735000	(0937) 5983076
中国银行股份有限公司酒泉新城支行	酒泉市新城区玉门油田酒泉石油基地中心商贸区3号楼	胡桂琴	735000	(0937) 5983065
中国银行股份有限公司敦煌支行	敦煌市阳关中路13号	杨明	736200	(0937) 5983121
中国银行股份有限公司敦煌七里镇支行	敦煌市七里镇柴达木路47号楼	武惠萍	736202	(0937) 5983151
中国银行股份有限公司敦煌阳关东路支行	敦煌市阳关东路5号	翟小冬	736202	(0937) 5983155
中国银行股份有限公司敦煌大庆路支行	敦煌市七里镇大庆路建安市场a楼东1号	陈科臻	736202	(0937) 5983164
中国银行股份有限公司定西分行	定西市安定区永定东路60号	汝彦杰	743000	(0932) 5905601
中国银行股份有限公司定西市中华路支行	定西市安定区中华路129号	李海东	743000	(0932) 5905638
中国银行股份有限公司定西市公园路支行	定西市安定区公园路6号	杨婉霞	743000	(0932) 5905640
中国银行股份有限公司陇南分行	陇南市武都区盘旋西路163号	杨雅兰	746000	(0939) 5929198
中国银行股份有限公司陇南市武都支行	陇南市武都区东江新区泰和丽景小区2号楼1楼	赵明珍	746000	(0939) 5929208
中国银行股份有限公司陇南市西关支行	陇南市武都区人民路安居9号楼1楼	祁霞	746000	(0939) 8212805
中国银行股份有限公司成县支行	成县滨河西路中段国辉大厦1楼	任民	742500	(0939) 3228943
中国银行股份有限公司陇南市盘旋东路支行	陇南市武都区盘旋东路	牛莉	746000	(0939) 5929213
中国银行股份有限公司临夏分行	临夏市解放路57号	邓海文	731100	(0930) 5916166
中国银行股份有限公司临夏市红园新村支行	临夏市红园新村红园商厦1层临街商铺	荀荷芬	731100	(0930) 5916032
中国银行股份有限公司临夏市崇文路支行	临夏市崇文路小区B区1号楼1层新建商铺	张全华	731100	(0930) 5916026
中国银行股份有限公司临夏市广场支行	临夏市广场康霖大厦1楼	马淑玲	731100	(0930) 5916030
中国银行股份有限公司临夏市团结路支行	临夏市风林路68号	丁彤	731100	(0930) 5916027

中国建设银行股份有限公司甘肃省分行分支机构、负责人名录

机构名称	地址	负责人	邮编	电话
中国建设银行股份有限公司甘肃省分行营业部	兰州市城关区秦安路77号	王锡真	730030	(0931) 4891058

续表

机构名称	地址	负责人	邮编	电话
中国建设银行股份有限公司兰州广场支行	兰州市城关区金昌南路343号东方数码大厦	王永东	730030	(0931) 4966001
中国建设银行股份有限公司兰州电力支行	兰州市七里河区西津东路435号	邵宏伟	730050	(0931) 2651668
中国建设银行股份有限公司兰州公园路支行	兰州市西固区公园路129号	张　芳	730060	(0931) 7310643
中国建设银行股份有限公司兰州安宁支行	兰州市安宁区安宁西路504号	刘陇玉	730070	(0931) 7666801
中国建设银行股份有限公司兰州光明支行	兰州市七里河区西津东路667号	邵　宏	730050	(0931) 2651237
中国建设银行股份有限公司兰州七里河支行	兰州市七里河区滨河南路电力小区4号楼东侧1楼铺面	柴卓颖	730050	(0931) 2774680
中国建设银行股份有限公司兰州兰园支行	兰州市城关区武都路167号	郭亚玲	730030	(0931) 8462446
中国建设银行股份有限公司兰州黄河支行	兰州市安宁区北滨河西路67号	高武廷	730070	(0931) 7703729
中国建设银行股份有限公司兰州铁路支行	兰州市城关区皋兰路35-1号	张　鹏	730000	(0931) 8813344
中国建设银行股份有限公司兰州盘旋路支行	兰州市城关区甘南路9号	刘宏伟	730000	18993123956
中国建设银行股份有限公司兰州农民巷支行	兰州市城关区天水南路271号	李晓冬	730030	(0931) 8418112
中国建设银行股份有限公司兰州西站支行	兰州市七里河区西站西路56号	张玉生	730050	(0931) 2338205
中国建设银行股份有限公司兰州民主西路支行	兰州市城关区民主西路5号	杨文芬	730000	(0931) 4811728
中国建设银行股份有限公司兰州甘南路支行	兰州市城关区武都路403号	王　煜	730030	18993123911
中国建设银行股份有限公司兰州城关支行	兰州市城关区金昌北路59号	李晶伟	730030	(0931) 8820412
中国建设银行股份有限公司兰州住房城建支行	兰州市城关区庆阳路151号	高东方	730030	(0931) 8440003
中国建设银行股份有限公司兰州中山路支行	兰州市城关区庆阳路486号	杨瑞蓉	730030	(0931) 8487638
中国建设银行股份有限公司兰州草场街支行	兰州市城关区佛慈大街33号	黄　磊	730046	(0931) 8365026
中国建设银行股份有限公司兰州开发区支行	兰州市城关区东岗西路230号	刘秀春	730000	(0931) 8264155
中国建设银行股份有限公司兰州拱星墩支行	兰州市城关区东岗东路1425号	李阔亨	730200	(0931) 8674226
中国建设银行股份有限公司兰州庆阳路支行	兰州市城关区庆阳路296号	龚　玉	730030	(0931) 8438498
中国建设银行股份有限公司皋兰支行	皋兰县北辰路354号	王林世	730200	(0931) 5721499
中国建设银行股份有限公司榆中支行	榆中县栖云南路2号	张正雄	730100	(0931) 5221328
中国建设银行股份有限公司兰州西固支行	兰州市西固区合水路461号	张慕天	730060	(0931) 7585318
中国建设银行股份有限公司兰州石化支行	兰州市西固区庄浪路500号	王树杰	730060	(0931) 7559974
中国建设银行股份有限公司兰州民航支行	兰州市城关区嘉峪关西路141号	朱旭东	730087	(0931) 4866595
中国建设银行股份有限公司兰州红古支行	兰州市红古区海石湾平安路744号	杜德林	730084	(0931) 6212029
中国建设银行股份有限公司永登支行	永登县独立街94号	石　静	730300	(0931) 6423641

续表

机构名称	地址	负责人	邮编	电话
中国建设银行股份有限公司兰州河口支行	兰州市西固区河口新维路183号	杨涛	730094	(0931) 7523810
中国建设银行股份有限公司兰州福利路支行	兰州市西固区兰化福利区15街区150号楼	焦晓玲	730060	(0931) 7536832
中国建设银行股份有限公司兰州金城支行	兰州市城关区天水南路53号	李德怀	730030	(0931) 8846376
中国建设银行股份有限公司兰州西津西路支行	兰州市七里河区西津西路239号89幢1–3	刘凯	730050	(0931) 2773013
中国建设银行股份有限公司兰州新区支行	兰州新区纬三路瑞岭翠苑1号商业楼	杨祥林	730314	(0931) 7840426
中国建设银行股份有限公司白银分行	白银市白银区人民路69号	池永	730900	(0943) 8221069
中国建设银行股份有限公司白银纺织路支行	白银市白银区北京路322号西侧	梁育滋	730900	(0943) 8224304
中国建设银行股份有限公司白银友好路支行	白银市白银区友好路134号	李润珺	730900	(0943) 8225040
中国建设银行股份有限公司白银公园路支行	白银市白银区公园路793号	李永强	730900	(0943) 8221263
中国建设银行股份有限公司白银中心街支行	白银市白银区公园路685号	周建琴	730900	(0943) 8223747
中国建设银行股份有限公司白银大峡支行	白银市白银区人民路2号	蒲荣常	730900	(0943) 8222769
中国建设银行股份有限公司靖远电厂支行	白银市平川区电力路4号	马应绒	730912	(0943) 6780372
中国建设银行股份有限公司白银平川支行	白银市平川区长征东路42号	巩建民	730913	(0943) 6622629
中国建设银行股份有限公司靖远支行	靖远县东大街	张宏民	730600	(0943) 6121236
中国建设银行股份有限公司景泰支行	景泰县条山镇西街36号	司小明	730400	(0943) 5524437
中国建设银行股份有限公司会宁支行	会宁县会师镇东山根盘旋路	张胜利	730700	(0943) 3221817
中国建设银行股份有限公司天水分行	天水市秦州区金龙大厦	师习巍	741000	(0938) 8272835
中国建设银行股份有限公司天水麦积支行	天水市麦积区兴陇路桥南商厂建行大楼	蔡志东	741020	(0938) 2734359
中国建设银行股份有限公司武山支行	武山县城关镇	谢建明	741300	(0938) 3421742
中国建设银行股份有限公司甘谷支行	甘谷县北大街62号	王小海	741200	(0938) 5621913
中国建设银行股份有限公司秦安支行	秦安县兴国镇青年东路	赵建文	741600	(0938) 6522713
中国建设银行股份有限公司嘉峪关分行	嘉峪关市新华中路28号	张继刚	735100	(0937) 6224164
中国建设银行股份有限公司嘉峪关迎宾西路支行	嘉峪关市迎宾西路9号	王胜全	735100	(0937) 6327217
中国建设银行股份有限公司嘉峪关酒钢支行	嘉峪关市酒钢公司交易大厅	常锡斌	735100	(0937) 6288900
中国建设银行股份有限公司嘉峪关新华南路支行	嘉峪关市新华南路22号	高玮	735100	(0937) 6226026
中国建设银行股份有限公司嘉峪关新华北路支行	嘉峪关市新华北路9号	赵巍	735100	(0937) 6225849
中国建设银行股份有限公司嘉峪关铁路支行	嘉峪关市火车站	王沛	735100	(0937) 6315219
中国建设银行股份有限公司金昌分行	金昌市金川区天津路6号	崔德志	737100	(0935) 8212585

续表

机构名称	地址	负责人	邮编	电话
中国建设银行股份有限公司金昌金川路支行	金昌市金川区金川路95号	丁永善	737100	(0935) 8825956
中国建设银行股份有限公司金昌永昌西路支行	金昌市金川区永昌西路3号	李晓文	737100	(0935) 8220225
中国建设银行股份有限公司金昌新华东路支行	金昌市金川区新华东路58-5号	朱安吉	737100	(0935) 8369280
中国建设银行股份有限公司金昌河西堡支行	永昌县河西堡镇河雅路712号	拓兆荣	737202	(0935) 7321965
中国建设银行股份有限公司永昌支行	永昌县城关镇东街	何立军	737200	(0935) 7522535
中国建设银行股份有限公司武威分行	武威市凉州区南关西路1号	彭年军	733000	(0935) 6180164
中国建设银行股份有限公司武威武南支行	武威市武南镇二马路	叶虎林	733000	(0935) 2711401
中国建设银行股份有限公司武威西街支行	武威市凉州区西大街122号	张翔庆	733000	(0935) 2216417
中国建设银行股份有限公司民勤支行	民勤县东大街1号	姚佳宁	733300	(0935) 4132830
中国建设银行股份有限公司天祝支行	天祝县华藏寺镇华藏广场综合商务大厦C座1层	徐永鹏	733200	(0935) 3171168
中国建设银行股份有限公司张掖分行	张掖市甘州区县府街1号	张新起	734000	(0936) 8215792
中国建设银行股份有限公司山丹支行	山丹县东大街1号大什字东北角	滕林国	734100	(0936) 2721392
中国建设银行股份有限公司高台支行	高台县解放北路1号	王海民	734300	(0936) 6621958
中国建设银行股份有限公司民乐支行	民乐县西大街14号	毛新文	734500	(0936) 4421540
中国建设银行股份有限公司平凉分行	平凉市崆峒区西大街52号	刘　东	744000	(0933) 8213385
中国建设银行股份有限公司平凉西街支行	平凉市崆峒区西大街148号	张文举	744000	(0933) 8215399
中国建设银行股份有限公司平凉东街支行	平凉市崆峒区船舱街13号	李纪郎	744000	(0933) 8215231
中国建设银行股份有限公司华亭支行	华亭县东大街178号	杨浪蛟	744100	(0933) 7722880
中国建设银行股份有限公司静宁支行	静宁县西环路3号	牛　磊	743400	(0933) 2521290
中国建设银行股份有限公司泾川支行	泾川县中山街2号	贾维忠	744300	(0933) 3322611
中国建设银行股份有限公司庄浪支行	庄浪县西关街原供销商场1楼	郭建新	744600	(0933) 6611990
中国建设银行股份有限公司庆阳分行	庆阳市西峰区北大街27号	杨统林	745000	(0934) 8212836
中国建设银行股份有限公司镇原支行	镇原县城南环路32号	米小宁	744500	(0934) 7123082
中国建设银行股份有限公司宁县支行	宁县新宁路10号	万志奇	745200	(0934) 6622310
中国建设银行股份有限公司华池支行	华池县城中街16号	杜　鹃	745600	(0934) 5121194
中国建设银行股份有限公司长庆支行	庆城县育才路30号	吴万隆	745100	(0934) 3228625
中国建设银行股份有限公司环县支行	环县县城环洲路67号	李芳瑞	745700	(0934) 4429252
中国建设银行股份有限公司庆城支行	庆城县东大街2号	豆宏伟	745100	(0934) 3222926

续表

机构名称	地址	负责人	邮编	电话
中国建设银行股份有限公司西峰支行	庆阳市西峰区北大街10号	包华军	745000	(0934) 8216541
中国建设银行股份有限公司西峰安定路支行	庆阳西峰区安定东路88号	许述文	745000	(0934) 8362216
中国建设银行股份有限公司宁正煤田支行	正宁县周家乡西街	秦卫东	745306	(0934) 6231596
中国建设银行股份有限公司酒泉分行	酒泉市肃州区解放路5号	张　森	735000	(0937) 6986605
中国建设银行股份有限公司酒泉肃州支行	酒泉市肃州区仓门街35号	谢　晖	735000	(0937) 6981580
中国建设银行股份有限公司玉门支行	玉门市新市区广场路18号	刘维涛	735211	(0937) 3365996
中国建设银行股份有限公司敦煌支行	敦煌市阳关中路950号	何永斌	736200	(0937) 8822168
中国建设银行股份有限公司瓜州支行	瓜州县文化街143号	闫晓冬	736100	(0937) 5521181
中国建设银行股份有限公司金塔支行	金塔县中山街18号	茹金明	735300	(0937) 4422159
中国建设银行股份有限公司阿克塞支行	阿克塞县红柳湾镇金山路1号	吾孜格斯	736400	(0937) 8322512
中国建设银行股份有限公司定西分行	定西市安定区永定东路101号	赵　晶	743000	(0932) 8361189
中国建设银行股份有限公司陇西支行	陇西县巩昌镇北大街15号	周秉原	748100	(0932) 6622548
中国建设银行股份有限公司临洮支行	临洮县洮阳镇东大街19号	龚成强	730500	(0932) 2243127
中国建设银行股份有限公司陇南分行	陇南市武都区油橄榄基地	李云海	746000	(0939) 8263973
中国建设银行股份有限公司成县支行	成县同谷南路2号	刘　宁	742500	(0939) 3218370
中国建设银行股份有限公司徽县支行	徽县城关镇北关5号	杨三德	742300	(0939) 7521549
中国建设银行股份有限公司西和支行	西和县汉原镇青年街	鱼　泉	742100	(0939) 6621271
中国建设银行股份有限公司文县支行	文县城关东街	任文胜	746400	(0939) 5522256
中国建设银行股份有限公司临夏分行	临夏市团结路70号	陈晓军	731100	(0930) 6212923
中国建设银行股份有限公司永靖支行	永靖县刘家峡镇什子街60号	孔顺喜	731600	(0930) 8832251
中国建设银行股份有限公司永靖刘家峡支行	永靖县刘家峡镇川东路14号	刘光胜	731600	(0930) 8868143
中国建设银行股份有限公司临夏团结路支行	临夏市团结路50号	邓　伟	731100	(0930) 6215420
中国建设银行股份有限公司甘南分行	合作市人民街67号	张冠峰	747000	(0941) 8213599
中国建设银行股份有限公司甘肃矿区支行	嘉峪关市和诚西路66号	张继刚	735100	(0937) 6223008
中国建设银行股份有限公司嘉峪关核城支行	嘉峪关市和诚西路359号	罗宏亮	735100	(0937) 6783194

交通银行股份有限公司甘肃省分行分支机构、负责人名录

机构名称	地址	负责人	邮编	电话
交通银行股份有限公司甘肃省分行营业部	兰州市城关区庆阳路129号	胡国君	730030	(0931) 8105251
交通银行股份有限公司兰州雁滩支行	兰州市城关区雁滩路3880号	毕蕾	730030	(0931) 8511600
交通银行股份有限公司兰州第一支行	兰州市城关区东岗西路707号	李世宏	730030	(0931) 4812051
交通银行股份有限公司兰州七里河支行	兰州市七里河区西津西路492号	董娟	730050	(0931) 2665422
交通银行股份有限公司兰州第三支行	兰州市七里河区西津西路583号	汪志民	730050	(0931) 2652275
交通银行股份有限公司兰州解放门支行	兰州市城关区中山路219号	张俊选	730030	(0931) 8430214
交通银行股份有限公司兰州天水路支行	兰州市城关区天水南路469号	王利	730030	(0931) 8851312
交通银行股份有限公司兰州桥北支行	兰州市城关区佛慈大街16号	高雪峰	730046	(0931) 8381701
交通银行股份有限公司兰州城关支行	兰州市城关区皋兰路11号	何山红	730030	(0931) 8894293
交通银行股份有限公司兰州西固支行	兰州市西固区合水路201号	郭琳	730060	(0931) 7315566
交通银行股份有限公司兰州西站支行	兰州市七里河区武威北路2号	陈全	730050	(0931) 2346332
交通银行股份有限公司兰州第二支行	兰州市城关区民主西路223号	朱愈敏	730030	(0931) 8122337
交通银行股份有限公司兰州永昌路支行	兰州市城关区永昌路354号	曹劲	730030	(0931) 8482716
交通银行股份有限公司兰州民主东路支行	兰州市城关区平凉路359号	冯力	730030	(0931) 4634326
交通银行股份有限公司兰州东岗支行	兰州市城关区东岗西路8号	冯宽	730030	(0931) 8264887
交通银行股份有限公司兰州敦煌路支行	兰州市七里河区敦煌路196号	周军	730050	(0931) 2330389
交通银行股份有限公司兰州嘉峪关路支行	兰州市城关区嘉峪关西路354号	刘顺平	730030	(0931) 8658477
交通银行股份有限公司兰州城东支行	兰州市新区彩虹城B区裙楼商铺	王俊瑞	730030	(0931) 4640933
交通银行股份有限公司兰州庆阳路支行	兰州市城关区庆阳路252号	陈超	730030	(0931) 8826200
交通银行股份有限公司兰州天鹅湖支行	兰州市西固区福利西路兰化40号楼	王常斌	730050	(0931) 7587271
交通银行股份有限公司兰州安宁支行	兰州市安宁区安宁西路63号	李韬	730070	(0931) 7669127
交通银行股份有限公司兰州高新支行	兰州市城关区张苏滩458号	艾树林	730030	(0931) 8552030
交通银行股份有限公司兰州金昌路支行	兰州市城关区金昌南路215-217号	张晋豪	730030	(0931) 8875955
交通银行股份有限公司兰州定西南路支行	兰州市城关区红星巷125号	毛蔚文	730030	(0931) 8736129
交通银行股份有限公司兰州城中支行	兰州市城关区张掖路市国税局1楼	王艳君	730030	(0931) 8457896

续表

机构名称	地址	负责人	邮编	电话
交通银行股份有限公司兰州新区支行	兰州市新区彩虹城B区裙楼商铺	刘 璨	730030	(0931) 8252361
交通银行股份有限公司兰州和政路支行	兰州市城关区和政东街197号	刘 媛	730000	(0931) 4648462
交通银行股份有限公司兰州富强路支行	兰州市安宁区富强路银滩雅苑西侧临街商铺	刘 泉	730070	13919303867
交通银行股份有限公司兰州银安路支行	兰州市安宁区银安路与宝石花路十字东南角临街铺面	姜 楠	730070	13893139630
交通银行股份有限公司兰州雁北路支行	兰州市城关区雁北路中段鸿运润园南区临街铺面	许耀明	730030	13919028239
交通银行股份有限公司天水分行	天水市秦州区中华西路步行街19号	陈建云	741000	(0938) 8236130
交通银行股份有限公司天水麦积支行	天水市麦积区阜南路恒顺江山悦小区	王 锐	741020	(0938) 2858009
交通银行股份有限公司天水民主东路支行	天水市秦州区民主东路宏业大厦A座1层3–A2号	陆媛媛	741020	(0938) 6868088
交通银行股份有限公司天水藉河北路支行	天水市秦州区坚家河景园水岸都市A6–1–101号	董常青	741020	(0938) 6868066
交通银行股份有限公司天水成纪大道支行	天水市秦州区成纪大道嘉乐广场A座1层	孙大来	741020	(0938) 6868092
交通银行股份有限公司武威分行	武威市凉州区复兴路17号	刘均茂	733000	(0935) 2116181
交通银行股份有限公司平凉分行	平凉市崆峒区世纪花园B区裙楼6号	闫学福	744000	(0933) 8335050
交通银行股份有限公司平凉世博路支行	平凉市崆峒区二十里铺工业园区世博路1号	王 琦	744000	(0933) 8351683
交通银行股份有限公司平凉新民南路支行	平凉市崆峒区新民南路高平清真寺临街商铺	杨灵娟	744000	(0933) 8351686
交通银行股份有限公司平凉公园路支行	平凉市崆峒区公园路临街商铺9号	赵 洁	744000	(0933) 8351691
交通银行股份有限公司庆阳分行	庆阳市西峰区岐黄大道和安化路交汇处	张国俭	745000	(0934) 8230533
交通银行股份有限公司庆阳东大街支行	庆阳市西峰区东大街150号	李小光	745000	(0934) 8230178
交通银行股份有限公司庆阳北大街支行	庆阳市西峰区北大街47号	杜凌莉	745000	(0934) 8231171
交通银行股份有限公司庆阳长庆北路支行	庆阳市西峰区长庆北路65号	赵 强	745000	(0934) 8231157
交通银行股份有限公司酒泉分行	酒泉市肃州区肃州路28号	徐旭东	735000	(0937) 2816005
交通银行股份有限公司酒泉鼓楼支行	酒泉市肃州区东大街1号东方广场临街商铺	魏东兴	735000	(0937) 2816881
交通银行股份有限公司酒泉南大街支行	酒泉市肃州区解放路29号	王 戬	735000	(0937) 2650956
交通银行股份有限公司酒泉东环南路支行	酒泉市肃州区祁连路2号	张志银	735000	(0937) 2650631

中国邮政储蓄银行股份有限公司甘肃省分行分支机构、负责人名录

机构名称	地址	负责人	邮编	电话
中国邮政储蓄银行股份有限公司兰州市分行	兰州市城关区民主东路201号	赵侃	730030	(0931)4525336
中国邮政储蓄银行股份有限公司兰州市红古区支行	兰州市红古区海石湾平安路8号(金海湾商贸大厦1楼)	王汝伟	730084	(0931)6221348
中国邮政储蓄银行股份有限公司永登县支行	永登县城关镇团结街(人民银行永登县支行办公大楼)	符鹏飞	730300	(0931)6422452
中国邮政储蓄银行股份有限公司皋兰县支行	皋兰县兰泉路27号	陈楠	730200	(0931)5723924
中国邮政储蓄银行股份有限公司榆中县支行	榆中县栖云北路271号	张琪	730113	(0931)5235558
中国邮政储蓄银行股份有限公司白银市分行	白银市白银区体育街76号	贺一峰	730900	(0934)8301969
中国邮政储蓄银行股份有限公司白银市平川区支行	白银市平川区长征东路	王学军	730913	(0943)6622018
中国邮政储蓄银行股份有限公司靖远县支行	靖远县西大街22号	张雅姝	730600	(0943)6126130
中国邮政储蓄银行股份有限公司会宁县支行	会宁县会师镇会师南路	王丽民	730700	(0943)3224870
中国邮政储蓄银行股份有限公司景泰县支行	景泰县一条山镇东街1号	闻晓翔	730400	(0943)5523230
中国邮政储蓄银行股份有限公司天水市分行	天水市秦州区民主东路1号	黄永山	741000	(0938)8218999
中国邮政储蓄银行股份有限公司天水市麦积区支行	天水市麦积区埠南路中段	董浩	741020	(0938)2729030
中国邮政储蓄银行股份有限公司清水县支行	清水县永清镇永清路52号	李祥	741499	(0938)7151809
中国邮政储蓄银行股份有限公司秦安县支行	秦安县东后街	康凯	741600	(0938)6523928
中国邮政储蓄银行股份有限公司甘谷县支行	甘谷县新城街	霍照娣	741200	(0938)5636979
中国邮政储蓄银行股份有限公司武山县支行	武山县城关镇南干路10号	王安东	741300	(0938)3421595
中国邮政储蓄银行股份有限公司张家川回族自治县支行	张家川县解放西路8号	秦红荣	741500	(0938)7881333
中国邮政储蓄银行股份有限公司嘉峪关市分行	嘉峪关市迎宾西路198号	方磊	735100	(0937)6330916
中国邮政储蓄银行股份有限公司金昌市分行	金昌市金川西路6号	于伯哉	737103	(0935)8815916
中国邮政储蓄银行股份有限公司永昌县支行	永昌县城关镇南大街36号	李卓	737200	(0935)7531306
中国邮政储蓄银行股份有限公司武威市分行	武威市凉州区文昌路2号	张立岗	733099	(0935)6130001
中国邮政储蓄银行股份有限公司民勤县支行	民勤县西大街1号	盛斌	733399	(0935)4135958
中国邮政储蓄银行股份有限公司古浪县支行	古浪县昌灵路1号	杨林媛	733199	(0935)5122363
中国邮政储蓄银行股份有限公司天祝藏族自治县支行	天祝县祝贡路32号	马银花	733299	(0935)3121138
中国邮政储蓄银行股份有限公司张掖市分行	张掖市甘州区县府街85号	任明宽	734000	(0936)6910888

续表

机构名称	地址	负责人	邮编	电话
中国邮政储蓄银行股份有限公司民乐县支行	民乐县解放北路16号	唐　贵	734500	(0936) 4458996
中国邮政储蓄银行股份有限公司临泽县支行	临泽县沙河镇八一路什字	王宗政	734200	(0936) 6912126
中国邮政储蓄银行股份有限公司高台县支行	高台县城关镇南城河街245号	王　剑	734300	(0936) 6677108
中国邮政储蓄银行股份有限公司山丹县支行	山丹县东大街31号	黄秀琴	734100	(0936) 5920188
中国邮政储蓄银行股份有限公司平凉市分行	平凉市崆峒区崆峒中路252号	张　晖	744000	(0933) 8615680
中国邮政储蓄银行股份有限公司泾川县支行	泾川县新建街1号	李　鸣	744300	(0933) 3328879
中国邮政储蓄银行股份有限公司灵台县支行	灵台县县城东大街20号	樊淑娟	744400	(0933) 3602768
中国邮政储蓄银行股份有限公司崇信县支行	崇信县环城西路2号	张　燕	744200	(0933) 6124699
中国邮政储蓄银行股份有限公司华亭县支行	华亭县东华镇仪洲大道洪昊盛府2-(7-10) 号	范　婧	744100	(0933) 7725666
中国邮政储蓄银行股份有限公司庄浪县支行	庄浪县水洛镇中心街33号	朱爱平	744600	(0933) 6626596
中国邮政储蓄银行股份有限公司静宁县支行	静宁县县委巷中段阿阳路小区商住高层楼	王宏学	743400	(0933) 2521124
中国邮政储蓄银行股份有限公司庆阳市分行	庆阳市西峰区和谐广场西侧创信大厦	李永海	745000	(0934) 8622886
中国邮政储蓄银行股份有限公司庆城县支行	庆城县人民路116号	贺立琴	745100	(0934) 3222981
中国邮政储蓄银行股份有限公司环县支行	环县中街中段（原电力公司楼下）	韩占东	745700	(0934) 4467789
中国邮政储蓄银行股份有限公司华池县支行	华池县城老城街2号	彭军军	745600	(0934) 5131222
中国邮政储蓄银行股份有限公司合水县支行	合水县西华南街	刘亚峰	745400	(0934) 5596939
中国邮政储蓄银行股份有限公司正宁县支行	正宁县东街（新世纪商城东1楼）	李晋川	745300	(0934) 6123000
中国邮政储蓄银行股份有限公司宁县支行	宁县步行街B栋1号	刘向文	745200	(0934) 6622655
中国邮政储蓄银行股份有限公司镇原县支行	镇原县城中街3号	刘　煜	744500	(0934) 7126169
中国邮政储蓄银行股份有限公司酒泉市分行	酒泉市肃州区东文化街21号	阮卫东	735000	(0937) 2655396
中国邮政储蓄银行股份有限公司金塔县支行	金塔县解放路231号	陈天创	735300	(0937) 4428758
中国邮政储蓄银行股份有限公司瓜州县支行	酒泉市瓜州县渊泉街150号	郑建明	736100	(0937) 5598108
中国邮政储蓄银行股份有限公司玉门市支行	玉门市新市区祁连路4号	黄勇彬	735200	(0937) 3363610
中国邮政储蓄银行股份有限公司敦煌市支行	敦煌市阳关中路1号	郭　震	736200	(0937) 8825866
中国邮政储蓄银行股份有限公司定西市分行	定西市安定区民主路6号	张　杰	743000	(0932) 8282839
中国邮政储蓄银行股份有限公司通渭县支行	通渭县平襄镇北街31号	曹晓东	743300	(0932) 5556265
中国邮政储蓄银行股份有限公司陇西县支行	陇西县巩昌镇南大街54号	祁　军	748100	(0932) 6610612
中国邮政储蓄银行股份有限公司渭源县支行	渭源县清源镇新街路民政局综合楼1楼	刘和平	748200	(0932) 4136899

续表

机构名称	地　址	负责人	邮编	电话
中国邮政储蓄银行股份有限公司临洮县支行	临洮县洮阳镇灰盐市1号	王亚颖	730500	（0932）5931800
中国邮政储蓄银行股份有限公司漳县支行	漳县商贸街46号	李富鹏	748300	（0932）6942586
中国邮政储蓄银行股份有限公司岷县支行	岷县岷阳镇新民街56号	石　岩	748400	（0932）7728566
中国邮政储蓄银行股份有限公司陇南市分行	陇南市武都区下北山路运管大厦	胡克举	746000	（0939）8263198
中国邮政储蓄银行股份有限公司成县支行	成县城关西大街8号	杨国平	742506	（0939）3221926
中国邮政储蓄银行股份有限公司文县支行	文县城关镇江南街3号	张佩元	746400	（0939）5526799
中国邮政储蓄银行股份有限公司宕昌县支行	宕昌县城关镇长征路中医院什字以东50米	邓　莉	748500	（0939）6116498
中国邮政储蓄银行股份有限公司西和县支行	西和县汉源镇新光大道	李　涵	742100	（0939）6690756
中国邮政储蓄银行股份有限公司礼县支行	礼县环城南路	蔺红喜	742200	（0939）4421002
中国邮政储蓄银行股份有限公司徽县支行	徽县建新路农资大厦北侧1楼	张小勇	742300	（0939）7525929
中国邮政储蓄银行股份有限公司临夏回族自治州分行	临夏州临夏市民主东路8号	万成全	731100	（0930）6217718
中国邮政储蓄银行股份有限公司临夏县支行	临夏县韩集上街6号	张登华	731800	（0930）3222921
中国邮政储蓄银行股份有限公司康乐县支行	康乐县康乐路城中苑小区2号楼	张秀霞	731500	（0930）4422987
中国邮政储蓄银行股份有限公司永靖县支行	永靖县太极镇太极中路欣瑞综合办公楼	田海龙	731600	（0930）8892868
中国邮政储蓄银行股份有限公司广河县支行	广河县广通大道龙丰润苑	马少珍	731300	（0930）6919588
中国邮政储蓄银行股份有限公司和政县支行	和政县泉城花园1号楼	田学芳	731200	（0930）5525983
中国邮政储蓄银行股份有限公司东乡县支行	东乡县纳让路	马贤英	731400	（0930）7124000
中国邮政储蓄银行股份有限公司积石山县支行	积石山县临夏路106号	何生琦	731700	（0930）7724331
中国邮政储蓄银行股份有限公司甘南藏族自治州分行	合作市当周南街547号	李忠征	747000	（0941）8218669
中国邮政储蓄银行股份有限公司舟曲县支行	舟曲县峰迭新区金融大厦	欧阳凌雲	746300	（0941）5122812

招商银行股份有限公司兰州分行分支机构、负责人名录

机构名称	地　址	负责人	邮编	电话
招商银行股份有限公司兰州分行营业部	兰州市城关区庆阳路9号	郑　钊	730030	（0931）8729653
招商银行股份有限公司兰州东口支行	兰州市城关区东岗西路698号	孙伟华	730030	（0931）8867907
招商银行股份有限公司兰州安宁支行	兰州市安宁区安宁西路498号	高峰伦	730070	（0931）7669715

续表

机构名称	地址	负责人	邮编	电话
招商银行股份有限公司兰州东岗支行	兰州市城关区皋兰路44号宏宇大厦1-2层	董文庆	730000	(0931) 8824667
招商银行股份有限公司兰州城南支行	兰州市城关区平凉路282号	杨春红	730000	(0931) 8801716
招商银行股份有限公司兰州七里河支行	兰州市七里河区西湖街道建工西街3号金雨大厦1楼	李庆捷	730050	(0931) 2330836
招商银行股份有限公司兰州小西湖支行	兰州市七里河区西津东路264号	张卫华	730050	(0931) 2613013
招商银行股份有限公司兰州西固支行	兰州市西固区中街4号	柴文瑜	730060	(0931) 7366508
招商银行股份有限公司兰州中山路支行	兰州市城关区中山路24号	杨 军	730030	(0931) 8452226
招商银行股份有限公司兰州天鹅湖支行	兰州市西固区福利西路169号技术中心大厦1-2层	马 民	730060	(0931) 7551092
招商银行股份有限公司兰州城关支行	兰州市城关区庆阳路243号	林 东	730030	(0931) 8456512
招商银行股份有限公司兰州中央广场支行	兰州市城关区中央广场1号	陈 瑛	730030	(0931) 8429550
招商银行股份有限公司兰州天水路支行	兰州市城关区天水南路160号	武晓军	730000	(0931) 8610320
招商银行股份有限公司兰州城东支行	兰州城关区东岗东路2696号	彭晓鸣	730000	(0931) 4670511
招商银行股份有限公司兰州新港城支行	兰州市城关区新港城第1幢1单元0003号1层商铺	李蓉君	730000	(0931) 4615712
招商银行股份有限公司兰州渭源路支行	兰州市城关区南昌路566号	李 蕊	730000	(0931) 8264680
招商银行股份有限公司兰州西站支行	兰州市七里河区敦煌路208-212号	董 岩	730050	(0931) 2332426
招商银行股份有限公司兰州广武门支行	兰州市城关区金昌南路盛世凯旋官1-8号	杜彤林	730000	(0931) 2909107
招商银行股份有限公司兰州兰新市场支行	兰州市城关区东岗东路1681号（瑞德大道8号）	高学信	730000	(0931) 2909102
招商银行股份有限公司兰州北滨河路支行	兰州市城关区北滨河东路96号临街1-2层	许 敏	730000	(0931) 2909089
招商银行股份有限公司兰州火车站西路支行	兰州市城关区火车站西路海天新都5-6号楼临街1层	李 玫	730000	(0931) 8610527
招商银行股份有限公司兰州新区支行	兰州市新区服务中心3号楼临街1-2层	阎晓伟	730000	(0931) 8257899
招商银行股份有限公司兰州高新技术开发区支行	兰州市城关区雁滩乡601-1	张健鹏	730000	(0931) 2140350

上海浦东发展银行股份有限公司兰州分行分支机构、负责人名录

机构名称	地址	负责人	邮编	电话
上海浦东发展银行股份有限公司兰州分行营业部	兰州市城关区广场南路101号	李百照	730030	(0931) 8948966
上海浦东发展银行股份有限公司兰州城关支行	兰州市酒泉路215号	雷晓伟	730000	(0931) 8948868
上海浦东发展银行股份有限公司兰州东岗支行	兰州市东岗东路瑞德大道8号	南宇峰	730030	(0931) 8948895
上海浦东发展银行股份有限公司兰州西固支行	兰州市西固北街5号	贾 琦	730060	(0931) 8948812

续表

机构名称	地址	负责人	邮编	电话
上海浦东发展银行股份有限公司兰州雁滩支行	兰州市城关区雁滩北路1754号	卢宇红	730030	(0931) 8948886
上海浦东发展银行股份有限公司兰州安宁支行	兰州市安宁区安宁西路381号	唐啸	730070	(0931) 8948885
上海浦东发展银行股份有限公司兰州七里河支行	兰州市七里河区西津东路575号	余多献	730050	(0931) 8948998
上海浦东发展银行股份有限公司兰州滨河支行	兰州市城关区北滨河东路88号	魏芸	730030	(0931) 8948806
上海浦东发展银行股份有限公司兰州新区支行	兰州新区纬三路瑞玲翠园小区18号楼103、203室	孟祥龙	730000	(0931) 8948997
上海浦东发展银行股份有限公司兰州中山支行	兰州市城关区中山路58号	张珑	730030	(0931) 8948730
上海浦东发展银行股份有限公司兰州金城支行	兰州市城关区白银路123号	曹奂春	730030	(0931) 8948827
上海浦东发展银行股份有限公司兰州美林支行	兰州市七里河区任家庄112号	王中明	730030	(0931) 8948898
上海浦东发展银行股份有限公司兰州雁南支行	兰州市城关区雁南路1296号	牛向辉	730030	(0931) 8948832
上海浦东发展银行股份有限公司兰州仁恒支行	兰州市城关区和政东路189号（仁恒国际领寓6-7号）	聂恺	730030	(0931) 8948766
上海浦东发展银行股份有限公司兰州天水路支行	兰州市城关区天水北路68号（万达广场金街商铺25-14、25-15）	张炜	730030	(0931) 8948239
上海浦东发展银行股份有限公司酒泉分行	酒泉市肃州区广场东路11号	冯永革	735000	(0937) 2806099

中信银行股份有限公司兰州分行分支机构、负责人名录

机构名称	地址	负责人	邮编	电话
中信银行股份有限公司兰州分行营业部	兰州市城关区东岗西路638号	刘妍	730000	(0931) 8890663
中信银行股份有限公司兰州酒泉路支行	兰州市城关区酒泉路205号	于永艳	730030	(0931) 2123280
中信银行股份有限公司兰州东岗支行	兰州市城关区东岗东路1989号	孙斌	730020	(0931) 4872511
中信银行股份有限公司兰州金昌路支行	兰州市城关区金昌北路25号	刘玮	730030	(0931) 8733873
中信银行股份有限公司兰州七里河支行	兰州市七里河区西津东路575号	徐世林	730050	(0931) 2305802
中信银行股份有限公司兰州高新区支行	兰州市城关区雁南路299号	杨丽红	730010	(0931) 8707811
中信银行股份有限公司兰州铁路支行	兰州市城关区民主西路3号	赵瑞丽	730040	(0931) 4645065
中信银行股份有限公司兰州定西路支行	兰州市城关区红星巷99号1层	彭怡珺	730099	(0931) 8731506
中信银行股份有限公司兰州火车站支行	兰州市城关区和政东街189号	冷冰	730099	(0931) 8728166
中信银行股份有限公司兰州秦安路支行	兰州市城关区秦安路192号	吕焱	730030	(0931) 8175919
中信银行股份有限公司兰州西站支行	兰州市七里河区西津西路27号	王国华	730050	(0931) 2315886
中信银行股份有限公司兰州新区支行	兰州市新区经十二纬四兰石宾馆南附楼1层	马利仁	730000	(0931) 8252633

续表

机构名称	地址	负责人	邮编	电话
中信银行股份有限公司兰州西固支行	兰州市西固区公园路129号长业大厦1、4层	温晓丰	730060	（0931）7361622
中信银行股份有限公司兰州安宁支行	兰州市安宁区银滩路719号	王惠群	730070	（0931）7650955

浙商银行股份有限公司兰州分行分支机构、负责人名录

机构名称	地址	负责人	邮编	电话
浙商银行股份有限公司兰州分行东部支行	兰州市城关区东岗东路2698号	王海源	730000	（0931）8750622
浙商银行股份有限公司兰州分行七里河支行	兰州市七里河区南滨河中路763号	石光英	730200	（0931）2312563

中国光大银行股份有限公司兰州分行分支机构、负责人名录

机构名称	地址	负责人	邮编	电话
中国光大银行股份有限公司兰州分行营业部	兰州市城关区东岗西路555号光大银行大厦	徐　聪	730030	（0931）8688601
中国光大银行股份有限公司兰州分行中山支行	兰州市城关区中山路271号	马东彦	730030	（0931）8431821
中国光大银行股份有限公司兰州分行七里河支行	兰州市七里河区火星街仁恒美林郡10-1-10	杨道勇	730050	（0931）2331621
中国光大银行股份有限公司兰州分行安宁支行	兰州市安宁区安宁西路498号	郭　伟	730070	（0931）7616678
中国光大银行股份有限公司兰州分行雁滩支行	兰州市城关区雁滩大润发美伦百货西门	王建红	730030	（0931）8502431
中国光大银行股份有限公司兰州分行西固支行	兰州市西固区福利西路40号	丁利宁	730060	（0931）7353191
中国光大银行股份有限公司兰州分行新区支行	兰州市新区经九路“彩虹城”B区46号楼	侯　巍	730000	（0931）8252008

兴业银行股份有限公司兰州分行分支机构、负责人名录

机构名称	地址	负责人	邮编	电话
兴业银行股份有限公司兰州新区支行	兰州新区彩虹城49号	齐宁华	730000	（0931）8257268
兴业银行股份有限公司兰州东岗支行	兰州市城关区兰新市场瑞德摩尔综合楼1楼	黄生彪	730000	（0931）8750200
兴业银行股份有限公司兰州美林郡支行	兰州市七里河区火星街390号	李　娟	730050	（0931）8731713
兴业银行股份有限公司兰州安宁支行	兰州市安宁区费家营百隆什字世纪飞马1楼	刘庆燕	730070	（0931）7654121

续表

机构名称	地址	负责人	邮编	电话
兴业银行股份有限公司兰州西固支行	兰州市西固区福利西路136号（天鹅湖什字）	黄永川	730060	（0931）2319653
兴业银行股份有限公司兰州铁路支行	兰州市城关区和政东街221号	王　繁	730030	（0931）4525871
兴业银行股份有限公司兰州金昌路支行	兰州市城关区金昌路31号	刘　洋	730030	（0931）8915284
兴业银行股份有限公司兰州科技街社区支行	兰州市城关区渭源路街道科技街18号01层004室	卜欣蕾	730030	（0931）8752330
兴业银行股份有限公司兰州敦煌路社区支行	兰州市七里河区敦煌路阳光家园9号商铺	司金成	730050	（0931）2394771
兴业银行股份有限公司兰州酒泉路社区支行	兰州市城关区酒泉路2号（联通大厦1楼）	郭忠辉	730030	（0931）8431295
兴业银行股份有限公司兰州福利路社区支行	兰州市西固区福利东路60号	于天蕾	730030	（0931）7210409
兴业银行股份有限公司兰州金色家园社区支行	兰州市城关区甘南路94号中广金色家园1层	王焱茜	730030	（0931）8175183
兴业银行股份有限公司兰州甘南路社区支行	兰州市城关区酒泉路街道杨家园8号1层001室	虎海蓉	730030	（0931）4639661
兴业银行股份有限公司七里河支行	兰州市七里河枢西津东路573号	刘　倩	730030	（0931）6182031

中国民生银行股份有限公司兰州分行分支机构、负责人名录

机构名称	地址	负责人	邮编	电话
中国民生银行股份有限公司兰州分行营业部	兰州市城关区白银路123号	宋　乐	730000	13993100272
中国民生银行股份有限公司兰州分行万达支行	兰州市城关区天水北路136号	曹永鸿	730000	13893693929
中国民生银行股份有限公司兰州分行七里河支行	兰州市七里河区火星街388号	胡恺歆	730000	13919066627
中国民生银行股份有限公司兰州分行高新区支行	兰州市城关区天庆大道588号	张　亮	730000	13909316996
中国民生银行股份有限公司兰州分行东岗支行	兰州市城关区东岗东路1999号18-B1341/1342室	刘雪琪	730000	18693171902

甘肃省农村信用社县级联合社、农村商业银行及合作银行机构、负责人名录

机构名称	地址	负责人	邮编	电话
兰州市				
兰州农村商业银行股份有限公司	兰州市城关区庆阳路75-3	康　欣	730030	（0931）8848899
甘肃榆中农村合作银行	榆中县城关镇太白东路9号	周承中	730100	（0931）5237666
兰州市皋兰县农村信用合作社联社	皋兰县石洞镇北辰路417号	潘明顺	730200	（0931）5726706
兰州市永登县农村信用合作联社	永登县城关镇解放街94号	薛　建	730300	（0931）6411886

续表

机构名称	地址	负责人	邮编	电话
白银市				
白银市白银区农村信用合作联社	白银市白银区人民路189号	王占文	730900	(0943) 8251169
白银市平川区农村信用合作联社	白银市平川区兴平南路13号	杨　涌	730913	(0943) 6622511
靖远县农村信用合作联社	靖远县南大街53号	张世飞	730600	(0943) 6135198
会宁农村商业银行股份有限公司	会宁县长征南路	何向东	730700	(0943) 3226158
景泰县农村信用合作联社	景泰县一条山镇705路27号	郁辉年	730400	(0943) 5522866
天水市				
天水秦州农村合作银行	天水市秦州区合作北路	单晓梅	741000	(0938) 8214699
天水麦积农村合作银行	天水市麦积区兴陇路	王军平(代)	741020	(0938) 2723918
甘谷县农村信用合作联社	甘谷县康庄东路	王守科	741200	(0938) 5623492
武山县农村信用合作联社	武山县城关镇滨河路8号	魏列军	741300	(0938) 3424561
清水县农村信用合作联社	清水县永清镇永清路82号	赵运东	741400	(0938) 7153918
张家川县农村信用合作联社	张家川县人民西路5号	李小明	741500	(0938) 7882198
秦安农村商业银行股份有限公司	秦安县成纪大道	张　明	741600	(0938) 6521788
嘉峪关市				
嘉峪关农村商业银行股份有限公司	嘉峪关市五一南路1558号	陈　虎	735100	(0937) 6318868
金昌市				
金昌市金川区农村信用合作联社	金昌市金川区金川路1号	王吉青	737100	(0935) 8229162
永昌县农村信用合作联社	永昌县城关镇南大街8号	周安德	737200	(0935) 7560662
武威市				
武威农村商业银行股份有限公司	武威市凉州区胜利街4号	马　烨	733000	(0935) 2258155
古浪县农村信用合作联社	古浪县城建设路	景舜时	733100	(0935) 5122426
天祝县农村信用合作联社	天祝县华藏寺镇华干路35号	吕宗文	733200	(0935) 3123592
民勤农村商业银行股份有限公司	民勤县三雷镇民湖路3号	苏子才	733300	(0935) 4124588
张掖市				
张掖农村商业银行股份有限公司	张掖市甘州区西街212号	魏周平	734000	(0936) 8860111
山丹县农村信用合作联社	山丹县胜利街8号	杨发禹	734100	(0936) 2732501
甘肃临泽农村商业银行股份有限公司	临泽县沙河镇建设路什字	丁长寿	734200	(0936) 5521161

续表

机构名称	地址	负责人	邮编	电话
甘肃高台农村商业银行股份有限公司	高台县城关镇解放北路19号	王兴明	734300	（0936）6629684
肃南裕固族自治县农村信用合作联社	肃南县红寺湾镇皇城路73号	兰立桢	734400	（0936）6121652
甘肃民乐农村商业银行股份有限公司	民乐县北环路东段	杨　亮	734500	（0936）4412229
平凉市				
平凉农村商业银行股份有限公司	平凉市崆峒区解放北路88号	李爱信	744000	（0933）8636352
甘肃华亭农村合作银行	华亭县东大街广场东路7号	薛元成	744100	（0933）7724072
崇信县农村信用合作联社	崇信县市场路	姚　鹏	744200	（0933）6123188
泾川农村商业银行股份有限公司	泾川县北新街6号	王玺原	744300	（0933）3329598
灵台农村商业银行股份有限公司	灵台县中台镇东大街卫生巷1号	杨建林	744400	（0933）3625891
静宁县农村信用合作联社	静宁县中街109号	赵宏福	743400	（0933）2525666
甘肃庄浪农村合作银行	庄浪县滨河南路24号	马廷璋	744600	（0933）6610088
庆阳市				
庆阳农村商业银行股份有限公司	庆阳市西峰区南大街82号	孙晓英	745000	（0934）8689321
庆城县农村信用合作联社	庆城县南大街13号	杨志昌	745100	（0934）3226311
甘肃宁县农村合作银行	宁县新宁镇农贸路1号	路少军	745200	（0934）6621321
正宁县农村信用合作联社	正宁县城西街1号	张效龙	745300	（0934）6122099
合水县农村信用合作联社	合水县西华南街111号	包海霞	745400	（0934）5522553
镇原县农村信用合作联社	镇原县县城南环路14号	齐建国	744500	（0934）7131878
华池县农村信用合作联社	华池县幼儿园巷3号	何鹏程	745600	（0934）5122030
环县农村信用合作联社	环县环江大道104号	胡鹏翼	745700	（0934）4421493
酒泉市				
酒泉农村商业银行股份有限公司	酒泉市肃州区盘旋东路28号	王正祥	735000	（0937）2655216
玉门市农村信用合作联社	玉门市新市区清泉路1号	陈天全	735211	（0937）3362838
敦煌农村商业银行股份有限公司	敦煌市阳关东路3号	黄彦春	736200	（0937）8829695
瓜州农村商业银行股份有限公司	瓜州县文化街15号	康建文	736100	（0937）5526020
金塔县农村信用合作联社	金塔县解放路123号	郑廷安	735300	（0937）4420888
肃北县农村信用合作联社	肃北县东街49号	白永国	736300	（0937）8122811
阿克塞县农村信用合作联社	阿克塞县红柳湾镇金山路7号	王建忠	736400	（0937）8322246

续表

机构名称	地址	负责人	邮编	电话
定西市				
定西农村商业银行股份有限公司	定西市安定区永定西路24号	杨禄文	743000	(0932) 8229999
通渭县农村信用合作联社	通渭县南街16号	王玉荣	743300	(0932) 5556404
甘肃陇西农村合作银行	陇西县县城南门口	马学才	748100	(0932) 6615966
渭源县农村信用合作联社	渭源县清源镇首阳路11号	马学义	748200	(0932) 4135989
漳县农村信用合作联社	漳县商贸街中段	邵泽平	748300	(0932) 4863919
岷县农村信用合作联社	岷县岷阳镇新民街59号	雷军峰	748400	(0932) 7723428
临洮农村商业银行股份有限公司	临洮县洮阳镇北关开发区256号	王　强	730500	(0932) 2245229
陇南市				
陇南武都农村合作银行	陇南市武都区中山街天润嘉园6楼	张　锋	746000	(0939) 8214500
成县农村信用合作联社	成县陇南大道盘旋路西口	孙少君	742500	(0939) 3203369
宕昌县农村信用合作联社	宕昌县城关镇长征路111号	吕树钰	748500	(0939) 6124406
徽县农村信用合作联社	徽县城关镇建新路14号	刘国军	742300	(0939) 7528961
康县农村信用合作联社	康县城关镇中街22号	田润森	746500	(0939) 5121738
礼县农村商业银行股份有限公司	礼县城关镇北大街1号	郭玉忠	742200	(0939) 4466666
两当县农村信用合作联社	两当县城关镇东大街	周春叶	742400	(0939) 7121910
文县农村信用合作联社	文县街心花园	王进辉	746400	(0939) 5526859
西和农村商业银行股份有限公司	西和县汉源镇中山南路	冯小满	742100	(0939) 6623136
临夏回族自治州				
临夏农村商业银行股份有限公司	临夏市青年路57号	谢绍功	731100	(0930) 6235386
和政县农村信用合作联社	和政县城关镇龙泉广场	马义良	731200	(0930) 5522616
广河县农村信用合作联社	广河县城关镇东街29号	黄玉华	731300	(0930) 5623466
东乡县农村信用合作联社	东乡县锁南镇东西大街76号	马永贤	731400	(0930) 7121340
康乐县农村信用合作联社	康乐县附城镇新治街21号	马福良	731500	(0930) 4422188
永靖县农村信用合作联社	永靖县刘家峡镇小什字100号	赵　烽	731600	(0930) 8835900
积石山县农村信用合作联社	积石山县吹麻滩镇临夏路5号	白万清	731700	(0930) 7721972
临夏县农村信用合作联社	临夏县韩集镇中街	陈　正	731800	(0930) 3222868

续表

机构名称	地址	负责人	邮编	电话
甘南藏族自治州				
合作市农村信用合作联社	合作市通钦路35号	马　元	747000	（0941）8232285
夏河县农村信用合作联社	夏河县人民西街29号	安忠礼	747100	（0941）7123318
碌曲县农村信用合作联社	碌曲县勒尔多东路	吴志军	747200	（0941）6622188
玛曲县农村信用合作联社	玛曲县格萨尔东街	高海平	747300	（0941）6125626
迭部县农村信用合作联社	迭部县兴迭西街111号	范克文	747400	（0941）5665988
临潭县农村信用合作联社	临潭县城关镇西大街84号	马永魁	747500	（0941）3121956
卓尼县农村信用合作联社	卓尼县柳林镇民主街	薛勤民	747600	（0941）3625166
舟曲县农村信用合作联社	舟曲县城关南门21号	杨思超	746300	（0941）5125781

甘肃省村镇银行机构、负责人名录

机构名称	地址	负责人	邮编	电话
兰州七里河新华村镇银行股份有限公司	兰州市七里河区彭家坪镇文化站	李　彬	730050	（0931）8731520
兰州皋兰新华村镇银行股份有限公司	皋兰县北辰路282号	晋德荣	730209	（0931）5751130
兰州永登新华村镇银行股份有限公司	永登县胜利街西太华商业底商	方　堃	730300	（0931）8731530
榆中浦发村镇银行股份有限公司	榆中县城关镇环城西路2-172号	张宜临	730100	（0931）5224433
会宁会师村镇银行有限责任公司	会宁县东大街17号	安　平	730700	（0943）3220085
白银平川中银富登村镇银行	白银市平川区人民广场东侧忠恒集团一楼	王建团	730913	（0943）6686388
天水市秦安众信村镇银行股份有限公司	秦安县兴国镇旱坪路	艾建喜	741600	（0938）6533090
民勤融信村镇银行股份有限公司	民勤县三雷镇东大街民勤县武装部楼下	钱军堂	733300	（0935）4134662
甘肃泾川国开通村镇银行	泾川县县中山北街1号	敬卫华	744300	（0933）3321929
静宁县成纪村镇银行	静宁县城关镇中街建兴大厦1楼2号	赵　岳	743400	（0933）2522989
庆阳市西峰瑞信村镇银行股份有限公司	庆阳市西峰区岐黄大道南段西侧瑞信大厦	李旭秀	745000	（0934）8685993
合水县金城村镇银行股份有限公司	合水县西华北街246号	牛新林	745400	（0934）5526922
庆城县金城村镇银行股份有限公司	庆城县北区兴庆路21号	王　震	745100	（0934）3202111
敦煌市金盛村镇银行股份有限公司	敦煌市沙州南路13号	司　荣	736200	（0937）8840352
临洮县金城村镇银行股份有限公司	临洮县北关790号紫竹苑30号商铺	张新华	730500	（0932）2235596

续表

机构名称	地址	负责人	邮编	电话
陇南市武都金桥村镇银行股份有限公司	陇南市武都区新市街136号	郭　泉	746000	(0939) 8216136
永靖县金城村镇银行股份有限公司	永靖县古城新区福门城市广场北角A1号	李蓉生	731600	(0930) 8834425

甘肃银行股份有限公司分支机构、负责人名录

机构名称	地址	负责人	邮编	电话
甘肃银行股份有限公司总行营业部	兰州市城关区甘南路122号	毕业庆	730000	(0931) 8786700
甘肃银行股份有限公司文化支行	兰州市城关区天水南路222号	张明珺	730000	(0931) 8786706
甘肃银行股份有限公司兰州市南山东路支行	兰州市城关区红山万和城小区5号楼1层	蔺　斌	730030	(0931) 7883601
甘肃银行股份有限公司兰州市临夏路支行	兰州市城关区张掖路77-81号	李　燚	730030	(0931) 4910430
甘肃银行股份有限公司兰州市定西南路支行	兰州市城关区定西南路52号	张明珺	730030	(0931) 4650214
甘肃银行股份有限公司兰州市中央广场支行	兰州市城关区酒泉路437-451号	徐永桂	730000	(0931) 8187290
甘肃银行股份有限公司兰州市皋兰路支行	兰州市城关区皋兰路143号	冯豫州	730000	(0931) 8851053
甘肃银行股份有限公司兰州市白银路支行	兰州市城关区白银路123号	张灵发	730030	(0931) 8150489
甘肃银行股份有限公司兰州市火车站西路支行	兰州市城关区火车站西路203-209号	马永军	730030	(0931) 4281041
甘肃银行股份有限公司兰州市五泉支行	兰州市城关区金昌南路148号	李浩田	730030	18993292701
甘肃银行股份有限公司兰州市七里河支行	兰州市七里河区小西湖温州商贸城1-2楼	孙　鸿	730000	(0931) 2606931
甘肃银行股份有限公司兰州市敦煌路支行	兰州市七里河区敦煌路兰石高层1号楼	秦　彤	730000	(0931) 2371951
甘肃银行股份有限公司兰州市西津西路支行	兰州市七里河区西津西路239号	孙　雷	730000	(0931) 2665507
甘肃银行股份有限公司兰州市小西湖支行	兰州市七里河区西津东路388号	李　智	730000	(0931) 2606912
甘肃银行股份有限公司兰州市彭家坪支行	兰州市七里河区龚家湾尹家嘴190号	杨　洲	730000	(0931) 2605129
甘肃银行股份有限公司兰州市武都路支行	兰州市城关区武都路403号	武　炯	730030	(0931) 4549882
甘肃银行股份有限公司皋兰支行	皋兰县名藩大道1202号	杨乐舟	730200	(0931) 5786325
甘肃银行股份有限公司榆中支行	榆中县大成路、太白西路交汇处太白花园西北侧	杨义鹏	730100	(0931) 5227488
甘肃银行股份有限公司永登支行	永登县青龙路1号	郭永坚	730300	(0931) 6669666
甘肃银行股份有限公司兰州市城关支行	兰州市城关区南昌路质监局家属院	袁　瑾	730000	(0931) 8240490
甘肃银行股份有限公司兰州市盐场路支行	兰州市盐场路港联第1大道2号楼1层	陈　瑾	730030	(0931) 8374760

续表

机构名称	地址	负责人	邮编	电话
甘肃银行股份有限公司兰州市北龙口支行	皋兰县忠和镇北龙口国际商贸物流城板材市场C1栋1号	郭晓红	730200	(0931) 8100570
甘肃银行股份有限公司兰州市天水北路支行	兰州市城关区天水北路良志嘉年华1层	钱贵平	730030	(0931) 7835639
甘肃银行股份有限公司兰州市嘉峪关路支行	兰州市城关区嘉峪关东路1号嘉乐家苑1楼临街商铺	张开春	730030	(0931) 4866503
甘肃银行股份有限公司兰州市高新支行	兰州市城关区天庆大道588号天庆国际商务大厦	刘　伟	730000	(0931) 8276931
甘肃银行股份有限公司兰州市东岗东路支行	兰州市城关区东岗东路1786号	乔冠霖	730000	(0931) 8696083
甘肃银行股份有限公司兰州市雁西路支行	兰州市城关区雁西路518号	刘卫东	730000	(0931) 8276931
甘肃银行股份有限公司兰州市安宁支行	兰州市安宁区建宁西路1952–1956号（安馨家园4号楼）	徐国忠	730000	(0931) 7677853
甘肃银行股份有限公司兰州市安宁西路支行	兰州市安宁区安宁西路295–313号	刘小琦	730000	(0931) 7691952
甘肃银行股份有限公司兰州市滨河支行	兰州市城关区北滨河东路89号	王春霞	730000	(0931) 7610528
甘肃银行股份有限公司兰州市银滩支行	兰州市安宁区北滨河西路859号	樊　凯	730001	(0931) 2110217
甘肃银行股份有限公司兰州市科教城支行	兰州市安宁区孔家崖街道17号楼	裴雪琼	730001	13919844456
甘肃银行股份有限公司兰州市东岗支行	兰州市城关区五里铺桥头东瑞口岸1层	魏建保	730000	(0931) 8798481
甘肃银行股份有限公司兰州市五里铺支行	兰州市城关区五里铺桥头东瑞口岸1层	贾　斌	730000	(0931) 4649103
甘肃银行股份有限公司兰州市西固支行	兰州市西固区福利西路东四街区2号楼东南侧	冯　平	736000	(0931) 7326292
甘肃银行股份有限公司兰州市红古支行	兰州市红古区海石湾镇平安路367号生资大厦1楼	杨坚毅	730080	(0931) 6255942
甘肃银行股份有限公司兰州市甘南路支行	兰州市城关区甘南路与静宁南路什字交汇处西南角	魏　莉	730000	(0931) 6403589
甘肃银行股份有限公司兰州市福利东路支行	兰州市西固区福利东路幸福小区1016号	邹华利	730060	(0931) 7223170
甘肃银行股份有限公司兰州新区支行	兰州新区纬一路保障房B50	董予军	730000	(0931) 8256189
甘肃银行股份有限公司兰州新区科技支行	兰州新区亚太工业科技总部基地C区H–P轴	葛　晶	730000	(0931) 8258577
甘肃银行股份有限公司兰州市南滨河中路支行	兰州市城关区箭道巷76号（依河园小区）	王国庆	730030	(0931) 8439700
甘肃银行股份有限公司白银分行	白银市白银区兰州路35号	宋宏图	730900	(0943) 8661683
甘肃银行股份有限公司白银区支行	白银市白银区友好路136号	郑学彩	730900	(0943) 8223023
甘肃银行股份有限公司白银中学巷支行	白银市白银区中学巷2号	郭俊颖	730900	(0943) 8224741
甘肃银行股份有限公司白银城建支行	白银市白银区公园路707号	陶志玲	730900	(0943) 8255623
甘肃银行股份有限公司白银银龙支行	白银市白银区公园路296号	陈　红	730900	(0943) 8246318
甘肃银行股份有限公司会宁会师南路支行	会宁县会师南路	刘白莲	730900	(0943) 8613596
甘肃银行股份有限公司白银银兴支行	白银市白银区北京路25号1幢1–01	刘　萍	730900	(0943) 8236197

续表

机构名称	地址	负责人	邮编	电话
甘肃银行股份有限公司白银科技支行	白银市白银区东山路131号	葛劲梅	730900	(0943) 8611024
甘肃银行股份有限公司白银城联支行	白银市白银区胜利街217号	杨拥军	730900	(0943) 8302325
甘肃银行股份有限公司景泰长城路支行	景泰县长城路618号	裴明霞	730400	(0943) 8236157
甘肃银行股份有限公司靖远南大街支行	靖远县南大街55号	吴桂兰	730900	(0943) 8225975
甘肃银行股份有限公司白银北京路支行	白银市白银区北京路520-2号	张志全	730900	(0943) 8241916
甘肃银行股份有限公司白银人民路支行	白银市白银区东星街45号	王彩霞	730900	(0943) 8251909
甘肃银行股份有限公司白银银光路支行	白银市白银区银光路227-3号	谷玉红	730900	(0943) 8307706
甘肃银行股份有限公司白银工农路支行	白银市白银区工农路269号	杨亚利	730900	(0943) 8225303
甘肃银行股份有限公司白银平川支行	白银市平川区长征路19号	张惠权	730913	(0943) 6629638
甘肃银行股份有限公司平川长征路支行	白银市平川区大桥路西侧印刷厂小区九幢1层1-2号	陶明艳	730913	(0943) 6631077
甘肃银行股份有限公司靖远县支行	靖远县乌兰镇莲湖路5号	张彦民	730600	(0943) 6131298
甘肃银行股份有限公司景泰县支行	景泰县一条山镇条山路	王绍平	730400	(0943) 5533568
甘肃银行股份有限公司会宁县支行	会宁县会师镇延安街	赵一伟	730700	(0943) 3226310
甘肃银行股份有限公司白银王岘东路支行	白银市白银区王岘东路71号	杨玉琴	730900	(0943) 8281353
甘肃银行股份有限公司天水分行	天水市秦州区藉河北路天麟·龙城明珠大厦1-2层	陈金辉	741000	(0938) 8556608
甘肃银行股份有限公司秦州区支行	天水市秦州区民主东路94号	周岳红	741000	(0938) 8556699
甘肃银行股份有限公司麦积支行	天水市麦积区渭滨北路1号财富阳光5号楼	武国胜	741020	(0938) 2858188
甘肃银行股份有限公司甘谷支行	甘谷县大像山镇南关什字西北角	魏建林	741200	(0938) 5825333
甘肃银行股份有限公司清水支行	清水县永清镇中山北路轩辕广场南口1-2层商铺	李育宏	741400	(0938) 7156099
甘肃银行股份有限公司秦安支行	秦安县成纪大道1号	汪双涛	741600	(0938) 6532555
甘肃银行股份有限公司武山支行	武山县宁远大道（供热公司）对面	张学勤	741300	(0938) 6867688
甘肃银行股份有限公司张家川支行	张家川县张川镇人民西路（原人民银行办公楼）	马玉祖	741500	(0938) 7882000
甘肃银行股份有限公司天水广场支行	天水市秦州区大众北路都市花园C-1号	孙少仙	741000	(0938) 8556680
甘肃银行股份有限公司天水桥南支行	天水市麦积区马跑泉大道怡欣阁酒店1层	唐妙丽	741020	(0938) 2793821
甘肃银行股份有限公司天水万达市场支行	天水市麦积区社棠路31号万达商务中心1层	胡　伟	741020	(0938) 2793821
甘肃银行股份有限公司迎宾东路支行	嘉峪关市迎宾东路1289号	田多斌	735100	(0937) 6218877
甘肃银行股份有限公司酒钢支行	嘉峪关市新华北路嘉峪关宾馆东侧	陈　莉	735100	(0937) 6266655
甘肃银行股份有限公司广场支行	嘉峪关市雄关广场绿景苑楼下	马中燕	735100	(0937) 6265577

续表

机构名称	地址	负责人	邮编	电话
甘肃银行股份有限公司和诚支行	嘉峪关市和诚西路青禾园南门右侧	时　间	735100	(0937) 6260126
甘肃银行股份有限公司天津路支行	金昌市天津路4号	张金能	737100	(0935) 8395581
甘肃银行股份有限公司永昌支行	永昌县北大街什字	何沛学	737200	(0935) 7521580
甘肃银行股份有限公司金昌河西堡支行	永昌县河西堡镇河雅路烟草公司1楼	王俊林	737300	(0935) 7352986
甘肃银行股份有限公司金昌上海路支行	金昌市上海路恒昌国际商铺2段8号	管燕萍	737200	13689450001
甘肃银行股份有限公司凉州区支行	武威市凉州区西环路7号	祁伟中	733000	(0935) 6983456
甘肃银行股份有限公司古浪支行	古浪县南支一路北侧、县医院南侧平贵花园A区4号楼8号	王清泉	733100	(0935) 6991991
甘肃银行股份有限公司民勤支行	民勤县北大街7号	樊斌山	733300	(0935) 6981698
甘肃银行股份有限公司天祝支行	天祝县华藏寺镇团结路	黄华山	733200	(0935) 6980698
甘肃银行股份有限公司武威北关支行	武威市凉州区北关东路55号	杨　亮	733000	(0935) 6983789
甘肃银行股份有限公司武威新区支行	武威市凉州区西城区人社大厦1楼	王　玮	733000	18693520406
甘肃银行股份有限公司武威南关东路支行	武威市凉州区难关东路商城华府1楼	郭晓虎	733000	13909351244
甘肃银行股份有限公司武威天马路支行	武威市凉州区天马路89号（银城花园小区北侧）	焦　亮	733000	18093125619
甘肃银行股份有限公司西大街支行	张掖市甘州区西大街37号李洪祯综合楼	柳敬东	734000	(0936) 8689669
甘肃银行股份有限公司张掖县府街支行	张掖市甘州区县府街188号鼎和帝都3号、4号住宅楼1层	赵婧萍	734400	(0936) 8565585
甘肃银行股份有限公司高台支行	高台县城关镇人民路2号	胡志廷	734300	(0936) 6669895
甘肃银行股份有限公司临泽支行	临泽县城县府街226号	曹天赋	734200	(0936) 5570988
甘肃银行股份有限公司民乐支行	民乐县东大街盈丰丽景1号商信楼1层商铺	韩起英	734500	(0936) 4454019
甘肃银行股份有限公司山丹支行	山丹县清泉镇北大街2号	赵国钱	734100	(0936) 2811555
甘肃银行股份有限公司东街支行	张掖市甘州区东街364号	唐光斌	734400	13993652226
甘肃银行股份有限公司中心广场支行	张掖市甘州区青年西街140号	王永嘉	734400	13830673652
甘肃银行股份有限公司西关支行	张掖市甘州区西环路309号	戎　涛	734400	13909360581
甘肃银行股份有限公司平凉分行	平凉市崆峒区东大街38号	李新民	744000	(0933) 8225668
甘肃银行股份有限公司平凉西关支行	平凉市崆峒区西大街144号	苏文建	744000	(0933) 8212550
甘肃银行股份有限公司平凉西城路支行	平凉市崆峒区西城路37号盛和佳苑楼下	李霭妮	744000	(0933) 8219149
甘肃银行股份有限公司平凉红旗街支行	平凉市崆峒区南环路阳光花园9号楼7-8号	申惠霞	744000	(0933) 8222628
甘肃银行股份有限公司平凉万安门支行	平凉市崆峒区红旗街46号	李晓华	744000	(0933) 8214211
甘肃银行股份有限公司平凉广场支行	平凉市崆峒区西大街26号	余　洁	744000	(0933) 8233789

续表

机构名称	地址	负责人	邮编	电话
甘肃银行股份有限公司平凉静宁西街支行	静宁县城关镇西展司法局1楼	张静梅	744000	(0933) 5914088
甘肃银行股份有限公司平凉中山街支行	平凉市崆峒区中山街80号	马雪丽	744000	(0933) 8211429
甘肃银行股份有限公司平凉解放北路支行	平凉市崆峒区景海小区3号楼	马丰方	744000	(0933) 8233789
甘肃银行股份有限公司平凉解放路支行	平凉市崆峒区百兴大厦楼下	白　丽	744000	(0933) 8219085
甘肃银行股份有限公司平凉四十里铺支行	平凉市四十里铺镇振兴大道56号	李蕙竹	744000	(0933) 8415868
甘肃银行股份有限公司平凉柳湖路支行	平凉市崆峒区广成路广成花园D区16号楼32号商铺	杨　莉	744000	(0933) 8238361
甘肃银行股份有限公司平凉东关支行	平凉市崆峒区解放中路9号	曹淑琴	744000	(0933) 8616580
甘肃银行股份有限公司平凉汽车西站支行	平凉市崆峒区崆峒中路256号	王刚刚	744000	(0933) 8710660
甘肃银行股份有限公司平凉崆峒中路支行	平凉市崆峒区崆峒中路190号	高天平	744000	(0933) 8214274
甘肃银行股份有限公司平凉华亭支行	华亭县西大街54号	陈军宝	744100	(0933) 7728069
甘肃银行股份有限公司平凉华亭新区支行	华亭县天街购物广场影院右侧	陈军宝	744100	(0933) 7823800
甘肃银行股份有限公司平凉崇信支行	崇信县财政局楼下	袁宇东	744200	(0933) 6626891
甘肃银行股份有限公司平凉庄浪支行	庄浪县水洛镇东关街70号	赵　程	744600	(0933) 3621213
甘肃银行股份有限公司平凉灵台支行	灵台县财政街什字原百货公司商住楼1楼102	张　琪	744400	(0933) 3621213
甘肃银行股份有限公司平凉工业园区支行	平凉市二十里铺工业园区世博伟业家居广场A1号	徐　娟	744000	(0933) 8698109
甘肃银行股份有限公司平凉静宁支行	静宁县北环路兴美花园1–2号	贠　博	743400	(0933) 2533116
甘肃银行股份有限公司平凉泾川支行	泾川县城关安定街7号	朱新生	744300	(0933) 3323683
甘肃银行股份有限公司平凉崆峒古镇支行	平凉市崆峒区崆峒古镇西门	景春晖	744000	(0933) 8599300
甘肃银行股份有限公司泾川广场支行	泾川县中山北路1号	朱新生	744300	(0933) 3321086
甘肃银行股份有限公司庄浪西关支行	庄浪县西关街电子大厦1楼	赵　程	744600	(0933) 6412226
甘肃银行股份有限公司庆阳分行	庆阳市西峰区弘化西路兆星大厦	全　恒	745000	(0934) 8519888
甘肃银行股份有限公司庆阳西峰区支行	庆阳市西峰区九龙南路锦龙大厦1楼	秦黎明	745000	(0934) 8889068
甘肃银行股份有限公司庆阳北大街支行	庆阳市西峰区北大街258号	折　庆	745000	(0934) 8888165
甘肃银行股份有限公司庆阳南大街支行	庆阳市西峰区南大街538号	韩治磊	745000	(0934) 8222966
甘肃银行股份有限公司庆阳东郊支行	庆阳市西峰区兰州东路东墅一品群楼	田亚龙	745000	(0934) 6669369
甘肃银行股份有限公司庆城支行	庆城县北区兴庆路南口	赵艺阳	745000	(0934) 3265000
甘肃银行股份有限公司华池支行	华池县城中街百汇大厦1楼	张宗辉	745000	(0934) 6669369
甘肃银行股份有限公司合水支行	合水县西华北街荣发花园1号楼1层	史晓霞	745000	(0934) 5661558

续表

机构名称	地　址	负责人	邮　编	电　话
甘肃银行股份有限公司庆阳小什字支行	庆阳市西峰区小什字丽晶百货大楼1楼南侧	吴　蕾	745000	(0934) 8880502
甘肃银行股份有限公司庆阳西郊支行	庆阳市西峰区长庆北路锦阳名居小区1号楼	张致刚	745000	(0934) 8353688
甘肃银行股份有限公司庆阳环县支行	环县环江新区文化路58号	张哲恩	745000	(0934) 4456303
甘肃银行股份有限公司庆阳正宁支行	正宁县城西街4号	雷富乾	745000	(0934) 6121366
甘肃银行股份有限公司庆阳宁县支行	宁县新宁路1号滨河星城商住楼A座	雷景龙	745000	(0934) 6620213
甘肃银行股份有限公司庆阳镇原支行	镇原县西街水荫市场综合楼西侧	张世绚	745000	(0934) 7666885
甘肃银行股份有限公司庆阳安定路支行	庆阳市西峰区安定东路昊鑫时代广场1楼	马永锋	745000	(0934) 8888956
甘肃银行股份有限公司酒泉分行	酒泉市肃州区肃州路2号	王效沛	735000	(0937) 2806018
甘肃银行股份有限公司酒泉肃州区支行	酒泉市肃州区肃州路2号	吴治国	735000	(0937) 2806068
甘肃银行股份有限公司酒泉新城支行	酒泉市肃州区新城区新天地商城1楼	舒　岳	735000	(0937) 3922806
甘肃银行股份有限公司敦煌支行	敦煌市阳关中路130号	周立坚	735000	(0937) 8888893
甘肃银行股份有限公司瓜州支行	瓜州县渊泉镇县府街20号	刘建军	735000	(0937) 5557996
甘肃银行股份有限公司玉门支行	玉门市铁人路11号	孟　磊	735000	(0937) 3336336
甘肃银行股份有限公司金塔支行	金塔县新华街190号	荆　俊	735300	(0937) 4581616
甘肃银行股份有限公司阿克塞支行	阿克塞县金山路4号	曾全信	736400	(0937) 8329006
甘肃银行股份有限公司酒泉南大街支行	酒泉市肃州区东文化街1号	宋　莉	735000	(0937) 2806033
甘肃银行股份有限公司酒泉西大街支行	酒泉市肃州区西大街27号	蔡国文	735000	(0937) 2806055
甘肃银行股份有限公司肃北支行	肃北县党金中路西侧	万建军	736300	(0937) 8216589
甘肃银行股份有限公司敦煌七里镇支行	敦煌市七里镇大庆路	张　云	736200	18093798684
甘肃银行股份有限公司司酒泉东大街支行	酒泉市肃州区东大街义乌商贸城1楼	陈　渝	735000	(0937) 2806078
甘肃银行股份有限公司酒泉玉门建国路支行	玉门市建国路（南街商业门店）	万建军	735000	(0937) 2806013
甘肃银行股份有限公司安定区支行	定西市安定区中华路13号	文宏伟	743000	(0932) 8315355
甘肃银行股份有限公司临洮支行	临洮县洮阳镇城市金街	董逸云	730599	(0932) 2382669
甘肃银行股份有限公司渭源支行	渭源县清源镇清源路中段	李惠珍	748200	(0932) 4318979
甘肃银行股份有限公司陇西支行	陇西县巩昌镇东城路（陇西大酒店1楼）	朱小兵	748100	(0932) 6638111
甘肃银行股份有限公司岷县支行	岷县岷阳镇岷州中路	刘海波	748400	(0932) 7729966
甘肃银行股份有限公司通渭支行	通渭县平襄镇北街	李永恒	743300	(0932) 5559996
甘肃银行股份有限公司漳县支行	漳县武阳镇贵清路	张想奎	748300	(0932) 4869777

续表

机构名称	地址	负责人	邮编	电话
甘肃银行股份有限公司西岩路支行	定西市安定区西岩路中段（凤凰苑对面）	杨化丽	743000	（0932）8321122
甘肃银行股份有限公司火车站支行	定西市安定区火车站民主路13号	梁建业	743000	（0932）8365602
甘肃银行股份有限公司临洮洮阳支行	临洮县临洮镇北关商贸街	杨建斌	743000	18119385220
甘肃银行股份有限公司建设路支行	陇南市武都区城关镇建设路南端江岸名都1号楼	冯煜辉	746000	（0939）8219935
甘肃银行股份有限公司徽县支行	徽县城关镇建新路中段	唐建辉	742300	（0939）7621961
甘肃银行股份有限公司成县支行	成县城关镇陇南大道中段	史义孝	742500	（0939）3220566
甘肃银行股份有限公司康县支行	康县西街5号	朱文杰	746500	（0939）5118808
甘肃银行股份有限公司两当支行	两当县城关镇显龙北路	马维林	742400	（0939）7127555
甘肃银行股份有限公司西和支行	西和县汉源镇北关青年街	刘　学	742100	（0939）6625790
甘肃银行股份有限公司礼县支行	礼县城关镇东大街27号	赵　晖	742200	（0939）4455035
甘肃银行股份有限公司宕昌支行	宕昌县城关镇岷江大道中段	罗卫国	748500	（0939）6128885
甘肃银行股份有限公司文县支行	文县城关镇马家街	董祥绪	746400	（0939）5528522
甘肃银行股份有限公司武都支行	陇南市武都区东江（市地税局办公大楼1楼）	张海满	746400	（0939）5528522
甘肃银行股份有限公司红园路支行	临夏市红园路49号	罗振夏	731100	（0930）6220028
甘肃银行股份有限公司永靖支行	永靖县古城新区春明路10号	李　霞	731100	（0930）5921166
甘肃银行股份有限公司和政支行	和政县城关镇东街4号	郭金军	731100	（0930）5581056
甘肃银行股份有限公司临夏县支行	临夏县双城镇滨河大道政达商厦A座1号	李　娟	731100	（0930）3262286
甘肃银行股份有限公司康乐支行	康乐县南街22号	李　锦	731100	（0930）4428006
甘肃银行股份有限公司团结北路支行	临夏市团结北路甘光家园1楼	敏玉兰	731100	（0930）6220039
甘肃银行股份有限公司积石山支行	积石山县临夏路明德大厦1楼	杨生荣	731100	（0930）7726005
甘肃银行股份有限公司广河支行	广河县城关镇金街商住楼1楼	肖临明	731100	（0930）5625773
甘肃银行股份有限公司东乡支行	东乡县锁南镇东西大街电信综合1楼	马文良	731100	（0930）7123818
甘肃银行股份有限公司东城区支行	临夏市庆胜路延伸段天元商业广场1楼	张核逞	731100	（0930）6006326
甘肃银行股份有限公司当周街支行	合作市当周街125号	张忠华	747000	（0941）8233919
甘肃银行股份有限公司夏河支行	夏河县人民西路29号	苟　辉	747100	（0941）7128000
甘肃银行股份有限公司卓尼支行	卓尼县柳林镇人民街85号	牛继红	747600	（0941）3626558
甘肃银行股份有限公司临潭支行	临潭县城关镇西大街60号	何吉平	747500	（0941）3166333

兰州银行股份有限公司分支机构、负责人名录

机构名称	地址	负责人	邮编	电话
兰州银行股份有限公司新区分行	兰州新区纬三路与经五路交叉口东南侧联创智业园32号综合办公楼	陈克谦	730314	(0931) 6836255
兰州银行股份有限公司红古支行	兰州市红古区平安路36号街	罗爱玲	730084	(0931) 6213160
兰州银行股份有限公司窑街支行	兰州市红古区民门路	孟永海	730080	(0931) 6312979
兰州银行股份有限公司华龙支行	兰州市红古区平安路746号	刘玉兰	730080	(0931) 6211699
兰州银行股份有限公司西固支行	兰州市西固区合水路50号	张华伟	730060	(0931) 7555343
兰州银行股份有限公司银炼支行	兰州市西固区福利东路兰州石化公司"蓝馨花园"3号楼1-4号1-2层	杨国伟	730060	(0931) 7542713
兰州银行股份有限公司福鑫支行	兰州市西固区公园路512号	赵冬梅	730060	(0931) 7222792
兰州银行股份有限公司西固东路支行	兰州市西固区西固中路515号	曹宇红	730060	(0931) 7557459
兰州银行股份有限公司城建支行	兰州市西固区庄浪西路128号	边　鹏	730060	(0931) 7556825
兰州银行股份有限公司炼业支行	兰州市西固区福利东路622号	李　泽	730060	(0931) 7939149
兰州银行股份有限公司福瑞支行	兰州市西固区福利东路"银泰逸翠园"小区3号楼中单元1-2层	王　莉	730060	(0931) 7583388
兰州银行股份有限公司安宁支行	兰州市安宁区安宁西路389号	吴　彬	730070	(0931) 7652998
兰州银行股份有限公司桃林支行	兰州市安宁区安宁东路413号	荆卫宇	730070	(0931) 7767234
兰州银行股份有限公司刘家堡支行	兰州市安宁区安宁西路"加莱·印象"商住小区第5幢1-2层	荀笑丽	730070	(0931) 7719912
兰州银行股份有限公司科教城支行	兰州市安宁区宝石花路与银安路什字东南角科教城专家公寓楼	孙振江	730070	(0931) 7759501
兰州银行股份有限公司七里河支行	兰州市七里河区西津东路494号	陈宜伟	730050	(0931) 2663092
兰州银行股份有限公司兰西支行	兰州市七里河区西津西路188号	刘江东	730050	(0931) 2337500
兰州银行股份有限公司文化宫支行	兰州市七里河区西津东路224号	曹治军	730050	(0931) 2613005
兰州银行股份有限公司银河支行	兰州市七里河区西津西路572号	张建伟	730050	(0931) 2502569
兰州银行股份有限公司西津支行	兰州市七里河区西津东路义乌商贸城1楼	孔令娜	730050	(0931) 2602011
兰州银行股份有限公司宏鑫支行	兰州市七里河区西津西路14号	宋景玲	730050	(0931) 2325652
兰州银行股份有限公司土门墩支行	兰州市七里河区西津西路239号	龚云侠	730050	(0931) 2122505
兰州银行股份有限公司曦华源支行	兰州市七里河区火星街兰州国资物业第一佳园7号住宅楼1-2层	柴春林	730050	(0931) 2349372
兰州银行股份有限公司开发区支行	兰州市高新技术开发区联创广场B座3单元1-2层	胡建林	730000	(0931) 8556685
兰州银行股份有限公司友谊支行	兰州市城关区雁西路1019号	王　洁	730000	(0931) 4616183

续表

机构名称	地址	负责人	邮编	电话
兰州银行股份有限公司万佳支行	兰州市城关区天水北路1008号	吕晓芹	730000	(0931) 8516677
兰州银行股份有限公司张苏滩支行	兰州市城关区张苏滩468号	戴鸿杰	730000	(0931) 8552703
兰州银行股份有限公司彭家坪支行	兰州市七里河区尹家嘴190号三汇悦郡2号楼1单元2-3层	刘秀萍	730050	(0931) 2863881
兰州银行股份有限公司雁宁支行	兰州市城关区雁宁路374号	马宝珍	730000	(0931) 8585998
兰州银行股份有限公司金雁支行	兰州市城关区雁滩路3587号	任玉军	730000	(0931) 8503760
兰州银行股份有限公司兴科支行	兰州市城关区科技街2号	周黎霞	730000	(0931) 8268396
兰州银行股份有限公司高新支行	兰州市榆中县连搭乡443号	王彩萍	730104	(0931) 5607749
兰州银行股份有限公司东部支行	兰州市城关区东岗东路东部市场新世纪广场1楼1028号	杨　勇	730000	(0931) 8672119
兰州银行股份有限公司隆盛支行	兰州市城关区东岗东路1999号瑞德摩尔商业广场太平洋商城1楼18-B1301号	闫　伟	730000	(0931) 8663654
兰州银行股份有限公司鑫成支行	兰州市城关区东岗东路1371号	李　凌	730020	(0931) 8495091
兰州银行股份有限公司金祥支行	兰州市城关区东岗东路346号	赵　冲	730000	(0931) 8691843
兰州银行股份有限公司东兴支行	兰州市城关区嘉峪关东路591-1号	管　静	730020	(0931) 8650219
兰州银行股份有限公司拱星墩支行	兰州市城关区东岗东路1993号	沈兆丰	730020	(0931) 8495628
兰州银行股份有限公司雁北路支行	兰州市城关区雁北路1675号	赵　霞	730000	(0931) 8705511
兰州银行股份有限公司中山支行	兰州市城关区中山路60号	靳建荣	730030	(0931) 8473401
兰州银行股份有限公司信昌支行	兰州市城关区中山路275号	于润生	730030	(0931) 8481089
兰州银行股份有限公司德源支行	兰州市城关区白银路332号	朱　滨	730030	(0931) 8473654
兰州银行股份有限公司汇通支行	兰州市城关区甘南路773号	李和平	730030	(0931) 8433533
兰州银行股份有限公司诚信支行	兰州市城关区甘南路900号	罗晓鸿	730030	(0931) 8461789
兰州银行股份有限公司白银路支行	兰州市城关区白银路199号	刘金成	730030	(0931) 8124081
兰州银行股份有限公司民升支行	兰州市城关区金昌北路244号	达世宏	730030	(0931) 8856620
兰州银行股份有限公司恒通支行	兰州市城关区通渭路100号	郭遂燕	730030	(0931) 8451930
兰州银行股份有限公司张掖路支行	兰州市城关区张掖路113号	冯立新	730030	(0931) 8430758
兰州银行股份有限公司永昌路支行	兰州市城关区永昌路396号	陶生辰	730030	(0931) 8435923
兰州银行股份有限公司白塔山支行	兰州市佛慈大道盐场路什字东南角“天源·嘉泰名居”	乔登淑	730030	(0931) 8366229
兰州银行股份有限公司民族支行	兰州市城关区武都路165号	张少晖	730030	(0931) 8480378
兰州银行股份有限公司秦安路支行	兰州市城关区秦安路97号	陈　煜	730030	(0931) 8814534
兰州银行股份有限公司金城支行	兰州市城关区静宁路158号	张永超	730030	(0931) 8466496

续表

机构名称	地址	负责人	邮编	电话
兰州银行股份有限公司民西支行	兰州市城关区金昌南路203号	黄　莉	730030	(0931) 8854611
兰州银行股份有限公司甘南路支行	兰州市城关区甘南路606-2号	王梅芳	730030	(0931) 8179131
兰州银行股份有限公司祥和支行	兰州市城关区麦积山路兰州军区建筑勘察设计院临街两层楼	雒永红	730030	(0931) 8815907
兰州银行股份有限公司民大支行	兰州市城关区火车站西路421号	张秦川	730030	(0931) 8159632
兰州银行股份有限公司银隆支行	兰州市城关区酒泉路298号	孔玲军	730030	(0931) 4660314
兰州银行股份有限公司民主路支行	兰州市城关区民主西路226号	延　青	730030	(0931) 8829047
兰州银行股份有限公司城关支行	兰州市城关区静宁南路5号	牟力子	730030	(0931) 4661722
兰州银行股份有限公司金河支行	兰州市城关区平凉路396号	李　磊	730000	(0931) 8736450
兰州银行股份有限公司金汇支行	兰州市城关区平凉路557号	李　震	730000	(0931) 8880877
兰州银行股份有限公司兴业支行	兰州市城关区红星巷99号	倪　黎	730000	(0931) 8899137
兰州银行股份有限公司硅谷支行	兰州市城关区金昌北路156-158号	何润华	730030	(0931) 8623376
兰州银行股份有限公司天成支行	兰州市城关区一只船南街109号	何庆萍	730000	(0931) 8860212
兰州银行股份有限公司兴华支行	兰州市城关区民主东路273号	王　翔	730000	(0931) 8789034
兰州银行股份有限公司兴天支行	兰州市城关区331号规划路	王延琴	730000	(0931) 8854962
兰州银行股份有限公司飞天支行	兰州市城关区东岗西路449号	李震虓	730000	(0931) 8720270
兰州银行股份有限公司天水路支行	兰州市城关区天水南路241-247号	陈　磊	730000	(0931) 8633788
兰州银行股份有限公司郑家台支行	兰州市城关区甘南路17号	苏晓云	730000	(0931) 8827573
兰州银行股份有限公司黄河支行	兰州市城关区皋兰路58-3号	戴生军	730000	(0931) 8849135
兰州银行股份有限公司金轮支行	兰州市城关区平凉路147号	常宏涛	730000	(0931) 4639035
兰州银行股份有限公司东岗支行	兰州市城关区定西南路266号八冶兰州基地北院B4商住楼1-2层	张　宇	730000	(0931) 8616834
兰州银行股份有限公司联惠支行	兰州市城关区和政路92号	申　剑	730000	(0931) 8889198
兰州银行股份有限公司榆中支行	榆中县栖云北路247号	王京岩	730100	(0931) 5235219
兰州银行股份有限公司榆中东城支行	榆中县城关镇兴隆路199号	娄季珺	730100	(0931) 5309999
兰州银行股份有限公司榆中和平支行	榆中县和平镇工贸一条街	郑明昊	730101	(0931) 5270000
兰州银行股份有限公司永登支行	永登县城关镇建军街20号	石兴儒	730300	(0931) 6411136
兰州银行股份有限公司永登南街支行	永登县城关镇胜利街51号	谭晓明	730300	(0931) 6418899
兰州银行股份有限公司永登广场支行	永登县城关镇祁连路佳宁小区综合2号11-18号	赵　珺	730300	(0931) 6417333
兰州银行股份有限公司皋兰支行	皋兰县石洞镇金城路162号	马超远	730200	(0931) 5786292

续表

机构名称	地址	负责人	邮编	电话
兰州银行股份有限公司科技支行	兰州市城关区东岗西路318号	潘建军	730000	(0931) 8272313
兰州银行股份有限公司东方红支行	兰州市城关区平凉路282号	任　峰	730000	(0931) 8866874
兰州银行股份有限公司三金支行	兰州市城关区金昌北路110号	王艳春	730030	(0931) 8837023
兰州银行股份有限公司五泉支行	兰州市城关区火车站西路850号	范海春	730030	(0931) 4666615
兰州银行股份有限公司兴兰支行	兰州市城关区南昌路1716号	马继军	730030	(0931) 4501056
兰州银行股份有限公司兴陇支行	兰州市城关区广场南路133号	赵百云	730030	(0931) 8858762
兰州银行股份有限公司永通支行	兰州市城关区武都路311号	马忠乾	730030	(0931) 8456976
兰州银行股份有限公司兰园支行	兰州市城关区张掖路21号	孙　健	730030	(0931) 8465927
兰州银行股份有限公司庆阳路支行	兰州市城关区庆阳路322号	蔡小葵	730030	(0931) 8478941
兰州银行股份有限公司德隆支行	兰州市城关区庆阳路217号	白　岗	730030	(0931) 8449361
兰州银行股份有限公司白银分行	白银市白银区万盛路1号6幢1-01	屈忠娣	730900	(0943) 8816999
兰州银行股份有限公司白银铜城支行	白银市白银区红星路289号	惠灵顿	730900	(0943) 8510958
兰州银行股份有限公司靖远支行	靖远县南大街26号	徐本舜	730600	(0943) 6312868
兰州银行股份有限公司天水分行	天水市秦州区岷山路A组团综合楼1楼	刘　军	741000	(0938) 8223736
兰州银行股份有限公司天水官泉支行	天水市秦州区大众路兰天城市广场商铺1楼	陈英超	741000	(0938) 8232732
兰州银行股份有限公司天水麦积支行	天水市麦积区商业步行街（商埠路）东口	葛玲玲	741000	(0938) 2650682
兰州银行股份有限公司武山支行	武山县宁远大道北侧	李亚军	741300	(0938) 3555308
兰州银行股份有限公司甘谷支行	甘谷县大像山镇冀城中路东侧	无	741200	(0938) 5828683
兰州银行股份有限公司嘉峪关分行	嘉峪关市新华南路2801-B号	郑　杰	735100	(0937) 6239823
兰州银行股份有限公司嘉峪关雄关支行	嘉峪关市新华北路新华城苑1号楼	李生鹏	735100	(0937) 6395853
兰州银行股份有限公司嘉峪关长城支行	嘉峪关市胜利中路“城市嘉园小区”(宝城中央公馆)	苏　剑	735100	(0937) 6239856
兰州银行股份有限公司金昌分行	金昌市金川区长春路27-2号	杨俊杨	737100	(0935) 8332226
兰州银行股份有限公司金昌金川支行	金昌市金川区昌荣里新华西路6号	孙　旭	737100	(0935) 8332751
兰州银行股份有限公司金昌公园路支行	金昌市公园路36-5A号商用一层	于　阳	737100	(0935) 8366816
兰州银行股份有限公司武威分行	武威市凉州区祁连大道1028号	苏金华	733000	(0935) 2257790
兰州银行股份有限公司武威西城支行	武威市凉州区西关街公园路8号	甘善春	733000	(0935) 6119560
兰州银行股份有限公司武威天马支行	武威市凉州区东大街125号	赵晓军	733000	(0935) 2252020
兰州银行股份有限公司张掖分行	张掖市甘州区西大街15号	无	734000	(0936) 8636638

续表

机构名称	地址	负责人	邮编	电话
兰州银行股份有限公司张掖甘州支行	张掖市甘州区东大街什字西南角韩龙综合楼1层	向勇	734000	(0936) 8565503
兰州银行股份有限公司山丹支行	山丹县新城区南湖中央花苑小区1-2综合楼	赵春河	734100	(0936) 2796796
兰州银行股份有限公司庆阳分行	庆阳市西峰区长庆北路66号	肖非	745000	(0934) 8537853
兰州银行股份有限公司庆阳新区支行	庆阳市西峰区真宁一路雄越小区C17号	刘静	745000	(0934) 8539986
兰州银行股份有限公司庆阳西峰支行	庆阳市西峰区九龙北路101号	刘东昌	745000	(0934) 8601639
兰州银行股份有限公司环县支行	环县环城镇文化路36号	王宇	745700	(0934) 4686228
兰州银行股份有限公司酒泉分行	酒泉市肃州区北大街37号	李红兵	735000	(0937) 2699004
兰州银行股份有限公司酒泉南街支行	酒泉市肃州区解放路29号	胡嵘	735000	(0937) 2699013
兰州银行股份有限公司酒泉东街支行	酒泉市肃州区东大街58号楼2号门点	宋国锋	735000	(0937) 2699061
兰州银行股份有限公司酒泉西城支行	酒泉市肃州区雄关路20号	杨明	735000	(0937) 2699088
兰州银行股份有限公司定西分行	定西市安定区友谊北路朝阳锦城	梁景阳	743000	(0932) 8235008
兰州银行股份有限公司陇西支行	陇西县巩昌镇崇文路恒发国际大酒店1楼西侧	丁克胜	748100	(0932) 6636903
兰州银行股份有限公司定西安定支行	定西市安定区永定东路124号1楼	刘军平	743000	(0932) 8770122
兰州银行股份有限公司岷县支行	岷县岷阳镇和平街114号	赖国良	748400	(0932) 7869969
兰州银行股份有限公司临夏分行	临夏市团结路48号	尹小刚	731100	(0930) 6224543
兰州银行股份有限公司敦煌分行	敦煌市阳关西路12号	闫小红	736200	(0937) 8881221
兰州银行股份有限公司敦煌七里镇支行	敦煌市七里镇大庆南路建安市场A东楼15-19号	张毅	736200	(0937) 8952188
兰州银行股份有限公司敦煌北街支行	敦煌市沙洲北路5号	王新栋	736200	(0937) 8886122
兰州银行股份有限公司东江支行	陇南市武都区新市街136号	谢林	746000	(0939) 8216633

华龙证券股份有限公司分支机构、负责人名录

机构名称	地址	负责人	邮编	电话
华龙证券股份有限公司兰州静宁路证券营业部	兰州市城关区静宁路308号	陈义军	730030	(0931) 8854606
华龙证券股份有限公司兰州民主东路证券营业部	兰州市城关区民主东路294号	周立新	730030	(0931) 8814072
华龙证券股份有限公司兰州七里河证券营业部	兰州市七里河区西津东路581号	周丽葵	730050	(0931) 2651520
华龙证券股份有限公司兰州农民巷证券营业部	兰州市城关区农民巷203号	朱之明	730030	(0931) 8846818
华龙证券股份有限公司兰州永昌路证券营业部	兰州市城关区庆阳路450号万盛大厦5楼	马心阳	730030	(0931) 8489640

续表

机构名称	地址	负责人	邮编	电话
华龙证券股份有限公司兰州合水路证券营业部	兰州市西固区合水路14号	陈　涛	730060	（0931）7518088
华龙证券股份有限公司兰州民主西路证券营业部	兰州市城关区民主西路5号	王　均	730000	（0931）4811780
华龙证券股份有限公司兰州东岗西路证券营业部	兰州市城关区东岗西路666号	刘　闻	730030	（0931）8874526
华龙证券股份有限公司兰州雁滩路证券营业部	兰州市城关区雁滩路3614-1号	徐　颖	730010	（0931）8510706
华龙证券股份有限公司兰州酒泉路证券营业部	兰州市城关区酒泉路16号电投大厦5楼	马恒太	730030	（0931）8459811
华龙证券股份有限公司兰州安宁东路证券营业部	兰州市安宁区安宁东路337号	陈　郦	730070	（0931）7756086
华龙证券股份有限公司榆中栖云北路证券营业部	榆中县栖云北路155号	马希龙	730000	（0931）2143232
华龙证券股份有限公司白银分公司	白银市四龙路501号13-（1-17）	张建银	741000	（0938）8297118
华龙证券白银四龙路证券营业部	白银市四龙路261号	张建银	730900	（0943）8241969
华龙证券股份有限公司白银平川区证券营业部	白银市平川区盘旋路工行3楼	魏　权	730900	（0943）6621111
华龙证券股份有限公司靖远莲湖路证券营业部	靖远县乌兰镇莲湖路1号	曾宏彬	730900	（0943）6312463
华龙证券股份有限公司景泰昌林路证券营业部	景泰县一条山镇705北路19-1号	李　杰	730900	（0943）5532215
华龙证券股份有限公司天水分公司	天水市金龙大厦4楼	张巧玲	741000	（0938）8297118
华龙证券股份有限公司天水广场证券营业部	天水市金龙大厦4楼	张巧玲	741000	（0938）8297118
华龙证券股份有限公司天水麦积区证券营业部	天水市麦积区商埠路信福商城4楼	郑　云	741020	（0938）2737288
华龙证券股份有限公司甘谷广场证券营业部	甘谷县大什字广场文化楼C座4-5楼	肖　劲	741200	（0938）5621564
华龙证券股份有限公司秦安证券营业部	秦安县成纪大道农行城关营业所3楼	王永利	741600	（0938）6510665
华龙证券股份有限公司金昌上海路证券营业部	金昌市上海路恒昌国际商铺30号	李延鹏	737100	（0935）8318863
华龙证券股份有限公司武威凤凰路证券营业部	武威市凉州区凤凰路177号	高继峰	733000	（0935）2260700
华龙证券股份有限公司张掖西大街证券营业部	张掖市甘州区西大街96号	金　涛	734000	（0936）8880369
华龙证券股份有限公司平凉分公司	平凉市西大街101号	张彦斌	744000	（0933）8239166
华龙证券股份有限公司平凉西大街证券营业部	平凉市西大街101号	张彦斌	744000	（0933）8239166
华龙证券股份有限公司平凉崆峒东路证券营业部	平凉市崆峒东路31号	韩　珂	744000	（0933）8619158
华龙证券股份有限公司静宁西环路证券营业部	静宁县西环路温馨园大厦3层北面商铺楼	冀小艳	743400	（0933）2711158
华龙证券股份有限公司华亭仪洲大道证券营业部	华亭县仪洲大道鸿昊盛府2号-C楼1层门面商铺	朱彦龙	744100	（0933）6418188
华龙证券股份有限公司泾川东大街证券营业部	泾川县东大街城东小区13号楼3号门面房	周鼎辉	744300	（0933）6410058
华龙证券股份有限公司庆阳西大街证券营业部	庆阳市西峰区西大街66号中行4楼	熊亚军	745000	（0934）8219366
华龙证券股份有限公司酒泉分公司	酒泉市肃州区西文化街6号	牛建强	735000	（0937）2680818

续表

机构名称	地址	负责人	邮编	电话
华龙证券股份有限公司酒泉西文化街证券营业部	酒泉市肃州区西文化街6号	牛建强	735000	(0937) 2680818
华龙证券股份有限公司酒泉新城区证券营业部	酒泉市肃州区新城区新天地2号楼3层	白强国	735000	(0937) 3920697
华龙证券股份有限公司敦煌西域路证券营业部	敦煌市沙州镇西域路天润花园3号楼3号商铺	刘国森	736200	(0937) 8858973
华龙证券股份有限公司定西永定东路证券营业部	定西市安定区城关镇永定东路60号	张顺安	743000	(0932) 8360780
华龙证券股份有限公司陇西证券营业部	陇西县巩昌镇长安路人民广场金泰润园23号楼	徐志雄	748100	(0932) 6688836
华龙证券股份有限公司陇南建设路证券营业部	陇南市武都区建设路什字	杨　炜	746000	(0939) 8263296
华龙证券股份有限公司临夏红园路证券营业部	临夏市红园路55号新闻商厦3楼	张　雄	731100	(0930) 6226199
华龙证券股份有限公司兰州新区分公司	兰州新区中川街1号产业孵化大厦4楼401室	杨艳丽	730000	(0931) 4890797
华龙证券股份有限公司永登胜利街证券营业部	永登县城关镇胜利街永泰6A号楼东2层	张德敏	730000	(0931) 4525511

华龙证券股份有限公司异地分支机构、负责人名录

机构名称	地址	负责人	邮编	电话
华龙证券股份有限公司北京分公司	北京市西城区金融大街33号通泰大厦B座603室	朱　彤	100033	(010) 88086668
华龙证券股份有限公司北京安外大街证券营业部	北京市东城区安定门外大街191号	程　凯	100011	(010) 64401191
华龙证券股份有限公司重庆分公司	重庆市渝中区新华路388号创汇首座大厦4楼	倪小华	400010	(023) 63843538
华龙证券股份有限公司重庆新华路证券营业部	重庆市渝中区新华路388号创汇首座大厦4楼	倪小华	400010	(023) 63843538
华龙证券股份有限公司陕西分公司	西安市浐灞生态区东湖路中新浐灞半岛A15区16幢	阎小健	710061	(029) 88601608
华龙证券股份有限公司西安太白南路证券营业部	西安市太白南路216号嘉天国际2楼	阎小健	710061	(029) 88601608
华龙证券股份有限公司宝鸡中山东路证券营业部	宝鸡市金台区中山东路99号	亢若岗	721001	(0917) 3528998
华龙证券股份有限公司新疆分公司	乌鲁木齐市沙区扬子江路339号商业银行科技大厦1-2楼	吴林谦	830000	(0991) 4552566
华龙证券股份有限公司乌鲁木齐扬子江路证券营业部	乌鲁木齐市沙区扬子江路339号商业银行科技大厦1-2楼	吴　媚	830000	(0991) 4552566
华龙证券股份有限公司深圳分公司	深圳市前海深港合作区前湾一路1号A栋201室	孙守用	518052	(0755) 83936771
华龙证券股份有限公司深圳深南大道证券营业部	深圳市福田区深南大道4009号投资大厦7楼	徐　玲	518048	(0755) 82913235
华龙证券股份有限公司上海长宁路证券营业部	上海市长宁路1661弄1号	刘　阳	200051	(021) 52421765
华龙证券股份有限公司上海中山北二路证券营业部	上海市中山北二路1800号	李惠勤	200437	(021) 65526106
华龙证券股份有限公司无锡人民东路证券营业部	无锡市人民东路305号崇安建设发展1层	鲁剑锋	214043	(0510) 82606633
华龙证券股份有限公司杭州北山路证券营业部	杭州市西湖区北山路栖霞岭18号	左正华	310007	(0571) 28936113

续表

机构名称	地址	负责人	邮编	电话
华龙证券股份有限公司合肥亳州路证券营业部	合肥市亳州路58号（柏景湾小区西门综合楼3楼）	王长阳	230001	（0551）5697001
华龙证券股份有限公司廊坊和平路证券营业部	廊坊市广阳区和平路52号	刘雯芳	065800	（0316）5211730
华龙证券股份有限公司长治英雄南路证券营业部	长治市城区英雄南路80号中南花园6楼601房间	殷　强	046000	（0355）3507093
华龙证券股份有限公司青岛东海西路证券营业部	青岛市市南区东海西路36号2楼	仲　雷	266071	（0532）85796397
华龙证券股份有限公司扬州邗江路证券营业部	扬州市邗江区邗江路47号103、203	陈　山	225000	（0514）85160881
华龙证券股份有限公司银川凤凰北街证券营业部	银川市兴庆区凤凰北街中瀛御景25号楼109商业用房	杨亚东	750000	（0951）7806550
华龙证券股份有限公司西宁西大街证券营业部	西宁市城中区西大街42号14楼1405、1407、1408室	刘宏波	810000	（0971）6517177
华龙证券股份有限公司克拉玛依准噶尔路证券营业部	克拉玛依市准噶尔路附110号（农行大厦2楼）	吴　震	834000	（0990）6609377
华龙证券股份有限公司伊宁解放路证券营业部	伊犁州伊宁市解放路194号德鸿大厦2楼	王达鸿伟	835000	（0991）4592198

海通证券股份有限公司甘肃分公司分支机构、负责人名录

机构名称	地址	负责人	邮编	电话
海通证券股份有限公司兰州武都路证券营业部	兰州市城关区武都路157号	沈自强	730030	（0931）8468488
海通证券股份有限公司兰州万新南路证券营业部	兰州市安宁区万新南路744号	王维达	730070	（0931）7639000
海通证券股份有限公司兰州天水路证券营业部	兰州市城关区定西南路376号	苏　艺	730030	（0931）8611359
海通证券股份有限公司兰州西津西路证券营业部	兰州市七里河区西津西路9号	徐　毅	730050	（0931）2310099
海通证券股份有限公司兰州东岗东路证券营业部	兰州市城关区东岗东路2070号	杨俊峰	730030	（0931）8494562
海通证券股份有限公司天水大众路证券营业部	天水市秦州区大众路（兰天城市广场1楼内街家电区）	周　军	741000	（0938）8296869
海通证券股份有限公司嘉峪关新华中路证券营业部	嘉峪关市新华中路28号	王保林	735100	（0937）6235088
海通证券股份有限公司金昌长春路证券营业部	金昌市长春路中国盐政大厦	周有学	737100	（0935）8325606
海通证券股份有限公司武威建国街证券营业部	武威市凉州区建国街邮政大厦3楼	武　勇	733000	（0935）2224701
海通证券股份有限公司庆阳西大街证券营业部	庆阳市西峰区西大街22号	祝维东	745000	（0934）8618097
海通证券股份有限公司成县东大街证券营业部	成县城关镇东大街34号	郝续鸣	742500	（0939）3216090
海通证券股份有限公司西宁五四西路证券营业部	西宁市城西区五四西路22号新能源大厦2层	郭燕霏	810000	（0971）4326898

国泰君安证券股份有限公司甘肃分公司分支机构、负责人名录

机构名称	地址	负责人	邮编	电话
国泰君安证券股份有限公司甘肃分公司营业部	兰州市酒泉路215号3楼	兰革儒	730030	(0931) 8462037
国泰君安证券股份有限公司兰州酒泉路营业部	兰州市酒泉路215号2楼	鲁 欣	730030	(0931) 8462016
国泰君安证券股份有限公司兰州东岗西路营业部	兰州市东岗西路701号	刘 喆	730030	(0931) 8874182
国泰君安证券股份有限公司兰州福利西路营业部	兰州市西固区福利西路305号兰州石化15号街区136号楼	陈 烨	730060	(0931) 7533217
国泰君安证券股份有限公司天水建设路营业部	天水市秦州区建设路42号	刘 琛	741000	(0938) 8227776
国泰君安证券股份有限公司张掖县府南街营业部	张掖市甘州区县府南街188号	王燕军	734000	(0936) 8223567
国泰君安证券股份有限公司酒泉南大街营业部	酒泉市南大街1号(新华书店 2–3 楼)	丁小林	735000	(0937) 2610499
国泰君安证券股份有限公司嘉峪关新华中路营业部	嘉峪关新华中路46号(中国人寿大厦 1 楼)	周雅妮	735100	(0937) 6267772
国泰君安证券股份有限公司敦煌阳关中路营业部	敦煌市阳关中路1号(电信局 2 楼)	李鹏刚	736200	(0937) 8837790

华龙期货股份有限公司分支机构、负责人名录

机构名称	地址	负责人	邮编	电话
华龙期货股份有限公司	兰州市城关区静宁路308号四楼	娄德全	730000	(0931) 8894644
华龙期货股份有限公司酒泉营业部	酒泉市肃州区肃州路24号附属2号楼3#铺	杜吉鸿	735019	(0937) 5913777
华龙期货股份有限公司银川营业部	银川市金凤区北京中路51号瑞银财富中心2幢20层	吴 洋	750004	(0951) 4011287
华龙期货股份有限公司上海营业部	上海市浦东新区松林路300号1602室	侯光华	200122	(021) 68401163

其他证券、期货经营机构、负责人名录

机构名称	地址	负责人	邮编	电话
异地在甘证券经营机构				
英大证券甘肃分公司	兰州市城关区庆阳路219号金运大厦6层	唐大鹏	730030	(0931) 8489204
英大证券兰州庆阳路证券营业部	兰州市城关区庆阳路219号金运大厦6层	周艳红	730030	(0931) 4605110
中国银河证券甘肃分公司	兰州市城关区庆阳路77号比科新大厦3层	宁志勇	730030	(0931) 8860651

续表

机构名称	地址	负责人	邮编	电话
中国银河证券兰州庆阳路证券营业部	兰州市城关区庆阳路77号比科新大厦3、4层	刘晓勇	730030	(0931) 8843437
中国银河证券白银人民路证券营业部	白银市白银区人民路10号会展中心1层	方　鹏	730900	(0943) 8235676
申万宏源西部证券兰州分公司	兰州市城关区东岗西路457号	张海群	730030	(0931) 8870551
申万宏源西部证券兰州静宁路证券营业部	兰州市城关区静宁路298号中海国际大厦1504C室	王洪涛	730030	(0931) 8730959
西部证券甘肃分公司	兰州市城关区东岗东路1371号9楼	梅建祥	730030	(0931) 4873109
西部证券兰州东岗东路证券营业部	兰州市城关区东岗东路1371号2楼	梅建祥	730030	(0931) 4873211
西部证券天水中华西路证券营业部	天水市秦州区中华西路步行街东口阳光新天地B-2-1306号	徐锐泉	741000	(0938) 8322177
世纪证券有限责任公司甘肃分公司	兰州市城关区区天水北路94号	郭立峰	730030	(0931) 8860370
中信建投证券兰州皋兰路证券营业部	兰州市城关区皋兰路58-5号	马品亮	730030	(0931) 8871103
中信建投证券金昌公园路证券营业部	金昌市公园路63-8号八冶五公司集资楼	周　威	737100	(0935) 8322605
中信建投证券天水重新街营业部	天水市秦州区重新街1号（天辰大酒店1楼东侧）	瞿建萍	741000	(0938) 8303260
广发证券兰州甘南路证券营业部	兰州市城关区甘南路475-3号华阳大厦2楼	江　涌	730030	(0931) 8883281
广州证券兰州东岗东路证券营业部	兰州市城关区东岗东路2704号万商国际大厦A塔1315室	刘文刚	730030	(0931) 2123766
招商证券兰州庆阳路证券营业部	兰州市城关区庆阳路239号广星大厦3楼	何乐育	730000	(0931) 2126008
招商证券酒泉宝泉东路证券营业部	酒泉市肃州区宝泉东路1号	石　东	735000	(0937) 2710600
西南证券兰州南昌路证券营业部	兰州市城关区南昌路562号之2号2楼	吕　辉	730030	(0931) 8260999
华泰证券兰州酒泉路证券营业部	兰州市城关区酒泉路439号金地商务大厦8层	傅　捷	730030	(0931) 8106511
华安证券兰州金昌路证券营业部	兰州市城关区金昌路31号	王永文	730030	(0931) 8826919
华安证券张掖长寿街证券营业部	张掖市甘州区长寿街108号教育局1楼	钱　茜	734000	(0936) 8865885
华安证券武威天一路证券营业部	武威市凉州区南二环路1号香榭里3号楼3号商铺	薛志向	733000	(0935) 5816788
国信证券兰州北滨河路证券营业部	兰州市安宁区北滨河西路89号黄河家园33号楼1-2层	张金霞	730070	(0931) 2195868
中航证券兰州庄浪西路证券营业部	兰州市西固区庄浪西路174号	万　兵	730060	(0931) 2127299
国盛证券兰州北滨河西路证券营业部	兰州市安宁区北滨河西路82-83号	张清文	730070	(0931) 2157088
国盛证券白银长安路证券营业部	白银市白银区长安路68号-2	朱柏丞	730900	(0943) 8266758
国盛证券武威祁连大道证券营业部	武威市凉州区祁连大道716号	王生春	733000	(0935) 6391506
长江证券兰州万新南路证券营业部	兰州市安宁区万新南路78号	靳　宇	730070	(0931) 4281027
中国中投证券兰州民主东路营业部	兰州市城关区民主东路57号	高振才	730030	(0931) 8636388
长城证券有限责任公司兰州张掖路证券营业部	兰州市城关区张掖路1号保利大厦A座1703室	陈　娟	730030	(0931) 8439216

续表

机构名称	地址	负责人	邮编	电话
华林证券有限责任公司兰州广场南路证券营业部	兰州市城关区广场南路4-6号国芳大酒店12层13-14号	李　凡	730030	(0931) 8760089
中信证券兰州西津路证券营业部	兰州市七里河区西津东路575号建工时代大厦2楼	侯文杰	730050	(0931) 2146688
华福证券兰州庆阳路证券营业部	兰州市城关区庆阳路75号	贺杰锋	730030	(0931) 4642996
东方证券兰州南昌路证券营业部	兰州市城关区南昌路1918号盛世凯旋宫1层	郑玉辉	730030	(0931) 4282098
方正证券兰州金昌南路证券营业部	兰州市城关区金昌南路148号泉景大厦2楼	薛红岩	730030	(0931) 8433259
异地在甘期货经营机构				
海通期货有限公司兰州营业部	兰州市城关区广场南路107号1104室	李为公	730000	(0931) 8783467
海航东银期货股份有限公司兰州营业部	兰州市城关区庆阳路169号陇鑫大厦写字楼21层07号	张瀚畦	730000	(0931) 2176968
南华期货股份有限公司兰州营业部	兰州市城关区张掖路街道酒泉路437-451号11层001号	李西耕	730000	(0931) 8805310
中信期货有限公司兰州营业部	兰州市城关区张掖路1号保利大厦A13F（1302室1303室）	吴新刚	730000	(0931) 8107693
华信万达期货股份有限公司兰州营业部	兰州市城关区张掖路1号保利大厦14楼1401、1402、1403室	葛振栋	730000	(0931) 8472999
中大期货有限公司酒泉营业部	酒泉市南环东路3号工行综合楼6号门点	李　金	735000	(0937) 2803808
中大期货有限公司兰州营业部	兰州市七里河区西津西路239号甘肃机电五金物流中心78-127号	杨　坤	730050	(0931) 6117259

中国人民财产保险股份有限公司甘肃省分公司分支机构、负责人名录

机构名称	地址	负责人	邮编	电话
中国人民财产保险股份有限公司甘肃省分公司营业部	兰州市城关区南滨河东路745号甘肃省公路局招待所3、4楼	张国民	730030	(0931) 8428802
中国人民财产保险股份有限公司兰州市分公司	兰州市城关区庆阳路450号	陆登辉	730030	(0931) 8466111
中国人民财产保险股份有限公司兰州市分公司营业部	兰州市城关区庆阳路456号	王　鹏	730030	(0931) 8438808
中国人民财产保险股份有限公司兰州市城关支公司	兰州市城关区金昌南路228号	徐　锐	730030	(0931) 8735556
中国人民财产保险股份有限公司兰州市东岗支公司	兰州市城关区南昌路1716号	徐功立	730030	(0931) 8733598
中国人民财产保险股份有限公司兰州市七里河支公司	兰州市七里河区西湖街道建工西街3号金雨大厦14层1405-1407室	张　栋	730050	(0931) 2609079
中国人民财产保险股份有限公司兰州市西固支公司	兰州市西固区福利西路18号	蔡海云	730060	(0931) 7559934
中国人民财产保险股份有限公司兰州市安宁支公司	兰州市安宁区十里店文化街12号	俞春明	730070	(0931) 7752972
中国人民财产保险股份有限公司兰州新区分公司	兰州市城关区南昌路1716号5层	朱军胜	730000	(0931) 8436520
中国人民财产保险股份有限公司兰州市红古支公司	兰州市红古区海石湾平安路748号	张生红	730084	(0931) 6211425
中国人民财产保险股份有限公司永登支公司	永登县城关镇胜利街37号	杨学兵	730300	(0931) 6429677

续表

机构名称	地址	负责人	邮编	电话
中国人民财产保险股份有限公司皋兰支公司	皋兰县城关镇北辰路211号	杨斌礼	730200	(0931) 5721353
中国人民财产保险股份有限公司榆中支公司	榆中县城关镇栖云南路78号	张嘉泓	730100	(0931) 5224945
中国人民财产保险股份有限公司白银市分公司	白银市白银区人民路66号	吴森生	730900	(0943) 8256866
中国人民财产保险股份有限公司白银市白银支公司	白银市白银区人民路66号	惠小锋	730900	(0943) 8227480
中国人民财产保险股份有限公司白银市平川支公司	白银市平川区兴平北路54号	梁正霞	730913	(0943) 6622650
中国人民财产保险股份有限公司靖远支公司	白银市靖远县城南大街	吴　磊	730600	(0943) 6125006
中国人民财产保险股份有限公司会宁支公司	会宁县会师镇盘旋路	郭进一	730700	(0943) 3227526
中国人民财产保险股份有限公司景泰支公司	景泰县条山镇705北路	毛登武	730400	(0943) 5523788
中国人民财产保险股份有限公司天水市分公司	天水市秦州区大众路46-2号	董　怡	741000	(0938) 8289669
中国人民财产保险股份有限公司天水市秦州支公司	天水市秦州区大众路46-2号	张　炯	741000	(0938) 8275401
中国人民财产保险股份有限公司天水市麦积支公司	天水市麦积区桥南新建巷18号	周继明	741020	(0938) 2736885
中国人民财产保险股份有限公司甘谷支公司	甘谷县新城街156号	王昌建	741200	(0938) 5622018
中国人民财产保险股份有限公司武山支公司	武山县城关县民主路16号	王昌建	741300	(0938) 3420691
中国人民财产保险股份有限公司秦安支公司	秦安县青年西路新体育场1、2层	杨粉珍	741600	(0938) 6526299
中国人民财产保险股份有限公司张家川支公司	张家川县张家川镇解放西路	郭安林	741500	(0938) 7881422
中国人民财产保险股份有限公司清水支公司	清水县永清镇北环路	毛小强	741400	(0938) 7151615
中国人民财产保险股份有限公司嘉峪关市分公司	嘉峪关市新华中路36号	魏　欣	735100	(0937) 6283358
中国人民财产保险股份有限公司嘉峪关市酒钢支公司	嘉峪关市市辖区新华街46号1-15,1-16号	刘　伟	735100	(0937) 6285195
中国人民财产保险股份有限公司嘉峪关市城区支公司	嘉峪关市新华南路1865号1层3、4、5、6号房	尚进国	735100	(0937) 6337918
中国人民财产保险股份有限公司金昌市分公司	金昌市金川区新华东路18区(71号)	杜　军	737100	(0935) 8212124
中国人民财产保险股份有限公司金昌市金川支公司	金昌市金川区上海路街景改造第10号（新华路与上海路什字路口西北角从南到北）	于春山	737100	(0935) 8311381
中国人民财产保险股份有限公司河西堡支公司	永昌县河西铺镇	于春山	737100	(0935) 7322366
中国人民财产保险股份有限公司永昌支公司	永昌县城关五区东大街	张德志	737100	(0935) 7522344
中国人民财产保险股份有限公司武威市分公司	武威市凉州区西大街58号	侯建斌	733000	(0935) 2214055
中国人民财产保险股份有限公司武威市凉州支公司	武威市凉州区西大街58号	张占辉	733000	(0935) 2214807
中国人民财产保险股份有限公司民勤支公司	民勤县东关镇东大街	王建邦	733300	(0935) 4121382
中国人民财产保险股份有限公司天祝支公司	天祝县华藏寺镇祝恭南路35号	朱生炳	733299	(0935) 3121177
中国人民财产保险股份有限公司古浪支公司	古浪县建设路	陈栋亮	733100	(0935) 5122560

续表

机构名称	地址	负责人	邮编	电话
中国人民财产保险股份有限公司张掖市分公司	张掖市甘州区南环路401号	马静泉	734000	(0936) 8214668
中国人民财产保险股份有限公司张掖市甘州支公司	张掖市甘州区南环路401号	刁　慧	734000	(0936) 8214668
中国人民财产保险股份有限公司民乐支公司	民乐县县标北800米处	钱小燕	734500	(0936) 4421356
中国人民财产保险股份有限公司临泽支公司	临泽县民主路	张东伟	734200	(0936) 5521480
中国人民财产保险股份有限公司高台支公司	高台县城关镇解放北路8号	展万才	734300	(0936) 6621621
中国人民财产保险股份有限公司山丹支公司	山丹县西大街113号	杨朝霞	734100	13830656783
中国人民财产保险股份有限公司肃南支公司	肃南县红湾寺镇明花路6号	巴文波	734400	13993634855
中国人民财产保险股份有限公司平凉市分公司	平凉市崆峒区西大街149号	张晓军	744000	(0933) 8216177
中国人民财产保险股份有限公司平凉市崆峒支公司	平凉市崆峒区西大街149号	张双平	744000	13919511899
中国人民财产保险股份有限公司泾川支公司	泾川县北新街9号	程玉成	744399	(0933) 3321827
中国人民财产保险股份有限公司庄浪支公司	庄浪县环城南路	王亚群	744600	(0933) 6621649
中国人民财产保险股份有限公司静宁支公司	平凉市北环路95号	柴学斌	743400	(0933) 2521634
中国人民财产保险股份有限公司华亭支公司	华亭县东大街498号	胥国平	744100	(0933) 7721273
中国人民财产保险股份有限公司灵台支公司	灵台县南环路36号	巩忠军	744400	(0933) 3622138
中国人民财产保险股份有限公司崇信支公司	崇信县南环路西锦家园4号	田海宏	744200	(0933) 6122028
中国人民财产保险股份有限公司庆阳市分公司	庆阳市西峰区广场路2号	郭晓菲	745000	(0934) 8633470
中国人民财产保险股份有限公司庆阳市西峰支公司	庆阳市西峰区广场路2号	张宏伟	745000	(0934) 8636126
中国人民财产保险股份有限公司庆城支公司	庆城县庆城镇育才路33号	蔡元宝	745100	(0934) 3222761
中国人民财产保险股份有限公司镇原支公司	镇原县南环路12号	王　春	745500	(0934) 7121639
中国人民财产保险股份有限公司宁县支公司	宁县县城新宁路48号	乔志文	745200	(0934) 6625022
中国人民财产保险股份有限公司环县支公司	环县县城南关环新路1号	杜淑云	745700	(0934) 4421761
中国人民财产保险股份有限公司华池支公司	庆阳市华池中街28号	贺鹏彦	745600	(0934) 5121657
中国人民财产保险股份有限公司合水支公司	合水县城解放东路144号	王亚峰	745400	(0934) 5521447
中国人民财产保险股份有限公司正宁支公司	正宁县城北新街5号	罗　浩	745300	(0934) 6121487
中国人民财产保险股份有限公司酒泉市分公司	酒泉市肃州区共和街10号	代军玉	735000	(0937) 2653224
中国人民财产保险股份有限公司酒泉市肃州支公司	酒泉市肃州区辰润苑22号楼2-3层	魏学海	735000	13909376162
中国人民财产保险股份有限公司金塔支公司	金塔县金塔镇解放路209号	丁　成	735300	(0937) 4420289
中国人民财产保险股份有限公司玉门支公司	玉门市玉门镇新区玉关北路	金　虎	735211	(0937) 3368558

续表

机构名称	地址	负责人	邮编	电话
中国人民财产保险股份有限公司敦煌支公司	敦煌市阳关中路12号	赵　云	736200	(0937) 8822622
中国人民财产保险股份有限公司瓜州支公司	瓜州县南大街28号	曹红军	736100	(0937) 5523818
中国人民财产保险股份有限公司肃北支公司	肃北县城东街48号	赵新虎	736300	(0937) 8122040
中国人民财产保险股份有限公司阿克塞支公司	阿克塞哈萨克族自治县红柳湾镇金山路3号	高辉尚	736400	(0937) 8322988
中国人民财产保险股份有限公司玉门油田支公司	酒泉市新城区飞天路11-16号	安长锌	735019	(0937) 3955555
中国人民财产保险股份有限公司定西市分公司	定西市安定区中华路6号	李红梅	743000	(0932) 8218685
中国人民财产保险股份有限公司定西市安定支公司	定西市安定区中华路6号	常光明	743000	(0932) 8212461
中国人民财产保险股份有限公司陇西支公司	陇西县文峰镇人民路7号	李小林	748100	(0932) 6688547
中国人民财产保险股份有限公司临洮支公司	临洮县洮阳镇北关192号	杨大勇	730500	(0932) 2246147
中国人民财产保险股份有限公司漳县支公司	漳县武阳路滨河路北面	马浩通	748300	(0932) 4862330
中国人民财产保险股份有限公司岷县支公司	岷县岷州西路金缘购物广场1层1号楼外2和外3、1号楼2层	王毅斌	748400	(0932) 7722328
中国人民财产保险股份有限公司通渭支公司	通渭县城北街52-4号	徐　晓	743300	(0932) 5554518
中国人民财产保险股份有限公司渭源支公司	渭源县清源镇首阳路西段昌林小区	郭玉强	748200	(0932) 4132876
中国人民财产保险股份有限公司陇南市分公司	陇南市武都区盘旋东路	刘军琰	746000	(0939) 8218389
中国人民财产保险股份有限公司陇南市武都支公司	陇南市武都区盘旋东路	贾军红	746000	(0939) 8235339
中国人民财产保险股份有限公司成县支公司	成县城关镇体育中心南看台1层	成　芳	742500	(0939) 3218787
中国人民财产保险股份有限公司徽县支公司	徽县县城北街官井巷1号	杨　军	742300	(0939) 7525508
中国人民财产保险股份有限公司西和支公司	西和县汉源镇北川	李补顺	742100	(0939) 6621229
中国人民财产保险股份有限公司文县支公司	文县城关县城滨河路	肖文军	746400	(0939) 5522547
中国人民财产保险股份有限公司康县支公司	康县城关中街23号	石长卫	746500	(0939) 5126601
中国人民财产保险股份有限公司礼县支公司	礼县城关镇中山路25号	陈　瑜	742200	(0939) 4428208
中国人民财产保险股份有限公司宕昌支公司	宕昌县城关镇大桥湾51号	韩亚琼	748500	(0939) 6121362
中国人民财产保险股份有限公司两当支公司	两当县城关镇广香东路	王晓燕	742400	(0939) 7121473
中国人民财产保险股份有限公司临夏回族自治州分公司	临夏市东城区统办楼东侧	李　晖	731100	(0930) 6212089
中国人民财产保险股份有限公司临夏市支公司	临夏市红园新村	刘永霖	731100	(0930) 6223997
中国人民财产保险股份有限公司临夏支公司	临夏县韩集镇下街22号	赵文强	731800	(0930) 3222208
中国人民财产保险股份有限公司永靖支公司	永靖县刘家峡镇川东路121号	孔小宝	731600	(0930) 8833368
中国人民财产保险股份有限公司广河支公司	广河县城关镇东街71号	喇少斌	731300	(0930) 5622168

续表

机构名称	地址	负责人	邮编	电话
中国人民财产保险股份有限公司康乐支公司	康乐县城南街8号	马振海	731500	(0930) 4421382
中国人民财产保险股份有限公司东乡支公司	东乡县锁南镇东西大街40号	魏彦海	731400	(0930) 7121998
中国人民财产保险股份有限公司和政支公司	和政县城关镇昊瑞商住楼B段1层20-23轴商铺	包润军	731200	(0930) 5522859
中国人民财产保险股份有限公司积石山保安族东乡族撒拉族自治县支公司	积石山县吹麻滩镇利民街利民庭院	宋志清	731700	(0930) 7721667
中国人民财产保险股份有限公司甘南藏族自治州分公司	合作市当周街19号	赵　飞	747000	(0941) 8213497
中国人民财产保险股份有限公司合作支公司	合作市当周街19号	刘　城	747000	(0941) 8212934
中国人民财产保险股份有限公司夏河支公司	夏河县河南东村130号	看召加	747100	(0941) 7121119
中国人民财产保险股份有限公司迭部支公司	迭部县城兴迭东街9号	李晋武	747400	(0941) 5622166
中国人民财产保险股份有限公司碌曲支公司	碌曲县玛艾乡勒尔多东路	王　娟	747200	(0941) 6621882
中国人民财产保险股份有限公司玛曲支公司	玛曲县尼玛乡兴隆路55号	韩瑞林	747300	(0941) 6121562
中国人民财产保险股份有限公司舟曲支公司	舟曲县峰迭新区和谐路金融中心	杨　振	746300	(0941) 5122916
中国人民财产保险股份有限公司卓尼支公司	卓尼县木耳街298号	张　平	747600	(0941) 3621621
中国人民财产保险股份有限公司临潭支公司	临潭县城关西大街26号	郭亚忠	747500	(0941) 3123180
中国人民财产保险股份有限公司甘肃矿区分公司	兰州市85信箱J-1号	贾永祥	735100	18993780966

中国人寿财产保险股份有限公司甘肃省分公司分支机构、负责人名录

机构名称	地址	负责人	邮编	电话
中国人寿财产保险股份有限公司兰州市中心支公司	兰州市城关区静宁路298号中海国际大厦1、10、11楼	罗成有	730030	(0931) 7848868
中国人寿财产保险股份有限公司东岗高新技术开发区支公司	兰州市城关区雁滩路3602号	厍锦鹏	730010	(0931) 8507073
中国人寿财产保险股份有限公司七里河区支公司	兰州市七里河区西津东路178号15楼	陈玉麒	730050	(0931) 2614251
中国人寿财产保险股份有限公司西固区支公司	兰州市西固区西固中路598号	宗世恩	730060	(0931) 7369500
中国人寿财产保险股份有限公司红古区支公司	兰州市红古区平安路（花庄路路口）	金智远	730084	(0931) 6216882
中国人寿财产保险股份有限公司城关区支公司	兰州市城关区静宁路298号	焦诺琦	730030	(0931) 7848865
中国人寿财产保险股份有限公司安宁区支公司	兰州市安宁区银滩路206-236号	霍立勋	730070	(0931) 7651638
中国人寿财产保险股份有限公司永登县支公司	永登县胜利街	李有元	730300	(0931) 6421478
中国人寿财产保险股份有限公司皋兰县支公司	皋兰县名藩大道鸿运雅居小区26号商铺	赵　成	730200	(0931) 5726877
中国人寿财产保险股份有限公司榆中县支公司	榆中县栖云南路43号	石建强	730100	(0931) 2123490

续表

机构名称	地址	负责人	邮编	电话
中国人寿财产保险股份有限公司新区支公司	兰州新区纬三路瑞岭花园	张晓龙	730030	（0931）2146881
中国人寿财产保险股份有限公司白银市中心支公司	白银市白银区北京路461号（中国人寿大厦1、10楼）	刘　生	730900	（0943）8225396
中国人寿财产保险股份有限公司平川区支公司	平川区中区乐雅路181号	肖福勤	730913	（0943）6628082
中国人寿财产保险股份有限公司靖远支公司	靖远县风雷街	王世贵	730920	（0943）6130578
中国人寿财产保险股份有限公司会宁支公司	会宁县教场路一中公寓楼1、2号铺面	朱朝勇	730799	（0943）3228601
中国人寿财产保险股份有限公司景泰支公司	景泰县一条山镇振兴路176号	马登英	730400	（0943）5529015
中国人寿财产保险股份有限公司天水市中心支公司	天水市秦州区建设路167号	刘增龙	741000	（0938）4988809
中国人寿财产保险股份有限公司麦积区支公司	天水市麦积区埠南路中盐天水盐业分公司办公楼1楼	张伍堂	741020	（0938）2659782
中国人寿财产保险股份有限公司秦安县支公司	秦安县网校3楼（统办大楼对面）	靳勇徕	741060	（0938）6533331
中国人寿财产保险股份有限公司甘谷县支公司	甘谷县康庄西路	吕小平	741200	（0938）5623260
中国人寿财产保险股份有限公司武山县支公司	武山县滨河北路渭水丽景1楼	杜军平	741300	（0938）3423426
中国人寿财产保险股份有限公司清水县支公司	清水县永清镇中山北路兰天嘉园D-47号	汪德成	741400	13909387699
中国人寿财产保险股份有限公司嘉峪关市中心支公司	嘉峪关市五一南路1908-6#	刘玲英	735100	（0937）5977679
中国人寿财产保险股份有限公司矿区支公司	嘉峪关市和诚西路碧波园A2-6#	田宏选	735100	（0937）5967683
中国人寿财产保险股份有限公司金昌市中心支公司	金昌市金川区昌泰里国红华昌商铺楼	路　明	737100	（0935）5995010
中国人寿财产保险股份有限公司永昌支公司	永昌县城关镇东环路东关供热站西侧商铺5-6号	王金德	737200	（0935）7561007
中国人寿财产保险股份有限公司河西堡支公司	永昌县河西堡镇永电大道电厂福利区38#商住房1楼	许　虹	737200	（0935）7561007
中国人寿财产保险股份有限公司武威市中心支公司	武威市凉州区迎宾路23号	侯建斌	733000	（0935）2316500
中国人寿财产保险股份有限公司天祝县支公司	天祝县华藏寺镇达隆路南侧13号	赖晓军	733200	（0935）3127336
中国人寿财产保险股份有限公司民勤县支公司	民勤县东关南路	吴治泰	733300	（0935）4131822
中国人寿财产保险股份有限公司古浪县支公司	古浪县建设路	李春国	733100	（0935）5120579
中国人寿财产保险股份有限公司张掖市中心支公司	张掖市甘州区金城路757号（张火路口西南侧大楼）	王永国	734000	（0936）8440525
中国人寿财产保险股份有限公司山丹县支公司	山丹县东环北路41号	吴　霖	734100	（0936）2727124
中国人寿财产保险股份有限公司高台县支公司	高台县湿地新区天和家园门店	王兴斌	734300	（0936）6622970
中国人寿财产保险股份有限公司临泽县支公司	临泽县光明电力有限责任公司楼下	王　军	734200	（0936）6622970
中国人寿财产保险股份有限公司民乐县支公司	民乐县东圃货运站2号综合楼	罗成荣	734400	（0936）4411066
中国人寿财产保险股份有限公司平凉市中心支公司	平凉市崆峒区定北路望台花园8号楼	兰小平	744000	（0933）8230768
中国人寿财产保险股份有限公司华亭县支公司	华亭县东大街506号	崔保平	744100	（0933）7729561

续表

机构名称	地址	负责人	邮编	电话
中国人寿财产保险股份有限公司静宁县支公司	静宁县北二环中路法院临街门面7、8号	李晓雄	743400	(0933) 2529756
中国人寿财产保险股份有限公司庄浪县支公司	庄浪县水洛镇新桥路县精淀粉公司住宅楼1-202室	张晓斌	744600	(0933) 6822222
中国人寿财产保险股份有限公司泾川县支公司	泾川县城西环路吴自兴拆迁安置楼	刘鸿飞	744300	(0933) 3304028
中国人寿财产保险股份有限公司灵台县支公司	灵台县南环路灵台县国家税务局办公楼1楼	谢轶群	744400	(0933) 3625881
中国人寿财产保险股份有限公司崆峒区支公司	平凉市崆峒区天门花苑6号楼1-2层5号营业房	刘晓奋	744000	(0933) 8715200
中国人寿财产保险股份有限公司崇信县支公司	崇信县锦屏镇团结西路电力公司综合楼1楼	杜根荣	744200	(0933) 5938345
中国人寿财产保险股份有限公司庆阳市中心支公司	庆阳市西峰区解放西路东口	崔建笃	745000	(0934) 8613366
中国人寿财产保险股份有限公司镇原县支公司	镇原县城南环路南街商贸楼1楼（人行对面）	李　妍	744500	(0934) 7133185
中国人寿财产保险股份有限公司宁县支公司	宁县沙滩8号	崔亚春	745200	(0934) 6622228
中国人寿财产保险股份有限公司庆城县支公司	庆城县育才路30号	段浩杰	745100	(0934) 5953581
中国人寿财产保险股份有限公司环县支公司	环县育才路3号	耿满红	745700	(0934) 4469282
中国人寿财产保险股份有限公司合水县支公司	合水县西华池北街129号	司培源	745700	(0934) 5526500
中国人寿财产保险股份有限公司正宁县支公司	正宁县轩辕大道	赵　康	745300	(0934) 6255102
中国人寿财产保险股份有限公司酒泉市中心支公司	酒泉市肃州区雄关路9-6号	张锐峰	735000	(0937) 2613519
中国人寿财产保险股份有限公司玉门市支公司	玉门市人民路249号一楼	羊攀峰	735211	(0937) 3363958
中国人寿财产保险股份有限公司敦煌市支公司	敦煌市鸣山北路1138号	康春燕	736400	(0937) 8806838
中国人寿财产保险股份有限公司瓜州县支公司	瓜州县渊泉街第四个什字路口北侧广德路	冉军平	736100	(0937) 5528012
中国人寿财产保险股份有限公司金塔县支公司	金塔县宝塔街38号4-6号门店	陈志兴	735300	(0937) 5900629
中国人寿财产保险股份有限公司定西市中心支公司	定西市安定区中华路新华书店1楼、3楼	何保军	743000	(0932) 8221635
中国人寿财产保险股份有限公司临洮县支公司	临洮县东大街2号工商银行综合楼2楼	仝彦君	730500	(0932) 2234898
中国人寿财产保险股份有限公司陇西县支公司	陇西县巩昌镇蔡家滩147号	栾志强	748100	(0932) 6611768
中国人寿财产保险股份有限公司通渭县支公司	通渭县平襄镇北街51号	陈映忠	743300	(0932) 5553573
中国人寿财产保险股份有限公司岷县支公司	岷县岷阳镇电力商铺	杨亚忠	748400	(0932) 7861383
中国人寿财产保险股份有限公司渭源县支公司	渭源县西一路渭宝雅居2-（1、2）	何艳苓	748200	(0932) 5916690
中国人寿财产保险股份有限公司陇南市中心支公司	陇南市武都区建设南路陇南市邮政局附属楼1、4楼	郭爱平	746000	(0939) 5918910
中国人寿财产保险股份有限公司成县支公司	成县城关镇陇南大道（新华书店院内）	李仁勇	742500	(0939) 3200518
中国人寿财产保险股份有限公司徽县支公司	徽县城关镇建新路14号农村信用联社办公楼1、5楼	骆瑶君	742300	(0939) 5931829
中国人寿财产保险股份有限公司西和县支公司	西和县刚泰河滨城二期商铺224房	吴永会	742100	(0939) 6691025

续表

机构名称	地址	负责人	邮编	电话
中国人寿财产保险股份有限公司文县支公司	文县城关东坝326号	宋玉生	742400	(0939) 5526309
中国人寿财产保险股份有限公司康县支公司	康县城关镇中街40号	赵　杰	746500	(0939) 5116996
中国人寿财产保险股份有限公司礼县支公司	礼县城关镇秦汉大道（中国人寿）	吴晓坤	742200	(0939) 5927154
中国人寿财产保险股份有限公司临夏回族自治州中心支公司	临夏市光华路延伸段天元新城梅群小区3号楼	易先武	731100	(0930) 6232062
中国人寿财产保险股份有限公司永靖县支公司	永靖县古城新区在水一方小区5-7号	刘能成	731600	(0930) 8886382
中国人寿财产保险股份有限公司和政县支公司	和政县三合镇周刘家村和汇农产品物流有限公司1号楼	梁　鹏	731200	(0930) 5550915
中国人寿财产保险股份有限公司积石山县支公司	积石山县吹麻滩镇北滨河路延伸段1号综合楼	善孝渊	731700	(0930) 5928801
中国人寿财产保险股份有限公司合作市支公司	合作市当周街乳品厂对面	张　燕	747000	(0941) 8218843

中国太平洋财产保险股份有限公司甘肃分公司分支机构、负责人名录

机构名称	地址	负责人	邮编	电话
中国太平洋财产保险股份有限公司兰州中心支公司	兰州市城关区静宁路308号	赵　涛	730030	(0931) 7879811
中国太平洋财产保险股份有限公司兰州市城关支公司	兰州市城关区静宁路308号	栗永斌	730030	(0931) 7879831
中国太平洋财产保险股份有限公司兰州市东岗支公司	兰州市城关区静宁路308号	王文财	730000	(0931) 7879836
中国太平洋财产保险股份有限公司兰州市七里河支公司	兰州市七里河区任家庄60号	侯　民	730050	(0931) 7879840
中国太平洋财产保险股份有限公司兰州市西固支公司	兰州市西固区中鹏玥园2号楼	毛金龙	730060	(0931) 7879845
中国太平洋财产保险股份有限公司兰州市榆中支公司	榆中县栖云北路155号	金　红	730100	(0931) 7879851
中国太平洋财产保险股份有限公司兰州市永登支公司	永登县和平街2号	孔令华	730300	(0931) 7879855
中国太平洋财产保险股份有限公司兰州市红古支公司	兰州市红古区窑街煤电6小区24号	保守才	730080	(0931) 7879876
中国太平洋财产保险股份有限公司白银中心支公司	白银市白银区西区长安路沿街商铺A段1-2号	何　东	730900	(0943) 5983911
中国太平洋财产保险股份有限公司白银市平川支公司	白银市平川区中区乐雅路7-2号	武　军	730913	(0943) 6628388
中国太平洋财产保险股份有限公司白银市景泰支公司	景泰县条山镇黄河路邮政楼1楼	朱君祖	730400	(0943) 5524500
中国太平洋财产保险股份有限公司白银市靖远支公司	靖远县风雷街3号	拓万亮	730600	(0943) 5907291
中国太平洋财产保险股份有限公司天水中心支公司	天水市秦州区籍河南路一建大厦	张明全	741000	(0938) 8222399
中国太平洋财产保险股份有限公司天水市麦积支公司	天水市麦积区隆昌路3号友谊实业9楼	闫志刚	741020	(0938) 2924029
中国太平洋财产保险股份有限公司天水市甘谷支公司	甘谷县康庄东路	翟晓薇	741200	(0938) 5829926
中国太平洋财产保险股份有限公司嘉峪关支公司	嘉峪关市体育大道989-6号	王兴国	735100	(0937) 6313355

续表

机构名称	地址	负责人	邮编	电话
中国太平洋财产保险股份有限公司金昌中心支公司	金昌市上海路华芳家园综合楼3楼	高培翔	737100	(0935) 6919616
中国太平洋财产保险股份有限公司武威中心支公司	武威市凉州区凤凰路1号	叶宏伟	733000	(0935) 6978881
中国太平洋财产保险股份有限公司武威市天祝支公司	天祝县华藏寺镇祝贡南路14号	曹永梅	733299	(0935) 3136551
中国太平洋财产保险股份有限公司张掖中心支公司	张掖市甘州区东街101号	金福河	734000	(0936) 8252008
中国太平洋财产保险股份有限公司张掖市民乐支公司	民乐县阳光家园小区7号楼4号	金福林	734000	(0936) 4418201
中国太平洋财产保险股份有限公司张掖市高台支公司	高台县景隆馨苑11号楼865号	闫万仓	734300	(0936) 6716501
中国太平洋财产保险股份有限公司平凉中心支公司	平凉市崆峒区公路街2号	薛世英	744000	(0933) 6468068
中国太平洋财产保险股份有限公司平凉市华亭支公司	华亭县东大街519号	杨少文	744100	(0933) 5936166
中国太平洋财产保险股份有限公司平凉市静宁支公司	静宁县东苑小区四栋11-12号	张大庆	744000	(0933) 6480263
中国太平洋财产保险股份有限公司庆阳中心支公司	庆阳市西峰区安化东路豪庭春天3号楼	张　智	745000	(0934) 5926518
中国太平洋财产保险股份有限公司庆阳市环县支公司	环县红星宾馆2楼	李保峰	745700	(0934) 4469299
中国太平洋财产保险股份有限公司庆阳市庆城支公司	庆城县南大街邮政大楼2楼	栗卫卫	745100	(0934) 5925111
中国太平洋财产保险股份有限公司酒泉中心支公司	酒泉市新城区莫高路16号	蔡佰军	735000	(0937) 2665115
中国太平洋财产保险股份有限公司酒泉市敦煌支公司	敦煌市天河湾B段4号1层	王立军	736200	(0937) 8889955
中国太平洋财产保险股份有限公司酒泉市玉门支公司	玉门市铁人南路万豪润园18号	相　鑫	735211	(0937) 3350699
中国太平洋财产保险股份有限公司酒泉市瓜州支公司	瓜州县祁连街盛景花苑住宅小区15号楼7-8号	陆　永	736100	(0937) 5950777
中国太平洋财产保险股份有限公司定西中心支公司	定西市安定区和平街5号	白景昌	743000	(0932) 8227005
中国太平洋财产保险股份有限公司定西市临洮支公司	临洮县洮阳镇文峰北路苗木市场1号	崔小林	730500	(0932) 2237955
中国太平洋财产保险股份有限公司陇南中心支公司	陇南市武都区北山东路教场社区0435号	许小敏	746023	(0939) 5918600
中国太平洋财产保险股份有限公司陇南市成县支公司	成县城关镇小川路中段	董杨红	742500	(0939) 3229889
中国太平洋财产保险股份有限公司陇南市徽县支公司	徽县金徽大道中段紫薇花园3号楼1楼	冯　琳	742300	(0939) 7621688
中国太平洋财产保险股份有限公司临夏中心支公司	临夏市城东二路和谐苑18 -3号	赵永忠	731100	(0930) 5918009
中国太平洋财产保险股份有限公司甘南中心支公司	合作市当周街怡安家园B区10号楼1楼	李　利	747000	(0941) 8268881

中国平安财产保险股份有限公司甘肃分公司分支机构、负责人名录

机构名称	地址	负责人	邮编	电话
中国平安财产保险股份有限公司兰州中心支公司	兰州市安宁区北滨河路1270号	胡晓昀	730030	（0931）8373292
中国平安财产保险股份有限公司兰州新区中心支公司	兰州市兰州新区商业服务中心3号楼1层	刘海军	730050	（0931）7555519
中国平安财产保险股份有限公司兰州市红古支公司	兰州市红古区海石湾镇平安路会展中心B座	刘永斌	730080	（0931）8593182
中国平安财产保险股份有限公司永登支公司	永登县城关镇滨河大道1122号照远小区商用楼	李　晋	730300	（0931）6427355
中国平安财产保险股份有限公司榆中支公司	榆中县环城西路金戎尚都5号楼2号商铺	王立荣	730100	（0931）8593182
中国平安财产保险股份有限公司西固支公司	兰州市西固区西固中路515号中鹏玥园小区1号楼商6	郝国权	730060	（0931）8593202
中国平安财产保险股份有限公司白银中心支公司	白银市白银区工农路127号1楼	王　巍	730900	（0943）8229559
中国平安财产保险股份有限公司靖远支公司	靖远县风雷街南段中艺地毯厂综合楼2楼	张京民	730600	（0943）6130239
中国平安财产保险股份有限公司平川支公司	白银市平川区兴平南路锦绣园住宅小区20号楼9号10号商铺	步振江	730900	（0943）6628613
中国平安财产保险股份有限公司景泰支公司	景泰县一条山镇南街西侧173号	程　云	730400	（0943）5536678
中国平安财产保险股份有限公司会宁支公司	会宁县瑞金路桃园春小区1楼5、6号商铺	陈长安	730700	（0943）3253603
中国平安财产保险股份有限公司天水中心支公司	天水市秦州区藉河北路正大水岸都市3号楼2层	王凌佩	741000	（0938）8279991
中国平安财产保险股份有限公司天水市麦积支公司	天水市麦积区渭滨南路12号邮政局1楼	漆志刚	741020	（0938）2728655
中国平安财产保险股份有限公司秦安支公司	秦安县滨河路重邦尚城小区5号楼	张笑凡	741600	（0938）6520229
中国平安财产保险股份有限公司甘谷支公司	甘谷县康庄西路南侧服装厂1楼	徐荣魁	741200	（0938）5626552
中国平安财产保险股份有限公司嘉峪关中心支公司	嘉峪关市明珠东路1390-21号1-2层	温吉波	735100	（0937）6288111
中国平安财产保险股份有限公司金昌中心支公司	金昌市金川区昌泰里26号	殷　樱	737100	（0935）8211777
中国平安财产保险股份有限公司永昌支公司	永昌县城关镇云川路金华联小区5号楼	王永生	737200	（0935）7613000
中国平安财产保险股份有限公司武威中心支公司	武威市凉州区二环南路140号1栋商业1层8号、2层621、521、522室	李嫦娥	733000	（0935）2239616
中国平安财产保险股份有限公司天祝支公司	天祝县鑫都小区4号楼3单元102、201室	张宗泽	733299	（0935）5942771
中国平安财产保险股份有限公司民勤中心支公司	民勤县东部市场路口电信东关综合楼1号	贾文青	733300	（0935）4134058
中国平安财产保险股份有限公司张掖中心支公司	张掖市甘州区宁和园A区40号楼、42号楼1、2层商铺	化立国	734000	（0936）8278500
中国平安财产保险股份有限公司高台支公司	高台县县府街原县人民检察院办公楼1楼	王延景	734300	（0936）6912230
中国平安财产保险股份有限公司民乐支公司	民乐县世纪大道龙泉花园2号楼4楼	易多洁	734500	（0936）4456366
中国平安财产保险股份有限公司平凉中心支公司	平凉市崆峒区望台巷1号建设局2楼	邹会军	744000	（0933）8238997

续表

机构名称	地址	负责人	邮编	电话
中国平安财产保险股份有限公司华亭支公司	华亭县仪洲大道西段路东沟小区1楼8号	王吉龙	744100	(0933) 7728855
中国平安财产保险股份有限公司静宁支公司	静宁县城关镇西关滨河路民顺家苑30幢3号1–2楼	马永琳	743400	(0933) 2596631
中国平安财产保险股份有限公司庆阳中心支公司	庆阳市西峰区世纪大道25号	杜昀坤	745000	(0934) 8629992
中国平安财产保险股份有限公司庆城支公司	庆城县北区金凤苑东坡1栋34号	郑亚兰	745100	(0934) 3225866
中国平安财产保险股份有限公司宁县支公司	宁县新宁镇人民路20号	刘　忠	745200	(0934) 6629583
中国平安财产保险股份有限公司环县支公司	环县第四中学宿舍楼6号门店（海洋小区对面）	白丽萍	745700	(0934) 4453566
中国平安财产保险股份有限公司酒泉中心支公司	酒泉市肃州区世纪大道58号创业大厦1楼	李其远	735000	(0937) 2656626
中国平安财产保险股份有限公司敦煌支公司	敦煌市沙洲镇大唐文化街C座C20号	田　鹏	736200	(0937) 8819769
中国平安财产保险股份有限公司瓜州支公司	瓜州县公园街13号楼9号	刘万河	736100	(0937) 5559801
中国平安财产保险股份有限公司玉门支公司	玉门市烟草专卖局住宅楼下西侧第3、4间铺面	李晓勇	735200	(0937) 3336857
中国平安财产保险股份有限公司金塔支公司	金塔县新城区文化街B座北面7号门店（上下两层）	虎维明	735300	(0937) 4571379
中国平安财产保险股份有限公司定西中心支公司	定西市安定区凤羽街91号	冯　刚	743000	(0932) 8226811
中国平安财产保险股份有限公司陇西支公司	陇西县巩昌镇中天家园东13号楼4号铺面	张万利	748100	(0932) 6601238
中国平安财产保险股份有限公司临洮支公司	临洮县洮阳镇公园路72号	连治屹	730500	(0932) 2237222
中国平安财产保险股份有限公司岷县支公司	岷县岷阳镇岷州东路	陈旭升	748400	(0932) 7722561
中国平安财产保险股份有限公司陇南中心支公司	陇南市武都区北山东路油橄榄基地兴朝大厦1楼	李海辉	746000	(0939) 8221627
中国平安财产保险股份有限公司宕昌支公司	宕昌县滨河西路26号	李纪伟	748500	(0939) 8218011
中国平安财产保险股份有限公司成县支公司	成县和平东路道路运输管理局1楼	李爱强	742500	(0939) 3203083

永安财产保险股份有限公司甘肃分公司分支机构、负责人名录

机构名称	地址	负责人	邮编	电话
永安财产保险股份有限公司兰州中心支公司	兰州市城关区庆阳路169号陇鑫大厦13楼	康文磊	730000	(0931) 2183599
永安财产保险股份有限公司城关支公司	兰州市城关区庆阳路169号陇鑫大厦13楼	王贵军	730000	(0931) 8373886
永安财产保险股份有限公司东岗支公司	兰州市城关区庆阳路169号陇鑫大厦13楼	冉丽兰	730000	(0931) 2188189
永安财产保险股份有限公司七里河支公司	兰州市七里河区瓜州路2号运管局大厦B塔408室	康振升	730000	(0931) 2343879
永安财产保险股份有限公司西固支公司	兰州市西固区西固中路269号	李煜杰	730060	(0931) 7560188
永安财产保险股份有限公司榆中支公司	榆中县环城西路金牛广场隆鑫国际大酒店办公1号楼	王莹斌	730100	(0931) 5605660

续表

机构名称	地址	负责人	邮编	电话
永安财产保险股份有限公司永登支公司	永登县城关镇滨河路兴勇大厦1楼4号商铺	王军	730300	(0931) 6413821
永安财产保险股份有限公司白银中心支公司	白银市白银区长通路39号	陈年辉	730900	(0943) 8243288
永安财产保险股份有限公司平川支公司	白银市平川区广场路6号楼-7	周刚	730913	(0943) 6623003
永安财产保险股份有限公司景泰支公司	景泰县一条山镇振兴路	周继盛	730400	(0943) 5521755
永安财产保险股份有限公司天水中心支公司	天水市秦州区中心广场金龙大厦23楼	孟瑞娟	741000	(0938) 8280002
永安财产保险股份有限公司天水市麦积支公司	天水市麦积区琥珀路1号	刘小雷	741020	(0938) 2726100
永安财产保险股份有限公司甘谷支公司	甘谷县大像山镇大像山宾馆一楼	黄国红	741200	(0938) 5631112
永安财产保险股份有限公司秦安支公司	秦安县解放路鞋帽城101-105号	安宝太	741600	(0938) 6537255
永安财产保险股份有限公司武山支公司	武山县城关镇宁远大道南侧	孔天西	741300	(0938) 3426760
永安财产保险股份有限公司金昌中心支公司	金昌市金川区北京路延伸段地税局办公楼	赵生海	737100	(0935) 5832389
永安财产保险股份有限公司永昌支公司	永昌县城关区相府路金泽庭院38号楼1层	徐宝崇	737100	(0935) 7655099
永安财产保险股份有限公司武威中心支公司	武威市凉州区胜利街20号	石庆忠	733000	(0935) 2251112
永安财产保险股份有限公司民勤支公司	民勤县城南关22号翰宇商运贸易有限公司1-2楼	许志强	733300	(0935) 4126993
永安财产保险股份有限公司天祝支公司	天祝县华藏寺镇团结路34号（天祝县医药有限责任公司办公楼2楼）	李德峰	733299	(0935) 5817301
永安财产保险股份有限公司古浪支公司	古浪县古浪镇昌灵路（古浪镇镇政府办公楼1-2楼）	段小平	733100	(0935) 5122227
永安财产保险股份有限公司张掖中心支公司	张掖市甘州区东街168号运管所办公楼	杨永恒	734000	(0936) 8239990
永安财产保险股份有限公司山丹支公司	山丹县北大路培黎学校北侧	陈峰	734100	(0936) 2886098
永安财产保险股份有限公司临泽支公司	临泽县县府街西街298号远华招待所2楼	汪洪荣	734200	(0936) 5951899
永安财产保险股份有限公司平凉中心支公司	平凉市崆峒区果园路24号永安保险公司	朱晓兰	744000	(0933) 5928398
永安财产保险股份有限公司静宁支公司	静宁县城关镇中街88号	李本立	743400	(0933) 5928298
永安财产保险股份有限公司泾川支公司	泾川县楠林大厦综合楼6号	郜丹婷	744300	(0933) 5928299
永安财产保险股份有限公司华亭支公司	华亭县仪洲大道西段煤业集团西门68号	贾文婕	744100	(0933) 7724029
永安财产保险股份有限公司庆阳中心支公司	庆阳市西峰区北大街254号	姚天武	745000	(0934) 8610662
永安财产保险股份有限公司环县支公司	环县东台中路综合商住楼1号	张永锋	745700	(0934) 4422525
永安财产保险股份有限公司庆城支公司	庆城县长庆路84号	张晓锋	745100	(0934) 3229400
永安财产保险股份有限公司华池支公司	华池县花苑小区A号楼2单位101室	陈凯锋	745600	(0934) 5260111
永安财产保险股份有限公司镇原支公司	镇原县中兴街8号	吴小枪	744500	(0934) 7123066
永安财产保险股份有限公司宁县支公司	宁县新宁镇沙滩路5号	左鸿涛	745200	(0934) 6623923

续表

机构名称	地址	负责人	邮编	电话
永安财产保险股份有限公司酒泉中心支公司	酒泉市肃州区雄关路6号	张宗锋	735000	（0937）2618900
永安财产保险股份有限公司金塔支公司	金塔县金塔镇西城路225号	李生勃	735000	（0937）4426128
永安财产保险股份有限公司玉门支公司	玉门市新市区人民路国税局办公楼1楼	张宗锋	735000	（0937）3339308
永安财产保险股份有限公司瓜州支公司	瓜州县国土资源局办公楼1楼	于永军	735000	（0937）5526152
永安财产保险股份有限公司敦煌支公司	敦煌市阳关中路30号	刘凯屹	736200	（0937）8823557
永安财产保险股份有限公司定西中心支公司	定西市安定区小北街11号市财政局1楼	冯　江	743000	（0932）8213935
永安财产保险股份有限公司岷县支公司	岷县新城区邮政局1楼	李　伟	748400	（0932）7722975
永安财产保险股份有限公司渭源支公司	渭源县清源镇西一路渭宝嘉园3号楼1–2楼	董会平	748200	（0932）4134939
永安财产保险股份有限公司临洮支公司	临洮县洮阳镇北五里铺车辆检测中心南门西侧	辛天胜	730500	（0932）2244456
永安财产保险股份有限公司漳县支公司	漳县贵清路14号楼	朱桂花	748300	（0932）4868028
永安财产保险股份有限公司通渭支公司	通渭县平襄镇北街58号1楼	孙晓林	743300	（0932）5553203
永安财产保险股份有限公司陇西支公司	陇西县巩昌镇崇文路2号楼1–2楼	杜建军	748100	（0932）6628102
永安财产保险股份有限公司陇南中心支公司	陇南市武都区东江水新村十二区1号	王景踝	746000	（0939）8262086
永安财产保险股份有限公司成县支公司	成县河东区盘旋路农行办公楼	张玲玲	742500	（0939）3203162
永安财产保险股份有限公司西和支公司	西和县汉源镇青年街县车队院内3楼	安敏琴	742100	（0939）6624692
永安财产保险股份有限公司文县支公司	文县城关镇东坝白林新城601号	王景踝	746412	（0939）5527968
永安财产保险股份有限公司宕昌支公司	宕昌县城关镇衙门地	孙耀清	748500	（0939）6127669
永安财产保险股份有限公司临夏中心支公司	临夏市红园路西城壕巷商铺14号	马玉林	731100	（0930）6321926
永安财产保险股份有限公司永靖支公司	永靖县古城新区在水一方1号楼1单元2–1室	饶　鸿	731600	（0930）5922066
永安财产保险股份有限公司广河支公司	广河县河北新区龙丰润苑14号楼6号商铺	马玉成	731300	（0930）5627099
永安财产保险股份有限公司甘南中心支公司	合作市东一路桥头1单元4楼	徐永生	747000	（0941）8219123
永安财产保险股份有限公司迭部支公司	迭部县兴迭东街公路管理段1楼	沙　九	747400	（0941）5626066
永安财产保险股份有限公司临潭支公司	临潭县城关镇西大街70号	丁　全	747500	（0941）3126488

天安财产保险股份有限公司甘肃省分公司分支机构、负责人名录

机构名称	地址	负责人	邮编	电话
天安财产保险股份有限公司兰州中心支公司	兰州市城关区金昌南路158号山水名庭综合楼5楼	梁永军	730000	（0931）8263566
天安财产保险股份有限公司城关区支公司	兰州市城关区嘉峪关东345-347号	李　林	730030	（0931）8591297
天安财产保险股份有限公司西固区支公司	兰州市西固区西固东路171-3号	梁发秀	730050	13893251571
天安财产保险股份有限公司皋兰县支公司	皋兰县东兴路5号	魏彦孔	730200	（0931）7840394
天安财产保险股份有限公司七里河区支公司	兰州市七里河区敦煌路284号阳光家园玫瑰园8号楼C单元702室	郭宝霞	730050	（0931）7840400
天安财产保险股份有限公司红古区支公司	兰州市红古区海石湾镇平安路241号平安广场3楼	孔大明	730080	（0931）6232559
天安财产保险股份有限公司白银中心支公司	白银市白银区北京路486号东侧华谊大酒店2层	李信强	730900	（0943）8260050
天安财产保险股份有限公司平川区支公司	白银市平川区长征西路南侧（乐雅路）	白国俊	730913	（0943）6675337
天安财产保险股份有限公司靖远县支公司	靖远县乌兰镇风雷街7号1幢1层4室	宋文亮	730600	（0943）6131061
天安财产保险股份有限公司天水中心支公司	天水市建设路185号中国工商银行天水分行办公大楼15楼	张广兴	741000	（0938）8277766
天安财产保险股份有限公司清水县支公司	清水县永清镇南环路32-25-1号	杨鸿英	741400	（0938）7110785
天安财产保险股份有限公司麦积区支公司	天水市麦积区羲皇大道马跑泉镇马跑泉村米友不临街商铺3楼	魏建昌	741020	13993898829
天安财产保险股份有限公司嘉峪关中心支公司	嘉峪关市迎宾东路1289号神码科技大厦4楼	吴世江	735100	（0937）6203198
天安财产保险股份有限公司武威中心支公司	武威市凉州区北关什字明珠大厦3楼	单　瑛	733000	（0935）6985807
天安财产保险股份有限公司天祝藏族自治县支公司	天祝县华藏寺镇祝贡南路34号工商院内	陈勋堂	733200	（0935）3126319
天安财产保险股份有限公司民勤县支公司	民勤县南大街4号（工商银行3楼）	苏桂峰	733399	（0935）5937302
天安财产保险股份有限公司张掖中心支公司	张掖市甘州区丹霞东路19号中国人民银行张掖市中心支行办公楼1层	王玉军	734000	（0936）8215519
天安财产保险股份有限公司山丹县支公司	山丹县拐坝湾酒楼1楼103	王文生	734100	（0936）2728422
天安财产保险股份有限公司高台县支公司	高台县滨河丽景16号楼下	权　伟	734300	（0936）6624300
天安财产保险股份有限公司临泽县支公司	临泽县城关镇东关街滨河路8号汽车站1层	牛东林	734200	（0936）5589509
天安财产保险股份有限公司平凉中心支公司	平凉市崆峒区崆峒中路256号恒联商住楼1幢2层4号	周　平	744000	（0933）5936377
天安财产保险股份有限公司华亭县支公司	华亭县华庄路61号	刘　鸣	744100	（0933）7823299
天安财产保险股份有限公司庆阳中心支公司	庆阳市西峰区广场南路13号智林大厦2-3楼	杨　涛	745000	（0934）8689388
天安财产保险股份有限公司镇原县支公司	镇原县南环路10号	张春霞	744500	（0934）7666166
天安财产保险股份有限公司环县支公司	环县县城滨江小区16号楼1层	牛成龙	745700	（0934）4425333

续表

机构名称	地址	负责人	邮编	电话
天安财产保险股份有限公司酒泉中心支公司	酒泉市肃州区世纪大道宏泰小区4号楼3楼	丁桧林	735000	(0937) 2664676
天安财产保险股份有限公司敦煌市支公司	敦煌市鸣山北路1242号	张宏寿	736200	(0937) 8837538
天安财产保险股份有限公司定西中心支公司	定西市安定区南大街欧康世纪都会D区	何玉章	743000	(0932) 8318299
天安财产保险股份有限公司临洮县支公司	临洮县文峰花苑小区商铺	成红红	730500	15101777746
天安财产保险股份有限公司陇南中心支公司	陇南市武都区东江新区3区6号	唐启勤	746000	(0939) 8261201
天安财产保险股份有限公司徽县支公司	徽县金徽大道北城门口安置楼26-27号	臧年义	742300	(0939) 5931168
天安财产保险股份有限公司礼县支公司	礼县城关镇新关村杜巷组106号	刘　耀	742200	(0939) 4426696
天安财产保险股份有限公司临夏回族自治州中心支公司	临夏市城东新区（华璘汽车销售公司展厅）	米　华	731100	(0930) 6329112
天安财产保险股份有限公司广河县支公司	广河县新月广场东侧商铺第28号1楼	马杂海吉	731300	(0930) 5628585
天安财产保险股份有限公司甘南藏族自治州中心支公司	合作市玛曲西路2号（移动公司大楼1楼南侧）	刘海关	747000	(0941) 5910013

中国大地财产保险股份有限公司甘肃分公司分支机构、负责人名录

机构名称	地址	负责人	邮编	电话
中国大地财产保险股份有限公司甘肃分公司营业部	兰州市定西南路438号和平饭店综合楼18层	鲁国义	730000	(0931) 7844041
中国大地财产保险股份有限公司兰州中心支公司	兰州市定西南路438号和平饭店综合楼19层	刘爱民	730030	(0931) 7844080
中国大地财产保险股份有限公司七里河支公司	兰州市七里河区西津东路178号21层	石怀文	730050	(0931) 2682695
中国大地财产保险股份有限公司安宁区支公司	兰州市安宁区安宁西路加莱印象写字楼16楼	李宝玉	730070	(0931) 7675675
中国大地财产保险股份有限公司红古支公司	兰州市红古区海石湾镇平安路976号工商银行6楼	张国栋	730080	(0931) 6222773
中国大地财产保险股份有限公司永登支公司	永登县城关镇团结街885号	把多祥	730300	(0931) 7844143
中国大地财产保险股份有限公司白银中心支公司	白银市白银区红星街269号白银饭店迎宾楼1、4楼	韦玉霞	730900	(0943) 5903336
中国大地财产保险股份有限公司平川区支公司	白银市平川区兴平南路城兴信用社办公楼1楼	张爱民	730913	(0943) 5903018
中国大地财产保险股份有限公司会宁支公司	会宁县开发区电信综合楼1楼商铺1-01	吴　刚	730700	(0943) 5903031
中国大地财产保险股份有限公司天水中心支公司	天水市秦州区藉河北路东方红小区综合楼2楼3-2-1室	仲志强	741000	(0938) 4993189
中国大地财产保险股份有限公司麦积支公司	天水市麦积区埠南路26号工商银行麦积支行3楼	胡文芳	741020	(0938) 4993301
中国大地财产保险股份有限公司甘谷支公司	甘谷县南关别墅区西12号	孙　涛	741200	(0938) 4965218
中国大地财产保险股份有限公司嘉峪关中心支公司	嘉峪关市新华南路2108C号楼1楼	许建新	735100	(0937) 5986089

续表

机构名称	地址	负责人	邮编	电话
中国大地财产保险股份有限公司金昌中心支公司	金昌市金川区建设路66号	张元山	737100	(0935) 5994215
中国大地财产保险股份有限公司武威中心支公司	武威市凉州区胜利街4号信用联社2楼	武贤德	733000	(0935) 5937201
中国大地财产保险股份有限公司古浪支公司	古浪县第五中学校园东侧	张志刚	733100	(0935) 5937220
中国大地财产保险股份有限公司民勤支公司	民勤县东大街生态广场对面新都宾馆1–2楼	刘发梅	733300	(0935) 5937216
中国大地财产保险股份有限公司张掖中心支公司	张掖市汽车东站北侧工商局2楼	李云庆	734000	(0936) 8258159
中国大地财产保险股份有限公司临泽支公司	临泽县西关市场东2号楼（火车站向西100米）	涂东伟	734200	(0936) 5523995
中国大地财产保险股份有限公司民乐支公司	民乐县洪水镇政府大门西侧邮政综合楼3楼	于存华	734500	(0936) 4412000
中国大地财产保险股份有限公司山丹支公司	山丹县甘新北路马场干休所对面	李云庆	734100	(0936) 2818618
中国大地财产保险股份有限公司平凉中心支公司	平凉市崆峒区公路街2号陇东旧机动车交易有限公司2楼	李多成	744300	(0933) 5936988
中国大地财产保险股份有限公司华亭支公司	华亭县泾甘路34号	李兴平	744100	(0933) 5932091
中国大地财产保险股份有限公司庆阳中心支公司	庆阳市西峰区岐黄大道世纪城2号	王　刚	745000	(0934) 5955588
中国大地财产保险股份有限公司庆城支公司	庆城县育才路（建行长庆支行1–2层）	黎　杰	745100	(0934) 5955566
中国大地财产保险股份有限公司环县支公司	环县环城镇文昌路天庆园10号楼7号	董　超	745400	(0934) 4465500
中国大地财产保险股份有限公司酒泉中心支公司	酒泉市新城区世纪大道45号交通大厦1楼	马彦邦	735000	(0937) 5929009
中国大地财产保险股份有限公司敦煌支公司	敦煌市滨河北路通达宾馆南侧	张宏伟	736200	(0937) 5957359
中国大地财产保险股份有限公司定西中心支公司	定西市安定区中华路127号2楼	黄忠平	743000	(0932) 5984313
中国大地财产保险股份有限公司岷县支公司	岷县东港新城4号楼1层	王　斌	748400	(0932) 7733559
中国大地财产保险股份有限公司安定支公司	定西市安定区中华路127号2楼	苏建功	743000	(0932) 5984318
中国大地财产保险股份有限公司渭源支公司	渭源县平桥路西侧	兰卫东	748200	(0932) 4136298
中国大地财产保险股份有限公司陇南中心支公司	陇南市武都区东江新区11区22号	刘　华	746000	(0939) 5918686
中国大地财产保险股份有限公司徽县支公司	徽县城关镇东关新什字西北角处联建综合楼1层	谭　蓉	742300	(0939) 5918690
中国大地财产保险股份有限公司成县支公司	成县城关镇支旗一社	郭　倩	742500	(0939) 5925088
中国大地财产保险股份有限公司临夏中心支公司	临夏市南龙镇州汽车运输服务中心	董海林	731100	(0930) 5910180
中国大地财产保险股份有限公司永靖支公司	永靖县刘家峡镇川南路电力小区1层3号	司福孝	731600	(0930) 5921018
中国大地财产保险股份有限公司和政支公司	和政县三合镇周刘家村周家村小学东侧	陈　真	731200	(0930) 5926008
中国大地财产保险股份有限公司康乐支公司	康乐县迎宾路东都小区10号商铺	汪作武	731500	(0930) 4426961
中国大地财产保险股份有限公司积石山支公司	积石山县保安族东乡族撒拉族自治县吹麻滩镇滨河路以北滨河嘉苑小区1号	蒋元海	731800	(0930) 5910187
中国大地财产保险股份有限公司甘南中心支公司	合作市绍玛路30号塞纳饭店东侧2楼	赵严忠	747000	(0941) 8229990

中华联合财产保险股份有限公司甘肃分公司分支机构、负责人名录

机构名称	地址	负责人	邮编	电话
中华联合财产保险股份有限公司甘肃分公司营业部	兰州市城关区南昌路1728号福文大厦19幢5层西面	张晓蔚	730030	(0931) 8639699
中华联合财产保险股份有限公司兰州市中心支公司	兰州市城关区广武门后街115号福文大厦3楼	朱宁生	730030	(0931) 8460733
中华联合财产保险股份有限公司城关区支公司	兰州市城关区广武门后街115号福文大厦3楼	银大红	730030	13909310856
中华联合财产保险股份有限公司皋兰县支公司	皋兰县北辰路530号	彭正进	730299	(0931) 5722581
中华联合财产保险股份有限公司安宁区支公司	兰州市安宁区安宁东路240号弹簧厂家属楼1楼	马德胜	730070	(0931) 7752316
中华联合财产保险股份有限公司红古区支公司	兰州市红古区海石湾平安路976号	王培禄	730080	(0931) 6223077
中华联合财产保险股份有限公司西固区支公司	兰州市西固区西固中路691号	王　煜	730060	(0931) 7364409
中华联合财产保险股份有限公司七里河区支公司	兰州市七里河区建工中路52号楼2单元502室	张万举	730050	(0931) 2666918
中华联合财产保险股份有限公司永登县支公司	永登县中华街新世纪建材市场对面312国道东端	鲁小虎	730300	(0931) 6412010
中华联合财产保险股份有限公司兰州新区中心支公司	兰州市城关区广武门后街115号福文大厦5楼	张振坤	730030	(0931) 8635618
中华联合财产保险股份有限公司榆中县支公司	榆中县太白东路1号供销宾馆6楼	周海霞	730100	(0931) 5229198
中华联合财产保险股份有限公司雁滩支公司	兰州市高新雁南路18号1层	闫好玉	730000	(0931) 8708593
中华联合财产保险股份有限公司东岗支公司	兰州市城关区甘南路1号1301室	杨丽娟	730099	(0931) 8838280
中华联合财产保险股份有限公司白银市中心支公司	白银市白银区工农路128号	张克霞	730900	(0943) 5932895
中华联合财产保险股份有限公司白银区支公司	白银市白银区工农路128号	朱春松	730900	(0943) 8263989
中华联合财产保险股份有限公司靖远县支公司	靖远县乌兰镇莲湖路5号1幢商铺2层	吴玉东	730600	(0943) 6130616
中华联合财产保险股份有限公司平川区支公司	白银市长征东路251号	方亚东	730913	(0943) 6626066
中华联合财产保险股份有限公司会宁县支公司	会宁县会师镇南大街4号鑫发绒绣服装有限公司综合楼2楼	伏占威	730700	(0943) 5912961
中华联合财产保险股份有限公司景泰县支公司	景泰县一条山镇东街2号	王达国	730400	(0943) 5525630
中华联合财产保险股份有限公司天水市中心支公司	天水市秦州区岷山路88号畅合居5号商铺2楼	范　弟	741000	(0938) 8289355
中华联合财产保险股份有限公司秦州区支公司	天水市秦州区岷山路88号畅合居5号商铺1-2楼	任福利	741000	(0938) 8620308
中华联合财产保险股份有限公司武山县支公司	武山县城关镇电信局4楼	赵　帆	741300	(0938) 3429595
中华联合财产保险股份有限公司甘谷县支公司	甘谷县大像山镇康庄路口邮政大楼3楼	刘　红	741200	(0938) 5621798
中华联合财产保险股份有限公司秦安县支公司	秦安县青年东路	李少红	741600	(0938) 6518105
中华联合财产保险股份有限公司清水县支公司	清水县西江小区B10号商铺1-2楼	乔建菊	741400	(0938) 7158689

续表

机构名称	地址	负责人	邮编	电话
中华联合财产保险股份有限公司麦积区支公司	天水市麦积区陇昌路61号西河苑1楼	郭学兵	741020	(0938) 2659098
中华联合财产保险股份有限公司嘉峪关市中心支公司	嘉峪关市体育大道市体育场东侧气象局办公楼1楼	杨晓炜	735100	(0937) 6318955
中华联合财产保险股份有限公司嘉峪关市支公司	嘉峪关市体育大道市体育场东侧气象局办公楼	任利民	735100	(0937) 6318522
中华联合财产保险股份有限公司金昌市中心支公司	金昌市金川区21区兴顺家园办公楼3楼	张智勇	737100	(0935) 8391001
中华联合财产保险股份有限公司金川区支公司	金昌市金川区21区兴顺家园办公楼1层1号	李智生	737100	(0935) 8391006
中华联合财产保险股份有限公司永昌县支公司	永昌县城关镇南大街	李晓燕	737100	(0935) 7526118
中华联合财产保险股份有限公司河西堡镇支公司	永昌县河西堡镇金河路北侧电视台综合楼办公室1楼	香兴瑞	737100	(0935) 7328190
中华联合财产保险股份有限公司武威市中心支公司	武威市凉州区西关中路8号综合楼3楼	马世彪	733000	(0935) 6123399
中华联合财产保险股份有限公司凉州区支公司	武威市凉州区西关中路8号综合楼2楼	秦浩然	733000	(0935) 6123682
中华联合财产保险股份有限公司天祝县支公司	天祝县华藏寺镇团结路3号	王天云	733000	(0935) 5942661
中华联合财产保险股份有限公司民勤县支公司	民勤县南大街民勤宾馆大门北侧2楼	马中远	733000	(0935) 4121208
中华联合财产保险股份有限公司古浪县支公司	古浪县南直路平贵花园小区	银　玺	733000	(0935) 5120006
中华联合财产保险股份有限公司张掖市中心支公司	张掖市甘州区丹霞东路23号2楼	董家炳	730000	(0936) 8558213
中华联合财产保险股份有限公司甘州区支公司	张掖市甘州区东北郊开发区车管所对面成运汽车修理厂院内2楼	王　彪	734000	(0936) 8889798
中华联合财产保险股份有限公司民乐县支公司	民乐县世纪嘉园大门南商2#	唐万运	734500	(0936) 4414506
中华联合财产保险股份有限公司临泽县支公司	临泽县健康路159号	吕建国	734200	(0936) 5522622
中华联合财产保险股份有限公司高台县支公司	高台县西晨丽景8号9号楼楼梯北二层门店591号	常登红	734300	(0936) 5997675
中华联合财产保险股份有限公司山丹县支公司	张掖市山丹县东环路11号（凯悦商务宾馆1层）	车　龙	734100	(0936) 2726665
中华联合财产保险股份有限公司平凉市中心支公司	平凉市崆峒区崆峒中路245号盐务局2楼	邢刚文	744000	(0933) 8712899
中华联合财产保险股份有限公司崆峒区支公司	平凉市崆峒区解放北路85号	高海燕	743400	(0933) 8693680
中华联合财产保险股份有限公司静宁县支公司	静宁县城关镇东拓成纪大道德顺花园1楼	樊小峰	743400	(0933) 2537399
中华联合财产保险股份有限公司庄浪县支公司	庄浪县水洛镇南滨路15-17号	高丙雄	744600	(0933) 6622111
中华联合财产保险股份有限公司华亭县支公司	华亭县仪洲大道中段客运中心1楼	王振兴	744100	(0933) 5932069
中华联合财产保险股份有限公司崇信县支公司	崇信县西南路御苑小区4号	马晓春	744200	(0933) 6128866
中华联合财产保险股份有限公司灵台县支公司	灵台县中台镇财政楼中天宾馆1楼	朱彦凯	744400	(0933) 3626589
中华联合财产保险股份有限公司泾川县支公司	泾川县农林北路北段	刘　涛	744300	(0933) 5928286
中华联合财产保险股份有限公司庆阳市中心支公司	庆阳市西峰区庆化大道44号2楼	朱忠贤	745000	(0934) 8229615
中华联合财产保险股份有限公司西峰区支公司	庆阳市西峰区民族路111号	张小兰	745000	15193631666

续表

机构名称	地址	负责人	邮编	电话
中华联合财产保险股份有限公司镇原县支公司	镇原县城关镇东街东安公馆2号楼	刘继尧	745000	(0934) 7666618
中华联合财产保险股份有限公司环县支公司	环县县城滨河路10号	郑改勤	745700	(0934) 4458212
中华联合财产保险股份有限公司庆城县支公司	庆城县北区庆华路水岸绿苑22号楼B11号商铺	安鹏飞	745100	(0934) 3258586
中华联合财产保险股份有限公司宁县支公司	宁县新宁镇新宁路	李春霞	745200	(0934) 6656855
中华联合财产保险股份有限公司华池县支公司	华池县花苑小区什字2楼	张 峰	745600	(0934) 5128891
中华联合财产保险股份有限公司酒泉市中心支公司	酒泉市肃州区新城区阳关路20号(金鼎苑1号楼2层办公楼)	蒋立志	735000	(0937) 2880018
中华联合财产保险股份有限公司肃州区支公司	酒泉市肃州区西关路11号（西峰乡官北沟村委会综合楼）	段谢喜	735000	(0937) 2669395
中华联合财产保险股份有限公司金塔县支公司	金塔县解放路158号（金塔公路路政执法管理所办公楼1楼）	王建广	735000	(0937) 4422012
中华联合财产保险股份有限公司玉门市支公司	玉门市新市区新城玉关路234号	李玉宝	735211	(0937) 3338918
中华联合财产保险股份有限公司瓜州县支公司	瓜州县渊泉街134号	彭幸录	736100	(0937) 5525860
中华联合财产保险股份有限公司敦煌市支公司	敦煌市宁塞路6号	刘一鸣	736200	(0937) 8822255
中华联合财产保险股份有限公司定西中心支公司	定西市安定区交通路429号润银家园B区商铺2楼	武开忠	743000	(0932) 8770113
中华联合财产保险股份有限公司安定区支公司	定西市安定区交通路429号润银家园B区商铺2楼	陈 宏	743000	(0932) 8710110
中华联合财产保险股份有限公司通渭县支公司	通渭县平襄镇一中巷29号	曹 辉	743300	(0932) 5339851
中华联合财产保险股份有限公司临洮县支公司	临洮县洮阳镇瑞新路兆烽嘉园	刘晓林	730500	(0932) 2382267
中华联合财产保险股份有限公司岷县支公司	岷县岷州东路30号	张 强	748400	(0932) 7726955
中华联合财产保险股份有限公司陇西县支公司	陇西县巩昌镇崇文路“育鹏家园”D-E段109-110号	杨少雄	748100	(0932) 6665880
中华联合财产保险股份有限公司渭源县支公司	渭源县清源镇首阳路43号	赵玉霞	748200	(0932) 4137096
中华联合财产保险股份有限公司陇南市中心支公司	陇南市武都区东江水新农村安置区8区1排	李 晶	746000	(0939) 8657520
中华联合财产保险股份有限公司武都区支公司	陇南市武都区东江水新农村安置区8区1排	李 燕	746000	(0939) 8657219
中华联合财产保险股份有限公司成县支公司	成县陇南大道梁山路地震局1楼	李建宁	742500	(0939) 3225200
中华联合财产保险股份有限公司文县支公司	文县双桥街131号3楼	张 峰	746400	(0939) 5526059
中华联合财产保险股份有限公司礼县支公司	礼县城关镇中山路150号2楼	杨雪峰	742200	18793911118
中华联合财产保险股份有限公司西和县支公司	西和县汉源镇中山南路	何建功	742100	(0939) 6627519
中华联合财产保险股份有限公司康县支公司	康县上咀台三岔路口西街59号	张存益	746500	(0939) 5118558
中华联合财产保险股份有限公司宕昌县支公司	宕昌县城关镇羊马城桥头	韩俊香	748500	13830903255
中华联合财产保险股份有限公司临夏回族自治州中心支公司	临夏市西关路（小西关）16号2楼	徐浩明	731100	(0930) 6241666
中华联合财产保险股份有限公司临夏县支公司	临夏县韩集镇双城村	杨学文	731800	(0930) 3287168

续表

机构名称	地址	负责人	邮编	电话
中华联合财产保险股份有限公司永靖县支公司	永靖县刘家峡镇黄河路60号	刘建军	731600	(0930) 8896177
中华联合财产保险股份有限公司康乐县支公司	康乐县附城镇胭脂路48号	马守义	731500	(0930) 4428288
中华联合财产保险股份有限公司积石山县支公司	积石山县吹麻滩镇临夏路	杨玉萍	731700	(0930) 7726099
中华联合财产保险股份有限公司东乡县支公司	东乡县锁南镇东大路1-2楼	马光英	731400	(0930) 7121643
中华联合财产保险股份有限公司临夏市支公司	临夏市团结北路临夏县国税局家属楼1单元1楼111室	王玉平	731100	(0930) 6380883
中华联合财产保险股份有限公司和政县支公司	和政县三合镇周刘家村滨河路1层商铺	孙新源	731200	(0930) 5500600
中华联合财产保险股份有限公司广河县支公司	广河县城关镇跃进路1号	马志得	731300	(0930) 5623788
中华联合财产保险股份有限公司甘南藏族自治州中心支公司	合作市四五路无线电视监测站3楼	王都吉	747000	(0941) 8219686
中华联合财产保险股份有限公司合作市支公司	合作市四五路无线电视监测站2楼	王　军	747000	13893986685
中华联合财产保险股份有限公司临潭县支公司	临潭县城关镇洮州宾馆4楼	敏文玉	747500	(0941) 3133334
中华联合财产保险股份有限公司舟曲县支公司	舟曲县城关镇广坝大塄坎3楼	杨海林	746300	(0941) 5183839
中华联合财产保险股份有限公司迭部县支公司	迭部县交通局旁边中华保险2楼	尚建军	747400	(0941) 5666109

安邦财产保险股份有限公司甘肃分公司分支机构、负责人名录

机构名称	地址	负责人	邮编	电话
安邦财产保险股份有限公司甘肃分公司	兰州市城关区东岗西路638号	孙　勇	730030	(0931) 8405678
安邦财产保险股份有限公司七里河支公司	兰州市城关区东岗西路638号财富中心11层	王喜伟	730030	(0931) 4538090
安邦财产保险股份有限公司白银中心支公司	白银市北京路369号(08-1)1幢8-(2-3)	徐文生	730900	(0943) 5932658
安邦财产保险股份有限公司天水中心支公司	天水市秦州区南郭路中段天庆嘉园14号楼4号商铺	张爱玲	741000	(0938) 6835891
安邦财产保险股份有限公司武威中心支公司	武威市凉州区民族街129-1号2楼	贾永浩	733000	(0935) 5934985
安邦财产保险股份有限公司张掖中心支公司	张掖市甘州区东环路仁和广场4号楼6层	景兆军	734000	(0936) 5993290
安邦财产保险股份有限公司平凉中心支公司	平凉市崆峒区丰收北路华电小区6号3号楼	李革平	744000	(0933) 5936339
安邦财产保险股份有限公司庆阳中心支公司	庆阳市西峰区东仓巷108号	毛志鑫	745100	(0934) 5956391
安邦财产保险股份有限公司酒泉中心支公司	酒泉市新城区玉门东路8号 （飞天商务写字楼3-3号3层）	王钦瑞	735000	(0937) 5997289
安邦财产保险股份有限公司安定支公司	定西市安定区交通路368号	陈　宏	743000	(0932) 5983668
安邦财产保险股份有限公司陇南中心支公司	陇南市武都区长江大道第二标段天泽世纪新城6幢108号房	陈　杰	746000	(0939) 5910020
安邦财产保险股份有限公司临夏中心支公司	临夏市西郊新村58-5栋	黎　建	731100	(0930) 5912885

续表

机构名称	地址	负责人	邮编	电话
安邦财产保险股份有限公司合作支公司	合作市怡安家园住宅小区第A5栋第1层西7号	徐立海	747000	(0941) 6938282

阳光财产保险股份有限公司甘肃省分公司分支机构、负责人名录

机构名称	地址	负责人	邮编	电话
阳光财产保险股份有限公司兰州中心支公司	兰州市城关区武都路329号金惠大厦12层	武占青	730030	(0931) 8489785
阳光财产保险股份有限公司城关支公司	兰州市城关区武都路329号金惠大厦12层	宋　刚	730030	(0931) 8489726
阳光财产保险股份有限公司七里河支公司	兰州市七里河区西津东路475号龙源大厦403室	霍　旻	730000	(0931) 2656091
阳光财产保险股份有限公司西固支公司	兰州市西固区福利路街道公园路129号长业大厦17层	杨　勇	730000	(0931) 7525758
阳光财产保险股份有限公司安宁支公司	兰州市安宁区北滨河西路连铝大厦21楼	景泽庆	730070	(0931) 6744618
阳光财产保险股份有限公司白银中心支公司	白银市白银区工农路棉纺厂什字阳光大厦7楼	张　平	730900	(0943) 5903039
阳光财产保险股份有限公司平川支公司	白银市平川区长征东路煤炭工业学校教学实验楼底层商铺001号	李君萍	730913	(0943) 6781985
阳光财产保险股份有限公司景泰支公司	景泰县一条山镇南街339号	俞建荣	730400	(0943) 5527696
阳光财产保险股份有限公司靖远支公司	靖远县风雷街23号1幢1-2楼	魏立靖	736000	(0943) 6319552
阳光财产保险股份有限公司会宁支公司	会宁县会师镇开发区宗义东路原烟草公司2楼	柳　渥	730700	无
阳光财产保险股份有限公司金昌中心支公司	金昌市文化节17栋7-8号	刘　英	737100	(0935) 8329320
阳光财产保险股份有限公司武威中心支公司	武威市凉州区东大街101号（区政府大门西侧3楼）	崔生辉	733000	(0935) 2118118
阳光财产保险股份有限公司民勤支公司	民勤县南环路	马中华	733399	(0935) 5815292
阳光财产保险股份有限公司张掖中心支公司	张掖市南环路新闻大厦4楼	刘　健	734000	(0936) 8685179
阳光财产保险股份有限公司临泽支公司	临泽县自由路129号	温丽君	734200	(0936) 5580689
阳光财产保险股份有限公司平凉中心支公司	平凉市崆峒西路天门花苑6号楼1-2层	戴琪军	744000	(0933) 8511185
阳光财产保险股份有限公司静宁支公司	静宁县北二环西路建设局办公楼1层1号铺面	陈先进	743400	(0933) 2522886
阳光财产保险股份有限公司华亭支公司	华亭县东大街521号	戴琪军	744100	(0933) 7726316
阳光财产保险股份有限公司庆阳中心支公司	庆阳市西峰区汽车南站三力宾馆2号商铺	樊艺芳	745000	(0934) 8888903
阳光财产保险股份有限公司正宁支公司	正宁县北环路1号	荀丽芳	745300	(0934) 6122895
阳光财产保险股份有限公司环县支公司	环县滨江小区17号楼2号门面房	徐廷玺	745700	(0934) 4600919
阳光财产保险股份有限公司酒泉中心支公司	酒泉市肃州区雄关路18号	朱新全	735000	(0937) 2601092
阳光财产保险股份有限公司敦煌支公司	敦煌市鸣山路月影广场北侧商铺楼3号1-2楼	段　禹	736200	(0937) 8833682

续表

机构名称	地　　址	负责人	邮　编	电　话
阳光财产保险股份有限公司玉门支公司	玉门市新市区昌盛路万豪景苑2号楼2段101铺	徐小红	735211	（0937）3333396
阳光财产保险股份有限公司定西中心支公司	定西市安定区民主北路173处办公楼4楼	周　琴	743000	（0932）8226582
阳光财产保险股份有限公司临洮支公司	临洮县洮阳镇五里铺镇运管局综合楼	周　琴	730500	（0932）2233233
阳光财产保险股份有限公司陇西支公司	陇西县巩昌镇客运站办公楼2楼	陈俊伟	748100	（0932）6666718
阳光财产保险股份有限公司渭源支公司	渭源县新街23号盐业公司2楼	刘　英	748200	（0932）4139090
阳光财产保险股份有限公司岷县支公司	岷县润城家园1号楼4号商铺	孙惠玲	748400	（0932）7724838
阳光财产保险股份有限公司陇南中心支公司	陇南市武都区东江新区5号路第一安置区19号安置楼	张建新	746000	（0939）8598685
阳光财产保险股份有限公司临夏中心支公司	临夏市庆胜东路19–2号，义乌商贸城9号楼3楼	冯小刚	731100	（0930）6317073

都邦财产保险股份有限公司甘肃分公司分支机构、负责人名录

机构名称	地　　址	负责人	邮　编	电　话
都邦财产保险股份有限公司甘肃分公司	兰州市城关区正宁路117号（原省军区营房楼5、6楼）	周辽东	730000	（0931）8120155
都邦财产保险股份有限公司天水中心支公司	天水市秦州区泰山东路31号	汤　契	741000	（0938）6812996
都邦财产保险股份有限公司张掖中心支公司	张掖市甘州区东大街17号	无（停业保牌）	734000	无
都邦财产保险股份有限公司平凉中心支公司	平凉市崆峒区来远路22号	郭伟忠	744000	（0933）8718766
都邦财产保险股份有限公司酒泉中心支公司	酒泉市肃州区西大街15–1号	徐生军	735000	18993750511

永诚财产保险股份有限公司甘肃分公司分支机构、负责人名录

机构名称	地　　址	负责人	邮　编	电　话
永诚财产保险股份有限公司甘肃分公司	兰州市城关区酒泉路31号汇金大厦17楼	王世文	730000	（0931）8235700
永诚财产保险股份有限公司兰州中心支公司	兰州市城关区酒泉路31号汇金大厦17楼	吴晓利	730000	（0931）8235700
永诚财产保险股份有限公司白银中心支公司	白银市白银区公园南路50号	刘国军	730900	（0943）6926319
永诚财产保险股份有限公司天水中心支公司	天水市秦州区河北路金都天湖名府1号楼4层	曹有全	741000	（0938）6818998
永诚财产保险股份有限公司张掖中心支公司	张掖市甘州区县府南街218号鼎和帝都商住组团四号楼4楼	王世珍	734000	（0936）6912678
永诚财产保险股份有限公司平凉中心支公司	平凉市崆峒区崆峒西路101号2楼	甘万银	744000	（0933）8511286
永诚财产保险股份有限公司定西中心支公司	定西市安定区新城大道西郊悦心润苑1号楼1栋商铺	刘　胜	743000	（0932）6919311

中国人民人寿保险股份有限公司甘肃省分公司分支机构、负责人名录

机构名称	地址	负责人	邮编	电话
中国人民人寿保险股份有限公司兰州市中心支公司	兰州市城关区庆阳路75号中科银座大厦西塔第26层（东面、南面）	王 哲	730030	(0931) 8765648
中国人民人寿保险股份有限公司兰州市城关支公司	兰州市城关区民主西路299号至诚大厦609室	安 东	730030	(0931) 8128318
中国人民人寿保险股份有限公司兰州市七里河支公司	兰州市七里河区建工西街3号金雨大厦14层1422室	孟祥鹏	730050	(0931) 2951164
中国人民人寿保险股份有限公司兰州市西固支公司	兰州市西固区福利西路18号	张燕红	730060	(0931) 7549091
中国人民人寿保险股份有限公司兰州市安宁支公司	兰州市安宁区安宁东路321号	陈丽萍	730070	(0931) 8795654
中国人民人寿保险股份有限公司白银市中心支公司	白银市白银区人民路145号永腾商务大厦	强有锁	730900	(0943) 8232308
中国人民人寿保险股份有限公司会宁县支公司	会宁县东山根综合楼	和金龙	730700	(0943) 5937079
中国人民人寿保险股份有限公司景泰县支公司	景泰县一条山镇705路西	刘 刚	730400	(0943) 5573686
中国人民人寿保险股份有限公司靖远县支公司	靖远县东大街供电所对面临街3层2楼	关维德	730600	(0943) 6125318
中国人民人寿保险股份有限公司白银市平川支公司	白银市平川区盘旋路如意综合楼	石 彬	730900	(0943) 6629918
中国人民人寿保险股份有限公司天水市中心支公司	天水市秦州区岷山路2号	伏志英	741000	(0938) 6858328
中国人民人寿保险股份有限公司甘谷县支公司	甘谷县大像山镇新城街电信局	薛富忠	741200	(0938) 5628130
中国人民人寿保险股份有限公司天水市麦积支公司	天水市麦积区泉湖路盛达公司办公楼2楼	李 萍	741020	(0938) 2726425
中国人民人寿保险股份有限公司秦安县支公司	秦安县兴国镇太白街9号	张霞霞	741600	(0938) 6523663
中国人民人寿保险股份有限公司武威市中心支公司	武威市凉州区武威市北关什字东北角明珠大厦3层	缪召起	733000	(0935) 6967030
中国人民人寿保险股份有限公司张掖市中心支公司	张掖市甘州区西环路90号	王世斌	734000	(0936) 6928051
中国人民人寿保险股份有限公司高台县支公司	高台县城关镇解放北路12号	蒋生兵	734300	(0936) 6631619
中国人民人寿保险股份有限公司临泽县支公司	临泽县东关街 387 号	桑吉伟	734000	(0936) 5522333
中国人民人寿保险股份有限公司民乐县支公司	乐县洪水镇政府门面3楼301室	许 宏	734500	(0936) 4436239
中国人民人寿保险股份有限公司山丹县支公司	山丹县北环路和润商厦5号楼7层	陈 军	734100	(0936) 2728386
中国人民人寿保险股份有限公司平凉市中心支公司	平凉市西街石家巷1号人行培训中心（金融宾馆）2、4楼	李雪宏	744000	(0933) 8210799
中国人民人寿保险股份有限公司华亭县支公司	华亭县东大街530号	李宏伟	744100	(0933) 7726752
中国人民人寿保险股份有限公司泾川县支公司	泾川县城关镇北新街9号	鲁军亮	744300	(0933) 3322182
中国人民人寿保险股份有限公司静宁县支公司	静宁县城关镇西街与西环路的道路什字路口县邮政局办公楼5楼	谢振振	743400	(0933) 2523769
中国人民人寿保险股份有限公司庆阳市中心支公司	庆阳市西峰区南大街538号	蒋自恒	745000	(0934) 8680526

续表

机构名称	地址	负责人	邮编	电话
中国人民人寿保险股份有限公司华池县支公司	华池县华池县西关街8号华池县锦贸有限责任公司第4层	杨智麟	745600	(0934) 5521416
中国人民人寿保险股份有限公司环县支公司	环县环城镇中街225号3楼	刘淑梅	745700	(0934) 4425149
中国人民人寿保险股份有限公司宁县支公司	宁县宁县新宁镇九龙路2号宁县新华书店4楼	尚晓军	745200	(0934) 6621617
中国人民人寿保险股份有限公司庆城县支公司	庆城县北区庆城路30号张斌私有商用楼3楼	贾世有	745100	(0934) 3210660
中国人民人寿保险股份有限公司镇原县支公司	镇原县城关镇中兴街	朱晓博	744500	(0934) 7123889
中国人民人寿保险股份有限公司酒泉市中心支公司	酒泉市肃州区西关秀园路1号大厦5楼	王允龙	735000	(0937) 2669370
中国人民人寿保险股份有限公司定西市中心支公司	定西市安定区解放路10号2楼	张文义	743000	(0932) 8236001
中国人民人寿保险股份有限公司临洮县支公司	临洮县北大街迭部林业局综合商贸楼	赵临东	730500	(0932) 2239055
中国人民人寿保险股份有限公司陇南市中心支公司	陇南市武都区盘旋东路（原妇幼保健院办公楼）2楼	朱　玉	746000	(0939) 8269009

中国人寿保险股份有限公司甘肃省分公司分支机构、负责人名录

机构名称	地址	负责人	邮编	电话
中国人寿保险股份有限公司兰州市分公司	兰州市静宁路路222号	王建刚	730030	(0931) 8475668
中国人寿保险股份有限公司兰州市城关支公司	兰州市城关区金昌南路228号	王　剑	730030	(0931) 8877270
中国人寿保险股份有限公司兰州市七里河区支公司	兰州市七里河区西津东路256号	王伶俐	730050	(0931) 2653556
中国人寿保险股份有限公司兰州市安宁区支公司	兰州市安宁区东路243号	马　毓	730070	(0931) 7756241
中国人寿保险股份有限公司兰州市红古区支公司	兰州市红古区海石湾镇	梁　斌	730084	(0931) 6216270
中国人寿保险股份有限公司永登县支公司	永登县人民街东段	张黎军	730300	(0931) 6426173
中国人寿保险股份有限公司皋兰县支公司	皋兰县城关镇	张　超	730200	(0931) 5722261
中国人寿保险股份有限公司榆中县支公司	榆中县城关镇	齐垚威	730100	(0931) 5221776
中国人寿保险股份有限公司白银分公司	白银市白银区公园路95号	张小东	730900	(0943) 8313899
中国人寿保险股份有限公司白银市白银区支公司	白银市白银区公园路95号	刘小军	730900	(0943) 8223386
中国人寿保险股份有限公司白银市平川区支公司	白银市平川区兴平北路18号	杨建业	730913	(0943) 6621298
中国人寿保险股份有限公司靖远县支公司	靖远县城西大街	翟建荣	730600	(0943) 6123970
中国人寿保险股份有限公司会宁县支公司	会宁县会师镇盘旋路	杨彦博	730700	(0943) 3221754
中国人寿保险股份有限公司景泰县支公司	景泰县一条山镇西街	韦　韬	730400	(0943) 5524031
中国人寿保险股份有限公司天水分公司	天水市秦州区建设路十方堂	李源良	741000	(0938) 8280399

续表

机构名称	地址	负责人	邮编	电话
中国人寿保险股份有限公司秦州区支公司	天水市秦州区建设路十方堂	高天翔	741000	(0938) 8271625
中国人寿保险股份有限公司麦积区支公司	天水市麦积区渭滨北路东1号	冯　斌	741020	(0938) 2736989
中国人寿保险股份有限公司清水县支公司	清水县北环路	李弘君	741400	(0938) 7151405
中国人寿保险股份有限公司秦安县支公司	秦安县青年东路	周生平	741600	(0938) 6529699
中国人寿保险股份有限公司甘谷县支公司	甘谷县城关镇新城街康庄西路	孙玉峰	741200	(0938) 5623491
中国人寿保险股份有限公司武山县支公司	武山县城关镇宁远路	王小恒	741300	(0938) 3421632
中国人寿保险股份有限公司张川县支公司	张家川县张家川镇人民西路6号	许　强	741500	(0938) 7882926
中国人寿保险股份有限公司嘉峪关分公司	嘉峪关市新华中路46号	陈晓辉	735100	(0937) 6232775
中国人寿保险股份有限公司甘肃矿区支公司	嘉峪关市和诚西路359-4号	陈秉公	732850	(0937) 6783049
中国人寿保险股份有限公司金昌分公司	金昌市新华东路79号	张国锋	737100	(0935) 8212342
中国人寿保险股份有限公司金昌市金川区支公司	金昌市金川区金芝里	滕光明	737100	13830558269
中国人寿保险股份有限公司永昌县支公司	永昌县城关镇东大街	哈国香	737100	(0935) 7521077
中国人寿保险股份有限公司河西堡支公司	金昌市河西堡镇河雅路79号	李　芳	737100	(0935) 7322570
中国人寿保险股份有限公司武威分公司	武威市凉州区南大街49号	李金贵	733000	(0935) 2221741
中国人寿保险股份有限公司武威市凉州区支公司	武威市凉州区南大街49号	靳文武	733000	(0935) 2265414
中国人寿保险股份有限公司天祝藏族自治县支公司	天祝县华藏寺镇团结路	王兆鹏	733200	(0935) 3122497
中国人寿保险股份有限公司古浪县支公司	古浪县建设路	吴志贵	733100	(0935) 5121339
中国人寿保险股份有限公司民勤县支公司	民勤县城关镇东大街	张光德	733300	(0935) 4121446
中国人寿保险股份有限公司张掖分公司	张掖市甘州南大街46号	王兴智	734000	(0936) 8225854
中国人寿保险股份有限公司张掖市甘州区支公司	张掖市甘州南环路108号	张春义	734000	(0936) 8234150
中国人寿保险股份有限公司山丹县支公司	山丹县东大街53号	魏　强	734100	(0936) 2721553
中国人寿保险股份有限公司民乐县支公司	民乐县西大街	马志俊	734500	(0936) 4423360
中国人寿保险股份有限公司临泽县支公司	临泽县文化路262号	濮彩花	734200	(0936) 5524792
中国人寿保险股份有限公司高台县支公司	高台县城关镇人民西路5号	魏吉超	734300	(0936) 6623991
中国人寿保险股份有限公司肃南裕固族自治县支公司	肃南县红湾寺镇明花路6号	陈韶霞	734400	(0936) 6121423
中国人寿保险股份有限公司平凉分公司	平凉市下县巷1号	程　江	744000	(0933) 8225578
中国人寿保险股份有限公司平凉市崆峒区支公司	平凉市下县巷1号	付　强	744000	(0933) 6466808
中国人寿保险股份有限公司泾川县支公司	泾川县县城北新街25号	王有德	744300	(0933) 3321239

续表

机构名称	地址	负责人	邮编	电话
中国人寿保险股份有限公司灵台县支公司	灵台县中介镇南环路36号	高　森	744400	(0933) 3622396
中国人寿保险股份有限公司崇信县支公司	崇信县县城团结路西路	戴文杰	744200	(0933) 6121578
中国人寿保险股份有限公司华亭县支公司	华亭县东大街494号	王海平	744100	(0933) 7726095
中国人寿保险股份有限公司庄浪县支公司	庄浪县水洛镇滨河南路街48号	胡晓博	744600	(0933) 6622077
中国人寿保险股份有限公司静宁县支公司	静宁县城关镇北环路95号	陈国科	743400	(0933) 2521021
中国人寿保险股份有限公司庆阳分公司	庆阳市西峰区真宁路99号	陈效库	745000	(0934) 8633936
中国人寿保险股份有限公司庆阳市西峰区支公司	庆阳市西峰区真宁路99号	李政权	745000	(0934) 8632229
中国人寿保险股份有限公司庆城县支公司	庆城县育才路33号	张克禄	745100	(0934) 3221644
中国人寿保险股份有限公司宁县支公司	宁县新宁镇新宁路28号	郭世禄	745200	(0934) 6623575
中国人寿保险股份有限公司镇原县支公司	镇原县城南环路12号	孙广宁	744500	(0934) 7123960
中国人寿保险股份有限公司正宁县支公司	正宁县城北新街8号	闫　石	745300	13993408156
中国人寿保险股份有限公司环县支公司	环县环城镇中街	周继宗	745700	(0934) 4422390
中国人寿保险股份有限公司合水县支公司	合水县西华南街031号	都淑霞	745400	(0934) 5521734
中国人寿保险股份有限公司华池县支公司	华池县华吴路217号	左保杰	745600	(0934) 5121680
中国人寿保险股份有限公司酒泉分公司	酒泉市盘旋西路9号	杨天东	735000	(0937) 2656271
中国人寿保险股份有限公司瓜州县支公司	瓜州县渊泉镇南大街什字	魏建辉	736100	(0937) 5522584
中国人寿保险股份有限公司敦煌市支公司	敦煌市阳关中路12号	肖学峰	736200	(0937) 8823002
中国人寿保险股份有限公司金塔县支公司	金塔县解放路181号	李　方	735300	(0937) 4421786
中国人寿保险股份有限公司玉门市支公司	玉门市玉门镇北街	贾晓武	735200	(0937) 3368900
中国人寿保险股份有限公司酒泉市肃州区支公司	酒泉市北大街5号	于永江	735000	(0937) 2663376
中国人寿保险股份有限公司定西分公司	定西市安定区南大街177号	孙　剑	743000	(0932) 8225658
中国人寿保险股份有限公司定西市安定区支公司	定西市安定区大什字（中国工商银行定西分行办公楼）	张　珂	743000	(0932) 8217378
中国人寿保险股份有限公司通渭县支公司	通渭县北大街	赵宁一	743300	(0932) 5552651
中国人寿保险股份有限公司陇西县支公司	陇西县巩昌镇南大街16号	李军平	748100	(0932) 6627293
中国人寿保险股份有限公司渭源县支公司	渭源县首阳路9号	韦建英	748200	(0932) 4132875
中国人寿保险股份有限公司临洮县支公司	临洮县北大街13号	李军选	730500	(0932) 2246291
中国人寿保险股份有限公司漳县支公司	漳县武阳路51号	张立军	748300	(0932) 4861301
中国人寿保险股份有限公司岷县支公司	岷县新民街28号	赵想平	748400	(0932) 7727316

续表

机构名称	地址	负责人	邮编	电话
中国人寿保险股份有限公司陇南分公司	陇南市武都区建设东路	刘少康	746000	(0939) 8262001
中国人寿保险股份有限公司礼县支公司	礼县城关中山路25号	杜红牛	742200	(0939) 4421162
中国人寿保险股份有限公司西和县支公司	西和县汉源镇前进街	官 文	742100	(0939) 6621066
中国人寿保险股份有限公司成县支公司	成县城关环城路8号	张 昆	742500	(0939) 3216255
中国人寿保险股份有限公司康县支公司	康县城关南街34号	刘 斌	746500	(0939) 5121335
中国人寿保险股份有限公司陇南市武都区支公司	陇南市武都区南桥路136号	王炳国	746000	(0939) 8218146
中国人寿保险股份有限公司宕昌县支公司	宕昌县城关镇长征路74号	黄旭邦	748500	(0939) 6123278
中国人寿保险股份有限公司文县支公司	文县城关所城东街23号	韩玉文	746400	(0939) 5523786
中国人寿保险股份有限公司两当县支公司	两当县城关东街	王海珠	742400	(0939) 7121293
中国人寿保险股份有限公司徽县支公司	徽县城关官井巷口	程 海	742300	(0939) 7521262
中国人寿保险股份有限公司临夏分公司	临夏市团结路56号	王定祥	731100	(0930) 6219558
中国人寿保险股份有限公司临夏县支公司	临夏县土桥镇	刘 征	731800	(0930) 3288157
中国人寿保险股份有限公司永靖县支公司	永靖县刘家峡镇八卦岛开发区滨河花园1号（唐占虎商铺）	邓成祥	731600	(0930) 8832213
中国人寿保险股份有限公司甘南分公司	合作市当周街6-172号住宅楼负1楼	孙 涛	747000	(0941) 8212419

中国太平洋人寿保险股份有限公司甘肃分公司分支机构、负责人名录

机构名称	地址	负责人	邮编	电话
中国太平洋人寿保险股份有限公司兰州中心支公司	兰州市城关区静宁路308号4-7层	刘敏杰	730030	(0931) 7879069
中国太平洋人寿保险股份有限公司兰州市东岗支公司	兰州市城关区静宁路308号	沈俊萍	730030	(0931) 7879089
中国太平洋人寿保险股份有限公司兰州市七里河支公司	兰州市七里河区西津东路497号	董晓春	730050	(0931) 2667566
中国太平洋人寿保险股份有限公司兰州市西固支公司	兰州市西固区西固城街道西固中街25号	沈亚宁	730060	(0931) 7553968
中国太平洋人寿保险股份有限公司兰州市红古支公司	兰州市红古区海石湾镇平安路55号	杨宝义	730084	(0931) 6216877
中国太平洋人寿保险股份有限公司榆中支公司	榆中县太白西路太白花园2号楼	魏安林	730100	(0931) 5236514
中国太平洋人寿保险股份有限公司永登支公司	永登县城关镇中华街17号	段德民	730300	(0931) 6428313
中国太平洋人寿保险股份有限公司新区支公司	永登县中川镇西槽村煜利小区3号楼1号商铺	梁海云	730000	(0931) 6139360
中国太平洋人寿保险股份有限公司白银中心支公司	白银市白银区长通路39号	王庆临	730900	(0943) 5995555

续表

机构名称	地址	负责人	邮编	电话
中国太平洋人寿保险股份有限公司会宁支公司	会宁县会师镇会师北路10号2幢6楼	张德军	730700	(0943) 5900969
中国太平洋人寿保险股份有限公司平川支公司	白银市平川区盘旋路	李铁钢	730913	(0943) 5975626
中国太平洋人寿保险股份有限公司靖远支公司	靖远县风雷街中段南侧2楼	李　霞	730600	(0943) 5963113
中国太平洋人寿保险股份有限公司景泰支公司	景泰县黄河路邮政大楼4楼	胡俊德	730400	(0943) 5953901
中国太平洋人寿保险股份有限公司天水中心支公司	天水市秦州区中心广场金龙大厦24层	白义平	741000	(0938) 8299176
中国太平洋人寿保险股份有限公司麦积支公司	天水市麦积区二马路东方宾馆9楼	王激波	741020	18093879983
中国太平洋人寿保险股份有限公司金昌中心支公司	金昌市上海路华芳家园综合楼4层	周正喜	737100	(0935) 5995266
中国太平洋人寿保险股份有限公司永昌支公司	永昌县供销社南3楼	刘春梅	737200	(0935) 5995988
中国太平洋人寿保险股份有限公司武威中心支公司	武威市凉州区胜利街20号	牛成红	733000	(0935) 5937088
中国太平洋人寿保险股份有限公司天祝支公司	天祝县祝贡南路34号	张玉宏	733200	(0935) 5938012
中国太平洋人寿保险股份有限公司民勤支公司	民勤县城北大街八一北路西段41号潭龙小区1号商铺	何保成	733300	(0935) 5938121
中国太平洋人寿保险股份有限公司古浪支公司	古浪县古浪五中北侧南支一路金地阳光家园小区	徐春成	733100	(0935) 5934429
中国太平洋人寿保险股份有限公司张掖中心支公司	张掖市甘州区南环路673号	师宏斌	734000	(0936) 8589801
中国太平洋人寿保险股份有限公司临泽支公司	临泽县健康路56号	崔成林	734200	(0936) 5531692
中国太平洋人寿保险股份有限公司山丹支公司	山丹县西大街中央花苑16#综合楼3层	张永生	734100	(0936) 2820089
中国太平洋人寿保险股份有限公司高台支公司	高台县人民西路永利商厦	张文超	734300	(0936) 6689990
中国太平洋人寿保险股份有限公司平凉中心支公司	平凉市崆峒区民馨小区2号楼2层	张　健	744000	(0933) 8351421
中国太平洋人寿保险股份有限公司庆阳中心支公司	庆阳市西峰区安化东路豪庭春天3号楼	郝海清	745000	(0934) 5918001
中国太平洋人寿保险股份有限公司正宁支公司	正宁县东关盘旋路向南100米处	王　昭	745300	(0934) 5918023
中国太平洋人寿保险股份有限公司宁县支公司	宁县农贸路3号	蔺麦良	745200	(0934) 5918026
中国太平洋人寿保险股份有限公司镇原支公司	镇原县南环路32号	段呈廷	744500	(0934) 5918029
中国太平洋人寿保险股份有限公司庆城支公司	庆城县邮政储蓄银行2楼	黄　环	745100	(0934) 5918032
中国太平洋人寿保险股份有限公司环县支公司	环县环城镇育才路17号（红星宾馆3楼）	王东明	745700	(0934) 5987778
中国太平洋人寿保险股份有限公司华池支公司	华池县南梁路2栋16号	高东明	745600	13884175652
中国太平洋人寿保险股份有限公司酒泉中心支公司	酒泉市肃州区西大街27号楼5-2号	李康辉	735000	(0937) 5984160
中国太平洋人寿保险股份有限公司敦煌支公司	敦煌市天河湾区B段4号商铺2楼	陈晓红	736200	(0937) 5984092
中国太平洋人寿保险股份有限公司金塔支公司	金塔县解放路227-2号	王金龙	735300	(0937) 5984177
中国太平洋人寿保险股份有限公司瓜州支公司	瓜州县祁连街盛景花苑小区15#楼10-11号门店	张　亮	736100	18093797387

续表

机构名称	地址	负责人	邮编	电话
中国太平洋人寿保险股份有限公司嘉峪关支公司	嘉峪关市迎宾西路1178号滨湖经典小区316-8号	秦　雷	735100	（0937）5986736
中国太平洋人寿保险股份有限公司定西中心支公司	定西市安定区和平街5号	刘怀金	743000	（0932）8283317
中国太平洋人寿保险股份有限公司临洮支公司	临洮县洮阳镇纸坊路13号	李贻军	730500	（0932）2249096
中国太平洋人寿保险股份有限公司通渭支公司	通渭县平襄镇西新村139号	董哲元	743300	（0932）5339191
中国太平洋人寿保险股份有限公司陇西支公司	陇西县巩昌镇西大街74号	王春梅	748100	（0932）6627804

中国平安人寿保险股份有限公司甘肃分公司分支机构、负责人名录

机构名称	地址	负责人	邮编	电话
中国平安人寿保险股份有限公司甘肃分公司	兰州市张掖路1号保利大厦	彭若杰	730030	（0931）8405855
中国平安人寿保险股份有限公司白银中心支公司	白银市白银区人民路69号（2-4楼）	于凤亭	730900	18093119732
中国平安人寿保险股份有限公司天水中心支公司	天水市秦州区解放路秦宝斋商城2-5楼	汪昱辰	741000	18093119794
中国平安人寿保险股份有限公司嘉峪关中心支公司	嘉峪关市新华中路48号（联信服饰广场4楼）	朱慧娟	735100	13830791369
中国平安人寿保险股份有限公司金昌中心支公司	金昌市金川区长春路30号	杨晓毅	737100	18693116977
中国平安人寿保险股份有限公司武威中心支公司	武威市凉州区北关什字至小北街十字东北角嘉祥大厦6楼	赵　鹏	733000	18093119757
中国平安人寿保险股份有限公司张掖中心支公司	张掖市广电大厦旁怡锦源综合楼4-7层	黄　亮	734000	18909327177
中国平安人寿保险股份有限公司平凉中心支公司	平凉市崆峒区广成花园B区	牛军忠	744000	18793609966
中国平安人寿保险股份有限公司庆阳中心支公司	庆阳市西峰区和谐广场创信大厦6楼	张全文	745000	18093119781
中国平安人寿保险股份有限公司酒泉中心支公司	酒泉市肃州区西关路8号1号楼2层楼	李谊道	735000	18093736000
中国平安人寿保险股份有限公司定西中心支公司	定西市安定区永定路1号	蔡　毅	743000	18093119787
中国平安人寿保险股份有限公司陇南中心支公司	陇南市武都区油橄榄基地军区东侧2、3楼	王　盛	742500	18693068069
中国平安人寿保险股份有限公司临夏中心支公司	临夏市环城西路西环花园2楼	裴鹏程	731100	18693162680

新华人寿保险股份有限公司甘肃分公司分支机构、负责人名录

机构名称	地址	负责人	邮编	电话
新华人寿保险股份有限公司甘肃分公司	兰州市东岗西路638号兰州财富中心15楼	赵登森	730030	(0931) 8116136
新华人寿保险股份有限公司城关支公司	兰州市城关区皋兰路249号四层001号房间	田强	730030	(0931) 8406313
新华人寿保险股份有限公司七里河支公司	兰州市七里河区建兰路118号金融大厦16层东侧	安琦	730050	(0931) 7841628
新华人寿保险股份有限公司西固支公司	兰州市西固区合水路125号西固商贸中心15层	满先位	730050	(0931) 4523813
新华人寿保险股份有限公司榆中支公司	榆中县兴隆路196号	闻强	730100	(0931) 5231595
新华人寿保险股份有限公司白银中心支公司	白银市白银区长安路18号楼西侧1、3层	翟浩波	730900	(0943) 8310892
新华人寿保险股份有限公司平川支公司	白银市平川区共和路南侧会发综合楼2楼	薛彦皎	730900	(0943) 6677349
新华人寿保险股份有限公司靖远支公司	靖远县风雷街邹晓红综合楼2楼	李军	730600	(0943) 6120606
新华人寿保险股份有限公司天水中心支公司	天水市秦州区成纪大道阳光大厦1-2层	郇铧	741000	(0938) 8228700
新华人寿保险股份有限公司甘谷支公司	甘谷县康庄东路华隆家园1号楼2层	廖文斌	741200	(0938) 5631533
新华人寿保险股份有限公司嘉峪关支公司	嘉峪关市迎宾东路986号4层	苗应武	735100	(0937) 5967538
新华人寿保险股份有限公司武威中心支公司	武威市凉州区东大街131号1幢商业4层01号房间	刘鹏	733300	(0935) 2235079
新华人寿保险股份有限公司张掖中心支公司	张掖市甘州区西大街54号张掖市邮政局办公楼西侧3、4、6楼	由维谦	734000	(0936) 8585622
新华人寿保险股份有限公司临泽支公司	临泽县八一路原临泽县农机局大楼2-3层	钟晓明	734200	(0936) 5568396
新华人寿保险股份有限公司高台支公司	高台县东城河路西侧时代购物中心3层小柱距3-3号	郭家超	734300	(0936) 6758618
新华人寿保险股份有限公司酒泉中心支公司	酒泉市肃州区玉门东路6-2号3层	王建珍	735000	(0937) 2615920
新华人寿保险股份有限公司敦煌支公司	敦煌市沙洲镇沙洲南路8号敦煌现代实业有限责任公司综合办公楼3层	朱建炜	736200	(0937) 8820968
新华人寿保险股份有限公司金塔支公司	金塔县西城路225号	李轲	735305	(0937) 4418626

泰康人寿保险股份有限公司甘肃分公司分支机构、负责人名录

机构名称	地址	负责人	邮编	电话
泰康人寿保险股份有限公司甘肃分公司	兰州市城关区东岗西路525号酒钢大厦1号楼20层	谢宪民	730000	(0931) 4895562
泰康人寿保险股份有限公司永登支公司	永登县城关镇民主街金融大厦2楼	王永阔	730300	(0931) 6415096
泰康人寿保险股份有限公司榆中支公司	榆中县太白东路1号供销宾馆5楼	要博渊	730100	(0931) 5227900

续表

机构名称	地址	负责人	邮编	电话
泰康人寿保险股份有限公司兰州新区支公司	兰州市兰州新区亚太工业园总部8号楼9楼	冯泽翀	730000	13919777118
泰康人寿保险股份有限公司白银中心支公司	白银市白银区红星路城建什字城建大厦7层	杨臣义	730900	(0943) 8235090
泰康人寿保险股份有限公司平川支公司	白银市平川区长征东路53号实训楼2层B3区	谢希康	730913	(0943) 6622914
泰康人寿保险股份有限公司景泰支公司	景泰县一条山镇705路	杨　林	730400	(0943) 5521292
泰康人寿保险股份有限公司靖远支公司	靖远县师范街昌泰源1号楼2楼东侧	郑文龙	734300	(0943) 6125551
泰康人寿保险股份有限公司会宁支公司	会宁县会师镇长征南路东侧新强商住楼1栋201室	王　彪	730700	(0943) 3222855
泰康人寿保险股份有限公司天水中心支公司	天水市秦州区民主西路2号（市中心广场电信局北楼）	何兴霞	741000	(0938) 8272778
泰康人寿保险股份有限公司秦安支公司	秦安县解放路原医药公司一门市营业楼2层	成晓蔚	741600	(0938) 6527768
泰康人寿保险股份有限公司甘谷支公司	甘谷县大像山镇北关街53号宏源公司办公楼5层	张文博	741200	(0938) 5626977
泰康人寿保险股份有限公司武山支公司	武山县民主路中国电信武山分公司综合办公楼4层	于小龙	741300	(0938) 8272778
泰康人寿保险股份有限公司清水支公司	清水县蓝天步行一条街东2楼	姜永红	741400	(0938) 7156202
泰康人寿保险股份有限公司嘉峪关支公司	嘉峪关市五一南路1316号	魏国太	735100	(0937) 4428897
泰康人寿保险股份有限公司金昌中心支公司	金昌市金川区新华路87号邮政大楼8楼	魏建军	737100	(0935) 8312711
泰康人寿保险股份有限公司永昌支公司	永昌县城关镇东大街法院西侧嘉丽宾馆	刘　奇	737200	(0935) 7615808
泰康人寿保险股份有限公司武威中心支公司	武威市凉州区北关中路24号武威大酒店综合楼副楼	王红娟	733000	(0935) 2255510
泰康人寿保险股份有限公司古浪支公司	古浪县古浪镇金地阳光家园8号商铺	潘春兰	733100	(0935) 5122569
泰康人寿保险股份有限公司民勤支公司	民勤县城西大街44号	李　霞	733300	(0935) 4133208
泰康人寿保险股份有限公司张掖中心支公司	张掖市甘州区南大街金房时代购物广场5-6楼	龚安国	734000	(0936) 8256535
泰康人寿保险股份有限公司临泽支公司	临泽县客运站新综合楼4楼	闫伟邦	734200	(0936) 5522112
泰康人寿保险股份有限公司山丹支公司	山丹县西大街卫生局卫生监督所4楼	杜连年	734100	(0936) 2725065
泰康人寿保险股份有限公司民乐支公司	民乐县电力局对面宏伟综合楼7楼	雷万金	734500	(0936) 4411163
泰康人寿保险股份有限公司高台支公司	高台县滨河丽景小区综合楼2楼	杨　光	734300	(0936) 6632666
泰康人寿保险股份有限公司平凉中心支公司	平凉市崆峒区西路90号金江商贸楼3楼	李　虎	744000	(0933) 8711789
泰康人寿保险股份有限公司静宁支公司	静宁县城关镇新盛花园1号楼7号商铺	朱　涛	743400	(0933) 2532628
泰康人寿保险股份有限公司庄浪支公司	庄浪县水洛镇西关街南巷14号	刘醒奇	744600	18709336587
泰康人寿保险股份有限公司酒泉中心支公司	酒泉市肃州区飞天路19号（玉门油田酒泉基地天润园商铺）	康居善	735000	(0937) 2672798
泰康人寿保险股份有限公司敦煌支公司	敦煌市沙洲镇阳关东路12号民航售票处第3层	王海业	736200	(0937) 8831202
泰康人寿保险股份有限公司金塔支公司	金塔县解放路南清华园82-7号	张　玲	735305	(0937) 4428557

续表

机构名称	地址	负责人	邮编	电话
泰康人寿保险股份有限公司玉门支公司	玉门市新市区清泉路1号3楼	刘燕霞	735200	(0937) 3361484
泰康人寿保险股份有限公司瓜州支公司	瓜州支公司地址瓜州县盛景花苑14号楼6、7、9号	康　莉	736100	(0937) 5526188
泰康人寿保险股份有限公司定西中心支公司	定西市安定区解放路33号	黄淑萍	743000	(0932) 8213990
泰康人寿保险股份有限公司陇西支公司	陇西县崇文路与气象路口（航龍置业）	李建兴	748100	(0932) 6636522
泰康人寿保险股份有限公司临洮支公司	临洮县西关路七号楼2楼	许　强	730500	(0932) 8221136
泰康人寿保险股份有限公司通渭支公司	通渭县平襄镇北街51号（加油站对面）	邢云鹏	743300	(0932) 5819223
泰康人寿保险股份有限公司陇南中心支公司	陇南市武都区卧龙时代广场7号楼5-6楼	王起越	746000	(0939) 8651955

平安养老保险股份有限公司甘肃分公司分支机构、负责人名录

机构名称	地址	负责人	邮编	电话
平安养老保险股份有限公司甘肃分公司	兰州市城关区张掖路1号保利大厦25楼	党春雄	730000	(0931) 8400211
平安养老保险股份有限公司白银支公司	白银市白银区人民路69号2楼	陈　斌	730900	(0943) 5912654
平安养老保险股份有限公司天水支公司	天水市秦州区解放路北侧鑫海城市广场3-321	赵　涛	741000	18919986933
平安养老保险股份有限公司平凉支公司	平凉市崆峒区南环中路66号	马刚强	744000	(0933) 5937566
平安养老保险股份有限公司庆阳中心支公司	庆阳市西峰区弘化西路甘肃银行6楼	杜　炳	745000	18993290958
平安养老保险股份有限公司陇南支公司	陇南市武都区东江庭院1号路2号楼101	闵文琴	746000	13993939130

太平人寿保险有限公司甘肃分公司分支机构、负责人名录

机构名称	地址	负责人	邮编	电话
太平人寿保险有限公司兰州中心支公司	兰州市金昌南路152-158号山水名庭3楼	孟祥辉	730030	(0931) 8107603
太平人寿保险有限公司永登支公司	永登县中华街商业步行街2号楼2楼	牛淑霞	730300	(0931) 6419291
太平人寿保险有限公司白银中心支公司	白银市白银区人民路145号综合楼4楼	焦国栋	730900	(0943) 8252866
太平人寿保险有限公司平川支公司	白银市平川区兴平北路2-148号办公大楼2楼	郭福海	730900	(0934) 6689208
太平人寿保险有限公司靖远支公司	靖远县西大街5号楼2楼	魏晓辉	730600	(0943) 6351565
太平人寿保险有限公司金昌中心支公司	金昌市金川区上海路恒昌国际商铺1段11号	吴　钢	737100	(0935) 8243916

续表

机构名称	地址	负责人	邮编	电话
太平人寿保险有限公司永昌支公司	永昌县骊靬文化街D6号段第D6-2号商铺	安成龙	737200	(0935) 5995706
太平人寿保险有限公司武威中心支公司	武威市海藏路30号华隆三区3号综合楼2-3层6号商铺	魏莉萍	733000	(0935) 6976051
太平人寿保险有限公司张掖中心支公司	张掖市甘州区西环路185号共裕综合楼4楼	白鼎国	734000	(0936) 8362080
太平人寿保险有限公司临泽支公司	临泽县供销商厦4楼	张　龙	734000	(0936) 5595599
太平人寿保险有限公司高台支公司	高台县滨河丽景小区4号-6号楼商铺1-2楼	武立军	734000	(0936) 6795599
太平人寿保险有限公司庆阳中心支公司	庆阳市西峰区桐树街东口富达商厦5楼	赵　挺	745000	(0934) 6465866
太平人寿保险有限公司酒泉中心支公司	酒泉市肃州区西大街19号帝豪花园1号综合楼3-3楼	杨志晖	735000	(0937) 2608119
太平人寿保险有限公司玉门支公司	玉门市新市区通安路万豪润园30号楼2楼	王素敏	735211	(0937) 3351952
太平人寿保险有限公司瓜州支公司	瓜州县文化街新业商场2-3楼	罗兴军	736100	(0937) 5529555
太平人寿保险有限公司敦煌支公司	敦煌市七里镇大庆路4号（四方宾馆北侧）办公楼4楼	白玉东	736202	(0937) 8805525
太平人寿保险有限公司陇南中心支公司	陇南市武都区城管建设东路电信大楼2楼	李顺录	746000	(0939) 8652038
太平人寿保险有限公司成县支公司	成县南大街2号安置楼3楼	乔晓虎	742500	(0939) 3228929

幸福人寿保险股份有限公司甘肃分公司分支机构、负责人名录

机构名称	地址	负责人	邮编	电话
幸福人寿保险股份有限公司兰州市城关支公司	兰州市城关区白银路街道酒泉路31号汇金大厦11层	周　鑫	730030	(0931) 2158421
幸福人寿保险股份有限公司兰州市七里河支公司	兰州市七里河区西湖街道建工西路3号金雨大厦15层	韩　旭	730050	(0931) 2617756
幸福人寿保险股份有限公司天水中心支公司	天水市秦州区人民路新华商办楼3层（半层）、4层、5层	陈　祎	741000	(0938) 6835815
幸福人寿保险股份有限公司武威中心支公司	武威市凉州区西关中路8号天力彩印包装有限责任公司综合楼4层	张　旗	733000	(0935) 6965828
幸福人寿保险股份有限公司民勤支公司	民勤县城东6号华迅印务有限公司3层	王国荣	733300	(0935) 4121698
幸福人寿保险股份有限公司酒泉中心支公司	酒泉市肃州区肃州路24号10号楼5、6层	蒋　鹏	735000	(0937) 5985226

富德生命人寿保险股份有限公司甘肃分公司分支机构、负责人名录

机构名称	地址	负责人	邮编	电话
富德生命人寿保险股份有限公司甘肃分公司	兰州市城关区金昌南路361号东方数码大厦29层	夏涵文	730030	(0931) 8773991
富德生命人寿保险股份有限公司白银中心支公司	白银市白银区中泰万盛商务大厦5楼	周海峰	730900	(0931) 8458224

续表

机构名称	地址	负责人	邮编	电话
富德生命人寿保险股份有限公司天水中心支公司	天水市秦州区建设路185号工商银行10楼	高宏林	741000	(0938) 8318101
富德生命人寿保险股份有限公司天水中心支公司甘谷支公司	甘谷县康庄路邮政大楼3楼西侧	牛志雄	741200	(0938) 6818992
富德生命人寿保险股份有限公司金昌中心支公司	金昌市金川区北京路东侧泰安路北侧28区	郭慧娟	737100	(0935) 8397799
富德生命人寿保险股份有限公司武威中心支公司	武威市凉州区北关西路74号1号楼商业4层	张 瑞（兼）	733000	(0935) 2889001
富德生命人寿保险股份有限公司武威中心支公司古浪支公司	古浪县古浪镇商业步行街	朱喜兰	733100	(0935) 5121958
富德生命人寿保险股份有限公司武威中心支公司民勤支	民勤县北内环路4号	魏清华	733339	(0935) 4116562
富德生命人寿保险股份有限公司张掖中心支公司	张掖市甘泉文化广场商务2楼	张荣水	734000	(0936) 8860161
富德生命人寿保险股份有限公司张掖中心支公司高台支公司	高台县城关镇奇正商业步行街106号2楼	张 龙	734300	(0936) 6677225
富德生命人寿保险股份有限公司张掖中心支公司临泽支公司	临泽县体育中心鸟巢4楼	王致云	734200	(0936) 5566698
富德生命人寿保险股份有限公司庆阳中心支公司	庆阳市西峰区北大街52号邮政大厦4楼	先振国	745000	(0934) 8896788
富德生命人寿保险股份有限公司酒泉中心支公司	酒泉市西大街19号帝豪花苑1号综合楼3楼东段	何锦涛	735000	(0937) 5911171
富德生命人寿保险股份有限公司酒泉中心支公司金塔支公司	金塔县解放路340号邮政局院内附属楼2楼	马学刚	735000	(0937) 5900511
富德生命人寿保险股份有限公司酒泉中心支公司玉门支公司	玉门市新市区清泉路143号原供热公司4楼	吴 斌	735211	(0937) 3350686

阳光人寿保险股份有限公司甘肃分公司分支机构、负责人名录

机构名称	地址	负责人	邮编	电话
阳光人寿保险股份有限公司甘肃分公司	兰州市城关区金昌北路75号4楼	王 江	730000	(0931) 8155869
阳光人寿保险股份有限公司榆中支公司	榆中县城关镇太白东路1号4楼	王 俊	730100	(0931) 5227910
阳光人寿保险股份有限公司白银中心支公司	白银市白银区工农路以北阳光大厦7楼	孙 炜	730900	(0943) 5930801
阳光人寿保险股份有限公司嘉峪关支公司	嘉峪关市玉泉路498F号河西商务大厦3楼	朱万军	735100	(0937) 5986008
阳光人寿保险股份有限公司武威中心支公司	武威市凉州区西大街42号	白秀梅	733000	(0935) 2588618
阳光人寿保险股份有限公司民勤支公司	民勤县东大街20号	马晓军	733300	(0935) 5934568
阳光人寿保险股份有限公司张掖中心支公司	张掖市甘州区县府街109号新闻大厦4层	曹锋廷	734000	(0936) 8683068
阳光人寿保险股份有限公司高台支公司	高台县南城河路25号2楼	吴 俊	730070	(0936) 5932610
阳光人寿保险股份有限公司临泽支公司	临泽县东关街406号南侧1楼	殷晓平	734200	(0936) 5537686
阳光人寿保险股份有限公司平凉中心支公司	平凉市崆峒区崆峒东路31号天正润园2号楼2楼	张 恒	744000	(0933) 8695986
阳光人寿保险股份有限公司泾川支公司	泾川县青年路泾水新村宾馆四楼	朱馨莹	744300	(0933) 5951101

续表

机构名称	地址	负责人	邮编	电话
阳光人寿保险股份有限公司庆阳中心支公司	庆阳市西峰区岐黄大道（嘉鑫苑商住区2号楼1、3层）	王亚彬	745000	(0934) 5559911
阳光人寿保险股份有限公司酒泉中心支公司	酒泉市肃州区东大街46号5-6楼	唐彩蓉	735000	(0937) 2838288
阳光人寿保险股份有限公司陇南中心支公司	陇南市武都区城关镇北山东路武都交警综合楼6楼	侯彦晴	742500	(0939) 8218999

泰康养老保险股份有限公司甘肃省分支机构、负责人名录

机构名称	地址	负责人	邮编	电话
泰康养老保险股份有限公司甘肃分公司	兰州市城关区东岗西路525号酒钢大厦21楼	丁嘉珅	730030	13919083990

甘肃省其他保险中介公司机构、负责人名录

机构名称	地址	负责人	邮编	电话
安诺保险经纪有限公司甘肃分公司	兰州市城关区皋兰路60-1号第2单元1502室	沈少平	730000	(0931) 8838526
北京华育保险经纪有限公司甘肃分公司	兰州市城关区东岗西路582号4楼	郭省谋	730000	(0931) 8882500 13919001455
北京联合保险经纪有限公司甘肃省分公司	兰州市城关区金昌南路361号东方数码大厦25层	袁　栋	730000	(0931) 8878179
长城保险经纪有限公司甘肃分公司	兰州市城关区雁北路亚太国际公馆5号楼1单元1201	程　黎	730010	13893156868
诚合保险经纪有限公司甘肃分公司	兰州市安宁区北滨河西路919号梧桐苑2号楼1单元1001室	隆　星	730070	(0931) 7752404
德圣保险经纪有限公司甘肃分公司	兰州市城关区静宁路158号昌运大厦12楼I座	刘　高	730000	13999255067
泛华保险公估股份有限公司甘肃分公司	兰州市七里河区建兰路街道光华街社区百合家园2252号	孙　赟	730050	(0931) 7951041
甘肃安泰保险代理有限公司	兰州市七里河区西津东路445号	李　妍	730050	(0931) 2663581
甘肃华盛陇安保险代理有限责任公司	兰州市酒泉路31号汇金大厦12楼	周　涛	730000	(0931) 8106566
甘肃盛大保险代理有限责任公司	兰州市城关区酒泉路街道庆阳路91号	把余涛	730030	(0931) 8450067
和谐保险销售有限公司甘肃分公司	兰州市城关区东岗西路638号甘肃文化大厦11层	白　静	730000	15809313935
甘肃鸿润保险经纪有限公司	兰州市城关区庆阳路352号世纪广场第三单元第11层1105室	韩福龙	730000	(0931) 8400246
华润保险经纪有限公司甘肃分公司	兰州市城关区庆阳路169号陇鑫大厦2507室	尚进忠	730000	13993189999
甘肃吉安保险经纪有限责任公司	兰州市城关区庆阳路350号世纪广场B座22层	王海洲	730030	(0931) 8441455
江泰保险经纪股份有限公司兰州分公司	兰州市七里河区敦煌路街道西津西路188号1801室	张入文	730050	13919261689

续表

机构名称	地址	负责人	邮编	电话
北京金诚国际保险经纪有限公司甘肃分公司	兰州市城关区嘉峪关东路51号体工二大队	张力方	730000	(0931) 8691497
甘肃金轮保险代理有限公司	兰州市铁路新村东街42号	陈志权	730000	(0931) 4923695
昆仑保险经纪股份有限公司甘肃分公司	兰州市城关区天水北路222号兰州万达中心3016室	张　俊	730000	(0931) 8757666
甘肃兰天保险代理有限公司	兰州市城关区天水南路76号401、406、407、408室	陈文刚	730000	(0931) 8625198
民太安财产保险公估股份有限公司甘肃分公司	兰州市城关区皋兰路中盐大厦A座2601	高　晖	730000	15719614473
平安保险代理有限公司甘肃分公司	兰州市城关区平凉路366号万通电信物业大厦	李君龙	730000	(0931) 8637265
平安创展保险销售服务有限公司甘肃分公司	兰州市城关区雁南路联创广场C座	王李勃	730030	(0931) 8593007
上海广汇德太保险代理有限公司甘肃分公司	兰州市大沙坪永新化工园菲亚特店	黄海燕	730046	13088729333
天安佰盈保险销售有限公司甘肃分公司	兰州市城关区金昌南路152–154号5层	张兴成	730000	(0931) 8262682
兰州翔宇保险代理有限公司	兰州市城关区张掖路街道19号	高玉栋	730030	18993501199
兰州众源保险代理有限公司	兰州市城关区雁兴路46号2单元1703室	李雪峰	730000	(0931) 8878138
英大长安保险经纪集团有限公司甘肃分公司	兰州市城关区北滨河东路8号 电力调度大楼9层	陈乾坤	730030	(0931) 2966950
浙江洲际保险经纪有限公司甘肃分公司	兰州市城关区雁南街道滩尖子222号第3单元第3层302室	杨重炜	730000	(0931) 8500902
中衡保险公估股份有限公司甘肃分公司	兰州市城关区雁宁路395号森地国际1015	杨　辉	730030	13993158349
中汇国际保险经纪股份有限公司甘肃分公司	兰州市城关区甘南路万盛名仕佳园A座802室	周富明	730000	13609392398
中盛国际保险经纪有限责任公司甘肃省分公司	兰州市城关区永昌路295号紫金大厦1505	王树军	730000	18893131108